# मानक सामान्य हिन्दी

# मानक सामान्य हिन्दी

आई० ए० एस०, पी० सी० एस०, पी० सी० एस० (जे०), ए० पी० ओ०, संघ और राज्य लोक सेवा आयोग, कर्मचारी चयन आयोग की सम्बन्धित परीक्षाओं, टी० जी० टी०, पी० जी० टी०, बी० एड्०, बी० टी० सी०, एल० टी०, सब इंस्पेक्टर, बैंक भर्ती परीक्षाओं, रेलवे भर्ती परीक्षाओं समूह 'ग', बी० डी० ओ०, अवर–प्रवर वर्ग सहायक परीक्षाओं, अवर अभियन्ता परीक्षाओं, फॉरेस्ट रेंजर परीक्षा, क्षेत्रीय अधिकारी सेवा परीक्षा, आर० पी० एस०, अन्य विभागीय परीक्षाओं, स्टेनोग्राफर्स, केन्द्रीय हिन्दी शिक्षण योजना के प्रशिक्षकों–प्रशिक्षणार्थियों, देश के विभिन्न विश्वविद्यालयों की प्रवेश परीक्षाओं, केन्द्रीय राजभाषा–कार्यशालाओं, हिन्दी–अधिकारियों, मीडियाकर्मियों और जनसंचार के विद्यार्थियों के लिए एक अपरिहार्य कृति

**डॉ. पृथ्वीनाथ पाण्डेय**

भाषाविद्–करियर–विशेषज्ञ–मीडिया अध्ययन विशेषज्ञ

(स्नातकोत्तर : हिन्दी–अँगरेज़ी–प्राचीन इतिहास; पी–एच०डी०)

**अरिहन्त पब्लिकेशन्स (इण्डिया) लिमिटेड**

# अरिहन्त पब्लिकेशन्स (इण्डिया) लिमिटेड



卐 वाणिज्यिक कार्यालय

'रामछाया' ४५७७/१५, अग्रवाल रोड, दरिया गंज, नई दिल्ली-११०००२
☎ ०११-४७६३०६००, ४३५१८५५०; **फैक्स** : ०११-२३२८०३१६

मुख्य कार्यालय

कालिन्दी, टी०पी० नगर, मेरठ (यूपी)-२५०००२
☎ ०१२१-२४०१४७९, २५१२९७०, ४००४१९९; **फैक्स** : ०१२१-२४०१६४८

卐 शाखा कार्यालय

आगरा, अहमदाबाद, बरेली, बंगलुरू, भुवनेश्वर, चेन्नई, दिल्ली, गुवाहाटी, हल्द्वानी, हैदराबाद, जयपुर जालन्धर, झाँसी, कोलकाता, कोटा, लखनऊ, नागपुर, मेरठ तथा पुणे

卐 **ISBN** ९७८-९३-५२०३-६५३-०

卐 **मूल्य : ₹ २६५**

**PO No.** :TXT-59-T059204-5-24

**टाइप सेट** : अरिहन्त डीटीपी यूनिट, मेरठ

*PRINTED & BOUND BY*
*ARIHANT PUBLICATIONS (I) LTD. (PRESS UNIT)*

'अरिहन्त' के प्रोडक्ट्स के बारे में अधिक जानकारी के लिए हमारी वेबसाइट www.arihantbooks.com पर लॉग इन करें या info@arihantbooks.com पर सम्पर्क करें।

# तुम कौन हो?

यदि तुम्हारे गन्तव्य-मार्ग को बाधित करने के लिए हर बार
नकारात्मक परिस्थितियाँ दस्तक दे रही हों तो पहले
स्थित-प्रज्ञ बनो और कारण के मूल में प्रवेश करो। अपने
भीतर से सारी सामर्थ्य को खींच कर ऊर्जा का प्रस्फुटन
करो फिर समस्त अन्यथा गामिनी परिस्थितियों का क्रमश:
वेधन कर, सकारात्मक सम्भावनाओं को सामने लाओ!
ऐसे में, 'तुम्हारा' भविष्य तुम्हारे हाथों में होगा।
अपने मन-मन्दिर को कलुषित न होने दो।

**डॉ. पृथ्वीनाथ पाण्डेय**

## अपनों से अपनी

# परिशीलन की प्रामाणिकता

पशु-पक्षी बोलते हैं। उनकी बोलियाँ हृदय के भाव को दूसरों पर प्रकट करने के लिए ही होती हैं परन्तु उनके द्वारा केवल दु:ख-सुख और घृणा-प्रेम के साधारण मनोविकार व्यक्त हुआ करते हैं। वास्तव में, सभी जीवधारी अपने मनोगत विचार दूसरों पर प्रकट किया करते हैं किन्तु ऐसा करने में मनुष्य अपनी श्रेष्ठता के अनुकूल अन्य से विशेषता रखता है। हाँ, संसार में जितने कार्य हो रहे हैं, उन सबके विचार उस बोली से प्रकट नहीं किए जाते। इस कारण पशु-पक्षी की बोली सारी आवश्यकताओं को पूर्ण करने वाली नहीं होती; वह अस्पष्ट, अधूरी और अव्यक्त होती है। मनुष्य इसी कमी से बचा है। स्वभावत: वह पशु-पक्षी से उन्नत दशा में सोचने के अतिरिक्त सभी विषयों पर विचार कर सकता है और अनुभवित विचारों को दूसरों पर साफ़-साफ़ प्रकट कर सकता है। उसकी ऐसी विशिष्ट क्रिया का साधन भाषा है। भाषा ही उसे भावों को व्यक्त करने में समर्थ बनाती है।

मानव-समाज में भी हृदयगत विचारों को पशु-पक्षी की भाँति अस्पष्ट ढंग से व्यक्त करने वाले कुछ लोग दिखाई देते हैं। गूँगों की गणना उनमें सर्वप्रथम है। गूँगों के भाव पशु-पक्षियों के सदृश होते हैं किन्तु भाषा के व्यवहार में असमर्थ वे भिन्न मुखाकृतियों अथवा हाथ-पैर के संकेतों अथवा हूँ-ऊँ की अव्यक्त आवाज़ों द्वारा बड़ी कठिनाई से मुख्य भाव दूसरों पर व्यक्त कर पाते हैं। दूसरी कमी उनमें यह होती है कि वे पारस्परिक प्रेम की घनिष्ठता प्रदर्शित नहीं कर सकते। गूँगों के बाद उन जंगली जातियों का क्रम आता है, जो घने जंगलों में पशु-पक्षियों की भाँति बहुत कम आवश्यकताओं के साथ अपना जीवन प्रकृति की गोद में अत्यन्त सादगी से व्यतीत किया करते हैं। उस दशा में उनकी भाषा कुछ अव्यक्त-सी होती है। वे संकेतों के अलावा आकृति-चेष्टाओं के द्वारा भी अपने विचारों को प्रकाशित करते हुए पाए जाते हैं। जब उन्नत समाज में आने पर उन्हें भाषा का अध्ययन करना पड़ता है तब उनके भाव ही बदलने लगते हैं और वे गूँगों की स्थिति से ऊँचे उठकर सभ्य-गति को प्राप्त होने लगते हैं तब उनकी आरम्भिक आदत में परिवर्तन दिखाई देने लगता है। बाद में, वे ही सामाजिक जीवन की प्रियता को अपनाकर सांसारिक व्यवहार में चतुर बन जाते हैं। इस परिवर्तन का श्रेय भाषा को ही प्राप्त होता है। अत: भाषा की उपयोगिता मानव-मात्र के लिए अलौकिक है क्योंकि भाषा ही मनुष्य और पशु के जीवन में अन्तर लाती है; संसार के सारे व्यापारों के सम्पादन के एक विशेष साधन से मनुष्य को समन्वित करती है और समाजप्रियता का बन्धन दृढ़ कर समाज-विशेष को सभ्यता और समुन्नति के पथ का पथिक बनाती है। ऐसी उपयोगिता की दृष्टि से ही विद्वान् भाषा का राष्ट्र से अधिक सम्बन्ध समझते हैं और भाषा के इतिहास को उसके बोलने वालों का इतिहास मानते हैं।

मनोगत भावों को दूसरों पर प्रकट करने की आवश्यकता प्रत्यक्ष और परोक्ष, दो दशाओं में हुआ करती है। प्रत्यक्ष दशा में बोलने और सुननेवाले समीप रहते हैं और बोलनेवाले को अपना विचार बोलकर सुननेवाले पर व्यक्त करना पड़ता है। उस समय उसकी भाषा 'बोल-चाल की भाषा' होती है किन्तु परोक्ष दशा में, जब सुननेवाला दूर हो और बोल-चाल से भाव व्यक्त करना असम्भव हो तब भाषा को भाव-परिवर्तन के जिस साधन में अपना रूप प्रकट करना पड़ता है, उस अवस्था की भाषा की सहयोगिनी 'लिपि' है। वह लिपि ही किसी वस्तु पर भाषा का चित्र बनाकर सुननेवाले के पास पहुँचाकर, भाषा का उद्देश्य पूर्ण करने की कृपा करती है। इस कारण परोक्ष दशा में विचार-विनिमय का साधन लेखन अथवा लिपि है, जिसका सम्मान विशिष्ट और सभ्य-समाज सर्वदा किया करता है। लिपि का प्रादुर्भाव भी संकेत से ही हुआ और विकसित दशा में भी लिपि निश्चित और चिह्नित संकेत ही है।

आज भी विश्व-भाषाओं की कई लिपियाँ ऐसी हैं, जिनमें विचारानुकूल चित्र ही बनाए जाते हैं लेकिन जैसे-जैसे मानव-समाज समुन्नत होता जाता है, वह अपनी सामग्री को सौन्दर्य प्रदान करने की चेष्टा करता है; तद्नुकूल लिपियों को भी सभ्यता की वृद्धि के साथ-साथ सौन्दर्य प्राप्त हुआ करता है। किसी भाषा की लिपि के विकास-क्रम पर ध्यान देने से यह बात साफ़-साफ़ विदित हो जाती है। प्रमाणार्थ अँगरेज़ी अथवा हिन्दी के छापे के अक्षरों को देखने से ज्ञात होगा कि सौन्दर्य-दृष्टि से उनके भिन्न-भिन्न प्रकार के अलंकृत अक्षरों का प्रयोग किया जाता है। इस तरह की मनोवृत्ति पुरातनकाल से अन्य विचार-विभागों के साथ लिपि के प्रति भी कार्यरत दिखाई देती है। अतः स्मरण करना चाहिए कि लिपि का स्वरूप स्थायी नहीं होता, वह काल-क्रम में बदलता रहता है।

संसार की परिवर्तन-शक्ति तो सर्वमान्य है। प्रत्यक्ष भी है कि संसार की किसी वस्तु में स्थिरता नहीं। जितने पदार्थ हैं, सब परिवर्तनशील हैं। उनके साथ मानव-भाव भी परिवर्तन-ग्रस्त होते जाते हैं। ऐसे में, भाषा का स्वरूप कैसे स्थिर रहे? पुरातनकाल से मनुष्य की आदिम दशा से भाषा अपना स्वरूप बनाती-बिगाड़ती आई है। जिस प्रकार कोई भाव 'कल' व्यक्त किया जाता है, उसी प्रकार वह 'आज' नहीं किया जाता है। जो रूप आज है, उस पर भी परिवर्तन का प्रभाव हाथ बढ़ाए दिखाई देता है। यह गति सनातन-काल से है। संयोग यही है कि वह परिवर्तन आकस्मिक न होकर, इतना धीरे-धीरे होता है कि उससे तात्कालिक क्षति नहीं जान पड़ती। प्रत्युत बोलनेवालों को साधारणतः अपनी भाषा का परिवर्तन उस समय खटकता भी नहीं। मनुष्य की सभ्यता का प्रभाव भाषा पर अनायास पड़ा करता है, उसी प्रकार जलवायु और स्थल की छाप भी उस पर विद्यमान रहती है। स्थान अथवा जलवायु में हेर-फेर होते ही भाषा में भी भेद कार्यगत हो जाता है, जिससे नए शब्द बनते हैं और पुराने लुप्त अथवा परिवर्तित हो जाते हैं। यही कारण है कि किसी भाषा के इतिहास में भिन्न-भिन्न प्रकार के शब्द मिलते हैं। उसमें एक अर्थ के द्योतक कई शब्द होते हैं अथवा एक ही शब्द के भिन्न-भिन्न अर्थ होते हैं।

इन्हीं बोली, भाषा तथा लिपि की नींव पर हमने एक ऐसा संसार ला खड़ा किया है, जिसमें प्रवेश करके आप अपने लक्ष्य का सफल सन्धान कर सकेंगे। हाँ, इसके लिए सजग-सतर्क-सचेष्ट दृष्टि का परिचय देना होगा। इसके पूर्व इसी विषय पर मेरी दो कृतियाँ हैं किन्तु देश के दूर-सुदूर अंचलों से सैकड़ों विद्यार्थियों ने मुझसे दूरभाष-द्वारा सम्पर्क साधकर जब परीक्षाओं की दृष्टि से विविध प्रकार की वांछित विषय-सामग्री की माँग की तब अपने परम धर्म (कर्त्तव्य) का निर्वहन करते हुए, मैंने मानकता की प्रतिष्ठा करते हुए 'मानक सामान्य हिन्दी' आप सबको उपलब्ध कराई है।

अपने विद्यार्थी-जीवन के उन समस्त श्रद्धेय गुरुजनों को, जिन्होंने प्रत्यक्ष-परोक्ष रूप में मेरे शिष्यत्व को अंगीकार कर, मुझे सद्संस्कारों से सम्पन्न किया है, इस कृति के माध्यम से 'मेरा नमन्' सम्प्रेषित है। उन कैक्टसों को, जो मेरे प्रशस्त मार्गों में अवरोध बिछाने और घात करने के लिए बराबर बाट जोहा करते हैं, खुली चुनौतीभरे मेरे शब्द-छू सको तो छू लो!

यह पुस्तक स्वयं में सम्पूर्ण है। हिन्दी-भाषा (सामान्य हिन्दी) का ऐसा कोई भी पक्ष अथवा आयाम नहीं है जिसका इसमें समावेश न हो। आप गम्भीरता से अध्ययन करें।

*आपका अपना*

*(डॉ. पृथ्वीनाथ पाण्डेय)*

# डॉ. पृथ्वीनाथ पाण्डेय : पड़ाव-दर-पड़ाव

**जन्म** मिरीगिरी टोला, बाँसडीह, बलिया (उ. प्र.)

**शिक्षा** स्नातकोत्तर (हिन्दी-अँगरेज़ी, प्राचीन इतिहास); पी-एच. डी.

**सम्प्रति** निदेशक : पत्रकारिता जनसंचार-संस्थान (इलाहाबाद)

**सम्पादक** बालमित्र (बाल-किशोरों के लिए देश का प्रथम समाचारपत्र)

**प्रकाशित कृतियाँ** साहित्य की समस्त विधाओं, विज्ञान, समसामयिक विषयों, प्रतियोगितात्मक तथा बाल-प्रौढ़-नवसाक्षर साहित्य पर अब तक १००० से भी अधिक पुस्तकें (कुछ प्रमुख हैं 'मानक मुहावरा-कहावत-कोश', 'मानक विज्ञान-शब्दकोश', 'सचित्र हिन्दी-शब्दकोश', 'मानक सूक्ति-कोश', 'ओलम्पिक एन्साइक्लोपीडिया', 'यूनीक सामान्य हिन्दी एन्साइक्लोपीडिया', 'विज्ञान एन्साइक्लोपीडिया', 'पर्यावरण एन्साइक्लोपीडिया', 'प्रयोगशाला एन्साइक्लोपीडिया', 'प्रकाश और किरणें एन्साइक्लोपीडिया', 'यूनीक खेलकूद', 'मीडिया : दृष्टि और सन्दर्भ', 'मीडिया : एक व्यावहारिक अध्ययन', 'मीडिया और प्रेस-विधि', 'जनसंचार : दृश्य-परिदृश्य', 'पत्रकारिता : परिवेश और प्रवृत्तियाँ', 'साक्षात्कार : विधा और सन्दर्भ', 'नालन्दा सामान्य हिन्दी', 'प्रामाणिक सामान्य हिन्दी एवं संरचना', 'मानक हिन्दी व्याकरण', 'प्रामाणिक प्रयोजनमूलक हिन्दी', 'इंग्लिश एसेज', 'शून्य से शिखर तक डॉ. अब्दुल कलाम', 'विश्व के महान् आविष्कार', 'मानव विकल्प बनता कम्प्यूटर', 'परमाणुशक्ति', 'प्रकृति प्रहरी ये जीव', 'प्रकृति का शृंगार करते पेड़-पौधे', 'बढ़ते रहना नाम है ऊर्जा', 'जीवन में विष-अमृत घोलता रसायन', 'पृथ्वी : शान्त तो विकराल भी', 'रहस्यों के घेरे में अण्टार्कटिक', 'मानव-जीवन और विज्ञान', 'विज्ञान के बढ़ते कदम', 'ब्रह्माण्ड में विश्व-वैज्ञानिकों की छलाँग', 'आदिमानव से आधुनिक मानव तक', 'भारतीय वैज्ञानिक और उनकी देन', 'विदेशी वैज्ञानिक और उनकी देन', 'अन्तरिक्ष में उड़ते भारतीय वैज्ञानिक', 'क्यों बुलाते हैं रोगों को?', 'चन्द्रमा पर हम-तुम', 'ये चहचहाते पंछी', 'मानव-जीवन को निगलता प्रदूषण' इत्यादि।)

**प्रमुख सम्पादन-विवरण** साहित्य-प्रभारी और फीचर सम्पादक : 'दैनिक जागरण' (रीवा-भोपाल), सहायक सम्पादक : 'दैनिक भास्कर' (भोपाल), 'हिन्दी हेराल्ड' (भोपाल), सम्पादक : 'प्रतियोगिता विकास', कार्यकारी सम्पादक : 'प्रतियोगिता दर्पण', प्रधान सम्पादक : 'साहित्य भवन प्रतियोगिता पत्रिका' (आगरा), सम्पादक : 'वर्ल्ड फोकस' (इलाहाबाद) इत्यादि।

**प्राशासनिक अनुभव** निदेशक : विन्ध्य पत्रकारिता प्रशिक्षण-केन्द्र (रीवा-भोपाल), निदेशक : न्यूज-व्यूज एण्ड फ़ीचर सिण्डिकेट ऑफ इण्डिया (म. प्र.), निदेशक : श्यामा प्रसाद मुखर्जी पत्रकारिता एवं प्राविधिक प्रशिक्षण-संस्थान (इलाहाबाद), निदेशक : विचार-विविधा रिपोर्टिंग एण्ड फीचर सिण्डिकेट ऑफ इण्डिया (इलाहाबाद)

**अन्तर्राष्ट्रीय भागीदारी** 'अन्तर्राष्ट्रीय सम्पादक-सम्मेलन' (सूरीनाम), 'विश्व हिन्दी-भाषा-साहित्य सम्मेलन' (मॉरिशस), 'विश्व भोजपुरी सम्मेलन' (कोलकाता), 'दक्षिण अफ्रीका-भारत-मैत्री सम्मेलन' (हाईकमीशन, दक्षिण अफ्रीका), 'अन्तरष्ट्रीय विचार-संगोष्ठी' (दूतावास, ग्रेट ब्रिटेन), 'विश्व भोजपुरी-सम्मेलन' (मॉरिशस), 'इण्टरनेशनल क्रिएटिव राइटिंग वर्कशॉप' (दूतावास संयुक्तराज्य अमेरिका), 'द्वितीय अन्तर्राष्ट्रीय लेखक महोत्सव इण्डिया, २००६' (हरियाणा-उत्तराखण्ड)।

**पुरस्कार-सम्मान** ४० राष्ट्रीय-अन्तर्राष्ट्रीय पुरस्कार-सम्मान प्राप्त, कुछ प्रमुख हैं: पराड़कर पुरस्कार (कोलकाता), डॉ. मेघनाद साहा पुरस्कार (अहमदाबाद), बीरबल साहनी पुरस्कार (लखनऊ), पं. सोहनलाल द्विवेदी पुरस्कार (नागपुर), प्रेमचन्द लेखक पुरस्कार (भुसावल), बीसवीं शताब्दी के रत्न सम्मान (सोनीपत), यू. एस. ए. सुपर्ब बायो-इण्टरनेशनल अवार्ड (संयुक्तराज्य अमेरिका), ए पर्सनैलिटी ऑफ एशिया एण्ड पैसिफिक (यू. एन. ओ.), उ. प्र. जर्नलिस्ट एसोसिएशन सम्मान, साहित्यवाचस्पति (उत्तराखण्ड) इत्यादि।

**डॉ. पृथ्वीनाथ पाण्डेय**

विचार-विविधा

११०/२, नयी बस्ती, अलोपीबाग, इलाहाबाद; २११००६

दूरभाष-संख्या : ०९९१९०२३८७०

# विषय-क्रम

# १. भाषा-शास्त्र का समीक्षण और परीक्षण

'भाषा' शब्द संस्कृत के 'भाष्' धातु से निष्पन्न माना जाता है। इसका अर्थ है, व्यक्त करना अथवा कहना। भाषा का मुख्य अभिप्राय ध्वनि-भाषा से है। इसके माध्यम से ही विचारों अथवा भावों की अभिव्यक्ति सम्भव है। भाषा की प्रथम इकाई हम 'वर्ण' अथवा 'अक्षर' को कहते हैं।

## भाषा – अर्थ और परिभाषा

"भाष्यते इति भाषा।" का भाव यह है कि भाषा व्यक्त वाणी को कहते हैं। "भाष् व्यक्ता याँ वाचि।" अर्थात् बिना समाज के भाषा की रचना और बिना भाषा के समाज की कल्पना पूर्णतः निरर्थक है। "यन्मनसा ध्यायति तद् वाचा वदति।" (यजुर्वेद) के आधार पर यह कहा जा सकता है कि मनुष्य के विचारों की अभिव्यक्ति के लिए व्यक्त ध्वनि-संकेतों का व्यवहार ही भाषा है।

भाषा को निम्नलिखित रूपों में प्रकट किया जा सकता है :—

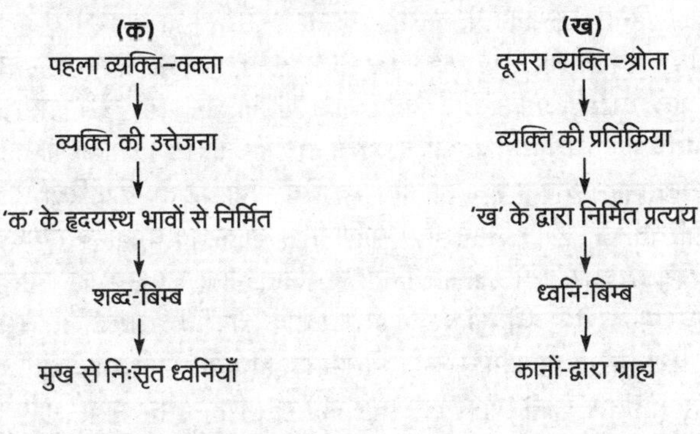


........................ ........................

भाषाविद् डॉ० पृथ्वीनाथ पाण्डेय के अनुसार, "भाषा का अस्तित्व प्रतीकों में होता है। इसके समस्त प्रतीक व्यवस्थित, सार्थक तथा सप्रयत्न उच्चरित होते हैं। ये प्रतीक कई प्रकार के होते हैं :— नेत्रग्राह्य, श्रोतृग्राह्य तथा स्पर्शग्राह्य।"

कुछ विद्वानों ने भाषा की परिभाषा इस प्रकार की है :—

"जिन ध्वनि-चिह्नों द्वारा मनुष्य परस्पर विचार-विनिमय करता है, उनकी समष्टि को भाषा कहते हैं।"

**• डॉ० बाबूराम सक्सेना**

"उच्चरित ध्वनि-संकेतों की सहायता से भाव अथवा विचार की पूर्ण अभिव्यक्ति भाषा है।"

**• आचार्य देवेन्द्रनाथ शर्मा**

"Language is a system of arbitrary vocal symbols by means of which man of social groups co-operates and interacts." • **Blokh and Tregger**

**( भाषा यादृच्छिक वाक्-प्रतीकों की एक ऐसी पद्धति अथवा व्यवस्था है, जिसके माध्यम से सामाजिक प्राणी मनुष्य पारस्परिक भाव-विनिमय अथवा सहयोग करते हैं। )**

भाषा वाक् यानि वाणी के सामाजीकरण का नाम है। यह मनुष्य की सूक्ष्म संवेदनशील अभिव्यक्ति का प्रकटीकरण है। इन सभी परिभाषाओं से यह सुस्पष्ट हो जाता है कि भाषा एक पद्धति है।

## वैदिक और लौकिक भाषा-विवेचन

जिन देशों में शिक्षा का समुचित रूप में प्रचार है, उनमें भी शिक्षित, अर्द्ध-शिक्षित तथा अशिक्षित जन-समूहों की बोल-चाल की भाषा में भेद दिखायी देता है। अस्तु, उस वैदिक भाषा के, जिसे लोग बोल-चाल के लिए भी काम में लाते हैं, शीघ्र ही दो रूप हो गये — एक तो वह, जिसका विकास पढ़े-लिखे विद्वानों में हुआ और दूसरा वह, जो अपढ़ जनों में प्रचलित रहा। विद्वानों में जिस रूप का विकास हुआ अथवा अन्त में उसकी जो स्थिति निर्धारित हुई, वह भी वैदिक भाषा से कुछ भिन्न थी। जैसे ; यदि वैदिक भाषा में **विप्रासः** और **विप्राः, देवासः** और **देवाः** आदि के दोनों रूप प्रचलित थे, तो विद्वानों की भाषा में केवल 'विप्राः' और 'देवाः' रूप रह गये। ये सब उसी प्रकार हुए, जिस प्रकार हिन्दी-क्रियाओं के **जाय है, जाता है**-सरीखे दो रूपों में से केवल 'जाता है'-सरीखे रूप ही रह गये हैं। धीरे-धीरे कई प्रकार के भेद होते गये तथा वैदिक और लौकिक भाषाओं के, एक के पीछे दूसरा, अनेक छोटे-बड़े व्याकरण भी बन गये, जैसे **ब्राह्म, ऐशान, ऐन्द्र, प्राजापत्य, आपिशल, पाणिनीय, चाँन्द्र, शाकटायन** आदि। इन व्याकरणों को ताला लगाकर उस समय के विद्वानों ने वैदिक तथा अपनी संस्कारित भाषा को तंग कोठरियों में बन्द कर दिया, जिससे उनमें परिवर्तन की छूत न लगने पाये। 'पाणिनी' ने 'लोके वेदे च' कहकर वैदिक तथा लौकिक भाषा का पार्थक्य स्पष्ट रूप में स्वीकार किया है, किन्तु भाषा को क्षयी और मृत्यु से बचाने की जगह इस व्याकरण-रूपी सञ्जीवनी बूटी ने इस पर ठीक विपरीत असर डाला, जैसा कि कालान्तर में ज्ञात हुआ; अर्थात् दोनों भाषाओं की गति सीमा-बद्ध हो गयी। भाषा को अछूता रखने की चिन्ता करनेवाले विद्वान् केवल व्याकरण बनकर चुप नहीं रहे। भिन्न-भिन्न भाषा-भाषियों के साथ जब आर्यों का व्यापारिक, राजनीतिक तथा सामाजिक सम्पर्क बढ़ा, तब दूसरी भाषाओं के शब्दों को अपने घर में घुसता देखकर प्राचीनता-प्रिय उन आर्य-विद्वानों ने रोक-थाम करने की और भी चेष्टाएँ कीं। विदेशी भाषाओं को 'यावनी' अथवा 'मलेच्छ' भाषाएँ बताकर उनको न पढ़ने तक का आदेश दे दिया।

इस प्रकार अपनी समझ में मज़बूत-से-मज़बूत ताला लगाकर विद्वज्जन अपने घर के भीतर बैठे-बैठे लौकिक तथा वैदिक संस्कृत के साथ चौसर खेला करते थे। इधर, जन-समुदाय की जो भाषा थी, वह चारों ओर से घिरे हुए सरोवर की भाँति न होकर, स्वेच्छाचारिणी नदी की भाँति थी। इस भाषा ने, जिसे वैदिक काल के पीछे की प्राकृत कह सकते हैं, आवश्यकतानुसार अपनी शब्द-सृष्टि में वृद्धि की। इस प्रकार इसका विकास अनवरत होता चला गया। प्राकृत में जिस प्रकार से शब्दों में परिवर्तन हुए, उसके कुछ उदाहरण देते हुए यहाँ संस्कृत से उसका भेद स्पष्ट किया गया

है; साथ ही यह दिखाने के लिए कि आधुनिक हिन्दी पर संस्कृत का कितना प्रभाव पड़ा है, हिन्दी-शब्द भी दिये गये हैं :—

| संस्कृत | प्राकृत | आधुनिक हिन्दी |
|---|---|---|
| सिंहः | सीहो, सिंघो | सिंह |
| गर्दभः | गड्डहो, गद्दहो | गदहा, गधा |
| गोपालः | गोवालो | ग्वाल |
| साधुकारः | साहुगारो | साहूकार |

अब क्रियाओं की बानगी का अध्ययन कीजिए :—

| संस्कृत | प्राकृत | पुरानी हिन्दी | आधुनिक हिन्दी |
|---|---|---|---|
| हँसति | हँसइ | हँसइ, हँसै | हँसता है। |
| कम्पते | कँपइ | कँपई, कँपै | काँपता है। |
| युध्यते | जुझइ | जुज्झई, जूझइ, जूझै | जूझता है। |
| रक्षति | रक्खइ | रक्खइ, राखे, रक्खै | रखता है। |

उल्लिखित उदाहरणों में से **सिंह, गधा** और **ग्वाल** स्पष्ट रूप में सूचित करते हैं कि यद्यपि हिन्दी की उत्पत्ति अपभ्रंश से है तथापि संस्कृत-द्वारा उसकी पुष्टि होती रही है।

अशिक्षा, अनाभ्यास, जिह्वा-दोष, त्वरा (शीघ्रता) आदि कारणों से उत्पन्न **एक-एक** का **एकेक, है ही** का **हई, हर एक** का **हरेक, रोवो, होवो** आदि का क्रमशः **रो, हो, होऊँ** का **हूँ** आदि रूप हिन्दी में प्रचलित हैं, जो बड़े-बड़े आचार्यों द्वारा ठीक माने जाते हैं। हमारे देखते-ही-देखते **तौ** का **तो** हो गया। दो बार किसी शब्द को लिखने की आवश्यकता पड़ती थी, तो दो का अंक (२) लिखकर काम चला लिया जाता था। यह प्रथा बहुत पुरानी थी किन्तु यह भी धीरे-धीरे लुप्त होती गयी। इधर, शब्द-शुद्धि के कुछ पक्षपातियों ने **राजनैतिक** को **राजनीतिक** करके **एकेक, हरेक** आदि को **एक-एक, हर एक** आदि रूप में फिर लिखना प्रारम्भ कर दिया है क्योंकि **एकेक, हरेक, राजनैतिक** आदि संस्कृत-व्याकरण के अनुसार शुद्ध नहीं हैं। हमारे विचार में इन शब्दों का रूप-परिवर्तन फारसी-लिपि में लिखनेवालों की कृपा से हुआ था। संस्कृत-व्याकरण का अनुसरण करनेवालों ने 'सामर्थ्य' शब्द को, जो हिन्दी में स्त्रीलिंग समझा जाता था, पुँल्लिंग बना डाला है। यह शब्द त्रिशंकु की भाँति लटक रहा है और दोनों लिंगों में इसका व्यवहार होने लगा है।

## भाषा का जीवन्त रूप

इन्हीं सब बातों से प्रमाणित होता है कि हिन्दी-भाषा एक जीवित भाषा है। **मधुपुरी-मधुरा = मथुरा; वाराणसी = बनारस** आदि भी इसी प्रकार के परिवर्तन के साक्षी हैं। **'मथुरा'** को **'मट्रा'**, **कलकत्ता** को **कैलकटा** कहना देश-भेदजन्य जिह्वा-दोष का प्रत्यक्ष उदाहरण है। सदा से ही शब्दों का रूप इसी प्रकार बिगड़ता अथवा बदलता रहा है। यह रोग बहुत पुराना है। इसकी रोक-थाम करने के लिए ***स्फोटक चन्द्रिका*** में लिखा गया है कि असाधु-शब्द बोलने से पाप और साधु-शब्द बोलने से पुण्य होता है। यही नहीं, एक बार ऐसा भी हुआ कि **हेरयः हेरयः** की जगह **हेलयः हेलयः** कहने के कारण ही दैत्यों को युद्ध में देवों से हारना पड़ा। (**दैत्यैर्हेरयो हेरय इति वक्तव्ये हेलयो हेलय इति प्रयुञ्जानाः पराबभूवुः**)। इन्द्र को मारने के लिए त्वष्ट्रा ने

वृत्रासुर की सृष्टि की थी, किन्तु उसको आशीर्वाद देते समय उसने **इन्द्रशत्रोविवर्द्धस्व** को तत्पुरुष की जगह बहुव्रीहि के रूप में कह दिया। फिर क्या था, पासा पलट गया— बेचारा वृत्रासुर उलटा इन्द्र के हाथों मारा गया।

प्राचीन आर्य-विद्वानों ने अपभ्रंशों से घबराकर ऐसी-ऐसी बातें कही हैं, जिनसे यही अनुमान होता है कि उस समय भी कई बार भाषा-विषयक क्रान्तियाँ हुईं और तरह-तरह की हुईं। कितनी ही पर्याप्त रोक-थाम करने पर भी न केवल लोक-भाषा का परिवर्तनशील प्रवाह जारी रहा, बल्कि सात तालों में बन्द की गयी संस्कृत-भाषा में भी बाहर के अनेक शब्द आते रहे और आज भी, जबकि संस्कृत को मृतभाषा समझा जा रहा है, आवश्यकतानुसार आते रहते हैं। **फुटबॉल, बेतार का तार, बर्की, गैस** आदि के लिए नये शब्द गढ़ना व्यर्थ में क्लिष्ट कल्पना करना है।

## शब्द-शास्त्र का तुलनात्मक अध्ययन

शब्द-शास्त्र का तुलनात्मक अध्ययन करने पर हमें अपनी पुरानी भाषा और दूसरे देशों की पुरानी भाषाओं के शब्दों में जो समता दिखायी देती है, उससे यही अनुमान होता है कि कभी हममें और कुछ उन जातियों में, जो अब हमारी दृष्टि में हमसे बिल्कुल भिन्न हैं, घनिष्ठ सम्पर्क था और इस शब्द-सम्पत्ति पर सबका समान अधिकार था। नित्य-प्रति व्यवहार में आनेवाले माता, पिता, स्वसा, दुहितृ और गिनती के एक, दो, तीन, चार आदि शब्द ही नहीं, बल्कि कितने ही और शब्द भी उल्लिखित अनुमान की पुष्टि करते हैं।

संस्कृत में एक क्रिया का रूप है **भरति**। ग्रीक का **फेराइ** (Pherei), लैटिन का **फ़र्ट** (Fert), गॉथिक का **बैरिथ** (Bairith) और अँगरेज़ी का **बेयरेथ** (Beareth) भी वही अर्थ देता है। संस्कृत में जिसको **हृद** कहते हैं, उसी को ग्रीक में ('ह' का 'क' हो जाने के कारण) **कर्दिआ** (Kardia), लैटिन में **कार्डिस** (Cardis), गॉथिक में **हार्टो** (Hearto), अँगरेज़ी में **हार्ट** (Heart) और जर्मन में **हर्ट्ज़** (Hertz) कहा जाता है। संस्कृत में जिसको **हंस** कहा जाता है, उसी को ग्रीक में **चेन** (Chen), लैटिन में **हैंसर** (Hanser), एंग्लो-सैक्सन में **गोस** (Gos), अँगरेज़ी में **गूज़** (Goose) और जर्मन में **गैन्स** (Gans) कहते हैं। इस प्रकार अर्थ और ध्वनि की समता रखनेवाले अनेक शब्द, शब्द-शास्त्र का तुलनात्मक अध्ययन करनेवाले विद्वानों ने खोज निकाले हैं।

हाँ, आर्यों के आदिम निवास-स्थान के विषय में अभी मतभेद बना हुआ है, किन्तु यदि बहुमत पर ध्यान दिया जाए तो यह स्थान मध्य-एशिया के आस-पास कहीं ठहरता है। सम्भव है, यह मध्य-एशिया के आस-पास न होकर और ही कहीं रहा हो और वहाँ से फिर यह जाति मध्य-एशिया में आयी हो, किन्तु इसमें कोई सन्देह नहीं कि कालान्तर में वहाँ इस जाति की दो शाखाएँ हो गयीं। कुछ लोग पश्चिम की ओर बढ़कर यूरोप में बस गए और कुछ पूर्व की ओर बढ़कर दो समूहों में बँट गये। एक समूह ने फारस तथा आस-पास के देशों में डेरा डाल दिया और दूसरा और भी आगे बढ़कर भारतवर्ष में बस गया। धीरे-धीरे और भी लोग आते गये और वे बढ़ते-बढ़ाते विन्ध्याचल की तलहटी तक आ पहुँचे। अतिप्राचीन काल में हिमालय और विन्ध्याचल के बीचवाले देश को ही 'आर्यावर्त्त' की संज्ञा दी गयी थी। बाद में 'आर्यावर्त्त' शब्द सम्पूर्ण भारतवर्ष के लिए प्रयुक्त किया जाता था। **व्याडि** ने लिखा है,

"आसमुद्राच्च वै पूर्वादासमुद्राच्च पश्चिमात्,
हिमवद्विन्ध्ययोर्मध्ये आर्यावर्त्त विदुबुधाः।"

आर्यों के फारसवाले उपनिवेश में **परजिक** और **मीडिक** भाषाओं का विकास हुआ था। भारतवर्ष में अड्डा जमानेवाली शाखा की सबसे पहली भाषा, जो ज्ञात है, **ऋग्वेद** की भाषा है। पारसियों का धर्म-ग्रन्थ **आवेस्ता** मीडिक भाषा में है। यह मीडिक भाषा यहाँ की प्राचीन भाषा से कितनी समता रखती है, इसका कुछ नमूना यहाँ दिखाना प्रासंगिक है।

वैदिक शब्द **मित्र** को आवेस्ता में **मिथ्र** कहा गया है। वैदिक शब्द **नर** आवेस्ता में **नरेम्, देव** शब्द **दएव, शत** शब्द **सत** और **पशु** शब्द **पसु**-रूप में देखा गया है। कुछ शब्द ऐसे भी हैं, जिनका रूप तनिक भी बदला हुआ दिखायी नहीं देता; जैसे— **गाथा, मे, मम, त्वम्, अस्ति** आदि।

इन सब बातों से यह परिणाम निकलता है कि वैदिक तथा मीडिक भाषाओं से पहले कोई एक भाषा और थी, जो इनकी और इनकी यूरोपीअन बहनों की जननी थी। यूरोपीअन भाषा से हमारा तात्पर्य उन अपभ्रंश भाषाओं से है, जिनका मूल भाषा से अलग होने पर स्वतन्त्र विकास यूरोप के अलग-अलग भागों में अलग-अलग रूप में हुआ। आशय यह कि मीडिक और वैदिक भाषाओं को भी उसी मूल भाषा का अपभ्रंश समझना चाहिए।

वेद की ऋचाओं से यह ज्ञात होता है कि प्राचीन आर्य अपनी आवश्यकताओं की पूर्ति करने की क्षमता तथा उसमें वृद्धि करने की प्रवृत्ति रखते थे। वे विद्वान् ही नहीं थे, बल्कि किसान और शिल्प-विद्याविशारद, कारीगर भी थे। वे तरह-तरह के यन्त्र बनाते थे; युद्ध करते थे तथा कविता भी। अपनी-अपनी प्रवृत्ति के अनुसार जो काम जिसको भाता था, उसी काम को वह करता था, परन्तु यह कैसे सम्भव है कि पण्डितों और किसानों की बोली सदा अथवा बहुत अधिक काल तक एक रह सके? आज भी लिखे-पढ़े और अपढ़ लोगों की भाषा में उनकी शिक्षा, अशिक्षा, कुशिक्षा अथवा संगति और देश-काल के अनुसार भेद दिखायी देता है। प्रकृति का जो नियम अब है, वही पहले भी था।

## भाषाओं का पारस्परिक प्रभाव

परदेशी भाषाएँ न पढ़ने का उपदेश पहले दिया गया था। उसका भी वही परिणाम हुआ, जो अँगरेज़ी शासन-काल के प्रारम्भिक काल में अँगरेज़ी-भाषा के प्रति हुआ था यानि तब उनके प्रति घृणा की भावना पनपी; लेकिन सर्वसाधारण ने विरोधियों की बात न मानी और निषेधों का विचार न करके लोग अन्य देशों की भाषाएँ पढ़ते रहे। यदि ऐसा न किया जाता तो राजधर्म और व्यापार कैसे चलता? 'महाभारत' में हम पढ़ते हैं कि लाक्षागृह के विषय में सचेत करते समय महात्मा विदुर ने युधिष्ठिर से म्लेक्ष-भाषा में सम्भाषण किया है। तात्पर्य यह कि हज़ार रोक-थाम करने पर भी भाषाओं का प्रभाव एक-दूसरे पर पड़ ही जाता है।

इस भाषा-संघर्ष के दौरान कितने ही शब्द अपना देश छोड़कर दूसरी जगह जा बसते हैं और कुछ शब्द दोनों देशों में अड्डा जमाये रहते हैं। लड़ाई में घायल हो जाने के कारण कुछ का रूप बदल जाता है और कुछ बेचारे अपनी जान से ही हाथ धो बैठते हैं। इसी नियम के अनुसार, प्राकृत में भी बहुत-से शब्द ऐसे पाये जाते हैं, जिनका पता देववाणी में नहीं मिलता। ये दूसरे देशों के रूप बदले हुए शब्द हो सकते हैं अथवा उस भाषा के हो सकते हैं, जो उन लोगों में बोली जाती थी, जो आर्यों के यहाँ आने के समय बसे हुए थे। वस्तुतः प्राकृत का भी सब जगह एक ही रूप प्रचलित न था। जिन कारणों से बंगाल के निवासी आज **सौम्य** को **शौम्य** और पंजाब के निवासी **स्कूल** को **सकूल** तथा **आत्म** को **आतम** कहते हैं, उन्हीं अथवा उनसे

मिलते-जुलते किन्हीं दूसरे कारणों से प्राकृत के भी कई रूप दिखायी देने लगे थे, यद्यपि उनमें समानता अधिक थी। जब प्राकृत में साहित्य-रचना होने लगी तब बोल-चाल की भाषा और उसमें भेद हो गया। इसी प्रकार प्राकृत ने कई रूप बदले। उसका दूसरा व्यापक रूप **पालि** है, जो गौतम बुद्ध से संबंधित होने के कारण सबसे महत्त्व का माना जाता है। पालि में भी बहुत कुछ साहित्य-रचना हुई। उस समय के जो शिलालेख, ताम्र-पत्र आदि मिलते हैं, उनसे पालि के भिन्न-भिन्न रूपों का कुछ हाल ज्ञात हो सकता है। यहाँ हम पहली प्राकृत से दूसरी प्राकृत यानी पालि का सम्बन्ध दिखाकर व्यर्थ आपका समय लेना नहीं चाहते। हाँ, इतना अवश्य बता देना चाहते हैं कि बोल-चाल की भाषा होने और साहित्य-रचना के लिए बहुत पुरानी न होने पर भी प्राकृत किसी समय अगणित अलंकारों से सजी हुई संस्कृत से अधिक मधुर और चमत्कृत समझी जाती थी; और वह भी मूर्खों में नहीं, बल्कि उद्‌भट विद्वानों में। **राजशेखर** ने ***कर्पूरमञ्जरी*** में लिखा है,

> "परुसा सक्क अबन्धा पाउ अबन्धो विहोई सुउमारो
> पुरुस महिलाणं जेन्ति अमिह अन्तरं तेतिय मिमाणं।"

इसका अर्थ यह है कि संस्कृत की रचना 'कठोर' और प्राकृत की 'सुकुमार' होती है। इन दोनों भाषाओं में पुरुष और स्त्री में बराबर अन्तर है।

कालान्तर में, विद्वानों ने देश-भेद से प्राकृत के **शौरसेनी, मागधी** और **महाराष्ट्री** — ये तीन अपभ्रंश माने थे। उस समय दक्षिण-पश्चिम में प्रचलित **नागर** नाम का भी एक अपभ्रंश माना जाता था, जिससे (कुछ लोगों की राय में) **महाराष्ट्री** और **शौरसेनी** की उत्पत्ति हुई। कुछ विद्वान् 'मागधी' को 'शौरसेनी' का अपभ्रंश बताते हैं तो कुछ 'मागधी' को मूल प्राकृत, जबकि कुछ 'महाराष्ट्री' को मूल प्राकृत। 'शौरसेनी' और 'मागधी' के मेल से उत्पन्न 'अर्द्धमागधी' नाम की एक अपभ्रंश भाषा थी, जिससे पूर्वी हिन्दी का विकास हुआ। हमारे विचार में तो यह भी एक क्रान्ति का युग था और इन अपभ्रंशों में पारस्परिक समानता और असमानता देखकर ही विद्वानों ने "अपनी-अपनी डफली अपना-अपना राग" वाली कहावत चरितार्थ की है। यदि 'मागधी' (जिससे **बिहारी** बोली की सृष्टि हुई है) के पूर्व-रूप को बौद्ध-धर्म के कारण विशेष महत्त्व मिला, तो अर्द्धमागधी को महावीर स्वामी और दूसरे जैन तीर्थंकरों के कारण उतना ही महत्त्व प्राप्त हुआ था।

हिन्दी-संसार में मैथिली का भी उल्लेखनीय स्थान है, यद्यपि प्राच्य प्राकृत से उत्पन्न होने के कारण यह बाँग्ला-भाषा की सगी बहन है। प्रख्यात भाषाविद् **डॉ० ग्रियर्सन** की अवधारणा है — **शौरसेनी तथा अर्द्धमागधी के मेल से ही वर्तमान हिन्दी की सृष्टि हुई है।**

डॉ० ग्रियर्सन की यह सम्मति और भी कितने ही विद्वान् लेखकों ने मान ली है, परन्तु हमारा विश्वास है कि वर्तमान हिन्दी पर पंजाबी का पूरा प्रभाव पड़ा है। इस विश्वास की पुष्टि में कितने ही उदाहरण दिये जा सकते हैं। संस्कृत की **यास्यति** क्रिया का प्राकृत रूप **जाएज्जा** है। पंजाबी में इसका अपभ्रंश **जाएगा** अथवा **जावेगा** है, जो कि आजकल बोल-चाल की हिन्दी में आता है। **शौरसेनी** से विकसित ब्रजभाषा में **जायगौ** कहेंगे और अर्द्धमागधी के विकसित रूप में **जैहै** अथवा **जइहै**। ब्रज-भाषा में जहाँ **घोड़ौ** कहा जाता है, वहाँ पंजाबी में **घोड़ा** और इसी रूप में आधुनिक हिन्दी में भी बोला जाता है। पंजाबी का प्रभाव हिन्दी पर **बांगड़ू** बोली की कृपा से पड़ा, जो दिल्ली और पंजाब तथा दिल्ली और राजस्थान के बीच की भाषा है। जिस राज्य में यह बोली जाती है, उसे 'हरियाणा' कहते हैं। इस पर राजस्थानी का भी प्रभाव पड़ा है।

डॉ० ग्रियर्सन के 'Linguistic Survey of India' नामक ग्रन्थ में से इसका एक उदाहरण यहाँ दिया जा रहा है, "**एक माणस कै दो छोरे थे। उनमैं तै छोट्टे ने बाप्पू तै कह्या अक बाप्पू हो धन का जौणसा हिस्सा मेरे बाँडे आवे सै मन्नै दे दे।**"

इसी से मिलती-जुलती भाषा दिल्ली के आसपास तथा और भी कई जगह बोली जाती है। इधर, आगरा की बोल-चाल की भाषा पर ध्यान देने से भी खड़ी बोली की उत्पत्ति **शौरसेनी + अर्द्धमागधी** तथा **पंजाबी + पैशाची** के अपभ्रंश से सिद्ध हो जाती है। पंजाबी के सम्बन्ध में यह बात ध्यान में रखने योग्य है कि इसकी उत्पत्ति पंजाबी-प्राकृत तथा पैशाची के मेल से हुई है। पैशाची, जिसे 'भूत-भाषा' भी कहते थे, उत्तर-पंजाब में, कश्मीर की ओर बोली जाती थी। कुछ विद्वानों की राय में वह मध्यप्रदेश और राजपूताने के आसपास बोली जाती थी, परन्तु प्रमाणों से यह बात सिद्ध नहीं होती। संस्कृत और प्राकृत से उसका क्या सम्बन्ध था, यह दिखाने के लिए कुछ उदाहरण देने अनुचित न होंगे।

| **संस्कृत** | **प्राकृत** | **पैशाची** |
|---|---|---|
| दुष्टः | दुट्ठ | दुसट |
| कष्टः | कट्ठ | कसट |
| सहते | सहइ | सहदे |

इन उदाहरणों से सूचित होता है कि पैशाची का लगाव संस्कृत से अधिक है, प्राकृत से कम। ऊपर के उदाहरण में **सहदे** दिया हुआ है; इसी अर्थ में आधुनिक हिन्दी में **सहते** (हैं) कहेंगे। 'सहइ' तो प्राकृत का रूप है, जो ब्रज भाषा में 'सहहि' का रूप धारण कर लेगा। हाँ, आगरा की बोली के प्रभाव के कारण **सहै है**-सरीखे रूप में भी उसमें आते रहे हैं। इस उदाहरण से यह प्रमाणित हो जाता है कि खड़ी बोली की क्रियाएँ किधर से आयी हैं। इनमें से एक रूप (सहता, करता आदि) का वंश-वृक्ष देखने से अर्द्धमागधी और शौरसेनी का कहीं पता भी नहीं मिलता। ऐसे और भी अनेक उदाहरण दिये जा सकते हैं।

**अवन्ती** में प्राकृत का जो रूप प्रचलित था, उसी से कुछ सज्जन राजस्थानी की और उसी से मिलते-जुलते एक और रूप **गौर्जरी** से गुजराती की उत्पत्ति मानते हैं। इसमें सन्देह नहीं कि राजस्थानी और गुजराती का तुलनात्मक अध्ययन करने से दोनों का विकास एक ही स्थान से हुआ दिखता है। राजपूताने के कुछ भागों की बोली और इधर मालवा की बोली से गुजराती की बहुत अधिक समता है। इससे उल्लिखित सिद्धान्त की और भी पुष्टि हो जाती है। ब्रज-भाषा और राजस्थानी में जो समता दिखती है, उसका कारण इन दोनों का ही **नागर** अपभ्रंश से उत्पन्न होना हो सकता है क्योंकि **शौरसेनी** को भी कुछ विद्वानों ने नागर अपभ्रंश का ही एक भेद माना है। इसी तरह, प्राकृत के **अवन्तीबाला** रूप भी, जिससे **राजस्थानी** की उत्पत्ति मानी जाती है, **नागर** अपभ्रंश का ही एक भेद कहा जाता है।

पूर्वी हिन्दी— **बैसवाड़ी** (जिसको अवधी भी कहते हैं) और **बघेलखण्ड** तथा **छत्तीसगढ़** में बोली जानेवाली भाषाओं की उत्पत्ति 'अर्द्ध-मागधी' से है, जो वस्तुतः 'मागधी' और 'शौरसेनी' का घालमेल है।

भाषाओं के इस प्रकरण पर विचार करते समय यह बात नहीं भूलनी चाहिए कि इन सबकी मूल भाषा एक ही थी और इसी कारण अनेक अपभ्रंश हो जाने पर भी सबमें समानता की एक लहर प्रवाहित हुई, जो अब भी देखी जा सकती है। उदाहरणार्थ, **करता हूँ** के अर्थ में **करदा हाँ, करत हौं, करूँ छूँ, करि** आदि एक ही से अथवा एक–दूसरे से बहुत कुछ मिलते-जुलते सभी राज्य स्तरीय बोलियों में मिलेंगे। इसी प्रकार और भी अनेक संज्ञाओं, सर्वनामों तथा क्रियाओं के उदाहरण दिये जा सकते हैं। अब अपभ्रंश से हिन्दी का सम्बन्ध दिखाने के लिए नीचे कुछ उदाहरण दिये गये हैं :—

| प्राकृत | अपभ्रंश | हिन्दी |
|---|---|---|
| सामलो | सामलो | सामलो, साँवरो, साँवला |
| घोडो | घोडो | घोड़ौ, घोड़ा |
| जत्थ | जहिं | जहँ, जहाँ |
| तत्थ | तहिं | तहँ, तहाँ |
| कत्थ | कहिं | कहँ, कहाँ |
| एसो | एहो | एह, इह, यह |
| को | कवण | कवन, कौन |
| हं | हउँ | हूँ, हौं ('मैं' के अर्थ में) |

❄❄❄

# २. हिन्दी-भाषा का ऐतिहासिक परिशीलन

हिन्दी-भाषा का इतिहास लिखने वाले अनेक विद्वानों ने हिन्दी का जन्म-काल संवत् ७०० के लगभग माना है। इसकी पुष्टि में वे **पुष्प** नामक एक कवि का उल्लेख करते हैं, जिसने दोहों में अलंकार-विषयक एक ग्रन्थ की रचना की थी। खेद है, यह ग्रन्थ अब नहीं मिलता, किन्तु मेरे विचार में, ज़िस भाषा में यह ग्रन्थ लिखा गया होगा, उसे 'अपभ्रंश' कहना अधिक युक्ति-युक्त होगा क्योंकि पुष्प कवि ने प्रसिद्ध राजा भोज के पूर्व के राजामान से 'अलंकारशास्त्र' का ज्ञान प्राप्त किया था। राजा भोज के चाचा मुञ्ज ने अपने भाई अर्थात् भोज के पिता की हत्या करके सिंहासन हड़प लिया था। वह वाक्पतिराज मुञ्ज जैसा पराक्रमी था और वैसा ही उच्चकोटि का कवि भी था। इसकी कविता के कुछ उदाहरण आगे दिये गये हैं। 'अनहिलवाड़े' के महाराज सिद्धराज जयसिंह के यहाँ आश्रय पानेवाले **आचार्य हेमचन्द** ने, जिनका जन्म संवत् ११४५ में हुआ था, अपने ***प्राकृत व्याकरण*** संवत् ११६८ में अपभ्रंश-भाषा के जो उदाहरण दिये हैं, उनमें 'मुञ्ज' की भी रचना शामिल है। जब संवत् १०२५ के पीछे की मुञ्ज की रचना अपभ्रंश में समझी जाती है, तब उससे ३०० वर्षों पहले की पुष्प की रचना भी अपभ्रंश ही में क्यों न समझी जाए? उस समय अपभ्रंश का दौर भी था, यद्यपि परवर्ती काल में यही अपभ्रंश-भाषा पुरानी हिन्दी में बदल गयी।

प्रथम हिन्दी-साहित्य सम्मेलन के सभापति के रूप में **महामना मदनमोहन मालवीय** ने संवत् १९६७ में जो वक्तव्य दिया था, उसमें उन्होंने संवत् ८०२ के किसी कवि के विषय में कहा था, परन्तु उसका नाम तथा उसके ग्रन्थ के विषय में कुछ भी ज्ञात नहीं है।

इसके बाद ***खुमानरासो*** का विवरण मिलता है। यह संवत् ८९० के पूर्व की कृति हो सकती है क्योंकि चित्तौड़ के रावल खुमान का राज-काल संवत् ८६६ से ८९० तक है। खेद है, यह ग्रन्थ भी अनुपलब्ध है, किन्तु पूर्व में बताये गए तर्कों के आधार पर इसका भी अपभ्रंश में ही होना अधिक सम्भव है।

संवत् ९९० के लगभग **देवसेन सूरि** ने ***नय चक्र*** नाम का ग्रन्थ दोहों में लिखा। तद्पश्चात् **माइल्ल धवल** नाम के एक और विद्वान् ने प्राकृत में रचना की। यह भी मेरी समझ में अपभ्रंश में ही रचा गया होगा।

विक्रम संवत् से लगभग ५०० वर्ष पूर्व मगध में **प्रसेनजित्** नाम का एक राजा था, जिसकी राजधानी राजगृह में थी। किसी कवि ने अपभ्रंश-भाषा में उसका चरित्र लिखा है। इसके अनेक दोहे **शुभशील गणि** ने अपने ***कथा-कोष*** में, जो उन्होंने संवत् १०५९ में लिखा था, दिये हैं। उनमें से केवल एक दोहा उदाहरण के लिए यहाँ दिया गया है। राजा ने सभा में अपने पुत्र को किसी बात पर अप्रसन्न होकर कुछ कठोर वचन कह दिये, जिससे रूठकर वह घर से निकल गया और कहीं जाकर किसी का घर-जमाई बनकर रहने लगा। राजा ने उसे बुलाने के लिए श्लेष-युक्त एक दोहा लिखा था। पुत्र ने उसका उत्तर दिया। राजा ने फिर दो दोहे लिखे, जिनमें से एक अग्रलिखित है

"जे मि सभा महँ बोलिऊँ ते अपमान कि मान
सोजि सँभारि बिचारि करि तो आरोग उधान।"

इसमें पुरानी हिन्दी का ही नहीं, बल्कि कई प्रान्तीय बोलियों का स्वरूप भी स्पष्ट झलक रहा है। मुञ्ज के विषय में आपको बताया जा चुका है। उसका शासन-काल विक्रम की ग्यारहवीं शताब्दी के प्रथम चरण के अन्त में अनुमान किया जाता है। अन्तिम युद्ध में वह कल्याण के सोलंकी राजा तैलप द्वितीय के हाथों क़ैद कर लिया गया। क़ैद में तैलप की बहन मृणालवती से उसका प्रेम हो गया और उसने सुरंग से निकल कर भागने की जो युक्ति सोची थी, उसे मृणालवती को बता दी। मृणालवती ने मुञ्ज का मंसूबा अपने भाई से कह दिया, जिससे मुञ्ज पर और भी कड़ाई होने लगी।

इस दोहे में जो उदाहरण दिये गये हैं, वे 'मुञ्ज' की उसी समय की रचनाएँ हैं :—

"जा मति पच्छइ संपज्जइ सा मति पहिली होइ
मुंज भणइ मुणालवइ बिघन न बेढइ कोइ।"

अर्थात् जो बुद्धि बाद में, यानी कुछ खोकर, पैदा होती है, वह यदि पहले से हो जाए तो मुञ्ज कहता है— हे मृणालवती! कोई विघ्न न पड़े।

कहा जाता है कि संवत् १०८० के लगभग जब महमूद ग़ज़नवी ने कालिंजर के राजा नन्द पर चढ़ाई करने का विचार किया था, तब राजा नन्द ने एक छन्द लिखकर सुलतान के पास भेजा, जिसका अर्थ जान-समझकर वह इतना प्रसन्न हुआ कि उसने न केवल कालिंजर पर चढ़ाई करने का विचार छोड़ दिया, बल्कि और १५ क़िले राजा को दे दिये। खेद है, वह छन्द देखने में नहीं आता।

**आचार्य हेमचन्द** के सम्बन्ध में अनहिलवाड़े महाराज सिद्धराज जयसिंह के नाम का उल्लेख किया जा चुका है। उनके शासन-काल में कुतुब अली नाम का एक मुसलमान कवि था, जिसकी मस्जिद कुछ लोगों ने खोद डाली थी। इस पर कुतुब अली ने महाराज से छन्दबद्ध प्रार्थना की थी। महाराज ने प्रसन्न होकर न केवल मस्जिद फिर से बनवा दी थी बल्कि मस्जिद खोदनेवालों को उचित दण्ड भी दिया। खेद है, कुतुब अली की भी कोई रचना नहीं मिलती। वैसे यह घटना संवत् ११५० से १२०० तक के बीच में कभी घटी होगी क्योंकि जयसिंह महाराज का शासन-काल यही माना जाता है। संवत् ११८० के लगभग साद का बेटा **मसऊद** भी हिन्दी का कवि था। खेद है, उसकी रचना भी नहीं मिलती।

बीकानेर के **साईंदान-चारण**—द्वारा संवत् ११९१ में लिखे गये ***समन्त सार*** नाम के ग्रन्थ का पता चलता है। डीडवाणा (मारवाड़) के **अकरम फ़ैज़** का जन्म संवत् ११७९ में हुआ था। कहा जाता है, वे जयपुर के महाराज माधव सिंह के आश्रित थे। उन्होंने ***वर्तमाल*** काव्य की रचना की और ***वृत्तरत्नाकर*** का अनुवाद किया था।

यद्यपि इस समय की भी कितनी ही रचना अपभ्रंश (जिसको उस समय पुरानी चाल की हिन्दी समझा जाता रहा होगा) में मिलती हैं, तथापि हमारी राय में तब तक हिन्दी को स्वतन्त्र रूप प्राप्त हो गया था। **चन्द** और **जगनिक** की रचनाओं पर ध्यान देने से इस अनुमान के सत्य होने में तनिक भी सन्देह नहीं रहता। चन्द का जन्म संवत् ११८३ में लाहौर में हुआ था। वे पृथ्वीराज के आश्रित थे। उनका समकालीन जगनिक महोबे के परमाल राजा का आश्रित था। चन्द की रचना

में सभी प्रान्तीय भाषाओं की झलक दिखायी देती है। उन्होंने फारसी और अरबी के भी शब्दों का बेधड़क प्रयोग किया है।

***पृथ्वीराज रासो*** की भाषा के विषय में वह स्वयं कहता है,

"उक्तधर्मविशालस्य राजनीति नवं रसम्
षट्भाषा पुराणं च कुरानं कथितं मया।"

यहाँ क़ुरान से मतलब अरबी-फारसी के शब्दों से है। चन्द के पहले तथा उसके समय में भी कितने ही और कवि रहे होंगे परन्तु खेद है, दो-एक को छोड़कर बाक़ी का पता नहीं चलता। पृथ्वीराज का जन्म संवत् १२०५ में हुआ था और संवत् १२४८ में वे मोहम्मद गोरी द्वारा मारे गये थे। कहा जाता है, चन्द की मृत्यु भी उन्हीं के साथ हुई। उस समय भी कुछ कवि अपभ्रंश-भाषा में रचना करते थे, किन्तु उनकी भाषा भी पुरानी हिन्दी से बहुत कुछ मिलती-जुलती है। उदाहरण के लिए, अनहिलवाड़े के **सोमप्रभ सूरि** के लिखे ***कुमारपाल-प्रतिबोध*** का नाम लिया जा सकता है, जो संवत् १२४१ में रचा गया था। उसमें से केवल एक उदाहरण दिया जा रहा है, इसे समझने का प्रयास करें—

"अम्हे थोड़ा रिउ बहुय इयु कायर चिन्तन्ति
मुद्धि निहालहि गयण यलु कह उज्जोउ करन्ति।"

अर्थात् "हम थोड़े हैं, रिपु बहुत हैं", ऐसा कायर सोचते हैं। हे मुग्धे! देख, आकाश में कितने (नक्षत्र) हैं, जो उजाला करते हैं।

चन्द ने रासों में जिन छः भाषाओं के व्यवहार करने की बात कही है, उससे और उनकी रचना को देखकर भी यही प्रतीत होता है कि उस समय तक थोड़ा-बहुत भेद रखनेवाले हिन्दी के कितने ही रूप प्रचलित हो गये थे, जैसा कि आजकल भी देखने में आता है किन्तु जो रूप, कुछ विशेष कारणों से ऊपर आ गये, वे आ गये; शेष इस जीवन-संघर्ष में या तो लुप्त हो गये अथवा दब गये। चन्द ने 'पृथ्वीराज रासो' लिखा अथवा नहीं और यदि लिखा तो कितना लिखा, इस विषय में विद्वानों में मतभेद है। कुछ का मत है कि उसमें बहुत सामग्री बाद में जोड़ी गयी हैं। जो हो, उनकी रचनाओं में से कितनी ही ऐसी रचनाएँ हैं, जो अपभ्रंश रचनाएँ, राजस्थानी तथा अपभ्रंश और ब्रज-भाषा के बीच के गड्ढे को भरती हुई, इतिहास-प्रेमियों के लिए गवेषणा की प्रचुर सामग्री प्रस्तुत करती हैं। यहाँ उनकी कृति में से केवल दो उदाहरण दिये जा रहे हैं, जिनसे आप स्वयं अनुमान कर लेंगे कि उन्होंने कहीं तो कितनी ही भाषाओं की चटनी कर दी और कहीं शुद्ध ब्रजभाषा में लिखा

(१)

"खुरासान मुलतान खंधार मीरं
बलक सोवल तेग अच्चूक तीरं
रुहंगी फिरंगी हलंबी समानी
ठटी ठट्ठ बल्लोच ढालं निसानी
मँजारी चखी मुक्ख जंबक्क लारी
हजारी हजारी इकैं जोध भारी
तिनं पष्षरं पीठ हय जीन सालं
फिरंगी कती पास सुकलात लालं"

अब ब्रजभाषा का शुद्ध रूप समझिए

(२)

"पूरन सकल बिलास रस सरस पुत्र फलदान,
अन्त होय सहगामिनी नेह नारि कौ मान।"

समदरसी ते निकट है भुगति मुकति भरपूर,
विषम दरस वा नरन ते सदा सरबदा दूर।

पर योषित परसे नहीं ते जीते जग बीच,
परतिय *तक्कत* रैनदिन ते हारे जग नीच।"

इसमें ***तक्कत*** को छोड़कर और सब शुद्ध ब्रजभाषा में हैं।

इस समय अपभ्रंश की भाँति किसी एक भाषा का साम्राज्य न होने पर भी भिन्न-भिन्न राज्यों में बोली जानेवाली भाषाओं में बहुत समता पायी जाती है। इसका कारण उन सबका एक ही घर की बेटियाँ अथवा भतीजियाँ होना है। कहावत है, "हर बारह कोस पर भाषा बदल जाती है", किन्तु रूप-रंग की समता देखकर पहचाना जा सकता है कि कौन किस कुटुम्ब की है।

पिछले पृष्ठों पर दिये गये उदाहरणों को ध्यान से देखने पर अनुमान लगाया जा सकता है कि हिन्दी के भिन्न-भिन्न रूपों का ढाँचा विक्रम की तेरहवीं शताब्दी से पहले ही तैयार हो गया था।

अब हिन्दी के उस रूप के विषय में अध्ययन करना युक्तियुक्त होगा, जिसमें यह पुस्तक लिखी गयी है। यह रूप आगरा, दिल्ली, मेरठ, सहारनपुर आदि के आस-पास की भाषाओं के उसी तुमुल युद्ध के समय से प्रचलित है, जब वे अपभ्रंश से अलग हुई थीं। चन्द की कविता में इसकी झलक दिखायी देती है किन्तु सबसे पुरानी क्रमबद्ध रचना, जो इसमें मिलती है, **अमीर खुसरो** की है। संवत् १३१२ में अमीर खुसरो का जन्म हुआ था। वे फारसी के अतिरिक्त हिन्दी के भी विद्वान् थे और बड़े मनचले थे। उनकी रचना पढ़ने से सहज में ज्ञात हो जाता है कि उनके समय तक हिन्दी का यह रूप कहाँ तक विकसित और स्वतन्त्र हो चुका था।

अमीर खुसरो की रचना के कुछ नमूने यहाँ दिये गये हैं; समझने का प्रयास कीजिए

(१)

"एक थाल मोती से भरा सबके सिर पर औंधा धरा,
चारों ओर वह थाली फिरे, मोती उससे एक न गिरे।"

यह ***आकाश*** की पहेली है।

(२)

"बाला था जब सबको भाया बढ़ा हुआ कुछ काम न आया,
खुसरो कह दिया उसका नाम अर्थ करो नहीं छोड़ो गाम।"

यह ***दीये*** की पहेली है।

इससे प्रमाणित होता है कि खुसरो के समय तक इस भाषा का नाम 'हिन्दी' पड़ चुका था। वैसे 'हिन्दू', 'हिन्द' आदि शब्द बहुत पुराने हैं। फारसवालों ने सिन्ध देश का **हिन्ध** नाम रख लिया था। यहाँ **स** का **ह** में बदल जाना, तुलनात्मक शब्द-शास्त्र के एक व्यापक नियम के अनुसार हुआ, जिसके अनुसार संस्कृत का **सप्त** फ़ारसी में **हफ़्त** कहलाता है और **सप्ताह** को **हफ़्ता** कहा जाता

है। **हिन्ध** का **हिन्द** हो जाना साधारण बात है। हिन्द के रहनेवाले हिन्दू अथवा हिन्दी कहलाये और उनमें जो भाषा सबसे अधिक व्यापक थी, वह अन्त में हिन्दी-भाषा कहलायी। यह नाम मुसलमानों के यहाँ पधारने से कहीं पहले का है।

**(१)**

"पञ्च खानाः सप्त मीरा नव साहा महाबलाः,
हिन्दूधर्मप्रलोप्तारो जायन्ते चक्रवर्तिनः।"

**(२)**

"हिन्दूधर्म प्रलोप्तारो भविष्यन्ति कलौयुगे।"

क्रमश: **मेरुतन्त्र** और **शिवरहस्य** के इन श्लोकों को बाद के भी मान लिये जाएँ, तो भी ईसा मसीह से बहुत पहले फारस में लिखी गयी ***दसातीर*** नामक पारसी धर्मपुस्तक में जो ***अकनू बिरहमने व्यास नाम अज़ हिन्द आमद बसदाना के अकिल चुनानस्त*** और ***चूँ व्यास हिन्दी बलख़ आमद*** लिखा है, वही 'हिन्दी' शब्द की प्राचीनता के प्रमाण में यथेष्ट है।

अमीर खुसरो के अतिरिक्त और भी मुसलमान लेखकों ने इस शब्द का प्रयोग किया है। किसी मुसलमान लेखक ने धार्मिक विषय को लेकर ***नूरनामा*** नाम क़ी पुस्तक पहले कभी तैयार की थी। उसमें उसने उस भाषा को भी **हिन्दी** ही बताया है, जिसको आजकल **उर्दू** कहते हैं। देखिए,

"ज़ुबाने अरब में य' था सब कलाम,
किया नज़्म हिन्दी में मैंने तमाम।
अगरचे था अफ़सः वो अरबी ज़ुबाँ,
व लेकिन समझ उसकी थी बस गिराँ।
समझ उसकी हरइक को दुश्वार थी,
कि हिन्दी ज़बाँ याँ तो दरक़ार थी।
इसी के सबब मैंने कर फ़िक्रोग़ौर,
लिखा नूरनामे को हिन्दी के तौर।"

**मलिक मोहम्मद जायसी** ने शेरशाह के समय में ***पद्मावत*** नामक एक प्रसिद्ध काव्य-ग्रन्थ की रचना की थी। उसमें उन्होंने कहा है,

"तुरकी अरबी हिन्दवी भाषा जेतो आहि,
जामें मारग प्रेम का सबै सराहैं ताहि।"

**जटमल** ने संवत् १६८० में जो ***गोरा-बादल की कथा*** लिखी है, उसमें 'हिन्दवी' शब्द लिखा है। इन सब बातों से स्पष्ट होता है कि उस समय तक हिन्दी के अरबी-फारसी मिश्रित रूप का नाम 'उर्दू' नहीं पड़ा था। प्राकृत अथवा संस्कृत से भेद प्रकट करने के लिए हिन्दी को 'भाषा' भी कहा जाता था। आज भी 'भाषा-टीका-सहित' पुस्तकों के विज्ञापन देखने में आते हैं।

पहले गद्य होता है, तब पद्य। यह बात दूसरी है कि पुस्तकें पद्य में लिखी जाएँ। जब तक कोई भाषा बोल-चाल में न आये, तब तक उसमें कोई कैसे काव्य-रचना कर सकता है? खुसरो की रचना उस समय की बोल-चाल की भाषा का सुन्दर और स्वच्छ स्वरूप दिखा रही है, परन्तु प्रसिद्ध विद्वान् डॉक्टर सर जॉर्ज ग्रियर्सन, जिनके ऋण से हिन्दी-संसार कभी उऋण नहीं हो सकता, कहते हैं कि गिल क्राइस्ट की प्रेरणा से फ़ोर्ट विलियम कॉलेज में लल्लूजी लाल ने बोल-चाल

की भाषा में से अरबी-फारसी के शब्द हटाकर और उनकी जगह 'इण्डो-आर्यन' शब्द रखकर नयी भाषा गढ़ ली। पहले तो लल्लूजी लाल की रचना-शैली ही इस बात का अकाट्य प्रमाण है कि उन्होंने कोई नयी भाषा नहीं गढ़ी, केवल आगरा की बोली में (जिसको उन्होंने, ब्रजभाषा से तथा अरबी-फारसी के शब्द मिली हुई बोली से, जो उस समय **रेख़्ते** की बोली कहलाती थी, भेद बताने के लिए खड़ी बोली कहा है) पुस्तक लिखी। ***लालचन्द्रिका*** में अपना हाल देते हुए लल्लूजी लाल स्वयं कहते हैं, ''**इसमें जो पोथियाँ ब्रजभाषा औ खड़ी बोली औ रेखतें की बनाईं सो सब प्रसिद्ध हैं।**'' दूसरे, उनकी शैली में कहीं-कहीं ब्रजभाषा का पुट दिखता है। अगर केवल शब्दों में हेर-फेर करके वह पुस्तक लिखी जाती, तो यह असम्भव था।

खुसरो ने जिस भाषा में और जिस ढंग से रचना की है, उससे प्रकट होता है कि भाषा का वह रूप उससे पहले भी बोल-चाल में पर्याप्त प्रचलित था और उसमें पद्य-रचनाएँ भी होती थीं। खुसरो की भाषा में नयेपन अथवा फ़ौजीपन का नाम भी नहीं है। उसमें, वह स्वतन्त्रता और सामर्थ्य दिखायी देती है, जो किसी ठेठ भाषा में होनी चाहिए।

जिस समय लल्लूजी लाल ने फ़ोर्ट विलियम कॉलेज में ***प्रेमसागर*** की रचना की थी, उसी समय **सदल मिश्र** ने ***नासिकेतोपाख्यान*** और **मीर अम्मन** ने उर्दू में ***बाग़ोबहार*** की रचना की थी। डॉ० ग्रियर्सन ने उर्दू और हिन्दी-गद्य के जन्म के विषय में स्वयं ही अपने **Linguistic Survey of India** नामक ग्रन्थ में लिखा है,

*"Urdu prose came into existence, as a literary medium, at the beginning of the last century in Calcutta. Like Hindi prose it was due to English influence and to the need of text books in both forms of Hindostani for the college of Fort William. The 'Bagh O Bahar' of Mir Amman and the 'Khirade-Afroze' of Hafiz-Uddin Ahmad are familiar examples of the earlier of these works in Urdu as the already mentioned 'Prem Sagar' written by Lallu Lall is an example of those in Hindi."*

इसका अर्थ यह है— *पिछली शताब्दी के प्रारम्भ में उर्दू-गद्य पहले-पहल कलकत्ते में साहित्य-रचना के काम में लाया गया। हिन्दी-गद्य की भाँति यह भी अँगरेज़ी के प्रभाव से ही उद्भूत हुआ। इसलिए 'हिन्दोस्तानी' भाषा के दोनों रूपों में पाठ्य-पुस्तकों की आवश्यकता थी, फ़ोर्ट विलियम कॉलेज के लिए। मीर अम्मन का 'बाग़ोबहार' और हाफ़िज़ुद्दीन अहमद का 'ख़िराद-ए-अफ़रोज' उर्दू के प्रारम्भिक गद्य के नमूने हैं; जैसा कि लल्लू लाल का 'प्रेमसागर' हिन्दी-गद्य का नमूना है।*

इससे यह साबित होता है कि हिन्दी और उर्दू-गद्य में पुस्तकें पहले-पहल फ़ोर्ट विलियम कॉलेज में लिखी गयीं। इस मत के विरुद्ध हम **मुंशी सदासुख सिंह** (जिनका जन्म संवत् १८०३ में दिल्ली में हुआ था तथा मृत्यु संवत् १८८१ में प्रयाग में हुई थी) और **सय्यद इंशाअल्लाह ख़ाँ** (जो दिल्ली के रहनेवाले थे, किन्तु वहाँ से लखनऊ के नवाब सआदत अली खाँ के यहाँ जाकर रहे थे और जिनकी मृत्यु संवत् १८७४ में हुई थी) को पेश करते हैं।

निश्चित रूप में खड़ी बोली के कई गद्य-लेखक मुंशी सदासुख सिंह से पहले के थे; सम्भव है कि उनकी रचनाएँ खोज में मिलें। सय्यद इंशाअल्लाह ख़ाँ की पुस्तक ***रानी केतकी की कहानी*** को डॉक्टर ग्रियर्सन स्वयं संवत् १८५७ के लगभग की अनुमान करते हैं। मुंशी सदासुख सिंह का

गद्य अभी कहीं छपा नहीं है। हमें इस पुस्तक का परिचय लाला भगवानदीन और रामदास गौड़ की ***हिन्दी भाषासार*** नामक पुस्तक में मिलता है।

यहाँ चारों की शैलियों के थोड़े-थोड़े नमूने प्रस्तुत हैं

**''कितने जन्मान्ध किसी गाँव में बसते थे। वहाँ हाथी आय निकला। जितने अंधे थे, यह बात सुनकर बहुत फूले और मुदित हुए। सब मिलकर कहने लगे कि चलो हाथी देखिए। सब मिलकर आए। आँखों से तो अंधे थे। किसी ने सूँड़ पकड़ी हाथ से, उसने कहा हाथी अजगर के बराबर है।''**

**• मुंशी सदासुख सिंह**

**''एक दिन बैठे-बैठे यह बात अपने ध्यान में चढ़ आई कोई कहानी ऐसी कहिए जिसमें हिन्दुई छुट और किसी बोली की पुट न मिले। तब जाके मेरा जी फूल की कली के रूप में खिले।''**

**• सय्यद इंशाअल्लाह खाँ**

**''महाराज, सब रानियाँ तो देवी के द्वार पर धरना दे यों मनाय रही थीं और उग्रसेन बसुदेव आदि सब यादव महाचिन्ता में बैठे थे कि इस बीच श्रीकृष्ण अविनाशी द्वारका-वासी हँसते-हँसते जामवन्ती को लिए आय राजसभा में खड़े हुए।''** **• लल्लूजी लाल**

**''इस प्रकार से यमपुरी का दक्षिण द्वार अति डरावना है कि जहाँ दूतों के बस होकर पापी लोग एस महानरक में पड़ते वो नाना भाँति के दुःख को सहते हैं।''** **• सदल मिश्र**

अब इन चारों उदाहरणों को देखकर पाठक स्वयं ही निश्चित कर सकते हैं कि पिछले दो उदाहरणों की भाषाएँ फ़ोर्ट विलियम में गढ़ी गयी हैं अथवा उस पुरानी बोली के विकसित रूप हैं, जिनमें आगीर खुसरो ने रचना की थी। पहले दो उदाहरण पाठकों को अपना मत स्थिर करने में बहुत सहायता कर सकते हैं, क्योंकि एक तो उनका फ़ोर्ट विलियम कॉलेज से कोई सम्बन्ध नहीं; दूसरे, कुछ लोगों की राय में वे इतने पहले के लिखे हुए हैं, जब उर्दू-गद्य का जन्म भी नहीं हुआ था।

डॉ० ग्रियर्सन उर्दू और हिन्दी (खड़ी बोली) गद्य का जन्म एक साथ मानते हैं, परन्तु पं० चन्द्रधर शर्मा 'गुलेरी' ने ***पुरानी हिन्दी*** शीर्षकवाले लेख में कहा है

*''हिन्दी-गद्य की भाषा लल्लू लाल के समय से आरम्भ होती है। उर्दू-गद्य उससे पुराना है। खड़ी बोली-कविता हिन्दी में नई है;...उर्दू पद्य-भाषा उसके बहुत पहले हो गई है। हिन्दू कवियों का यह संप्रदाय रहा है कि हिन्दू पात्रों से प्रादेशिक भाषा कहलवाते थे और मुसलमान पात्रों से खड़ी बोली।''*

इसी लेख में एक जगह वे कहते हैं

''मुसलमानों में बहुतों की घर की बोली खड़ी बोली है।''

भला सोचने की बात है कि जो भाषा विश्व के किसी कोने में बोली ही नहीं जाती थी, उसमें चौदहवीं सदी में पद्य-रचना कैसे कर दी गयी थी। चन्द्रधर शर्मा 'गुलेरी' के ही कथनानुसार, चौदहवीं शताब्दी में लिखी गयी 'शार्ङ्गधरपद्धति' में श्रीकण्ठ के लिखे हिन्दी और संस्कृत के असंगत श्लोक में खड़ी बोली कहाँ से आ घुसी? वह श्लोक यों है

''नूनं बादल छाइ खेह पसरी निःश्राण शब्दः खरः
शत्रुंपाडि लुटालि तोडि हनिसौं एवं भणन्त्युद्भटाः;
झूठे गर्व भरा मघालि सहसा रे कन्त मेरे कहे
कंठे पाग निवेश जाह शरणं श्रीमल्लदेवं विभुम्।''

इस श्लोक के सम्बन्ध में चन्द्रधर शर्मा 'गुलेरी' का विचार है

"इन अवतरणों से जान पड़ता है कि उस समय हिन्दी के दोनों रूप प्रचलित थे—खड़ा और पड़ा।"

खड़ी बोली की कविता भी हिन्दी में नयी नहीं साबित होती। सम्भव है, गुलेरी ने अमीर खुसरो की रचना को, उनके मुसलमान होने के कारण ही, उर्दू मान लिया हो; हालाँकि 'उर्दू' का तब तक कहीं नामो-निशाँ भी नहीं था। जिस रचना को स्वयं खुसरो ने हिन्दी बताया है, उसे हिन्दी छोड़कर कुछ और क्यों मान लिया जाए, यह समझ में नहीं आता। उर्दू-पद्य-भाषा को खड़ी बोली का अरबी-फारसी शब्द-मिश्रित रूप न बताकर, यह कहना कि उर्दू-पद्य-भाषा खड़ी बोली से पहले की है, ऐसा ही है जैसा बेटी की उत्पत्ति माँ से पहले मान लेना। हिन्दी-कवियों ने यदि मुसलमान पात्रों से खड़ी बोली में बातचीत करायी तो क्या इसी से साबित हो गया कि खड़ी बोली मुसलमानी भाषा है; जैसा कि गुलेरी ने कहा है। इसका कारण तो केवल यह था कि यह भाषा आगरा और दिल्ली-जैसे शहरों की थी, जो उस समय सभ्यता और वैभव के केन्द्र समझे जाते थे। हिन्दी में अरबी-फारसी के शब्द देखकर ही उसे मुसलमानी भाषा ठहराना भी ठीक नहीं, क्योंकि इन भाषाओं के शब्द हिन्दी-कवियों की कविता में पाये जाते हैं; यहाँ तक कि **तुलसी** और **सूर** की रचनाओं में भी ऐसे असंख्य शब्द हैं। यह भी बात सही नहीं कि खड़ी बोली को मुसलमान पात्रों से ही बुलवाया गया हो। कबीर, नानक, दादू आदि सन्तों की अनेक रचनाएँ खड़ी बोली में हैं। ब्रज-भाषा के लब्ध-प्रतिष्ठ हस्ताक्षर कवि **आनन्द घन** ने अपनी ***विरह-लीला*** खड़ी बोली में ही लिखी है; और भी कई भक्त कवियों की कविताएँ खड़ी बोली में हैं। इन बातों से गुलेरी की उक्ति की निस्सारता प्रकट हो जाती है। आगे चलकर, गुलेरी का यह कहना कि मुसलमानों में बहुतों के घर की बोली खड़ी बोली है, हमें अचरज में डालता है।

आगरा, दिल्ली, मेरठ आदि स्थानों को छोड़कर, जहाँ हिन्दी का यह स्वरूप अपभ्रंश-काल के पहले से ही प्रचलित है, आप प्रयाग, काशी, पटना चाहे जहाँ निकल जाइए, सभी अपढ़ मुसलमान और अनेक पढ़े-लिखे मुसलमान भी अपने घरों में राज्यीय भाषा बोलते हैं। हाँ, यह अवश्य कहा जा सकता है कि खड़ी बोली का प्रचार शिक्षा के साथ ही दिन-प्रतिदिन बढ़ता रहा है और वह भी दोनों जातियों में। प्राचीन भाषाओं के विद्वानों की बोलचाल की हिन्दी को **म्लेच्छ-भाषा** बताना उतना ही अनुचित है, जितना हिन्दू-सभ्यता से परिचय प्राप्त करने की चिन्ता न करनेवाले अरबी-फारसी के विद्वानों का यह कहना कि हिन्दी तो कोई भाषा ही नहीं है, वह कहीं बोली ही नहीं जाती।

वर्तमान युग में कितने ही अँगरेज़ी लिखे-पढ़े व्यक्ति कुछ इस प्रकार की भाषा बोलते हुए सुने जाते हैं

"**मैं इस पॉइण्ट** (*point*) **पर ईल्ड** (*yield*) **नहीं कर सकता, मेरा फुल कन्विक्शन** (*full conviction*) **है कि मेरा स्टेटमेण्ट** (*statement*) **ट्रुथ** (*truth*) **पर बेज्ड** (*based*) **है। शायद कहीं सम्थिंग बेटर इन् स्टोर फॉर मी** (*something better in store for me*) **हो।**"

इधर पढ़े-लिखों का यह हाल है, उधर तकिया और तौलिया बेचनेवाला अँगरेज़ी फ़ौजों में इसतरह आवाज़ लगाता था,

"**साहब! पिलुआ, गुदड़ी तौल बाई** (Buy)**।**"

जवाब में साहब धमकाता था,

"वेल (*Well*), चला जाओ, अदरवाइज़ (*otherwise*) हम तुमको पुलिस को हैण्ड-ओवर (*handover*) कर देगा।"

हिन्दी की ठीक यही दशा उस समय हुई थी, जब मुसलमानों ने इस देश को जीता और यहाँ अपना प्रभाव फैलाया था। हिन्दी का ज्ञान न होने के कारण अपना मतलब समझाने के लिए उन्हें अरबी–फारसी–तुर्की आदि के शब्द प्रयोग में लाने पड़ते थे। ठेठ हिन्दी में इन शब्दों के फैल जाने के कारण ही पहले इसे **रेखता** की बोली कहा गया। अधिकतर मुसलमान यहाँ फ़ौजियों की हैसियत से आये थे, इसलिए अरबी–फारसी शब्द मिली हुई हिन्दी को उर्दू–हिन्दी अर्थात् 'फ़ौजी हिन्दी' भी कहते थे, जिस प्रकार बुन्देलखण्डी हिन्दी, बैसवाड़ी हिन्दी, बाबू–इंग्लिश आदि कहा जाता है। अब बैसवाड़ी हिन्दी अथवा बुन्देलखण्डी अथवा राजस्थानी हिन्दी कहने का कष्ट न उठाकर, लोग क्रमशः 'बैसवाड़ी', 'बुन्देलखण्डी' और 'राजस्थानी' कहते हैं।

उर्दू के प्रसिद्ध लेखक **शम्सुलउलमा मौलाना मोहम्मद हुसेन साहब आज़ाद** ने अपनी चर्चित पुस्तक ***आबेहयात*** में लिखा है

"इतनी बात हर शख़्स जानता है कि हमारी उर्दू ज़ुबान ब्रजभाषा से निकली है और ब्रज–भाषा ख़ास हिन्दोस्तानी ज़ुबान है।"

आज़ाद की देखा–देखी बाबू बालमुकुन्द गुप्त भी ऐसा ही कहते हैं। सम्भव है, ब्रजभाषा के उत्कृष्ट काव्य को देखकर अथवा अपभ्रंश तक पहुँच न होने के कारण मौलाना मोहम्मद हुसेन साहब आज़ाद ने ऐसा लिख दिया हो, किन्तु बालमुकुन्द गुप्त ने क्यों उनसे सहमत होना उचित समझा, यह समझ में नहीं आता।

आधुनिक हिन्दी की उत्पत्ति 'शौरसेनी', 'अर्द्धमागधी' और 'पंजाबी' के मेल से हुई है, इसका ज्ञान आप पिछले पृष्ठों में ले चुके हैं। ब्रजभाषा तो बहुत कुछ 'शौरसेनी' का अपभ्रंश है। उससे खड़ी बोली की उत्पत्ति होना असम्भव है। हिन्दी–भाषा पर एक बहुत ही विचारपूर्ण लेख झालावाड़ के विद्वान् महाराणा सर भवानी सिंह ने लिखा है। इधर, मिस्टर क्रीज़ ने हिन्दी–साहित्य का छोटा–सा, किन्तु श्लाघ्य इतिहास लिखा है। इन विचक्षणों ने जो मत स्थिर किये हैं, उनकी आलोचना भी उनके साथ ही हो जाती है। अतएव उनकी अलग से आलोचना या डॉ० ग्रियर्सन और गुलेरी के मतों की आलोचना करने की आवश्यकता नहीं। केवल दूसरी भाषाओं के कुछ शब्द आ जाने से किसी भाषा का नाम नहीं बदल सकता। भला सोचने की बात है, 'मीडिक' भाषा के कुछ शब्द मिलाकर भी पारसी लोग जिस भाषा में बोलते हैं, वह 'गुजराती' क्यों नहीं कहलाती? भाषा कौन–सी है और कौन–सी नहीं, इसका ज्ञान उसकी विशेषताओं अथवा उसके व्याकरण के आधार पर किया जा सकता है।

कुछ उर्दू–लेखक अरबी–फारसी के शब्दों की भरमार करके और कहीं–कहीं फारसी–व्याकरण तक का अनुकरण करके भाषा के रूप को बिगाड़ने में सदा से तत्पर रहते आये हैं, यह उनकी भूल है। उनके इस कृत्य से हिन्दी की संरचना तनिक भी प्रभावित नहीं हो सकती। वे अपना मन समझाने के लिए इसे भले ही विदेशी आवरण से सजा लें, परन्तु शरीर को नहीं बदल सकते।

हिन्दी ही उर्दू है, यह बात मैं अपने मन से नहीं कह रहा हूँ। डॉ० राजेन्द्र लाल मित्र और मि० बीम्स सरीखे विद्वानों की भी यही राय है। पुराने समय के मुसलमान लेखक भी ऐसा ही मानते रहे हैं, जिसका अध्ययन आप पूर्व में कर चुके हैं। उर्दू नाम पुराना नहीं, नया है। १६७३ ई० में **फ्रायर** नामक एक विदेशी विद्वान् ने बादशाही दरबार की भाषा को ***फारसी*** और सर्वसाधारण की भाषा को ***इण्डोस्टान*** बताया है। **पीट्रोडैलावेल** नामक यात्री का यात्रा–विवरण १६६३ ई० में प्रकाशित

हुआ था। उसने एक ऐसी भाषा के विषय में कहा है, जो सम्पूर्ण भारतवर्ष में प्रचलित थी और नागरी लिपि में लिखी जाती थी। वह भाषा हिन्दी के अतिरिक्त और कौन हो सकती है? **जॉन ऑगिलबी** ने १६७३ ई० में एक बड़ी पुस्तक एशिया के सम्बन्ध में लिखी थी, जिसमें उसने नागरी को **लिपि** और **भाषा**, दोनों बताया है। उसने लिखा है कि मधुर **हिन्दोस्तानी भाषा बायीं ओर से सीधी ओर को लिखी जाती है।** भला सोचने की बात है, क्या वह भाषा हिन्दी के अतिरिक्त कोई दूसरी हो सकती है?

वैसे भी उर्दू की उत्पत्ति शाहजहाँ के समय से मानी जाती है। विजेता मुसलमान हमारे घरों से दूर कोठियों में नहीं रहते थे और न वे यहाँ से लौटकर चले जाने की इच्छा से यहाँ आये थे। वे हमारे मोहल्लों और गलियों में ही रहते थे; बाज़ारों में दूकानें करते थे; यहाँ के करोड़ों हिन्दुओं ने भी उनका धर्म स्वीकार कर लिया था और उन्हीं में घुल-मिल गये थे। बहुत-से हिन्दुओं ने उनके यहाँ नौकरी कर ली थी; बहुत-से उनके यहाँ "पिलुआ गुदड़ी तौल बाई" करने जाया करते थे। इन्हीं सब कारणों से अरबी-फ़ारसी की शब्दावली वाली हिन्दी की जड़ जम गयी। अगर अँगरेज़ लोग भी इसी तरह हिन्दुस्तानियों से घुल-मिल जाते तो एँग्लो-हिन्दुस्तानी भाषा की जड़ जमनी असम्भव नहीं थी, न है। वह उर्दू-हिन्दी पहले मुसलमानों और हिन्दुओं में पारस्परिक भाव प्रकट करने के काम में आयी। मनचले लोग इसमें कविता करने लगे। उसमें कुछ ढंग था; कुछ बात थी। वह कविता पसन्द की जाने लगी। बादशाहों और नवाबों ने उसे अपनाया।

उन्नति का अवसर उसके हाथ आया। धीरे-धीरे, उसने साड़ी उतारकर पाजामा पहन लिया। दरबारों में उसका ज़िक्र होने लगा। बोल-चाल की ठेठ भाषा में भी रचना हुई, किन्तु उसमें कोई समर्थ कवि नहीं हुआ। हुआ भी तो चमकने न पाया, क्योंकि उसकी पहुँच तथाकथित दिग्गजों तक न थी। उस समय नयी अर्थात् अरबी-फारसी शब्दोंवालों की अत्यधिक पूछ हुई, पुरानी का कोई धनी-धोरी न रहा। इसमें सुन्दरता की कमी न थी; मधुरता भी बहुत थी; सोच भी थी, किन्तु अवसर न मिला। हाँ, जन-साधारण की भाषा होने के कारण यह जीवित रही। यह रूप अमर है।

इतिहास साक्षी है कि अतीव प्राचीन काल में आज की भिन्न-भिन्न जातियों के पूर्वज किसी एक स्थान पर बसते थे। वहाँ से तत्कालीन सामाजिक आवश्यकताओं की पूर्ति में वे कई दलों में विभक्त हो, भिन्न-भिन्न दिशाओं में रवाना हुए। जहाँ कहीं आराम पाया, वे बस गये। आज उन्हीं के वंशज भारत, फारस, अरब, मलक्का, जावा, स्पेन, फ्रांस, इंग्लैण्ड, स्कैण्डिनेविया, जर्मनी आदि देशों में अनेक जातियों में मौजूद मिलते हैं। इसके प्रमाण में इतिहासविद् जातीय आकार, स्वभाव आदि की तुलना कर आश्चर्यजनक समानता समुपस्थित करते हैं। तुलनात्मक भाषा-विज्ञान-विज्ञाता भी ऐतिहासिकों के आदिम स्थान सम्बन्धी सिद्धान्त का समर्थन करते हुए कहते हैं कि सभी जातियों की भाषाओं में एकमूलता विद्यमान है, जिसका कारण यही है कि कभी उनके पूर्वजों का मूल स्थान एक ही था। उस मूल स्थान की नैतिक आवश्यकताओं के शब्द विभक्त होने पर भी त्यागे नहीं जा सके। इसी कारण पिता-माता, भाई-बहन, एक-दो, लेना-देना आदि पदों और धातुओं की तुलना करने से भिन्न-भिन्न भाषाओं में पूरा सादृश्य सहस्त्रों वर्ष बाद भी बना हुआ है। यद्यपि पुरातन आदिम स्थान को भूतल पर दृढ़तापूर्वक इंगित करना असम्भव है, तथापि मूल स्थान को स्वीकार करने में कोई आपत्ति नहीं हो सकती।

❋❋❋❋

# ३. विश्व-भाषा का विभाजन : एक विश्लेषणात्मक अध्ययन

आदिम स्थान प्राचीनतम् काल में कोई था अवश्य, चाहे वह एशिया माइनर हो, चाहे पामीर की अधित्यका अथवा आर्यावर्त्त, उसी आदिम स्थान की भाषा सब की आदिम भाषा थी। आदिम स्थान से विस्थापित जाति-विशेष के अनुकूल स्थान और जलवायु के प्रभाव से भिन्न-भिन्न स्थानों में विकसित आदिम भाषा में भी भिन्नता आई। गये हुए लोगों की भाषाएँ शनैः-शनैः आदिम स्वरूप गँवाकर नया रूप धारण करती गयीं। फलतः आज एक मूलभाषा के स्थान में अनेक भाषाएँ मिलती हैं। संसार की आधुनिक भाषाएँ तुलनात्मक दृष्टिकोण से तीन बड़ी शाखाओं में बाँटी जा सकती है :—

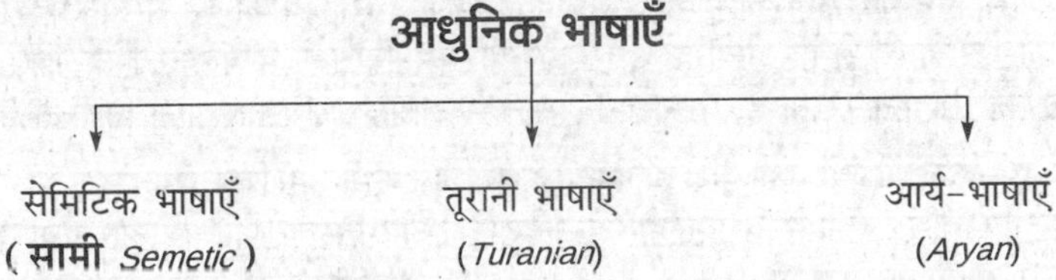


सेमिटिक भाषाओं के अन्तर्गत हिब्रू, अरबी, ईरानी, इथियो आदि भाषाएँ शामिल हैं। इनकी विशेषता यह है कि इनकी धातु तीन व्यञ्जनों से बनी होती है और सभी दशाओं में वे वैसी ही रहती हैं; अर्थान्तर भी स्वर बदल कर ही प्रकट किये जाते हैं।

तूरानी-शाखा में शीथिया, द्रविड़ मलय आदि उप-शाखाओं की अनेक भाषाएँ सम्मिलित हैं। तुर्की, हंगेरीय, मंगोल, तमिल, तेलुगू, कन्नड़, जापानी, चीनी, बर्मी, तिब्बती, बास्क्यु आदि सभी भाषाएँ यद्यपि एक-सी नहीं हैं, तथापि उनके पद और धातु में कुछ ऐसे मुख्य शब्द हैं, जो समानता रखते हैं और उनसे हमें उनका पारस्परिक सम्बन्ध प्रतीत होता है।

## आर्य-भाषाएँ और उनका विभाजन

आर्य-भाषाओं से अभिप्राय उस आर्य-जाति की भाषाओं से है, जिसके वंशज भारत, फारस, जर्मनी, एशिया, पोलैण्ड, सर्विया, बुलगारिया, इटली, फ्रांस, इंग्लैण्ड, स्कॉटलैण्ड आदि देशों में फैले हुए हैं और जिनकी सभ्यता संसार के इतिहास में अपना स्वतन्त्र और अद्‌भुत स्थान रखती है। भारत की राष्ट्रभाषा पद-सम्मानित हिन्दी का सम्बन्ध इसी प्रमुख शाखा से है।

आर्य-भाषाओं को छः श्रेणियों में विभक्त किया जा सकता है; जैसे :— संस्कृत, फारसी, स्लैवानिक, केंल्टिक, पेलैस्गिक और ट्यूटनिक। संस्कृत का सम्बन्ध भारत की भाषाओं से है और फारसी का फारस की पुरानी और आधुनिक भाषा से। स्लैवानिक के भीतर पूर्वी यूरोप की रशिया, पोलैण्ड, सर्विया, बुल्गारिया, बोहेमिया और हँगरी के कुछ भागों में बोली जानेवाली भाषाएँ मानी गयी हैं। केल्टिक की गैलिक और कैम्ब्रियान नामक दो उप-श्रेणियाँ हैं, जिनमें ऑयरलैण्ड,

स्कॉटलैण्ड, मैनद्वीप, वेल्स, कार्नवाल (पुरातन) की बोलियाँ आ जाती हैं। जहाँ पेलैस्गिक श्रेणी का सम्बन्ध यूनानी, लैटिन, फ्रेंच, स्पैनिश, इटैलियन तथा पुर्तगाली भाषाओं से है; वहीं ट्यूटनिक श्रेणी के अन्तर्गत गोथिक और स्कैण्डिनेवियन उप-श्रेणियों की स्वीडिश, नारवेज़िन, डेनिश, जर्मन, डच, फ़्लेमिश, सैक्सन तथा अँगरेज़ी-भाषाएँ हैं। ऐसे विभाजन का आधार भाषा-साम्य के अतिरिक्त आर्य-कुल के अन्तिम निवास का ऐतिहासिक सिद्धान्त भी है।

आर्यों की सभ्यता, संसार के इतिहास में अनोखी होने के कारण, संबंधी मूल स्थान के निर्णय में इतिहासकारों ने श्लाघनीय परिश्रम किया है। अनेक मत उन्होंने स्थिर किये हैं और तरह-तरह की युक्तियाँ प्रस्तुत कर उन्होंने स्वमत-पुष्टि की चेष्टा की है। इसके बाद भी अभी तक वे यह निश्चित नहीं कर सके कि आर्यों का मूल स्थान कहाँ था? संस्कृत, फारसी, मीडी, यूनानी, लैटिन तथा अँगरेज़ी के वाक्यों की तुलना से इनका एक मूल से निकलना सभी मानते हैं किन्तु मूल स्थान के सम्बन्ध में वे सहमत नहीं होते। कोई कैस्पियन सागर के पास आर्यों का आदि-निवास मानता है; कोई मध्य-एशिया के होने का प्रमाण पेश करता है; कोई पामीर की अधित्यका को मूल स्थान समझता है; कोई तिब्बत को सृष्टि-स्थान सिद्ध करता है; कोई एशिया के बाहर भी यूरोप में आर्य-कुल का प्राचीनतम् वास होने की युक्तियाँ सुझाता है; कोई उत्तरी ध्रुव को वह सम्मान प्रदान करता है तथा कोई आर्यावर्त्त से ही आर्यों के उत्तर और पश्चिम-दिशाओं में बढ़कर भिन्न-भिन्न स्थानों में फैलने का सिद्धान्त रखता है, परन्तु एक स्थान से आर्यों का विस्तार पाना निश्चित है।

आर्य-कुल की ज्यों-ज्यों वृद्धि होती गयी अथवा जब कभी सामाजिक वैमनस्य हुआ, आदिम स्थान से आर्य विभिन्न दलों में विभक्त हो, अन्य देशों की ओर विस्तार पाते गये और यथा-सुविधा अपने वास-स्थान के लिए मार्ग प्रशस्त करते गये। नये स्थानों पर जैसे-जैसे समय बीतता गया, उनके आचार-विचार भी बदलते गये और उनकी मूलभाषा विकारग्रस्त होती गयी। भारत में बसे हुए आर्यों के प्राचीनतम् धर्म-ग्रन्थ ***संहिता*** की भाषा बहुत पुराने समय में उनकी बोल-चाल की भाषा थी, लेकिन आज उसे समझना भी कठिन है और उसके स्थान पर हिन्दी, बाँग्ला, मराठी आदि भाषाएँ बोली और लिखी जाती हैं। ये आधुनिक भाषाएँ क्रमश: मुख्य भाषाओं से ही विकसित हुई हैं। उस क्रम-विकास पर विचार करने से ही हिन्दी के विकास और हिन्दी-शब्द-भण्डार के स्वरूप का ज्ञान सम्भव है।

भारत के आर्यों की प्राचीनतम् भाषा के ग्रन्थ वेद हैं। उनमें भी विद्वान् ऋग्वेद को सबसे पुराना मानते हैं। वेदों की ऋचाएँ संस्कृत-भाषा में हैं, किन्तु वे 'रामायण', 'महाभारत', 'अभिज्ञान शाकुन्तलम्', 'उत्तर रामचरितम्, पञ्चतन्त्र' आदि की संस्कृत से भिन्न हैं। इस कारण वेदों के समय की संस्कृत 'वैदिक (पुरानी) संस्कृत' कही जाती है और वही भारतीय आर्यों की प्राचीनतम् लिखित भाषा भी मानी जाती है, परन्तु मानव-समाज की स्वाभाविक दशा यह है कि शिक्षितों और अशिक्षितों के बीच केवल बुद्धि नहीं, भाषाएँ भी भिन्नता रखती हैं। अत: वैदिक संस्कृत के समय में भी ऋचाओं की भाषा लिखित और बोल-चाल की होने पर भी अशिक्षितों की भाषा से भिन्न ही रही होगी। भाषाविज्ञान-विशारदों द्वारा उस बोल-चाल की भाषा को **प्राकृत** का नाम दिया गया है। इस प्रकार वैदिक काल में दो भाषाएँ सिद्ध होती हैं— **वैदिक संस्कृत,** जो साहित्यिक और शिक्षितों की भाषा थी तथा अनपढ़ों की **वैदिक प्राकृत,** जो उस पुराने समय में साधारण बोलचाल की शूद्र-स्त्री-बालक की भाषा मानी गयी है। बहुत समय व्यतीत हो जाने पर भी ये भेद बने रहे, यद्यपि वैदिक संस्कृत और वैदिक प्राकृत में भी परिवर्त्तन होते रहे। धीरे-धीरे वैदिक संस्कृत आधुनिक स्वरूप

की ओर बढ़ने लगी और लोगों के बदलते हुए विचारों के साथ उसकी भाषा में भी अन्तर आता गया। प्राकृत का प्रभाव संस्कृत पर भी पड़ने लगा और संस्कृत के प्रयोग में मनमाने नियमों के प्रयोग के भय के कारण संस्कृत के विद्वानों और वैयाकरणों द्वारा संस्कृत को नियम-बद्ध करने के भी यत्न समय-समय पर किये गये। उनमें पाणिनि ने पूरी ख्याति पायी। पाणिनि का समय ईसा-पूर्व सातवीं शताब्दी में माना जाता है। ऐसा ही वैदिक प्राकृत के साथ भी घटित हुआ।

वैदिक प्राकृत केवल बोल-चाल की भाषा से लिखित भाषा की स्थिति की ओर बढ़ायी गयी और संस्कृत की भाँति उसके भी व्याकरण प्रस्तुत कियें गये। इसका सबसे पुराना व्याकरण **वररुचि** का उपलब्ध है। वररुचि का समय ईसा-पूर्व प्रथम शताब्दी में माना जाता है। प्राकृत को लिखित और साहित्यिक भाषा का रूप **वर्द्धमान महावीर** और **गौतम बुद्ध** की धार्मिक शिक्षा के समय से प्राप्त हुआ। इससे पहले आर्यों की धर्म-पुस्तकें संस्कृत में रची जाती थीं, पर इन लोगों ने सर्वसाधारण के लाभार्थ धर्म संबंधी उपदेश प्राकृत यानी स्वाभाविक ग्रामीण भाषा में दिये। उन उपदेशों के संग्रह प्रस्तुत किये गये तथा धर्म-पुस्तकें भी प्राकृत में ही तैयार हुईं। इससे प्राकृत भाषाओं के भाव और शब्द-भण्डार में पर्याप्त अभिवृद्धि हुई।

प्राकृत की दूसरी अवस्था **पालि** नाम से जानी जाती है। पालि का अर्थ है 'पली' अथवा 'पल्ली' की भाषा। 'पली' पर्याय है, पल्ली अथवा टोले का। इस तरह पालि गाँव की भाषा थी। प्रारम्भ में, ग्रामीण भाषा के प्रयोग में निश्चित नियम न होने के कारण स्थानभेद के अनुसार पालि के कई रूप थे और उसका विस्तार मगध के बाहर भी था। जहाँ बौद्ध और जैन बस गये, वहाँ की ग्रामीण भाषाएँ पालि-रूप में प्राकृत में सम्मिलित होती गयीं। काल-क्रम में तीन प्रान्तों की प्राकृत मुख्य हुई। मगध में बौद्ध और जैन-मत का आरम्भ हुआ। इस कारण मगध की प्राकृत **मागधी** सर्वप्रथम मुख्य हुई। तदुपरान्त बम्बई-बरार आदि प्रान्तों में **महाराष्ट्री** तथा गंगा-यमुना-मध्यस्थ शूरसेन प्रदेश में **शौरसेनी** विख्यात हुई। जैन-मत-प्रवर्त्तक महावीर की धार्मिक शिक्षा की भाषा मागधी से मिलती-जुलती शौरसेनी की छाप ली हुई थी। उसे **अर्द्धमागधी** नाम दिया गया और जैन-मत के पुराने ग्रन्थ उसी में लिखे गये हैं। धार्मिक उपदेश के निमित्त लिखित भाषा का सम्मान मिल जाने पर प्राकृत में काव्य-नाटक आदि भी लिखे गये और कुछ काल तक प्राकृत सबकी प्रेम-भाजन बनी रही, पर ज्यों ही बौद्ध और जैन-मतों का पतन और ब्राह्मण-धर्म का पुनरुत्थान आरम्भ हुआ, प्राकृत भाषाओं की ओर से लोगों की रुचि हटने लगी तथा संस्कृत को एक बार पुनः समादर प्राप्त हुआ। क्या ब्राह्मण-मतानुयायी, क्या बौद्ध, क्या जैन— सभी संस्कृत की ओर झुके। फलतः प्राकृत की उपेक्षा शुरू हो गई।

प्राकृत जिस समय लिखित भाषा का रूप ले रही थी, उस समय भी लिखित स्वरूप से भिन्न प्राकृत पहले की ही भाँति साधारण बोल-चाल के काम में आती थी। जब लिखित प्राकृत का बल कम हो गया और उसकी ओर लोगों की रुचि साहित्य के लिए नहीं रही, तब साहित्यिक प्राकृत की तीसरी दशा का आरम्भ हुआ। उस दशा का नाम **अपभ्रंश** रखा गया, क्योंकि वह प्राकृत की विकृत दशा थी, जिसका कोई निर्णायक अथवा सुधारक नहीं था। लिखने और बोलने में मनमाना प्रयोग किया जाता था। प्रमुख विद्वान् संस्कृत में लिखते थे और प्राकृत साधारण लोगों के लिए थी। इसी से संस्कृत के नाटकों में चाकर, चेरी, शूद्र और स्त्रियों के कथन प्राकृत में ही लिखे गये हैं। यह शैली उस समय के समाज में संस्कृत और प्राकृत, दोनों के व्यवहार संबंधी प्रमाण समुपस्थित करती है तथा उस पर ध्यान देने से यह भी विदित होता है कि प्राकृत की तीसरी दशा में तीन भाषाएँ काम में आती थीं—संस्कृत, साहित्यिक प्राकृत तथा अपभ्रंश।

संस्कृत, विद्वानों की भाषा और साहित्य-रचना के लिए थी, बोल-चाल के लिए नहीं। साहित्यिक प्राकृत अपने पूर्व-निश्चित रूप में नाटकादि में मनोरञ्जन और परिवर्तन के विचार से व्यवहृत होती थी, पर न उसमें बल था, न उसका मान। अपभ्रंश साधारणत: बोल-चाल की भाषा थी, जिसका प्रयोग समाज के शिक्षित और अशिक्षित, दोनों ही करते थे। इस कारण संस्कृत और साहित्यिक प्राकृत, दोनों के विकृत रूप के और परवर्ती प्रान्तों के अन्यान्य व्यवहार के शब्द अपभ्रंश में स्वभावगत्या प्रयुक्त हुआ करते थे। सबके पारस्परिक वार्तालाप की भाषा अपभ्रंश ही बनती जा रही थी, अत: धीरे-धीरे लोग अपभ्रंश को लिखने भी लगे और वह साहित्य की भाषा बनने लगी। समय के क्रम में, भिन्न प्रान्तों में पालि के सदृश कुछ अपभ्रंश-रूप भी साहित्यिक दृष्टि में मुख्य हो गये और उनमें रचनाएँ की गयीं। यही नहीं, अपभ्रंश के रूप भी प्रान्त-भेद के कारण भिन्न-भिन्न हुए, जिनमें मागधी, महाराष्ट्री, नागर और ब्राचड़ नामक रूप मुख्य हुए। पुरानी पूर्वी प्राकृत के स्थान पर मागधी अपभ्रंश का जन्म हुआ और उससे विकास-प्राप्त ओड़ी-गौड़ी रूप 'ढक्की' नाम से उड़ीसा, गौड़, असम, बंगाल, ढाका, सिलहट, मैमनसिंह आदि प्रान्तों में प्रचलित हुए। महाराष्ट्री प्राकृत की जगह वैदर्भी (दक्षिणात्य) अपभ्रंश ने ग्रहण की और उसका प्रधान स्थल विदर्भ था। पश्चिमी भारत में 'नागर' अपभ्रंश की प्रधानता रही और नागर के तीन रूपान्तर— **शौरसेनी, आवन्ती** तथा **गौर्जरी** नाम से गंगा-यमुना के मध्यवर्ती भाग, उज्जैन प्रान्त, गुजरात और उसके आस-पास के क्षेत्रों मे फैले। **ब्राचड़** नाम की अपभ्रंश सिन्ध नदी के अधोभाग के आस-पास विकसित हुई तथा उसी के समान अपभ्रंश से **कोहिस्तानी** और **कश्मीरी** के आरम्भिक रूप निकले। उनके मिश्रण से कई उपभेद प्रादुर्भूत हुए, जिनका पृथक्-पृथक् निश्चित रूप में निराकरण करना कठिन है, पर उनके प्रचार के प्रमाण मिलते हैं और उनकी समता भी मुख्य-मुख्य भेदों से पायी जाती है। इस कोटि में अर्द्धमागधी के अपभ्रंश का नाम उल्लेखनीय है। ये सभी अपभ्रंश-भाषाएँ कुछ काल तक विकसित होती रहीं और उनके विकास से ही आधुनिक हिन्दी, बाँग्ला, उड़िया, असमी, मराठी, सिन्धी, राजस्थानी, गुजराती और पहाड़ी भाषाओं की व्युत्पत्ति हुई।

भाषाविद्, हिन्दी को सरस के अतिरिक्त सरल और सर्वांगपूर्ण समझकर उसके विशेष प्रचार को भारतीयों के लिए हितकर मानते हैं और वे भिन्न-भिन्न संस्थाओं द्वारा हिन्दी के प्रचार और उसके साहित्य को समुन्नत करने के लिए यत्नवान् हैं। वास्तव में, प्रान्तीय भाषाओं का विकास अन्य भाषाओं की तरह आकस्मिक न होकर, क्रमश: भिन्न-भिन्न स्थितियों का अतिक्रमण करके हुआ। अपने-अपने स्थान में प्रान्तीय दृष्टि से मान होते रहने के कारण, आज उनमें से अनेक समुन्नत स्थिति में हैं। उन्हें संस्कृत-प्राकृत आदि के सम्पर्क तथा केवल अपने-अपने साहित्य से जुड़ जाने के कारण यथेष्ट साहित्यिक सम्मान भी प्राप्त है, किन्तु सारी प्रान्तीय भाषाओं में सर्वोच्च स्थान हिन्दी को मिलता गया। परिणामत: आज वह 'हिन्दुस्थानी भाल-बिन्दी' है।

आज हिन्दी का जो स्वरूप देखने-समझने को मिलता है, उसके मूल में चार शाखाओं का श्लाघनीय योगदान है। पहले हिन्दी का विकास ईसा की बारहवीं सदी के लगभग— **पूर्वी हिन्दी, पश्चिमी हिन्दी, दक्षिणी हिन्दी** और **हिन्दुस्थानी**— इन चार शाखाओं में हुआ।

**पूर्वी हिन्दी** का आरम्भ में विशेष सम्बन्ध अर्द्धमागधी अपभ्रंश से रहा और विकास-क्रम में उसमें अवधी, बघेली तथा छत्तीसगढ़ी नामक तीन बोलियाँ सम्मिलित हुईं।

**पश्चिमी हिन्दी**, जो राजस्थानी, गुजराती तथा पंजाबी की भगिनी मानी गयी है, अन्तत: शौरसेनी प्राकृत शाखा से सम्बन्ध रखती है। वह नागर अपभ्रंश से विकसित हुई है। कन्नौजी,

बुन्देली, ब्रज-भाषा तथा बाँग्ला इसी शाखा में शामिल हैं। इसमें ब्रज-भाषा की सन्तोषप्रद साहित्यिक समुन्नति ही नहीं हुई, प्रत्युत्त आधुनिक हिन्दी के प्रचलन तक उससे और अवधी से ही हिन्दी का नाम सार्थक हुआ। हिन्दी-गगन के सूर्य और शशि (सूर और तुलसी) तथा अवधि एवं ब्रज-भाषा के परमविख्यात महाकवि प्रादुर्भूत हुए।

**दक्षिणी हिन्दी** दक्षिण के वैदर्भी आदि अपभ्रंश से सम्पर्क रखने वाली यह हिन्दी भारत के दक्षिण-भाग में पालित हुई और उसका पोषण मुसलमानी शासन-काल में दक्षिण में परिव्याप्त मुसलमानों के हाथों हुआ। आरम्भ में, वह भाषा मुसलमानों द्वारा फारसी अक्षरों में मध्य प्रदेश, बरार, बम्बई, हैदराबाद, कोचीन, कुर्ग, मैसूर और त्रावणकोर में वृद्धि पाती रही। उस दशा में उस पर उधर की अन्य प्रान्तीय भाषाओं की भी छाप पड़ी और उसके शब्द हिन्दी के शब्दों में आवश्यकतानुसार मिलते गये। कालान्तर में, हिन्दी की शाखाओं के एकीकरण की रुचि पैदा होने पर धीरे-धीरे हिन्दी के लिए देवनागरी-लिपि का प्रयोग किया जाने लगा और उर्दू को स्वतन्त्र रूप मिलने के कारण उर्दू-भाषियों की प्रवृत्ति फारसी की शैली और शब्दावली की ओर हुई तथा हिन्दी को वे उर्दू से भिन्न भाषा समझने लगे। हिन्दी का प्रचार दक्षिणी भारत में स्वतन्त्र और विशेष रूप में होता गया।

**हिन्दुस्थानी** से अभिप्राय हिन्दी के उस रूप से है, जो दोआब से दिल्ली तक की अपभ्रंश-भाषा को देहली बाज़ार के तुर्कों, पारसियों और अफ़ग़ानों द्वारा आरम्भ में प्राप्त हुआ। वही रूप उर्दू का भी प्रारम्भिक रूप है, किन्तु उस समय उसका जन्म किसी जाति अथवा धार्मिक दृष्टि से न होकर, आवश्यकतानुसार हुआ। उस भाषा में फारसी-अरबी के शब्दों का बाहुल्य न था और न ही संस्कृत के अत्यधिक शब्द थे। मुग़ल बादशाहों के समय में उसकी उन्नति पर्याप्त मात्रा में हुई। वैसे भी, हिन्दी-शैली एकमात्र उसी की शैली नहीं थी, न बाद में ही रही। इस कारण साहबों द्वारा कभी-कभी, जो भारत-व्यापिनी आधुनिक हिन्दी को 'हिन्दुस्तानी' नाम दिया जाता है अथवा जो लोग **मीर अमान** के **बाग़ो-बहार** की भाषा के समान हिन्दी को रखने के लिए कहते हैं, वे वस्तुतः हिन्दी के स्वरूप और उसके शब्द-भण्डार के वैशिष्ट्य पर ध्यान नहीं देते।

संसार की प्रत्येक भाषा का विकास जातीय उत्कर्ष के सदृश अपनी स्वतन्त्र गति रखता है, जो चेष्टा करने पर भी सदा के लिए स्थिर नहीं की जा सकती। **गाथा-काल, धम्म-काल** और **मध्य-काल** से गुज़रती हुई आधुनिक हिन्दी का रूप जिस प्रकार निर्मित हुआ है, उस पर प्रतिबन्ध लगाने की कोई चेष्टा ऐसा करने का मनोरथ सिद्ध नहीं कर सकती क्योंकि भाषा-संसार में प्रतिबन्ध से किसी भी भाषा को किसी एक निश्चित रूप में कभी रोका रखा नहीं जा सकता। हिन्दी में कोई संस्कृत के क्लिष्ट शब्द रखता है; कोई उर्दू-शब्दों का पुट देकर शैली को मनोहारी रूप देता है; कोई ठेठ बोली में भावों का व्यक्तीकरण अतिशय मोहक ढंग से करता है, जबकि कोई अँगरेज़ी-फारसी उद्धरणों द्वारा ही शैली का कलेवर सुसज्जित करते पाया जाता है।

उस समय से आज तक भारत में अनेक राजनीतिक परिवर्त्तन हुए और उनका प्रभाव भारतीयों के आचार-विचार तथा सामाजिक जीवन पर पड़ता गया। भाषाओं में काल-स्रोत ने अनेक परिवर्त्तन उपस्थित किये और उनका साहित्य उन बदलती हुई दशाओं से प्रभावित होता रहा। आधुनिक हिन्दी ने भी अब तक के जीवन में अनेक राजनीतिक उतार-चढ़ाव देखे और उसका अपनी मूल-भाषाओं के अतिरिक्त मुसलमानों-अँगरेज़ों की भाषाओं के साथ घनिष्ठ सम्बन्ध रहा। ऐसी दशा में उस

पर उन भाषाओं का केवल बाहरी नहीं, बल्कि आन्तरिक प्रभाव भी पड़ा और उन भाषाओं के शब्दों का हिन्दी-शब्द-भण्डार में प्रवेश हुआ। इस कारण हिन्दी में छ: प्रकार के शब्द पाये जाते हैं, जो नीचे दिये गये हैं :—

| | | |
|---|---|---|
| १- तत्सम | २- तद्भव | ३- अनुकरणज |
| ४- अर्द्ध तत्सम | ५- देशज | ६- विदेशज |

**तत्सम शब्द** संस्कृत के वे शब्द हैं, जो अपने वास्तविक रूप में हिन्दी में प्रचलित हैं; जैसे—पिता, माता, कवि, मनीषी, आज्ञा, लता, पति, वत्स, अग्नि, वायु आदि। **अर्द्ध-तत्सम शब्द** वे हैं, जो संस्कृत के शब्द होते हुए भी प्राकृत के प्रभाव अथवा उच्चारण से विकृत हो, कुछ और रूप के हो गये हैं; जैसे— वत्स से वच्छ; आज्ञा से अग्यां; अग्नि से अगिन, कार्य से कारज, रात्रि से रात; अक्षर से अच्छर; दैव से दई इत्यादि। जहाँ तक **तद्भव शब्द** की व्युत्पत्ति का प्रश्न है, वे प्राकृत द्वारा संस्कृत से निकले हैं अथवा सीधे प्राकृत से हिन्दी-भाषा में आये हैं; जैसे— बच्चा, आग, काज, साँई, कान आदि। हिन्दी में प्रचलित मराठी, बाँग्ला, उड़िया आदि के शब्द भी इसी कोटि के अन्तर्गत आते हैं क्योंकि वास्तव में, वे भी तत्सम, अर्द्ध-तत्सम अथवा तद्भव ही हैं।

**देशज शब्द** वे हैं, जिनकी व्युत्पत्ति का पता ही नहीं चलता और न उनका संस्कृत अथवा प्राकृत मूल का पता चलता है। उनकी व्युत्पत्ति ठेठ बोल-चाल की मिश्रित भाषाओं से सम्भव है। ऐसे शब्द भी हिन्दी में अनेक हैं; जैसे— खिड़की, ठेस, तेंदुआ, लकड़ी आदि।

जो शब्द किसी पदार्थ की यथार्थ अथवा कल्पित ध्वनि की आकुलता में बने हैं, वे **अनुकरणज् शब्द** कहलाते हैं; जैसे— धम्म, सट्, धक्-धक्, फक्-फक्, फटर-फटर, चटर-चटर, पटर-पटर, कच्-कच् आदि। जो शब्द **विदेशी** भाषाओं के हैं और सम्पर्क-वश ठीक उसी रूप में अथवा बदली दशा में हिन्दी में व्यवहृत होने लगे हैं, वे विदेशी शब्द हैं।

भारतीयों के बाहर जाने अथवा विदेशियों के भारत में आने से ऐसे शब्द भारतीय भाषाओं में प्रवेश पाते गये हैं तथा मुसलमानी और अँगरेज़ी शासन के कारण उनका समावेश भारतीय भाषाओं में सहज रूप में हो गया है। हिन्दी-भाषा में ऐसे शब्द अनेक हैं। वे फारसी, अरबी, तुर्की, अँगरेज़ी, फ्रेञ्च आदि से हिन्दी में आकर हिन्दी की ध्वनि और उसके उच्चारण के अनुसार अपना रूप पा गये हैं। उनमें कुछ शब्द तो इस प्रकार हिन्दी में प्रचलित हो गये हैं कि उनका विदेशीपन समझ में ही नहीं आता।

**विदेशी शब्द** हैं— **अरबी** के औरत, अदालत, तनख़्वाह, तारीख़, सिफ़ारिश, हाल आदि; **तुर्की** के कोतल, तोप, लाश इत्यादि; **फारसी** के आदमी, उम्मीदवार, ख़र्च, गुलाब, चश्मा, चाक़ू, दुकान, बाग़, मोज़ा आदि; **अँगरेज़ी** के अपील, इंच, कोट, टिकट, नोटिस, डॉक्टर, डिगरी, फण्ड, रेल, समन, स्कूल, स्टेशन, हैट इत्यादि।

इस सारणी के सहयोग से हिन्दी-भाषा की व्युत्पत्ति सुस्पष्ट हो जाती है :—

## देवनागरी की व्युत्पत्ति : एक दृष्टि में

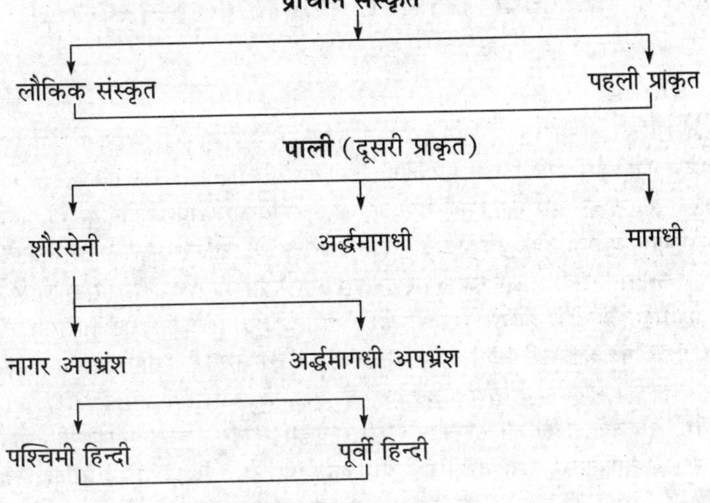


वर्तमान हिन्दी

और अब आइए, 'देवनागरी वर्ण-माला' से साक्षात् करें :—

## देवनागरी वर्ण-माला

| | स्पर्श | | ऊष्म | अघोष स्पर्श | | | | घोष स्वर | | |
|---|---|---|---|---|---|---|---|---|---|---|
| स्थान | अल्प-प्राण | महा-प्राण | महा-प्राण | अल्प-प्राण | महा-प्राण | 'अल्प-प्राण (अनुनासिक) | अन्तस्थ | ह्रस्व | दीर्घ | संयुक्त |
| कण्ठ | क | ख | | ग | घ | ङ | | अ | आ | |
| तालु | च | छ | श | ज | झ | ञ | य | इ | ई | ए ऐ[2] |
| मूर्द्धा | ट | ठ | ष | ड | ढ | ण | र | ऋ | ॠ | |
| दन्त | त | थ | स | द | ध | न | ल | | 0 | |
| ओष्ठ | प | फ | ह | ब | भ | म | व[1] | उ | ऊ | ओ[3] औ |

❋❋❋

स्थान+ [1]दन्त +नासिका [2]कण्ठ +ओष्ठ [3]कण्ठ +तालु

ड़, ढ़ = द्विस्पृष्ट; ज़ = दन्त + तालव्य + ओष्ठ

फ़ = दन्त + ओष्ठ

# ४. हिन्दी-भाषा और व्याकरण का अन्तर्सम्बन्ध

अपभ्रंश-दशा से विकास-मार्ग पर बढ़ती हुई हिन्दी में पहले पद्य की रचनाएँ आरम्भ हुईं। पद्य में व्याकरण की वैसी आवश्यकता नहीं होती, जैसी गद्य में। अत: पद्य-काल तक हिन्दी-भाषियों का व्याकरण-रचना की ओर ध्यान नहीं गया और गद्य का विकास आरम्भ होने पर भी, जब तक गद्य की अपूर्णावस्था रही और गद्य में ग्रन्थ नहीं के बराबर थे, व्याकरण की आवश्यकता प्रतीत नहीं हुई, पर उन्नीसवीं सदी में अँगरेज़ों का ध्यान इस ओर गया। आवश्यकता और इच्छा से प्रेरित हो अँगरेज़ी-विद्वान् हिन्दी में व्याकरण-रचना करने पर तत्पर हुए। सर्वप्रथम फोर्ट विलियम कॉलेज के अध्यक्ष डॉ० गिलक्राइस्ट ने अँगरेज़ी में हिन्दी का एक व्याकरण लिखा। तदुपरान्त ***प्रेमसागर*** के लेखक लल्लूजी लाल ने ***क़वायद हिन्दी*** नामक एक लघु व्याकरण-पुस्तक की रचना की। उसके लगभग २५ वर्षों के पश्चात् कलकत्ता के पादरी ऐडम महोदय ने एक छोटा हिन्दी-व्याकरण प्रस्तुत किया, जो वर्षों तक स्कूलों-कॉलेजों में प्रचलित रहा। १८५७ ई० के प्रसिद्ध सिपाही-विद्रोह के बाद शिक्षा-विभाग की स्थापना होने पर पं० रामजन की ***भाषा तत्त्वबोधिनी*** प्रकाशित हुई, जिसमें संस्कृत-मिश्रित नियमों का उपयोग किया गया। उसके बाद पं० श्रीलाल का ***भाषा-चन्द्रोदय***, नवीन चन्द्रराय का ***नवीन चन्द्रोदय*** और पं० हरिगोपाल पाध्ये की ***भाषा तत्त्वदीपिका*** नाम की व्याकरण-पुस्तकें निकलीं। इनके अलावा केलाग आदि के व्याकरण भी अँगरेज़ी में छपे।

भारतेन्दु-काल में राजा शिवप्रसाद और भारतेन्दु हरिश्चन्द्र, दोनों ने एक-एक पुस्तक तैयार की। तद्पश्चात् पादरी एथरिंग्टन साहब का ***भाषा-भास्कर*** प्रकाशित हुआ। तब से हिन्दी-व्याकरण की रचना का सिलसिला-सा शुरू हुआ और आज तक हिन्दी में व्याकरण की कई पुस्तकें लिखी जा चुकी हैं। उनमें पं० कामता प्रसाद गुरु का ***हिन्दी-व्याकरण*** संशोधन-समिति द्वारा पुनरावृत्त होकर विस्तृत और प्रामाणिक बन गया है।

## अर्थ और परिभाषा

'व्याकरण' शब्द की व्युत्पत्ति 'वि + आ + करण' से होती है। 'व्याकरण' शब्द का अर्थ ''व्याक्रियन्ते शब्दा अनेन'' अर्थात् जिसके द्वारा शब्दों की व्युत्पत्ति का ज्ञान (पदार्थ ज्ञान) प्राप्त किया जाए। भाषा के वर्ण, शब्द और अर्थ ही प्रधान माने गये हैं। इन्हीं तीनों का व्याकरण में विवेचन होता है। व्याकरण का आश्रय भाषा है और भाषा के अंग वाक्य, शब्द और वर्ण हैं। इस कारण हिन्दी-भाषा के व्याकरण में भी इन विभागों पर विचार होना उचित है परन्तु विशेष सम्बन्ध गद्य-भाग से ही रहता है। पद्य भाग का सम्बन्ध छन्दशास्त्र से है, जिसका विस्तृत विवरण व्याकरण का विषय नहीं है, फिर भी उसका आरम्भिक ज्ञान ज़रूरी है। वास्तव में, व्याकरण वह विद्या है, जिसके द्वारा किसी भी भाषा को शुद्ध-शुद्ध बोलना, लिखना तथा पढ़ना समझ में आ जाए। मनोगत भावों

के व्यक्तीकरण संबंधी भाषा का आख्यान व्याकरण करता है। अत: व्याकरण का प्रयोजन भाषा-सम्बन्धी विषयों की सम्यक् व्याख्या करना होता है। उस व्याख्या के अन्तर्गत भाषा के भूत और वर्तमान, दोनों रूपों का समावेश होता है। एक शास्त्र-रूप में व्याकरण उन नियमों का निरूपण करता है, जिनके द्वारा भाषा के भूत-रूप का ज्ञान वक्ता को हो जाए, ताकि उसे उस काल के भाव को समझने में कोई कठिनाई न हो सके। इसी भाँति प्रचलित रूप को भी बोलने-लिखने में और शुचितापूर्वक व्यवहार में लाने का पथ-प्रदर्शन व्याकरण द्वारा ही होता है। ऐसे वैशिष्ट्य की दृष्टि से व्याकरण को किसी भाषा के लिखित और वाचिक रूपों का यथार्थत: समझाने और ज्ञान कराने वाला शास्त्र कहा गया है। वास्तव में, व्याकरण का विषय भी यही है। हाँ, इससे यह नहीं समझना चाहिए कि व्याकरण भाषा का अंकुश है और वह जैसा चाहता है, भाषा को घुमाया करता है। वस्तुस्थिति ठीक इसके विपरीत है।

वस्तुत: भाषा का रूप-परिवर्त्तन मानव-समाज के भावाधीन है और समाज जिस प्रयोग को स्वीकार कर लेता है, वह व्याकरण को भी ग्राह्य होता है। फलत: व्याकरणशास्त्र भाषा का प्रगतिविरोधक अथवा पूर्ववर्ती नहीं है, प्रत्युत व्याकरणशास्त्र भाषा का अनुगामी है और उसका वैशिष्ट्य भाषा के स्वरूप का अनुशीलन करनेवालों के लिए ही रहता है।

व्याकरण को अनावश्यक समझनेवालों का कहना है कि भाषा का व्याकरण पर आश्रित न होने के कारण व्याकरण का निर्माण और अध्ययन निष्प्रयोजन है। इसे सत्य मान लेने पर यह भी मानना पड़ेगा कि वीर अथवा विद्वान् संसार में आप ही उत्पन्न होते और बनते हैं; उनकी जीवनियों की कोई आवश्यकता नहीं। आविष्कार के आरम्भ में भी आविष्कारक के पास उसका कोई ग्रन्थ नहीं था और आविष्कारक के मस्तिष्क ने स्वभावत: कार्य किया। शिल्पी के लिए भी शिल्प-विषयक विवरण की आवश्यकता नहीं। वहीं व्यापार-वाणिज्य भी साधारणत: होते ही रहते हैं; उन पर भी शास्त्र रचना व्यर्थ है। नि:सन्देह, ये सारे कथन सामाजिक लाभ की दृष्टि से भ्रमपूर्ण हैं। इस कारण व्याकरण की रचना अथवा अध्ययन निष्प्रयोजन कदापि नहीं हो सकता। अपने जगत् में उसका भी प्रयोजन है। उस प्रयोजन के अनुसार, व्याकरण भी अन्य शास्त्रों की भाँति एक आवश्यक शास्त्र है।

आचार्यों ने हिन्दी-व्याकरण के निम्नलिखित विभाग किये हैं :— १- वर्ण-विचार २- शब्द-विचार ३- वाक्य-विचार ४- छन्द-विचार।

**वर्ण-विचार** व्याकरण का वह विभाग है, जिसमें वर्णों के भेद, आकार, उच्चारण तथा उनके मेल से शब्द-निर्माण के नियम दिये जाते हैं।

**शब्द-विचार** वर्ण-ज्ञान के बाद का विभाग है, जिसमें शब्दों के भेद, अवस्था, रूपान्तर, संरचना तथा व्युत्पत्ति का वर्णन रहता है।

**वाक्य-विचार** वह विभाग है, जिसमें शब्दों से वाक्य बनाने के नियम दिये जाते हैं और वाक्यों के अवयवों का पारस्परिक सम्बन्ध बताया जाता है। विराम-भेद को, जिसका उद्देश्य लेख के भाव का हृदयंगम करना है, वाक्य-विचार के ही अन्तर्गत रखना तर्क-संगत है क्योंकि वाक्य के भाव के साथ उसका महत्त्वपूर्ण सम्बन्ध रहता है।

**छन्द-विचार** से छन्द के नियमादि का ज्ञान होता है किन्तु इसका सम्बन्ध केवल पद्य से है।

❋❋❋

# ५. सन्धि-विचार

## परिभाषा

**दो** वर्णों के आपस में मिल जाने से जो विकार उत्पन्न होता है, वह 'सन्धि' कहलाती है।
(बिहार पीसीएस १९९२,२००१)

## सन्धि और संयोग में अन्तर

नि:सन्देह, दो वर्णों के मिलाप को 'संयोग' भी कहते हैं किन्तु **सन्धि** और **संयोग** एक ही नहीं हैं, इनमें अन्तर होता है। **संयोग** में अक्षर ज्यों-के-त्यों रहते हैं परन्तु **सन्धि** में उच्चारण के नियमों के अनुसार दो अक्षरों के मेल के कारण उनकी जगह कोई भिन्न अक्षर हो जाता है। संयोग का उदाहरण है— क्या, स्तम्भ, मत्स्य, माहात्म्य आदि।

## सन्धि के प्रकार

सन्धि तीन प्रकार की होती है— (१) स्वर सन्धि (२) व्यञ्जन सन्धि (३) विसर्ग सन्धि।
(एनवी टीजीटी २०१४)

## १- स्वर सन्धि

एक स्वर के साथ दूसरे स्वर के मेल से जो परिवर्तन होता है, उसे **स्वर सन्धि** कहते हैं।

जैसे—हिम + आलय = हिमालय

इति + आदि = इत्यादि

स्वर सन्धि के निम्नलिखित भेद हैं :— (बिहार पीसीएस १९९३,२००४,२००६)

१- **दीर्घ सन्धि** (*सूत्र : अक: सवर्णे दीर्घ:*)

दो सवर्ण स्वर के मिलने से उनका रूप 'दीर्घ' हो जाता है। इसे 'दीर्घ सन्धि' कहते हैं।

**सवर्ण स्वर :** अ-आ, इ-ई, उ-ऊ, ऋ-ॠ

(क) **अ + अ = आ**

कल्प + अन्त = कल्पान्त

दिवस + अन्त = दिवसान्त

परम + अर्थ = परमार्थ (आरएएस १९९४)

अस्त + अचल = अस्ताचल (उप्र बीएड् प्रवेश-परीक्षा २००६)

पुस्तक + अर्थी = पुस्तकार्थी (बिहार पीसीएस १९९०,२००१,२००५,२००७)

गीत + अंजलि = गीतांजलि

नयन + अभिराम = नयनाभिराम

(आरएएस १९९७)

**अ + आ = आ**

गर्भ + आधान = गर्भाधान

जल + आगम = जलागम

(मध्यप्रदेश सहायक ग्रेड III २०१३)

रत्न + आकर = रत्नाकर परम + आत्मा = परमात्मा

सत्य + आग्रह = सत्याग्रह **(ग्राम पंचायत विकास अधिकारी उत्तराखण्ड २०१२)**

कुश + आसन = कुशासन शुभ + आगमन = शुभागमन

आम + आशय = आमाशय शिव + आलय = शिवालय

भय + आकुल = भयाकुल देव + आलय = देवालय

**आ + अ = आ**

विद्या + अर्थी = विद्यार्थी सेवा + अर्थ = सेवार्थ

विद्या + अभ्यास = विद्याभ्यास तथा + अपि = तथापि

पुरा + अवशेष = पुरावशेष कदा + अपि = कदापि

**आ + आ = आ**

महा + आशय = महाशय प्रेक्षा + आगार = प्रेक्षागार

**(आरएएस २०००; बिहार पीसीएस २००६)**

वार्त्ता + आलाप = वार्त्तालाप रचना + आत्मक = रचनात्मक

(ख) **इ + इ = ई**

कपि + इन्द्र = कपीन्द्र अति + इत = अतीत

मुनि + इन्द्र = मुनीन्द्र **(आरएएस २००६,२००८)**

कवि + इन्द्र = कवीन्द्र अधि + इक्षण = अधीक्षण

रवि + इन्द्र = रवीन्द्र **(बिहार पीसीएस २००१,२००६)**

**इ + ई = ई**

हरि + ईश = हरीश कवि + ईश = कवीश

वारि + ईश = वारीश परि + ईक्षण = परीक्षण

**ई + इ = ई**

मही + इन्द्र = महीन्द्र सची + इन्द्र = सचीन्द्र

महती + इच्छा = महतीच्छा फणी + इन्द्र = फणीन्द्र

**ई + ई = ई**

नदी + ईश = नदीश जानकी + ईश = जानकीश

फणी + ईश्वर = फणीश्वर नारी + ईश्वर = नारीश्वर

(ग) **उ + उ = ऊ**

भानु + उदय = भानूदय कटु + उक्ति = कटूक्ति

मृत्यु + उपरान्त = मृत्यूपरान्त साधु + उपदेश = साधूपदेश

**उ + ऊ = ऊ**

लघु + ऊर्मि = लघूर्मि सिन्धु + ऊर्मि = सिन्धूर्मि

**ऊ + उ = ऊ**

वधू + उत्सव = वधूत्सव भू + उपरि = भूपरि

**ऊ + ऊ = ऊ**

भू + ऊर्ध्व = भूर्ध्व सरयू + ऊर्मि = सरयूर्मि

(घ) **ऋ + ऋ = ॠ**

मातृ + ऋणम् = मातृणम् होतृ + ऋकारः = होतृकारः

पितृ + ऋणम् = पितृणम् **(एलआईसी परीक्षा २०१२)**

२- **गुण सन्धि** (*सूत्र : अदेङ्गुण: अथवा आद्गुण:*)

जब **अ** या **आ** के बाद **इ** या **ई** रहे तो दोनों मिलकर **ए**; **उ** या **ऊ** रहे तो दोनों मिलकर **ओ** तथा **ऋ** रहे तो दोनों मिलकर **अर्** हो जाता है। यह **गुण सन्धि** कहलाती है।

**उदाहरण के लिए**

| | | |
|---|---|---|
| **अ + इ = ए** | देव + इन्द्र = देवेन्द्र | बाल + इन्दु = बालेन्दु |
| **अ + ई = ए** | सुर + ईश = सुरेश | परम + ईश्वर = परमेश्वर |
| **आ + इ = ए** | महा + इन्द्र = महेन्द्र | रसना + इन्द्रिय = रसनेन्द्रिय |
| **आ + ई = ए** | रमा + ईश = रमेश | राका + ईश = राकेश |
| **अ + उ = ओ** | सूर्य + उदय = सूर्योदय | प्राप्त + उदक = प्राप्तोदक |
| | चन्द्र + उदय = चन्द्रोदय | (बैंक भर्ती परीक्षा २०१२) |
| **अ + ऊ = ओ** | जल + ऊर्मि = जलोर्मि | (आरएएस १९९६) |
| **आ + उ = ओ** | महा + उत्सव = महोत्सव | यथा + उचित = यथोचित |
| **आ + ऊ = ओ** | गंगा + ऊर्मि = गंगोर्मि | महा + ऊर्जा = महोर्जा |
| **अ + ऋ = अर्** | सप्त + ऋषि = सप्तर्षि | ब्रह्म + ऋषि = ब्रह्मर्षि |
| **आ + ऋ = अर्** | महा + ऋषि = महर्षि | |

(बिहार पीसीएस १९९५; आरएएस २००५, २००८;
उप्र बीएड् प्रवेश-परीक्षा २००६)

३- **वृद्धि सन्धि** (*सूत्र : वृद्धिरेचि अथवा वृद्धिरादैच्*)

जहाँ **अ** अथवा **आ** के पश्चात् **ए** अथवा **ऐ** और **ओ** अथवा **औ** का आगमन हो तथा दोनों के मेल से क्रमश: **ऐ** और **औ** हो जाए, वहाँ **वृद्धि सन्धि** होती है।

| | | |
|---|---|---|
| **उदाहरण– अ + ए = ऐ** | तत्र + एव = तत्रैव | |
| | एक + एव = एकैव | |
| **अ + ऐ = ऐ** | मत + ऐक्य = मतैक्य | (बिहार पीसीएस १९९५) |
| **आ + ए = ऐ** | सर्वदा + एव = सर्वदैव | |
| | सदा + एव = सदैव | |
| | एकदा + एव = एकदैव | |
| | तथा + एव = तथैव | |
| **आ + ऐ = ऐ** | महा + ऐश्वर्य = महैश्वर्य | (बिहार पीसीएस २००६) |
| **अ + ओ = औ** | वन + ओषधि = वनौषधि | |
| | उष्ण + ओदन = उष्णौदन | |
| | जल + ओघ = जलौघ | |
| | जल + ओक = जलौक | |
| **अ + औ = औ** | परम + औषध = परमौषध | |
| | वन + औषध = वनौषध | |
| **आ + ओ = औ** | महा + ओज = महौज | |
| **आ + औ = औ** | महा + औदार्य = महौदार्य | |
| | महा + औषध = महौषध | |

४- **यण् सन्धि** (*सूत्र : इकोयणचि*)

जहाँ ह्रस्व अथवा दीर्घ **इ, उ, ऋ** के अनन्तर असवर्ण अर्थात् भिन्न स्वर आता है, वहाँ **इ** का **य, उ** का **व्** तथा **ऋ** का **र्** हो जाता है। इसे **यण् सन्धि** कहते हैं।

**उदाहरण- इ + अ = य**

अति + अधिक = अत्यधिक

वि + अर्थ = व्यर्थ **(बैंक भर्ती परीक्षा २०१२)**

सति + अपि = सत्यपि

यदि + अपि = यद्यपि

प्रति + अन्तर = प्रत्यन्तर

प्रति + अर्पण = प्रत्यर्पण **(आरएएस २००४)**

**इ + आ = या** इति + आदि = इत्यादि, अग्नि + आशय = अग्न्याशय **(एलआईसी परीक्षा २००७)**

**इ + उ = यु** प्रति + उपकार = प्रत्युपकार, अभि + उत्थान = अभ्युत्थान **(बिहार पीसीएस १९९०)**

प्रति + उत्तर = प्रत्युत्तर, वि + उत्पत्ति = व्युत्पत्ति,

अभि + उदय = अभ्युदय **(आरएएस १९९७; बिहार पीसीएस २००७)**

अति + उक्ति = अत्युक्ति

**इ + ऊ = यू** नि + ऊन = न्यून

प्रति + ऊष = प्रत्यूष **(आरएएस २००६, २००८)**

**इ + ए = ये** प्रति + एक = प्रत्येक

**ई + अ = य** नदी + अर्पण = नद्यर्पण

देवी + अर्थ = देव्यर्थ

**ई + आ = या** देवी + आगम = देव्यागम

सखी + आगमन = सख्यागमन

**ई + उ = यु** सखी + उचित = सख्युचित

स्त्री + उचित = स्त्र्युचित **(बिहार पीसीएस २००८; आरएएस २००७)**

**ई + ऊ = यू** नदी + ऊर्मि = नद्यूर्मि

**ई + ऐ = यै** देवी + ऐश्वर्य = देव्यैश्वर्य

**उ + अ = व** मनु + अन्तर = मन्वन्तर

अनु + अय = अन्वय

**उ + आ = वा** सु + आगत = स्वागत **(बिहार पीसीएस १९९८)**

मधु + आचार्य = मध्वाचार्य, साधु + आचार = साध्वाचार

**उ + इ = वि** अनु + इत = अन्वित

**उ + ए = वे** अनु + एषण = अन्वेषण **(आरएएस १९९१, १९९७ ; बिहार पीसीएस २००१, २००६)**

**ऋ + अ = र** पितृ + अनुमति = पित्रनुमति **(आरएएस २००७)**

**ऋ + आ = रा** पितृ + आदेश: = पित्रादेश:
मातृ + आनन्द = मात्रानन्द
पितृ + आज्ञा = पित्राज्ञा (बिहार पीसीएस २००८)

५- **अयादि सन्धि** (*सूत्र : एचोऽयवायाव:*)

जहाँ **ए, ऐ, ओ** तथा **औ** के पश्चात् कोई असवर्ण अर्थात् भिन्न वर्ण आता है, वहाँ **ए** का **अय्**, **ऐ** का **आय्**, **ओ** का **अव्** तथा **औ** का **आव्** हो जाता है। इसे **अयादि सन्धि** कहते हैं।

**उदाहरण- ए + अ = अय् + अ = आय** ने + अन = नयन
(बिहार पीसीएस १९९०; आरएएस १९९१,१९९७)

**ऐ + अ = आय् + अ = आय** गै + अन = गायन
विधै + अक = विधायक
गै + अक = गायक
(बिहार पीसीएस २००६)
नै + अक = नायक
(बैंक भर्ती परीक्षा २०१२)
विनै + अक = विनायक

**ओ + अ = अव्** भो + अति = भवति
भो + अन = भवन

**ओ + इ = अव् + इ = अवि** पो + इत्र = पवित्र

**ओ + ई = अव् + ई = अवी** गो + ईश = गवीश
नौ + ईश = नवीश

**ओ + अ = अव् + अ = अव** पो + अन = पवन

**औ + अ = आव् + अ = आव** पौ + अक = पावक
(पीजीटी परीक्षा २००८)
धौ + अक = धावक

## **व्यञ्जन सन्धि अथवा हल् सन्धि** (सूत्र : स्तोः श्चुनाः श्चुः)

दो वर्णों में सन्धि होती है। यदि इन दो वर्णों में से पहला वर्ण व्यञ्जन हो और दूसरा वर्ण व्यञ्जन अथवा स्वर हो, तो उससे जो विकार उत्पन्न होगा, उसे **व्यञ्जन सन्धि** कहेंगे। व्यञ्जन सन्धि को संस्कृत में 'हल् सन्धि' कहते हैं।

अब इस सन्धि से सम्बन्धित प्रमुख नियमों को सोदाहरण जानें-समझें :—

१- यदि **क्, च्, ट्, त्, प्** के परे वर्गों का तृतीय अथवा चतुर्थ वर्ण **( ग, घ, ज, झ, ड, ढ, द, ध, ब, भ )** अथवा **य, र, ल, व** अथवा कोई **स्वर** हो, तो **क्, च्, ट्, त्, प्** के स्थान पर उसी वर्ग का तीसरा अक्षर **( ग्, ज्, ड्, द्, ब् )** हो जाएगा।

**उदाहरण-** वाक् + ईश = वागीश (उप्र बीएड् प्रवेश-परीक्षा २००६)
वाक् + जाल = वाग्जाल (यूपीपीएससी (प्री) २०१३)

अच् + अन्त = अजन्त | तत् + इच्छा = तदिच्छा
अच् + आदि = अजादि | सुप् + अन्त = सुबन्त
षट् + आनन = षडानन | सत् + आचार = सदाचार
दिक् + गज = दिग्गज | सत् + गति = सद्गति
भगवत् + भक्ति = भगवद्भक्ति | वृहत् + रथ = वृहद्रथ
अप् + ज = अब्ज | **(बिहार पीसीएस २००७)**

सत् + आनन्द = सदानन्द | जगत् + ईश = जगदीश
वाक् + दान = वाग्दान | तत् + रूप = तद्रूप
**(आरएएस १९९४)**
वाक् + ईश्वरी = वागीश्वरी

२- यदि किसी वर्ग के प्रथम वर्ण से परे कोई अनुनासिक वर्ण हो, तो प्रथम वर्ण के बदले उसी वर्ग का अनुनासिक अर्थात् पंचम वर्ण हो जाता है।

**उदाहरण-** वाक् + मय = वाङ्मय | जगत् + नाथ = जगन्नाथ
अप् + मय = अम्मय | षट् + मास = षण्मास
एतत् + मुरारी = एतन्मुरारी | वाक् + मात्र = वाङ्मात्र
दिक् + मण्डल = दिङ्मण्डल | चित् + मय = चिन्मय

३- **त्** या **द्** के बाद **च** या **छ** हो, तो **त्** या **द्** के स्थान में **च्** हो जाता है।

**उदाहरण-** उत् + चारण = उच्चारण | शरत् + चन्द्र = शरच्चन्द्र
**(आरपीएससी (जे) २०१४)**
महत् + छत्र = महच्छत्र | सत् + चित् = सच्चित्
सत् + चरित्र = सच्चरित्र | वृहत् + छत्र = वृहच्छत्र
**(आरएएस १९९९)** | **(बिहार पीसीएस २००३)**

४- **त्** या **द्** के आगे **ज** अथवा **झ** हो, तो **त्** या **द्** के स्थान पर **ज्** हो जाता है।

**उदाहरण-** सत् + जन = सज्जन | विपद् + जाल = विपज्जाल
**(बिहार पीसीएस २००६)** | **(आरएएस १९९८)**

५- यदि **त्** या **द्** के बाद **ट** या **ठ** हो, तो **त्** या **द्** के स्थान पर **ट्** हो जाता है।

**उदाहरण-** तत् + टीका = तट्टीका | सत् + टीका = सट्टीका

६- **त्** या **द्** के बाद **ड** या **ढ** हो, तो **त्** या **द्** के स्थान पर **ड्** हो जाता है।

**उदाहरण-** उत् + डयन = उड्डयन | **(उप्र बीएड् प्रवेश-परीक्षा २००८)**

७- **त्** या **द्** के बाद **ल** हो, तो **त्** या **द्** के स्थान पर **ल्** हो जाता है।

**उदाहरण-** तत् + लीन = तल्लीन | **(बिहार पीसीएस १९९५)**
उत् + लास = उल्लास | उत् + लेख = उल्लेख
**(बीएड् प्रवेश-परीक्षा २०१२)**

८- **त्** या **द्** के बाद **श** हो, तो **त्** या **द्** का **च्** और **श** का **छ** हो जाता है।

**उदाहरण–** सत् + शास्त्र = सच्छास्त्र तत् + श्रुत्वा = तच्छ्रुत्वा

९- **त्** या **द्** के बाद **ह** हो, तो **त्** या **द्** के स्थान पर **द्** और **ह** के स्थान पर **द्ध** हो जाता है।

**उदाहरण–** उत् + हार = उद्धार (आरएएस १९९८)

उत् + हत = उद्धत उत् + हरण = उद्धरण

तत् + हित = तद्धित (आरएएस १९९८)

पद + हति = पद्धति (आईएएस २००९)

१०- **छ** के पहले यदि कोई स्वर हो, तो **छ** के स्थान पर **च्छ** हो जाता है।

**उदाहरण–** आ + छादन = आच्छादन परि + छेद = परिच्छेद

११- **म्** के बाद **य, र, ल, व, श, ष, स, ह** में से कोई वर्ण हो, तो **म्** अनुस्वार में बदल जाता है।

**उदाहरण–** किम् + वा = किंवा सम् + हार = संहार

सम् + योग = संयोग सम् + वाद = संवाद

१२-. **म्** के बाद किसी वर्ग का कोई अक्षर हो, तो **म्** के बदले **अनुस्वार** अथवा उसी वर्ग का **अनुनासिक वर्ण** हो जाता है।

**उदाहरण–** सम् + कल्प = संकल्प अथवा सङ्कल्प

किम् + चित् = किंचित् अथवा किञ्चित्

सम् + तोष = संतोष अथवा सन्तोष

सम् + पूर्ण = संपूर्ण अथवा सम्पूर्ण

१३-. **ऋ, र्, ष्** के बाद **न** हो और इनके बीच में **कोई स्वर, कवर्ग, पवर्ग, अनुस्वार, य, व, ह** आता हो, तो **न** का **ण** हो जाता है।

**उदाहरण–** भर् + अन = भरण भूष् + अन = भूषण

प्र + मान = प्रमाण तृष् + ना = तृष्णा

ऋ + न = ऋण पोष् + अन = पोषण

१४-. यदि किसी शब्द के **स** के पूर्व **अ, आ** को छोड़कर कोई अन्य स्वर आता है, तो **स** के स्थान पर **ष** हो जाता है।

**उदाहरण–** नि + सिद्ध = निषिद्ध वि + सम = विषम

अभि + सेक = अभिषेक युधि + स्थिर = युधिष्ठिर

(आरएएस १९९६) (आरएएस १९९८)

## विसर्ग सन्धि ( *सूत्र : विसर्जनीयस्य सः*)

विसर्ग के साथ स्वर अथवा व्यञ्जन के मेल से जो विकार उत्पन्न होता है, उसे **विसर्ग-सन्धि** कहते हैं।

जैसे— तपः + वन = तपोवन दुः + कर्म = दुष्कर्म

अब विसर्ग सन्धि से सम्बन्धित प्रमुख नियमों को सोदाहरण जानें-समझें :—

१- विसर्ग के बाद **च** या **छ** हो, तो विसर्ग का **श्** हो जाता है। यदि बाद में **ट** या **ठ** हो, तो **ष्** और **त** या **थ** हो, तो **श्** अथवा **स्** हो जाता है।

**उदाहरण-** निः + छल = निश्चल (बिहार पीसीएस २००४)
निः + चल = निश्चल (बिहार पीसीएस २००७)
कः + चित् = कश्चित्
दुः + ट = दुष्ट
धनुः + टंकार = धनुष्टंकार
मनः + ताप = मनस्ताप (आरएएस १९९७)
पुरः + कार = पुरस्कार

२- विसर्ग के बाद **श, ष, स** आता है, तो विसर्ग ज्यों-का-त्यों रहता है अथवा उसके स्थान पर आगे का अक्षर हो जाता है।

**उदाहरण-** दुः + शासन = दुश्शासन अथवा दुःशासन (बिहार पीसीएस २००५)
हरिः + शेते = हरिश्शेते अथवा हरिःशेते (बिहार पीसीएस २००४)
हरिः + चन्द्र = हरिश्चन्द्र (बीएड् प्रवेश-परीक्षा २०१२)
निः + सन्देह = निस्सन्देह अथवा निःसन्देह (आरएएस ११९८)
निः + शंक = निश्शंक अथवा निःशंक (आरएएस २००६)
निः + सार = निस्सार अथवा निःसार (आरएएस २००७)

३- विसर्ग के बाद **क, ख, प, फ** आता है, तो विसर्ग में कोई परिवर्त्तन नहीं होता।

**उदाहरण-** रजः + कण = रजःकण (बिहार पीसीएस २००२)
पयः + पान = पयःपान
अन्तः + पुर = अन्तःपुर

४- विसर्ग के पहले यदि **इ** या **उ** हो और विसर्ग के बाद **क, ख** या **प, फ** हो, तो इनके पहले विसर्ग के बदले **ष्** हो जाता है।

**उदाहरण-** निः + कपट = निष्कट
दुः + कर्म = दुष्कर्म
निः + फल = निष्फल
दुः + प्रकृति = दुष्प्रकृति
निः + पाप = निष्पाप
दुः + कर = दुष्कर
धनुः + टंकार = धनुष्टंकार (सीएसओ टीजीटी २०१४)

५- यदि विसर्ग के पहले **अ** हो और आगे वर्गों के प्रथम तथा द्वितीय अक्षर को छोड़कर अन्य कोई अक्षर या **य, र, ल, व, ह** हो, तो **अ** और विसर्ग का **ओ** हो जाता है।

**उदाहरण-** मनः + ज = मनोज
अधः + गति = अधोगति (बीएड् प्रवेश-परीक्षा २००६)
मनः + योग = मनोयोग
तेजः + राशि = तेजोराशि
वयः + वृद्ध = वयोवृद्ध
मनः + रथ = मनोरथ
तपः + भूमि = तपोभूमि (आरएएस २००५)
यशः + दा = यशोदा (बैंक भर्ती परीक्षा २०१२) (आरएएस २०००)

६- यदि विसर्ग के पहले **अ, आ** को छोड़कर और कोई स्वर हो और बाद में वर्ग का तीसरा, चौथा, पाँचवाँ वर्ण या **य, र, ल, व, ह** या कोई स्वर हो, तो विसर्ग के स्थान पर **र्** हो जाता है।

**उदाहरण–** निः + आशा = निराशा　　दुः + उपयोग = दुरुपयोग
निः + दय = निर्दय　　दुः + आशा = दुराशा
निः + गुण = निर्गुण　　बहिः + मुख = बहिर्मुख
निः + बल = निर्बल　　दुः + दशा = दुर्दशा

७– यदि विसर्ग से पहले **अ, आ** को छोड़कर अन्य कोई स्वर हो और बाद में **र** हो, तो विसर्ग का लोप हो जाता है और उसके पूर्व का ह्रस्व स्वर दीर्घ कर दिया जाता है।

**उदाहरण–** निः + रस = नीरस　　निः + रोग = नीरोग
**(बिहार पीसीएस २००५)**　　निः + रव = नीरव

८– यदि अकार के बाद विसर्ग हो और उसके आगे **अ** को छोड़कर कोई अन्य स्वर हो, तो विसर्ग का लोप हो जाता है और पास-पास आये हुए स्वरों की फिर सन्धि नहीं होती।

**उदाहरण–** अतः + एव = अतएव　　**(आरएएस २००७)**

९– अन्त्य **स्** के बदले विसर्ग होने पर **नियम ( ५ )** अथवा **( ६ )** लागू हो जाता है।

**उदाहरण–** अधस् + गति = अधः + गति = अधोगति　　**(आरएएस २००३)**
निस् + गुण = निः + गुण = निर्गुण　　**(उप्र बीएड् प्रवेश-परीक्षा २००८)**

❊❊❊

# ६. समास-प्रकरण

## अर्थ और परिभाषा

(बिहार पीसीएस २००२, २००३, २००५, २००७)

**स**मास का शाब्दिक अर्थ होता है 'संक्षिप्ति'। दूसरे शब्दों में— समास संक्षेप करने की एक प्रक्रिया है। **(बीएड् प्रवेश-परीक्षा २०१०)**

दो या दो से अधिक शब्दों का परस्पर सम्बन्ध बतानेवाले शब्दों अथवा प्रत्ययों का लोप होने पर उन दो अथवा दो से अधिक शब्दों के मेल से जो एक स्वतन्त्र शब्द बनता है, उस शब्द को **सामासिक शब्द** कहते हैं और उन दो अथवा दो से अधिक शब्दों का संयोग **समास** कहलाता है।

**उदाहरणार्थ**–'ज्ञानसागर' अर्थात् 'ज्ञान का सागर'। इस उदाहरण में 'ज्ञान' और 'सागर', इन दो शब्दों का परस्पर सम्बन्ध बतानेवाले सम्बन्धकारक के 'का' प्रत्यय का लोप होने से 'ज्ञान-सागर' एक स्वतन्त्र शब्द बना है।

**कुल भेद**– १– अव्ययीभाव २– तत्पुरुष ३– कर्मधारय ४– द्विगु ५– द्वन्द्व ६– बहुव्रीहि।

### १- अव्ययीभाव समास

जिस समास में प्रथम पद प्रधान हो और वह क्रिया-विशेषण अव्यय हो, उसे 'अव्ययीभाव' समास कहते हैं।

| जैसे— | | | |
|---|---|---|---|
| | **प्रतिवर्ष** | वर्ष वर्ष | **(मध्यप्रदेश पीसीएस २०१०)** |
| | **प्रतिदिन** | दिन-दिन | **(बीएड् प्रवेश-परीक्षा २०१२)** |
| | **यथाशक्ति** | शक्ति के अनुसार | |
| | **यथाविधि** | विधि के अनुसार | |
| | | | **(उप्र बीएड् प्रवेश-परीक्षा २००२)** |
| | **यथाक्रम** | क्रम के अनुसार | |
| | **प्रत्येक** | एक-एक के प्रति | |
| | **बारम्बार** | बार-बार | **(उप्र बीएड् प्रवेश-परीक्षा २००१)** |
| | **आजन्म** | जन्मपर्यन्त | |
| | **भरपेट** | पेट-भर | |
| | **परोक्ष** | अक्षि के परे | **(बैंक भर्ती परीक्षा २०१२)** |

### २- तत्पुरुष समास

जिस समास में पूर्व-पद गौण रहता है तथा उत्तर-पद प्रधान, उसे 'तत्पुरुष' समास कहते हैं। कारक-चिह्नों के अनुसार इसके अग्रलिखित छह भेद होते हैं :—

**द्वितीया तत्पुरुष समास** (कर्म तत्पुरुष— को)

| | |
|---|---|
| **सुखप्राप्त** | सुख को प्राप्त करनेवाला |
| **माखनचोर** | माखन को चुरानेवाला |
| **पतितपावन** | पापियों को पवित्र करनेवाला |
| **स्वर्गप्राप्त** | स्वर्ग को प्राप्त करनेवाला |
| **चिड़ीमार** | चिड़ियों को मारनेवाला |
| **मुँहतोड़** | मुँह को तोड़ने वाला |

**(बीएड् प्रवेश-परीक्षा २०१२)**

**तृतीया तत्पुरुष समास** (करण तत्पुरुष— से)

| | |
|---|---|
| **नेत्रहीन** | नेत्र से हीन |
| **ईश्वरदत्त** | ईश्वर द्वारा दत्त |

**(उप्र बीएड् प्रवेश-परीक्षा २००५)**

| | |
|---|---|
| **तुलसीकृत** | तुलसी द्वारा कृत |
| **रसभरा** | रस से भरा |
| **मुँहमाँगा** | मुँह से माँगा गया |

**चतुर्थी तत्पुरुष समास** (सम्प्रदान तत्पुरुष— के लिए)

| | |
|---|---|
| **शिवार्पण** | शिव के लिए अर्पण |
| **रसोईघर** | रसोई के लिए घर |
| **यज्ञाहुति** | यज्ञ के लिए आहुति |
| **सभाभवन** | सभा के लिए भवन |
| **स्वागतगान** | स्वागत के लिए गान |
| **शरणागत** | शरण के लिए आगत |
| **ब्राह्मणदक्षिणा** | ब्राह्मण के लिए दक्षिणा |

**पञ्चमी तत्पुरुष समास** (अपादान तत्पुरुष— से)

| | |
|---|---|
| **देशनिर्वासित** | देश से निकाला गया |
| **पदच्युत** | पद से अलग |
| **जन्मान्ध** | जन्म से अन्धा |
| **पथभ्रष्ट** | पथ से भ्रष्ट |
| **धनहीन** | धन से हीन |

**षष्ठी तत्पुरुष समास** (सम्बन्ध तत्पुरुष— का, की, के)

| | | |
|---|---|---|
| **राजमहल** | राजा का महल | **(बीएड् प्रवेश-परीक्षा २०१०)** |
| **राजपुत्र** | राजा का पुत्र | |
| **राजकन्या** | राजा की कन्या | |
| **गंगाजल** | गंगा का जल | |
| **चन्द्रोदय** | चन्द्रमा का उदय | |
| **अन्नदाता** | अन्न का दाता | |
| **देशसुधार** | देश का सुधार | (आरएएस १९९८) |
| **ब्राह्मणपुत्र** | ब्राह्मण का पुत्र | |
| **सुरवृन्द** | सुरों का वृन्द | **(बैंक भर्ती परीक्षा २०१३)** |

**सप्तमी तत्पुरुष समास** (अधिकरण तत्पुरुष— में, पै, पर)

| | |
|---|---|
| **पुरुषसिंह** | पुरुषों में सिंह |

| | |
|---|---|
| **निशाचर** | निशा में भ्रमण करने वाला (बीएड् प्रवेश-परीक्षा २०१२) |
| **पुरुषोत्तम** | पुरुषों में उत्तम |
| **कविश्रेष्ठ** | कवियों में श्रेष्ठ |
| **स्वर्गवासी** | स्वर्ग में बसनेवाला |
| **आपबीती** | अपने पर बीती |
| **घुड़सवार** | घोड़े पर सवार (सब-इंस्पेक्टर परीक्षा २०११) |
| **रथारूढ़** | रथ पर आरूढ़ |
| **जलमग्न** | जल में मग्न |
| **कर्त्तव्यपरायणता** | कर्त्तव्य में परायणता |

## ३- कर्मधारय समास

कर्मधारय समास में पूर्व और उत्तर-पद, दोनों प्रधान होते हैं। इसके पदों में विशेषण-विशेष्य, विशेषण-विशेषण तथा उपमान-उपमेय का सम्बन्ध होता है। (रेलवे भर्ती परीक्षा २०१३)

कर्मधारय समास के दो भेद होते हैं :— (क) विशेषतावाचक (ख) उपमानवाचक।

(क) **विशेषतावाचक**

| जैसे— | | | |
|---|---|---|---|
| **महाकवि** | महान् है जो कवि | **महादेव** | महान् है जो देव |
| **नराधम** | अधम है जो नर | **महौषधि** | महान् है जो औषधि |
| **नीलाम्बुज** | नीला अम्बुज | **पीताम्बर** | पीत अम्बर (उप्र पीसीएस परीक्षा २०१०) |
| **पीतसागर** | पीत है जो सागर (उप्र बीएड् प्रवेश-परीक्षा २००१) | | |
| **नीलोत्पल** | नील है जो उत्पल (रेलवे भर्ती परीक्षा २०१३) | | |
| **परमेश्वर** | परम है जो ईश्वर (छत्तीसगढ़ सहायक प्रोग्रामर परीक्षा २०१३) | | |
| **नवयुवक** | नया है जो युवक (राजभाषा अधिकारी परीक्षा २०१२) | | |
| **अधमरा** | आधा है जो मरा (उप्र पीएससी परीक्षा २०१३) | | |

(ख) **उपमानवाचक-**जब इस समास में एक शब्द उपमान और दूसरा उपमेय होता है तब भी कर्मधारय समास होता है। इसके विग्रह में 'सदृश' का प्रयोग करना पड़ता है।

| जैसे— | | | |
|---|---|---|---|
| **चन्द्रमुख** | चन्द्रमा के सदृश मुख | **मृगनयन** | मृग के सदृश नयन |
| **चरणकमल** | कमल के सदृश चरण | **लौहपुरुष** | लोहे के सदृश पुरुष |
| **लतादेह** | लता के सदृश देह | **मृगलोचन** | मृग के सदृश लोचन |

कर्मधारय, तत्पुरुष का ही एक भेद माना गया है। 'तत्पुरुष' के लक्षण में यह स्पष्ट वर्णित है कि 'कर्त्ता कारक को छोड़कर' यह बचा हुआ 'कर्त्ताकारक' अथवा 'प्रथमा विभक्ति' ही 'कर्मधारय' के शब्दों में विशेषण-विशेष्य के रूप में आती है। इसमें भी बादवाले पद की प्रधानता रहती है, अत: यह भी तत्पुरुष-वर्ग का ही समास है।

## ४- द्विगु समास

जिस समास का प्रथम पद संख्यावाचक और अन्तिम पद संज्ञा हो, उसे 'द्विगु समास' कहते हैं।

| जैसे— | | | |
|---|---|---|---|
| **चतुर्दिक्** | चारों दिशाएँ | **दोपहर** | दो पहरों का समाहार |
| **त्रिफला** | तीन फलों का समाहार | **त्रिलोक** | तीन लोकों का समाहार |
| **चतुर्युग** | चार युगों का समाहार | **पंचपाल** | पाँच पालों का समाहार |
| **त्रिकोण** | तीन कोण (उप्र बीएड् प्रवेश-परीक्षा २००५) | | |

इसी प्रकार पंचवटी (**रेलवे भर्ती परीक्षा २०१३**), चतुर्भुज, त्रिभुवन (**एलआईसी परीक्षा २०१०**), नवग्रह, शतांश, षड्रस, चतुष्पद, चवन्नी, दुअन्नी आदि भी 'द्विगु समास' हैं।

द्विगु, कर्मधारय का भी एक भेद है। कर्मधारय तो तत्पुरुष का भेद है ही। द्विगु में संख्यावाचक विशेषण प्रथम पद होता है तो कर्मधारय में अन्य विशेषण।

## ५- द्वन्द्व समास

समस्त पद में इसमें दोनों पद प्रधान होते हैं और दोनों पद संज्ञा अथवा उसका समूह होता है। इसमें 'और', 'वा', अथवा आदि का लोप पाया जाता है।

| | | | |
|---|---|---|---|
| जैसे— | **सीताराम** | सीता और राम | (**उप्र बीएड् प्रवेश-परीक्षा २००४**) |
| | **पाप-पुण्य** | पाप और पुण्य, पाप या पुण्य | |
| | **रात-दिन** | रात और दिन, रात या दिन | (**उप्र बीएड् प्रवेश-परीक्षा २००३**) |
| | **भाई-बहन** | भाई और बहन, भाई या बहन | |
| | **माता-पिता** | माता और पिता, माता या पिता | |
| | **राजा-रंक** | राजा और रंक, राजा या रंक | (**उप्र बीएड् प्रवेश-परीक्षा २००८**) |
| | **राधा-कृष्ण** | राधा और कृष्ण | (**उप्र बीएड् प्रवेश-परीक्षा २००२**) |
| | **पति-पत्नी** | पति और पत्नी | (**उप्र बीएड् प्रवेश-परीक्षा २००६**) |
| | **रुपया-पैसा** | रुपया और पैसा | (**रेलवे भर्ती परीक्षा २०१३**) |
| | **घरद्वार** | घर और द्वार | (**उप्र पीसीएस २०१०**) |
| | **शीतोष्ण** | शीत और उष्ण | (**आईएएस २०१०**) |
| | **दिवारात्रि** | दिवस और रात्रि | (**रेलवे भर्ती परीक्षा २०१२**) |

इनके अतिरिक्त भात-दाल, नाक-कान, लेन-देन, पीला-नीला, लोटा-डोरी, दही-बड़ा आदि में भी द्वन्द्व समास है।

## ६- बहुव्रीहि समास

इस समास में भी दो पद रहते हैं। इसमें अन्य पद की प्रधानता रहती है अर्थात् इसका सामासिक अर्थ इनसे भिन्न होता है; जैसे— **दशानन**। इसमें दो पद हैं— दश + आनन। इसमें पहला 'विशेषण' और दूसरा 'संज्ञा' है। अत: इसे कर्मधारय समास होना चाहिए था लेकिन बहुव्रीहि में 'दशानन' का विशेष अर्थ **दशमुख धारण करनेवाले 'रावण'** से लिया जाएगा।

| | | | |
|---|---|---|---|
| जैसे— | **लम्बोदर** | लम्बा है उदर जिसका अर्थात् गणेश | (**आईएएस २००९, उप्र पीसीएस २०१२**) |
| | **चक्रधर** | चक्र को धारण करता है जो अर्थात् विष्णु | |
| | **खगेश** | खगों का ईश है जो अर्थात् गरुड़ | (**आरएएस २००३**) |
| | **जलज** | जल में उत्पन्न होता है जो अर्थात् कमल | |
| | **पीताम्बर** | पीत है अम्बर जिसका अर्थात् श्रीकृष्ण | (**आईएएस २००९**) |
| | **नीलकण्ठ** | नीला है कण्ठ जिसका अर्थात् शिवजी | (**सीजीपीएससी परीक्षा २०१३**) |

❋❋❋

---

**टिप्पणी :** कर्मधारय— तत्पुरुष का ही एक भेद है।
द्विगु—कर्मधारय का ही एक भेद है।

इस प्रकार समास के मुख्यत: चार भेद हैं— (१) अव्ययीभाव (२) तत्पुरुष (३) द्वन्द्व (४) बहुव्रीहि।

# ७. उपसर्ग : एक परिशीलन

'उपसर्ग' शब्द दो शब्दों से व्युत्पन्न है। पहला शब्द है, 'उप', जिसका अर्थ 'समीप' होता है और दूसरा शब्द है 'सर्ग', जिसका अर्थ 'सर्जना' है। उपसर्गों के लगने से धातुओं के अर्थों में एक विलक्षणता आ जाती है। धातु के साथ उपसर्ग लगने से तीन परिवर्तन होते हैं :—

१. क्रिया का अर्थ बिलकुल बदल जाता है; जैसे— विजय-पराजय, उपकार-अपकार।

२. क्रिया के अर्थ में एक प्रकार का वैशिष्ट्य आ जाता है; जैसे— गमन-अनुगमन, वचन-निर्वचन।

३. क्रिया के ही अर्थ का अनुवर्तन हो जाता है; जैसे— वास-अधिवास, उच्च-प्रोच्य।

## अर्थ और परिभाषा

**(बिहार पीसीएस १९९१,२००१,२००२,२००४,२००५,२००६,२००७,२००८; उप्र पीसीएस १९९८, १९९९,२००१,२००२,२००३,२००४,२००६,२००७,२००८)**

'उपसर्ग' वे शब्दांश हैं, जो किसी शब्द के पूर्व में आकर विशिष्ट अर्थ का प्रतिपादन करते हैं। इनका कोई स्वतन्त्र अस्तित्व नहीं होता किन्तु वे शब्दों के साथ आने पर अर्थ-परिवर्तन करने में समर्थ होते हैं। 'उपसर्ग' उस वर्ण अथवा समूह का नाम है, जिसका स्वतन्त्र प्रयोग नहीं होता है और जिसे किसी शब्द के पूर्व, कुछ अर्थगत विशेषता लाने के लिए जोड़ा जाता है। शब्द के पूर्व लगकर उपसर्ग शब्द का अर्थ बदल देते हैं।

**उदाहरणार्थ-** 'मुख' शब्द का अर्थ 'अंग-विशेष' है किन्तु इसमें 'अभि' उपसर्ग जोड़ दिया जाए तो शब्द बनेगा 'अभिमुख', जिसका अर्थ होगा, सामने की ओर। 'हार' शब्द में प्र, आ, वि तथा परि उपसर्ग लगाकर क्रमशः प्रहार, आहार, विहार तथा परिहार शब्द बनाते हैं।

सत्य ही कहा है,

उपसर्गेण धात्वर्थो बलादन्यत्र नीयते।
प्रहाराहार संहार विहार परिहारवत्।।

हिन्दी-भाषा में प्रयुक्त होनेवाले उपसर्ग तीन कोटियों में विभक्त किए जा सकते हैं:— १. संस्कृत-उपसर्ग २. हिन्दी-उपसर्ग ३. उर्दू-उपसर्ग।

## १- संस्कृत-उपसर्ग

**(उप्र पीसीएस २००६,२००७,२००८)**

संस्कृत में उपसर्गों की संख्या २२ है किन्तु कुछ विद्वान् निस्, निर् तथा दुस्, दुर् को एक ही मानते हैं। इस प्रकार उपसर्गों की संख्या २० हो जाती है। संस्कृत-उपसर्ग उन तत्सम शब्दों में लगते हैं, जिनका प्रयोग हिन्दी में होता है। संस्कृत के उपसर्ग अग्रलिखित प्रकार से हैं :—

| उपसर्ग | अर्थ | उदाहरण |
|---|---|---|
| अति (बिहार पीसीएस २००२; उप्र पीसीएस २००३,२००४,२००९; उप्र बीएड् प्रवेश परीक्षा २००७) | अधिक, सीमा से परे | अतिगन्ध,अतिवृद्धि,अतिशय,अतिरिक्त, अत्युक्ति,अत्यधिक,अतिक्रमण,अत्यन्त **(सीजीपीएससी परीक्षा २०१३)**, अत्याचार, अतिवाद |
| अधि (आरएएस १९९८; उप्र पीसीएस १९९८,२००३; बिहार पीसीएस २००२,२००५,२००७) | अधिक, ऊपर, श्रेष्ठ, समीपता | अधिकार, अधिकृत, अध्ययन,अधिराज, अधिवक्ता,अध्यक्ष,अधिशाषी,अधिभार, अध्यवसाय, अधिष्ठित |
| अनु (आरएएस १९९९; बिहार पीसीएस २००२,२००६, २००८) | पीछे, क्रम, समानता | अनुमान, अनुकूल, अनुचर, अनुभव, अनुसार, अनुरोध, अनुशीलन, अनुरूप, अनुभाव, अनुप्रास, अनुराग |
| अप (आरएएस २००१,२००६,२००८) | बुरा, अभाव, विपरीत | अपराध, अपमान, अपव्यय, अपकर्ष, अपकीर्त्ति, अपशकुन, अपशब्द, अपभ्रंश, अपहरण,अपकृत्य,अपसंस्कृत,अपशिष्ट |
| अपि | निकट | अपिमान, अपिधान, अपिसार, अपिण्डी |
| अभि (आरएएस २००४,२००६; बिहार पीसीएस २००३; उप्र पीसीएस २००९) | सामने, अधिक, अच्छा | अभिमान,अभिसार,अभियोग,अभ्युदय, अभ्यागत,अभिलाषा,अभिवृद्धि,अभिषिक्त, अभिनय, अभिमुख, अभियान, अभिनव **(छत्तीसगढ़ सहायक प्रोग्रामर परीक्षा २०१३)** |
| अव (आरएएस १९९७) | पतन, हीनता, उलटा | अवनति, अवकाश, अवगुण, अवसर, अवलम्बन,अवतरण,अवचेतन,अवरोध, अवरोह, अवधान, अवतंस, अवमानना |
| आ (आरएएस २००६,२००८; बिहार पीसीएस २००५, २००७; उप्र बीएड् प्रवेश-परीक्षा २००८,२०१०) | तक, सब तरफ़ से, ओर | आदर,आगमन **(मध्यप्रदेश स्टेनोग्राफर परीक्षा २०१३)**, आभार,आजीवन, आकांक्षा,आडम्बर,आक्रमण,आलम्बन, आधार, आचरण, आरोहण **(बीएड् प्रवेश-परीक्षा २०१२)**, आमूल,आद्यन्त, आभरण, आवरण |
| उत्, उद् (आरएएस २००७; बिहार पीसीएस २००२; उप्र पीसीएस २००३) | ऊपर, अधिक | उत्कर्ष,उद्रेक,उद्भव,उत्तम,उत्पात,उत्पन्न, उद्गार, उद्गम, उद्दीप्त, उद्भाव, उत्संग, उत्सन्न, उत्सर्ग, उत्सर्जन, उत्फुल्ल |
| उप (आरएएस २००३; बिहार पीसीएस १९९९) | समीप, सहायक, छोटा | उपयुक्त,उपहार,उपकार,उपकूल,उपद्रव, उपवास, उपयोग, उपनिवेश, उपनयन, उपदेश, उपप्रधानमन्त्री, उपसम्पादक |

| उपसर्ग | अर्थ | उदाहरण |
|---|---|---|
| **दुः (दुर्, दुस्)** (आरएएस २००४; बिहार पीसीएस १९९३,१९९७,२००२; उप्र पीसीएस १९९८,२००३, २००४) | बुरा, दुष्ट, कठिन | दुर्गम, दुस्साहस, दुर्जन, दुर्जेय, दुर्लभ, दुश्चरित्र, दुःसाध्य, दुर्बुद्धि, दुराशय, दुष्कर, दुर्द्धर्ष, दुर्लंघ्य, दुर्घटना **(बैंक लिपिकीय परीक्षा २०१२)** |
| **नि** (आरएएस २००५; बिहार पीसीएस २००२; उप्र पीसीएस १९९३,२००३,२००६) | बहुत, नीचे, अलावा | निवास, निकेतन, निवेदन, निक्षिप्त, निबन्ध, निवेश, निदान, निकट |
| **निः (निस्, निर्)** (बिहार पीसीएस आरएएस २००५,२००८) | बिना, बाहर, निषेध | निर्देश, निर्वेद, निरीक्षण, निर्भय, निराकरण, निराश्रय **(एसएससी हिन्दी अनुवादक परीक्षा २०१२)**, निर्जीव, निर्मल, निष्कास, निःसाध्य, निःश्वास, निःशब्द, निःस्पृह, निर्वाक् |
| **परा** (आरएएस १९९८; उप्र पीसीएस १९९८,२००८) | विपरीत, अनादर | पराधीन, पराकाष्ठा, परामर्श, पराविद्या, परावर्त्त, परार्द्ध |
| **परि** (आरएएस १९९९; बिहार पीसीएस १९९९; उप्र पीसीएस १९९९,२००७) | चारों ओर, आस-पास, अतिशय, त्याग | परिचय, परिणय, परिवर्त्तन, परिणाम, परितोष, परिपूर्ण, परिशीलन, परिक्रमा, परित्राण, परित्याग, परिवेश, परिसर, परिघटना **(बीएड् प्रवेश-परीक्षा २०१२)** |
| **प्र** (आरएएस १९९७; उप्र पीसीएस २००१,२००५) | अधिक, ऊपर, आगे, गति | प्रणाम, प्रस्थान, प्रख्यात, प्रपंच, प्रेरणा, प्रगति, प्रवेश, प्रसार, प्रताप, प्रबल, प्रवेग, प्रवंचना, प्रलाप, प्रमाद, प्रयोग, प्रयाग |
| **प्रति** (आरएएस १९९७; बिहार पीसीएस १९९७,२००२) | विपरीत, समान, प्रत्येक, परिवर्त्तन | प्रतिकूल, प्रतिहार, प्रतिमूर्त्ति, प्रतिबिम्ब, प्रतिदिन, प्रतिध्वनि, प्रतिवाद, प्रतियोगिता, प्रत्येक, प्रतिक्षण, प्रतिहिंसा, प्रतिघात |
| **वि** (बिहार पीसीएस २००६,२००८; आरएएस २००८) | विशेष, रहित, विपरीत, भिन्न | विहार, विमर्श, विदेश, विवाद, विरह, विपक्ष, विज्ञान **(बीएड् प्रवेश परीक्षा २०११)** विख्यात, विशिष्ट, विराम, विपर्याय, विप्रलम्भ, वितृष्णा, वियोग, विनिश्चित |
| **सम्, सन्** (आरएएस २००६; बिहार पीसीएस २००२; उप्र पीसीएस २००१; उप्र बीएड् प्रवेश परीक्षा २००३,२००६) | संयोग, पूर्णता | सन्तोष, संचय, संशोधन, संगीत, संस्कार, सम्मुख, समक्ष, संशय, सम्भाषण, समग्र, समालोचना, सन्देश, सन्देह, सम्पादक |
| **सु** (आरएएस २००१,२००६,२००८) | अच्छा, सरल | स्वागत, सुकर्म, सुयश, सुरक्षा, सुधार, सुभाषित, सुकवि, सुजन, सुकृत, सुदूर, सुकुमार, सुवासित, सुसंघटित, सुअवसर |

## २- हिन्दी-उपसर्ग

| उपसर्ग | अर्थ | उदाहरण |
|---|---|---|
| अ (आरएएस २०००) | निषेध, अभाव अनजान | अपढ़, अजान, अथाह, अलग, अनाम, अकाल, अचेत, अमोल, अगाध, अकाज, अस्पृश्य **(रेलवे भर्ती परीक्षा २०१२)** |
| अध् (उप्र पीसीएस २००१) | आधा | अधखिला,अधकचरा,अधपका,अधजला, अधकहा, अधपिया |
| अन् (उप्र पीसीएस २००४) | अभाव, निषेध, अनजान | अनपढ़, अनमोल, अनसुनी, अनगढ़, अनहित, अनिच्छा |
| उन (उप्र पीसीएस १९९९,२००४) | एक कम | उनचास, उनसठ, उनतीस, उनतालीस, उनहत्तर |
| औ (अव) (उप्र बीएड् प्रवेश-परीक्षा २००६) | हीनता, नहीं | औघड़, औघट, अवगुण, औढर, |
| क, कु (आरएएस २००५) | बुरा | कुपूत, कुपात्र, कुठौर, कुढंग, कुकाठ, कुचाल, कुलेख |
| स, सु (आरएएस २००६) | अच्छा, सहित | सुकर्म,सुपूत,सुपात्र,सुठौर,सुलेख,सुचाल, सुडौल, सुजान |
| स | साथ, सहित | सगोत्र, सरस, सहित, सजग |
| दु | बुरा, हीन | दुकाल, दुलारा, दुसाध |
| नि (आरएएस २००४) | नहीं, अभाव | निधड़क, निडर, निहत्था, निकम्मा |

## ३- उर्दू-उपसर्ग

| उपसर्ग | अर्थ | उदाहरण |
|---|---|---|
| कम (बिहार पीसीएस २००४) | हीन, थोड़ा | कमज़ोर, कमसमझ, कमअक़्ल, कमउम्र, कमसिन, कमबख़्त |
| ख़ुश (बिहार पीसीएस २०००) | अच्छा | ख़ुशबू, ख़ुशमिज़ाज, ख़ुशदिल, ख़ुशक़िस्मत, ख़ुशख़बरी, ख़ुशहाल |
| ग़ैर (बिहार पीसीएस २००१,२००६) | नहीं, अभाव | ग़ैरहाज़िर **(आईएएस परीक्षा २०११)**, ग़ैरमिज़ाज,ग़ैरमुमकिन,ग़ैरघर,ग़ैरवाज़िब, ग़ैरसरकारी, ग़ैरक़ानूनी |
| दर (बिहार पीसीएस २००४) | में | दरअस्ल, दरबार, दरम्यान, दरकार, दरवेश, दरहक़ीक़त |
| ना (आरएएस २००५,२००७) | अभाव | नापसन्द, नादान, नाराज़, नाबालिग, नामुमकिन,नालायक़,नाउम्मीद,नासमझ |

| उपसर्ग | अर्थ | उदाहरण |
|---|---|---|
| **ब** (आरएएस २००१) | अनुसार में, | बनाम,बदस्तूर,बदौलत,बइजलास,बकौल |
| **बद** (बिहार पीसीएस २००५; आरएएस २००७) | बुरा | बदमाश, बदनाम, बदक़िस्मत, बदतमीज़, बदहज़्म, बदबू, बदहवास, बददुआ, बदशक़्ल, बदचलन, बदनियत, बदसूरत |
| **बा** | साथ | बावफ़ा,बामुलाहज़ा,बाइंसाफ़,बाक़ायदा |
| **बिला** | बिना | बिलाक़ैद, बिलाकुसूर, बिलाशक, बिलामुलाहजा, बिलाख़याल |
| **बे** (आरएएस २००५) | बिना | बेईमान,बेशर्म,बेदर्द,बेचारा,बेचैन,बेधड़क, बेइंसाफ़ी (**रेलवे भर्ती परीक्षा २०१२**), बेकाम, बेहोश, बेडौल, बेहतर, बेअक़्ल |
| **ला** (बिहार पीसीएस २००३) | बिना | लाचार, लावारिस, लाजवाब, लापता, लापरवाह, लाइलाज, |
| **सर** (आरएएस २००५) | मुख्य | सरदार,सरताज,सरगना,सरकार, सरहद |
| **हम** (आरएएस २००४) | बराबर | हमउम्र, हमसफ़र, हमवतन, हमराज़, हमदम, हमदर्द, हमक़दम |
| **हर** (बिहार पीसीएस २००३) | प्रत्येक | हररोज़, हरसाल, हर आदमी, हरएक, हरतरह, हरतरफ़, हरमाह |

## द्रष्टव्य-ज्ञातव्य

वर्ष २००९ की उप्र पीसीएस की मुख्य परीक्षा में उपसर्ग से सम्बन्धित प्रश्न करने की शैली में परिवर्तन किया गया था। वह प्रश्न इस प्रकार से है :—

**प्रश्न :** निम्नलिखित शब्दों के उपसर्ग और मूल शब्द पृथक्-पृथक् दर्शाइए :

समालोचना, सुसंगठित, अभिमुख, अभियान, अत्याचार।

उत्तर के लिए अब हम एक-एक शब्द को लेंगे। इसका उत्तर इस प्रकार से लिखा जाएगा :—

**समालोचना**— सम् + आलोचना (इसमें मूल शब्द 'आलोचना' है और 'सम्' उपसर्ग।)

**सुसंगठित**— सु + संगठित (इसमें मूल शब्द 'संगठित' है और 'सु' उपसर्ग।)

**अभिमुख**— अभि + मुख (इसमें मूल शब्द 'मुख' है और 'अभि' उपसर्ग।)

**अभियान**— अभि + यान (इसमें मूल शब्द 'यान' है और 'अभि' उपसर्ग।)

**अत्याचार**— अति + आचार (इसमें मूल शब्द 'आचार' है और 'अति' उपसर्ग।)

(इस प्रकार उत्तर लिखने से आपको पूरे अंक प्राप्त होंगे।)

## गति-शब्द

कुछ विशेषण और अव्यय ऐसे हैं, जिनका प्रयोग उपसर्ग के समान होता है। इनका नामकरण 'गति' किया गया है। प्रमुख गति-शब्द निम्नलिखित हैं :—

| | | |
|---|---|---|
| अ | नहीं | अज्ञान, अमर, अब्राह्मण, असत्य, अधर्म |
| पर | दूसरा | परपक्ष, पराधीन, परलोक, परगृह, परधन, पराश्रय, परमात्मा, परमार्थ |
| बहु | अधिक | बहुमूल्य, बहुमुखी, बहुवचन |
| कटु | कड़ुवा | कटुसत्य, कटुवाणी, कटुकथन |
| स | साथ | सजीव, सहृदय, सफल |
| सह | साथ | सहगमन, सहपाठी, सहयात्री, सहचालक, सहधर्मी, सहचर |
| भर | पूर्ण | भरपेट, भरसक, भरपूर |
| सु | सुन्दर | सुडौल, सुघर, सुबुद्धि, सुचेत, सुयोग, सुलोचना, सुलेख, सुकर्म, सुभेद, सुपुत्र |

## उपसर्गों के शुद्ध प्रयोग

(१) अभिराम सदा नैरोग रहता है। (अशुद्ध)
अभिराम सदा नीरोग रहता है। (शुद्ध)

(२) 'आज़ाद' भारतमाता के सच्चे सपूत थे। (अशुद्ध)
'आज़ाद' भारतमाता के सच्चे सुपूत (सुपुत्र) थे। (शुद्ध)

(३) इति पेटभर मिठाई खाई। (अशुद्ध)
इति ने भरपेट मिठाई खाई। (शुद्ध)

(४) यह समाचार सुनकर वह अनचेत हो गया। (अशुद्ध)
यह समाचार सुनकर वह अचेत हो गया। (शुद्ध)

(५) प्राचीनकाल में हमारा देश धनधान्य से पूर्ण था। (अशुद्ध)
प्राचीनकाल में हमारा देश धनधान्य से परिपूर्ण था। (शुद्ध)

(६) मनुष्य को अपनी शक्ति का मान नहीं करना चाहिए। (अशुद्ध)
मनुष्य को अपनी शक्ति का अभिमान नहीं करना चाहिए। (शुद्ध)

(७) वह हर दिन घूमने जाता है। (अशुद्ध)
वह प्रतिदिन घूमने जाता है। (शुद्ध)

(८) वह अनपढ़ है। (अशुद्ध)
वह अपढ़ है। (शुद्ध)

(९) 'गाँधी जी' ने कई बार मरण अनशन किया था। (अशुद्ध)
'गाँधी जी' ने कई बार आमरण अनशन किया था। (शुद्ध)

(१०) यह कार्य तुम्हारे लिए अकीर्त्ति का कारण बनेगा। (अशुद्ध)
यह कार्य तुम्हारे लिए अपकीर्त्ति का कारण बनेगा। (शुद्ध)

❋❋❋

# ८. प्रत्यय-प्रबन्धन

## अर्थ और परिभाषा

(उप्र पीसीएस २०००,२००२,२००५; बीएड् प्रवेश-परीक्षा २०१२)

'प्रत्यय' शब्द की व्युत्पत्ति दो शब्दों से होती है— प्रति + अय्। 'प्रति का अर्थ 'साथ में' और 'अय्' का अर्थ 'चलनेवाला' होता है। इस अर्थ के निकल जाने से प्रत्यय की परिभाषा आसान हो जाती है। इस प्रकार प्रत्यय की परिभाषा होती है— शब्दों के साथ बाद में चलनेवाला अथवा लगनेवाला प्रत्यय कहलाता है। ''प्रतीयते विधीयते इति प्रत्ययः।'' इसका अर्थ हुआ— जिसका किसी शब्द अथवा धातु में विधान किया जाए, वह 'प्रत्यय' कहलाता है। जो अक्षर अथवा शब्दांश होता है, उसे 'प्रत्यय' कहते हैं।

आदियोग को उपसर्ग, मध्ययोग को मध्यसर्ग अथवा विकरण और अन्तयोग को 'प्रत्यय' कहते हैं। कुछ भाषाशास्त्रियों ने प्रत्यय के लिए 'परसर्ग' का प्रयोग भी किया है किन्तु वह अनावश्यक है। अँगरेज़ी में उपसर्ग को 'प्रिफिक्स' (Prefix), मध्यसर्ग को 'इनफिक्स' (Infix) तथा प्रत्यय या अन्तसर्ग अथवा परसर्ग को 'सफिक्स' (Suffix) कहा जाता है। भारत–यूरोपीय परिवार की भाषाओं में उपसर्ग लगाकर पद बनाने का प्रचलन है। एक ही पद में अनेक उपसर्ग लगाकर और एक ही उपसर्ग को अनेक पदों में जोड़कर भिन्न–भिन्न अर्थ अभिव्यक्त किये जाते हैं। **कु** तथा **सु** उपसर्ग जोड़कर क्रमशः कुमार्ग, कुचाल, कुदृष्टि, कुचैला तथा सुमार्ग, सुफल, सुजान, सुदृष्टि, सुकुमार आदि पद बनाये जाते हैं। इसी प्रकार एक ही शब्द में विभिन्न उपसर्ग जोड़कर आदेश, निर्देश, सन्देश और प्रदेश आदि पद बनते हैं, जो भिन्न–भिन्न अर्थ का द्योतन करते हैं।

भारतीय भाषाओं में मध्यसर्ग के उदाहरण भी पर्याप्त संख्या में हैं। देखना से *दिखाना*, दौड़ना से *दौड़ाना*, खेलना से *खेलवाना* और मरना से *मरवाना* आदि इसके उदाहरण हैं।

प्रत्यय जोड़कर निर्मित किये गये शब्दों की संख्या सबसे अधिक है। संस्कृत में संज्ञा, सर्वनाम तथा विशेषणवाचक शब्दों से पद निर्मित करने के लिए अन्त में विभक्ति जोड़ी जाती है। उदाहरणार्थ इस तालिका को समझें :—

| एकवचन | द्विवचन | बहुवचन | विभक्ति |
|---|---|---|---|
| रामः | रामौ | रामाः | प्रथमा |
| रामम् | रामौ | रामान् | द्वितीया |
| रामेण | रामाभ्याम् | रामैः | तृतीया |
| रामाय | रामाभ्याम् | रामेभ्यः | चतुर्थी |
| रामात् | रामाभ्याम् | रामेभ्यः | पंचमी |
| रामस्य | रामयोः | रामाणाम् | षष्ठी |
| रामे | रामयोः | रामेषु | सप्तमी |
| हे राम | हे रामौ | हे रामाः | सम्बोधन |

'राम' शब्द से निर्मित इन सभी पदों के अन्त में कुछ-न-कुछ जोड़ दिया गया है, इसलिए ये पद भिन्न-भिन्न अर्थ का प्रतिपादन करते हैं। इसको ही प्रत्यय अथवा सफिक्स (Suffix) कहा जाता है। इसी प्रकार क्रिया-पदों में भी प्रत्यय जोड़कर भिन्न-भिन्न अर्थ प्रकट किये जाते हैं।

जैसे— जाता (जा + ता) जाती (जा + ती) जाते (जा + ते)
जाएगा (जा + एगा) जाएगी (जा + एगी)

**अन्तर्वर्ती स्वर में परिवर्तन–** अन्तर्वर्ती स्वर में परिवर्तन करके भी पदों का निर्माण किया जाता है। इस वर्ग के पदों की संख्या अपेक्षाकृत कम है; जैसे— उचित से *औचित्य*, *देव* से दैव, *पुत्र* से पौत्र, देखना से *दिखाना* आदि।

**परिवर्तन–** कभी-कभी मूल शब्द के स्थान पर एक अन्य शब्द ही चलने लगता है। उदाहरणार्थ 'जाना' क्रिया का भूतकालिक रूप 'गया' होता है जबकि वर्तमान काल और भविष्यत् काल के सभी रूप जाता, जाती, जाएगा, जाएँगे आदि ही हैं। ध्वनि-परिवर्तन का कोई भी नियम 'जाना' को 'गया' के रूप में परिवर्तित नहीं कर सकता। वस्तुत: ये दोनों रूप क्रमश: 'या' और 'गम्' धातु से नि:सृत हैं। 'या' धातु के स्थान पर गम् धातु का 'गया' शब्द प्रचलित हो गया है। इस प्रकार के परिवर्तन को संस्कृत में 'आदेश' कहा गया है। वहाँ भी 'दृश' धातु का 'पश्य' (आदेश-परिवर्तन) हो जाता है और शेष लकारों में 'दृश' ही रहता है। इसी प्रकार अँगरेज़ी में 'गो' (go) का भूतकाल वेण्ट (went) है, जिसका किसी भी प्रकार से 'गो' (go) से सम्बन्ध प्रमाणित नहीं किया जा सकता।

**ध्वनि-गुण–** कभी-कभी आघात, तान आदि के माध्यम से भी पद-रचना की जाती है।

जैसे—

| अवधी | देवनागरी | अवधी | देवनागरी |
|---|---|---|---|
| देऽव | मैं दूँगा। | जाऽब | मैं जाऊँगा। |
| खेलबऽ | तुम खेलोगे। | खेलऽब | मैं खेलूँगा। |
| आवऽ | तुम आओगे। | जाबऽ | तुम जाओगे। |

संस्कृत-भाषा का वर्गीकरण अत्यन्त वैज्ञानिक है। सूक्ष्मता से विचार करने पर स्पष्ट दिखायी देता है कि अँगरेज़ी-भाषा के आठ पद-विभाग, जिन्हें 'पार्ट्स ऑव् स्पीच' कहा गया है; संस्कृत वर्गीकरण के नाम आख्यात् और निपात के अन्दर ही समाविष्ट हो जाते हैं। **यास्क** ने जिसे 'नाम' की संज्ञा दी है, उसके अन्तर्गत संज्ञा, सर्वनाम और विशेषण आ जाते हैं। नाम और सर्वनाम में कोई अन्तर ही नहीं। सर्वनाम वे शब्द हैं, जिनका प्रयोग सभी कर सकते हैं; जैसे— 'मैं' का प्रयोग अपने लिए किया जाता है। इनसे संज्ञा की ही अभिव्यक्ति होती है। इसी प्रकार विशेषण भी नाम ही है क्योंकि यह संज्ञा की ही विशेषता बताता है। दूसरी बात यह भी है कि संज्ञा शब्द विशेषण शब्द भी बनते हैं। **लँगड़ा आदमी जाता है**— इस वाक्य में **लँगड़ा** (विशेषण) **आदमी** (संज्ञा) की विशेषता बताता है किन्तु **लँगड़ा जाता है**— इसमें **लँगड़ा** स्वयं संज्ञा है। 'आख्यात्' क्रिया को कार्य प्रधान होने के कारण अलग स्थान दिया जाता है। इसके पश्चात् क्रिया-विशेषण, सम्बन्धसूचक, समुच्चयबोधक और विस्मयादिबोधक का अन्तर्भाव 'निपात' के अन्तर्गत होता है। इसलिए इन चारों को अलग-अलग मानने की अपेक्षा एक 'अव्यय' में रखना अधिक उपयुक्त है। इस प्रकार संस्कृत-भाषा का पद-विभाग हिन्दी के लिए अधिक उपयुक्त है। प्रत्येक भाषा का एक स्वतन्त्र ढाँचा होता

है, अत: उसका व्याकरण भिन्न होगा। एक भाषा का व्याकरण दूसरी भाषा पर ठीक-ठीक नहीं बैठ सकता। अँगरेज़ी, फ़ारसी, चीनी आदि समस्त भाषाओं का अपना व्याकरण है। भाषा के विकास के साथ-साथ व्याकरण में भी परिवर्तन होता रहता है। संस्कृत-भाषा के तीन वचन और लिंग प्राकृत और अपभ्रंश में आकर दो ही रह गये हैं। इसी प्रकार हिन्दी की कालधारणा संस्कृत से सर्वथा भिन्न है।

## 'प्रकृति' प्रत्यय

प्रत्यय उस शब्दांश का नाम है, जिसे किसी शब्द अथवा धातु के अन्त में जोड़कर शब्द निर्मित किये जाते हैं। ऐसी स्थिति में, मूल शब्द अथवा धातु की प्रकृति और अन्त में जुड़नेवाले शब्दांश को प्रत्यय कहते हैं; जैसे—'अच्छा' शब्द में 'ई' प्रत्यय जोड़कर 'अच्छाई' और 'भूलना' धातु में 'अक्कड़' प्रत्यय जोड़कर 'भुलक्कड़' शब्द बनते हैं। यद्यपि अर्थ अथवा प्रयोग की दृष्टि से प्रत्ययों का कोई स्वतन्त्र अर्थ नहीं होता तथापि प्रकृति अर्थात् शब्द के अन्त में जुड़कर ये उसे नया अर्थ प्रदान करते हैं।

**प्रत्यय के भेद**— प्रत्यय दो प्रकार के होते हैं— (क) कृदन्त (ख) तद्धित। जो क्रिया धातु या मूल क्रिया में लगते हैं, उन्हें 'कृत्' प्रत्यय कहते हैं और उनसे निर्मित शब्द 'कृदन्त' कहे जाते हैं; जैसे— चिल्ला (ना) में 'आहट' प्रत्यय लगाकर 'चिल्लाहट' का निर्माण हुआ। क्रिया से भिन्न शब्द (संज्ञा, सर्वनाम, विशेषण तथा अव्यय) के साथ जुड़नेवाले प्रत्यय तद्धित हैं। इनसे निर्मित शब्द 'तद्धितान्त' कहे जाते हैं; जैसे— कुल में 'ईन' प्रत्यय जोड़कर 'कुलीन' का निर्माण हुआ। सुविधा की दृष्टि से हिन्दी में बहुप्रचलित प्रत्ययों को तीन वर्गों में विभक्त किया जा सकता है— (क) संस्कृत-प्रत्यय (ख) हिन्दी-प्रत्यय (ग) विदेशज्-प्रत्यय।

## संस्कृत-प्रत्यय

### 'कृत्' प्रत्यय

**(उप्र पीसीएस २००८, उप्र पीसीएस २०११)**

जैसा कि उल्लिखित है कि यौगिक शब्द बनाने के लिये जो प्रत्यय जोड़े जाते हैं, उन्हें 'कृत्' प्रत्यय और उनसे निर्मित शब्दों को 'कृदन्त' कहते हैं।

(१) **'क्त' प्रत्यय**– यह संस्कृत का बहुप्रचलित प्रत्यय है। इसका 'क्त' रूप प्राय: बदलकर 'त' हो जाता है। कहीं-कहीं 'न' या अन्य रूप भी मिलता है; नीचे देखें :—

| धातु | यौगिक शब्द | अर्थ | धातु | यौगिक शब्द | अर्थ |
|---|---|---|---|---|---|
| पठ् | पठित | पढ़ा हुआ। | कृ | कृत | किया हुआ। |
| स्ना | स्नात | स्नान किया हुआ। | तृप | तृप्त | सन्तुष्ट हुआ। |
| गम् | गत | गया हुआ। | दा | दत्त | दिया हुआ। |
| वस् | वसित | बसा हुआ | मृ | मृत | मरा हुआ। |
| नम् | नत् | झुका हुआ। | सिद् | सिद्ध | पूरा किया हुआ। |
| जन् | जात | पैदा हुआ। | हृ | हृत | हरण किया गया। |
| अर्च | अर्चित | प्रार्थना किया हुआ। | अधि | अधीत | पढ़ा हुआ। |

हिन्दी में इनका प्रयोग विशेषण बनाने के लिए किया जाता है।

(२) **'क्तिन्' प्रत्यय–** यह प्रत्यय भाववाचक संज्ञा बनाने के लिए प्रयुक्त किया जाता है। जैसे— इसमें 'क्तिन्' के स्थान पर 'ति' रह जाता है और कभी-कभी दूसरे रूप में भी बदल जाता है; नीचे देखें:—

| **धातु** | **यौगिक शब्द** | **धातु** | **यौगिक शब्द** |
|---|---|---|---|
| तृप् | तृप्ति | कृ | कृति |
| मुच् | मुक्ति | नी | नीति |
| दृश् | दृष्टि | तुश् | तुष्टि |

(३) **'तव्य' प्रत्यय–** इसका प्रयोग संज्ञा और विशेषण बनाने के लिए किया जाता है। संस्कृत में इनकी संख्या अत्यधिक है; नीचे देखें :—

| **धातु** | **यौगिक शब्द** | **धातु** | **यौगिक शब्द** |
|---|---|---|---|
| कृ | कर्त्तव्य | पठ् | पठितव्य |
| कथ् | कथितव्य | गम् | गन्तव्य |
| दृश् | द्रष्टव्य | रक्ष | रक्षितव्य |

यह प्रत्यय के अर्थ में प्रयुक्त होता है। इसी अर्थ का प्रतिपादन 'अनीय' तथा 'य' प्रत्यय भी करते हैं।

(४) **'अनीय' प्रत्यय–** इसका प्रयोग विशेषण बनाने के लिए किया जाता है; नीचे देखें:—

| **धातु** | **यौगिक शब्द** | **धातु** | **यौगिक शब्द** |
|---|---|---|---|
| कृ | करणीय | चि | चयनीय |
| रम् | रमणीय | शुच | शोचनीय |
| गम् | गमनीय | चिन्त् | चिन्तनीय |
| कथ् | कथनीय | रक्ष् | रक्षणीय |
| दृश् | दर्शनीय | गुप् | गोपनीय |

(५) **'यत्' प्रत्यय–** इसमें 'त्' का लोप हो जाता है तथा 'य' शेष रहता है। इसका अर्थ 'के योग्य' है; नीचे देखें :—

| **धातु** | **यौगिक शब्द** | **धातु** | **यौगिक शब्द** |
|---|---|---|---|
| कृ | कार्य | दा | देय |
| पठ् | पाठ्य | लभ् | लभ्य |
| वध् | वध्य | गम् | गम्य |
| धा | धेय | | |

(६) **'तृच्' प्रत्यय–** इसमें केवल 'तृ' शेष रहता है; नीचे देखें :—

| **धातु** | **यौगिक शब्द** | **धातु** | **यौगिक शब्द** |
|---|---|---|---|
| भृ | भर्त्तृ | दा | दातृ |
| कृ | कर्त्तृ | पा | पितृ |

(७) **'अक्' प्रत्यय–** इसका प्रयोग कर्तृवाचक संज्ञा बनाने के लिए किया जाता है। इसमें कहीं-कहीं स्वर-परिवर्तन होता है; नीचे देखें :—

| धातु | यौगिक शब्द | धातु | यौगिक शब्द |
|---|---|---|---|
| कृ | कारक | रक्ष् | रक्षक |
| वच् | वाचक | पठ् | पाठक |
| लिख् | लेखक | गै | गायक |

(८) **'घञ्' प्रत्यय–** इससे अकारान्त पुल्लिंग शब्द बनते हैं। धातु के स्वर में परिवर्त्तन होता है; नीचे देखें : —

| धातु | यौगिक शब्द | धातु | यौगिक शब्द |
|---|---|---|---|
| कृ | कार | चुर | चोर |
| मुह् | मोह | सृप् | सर्प |
| धृ | धर | भृ | भर |

## 'तद्धित्' प्रत्यय

तद्धित प्रत्यय वे हैं, जो संज्ञा, सर्वनाम आदि शब्दों में जुड़कर नये शब्दों की रचना करते हैं। जैसे— सुन्दर से 'सुन्दरता', मनोहर से 'मनोहरता'। (उप्र पीसीएस २००८, २०११)

जिन संज्ञाओं के अन्त में 'तद्धित' प्रत्यय लगाकर नये यौगिक शब्द बनाये जाते हैं, उन्हें 'तद्धितान्त' कहते हैं। संस्कृत के प्रमुख तद्धित प्रत्यय अ, आयन, इक, इका, इत, इम, इमा, इष्ठ, ई, ईन, ईय, एय, क, तः, ता, त्र, त्व, था, दा, धा, मय, मान्, य, ल, वत्, दान्, वी, व्य, श, शः, सात आदि हैं। यहाँ इनका विस्तृत परिचय दिया गया है :—

| | मूल शब्द | निष्पन्न शब्द | मूल शब्द | निष्पन्न शब्द |
|---|---|---|---|---|
| (१) **अ** | गुरु | गौरव | मुनि | मौन |
| | शक्ति | शाक्त | मृदु | मार्दव |
| | कुशल | कौशल | अर्ज | आर्जव |
| (२) **आयन** | वत्स | वात्स्यायन | लंका | लंकायण |
| | कृष्ण | कृष्णायन | तिलक | तिलकायन |
| (३) **इक** | मुख | मौखिक | मातृ | मातृक |
| | मन | मानसिक | इच्छा | ऐच्छिक **(सीटीईटी २०१४)** |
| | निसर्ग | नैसर्गिक | मास | मासिक |
| | तर्क | तार्किक | देव | दैविक |
| | | | शरीर | शारीरिक **(सीटीईटी २०१३)** |
| | प्रारम्भ | प्रारम्भिक | प्रथम | प्राथमिक |
| (४) **इत** | पुष्प | पुष्पित | मोह | मोहित |
| | चिन्ता | चिन्तित | तृषा | तृषित |
| | सम्बन्ध | सम्बन्धित | खण्ड | खण्डित |
| (५) **इन** | दण्ड | दण्डिन् | मल | मलिन |
| | पूर्व | पूर्विन् | रक्त | रक्तिन |

| | मूल शब्द | निष्पन्न शब्द | मूल शब्द | निष्पन्न शब्द |
|---|---|---|---|---|
| (६) **इम** | पश्च | पश्चिम | अग्र | अग्रिम |
| (७) **इमा** | हरित | हरीतिमा | महा | महिमा |
| | नील | नीलिमा | शुक्ल | शुक्लिमा |
| | धवल | धवलिमा | अरुण | अरुणिमा |
| (८) **इय** | क्षत्र | क्षत्रिय | राष्ट्र | राष्ट्रीय |
| (९) **इष्ठ** | धर्म | धर्मिष्ठ | बल | बलिष्ठ |
| | भू | भूमिष्ठ | प्रति | प्रतिष्ठ |
| (१०) **ई** | लोभ | लोभी | काम | कामी |
| | भोग | भोगी | विराग | विरागी |
| | वसन्त | वसन्ती | अनुराग | अनुरागी |
| (११) **ईन** | कुल | कुलीन | नव | नवीन |
| | प्राच् | प्राचीन | काल | कालीन |
| (१२) **ईय** | मत् | मदीय | नगर | नगरीय |
| | देश | देशीय | भारत | भारतीय |
| | पाणिनि | पाणिनीय | स्वर्ग | स्वर्गीय |
| | भवत् | भवदीय | महान् | महनीय |
| (१३) **एय** | वनिता | वैनतेय | कुन्ती | कौन्तेय |
| | वाराणसी | वाराणसेय | राधा | राधेय |
| (१४) **इका** | काशी | काशिका | प्रकाश | प्रकाशिका |
| | आकाश | आकाशिका | प्रहार | प्रहारिका |
| (१५) **क** | बाल | बालक | नीति | नीतिक |
| | लेख | लेखक | चित्र | चित्रक |
| (१६) **तया** | विशेष | विशेषतया | अंश | अंशतया |
| (१७) **तर** | लघु | लघुतर | पटु | पटुतर |
| (१८) **तः** | अन्त | अन्ततः | मूल | मूलतः |
| | वस्तु | वस्तुतः | फल | फलतः |
| | विशेष | विशेषतः | सामान्य | सामान्यतः |
| (१९) **ता** | सुन्दर | सुन्दरता | लघु | लघुता |
| **(उप्र पीसीएस** | कुरूप | कुरूपता | धवल | धवलता |
| **२०००,२००९,** | मधुर | मधुरता | कवि | कविता |
| **२०१२)** | शिशु | शिशुता | मानव | मानवता |
| | उदार | उदारता | दानव | दानवता |
| (२०) **त्य** | दक्षिण | दक्षिणात्य | पूर्व | पौर्वात्य |
| (२१) **त्व** | सती | सतीत्व | पुरुष | पुरुषत्व |
| | स्त्री | स्त्रीत्व | लघु | लघुत्व |
| | नर | नरत्व | अस्ति | अस्तित्व |
| (२२) **त्र** | कु | कुत्र | यत् | यत्र |
| | तत् | तत्र | सर्व | सर्वत्र |
| (२३) **था** | तत् | तथा | यत् | यथा |
| | सर्व | सर्वथा | अन्य | अन्यथा |
| (२४) **दा** | सर्व | सर्वदा | फल | फलदा |
| | यत् | यदा | तत् | तदा |
| | कत् | कदा | एक | एकदा |

| | मूल शब्द | निष्पन्न शब्द | मूल शब्द | निष्पन्न शब्द |
|---|---|---|---|---|
| (२५) **धा** | द्वि | द्विधा | बहु | बहुधा |
| (२६) **निष्ठ** | धर्म | धर्मनिष्ठ | कर्म | कर्मनिष्ठ |
| | मर्म | मर्मनिष्ठ | उभय | उभयनिष्ठ |
| (२७) **मान्** | हन | हनुमान् | शक्ति | शक्तिमान् |
| | ज्योतिः | ज्योतिष्मान् | श्री | श्रीमान् |
| | बुद्धि | बुद्धिमान् | ज्योति | ज्योतिमान् |
| (२८) **व** | केश | केशव (बालोंवाला) | मणि | मणिव (मणिवाला) |
| | अर्णस् | अर्णव जलवाला | अणि | अणिव (तीख़ीधारवाला) |
| (२९) **वान्** (उप्र पीसीएस २००२) | धन | धनवान् | मूल्य | मूल्यवान् |
| | श्रद्धा | श्रद्धावान् | गुण | गुणवान् |
| | लक्ष्मी | लक्ष्मीवान् | भाग्य | भाग्यवान् |
| | रूप | रूपवान् | लज्जा | लज्जावान् |
| (३०) **वत्** | पुत्र | पुत्रवत् | ब्राह्मण | ब्राह्मणवत् |
| | मातृ | मातृवत् | पितृ | पितृवत् |
| (३१) **वी** | तेजः | तेजस्वी | यशः | यशस्वी |
| | तपः | तपस्वी | मनः | मनस्वी |
| (३२) **श** | कर्क | कर्कश | तर्क | तर्कश |
| (३३) **शः** | शत | शतशः | क्रम | क्रमशः |
| | बहु | बहुशः | अक्षर | अक्षरशः |
| (३४) **सात्** | भूमि | भूमिसात् | आत्म | आत्मसात् |
| | अग्नि | अग्निसात् | भस्म | भस्मसात् |
| (३५) **य** | सम् | साम्य | शरण | शरण्य |
| | प्राची | प्राच्य | प्रतीच | प्रतीच्य |
| (३६) **ल** | वत्स | वत्सल | बहु | बहुल |
| (३७) **मय** | मधु | मधुमय | दया | दयामय |
| | तपः | तपोमय | शान्ति | शान्तिमय |
| | अन्न | अन्नमय | आनन्द | आनन्दमय |
| | प्रेम | प्रेममय | आत्म | आत्ममय |

संस्कृत में अनेक ऐसे शब्द हैं, जो सामासिक पदों में प्रत्यय के समान प्रयुक्त होते हैं। यद्यपि इन शब्दों का स्वतन्त्र अर्थ होता है तथापि वे वाक्य में स्वतन्त्र रूप में प्रयुक्त नहीं होते। इस कोटि के प्रमुख शब्द निम्नलिखित हैं :—

| | | | | |
|---|---|---|---|---|
| **कर–** | सुधा | सुधाकर | प्रभा | प्रभाकर |
| | दिन | दिनकर | सुख | सुखकर |
| | हित | हितकर | रवि | रविकर |
| **कार–** | चर्म | चर्मकार | स्वर्ण | स्वर्णकार |
| | कहानी | कहानीकार | एकांकी | एकांकीकार |
| | नाटक | नाटककार | ग्रन्थ | ग्रन्थकार |
| **द–** | धन | धनद | जल | जलद |
| | वारि | वारिद | सुख | सुखद |

| | | | | |
|---|---|---|---|---|
| **दायक–** | फल | फलदायक | आनन्द | आनन्ददायक |
| | गुंण | गुणदायक | जल | जलदायक |
| **धर–** | जल | जलधर | हल | हलधर |
| | गिरि | गिरिधर | मुरली | मुरलीधर |
| **शील–** | कर्म | कर्मशील | विचार | विचारशील |
| | धर्म | धर्मशील | दान | दानशील |
| **हीन–** | कर्म | कर्महीन | बुद्धि | बुद्धिहीन |
| | शक्ति | शक्तिहीन | धर्म | धर्महीन |
| **स्थ–** | धर्म | धर्मस्थ | तट | तटस्थ |
| | उदर | उदरस्थ | उभय | उभयस्थ |
| **ज्ञ–** | शास्त्र | शास्त्रज्ञ | सर्व | सर्वज्ञ |
| | मर्म | मर्मज्ञ | नीति | नीतिज्ञ |
| | विशेष | विशेषज्ञ | वेद | वेदज्ञ |

## हिन्दी-प्रत्यय

हिन्दी के प्रत्ययों को भी संस्कृत के समान दो वर्गों में विभक्त किया जा सकता है :—

(क) 'कृत' प्रत्यय (ख) 'तद्धित' प्रत्यय। संस्कृत में कृदन्त तथा तद्धितान्त शब्द 'यौगिक' शब्द हैं किन्तु हिन्दी में ये 'रूढ़' शब्द हो गये हैं। यहाँ तो मात्र उस शब्द को कृदन्त कह देने की परम्परा है, जिसमें किसी क्रिया अथवा धातु का अर्थ निकलता है।

## 'कृत्' प्रत्यय

कृत् प्रत्यय वे हैं, जो धातु के पीछे जुड़कर शब्द-निर्माण में सहायक होते हैं।

जैसे—'भीरु' में 'ता' प्रत्यय जोड़ने से **भीरुता**।

हिन्दी के प्रमुख 'कृत्' प्रत्यय निम्नलिखित हैं :—

### कृदन्त (कृत्) प्रत्यय

(१) **अ–** यह प्रत्यय 'भाववाचक संज्ञा' बनाने के लिए प्रयुक्त होता है; देखें :—

| | |
|---|---|
| लूट् + अ = लूट | पहुँच् + अ = पहुँच |
| खेल् + अ = खेल | दौड़् + अ = दौड़ |
| हार् + अ = हार | जीत् + अ = जीत |
| रगड़् + अ = रगड़ | पटक् + अ = पटक |

(२) **अक्कड़–** इस प्रत्यय से 'कर्तृवाचक कृदन्त' बनाया जाता है।

जैसे— पी + अक्कड़ = पिअक्कड़ | घूम् + अक्कड़ = घुमक्कड़
खेल् + अक्कड़ = खेलक्कड़ | बूझ् + अक्कड़ = बुझक्क

**(आईएएस परीक्षा २०११)**

(३) **अन्त–** लड़् + अन्त = लड़न्त | रट् + अन्त = रटन्त
लिख + अन्त = लिखन्त | पिट् + अन्त = पिटन्त

बढ़ + अन्त = बढ़न्त　　पढ़् + अन्त = पढ़न्त

भिड़् + अन्त = भिड़न्त　　पठ् + अन्त = पठन्त

(४) **अन-** इसका प्रयोग भाववाचक संज्ञाओं का निर्माण करने के लिए किया जाता है। इसमें र्, ष् तथा ऋ के स्थान पर 'अन्' अथवा 'अण' हो जाता है।

जैसे— जल् + अन = जलन　　खा + अन = खान

दा + अन = दान　　ले + अन = लेन

दे + अन = देन ('अ' का लोप)　　रक्ष् + अण = रक्षण

भृ + अण = भरण　　सह् + अन = सहन

(५) **अना-** इस प्रत्यय का प्रयोग भाववाचक संज्ञाओं को बनाने के लिए किया जाता है।

जैसे— जल् + अना = जलना　　खा + अना = खाना

ले + अना = लेना　　दे + अना = देना

'अ' का लोप　　'अ' का लोप

सह् + अना = सहना　　गढ़् + अना = गढ़ना

पढ़् + अना = पढ़ना　　लिख् + अना = लिखना

दौड़् + अना = दौड़ना　　रो + अना = रोना

(६) **आ-** इससे निम्नलिखित वर्ग के शब्द बनते हैं :—

(क) भाववाचक संज्ञाएं

जैसे—मेल् + आ = मेला　　घेर + आ = घेरा

(ख) भूतकालिक कृदन्त　　**(आरएएस १९९७)**

जैसे—मार् + आ = मारा　　पड् + आ = पड़ा

बैठ् + आ = बैठा　　रूठ् + आ = रूठा　　खड़् + आ = खड़ा

(ग) करणवाचक संज्ञाएँ

जैसे—बाध् + आ = बाधा　　झूल् + आ = झूला

झाड़् + आ = झाड़ा　　भूँज् + आ = भूँजा　　सूज् + आ = सूजा

(७) **आई-** इससे भाववाचक शब्द बनते हैं।

जैसे— खेल + आई = खेलाई　　पढ़् + आई = पढ़ाई

लिख् + आई = लिखाई　　लड् + आई = लड़ाई

चढ़् + आई = चढ़ाई　　खिल् + आई = खिलाई

पिट् + आई = पिटाई　　**(बीएड् प्रवेश-परीक्षा २०१२)**

(८) **आऊ**— इस प्रत्यय के द्वारा विशेषण तथा कर्त्तृवाचक संज्ञाएं बनती हैं।

जैसे—

(क) विशेषण

टिक + आऊ = टिकाऊ　　दिख् + आऊ = दिखाऊ

**(आईएएस परीक्षा २०१०)**

(ख) कर्तृवाचक संज्ञाएँ

खा + आऊ = खाऊ　　उड् + आऊ = उड़ाऊ

(९) **आन–** इसका प्रयोग भाववाचक संज्ञा बनाने के लिये किया जाता है।

जैसे— उठ् + आन = उठान　　थक् + आन = थकान

चल् + आन = चलान　　मिल् + आन = मिलान

(१०) **आव–** इससे भाववाचक संज्ञाएँ बनती हैं।

जैसे— घूम् + आव = घुमाव　　कट् + आव = कटाव

पड़् + आव = पड़ाव　　लग् + आव = लगाव

जम् + आव = जमाव　　रख् + आव = रखाव

(११) **आवा–** 'आव' का विकसित अथवा गुरु रूप है।

जैसे— छल् + आवा = छलावा　　बहक् + आवा = बहकावा

पहिर् + आवा = पहिरावा　　भूल + आवा = भुलावा

(१२) **आवना–** इससे विशेषण पद निर्मित होते हैं।

जैसे— सुह् + आवना = सुहावना　　लुभ् + आवना = लुभावना

डर + आवना = डरावना　　भूल् + आवना = भुलावना

(१३) **आक, आका, आकू–** इस प्रत्यय से कर्तृवाचक संज्ञाएँ अथवा गुणवाचक विशेषण बनते हैं।

जैसे— तैर् + आक = तैराक　　तड़् + आक = तड़ाक

लड़् + आका = लड़ाका　　लड़् + आकू = लड़ाकू

उड़ + आकू = उड़ाकू　　कूद + आकू = कूदाकू

(१४) **आप, आपा–** इनसे भाववाचक संज्ञाएँ बनती हैं।

जैसे— मिल् + आप = मिलाप　　पूज् + आपा = पुजापा

(१५) **आवट–** इससे भाववाचक संज्ञाएँ निष्पन्न होती हैं।

जैसे— बन् + आवट = बनावट　　लिख् + आवट = लिखावट

दिख् + आवट = दिखावट　　मिल् + आवट = मिलावट

(१६) **आहट–** इस प्रत्यय के योग से भाववाचक संज्ञाएँ बनती हैं।

जैसे— बौखल् + आहट = बौखलाहट　　घबर् + आहट = घबराहट

झनझन् + आहट = झनझनाहट　　लड़खड़् + आहट = लड़खड़ाहट

'आहट' अनुकरणात्मक शब्दों में जुड़ता है।　　सनसन् + आहट = सनसनाहट

**(सीजीपीएससी परीक्षा २०१३)**

(१७) **आस–** इससे भी भाववाचक संज्ञाएँ बनती हैं।

**(आरएएस १९९४; बिहार पीसीएस २००३)**

जैसे— पी + आस = प्यास

निकल + आस = निकास ('ल' का लोप)

मीठा + आस = मिठास

खट्टा + आस = खटास ('ट्' का लोप)

(१८) **इयल**– इस प्रत्यय के योग से कर्त्तृवाचक कृदन्त बनते हैं।

जैसे— मर् + इयल = मरियल सड़् = इयल = सड़ियल

अड़् + इयल = अड़ियल दढ़् + इयल = दढ़ियल

(१९) **इया**– इससे कर्त्तृवाचक संज्ञाएँ तथा गुणात्मक विशेषण पद बनते हैं।

(उप्र पीसीएस १९९८; बिहार पीसीएस २००३)

जैसे— जड़् + इया = जड़िया छल् + इया = छलिया

बढ़् + इया = बढ़िया घट् + इया = घटिया

(२०) **ई**– इस प्रत्यय के योग से क्रियाओं से भाववाचक और करणवाचक संज्ञाएँ बनती हैं।

(आरएएस १९९४;बिहार पीसीएस २००३;उप्र पीसीएस २०१२)

१. **भाववाचक**— घुड़क् + ई = घुड़की धमक् + ई = धमकी

मर् + ई = मरी गिर् + ई = गिरी

२. **करणवाचक**—फाँस् + ई = फाँसी लग् + ई = लगी

गाँस् + ई = गाँसी खाँस् + ई = खाँसी

(२१) **ऊ**– इस प्रत्यय के द्वारा भी कर्त्तृवाचक और करणवाचक संज्ञाएँ बनती हैं।

जैसे— मार् + ऊ = मारू काट् + ऊ = काटू

बिगाड़् + ऊ = बिगाड़ू उतार् + ऊ = उतारू

(२२) **एरा**– इस प्रत्यय के योग से कर्त्तृवाचक और भाववाचक संज्ञाएँ बनती हैं।

(उप्र पीसीएस २०१०)

जैसे— १- **कर्त्तृवाचक**— लूट् + एरा = लुटेरा

२- **भाववाचक**— बस् + एरा = बसेरा

(२३) **ऐया**– इस प्रत्यय के योग से कर्त्तृवाचक संज्ञाएँ बनती हैं।

जैसे— हँस् + ऐया = हँसैया रख् + ऐया = रखैया

बच् + ऐया = बचैया रो + ऐया = रोवैया

(२४) **ऐत**– इस प्रत्यय के योग से कर्त्तृवाचक संज्ञाएँ बनती हैं।

जैसे— लड़् + ऐत = लड़ैत बिगड़् + ऐत = बिगड़ैत

(२५) **ओड़, ओड़ा**– इस प्रत्यय के योग से कर्त्तृवाचक संज्ञाएँ बनती हैं। (उप्र पीसीएस २०१२)

जैसे— भाग् + ओड़ = भगोड़ भाग् + ओड़ा = भगोड़ा

हँस् + ओड़ = हँसोड़ हँस् + ओड़ा = हँसोड़ा

(२६) **औता, औती**– इस प्रत्यय से भाववाचक संज्ञाएँ बनती हैं।

जैसे— चुन् + औती = चुनौती समझ् + औता = समझौता

फिर् + औती = फिरौती मन् + औती = मनौती

(२७) **ओना, औनी आवनी–** इनके योग से विभिन्न प्रकार के कृदन्त रूप बनते हैं।

(आरएएस १९९२)

जैसे— डर् + आवनी = डरावनी खेल् + औना = खेलौना

मिच् + औनी = मिचौनी (आँखमिचौनी) डर् + औनी = डरौनी

(२८) **का–** इस प्रत्यय के योग से विभिन्न पद बनते हैं।

जैसे— छील् + का = छिलका फूल् + का = फुलका

(२९) **वाला–** इस प्रत्यय के योग से कर्तृवाचक विशेषण और संज्ञाएँ बनती हैं।

जैसे— जानेवाला, सोनेवाला, खानेवाला आदि।

## 'तद्धित' प्रत्यय

हिन्दी के तद्भव-शब्दों में तद्धित प्रत्यय जोड़कर संज्ञा और विशेषण शब्द बनाये जाते हैं। हिन्दी के प्रमुख तद्धित प्रत्यय निम्नलिखित हैं :—

(१) **आ–** इसके योग से संज्ञा से विशेषण और साधारण संज्ञा से भाववाचक संज्ञाएँ बनती हैं।

| जैसे— | **संज्ञा** | **विशेषण** | **संज्ञा** | **विशेषण** |
|---|---|---|---|---|
| | भूख | भूखा | प्यास | प्यासा |
| | बोझ | बोझा | खटक | खटका |

(२) **आई–** इस प्रत्यय के योग से विशेषणों और संज्ञाओं से भाववाचक संज्ञाएँ बनती हैं।

(आरएएस २०००; उप्र पीसीएस २००२, २०१०,२०१२; बिहार पीसीएस २००३)

| जैसे— | विदा | विदाई | भला | भलाई |
|---|---|---|---|---|
| | बुरा | बुराई | अच्छा | अच्छाई |
| | ठाकुर | ठकुराई | अधम | अधमाई |

(३) **आन–** इससे भाववाचक संज्ञाएँ बनती हैं।

| जैसे— | लम्बा | लम्बान | ऊँचा | ऊँचान |
|---|---|---|---|---|
| | चौड़ा | चौड़ान | नीचा | नीचान |

(४) **आना–** इस प्रत्ययानुसार स्थानवाचक संज्ञाएँ बनती हैं।

| जैसे— | हिन्दू | हिन्दुआना | राजपूत | राजपुताना |
|---|---|---|---|---|
| | तेलंग | तेलंगाना | बघेल | बघेलाना |

(५) **इन–** इस प्रत्यय को जोड़कर शब्दों के स्त्रीलिंग बनाए जाते हैं।

(उप्र पीसीएस २०१२)

| जैसे— | लोहार | लुहारिन | नाग | नागिन |
|---|---|---|---|---|
| | पड़ोसी | पड़ोसिन | मालिक | मालकिन |

(६) **आर-** इस प्रत्यय के योग से कर्तृवाचक संज्ञाएँ बनती हैं।

जैसे— कुम्भ — कुम्भार — सोना — सोनार
लोहा — लोहार — चर्म — चर्मकार

कभी-कभी इस प्रत्यय से विशेषण भी बनते हैं।

जैसे— दूध — दुधार — गाँव — गँवार

(७) **आरा, आरी-** इन प्रत्ययों का प्रयोग भी 'आर' के समान ही होता है।

(उप्र पीसीएस २०१०)

जैसे— हत्या — हत्यारा — घास — घसियारा
भीख — भिखारी — पूजा — पुजारी

(८) **आल, आला-** इन प्रत्ययों से संज्ञाएँ बनती हैं।

जैसे— कृपा — कृपाल — ससुर — ससुराल
दया — दयाला — शिव — शिवाला
पानी — पनाल, पनाला — छिन्रा — छिनाल (छिनार)

(९) **आवट-** इसके योग से भाववाचक संज्ञाएँ बनती हैं।

जैसे— नीम — निमावट — आम — अमावट

(बिहार पीसीएस २००३; उप्र पीसीएस २०११)

(१०) **आस-** इस प्रत्यय के जुड़ने से विशेषण और भाववाचक संज्ञाएँ बनती हैं।

जैसे— मीठा — मिठास — खट्टा — खटास
नींद — निंदास — ऊँघ — ऊँघास

(११) **आहट-** इस प्रत्यय के योग से भाववाचक संज्ञाएँ बनती हैं।

जैसे— चिकना — चिकनाहट — कड़ुआ — कड़ुआहट
गरम — गरमाहट — मुस्कान — मुस्कुराहट

(१२) **इया-** इस प्रत्यय के योग से कर्तृवाचक और स्थानवाचक संज्ञाएँ बनती हैं।

(बिहार पीसीएस २००३,२००५,२००८)

जैसे— दुःख — दुखिया — आढ़त — अढ़तिया
बाग़ — बगिया — ओसोम — ओसोमिया
भोजपुर — भोजपुरिया — रस — रसिया

(१३) **ई-** इससे भाववाचक संज्ञाएँ बनती हैं।

जैसे— खेत — खेती — सुस्त — सुस्ती
सावधान — सावधानी — चोर — चोरी
महाजन — महाजनी — चौकीदार — चौकीदारी

(१४) **ईला-** इस प्रत्यय के प्रयोग से विशेषण बनते हैं। (उप्र पीसीएस २०१०)

जैसे— रंग — रँगीला — रेत — रेतीला
रस — रसीला — पत्थर — पथरीला
ज़हर — ज़हरीला — सुर — सुरीला

(१५) **'ऊ'**– इससे विशेषण शब्द बनते हैं।

| | | | | |
|---|---|---|---|---|
| जैसे— | गँवार | गँवारू | बाज़ार | बाज़ारू |
| | गरज | गरजू | टहल | टहलू |

(१६) **एरा**– इस प्रत्यय द्वारा विभिन्न शब्द बनते हैं। **(उप्र पीसीएस २००९)**

| | | | | |
|---|---|---|---|---|
| जैसे— | मामा | ममेरा | चाचा | चचेरा |
| | **(उप्र पीसीएस २००९)** | | | |
| | साँप | सपेरा | अन्ध | अँधेरा |
| | घना | घनेरा | मौसा | मौसेरा |

(१७) **एड़ी**– इस प्रत्यय से कर्तृवाचक संज्ञाएँ बनती हैं।

| | | | | |
|---|---|---|---|---|
| जैसे— | भाँग | भँगेड़ी | गाँजा | गँजेड़ी |

(१८) **औती**– इससे भाववाचक संज्ञाएँ बनती हैं।

| | | | | |
|---|---|---|---|---|
| जैसे— | काठ | कठौती | मान | मनौती |
| | बाप | बपौती | चूना | चुनौती |

(१९) **ओला**– इससे लघुतावाचक शब्दों का निर्माण होता है।

| | | | | |
|---|---|---|---|---|
| जैसे— | साँप | सँपोला | खाट | खटोला |

(२०) **क**– इसके विभिन्न प्रयोग हैं।

| | | | | |
|---|---|---|---|---|
| जैसे— | ढोल | ढोलक | पंच | पंचक |
| | सप्त | सप्तक | बाल | बालक |

(२१) **ऐल**– इस प्रत्यय से गुणवाचक विशेषण बनते हैं।

| | | | | |
|---|---|---|---|---|
| जैसे— | झगड़ा | झगड़ैल | तोंद | तोंदैल |
| | दाँत | दँतैल | रोब | रौबेल |

(२२) **त**– इस प्रत्यय के योग से भाववाचक संज्ञाएँ बनती हैं।

| | | | | |
|---|---|---|---|---|
| जैसे— | संग | संगत | रंग | रंगत |
| | | | **(उप्र पीसीएस २००३)** | |
| | चाह | चाहत | पंग | पंगत |

(२३) **पन**– इस प्रत्यय के योग से भाववाचक संज्ञाएँ निष्पन्न होती हैं।
**(बिहार पीसीएस १९९९,२००१,२००३; उप्र पीसीएस २००३)**

| | | | | |
|---|---|---|---|---|
| जैसे— | मैला | मैलापन | लड़का | लड़कपन |
| | बच्चा | बचपन | ढीला | ढीलापन |
| | छोटा | छोटापन | ओछा | ओछापन |
| | अक्खड़ | अक्खड़पन | बड़ा | बड़प्पन |

**(उप्र पीसीएस २०००; उप्र बीएड् प्रवेश परीक्षा २०१०)**

(२४) **पा**– यह 'पन' का ही दूसरा रूप है।

| | | | | |
|---|---|---|---|---|
| जैसे— | बहन | बहनापा | बूढ़ा | बुढ़ापा |
| | राँड़ | रँड़ापा | मोटा | मोटापा |

(२५) **हारा–** इसके योग से कर्त्तृवाचक संज्ञाएँ बनती हैं।

| जैसे— लकड़ी | लकड़हारा | पानी | पनिहारा |
|---|---|---|---|
| घास | घसिहारा | (उप्र बीएड् प्रवेश परीक्षा २००८) | |

(२६) **स–** इसके योग से भाववाचक संज्ञाएँ बनती हैं।

| जैसे— उष्मा | उमस | तम | तमस |
|---|---|---|---|

(२७) **ता–** इसके योग से भाववाचक संज्ञाएँ निष्पन्न होती हैं। (उप्र पीसीएस २००९,२०१२)

| जैसे— मधुर | मधुरता | कवि | कविता |
|---|---|---|---|
| मित्र | मित्रता | सुन्दर | सुन्दरता |
| मानव | मानवता | मनुज | मनुजता |

(२८) **हरा–** इसके योग से विशेषण शब्द निष्पन्न होते हैं। (उप्र पीसीएस २०१०)

| जैसे— एक | एकहरा | तीन | तिहरा |
|---|---|---|---|
| सोना | सुनहरा | रूप | रूपहरा |

(२९) **वाला–** इसके योग से कर्त्तृवाचक संज्ञाएँ बनती हैं।

| जैसे— टोपी | टोपीवाला | धन | धनवाला |
|---|---|---|---|
| पानी | पानीवाला | रूप | रूपवाला |

## 'स्त्री' प्रत्यय

जिन प्रत्ययों से स्त्रीलिंग का बोध होता है, उन्हें 'स्त्री प्रत्यय' कहते हैं। पुल्लिंगवाची शब्दों में 'स्त्री' प्रत्यय जोड़कर 'स्त्री' प्रत्ययान्त शब्द बनाये जाते हैं; जैसे—'अनुज' में 'आ' प्रत्यय जोड़कर 'अनुजा' बनता है।

प्रमुख 'स्त्री' प्रत्यय निम्नलिखित हैं :—

## संस्कृत के 'स्त्री' प्रत्यय

| | | | | |
|---|---|---|---|---|
| (१) **आ–** | अश्व | .अश्वा | अज | अजा |
| | कृष्ण | कृष्णा | तनय | तनया |
| | सुभद्र | सुभद्रा | प्रिय | प्रिया |
| | शूद्र | शूद्रा | वृद्ध | वृद्धा |

(२) **इका–** इसमें 'अक' का 'इका' हो जाता है।

| जैसे— बालक | बालिका | अध्यापक | अध्यापिका |
|---|---|---|---|
| पालक | पालिका | शिक्षक | शिक्षिका |
| नाटक | नाटिका | नायक | नायिका |

| | | | | |
|---|---|---|---|---|
| (३) **इनी –** | गृही | गृहिणी | हस्ति | हस्तिनी |
| **इणी** | करि | करिणी | भर | भरिणी |
| (४) **ई–** | बुरा | बुराई | | (उप्र पीसीएस २०००) |
| | दास | दासी | सुन्दर | सुन्दरी |
| | ब्राह्मण | ब्राह्मणी | वार्षिक | वार्षिकी |

(५) **वती-** इस प्रत्यय में 'वान्' के स्थान पर 'वती' हो जाता है।

| | | | | |
|---|---|---|---|---|
| जैसे— | पुत्रवान् | पुत्रवती | धनवान् | धनवती |
| | भगवान् | भगवती | गुणवान् | गुणवती |

(६) **मती-** इस प्रत्यय के प्रयोग से 'मान्' के स्थान पर 'मती' हो जाता है।

| | | | | |
|---|---|---|---|---|
| जैसे— | श्रीमान् | श्रीमती | आयुष्मान् | आयुष्मती |
| | बुद्धिमान् | बुद्धिमती | धीमान् | धीमती |

| | | | | |
|---|---|---|---|---|
| (७) **आनी-** | भव | भवानी | मातुल | मातुलानी |
| | वरुण | वरुणानी | चन्द्र | चन्द्राणी |

## हिन्दी के 'स्त्री' प्रत्यय

| | | | | |
|---|---|---|---|---|
| (१) **आइन** | पण्डित | पण्डिताइन | ठाकुर | ठकुराइन |
| | पाठक | पठकाइन | बनिया | बनियाइन |
| | लाला | ललाइन | पण्डा | पण्डाइन |
| (२) **आनी-** | नौकर | नौकरानी | जेठ | जेठानी |
| | राजपूत | राजपूतानी | सेठ | सेठानी |
| | देवर | देवरानी | काना | कानी |

(उप्र बीएड् प्रवेश-परीक्षा २००६)

| | | | | |
|---|---|---|---|---|
| (३) **इन-** | तेली | तेलिन | दर्ज़ी | दर्ज़िन |
| | धोबी | धोबिन | नाई | नाइन |
| | कुँजड़ा | कुँजड़िन | ग्वाल | ग्वालिन |
| (४) **इया-** | चूहा | चुहिया | बेटा | बिटिया |
| | बूढ़ा | बुढ़िया | कुत्ता | कुतिया |
| | लोटा | लुटिया | डिब्बा | डिबिया |
| (५) **ई-** | लड़का | लड़की | घोड़ा | घोड़ी |
| | बकरा | बकरी | नाना | नानी |
| | कबूतर | कबूतरी | बगुला | बगुली |
| | कुमार | कुमारी | नर्तक | नर्तकी |
| | तरुण | तरुणी | दास | दासी |
| | काका | काकी | चाचा | चाची |
| (६) **नी-** | शेर | शेरनी | ऊँट | ऊँटनी |
| | सिंह | सिंहनी | मोर | मोरनी |

## 'विदेशज्' प्रत्यय

विदेशी भाषाओं में से केवल अरबी-फ़ारसी के कुछ प्रत्यय हिन्दी में प्रचलित हैं। प्रमुख प्रत्यय निम्नलिखित हैं :—

| | | | | | |
|---|---|---|---|---|---|
| (१) | **कार-** | पेश | पेशकार | काश्त | काश्तकार |
| (२) | **ख़ाना-** | दौलत | दौलतख़ाना | मुर्ग़ी | मुर्ग़ीख़ाना |
| | | डाक | डाकख़ाना | पागल | पागलख़ाना |
| (३) | **ख़ोर-** | रिश्वत | रिश्वतख़ोर | चुगल | चुगलख़ोर |
| | | मुनाफ़ा | मुनाफ़ाख़ोर | गोता | गोताख़ोर |
| | | हराम | हरामख़ोर | सूद | सूदख़ोर |
| (४) | **दान-** | क़लम | क़लमदान | पान | पानदान |
| | | इत्र | इत्रदान | रोशन | रोशनदान |
| (५) | **दार-** | फल | फलदार | माल | मालदार |
| | | हवा | हवादार | थाना | थानेदार |
| | | समझ | समझदार | रोब | रोबदार |
| | | **(उप्र पीसीएस २००९)** | | | |
| (६) | **आ-** | ख़राब | ख़राबा | चश्म | चश्मा |
| | | रिह | रिहा | मुर्द | मुर्दा |
| (७) | **आब-** | गुल | गुलाब | जुल | जुलाब |
| (८) | **इन्दा-** | बस | बसिन्दा | चुन | चुनिन्दा |
| | | शर्म | शर्मिन्दा | कार | कारिन्दा |
| | | | | | **(उप्र बीएड् प्रवेश-परीक्षा २००८)** |
| (९) | **ई-** इस प्रत्यय के प्रयोग से भाववाचक स्त्रीलिंग शब्द बनते हैं। | | | | |
| | जैसे- | रिश्तेदार | रिश्तेदारी | दोस्त | दोस्ती |
| | | ख़ुश | ख़ुशी | आसमान | आसमानी |
| (१०) | **बाज़-** | अकड़ | अकड़बाज़ | नशा | नशाबाज़ |
| | | दग़ा | दग़ाबाज़ | पतंग | पतंगबाज़ |
| (११) | **आना-** | आशिक़ | आशिक़ाना | मिहनत | मिहनताना |
| | | जन | जनाना | मर्द | मर्दाना |
| | | | | फ़कीर | फ़कीराना |
| | | | | | **(आईएएस परीक्षा २०११)** |
| (१२) | **गर-** | कार | कारगर | ज़िल्द | ज़िल्दगर |
| (१३) | **साज़-** | ज़िल्द | ज़िल्दसाज़ | घड़ी | घड़ीसाज़ |
| (१४) | **गाह-** | ईद | ईदगाह | क़ब्र | क़ब्रगाह |
| (१५) | **ईना-** | माह | महीना | नग | नगीना |
| (१६) | **बन्द, बन्दी** | | | | |
| | | मेंड़ | मेंड़बन्द | मोहर | मोहरबन्द |

| | | | | | |
|---|---|---|---|---|---|
| | | कमर | कमरबन्द | हद | हदबन्दी |
| | | चक | चकबन्दी | नस | नसबन्दी |
| (१७) | **वार–** | उम्मीद | उम्मीदवार | तारीख़ | तारीख़वार |
| | | कक्षा | कक्षावार | हफ़्ता | हफ़्तावार |
| | | क़ुसूर | क़ुसूरवार | भाषा | भाषावार |
| (१८) | **ची–** | ख़ज़ाना | ख़ज़ानची | तोप | तोपची |
| | | मशाल | मशालची | बावर | बावरची |
| (१९) | **आवर–** | दिल | दिलावर | हमला | हमलावर |
| | | पहला | पहलावर | | |

(उप्र बीएड् प्रवेश-परीक्षा २००७)

## विशेष्य और विशेषण की रचना

विशेषण वे शब्द हैं, जो किसी की विशेषता बताते हैं और विशेष्य वे हैं, जिनकी विशेषता बतायी जाती है; जैसे— काली गाय दूध देती है। इस वाक्य में **काली** शब्द विशेषण है क्योंकि यह **गाय** की विशेषता की ओर संकेत करता है और **गाय** विशेष्य है क्योंकि उसकी विशेषता बतायी गयी है। अत: जो किसी की विशेषता बताये, उसे 'विशेषण' और जिनकी विशेषता बताये, उसे 'विशेष्य' कहते हैं। विशेष्य दो रूपों में मिलता है— (क) संज्ञा-रूप (ख) क्रिया-रूप, किन्तु क्रिया-रूप में मिलनेवाला विशेष्य 'क्रियार्थक संज्ञा' होने के कारण एक प्रकार की संज्ञा ही है। विशेषण अथवा विशेष्य की रचना 'प्रत्यय' जोड़कर की जाती है।

## विशेष्य से 'विशेषण' की रचना

विशेष्य से विशेषण बनाने के लिए निम्नलिखित प्रत्ययों का प्रयोग किया जाता है :—

| | **प्रत्यय** | **विशेष्य** | **विशेषण** | **विशेष्य** | **विशेषण** |
|---|---|---|---|---|---|
| (१) | **आ –** | जीत | जीता | भूख | भूखा |
| | | प्यास | प्यासा | मैल | मैला |
| | | प्यार | प्यारा | हार | हारा |
| (२) | **आऊ–** | पण्डित | पण्डिताऊ | उपज | उपजाऊ |
| | | जड़ा | जड़ाऊ | पहना | पहनाऊ |
| (३) | **आर–** | दूध | दुधार | गाँव | गँवार |
| (४) | **आलु–** | कृपा | कृपालु | दया | दयालु |
| (५) | **इक–** | मास | मासिक | धर्म | धार्मिक |
| | | अंश | आंशिक | अर्थ | आर्थिक |
| | | नगर | नागरिक | काल | कालिक |
| (६) | **इत–** | उत्साह | उत्साहित | चर्चा | चर्चित |
| | | प्रतिष्ठा | प्रतिष्ठित | लालन | लालित |
| | | विभाजन | विभाजित | विकास | विकसित |

| | | | | |
|---|---|---|---|---|
| (७) **इल–** | धूम | धूमिल | फेन | फेनिल |
| | बोझ | बोझिल | स्वप्न | स्वप्निल |
| (८) **ई–** | देश | देशी | विश्वास | विश्वासी |
| | अनुराग | अनुरागी | अधिकार | अधिकारी |
| | अभ्यास | अभ्यासी | ख़ानदान | ख़ानदानी |
| | विवेक | विवेकी | विरह | विरही |
| | सुख | सुखी | अज्ञान | अज्ञानी |
| (९) **ईन–** | नमक | नमकीन | नव | नवीन |
| | | | | **(बिहार पीसीएस २००८)** |
| (१०) **ईय–** | पर्वत | पर्वतीय | नाटक | नाटकीय |
| | पुस्तक | पुस्तकीय | स्वर्ग | स्वर्गीय |
| | देश | देशीय | विश्वविद्यालय | विश्वविद्यालयीय |
| (११) **ईला–** | ज़हर | ज़हरीला | रेत | रेतीला |
| | बर्फ़ | बर्फ़ीला | रस | रसीला |
| | नोक | नुकीला | जोश | जोशीला |
| (१२) **उ–** | स्वाद | स्वादु | गँवार | गँवारु |
| (१३) **ओड़ तथा ओड़ा** | | | | |
| | हँस | हँसोड़, हँसोड़ा | भाग | भगोड़, भगोड़ा |
| (१४) **क–** | ठण्ढ | ठण्ढक | आदेश | आदेशक |
| | आराधना | आराधक | मीमांसा | मीमांसक |
| (१५) **ठ–** | जरा | जरठ | कर्म | कर्मठ |
| (१६) **क्त–** | संयोग | संयुक्त | अभियोग | अभियुक्त |
| | वियोग | वियुक्त | योग | युक्त |
| (१७) **मय–** | जल | जलमय | मंगल | मंगलमय |
| | प्रेम | प्रेममय | शान्ति | शान्तिमय |
| (१८) **वान्–** | धन | धनवान् | गुण | गुणवान् |
| | मूल्य | मूल्यवान् | श्रद्धा | श्रद्धावान् |
| (१९) **मान्–** | बुद्धि | बुद्धिमान् | श्री | श्रीमान् |
| | धी | धीमान् | आयुष् | आयुष्मान् |
| (२०) **य–** | सभा | सभ्य | भोग | भोग्य |
| | योग | योग्य | ग्राम | ग्राम्य |
| (२१) **र–** | मधु | मधुर | मुख | मुखर |
| | | | **(बिहार पीसीएस २००१; उप्र पीसीएस २००३)** | |
| (२२) **ल–** | श्याम | श्यामल | वत्स | वत्सल |
| | शीत | शीतल | मांस | मांसल |
| (२३) **वाला–** | गायक | गानेवाला | धन | धनवाला |
| | पैसा | पैसावाला, पैसेवाला | विद्या | विद्यावाला |
| | घोड़ा | घोड़ावाला | रथ | रथवाला |
| | | घोड़ेवाला | **(उप्र पीसीएस २०००)** | |

## विशेषण से 'विशेष्य' की रचना

विशेषण से विशेष्य की रचना के लिए प्रयुक्त होनेवाले प्रमुख प्रत्यय निम्नलिखित हैं :—

(१) **अ–** यह संस्कृत का 'अण्', 'अप्' प्रत्यय है। इसके लगने पर प्रत्यय-पूर्व शब्द के आदि स्वर की वृद्धि और अन्त स्वर का लोप हो जाता है।

| जैसे— | **विशेष्य** | **विशेषण** | **विशेष्य** | **विशेषण** |
|---|---|---|---|---|
| | मुनि | मौन | मृदु | मार्दव |
| | लघु | लाघव | गुरु | गौरव |
| (२) **आई–** | ठाकुर | ठकुराई | ढीठ | ढिठाई |
| | पण्डित | पण्डिताई | चतुर | चतुराई |
| (३) **आहट, आवट** | | | | |
| | चिकना | चिकनाहट | डगमग | डगमगाहट |
| | कड़ुआ | कड़ुआहट | भरा | भरावट |
| (४) **इमा–** | रक्त | रक्तिमा | शुक्ल | शुक्लिमा |
| | पूर्ण | पूर्णिमा | लाल | लालिमा |
| (५) **ई–** | सवार | सवारी | ईमानदार | ईमानदारी |
| | चालाक | चालाकी | ऊँचा | ऊँचाई |
| (६) **इ–** | उपस्थित | उपस्थिति | अनुकृत | अनुकृति |
| | स्वीकृत | स्वीकृति | आसक्त | आसक्ति |
| | इष्ट | इष्टि | स्थित | स्थिति |
| (७) **त्व–** | गुरु | गुरुत्व | बन्धु | बन्धुत्व |
| | घना | घनत्व | अस्ति | अस्तित्व |

**(उप्र पीसीएस २०००)**

| | | | | |
|---|---|---|---|---|
| (८) **ता–** | एक | एकता | उत्कृष्ट | उत्कृष्टता |
| | जड़ | जड़ता | जटिल | जटिलता |
| | घनिष्ठ | घनिष्ठता | जातीय | जातीयता |
| (९) **पन–** | एकाकी | एकाकीपन | काला | कालापन |
| | मैला | मैलापन | फक्कड़ | फक्कड़पन |
| | पागल | पागलपन | टेढ़ा | टेढ़ापन |

**(बिहार पीसीएस १९९९,२००१,२००३; उप्र पीसीएस २००३)**

| | | | | |
|---|---|---|---|---|
| (१०) **पा–** | बूढ़ा | बुढ़ापा | टेढ़ा | टेढ़ापा |
| (११) **य–** | स्वस्थ | स्वास्थ्य | शूर | शौर्य |
| | चतुर | चातुर्य | धीर | धैर्य |

❋❋❋

# १. हिन्दी शब्द-रूप ( विकारी शब्द )

हिन्दी हमारी मातृभाषा है, जिसका प्रयोग हम सदैव वार्तालाप और लेखन के समय करते हैं। संज्ञा, सर्वनाम, विशेषण, क्रिया, क्रिया-विशेषण और कारक (परसर्ग) चिह्नों का, हिन्दी की वाक्यगत-रचना में प्रयोग किया जाता है। इनका गहराई से अध्ययन न होने पर भाषा के मानक रूप में अनेक प्रकार की भ्रान्तियाँ और अशुद्धियाँ होती हैं। शुद्ध भाषा के लिए आवश्यक है, व्याकरण का ज्ञान होना। अक्षरों के मेल से शब्द निर्मित होते हैं और शब्दों के योग से वाक्यों की रचना होती है। इसीलिए वाक्यों के गठन में सावधानी रखना आवश्यक है।

शब्द के दो रूप होते हैं :—

१. विकारी शब्द　　　　२. अविकारी शब्द।

जिन शब्दों का लिंग, वचन, कारक आदि के कारण रूप-परिवर्तन होता है, उन्हें 'विकारी-शब्द' कहते हैं और जिन शब्दों में लिंग, वचन तथा कारक के कारण कोई परिवर्तन न हो, उन्हें 'अविकारी शब्द' कहते हैं।

जैसे— **संज्ञा-** लड़का, लड़की, लड़के, लडकियाँ आदि  
**सर्वनाम-** उसका, उसकी, उसके, उनकी आदि  
**क्रिया-** पढ़ता, पढ़ती, पढ़ते तथा पढ़तीं आदि  
**विशेषण-** अच्छा-अच्छी, अच्छे-अच्छी आदि

इस प्रकार यह स्पष्ट है कि विकारी शब्द संज्ञा, सर्वनाम, विशेषण तथा क्रिया हैं क्योंकि उनके रूपों में परिवर्तन होता है।

**शब्द-भेद का रेखाचित्र**

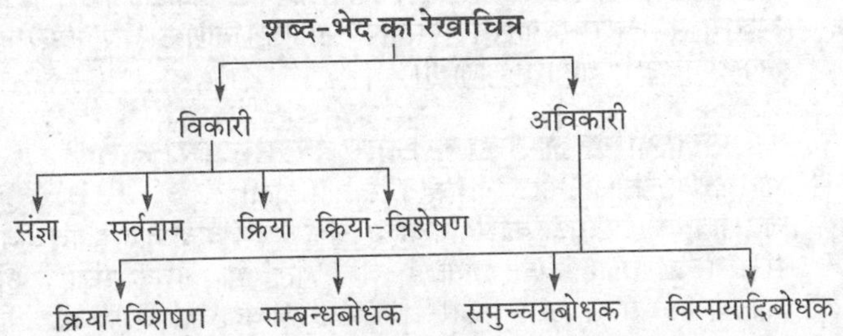


## संज्ञा (Noun)

**परिभाषा-** किसी व्यक्ति, वस्तु, स्थान और भाव ( गुण ) के नाम को 'संज्ञा' कहते हैं; जैसे— पुस्तक, गाय, भोपाल, पंकज, सुन्दर, मानवता, बचपन, कलम आदि।

(बिहार पीसीएस २००४,२००५,२००७)

**संज्ञा के भेद-** संज्ञा के निम्नलिखित तीन प्रमुख भेद स्वीकार किये गये हैं :—

१- जातिवाचक संज्ञा २- व्यक्तिवाचक संज्ञा ३- भाववाचक संज्ञा।

## १- जातिवाचक संज्ञा

जिन संज्ञा शब्दों से किसी वस्तु या व्यक्ति की जाति का बोध हो, उन्हें 'जातिवाचक' संज्ञा कहते हैं; जैसे— गाय, मनुष्य, मैना, घर, बन्दर, पशु, पक्षी, नदी, भूकम्प, पहाड़, कुर्सी, सभा (नविटीजीटी २०१३) इत्यादि।

## २- व्यक्तिवाचक संज्ञा

जिस शब्द से किसी एक ही वस्तु, व्यक्ति या पदार्थ का बोध हो, उसे 'व्यक्तिवाचक' संज्ञा कहते हैं। जैसे— हिमालय, गंगा, रामायण, कंजिका, ईशान, आम्रपाली, वाराणसी, सिक्किम इत्यादि।

## ३- भाववाचक संज्ञा

जिस संज्ञा शब्द से किसी वस्तु या व्यक्ति के गुण-धर्म, दशा या व्यापार आदि का बोध हो, उसे 'भाववाचक' संज्ञा कहते हैं; जैसे— लम्बाई, मिठास (सीजी पीएससी परीक्षा २०१३), पशुता, मनुष्यता, नम्रता, शान्ति, मित्रता, सुन्दरता, भलाई, चाल, समझ, बचपन इत्यादि।

## भाववाचक संज्ञा बनाने के नियम

भाववाचक संज्ञाएँ जातिवाचक संज्ञा, विशेषण, क्रिया, क्रिया-विशेषण, सर्वनाम तथा अव्यय में निम्नलिखित प्रत्यय लगाकर बनायी जाती हैं :—

**प्रत्यय-** त्व, पन, पा, ता, य, ई, आस, हट, वट, अ, आव आदि।

१- **जातिवाचक संज्ञा से-** गाँधी-गाँधीपन, मित्र-मित्रता, लड़का-लड़कपन, मनुष्य-मनुष्यत्व, बूढ़ा-बुढ़ापा (उप्र टीईटी २०१४)

२- **सर्वनाम से-** निज-निजत्व, मम-ममत्व, अपना-अपनापन

३- **विशेषण से-** मीठा-मिठास, गरम-गरमी, सर्द-सर्दी, चतुर-चतुराई, नरम-नरमी, सुन्दर-सुन्दरता, दुर्बल-दुर्बलता

४- **क्रिया से-** लड़ना-लड़ाई, मारना-मार, सजाना-सजावट, घबराना-घबराहट, बहना-बहाव, दौड़ना-दौड़, चढ़ना-चढ़ाई, पूजना-पूजा (मप्र सहायक ग्रेड २०१३)

५- **क्रिया-विशेषण से-** तेज़-तेज़ी, दूर-दूरी, निकट-निकटता

६- **अव्यय से-** परस्पर-पारस्पर्य, समीप-सामीप्य, विशिष्ट-वैशिष्ट्य, पूर्ण-पूर्णता, निकट-नैकट्य, शाबाश-शाबाशी।

## संज्ञाओं के सम्बन्ध में ध्यान रखने-योग्य बातें

१- भाववाचक संज्ञाओं का प्राय: बहुवचन नहीं होता।

२- जब भाववाचक संज्ञाओं का प्रयोग बहुवचन के रूप में किया जाता है तब वे जातिवाचक संज्ञाओं के समान प्रयुक्त होती हैं; जैसे 'भूल' भाववाचक संज्ञा है और 'भूलें' जातिवाचक संज्ञा; उसी प्रकार 'विशेषता' भाववाचक संज्ञा और 'विशेषताएँ' जातिवाचक संज्ञा हैं।

३- कभी-कभी जातिवाचक संज्ञाओं का प्रयोग व्यक्तिवाचक संज्ञाओं की तरह होता है; जैसे 'पुरी' कहने से जगन्नाथपुरी का, 'देवी' कहने से दुर्गा का, 'गोस्वामी' से तुलसीदास का, 'बापू' से महात्मा गाँधी का बोध होता है।

इसी प्रकार व्यक्तिवाचक का प्रयोग जातिवाचक की तरह होता है। जैसे— दारासिंह कलियुग का भीम है। गाँधी जी अपने समय के कृष्ण थे। यहाँ पर 'भीम' और 'कृष्ण' व्यक्तिवाचक होकर भी जातिवाचक की तरह प्रयुक्त हुए हैं।

## व्युत्पत्ति के आधार पर संज्ञा-भेद

व्युत्पत्ति का अर्थ होता है— मूल शब्द से निष्पन्न। इस दृष्टि से संज्ञा के तीन भेद हैं :—

१- रूढ़ संज्ञा, २- यौगिक संज्ञा, ३- योगरूढ़ संज्ञा।

१- **रूढ़ संज्ञा-** जिन संज्ञा शब्दों के सार्थक खण्ड न हो सकें, उन्हें 'रूढ़ संज्ञा' कहते हैं; जैसे— आम, रथ, राम, दल इत्यादि।

२- **यौगिक संज्ञा-** यौगिक संज्ञा वे शब्द हैं, जो एक से अधिक सार्थक खण्डों के योग से बने हैं; जैसे— विद्या + आलय = विद्यालय, धर्म + शाला = धर्मशाला, पाठ + शाला = पाठशाला इत्यादि।

३- **योगरूढ़ संज्ञा-** जिन शब्दों के भिन्न-भिन्न शब्द सार्थक हों किन्तु यदि वे मिलकर कोई विशेष अर्थ निष्पन्न करें तो उन्हें 'योगरूढ़ संज्ञा' कहते हैं। जैसे— लम्ब + उदर = लम्बोदर (गणेश), पीत + अम्बर = पीताम्बर (विष्णु), दश + आनन = दशानन (रावण)।

यौगिक संज्ञाओं से जातिवाचक संज्ञाओं का बोध होता है और योगरूढ़ संज्ञा से व्यक्तिवाचक संज्ञा का।

## संज्ञाओं के विकारी और अविकारी रूप

हिन्दी के संज्ञा-शब्द मूलत: अविकारी ही होते हैं। लिंग, वचन और कारकीय परसर्गों के कारण उनका रूप विकारी हो जाता है; अर्थात् मूल रूप में परिवर्तन हो जाता है।

जैसे— लड़का हँस रहा है। हँसते हुए लड़के को देखो।

उपर्युक्त दोनों वाक्यों में 'लड़का' शब्द एकवचन में ही है किन्तु प्रथम में अविकारी रूप है और द्वितीय में 'को' परसर्ग के कारण विकारी रूप हो गया है।

## सर्वनाम (Pronoun)

**परिभाषा-** संज्ञाओं के बदले जो शब्द आता है, उसे 'सर्वनाम' कहते हैं। सर्वनाम का दूसरा नाम 'सर्व-संज्ञा' भी है। सर्वनाम का शब्दिक अर्थ है, सभी का नाम—'सर्व-संज्ञा' अर्थात् सब नामों (संज्ञा) के बदले जो प्रयुक्त हो; जैसे— वह, वे, मैं, तुम, यह इत्यादि।

**(बिहार पीसीएस १९९३,२००३,२००६,२००७)**

पण्डित कामताप्रसाद गुरु ने सर्वनाम की परिभाषा इस प्रकार की है,

"सर्वनाम उस विकारी शब्द को कहते हैं, जो पूर्वापर सम्बन्ध से किसी भी संज्ञा के बदले आता है।"

## सर्वनाम के भेद

हिन्दी में कुल ११ सर्वनाम है—मैं, तू, आप, यह, वह, जो, सो, कोई, कुछ, कौन, क्या। प्रयोग के आधार पर सर्वनाम के ६ भेद हैं, जिसे हम नीचे दी गयी तालिका से समझ सकते हैं :—

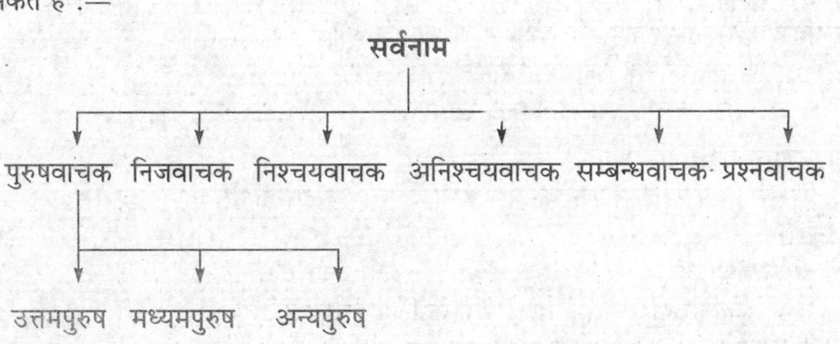

१- **पुरुषवाचक सर्वनाम**

वे सर्वनाम शब्द, जो पुरुषों के बदले आते हैं, 'पुरुषवाचक सर्वनाम' कहलाते हैं। यहाँ 'पुरुष' शब्द से पुरुष और स्त्री, दोनों का बोध होता है; जैसे— मैं, तुम, हम आदि।

पुरुषवाचक सर्वनाम तीन प्रकार के होते हैं :—

१. उत्तमपुरुष २. मध्यमपुरुष ३. अन्यपुरुष।

उत्तमपुरुष में लेखक अथवा वक्ता आता है, मध्यमपुरुष में पाठक और श्रोता तथा अन्यपुरुष में लेखक और श्रोता को छोड़ अन्य लोग आते हैं।

**उत्तमपुरुष-** मैं, हम **मध्यमपुरुष-** तू, तुम, आप **अन्यपुरुष-** वह, वे,-यह, ये

२- **निजवाचक सर्वनाम**

निजवाचक सर्वनाम का रूप 'आप' है। जहाँ 'आप' कर्त्ता के रूप में आता है, वहाँ वह पुरुषवाचक होता है किन्तु जहाँ वह स्वयं कार्य नहीं करता किन्तु अपने विषय में कुछ संकेत करता है, वहाँ वह 'निजवाचक' होता है।

जैसे— • आप कहाँ जाएँगे?— **पुरुषवाचक**

• यह कार्य उसने अपने-आप किया है— **निजवाचक**

• आप भला तो जग भला— **निजवाचक।**

अन्य उदाहरण : स्वयं **(सीजी पीएससी (प्री) २०१४)**

## ३- निश्चयवाचक सर्वनाम

जिस सर्वनाम शब्द से निश्चयात्मकता का बोध हो, उसे 'निश्चयवाचक सर्वनाम' कहते हैं। इन सर्वनामों से किसी संज्ञा की निकटता या दूरी का बोध होता है। जैसे— **यह** हमारी क़लम है। (यह समीपबोधक सर्वनाम है)। मैंने केला नहीं खाया क्योंकि **वह** सड़ा था। (यह दूरी बोधक सर्वनाम है)?

४- **अनिश्चयवाचक सर्वनाम**

जिस सर्वनाम शब्द से किसी निश्चित वस्तु का बोध न हो, उसे 'अनिश्चयवाचक सर्वनाम' कहते हैं; जैसे—कुछ, कोई **(बीएड् प्रवेश-परीक्षा २०१०)।**

• कर्मेन्द्र ने आज **कुछ** भी नहीं खाया।

• **कोई** आया है।

५- **सम्बन्धवाचक सर्वनाम**

जिस सर्वनाम शब्द से वाक्य में किसी दूसरे सर्वनाम से सम्बन्ध स्थापित किया जाए, उसे 'सम्बन्धवाचक सर्वनाम' कहते हैं; जैसे— जो, सो, वे आदि।

• घर में वह कौन है, **जो** अभी सो रहा है।

• जो मेहनत करेगा, **सो** मीठा फल खायेगा।

६- **प्रश्नवाचक सर्वनाम**

जिन सर्वनाम शब्दों से प्रश्न का बोध होता है, उन्हें 'प्रश्नवाचक सर्वनाम' कहते हैं; जैसे— कौन, क्या।

• **कौन** जाएगा? • तुम **क्या** देख रहे हो?

'कौन' चेतन तथा 'क्या' अचेतन संज्ञा के लिए प्रयुक्त होते हैं।

## संयुक्त सर्वनाम

संयुक्त सर्वनाम वे शब्द हैं, जो सर्वनाम या संज्ञा शब्दों के मेल से बनते हैं; जैसे— हर कोई, सब कुछ, जो कोई, सब कोई, जो कुछ, कोई–न–कोई, कुछ एक, कोई भी, कुछ भी, और कुछ, कुछ और, कुछ–न–कुछ, कोई–कोई, कोई एक, कुछ–कुछ इत्यादि।

## सर्वनामों के विकारी-अविकारी रूप

| क्र०सं० | भेद | उपभेद | अविकारी | विकारी |
|---|---|---|---|---|
| १– | पुरुषवाचक | (क) उत्तम पुरुष | मैं, हम | मुझे, मुझसे, मुझको,मुझ पर, मुझमें, मेरा,मेरी,हमें,हमको(से,में,परआदि विभक्तियों के साथ हम के रूप) |
| | | (ख) मध्यम पुरुष | तू, तुम, आप | तूने,तुमने,आपने,तुझे,तेरे लिए,तुम्हें, तुम्हारे लिए, तुमसे, तुम्हारा, तुम पर, तुझसे आदि |
| | | (ग) अन्य पुरुष | वह, वे, ये, वे | उसे, उन्होंने, उन लोगों ने, उन्हें, उसके लिए,उसको,उससे,उनके लिए,उसमें, उस पर, उन पर, उनमें, उनसे |
| २– | निजवाचक | | आप (खुद, स्वयं, निज या स्वतः के अर्थ में) | आप ही, अपने से, अपने में, अपने पर, अपने को, अपने लिए |
| ३– | निश्चयवाचक | | वह, यह, सो, ये, वे | इसने, इन्होंने, इन लोगों ने, इन पर, इनसे, इनमें, इसे, इसको आदि |
| ४– | अनिश्चयवाचक | | कोई कुछ, सब कुछ, कुछ-न-कुछ | किसी ने, किसी पर, किसी के लिए, किसी का, किसी में, किसी को |
| ५– | सम्बन्धवाचक | | जो | जिसने,जिन्होंने,जिसको,जिन्हें,जिसके लिए, जिनको, जिससे, जिनमें, जिस पर, जिन लोगों पर, जिनके लिए आदि |
| ६– | प्रश्नवाचक | | कौन, किस | किसने, किन्होंने, किसे, किस पर, जिसमें, किसका,किसकी,किसके लिए, किसपर,किन्हें,किनसे,किनमें,किसमें आदि |
| | | | क्या | सामान्यतः विशेषण तथा क्रिया-विशेषण के रूप में प्रयुक्त होता है। |
| ७. | संयोग मूल का सर्वनाम | | – | अपने-आप, अपने-आपको, आप-ही-आप, जो-जो, कोई-कोई, क्या-क्या, कुछ-कुछ, जो कुछ,कोई-न-कोई, जो कोई, किस-किसको, कुछ-नकुछ, क्या-से-क्या, कुछ-के-कुछ आदि |

## परीक्षोपयोगी महत्त्वपूर्ण बिन्दु

(१) सर्वनाम के स्थान पर संज्ञाओं का प्रयोग नहीं किया जाना चाहिए।

(२) 'मैं' एकवचन है और 'हम' बहुवचन अतः 'मैं' के स्थान पर 'हम' का प्रयोग नहीं किया जाना चाहिए। **(बैंक भर्ती परीक्षा २०१२)**

(३) 'यह' का बहुवचन 'ये' तथा 'वह' का बहुवचन 'वे' है अतः इनका प्रयोग भी इसी रूप में होना चाहिए।

(४) सर्वनाम का लिंग, वचन नहीं होता है, जो उससे सम्बन्धित संज्ञा शब्द का होता है।

(५) सर्वनाम का प्रयोग तभी किया जाए जब उसके पूर्व संज्ञा का प्रयोग किया जा चुका हो। इसमें परिवर्तन नहीं होता।

(६) आदरसूचक 'वह' का एकवचन 'उनसे' या 'उन्होंने' होता है। इसी तरह आदर व्यक्त करने के लिए 'वह' के स्थान पर उसका बहुवचन-रूप 'वे' प्रयुक्त होता है।

(७) सभी अनिश्चयवाचक सर्वनाम एकवचन पुल्लिंग होते हैं अतः इनके साथ स्त्रीलिंग और बहुवचन की क्रियाओं का प्रयोग नहीं होता है।

(८) वाक्य में एक ही वस्तु, घटना या स्थिति के सूचक सभी सर्वनाम एक ही होना चाहिए।

(९) नकारात्मक वाक्य में 'जो कुछ' और 'कुछ-न-कुछ' का प्रयोग नहीं किया जाना चाहिए।

(१०) 'सब कोई' का प्रयोग सदैव बहुवचन में होता है।

## विशेषण (Adjective)

**परिभाषा–** जो शब्द संज्ञा या सर्वनाम की विशेषता बताता है, उसे 'विशेषण' कहते हैं। जिस व्यक्ति या वस्तु की विशेषता बतायी जाती है, वह 'विशेष्य' कहलाता है। दूसरे शब्दों में, यह कहा जा सकता है कि विशेषण वे शब्द हैं, जो किसी व्यक्ति, वस्तु या उनकी क्रिया, गुण, दोष, स्थिति आदि का बोध कराते हैं। **(बिहार पीसीएस १९९७,१९९८,२००२,२००४,२००७)**

जैसे— १- जया **सुन्दर** लड़की है। २- मेरी गाय **काली** है। (उप्र टीईटी २०१४)

३- कलम **लाल** है। ४- महेन्द्र **कमज़ोर** है।

इन उदाहरणों में **सुन्दर, काली, लाल** तथा **कमज़ोर** शब्द संज्ञाओं की विशेषता प्रकट कर रहे हैं अत: ये विशेषण हैं।

**विशेषण के भेद–** विशेषण छ: प्रकार के होते हैं :—

१- गुणवाचक  
२- संकेतवाचक (सार्वनामिक)  
३- संख्यावाचक  
४- परिमाणवाचक  
५- व्यक्तिवाचक  
६- विभागवाचक।

### १- गुणवाचक विशेषण

जिन विशेषण शब्दों के माध्यम से संज्ञा या सर्वनाम के गुण का बोध हो, उन्हें 'गुणवाचक विशेषण' कहते हैं।

जैसे— (१) यह कलम **लाल** है। (२) ये सन्तरे **ताज़े** हैं। (३) वह आदमी **मोटा** है। (४) भारतीय लोग बहुत **काहिल** होते हैं। **(बैंक भर्ती परीक्षा २०१०)**

इन उदाहरणों में **लाल, ताज़े** और **मोटा** शब्द अपनी-अपनी संज्ञाओं या सर्वनामों का गुण प्रकट करते हैं। अत: ये गुणवाचक विशेषण हैं।

अन्य उदाहरण : पापी (उप्र टीईटी २०१४), जिज्ञासु (सीटीईटी २०१४)

२- **संकेतवाचक विशेषण**

जिन विशेषण शब्दों से संज्ञा या सर्वनाम शब्दों की ओर संकेत होता हो, उन्हें 'संकेतवाचक अथवा सार्वनामिक विशेषण' कहते हैं।

जैसे— (१) **वह** घर अब यहाँ नहीं है। (२) **उस** घोड़े को निकाल दो। (३) **यह** लड़की सुन्दर है। इन उदाहरणों में **वह, उस** तथा **यह** शब्द संकेतवाचक विशेषण हैं।

३- **संख्यावाचक विशेषण**

जिन विशेषणों द्वारा संज्ञा या सर्वनाम की संख्या का बोध हो, उन्हें 'संख्यावाचक विशेषण' कहते हैं। जैसे— (१) **चार** बालक जा रहे हैं। (२) वे **तीनों** घर गये।

इन उदाहरणों में **चार** और **तीनों** शब्द संख्यावाचक विशेषण हैं।

संख्यावाचक विशेषण के दो भेद होते हैं—(१) निश्चित संख्यावाचक, (२) अनिश्चित संख्यावाचक।

(१) **निश्चित संख्यावाचक-** जिससे निश्चित संख्या का ज्ञान हो, उसे 'निश्चित संख्यावाचक' कहते हैं।

जैसे— (१) **पाँच** छात्र कहाँ गये? (२) उन्हें **चौथा** हिस्सा मिलेगा। (३) मेरे **सौ** रुपये कहाँ गये?

निश्चित संख्यावाचक विशेषण के भी दो प्रकार होते हैं :—

(क) पूर्णांकबोधक (ख) अपूर्णांकबोधक।

(क) **पूर्णांकबोधक-** जिससे पूर्ण संख्या का बोध हो, उसे 'पूर्णांकबोधक' कहते हैं; जैसे— दस छात्र, एक कुत्ता, पन्द्रह किताबें, सौ मकान, चार आदमी इत्यादि।

(ख) **अपूर्णांकबोधक-** जिससे पूर्ण संख्या के किसी एक भाग का बोध हो, उसे 'अपूर्णांकबोधक' कहा जाता है; जैसे— पौने दो, साढ़े दस सौ इत्यादि।

(२) **अनिश्चित संख्यावाचक-** जिसमें निश्चित संख्या का बोध न हो, उसे 'अनिश्चित संख्यावाचक' कहते हैं।

जैसे— (१) **कुछ** किताबें दो। (२) महाविद्यालय में **अनेक** विद्यार्थी हैं। (३) **कुछ** छात्राएँ इधर गयी हैं।

४- **परिमाणवाचक विशेषण**

जिन विशेषणों से किसी वस्तु का नाप-तोल अथवा मात्रा का ज्ञान हो, उन्हें 'परिमाणवाचक विशेषण' कहते हैं। जैसे— (१) **थोड़ा** भोजन करो। (२) **कुछ** आम लाओ। (३) **अधिक** धन मत रखो।

**(सीजी पीएससी परीक्षा २०१३)**

५- **व्यक्तिवाचक विशेषण**

जो विशेषण व्यक्तिवाचक संज्ञा की विशेषता प्रकट करते हैं और उसी संज्ञा से बने होते हैं, उन्हें 'व्यक्तिवाचक विशेषण' कहते हैं।

जैसे— (१) **बनारसी** साड़ियाँ अच्छी होती हैं। (२) **नागपुरी** केले मीठे होते हैं।

इन उदाहरणों में 'बनारसी' और 'नागपुरी' शब्द व्यक्तिवाचक संज्ञा से बनकर उन्हीं की विशेषता प्रकट कर रहे हैं अत: ये शब्द व्यक्तिवाचक विशेषण हैं।

६- **विभागवाचक विशेषण**

जिन विशेषणों से पृथकता का बोध हो, उन्हें 'विभागवाचक विशेषण' कहते हैं।

जैसे— (१) **प्रत्येक** छात्र को आम दो। (२) **बीसों** मोमबत्तियाँ जल गयी हैं।

## विशेषण के नियम

(१) कहीं-कहीं 'अकारांन्त' शब्द का ईकारान्त कर देते हैं।

(२) हिन्दी में कारकचिह्न विशेषणों के साथ नहीं लगते।

(३) प्रत्यय जोड़कर भी विशेषण बनाये जाते हैं; जैसे— दिन से 'दैनिक'।

(४) रूपी, सम्बन्धी, शाली, कारक, हीन, सा, जनक, प्रद आदि शब्दों को जोड़कर भी विशेषण बनाये जाते हैं; जैसे— यश से **यशरूपी**, धन से **धनरूपी**, कीर्ति से **कीर्तिशाली**; मान से **मानहीन**; हानि से **हानिकारक**; सन्तोष से **सन्तोषप्रद**; अपमान से **अपमानजनक**; विषय से **विषयसम्बन्धी** आदि।

(५) विशेषण के लिंग, वचन तथा कारक उसके विशेष्य के अनुसार ही होते हैं।

## क्रिया (Verb)

**परिभाषा**— क्रिया वह शब्द है, जिससे किसी कार्य का करना या होना पाया जाए।

**(बिहार पीसीएस २००१,२००४,२००६,२००८)**

जैसे— १- अन्वित **पढ़** रहा है।
२- कर्णिका चली **गयी**।
३- प्रभंजन **खायेगा**।
४- उसने पत्र **लिखा**।
५- कलाधर्मी श्रोतृशाला **गये**।
६- कंजिका **पढ़** रही है।

वाक्यों के गठन में क्रिया की महत्त्वपूर्ण भूमिका होती है क्योंकि बिना क्रिया के वाक्य अधूरा होता है। सभी प्रकार की क्रियाएँ कुछ मूल शब्दों से बनी हैं, जिन्हें 'धातु' कहते हैं; जैसे—'खायेगा' में 'खा' धातु है।

**क्रिया के भेद**— रचना की दृष्टि से क्रिया के दो मुख्य भेद हैं :—

**(उप्र पीएससी परीक्षा २०१३)**

१- सकर्मक क्रिया
२- अकर्मक क्रिया।

### १- सकर्मक क्रिया

जिस क्रिया से सूचित होनेवाले व्यापार का फल कर्त्ता को छोड़कर कर्म पर पड़ता है, उसे 'सकर्मक क्रिया' कहते हैं।

जैसे— १- कंजिका चित्र बनाती है। २- कर्णिका नृत्य करती है।

इन वाक्यों में **बनाना** और **करना** क्रिया का फल क्रमश: 'चित्र' और 'नृत्य' पर पड़ता है अत: क्रियाएँ सकर्मक हैं।

### २- अकर्मक क्रिया

जब क्रिया के व्यापार का फल कर्त्ता में ही रहता है तब उसे 'अकर्मक क्रिया' कहते हैं।

जैसे— १- रति हँसती है। २- जिगीषा गाती है।

इन वाक्यों में 'हँसती है' और 'गाती है' के कर्त्ता 'रति' और 'जिगीषा' पर ही क्रियाओं का फल रहता है अत: क्रियाएँ अकर्मक हैं।

इनके अतिरिक्त क्रियाओं के और भी प्रकार होते हैं, जो नीचे दिये गये हैं :—

**द्विकर्मक क्रिया-**वह क्रिया, जिसके साथ वाक्य में दो कर्म आते हैं, 'द्विकर्मक क्रिया' कहलाती है। हिन्दी में कुछ क्रियाएँ ऐसी हैं, जिनके साथ दो कर्म मुख्य और गौण आते हैं।

जैसे— माँ बालक को दूध पिलाती है।

इस उदाहरण में **पिलाती** है क्रिया के दो कर्म हैं—(क) बालक (ख) दूध।

'दूध' मुख्य कर्म है और 'बालक' गौण कर्म।

**संयुक्त क्रिया**–संयुक्त क्रिया वह है, जो दो या दो से अधिक धातुओं के मेल से बनती है।

जैसे— १- रमणी **सो चुकी**। २- रेखा **सोने लगी**। ३- वह घर **पहुँच गया**।

उपर्युक्त वाक्यों में 'सो चुकी', 'सोने लगी' और 'पहुँच गया' संयुक्त क्रियाएँ हैं।

संयुक्त क्रिया की यह विशेषता है कि उसकी पहली क्रिया प्राय: मुख्य होती है और दूसरी उसके अर्थ में विशेषता उत्पन्न करती है। हिन्दी में संयुक्त क्रियाओं का प्रयोग अधिक होता है।

'अर्थ' के आधार पर संयुक्त क्रिया के ११ मुख्य भेद हैं :—

(१) आरम्भबोधक (२) समाप्तिबोधक (३) अवकाशबोधक (४) अनुमतिबोधक (५) नित्यताबोधक (६) आवश्यकताबोधक (७) निश्चयबोधक (८) इच्छाबोधक (९) अभ्यासबोधक (१०) शक्तिबोधक (११) पुनरुक्त संयुक्त क्रिया।

**सहायक क्रिया**– जो क्रियाएँ मुख्य क्रिया की काल-रचना में सहायक होती हैं, उन्हें 'सहायक क्रियाएँ' कहते हैं; जैसे— सापेक्ष आया है।

**नामबोधक क्रिया**– संज्ञा या सर्वनाम के साथ क्रिया जोड़ने से जो संयुक्त क्रिया बनती है, उसे 'नामबोधक' क्रिया कहते हैं; जैसे— भस्म करना—संज्ञा क्रिया। दुखी होना, निराश होना—विशेषण क्रिया।

नामबोधक क्रियाएँ संयुक्त क्रियाएँ नहीं हैं। संयुक्त क्रियाएँ दो क्रियाओं के योग से बनती हैं और नामबोधक क्रियाएँ संज्ञा या विशेषण के मेल से बनती हैं।

**पूर्वकालिक क्रिया**– जब कर्त्ता एक क्रिया को पूर्ण कर उसी क्षण दूसरी क्रिया की ओर प्रवृत्त होता है तब पहली क्रिया 'पूर्वकालिक क्रिया' कहलाती है।

जैसे— उसने **पढ़कर** भोजन किया।

इस वाक्य में 'पढ़कर' पूर्वकालिक क्रिया है क्योंकि यहाँ 'पढ़ने' की क्रिया की पूर्णता के साथ ही भोजन करने की क्रिया शुरू होती है।

**क्रियार्थक संज्ञा**– जब क्रिया संज्ञा की तरह प्रयुक्त हो तब वह क्रियार्थक संज्ञा कहलाती है।

जैसे— **टहलना** स्वास्थ्य के लिए उत्तम है। इस वाक्य में टहलना क्रियार्थक संज्ञा है।

**प्रेरणार्थक क्रिया**– जिन क्रियाओं से यह ज्ञात हो कि कर्त्ता कार्य को स्वयं न करके, किसी अन्य को उसको करने की प्रेरणा दे, उन्हें 'प्रेरणार्थक क्रिया' कहते हैं।

जैसे— (१) अध्यापक ने छात्रों से पुस्तक **पढ़वायी**। (२) मालिक नौकर से काम **करवाता** है।

उपर्युक्त वाक्यों में **अध्यापक** और **मालिक** प्रेरक कर्त्ता हैं जबकि **छात्र** और **नौकर** प्रेरित कर्त्ता हैं। उठवाना, कटवाया, चलवाया, लिखवाना (उप्र पीएससी (प्री) २०१४), पढ़वाना, चटवाना, मिलवाना, रखवाना, दिलवाना, जगवाना आदि प्रेरणार्थक क्रियाएँ हैं।

## काल (Tense)

**परिभाषा**–"क्रिया के उस रूपान्तर को 'काल' कहते हैं, जिसमें क्रिया के व्यापार का समय तथा उसकी पूर्ण या अपूर्ण अवस्था का बोध होता है।" **–पण्डित कामता प्रसाद गुरु**

"क्रिया के करने में जो समय लगता है उसे 'काल' कहते हैं।" **–व्याकरण चन्द्रोदय**

**काल के भेद**– (१) भूतकाल (२) वर्तमान काल (३) भविष्यत् काल।

(१) **भूतकाल**– जिस क्रिया से कार्य की समाप्ति का बोध हो, उसे भूतकाल की क्रिया कहते हैं। जैसे— (१) जय आया था। (२) ईशा ने पत्र पढ़ा। (३) परिमार्जन आम खा चुका था।

(२) **वर्तमान काल**– क्रियाओं के व्यापार की निरन्तरता को वर्तमान काल कहते हैं। जैसे— (१) कनिष्का जाती है। (२) जिगीषा पुस्तक लिखती है। (३) मैं तुम्हें पत्र लिख रहा हूँ।

**(बीएड् प्रवेश-परीक्षा २०१२)**

उपर्युक्त वाक्यों में 'जाने' तथा 'पढ़ने' का कार्य चल रहा है, पूर्ण नहीं हुआ है अत: वर्तमान काल होगा।

(३) **भविष्यत् काल**– भविष्य में होनेवाली क्रिया को भविष्यत् काल की क्रिया कहते हैं। जैसे— (१) व्योमेश आयेगा। (२) भाव्या पत्र लिखेगी। (३) कवि-सम्मेलन होगा।

## वाच्य (Voice)

**परिभाषा**– क्रिया के जिस रूप से यह ज्ञात हो कि वाक्य में क्रिया के विधान का मुख्य विषय 'कर्त्ता' है या 'कर्म' है या 'भाव' है, उसे 'वाच्य' (Voice) कहते हैं।

**वाच्य के भेद**– 'कर्त्ता', 'कर्म' और 'भाव' के अनुसार क्रिया के तीन वाच्य होते हैं :—

१- कर्तृवाच्य, २- कर्मवाच्य, ३- भाववाच्य।

१- **कर्तृवाच्य**– जहाँ क्रिया-द्वारा कही गयी बात का मुख्य विषय कर्त्ता हो, वहाँ 'कर्तृवाच्य' होता है। इसमें क्रिया का सम्बन्ध कर्त्ता से होता है और क्रिया के वचन कर्त्ता के अनुसार होते हैं।

जैसे— १- श्वेता पुस्तक पढ़ती है। २- लड़का खाता है। ३- लड़का खेल रहा है।

२- **कर्मवाच्य**– जहाँ क्रिया-द्वारा कही गयी बात का मुख्य विषय कर्म हो, वहाँ कर्मवाच्य होता है।

जैसे— १- पुस्तक पढ़ी जाती है। २- केला खाया जाता है। ३- पुस्तक विद्यार्थी के द्वारा पढ़ी जाती है।

३- **भाववाच्य**– क्रिया द्वारा कही गयी बात का मुख्य विषय न तो कर्त्ता होता है और न ही कर्म अपितु क्रिया का अपना अर्थ ही मुख्य विषय होता है तब भाववाच्य होता है। जैसे:—

१- मोहन से खाया नहीं जाता। **(टीजीटी २००९)**

२- मुझसे बैठा नहीं जाता।

३- दर्शन करके कुछ खाया-पीया जाएगा।

४- काम समाप्त होते ही वापस चल दिया जाएगा।

५- धूप में चला नहीं जाता।

**विशेष**

(क) भाववाच्य असमर्थता या निषेध भी व्यक्त करते हैं।

(ख) कर्मवाच्य में 'कर्त्ता' को करण कारक में और 'कर्म' को कर्त्ता कारक में रखते हैं।

(ग) भाववाच्य में अकर्मक क्रिया होती है।

(घ) कर्मवाच्य में सकर्मक क्रिया होती है।

(ङ) कर्तृवाच्य में सकर्मक और अकर्मक, दोनों क्रियाएँ हो सकती हैं।

(च) हिन्दी में भाववाच्य क्रियाएँ सदा पुल्लिंग एकवचन में रहती हैं।

## **अव्यय अथवा अविकारी शब्द** (Indeclinables Words)

जिन शब्दों पर लिंग, वचन, कारक आदि का कोई प्रभाव नहीं पड़ता, उन्हें 'अव्यय' या 'अविकारी' शब्द कहते हैं; जैसे— इधर, उधर, ऊपर, नीचे, यहाँ, वहाँ आदि।

**(बिहार पीसीएस १९९८,२००१,२००४,२००६)**

अव्यय के चार भेद हैं :— १- क्रिया-विशेषण २- सम्बन्धसूचक ३- समुच्चयबोधक ४- विस्मयादिबोधक।

## **क्रिया-विशेषण** (Adverb)

**परिभाषा–** जो शब्द क्रिया की विशेषता प्रकट करते हैं, उन्हें क्रिया-विशेषण कहते हैं; जैसे— **धीरे** चलो, **कब** आये इत्यादि।

**क्रिया-विशेषण के प्रकार–** क्रिया-विशेषण के पाँच प्रकार हैं, जिन्हें हम इस तरह समझ सकते हैं :—

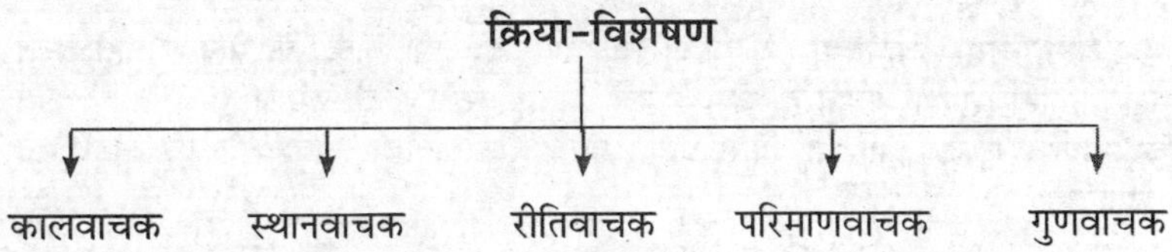


### (१) **कालवाचक क्रिया-विशेषण**

वे शब्द, जो क्रिया के होनेवाले समय की विशेषता का संकेत करें, उन्हें 'कालवाचक क्रिया-विशेषण' कहते हैं; जैसे— दिन-रात, हर-रोज़, जब-जब, प्रतिदिन, आजकल, दोपहर, कभी-कभी, अभी, अब, कब, कल, तक, तुरन्त, बार-बार, निरन्तर, रात-भर, परसों, सदा आदि।

**यथा–** (१) **कल** आना।

(२) वे अपने साथियों के साथ **सदा** खेलते हैं।

### (२) **स्थानवाचक क्रिया-विशेषण**

जिस शब्द से स्थान का बोध हो, उसे 'स्थानवाचक क्रिया-विशेषण' कहते हैं; जैसे— पास, दूर, नीचे, ऊपर, आगे, पीछे, यहीं, वहीं, दायें, बायें, बाहर, भीतर, इधर, उधर, सामने, सर्वत्र, यहाँ, वहाँ, कहाँ आदि।

**यथा–** (१) सारे कलाकार **ऊपर** हैं। (२) तुम **यहीं** ठहरो।

### (३) **रीतिवाचक क्रिया-विशेषण**

वे शब्द, जिनसे क्रिया के होने की रीति का बोध होता हो या पद्धति की विशेषता सूचित हो, उन्हें 'रीतिवाचक क्रिया-विशेषण' कहते हैं; जैसे— धीरे-धीरे, शीघ्र, अचानक, शायद, ज़रूर, नहीं, ठीक, ऐसे, सहसा, हाँ, मत, सम्भव, इसलिए, वैसे, सच, यथाशक्ति, कदाचित्, निःसन्देह आदि।

**यथा–** (१) बालक **तेज़** दौड़ता है।

(२) **लगता** है, तुम मुझसे मिलना नहीं चाहते।

(४) **परिमाणवाचक क्रिया-विशेषण**

जिन शब्दों से क्रिया के परिमाण या मात्रा का बोध होता है, उन्हें 'परिमाणवाचक क्रिया-विशेषण' कहते हैं; जैसे— अधिक, थोड़ा, केवल, कुछ, बस, इतना, उतना, ज़रा, प्रायः, एक बार, बहुत, कम, तनिक, अतिशय, कितना, जितना, अति, निरा, निपट, अत्यन्त, लगभग आदि।

**यथा-** (१) उसे **थोड़ा** भी कुछ कहा कि काम बिगड़ जाएगा।

(२) वह **बहुत** थक गया है। (उप्र पीएससी समीक्षा अधिकारी २०१३)

(५) **गुणवाचक क्रिया-विशेषण**

जो क्रियाएँ विशेषण का गुण बताती हैं, उन्हें 'गुणवाचक क्रिया-विशेषण' कहते हैं। यथा— (१) तेजस्वी **तेज़** दौड़ता है। (२) मैना **मीठा** बोलती है।

इन वाक्यों में **तेज़** और **मीठा** गुणवाचक क्रिया-विशेषण हैं।

**रचना की दृष्टि से क्रिया-विशेषण के भेद-** रचना की दृष्टि से क्रिया-विशेषण के दो प्रकार होते हैं :— (१) मूल क्रिया-विशेषण (२) यौगिक क्रिया-विशेषण।

(१) **मूल क्रिया-विशेषण-** वे क्रिया-विशेषण, जो दूसरे शब्दों के मेल से नहीं बनते, उन्हें 'मूल क्रिया-विशेषण' कहते हैं; जैसे—पीछे, सदा, ज़रा, जल्दी, हमेशा, अब, कब, कहाँ, अचानक, ठीक, दूर, जब, भी, तो, फिर, प्रायः, पास, भीतर, बाहर, अवश्य, ज़रूर, नहीं, मत, बराबर आदि।

(२) **यौगिक क्रिया-विशेषण-** वे क्रिया-विशेषण, जो प्रत्यय तथा विभिन्न व्याकरणिक शब्दों के मेल से बनते हैं, उन्हें 'यौगिक क्रिया-विशेषण' कहते हैं; जैसे— जहाँ-तहाँ, यहीं-कहीं, घर-बाहर, सवेरे-सवेरे, जब तक, यहाँ तक, हाथो-हाथ, धीरे-धीरे, ठीक-ठाक, बार-बार, धीरे से, कब से, पटापट, सटासट, दिन-रात, सच-सच, यहाँ भी, कहीं भी, बहुत देर तक आदि।

## कारक (परसर्ग-Case)

कारक चिह्नों को 'परसर्ग' कहते हैं। 'कारक' शब्द संस्कृत की 'कृ' धातु में 'ण्वुल' प्रत्यय लगाकर बना है। 'कारक' शब्द का व्युत्पतिगत अर्थ है— 'करनेवाला' या 'बनानेवाला'। व्याकरण के सन्दर्भ में यह शब्द उद्देश्य और विधेय के मध्य अभीष्ट सम्बन्ध स्थापित करनेवाला प्रमुख तत्त्व माना जाता है। कारक ही एक ऐसा तत्त्व है, जिसके कारण कर्त्ता, कर्म तथा क्रिया का स्वरूप निर्धारित किया जाता है।

**विभिन्न विद्वानों की परिभाषा**

"क्रिया के साथ जिसका सीधा सम्बन्ध हो, उसे कारक कहते हैं।"

**• पण्डित किशोरी दास**

"संज्ञा या सर्वनाम के जिस रूप का सम्बन्ध वाक्य के किसी दूसरे शब्द के साथ प्रकाशित होता है, उसे कारक कहते हैं।" **• पण्डित कामता प्रसाद गुरु**

"वाक्य में नाम-पद का क्रिया के साथ जो सम्बन्ध होता है, उसे 'कारक' कहते हैं।"

"कारकों-द्वारा संज्ञा या सर्वनाम शब्दों का सम्बन्ध, वाक्य के अन्य शब्दों के साथ जाना जाता है। कारकों (परसर्ग) के चिह्नों को विभक्ति कहते हैं।" **• डॉ० पृथ्वीनाथ पाण्डेय**

उपसर्ग किसी भी शब्द के आदि में जुड़ता है जबकि परसर्ग संज्ञा, सर्वनाम, विशेषण पदों के बाद में। परसर्ग स्वतन्त्र शब्दांश है, जो शब्द से पृथक् रहता है जबकि विभक्ति शब्दों में संश्लिष्ट रहती है। विभक्ति के कारण ही शब्दों का मूल रूप विकारयुक्त हो जाता है। 'परसर्ग' शब्द, दो शब्दों के मेल से बना है 'पर' और 'सर्ग'। 'पर' का अर्थ है बाद और 'सर्ग' का अर्थ है चलना; अर्थात् जो तत्त्व शब्द के अन्त में प्रयुक्त हों, उन्हें 'परसर्ग कहते' हैं। हिन्दी में अनेक परसर्ग हैं— ने, को, से, लिए, अरे, वास्ते, में, पर, का, के, की आदि।

परसर्ग सदैव शब्दों के बाद लगाये जाते हैं। इनका प्रयोग मात्र संज्ञा या सर्वनाम के साथ ही किया जाता है।

डॉ० वासुदेवनन्दन प्रसाद के अनुसार, "संज्ञा या सर्वनाम के जिस रूप से वाक्य के अन्य शब्दों के साथ (संज्ञा या सर्वनाम का) सम्बन्ध सूचित हो, उसे (उस रूप को) कारक कहते हैं।"

**कारक के भेद**–हिन्दी में कारक आठ प्रकार के होते हैं। संज्ञा या सर्वनाम का सम्बन्ध मूलतः क्रिया से होने के कारण संस्कृत में छः कारक माने गये हैं। हिन्दी में 'सम्बन्ध' और 'सम्बोधन' कारकों को जोड़कर इनकी संख्या आठ कर दी गयी है। सम्बन्ध और सम्बोधन में संज्ञा या सर्वनाम का सम्बन्ध क्रिया से न होकर, संज्ञा या संज्ञा को पुकारने के भाव से होता है। हिन्दी के प्रमुख आठ कारक और उनके चिह्न इस प्रकार हैं :—

**(बिहार पीसीएस १९९०,२००१,२००४,२००६,२००७,२००८)**

| कारक | चिह्न | अर्थ और लक्षण |
|---|---|---|
| १- **कर्त्ता** (Nominative) | **ने** | **क्रिया अथवा कार्य करनेवाला** |
| २- **कर्म** (Objective) | **को** | **क्रिया का प्रभाव** |
| ३- **करण** (Instrumental) | **से, द्वारा** | **कार्य अथवा क्रिया का साधन** |
| ४- **सम्प्रदान** (Dative) | **को, के लिए** | **देना अथवा प्रदान करनेवाला** |
| ५- **अपादान** (Ablative) | **से** | **पृथकता का भाव** |
| ६- **सम्बन्ध** (Genitive) | **का, की, के, रा, री, रे, ना, नी, ने** | **सम्बन्ध अथवा संयोजन का भाव** |
| ७- **अधिकरण** (Locative) | **में, पै, पर** | **क्रिया अथवा उसके आधार का बोध** |
| ८- **सम्बोधन** (Addressive) | **हे, हो, अरे, अजी, अहो** | **सम्बन्ध का बोध करते हुए पुकारना** |

इन कारकों और उनकी विभक्तियों को निम्नलिखित सूत्र से याद रखा जा सकता है :—

कर्त्ता ने, फिर कर्म को, और करण से जान।
सम्प्रदान को, के लिए, अपादान से मान।।
का, के, की सम्बन्ध में, पर अधिकरण समान।
सम्बोधन हे, हो, अरे, कारक की पहचान।।

## १- कर्त्ता कारक

जो संज्ञा शब्द अपना कार्य करने के लिए किसी के अधीन नहीं होता, उसे 'कर्त्ता कारक' कहते हैं। इसकी विभक्ति **ने** है।

जैसे— १. गाँधी जी **ने** सत्य और अहिंसा की शिक्षा दी। २. तुलसी **ने** 'रामचरित मानस' की रचना की। ३. राम **ने** रावण को मारा।

**ध्यान रखने योग्य बातें**

(१) अकर्मक क्रिया के साथ 'ने' विभक्ति नहीं लगती। जैसे– इन्द्रसेन हँसता है।

(२) कर्म प्रधान क्रिया के कर्त्ता के आगे कोई चिह्न नहीं लगता। जैसे– आम खाया गया।

(३) कुछ क्रियाओं के कर्त्ता के साथ 'को' विभक्ति लगती है। जैसे– अन्वित को पढ़ना पड़ेगा।

(४) जब वाक्य में दो क्रियाएँ होती हैं तब प्रथम क्रिया के साथ कर्त्ता मुख्य रूप में होता है और दूसरी के साथ गौण रूप में; जैसे–रक्षिता घर गयी और सो गयी।

(५) क्रिया से पूर्व 'कौन' या 'किसने' लगाने पर जो उत्तर मिलता है, वह कर्त्ता कारक होता है। जैसे– किसने मारा? उत्तर मिला–'बदमाशों ने'।

(६) अपूर्ण भूत और भविष्यत् काल में कर्त्ता के साथ 'ने' विभक्ति नहीं लगती है। जैसे– श्वेता खा रही है, कर्णिका गायन कर रही है। (अनुवादक परीक्षा २०१२)

## २- कर्म कारक

जिस वस्तु पर क्रिया के व्यापार का फल पड़ता है, उसे सूचित करनेवाले संज्ञा के रूप को 'कर्म कारक' कहते हैं। इसकी विभक्ति **को** है।

जैसे—१. शिकारी शेर **को** देखता है। २. शिक्षक ने छात्रों **को** पढ़ाया। ३. राम ने रावण **को** मारा।

**ध्यान रखने योग्य बातें**

(१) सकर्मक क्रिया का पूरक भी कर्म कारक में होता है; जैसे– अनुपमा को नर्तकी बना दें। इस वाक्य में 'नर्तकी' कर्म कारक है।

(२) क्रिया के आगे 'किसको' या 'क्या' लगाने से जो उत्तर मिलता है, वही कर्म होता है। जैसे– अध्यक्ष को चुन लें।

(३) कहीं-कहीं कर्म कारक की विभक्ति 'को' का प्रयोग नहीं किया जाता। जैसे– मैं रोटी खाता हूँ।

## ३- करण कारक

कर्त्ता जिसकी सहायता से कुछ कार्य करता है, उसे 'करण कारक' कहते हैं। इसकी विभक्ति **से** है। 'करण' का शाब्दिक अर्थ है—'सहायक' या 'साधन'।

जैसे—१. तपेश गिलास **से** पानी पीता है। २. वह लेखनी **से** पत्र लिखता है।
३. कंजिका ने तूलिका **से** चित्र बनाया। (पीजीटी २०१०)

**ध्यान रखने योग्य बातें**

(१) कर्मवाच्य में कर्त्ता करण कारण में रहता है। जैसे– हाथ से फल तोड़ा गया।

(२) कार्यकारण सम्बन्ध में भी करण कारक होता है। जैसे– सूत से कपड़ा बना।

## ४- सम्प्रदान कारक

जिसके लिए काम किया जाता है, उसे 'सम्प्रदान कारक' कहते हैं। सम्प्रदान कारक की विभक्ति **को, के लिए** है। 'सम्प्रदान' का शाब्दिक अर्थ है—'देना'।

जैसे— १. विराम नहाने **को** गया। २. अभिराम श्याम **के लिए** आम लाया।

## ५- अपादान कारक

संज्ञा या सर्वनाम का वह रूप, जिसमें किसी वस्तु का अलग होना पाया जाए, उसे 'अपादान कारक' कहते हैं। इसकी विभक्ति **से** है। 'अपादान' का शाब्दिक अर्थ है—'अलगाव की प्राप्ति'।

जैसे— १. वृक्ष **से** फल गिरा। २. पेड़ **से** पत्ता पृथ्वी पर गिरा। ३. वह छत **से** गिर पड़ेगी।

(बैंक भर्ती परीक्षा २०१०)

## ६- सम्बन्ध कारक

संज्ञा या सर्वनाम के जिस रूप से किसी एक वस्तु का सम्बन्ध किसी दूसरी वस्तु के साथ ज्ञात हो, उसे 'सम्बन्ध कारक' कहते हैं। इसकी विभक्ति **का, की, के, रा, री, रे** है।

जैसे— १. अमर **का** घर अच्छा है। २. भारतेन्दु **के** नाटक श्रेष्ठ हैं। ३. यान **की** गति तीव्र है।

## ७- अधिकरण कारक

क्रिया या आधार को सूचित करनेवाली संज्ञा या सर्वनाम के स्वरूप को 'अधिकरण कारक' कहते हैं। इसकी विभक्ति **में, पै, पर** है। 'अधिकरण' का शाब्दिक अर्थ है—'आधार'।

जैसे— १- सिंह वन **में** रहता है। २- सौम्य घर **में** है। ३- पुस्तक मेज **पर** है।

**ध्यान रखने-योग्य बातें**

(१) 'अधिकरण' का अर्थ होता है, 'आधार' और आधार दो प्रकार के होते हैं-(क) भीतरी आधार, (ख) बाहरी आधार। भीतरी आधार की विभक्ति 'में' है और बाहरी आधार की विभक्ति 'पर'।

(२) कहीं-कहीं 'में' विभक्ति लुप्त रहती है। जैसे-उस समय (में) मैं उपस्थित नहीं था।

## ८- सम्बोधन कारक

संज्ञा के जिस रूप से किसी के बुलाने या पुकारने का या संकेत करने का भाव प्रकट हो, उसे 'सम्बोधन कारक' कहते हैं। इसकी विभक्ति **हे, हो, अरे, अजी, अहो** है।

जैसे— (१) **हे** भगवान्! अब क्या होगा? (२) **अरे!** तुम अभी घर नहीं गये। (३) **अजी!** रूठकर अब कहाँ जाइएगा? **अहो!** आपके दर्शन तो हुए।

❊❊❊

# १०. हिन्दी-शब्द : अर्थ और उपयोगिता

व्यावहारिक और विस्तृत अर्थ में 'हिन्दी' उन बोलियों के समूह का नाम है, जो बिहार, उत्तरप्रदेश, मध्यप्रदेश, दिल्ली तथा राजस्थान में बोली जाती हैं। इस अर्थ में मैथिली, मगही, भोजपुरी, अवधी, बघेली, छत्तीसगढ़ी, खड़ीबोली, बुन्देली, ब्रजभाषा, कन्नौजी, बाँगरू, गढ़वाली, कुमायूँनी, मारवाड़ी, मेवाड़ी, मालवी आदि बोलियों का सामूहिक नाम 'हिन्दी' है। सामान्यत: इन सभी बोलियों में लिखे गये साहित्य को हिन्दी-साहित्य के अन्तर्गत समाहित किया गया है।

भाषा-वैज्ञानिक दृष्टि से 'हिन्दी' शब्द का अर्थ पश्चिमी हिन्दी से लिया जाता है, जिसके अन्तर्गत खड़ीबोली, बाँगरू, कन्नौजी, ब्रज तथा बुन्देली— ये पाँच बोलियाँ आती हैं। पूर्वी हिन्दी के अन्तर्गत अवधी, बघेली और छत्तीसगढ़ी आती हैं। व्युत्पत्ति और विकास की दृष्टि से पश्चिमी हिन्दी का सम्बन्ध शौरसेनी अपभ्रंश से तथा पूर्वी हिन्दी का अर्द्धमागधी प्राकृत से है। भाषाविज्ञानी पश्चिमी हिन्दी को ही 'मानक हिन्दी' मानते हैं।

संकुचित अर्थ में 'हिन्दी' शब्द का अर्थ खड़ीबोली से भी लिया जाता है। दिल्ली के उत्तर-पूर्व से लेकर हिमालय की तराई तक फैले भू-भाग में यह बोली जाती है। इसके अन्तर्गत रामपुर, मुरादाबाद, बिजनौर, मेरठ, मुजफ़्फ़रनगर, सहारनपुर, देहरादून, अम्बाला तथा जगाधरी क्षेत्र आते हैं। इसके बोलनेवालों की संख्या लगभग दो करोड़ है। खड़ीबोली को ही आज परिनिष्ठित हिन्दी कहते हैं। "हमारे देश की राष्ट्रभाषा हिन्दी है"— जब हम यह बात कहते हैं तब हमारा हिन्दी से आशय खड़ीबोली से ही होता है। हिन्दी का परिनिष्ठित रूप आगरा, मथुरा तथा दिल्ली-केन्द्रों की ओर उन्मुख है।

## हिन्दी की ध्वनियाँ

विकासात्मक दृष्टि से वैदिक भाषा की वे सभी ध्वनियाँ, जिनका समावेश प्राकृत भाषा में मिलता है, हिन्दी में भी यथावत् रूप में आ गयीं। हिन्दी मूलत: संस्कृत-भाषा से निकली है। अत: उसमें संस्कृत की ऋ, ष् जैसी ध्वनियाँ भी तत्सम शब्दों में आ गयी हैं, जिनका हिन्दी में उच्चारण परिवर्त्तित हो गया है; यथा— रि, श (उच्चरित रूप)।

हिन्दी-राज्यों का सम्बन्ध मुसलमानों से रहने के कारण हिन्दी में कुछ अरबी और फ़ारसी ध्वनियों का भी समावेश हो गया है तथा अँगरेज़ी से सम्पर्क रहने के कारण उसमें कुछ अँगरेज़ी-ध्वनियाँ भी समाहित हो गयी हैं। इस तरह अब हिन्दी-ध्वनियों को निम्नलिखित वर्गों के अन्तर्गत रखा जा सकता है :—

(अ) **प्राचीन परम्परा से प्राप्त ध्वनियाँ**

(क) **स्वर-** अ, आ, इ, ई, उ, ऊ, ए, ओ

(ख) **व्यंजन**–क् ख् ग् घ् ङ्
च् छ् ज् झ् ञ्
ट् ठ् ड् ढ् ण्
त् थ् द् ध् न्
प् फ् ब् भ् म्
य् र् ल् व्
श् ष स् ह्।

अं अनुस्वार ( ं ), विसर्ग अः (ः)

(आ) **विकास-काल में उत्पन्न ध्वनियाँ**

(क) 'अ' का ह्रस्व-रूप, जिससे 'ए' और 'ओ' का योग होकर 'ऐ' और 'औ' ध्वनियाँ विकसित हुईं।

(ख) ड़, ढ़, व़, ह्न, ह्म

(इ) **अरबी-फ़ारसी से आयीं ध्वनियाँ**

क़्, ख़्, ग़्, ज़्, फ़्

(ई) **अँगरेज़ी-ध्वनियों के तत्सम रूप को सुरक्षित करने लिए हिन्दी में आयीं ध्वनियाँ** 'आ' का ह्रस्व रूप 'ऑ'

**विशेष**— (१) हिन्दी में निम्नलिखित ध्वनियाँ केवल लेखन-रूप में सुरक्षित हैं किन्तु उनका मूल उच्चारण बदल गया है :—

| | | | | | |
|---|---|---|---|---|---|
| ऋ | उच्चरित रूप | 'रि' | ष् | उच्चरित रूप | 'श' |
| ण् | उच्चरित रूप | 'ड़ँ' | ञ् | उच्चरित रूप | 'यँ' अथवा 'न्' |

## हिन्दी-स्वर

ऐ तथा औ स्वरों का उच्चारण मूल स्वर तथा सन्ध्यक्षर स्वर के रूप में होता है; जैसे— अइ = ऐ; अउ = औ।

अ, इ, उ स्वरों के क्रमशः आ, ई, ऊ केवल दीर्घ-रूप नहीं हैं वरन् इनमें उच्चारण-स्थान की दृष्टि से भी अन्तर है। इस तरह ये केवल मात्रा की दृष्टि से नहीं, गुण की दृष्टि से भी पृथक्-पृथक् स्वर हैं। मानस्वर की तालिका के अनुसार हिन्दी के मूल स्वरों का विवरण इस प्रकार है :—

| | | **अग्र** | **मध्य** | **पश्च (तालु की स्थिति)** |
|---|---|---|---|---|
| **जिह्वा की स्थिति के अनुसार** | संवृत्त | ई | – | ऊ |
| | अर्द्ध संवृत्त | इ | इ | उ |
| | अर्द्ध विवृत्त | ए | अ | ओ |
| | विवृत्त | ऐ | आ | औ |

मात्रा-काल की दृष्टि से अ, इ, उ, ऋ ह्रस्व हैं, शेष सभी दीर्घ हैं। इ और ऋ में स्वल्पान्तर है। इ का वितरण बहुत सीमित है—यह क् र् इ प् आ = कृपा में, इसी तरह वृहत्, वृन्दावन, पृथक्, घृत, तृषा आदि में आता है। यह शब्द केवल मध्य-स्थिति में आता है, आदि या अन्त में नहीं।

सभी स्वर घोष होते हैं।

## हिन्दी-व्यञ्जन

(अ) **अघोष-सघोष**

**अघोष**- क् ख् च् छ् ट् ठ् त् थ् प् फ् (वर्ग का प्रथम और द्वितीय वर्ण)
संघर्षी श्, ष्, स्, **अघोष** हैं।

**सघोष**- ग् घ् ज् झ् ड् ढ् द् ध् ब् भ् (वर्ग का तृतीय और चतुर्थ वर्ण)
ञ् म् न् ण् ङ् (नासिक्य) ल् (पार्श्विक), र् (लुण्ठित)
य् व् (अर्द्ध स्वर) तथा संघर्षी 'ह' भी **सघोष** है।

(आ) **महाप्राण- अल्पप्राण**

**अल्पप्राण**- क् ग् च् ज् ट् ड् त् द् प् ब् (वर्ग का प्रथम और तृतीय वर्ण)
**महाप्राण**- ख् घ् छ् झ् ठ् ढ् थ् ध् फ् भ् (वर्ण का द्वितीय तथा चतुर्थ वर्ण)
म्ह, न्ह,ल्ह, र्ह भी महाप्राण हैं। ये क्रमशः म् न् ल् र् अल्पप्राण के माहाप्राणिक रूप हैं। कुछ विद्वान् इन माहाप्राणिक रूपों को स्वतन्त्र ध्वनि-इकाई मानते हैं और कुछ इन्हें 'ध्वनि + ह' के गुच्छ रूप में मानना तर्कसंगत मानते हैं।

(इ) **उच्चारण-स्थान**

१. **द्वयोष्ठ्य**- प् फ् ब् भ् म्
२. **दन्त्योष्ठ्य**- फ़् व्
३. **दन्त्य**- त् थ् द् ध् न्
४. **वर्त्स्य**- न् ल् र् स्
५. **तालव्य**- च् छ् ज् झ् ञ् श् य्
६. **मूर्द्धन्य**- ट् ठ् ड् ढ् ण् ड़् ढ़् ष्
७. **कण्ठ्य**- क् ख् ग् घ् ङ् ख़, ग़
८. **अलिजिह्वीय**- क़्
९. **काकल्य**- ह्

(ई) **उच्चारण-प्रयत्न के आधार पर**

१. **स्पर्श**- प् त् ट् क् (क़्)
फ् थ् ठ् ख्
ब् द् ड् ग्
भ् ध् ढ् घ्
२. **स्पर्श संघर्षी**- च् छ् ज् झ्
३. **नासिक्य**- म् न् ञ् ण् ङ्
४. **संघर्षी**-फ़्, स्, श्, ख़् ह्.
ज़् ग़् ह्
५. **लुण्ठित**- र्
६. **पार्श्विक**- ल्
७. **उत्क्षिप्त**- ड़् ढ़्
८. **अर्द्ध स्वर**- व़् व् य्

## केन्द्रीय हिन्दी-निदेशालय-द्वारा परिवर्द्धित मानक देवनागरी लिपि

| | | | | | | | | | | | | | |
|---|---|---|---|---|---|---|---|---|---|---|---|---|---|
| **स्वर**- | अ | आ | इ | ई | उ | ऊ | ऋ | ए | ऐ | ओ | औ | अं | अः |
| **मात्रा**- | × | ा | ि | ी | ु | ू | ृ | े | ै | ो | ौ | ं | ः |

| **व्यञ्जन**- | | | | |
|---|---|---|---|---|
| क | ख | ग | घ | ङ |
| च | छ | ज | झ | ञ |
| ट | ठ | ड | ढ | ण |
| त | थ | द | ध | न |

प फ ब भ म
य र ल व
श ष स ह
ड़ ढ़
क्ष त्र ज्ञ

**हिन्दी अंक-** १, २, ३, ४, ५, ६, ७, ८, ९, १०

**अन्तर्राष्ट्रीय अंक-** 1, 2, 3, 4, 5, 6, 7, 8, 9, 10

**संयुक्त अक्षर-** (१) खड़ी पाईवाले—आधा रूप—पाई हटाकर

यथा— ख् ग् घ् च् ज् त् थ् ध् न् प् ब् भ् म् य् ल् व् श् ष् स् क्ष्

(२) 'क' का आधा रूप क = पक्का

'फ' का आधा रूप फ = दफ़्तर

(३) पाईहीन व्यंजनों के आधे रूप— हलन्त लगाकर

वाङ्मय, लट्टू, बुड्ढा, विद्यालय

(४) 'र' के सभी रूप यथावत मान्य, प्रकार, धर्म, राष्ट्र, कृपा— इनमें हलन्तवाला 'र्' अधिक मान्य

(५) व्र का नया रूप त्र (त में र का योग) पर पुराना रूप भी मान्य

(६) 'ह' का आधा रूप हलन्त लगाकर; जैसे—चिह्न का नया रूप चिह्न

## देवनागरी लिपि में विशिष्ट ध्वनियों का समावेश

| | | **लिपि** | **चिह्न** | **मात्राएँ** |
|---|---|---|---|---|
| (१) | दक्षिण-भारत की भाषाओं तथा कश्मीरी भाषा के ह्रस्व 'ए' और 'ओ' | ऍ | ओ | — ॆ ॊ |
| (२) | कश्मीरी भाषा के विशिष्ट स्वर 'अ' तथा 'आ' | अ आ | — ा | — ा |
| | और 'उ' तथा 'ऊ' | उ | ऊ | ु ू |
| (३) | कश्मीरी भाषा के कुछ शब्दों के अन्त में आनेवाले अत्यल्प 'इ' और 'उ' | .इ | उ. | ि. ु |
| (४) | कश्मीरी 'च' वर्ग | | च छ | ज झ |
| (५) | सिन्धी भाषा के अन्त: स्फुट व्यंजन | ग ज द ब | | |

❋❋❋

# ११. हिन्दी-वर्तनी : एक टिप्पणी

किसी भाषा और उसकी लिपि की स्थिरता और प्रचार-प्रसार की सुगमता के लिए उसकी वर्तनी (spelling) का मानकीकरण होना अनिवार्य है। आक्षरिक और उच्चारण की अनुरूपता के कारण देवनागरी लिपि विश्व की वैज्ञानिक लिपियों में से एक मानी जाती है किन्तु उसमें अभी कुछ ऐसी शिथिलताएँ और विकल्प की स्थितियाँ विद्यमान हैं, जो उसके प्रचार-प्रसार में भ्रम और कठिनाइयाँ उपस्थित करती हैं। वर्तनी में एकरूपता स्थापित करने तथा विकल्पों को समाप्त करने के उद्देश्य से केन्द्रीय शासन के शिक्षामन्त्रालय ने 'हिन्दी-वर्तनी का मानकीकरण' शीर्षक से इस सन्दर्भ में कुछ नियम प्रकाशित किये हैं, जो यहाँ प्रस्तुत हैं :—

१- हिन्दी के विभक्ति-चिह्न, सर्वनामों को छोड़कर शेष सभी प्रसंगों में शब्दों से अलग लिखे जाएँ; यथा— कृष्ण ने कहा। श्रुति को पुस्तक चाहिए। सर्वनामों में— मैंने, मुझे, उसे, उसने, मुझसे, हमें, तुमसे, किस पर, आपको, इनमें, उसके आदि।

### अपवाद

(क) यदि सर्वनाम के साथ दो विभक्ति-चिह्न हों तो उनमें से पहला सर्वनाम के साथ मिलाकर और दूसरा अलग लिखा जाए; यथा— उसके लिए; इनमें से।

(ख) यदि सर्वनाम और उसकी विभक्ति के बीच 'ही', 'तक' आदि अव्यय आयें तो विभक्ति को सर्वनाम से अलग लिखा जाए; यथा— आप ही के लिए; तुम तक को।

२- संयुक्त क्रियाओं में सभी अंगभूत क्रियाएँ अलग रखी जाएँ; यथा— (१) पढ़ा करता है। (२) आ सकता है। (३) जाना चाहता है।

३- 'तक', 'साथ' आदि अव्यय अलग लिखे जाएँ; यथा— आपके साथ, यहाँ तक आदि।

४- पूर्वकालिक प्रत्यय 'कर' क्रिया से मिलाकर लिखा जाए; जैसे— मिलाकर, खाकर, पीकर, जाकर, आकर आदि।

५- द्वन्द्व समास में पदों के बीच योजक-चिह्न (Hyphen) लगाया जाए; जैसे— राम-लक्ष्मण, राम-कृष्ण, शिव-पार्वती, शकुन्तला-दुष्यन्त आदि।

६- 'सा', 'जैसा' आदि सारूप्यवाचकों के पूर्व योजक-चिह्न का प्रयोग किया जाना चाहिए; जैसे— तुम-सा, राम-जैसा, आम-सा खट्टा आदि।

७- तत्पुरुष समास में योजक-चिह्न का प्रयोग केवल वहीं किया जाए, जहाँ उसके बिना भ्रम होने की सम्भावना हो, अन्यथा नहीं; जैसे— भू-तत्त्व; भूतत्त्व भ्रम पैदा करेगा।

८- 'य' तथा 'व' की श्रुतिवाले रूपों का त्याग किया जाए और उनके स्थान पर सीधे स्वरवाले रूप लिखे जाएँ; यथा— किया-किए, जिया-जिए, लिया-लिए, चाहिये-चाहिए, आया-आए, नया-नए, गया-गए, हुवा-हुए, कहिये-कहिए, बताइये-बताइए, लिखिये-लिखिए आदि (इस सन्दर्भ में मतभेद है, जिसकी चर्चा मैंने आगे की है।

९- संस्कृतमूलक तत्सम शब्दों की वर्तनी में सामान्यत: संस्कृतवाला रूप ही रखा जाए परन्तु जिन शब्दों के प्रयोग में हिन्दी में हलन्त का चिह्न लुप्त हो चुका है, उनमें हलन्त लगाने की कोशिश न की जाए; जैसे—महान, विद्वान, जगत आदि किन्तु सन्धि या छन्द समझाने की स्थिति हो तो इन्हें हलन्त रूप में ही रखना होगा; यथा—जगत् + नाथ।

१०- जहाँ वर्गों के पंचमाक्षर के बाद उसी के वर्ग के शेष चार वर्णों में से कोई वर्ण हो, वहाँ अनुस्वार का ही प्रयोग किया जाए; जैसे—नंदन, वंदना, अंत, गंगा, संपादक, चंचल, ठंढ आदि किन्तु तवर्ग और पवर्ग के पंचमाक्षरों पर न् और म् के लिए क्रमश: 'न' और 'म' का ही प्रयोग किया गया है।

११- नहीं, मैं, हैं और के ऊपर लगी मात्राओं को छोड़कर शेष आवश्यक स्थानों पर चन्द्रबिन्दु का प्रयोग करना चाहिए अन्यथा हंस-हँस, अंगना-अँगना, रंग-रँगना आदि के अर्थ-भेद स्पष्ट नहीं हो सकेंगे।

१२- अरबी-फ़ारसी के वे शब्द, जो हिन्दी के अंग बन चुके हैं और जिनकी विदेशी ध्वनियों का हिन्दी-ध्वनियों में रूपान्तर हो चुका है, हिन्दी-रूप में ही स्वीकार किये जाएँ; जैसे—जरूर, कागज, कमीज, काज, जवान, जमीन, दरवाजा, बाजार, मंजिल, मजदूरी आदि किन्तु जहाँ उनका शुद्ध विदेशी रूप में प्रयोग अभीष्ट हो, वहाँ उनके हिन्दी में प्रचलित रूपों में यथास्थान 'नुक्ते' लगाये जाएँ ताकि उनका विदेशीपन स्पष्ट रहे; जैसे— राज़, नाज़ (हिन्दी में राज तथा नाज पृथक् अर्थ रखते हैं।)

१३- अँगरेज़ी के जिन शब्दों में अर्द्ध 'ओ' ध्वनि का प्रयोग होता है, उनके शुद्ध रूप का हिन्दी में प्रयोग अभीष्ट होने पर 'आ' की मात्रा पर अर्द्धचन्द्र का प्रयोग किया जाए; जैसे—डॉक्टर, कॉलेज, हॉस्पिटल, हॉल आदि।

१४- संस्कृत के जिन शब्दों में विसर्ग का प्रयोग होता है, वे यदि तत्सम रूप में प्रयुक्त हों तो विसर्ग का प्रयोग अवश्य किया जाए; जैसे— स्वान्त:सुखाय, दु:ख आदि परन्तु यदि उस शब्द के तद्भव में विसर्ग का लोप हो चुका हो तो उस रूप में विसर्ग के बिना भी काम चल जाएगा; जैसे—दुख-सुख आदि।

१५- हिन्दी में 'ऐ' ( ै ) और 'औ' ( ौ ) का प्रयोग दो प्रकार की ध्वनियों को व्यक्त करने के लिए होता है। पहले प्रकार की ध्वनियाँ 'है', 'और' आदि में हैं तथा दूसरे प्रकार की 'गवैया', 'कौआ' आदि में। इन दोनों ही प्रकार की ध्वनियों को व्यक्त करने के लिए इन्हीं चिह्नों ('ऐ' के लिए ' ै ' एवं 'औ' के लिए ' ौ') का प्रयोग किया जाए। गवय्या, कव्वा आदि संशोधनों की व्यवस्था ठीक नहीं है।

## मतभेद से गुज़रती हिन्दी-वर्तनी

'केन्द्रीय हिन्दी निदेशालय' द्वारा प्रसारित उपर्युक्त 'मानकीकरण' सर्वमान्य नहीं है। निदेशालय द्वारा निर्धारित अधिकतर वर्तनियों का मैं खुला विरोध करता हूँ। 'मुक्ता', 'चम्पक', 'सरिता', 'राष्ट्रभारती' आदि पत्रिकाओं में वर्तनी-सम्बन्धी अपने-अपने नियम लागू किये जा रहे हैं फलत: आज भी हिन्दी-वर्तनी में अनेकरूपता और शिथिलता बनी हुई है। इस दिशा में डॉ० रमेशचन्द्र मेहरोत्रा और डॉ० मन्नूलाल यदु ने अपने स्तर पर प्रयत्न किये थे। उन्होंने अत्यन्त सोच-विचार करने के पश्चात् हिन्दी की वर्तनी में सुधार के दस नियम तैयार किये और उन्हें हिन्दी

के विद्वानों और भाषाविदों के पास भेजकर उनपर उनकी प्रतिक्रियाएँ आमन्त्रित की थीं। छात्रों और जिज्ञासुओं की जानकारी के लिए आगे वे दस नियम यथावत् रूप में दिये गये हैं :—

१- वैकल्पिक श्रुति 'य्' को कभी न लिखा जाए;
जैसे— (ग्राह्य शब्द कोष्ठक में दिये गये हैं।)
(क) **संज्ञा-** रुपये (रुपए), किराये (किराए), अनुयायी (अनुयाई), जग-हंसायी (जग-हँसाई)।
(ख) **विशेषण-** नये (नए), नयी (नई), उत्तरदायी (उत्तरदाई), स्थायी (स्थाई), भाषायी (भाषाई)।
(ग) **क्रिया-** गये (गए), जायेगी (जाएगी), लीजिये (लीजिए), चाहिये (चाहिए), सोयी (सोई), दिखायी (दिखाई)।
(घ) **अव्यय-** के लिये (के लिए)।

२- पंचम वर्ण से अनुस्वार का विकल्प होने पर सदैव अनुस्वार का प्रयोग किया जाए;
जैसे— आकाञ्क्षा (आकांक्षा), चञ्चल (चंचल), दण्ड (दंड), हिन्दी (हिंदी), सम्बन्ध (संबंध), अहम् (अहं)।

३- सभी प्रकार के परसर्गीय शब्दों और उनके पूर्व के विभाजनमुक्त रूप को अलग-अलग लिखा जाए; जैसे— आपका (आप का), आप सबका (आप सब का), रातभर के साथ (रात भर के साथ), मुझे हीको (मुझे ही को), इसतक केलिए (इस तक के लिए), जानेसे भी (जाने से भी), रो-रोकर तो (रो-रो कर तो)।

४- द्वित्व और एकाकी व्यंजन के विकल्प से सदा एकाकी व्यंजन को चुना जाए;
जैसे— मूर्च्छा (मूर्छा), कर्त्तव्य (कर्तव्य), अर्द्ध (अर्ध), वर्म्मा (वर्मा), माधुर्य्य (माधुर्य) तत्त्व (तत्व), महत्त्व (महत्व)।

५- जब पूरे और आधे व्यंजन का विकल्प हो तो पूरा ही लिखा जाए, आधा नहीं;
जैसे— अंग्रेजी (अँगरेज़ी), अक्सर (अकसर), इंग्लिश (इंगलिश), गर्दन (गरदन), पार्टी (पारटी), बर्तन (बरतन), बर्दाश्त (बरदाश्त), उल्टा (उलटा), बिल्कुल (बिलकुल)।

६- जहाँ हलन्त व्यंजन का स्थान पूर्ण व्यंजन ले रहा है, वहाँ व्यंजन को हलन्त न किया जाए;
जैसे— पृथक् (पृथक), सम्यक् (सम्यक), सम्राट् (सम्राट), अर्थात् (अर्थात), पश्चात् (पश्चात), शब्दवत् (शब्दवत), परिषद् (परिषद), महान् (महान), विद्वान् (विद्वान)।

७- यथानुकूल विकल्प होने पर संयुक्त वर्णों को उनके संयोगी वर्णों में तोड़कर आगे-पीछे लिखा जाए;
जैसे— पद्म (पद्‌म), बाह्य (बाह्‌य), पत्ता (पत्ता), सिद्धि (सिद्‌धि), विद्या (विद्‌या), द्वितीय (द्‌वितीय)।

८- आवश्यकतानुसार या तो सटाकर या समास-चिह्न-से जोड़कर संयुक्त शब्दों को एक-एक शब्द के समान लिखा जाए;
जैसे— आत्महत्या (आत्म-हत्या), प्रतिशत (प्रति-शत), मानवमात्र (मानव-मात्र), यथासमय (यथा-समय), राज कुमार (राजकुमार), कमसेकम (कम-से-कम), कहाँकहाँ (कहाँ-कहाँ), तुमसा (तुम-सा), देखरेख (देख-रेख), भूतत्त्व (भू-तत्त्व) आदि।

९- चन्द्रबिन्दु और अनुस्वार का भेद रखा जाए; जैसे— हँसता-हंस, रँगना-रंग आदि।

१० – देवनागरी की भेदकारी शक्ति–सम्पन्नता के लिए क़, ख़, ग़, ज़, फ़, का भी प्रयोग किया जाए।

(अन्तिम दोनों नियम विशेषकर तकनीकी लेखन, कविता और बाल-शिक्षा के लिए अधिक उपयोगी माने गये हैं।)

भाषा का एक जागरूक अध्येता होने के कारण मैं (पृथ्वीनाथ पाण्डेय) उन विद्वानों के इन नियमों का विरोध करता हूँ। हाँ, क्रम–संख्या (घ) का अपना पूर्ण समर्थन करता हूँ क्योंकि 'लिये' अव्यय के प्रयोग में 'लिए' है और क्रिया के प्रयोग में 'लिये'। वहीं क्रम–संख्या (८), (९) और (१०) भी स्वीकार्य हैं।

इनमें से १, २, ६, ७, ८, ९ और १०वें नियम सरकार की हिन्दी–वर्तनी नीति के अनुरूप हैं; शेष नियमों को निदेशालय अपनी मान्यता नहीं देता। डॉ० मेहरोत्रा और डॉ० यदु ने अपनी पुस्तक में निदेशालय द्वारा अमान्य अपने नियमों से सम्बन्धित प्रतिक्रियाओं पर अपनी टिप्पणियाँ प्रस्तुत की हैं और अपने नियमों को अधिक वैज्ञानिक, व्याकरण–सम्मत, व्यावहारिक तथा वर्तनी–एकरूपता के लिए अनिवार्य प्रतिपादित किया है।

इस सन्दर्भ में दिल्ली तथा मुम्बई से प्रकाशित होनेवाली ये पत्रिकाएँ अब नहीं निकलतीं। 'साप्ताहिक हिन्दुस्तान' और 'धर्मयुग' की वर्तनी के कुछ उदाहरण प्रस्तुत हैं :—

(अ) 'जल्दी **कीजिये**—ईनाम **जीतिये**—बाँकेलाल ताल पहेली में **भाग लीजिये** एवं बेशकीमती एक सौ चार पुरस्कार **जीतिये**।.....शीघ्रता **कीजिये**, ऐसा न हो कि अंतिम तिथि निकल **जाये**, और आप हाथ मलते रह **जायें**।.....एक प्रथम पुरस्कार : एक हजार रुपये नकद या नौकरी दिलाने का आश्वासन। (पृ० २३)

(आ) मैं अपने को इलाहाबाद अर्थात् 'निराला के शहर' का वासी.....मुझे बड़ा अजीब लगा और ताज्जुब भी हुआ, यह देख कर कि.....मैंने भी बहुत सारे बन्दरगाह.....मैं घुल–मिल कर रहा.....अंगुली के छिले हुए भाग के कारण.....पिता जी भी बहुत खुश हुए.....(पृ० २२)

(इ) 'हाकी के जादूगर', मेजर ध्यानचन्द चले गए!
(तीनों उदाहरण 'साप्ताहिक हिन्दुस्तान' १६ दिसम्बर, १९७९ ई० के अंक से प्रस्तुत किये गये हैं)

(ई) 'गंभीर रूप से घायल हो जाने पर भी वे शत्रुओं के पास पहुँच गये और अपनी चिंता किये बिना एक खंदक में कूद पड़े। (पृ० १२)

(उ) 'क्या उनका काम उसके लिये बच्चे पैदा करना है? (पृ० ३०) इसी पृष्ठ पर **रख कर, ओढ़ कर, आ कर, ठीक कर, नहा–धो कर, उठा कर, हो कर, लौट कर, जा कर** आदि शब्दों का भी प्रयोग मिलता है।

(ऊ) **आइये** मेहरबान, **देखिये** कद्रदान! **पढ़िये** दुनिया भर की अजीबोगरीब दास्तान!.....बहुत से किस्से सुने होंगे, लेकिन जनाब, दिमाग को उल्टा–पुल्टा कर देने वाले विचित्र करिश्मों और घटनाओं वाले ऐसे नायाब सच्चे किस्से न कानों में पड़े होंगे, न आँखों से गुजरे होंगे, तो फिर तैयार हो जाइये और पढ़िये.....धर्मयुग ने खास तौर से आपके लिए सँजोया है। (धर्मयुग, ३१ अगस्त, १९८०, पृ० ३५)

रेखांकित स्थलों पर वर्तनी–सम्बन्धी विविधता देखी जा सकती है।

उपर्युक्त उद्धरणों में 'य' और 'ए' के प्रयोगों में एकरूपता नहीं है। इस सन्दर्भ में अग्रलिखित नियम द्रष्टव्य हैं :—

(अ) जिस क्रिया के भूतकालिक पुल्लिंग एकवचन रूप में 'या' अन्त में आता है, उसके बहुवचन का रूप 'ये' और तद्नुसार एकवचन स्त्रीलिंग में 'यी' और बहुवचन में 'यीं' का प्रयोग होना चाहिए।

(आ) जिस क्रिया के भूतकालिक पुल्लिंग एकवचन के अन्त में 'आ' आता है उसका पुल्लिंग बहुवचन में 'ए' होगा तथा स्त्रीलिंग एकवचन में 'ई' तथा बहुवचन में ईं; यथा— हुआ-हुए, हुई, हुईं।

(इ) विधि क्रियाओं में 'ए' का प्रयोग होना चाहिए; यथा— कीजिए, सुनिए, कहिए क्योंकि ध्वनि के आधार पर 'ए' की ही स्थापना होती है।

(ई) अव्यय को पृथक् रखने के लिए 'ए' का प्रयोग होना चाहिए; जैसे— इसलिए, चाहिए, के लिए।

(उ) विशेषण शब्द का अन्त जैसा हो वैसा ही 'ये' अथवा 'ए' का प्रयोग होना चाहिए; यथा— नया से नये, स्त्रीलिंग में 'नयी'।

❄❄❄

# १२. अशुद्धि-संशोधन : अर्थ, उपयोगिता तथा महत्ता

किसी भी भाषा को सही ढंग से सीखने के लिए उसका शुद्ध उच्चारण करना प्राथमिक आवश्यकता है। हिन्दी-भाषा के लिए यह शर्त अनिवार्य है क्योंकि इसमें जो कुछ लिखा जाता है, वही पढ़ा जाता है। उच्चारण-सम्बन्धी अशुद्धता से उसके शब्दों का अर्थ बदल जाता है। इतना ही नहीं, उसके वर्ण-विन्यास और वर्तनी में भी अन्तर आ जाता है।

१- शुद्ध उच्चारण के लिए निम्नलिखित बातें ध्यान में रखनी आवश्यक हैं :—
यदि दो अक्षरों से निर्मित शब्द हो तो उसका एक ही उच्चारण-खण्ड होता है।
जैसे— कल, चल, घर, नल, कृपा, नेता, लाल, काला, केला, पुर, कान आदि।

२- यदि शब्द तीन अक्षरों के मेल से बना हो तो उसके उच्चारण-खण्ड दो होते हैं। प्रथम उच्चारण-खण्ड प्रथम दो अक्षरों का तथा द्वितीय अन्तिम अक्षर का।
जैसे— कमला— कम + ला　　नीलम— नील + म
सम्मान— सम्मा + न　　सरला— सर + ला
गायक— गाय + क　　उपमा— उप + मा

३- यदि चार अक्षरों से मिलकर शब्द बना होता हो तो उसके उच्चारण-खण्ड तीन होते हैं।
जैसे— सफलता— स + फल + ता　　कोमलता— को + मल + ता
'ता' यदि भाववाचक के रूप में प्रयुक्त है तो उसका उच्चारण अलग होता है किन्तु यदि वह भाववाचक नहीं हो तो वह अपने पूर्वाक्षर के साथ मिलकर उच्चरित होता है।
जैसे— सोमलता—सोम + लता　　कीर्तिलता— कीर्ति + लता।

४- यदि कोई शब्द पाँच अक्षरों से मिलकर बना है तो उसके उच्चारण में भी तीन खण्ड होंगे।
जैसे— नागरिकता— नाग + रिक + ता　　पारलौकिक— पार + लौ + किक

५- छः अंक्षरवाले शब्दों के उच्चारण-खण्ड चार होते हैं।
जैसे— जीवनोपयोगी— जीव + नो + प + योगी
गहनातिगहन— गह + नाति + ग + हन
कथोपकथन— कथो + प + क + थन

६- उच्चारण-खण्ड प्रायः अर्थ-खण्ड के अनुरूप अथवा उसके सन्निकट होते हैं। उनका विभाजन सामान्यतः दीर्घ स्वरों पर बलाघात के कारण होता है।
जैसे— रामावतार— रामा + व + तार　　भेदोपभेद— भेदो + प + भेद

७- शुद्ध व्यञ्जनों का उच्चारण पूर्वाक्षर के साथ किया जाता है।

जैसे— संस्कार— संस् + कार | महत्— म + हत्
राजन्— रा + जन् | सन्त— सन् + त
संस्कृति— संस् + कृति | स्तर— अस् + तर
लक्ष्मी— लक्ष् + मी | संस्कृत— संस् + कृत

८- यदि पूर्व में कोई अक्षर नहीं होता तो शुद्ध व्यञ्जनों का उच्चारण एक खण्ड के रूप में किया जाता है; जैसे— त्याग, ध्यान, ग्राम, द्वेष, ज्वाला, द्वार आदि।

९- यदि शब्द के मध्य में शुद्ध व्यञ्जन हो तो उसके कारण उच्चारण-खण्ड एकाधिक खण्डों में विभक्त हो जाता है।

जैसे— सुन्दर— सुन् + दर | अत्यन्त— अत् + यन् + त

१०- उच्चारण-काल में निर्बल ध्वनि अपनी सबल ध्वनि में विलीन हो जाती है।

जैसे— भावुक— भाउक | समसामयिक— समसामइक

य की उत्तरोत्तर सबल ध्वनियाँ हैं— इ, ई, ए।

व की उत्तरोत्तर सबल ध्वनियाँ हैं— उ, ऊ, ओ।

जैसे— य् + इ + यि + ई | य् + ई + यी + ई
य् + ए + ये + ए

**ज्ञातव्य :** य्, व् अर्द्ध-स्वर हैं। इनके द्रुत उच्चारण में ही इनकी शुद्धता निहित रहती है। सामान्यत: ये सबल ध्वनियों में विलीन होते हैं।

११- (क) स्वर के पश्चात् आनेवाली नासिका-ध्वनि को 'अनुस्वार' कहते हैं। य, र, ल के पूर्व अनुस्वार का उच्चारण 'न' होता है; जैसे— संयम, संरक्षक, संलाप।

(ख) प तथा व के पूर्व अनुस्वार का उच्चारण 'म' होता है; जैसे— संपादक, संवाद।

(ग) ऊष्म व्यञ्जनों के पूर्व अनुस्वार का उच्चारण 'न' होता है; जैसे— संसद, संसार।

(घ) हकार के पूर्व अनुस्वार का उच्चारण ङ होता है; जैसे— संहार, सिंह।

१२- एक साथ दो ह्रस्व उच्चारण करने में कठिनाई होती है अत: उच्चारण में मध्य का ह्रस्व-स्वर ग़ायब हो जाता है किन्तु भाषा की एकरूपता के लिए इस लुप्त स्वर का अस्तित्व बनाये रखना आवश्यक है।

जैसे— बिल्कुल = बिलकुल | बद्री = बदरी
उल्टा = उलटा | बल्देव = बलदेव
अंग्रेजी = अँगरेज़ी | उल्था = उलथा
मिलट्री = मिलटरी | रजिस्ट्री = रजिस्टरी

वर्तनी-सम्बन्धी अशुद्धियों के सुधार के लिए नीचे दिये गये तथ्यों को समझें :—

१- 'र', 'ष' और 'ऋ' अक्षरों के बाद आनेवाला 'न' व्यञ्जन सदा 'ण' में बदल जाता है; यथा— शरण, हरण, मरण, प्राण।

२- संस्कृत के जिन शब्दों में 'ण' है वहाँ हिन्दी में भी 'ण' रक्षित है; जैसे— तृण, निपुण, सगुण।

३ - क, ख, ट, ठ, प, फ के पूर्व सदा 'ष' आता है; जैसे— निष्कारण, निष्पाप, निष्ठुर।

४ - च, छ के पहले 'श' आता है; जैसे— निश्चित, निश्छल।

५ - 'क्ष' अक्षर का प्रयोग तत्सम-शब्दों में अधिक होता है।

६ - हिन्दी में 'ऋ' ध्वनि का अभाव है किन्तु तत्सम-शब्दों में उसका अस्तित्व विद्यमान रहता है; जैसे-- गृह, मातृत्व, कृतित्व, स्पृह, पृथ्वी आदि।

७ - संस्कृत के अधिकतर शब्दों में 'व' ध्वनि है। वही ध्वनि हिन्दी के शब्दों में भी विद्यमान रहती है; जैसे-- अतएव, वात, वर्चस्व, वर्तुल आदि।

८ - अनुस्वार और अनुनासिकता का विशेष ध्यान रखना आवश्यक है। अनुस्वार तब लिखा जाए जबकि उच्चारण में 'न्' स्पष्ट सुनायी दे। इसमें हवा केवल नाक से निकलती है। अनुनासिक तब लिखना ज़रूरी है जबकि ध्वनि का उच्चारण मुख और नाक, दोनों से हो; जैसे— आँख, हँसना, चाँदनी, रँगना, सँभलना, यहाँ, वहाँ, सँवरना आदि।

९ - अनुस्वार में 'पूर्ण बिन्दु' और अनुनासिक में 'चन्द्रबिन्दु' का प्रयोग किया जाता है। इन दोनों में भेद रखना आवश्यक है क्योंकि इन लिपि-चिह्नों के कारण अर्थ-परिवर्तन हो जाता है; जैसे— हंस (पक्षी), हँस (हँसना), दांत (वेदान्त में) तथा दाँत (दन्त का पर्याय)। हिन्दी में अनुनासिकता के कारण भी अर्थ-परिवर्तन हो जाता है।

| | | | | | | |
|---|---|---|---|---|---|---|
| जैसे— | आधी | — आधा | | गोद | — | माँ की गोद |
| | आँधी | — धूलमय हवा | | गोंद | — | चिपकाने की वस्तु |
| | भाग | — हिस्सा | | कही | — | कहना का भूतकाल |
| | भाँग | — मादक पदार्थ | | कहीं | — | कहीं-कहीं (अव्यय) |
| | अस | — ऐसा | | बाट | — | रास्ता |
| | अंस | — कन्धा | | बाँट | — | तोलने का पदार्थ |

१०-शब्द-विस्तार होने के कारण आरम्भिक दीर्घ स्वर 'ह्रस्व स्वर' में बदल जाता है।

| | | | | |
|---|---|---|---|---|
| जैसे— | आधापका | — अधपका | आमाचूर | — अमचुर |
| | एकट्ठा | — इकट्ठा | एकलौता | — इकलौता |
| | खेलौना | — खिलौना | छोटापन | — छोटपन |
| | तीनपाई | — तिपाई | पाँचपन | — पचपन |
| | दोनाली | — दुनाली | लूटेरा | — लुटेरा |
| | हाथकड़ी | — हथकड़ी | लाखपति | — लखपति |

११-यदि शब्द के अन्त में दीर्घ स्वर हो तो बहुवचन बनाते समय वह 'ह्रस्व' में बदल जाता है।

| | | | | |
|---|---|---|---|---|
| जैसे— | रानी | — रानियाँ | दवाई | — दवाइयाँ |
| | कठिनाई | — कठिनाइयाँ | कौड़ी | — कौड़ियाँ |
| | लड़की | — लड़कियाँ | हिन्दू | — हिन्दुओं |

१२-यदि किसी शब्द के अन्त में 'इक्' प्रत्यय जोड़ा जाता है तो उस शब्द का आरम्भिक स्वर दीर्घ हो जाता है;

| जैसे— | व्यवहार | — | व्यावहारिक | भूगोल | — | भौगोलिक |
|---|---|---|---|---|---|---|
| | इतिहास | — | ऐतिहासिक | उद्योग | — | औद्योगिक |
| | चमत्कार | — | चामत्कारिक* | प्रशासन | — | प्राशासनिक† |
| | अध्यात्म | — | आध्यात्मिक | संविधान | — | सांविधानिक |

१३-निम्नलिखित शब्दों के अन्तिम व्यञ्जन में हल्-चिह्नों का प्रयोग पूर्णत: आवश्यक है; जैसे— अकस्मात्, जगत्, परिषद्, पश्चात्, पृथक्, बुद्धिमान्, भगवान्, महान्, मूल्यवान्, विधिवत्, विराट्, शरद्, श्रीमान्, सम्राट् आदि।

१४-निम्नलिखित शब्दों के अन्तिम व्यञ्जन के साथ हल्-चिह्न का प्रयोग नहीं किया जाता; जैसे— दृश्यमान, नवम, परम, पंचम, पतित, शाश्वत, शत-शत, भाषागत आदि।

१५-साधारण पाईवाले व्यञ्जनों का अर्द्ध स्वर पाई हटाकर लिखा जाता है किन्तु ङ, छ, ट, ठ, ड, ढ, द, ह के अर्द्ध रूपों में हलन्त का प्रयोग किया जाता है।

१६-अनुनासिक व्यञ्जनों (ङ्, ञ्, ण्, न्, म्) के बाद यदि उसी वर्ग का कोई व्यञ्जन हो तो उसे अनुस्वार के रूप में लिखा जाता है; यथा— पंकज, चंचल, झंडा, ठंढ, घंटा, शंख, शृंखला, संपादक, हिंदी, पंपापुर, मुंबई आदि। इसके विपरीत कन्ठ, कुन्डली, घन्टा, झन्डा, दन्ड, पन्खा, शन्ख, सन्सार, सन्शय आदि लिखना अशुद्ध है। यदि इन शब्दों को अनुस्वार के रूप में न लिखें तो अनुनासिक व्यञ्जनों के साथ इस प्रकार लिख सकते हैं; कण्ठ, कुण्डली, घण्टा, झण्डा, दण्ड, सम्पादक, मुम्बई, पङ्खा, शङ्ख, संसार, संशय आदि।

१७-ङ्, ञ, ष्, ह् को छोड़कर शेष सभी अल्पप्राण व्यञ्जनों का द्वित्व हो सकता है; जैसे— पक्का, कच्चा, गिट्टी, रद्दी, गन्ना, तत्त्व, पत्ती, रस्सी आदि।

१८-दो महाप्राण व्यञ्जन संयुक्त नहीं होते। महाप्राण व्यञ्जनों के द्वित्व में पहला व्यञ्जन अल्पप्राण तथा दूसरा महाप्राण होता है; जैसे— मक्खन, अच्छा, बुड्ढा, मत्था आदि।

१९-यदि किसी व्यञ्जन के पूर्व अर्द्ध व्यंजन र् हो तो वह अपनी मात्रासहित उस व्यञ्जन (बादवाले व्यञ्जन) के ऊपर चला जाता है; जैसे— कर्म, कर्ष, मर्म, कर्त्तव्य, शर्म आदि और यदि अर्द्ध व्यंजन र् किसी व्यञ्जन के बाद आये तो वह उस व्यञ्जन के पैर में जाकर लग जाता है; जैसे— अग्र, क्रम, प्रसाद, द्रव्य आदि। यदि अर्द्ध व्यंजन र् के पूर्व आनेवाला व्यञ्जन टवर्गीय है तो वह उसके पैर के नीचे जाकर लग जाता है; जैसे— राष्ट्र, ड्राम, ट्रॉम, ड्रॉपर आदि।

---

* 'इक्' प्रत्यय के प्रभाव से 'चमत्कार' शब्द 'चामत्कारिक' बन जाता है जबकि प्राय: 'चमत्कारिक' प्रयोग होता है, जो कि पूर्णत: अशुद्ध है।

† प्रशासन में 'इक्' प्रत्यय के जुड़ते ही वह 'प्राशासनिक' हो जाता है जबकि तथाकथित अध्यापक और विद्वत्गण 'प्रशासनिक' का ही प्रयोग करते हैं, जो कि पूर्णत: अशुद्ध है।

## १— स्वर और व्यञ्जन-सम्बन्धी अशुद्धियाँ

स्नातक से स्नातकोत्तर-कक्षाओं (कला, वाणिज्य तथा विज्ञान-संकाय) तक के लगभग दो हज़ार छात्र-छात्राओं की उत्तर-पुस्तिकाओं में से मैंने जिन प्रमुख वर्तनी-सम्बन्धी अशुद्धियों को एकत्र किया है, उन्हें यहाँ उनका शुद्ध रूप देते हुए प्रस्तुत किया गया है :—

| अशुद्ध | शुद्ध |
|---|---|
| **अ** | |
| अरथ | अर्थ |
| (आरएएस २००७) | |
| अनेकों | अनेक |
| अस्थान | स्थान |
| अनाधिकार | अनधिकार |
| (आरएएस २००५) | |
| अनाधिकृत | अनधिकृत |
| (उप्र पीसीएस २००६, उप्र पीसीएस २०१०) | |
| अगामी | आगामी |
| अनिष्ठ | अनिष्ट |
| अतिथी | अतिथि |
| (आरएएस १९९७,२००१) | |
| अनुदित | अनूदित |
| अनुष्टान | अनुष्ठान |
| अक्षुण्य | अक्षुण्ण |
| (उप्र पीसीएस २००७) | |
| अस्तीत्व | अस्तित्व |
| अनुशरण | अनुसरण |
| अध्यात्मिक | आध्यात्मिक |
| अनुग्रहीत | अनुगृहीत |
| (आरएएस १९९८,२००६; उप्र पीसीएस २००५,२००८) | |
| अलोकिक | अलौकिक |
| अध्यन | अध्ययन |
| असर्मथ | असमर्थ |
| अहार | आहार |
| अयसा | ऐसा |
| अनूचित | अनुचित |
| (आरएएस २००४) | |

| अशुद्ध | शुद्ध |
|---|---|
| अहिल्या | अहल्या |
| अन्तर्ध्यान | अन्तर्धान |
| अर्न्तद्विन्द | अन्तर्द्वन्द्व |
| अकास | आकाश |
| अन्ताक्षरी | अन्त्याक्षरी |
| अभिसाप | अभिशाप |
| अग्नी | अग्नि |
| (आरएएस २००८) | |
| अघोस | अघोष |
| अतियन्त | अत्यन्त |
| अदम्म | अदम्य |
| अद्भुद | अद्भुत |
| अध्यवसाई | अध्यवसायी |
| अनन्न | अनन्य |
| अनसन | अनशन |
| अवन्नति | अवनति |
| अनिस्ट | अनिष्ट |
| अनुसाशन | अनुशासन |
| अपथ | अपथ्य |
| अपभ्रंस | अपभ्रंश |
| अभिमन्नु | अभिमन्यु |
| अवस्यमेव | अवश्यमेव |
| अरपित | अर्पित |
| अनित | अनित्य |
| अवकास | अवकाश |
| अभिशेक | अभिषेक |
| अनुगृह | अनुग्रह |
| (आरएएस १९९८,२००२) | |
| अधीनस्थ | अधीन |
| अतियोक्ति | अत्युक्ति |
| अभीष्ठ | अभीष्ट |
| अयकर | आयकर |
| (आरएएस १९९४,२००४) | |

| अशुद्ध | शुद्ध |
|---|---|
| **आ** | |
| आनंन्द | आनन्द |
| आर्शीवाद | आशीर्वाद |
| (उप्र पीसीएस १९९४) | |
| आश्रीत | आश्रित |
| (उप्र पीसीएस २००७) | |
| आधीन | अधीन |
| (उप्र पीसीएस २०१०) | |
| आयू | आयु |
| आलु | आलू |
| आरोज्ञ | आरोग्य |
| आमूलत: | आमूल |
| आल्हाद | आह्लाद |
| आफीसों | आफ़िसों |
| आघुर्न | आघूर्ण |
| आर्चाय | आचार्य |
| आँसु | आँसू |
| आदर्स | आदर्श |
| आत्मशात् | आत्मसात् |
| आसंका | आशंका |
| आव्हान | आह्वान |
| (आरएएस २००५) | |
| **इ** | |
| इक्षा | ईक्षा (दृष्टि) |
| इष्ठ | इष्ट |
| इमानदार | ईमानदार |
| इन्द्रीय | इन्द्रिय |
| इतिहासिक | ऐतिहासिक |
| (आरएएस १९९५,२००६) | |
| इन्दू | इन्दु |
| इश्वर | ईश्वर |
| इन्दोर | इन्दौर |
| इन्दीरा | इन्दिरा |

| अशुद्ध | शुद्ध |
|---|---|
| इसाई | ईसाई |
| इकठ्ठा | इकट्ठा |
| **ई** | |
| ईति | इति |
| ईनाम | इनाम |
| ईस्वी | ईसवी |
| ईस्वर | ईश्वर |
| ईरसा | ईर्ष्या |
| **उ** | |
| उज्जवल | उज्ज्वल |
| (आरएएस १९९५, नवि टीजीटी २०१४) | |
| उपरोक्त | उपर्युक्त |
| (आरएएस १९८५,२००३) | |
| उनहोंने | उन्होंने |
| (आरएएस १९९४,२००५) | |
| उर्त्तीर्ण | उत्तीर्ण |
| (उप्र पीसीएस २००५) | |
| उपयुत्त | उपयुक्त |
| उद्घोस | उद्घोष |
| उदघाटन | उद्घाटन |
| उंमुख | उन्मुख |
| उद्देश | उद्देश्य |
| उन्नतशील | उन्नतिशील |
| उपाहार-गृह | उपहार-गृह |
| उल्टा | उलटा |
| उत्कृष्ठ | उत्कृष्ट |
| उपयोगता | उपयोगिता |
| उत्तरदायीत्व | उत्तरदायित्व |
| उन्ही | उन्हीं |
| उदधृत | उद्धृत |
| उपलक्ष | उपलक्ष्य |
| (उप्र बीएड् प्रवेश-परीक्षा २००१) | |

| अशुद्ध | शुद्ध | अशुद्ध | शुद्ध |
|---|---|---|---|
| उद्दरण | उद्धरण | | **ऐ** |
| उपदेस | उपदेश | ऐयास | अय्याश |
| उलंघन | उल्लंघन | ऐस्वर्य | ऐश्वर्य |
| उपाशक | उपासक | ऐलान | एलान |
| उरमिला | उर्मिला | | **ओ-औ** |
| उस्णता | उष्णता | ओषध | औषध |
| | **ऊ** | औगुण | अवगुण |
| ऊजरस्वी | ऊर्जस्वी | औषधि | औषध |
| ऊत्थान | उत्थान | औसर | अवसर |
| ऊध्व | उर्ध्व | औतुसुक्य | औत्सुक्य |
| ऊसमा | ऊष्मा | ओसत | औसत |
| रिजुता | ऋजुता | ओद्योगिक | औद्योगिक |
| रिषी | ऋषि | (आरएएस १९९४,२००४,२००५) | |
| रिद्धि | ऋद्धि | | **अं-अः** |
| रिण | ऋण | अंधेरा | अँधेरा |
| | **ए** | अंर्तमुखी | अन्तर्मुखी |
| एसिया | एशिया | अंतर्रात्मा | अन्तरात्मा |
| एतेहासिक | ऐतिहासिक | अंर्तराष्ट्रीय | अन्तर्राष्ट्रीय |
| एसा | ऐसा | अंर्तगत | अन्तर्गत |
| ऐक्यता | एकता | अंतरराष्ट्रीय | अन्तर्राष्ट्रीय |
| एक्य | ऐक्य | अंर्तहित | अन्तर्हित |
| एनक | ऐनक | | |

## अनुस्वार-अनुनासिक-सम्बन्धी अशुद्धियाँ

| | | | |
|---|---|---|---|
| उन्ही | उन्हीं | अंधेरा | अँधेरा |
| कही न कही | कहीं-न-कहीं | संवारना | सँवारना |
| नही | नहीं | गंवार | गँवार |
| हमी | हमीं | जांति-पांति | जाति-पाँति |
| वे है | वे हैं | दुनियाँ | दुनिया |
| आंकड़े | आँकड़े | इन्साफ | इंसाफ़ |
| माताएं | माताएँ | ऊंघना | ऊँघना |
| हांथ | हाथ | पूँछकर | पूछकर |
| अँधा | अन्धा | नन्हें | नन्हे |

| अशुद्ध | शुद्ध |
|---|---|
| **'क'-वर्ग** | |
| कलस | कलश |
| कर्तव्य | कर्त्तव्य |
| कहानीयों | कहानियों |
| कवियित्री | कवयित्री |
| (आरएएस १९९८; उप्र पीसीएस २००५; उप्र पीसीएस २०१०) | |
| कल्यान | कल्याण |
| कालीदास | कालिदास |
| (उप्र पीसीएस २००७) | |
| किलेश | क्लेश |
| कूआ | कुआँ |
| कृत्यकृत्य | कृतकृत्य |
| (आरएएस १९९६,२००४) | |
| कृप्या | कृपया |
| कृतत्व | कृतित्व |
| कृतीत्व | कृतित्व |
| कैइसा | कैसा |
| कोपित | कुपित |
| क्रोधित | क्रुद्ध |
| क्यूँ | क्यों |
| क्योंकी | क्योंकि |
| खभरें | खबरें |
| खंबा | खम्भा |
| खावेंगे | खायेंगे |
| खुस | ख़ुश |
| खेतीहर | खेतिहर |
| गरिष्ट | गरिष्ठ |
| (उप्र पीसीएस २००६) | |
| गाइका | गायिका |
| गिलानी | ग्लानि |
| गृहणी | गृहिणी |
| गोष्टी | गोष्ठी |
| गुरू | गुरु |
| ग्यान | ज्ञान |
| गोतम | गौतम |
| ग्रहस्थ | गृहस्थ |
| घुमता | घूमता |
| घनशाम | घनश्याम |
| घ्रणा | घृणा |
| घनिष्ट | घनिष्ठ |
| घन्टा | घण्टा |
| **'च'-वर्ग** | |
| चर्मोत्कर्ष | चरमोत्कर्ष |
| (उप्र पीसीएस २०१०) | |
| चहरदीवारी | चहारदीवारी |
| चांद | चाँद |
| (आरएएस १९९५,२००५) | |
| चाकु | चाक़ू |
| चाभी | चाबी |
| चलान | चालान |
| चुनाअ | चुनाव |
| छमा | क्षमा |
| छह | छः |
| छत्रिय | क्षत्रिय |
| छेत्र | क्षेत्र |
| जन्ता | जनता |
| जागृत | जाग्रत |
| जाये | जाए |
| जुढ़ेगा | जुड़ेगा |
| झूटा | झूठा |
| (उप्र पीसीएस २००७) | |
| जैसा की | जैसा कि |
| जै हिन्द | जय हिन्द |
| जोति | ज्योति |
| झन्डा | झण्डा |
| झूट | झूठ |
| **'ट'-वर्ग** | |
| टोकड़ी | टोकरी |
| टिप्पड़ी | टिप्पणी |
| ढक्कण | ढक्कन |

| अशुद्ध | शुद्ध | अशुद्ध | शुद्ध |
|---|---|---|---|
| **'त'-वर्ग** | | दवारा | द्वारा |
| | | दोषवान | दोषी |
| तत्कालिक | तात्कालिक | द्रष्टिकोण | दृष्टिकोण |
| तदन्तर | तदनन्तर | दुसरे | दूसरे |
| (आरएएस १९८९) | | घुम | घूम |
| तदोपरान्त | तदुपरान्त | धंदा | धन्धा |
| (आरएएस १९९१,१९९७,२००१) | | धुरंदर | धुरन्धर |
| त्रप्त | तृप्त | धोबन | धोबिन |
| तपश्या | तपस्या | धोका | धोखा |
| तिन | तीन | धनाड्य | धनाढ्य |
| तिलाञ्जली | तिलाञ्जलि | धैर्यता | धैर्य |
| त्योहार | त्यौहार | धरम | धर्म |
| तिसरा | तीसरा | निष्टा | निष्ठा |
| द्वन्द | द्वन्द्व | नमन् | नमन |
| द्यान | ध्यान | नीबंध | निबन्ध |
| दृष्टव्य | द्रष्टव्य | नराज | नाराज़ |
| दुख | दुःख | नैन | नयन |
| दरिद्री | दरिद्र | निरसता | नीरसता |
| (आरएएस १९९७,२००४) | | नोकरानी | नौकरानी |
| देशभक्ती | देशभक्ति | निम्नलीखित | निम्नलिखित |
| दैनीय | दयनीय | निर्दोषी | निर्दोष |
| दवाब | दबाव | निरिक्षण | निरीक्षण |
| द्वारिका | द्वारका | (आरएएस १९९४,२००३,२००६) | |
| दर्पन | दर्पण | निर्लोभी | निर्लोभ |
| दिजिये | दीजिए | नीम्बू | नींबू |
| दुर | दूर | नोकरी | नौकरी |
| दृष्य | दृश्य | नीती | नीति |
| दुरावस्था | दुरवस्था | नाइका | नायिका |
| (आरएएस २०००,२००६) | | निम्बन्ध | निबन्ध |
| दरसन | दर्शन | निश्चित | निश्चित |
| दिमाक | दिमाग़ | निरोग | नीरोग |
| देवर्षी | देवर्षि | नौनिहाल | नवनिहाल |
| देहिक | दैहिक | नौजवान | नवजवान |
| दन्ड | दण्ड | नीत | नीति |

| अशुद्ध | शुद्ध |
|---|---|

## 'प'-वर्ग

| अशुद्ध | शुद्ध |
|---|---|
| पड़ोसन | पड़ोसिन |
| (आरएएस २०००,२००३,२००४) | |
| परिशिष्ठ | परिशिष्ट |
| पिंजड़ा | पिंजरा |
| पंचम् | पंचम |
| प्राचीनतम् | प्राचीनतम |
| परियाय, प्रयाय | पर्याय |
| परसाद | प्रसाद |
| प्रतिष्टा | प्रतिष्ठा |
| परम् | परम |
| पतित् | पतित |
| पाण्डे | पाण्डेय |
| पन्खा | पंखा |
| प्रेमचन्द्र | प्रेमचन्द |
| (उप्र पीसीएस २००५) | |
| पूज्यनीय | पूज्य, पूजनीय |
| (आरएएस १९९७) | |
| पैत्रिक | पैतृक |
| पच्छिम | पश्चिम |
| पुष्टी | पुष्टि |
| पुरुस्कार | पुरस्कार |
| (आरएएस १९९८,२००६,२००७) | |
| परसपर | परस्पर |
| प्रगती | प्रगति |
| (आरएएस १९९५,२००४) | |
| प्रावधान | प्रविधान |
| प्रज्ज्वलित | प्रज्वलित |
| (उप्र पीसीएस २००७) | |
| प्रफुल्लित | प्रफुल्ल |
| (आरएएस १९९४,१९९७) | |
| प्रदर्शिनी | प्रदर्शनी |
| (आरएएस २००२,२००३) | |
| प्रातकाल | प्रात:काल |
| (आरएएस २०००) | |

| अशुद्ध | शुद्ध |
|---|---|
| प्रतिद्वन्द | प्रतिद्वन्द्व |
| (आरएएस २०००,२००४,२००६) | |
| पोरुष | पौरुष |
| (उप्र पीसीएस २००७) | |
| प्रसंशा | प्रशंसा |
| प्रतीनिधि | प्रतिनिधि |
| फिस | फीस |
| बुराईयाँ | बुराइयाँ |
| बिस | विष |
| बैदेही | वैदेही |
| बिभीषण | विभीषण |
| बहोत | बहुत |
| बिन्दू | बिन्दु |
| ब्रत | व्रत |
| भरथ | भरत |
| भाबी | भावी |
| भुजंगनी | भुजंगिनी |
| (आरएएस १९९६,२०००,२००७) | |
| भूक | भूख |
| भोतिक | भौतिक |
| भारतिय | भारतीय |
| मरयादा | मर्यादा, मर्य्यादा |
| मध्यान्ह | मध्याह्न |
| (आरएएस १९९४,२००३) | |
| मात्रभूमि | मातृभूमि |
| मनेजर | मैनेजर |
| महीला | महिला |
| मिठायी | मिठाई |
| मान्यनीय | मान्य, माननीय |
| मिष्ठात्र | मिष्टान्न |
| मुर्ख | मूर्ख |
| मूक्त | मुक्त |
| मृत्योपरान्त | मृत्यूपरान्त |
| मेंढक | मेढक |
| मैथलीशरण | मैथिलीशरण |
| (उप्र पीसीएस २००६) | |

| अशुद्ध | शुद्ध |
|---|---|
| **'य' से 'ह' तक** | |
| यथेष्ठ | यथेष्ट |
| (उप्र बीएड् प्रवेश-परीक्षा २००७) | |
| योज्ञ | योग्य |
| यर्थाथवाद | यथार्थवाद |
| योवन | यौवन |
| युधिष्ठर | युधिष्ठिर |
| यद्वपि | यद्यपि |
| रबीन्द्रनाथ | रवीन्द्रनाथ |
| रचयीता, रचइता | रचयिता |
| (आरएएस १९९१,१९९४,१९९८; उप्र पीसीएस २००७) | |
| रितिकाल | रीतिकाल |
| रोड़ | रोड |
| रूपया | रुपया |
| लघुत्तर | लघूत्तर |
| (आरएएस १९९१,१९९९) | |
| लिखति | लिखित |
| लेकन | लेकिन |
| लड़ायी | लड़ाई |
| लावण्यता | लावण्य |
| लछन | लक्षण |
| लिजिये | लीजिए |
| वधु | वधू |
| (आरएएस २००५,२००७) | |
| वाङ्गमय | वाङ्मय |
| (आरएएस १९९७; उप्र पीसीएस २००७) | |
| विकाश | विकास |
| विस्वास | विश्वास |
| विधुज्योति | विधुज्ज्योति |
| (आरएएस १९९८,२००६) | |
| विशिष्ठ | विशिष्ट |
| (आरएएस २००५,२००६) | |
| वियस्था | व्यवस्था |
| वणर्न | वर्णन |

| अशुद्ध | शुद्ध |
|---|---|
| वस्तू | वस्तु |
| विस्मै | विस्मय |
| व्यक्ती | व्यक्ति |
| व्यस्ता | व्यस्तता |
| व्यवहारिक | व्यावहारिक |
| (आरएएस २००५,२००६) | |
| व्योवहार | व्यवहार |
| व्यतित | व्यतीत |
| व्यंग | व्यंग्य |
| षष्ठम | षष्ठ |
| (आरएएस २००८) | |
| षष्ठि | षष्ठी |
| (आरएएस २००६,२००८) | |
| शाशन | शासन |
| शोधपरख | शोधपरक |
| शास्त्रिय | शास्त्रीय |
| शीर्शक | शीर्षक |
| शोशक | शोषक |
| शान्ती | शान्ति |
| शंकट | संकट |
| शारांश | सारांश |
| सन्यासी | संन्यासी |
| (आरएएस १९९१,१९९९, उप्र पीसीएस २०१०) | |
| समिती | समिति |
| सृजन | सर्जन |
| (उप्र पीसीएस २००७) | |
| सृष्टा | स्त्रष्टा |
| (उप्र पीसीएस २००४) | |
| सदोपदेश | सदुपदेश |
| (आरएएस १९९८,२००४,२००६) | |
| सशंकित | शंकित, सशंक |
| (आरएएस १९९६,२००५,२००६) | |
| सप्ताहिक | साप्ताहिक |
| (आरएएस २००५,२००६) | |
| सीड़ी | सीढ़ी |

| अशुद्ध | शुद्ध | अशुद्ध | शुद्ध |
|---|---|---|---|
| सानिध्य | सान्निध्य | हतोत्साहित | हतोत्साह |
| सन्शय | संशय | हटयोग | हठयोग |
| सहस्त्र | सहस्र | हठाग्रह | हस्तक्षेप |
| सौन्दर्यता | सौन्दर्य | हस्ताक्षेप | हस्तक्षेप |
| सन्सार | संसार | ऋष्ट-पुष्ट | हृष्ट-पुष्ट |
| स्त्रोत | स्रोत | क्षती | क्षति |
| स्त्रि | स्त्री | क्षत्रीय | क्षत्रिय |
| हृदय | हृदय | (उप्र बीएड् प्रवेश-परीक्षा २००५) | |
| हृष्ट-पुष्ट | हृष्ट-पुष्ट | क्षड़िक | क्षणिक |
| श्रृंखला | शृंखला | क्षात्रावास | छात्रावास |
| श्रृंगार | शृंगार | क्षेपाक | क्षेपक |

## २- सन्धि-सम्बन्धी अशुद्धियाँ

सन्धियों के नियम ठीक तरह से ज्ञात न होने के कारण विद्यार्थी सन्धि-सम्बन्धी अशुद्धियाँ भी पर्याप्त संख्या में करते हैं। शुद्ध हिन्दी-लेखन के लिए इन नियमों का ज्ञान परम आवश्यक है। सन्धि-सम्बन्धी नियम तत्सम शब्दों पर ही लागू होते हैं, तद्भव, देशज अथवा विदेशी शब्दों पर नहीं।

सन्धियाँ तीन प्रकार की होती हैं— स्वर, व्यञ्जन तथा विसर्ग। स्वर सन्धि में दो स्वरों में परिवर्तन होता है; व्यञ्जन-सन्धि में दो व्यञ्जन में तथा विसर्ग में र्, ह्, स् व्यञ्जनों अथवा विसर्ग में परिवर्तन होते हैं। ये सारे परिवर्तन विशेष नियमों द्वारा परिचालित होते हैं। इनके ज्ञान के अभाव में सन्धि-सम्बन्धी त्रुटियाँ होनी स्वाभाविक हैं।

यहाँ उदाहरणस्वरूप संक्षेप में सन्धि-सम्बन्धी नियमों को दिया गया है :—

### स्वर सन्धि

(१) **दीर्घ सन्धि** (आ, ई, ऊ)

अ + अ = आ    अ + आ = आ    आ + अ = आ    आ + आ = आ

इ + इ = ई    इ + ई = ई    ई + इ = ई    ई + ई = ई

उ + उ = ऊ    उ + ऊ = ऊ    ऊ + उ = ऊ    ऊ + ऊ = ऊ

**यथा-** विद्या + आलय = विद्यालय, रवि + इन्द्र = रवीन्द्र, गुरु + उपदेश = गुरूपदेश

(२) **गुण सन्धि** (ए, ओ, अर्)

अ + इ = ए    अ + ई = ए    आ + इ = ए    आ + ई = ए

अ + उ = ओ    अ + ऊ = ओ    आ + उ = ओ    आ + ऊ = ओ

अ + ऋ = अर्    आ + ऋ = अर्

**यथा-** महा + ईश = महेश, महा + उत्सव = महोत्सव, महा + ऋषि = महर्षि

(३) **वृद्धि सन्धि** (ऐ, औ)

अ + ए = ऐ　　अ + ऐ = ऐ　　आ + ए = ऐ　　आ + ऐ = ऐ

अ + ओ = औ　　आ + ओ = औ　　आ + औ = औ

**यथा–** सदा + एव = सदैव, वन + औषध = वनौषध, महा + ओदार्य = महौदार्य

(४) **यण् सन्धि** (य्, व्, र्)

इ + अ = य　　इ + आ = या　　ई + अ = य　　ई + आ = या

ई + उ = यु

उ + आ = वा　　उ + ए = वे

ऋ + आ = रा

**यथा–** यदि + अपि = यद्यपि, इति + आदि = इत्यादि, सु + आगत = स्वागत, अनु + एषण = अन्वेषण, पितृ + आज्ञा = पित्राज्ञा

(५) **अय् आदि** (अयादि) **सन्धि** (अय्, आय्, अव्, आव्)

ए + अ = अय्　　(ने + अन = नयन)

ऐ + अ = आय्　　(नै + अक = नायक)

ओ + अ = अव्　　(भो + अन = भवन)

औ + अ = आव्　　(भौ + अक = भावक)

## व्यञ्जन सन्धि

व्यञ्जन और स्वर अथवा व्यञ्जन और व्यञ्जनों के मिलने से जो विकार उत्पन्न होता है, उसे 'व्यञ्जन सन्धि' कहते हैं। इस सन्धि के प्रमुख नियम इस प्रकार हैं :—

(१) हिन्दी के अघोष व्यञ्जनों (वर्ग के प्रथम दो अक्षरों तथा तीनों सकारों— क, ख, च, छ, ट, ठ, त, थ, प, फ, श, ष, स = कुल अक्षर १३) के बाद यदि कोई स्वर अथवा दूसरा व्यञ्जन आता है तो वे उसी वर्ग के घोष व्यञ्जन में (वर्ग का तीसरा अक्षर) बदल जाते हैं।

**यथा–** दिक् + गज = दिग्गज　　षट् + दर्शन = षड्दर्शन

वाक् + ईश = वागीश　　जगत् + ईश = जगदीश

(२) यदि पञ्चम वर्ग के पहलें अक्षर के बाद किसी भी वर्ग का पाँचवाँ अक्षर हो तो उस प्रथम अक्षर के (क, च, ट, त, प) के स्थान में उसी वर्ग का पाँचवाँ अक्षर (ङ्, ञ्, ण्, न् और म्) हो जाता है।

**यथा–** वाक् + मय = वाङ्मय　　जगत् + नाथ = जगन्नाथ

चित् + मय = चिन्मय　　उत् + नति = उन्नति

(३) 'त्' के आगे जिस वर्ग का जो अक्षर रहेगा, 'त्' उसी के अनुरूप बदल जाएगा।

**यथा–** सत् + जन = सज्जन　　उत् + धार = उद्धार।

(४) यदि 'त्' के बाद 'ल' व्यंजन आता है तो भी वह 'ल' हो जाएगा।

**यथा–** उत् + लास = उल्लास

(५) यदि किसी शब्द के अन्त में 'त'- वर्ग अथवा सकार हो और उसके बाद 'च'- वर्ग अथवा सकार आये तो 'त'-वर्ग 'च'-वर्ग में तथा 'सकार' 'श' में बदल जाता है।

**यथा–** सत् + चित = सच्चित्　　रामस् + शेते = रामश्शेते

(६) यदि शब्दांश के अन्त में 'त'-वर्ग तथा बाद के शब्दांश के आरम्भ में 'ट'- वर्ग अथवा 'ष' रहे तो 'त' 'ट'- वर्ग में तथा 'स' 'ष' में बदल जाता है।

**यथा–** द्रष + ता = द्रष्टा  महत् + णकार = महाण्णकार

(७) यदि कोई संयुक्त अक्षर हो तो पहले और दूसरे के साथ पहला अक्षर मिला देना चाहिए तथा तीसरे और चौथे के साथ तीसरा अक्षर मिला देना चाहिए।

**यथा–** चक्की, मक्खन, बग्गी, घग्घर, गप्प, उप्फ, दब्बू आदि

(८) यदि 'र' के आगे 'र' हो तो 'र' का लोप हो जाता है तथा लुप्त 'र' के पूर्व का स्वर 'दीर्घ' हो जाता है।

**यथा–** निर + रोग = नीरोग  निर + रव = नीरव

(९) शब्दांश के अन्त में यदि कोई स्वर हो और उसके बाद 'छकार' आये तो 'छ' 'च्छ' में बदल जाता है।

**यथा–** परि + छेद = परिच्छेद  लक्ष्मी + छाया = लक्ष्मीच्छाया

(१०) 'त' के बाद यदि कोई स्वर अथवा ग, घ,.ध, ब, भ, य, र, ल, व, ह, हो तो 'त' का 'द' में परिवर्तन हो जाता है।

**यथा–** सत् + धर्म = सद्धर्म  उत् + गम = उद्गम
उत् + अय = उदय  सत् + आचार = सदाचार
उत् + हार = उद्धार  उत् + हत = उद्धत

(११) यदि 'म' के आगे अन्तस्थ या ऊष्म वर्ण हो तो 'म्' के स्थान पर अनुस्वार हो जाता है।

**यथा–** सम् + हार = संहार  सम् + योग = संयोग।
सम् + वाद = संवाद  (उप्र बीएड् प्रवेश-परीक्षा २००७)

(१२) 'अ'- आकार के स्वरों को छोड़कर यदि कोई दूसरा स्वर 'स' वर्ण के पूर्व आये तो 'स' 'ष' में बदल जाता हैं।

**यथा–** वि + सम् = विषम  अभि + सेक = अभिषेक

(१३) यौगिक शब्दों के अन्तर्गत प्रथम शब्द के अन्त में यदि 'न्' आये तो सन्धि के कारण वह लुप्त हो जाता है।

**यथा–** राजन् + आज्ञा = राजाज्ञा  प्राणिन् + मात्र = प्राणिमात्र

(१४) यदि शब्द के अन्त में 'न्' हो और उसके पूर्व ऋ, र अथवा ष हो तो 'न' 'ण' में बदल जाता है (यदि इनके बीच में स्वर य, व, ह तथा अनुस्वार रहे तो)।

**यथा–** भर + अन = भरण  राम + अयन = रामायण
भूष् + अन = भूषण।  (उप्र बीएड् प्रवेश-परीक्षा २००७)

(१५) 'उत्' के बाद यदि 'स' आता है तो वह लुप्त हो जाता है।

**यथा–** उत् + स्थान = उत्थान

## विसर्ग सन्धि

विसर्ग सदा स्वरों के आगे आता है।

(१) यदि 'अ' के आगे विसर्ग हो और उसके आगे अघोष (१३ व्यञ्जन) हों तो वह ज्यों-का-त्यों रहता है।
**यथा–** अन्त:करण, प्रात:काल

(२) यदि विसर्ग के बाद बताये गये १३ व्यञ्जनों को छोड़कर अन्य कोई भी हो तो विसर्ग के स्थान पर 'ओ' हो जाता है।
**यथा–** मन: + रथ = मनोरथ    मन: + भव = मनोभाव
यश: + धरा = यशोधरा    मन: + विकार = मनोविकार
सर: + ज = सरोज    (उप्र बीएड् प्रवेश-परीक्षा २००४)

(३) अ के आगे 'विसर्ग' (:) और विसर्ग के आगे 'अ' हो तो विसर्ग का 'ओ' हो जाता है तथा बाद वाले 'अ' के स्थान पर लुप्ताकार चिह्न (ऽ) प्रयुक्त होता है।
**यथा–** शिव: + अहम् = शिवोऽहम्    (उप्र बीएड् प्रवेश-परीक्षा २००८)
वहीं यदि अन्य कोई स्वर हो तो विसर्ग लुप्त हो जाता है; जैसे—राम + इच्छति = रामेच्छति।

(४) 'आ' के आगे विसर्ग + अघोष व्यञ्जन = विसर्ग यथावत् पर १३ अघोष व्यञ्जनों को छोड़कर शेष अन्य कोई स्वर या व्यञ्जन हो तो विसर्ग लुप्त हो जाता है।

(५) इ, ई, उ, ऊ, ए, ऐ, ओ, औ के आगे विसर्ग हो + १३ अघोष व्यञ्जन = विसर्ग यथावत् पर अन्य व्यञ्जन हो तो विसर्ग का 'र्' हो जाता है।
**यथा–** नि: + उपाय = निरुपाय    नि + गुण = निर्गुण

(६) नि:, दु: उपसर्गों के बाद विसर्ग आये तथा उसके बाद क, प, फ हो तो विसर्ग 'ष्' में बदल जाता है।
**यथा–** नि: + कपट = निष्कपट    दु: + पाप = दुष्पाप
दु: + फल = दुष्फल    दु: + कर = दुष्कर

(७) यदि विसर्ग के बाद च, छ हो तो 'श्'; ट, ठ हो तो 'ष्' तथा त, थ हो तो 'स्' हो जाता है।
**यथा–** नि: + चय = निश्चय    नि: + तार = निस्तार
दु: + थल = दुस्थल    धनु + टंकार = धनुष्टंकार

### हिन्दी की सन्धियाँ

| | | |
|---|---|---|
| (१) ब + ही + भी | सब + ही = सभी | तब + ही = तभी |
| (२) ह + ही + ही | वह + ही = वही | यह + ही = यही |
| (३) स + ही ('ह') लुप्त | इस + ही = इसी | उस + ही = उसी |

## ३- संज्ञा-सम्बन्धी अशुद्धियाँ

हिन्दी की कुछ विशेष संज्ञाओं के साथ विशेष क्रिया-पदों अथवा सह-पदों का प्रयोग होता है। इन्हें ध्यान में रखना आवश्यक है, यथा :—

| | | |
|---|---|---|
| (१) | ग्रन्थ की **रचना** | (निर्माण नहीं) |
| (२) | चित्र का **निर्माण** | (रचना नहीं) |
| (३) | भवन का **निर्माण** | (रचना नहीं) |
| (४) | स्फूर्ति का **प्रस्फुटन** | (निर्माण अथवा अंकुरण नहीं) |
| (५) | कार्य का **सम्पादन** | (प्रतिपादन नहीं) |
| (६) | विषय का **प्रतिपादन** | (सम्पादन नहीं) |
| (७) | समस्या का **निराकरण** | (समाधान नहीं) |
| (८) | शंका का **समाधान** | (निवारण नहीं) |
| (९) | पहेली का **हल** | (समाधान नहीं) |
| (१०) | कार्य की **समाप्ति** | (पूर्ति नहीं) |
| (११) | त्रुटि का **सुधार** | (समाप्ति नहीं) |
| (१२) | नागरी **लिपि** | (भाषा नहीं) |
| (१३) | हिन्दी-**भाषा** | (लिपि नहीं) |
| (१४) | मिलने की **उत्सुकता** | (बेचैनी नहीं) |
| (१५) | नाम **रिक्त करना** | (नाम काटना नहीं) |
| (१६) | रहन-सहन का **स्तर** | (दर्ज़ा नहीं) |
| (१७) | जल की **मात्रा** | (राशि नहीं) |
| (१८) | गोलियों की **बौछार** | (बाढ़ नहीं) |
| (१९) | व्यवसाय का **आधार** | (व्यवसाय की रीढ़ नहीं) |
| (२०) | ईश्वर पर **विश्वास** | |
| (२१) | अपने पर **आत्मविश्वास** | (अपना आत्मविश्वास नहीं) |
| (२२) | कॉपी अथवा परीक्षा-पुस्तिका का **परीक्षण** | (चेकिंग नहीं) |
| (२३) | रोगी का **परीक्षण** | (चेकअप् नहीं) |
| (२४) | **जन्मतिथि** का आयोजन | (जन्मदिन मना नहीं) |
| (२५) | विद्युत् का **आपूर्ति भंग** | (लाइट गयी नहीं) |
| (२६) | विद्युत् का **पुनर्आपूर्ति** | (लाइट आ गयी नहीं) |
| (२७) | धन्यवाद **करना** | (देना नहीं) |

**यहाँ कुछ विस्तृत उदाहरण दिये गये हैं। कोष्ठक में दिये गये वाक्य अथवा वाक्यांश ही शुद्ध हैं :—**

(१) हम आपकी यह उक्ति मानने को तैयार नहीं हैं।
(हम आपका यह कथन मानने के लिए तैयार नहीं हैं।)

(२) नेताजी की मृत्यु क्षोभजनक है।
(नेताजी की मृत्यु दुःखद है।)

(३) उनकी महिला भी उनके साथ आयी है।
(उनकी पत्नी भी उनके साथ आयी हैं।)

(४) इस यन्त्र की उत्पत्ति दो सौ वर्षों पूर्व हुई थी।
(इस यन्त्र का आविष्कार दो सौ वर्षों पूर्व हुआ था।)

(५) उन्होंने मुझे ऐसी सुन्दर भेंट प्रदान की।
(उन्होंने मुझे अमूल्य भेंट प्रदान की।)

(६) संगीत की कसरत करना लाभदायक होता है।
(संगीत का अभ्यास लाभदायक होता है।)

(७) पुस्तक समर्पण की।
(पुस्तक समर्पित की।)

(८) फ़सल नाश हो गयी।
(फ़सल नष्ट हो गयी।)

(९) मैं शनिवार के दिन वहाँ पहुँच रहा हूँ।
(मैं शनिवार को वहाँ पहुँच रहा हूँ।)

(१०) उनका रहन-सहन का दर्ज़ा ऊँचा है।
(उनके रहन-सहन का स्तर ऊँचा है।)

(११) रनों की बौछार हो रही थी।
(अत्यधिक तीव्रगति में रन बनाये जा रहे थे।)

(१२) रति के मन की थाह का पता नहीं चलता।
(रति के मन का पता नहीं चलता है।)
(अथवा)
(रति के रहस्य का पता नहीं चलता।)

(१३) मैं बुद्ध के सन्देशों से बहुत प्रभावित हुआ।
(मैं बुद्ध के सन्देश से बहुत प्रभावित हुआ।)

(१४) इस विषय की पूर्ति कठिन है।
(इस विषय का प्रतिपादन कठिन है।)

(१५) आपने यहाँ बुलाकर अशुद्धि की।
(आपने यहाँ बुलाकर भूल की अथवा ग़लती की।)

(१६) उन्होंने बीसियों लेखकों का निर्माण किये।
(उन्होंने बीसियों लेखकों को तैयार किये।)

(१७) कुछ ऐतिहासिकों का ऐसा भी कहना है।
(कुछ इतिहासकारों का ऐसा भी कहना है।)

(१८) चिड़िया की चिंग्घाड़।
(चिड़िया की चें-चें अथवा चूँ-चूँ)

(१९) शरदकालीन दिनों में।
(शरद-काल में) अथवा (शरद-ऋतु में)

(२०) वह जल से पौधों की सींचती थी।
(वह पौधों को सींचती थी।)

(२१) सन्तोष चित्त से।
(सन्तुष्ट चित्त अथवा मन से)

(२२) मैंने ऐसा करना पहले से निश्चय कर रखा था।
(मैंने ऐसा करना पहले से निश्चित कर रखा था।)

(२३) प्रेम करना तलवार की नोंक पर चलना है।
(प्रेम करना तलवार की धार पर चलना है।)

(२४) सभा में विरोध प्रकट किया गया।
(सभा में विरोध किया गया।)

## ४- सर्वनाम-सम्बन्धी अशुद्धियाँ

सर्वनामों के लिंग, वचन तथा उनके विकार-रूपों का सम्यक् ज्ञान न होने के कारण उनकी अशुद्धियाँ हो जाया करती हैं। जिस सर्वनाम के प्रयोग से वाक्य आरम्भ किया गया है, उसी के अनुसार अन्य सर्वनामों का प्रयोग शेष वाक्य में होना चाहिए। ऐसा न होने पर भी अशुद्धियाँ हो जाती हैं। इसी तरह 'मैं' के स्थान पर 'हम', 'वह' के स्थान पर 'वे', 'तुम' के स्थान पर 'तू', 'यह' के स्थान पर 'ये' तथा 'इनका' के स्थान पर 'इसका' का प्रयोग नहीं किया जाना चाहिए।

यहाँ सर्वनाम-सम्बन्धी अशुद्धियों के विविध उदाहरण दिये गये हैं :—

(१) मेरे से कुछ न पूछो।
(मुझसे कुछ न पूछो।)

(२) मेरे को बाज़ार जाना है।
(मुझे बाज़ार जाना है।)

(३) उसने कहा कि मैं चार भाई हूँ।
(उसने कहा कि हम चार भाई हैं।)

(४) तुम और तुम्हारे मित्रों को मैं ख़ूब जानता हूँ।
(तुम और तुम्हारे मित्रों को मैं अच्छी तरह जानता हूँ।)

(५) हमारे माता जी बहुत अच्छे हैं।
(हमारी माता जी बहुत अच्छी हैं।)

(६) बच्चा और बच्चे का बाप जा रहे हैं।
(बच्चा और उसके पिता जी जा रहे हैं।)

(७) जिसने परिश्रम किया, उन्होंने ही फल पाये।
(जिसने परिश्रम किया, उसने ही फल पाया।)

(८) तुम्हारे में से कोई क्यों बात करे?
(तुममें से कोई क्यों बात करेगा?)

(९) लीजिए प्याला भर दें।
(लीजिए, आपका प्याला भर देता हूँ।)

(१०) दिव्य गया और कहा।
(दिव्य गया और उसने कहा।)

(११) दूध में कौन पड़ गया है?
(दूध में क्या गिर गया है?)

(१२) जागे वह पाये।
(जो जागे, वह पाये।)

(१३) तुम तुम्हारे घर चले जाओ।
(तुम अपने घर चले जाओ।)

(१४) यह भले आदमी हैं।
(ये भले आदमी हैं।)

(१५) तेरे को क्या चाहिए?
(तुम्हें क्या चाहिए?)

(१६) उन्होंने के पिता ने कहा।
(उनके पिता जी ने कहा।)

(१७) वह निज वहाँ जाना नहीं चाहता।
(वह स्वत: वहाँ नहीं जाना चाहता।)

(१८) वाक्य और वाक्य के भेद
(वाक्य और उसके भेद)

(१९) डाकुओं का सरदार वह अलीबाबा था।
(वह अलीबाबा डाकुओं का सरदार था।)

(२०) तुम्हारे से कोई काम नहीं हो सकता।
(तुमसे कोई काम नहीं हो सकता।)

## ५- विशेषण-सम्बन्धी अशुद्धियाँ

विशेषण-सम्बन्धी अशुद्धियाँ सामान्य रूप में दो प्रकार की होती हैं। प्रथम, यथास्थान उनका प्रयोग न किया जाना तथा द्वितीय, उपयुक्त विशेषण का प्रयोग न करना। यथा :—

(१) **डाल–** पतली होती है, महीन नहीं।

(२) **बुद्धि–** सूक्ष्म होती है, पतली नहीं।

(३) **दाल–** गाढ़ी होती है, मोटी नहीं।

(४) **क्षति–** अपूर्व नहीं, भारी अथवा अपूर्णनीय होती है। ('अपूर्व' शब्द का प्रयोग शुभ कार्य के लिए किया जाता है।)

(५) **आग्रह**– विशेष, घोर नहीं।

(६) **अध्यापक**– बड़े अच्छे नहीं, बहुत अच्छे। ('बड़े' शब्द का प्रयोग वहाँ किया जाता है जहाँ उसका विरोधी शब्द 'छोटे' भी प्रयुक्त किया जा सके।

(७) **भूख**– भारी नहीं, बहुत।

(८) **महिला**– ख़ूबसूरत नहीं, सुन्दर, ख़ूबसूरत औरत (विशेष्य-विशेषण, दोनों एक ही भाषा के शब्द होने चाहिए। इसी प्रकार तत्सम शब्दों के बाद विदेशी शब्दों का प्रयोग प्रवाह को मन्द कर देता है।)

(९) **धन**– अधिकांश नहीं, अधिकतर (अधिकांश संज्ञा है, अधिकतर विशेषण है।)

(१०) **रहस्य**– गुप्त अथवा छुपा नहीं। (दोहरे विशेषणों का प्रयोग नहीं किया जाना चाहिए। रहस्य शब्द में ही गुप्त अथवा छुपे रहने का भाव निहित है अतः इसे किसी विशेषण की आवश्यकता नहीं।)

(११) **मत**– भारी बहुमत से नहीं (बहुमत से) ऐसा इसलिए क्योंकि 'मत' (Vote) की मात्रा नहीं होती, संख्या होती है।

विशेषण-सम्बन्धी अशुद्धियों के अन्य उदाहरण इस प्रकार हैं :—

(१) दिनभर वह कड़े परिश्रम करता है। (कड़ा परिश्रम)...

(२) उसने धीरे स्वर में कहा। (धीमे)...

(३) हमने शिक्षा उपमन्त्री से भेंट की। (मैंने उप-शिक्षामन्त्री से)...

(४) मुझे एक फलों का विक्रेता प्रतिदिन फल देता है। (फलों का एक विक्रेता)...

(५) उसने उनके गले में एक गेंदे की माला पहनायी। (गेंदे की एक माला)...

(६) यह चित्र बड़ा सुन्दर है। (यह चित्र बहुत सुन्दर है।)

(७) उसके अच्छापन का अच्छा प्रभाव पड़ा। (उसके अच्छेपन का गहरा प्रभाव पड़ा।)

(८) आज भी वह वैसा का वैसा है। (आज भी वह वैसे-का-वैसा है।)

(९) सबों ने यह राय दी। (सब ने अथवा सभी ने यह राय प्रकट की।)

(१०) उसने कितने वीरता से भरे हुए गाने सुनाये।
(उसने वीरता से भरे हुए कई गीत सुनाये।)

**टिप्पणी**

(१) 'इया' प्रत्यान्त विशेषण सदा नियत लिंग और अविकृत होते हैं;
यथा— बढ़िया किताब, बढ़िया उपन्यास।

(२) अच्छा ऊन, अच्छी ऊन, अच्छा गेहूँ, अच्छी गेहूँ, मेरा तौलिया, मेरी तौलिया—इनके दोनों प्रयोग सही हैं किन्तु अच्छा (आकारान्त) रूप है, पश्चिमी हिन्दी का, जो प्रामाणिक है और अच्छी (ईकारान्त) रूप है, पूर्वी हिन्दी का।

(३) **क्रिया विशेषण**– सदा पुल्लिंग एकवचन होता है; यथा— वातावरण इतना बदल गया है में 'इतना' क्रिया-विशेषण है। लड़की इतनी बदल गयी; लड़के इतने बदल गये में 'इतनी', 'इतने' विशेषण हैं।

## ६- क्रिया-सम्बन्धी अशुद्धियाँ

हिन्दी में कुछ विशेष संज्ञाओं के साथ विशेष क्रियाओं का ही प्रयोग किया जाता है। भाषा की शुद्धता के लिए उनका ज्ञान आवश्यक है। यहाँ ऐसी ही क्रियाओं की एक संक्षिप्त सूची दी गयी है। इन्हें ध्यान से समझने का प्रयास करें :—

| अशुद्ध रूप | शुद्ध रूप |
|---|---|
| (१) हँस आया। | हँस पड़ा। |
| (२) घबरा आया। | घबरा गया। |
| (३) रो आया। | रो पड़ा। |
| (४) दौरा आता है। | दौरा पड़ता है। |
| (५) ऊब आना। | ऊब जाना। |
| (६) प्रश्न पूछना। | प्रश्न करना। |
| (७) दान दिया। | दान किया। |
| (८) युद्ध लड़ना | युद्ध होना ( करना )। |
| (९) संकल्प लेना। | संकल्प करना। |
| (१०) शिक्षा ले रहे हैं। | शिक्षा पा रहे हैं। |
| (११) दुराव समझना। | दुराव करना। |
| (१२) प्रतीक्षा देखना। | प्रतीक्षा करना। |
| (१३) निराशा देना। | निराश करना। |
| (१४) रगरण दिलाना। | स्मरण कराणा। |
| (१५) प्रयोग होना। | प्रयोग करना। |
| (१६) आटा गूँथना। | आटा गूँधना। |
| (१७) माला गूँधना। | माला गूँथना। |
| (१८) शराब छानना। | शराब ढालना। |
| (१९) भाँग ढालना। | भाँग छानना। |
| (२०) तकलीफ़ भोगना। | तकलीफ़ उठाना। |
| (२१) गाना गाना। | गीत गाना। |
| (२२) राग गाना। | राग बजाना। |
| (२३) युद्ध फैलना। | युद्ध भड़कना। |
| (२४) अभियोग चलना। | अभियोग लगाना। |
| (२५) शपथ लेना। | शपथ खाना। |

### अन्य क्रियाएँ

| कर्त्ता | क्रिया |
|---|---|
| (१) दूध | जमाया जाता है। |
| (२) अभियोग | लगाया जाता है। |
| (३) काग़ज़ | फटता है। |
| (४) शीशा | फूटता है। |
| (५) दूध | उबलता है। |

| | |
|---|---|
| (६) **पानी** | खौलता है। |
| (७) **दाल** | चुरती है। |
| (८) **खीर** | पकती है। |
| (९) **हाथ** | टूटता है। |
| (१०) **आँख** | फूटती है। |
| (११) **तूफ़ान** | आता है। |
| (१२) **हवा** | बहती है। |
| (१३) **पानी** | बरसता है। |
| (१४) **बादल** | गरजते हैं। |
| (१५) **कष्ट** | भोगा जाता है। |
| (१६) **तकलीफ़** | उठायी जाती है। |
| (१७) **लड़ाई** | लड़ी जाती है। |
| (१८) **युद्ध** | किया जाता है। |
| (१९) **गाड़ी** | खींची जाती है। |
| (२०) **लाठी** | तानी जाती है। |
| (२१) **कील** | ठोकी जाती है। |
| (२२) **अँगूठी में नगीना** | जड़ा जाता है। |
| (२३) **दरज़ी कपड़े** | सिलता है। |
| (२४) **जुलाहा कपड़े** | बुनता है। |
| (२५) **कविता** | रची जाती है। |
| (२६) **मकान ( भवन )** | बनाया जाता है। |
| (२७) **धन्यवाद** | किया जाता है। |
| (२८) **मत** | दिया जाता है। |
| (२९) **मतदान** | किया जाता है। |
| (३०) **उत्तर पुस्तिका** | परीक्षण किया जाता है। |
| (३१) **भाषण** | किया जाता है। |
| (३२) **व्याख्यान** | किया जाता है। |
| (३३) **आदेश/निर्देश** | किया जाता है। |

## ७- क्रिया-सम्बन्धी वाक्यात्मक अशुद्धियाँ

(१) महावीर प्रसाद द्विवेदी अपने समय के प्रसिद्ध समीक्षक रह चुके थे।
(आचार्य महावीर प्रसाद द्विवेदी अपने युग के एक प्रसिद्ध समीक्षक थे।)

(२) इस निबन्ध में लेखक ने नये लेखकों की समस्याओं को दो तरह से दो खण्डों में विभाजित किये हैं।
(इस निबन्ध में लेखक ने नये लेखकों की समस्याओं को दो भागों में विभक्त किया है।)

(३) इसी प्रकार सरदार पूर्णसिंह किसान की ओर हमारा ध्यान आकर्षित कराता है।
(इस प्रकार सरदार पूर्णसिंह ने किसान की ओर हमारा ध्यान आकर्षित किया है।)

(४) लेखक किसान को भगवान् का स्वरूप मानते हैं। (मानता है।)

(५) 'कुटज' शीर्षक निबन्ध डॉ० हजारी प्रसाद द्विवेदी जी द्वारा लिखे गये हैं। (लिखा गया है।)

(६) धनी धनवान होते जाता है, निर्धन निर्धनता की ओर बढ़ते जाता है। इस तरह ग़रीब अमीर की खाई चौड़ी बढ़ती जा रही है।
(धनी और धनवान होते जा रहे हैं तथा ग़रीब और ग़रीब। इस प्रकार अमीरी और ग़रीबी की खाई और अधिक गहरी होती जा रही है।)

(७) लेखक ने अपने निबन्ध में स्वतन्त्र जीवन जीने की प्रेरणा प्रदान किये हैं। (प्रदान की है।)

(८) लेखक ने पूँजीवाद को समाप्तकर साम्यवादी समाज की रचना के पक्ष में अपने विचार व्यक्त किया है। (विचार व्यक्त किये हैं।)

(९) आज के साहित्य व्यक्ति को मनोरंजन के लिए लिखे जाते हैं।
(आज का साहित्य व्यक्ति के मनोरंजन के लिए लिखा जाता है।)

(१०) समाज ऐसे साहित्यकारों को बाद में सम्मानित भी करती है। (करता है।)

(११) समाजवादी सभ्यता उत्पन्न हो गया है, जो पूँजीवाद के विरोध में खड़ा है। (समाजवादी सभ्यता निर्मित हो गयी है, जो पूँजीवाद के विरोध में खड़ी है।)

(१२) उन्होंने कहा— आज की दुनिया में पैसा ही सभी कुछ है। (सब कुछ है।)

(१३) यदि कोई मित्र उनके पास आते हैं। (आता है।)

(१४) प्रसाद जी के निनन्धों की भाषाएँ सरल और प्रवाहपूर्ण हैं (भाषा सरल और प्रवाहपूर्ण है।)

(१५) साहित्य में जो नयी शक्तियाँ आ रही हैं, उसे मान्यता प्राप्त नहीं हो रहा है।
(साहित्य में आज जो प्रतिभाएँ आ रही हैं, उन्हें मान्यता प्राप्त नहीं हो रही है।)

(१६) यह संघर्ष अनन्त काल तक होती (होता) रहेगा।

(१७) बहुत से पशु और पक्षी उड़ और चर रहे थे। (चर और उड़ रहे थे)

(१८) मनुष्य ने प्रकृति पर विजय पा लिया है। (...विजय प्राप्त कर ली है।)

(१९) असभ्यता सभ्यता से टकराने के लिए उतारू था। (उतारू थी।)

(२०) बूढ़ी काकी अपने भतीजे के पास रहते हैं। (...रहती हैं।)

(२१) बूढ़ी काकी जूठी पत्तलों को खाने लगी। इस क्रिया को कर्णिका ने देख ली। (बूढ़ी काकी झूठी पत्तलों को चाटने लगीं। उनकी इस हरकत को कर्णिका ने देख लिया।)

(२२) यह बताने की चेष्टा किया गया है कि ईश्वर की एक शक्ति है।
(यह बताने का प्रयास किया गया है कि ईश्वर एक शक्ति है।)

(२३) मैं उनको धन्यवाद देता हूँ।
(मैं उनका धन्यवाद करता हूँ।)

(२४) उनकी बातें सुनते-सुनते कान पक गया। ...(कान पक गये।)

(२५) यह सोचना मूर्खता होगा। (मूर्खता होगी।)

(२६) इस पत्र में कहा है कि... (इस पत्र में लिखा है कि....

(२७) मैं खेलना माँगता हूँ।
(मैं खेलना चाहता हूँ।)

(२८) तबीअत ऊब आयी। (गयी)

(२९) वह आराम से निद्रा ले रहा है।
(वह आराम से सो रहा है।)

(३०) उसे वहाँ नौकरी पा गयी।
(उसे वहाँ नौकरी मिल गयी।)

## ८- वचन-सम्बन्धी अशुद्धियाँ

(१) महाजनी सभ्यता में जो तत्त्व हैं वह निम्न हैं।
(महाजनी सभ्यता की जो विशेषताएँ हैं, वे इस प्रकार हैं (अथवा) निम्नलिखित हैं।)

(२) आपने अनेकों निबन्धों तथा कहानियों की रचना की है।
(आपने अनेक निबन्धों तथा कहानियों की रचना की है।)

(३) प्रत्येक को दो-दो रुपये दीजिए।
(प्रत्येक को दो-दो रुपया दीजिए।)

(४) मुझे सन्ध्याकाल के समय बाहर जाना है।
(मुझे सान्ध्यकाल बाहर जाना है।)

(५) इस समय के ऊपर चार बजे हैं।
(इस समय चार बजे हैं।)

(६) अनेकों सम्बन्धों को ठुकराकर उसने यह सम्बन्ध तय किया था। (अनेक)

(७) देश के प्रत्येक नागरिकों को अपने कर्त्तव्यों का निर्वहन करना चाहिए।
(देश के प्रत्येक नागरिक को अपने कर्त्तव्य का निर्वहन करना चाहिए।)

(८) उक्त विषय पर अनेकों विचार उपलब्ध हैं।
(उक्त विषय पर अनेकानेक विचार उपलब्ध हैं। (अथवा) उक्त विषय पर अनेक विचार उपलब्ध हैं।)

(९) उसकी आँख से आँसू बहता है।
(उसकी आँखों से आँसू बहते हैं।)

(१०) गौएँ अपने बच्चे को देखती जा रही थीं।
(गायें अपने-अपने बच्चों को देखती जा रही थीं।)

(११) वहाँ सभी श्रेणी के लोग थे।
(वहाँ सभी श्रेणियों के लोग थे (अथवा) उपस्थित थे।)

(१२) प्रार्थनापत्र पर उसने हस्ताक्षर कर दिया।
(प्रार्थनापत्र पर उसने अपने हस्ताक्षर कर दिये।)

(१३) आँसू से आधा आँचल भीग गया।
(आँसुओं से आधा आँचल भीग गया।)

(१४) कक्षा में उपस्थित हर एक छात्रों का मत था।
(कक्षा में उपस्थित हर एक छात्र का मत था।)

(१५) श्रीकृष्ण के अनेकों नाम हैं।
(श्रीकृष्ण के अनेक नाम हैं।)

(१६) चार अतिथि आ गये हैं, उसको जलपान कराना है।
(चार अतिथि आ चुके हैं, उन्हें जलपान कराना है।)

(१७) यहाँ सब प्रकार की चीज़ मौजूद थीं।
(यहाँ सब प्रकार की चीज़ें मौजूद थीं।)

(१८) वह दस वर्षों तक पढ़ता रहा।
(वह दस वर्ष तक पढ़ता रहा।)

(१९) वहाँ अनेक प्रकार की विद्या और कला का प्रचार था।
(वहाँ अनेक प्रकार की विद्याओं और कलाओं का प्रचार था।)

(२०) इस समय चार बजा है।
(इस समय चार बजे हैं।)

## ९- लिंग-सम्बन्धी अशुद्धियाँ

(१) साहित्य दो प्रकार की होती है।
(साहित्य दो प्रकार का होता है।)

(२) सभी काम के लिए आपको फ़ीस देना ही पड़ेगा।
(सभी कामों के लिए आपको फ़ीस देनी ही पड़ेगी।)

(३) बहुत सारा मिठाइयाँ खाऊँगा— इस प्रकार कञ्जिका का विचार घूम रहा था।
(बहुत सारी मिठाइयाँ खाऊँगी— इस प्रकार कञ्जिका सोच-विचार कर रही थी।)

(४) तुम्हारे माँ-बाप क्या काम करती है?
(तुम्हारे माँ-बाप क्या करते हैं?)

(५) लड़के ने उत्तर दिया कि उसके माता-पिता की बहुत पहले मृत्यु हो गयी है।
(लड़के ने उत्तर दिया कि उसके माँ-बाप बहुत पहले मर गये हैं।)

(६) उसकी आशा पूरी भी नहीं हो पाया कि तब तक शाम हो गया था।
(उसकी आशा पूरी भी नहीं हो पायी कि तब तक शाम हो गयी।)

(७) उसकी सारे सम्पत्ति का मालिक यही एक लड़का था।
(उसकी सारी सम्पत्ति का मालिक (उत्तराधिकारी) यही एक लड़का था।)

(८) सुभद्राकुमारी चौहान उच्चकोटि की कवि थीं।
(श्रीमती सुभद्राकुमारी चौहान उच्चकोटि की कवयित्री थीं।)

(९) मुझे बड़ा आनन्द आती है।
(मुझे बहुत आनन्द आता है।)

(१०) बातें सुनना पड़ती हैं।
(बातें सुननी पड़ती हैं।)

(११) उसने अपनी बात धीमे से बताया।
(उसने अपनी बात धीमे से बतायी।)

(१२) इस लड़की को बहुत प्यास लगता है।
(इस लड़की को बहुत प्यास लगती है।)

(१३) जिगीषा को अचार अच्छी लगती है।
(जिगीषा को अचार अच्छा लगता है।)

(१४) हर एक ने जूते पहन रखी थी।
(हर एक ने जूते पहने थे।)

(१५) मास्टर जी की जीवन में मिठास आने लगा।
(मास्टर जी के जीवन में मिठास आने लगा।)

(१६) तुम्हें अच्छी उपन्यास पढ़ने में मज़ा आता है?
(तुम्हें अच्छा उपन्यास पढ़ने में मज़ा आता है।)

**ज्ञातव्य :** कपड़ा, पानी, जल, देश, मित्र, शत्रु, प्रधानमन्त्री आदि कुछ शब्दों का प्रयोग उभय (दोनों) लिंग (*Common gender*) में होता है।

## १०- कारक अथवा विभक्ति-सम्बन्धी अशुद्धियाँ

(१) आजकल के लेखक करुणा की भी वर्णन करते हैं, दया की भी और जीवन की भी।
(आजकल के लेखक करुणा का वर्णन करते हैं, दया और जीवन का भी।)

(२) जैनेन्द्र कुमार जी ने प्राचीनकाल की साहित्य और आज वर्तमान साहित्य में काफ़ी कुछ अन्तर पाया है।
(जैनेन्द्र कुमार ने प्राचीन और वर्तमान साहित्य में यथेष्ट अन्तर प्रदर्शित किया है।)

(३) प्राचीनकाल के साहित्यकार समाज पर प्रतिष्ठा प्राप्ति व्यक्ति होता था।
(प्राचीन साहित्यकार समाज में प्रतिष्ठा-प्राप्त व्यक्ति होते थे (अथवा) प्राचीनकाल के साहित्यकारों को समाज में प्रतिष्ठा प्राप्त होती थी।)

(४) प्राचीनकाल में साहित्यकार सामाजिक समस्याओं के ऊपर अपना साहित्य प्रस्तुत करते थे।
(प्राचीनकाल में साहित्यकार सामाजिक समस्याओं पर (को आधार बनाकर) अपना साहित्य प्रस्तुत करते थे।)

(५) अगले ज़माने में लेखक अनेक प्रकार के सामाजिक समस्याओं के ऊपर रचना करते थे किन्तु आज वे किसी व्यक्तिगत के ऊपर साहित्य कर रहे हैं।
(प्राचीनकाल में लेखक अनेक प्रकार की सामाजिक समस्याओं पर रचनाएँ करते थे किन्तु आज वे व्यक्तिगत जीवन की समस्याओं पर आधारित साहित्य रच रहे हैं।)

(६) इसमें प्रेमचन्द्र महाजनों तथा निर्धन वर्गों में जो विभिन्नता आ गयी है, उसका समग्र चिन्तन किया है।
(इसमें प्रेमचन्द ने महाजनों तथा निर्धन वर्गों में जो विषमताएँ आ गयी हैं, उनका समग्र रूप में विश्लेषण किया है।)

(७) बिजनेस इस बिजनेस। क्योंकि यहाँ पर किसी को भाई, माता या पिता आदि नहीं समझा जाता।
("बिजनेस इज बिजनेस"। यहाँ किसी को माता-पिता या भाई नहीं समझा जाता।)

(८) पैसे ने व्यक्ति को अपनी मान-मर्यादा तक को भुलाने में क्षम कर दिया है।
(पैसे के कारण व्यक्ति अपनी मान-मर्यादा तक भूल गया है।)

(९) कुछ साहित्यकार समाज की मनोरंजन के लिए साहित्य-रचना करते हैं।
(कुछ साहित्यकार समाज के मनोरंजन के लिए साहित्य-रचना करते हैं।)

(१०) जनता शासक के आज्ञा का पालन करती है।
(जनता शासक की आज्ञा का पालन करती है।)

(११) वे अपने श्रम-शक्ति से अपनी जीवन-यापन करते हैं।
(वे अपनी श्रम-शक्ति से अपना जीवन-यापन करते हैं।)

(१२) बिना रुपये का, किसी भी व्यक्ति का कोई आदर नहीं, सम्मान नहीं।
(बिना रुपये के किसी भी व्यक्ति का कोई आदर या सम्मान नहीं।)

(१३) शुक्ल जी नयी सभ्यता को 'भारतीय सभ्यता' कहा है।
(आचार्य शुक्ल ने नयी सभ्यता को 'भारतीय सभ्यता' कहा है।)

(१४) जिस देश में साहित्य समृद्ध नहीं होगा, वह देश अपने को अन्धकार से कभी छुटकारा नहीं पा सकता।
(जिस देश का साहित्य समृद्ध नहीं होगा, वह देश अन्धकार से कभी छुटकारा नहीं पा सकता।)

(१५) देश की उन्नति के लिए साहित्य की प्रेरणा लेना ज़रूरी है।
(देश की उन्नति के लिए साहित्य से प्रेरणा लेनी ज़रूरी है।)

(१६) सभी व्यक्तियों को महान् कार्य करने से तथा देश की रक्षा करने से ही साहित्य की उन्नति होना सम्भव है।
(साहित्य की उन्नति तभी सम्भव है जब सभी व्यक्ति अपने-अपने महान् दायित्वों को पूरा करें तथा देश की रक्षा करने के लिए तत्पर रहें।)

(१७) इस निबन्ध में आचार्य नन्ददुलारे बाजपेयी जो बड़ी मार्मिक ढंग से साहित्य और समाज पर अपना दृष्टि डाला है और यह कहना चाहता है कि साहित्य किसे कहते हैं?
(इस निबन्ध में आचार्य नन्ददुलारे बाजपेयी जी ने साहित्य का स्वरूप अथवा महत्त्व विश्लेषित किया है।)

(१८) इस कारण से समाज से साहित्य का अस्तित्व आवश्यक है।
(इस कारण समाज से साहित्य का अस्तित्व आवश्यक है।)

(१९) इसी कारण आनन्द के स्थान पीड़ा पहुँचती है।
(इसी कारण आनन्द के स्थान पर पीड़ा प्राप्त होती है।)

(२०) आचार्य रामचन्द्र शुक्ल अपने युग के तथा आधुनिक काल के लेखकों तथा साहित्यकारों में महत्त्वपूर्ण स्थान है।
(आचार्य रामचन्द्र शुक्ल का आधुनिक काल के लेखकों अथवा साहित्यकारों में महत्त्वपूर्ण स्थान है।)

(२१) आप के कहानियों में समाज का समग्र चित्र झलकता है।
(आपकी कहानियों में समाज का समग्र चित्र दिखायी देता है।)

(२२) मानव अपनी ही जाति-भाई को अपना दास समझता है।
(मानव अपने ही जाति-भाई को अपना दास मानता है।)

(२३) पूँजीपतियों द्वारा रुपयों के वजह से सब कुछ अपने अधिकार में कर डाला है।
(पूँजीपतियों ने रुपयों के कारण सब कुछ अपने अधिकार में कर लिया है।)

(२४) पूँजीवाद व्यक्ति के स्वतन्त्रता को महत्त्व देता है।
(पूँजीवाद व्यक्ति की स्वतन्त्रता को महत्त्व देता है।)

(२५) पहले के असभ्य मानव सीधे प्रहार करता था, उसके वास्ते कोई नियम नहीं थे।
(आदिम अवस्था में असभ्य मानव सीधे प्रहार करता था। उसके लिए कोई नियम नहीं था।)

(२६) सरकार तो कहती है कि हमने जनता का हर सुख-सुविधायें उपलब्ध कर रखी हैं।
(सरकार का कहना है कि उसने जनता के लिए हर सुख-सुविधा उपलब्ध करा दी है।)

(२७) सगा भाई होता है तो भी अपना काम छोड़कर दूसरे के काम नहीं करता।
(सगा भाई भी अपना काम छोड़कर दूसरों का काम नहीं करता।)

(२८) शराबी सोचा कि यह लड़का कहाँ से चला आया कि अब तो मुझे शराब पीना छोड़ना होगा।
(शराबी ने सोचा कि यह लड़का कहाँ से मेरे साथ आ गया। इसके कारण अब मुझे शराब पीनी छोड़नी पड़ेगी।)

(२९) जिससे दोनों का ज़िन्दगी चल सके।
(जिससे दोनों का जीवन (अथवा) दोनों की ज़िन्दगी चल सके।)

(३०) कथावस्तु बहुत सरल और सीधे-साधी ढंग से चित्रित है।
(कथावस्तु बहुत सरल और सीधे-सादे ढंग से प्रस्तुत की गयी है।)

**ज्ञातव्य**

(१) देश और प्रदेशवासी आकारान्त शब्दों के 'आ' का 'ए' नहीं होता; यथा— लंका के सम्पादक नहीं, लंका का सम्पादक किन्तु बहुवचन अथवा आदरवाची शब्दों के साथ ऐसा हो जाता है; यथा— संयुक्तराज्य अमेरिका के राष्ट्रपति, लंका के सम्पादकगण।

(२) नगरवाची शब्दों के 'आ' को विकल्प रूप से 'ए' किया जाता है; यथा— आगरे का, कोलकाते का आदि।

## ११- वाक्य-रचना-सम्बन्धी अशुद्धियाँ

(१) जिस मनुष्य में साहित्य का भाव न रहेगा वह इंसान नहीं होगा बल्कि जानवर के समान।
(जिस मनुष्य में साहित्य के प्रति प्रेम-भाव न होगा वह जानवर की तरह जीवन व्यतीत करेगा।)

(२) हमारे देश में विदेशियों की प्रवृत्ति का प्रभाव अधिक पड़ जाने के कारण यहाँ के लेखकों के सामने अनेक प्रकार की विभिन्न नयी-नयी जटिल समस्याएं उत्पन्न हो गयी हैं।
(हमारे देश में विदेशी प्रवृत्तियों का प्रभाव अधिक बढ़ गया है अत: यहाँ के लेखकों के सामने अनेक प्रकार की जटिल समस्याएँ उत्पन्न हो गयी हैं।)

(३) दूसरा खण्ड में लेखक ने लेखकों की समस्या में यह बतलाते हैं कि आधुनिक लेखकों में उत्तरदायित्व की भावना का अभाव है।
(दूसरे खण्ड में लेखक ने यह प्रस्तुत किया है कि आधुनिक लेखकों में उत्तरदायित्व की भावना का अभाव है।)

(४) नये लेखक की समस्याएँ निबन्ध में लेखक ने एक कमी और बतलायी है और वह है—नैतिक भावना।
('नये लेखक की समस्याएँ' नामक निबन्ध में लेखक ने नये लेखकों में नैतिक भावना की कमी की ओर संकेत किया है।)

(५) धन ने या पैसा ने मनुष्य को जो कि सामान्य है दो वर्गों में बाँट दिया है एक है धनिक और दूसरा निर्धन।
(धन या पैसे ने मनुष्य को दो सामान्य वर्गों में विभक्त कर दिया है— प्रथम है, धनी-वर्ग और दूसरा है, निर्धन-वर्ग।)

(६) हजारी प्रसाद द्विवेदी ने हमारी पाठ्यपुस्तक सप्तक संकलन में भारतीय संस्कृति नामक निबन्ध में उल्लेख किया है।
(हमारी पाठ्य-पुस्तक 'सप्तक संकलन' में पं० हजारी प्रसाद द्विवेदी ने अपने 'भारतीय संस्कृति' नामक निबन्ध में यह लिखा है।)

(७) वर्तमान समय में साहित्य समाज का केवल कोरा दर्पण ही न होकर बल्कि समाज प्रगति की ओर ले जाता है।
(वर्तमान समय में साहित्य समाज का केवल दर्पण नहीं है वरन् वह उसे प्रगति की ओर भी ले जाता है।)

(८) पूँजीपतियों का दूसरा सिद्धान्त यह है कि व्यवसाय व्यवसाय है।
(व्यवसाय 'व्यवसाय' है—यह पूँजीपतियों का दूसरा सिद्धान्त है।)

(९) मधुआ यह जयशंकर प्रसाद की एक भावात्मक कहानी है।
('मधुआ' जयशंकर प्रसाद की एक भावात्मक कहानी है।)

(१०) इस गद्य के लेखक हैं सरदार पूर्णसिंह। उन्होंने मज़ूदरी और प्रेम का अर्थ बताते हुए और दोनों के अन्तर को समझाते हुए कहते हैं कि...।
(इस गद्यांश के लेखक सरदार पूर्णसिंह हैं। उन्होंने मज़दूरी और प्रेम का अर्थ तथा उन दोनों के अन्तर को स्पष्ट करते हुए लिखा है कि)...

(११) प्राचीनकाल से ही ईश्वर की सृष्टि में श्रेष्ठ कहे जानेवाले मानव अपनी ही जाति का शोषण करते आ रहा।
(ईश्वर की सृष्टि में श्रेष्ठ कहा जानेवाला मानव प्राचीनकाल से ही अपनी जाति का शोषण करता आ रहा है।)

(१२) लेखक महोदय का कहना है कि यह कैसी विडम्बना है— मानव और मानव के बीच विभेद।
(लेखक का कहना है कि मानव और मानव के बीच विभेद से सम्बन्धित एक विचित्र विडम्बना समाज में व्याप्त हो गयी है।)

(१३) आधुनिक काल में जो कवि लेखक होते हैं वे समाज में प्रतिष्ठा प्राप्त नहीं होते, उनके लिए प्रतिष्ठा आवश्यक नहीं।
(आधुनिक काल के कवि और लेखकों को समाज में प्रतिष्ठा प्राप्त नहीं होती। उनके लिए प्रतिष्ठा आवश्यक भी नहीं है।)

(१४) अभी अतिथि खाये नहीं, न अभी भगवान् को भोग ही नहीं लगे हैं, अभी से खाने के लिए पहुँच गयी है।
(अभी भगवान् को भोग नहीं लगा, अतिथियों ने भी भोजन नहीं किया और तुम अभी से खाना खाने पहुँच गयी हो।)

(१५) आपका कृपा-पत्र धन्यवाद सहित मिला।
(आपका कृपापत्र मिला, धन्यवाद।)

(१६) एक गरमियों की बात सुनाता हूँ।
(गरमियों की एक बात सुनाता हूँ।)

(१७) मेरे मित्र जो छात्रावास में रहते हैं, ने यह मुझे कलम दी है।
(मेरे मित्र ने, जो छात्रावास में रहते हैं, यह क़लम मुझे प्रदान की है।)

(१८) कान्त बाज़ार गया। फिर नेता जी की प्रदर्शन देखी।
(कान्त बाज़ार गया; वहाँ उसने नेता जी से सम्बन्धित एक प्रदर्शनी देखी।)

(१९) वह मनुष्य जिसके हृदय में मातृभूमि का प्यार नहीं, उसे पशु समझना चाहिए।
(उस मनुष्य को, जिसके हृदय में मातृभूमि के प्रति प्रेम नहीं है, पशु समझना चाहिए।)

(२०) तमस उपन्यास में उस समय की भीषण, भयावह और नृशंसता के आँसुओं से भरी दर्दनाक कहानी है।
('तमस' नामक उपन्यास में उस समय की भीषण नृशंसता से भरी हुई दर्दनाक कहानी प्रस्तुत की गयी है।)

## १२- शब्दों के अनुपयुक्त प्रयोगों से वाक्य-सम्बन्धी अशुद्धियाँ

(१) कुछ समय उपरान्त हमारा साहित्य उच्च कोटि का था।
(कुछ समय पहले हमारा साहित्य उच्च कोटि का था।)

(२) आज नये लेखकों ने सामने वैयक्तिकता की समस्या सबसे अधिक जाग्रत है।
(आज नये लेखकों के सामने वैयक्तिकता की समस्या सबसे अधिक जटिल रूप में है।)

(३) जैनेन्द्र हिन्दी-साहित्य के साहित्यकार और प्रमुख कथाकार हैं।
(जैनेन्द्र कुमार हिन्दी-साहित्य के प्रमुख कथाकार हैं।)

(४) चाहे चिलचिलाती ठण्ढ हो या कड़कड़ाती धूप, वह अपने कर्म से पीछे नहीं हटता।
(चाहे चिलचिलाती धूप हो या कड़कड़ाती ठण्ढ, वह अपने कर्म से पीछे नहीं हटता।)

(५) आचार्य रामचन्द्र शुक्ल हिन्दी-साहित्य के अच्छे व्याख्याता माने जाते हैं।
(हिन्दी-साहित्य में रामचन्द्र शुक्ल एक उत्कृष्ट विश्लेषक माने जाते हैं।)

(६) वह सबके सामने अपने को समायोजित कर सकता है।
(वह सब के साथ स्वयं को समायोजित कर सकता है।)

(७) महाजनी सभ्यता इस देश में उस समय आयी थी जब अँगरेज़ों ने हमारे ऊपर आज़ादी पायी थी।
(महाजनी सभ्यता हमारे देश में उस समय आयी जब यहाँ अँगरेज़ों ने अपना शासन स्थापित किया था।)

(८) हजारी प्रसाद द्विवेदी ने अपने रचनाओं में साहित्य तथा समाज पर अपना प्रकाश डाला है।
(आचार्य हजारी प्रसाद द्विवेदी ने अपनी रचनाओं में साहित्य तथा समाज का सम्यक् विश्लेषण किया है।)

(९) समाज से पृथक् साहित्य अनिश्चित है।
(समाज से पृथक् साहित्य का अस्तित्व असम्भव है।)

(१०) ऐसे साहित्य के लेखक-रचनाकार अधिक मात्रा में व्याप्त हैं।
(ऐसे साहित्य के रचयिता अधिक संख्या में विद्यमान हैं।)

(११) नये साहित्यकारों के बहु भाग को सामाजिक मान्यता नहीं है।
(नये साहित्यकारों में अधिकतर को सामाजिक मान्यता (अथवा) प्रतिष्ठा प्राप्त नहीं हो सकी है।)

(१२) आपकी निबन्ध-शैली अत्यन्त सरस और सुहावनी है।
(आपकी निबन्ध-शैली अत्यन्त सरस और आकर्षक है।)

(१३) डॉ० पृथ्वीनाथ पाण्डेय ने सही ढंग से वर्तमान साहित्य और समाज पर अपना खेद व्यक्त किया है।
(डॉ० पृथ्वीनाथ पाण्डेय ने प्रमाण देते हुए वर्तमान साहित्य और समाज की स्थिति के विषय में अपनी निराशा व्यक्त की है।)

(१४) अपने स्वार्थों की पूर्ति के लिए महाजन ग़रीबों के जान को भी बलिदान कर देते हैं।
(अपने स्वार्थों की पूर्ति के लिए महाजन ग़रीबों के प्राण भी ले लेते हैं।)

(१५) यदि समाज में यही क्रिया चलती रहेगी तो मानव-जाति के बीच संघर्ष की स्थिति आ जाएगी।
(यदि समाज की हालत यही रहेगी तो शीघ्र ही मानव-मानव के बीच संघर्ष छिड़ जाएगा।)

(१६) और अब कार्यक्रम के अन्त में हम धन्यवाद-ज्ञापन करेंगे।
(और अब कार्यक्रम के अन्त में हम आभार-ज्ञापन करेंगे।)

## १३- अधिक अथवा निरर्थक शब्दप्रयोग-सम्बन्धी अशुद्धियाँ

(१) इन निबन्धों में आपने मानवतावादी विचारों को प्रत्यक्ष ढंग से प्रस्तुत प्रतिपादित किया है। (केवल प्रस्तुत (अथवा) प्रतिपादित किया है।)

(२) साहित्य को कहीं भी किसी भी जगह ले जाइए उसे वही स्थान वहाँ मिलेगा जो व्यक्ति को खाना खाते समय स्वादिष्ट भोजन में मिलता है।
(साहित्य को हर जगह सम्माननीय स्थान मिलता है।)

(३) पहले साहित्य में ऐसी शक्ति निहित थी जिससे कि किसी भी मृत्यु व्यक्ति को ज़िन्दा करने की शक्ति उसमें निहित रहती थी।
(पहले साहित्य में मृत व्यक्ति को भी ज़िन्दा करने की शक्ति विद्यमान थी।)

(४) समाज को राज्य में मान्यता प्राप्त है। समाज राज्य में निहित होता है और समाज में प्रत्येक मनुष्य साहित्य को स्थान देता है। इस तरह से मनुष्य का सीधा सम्बन्ध समाज से होता है और समाज से साहित्य का।
(साहित्य और समाज का घनिष्ठ सम्बन्ध होता है।)

(५) आधुनिक युग में लेखकों के सामने विभिन्न समस्या उत्पन्न होती जा रही है। जिससे यह प्रश्न अधिक विवादास्पद होता जा रहा है कि ये समस्याएँ कैसे हल की जायें।
(आधुनिक युग के लेखकों के समक्ष विभिन्न प्रकार की समस्याएँ हैं, जिनका निराकरण करना उनके लिए कठिन कार्य है।)

(६) आजकल के लेखक शोषित-पीड़ित तक ही सीमित रहता है। ग़रीबों की समस्याओं को सुलझाना अपना कर्त्तव्य नहीं समझता। यह एक विशेष समस्या है।
(आजकल के लेखक शोषित-पीड़ितों से सम्बन्धित होते हुए भी उनके जीवन की समस्याओं का निराकरण नहीं कर पाते, यह एक विलक्षण बात है।)

(७) नन्ददुलारे बाजपेयी ने साहित्य पर अपना प्रकाश डालते हुए साहित्य का रूप अपने सामने रखा है कि साहित्य किस प्रकार होता है और साहित्य किस चीज़ को कह सकते हैं।
(आचार्य नन्ददुलारे बाजपेयी ने साहित्य का विश्लेषण करते हुए लिखा है कि वह किस प्रकार रचा जाता है और उसकी क्या-क्या विशेषताएँ होती हैं।)

(८) जहाँ पर सभ्यता समाप्त होती है, वहाँ पर संस्कृति की सीढ़ी प्रारम्भ होती है; और इस तरह सभ्यता ही भारतीय संस्कृति है। सभ्यता से ही संस्कृति देखी जा सकती है।
(सभ्यता का अगला चरण है संस्कृति (अथवा) अगला सोपान है, संस्कृति। सभ्यता से ही संस्कृति के सम्बन्ध में अनुमान किया जा सकता है।)

(९) उसका शरीर छलनी की तरह तोप से उड़ा दिया गया।
(उसका शरीर तोप के गोले से टुकड़े-टुकड़े हो गया।)

(१०) आपके विचार आज के लोगों को जो कि अपने आपको धनी तथा निर्धन समझते हैं, इस पर प्रकाश डालते हैं।
(आपके विचार धनी और निर्धन लोगों की समस्याओं से सम्बन्धित हैं।)

(११) सारा ज्ञान तथा सारी शिक्षा अपने अभिव्यक्ति जीवन पर प्रकाश डाल रही है।
(सारा ज्ञान तथा सारी शिक्षा जीवन पर प्रकाश डालती है।)

(१२) उसने अच्छे ढंग से समाज की वीरगाथा पर करुणा का रूप निखारा है।
(उसने अच्छे ढंग से समाज की वीर तथा करुण गाथाओं पर प्रकाश डाला है।)

(१३) साहित्य में वे सभी गुण विद्यमान हैं जो शब्द के माध्यम से वाक्य को अधिक सजाकर उसका रूप श्रृंगार को निखारते हैं।
(साहित्य की अभिव्यक्ति फलात्मक शब्दों अथवा रसात्मक वाक्यों के माध्यम से होती है।)

(१४) साहित्य और समाज की धारा में कमल विकसित होता है। समाज को साहित्य ही माना जाता है क्योंकि दोनों एक-दूसरे पर आश्रित होते हैं क्योंकि साहित्य ही समाज का दर्पण होता है। क्योंकि समाज में साहित्य का होना अनिवार्य है क्योंकि साहित्य और समाज एक-दूसरे में पहले से ही घुले-मिले हैं।
(साहित्य और समाज का अन्योन्याश्रित सम्बन्ध होता है।)

(१५) जिस समाज में साहित्य नहीं होता वह समाज ही नहीं होता क्योंकि बिना समाज से साहित्य का उदय नहीं हो सकता।
(साहित्यकार समाज से प्रेरणा लेकर साहित्य की सृष्टि करता है।)

(१६) जिस प्रकार स्त्रियों का सौन्दर्य पुरुष होता है, उसी प्रकार समाज का सौन्दर्य साहित्य माना जाता है।
(स्त्रियों को आश्रय मिलता है, पुरुष-समाज से और साहित्य को सहारा मिलता है, समाज से।)

(१७) यह संकोच जो किसी ज़माने में मनुष्य के अन्दर रहकर उसें मानवता के प्रकाश से प्रकाशित करती थी उसे सभ्य मानव विज्ञान के सहारे बाहर निकाल कर अपने चेहरे पर चढ़ाने का खोल बना दिया है।
(पहले संकोच नामक प्रवृत्ति मानवता के विकास में सहायक थी किन्तु इस यान्त्रिक युग में वह चेहरे की कृत्रिम शोभा बनकर रह गयी है।)

(१८) आज उसी नक़ली चेहरे में अपना असलियत छुपाकर भोले-भाले असली मानव का ख़ून विद्युत्-तरंगों की तरह चूसा करते हैं और खून समाप्त होते ही उसके सारहीन धड़ को वहीं छटपटाते छोड़ देते हैं।
(आज नक़ली चेहरे धारण करनेवाले लोग मानव का ख़ून चूसते हैं और शोषित मनुष्य को छटपटाता हुआ वहीं छोड़ देतें हैं।)

(१९) इस कहानी में लेखक ने बड़े भावात्मक और अलौकिक ढंग से इस कहानी का चित्रण किया है।
(इस कहानी में लेखक ने बड़े ही भावात्मक और आकर्षक ढंग से कथावस्तु प्रस्तुत की है।)

(२०) डॉ० पृथ्वीनाथ पाण्डेय ने अपने उपन्यास 'विभ्रम' में स्वाभाविक ढंग से सहज मनोवैज्ञानिक चित्रण किया है।
(डॉ० पृथ्वीनाथ पाण्डेय ने अपने उपन्यास 'विभ्रम' में मनोवैज्ञानिक ढंग से प्रत्येक पात्र का चरित्र-चित्रण किया है।)

## विभिन्न परीक्षाओं के प्रश्नपत्रों में दिये गये अशुद्ध वाक्य
### (शुद्ध वाक्य-सहित)

• **अशुद्ध** : मेरा प्राण संकट में है। (आरएएस १९९१)
**शुद्ध** : मेरे प्राण संकट में हैं।

• **अशुद्ध** : मैंने अनेकों कहानियाँ पढ़ी हैं। (आरएएस १९९१)
**शुद्ध** : मैंने अनेक कहानियाँ पढ़ी हैं।

• **अशुद्ध** : बहुत से भारत के वैज्ञानिक विदेश गये हैं। (आरएएस १९९१)
**शुद्ध** : भारत के बहुत-से विज्ञानी विदेश गये हैं।

• **अशुद्ध** : यह बात तमाम देशभर में फैल गयी। (आरएएस १९९१)
**शुद्ध** : यह बात देश-भर में फैल गयी।

• **अशुद्ध** : देशभक्त बड़ी-बड़ी याचनाएँ सहते हैं। (आरएएस १९९१)
**शुद्ध** : देशभक्त बड़ी-बड़ी यातनाएँ सहते हैं।

• **अशुद्ध** : हिन्दी की ऐसी खिचड़ी बन जायेगी, जो किसी को समझ में नहीं आयेगी। (आरएएस १९९२)
**शुद्ध** : हिन्दी ऐसी खिचड़ी बन जाएगी, जो किसी की समझ में नहीं आयेगी।

• **अशुद्ध** : दोनों की दशा एक-सी है। (आरएएस १९९२)
**शुद्ध** : दोनों की दशाएँ एक-सी हैं।

• **अशुद्ध** : किसी और दूसरे आदमी को भेजो। (आरएएस १९९२)
**शुद्ध** : किसी दूसरे आदमी को भेजो।

• **अशुद्ध** : उसने अपनी सब कमज़ोरी पूरी कर ली। (आरएएस १९९२)
**शुद्ध** : उसने अपनी सारी कमज़ोरियाँ पूरी कर लीं।

• **अशुद्ध** : इस विषय पर मेरे विचार मैं पहले प्रकट कर चुका हूँ। (आरएएस १९९२)
**शुद्ध** : इस विषय पर मैं अपना विचार पहले ही प्रकट कर चुका हूँ।

• **अशुद्ध** : ताजमहल की सौन्दर्य अनुपम है। (आरएएस १९९२)
**शुद्ध** : ताजमहल का सौन्दर्य अनुपम है।

- **अशुद्ध** : अपराधी को रस्सी बाँधकर ले गये। (आरएएस १९९४)
  **शुद्ध** : अपराधी को रस्सी से बाँधकर ले गये।
- **अशुद्ध** : यह ग्रन्थ विद्वतापूर्ण लिखा गया है। (आरएएस १९९४)
  **शुद्ध** : यह ग्रन्थ विद्वत्तापूर्वक रचा गया है।
- **अशुद्ध** : युग की माँग का यह बीड़ा कौन चबाता है। (आरएएस १९९४)
  **शुद्ध** : युग की माँग का यह बीड़ा कौन उठाता है?
- **अशुद्ध** : उसका आवाज़ सुनायी पड़ा। (आरएएस १९९६)
  **शुद्ध** : उसकी आवाज़ सुनायी पड़ी।
- **अशुद्ध** : अधिकांश लोगों का यही विचार है। (आरएएस १९९६)
  **शुद्ध** : अधिकांश का यही विचार है।
- **अशुद्ध** : मेरे मित्र ने यह पुस्तक आपको समर्पण की है। (आरएएस १९९६)
  **शुद्ध** : मेरे मित्र ने यह पुस्तक आपको समर्पित की है।
- **अशुद्ध** : तुम्हारे भाई कल घर में जो किया था वही तुम कर रहे हो।
  (आरएएस १९९६,२००७)
  **शुद्ध** : तुम्हारे भाई ने कल घर में जो किया था, वही तुम कर रहे हो।
- **अशुद्ध** : सब लोग अपनी राय दें। (आरएएस १९९७,२००५)
  **शुद्ध** : सब लोग अपनी–अपनी राय दें।
- **अशुद्ध** : निश्चय रूप से नहीं कहा जा सकता। (आरएएस १९९७,२००१)
  **शुद्ध** : निश्चित रूप से नहीं कहा जा सकता।
- **अशुद्ध** : वे प्रातःकाल के समय आये। (आरएएस १९९७,२००८)
  **शुद्ध** : वे प्रातःकाल आये।
- **अशुद्ध** : उसे भारी प्यास लगी है। (आरएएस १९९७)
  **शुद्ध** : उसे बहुत प्यास लगी है।
- **अशुद्ध** : वह पेड़ पर जो कोने पर लगा है, उसके फल मीठे हैं।
  (आरएएस १९९८,२००६; उप्र पीसीएस १९९८)
  **शुद्ध** : वह पेड़ जो कोने पर लगा है, उसके फल मीठे हैं।
  (अथवा)
  **शुद्ध** : वह पेड़ जो कोने पर स्थित है, उसके फल मीठे हैं।
- **अशुद्ध** : सामाजिक कुरीतियों का एक मात्र कारण अज्ञानता है है।
  (आरएएस १९९९,२००५,२००७; उप्र पीसीएस १९९८)
  **शुद्ध** : सामाजिक कुरीतियों का एकमात्र कारण अज्ञान है।
- **अशुद्ध** : राम थककर उसके घर में सो गया। (आरएएस १९९७)
  **शुद्ध** : थककर राम उसके घर में सो गया।

• **अशुद्ध** : मैं अनुग्रहीत हूँ। (आरएएस १९९८,२००१)
**शुद्ध** : मैं अनुगृहीत हूँ।

• **अशुद्ध** : कृतज्ञता से बढ़कर कोई पाप नहीं है। (आरएएस १९९८,२००६)
**शुद्ध** : कृतज्ञता से बढ़कर कोई पुण्य नहीं है।

• **अशुद्ध** : यामा की रचियता को ज्ञानपीठ पुरस्कार मिला। (आरएएस १९९८,२००५)
**शुद्ध** : यामा की रचयिता को ज्ञानपीठ पुरस्कार मिला।

• **अशुद्ध** : मैंने कई वर्षों तक उनकी प्रतीक्षा देखी। (फॉरेस्ट रेंजर २००४,२००५)
**शुद्ध** : मैंने कई वर्षों तक उनकी प्रतीक्षा की।

• **अशुद्ध** : नेता जी हमको यही काम करने की कहे हैं। (फॉरेस्ट रेंजर २००१,२००३)
**शुद्ध** : नेता जी ने हमको यही काम करने को कहा है।

• **अशुद्ध** : सोहन ने श्याम की घड़ी चुरा लिया। (फॉरेस्ट रेंजर १९९६)
**शुद्ध** : सोहन ने श्याम की घड़ी चुरा ली।

• **अशुद्ध** : तुम्हारी बातों से मालूम चल जाएगा कि तुम बहुत योग्य थे। (फॉरेस्ट रेंजर २००८)
**शुद्ध** : तुम्हारी बातों से मालूम हो जाएगा कि तुम बहुत योग्य हो।

• **अशुद्ध** : शेर को देख उसका प्राण सूख गया।
(फॉरेस्ट रेंजर २००५,२००७; उप्र पीसीएस २०१४)
**शुद्ध** : शेर को देखकर उसके प्राण सूख गये।

• **अशुद्ध** : उपरोक्त अवतरण को उपर्युक्त शीर्षक लिखिए।
(अवर अभियन्ता सिंचाई-विभाग परीक्षा १९९८,२००६)
**शुद्ध** : उपर्युक्त अवतरण का उपयुक्त शीर्षक लिखिए।

• **अशुद्ध** : मैं कड़ा-कड़ा से काम कर सकता हूँ।
(अवर अभियन्ता सिंचाई-विभाग परीक्षा १९९८,२००५)
**शुद्ध** : मैं कठिन-से-कठिन काम कर सकता हूँ।

• **अशुद्ध** : हमारी सौभाग्यवती कन्या का विवाह पूर्णिमा को होगा।
(अवर अभियन्ता सिंचाई-विभाग परीक्षा १९९८,२००७)
**शुद्ध** : हमारी सौभाग्यकांक्षी कन्या का शुभ विवाह पूर्णिमा को होगा।

• **अशुद्ध** : शब्द केवल संकेत मात्र होते हैं।
(अवर अभियन्ता सिंचाई-विभाग परीक्षा १९९८,२००८)
**शुद्ध** : शब्द केवल संकेत होते हैं। (अथवा) शब्द संकेत-मात्र होते हैं।

• **अशुद्ध** : रामचरितमानस उच्चकोटि का ग्रन्थ है।
(अवर अभियन्ता सिंचाई-विभाग परीक्षा २०००,२००४,२००७)
**शुद्ध** : रामचरित मानस एक उच्चकोटि का ग्रन्थ है।

• **अशुद्ध** : सूर्य प्रतिदिन पूर्व में उग रहा है।
(अवर अभियन्ता सिंचाई-विभाग परीक्षा २००६,२००८,२०१०)
**शुद्ध** : सूर्य प्रतिदिन पूर्व में उगता है।

• **अशुद्ध** : मनोहर का मकान श्याम के मकान से ज़्यादा बेहतर है।
(अपर वर्ग सहायक १९९०)

**शुद्ध** : मनोहर का मकान श्याम के मकान से बेहतर है।

• **अशुद्ध** : मैंने भगवद्गीता पढ़ा है। (अवर अभियन्ता सिंचाई-विभाग परीक्षा १९९४)

**शुद्ध** : मैंने भगवद्गीता पढ़ी है।

• **अशुद्ध** : कोयल का कण्ठ सबसे मधुरतम है। (उप्र एपीओ १९९४)

**शुद्ध** : कोयल का कण्ठ सबसे मधुर है।

• **अशुद्ध** : यह घी की शुद्ध दुकान है। (उप्र एपीओ १९९४)

**शुद्ध** : यह शुद्ध घी की दुकान है।

• **अशुद्ध** : उसे मरणोपरान्त बाद राष्ट्रीय सम्मान मिला। (उप्र एपीओ १९९४)

**शुद्ध** : उसे मरणोपरान्त राष्ट्रीय सम्मान मिला।

• **अशुद्ध** : शब्द केवल संकेतमात्र हैं। (उप्र एपीओ १९९४)

**शुद्ध** : शब्द संकेतमात्र हैं।

• **अशुद्ध** : आज मैं प्रात:काल के समय वहाँ गया। (उप्र एपीओ १९९४)

**शुद्ध** : आज मैं प्रात:काल वहाँ गया।

• **अशुद्ध** : कुछ स्थलों में कहा गया है। (उप्र एपीओ १९९६)

**शुद्ध** : कुछ स्थलों पर कहा गया है।

• **अशुद्ध** : उसने तरह-तरह का रूप धारण किया। (उप्र एपीओ १९९६)

**शुद्ध** : उसने तरह-तरह के रूप धारण किये।

• **अशुद्ध** : ऐक्यता से उन्नती होती है। (उप्र एपीओ १९९६)

**शुद्ध** : ऐक्य से उन्नति होती है।

• **अशुद्ध** : वह सज्जन व्यक्ति है। (उप्र एपीओ १९९६)

**शुद्ध** : वह सज्जन है।

• **अशुद्ध** : माली एक फूलों की माला लाया। (उप्र एपीओ १९९७)

**शुद्ध** : माली फूलों की एक माला लाया।

• **अशुद्ध** : यह आँखों से देखी घटना है। (उप्र एपीओ १९९७)

**शुद्ध** : यह आँखों-देखी घटना है।

• **अशुद्ध** : मुझे रोटी खाना है। (उप्र एपीओ १९९७)

**शुद्ध** : मुझे रोटी खानी है।

• **अशुद्ध** : उसके पास केवल दस रुपये मात्र हैं। (उप्र एपीओ १९९७)

**शुद्ध** : उसके पास मात्र दस रुपये हैं।

• **अशुद्ध** : इस समय मेरी आयु बीस वर्ष की है। (उप्र एपीओ १९९७)

**शुद्ध** : इस समय मेरी अवस्था बीस वर्ष है।

• **अशुद्ध** : उसने कहा मैं चार भाई हूँ। (आईएएस १९९६)

**शुद्ध** : उसने कहा कि वह चार भाई है।

(अथवा)

**शुद्ध** : उसने कहा, "मैं चार भाई हूँ।"

• **अशुद्ध** : देश की जितनी दुर्गति पहले कभी नहीं हुई। (आईएएस १९९६)

**शुद्ध** : देश की इतनी दुर्गति पहले कभी नहीं हुई।

• **अशुद्ध** : सभा के प्रत्येक सदस्यों की यही राय थी। (आईएएस १९९६)

**शुद्ध** : सभा में प्रत्येक सदस्य की यही राय थी।

• **अशुद्ध** : बुराई सुनते-सुनते मेरा कान पक गया। (आईएएस १९९६)

**शुद्ध** : बुराई सुनते-सुनते मेरे कान पक गये।

• **अशुद्ध** : राम ने आप पर मुक़दमा चलाया है। (आईएएस १९९६)

**शुद्ध** : राम ने आपके ऊपर मुक़दमा चलाया है।

• **अशुद्ध** : दिल्ली से अनेक पत्र और पत्रिकाओं का प्रकाशन होता है। (आईएएस १९९६)

**शुद्ध** : दिल्ली से अनेक पत्र-पत्रिकाओं के प्रकाशन होते हैं।

• **अशुद्ध** : यह कहानी जो है, यह सुदर्शन ने लिखी है। (आईएएस १९९६)

**शुद्ध** : यह कहानी सुर्दशन की लिखी है।

• **अशुद्ध** : राम और श्याम बाहर खेल रहा है। (आईएएस १९९७)

**शुद्ध** : राम और श्याम बाहर खेल रहे हैं।

• **अशुद्ध** : मैं मेरा कार्य समाप्त कर चुका हूँ। (आईएएस १९९७)

**शुद्ध** : मैं अपना कार्य समाप्त कर चुका हूँ।

• **अशुद्ध** : पियार और घिरणा मनुष्य-जीवन की परभावी संवेदनाये हैं। (आईएएस १९९७)

**शुद्ध** : प्यार और घृणा मनुष्य-जीवन की प्रभावी संवेदनाएँ हैं।

• **अशुद्ध** : तुम्हारा गाँव किसका है? (आईएएस १९९७)

**शुद्ध** : तुम्हारा गाँव कहाँ है?

• **अशुद्ध** : पाप बढ़ती है तो वर्षा नहीं होता। (आईएएस १९९७)

**शुद्ध** : पापा बढ़ता है तो वर्षा नहीं होती।

• **अशुद्ध** : सब चली-चलो का मेल है। (आईएएस १९९७)

**शुद्ध** : सब चला-चली का मेला है।

• **अशुद्ध** : मरे राम, जलावे राम। (आईएएस १९९७)

**शुद्ध** : मारे राम, जिलावे राम।

• **अशुद्ध** : चक्की के दो पाटन में कितना साबुत नहीं बचता। (आईएएस १९९७)

**शुद्ध** : चक्की के दो पाटों में कोई साबुत नहीं बचता।

- **अशुद्ध** : मेरी रोम-राम खील उठी। (आईएएस १९९७)
  **शुद्ध** : मेरा रोम-रोम खिल उठा।
- **अशुद्ध** : घी बहुत अच्छी नहीं है। (आईएएस १९९८)
  **शुद्ध** : घी बहुत अच्छा नहीं है।
- **अशुद्ध** : इस दुकान में आलू और सब्ज़ी नहीं मिलते। (आईएएस १९९८)
  **शुद्ध** : इस दुकान में आलू और सब्ज़ी नहीं मिलती।
- **अशुद्ध** : फूलों पर हिमबिन्दुएँ चमक रही हैं। (आईएएस १९९८)
  **शुद्ध** : फूलों पर ओस की बूँदें चमक रही हैं।
- **अशुद्ध** : माता-पिता पर आदर रखना चाहिए। (आईएएस १९९९)
  **शुद्ध** : माता-पिता के प्रति आदर रखना चाहिए।
- **अशुद्ध** : वह कक्षा का सर्वश्रेष्ठ अच्छा छात्र है। (आईएएस १९९९)
  **शुद्ध** : वह कक्षा का सर्वश्रेष्ठ छात्र है।
- **अशुद्ध** : कलकत्ता से अनेक पत्र-पत्रिकाओं का प्रकाशन होता है। (आईएएस १९९८)
  **शुद्ध** : कोलकाता से अनेक पत्र-पत्रिकाओं के प्रकाशन होते हैं। (आईएएस १९९९)
- **अशुद्ध** : मोहन की व्यवहार अच्छी नहीं है।
  **शुद्ध** : मोहन का व्यवहार अच्छा नहीं है।
- **अशुद्ध** : मैंने दो घड़ियों को ख़रीदीं। (आईएएस १९९९)
  **शुद्ध** : मैंने दो घड़ियाँ ख़रीदीं।
- **अशुद्ध** : तुम्हारे से कोई काम नहीं हो सकता। (आईएएस १९९९)
  **शुद्ध** : तुमसे कोई काम नहीं हो सकता।
- **अशुद्ध** : यह लोग क्या करा। (आईएएस १९९९)
  **शुद्ध** : इन लोगों ने क्या किया?
- **अशुद्ध** : मैं ऐसा करना पहले से निश्चय कर रखा था। (आईएएस १९९९)
  **शुद्ध** : मैंने ऐसा करना पहले से निश्चय कर रखा था।
- **अशुद्ध** : आपकी बातें बहुत मीठा है। (आईएएस १९९९)
  **शुद्ध** : आपकी बातें बहुत मीठी हैं।
- **अशुद्ध** : उसने अनेकों ग्रन्थ लिख डाला। (आईएएस १९९९)
  **शुद्ध** : उसने अनेक ग्रन्थों की रचना की।
- **अशुद्ध** : हम नयी प्रकार की वस्तु देखना चाहा। (आईएएस १९९९)
  **शुद्ध** : हमने नयी प्रकार की वस्तु देखनी चाही।
- **अशुद्ध** : गलियों को चौड़ी करना आवश्यक हो गयी। (आईएएस १९९९)
  **शुद्ध** : गलियों को चौड़ी करना आवश्यक हो गया।
- **अशुद्ध** : इस बात को वे नहीं समझ सकते हैं, न बोल सकते हैं। (आईएएस १९९९)
  **शुद्ध** : इस बात को वे न तो समझ सकते हैं, न बोल सकते हैं।

- **अशुद्ध** : सिवा आपको छोड़कर कोई ऐसा बात नहीं कहेगा। (आईएएस २०००)
  **शुद्ध** : आपको छोड़कर कोई ऐसी बात नहीं कहेगा।
- **अशुद्ध** : थोड़ी देर बाद सन्यासी वापस लौट आये। (आईएएस २०००)
  **शुद्ध** : थोड़ी देर बाद संन्यासी लौट आये।
- **अशुद्ध** : वह विलाप करके रोने लगी। (आईएएस २०००)
  **शुद्ध** : वह विलाप करने लगी।
- **अशुद्ध** : कई सौ बरस तक भारतमाता के गले में बेड़ियाँ पड़ी रही। (आईएएस २०००)
  **शुद्ध** : कई सौ वर्षों तक भारतमाता के पैरों में बेड़ियाँ पड़ी रहीं।
- **अशुद्ध** : वह सकुशल सहित अपने घर में पहुँच गया। (आईएएस २०००)
  **शुद्ध** : वह सकुशल अपने घर पहुँच गया।
- **अशुद्ध** : यहाँ अनाधिकार परवेश वर्जित है। (आईएएस २०००)
  **शुद्ध** : यहाँ अनधिकृत प्रवेश वर्जित है।
- **अशुद्ध** : उसका उद्देश्य आपके आँखों से आँसू बहाना नहीं था। (आईएएस २०००)
  **शुद्ध** : उसका उद्देश्य आपकी आँखों से आँसू बहाना नहीं था।
- **अशुद्ध** : हमारे देश में बहुत सारे नदीया प्रमात्मा का देन है। (आईएएस २०००)
  **शुद्ध** : हमारे देश में बहुत सारी नदियाँ परमात्मा की देन हैं।
- **अशुद्ध** : मेरे अध्ययन अस्थान पर किसी की भी मन पढ़ने को मचलेगी। (आईएएस २०००)
  **शुद्ध** : मेरे अध्ययन-स्थान पर किसी का भी मन पढ़ने के लिए मचलेगा।
- **अशुद्ध** : तुमने अच्छा काम करा। (आईएएस २००२)
  **शुद्ध** : तुमने अच्छा काम किया।
- **अशुद्ध** : आप हमसे नहीं बोलो। (आईएएस २००२)
  **शुद्ध** : आप हमसे नहीं बोलिए।
- **अशुद्ध** : परीक्षा की प्रणाली बदलना चाहिए। (आईएएस २००२)
  **शुद्ध** : परीक्षा की प्रणाली बदलनी चाहिए।
- **अशुद्ध** : तुम्हारे से कोई काम नहीं हो सकता। (आईएएस २००२)
  **शुद्ध** : तुमसे कोई काम नहीं हो सकता।
- **अशुद्ध** : दंगे में बालक, युवा, नर-नारी सब पकड़ी गयी। (आईएएस २००२)
  **शुद्ध** : दंगे में बालक, युवा, नर-नारी सब पकड़े गये।
- **अशुद्ध** : इस काम में देर होनी स्वाभाविक थी। (आईएएस २००२)
  **शुद्ध** : इस काम में देर होना स्वाभाविक था।
- **अशुद्ध** : जिसकी लाठी उसके भैंसवाला कहावत चरितार्थ होती है। (आईएएस २००२)
  **शुद्ध** : 'जिसकी लाठी उसकी भैंस' वाली कहावत चरितार्थ होती है।
- **अशुद्ध** : प्रयाग विश्वविद्यालय ने नेहरू जी को उपाधि वितरित की। (आईएएस २००२)
  **शुद्ध** : प्रयाग विश्वविद्यालय की ओर से नेहरू जी को उपाधि प्रदान की गयी।

• **अशुद्ध** : इसका मूल्य नापा या तौला नहीं जा सकता। (आईएएस २००२)
**शुद्ध** : इसका मूल्य आँका नहीं जा सकता।

• **अशुद्ध** : यह बात एक उदाहरण से स्पष्ट किया जा सकता। (आईएएस २००२)
**शुद्ध** : यह बात एक उदाहरण से स्पष्ट हो सकती है।

• **अशुद्ध** : हर व्यक्ति को कोई न कोई दस्तकारी का काम सीखना चाहिए। (आईएएस २००४)
**शुद्ध** : हर व्यक्ति को दस्तकारी का काम सीखना चाहिए।

• **अशुद्ध** : लिखने से शुद्धता बरतो। (आईएएस २००४)
**शुद्ध** : लिखने में शुद्धता बरतो।

• **अशुद्ध** : राधा एक विधवा स्त्री है। (आईएएस २००४)
**शुद्ध** : राधा एक विधवा है।

• **अशुद्ध** : वहाँ जाने से तुम्हें क्या लाभ प्राप्त होगा? (आईएएस २००४)
**शुद्ध** : वहाँ जाने से तुम्हें क्या लाभ होगा?

• **अशुद्ध** : बेफिजूल बोल रहे हो। (आईएएस २००४)
**शुद्ध** : फिजूल बोल रहे हो।

• **अशुद्ध** : प्रेमचंद ने पर्याप्त मात्रा में कहानी और उपन्यास लिखे। (आईएएस २००४)
**शुद्ध** : प्रेमचन्द ने पर्याप्त संख्या में कहानी और उपन्यास लिखे।

• **अशुद्ध** : तुम्हें पग-पग में काँटे मिलेंगे। (आईएएस २००४)
**शुद्ध** : तुम्हें पग-पग पर काँटे मिलेंगे।

• **अशुद्ध** : अनेकों स्त्री-पुरुष उसे देखने गये। (आईएएस २००४)
**शुद्ध** : अनेक स्त्री-पुरुष उसे देखने गये।

• **अशुद्ध** : दस स्त्रियाँ और पाँच बालकों को भोजन दो। (आईएएस २००४)
**शुद्ध** : दस स्त्रियों और पाँच बालकों को भोजन दो।

• **अशुद्ध** : आगामी अफसर कोलकता से आप रहे हैं। (आईएएस २००४)
**शुद्ध** : नये ऑफिसर कोलकाता से आ रहे हैं।

• **अशुद्ध** : अपना माता-पिता की सेवा करनी चाहिए। (आईएएस २००६)
**शुद्ध** : अपने माता-पिता की सेवा करनी चाहिए।

• **अशुद्ध** : राम और लक्ष्मण की जन्म अयोध्या में हुए थे। (आईएएस २००६)
**शुद्ध** : राम और लक्ष्मण का जन्म अयोध्या में हुआ था।

• **अशुद्ध** : तुम कौन से गाँव से आये हो? (आईएएस २००६)
**शुद्ध** : तुम किस गाँव से आये हो?

• **अशुद्ध** : मैंने कानपुर जाना है। (आईएएस २००६)
**शुद्ध** : मुझे कानपुर जाना है।

• **अशुद्ध** : ताजमहल का शान निराली है। (आईएएस २००६)
**शुद्ध** : ताजमहल की शान निराली है।

- **अशुद्ध** : कमल को पास बैठो। (आईएएस २००६)
  **शुद्ध** : कमल के पास बैठो।
- **अशुद्ध** : मैंने उनकी प्रतीक्षा देखी। (आईएएस २००६)
  **शुद्ध** : मैंने उनकी प्रतीक्षा की।
- **अशुद्ध** : मेरा नाम श्री मोहन जी है। (आरएएस १९९८; उप्र पीसीएस १९९८)
  **शुद्ध** : मेरा नाम मोहन है।
- **अशुद्ध** : शिकारी ने उस पर गोली चलायी पर शेर बच निकला। (आरएएस १९९८; उप्र पीसीएस १९९८)
  **शुद्ध** : शिकारी ने शेर पर गोली चलायी पर वह बच निकला।
- **अशुद्ध** : तमाम देश भर में यह बात फैल गयी। (उप्र पीसीएस १९९८,२००७)
  **शुद्ध** : देश–भर में यह बात फैल गयी।
- **अशुद्ध** : वह पेड़ जो कोने पर लगा है, उसके फल मीठे हैं। (उप्र पीसीएस १९९८)
  **शुद्ध** : वह पेड़ जो कोने पर स्थित है, उसके फल मीठे हैं।
- **अशुद्ध** : सामाजिक कुरीतियों का एकमात्र कारण अज्ञानता है। (उप्र पीसीएस १९९८)
  **शुद्ध** : सामाजिक कुरीतियों का एकमात्र कारण अज्ञान है।
- **अशुद्ध** : प्रत्येक प्राणी को स्वयं आत्मनिर्भर होना चाहिए। (आरएएस १९९९; उप्र पीसीएस १९९९)
  **शुद्ध** : प्रत्येक प्राणी को आत्मनिर्भर होना चाहिए।
- **अशुद्ध** : मैं कपड़े नहीं दिया हूँ। (आरएएस १९९९; उप्र पीसीएस १९९९,२००५)
  **शुद्ध** : मैंने कपड़े नहीं दिये हैं।
- **अशुद्ध** : मैं आपकी प्रतिरक्षा करता रहा। (उप्र पीसीएस १९९९)
  **शुद्ध** : मैं आपकी रक्षा करता रहा।
- **अशुद्ध** : कृष्णा पिताम्बर धारण करते थे। (आरएएस १९९९; उप्र पीसीएस १९९९)
  **शुद्ध** : कृष्ण पीताम्बर धारण करते थे।
- **अशुद्ध** : पुस्तक को जहाँ से उठाओ वहीं रख दो। (आरएएस १९९९; उप्र पीसीएस १९९९)
  **शुद्ध** : पुस्तक जहाँ से उठाओ, वहीं रख दो।
- **अशुद्ध** : हम अपने पिता के सबसे बड़े लड़के हैं। (उप्र पीसीएस १९९९)
  **शुद्ध** : मैं अपने पिता का सबसे बड़ा पुत्र हूँ।
- **अशुद्ध** : मैं मेरी कलम से लिखता हूँ। (आरएएस २०००; उप्र पीसीएस २०००)
  **शुद्ध** : मैं अपनी क़लम से लिखता हूँ।
- **अशुद्ध** : यह भाग्यवान् स्त्री है। (आरएएस १९९९; उप्र पीसीएस २०००)
  **शुद्ध** : यह भाग्यवती है।

• **अशुद्ध** : विश्वनाथ और गोविन्द में सबसे अधिक तेज़ कौन है?

(आरएएस २०००; उप्र पीसीएस २०००)

**शुद्ध** : विश्वनाथ और गोविन्द में अधिक तेज़ कौन है।

• **अशुद्ध** : अपराधी को रस्सी बाँधकर ले गये।

(आरएएस १९९४, २०००; उप्र पीसीएस २००१)

**शुद्ध** : अपराधी को रस्सी से बाँधकर ले गये।

• **अशुद्ध** : इस समय आपकी आयु चालीस वर्ष है। (उप्र पीसीएस २००१)

**शुद्ध** : इस समय आपकी अवस्था चालीस वर्ष की है।

• **अशुद्ध** : आकाश पर वायुयान दौड़ रहा है। (उप्र पीसीएस २००१)

**शुद्ध** : आकाश में वायुयान उड़ रहा है।

• **अशुद्ध** : बिजली गरज रही है। (उप्र पीसीएस २००१)

**शुद्ध** : बिजली चमक रही है।

• **अशुद्ध** : रात का नाश्ता अच्छा था। (उप्र पीसीएस २००१)

**शुद्ध** : रात का भोजन अच्छा था।

• **अशुद्ध** : अत्याधिक व्यस्तता स्वास्थ्य के लिए हानिप्रद है। (उप्र पीसीएस २००२)

**शुद्ध** : अत्यधिक व्यस्तता स्वास्थ्य के लिए हानिप्रद है।

• **अशुद्ध** : केवल मात्र आपके दर्शन पर्याप्त होंगे। (उप्र पीसीएस २००२)

**शुद्ध** : मात्र आपके दर्शन पर्याप्त होंगे।

• **अशुद्ध** : मेरे मन के अन्दर कोई बुरी बात नहीं है। (उप्र पीसीएस २००२)

**शुद्ध** : मेरे मन में कोई बुरी बात नहीं है।

• **अशुद्ध** : यद्यपि मैं आपका बहुत कृतज्ञ हूँ पर मैं आपका यह कार्य नहीं कर सकता।

(उप्र पीसीएस २००२)

**शुद्ध** : यद्यपि मैं आपका बहुत कृतज्ञ हूँ तथापि आपका यह कार्य नहीं कर सकता।

• **अशुद्ध** : मेरी पूज्यनीय माँ अब इस संसार में नहीं है। (उप्र पीसीएस २००२)

**शुद्ध** : मेरी पूजनीया (अथवा पूज्या) माँ अब इस संसार में नहीं हैं।

• **अशुद्ध** : आपकी महान् कृपा होगी। (उप्र पीसीएस २००३)

**शुद्ध** : आपकी बड़ी कृपा होगी।

• **अशुद्ध** : आँखों से आँसू निकल पड़ा। (उप्र पीसीएस २००३)

**शुद्ध** : आँखों से आँसू निकल पड़े।

• **अशुद्ध** : हवन सामग्री जल गया। (उप्र पीसीएस २००३)

**शुद्ध** : हवन-सामग्री जल गयी।

• **अशुद्ध** : वहाँ अनेकों लोग थे। (उप्र पीसीएस २००३)

**शुद्ध** : वहाँ अनेक लोग थे।

- **अशुद्ध** : उसे कह दो कि भाग जाय। **(उप्र पीसीएस २००३)**
  **शुद्ध** : उससे कह दो कि भाग जाय।
- **अशुद्ध** : मैं अपनी बातों को स्पष्टीकरण करना चाहता हूँ। **(उप्र पीसीएस २००४)**
  **शुद्ध** : मैं अपनी बात को स्पष्ट करना चाहता हूँ।
- **अशुद्ध** : मुझे आप पुराने पते से पत्र दीजिएगा। **(उप्र पीसीएस २००४)**
  **शुद्ध** : मुझे आप पुराने पते पर पत्र भेजिएगा (अथवा) आप मेरे पुराने पते पर पत्र भेजिएगा।
- **अशुद्ध** : उनकी प्रखर बुद्धि हर काम में प्रकट होती है। **(उप्र पीसीएस २००४)**
  **शुद्ध** : उनकी प्रखर बुद्धि हर काम से प्रकट होती है।
- **अशुद्ध** : आप इस पत्र में हस्ताक्षर बना दीजिए। **(उप्र पीसीएस २००४)**
  **शुद्ध** : आप इस पत्र पर हस्ताक्षर कर दीजिए।
- **अशुद्ध** : शेर को देखकर उसका प्राण सूख गया। **(उप्र पीसीएस २००४)**
  **शुद्ध** : शेर देखकर उसका प्राण सूख गया।
- **अशुद्ध** : मैं आपकी प्रतिक्षा करता रहा। **(उप्र पीसीएस २००५)**
  **शुद्ध** : मैं आपकी प्रतीक्षा करता रहा।
- **अशुद्ध** : प्रत्येक प्राणी को स्वयं आत्मनिर्भर रहना चाहिए। **(उप्र पीसीएस २००५)**
  **शुद्ध** : प्रत्येक प्राणी को आत्मनिर्भर रहना चाहिए।
- **अशुद्ध** : वह दौ नौ ग्यारह हो गया। **(उप्र पीसीएस २००५)**
  **शुद्ध** : वह नौ-दो ग्यारह हो गया।
- **अशुद्ध** : आपका पत्र सधन्यवाद सहित मिला। **(उप्र पीसीएस २००६)**
  **शुद्ध** : आपका पत्र सधन्यवाद मिला (अथवा) आपका पत्र धन्यवाद-सहित मिला। (अथवा) धन्यवाद-सहित आपका पत्र मिला (अथवा) सधन्यवाद आपका पत्र मिला।
- **अशुद्ध** : एक गाय, दो घोड़े और एक बकरी मैदान में हरी घास पर चर रहे हैं। **(उप्र पीसीएस २००६)**
  **शुद्ध** : एक गाय, दो घोड़े और एक बकरी मैदान में हरी घास चर रही है।
- **अशुद्ध** : श्रीकृष्ण के अनेकों नाम हैं। **(उप्र पीसीएस २००६)**
  **शुद्ध** : श्रीकृष्ण के अनेक नाम हैं।
- **अशुद्ध** : आपकी सौभाग्यवती कन्या का विवाह होने जा रहा है। **(उप्र पीसीएस २००६)**
  **शुद्ध** : आपकी आयुष्मती (सौभाग्यकांक्षिणी) कन्या का विवाह होने जा रहा है।
- **अशुद्ध** : मैंने तुमको अनेकों को बार कहा है। **(उप्र पीसीएस २००७)**
  **शुद्ध** : मैंने तुमको अनेक बार कहा है।
- **अशुद्ध** : तुम मोहन को देखे हो। **(उप्र पीसीएस २००७)**
  **शुद्ध** : तुमने मोहन को देखा है।

- **अशुद्ध** : बच्चे से गुस्सा न करो। (उप्र पीसीएस २००७)
  **शुद्ध** : बच्चों से ग़ुस्सा मत करो।
- **अशुद्ध** : दस रुपया में क्या आता है? (उप्र पीसीएस २००७)
  **शुद्ध** : दस रुपये में क्या आता है?
- **अशुद्ध** : उसकी सौजन्यता से यह कार्य हुआ है। (उप्र पीसीएस २००७)
  **शुद्ध** : उसके सौजन्य से यह कार्य हुआ है।
- **अशुद्ध** : मैं सप्रमाण सहित कहता हूँ। (उप्र पीसीएस २००७)
  **शुद्ध** : मैं सप्रमाण कहता हूँ। (अथवा) मैं प्रमाण-सहित कहता हूँ।
- **अशुद्ध** : भोजन बहुत सुन्दर बना है। (उप्र पीसीएस २००७)
  **शुद्ध** : भोजन बहुत स्वादिष्ट बना है।
- **अशुद्ध** : मैं गुरुजी से श्रद्धा करता हूँ। (उप्र पीसीएस २००७)
  **शुद्ध** : मेरी गुरुजी के प्रति श्रद्धा है।
- **अशुद्ध** : मैं सौ रुपये का टिकट खरीदा। (उप्र पीसीएस २००७)
  **शुद्ध** : मैंने सौ रुपये का टिकट ख़रीदा।
- **अशुद्ध** : श्रीराम सिंह मेरे अपने पिता हैं। (उप्र पीसीएस २००७)
  **शुद्ध** : श्रीराम सिंह मेरे पिता है।
- **अशुद्ध** : हमें अपना निजी काम करना चाहिए। (उप्र पीसीएस २००८)
  **शुद्ध** : हमें अपना काम करना चाहिए।
- **अशुद्ध** : निराशा की किरणों छायी हुई है। (उप्र पीसीएस २००८)
  **शुद्ध** : निराशा के बादल छाये हुए हैं।
- **अशुद्ध** : मुझे नहीं मालूम था कि वह आपकी पैत्रिक सम्पत्ति है। (उप्र पीसीएस २००८)
  **शुद्ध** : मुझे नहीं मालूम था कि वह आपकी पैतृक सम्पत्ति है।
- **अशुद्ध** : उसने एक मोती का हार ख़रीदा। (उप्र पीसीएस २००८)
  **शुद्ध** : उसने मोती का एक हार ख़रीदा।
- **अशुद्ध** : उसने अपनी कमाई का अधिकांश भाग व्यर्थ गँवा दिया। (उप्र पीसीएस २०१०)
  **शुद्ध** : उसने अपनी कमाई का अधिकांश गँवा दिया।

  (अथवा)

  उसने अपनी कमाई का अधिक भाग गँवा दिया।
- **अशुद्ध** : व्यक्ति को अपने समय का अच्छा सदुपयोग करना चाहिए। (उप्र पीसीएस २०१०)
  **शुद्ध** : व्यक्ति को अपने समय का सदुपयोग करना चाहिए।
- **अशुद्ध** : छात्रों ने मुख्य अतिथि को मान-पत्र प्रदान किया। (उप्र पीसीएस २०१०)
  **शुद्ध** : छात्रों ने मुख्य अतिथि को मान-पत्र से सम्मानित किया।
- **अशुद्ध** : यह संस्कृति भाग का मामला है। (आईएएस २०१०)
  **शुद्ध** : यह संस्कृत विभाग का मामला है।

• **अशुद्ध** : घोड़े बैलों से तेज दौड़ती हैं। (आईएएस २०१०)
**शुद्ध** : घोड़े बैलों से तेज़ दौड़ते हैं।

• **अशुद्ध** : अखबारों में सब तरह की खबरें छपता है। (आईएएस २०१०)
**शुद्ध** : अखबारों में सब तरह की खबरें छपती हैं।

• **अशुद्ध** : वीरता मनुष्य की गुण है। (आईएएस २०१०)
**शुद्ध** : वीरता मनुष्य का गुण है।

• **अशुद्ध** : राजनीति की रूप बदल गयी है। (आईएएस २०१०)
**शुद्ध** : राजनीति का रूप बदल गया है।

• **अशुद्ध** : कल मन्दिर का स्थापना हुआ। (आईएएस २०१०)
**शुद्ध** : कल मन्दिर की स्थापना हुई।

• **अशुद्ध** : वह पेड़ पर नीचे गिरा। (आईएएस २०१०)
**शुद्ध** : वह पेड़ से नीचे गिरा।

• **अशुद्ध** : वह स्त्री अपराधी है। (उप्र पीसीएस २०१२)
**शुद्ध** : वह स्त्री अपराधिनी है।

• **अशुद्ध** : डाकुओं की मण्डली कल रात इधर से ही गुजरी थी। (उप्र पीसीएस २०१२)
**शुद्ध** : डाकुओं की टोली कल रात इधर से ही गुज़री थी।

• **अशुद्ध** : कुछ दिनों में आपके द्वारा लगाया गया यह पौधा बड़ा विशाल वृक्ष बन जायेगा। (उप्र पीसीएस २०१२)
**शुद्ध** : कुछ दिनों में आप द्वारा लगाया गया यह पौधा विशाल वृक्ष बन जायेगा।

• **अशुद्ध** : बाजार में साप्ताहिक अवकाश सोमवार का रहता है। (उप्र पीसीएस २०१२)
**शुद्ध** : बाज़ार में साप्ताहिक अवकाश सोमवार को रहता है।

• **अशुद्ध** : इस पुस्तक में यही विशेषता है। (उप्र पीसीएस २०११)
**शुद्ध** : इस पुस्तक की यही विशेषता है।

• **अशुद्ध** : उसके प्राण पखेरू चले गये। (उप्र पीसीएस २०११)
**शुद्ध** : उसके प्राण पखेरू उड़ गये।

• **अशुद्ध** : आपकी रचना श्रेष्टतम है। (उप्र पीसीएस २०११)
**शुद्ध** : आपकी रचना श्रेष्ठ है।

• **अशुद्ध** : लड्डू और लस्सी पीकर हमने यात्रा की। (उप्र पीसीएस २०११)
**शुद्ध** : लड्डू खाकर और लस्सी पीकर हमने यात्रा प्रारम्भ की।

• **अशुद्ध** : वह नगर द्रष्टव्य है। (उप्र पीसीएस २०११)
**शुद्ध** : वह नगर दर्शनीय है।

- **अशुद्ध** : जिस प्रकार आभूषणों के द्वारा शरीर की शोभा बढ़ जाता है उसी प्रकार अलंकारों से भाषा में लालित्य आ जाता है। **(रेलवे भर्ती परीक्षा २०१२)**

  **शुद्ध** : जिस प्रकार आभूषणों के द्वारा शरीर की शोभा बढ़ जाती है उसी प्रकार अलंकारों से भाषा में लालित्य आ जाता है।

- **अशुद्ध** : दीपावली पर कुछ लोग चमचमाती चाँदी के बरतन खरीदने का लोभ-संवरण न कर सके। **(रेलवे भर्ती परीक्षा २०११)**

  **शुद्ध** : दीपावली पर कुछ लोग चमचमाते चाँदी के बरतन खरीदने का लोभ-संवरण न कर सके।

- **अशुद्ध** : मेरी समझ में नहीं आ रहा है कि आपके द्वारा इतने परिश्रम से कमाया गया यह धन आखिर किस काम में आयेगा। **(एसएससी हिन्दी अनुवादक परीक्षा २०११)**

  **शुद्ध** : मेरी समझ में नहीं आ रहा है कि आपके द्वारा इतने परिश्रम से कमाया गया यह धन आखिर किस काम आयेगा।

- **अशुद्ध** : श्री सरोजिनी नायडू एक विद्वान महिला थीं। **(एसएससी हिन्दी अनुवादक परीक्षा २०१२)**

  **शुद्ध** : श्रीमती सरोजिनी नायडू एक विदुषी महिला थीं।

- **अशुद्ध** : वे मित्र होकर भी परस्पर एक-दूसरे को सन्देह की दृष्टि से देखते हैं। **(मप्र स्टेनोग्राफर परीक्षा २०१३)**

  **शुद्ध** : वे मित्र होकर भी एक-दूसरे को सन्देह की दृष्टि से देखते हैं।

- **अशुद्ध** : सांस्कृतिक जागृति के पीछे राष्ट्रीय जागृति आती है। **(रेलवे भर्ती परीक्षा २०११)**

  **शुद्ध** : सांस्कृतिक जागृति के बाद राष्ट्रीय जागृति आती है।

- **अशुद्ध** : पवित्रता ने इस रहस्य को अपने हृदय के भीतर ही अन्तर्निहित रखा। **(एसएससी हिन्दी अनुवादक परीक्षा २०१२)**

  **शुद्ध** : पवित्रता ने इस रहस्य को अपने हृदय के भीतर ही रखा।

- **अशुद्ध** : समय का सदुपयोग द्वारा मनुष्य देवता बन जाता है। **(मप्र स्टेनोग्राफर परीक्षा २०१३)**

  **शुद्ध** : समय के सदुपयोग द्वारा मनुष्य देवता बन जाता है।

- **अशुद्ध** : कारगिल युद्ध में सेना वीरता के साथ लड़े। **(रेलवे भर्ती परीक्षा २०११)**

  **शुद्ध** : कारगिल युद्ध में सेना वीरता के साथ लड़ी।

- **अशुद्ध** : अरुणाचल प्रदेश में प्रात: काल के समय का दृश्य अत्यन्त मनोरम होता है। **(रेलवे भर्ती परीक्षा २०१३)**

  **शुद्ध** : अरुणाचल प्रदेश में प्रात: काल का दृश्य अत्यन्त मनोरम होता है।

- **अशुद्ध** : गाँधी जी पक्के ईश्वर के भक्त थे। **(छत्तीसगढ़ सहायक प्रोग्रामर परीक्षा २०१३)**

  **शुद्ध** : गाँधी जी ईश्वर के पक्के भक्त थे।

'उप्र पीसीएस २००९' की मुख्य परीक्षा में प्रश्नान्तर्गत अशुद्धियों को शुद्ध कर, अशुद्धि के प्रकार (कारण) का भी उल्लेख करने के लिए कहा गया था और दोनों के लिए ५-५ अंक निर्धारित थे। यहाँ अपेक्षित उत्तर दिये गये हैं :—

- **अशुद्ध** : अनेकों लोगों ने मुझे पकड़ लिया। **(उप्र पीसीएस २००९)**
  **शुद्ध** : अनेक लोगों ने मुझे पकड़ लिया।
  □ एक का बहुवचन 'अनेक' होता है, न कि अनेकों।

- **अशुद्ध** : तितली के पास सुन्दर पंख होते हैं। **(उप्र पीसीएस २००९)**
  **शुद्ध** : तितली के सुन्दर पंख होते हैं।
  □ तितली के शरीर में ही पंख होते हैं इसलिए 'पास' शब्द के प्रयोग का कोई औचित्य नहीं है।

- **अशुद्ध** : राकेश नया पोशाक पहनकर गया है। **(उप्र पीसीएस २००९)**
  **शुद्ध** : राकेश नयी पोशाक पहनकर गया है।
  □ 'पोशाक' फ़ारसी का संज्ञा शब्द है और 'स्त्रीलिंग' है, इसलिए नया के स्थान पर 'नयी' का प्रयोग होगा।

- **अशुद्ध** : जब भी आप आओ मुझसे मिलो। **(उप्र पीसीएस २००९)**
  **शुद्ध** : जब भी आप आयें, मुझसे मिलें।
  □ इस वाक्य में कर्त्ता-शब्द 'आप' 'आदरसूचक' शब्द है इसलिए क्रिया भी 'आदरसूचक' होगी।

- **अशुद्ध** : गत रविवार को वह मुम्बई जाएगा। **(उप्र पीसीएस २००९)**
  **शुद्ध** : आगामी रविवार को वह मुम्बई जाएगा।
  □ इस वाक्य में आरम्भिक शब्द 'गत' 'भूतकाल' में है और क्रियात्मक शब्द भविष्यत् काल में इसलिए 'गत' के स्थान पर 'आगामी' का प्रयोग होगा, जो कि 'भविष्यत् काल' का द्योतक है।

  अथवा

  गत रविवार को वह मुम्बई गया था।
  □ चूँकि 'गत' शब्द 'भूतकाल' का द्योतक है अत: भविष्यत् काल की क्रिया भी 'भूतकाल' में हो जाएगी।

❋❋❋

# १३. हिन्दी शब्द-समूह पर एक विहंगम दृष्टि

हिन्दी आरम्भ से ही एक समन्वयशील भाषा रही है। जिस प्रकार उसकी अनेक ध्वनियाँ आर्येतर हैं उसी प्रकार उसके शब्द-भण्डार में भी भारतीय आर्य-भाषाओं के शब्दों के साथ-साथ अनार्य और अनेक विदेशी भाषाओं के शब्द भी घुल-मिल गये हैं।

हिन्दी में भारतीय आर्य-भाषाओं के शब्द दो रूपों में मिलते हैं :—

**प्रथम** तत्सम-रूप में

**द्वितीय** तद्‌भव-रूप में।

## तत्सम- अर्थ और अवधारणा

तत्सम का शाब्दिक अर्थ है 'उसके समान' या 'ज्यों-का-त्यों'। ये वे शब्द हैं, जिन्हें हिन्दी ने मूल रूप में स्वीकार कर लिया है अर्थात् प्राचीनकाल से लेकर आज तक जिनके मूल रूपों में कोई परिवर्तन नहीं है। साहित्यिक हिन्दी में इस प्रकार के शब्दों की संख्या बहुत अधिक है। राष्ट्रभाषा हिन्दी के रूप में तत्सम-शब्दों का प्रयोग अधिक किया जाता है। इसका मूल कारण यह है कि तमिल, तेलुगू, कन्नड़ तथा मलयालम भाषाओं में संस्कृत के तत्सम-शब्दों की अधिकता है फलत: तत्सम-प्रवृत्ति के कारण अहिन्दी-भाषी राज्यों में भी हिन्दी सुगम और सुबोध बन जाती है।

यहाँ कुछ ऐसे शब्दों की सूची दी गयी है, जो हिन्दी में तत्सम-रूप में ही प्रयुक्त हो रहे हैं अथवा जिनके तद्‌भव रूपों के साथ-साथ तत्सम शब्द भी प्रयोग में लाये जा रहे हैं :—

## तत्सम-शब्दावली

अक्षर, अग्नि, अरुण, अश्विनी, अहंकार, अश्रु, आम्र, उत्तर, कण्ठ, कथा, कन्या, कर्म, क्रमशः, कृष्ण, केतु, कृषि, क्षेत्र, क्रोध, गणक, गम्भीर, ग्रीष्म, गोत्र, घृत, चन्द्र, चरण, जीवन, तरुण, धर्म, दक्षिण, धारण, परिषद्, पृथ्वी, पक्ष, प्रज्ञा, प्रजा, पूर्व, पुष्प, पश्चिम, पुण्य, पशु, ब्राह्मण, मधु, मन्त्र, मित्र, मृत्यु, मन्त्री, रात्रि, रोहिणी, रस, रथ, युवा, रक्त, वायु, वसन्त, वर्ण, वृद्ध, शत्रु, सूर्य, समाधि, सम्राट्, आदि।

## तद्‌भव- अर्थ और अवधारणा

हिन्दी की मूल प्रकृति तद्‌भवपरक है। ये शब्द सीधे संस्कृत से न आकर प्राकृत, पालि और अपभ्रंश से होते हुए हिन्दी में आये हैं। इस लम्बी यात्रा में इन शब्दों की मूल प्रकृति कुछ विकृत हो गयी है किन्तु इनके मूल स्रोत संस्कृत के तत्सम-शब्द ही हैं। तद्‌भव-शब्द का अर्थ ही है— 'उससे उत्पन्न'। यहाँ 'उससे' का तात्पर्य केवल संस्कृत-शब्दों से नहीं वरन् अन्य आर्य-भाषाओं के शब्दों से भी है।

अँगरेज़ी, अरबी, फ़ारसी आदि के तत्सम-शब्दों से निकले हुए शब्द भी तद्‌भव कहे जाएँगे। हिन्दी के सभी भाषाविदों ने तद्‌भव शब्दों को ही हिन्दी का वास्तविक तथा सच्चा शब्द माना है।

डॉ० उदयनारायण तिवारी तद्भव-शब्दों को 'हिन्दी का मेरुदण्ड' कहते हैं। रामचन्द्र वर्मा के शब्दों में, ''हिन्दी-भाषा हज़ारों तद्भवों से भरी है। सच पूछिए, तो ये तद्भव-शब्द ही हमारी अपनी पूँजी हैं। सभी क्रियाएँ, सभी सर्वनाम, बहुत-सी संज्ञाएँ, विशेषण और क्रिया-विशेषण तद्भव-रूप में हैं।''

## महत्त्वपूर्ण तद्भव-तत्सम शब्द

| तद्भव | | तत्सम |
|---|---|---|
| **अ** | | |
| अंगरखा | = | अङ्गरक्षक |
| (समूह 'ग' परीक्षा २००१,२००७) | | |
| अंगारा | = | अङ्गार |
| अँगुरी | = | अँगुली |
| अँगूठा | = | अङ्गुष्ठ |
| अंजली | = | अञ्जलि, अञ्जली |
| अन्दर | = | अन्त:पुर |
| अच्छर | = | अक्षर |
| अकाज | = | अकार्य |
| अगम | = | अगम्य |
| अनाज | = | अन्नघ |
| (उप्र बीएड् प्रवेश-परीक्षा २००८) | | |
| अमोल | = | अमूल्य |
| अफ़ीम | = | अहि-फेन |
| अनाड़ी | = | अनर्थ |
| अगुवा | = | अग्रणी |
| अजान | = | अज्ञान |
| असीस | = | आशीष |
| अटारी | = | अट्टालिका |
| अस्सी | = | अशीति |
| अस्तुति | = | स्तुति |
| **आ** | | |
| आँक | = | अङ्क |
| आँख | = | अक्षि |
| आँसू | = | अश्रु |
| (उप्र एपीओ २००६) | | |
| आग | = | अग्नि |
| आज | = | अद्य |
| आलस | = | आलस्य |
| (समूह 'ग' परीक्षा २००१,२००५) | | |
| आस | = | आशा |
| आम | = | आम्र |
| आसरा | = | आश्रय |
| आलस | = | आलस्य |
| **इ** | | |
| इकतीस | = | एकत्रिंशत् |
| इतवार | = | आदित्यवार |
| इतना | = | इयत |
| इमली | = | अम्लिका |
| इस | = | ऐतस्य |
| इस्थिति | = | स्थिति |
| इलायची | = | एला |
| (आईएएस २००१,२००८) | | |
| **ई** | | |
| ईख | = | इक्षु |
| ईंट | = | इष्टिका |
| ईर्षा | = | ईर्ष्या |
| ईधन | = | ईंधन |
| **उ** | | |
| उंगली | = | अँगूलिका |
| उछाह | = | उत्साह |
| (क्षेत्रविकास अधिकारी परीक्षा २००६; आरएएस १९९४,२००८) | | |

| तद्भव | | तत्सम |
|---|---|---|
| उजला | = | उज्ज्वल |
| (आईएएस २००१,२००७) | | |
| उपज | = | उत्पद्यते |
| उपरोक्त | = | उपर्युक्त |
| उबटन | = | उद्धर्तन |
| उरध | = | उर्ध्व |
| उलाहना | = | उपालम्भ |
| उल्लू | = | उलूक |

**ऊ**

| तद्भव | | तत्सम |
|---|---|---|
| ऊँचा | = | उच्च |
| ऊँट | = | उष्ट्र |
| (समूह 'ग' परीक्षा २००१,२००४) | | |
| ऊन | = | ऊर्ण |
| ऊमस | = | उत्तसम |
| ऊसर | = | वन्ध्या |

**ऋ**

| तद्भव | | तत्सम |
|---|---|---|
| ऋनी | = | ऋणी |

**ए**

| तद्भव | | तत्सम |
|---|---|---|
| एँड़ी | = | अण्डी |
| एकता | = | ऐक्य |
| एवज | = | स्थानापन्न |

**ऐ**

| तद्भव | | तत्सम |
|---|---|---|
| ऐनक | = | उपचक्षु |
| ऐना | = | दर्पण |

**ओ**

| तद्भव | | तत्सम |
|---|---|---|
| ओखली | = | उलूखन |
| (क्षेत्र विकास अधिकारी परीक्षा १९९८; समूह 'ग' परीक्षा २००१,२००८) | | |
| ओठ | = | ओष्ठ |
| ओदर | = | उदर |
| ओर | = | अवर |
| ओला | = | उपल |
| (उप्र बीएड् प्रवेश-परीक्षा २००८) | | |

**औ**

| तद्भव | | तत्सम |
|---|---|---|
| औचक | = | अकस्मात् |
| औध | = | अवध |
| औगुन | = | अवगुण |

**क**

| तद्भव | | तत्सम |
|---|---|---|
| कछुआ | = | कच्छप |
| कच्चा | = | कुपच |
| कड़ुआ | = | कटु |
| (उप्र एपीओ २००६,२००८) | | |
| कबूतर | = | कपोत |
| करतब | = | कर्त्तव्य |
| कपूर | = | कर्पूर |
| (समूह 'ग' परीक्षा २००१) | | |
| करोड़ | = | कोटि |
| काम | = | कर्म |
| कुपूत | = | कुपुत्र |
| (आरएएस २००४,२००७) | | |
| केला | = | कदली |
| किवाड़ | = | कपाट |
| कारज | = | कार्य |
| (आरएएस १९९७) | | |
| किसन | = | कृष्ण |
| (आरएएस २००४,२००६) | | |
| कोढ़ | = | कुष्ठ |
| किसान | = | कृषक |
| कुदारी | = | कुद्दाल |
| कुत्ता | = | कुक्कुर |
| कौड़ी | = | कर्पर्दिका |

| तद्भव | | तत्सम |
|---|---|---|
| कपास | = | कर्पास |
| कसेरा | = | काँस्यकार |
| काँटा | = | कण्टक |
| काज | = | कार्य |
| कान | = | कर्ण |
| काठ | = | काष्ठ |
| कुटुम | = | कुटुम्ब |
| कोदो | = | कोद्रव |
| कुआँ | = | कूप |
| कूर | = | क्रूर |
| कुंजी | = | कुञ्जिका |
| क्रोधित | = | क्रुद्ध |
| (आरएएस २००९,२००६ उप्र एपीओ २००४) | | |
| कृप्या | = | कृपया |
| (आईएएस २००१,२००३, २००६) | | |
| कोयल | = | कोकिल |
| कुम्हार | = | कुम्भकार |

**ख**

| तद्भव | | तत्सम |
|---|---|---|
| खंजता | = | पंगुता |
| खजूर | = | खर्जूर |
| खड़्ग | = | खड्ग |
| खटमल | = | खट्वामल |
| खाट | = | खट्वा |
| खपड़ा | = | खर्पर |
| खार | = | क्षार |
| खम्भा | = | स्तम्भ |
| (उप्र एपीओ १९९६,२००४) | | |
| खेत | = | क्षेत्र |
| (उप्र एपीओ १९९६,२००६) | | |
| खजुली | = | खर्जू |
| खोता | = | खगायतन |
| खीर | = | क्षीर |
| (उप्र बीएड् प्रवेश-परीक्षा २०१०) | | |

**ग**

| तद्भव | | तत्सम |
|---|---|---|
| गड्ढा | = | गर्त्त |
| गधा | = | गर्दभ |
| गनेश | = | गणेश |
| (उप्र एपीओ १९९७,२००५) | | |
| ग़लत | = | ग़ल्त |
| (आईएएस २००१,२००८) | | |
| गवैया | = | गायक |
| गाँठ | = | ग्रन्थि |
| गाँव | = | ग्राम |
| गाय | = | गो |
| (उप्र एपीओ १९९७,२००१) | | |
| गहरा | = | गम्भीर |
| गाजर | = | गृञ्जन |
| गिद्ध | = | गृद्ध |
| (उप्र एपीओ १९९६,२००८) | | |
| गुन | = | गुण |
| गेहूँ | = | गोधूम |
| गोबर | = | गोविष्ट |
| ग्वाल | = | गोपाल |

**घ**

| तद्भव | | तत्सम |
|---|---|---|
| घड़ा | = | घट |
| घर | = | गृह |
| (उप्र बीएड् प्रवेश-परीक्षा २००८) | | |
| घड़ी | = | घटिका |
| घास | = | तृण |
| घिन | = | घृणा |
| घिसना | = | घृष् |
| घी | = | घृत |
| घोड़ा | = | घोटक |

**च**

| तद्भव | | तत्सम |
|---|---|---|
| चख | = | चक्षु |

| तद्भव | | तत्सम |
|---|---|---|
| चना | = | चणक |
| चमार | = | चर्मकार |
| चिड़िया | = | चटिका |
| चमड़ा | = | चर्म |
| (उप्र एपीओ १९९७,२००५) | | |
| चितेरा | = | चित्रकार |
| चीता | = | चित्रक |
| चाँद | = | चन्द्र |
| चुल्लू | = | चुल्लुक |
| चूना | = | चूर्ण |
| चूरन | = | चूर्ण |
| (उप्र पुलिस २०१३) | | |
| चूल्हा, चूला | = | चुल्लीक |
| चोंच | = | चञ्चु |
| चोर | = | चौर |
| चौकी | = | चतुष्पादिका |
| चौपाया | = | चतुष्पद |
| चौराहा | = | चतुष्पथ |

## छ

| तद्भव | | तत्सम |
|---|---|---|
| छह | = | षट् |
| छकड़ा | = | शकट |
| (आरएएस २००१,२००६) | | |
| छत | = | छत्र |
| छति | = | क्षति |
| छठी | = | षष्ठी |
| छाँह | = | छाया |
| छाजन | = | छादन |
| (आरएएस २००१,२००८) | | |
| छाता | = | छत्रक |
| छाया | = | छत्र |
| छेद | = | छिद्र |

## ज

| तद्भव | | तत्सम |
|---|---|---|
| जंगला | = | वातायन |
| (आरएएस २००३,२००७) | | |
| जत्था | = | यूथ |
| जनवासा | = | जड़वास |
| जब | = | यदा |
| जमुना | = | यमुना |
| जँवाई | = | जामातृ |
| जामुन | = | जम्बुल |
| जीभ | = | जिह्वा |
| जुगति | = | युक्ति |
| जूठा | = | जुष्ट |
| जोबन | = | यौवन |
| जौ | = | यव |
| (आरएएस २००६,२००८) | | |

## झ

| तद्भव | | तत्सम |
|---|---|---|
| झनकार | = | झंकृत |
| झरना | = | निर्झर |
| झरोखा | = | गवाक्ष |

## त

| तद्भव | | तत्सम |
|---|---|---|
| तब | = | तदा |
| तपसी | = | तपस्वी |
| तपना | = | तप्त |
| ताँबा | = | ताम्र |
| तिनका | = | तृण |
| तिली | = | तिल |
| तिरछा | = | तिर्यक् |
| तिराहा | = | त्रिपथ |
| तीखा | = | तीक्ष्ण |
| तीता | = | तिक्त |
| (आरओ २०१३) | | |
| तीनकूट | = | त्रिकूट |
| तीरथ | = | तीर्थ |
| तुरन्त | = | त्वरित |
| (उप्र एपीओ १९९४,२००३) | | |
| तेल | = | तैल |
| तेरह | = | त्रयोदश |

| तद्भव | | तत्सम |
|---|---|---|
| **थ** | | |
| थन | = | स्तन |
| थम्ब, थम्भ | = | स्तम्भ |
| थकान | = | शिथिल |
| थका-माँदा | = | श्रान्त |
| थायी | = | स्थायी |
| थात | = | स्थित |
| थाम | = | स्तम्भ |
| थिरता | = | स्थिरता |
| थूनी | = | थम्भी |
| **द** | | |
| दही | = | दधि |
| दीया | = | दीपक |
| दोना | = | द्रोण |
| दाँत | = | दन्त |
| दाद | = | दन्दु |
| दीठ | = | दृष्टि |
| दूध | = | दुग्ध |
| (उप्र एपीओ १९९७,२००५) | | |
| दूब | = | दूर्वा |
| दरशन | = | दर्शन |
| (उप्र एपीओ १९९७,२००५) | | |
| दुबला | = | दुर्बल |
| दूल्हा | = | दुर्लभ |
| **ध** | | |
| धनिया | = | धनका |
| धन्नासिंह | = | धनश्रेष्ठ |
| धान | = | धान्य |
| धूल | = | धूलि |
| धाम | = | धर्म |
| धुआँ | = | धूम |
| धुनि | = | ध्वनि |
| धीरज | = | धैर्य |

| तद्भव | | तत्सम |
|---|---|---|
| **न** | | |
| नया | = | नव्य |
| नाती | = | नप्तृक |
| नस | = | नस्य |
| नखत | = | नक्षत्र |
| नींबू | = | निम्बुक |
| नाख़ून | = | नख |
| नारियल | = | नारिकेल |
| नाक | = | नक्र, नासिका |
| नाच | = | नृत्य |
| (उप्र एपीओ २००५,२००८) | | |
| नाई | = | नापित |
| निठुर | = | निष्ठुर |
| नीम | = | निम्ब |
| नींद | = | निद्रा |
| नेवला | = | नकुल |
| नेह | = | स्नेह |
| (उप्र बीएड् प्रवेश-परीक्षा २०१०) | | |
| **प** | | |
| पंसारी | = | पण्यशालिक |
| पकवान | = | पक्वान् |
| पहचान | = | प्रत्यभिज्ञान |
| पतला | = | प्रतनु |
| पलंग | = | पर्यङ्क |
| पड़ोसी | = | प्रतिवासी |
| पाहुना | = | प्राघूर्ण |
| (आरएएस २००१,२००३) | | |
| पूरा | = | पूर्ण |
| प्रथवी | = | पृथ्वी |
| (क्षेत्र विकास अधिकारी परीक्षा २००६) | | |
| पत्थर | = | प्रस्तर |
| पढ़ना | = | पठन |
| पच्छी | = | पक्षी |
| पाँव | = | पाद |

| तद्भव | | तत्सम |
|---|---|---|
| पत्ता, पात | = | पत्र |
| पियारा | = | प्रिय |
| (आईएएस २००१,२००७) | | |
| पाख | = | पक्ष |
| पाती | = | पत्रिका |
| पूत | = | पुत्र |
| पुरुषारथ | = | पुरुषार्थ |
| पोता | = | पौत्र |
| पोखरा | = | पुष्कर |
| पाँक | = | पङ्क |

**फ**

| तद्भव | | तत्सम |
|---|---|---|
| फागुन | = | फाल्गुन |
| फेफड़ा | = | फुफ्फुस |
| फूल | = | पुष्प |

**ब**

| तद्भव | | तत्सम |
|---|---|---|
| बहू | = | वधू |
| (आईएएस २००५; उप्र एपीओ १९९६,,२००८) | | |
| बनारस | = | वाराणसी |
| बहन | = | भगिनी |
| बाँस | = | वंश |
| बछड़ा | = | वत्सला |
| बटेर | = | वर्त्तक |
| बढ़ई | = | वीर्ध |
| बाघ | = | व्याघ्र |
| बावली | = | वापी |
| बादल | = | वारिद |
| बाग़ | = | वाटिका |
| बुरा | = | विरूप |
| बत्ती | = | वर्त्तिका |
| बिजली | = | विद्युत् |
| बिच्छू | = | वृश्चिक |
| बिल | = | विवर |

| तद्भव | | तत्सम |
|---|---|---|
| बेटा | = | वत्स |
| ब्याह | = | विवाह |
| (आरएएस २००५,२००७) | | |

**भ**

| तद्भव | | तत्सम |
|---|---|---|
| भला | = | भद्रक |
| भण्डार | = | भण्डागार |
| भतीजा | = | भ्रातष्य |
| भांजा | = | भागिनेय |
| भांजी | = | भागिनयी |
| भालू | = | भल्लुक |
| भाभी | = | भ्रातृवधू |
| भावज | = | भ्रातृजाया |
| भिखारी | = | भिक्षाकारी |
| भीख | = | भिक्षा |
| भगत | = | भक्त |
| (आरएएस २००५,२००७) | | |
| भाई | = | भ्रातृ |
| भादो | = | भाद्र |
| भुवाल | = | भूपाल |
| भेड़िया | = | वृक् |
| भौंरा | = | भ्रमर |
| भौजाई | = | भातृजाया |
| (आईएएस २००१,२००४) | | |
| भौं | = | भृकुटि |
| (आरएएस २००५,२००८) | | |
| भैंसा | = | महीष |
| (उप्र बीएड् प्रवेश-परीक्षा २०१०) | | |

**म**

| तद्भव | | तत्सम |
|---|---|---|
| मकड़ी | = | मर्कटी |
| महँगा | = | महार्थ |
| महुआ | = | मधूक |
| मक्खन | = | म्रक्षण |
| मक्खी | = | मक्षिका |

| तद्भव | | तत्सम |
|---|---|---|
| मग | = | मार्ग |
| मछली | = | मत्स्य |
| मठिया | = | मठ |
| मटका | = | घड़ा |
| मसा | = | मशक |
| माँ | = | मातृ |
| (आरओ २०१३) | | |
| माला | = | मानिक |
| माथा | = | मस्तक |
| मानुस | = | मनुष्य |
| (उप्र एपीओ २००३,२००८) | | |
| मारग | = | मार्ग |
| माया | = | मातुल |
| मानिक | = | माणिक्य |
| मिट्टी | = | मृत्तिका |
| मिष्ठान | = | मिष्टान्न |
| (आईएएस २००१,२००५) | | |
| मीत | = | मित्र |
| मीठा | = | मिष्ट |
| मुँह | = | मुख |
| मुट्ठी | = | मुष्टि |
| मेह | = | मेघ |
| मैहर (नैहर) | = | मातृगृह |
| मैल | = | मल |
| मोती | = | मुक्ता |
| मोर | = | मयूर |
| मौत | = | मृत्यु |
| मौसा | = | मातृस्वसा |

**य**

| तद्भव | | तत्सम |
|---|---|---|
| यहाँ | = | अत्र |
| या | = | वा |
| यादव | = | यदुवंशी |

**र**

| तद्भव | | तत्सम |
|---|---|---|
| रसोई | = | रसवती |
| रस्सी | = | रज्जु |
| राजपूत | = | राजपुत्र |
| रात | = | रात्रि |
| (उप्र पुलिस २०१३) | | |
| रास | = | राशि |
| राखी | = | रक्षा |
| रानी | = | राज्ञी |
| रुखाई | = | रुक्षता |
| रुपया | = | रोप्या |
| रोटी | = | रोटिका |

**ल**

| तद्भव | | तत्सम |
|---|---|---|
| लंगोट | = | लिङ्गपट्ट |
| लड्डू | = | मोदक |
| लालच | = | लालसा |
| लाज | = | लज्जा |
| लाख | = | लक्ष |
| लीलार | = | ललाट |
| लुहार | = | लोहकार |
| लोग | = | लोक |
| लोन | = | लवण |
| लोभ | = | लुब्ध |
| लोमड़ी | = | लोमशा |
| लोहा | = | लौह |
| लौंग | = | लवंग |

**व**

| तद्भव | | तत्सम |
|---|---|---|
| वहाँ | = | तत्र |
| बिछोह | = | विक्षोभ |
| वीभत्स | = | बीभत्स |

**श**

| तद्भव | | तत्सम |
|---|---|---|
| शकर | = | शर्करा |
| शलाख | = | शलाका |
| शबर | = | शवर |
| शबरा | = | शवरी |

| तद्भव | | तत्सम | तद्भव | | तत्सम |
|---|---|---|---|---|---|
| **स** | | | साँवां | = | श्यामक |
| | | | (आरएएस २००४,२००६) | | |
| सन्मान | = | सम्मान | साग | = | शाक |
| सन्यासी | = | संन्यासी | सार्थी | = | सारथि |
| (क्षेत्र विकास अधिकारी परीक्षा १९९९; आईएएस २००१,२००४) | | | (आईएएस २००१,२००५) | | |
| | | | साढ़े | = | सार्द्ध |
| ससुर | = | श्वसुर | सिंगार | = | श्रृंगार |
| (आरएएस २००१,२००७, आरओ २०१३) | | | सियार | = | श्रृङ्गाल |
| ससुराल | = | श्वसुराल | सुई | = | सुचि |
| साहित्यक | = | साहित्यिक | सेठ | = | श्रेष्ठी |
| (क्षेत्र विकास अधिकारी परीक्षा २००७) | | | (आरएएस २००१,२००३) | | |
| संसारिक | = | सांसारिक | सोना | = | स्वर्ण |
| सत्तू | = | शक्तु | सोनार | = | स्वर्णका |
| सराध | = | श्राद्ध | (क्षेत्र विकास अधिकारी परीक्षा २००१) | | |
| सलाई | = | शलाका | | | |
| सवा | = | सपाद | **ह** | | |
| सपना | = | स्वप्न | हँसी | = | हास्य |
| सबद | = | शब्द | हथिनी | = | हस्तिनी |
| (उप्र एपीओ २००५,२००८) | | | हरा | = | हरित |
| साँझ | = | सन्ध्या | हल्दी | = | हरिद्रा |
| साढ़ू | = | श्यालीवाट | हाथ | = | हस्त |
| साथी | = | सार्थ | हिरन | = | हरिण |
| साखी | = | साक्षी | होली | = | होलिका |

## अनेकार्थक शब्द (Polysemantic Words)

विभिन्न प्रसंगों से अनेक अर्थों में प्रयुक्त होनेवाले शब्द 'अनेकार्थक शब्द' कहलाते हैं। ऐसे शब्दों को प्रसंग अथवा सन्दर्भ से ग्रहण किया जाता है। अधोलिखित शब्दों और अर्थों को ग्रहण करें :—

### अ

- **अंक–** चिह्न, १ से ९ तक की गणना, नाटक के अंक, अक्षर, गोद, शरीर, पाप, बार, भाग्य, धब्बा, परिच्छेद, नाटक के अंक (आरएएस २००१,२००३,२००८)
- **अंकुश–** नियन्त्रण, दबाव, हाथी को चलाने–रोकने का अंकुश (जो लौह–निर्मित होता है)
- **अंग–** भेद, पक्ष, टुकड़ा, अंश, शाखा, शरीर, अवयव, एक देश का नाम
- **अँधेरा–** अन्धकार, उदासी, प्रकाश के बिना

- **अर्क–** सूर्य, मदार का पौधा, इन्द्र, स्फटिक, काढ़ा (उप्र एपीओ २००५,२००१,२००७; आरएएस २००५,२००८)
- **अकड़ना–** कड़ा होना, घमण्ड करना, दुराग्रह करना
- **अकाल–** दुर्भिक्ष, अभाव (कमी), असमय (उप्र बीएड् प्रवेश-परीक्षा २००१,२००६)
- **अक्ष–** ज्ञान, मण्डल, आत्मा, पहिया, धुरी, आँख, रथ, सूर्य
- **अक्षर–** वर्ण, नाशरहित सत्य, मोक्ष, आकाश, आत्मार्थ (उप्र एपीओ २००४)
- **अक्षत–** बिना घाव, पूरा (समूचा), कच्चा चावल (उप्र बीएड् प्रवेश-परीक्षा २००७)
- **अखण्ड–** समूचा, निर्विघ्न, जिसका क्रम न टूटे, जिसका खण्डन न हो सके।
- **अड्डा–** करघा, ठिकाना, लकड़ी का चौखटा, कबूतरों की छतरी
- **अतिरिक्त–** फालतू, अलावा, अलग (भिन्न) (उप्र एपीओ १९९८)
- **अधर–** अन्तरिक्ष, तुच्छ, होठ, बिना आधार का, नीचे का
- **अध्यक्ष–** सभापति, विभाग का प्रभारी (उप्र एपीओ २००५,२००८)
- **अनर्थ–** विपत्ति, अनुचित अर्थ, अर्थ का अभाव, अशुभ घटना
- **अनुरूप–** मिलता-जुलता (सदृश), अनुकूल, उपयुक्त (आरएएस २००५)
- **अन्न–** खाद्यपदार्थ, अनाज (उप्र एपीओ १९९८; आरएएस २००३)
- **अबोध–** नासमझ, दुरूह, दुर्बोध, मूर्ख (उप्र एपीओ २०००; आरएएस २००६)
- **अब्ज–** कपूर, शंख, चन्द्रमा, कमल (उप्र एपीओ २००५,२००७,२००८)
- **अभाव–** कमी, अप्राप्यता, अनस्तित्व
- **अभिधान–** नाम, पदनाम, नाममाला, शब्दकोश (उप्र एपीओ १९९८,२००१,२००५)
- **अमल–** मलरहित, नशा-पानी, कार्यान्वयन (उप्र एपीओ २००१,२००४)
- **अयुक्त–** अनुचित, न जुड़ा हुआ, जो प्रयोग में न हो
- **अरिष्ट–** शत्रु, विपत्ति, औषधयुक्त, रस, दुर्भाग्य, कष्ट
- **अलग–** पृथक्, भिन्न, अछूता, न लगा हुआ (उप्र एपीओ २००५,२००८)
- **अवरुद्ध–** रुका हुआ, ढँका हुआ, बन्द, गुप्त, व्यवधान
- **अवली–** झुण्ड, श्रेणी, माला, पंक्ति (उप्र बीएड् प्रवेश-परीक्षा २०१०)
- **अवस्था–** उम्र, दशा, स्थिति, परिस्थिति
- **अवैध–** ग़ैर-क़ानूनी, नाजायज़, जारज (मप्र पीसीएस १९९९,२००४)
- **अर्थ–** धन, अभिप्राय, इन्द्रिय-विषयक, मतलब (मप्र पीसीएस २००५)
- **अशुद्ध–** अपवित्र, ग़लत, गन्दा (आरएएस २००६; उप्र एपीओ २००८)
- **असली–** मौलिक, वास्तविक, युद्ध (मप्र पीसीएस २००१; उप्र एपीओ २००५)
- **अनन्ता–** पृथ्वी, पार्वती, दूर्वा, पीपल
- **अम्बुज–** कमल, बेत, वज्र, ब्रह्मा, शंख
- **अम्भोज–** कमल, सारस, चन्द्रमा (उप्र एपीओ २००२,२००५)
- **अभि–** सामने, इच्छा, समीप, बारम्बार, दूर, ऊपर, अच्छा, अच्छी तरह, कुशल, अनुचित
- **अयन–** गति, आश्रम, स्थान, काल, समय, अंश (मप्र पीसीएस २००५)
- **अग्र–** आगे, पहले, अगुवा, मुख्य, सिरा, श्रेष्ठ, नोक, शिखर, एक राजा का नाम
- **अतिथि–** मेहमान, साधु, यात्री, अपरिचित, व्यक्ति, अग्नि, कुश का पुत्र
- **अञ्चल–** साड़ी का पल्लू, प्रदेश, सिरा, कोना (मप्र पीसीएस २००२)
- **अन्त–** सिरा, समाप्ति, मृत्यु, भेद (रहस्य) (उप्र एपीओ २००५)
- **अन्तरंग–** गुप्त, घनिष्ठ, अन्दर का (भीतरी) (उप्र एपीओ २००१)
- **अग्नि–** मण्डल के दस भागों में से एक, समय का एक विभाग, राशि के तीसवें अंश का सातवाँ भाग, वृत्त का १८० वाँ भाग, पिंगल, मात्रा, शरीर में सात विशेष झिल्लियाँ, कौशल, शरीर

का आध्यात्मिक विभाग, वृद्धि, सूद, जिह्वा, विभूति, शोभा, तेज, लीला, छल, ढंग, नटों की एक कसरत, यन्त्र, वर्णवृत्त (उप्र एपीओ २००१; आरएएस २००५)

- **अनन्त–** विष्णु, सर्पों का राजा, ब्रह्मा, आकाश, अविनाशी, अन्तहीन
- **अपवाद–** कलंक, किसी नियम को न मानना (मप्र पीसीएस २००३,२००५)
- **अमृत–** जल, पारा, दूध, अन्न, स्वर्ण, गिलोय (मप्र पीसीएस २००१,२००८)
- **अम्बर–** वस्त्र, आकाश, कपास, एक इत्र, अभ्रक, एक नगर, मेघ (मप्र पीसीएस २००१; आरएएस २००५)
- **अरुण–** सूर्य, रक्तवर्ण, लाल, शब्दरहित, सिन्दूर, गुड़, सूर्य का सारथि, कुष्ठरोग-विशेष
- **अशोक–** शोकरहित, अशोक-वृक्ष, अशोक सम्राट्
- **अपेक्षा–** इच्छा, आशा, आवश्यकता, वनस्पति (मप्र पीसीएस २००३)
- **अहि–** साँप, सूर्य, कष्ट, राहु, जल, पृथ्वी, एक वर्ण वृत्त
- **अच्युत–** स्थिर, अविनाशी, विष्णु, कृष्ण, जो विचलित न हो, सर्वदा वर्तमान रहनेवाला
- **अज–** शिव, दशरथ के पिता, ब्रह्मा, बकरी, मेष-राशि (उप्र बीएड् प्रवेश-परीक्षा २००२)
- **अक्रूर–** कृष्ण के चाचा, मित्र, कोमल स्वभाववाला
- **अचल–** अटल, पहाड़, निश्चल (उप्र एपीओ २००५; आरएएस २००६)
- **अधर–** होठ, आकाश, अनाधार (उप्र एपीओ २००१; आरएएस २००३)
- **अर्घ–** जलदान, मूल्य, भेंट, घोड़ा, मधु, शहद (आरएएस २००५)
- **अर्जुन–** पाँचों पाण्डवों में से एक, एक वृक्ष, मोर, इकलौता बेटा, सहस्रार्जुन
- **अलि–** भौंरा, कोयल, कौआ, बिच्छू, कुत्ता, मदिरा, सखी
- **अवतंस–** भूषण, टीका, मुकुट, श्रेष्ठ व्यक्ति, थाली, दूल्हा (उप्र एपीओ २००१)
- **अवली–** झुण्ड, श्रेणी, माला, पंक्ति (बीएड् २०१०)
- **अव्यक्त–** अप्रत्यक्ष, विष्णु, कामदेव, शिव, प्रधान, प्रकृति, ब्रह्मा, जीव

## आ

- **आँख–** नेत्र, अंकु, छिद्र (उप्र एपीओ २००१; मप्र पीसीएस २००६)
- **आकर–** खान, स्रोत, कोष (उप्र एपीओ २००५; मप्र पीसीएस २००४)
- **आगम–** ज्ञान, शास्त्र, आना (उप्र एपीओ २००८; मप्र पीसीएस २००८)
- **आकार–** 'आ' की मात्रा, आकृति
- **आचार्य–** गुरु, महापण्डित, प्रधानाचार्य, प्रवक्ता (उप्र एपीओ २००५)
- **आज्ञा–** अनुमति, आदेश, शासन (मप्र पीसीएस २००५)
- **आदि–** आरम्भ, वग़ैरह, प्रारम्भिक, पहला
- **आत्मा–** स्वरूप, ब्रह्मा, सूर्य, अग्नि, परमात्मा
- **आन–** दूसरा, क्षण, शपथ, टेक (मप्र पीसीएस २००६; आरएएस २००७ )
- **आतुर–** रोगी, कमज़ोर, दुखी, उत्सुक, उतावला (उप्र एपीओ २००७)
- **आपत्ति–** व्यवधान, मुसीबत, एतराज, विपत्ति
- **आब–** चमक, छवि, शोभा, इज़्ज़त, पानी (उप्र एपीओ २००१)
- **आम–** मामूली, सर्वसाधारण, एक फल 'आम'
- **आराम–** सुख, विश्राम, राहत, सुविधा, वाटिका (उप्र एपीओ २००५)
- **आली–** सखी, पंक्ति, गीला, मान्यवर (उप्र एपीओ २००७)
- **आश्रम–** जीवन के चार अंगों में से एक, तपोभूमि, आश्रय, स्थान

## इ

- **इंग–** चलना, हिलना, हाथी का दाँत (आरएएस २००३)
- **इक्की–** ताश का एक विशेष पत्ता, एक घोड़ीवाली
- **इड़ा–** पृथ्वी, गाय, वाणी, स्तुति, अन्न, स्वर्ण, दुर्गा, नाड़ी-विशेष
- **इतर–** अन्य, नीच, चरस, अन्त्यज
- **इन्द्र–** श्रेष्ठ, बड़ा, देवताओं का राजा, प्रतापी, सूर्य, बिजली, स्वामी, ज्येष्ठा नक्षत्र
- **इन्दु–** चन्द्रमा, कपूर, गणित में एक की संख्या (मप्र पीसीएस २००५)
- **इष्ट–** कुलदेव, वांछित, प्रिय, संस्कार, अधिकार, वश
- **इन्द्रिय–** पाँच की संख्या, ज्ञान-साधन, वह शक्ति जिससे बाहरी विषयों का ज्ञान प्राप्त होता है, वाणी-हाथ-पैर-गुदा-उपस्थ (शारीरिक अवयव)
- **इबारत–** लेख, पाठ, लेखन-शैली (मप्र पीसीएस २००७)
- **इह–** इस काल में, यहाँ, इस लोक में, ये सब, इन्होंने

## ई

- **ईंट–** ईंटा, ताश का एक विशेष पत्ता, धातु का चौखट, ढला हुआ टुकड़ा
- **ईडा–** 'इड़ा' नामक एक नाड़ी, स्तुति, प्रशंसा,
- **ईति–** विघ्न-बाधा, पीड़ा, आपदा, अण्डा, प्रवास (उप्र एपीओ २००६)
- **ईक्षण–** दृष्टि, विवेचन, दर्शन, जाँच, विचार,
- **ईश–** ग्यारह की संख्या, आर्द्रा नक्षत्र, एक उपनिषद्, पारा, स्वामी, ईश्वर, महादेव, कुबेर, पति
- **ईशान–** पूर्व और उत्तर के बीच का कोना, विष्णु, दीप्ति, अधिपति, महादेव, ग्यारह की संख्या
- **ईषण–** देखना, दृष्टि, वासना, चाह (आरएएस २००४)

## उ

- **उक्ति–**कथन, भाषण, उपज
- **उखाड़–** उखाड़नेवाला, चुगली करनेवाला
- **उगना–** पैदा होना, प्रकट होना, उदय होना, निकल आना
- **उत्तर–** राजा विराट् का पुत्र, उत्तर-दिशा, जवाब, बाद का (गणित में फल)
- **उग्र–** भयानक, क्रूर, तीव्र, कष्टदायक, प्रचण्ड, महादेव, गरम, सूर्य
- **उच्च–** श्रेष्ठ, बड़ा, ज़ोर का उठा हुआ (मप्र पीसीएस २००३)
- **उड़ाना–** चुराना, तेज़ी से चलाना, उड़ने में प्रवृत्त करना, फैलाना, नष्ट करना, अपव्यय करना
- **उतरना–** मद्धिम पड़ना (रंग), जगह से खिसकना (बाँह), कम होना (ज्वर), नीचे आना
- **उत्पात–** हो-हल्ला, शरारत, दंगा (उप्र एपीओ २००१,२००५,२००७)
- **उपस्कर–** अलंकार, सामान, संयन्त्र (आरएएस २००३,२००६)
- **उपचार–** धर्मानुष्ठान, घूस, ख़ुशामद, व्यवहार, प्रयोग, चिकित्सा, सेवा
- **उमा–** पार्वती, दुर्गा, हल्दी, अलसी, कीर्त्ति, कान्ति (मप्र पीसीएस २००८)
- **उल्लास–** ग्रन्थ का भाग, पर्व, सर्ग, प्रकाश, झलक, हर्ष, एक अलंकार
- **उल्वण–** गर्भाविष्टन, जाली, जरायु, वसिष्ठ का एक पुत्र
- **उस्त्र–**वृष, किरण, गो, सूर्य, दिन (मप्र पीसीएस २००६,२००८)

## ऊ

- **ऊँचा**–उन्नत, लम्बा, महान, तीव्र (स्वर)
- **ऊत**–नि:सन्तान, मूर्ख (मप्र पीसीएस २००५; आरएएस २००७)
- **उद**–लकड़ी, अगर का वृक्ष, जलजन्तु-विशेष
- **ऊड़ा**– घाटा, कमी, अकाल, तेज़ी, लोप, नाश
- **ऊ़न**–भेड़ का रोआँ, कम, उदास (उप्र बीएड् प्रवेश-परीक्षा २००८)
- **ऊना**– न्यून, हीन, तुच्छ, सुस्त
- **ऊपर**– ऊँची जगह, आधार पर, सहारे पर, ऊँची श्रेणी में, प्रत्यक्ष
- **ऊभ**– उभरा हुआ, ऊँचा, घबराहट, उमंग, उत्साह, हौसला

## ऋ

- **ऋक्ष**–भालू, नक्षत्र, मेष-वृष आदि राशियाँ, रैवतक पर्वत का एक अंश, शौनक वृक्ष
- **ऋजु**– प्रसन्न, अनुकूल, सीधा, सुगम, सज्जन
- **ऋत**– जल, मोक्ष, सत्य, यथार्थ, वृत्ति-विशेष (आरएएस २००४)
- **ऋति**–निन्दा, स्पर्द्धा, मार्ग, मंगल, गति
- **ऋभु**–देवता, गण-देवता-विशेष, बढ़ई, गाड़ी बनानेवाला
- **ऋषभ**–बैल, श्रेष्ठतावाचक शब्द, राम की सेना का वानर विशेष, संगीत के सात स्वरों में से दूसरा (उप्र बीएड् प्रवेश-परीक्षा २००७)

## ए

- **एँच-पेंच**–उलझन, घुमाव, टेढ़ी चाल, घात
- **एकक**–अकेला, असहाय, निराला
- **एक**– इकाइयों में सबसे पहली और छोटी संख्या, समान, अनिश्चित, अनोखा, केवल
- **एका**– दुर्गा, एकता, सम्मति, सहमति (आरएएस २००१,२००५)
- **एकज**–जो द्विज न हो, शूद्र, राजा
- **एकदेह**–बुधग्रह, एक शरीर, अभिन्न गोत्र-वंश
- **एकान्त**–अत्यन्त, अकेला, भिन्न, निराला

## ऐ

- **ऐंच**–संकोच, खिंचाव (मप्र पीसीएस २००३,२००७)
- **ऐंठना**–घुमाना, झँसना (मप्र पीसीएस २००५,२००८)
- **ऐंड़**–गर्व, पानी का भँवर
- **ऐन**–घर, स्थान, सटीक (उप्र एपीओ २००६; आरएएस २००२)
- **ऐरावत**– इन्द्रधनुष, बिजली, एक नाग का नाम, इन्द्र का हाथी
- **ऐल**– बाढ़, बहुतायत, कोलाहल, मंगल ग्रह, इला का पुत्र

## ओ

- **ओं**–हाँ, अच्छा, पर ब्रह्मवाचक शब्द, जो प्रणव मन्त्र कहलाता है।
- **ओक**– घर, ठिकाना, नक्षत्रों का समूह, ग्रहों का समूह
- **ओकपति**–चन्द्रमा, सूर्य (मप्र पीसीएस २००६; आरएएस २००७)
- **ओत**–आराम, आलस्य, बचत, लाभ
- **ओल**– शरण, बहाना, सूरन, गीला, मनौती, आड़, गोंद

## औ

- **औंरा**–आँवला, मिस्री का लड्डू (आरएएस २००१,२००६)
- **औदनिक**–सूपकार, पाचक, रन्धनकर्त्ता
- **औई**– बड़वानल, नमक, मुनि–विशेष (मप्र पीसीएस २००५)
- **और**– फिर, विशेष, अन्य, भिन्न, अधिक (आरएएस २००३)

## क

- **कंक**– सफ़ेद चील, बड़ा आम–विशेष, यम, क्षत्रिय
- **कंस**– काँसा, प्याला, सुराही, मँजीरा, श्रीकृष्ण का मामा
- **कक्षा**– परिधि, गृह के घूमने का मार्ग, तुलना, श्रेणी, ड्योढ़ी, काँख, कोष्ठ, प्रकोष्ठ, फोड़ा
- **कर्ण**– कान, कुन्ती का पुत्र, समकोण, त्रिभुज में समकोण के सामने की भुजा
- **कञ्ज**– ब्रह्मा, कमल, अमृत, केश (मप्र पीसीएस २००५)
- **कनक**– सोना, धतूरा, टेसू, पलाश, खजूर (मप्र पीसीएस २००१,२००३)
- **कन्द**– जड़, शकरकन्द, बादल, समूह (आरएएस २००१,२००३)
- **कपि**– बन्दर, हाथी, सूर्य, हनुमान् (मप्र पीसीएस २००१,२००२,२००४)
- **कमल**– एक फूल, एक मांसपिण्ड, जल, ताँबा
- **कर**– किरण, हाथ, टैक्स, सूँड़ (आरएएस २००५; उप्र एपीओ २००७)
- **करद**– कर देनेवाला, छुरी (मप्र पीसीएस २००५,२००७)
- **कल**– श्रेष्ठ, अस्फुट, मधुर, ध्वनि, मशीन, आराम, सुन्दर दिन, आज से अगला दिन, पिछला दिन (मप्र पीसीएस २००५; उप्र एपीओ २००४,२००७)
- **कला**– अंश, चन्द्रमा का सोलहवाँ भाग, सूर्य का बारहवाँ भाग, सूद, जिह्वा, लीला, शोभा, तेज
- **ककुभ**– पेड़–विशेष, एक छन्द, दिशा, एक राग
- **कच**– बाल, सूखा, फोड़ा, पपड़ी, झुण्ड, बृहस्पति का पुत्र, बादल
- **कट**– हाथी का गण्ड–स्थल, खस, शव, श्मशान, काला रंग, अरथी
- **कनौड़ा**– काना, कलंकित मनुष्य, अपंग (मप्र पीसीएस २००२)
- **कपिल**– भूरा, अग्नि, कुत्ता, सूर्य, विष्णु, मुनि, चूहा, महादेव
- **कर्म**– क्रिया, भाग्य, मृतक–संस्कार (उप्र बीएड् प्रवेश–परीक्षा २००५)
- **कर्पर**– कपाल, खप्पर, कड़ाह, कछुए की खोपड़ी, एक शस्त्र
- **कन्द**– बिना रेशे की गूदेदार जड़, मिश्री (उप्र बीएड् प्रवेश–परीक्षा २००३)
- **कटाक्ष**– व्यंग्य, तिरछी नज़र, आक्षेप (उप्र बीएड् प्रवेश–परीक्षा २००७)
- **कक्ष**– कमरा, सूखी घास, कक्षा (सूर्य की), कछौटा, काँख
- **कट्टर**– कठोर, अपने मत का ज़िद्दी, दृढ़–प्रतिज्ञ

- **कटक–** सेना, कड़ा, चटाई, शृंखला, शिविर, समूह
- **कड़ा–** कठोर, कठिन, कर्कश, तेज़, कंकड़
- **कन्या–** कुमारी, एक राशि, पुत्री, लड़की (उप्र बीएड् प्रवेश-परीक्षा २००१)
- **कमान–** प्राधिकारी, धनुष, आदेश
- **क़रीब–** समीप, लगभग, सगा (उप्र एपीओ २००४,२००६)
- **कण्टक–** कीलक, विघ्न, काँटा
- **कर्तन–** कतरना, काटना, कातना (उप्र एपीओ २००७; आरएएस २००५)
- **कर्त्ता–** परिवार का मुखिया, प्रथम कारक, बनानेवाला, करनेवाला
- **कलम–** कर्णिका, कनपटी के बाल, पेड़–पौधों की हरी लकड़ी, लेखनी, कूँची
- **कलि–** चार युगों में से चौथा युग, सूरमा, संग्राम, काला, कलह, दु:ख, पाप
- **कलुष–** गन्दगी, कलंक, पाप, अपवित्रता
- **कसरत–** अधिकता, व्यायाम (उप्र एपीओ २००२,२००५)
- **कषाय–** कसैला, गेरू के रंग का (मप्र पीसीएस २००४,२००७)
- **काँटा–** कीला, तोलने का एक साधन, पेड़–पौधों की नोक, मछली की हड्डी
- **काटना–** डंक मारना, दाँत चुभोना, रद्द करना, कटाई करना, अलग करना
- **काम–** इच्छा, कार्य, काम–वासना, कृति
- **क़ायदा–** नियम, तरीक़ा, रिवाज़, उर्दू का बालबोध
- **काल–** समय, मृत्यु, यमराज, अकाल (मप्र पीसीएस २००७; उप्र एपीओ २००१,२००५)
- **कालिका–** काली, कालिख़, एक पौधा, मेघ, मदिरा, रणचण्डी, आँख की पुतली
- **किनारा–** तट, सिरा, पार्श्व, हाशिया (उप्र बीएड् प्रवेश-परीक्षा २००६)
- **कील–** मेख, कीला, खम्भा, फोड़ा का अंकुर, नाक का एक गहना
- **कुण्डली–** गोल रचना, गेंडुरी, इमरती, भविष्य का लेखा–जोखा (ज्योतिष)
- **कुत्ता–**कुक्कुर, ग्रन्थिपर्णी, यदुवंशियों की एक शाखा
- **कुम्भ–** प्रयागराज का एक पर्व, घड़ा, हाथी के मस्तक के दोनों ओर का भाग
- **कुमार–** पुत्र, युवराज, कार्त्तिकेय, कुँआरा, तोता, पाँच वर्ष की अवस्था का बालक
- **कुल–** परिवार, सब, वंश, जाति, समूह, घर, वाममार्ग
- **कूर्म–** कछुआ, पृथ्वी, विष्णु का अवतार, एक ऋषि, प्रजापति का अवतार
- **कूट–** चोटी, नोक, छल, रहस्यमय, झूठा, जाली
- **कैंची–** कतरनी, छत का एक ढाँचा, पहलवान का एक दाँव
- **कोरा–** बिलकुल, नया, अप्रयुक्त, अलिखित (काग़ज़), गुणरहित (व्यक्ति)
- **क्रिया–** कर्म, कार्रवाई, कर्म करने का द्योतक शब्द
- **कोश–** अण्डा, डिब्बा, तलवार की म्यान, आवरण, थैली, सञ्चित धन, शब्द–कोश, समूह
- **कल–** मशीन, चैन, आनेवाला कल, बीता हुआ कल, शान्ति, सुन्दर, श्रेष्ठ, अस्फुट मधुर ध्वनि
- **कौशिक–** विश्वामित्र, इन्द्र, सवेरा, उल्लू, नेवला
- **कुशल–** प्रशिक्षित, चतुर, क्षेम, निष्णात, प्रवीण (मप्र पीसीएस २००२)
- **कृष्ण–** एक पक्ष, चन्द्रमा का धब्बा, वेदव्यास, काला, कृष्ण भगवान्
- **केतु–** ध्वजा, पुच्छल तारा, एक ग्रह
- **केवल–** विशुद्ध ज्ञान, समास का एक भेद, निरा, एकमात्र
- **कोट–** पहनने का एक वस्त्र, क़िला
- **कोटि–** क़िस्म, धनुष का सिरा, करोड़, वर्ग, श्रेणी (मप्र पीसीएस २००४)

- **कौरव–** कुरु के वंशज, गीदड़, धृतराष्ट्र के पुत्र
- **क्रतु–**संकल्प, जीव, इन्द्रिय, यज्ञ, विष्णु, अभिलाषा, प्रज्ञा

## ख

- **खं–**शून्य स्थान, आकाश, छिद्र, इन्द्रिय, शून्य, बिन्दु, ब्रह्मा, सुख, निर्वाण
- **खण्ड–** भाग, देश, वर्षा, नौ की संख्या, समीकरण की एक क्रिया, खाँड़, दिशा
- **खण्डन–** टुकड़े करना, प्रत्याख्यान, विरोध, हिस्सों में बाँटना
- **ख़त–** पत्र, लकीर, दाढ़ी के बाल, लिखावट
- **खम्भ–**वध करने की लम्बी तलवार, गैंडा, चोर, तान्त्रिक, मुद्रा–विशेष
- **ख़राब–** गन्दा, बुरा, चालू, बरबाद, नष्ट, दुर्दशाग्रस्त
- **खर–** गधा, तिनका, एक राक्षस, दुष्ट, प्रखर, अशुभ
- **खल–** दुष्ट, तलछट, खरल, चुगलख़ोर, धतूरा, दवा कूटने का पात्र
- **ख़ातिर–** लिए, आवभगत, आतिथ्य, आदर–सम्मान
- **ख़ाली–** रीता, जो व्यस्त न हो, अकेले, बेकार
- **खीर–** दूध, पायस, एक फल (उप्र बीएड् प्रवेश-परीक्षा २००४,२००७)
- **ख़ून–** रक्त, मार–काट, हत्या (आरएएस २००६,२००८)
- **खोर–** दोष, गली, तिलक (मप्र पीसीएस २००४; उप्र एपीओ २००७ )
- **ख़्याल–**ध्यान, विचार, स्मृति, कौतुक, भाव, आदर

## ग

- **गंगाजल–**गंगा का जल, सूक्ष्म वस्त्र (मप्र पीसीएस २००१)
- **गंगाधर–** शिव, समुद्र, संस्कृत के एक कवि
- **गंगासागर–** वह सागर जिसमें गंगा गिरती है, बड़ी टोंटीदार झारी, एक तरह की जनाना धोती (मप्र पीसीएस २००५,२००७)
- **गण्ड–** गाल, कनपटी, फोड़ा, गले में पहनने का गण्डा, गोल चिह्न अथवा लकीर, गराड़ी
- **गन्धर्व–** स्वर्ग के गायक, विद्याधर, घोड़ा, मृग, प्रेत, विधवा का दूसरा पति, सूर्य, पवित्रात्मा
- **गंज–** ढेर, मण्डी, ख़ज़ाना, सिर पर बाल न होना (खल्वाट)
- **गण–** समूह, श्रेणी, सेना का एक भाग, पिंगल में तीन वर्णों का समूह, व्याकरण में धातुओं और शब्दों के समूह, शिव के सेवक, दूत, अनुचर (मप्र पीसीएस २००३)
- **गठीला–** गाँठोंवाला, हृष्ट–पुष्ट, स्वस्थ (उप्र एपीओ २००२,२००७)
- **गद्दी–** महाजन की बैठकी, शिष्य, परम्परा, सिंहासन, छोटा गद्दा
- **गन्ध–** वास, चन्दन, लेश, आमोद, प्रणय
- **गति–** हालत, मोक्ष, चाल (रफ़्तार), स्पन्दन, वेश, प्रवेश, शरण, माया, रीति
- **गन्दा–** बुरा, अश्लील, मैला, अशुद्ध, घृणित
- **गम्भीर–** गहरा, घना, भारी, जटिल, चिन्ताजनक, शान्त (व्यक्ति)
- **गला–** आवाज़, निगलने का अंग, गरदन, घड़े आदि की पकड़
- **गहन–** जटिल, घना, गहरा, दुर्गम, दुरूह, ग्रहण, दोष, कष्ट, जल
- **ग्रह–** तारे, नौ की संख्या, लेना, अनुग्रह, कृपा, ग्रहण, राहु, छोटे बच्चों का रोग
- **ग्रहण–** लेना, पकड़ना, सूर्य–चन्द्र पर राहु–केतु का प्रभाव
- **गाँठ–** गन्दा, गठरी, गिरह, मनमुटाव, उलझन

- **गाड़ना–** ज़मीन में दबाना, धँसाना, खड़ा करना (झण्डा)
- **गाढ़ा–** घनिष्ठ, दृढ़, घना, मोटा, विकट, गुहार
- **गुरु–** बड़ा, भारी, शिक्षक, मन्त्रदाता, पूज्य, दो मात्राओंवाला वर्ण, वृहस्पति
- **गुट्ठल–** बुद्धू, गिलटीवाला, गुठलीवाला, गोल और कड़ा
- **गुण–** विशेषता, धर्म, प्रकृति के तीन भाव, निपुणता, रस्सी, धनुष की डोरी, कोई कला अथवा विद्या, प्रभाव
- **गुलाबी–** गुलाब के रंग का, गुलाब का
- **गाथा–** स्तुति, एक प्राचीन भाषा, गीत, कथा, आर्या नाम का वर्ण-वृत्त
- **गायत्री–** एक वैदिक छन्द, एक वैदिक मन्त्र, दुर्गा, एक वर्ण-वृत्त
- **गिरा–** वाणी, सरस्वती, जिह्वा, वाक्शक्ति
- **गो–** गाय, किरण, वृष-राशि, इन्द्रिय, वाणी, सरस्वती, आँख, दृष्टि, बिजली, पृथ्वी, दिशा
- **गोला–** गरी, बम, पेट का वायुपिण्ड, गोलपिण्ड, धागे का गोलपिण्ड
- **गोली–** बन्दूक की गोली, धागे की गोली, कंचा, औषधीय गोली
- **गोपाल–** गाय पालनेवाला, कृष्ण, ग्वाला, किसी लड़के का नाम
- **गौतम–** गौतम बुद्ध, द्रोणाचार्य का साला, भरद्वाज, अहल्या के पति (गौतम ऋषि)
- **गौतमी–** हल्दी, गोदावरी नदी, गोरोचन, गौतम ऋषि की पत्नी (अहल्या), कृपाचार्य की पत्नी
- **गौर–** गोरा, लाल रंग, पीला रंग, चन्द्रमा, सोना, केसर, माप-विशेष, पर्वत-विशेष, कपूर
- **गौरव–** बड़प्पन, गुरुता, सम्मान, उत्कर्ष, अभ्युत्थान, प्रभाव, मर्यादा, भार, रुकाव

## घ

- **घट–** शरीर, घड़ा, कुम्भ, अन्तःकरण, पिण्ड, परिमाण-विशेष
- **घड़ी–** समय बतानेवाला यन्त्र (कालसूचिका), २४ मिनट का समय, क्षण, अवसर
- **घन–** बादल, कपूर, घना, गणित में किसी संख्या को उसी संख्या से तीन बार गुणा करना, भारी हथौड़ा, समूह, घण्टा, ताल देने का वाद्य यन्त्र, गठा हुआ, दृढ़, सजातीय, मोटा
- **घर–** निवासस्थान, पति, जन्मस्थान, घराना, घिरा हुआ स्थान, कोठरी, छोटा गड्ढा, छिद्र
- **घाट–** चाल-ढाल, तलवार की धार, धोखा, पहाड़, पहाड़ी मार्ग
- **घात–** चोट, हत्था, गुणनफल, अवसर, दाँव-पेंच, रंग-ढंग
- **घुटना–** कष्ट सहना, श्वास लेने में कठिनाई, पाँव का मध्य-भाग
- **घुमाना–** मोड़ना, चक्कर देना, लट्टू चलाना, प्रचारित करना, सैर कराना
- **घोड़ा–** एक पशु, बन्दूक का खटका, शतरंज का एक मोहरा
- **घोर–** बुरा, भयंकर, सघन, कठिन, गहरा, बहुत अधिक, गर्जन
- **घोड़ी–** मादा घोड़ा, विवाह के गीत, एक औज़ार, दो बाँसों के बीच की रस्सी, जिस पर धोबी कपड़े सुखाते हैं (मप्र पीसीएस २००६; उप्र एपीओ २००६)
- **घोष–** अहीरों की बस्ती, गोशाला, तट, शब्द, ताल का एक भेद, गरजने का शब्द

## च

- **चंगा–** निर्मल, योग्य, स्वस्थ, सदाचारी, मूल्यवान्, शुद्ध
- **चंचरी–** भँवरी, चाँचरि, होली का एक गीत, छब्बीस मात्राओं का एक छन्द
- **चक्र–** पहिया, कुम्हार का चाक, चक्की, कोल्हू, कोई गोल वस्तु, एक अस्त्र, पानी का भँवर, बवण्डर-समूह, एक प्रकार व्यूह, मण्डल, प्रदेश, चक्रवाक पक्षी, फेरा, दिशा, एक वर्ण-वृत्त

- **चन्द्र–** चन्द्रमा, एक की संख्या, मोर की पूँछ, चन्द्रिका, कपूर, जल, सोना, एक उपद्वीप, साधु, नासिक वर्ण की (ऊपर) बिन्दी, पिंगल का एक भेद, हीरा, आनन्ददायिनी वस्तु
- **चपला–** बिजली, जिह्वा, चञ्चल, स्त्री, लक्ष्मी, वेश्या (उप्र एपीओ २००८)
- **चम्पक–** चम्पा, एक गन्धर्व का नाम, एक रंग, एक छन्द-विशेष, चम्पा केला, एक राग
- **चरण–** पैर, बड़ों का संग, किसी छन्द का एक पद, किसी चीज़ का चौथाई भाग, गोत्र, आचार
- **चश्मा–** ऐनक, स्रोत (उप्र बीएड् प्रवेश-परीक्षा २००३)
- **चाक–** कुम्हार का चाक, चक्की, तेल पेरने का कोल्हू, गोल वस्तु, पानी का भँवर, बवण्डर-समूह, एक प्रकार का व्यूह, मण्डल, चकवा
- **चाप–** परिधि का आधा, टिकिया (आलू), दबाव, धनुष
- **चाल–** गति, चलने का ढंग, आहट, चालाकी, मोहरों का हिलना, रिवाज़, धोखा
- **चालू–** चालाक, बैंक का एक खाता, जो चल रहा हो, जारी, चलनेवाली (मशीन)
- **चिकना–** साफ़, सँवरा हुआ, चिकनाहटवाला, बिलकुल समतल
- **चुनना–** चुनाव करना, उठना, (दीवार) क्रम में रखना, छाँटना
- **चूत–** आम का वृक्ष, योनि
- **चूना–** श्वेत पदार्थ, चू जाना
- **चूर–** चूर्ण, थका हुआ, तन्मय, मदमस्त
- **चूल–** जोड़, शिखर (चोटी), किवाड़ बन्द करने का लकड़ी का जोड़, पाटी का नुकीला भाग जो कसा रहता है (उप्र बीएड् प्रवेश-परीक्षा २००३,२००८)
- **चेट**–दास, पति, नायक-नायिका को मिलानेवाला, नाटक का विदूषक, एक मछली
- **चैत्र–** संवत् का प्रथम मास, बौद्ध भिक्षु, यज्ञभूमि, देवालय, किन्नरों के एक पर्वत का नाम
- **चोट**–आघात, आक्रमण, किसी हिंसक पशु का आक्रमण, व्यथा, किसी के अनिष्ट के लिए चली गयी चाल
- **चौका–** चार का समूह, इकट्ठे चार रन (क्रिकेट), रसोईघर, बूटीवाला पत्ता
- **चौकी–** कुरसी, पटरा, लकड़ी का आसन, पड़ाव, पहरा, भेंट अथवा पूजा, रोटी बेलने का छोटा चकला

## छ

- **छँटना–** अलग होना, बिछुड़ना, समूह में अलग होना,चुना जाना, साफ़ होना, मैल निकलना, घटना
- **छन्द–** पद्यबन्ध, वेद, पद्य, अभिलाषा, बन्धन, जाल, कपट, अभिप्राय, एकान्त
- **छादन–** परदा, छप्पर, वस्त्र, एक वृक्ष, ढाँकने का काम
- **छाप–** मुहर का चिह्न, अँगूठे का चिह्न, मुद्रण, नक़ल करना
- **छींटा–** बूँदें, बूँदों का निशान, हलकी वर्षा, व्यंग्य, छोटा दाग़
- **छेड़ना–** तंग करना, चिढ़ाना, आरम्भ करना, बजाने के लिए (तारों पर अँगुलियाँ फिराना)
- **छोड़ना**–अलग करना, अपराध करना, न लेना, परित्याग करना, चलाना अथवा फेंकना

## ज

- **जंघाल**–दूत, मृग की एक प्रजाति, विश्वामित्र के एक पुत्र का नाम
- **जंजाल–** प्रपंच, बन्धन, पानी का भँवर, एक प्रकार की पलीतेदार बड़ी बन्दूक, बड़े मुँह की तोप

- **जड़–** मूल, मूर्ख, हठी, अचेतन, चेष्टाहीन, शीतल, गूँगा, बहरा, नींव, जिसके मन में मोह हो
- **जन–** लोग, प्रजा, गँवार, अनुचर, समूह, भवन, मज़दूरी, सात लोकों में से एक
- **जड़ना–** जमाना, लगाना, प्रहार करना, ठोककर बैठाना, चुगली खाना
- **जलज–** कमल, मोती, मछली, चन्द्रमा, शंख, शैवाल
- **जलधर–** बादल, समुद्र, जलाशय
- **जलाना–** शरीर तपना, ईर्ष्या करना, भस्म हो जाना, आग लगना
- **जीवन–** जल, प्राण, वायु, ईश्वर, पुत्र, गंगा, परमप्रिय
- **जाँच–** पूछ-ताछ करना, परीक्षण, गवेषणा
- **जातक–** बच्चा, बतख, भिक्षु, फलित ज्योतिष का एक भेद, वे बौद्ध कथाएँ, जिनमें गौतम बुद्ध के पूर्व-जन्म की बातें हैं **(उप्र बीएड् प्रवेश-परीक्षा २००४)**
- **जाल–** फ़रेब, बुनावट, जाला, जमघट, बड़ी जाली
- **जाली–** छोटा जाल, नक़ली, झँझरी, तन्तुजाल, जाल करनेवाला, एक तरह की नाव, धीवर
- **जारी–** लागू, चालू, निकला हुआ, प्रवाहित, चलता हुआ
- **जीव–** प्राणियों का चेतन तत्त्व, प्राण, प्राणी, विष्णु, अश्लेषा नक्षत्र, आत्मा, बृहस्पति
- **जुआ–** एक प्रकार का खेल, बैलों के कन्धे पर रखी जाने वाली लकड़ी, छल-कपट, चक्की की मूठ
- **जुड़ना–** प्राप्त होना, जुटना, सम्मिलित होना, मिलना, जोड़ा जाना, जोता जाना, सम्भोग करना
- **जोड़–** योग, मेल, गाँठ, वह टुकड़ा, जो किसी चीज़ में जोड़ा जाए, बराबरी, छल, दाँव, पहनने के सब कपड़े
- **जोड़ना–** योग करना, एकत्र करना, बढ़ाना, टूटे हुए को जोड़ना, मिलाना
- **जौहर–** रत्न, सार वस्तु, विशेषता, वह चिता, जो दुर्ग में स्त्रियों के जीवित जलने के लिए बनायी जाती थी।
- **ज्येष्ठ–** बड़ा, श्रेष्ठ, जेठ का महीना, पति का बड़ा भाई, परमेश्वर, वृद्ध
- **ज्येष्ठा–** अट्ठारहवाँ नक्षत्र, वह स्त्री, जो औरों की अपेक्षा अपने पति को अधिक प्यारी हो, छिपकली, मध्यमा अँगुली, गंगा
- **ज्योति–** प्रकाश, लपट, अग्नि, सूर्य, नक्षत्र, आँख की पुतली के मध्य का बिन्दु, दृष्टि, विष्णु
- **ज्योत्स्ना–** चन्द्रमा का प्रकाश, चाँदनी रात, सौंफ, सफ़ेद फूल की तरोई
- **ज्वालामुखी–** जिस स्थान से ज्वाला, लावा, गली धातुएँ आदि निकलते हों, काँगड़ा ज़िला में एक पीठ-स्थान, महाविद्या-विशेष, देश-विशेष, सूरजमुखी

## झ

- **झँझरी–** किसी चीज़ में बहुत-से छोटे-छोटे छिद्रों का समूह, दीवारों आदि में बनी हुई जालीदार छोटी खिड़की, आग उठाने अथवा रखने का झँझरीदार बरतन
- **झपक–** पलक गिरने भर का समय, पलक का गिरना, हलकी नींद, लज्जा
- **झुकना–** नीचे की ओर लटकना, किसी पदार्थ का किसी ओर मुड़ना, नम्र होना
- **झाड़–** पौधों का झुरमुट, एक आतिशबाज़ी, गुच्छा, डाँट-फटकार, झटका
- **झाड़ना–** झाड़न से धूल हटाना, झाड़-फूँक करना (टोना), झटकना, फटकारना
- **झोंका–** वर्षा का थपेड़ा, झटका, थोड़ी नींद, वायु-लहरी

## ट

- **टंक–** सिक्का, टाँकी, छेनी, कुल्हाड़ी, कुदाल, तलवार, टाँग, क्रोध, कोष, म्यान
- **टाँकना–** सुई से कुछ जोड़ना, रक़म लिख रखना, चाक़ू-छुरी तेज़ करना
- **टाँड़ा–** कुटुम्ब, मचान, चौपायों का झुण्ड, बंजारों का सामान, गन्ने की फ़सल में लगने वाला एक कीड़ा
- **टीका–** तिलक, फलदान, व्याख्या, धब्बा, बदनामी का टीका
- **टीप–** दराजें भरने का काम, तीव्र उच्चारण, सेना की टुकड़ी, व्याख्या, हुण्डी, दस्तावेज़
- **टेक–** ऊँचा टीला, सहारा, गीत का छोटा पद, आग्रह, आदत, सहारा देने की लकड़ी, साधुओं की अधारी
- **टोपी–** सिर पर का पहनावा, धातु का गोल-गहरा ढक्कन जिसका प्रयोग बन्दूक चलाने में करते हैं

## ठ

- **ठठरी–** हड्डियों का ढाँचा, घास-फूस आदि बाँधने का जाल, किसी वस्तु का ढाँचा, मुरदा उठाने की अरथी (उप्र बीएड् प्रवेश-परीक्षा २००५)
- **ठस–** बहुत कड़ा, भारी, घनी, बुनावटवाला, आलसी, झूठा, कंजूस, ठोस
- **ठहरना–** टिकना, पक्का होना, शान्त हो जाना, रुकना
- **ठाकुर–** देवता, ईश्वर, मालिक, क्षत्रिय, नाई, सरदार, ज़मींदार
- **ठाट–** ढाँचा, शृंगार, दिखावट, ढंग, आयोजन, सामग्री, युक्ति, समूह, परदा (लकड़ी या बाँस की फट्टियों का) (उप्र बीएड् प्रवेश-परीक्षा २०१०)
- **ठान–** कार्य का आयोजन, दृढ़ निश्चय, अन्दाज़, चेष्टा, मुद्रा, छेड़ा हुआ काम
- **ठोंकना–** प्रहार करना, मारना चीख़ना, चोट लगाकर धसाना, दाख़िल करना, बेड़ियों से जकड़ना, थपथपाना (उप्र बीएड् प्रवेश-परीक्षा २००६)

## ड

- **डण्ड–** डण्डा, बाहुदण्ड, सज़ा, घड़ी, घाटा, बाँह, हाथ-पैर के पंजों के बल पट पड़कर की जानेवाली एक प्रकार की कसरत (उप्र बीएड् प्रवेश-परीक्षा २००४)
- **डबका–** मोटा, स्थूल, ताज़ा, कुएँ का ताज़ा जल
- **डबस–** रक्षण, चिन्ता, व्यवस्था, तैयारी, जलयात्रा के उपयुक्त वस्तुओं का भण्डार
- **डस–** तराज़ू की रस्सी, सूत की डोरी, मदिरा-विशेष, छीर
- **डाँगर–** चौपाया, एक जाति, बहुत दुबला-पतला, मूर्ख
- **डाँड–** डण्डा, सीमा, नुकसान का बदला, रीढ़, कमर
- **डाक–** घोड़े आदि के बदलने का विश्राम स्थान, चौकी, नीलामी के लिए लगायी जानेवाली बोली, डाकघर से प्राप्त डाक
- **डूबना–** अस्त होना, पानी में समाना, नष्ट होना, समाप्त होना
- **डौल–** ढाँच, बनावट का ढंग, तरह, युक्ति, रंग-ढंग, सामान

## ढ

- **ढंग–** प्रणाली, प्रकार, युक्ति, रचना, बहाना, पाखण्ड, लक्षण, दशा
- **ढर्रा–** पद्धति, व्यवहार, रूप, चाल-चलन, मार्ग, युक्ति, आचरण-पद्धति

- **ढलना–** उछाला जाना, ह्रास की ओर बढ़ना, ढलान की ओर जाना, साँचे में बनाया जाना, समय बीतने को होना, द्रव पदार्थ का नीचे की ओर सरक जाना, लुढ़कना, लहर खाकर इधर-उधर डोलना
- **ढाल–** ढंग, उतार, धातुओं की ढलाई, तलवार आदि का प्रहार रोकने का एक अस्त्र, आड़
- **ढीला–** मन्द, नाप से बड़ा, आलसी, शिथिल, कम कसा हुआ, जो अपने संकल्प पर अड़ा न रहे

## त

- **तंग–** सँकरा, परेशान, पहनने में छोटा, तंग (रास्ता), घोड़ों की जीन कसने का तस्का, सिकुड़ा हुआ
- **तक्षक–** विश्वकर्मा, बढ़ई, सूत्रधार, एक नाग जिसने राजा परीक्षित को डँसा था, वृक्ष-विशेष
- **तत्त्व–** मूल, यथार्थ, सार, पञ्चभूत, ब्रह्म, वास्तविक स्थिति, जगत् का मूल कारण, पंचभूत
- **तन्त्र–** ताँत, सूत, जुलाहा, कपड़ा, निश्चित, सिद्धान्त, प्रमाण, औषध, झाड़ने-फूँकने की क्रिया, कारण, सेना, धन, हिन्दुओं का उपासना-सम्बन्धी शास्त्र
- **तन्त्री–** सितार आदि का तार, शरीर की नस, रस्सी, वीणा, वाद्ययन्त्र बजानेवाला
- **तम–** अन्धकार, राहु, पाप, क्रोध, अज्ञान, कालिख़, नरक, मोह, वराह, तपोगुण
- **तरी–** नौका, कपड़े का छोर, तर होने की अवस्था, शोरबा
- **तल–** नीचे का भाग, पेंदा, जल के नीचे की भूमि, पैर का तलवा, हथेली, सतह
- **तलब–** चाह, आवश्यकता, बुलावा, वेतन, खोज
- **तरणि–** सूर्य, नाव, नदी आदि पार करना, निस्तार, मदार का वृक्ष, किरण
- **तात–** पिता, पूज्य, गुरु, भाई, मित्र, बड़ा (आरएएस १९८७)
- **ताप–** ज्वर, आँच, कष्ट, मानसिक कष्ट, तीन प्रकार के ताप— दैहिक-दैविक-भौतिक
- **तार–** बराबर चलता हुआ, क्रम, प्रणव, शिव, विष्णु, नक्षत्र, संगीत में एक सप्तक, चाँदी, धातु, तन्तु, सूत, टेलीग्राफ़
- **तारा–** एक नक्षत्र, आँख की पुतली, देवि-विशेष, बृहस्पति की पत्नी, बालि की पत्नी
- **तारक–** तारा, तारनेवाला, आँख की पुतली, वह असुर जिसे कार्त्तिकेय ने मारा था
- **ताल–** तालाब, लय-ताल, ताड़, करतल-ध्वनि, भुजा अथवा जाँघ ठोकने का शब्द, मँजीरा
- **ताव–** ताप, गरमी, आवेश, कष्ट, काग़ज़ का पूरा टुकड़ा, अहंकार, क्रोध, शीघ्रता, परख, सन्ताप
- **तिलक–** टीका, राज्याभिषेक, एक गहना, श्रेष्ठ व्यक्ति, घोड़े की एक विशेष जाति, ग्रन्थ की व्याख्या, सोंधा नमक, तिल्ली जो पेट के भीतर होती है, विवाह-सम्बन्ध स्थिर करने की एक रीति
- **तीक्ष्ण–** धारदार, तेज, प्रचण्ड, उग्र, चरपरा, स्वाद, जिसे आलस्य न हो, जो सुनने में अप्रिय हो
- **तीर–** नदी, तट, बाण, समीप, सीसा धातु, राँगा
- **तुला–** तुलना, तराज़ू, तोल, एक राशि, गुरुत्व मापने का यन्त्र, मान, ज्योतिष की बारह राशियों में से सातवीं राशि
- **तुषार–** बर्फ़, पाला, समूह, पत्ता, पार्टी, हिमालय के उत्तर का एक प्राचीन देश जहाँ के घोड़े प्रसिद्ध थे
- **तुहिन–** पाला, बर्फ़, चाँदनी, शीतलता
- **तेज़–** पैना, शीघ्रगामी, तीख़ा, प्रचण्ड
- **तोड़ना–** नष्ट करना, भंग करना (नियम), टुकड़े करना, अलग कर देना

## थ

- **थल–** स्थान, भूमि, वह ज़मीन, जिस पर पानी न हो, ऊँची धरती, रेगिस्तान, बाघ की माँद
- **थान–** ठिकाना, निवास-स्थान, किसी देवी-देवता का स्थान, कपड़े का पूरा गट्ठर
- **थामना–** सहारा देना, रोकना, सँभालना, गति अवरुद्ध करना
- **थित्ति–** ठहराव, ठहरने का स्थान, रहन, अवस्था, पृथ्वी
- **थोथा–** जिसके भीतर कुछ सार न हो, ख़ाली, पोला, जिसकी धार तेज़ न हो, गुठला, व्यर्थ का

## द

- **दंगल–** जोड़ बदकर पहलवानों की कुश्ती जिसमें जीतनेवाले को पुरस्कार मिलता है, अखाड़ा
- **दक्ष–** कुशल, ब्रह्मा के पुत्र का नाम
- **दबना–** भार के नीचे आना, रोब मानना, ज़मीन में गड़ना, हलका पड़ना
- **दण्ड–** डण्डा, सज़ा, समय का विभेद, यम-अस्त्र, ढाक की लकड़ी, जिसे दण्डी स्वामी ग्रहण करते हैं, व्यायाम-विशेष
- **दण्डी–** दण्ड धारण करनेवाला व्यक्ति, यमराज, राजा, द्वारपाल, शिव, संस्कृत के एक प्रसिद्ध कवि
- **दल–** समूह, पत्ता, पार्टी, तमाल-पत्र, फूल की पंखुड़ी, मण्डली, सेना, स्थूलता, कीचड़
- **दस्ता–** हत्था, सैनिक दल, चौबीस ताव काग़ज़, वह जो हाथ में आये अथवा रहे, फूलों का गुच्छा
- **दाम–** धन, मूल्य, रस्सी, माला, एक सिक्का, धन का प्रलोभन, पैसे का चौबीसवाँ भाग
- **दाय–** दहेज, दायित्व, उत्तराधिकार में प्राप्त सम्पत्ति, देने-योग्य धन, दान, बराबरी
- **द्वार–** दरवाज़ा, अंश, साधन, शरीर के छेदवाले अंग, उपाय, मुख, इन्द्रियों के मार्ग (आँख, कान, नाक आदि)
- **दावा–** किसी वस्तु पर अधिकार प्रकट करने का कार्य, नालिश, दृढ़तापूर्वक कथन
- **दारू–** दवा, शराब, बारूद (मप्र पीसीएस २००५,२००८)
- **द्विज–** अण्डज्, प्राणी, पक्षी, ब्राह्मण, चन्द्रमा, दाँत, तारा (उप्र एपीओ २००५)
- **दूषण–** खर नामक राक्षस का भाई, अवगुण, दोष लगाने की क्रिया अथवा भाव
- **देन–** देने की क्रिया अथवा भाव, दी हुई चीज़, भार, अंशदान
- **द्रोण–** लकड़ी का एक बरतन जिसमें वैदिक काल में सोमरस रखा जाता था, एक प्राचीन माप, द्रोणाचार्य, लकड़ी का रथ, बिच्छू, कौआ, दोना, एक पर्वत (मप्र पीसीएस २००१,२००६)
- **दोष–** कमी, विकार, अपराध, बुराई, ऐब, काव्य के गुण में कमी, प्रदोष, अभियोग
- **द्विजाति–** ब्राह्मण, क्षत्रिय तथा वैश्य जिसे यज्ञोपवीत पहनने का अधिकार है, अण्डज्, पक्षी, दाँत
- **द्यु–** दिन, आकाश, स्वर्ग, अग्नि, सूर्य, लोक (आरएएस २००२)

## ध

- **धन–** सम्पत्ति, चौपायों का झुण्ड, स्नेहपात्र, गणित में जोड़ का चिह्न, मूल पूँजी
- **धनञ्जय–** अग्नि, चित्रक, वृक्ष, अर्जुन का एक नाम, अर्जुन वृक्ष, विष्णु, शरीर की पञ्चवायु में से एक

- **धक्का–** टक्कर, धकेलने की क्रिया, ऐसी अधिक भीड़ जिसमें लोगों के शरीर एक-दूसरे से रगड़ खाते हों
- **धर्मराज–** धर्म का पालन करनेवाला राजा, न्यायाधीश, यमराज, युधिष्ठिर
- **धवल–** उजला, सफ़ेद, साफ़, निष्कलंक, निर्मल, सुन्दर
- **धात्री–** वह स्त्री जो किसी शिशु को अपना दूध पिलाये और उसका लालन-पालन करे, माता, आँवला, उपमाता, छाया, पृथ्वी
- **धान्य–** अन्न, मात्र, धान, एक तोल, धनिया, एक प्राचीन अस्त्र
- **धार–** ज़ोर से पानी बरसना, ऋण, प्रान्त, सेना, पानी का स्रोत, धारा, प्रवाह, पैना, किनारा
- **धुन–** संगीत की धुन, लगन, स्वर, मन की तरंग, सोच-विचार, गीत गाने का ढंग, मनोरथ
- **धौल–** श्वेत, थप्पड़, नुकसान **(मप्र पीसीएस २००४)**
- **ध्रुव–** निश्चय, स्थिर, एक तारा का नाम, उत्तानपाद का पुत्र, पर्वत, छन्दशास्त्र के अनुसार रगण का अट्ठारहवाँ भेद जिसमें क्रमशः एकलघु, एक गुरु तथा तीन लघु होते हैं **(आरएएस १९९७)**

## न

- **नक़ल–** मूल का प्रतिरूप, एक के अनुरूप दूसरी वस्तु बनाने का कार्य, हास्यजनक आकृति
- **नक़ली–** बनावटी, काल्पनिक, झूठा, खोटा, नक़ल करके बनाया हुआ
- **नक़्शा–** मानचित्र, रूपरेखा, आकृति, लच्छन, नखरा, अवस्था, चाल-ढाल, उत्कीर्णन अथवा लेखनी-द्वारा बनाया हुआ बेल-बूटा
- **नग–** पर्वत, रत्न-विशेष (नगीना), सूर्य, सर्प, वृक्ष, अदद
- **नली–** नल के आकार की हड्डी, जुलाहों का नाल, पैर की पिण्डली, बन्दूक की नली
- **नाक–** नासिका, शोभा की वस्तु, प्रतिष्ठा, स्वर्ग, मगर की जाति, एक जल-जन्तु
- **नाग–** साँप, कश्यप की सन्तान, एक देश का नाम, शक-जाति की शाखा-विशेष, एक पर्वत, हाथी, राँगा, सीसा, नागकेसर, पुन्नाग, पान, नागवायु, बादल, आठ की संख्या
- **नागर–** चतुर, नागर मोथा, नागरिक, सोंठ, गुजराती ब्राह्मणों की एक जाति
- **नायक–** सेनापति, छोटा, सेनाधिकारी, मुखिया, नाटक का मुख्य पात्र
- **नाल–** नली, अर्द्ध-चन्द्राकार, लोहा, डण्डी, पौधे का डण्ठल, बन्दूक की नली
- **निकलना–** बाहर आना अथवा जाना, सामने आना, प्रकाशित होना, रहस्य स्पष्ट होना, सिद्ध होना
- **निकासी–** निकलने का ढंग, माल बिकना, चुंगी, बिक्री के लिए माल की रवानगी
- **निराला–** एकान्त, विचित्र, जहाँ कोई मनुष्य अथवा बस्ती न हो, विलक्षण
- **निशान–** किसी पदार्थ के पहचानने का चिह्न, पता-ठिकाना, ध्वजा, डंका
- **निशाचर–** रात में चलनेवाला, गीदड़, सर्प, चक्रवाक, चोर, उल्लू, प्रेत, राक्षस
- **निष्कर्ष–** सारांश, अन्तिम, परिणाम, निश्चय, सिद्धान्त
- **नील–** नीला रंग, नीलम, एक पौधा जिससे रंग बनता है, चोट का नीला दाग़, 'नील' नामक बन्दर
- **नीलकण्ठ–** शिव, मोर, एक पक्षि-विशेष, गोरा पक्षी, एक प्रकार का पक्षी जिसके कण्ठ और डैने नीले होते हैं
- **नेपथ्य–** वेशभूषा, सजावट, रंगमञ्च का भीतरी भाग जहाँ पात्र सजते हैं
- **न्यास–** धरोहर, भेंट, उपस्थित करना, त्याग, ट्रस्ट

## प

- **पंक्ति–** श्रेणी, चालीस अक्षरों का एक वैदिक छन्द, एक वर्णवृत्त, दस की संख्या
- **पक्का–** ईंटों का बना, परिपुष्ट, निश्चित, स्थिर
- **पञ्चानन–** पाँच मुखोंवाला सिंह, शिव, प्रकाण्ड विद्वान्
- **पक्ष–** पंख, दल, ओर, पन्द्रह दिनों की अवधि (पखवारा), पार्श्व अनुकूल मत अथवा प्रवृत्ति, निमित्त, तीर में लगा हुआ पर (मप्र पीसीएस २००५,२००७)
- **पर्चा–** प्रश्नपत्र, अख़बार, काग़ज़
- **पटरी–** काठ का छोटा पटरा, लिखने की तख़्ती, पैदल पथ, रेलगाड़ी की लाइन, सौजन्यपूर्ण निर्वाह, हाथ में पहनने की एक प्रकार की चूड़ी
- **पट्टी–** लिखने की तख़्ती, पाठ, शिक्षा, बुरी सलाह, कपड़े का लम्बा टुकड़ा, लकड़ी की बल्ली
- **पट–** कपड़ा, परदा, देवमन्दिर का किवाड़, गिरने अथवा मारने का शब्द, सिंहासन, छप्पर, कपास
- **पटना–** भरा जाना, छाजना, सौजन्यपूर्ण सम्बन्ध होना, ऋण चुकता होना, परिपूर्ण होना
- **पद–** पैर, ओहदा, वाक्यांश, छन्द का चरण, पात्र, किरण, प्रदेश, व्यवसाय, अधिकार-स्थान
- **पतंग–** सूर्य, पक्षी, गुड्डी, फतिंगा, नाव, एक प्रकार का धान, शरीर, जल-महुआ, कन्दुक
- **पता–** ठिकाना, भेद, मालूम, सूचना, चिह्न, गूढ़, तत्त्व, किसी का स्थान सूचित करनेवाली बात जिससे उसको पा सकें
- **पति–** ईश्वर, प्रतिष्ठा, स्वामी, दूल्हा, स्त्री का विवाहित पुरुष, मर्यादा
- **पत्र–** किसी वृक्ष का पत्ता, लिखा हुआ काग़ज़, तीर अथवा पक्षी के पंख, चिट्ठी, समाचारपत्र
- **पयोधर–** बादल, स्तन, पर्वत, तालाब, नागरमोथा, कसेरु, दोहा का ग्यारहवाँ भेद
- **पय–** दूध, जल, अन्न
- **पर–** दूसरा, ऊपर, किन्तु, पंख, परस्पर, पीछे का, दूर, प्रवृत्त, श्रेष्ठ
- **परिकर–** समूह, कमरबन्द, परिवार, नौकर-चाकर, पर्यंक, अनुयायियों का दल, विवेक
- **पल्ला–** आँचल, तराज़ू का पलड़ा, दिशा, किवाड़, कपड़े का छोर, तीन मन का बोझ, पहल
- **पाटी–** जोड़, घटाना, गुणा आदि का क्रम, श्रेणी, पाठ, शिला, पंक्ति, रीति, तख़्ती
- **पाक–** चाशनी में मिलाकर बनायी जानेवाली औषधि, भोजन, पकाने की क्रिया, पवित्र
- **पाठ–** सबक़, वाचन, शिक्षा, सीख, धर्मपुस्तक को नियमपूर्वक पढ़ना, अध्याय
- **पान–** किसी द्रव पदार्थ को पी जाना, पेय-पदार्थ, ताश का एक विशेष पत्ता, ताम्बूल
- **पानी–** पानी का सा पदार्थ जो जिह्वा, नेत्र, त्वचा, घाव आदि से रिसकर निकले, जल, इज़्ज़त, चमक, वर्षा, स्वाभिमान
- **पास–** निकट, उत्तीर्ण, मदिरा, परिचयपत्र, अधिकार, रक्षा, पल्ला, कहीं जाने का आज्ञापत्र
- **पार्थिव–** पृथ्वी का, राजसी, मिट्टी का, शिवलिंग-सम्बन्धी, मिट्टी आदि का बना हुआ, मंगलग्रह
- **पारावर–** आर-पार, दोनों ओर का तट, समुद्र
- **पात्र–** बरतन, नदी का पाट, अधिकारी व्यक्ति, नाटक का पात्र, योग्य
- **पार्श्व–** बग़ल, पञ्जर, क्षेत्र का अंग, हाशिया, पक्ष
- **पाल–** रक्षक, स्वामी, नाव का पाल, कृत्रिम ढंग से पकाना
- **पालन–** वचन पूरा करना, भरण-पोषण, कर्त्तव्य का निर्वाह
- **पालि–** पंक्ति, सीमा, गाँव, एक प्रसिद्ध भाषा
- **पिंगल–** छन्दशास्त्र, पीला, एक पक्षी, बन्दर
- **पीर–** पीड़ा, सन्त, बूढ़ा, सहानुभूति
- **पुराना–** प्राचीन, ढेर सारे दिनों का, जीर्ण-शीर्ण, अनुभवी व्यक्ति, जिसका चलन अब न हो

- **पुष्कर–** तालाब, कमल, पानी, मद, हाथी की सूँड़ का अग्र-भाग, युद्ध, सूर्य, सर्प
- **पुष्ट–** पक्का, परिपूर्ण, सिद्ध, दृढ़, पाला-पोसा, मोटा-ताज़ा, बलिष्ठ
- **पृष्ठ–** पीठ, पीछे का भाग, ऊपरी सतह, पुस्तक के पन्ने
- **पेशी–** मुक़दमे की सुनवाई, पेश होने की अवस्था, शरीर का पुट्ठा, तलवार की म्यान
- **पैदा–** प्रकट, उत्पन्न, अर्जित, घटित, प्राप्त
- **पोच–** हीन, ख़राब, तुच्छ, निःसार, आवारा, अशक्त
- **पोत–** जहाज़, बच्चा, वस्त्र, गुड़िया, झिल्ली-रहित, गर्भस्थ पिण्ड, कपड़े की बुनावट
- **पोल–** खोखलापन, द्वार, शून्य स्थान, फाटक, सहन
- **पौर–** द्वार, नागरिक, पुर-सम्बन्धी, पूर्व-दिशा में उत्पन्न
- **प्रत्यक्ष–** आँखों के सामने, जिसका ज्ञान इन्द्रियों से हो सके, साफ़, सीधा, निश्चयात्मक ज्ञान
- **प्रत्यय–** विश्वास, शब्द के पीछे जोड़ा जानेवाला अक्षर या समूह, विचार, व्याख्या, आवश्यकता
- **प्रपञ्च–** झंझट, बखेड़ा, मिथ्या, जगत्, विस्तार, दुनिया का जंजाल, छल
- **प्रसर–** विस्तार, तेज़ी, समूह, व्याप्ति, प्रकर्ष, प्रधानता, प्रभाव, युद्ध, वीरता

## फ

- **फन्द–** बन्धन, छल, मर्म, दुःख, नथ की काँटी फँसने का फन्दा, गूँज
- **फढ़–** वस्तु के हिलने अथवा गिरने का शब्द, दुत्कार, एक तान्त्रिक मन्त्र
- **फड़–** जुए का दाँव जिस पर जुआरी बाज़ी लगाते हैं, वह स्थान जहाँ माल ख़रीदा अथवा बेचा जाए, दूर होना (उप्र बीएड् प्रवेश-परीक्षा २००७)
- **फटकारना–** झटके से हिलाना, पटककर धोना, डाँटना
- **फल–** मेवा, परिणाम, लाभ, शास्त्र का अग्रभाग, कर्मभोग
- **फूट–** एक प्रकार का फल, बिलगाव
- **फूटना–** छेद होना, प्रकट होना, मवाद निकलना, अंकुर निकलना, अलग हो जाना
- **फोला–** अण्डकोष, थैली, कमरबन्द

## ब

- **बंसी–** बाँसुरी, मछली फँसाने का काँटा, विष्णु-कृष्ण-राम के चरणों का रेखाचिह्न (आरएएस १९८५)
- **बट्टा–** लेन-देन में पूरे मूल्य में कमी, छोटा गोल डिब्बा, पत्थर का टुकड़ा, तोल का बाट, लेन-देन में पूरे मूल्य में कमी
- **बड़ा–** ख़ूब लम्बा-चौड़ा, महत्त्वपूर्ण, भारी, छोटा का विपरीतार्थक, एक प्रकार का खाद्य-पदार्थ
- **बढ़ना–** उन्नत होना, बुझना, बिस्तार अथवा परिमाण में अधिक होना, किसी स्थान से आगे चलना
- **बनाना–** लाभ पाना, तैयार करना, सम्बन्ध जोड़ना, प्रतिष्ठित करना, मरम्मत करना, रचना
- **बन्द–** बाँधने की वस्तु, मेड़, बन्धन, शरीर के अंगों का कोई जोड़, फ़ीता
- **बन्धन–** बाँधने की क्रिया, हत्या, रस्सी, कारागार, शरीर का सन्धि-स्थान, क़ैद, बाँध, पुल
- **बल–** पार्श्व, शक्ति, बोझ उठाने की सेना, सहारा, चक्कर, मरोड़, सिकुड़ना
- **बलि–** मालगुज़ारी, पंचमहायज्ञों में चौथा राजा बलि, उपहार, बलिदान, चढ़ावा, कर
- **बहना–** हवा चलना, अधिक व्यय होना, नष्ट होना, पानी का चलते रहना, हट जाना, गर्भपात होना

- **बहार–** यौवन का विकास, शोभा, विकास, प्रफुल्लता, कौतुक, वसन्त ऋतु, आनन्द
- **बाट–** पत्थर का टुकड़ा जिससे सिल पर कोई वस्तु पीसते हैं, रास्ता, तोल, बटखरा
- **बाद–** तर्क, शर्त, बहस, हवा, अलग किया हुआ, अतिरिक्त, पीछे, घटाना
- **बाबा–** पिता का पिता, साधु-संन्यासी, लड़कों के लिए 'प्यार' का सम्बोधन, केश
- **बार–** आश्रय, घेरा, काल, विलम्ब, किनारा, धार, बाल, द्वार, देर, दफ़ा, बालक, दिन
- **बारन–** रोकना, बालों, हाथी, द्वारों, बालकों
- **बाल–** बालक, नासमझ, आदमी, अनाज के पौधों का अंश जिसमें दानों के गुच्छे लगे रहते हैं, केश, अन्न का लट, गेंद
- **बावन–** पचास और दो का योग, बौना, वामन भगवान्
- **बिजली–** बादलों की टक्कर से उत्पन्न अग्नि, कान और गले का एक आभूषण, विद्युत्
- **बिन्दी–** शून्यसूचक चिह्न, माथे पर गोल-छोटा टीका, बिन्दु के आकार का कोई चिह्न, अनुस्वार
- **बिन्दु–** बूँद, कण, शून्य, चिह्न, अनुस्वार
- **बीड़ा–** पान की गिलौरी, एक प्रकार का सूत जो तलवार की मूँठ में बाँधा जाता है, संकल्प, बोझ का उत्तरदायित्व
- **बेर–** एक वृक्ष और उसके फल का नाम, बेला, विलम्ब
- **बैठक–** बैठने का स्थान अथवा कमरा, बैठने की मुद्रा, अधिवेशन, एक कसरत, जमाव
- **बैठना–** आसन जमाना, अभ्यस्त होना, पचक जाना, बिगड़ना, लागत लगना
- **बौराना–** पागल हो जाना, विवेक अथवा बुद्धि खो देना जिसमें बौर लग गया हो (मप्र पीसीएस २००८)
- **ब्रह्म–** ईश्वर, आत्मा, सत-चित्त-आनन्द स्वरूप, ब्राह्मण, एक की संख्या, ब्रह्मराक्षस

## भ

- **भगवान्–** पूज्य, ज्ञान और वैराग्य से सम्पन्न, ईश्वर, ऐश्वर्यशाली, महापुरुष
- **भरम–** भ्रम, इज़्ज़त, सन्देह, रहस्य
- **भव–** संसार, सत्ता, उत्पन्न, मेघ, कुशल, डर, कामदेव, शिव, उत्पन्न होना
- **भाव–** होने अथवा होने की क्रिया, प्रेम, ढंग, प्रकार, अवस्था, विचार, अभिप्राय, मुखाकृति
- **भुनाना–** बड़े सिक्के को छोटे सिक्कों में बदलना, भूनने का काम कराना
- **भूत–** मृत शरीर, मृत प्राणी की आत्मा, युक्त, समान, अतीत, प्रेत, शरीर के पञ्चभूत
- **भेद–** भीतरी, छुपा हुआ हाल, बेधने अथवा छेदने की क्रिया, अन्तर, फूट, छेदन
- **भैरव–** एक देवता, भयंकर, भयानक शब्दवाला, शिव के गणों के प्रधान, संगीत का एक प्रमुख राग
- **भोग–** कर्मों का फल, क़ब्ज़ा, विलास, देवता का खाद्य-पदार्थ, सुखानुभव, भोजन करना, धन
- **भौंर–** काले रंग का उड़नेवाला एक पतंगा जो फूलों का रस चूसता है, एक प्रकार का खिलौना, तहख़ाना, अन्न रखने का गड्ढा, भौंरा, पानी का भँवर

## म

- **मण्डित–** सजाया हुआ, छाया हुआ, भरा हुआ
- **मत–** धर्म, निश्चित, सिद्धान्त, उम्मीदवारों को दिया जानेवाला मत (वोट), मतवाला, राय, सम्प्रदाय, नहीं
- **मर्त्य–** पृथ्वी, मरनेवाला, मनुष्य, शरीर

- **मद–** अत्यधिक हर्ष अथवा प्रसन्नता, मद्य, कस्तूरी, नशा, गर्व, मतवाला
- **मधु–** जल, मदिरा, अमृत, फूल का रस, वसन्त ऋतु, शहद, चैत्रमास
- **मन–** अन्त:करण, इच्छा, मणि, दिल, ४० सेर का वज़न
- **मनका–** पत्थर, लकड़ी आदि का बेधा हुआ दाना जिसे पिरोकर माला बनायी जाती है, माला
- **मन्त्र–** गुप्त रखने-योग्य रहस्य की बात, वेद का श्लोक, जादू-जैसा वाक्य, राय, सलाह
- **मल–** शरीर के अंगों से निकलने वाला विकार, विष्ठा, मैल, पाप
- **महावीर–** गौतम बुद्ध, हनुमान्, बहुत बलवान, २४वें जैन तीर्थंकर अर्थात् महावीर स्वामी
- **महीधर–** पर्वत, शेषनाग, एक वर्णिक छन्द
- **माता–** जन्म देनेवाली, कोई पूज्य अथवा आदरणीय स्त्री, गो, पृथ्वी, लक्ष्मी
- **माधव–** विष्णु, एक छन्द, कृष्ण, वैशाख मास, वसन्त ऋतु
- **मान–** साहित्य में मन का एक विकार जो अपने प्रिय व्यक्ति को कोई दोष अथवा अपराध करते देखकर होता है, इज़्ज़त, नाप-तोल, अभिमान, रूठना, घमण्ड
- **मानस–** मानसरोवर, संकल्प-विकल्प, मनुष्य, मन, कामदेव, दूत, मन से उत्पन्न
- **माया–** भ्रम, दौलत, इन्द्रजाल, भगवान् की लीला जिसका अस्तित्व न हो
- **मार–** मारने की क्रिया अथवा भाव, कामदेव
- **माल–** कर के रूप में मिलनेवाला धन, सामान, तत्त्व, माला
- **मित्र–** भारतवर्ष का एक प्राचीन राजवंश, दोस्त, सूर्य, चन्द्रमा, घेरा, भूखण्ड, चक्कर
- **मिलाना–** जोड़ना, सटाना, तुलना करना, मिश्रित करना, भेंट अथवा परिचय करना
- **मुड़ना–** घूमना, लौटना, झुकना
- **मुद्रा–** मुख की आकृति अथवा चेष्टा, सिक्का, मोहर, अँगूठी, छाया, चिह्न, आकृति
- **मूक–** चुप, विवश, गूँगा, अवाक्
- **मूल–** आरम्भ का भाग, उन्नीसवाँ नक्षत्र, जड़, कन्द, आरम्भ, पूँजी, नींव, मुख्य
- **मोहरा–** किसी बरतन का मुख, किसी पदार्थ का ऊपरी भाग, सेना की अगली पंक्ति, शतरंज की कोई गोटी
- **मौर–** विवाह के समय का एक शिरोभूषण, गरदन, मंजरी

## य

- **यति–** इन्द्रियों पर विजय प्राप्त करनेवाला, छप्पय के छियासठवें भाग का नाम, संन्यासी, विराम
- **युक्त–** संयुक्त, जुड़ा हुआ, मिश्रित, नियुक्त, उचित
- **युग–** काल, जोड़ा, बारह वर्ष का काल, जुआ, समय का एक मान
- **युक्ति–** कौशल, प्रथा, मेल, न्याय, नीति, तर्क, योग, तरक़ीब, दलील, मिलन
- **योग–** मेल, लगाव, ध्यान, कुल, जोड़, शुभ काल, मन की साधना
- **योनि–** उत्पत्ति-स्थान, प्राणियों के विभाग जिनकी संख्या चौरासी लाख बतायी गयी है

## र

- **रंग–** प्रभाव, मन की उमंग, वर्ण, शोभा, मनोविनोद, रोब, नाच-गाना, ढंग, युद्धक्षेत्र
- **रक्त–** कुंकुम, ताँबा, कमल, लाल, ख़ून, केसर, लाल, चन्दन
- **रञ्जन–** चित्त प्रसन्न करने की क्रिया, रंग बनाने का पदार्थ, रँगना, बहलावा, प्रसन्न करना
- **रश्मि–** पलक के रोएँ, घोड़े की लगाम, किरण, डोरी

- **रस–** प्रेम, उमंग, गुण, शरबत, ज़हर, निचोड़, स्वाद, आनन्द, सत्त, धातु का भस्म
- **रसाल–** स्वादिष्ट, मनोहर, आम, ईख, रसीला, मीठा
- **राग–** संसारिक सुखों की चाह, कष्ट, ईर्ष्या, अनुराग, स्वर, प्रेम, संगीत
- **रास–** एक प्रकार का चलता गाना, शृंखला, ढेर, लगाम, रस्सी, एक प्रकार का नृत्य
- **रुख़–** कृपादृष्टि, चेहरा, मनोभाव, रुझान, तरफ़, सामने का भाग, शतरंज का मोहरा

## ल

- **लंक–** कमर, लंका नामक द्वीप (उप्र एपीओ २००६; आरएएस २००८)
- **लंका–** भारत के दक्षिण का एक टापू जहाँ रावण का राज्य था, एक योगिनी का नाम, शाखा, दुराचारिणी स्त्री (मप्र पीसीएस २००७)
- **लंगर–** भारी, शरारती, लोहे का काँटा, ज़ंजीर, लँगोट, कच्ची सिलाई, भारी, नटखट, वह भोजन जो ग़रीबों में बाँटा जाता है
- **लंघन–** लाँघने की क्रिया, अतिक्रमण, वह उपाय जिससे किसी काम में आसानी हो, उपवास
- **लक्ष–** एक लाख, सौ हज़ार, लाख अथवा चमड़ा, निशाना
- **लक्ष्य–** वह जिसका अनुमान किया जाए, उद्देश्य, निशाना, लक्षणार्थ
- **लगना–** सटना, जुड़ना, चिपकना, घाव (चोट करना), ख़र्च होना, चुभना, नियुक्त होना, आरम्भ करना
- **लगाना–** सड़ना, जोड़ना, चिपकाना, मारना, ख़र्च कर देना, नियुक्त करना, आरम्भ कराना
- **लटका–** गति, ढब, बातचीत का बनावटी ढंग, संक्षिप्त उपचार, टँगा, झंझट, गाने का एक अंश
- **लट्ठा–** लकड़ी का बहुत लम्बा टुकड़ा, शहतीर, एक प्रकार का गाढ़ा मोटा कपड़ा,बल्ला
- **लय–** एक पदार्थ का दूसरे में मिल जाना, ध्यान में डूबना, अनुराग, मात्रा, विनाश, 'लवा' नामक पक्षी
- **लव–** बहुत थोड़ा, राम का पुत्र, समय की एक माप, लगन
- **लहर–** तरंग, उमंग, हवा का झोंका, झूलना, बेहोशी, चलते हुए सर्प की कुटिल रेखा
- **लाख–** सौ हज़ार की संख्या, बहुत अधिक, प्रसिद्ध लाल पदार्थ, चपड़ा
- **लाट–** छोटा, प्रिय बालक, बेटा, श्री कृष्ण, लाड़-प्यार, चाह, रक्तवर्ण, अत्यन्त क्रुद्ध
- **लोक–** मनुष्यों का वास-स्थान, दिशा, प्राणी, यश, प्रदेश, भुवन, लोग, जनता
- **लोना–** नमकीन मिट्टी जिससे शोरा बनाया जाता है, सुन्दर, नमकीन, फ़सल, काटना, दीवारों का एक रोग जिसमें मिट्टी झड़ने लगती है
- **लौ–** जलती हुई बत्ती की लपट, चित्त की वृत्ति, कामना, दीपशिखा, लगन

## व

- **वंजुल–** स्थल-पद्म, अशोक वृक्ष, एक पक्षी, तिनिश वृक्ष, बेंत
- **वण्ढ–** अविवाहित पुरुष, वामन, माला
- **वंश–** पीठ की हड्डी, नाक के ऊपर की हड्डी, बाँस, कुल, बाँसुरी, गोत्र
- **वर्ग–** एक प्रकार की अनेक वस्तुओं का समूह, ग्रन्थ का विभाग, श्रेणी, चौकोर
- **वर्ण–** भेद, अक्षर, रंग, जाति, शब्द, सोना, रूप, चातुर्वर्ण (ब्राह्मण, क्षत्रिय, वैश्य, शूद्र)
- **वन–** घर, शंकराचार्य के अनुयायी संन्यासियों की एक उपाधि, जंगल, जल, बाग़, काष्ठ
- **वरण–** चुनना, लपेटना, निमन्त्रण देना, पूजा
- **वार–** अवसर, क्षण, सप्ताह का दिन, नदी आदि का किनारा, आक्रमण, दिन, बाण, शिव

- **वारण–** किसी बात को न करने की आशा, अंकुश, रुकावट
- **वर–** आशीर्वाद, मनोरथ-सिद्धि, पति अथवा दूल्हा, श्रेष्ठ, वरण करने-योग्य, वरदान
- **विधि–** प्रकृति अथवा नियति, क़ानून, ब्रह्मा, अग्नि, समय, विष्णु, युक्ति, व्यवस्था, तरीक़ा
- **वर्ष–** संवत्सर, वर्षा, मेघ, किसी द्वीप का प्रधान भाग, साल, देश
- **विधान–** पूजा, धन, अनुष्ठान, व्यवस्था, प्रणाली, रचना, ढंग, आज्ञा करना
- **विचार–** मन में उठनेवाली कोई बात, राय, सलाह, ध्यान, मान्यता
- **विभूति–** सृष्टि, वृद्धि, ऐश्वर्य, बहुतायत, दिव्य शक्ति, राख, महिमामय पुरुष
- **विग्रह–** विरोध, विभाग, शिव, शृंगार, सांख्य के अनुसार कोई तत्त्व, लड़ाई, शरीर, मूर्त्ति, विश्लेषण
- **विषय–** प्रसंग, भौतिक पदार्थ, स्थान, विवेचनार्थ बात, विचार, वासना, इन्द्रिय सुख
- **वीर–** साहित्य में एक रस, पुत्र, योद्धा, बहादुर, भाई, सखा अथवा सखी
- **वृत्त–** दृढ़, आच्छादित, मृत, उत्पन्न, गोल, घेरा, वृत्तान्त, चरित्र, वर्णिक छन्द
- **वृत्ति–** इन्द्रिय-निग्रह की ओर प्रवृति, रोज़ी, स्वभाव, रुझान, पेशा
- **व्यवहार–** चाल-चलन, लेन-देन का काम, बरताव, महाजनी, दीवानी, मामला, मुक़दमा
- **व्यूह–** सेना, समूह, निर्माण, शरीर, युद्ध के समय की जानेवाली सैन्य-स्थापना

## श

- **शंकु–** कोई नुकीली वस्तु, मेख, खूँटी, माला, गौरी, दस लाख करोड़ की एक संख्या, शिव
- **शक्ति–** एक प्रकार का शस्त्र, ताक़त, अर्थवत्ता, अधिकार, प्रकृति, माया, दुर्गा
- **शान–** प्रमुख, तड़क-भड़क, घमण्ड, ऐंठ, मान, ठाट, धार
- **शिलीमुख–** मूर्ख, बाण, भौंरा
- **शिव–** पारा, मोक्ष, जल, वसु, लिंग, महादेव, कल्याण, भाग्यशाली, मंगल
- **शूक–** अन्न की बाल, एक प्रकार का कीड़ा, काग़ज़ नत्थी करने का काँटा
- **श्रद्धा–** भक्तिपूर्वक विश्वास, वैवस्वत मनु की पत्नी (कामायनी), काम की माता, दक्ष की कन्या और धर्म की पत्नी
- **श्रान्त–** परिश्रम के कारण थका हुआ, उदास, जितेन्द्रिय, शान्त
- **श्री–** आदरसूचक शब्द को नाम के प्रारम्भ में रखा जाता है, विष्णु, सरस्वती, कमल, विभूति, कीर्त्ति, कान्ति
- **श्वेता–** दुर्वा, अग्नि की सात जिह्वाओं में से एक, कौड़ी, शंखिनी, सफ़ेद चीनी

## ष

- **षण्ड, षण्ढ–** साँड़, नपुँसक, शिव का एक नाम, समूह, झाड़ी, धृतराष्ट्र के एक पुत्र का नाम
- **षष्ठी–** शुक्ल अथवा कृष्णपक्ष की छठी तिथि, सम्बन्ध कारक (व्याकरण), कात्यायिनी
- **षोडसी–** सोलहवीं, सोलह वर्ष की किशोरी, महाविद्याओं में से एक

## स

- **संकोच–** सिकुड़ने की क्रिया अथवा भाव, थोड़ी लज्जा अथवा शर्म, हिचकिचाहट
- **संग–** विषयों के प्रति होनेवाला अनुराग, साथ, आसक्ति, पत्थर (उर्दू)
- **संज्ञा–** ज्ञान अथवा चेतना-शक्ति, सूर्य की पत्नी जो विश्वकर्मा की पुत्री थी, संकेत, नाम

- **सधना–** ठीक जगह पर लगना (निशाना), मतलब पूरा करना, अभ्यस्त होना
- **सम–** चौरस, जिसमें परिवर्तन न हो, निष्पक्ष, समान, जोड़ा, संगीत का एक स्वर
- **सन्धि–** व्याकरणों में अक्षरों का मेल, जोड़, युगों का मिलन, पारस्परिक, निश्चय, सेंध, नाटक के वाक्यांश
- **सम्बन्ध–** जोड़, रिश्ता, ताल्लुक़, मेल-जोल, व्याकरण में छठा कारक
- **सर–** चोटी, चिता, तालाब, सिर, पराजित (उप्र बीएड् प्रवेश-परीक्षा २०१०)
- **सरदार–** नायक, छोटा शासक, रईस, सिक्ख
- **सरल–** जो टेढ़ा न हो, निष्कपट, चीढ़ का वृक्ष, ईमानदार, आसान, खरा
- **सर्वदा–** हमेशा, सब देनेवाली
- **सवारी–** सवार होने का काम, सवार होने का साधन, सवार होनेवाला व्यक्ति, व्यक्ति का जुलूस
- **सहन–** क्षमा, सहना, घर के सामने का खुला स्थान, एक प्रकार का रेशमी वस्त्र
- **सही–** हस्ताक्षर, सच, ठीक, प्रामाणिक
- **साधन–** यत्न, सामग्री, विधान, अनुष्ठान, उपाय, उपकरण, पालन, कारण
- **साधना–** सम्पन्न करना, पक्का करना, सिद्ध करना, मनोयोगपूर्वक, आराधना
- **साफ़–** चमकीला, सादा, निर्मल, निर्दोष, समतल, शुद्ध-स्पष्ट, निश्चल, चुकता (हिसाब)
- **सार–** किसी वस्तु का मूल भाग, मुख्य अभिप्राय, पालन-पोषण, तत्त्व, रस, लाभ
- **सारंग–** मृग, सिंह, हाथी, कामदेव, कोयल, चातक, मोर, बाज, घोड़ा, सूर्य, हंस, स्वर्ण, भौंरा
- **सारस–** एक प्रकार का श्वेत पक्षी, हंस, चन्द्रमा, कमल
- **सिद्ध–** तर्क़ अथवा प्रमाण-द्वारा निश्चित, सम्पन्न, मोक्ष का अधिकारी, समाप्त, तैयार, योगी
- **सिलसिला–** शृंखला, व्यवस्था, क्रम, श्रेणी, परम्परा, लड़ी
- **सीधा–** सरल, निश्छल, भला, प्रत्यक्ष, दाहिना, जो टेढ़ा न हो
- **सुधा–** जल, मधु, दूध, रस, मकरन्द, गंगा, पृथ्वी, एक प्रकार का छन्द, अमृत, पानी
- **सुर–** सूर्य, विद्वान्, मुनि, स्वर, देवता
- **सुरभि–** तुलसी, एक गाय का नाम, वसन्त ऋतु, सुगन्ध, शराब, तुलसी, श्रेष्ठ, स्वर्ण, पृथ्वी, पुराणों के अनुसार दक्ष की कन्या और कश्यप की पत्नी
- **सुवर्ण–** सोलह माशे का एक मान, धतूरा, सुनहरा, अच्छे वर्ण का सोना
- **सूत–** प्राचीन काल की एक वर्ण-संकर जाति, रथ हाँकनेवाला, तागा
- **सूत्र–** यज्ञोपवीत, नियम, सूत, गूढ़, अर्थभरा, संक्षिप्त, वाक्य, संकेत, पता
- **सूर–** विद्वान्, भूरे रंग का घोड़ा, पठानों की एक उपजाति, सूर्य, अन्धा, वीर, सूरदास
- **सैन्धव–** सेंधा नमक, सिन्ध प्रदेश का निवासी, सिन्धु देश का घोड़ा
- **सोम–** कुबेर, यम, एक देवता, चन्द्रमा, सोमवार, अमृत, वायु, जल, स्वर्ग
- **स्नेह–** कोमलता, प्रेम, तेल, चिकना, पदार्थ
- **स्थूल–** सहज में दिखायी देने-योग्य, मोटा, समझ में आनेयोग्य
- **स्वर–** आवाज़, सुर (संगीत की), अ, इ, उ, आदि अक्षर
- **स्थिर–** शान्त, नियत, निश्चल, पक्का, धीर, निश्चित
- **स्वामी–** अन्नदाता, विष्णु, पति, राजा, सेनानायक, शिव, साधु

## ह

- **हंस–** माया से निर्लिप्त आत्मा, प्राण, सूर्य, शिव, ब्रह्मा, विष्णु, पक्षि-विशेष (मराल पक्षी)
- **हर–** वध अथवा नाश करनेवाला, प्रत्येक, शिव, हरण करनेवाला, भिन्न के अंक के नीचे की संख्या
- **हरकत–** क्रिया, बुरा व्यवहार, चाल-चलन, गति, चेष्टा, नटखटपन

- **हरि–** पीला, हरा, भूरा, विष्णु, इन्द्र, सूर्य, घोड़ा, चाँद, किरण, हंस, आग, हाथी, कामदेव
- **हस्ती–** अस्तित्व होने का भाव, हाथी, अस्तित्व, हैसियत
- **हार–** पराजय, थकावट, हानि, माला, नाश करनेवाला सुन्दर, भाजक
- **हिम–** बर्फ़, ठण्ढ, कमल, चन्दन, चन्द्रमा
- **हिलाना–** हिलने में प्रवृत्त करना, खिसकाना, आदी बनाना, कँपाना
- **हीन–** नम्र, ख़ालीद, दीन, रहित, निकृष्ट, थोड़ा
- **हेम–** बादामी रंग का घोड़ा, नाग, केसर, बर्फ़, स्वर्ण, इज़्ज़त, पीला रंग
- **ह्रस्व–** छोटा, नाटा, कम, नीचा (उप्र बीएड् प्रवेश-परीक्षा २००५)

## समानाभासी भिन्नार्थक शब्द

### अ

- **अंस–** कन्धा — **अंश–** हिस्सा
  (आरएएस २००६; मप्र पीएससी १९९५,१९९८,२००७)
- **अकथ–** जिसके बारे में कहा न जा सके — **अथक–** जो थके नहीं
  (आईएएस २००६,२०११)
- **अपत्य–** सन्तान — **अपथ्य–** रोगी के अनुकूल भोजन न होना
- **अपेक्षा–** आशा — **उपेक्षा–** अवहेलना
  (आरएएस १९९४; मप्र पीसीएस १९९८,२००४,२००७)
- **अजर–** जो वृद्ध न हो — **अजिर–** आँगन
- **अर्थ–** मतलब — **अर्थ–** धन
  (मप्र पीसीएस १९९४;उप्र बीएड् प्रवेश-परीक्षा २००८)
- **अन्त–** समाप्ति — **अन्त्य–** नीच
- **अभ्याश–** निकट — **अभ्यास–** किसी काम को बार-बार करना
  (मप्र पीसीएस १९९७,१९९८,२००६,२००८)
- **अमित–** अधिक, बेहद — **अमीत–** शत्रु
  (मप्र पीसीएस १९९७,१९९८,२००१,२००३,२००५)
- **अम्ब–** माता — **अम्बु–** जल
  (आरएएस १९९४,२००४;मप्र पीसीएस २००५)
- **अम्बुज–** कमल — **अम्बुधि–** सागर
- **अयश–** अपयश — **अयस–** लौह धातु
- **असन–** भोजन — **आसन–** बैठने की वस्तु
  (मप्र पीसीएस १९९७,२००४,२००७)
- **अनु–** पीछे, एक उपसर्ग — **अणु–** पदार्थ का छोटे-से-छोटा भाग
- **अवृत्ति–** बेकारी — **आवृत्ति–** दोहराना
- **अपकार–** बुराई — **उपकार–** भलाई
  (आईएएस २००३;मप्र पीसीएस २००४,२००५)
- **अन्न–** अनाज — **अन्य–** दूसरा
  (आईएएस १९९९,२००३;आरएएस २००२,२००४)
- **अश्व–** घोड़ा — **अश्म–** पत्थर

- **अवलम्ब–** सहारा **अविलम्ब–** शीघ्र
(मप्र पीसीएस १९९६;आरएएस २००३,२००७)
- **अन्यान्य–** दूसरे-दूसरे **अन्योन्य–** एक-दूसरे से मिले हुए
- **अग–** अचल **अघ–** पाप
(आरएएस १९९४,२००३;आरएएस २००७)
- **अक्षि–** आँख **अक्षी–** आँखवाली
- **अगम–** दुर्लभ **आगम–** प्राप्ति
(मप्र पीसीएस १९९७,२००३; आरएएस २००७)
- **अचर–** न चलनेवाला **अनुचर–** सेवक
- **अतल–** पाताल का एक प्रकार **अतुल–** अत्यधिक
(आईएएस २००२,२००४,२००७;आरएएस २००५)
- **अभय–** निर्भय **उभय–** दोनों
(मप्र पीसीएस २०००,२००३,२००५;आरएएस २००७)
- **अस्त्र–** फेंककर चलाया जानेवाला हथियार (तीर, बन्दूक) **अस्त–** डूबना
- **अरि–** शत्रु, दुश्मन **अरी!–** स्त्रीलिंग का सम्बोधन
- **अवदान–** देन, उपलब्धि **अवधान–** मनोयोग, ध्यानपूर्वक
- **अब–** तत्काल, अभी **आब–** पानी
- **अलक–** बाल **अलग–** भिन्न, पृथक्
- **अनल–** अग्नि **अनिल**—वायु
(उप्र पीसीएस १९९०;मप्र पीसीएस १९९८,१९९९)
- **अभिसार–** प्रिय से मिलने का स्थान **अभीसार–** आक्रमण
- **अनिष्ट–** हानि **अनिष्ठ–** निष्ठारहित
- **अचार–** आम अथवा नींबू का अचार **आचार–** आचरण से सम्बन्धित
- **अपमान–** निरादर **उपमान–** जिसकी तुलना हो
- **अपभोग–** बुरा व्यवहार **उपभोग–** आस्वादन
- **अन्तराल–** बीच में **अन्तराय**—विघ्न
- **अराति–** शत्रु **आरति–** विराम
- **अरुज–** नीरोग, तन्दुरुस्त **अरुझ–** उलझना, फँसना
- **अर्घ्य–** हवन-सामग्री **अर्घ–** जलदान
- **अलि–** भ्रमर (आरएएस २००५) **अली–** सखी
- **अलास–** एक रोग का नाम **अलास्य–** जो नृत्य न करता हो
- **अलोक–** निर्जन, अदृश्य **अलोक्य–** असाधारण
(मप्र पीसीएस १९९५,१९९७,२००३,२००६)
- **असि–** तलवार **असी–** काशी की एक नदी का नाम
- **अविराम–** निरन्तर **अभिराम–** सुन्दर
(आरएएस १९९६,१९९८,२००३,२००६)
- **अभिज्ञ–** जानकार **अविज्ञ–** मूर्ख
(आरएएस १९९६;उप्र पीसीएस १९९१;
बिहार पीसीएस १९९३,मप्र पीसीएस २००२,२००६)
- **अवगत–** ज्ञात **अवगथ–** प्रात:काल का स्नान

- **अब्ज–** कमल — **अब्द–** बादल
- **अवधि–** निश्चित समय (आईएएस २००३) — **अवधी–** एक प्रकार की बोली
- **अवलि–** पंक्ति (आरएएस २००३) — **आविल–** कलुषपूर्ण
- **अवधूत–** संन्यासी — **अधूत–** अकम्पित, निडर
- **अधृत–** धारण न किया हुआ — **आधृत–** जो आधारित हो
- **अभ्यास–** बार-बार प्रयत्न करना — **अध्यास–** मिथ्या ज्ञान
- **अध्रुव–** अस्थिर — **अधुष–** कण्ठ प्रदाह, गले का एक रोग
- **अध्ययन–** पढ़ना, पढ़ाई — **अध्यशन–** अतिभोजन
- **अनंग–** बिना शरीर का — **अनग–** बिना नग का
- **अनन्दी–** धान-विशेष — **आनन्दी–** प्रसन्न
- **अनन्न–** भोजन से भिन्न पदार्थ — **अनन–** आनन्द, हर्ष
- **अनाश–** निराश, जिसका नाश न हो — **अनास–** नासिका-रहित
- **अनिरुक्त–** जिसकी व्याख्या न हुई हो — **अनिरुद्ध–** कृष्ण के पुत्र का नाम
- **अनुवेश–** पीछे प्रवेश करना, अनुसरण — **अनुवेश्य–** बग़ल के घर में रहनेवाला
- **अभिहित–** उक्त, माननीय — **अविहित–** अनुचित
- **अव्रत–** शास्त्रविहित नियम — **अव्रत्य–** धार्मिक कर्त्तव्य का उल्लंघन
- **अशित–** खाया हुआ — **असित–** काला
- **अशीत–** गरम — **अशीति–** अस्सी की संख्या
- **अशोच–** चिन्ता का अभाव, शान्ति — **अशौच–** अपवित्रता, नापाकी
- **अश्रि–** कोना, नोक, धार — **अश्रु–** आँसू
- **अशक्त–** शक्तिहीन, असमर्थ — **आसक्त–** लगा हुआ, मोहित
- **अशन–** भोजन — **असन–** फेंकना, छोड़ना
- **अष्टि–** 16 मात्राओं का एक छन्द — **अष्टी–** एक रागिनी
- **असत्त्व–** सार-रहित, तत्त्व-रहित — **असत्य–** झूठ

## आ

- **आकर–** खान — **आकार–** आकृति
- **आकार–** रूप, सूरत — **आकर–** खदान
- **आर्त्त–** दुखी — **आर्द्र–** गीला
- **आन्ध्य–** अन्धकार, अन्धापन — **आन्ध्र–** एक तेलुगूभाषी राज्य का नाम
- **आजान–** जन्म, उत्पत्ति जन्मस्थान — **आजानु–** घुटने तक
- **आपत्–** आपद् से सम्बन्धित — **आपात्–** आकस्मिक रूप में
- **आपाद–** पैर तक — **आपदा–** प्राकृतिक प्रकोप
- **आपीत–** हलका पीला — **आपीन–** मोटा, बलवान
- **आभोग–** रूप, विस्तार, घुमाव — **आभोग्य–** भोगने-योग्य, भोजन-सम्बन्धी
- **आमिश्र–** वह राज्य अथवा प्रान्त जहाँ राजभक्त और विद्रोही समान रूप में रहें — **आमिष–** मांसाहारी

- **आदर्श–** अनुकरणीय — **आदर्य–** आदरणीय
- **आधि–** मानसिक चिन्ता — **आधी–** आधा भाग
- **आभरण–** गहना, आभूषण — **आमरण–** मृत्यु-पर्यन्त
(आरएएस २००१,२००४,२००६)
- **आरति–** दुःख, विरक्ति — **आरती–** धूप-दीप दिखाना
(आरएएस १९९९,२००१,२००३,२००७)
- **आहूत–** निमन्त्रित — **आहुति–** होम
- **आसन–** बैठने की वस्तु — **आसन्न–** निकट
- **आवास–** निवास-स्थान — **आभास–** झलक
- **आस्तिक–** ईश्वर में आस्था रखनेवाला — **आस्तीक–** एक ऋषि का नाम
- **अ़ायत–** लम्बाई-चौड़ाई बराबर और प्रत्येक कोण समकोण वाली संरचना — **आयात–** बाहर से मँगाना
- **आदि–** आरम्भ, इत्यादि — **आदी–** अभ्यस्त
(आरएएस १९९७,१९९९,२००१,उप्र बीएड् प्रवेश-परीक्षा २००५)
- **आदि–** आरम्भ — **आधि–** पीड़ा
- **आति–** एक पक्षी का नाम — **आती–** 'आना' क्रिया का स्त्रीलिंग
- **आन्त–** अन्तिम, अन्त का — **आँत–** पाचन-संस्थान का एक अंग
- **आश्रुत–** न सुना हुआ, अवैदिक — **आश्रुति–** कर्णहीन, विस्मृति
(आईएएस २००२; बिहार पीसीएस २००४)
- **आँटी–** सूत का लच्छा — **आँठी–** गाँठ, गुठली, थक्का
(उप्र बीएड् प्रवेश-परीक्षा २०००)
- **आरसी–** दर्पण — **आरषी–** वैदिक, वैदिक वाणी
- **आरि–** हठ, ज़िद — **आरी–** लकड़ी काटने का एक यन्त्र
- **आली–** सहेली — **आलि–** निरर्थक, सुस्त
- **आस्य–** मुँह, चेहरा — **आस्त्र–** रक्त
- **आहत–** घायल — **आहित–** स्थापित, रखा हुआ
- **आहुत–** अतिथि-सत्कार — **आहूत–** निमन्त्रित
(उप्र बीएड् प्रवेश-परीक्षा २०००)

## इ

- **इंक–** स्याही — **इंग–** संकेत
- **इति–** पूर्णता — **ईति–** विघ्न
(मप्र पीसीएस १९९७; आरएएस १९९९)
- **इन्दु–** चन्द्रमा — **इन्दुर–** चूहा
- **इबादत–** पूजा, उपासना — **इबारत–** लेखन-शैली
- **इत्र–** सुगन्ध — **इतर–** दूसरा
- **इलय–** गतिहीन — **इलव–** किसान, निर्धन व्यक्ति
- **इर्शाद–** पथ-प्रदर्शन, हिदायत करना — **इर्साल–** लषन
- **इस्तरी–** वह उपकरण, जिससे कपड़ों को 'प्रेस' किया जाता है। — **स्त्री–** औरत, महिला
(उप्र बीएड् प्रवेश-परीक्षा २००१)

## ई

- **ईतर–** शोख़ **ईथर–** द्रव्य-विशेष
- **ईहा–** यत्न **इहाँ–** यहाँ
- **ईडा–** स्तुति **इड़ा–** भूमि
- **ईठ–** मित्र **इत–** ओर
- **ईठि–** भिन्नता **ईठी–** भाला, बरछा,
- **ईति–** बाधा, उपद्रव **ईदी–** ईद का इनाम, त्यौहारी
- **ईल–** बांगा, मछली **ईलि–** छोटी तलवार
- **ईश–** स्वामी, मालिक **ईष–** शिव का एक अनुचर, आश्विनी माह, बलशाली व्यक्ति (उप्र बीएड् प्रवेश-परीक्षा २००८)
- **ईक्षक–** दर्शक **ईक्षण–** दर्शन, विचार
- **ईक्षा–** दृष्टि, विचार **ईछा–** इच्छा
- **ईशा–** हरिष, बल **ईसा–** ऐश्वर्य, अधिकार, दुर्गा, ईसा मसीह (उप्र बीएड् प्रवेश-परीक्षा २००५)

## उ

- **उक्त–** कहा हुआ शब्द **उक्थ–** स्तोत्र, एक यज्ञ
- **उचा–** उभारकर **उजा–** साफ़
- **उग्र–** उत्कट, तीव्र, भयानक **उग्रा–** दुर्गा, महाकाली
- **उच्च–** ऊँचा, लम्बा, बड़ा, श्रेष्ठ **उच्य–** ढेर, राशि, चयन
- **उच्चरण–** ऊपर उठना, आना **उच्चारण–** बोलना, ध्वनि का मुँह से निकालना
- **उच्छास–** उच्छ्वास **उच्छास्त्र–** शास्त्र-विरोधी
- **उजड़–** उतावला **उजड्ड–** असभ्य
- **उज्जल–** धारा के प्रतिकूल **उज्ज्वल–** स्वच्छ, प्रकाशमान
- **उतर–** उतारना **उत्तर–** प्रश्न का उत्तर, जवाब
- **उत–** उस ओर, वहाँ **ऊत–** निःसन्तान
- **उत्कच–** जिसके बाल खड़े हों, गंजा **उत्कट–** तीव्र, उग्र, प्रबल (मप्र पीसीएस १९९७; आरएएस २००४)
- **उत्पाट–** उखड़ना, उन्मूलन, जड़ से नाश **उत्पात–** उपद्रव (मप्र पीसीएस १९९७)
- **उत्सूत्र–** धागे से निकला हुआ **उत्सूर–** सन्ध्या
- **उदक्त–** ऊपर उठा हुआ **उदक्य–** जलस्थ, जल चाहनेवाला
- **उदथ–** सूर्य **उदधि–** समुद्र, मेघ, वृक्ष
- **उदात्त–** विनम्र, उत्साही **उद्दान–** बन्धन, वश में लाना
- **उधार–** किसी को ऋण देना **उद्धार–** मुक्ति, कल्याण, सद्फल की प्राप्ति (मप्र पीसीएस १९९५,२००१,२००५,२००८)
- **उद्धत–** अतिशय कठोर, उजड्ड, उद्दण्ड **उद्यत**—तैयार, तत्पर (आरएएस २०००,२००३;उप्र पीसीएस १९९१)
- **उपचार–** सेवा, इलाज **उपकार–** भलाई
- **उपचार्य–** सेवा-टहल करने-योग्य, पूज्य **उपाचार्य–** सहायक आचार्य

- **उपधि–** छल, धोखा — **उपाधि–** पद, प्रमाणपत्र
- **उपरक्त–** विषयासक्त, पीड़ित — **उपरक्ष–** अंगरक्षक
- **उपलब्ध–** प्राप्त हुआ — **उपलभ्य–** प्राप्त करने-योग्य
- **उपवर्ण–** विस्तृत, ब्यौरेवार वर्णन — **उपवर्ण्य–** उपमान, अवर्ण्य
- **उपल–** पत्थर — **उत्पल–** कमल
- **उपांग–** छोटा अंग — **उपान्त–** छोर, किनारा
- **उपार–** भूल, दोष — **अपार–** सीमा-रहित
- **उमर–** उम्र, आयु — **उमरा–** धनिक, सरदार, सामन्त
- **उशी–** चाहना, इच्छा — **उषसी–** सन्ध्या, सान्ध्य-प्रकाश
- **उह–** वहाँ — **उह–** विस्मयसूचक शब्द 'ओह!'

## ऊ

- **ऊत–** निरा बेवकूफ़ — **ऊति–** सिलाई, सीने की मज़दूरी
- **ऊर्ध्व–** ऊँचा, सीधा — **ऊर्ध्वा–** प्राचीन काल की एक नाव
- **ऊबट–** अगम्य, टेढ़ा मार्ग — **उबटि–** उबटन लगाकर
- **ऊभ–** ऊँचा, उभरा हुआ — **उभ–** उर्ध्व
- **ऊमक–** वेग — **उभक–** रीछ
- **ऊषा–** प्रातःकाल — **ऊर्षा–** देवताड़ नामक तृण
- **ऊभना–** उठना — **उभाना–** उठान
- **ऊसर–** बंजर, परती ज़मीन — **उस्त्र–** किरण, सूर्य, दिन

## ऋ

- **ऋक्थ–** धन, जायदाद, सोना — **ऋक्–** ऋचा
- **ऋत–** सत्य, यथार्थ, मोक्ष — **ऋति–** गति, आक्रमण, मार्ग, मंगल
- **ऋषिक–** मन्त्र-द्रष्टा — **ऋषीक–** ऋषि का पुत्र
- **ऋद्ध–** समृद्धि — **ऋद्धि–** औषध, लता-विशेष
- **ऋषिक–** दक्षिण का एक देश — **ऋषीक–** तृण विशेष

(उप्र बीएड् प्रवेश-परीक्षा २००६)

## ए

- **एँच–** उलझन, घात — **ऐंच–** संकोच, खिंचाव
- **एँड़ा–** उलटा-सीधा — **ऐंड़ा–** ऐंठा हुआ
- **एक–** अनोखा — **ऐक्य–** एकता
- **एकतः–** एक ओर से — **एकत–** एक स्थान पर
- **एकता–** ऐक्य, समानता — **एकधा–** केवल एक बार
- **एकशफ़–** घोड़ा — **एकसठ–** साठ और एक
- **एनी–** एक बहुत बड़ा वृक्ष जो दक्षिण के पश्चिमी घाट में पाया जाता है — **ऐनी–** सूर्य-पुत्र

(उप्र बीएड् प्रवेश-परीक्षा २००१)

- **एव–** ही — **एवं–** और

- **एड–** बहरा  **एड़–** एड़ी
- **एकांकी–** एक अंकवाला (नाटक)  **एकांगी–** एक अंगवाला

## ऐ

- **ऐल–** इला का पुत्र पुरुरवा  **एला–** इलायची
- **ऐहिक–** सांसारिक  **एहि–** इसको
- **ऐन–** आँख, चश्मा, सोता  **ऐन्य–** स्वामी अथवा सूर्य-सम्बन्धी
- **ऐब–** दोष, खोट  **ऐभ–** हाथी-सम्बन्धी

## ओ

- **ओठ–** अधर  **औंठ–** छोर
- **ओड़–** उड़ीसा का निवासी  **औंड़–** श्रमिक
- **ओझर–** पेट  **ओझल–** ओट
- **ओग–** चन्दा, कर, गोद  **ओघ–** प्लावन, धारा, बहाव
- **ओड़–** उड़ीसा  **औढ़–** पास लाया हुआ
- **ओर–** तरफ़  **और–** तथा, अधिक

(आईएएस २००३;आरएएस २००२,२००४)

## औ

- **औंगना–** गाड़ी के पहिये की धुरी में तेल आदि लगाकर चिकना करना  **औंघना–** झपकना, ऊँघना, निद्राग्रस्त होना
- **औंटना–** खौलना  **ओटना–** बिनौले अलग करना
- **औंड़ा–** अथाह, गम्भीर  **ओड़ा–** दौरा, बड़ा टोकरा
- **औंला–** धात्री फल  **ओला–** गुप्त बात
- **और–** एवं, तथा, अधिक  **ओर–** तरफ़

## क

- **कंजिका–** जीवनदाई औषध का पौधा  **कुंजिका–** काला जीरा
- **कुंजित–** ध्वनित, गूँजा हुआ  **कुंचित–** घूँघरवाले (बाल), मुड़ा हुआ
- **कुँवर–** राजकुमार  **कुँवरि–** राजकुमारी
- **कंकण–** कड़ा, कंगन  **कंकड़–** पत्थर का छोटा टुकड़ा
- **कंकाल–** ठठरी, हड्डियों का समूह  **कंगाल–** ग़रीब

(मप्र पीसीएस १९९६,२००९; आरएएस २००८)

- **कंजर–** नीचा पुरुष, जाति-विशेष  **कुंजर–** हाथी

(मप्र पीसीएस १९९६; आरएएस २०००)

- **कुंकुम–** रोरी, केसर  • **कुंकुमा–** झिल्ली की कुप्पी
- **कर्ण–** कान, महाभारत के एक पात्र का नाम  • **करण–** कारक की तृतीय विभक्ति

(उप्र बीएड् प्रवेश-परीक्षा २००२)

- **कर्तन–** कतरना
- **कीर्तन–** भजन, पूजा
- **कटक–** सेना
- **कटुक–** कड़ुवा
- **कुन्तल–** लहरीले बाल
- **कुण्डल–** कान का आभूषण
- **कर्कट–** केंकड़ा
- **करकट–** कूड़ा
- **कर्म–** कार्य
- **क्रम–** सिलसिला
- **कलि–** कलियुग, एक युग
- **कली–** अधखिला फूल
- **कदन–** हिंसा
- **कदन्न–** ख़राब अन्न
- **कटिबन्ध–** कमरबन्द, करधनी
- **कटिबद्ध–** तैयार, संकल्पबद्ध
- **करीष–** सूखा गोबर
- **करीश–** गजराज
- **कश–** चाबुक
- **कस–** दबाव, कसाव, बल
- **कष–** कसौटी
- **कल्माष–** काला, चितकबरा
- **कल्मष–** पाप
- **कपि–** बन्दर
- **कपी–** घिरनी
- **कपिश–** मटमैला, भूरा
- **कपीश–** हनुमान्, सुग्रीव

(मप्र पीसीएस १९९९; आरएएस २००१)

- **कान्ति–** चमक
- **क्रान्ति–** परिवर्तन

(आईएएस २००३; बिहार पीसीएस २००६)

- **कलिल–** मिश्रित
- **कलील–** घोड़ा
- **कल–** आनेवाला दिन
- **कल–** बीता हुआ दिन, यन्त्र
- **काँटा–** नुकीली वस्तु, शल्य
- **काटा–** 'काटना' का भूतकाल
- **काष्ठ–** लकड़ी
- **काष्ठा–** दिशा, हद, सीमा
- **कान्ता–** सुन्दर, स्त्री
- **कान्तार–** वन, भयानक स्थान
- **कास–** खाँसी
- **काश–** शायद
- **क़िला–** गढ़, दुर्ग
- **कीला–** लोहे की नुकीली वस्तु

(आईएएस २००१; बिहार पीसीएस २००४)

- **कीर्त्तिमान–** नया मापदण्ड
- **कीर्त्तिमान्–** यशस्वी
- **कुच–** उरोज, स्तन, चुचुक
- **कूच–** प्रस्थान
- **कुजन–** दुर्जन
- **कूजन–** पक्षियों का कलरव
- **कुनबा–** घर, परिवार
- **कुनवा–** ख़रीदनेवाला
- **कुल–** खानदान
- **कूल–** किनारा

(मप्र पीसीएस १९९३; बिहार पीसीएस २००२;आरएएस १९९४; आईएएस २०००,२००४)

- **कृत–** किया हुआ
- **क्रीत–** ख़रीदा हुआ
- **कृति–** रचना
- **कृती–** निपुण

(आरएएस १९९८,२००४; मप्र पीसीएस १९९८)

- **कृषाण–** किसान
- **कृशानु–** आग
- **क्षत्र–** क्षत्रिय
- **छत्र–** छाता
- **क्षति–** हानि
- **क्षिति–** पृथ्वी

(मप्र पीसीएस १९९८,२००१,२००३)

- **क्षात्र–** क्षत्रिय-सम्बन्धी
- **छात्र–** विद्यार्थी
- **कोड़ी–** बीस
- **कौड़ी–** घोंघा, शंख आदि वर्ग का एक कीड़ा
- **कोर–** कोना
- **कौर–** निवाला, ग्रास

- **कोट–** क़िला, गढ़
- **कोटि–** करोड़
- **कोश–** शब्द-संग्रह
- **कोष–** ख़ज़ाना
- **कर्त्ता–** एक प्रकार का कारक, करनेवाला
- **करता–** 'करना' क्रिया का रूप

(उप्र बीएड् प्रवेश-परीक्षा २००७)

## ख

- **खल–** दुष्ट
- **खलु–** ही, तो निश्चयार्थक शब्द (अव्यय)
- **खाद–** उर्वरक
- **खाद्य–** खाने का पदार्थ
- **खोआ–** दूध से बननेवाला पदार्थ
- **खोया–** खो जाता है, गुमना
- **खाई–** गड्ढा
- **खायी–** 'खाना' क्रिया का भूतकाल
- **ख़ासी–** अच्छी, सुन्दर
- **खाँसी–** खाँसना, 'खासी' नामक एक जनजाति
- **ख़ैर–** कुशल, अच्छा
- **खैर–** कत्था
- **खोलता–** खोलने से सम्बन्धित
- **खौलता–** उबलता हुआ
- **खोलना–** बन्धन से मुक्त करना
- **खौलना–** उबलना

## ग

- **गदा–** एक प्रकार का अस्त्र
- **गधा–** एक प्रकार का जानवर
- **गर्व–** घमण्ड
- **गर्भ–** भ्रूण शिशु
- **गट्टा–** कलाई
- **गट्ठा–** गट्ठर
- **गत–** बीता हुआ
- **गति–** चाल, स्थिति
- **गढ़ना–** सुडौल करना
- **गड़ना–** चुभना
- **गण–** समूह
- **गण्य–** गिनने-योग्य

(आरएएस १९९६;मप्र पीसीएस २००६)

- **गुड़–** मीठी वस्तु
- **गूढ़–** रहस्यपूर्ण
- **ग्रह–** सूर्य, चन्द्र, बुध, वृहस्पति आदि ग्रह
- **गृह–** घर

(मप्र पीसीएस १९९३,१९९५;उप्र पीसीएस १९९५)

## घ

- **घन–** बादल, बड़ा हथौड़ा
- **घना–** गाढ़ा
- **घुस–** भीतर प्रवेश
- **घूस–** रिश्वत
- **घोर–** बहुत बुरा
- **घोल–** घुला-मिला, मिश्रण
- **घोष–** गर्जन
- **घोस–** बस्ती

## च

- **चण्ट–** चालाक
- **चण्ड–** तीक्ष्ण, तीव्र
- **चन्द्र–** चन्द्रमा
- **चन्द–** कुछ, थोड़ा
- **चन्द–** इतना अधिक, बहुत
- **चन्दा–** थोड़ा-थोड़ा करके इकट्ठा किया गया धन
- **चम्पक–** चम्पा का पेड़
- **चम्पत–** ग़ायब

- **चक्र–** चाका, पहिया
- **चक्रक–** एक प्रकार का साँप
- **चदिर–** चन्द्रमा, कपूर, हाथी
- **चद्दर–** चादर, वितान
- **चरित्र–** आचरण
- **चरित्रा–** इमली का पेड़
- **चरि–** पशु
- **चरी–** दूती, जासूस
- **चर्म–** चमड़ा
- **चरम–** अन्तिम

(मप्र पीसीएस १९९३;आईएएस २००३)

- **चतुष्पद–** चौपाया
- **चतुष्पथ–** चौराहा
- **चषक–** प्याला
- **चसक–** आदत, लत
- **चाष–** नीलकण्ठ
- **चास–** खेती, जुताई
- **चार–** चार की संख्या
- **चारु–** सुन्दर
- **चक्रवाक–** चकवा पक्षी
- **चक्रवात–** आँधी, तूफ़ान
- **चर–** चलनेवाला
- **चर–** जासूस, नौकर
- **चर्मणा–** एक तरह की मक्खी
- **चर्मण्य–** चमड़े का काम
- **चशक–** एक अँगरेज़ी भोजन
- **चषक–** शराब पीने का प्याला
- **चसक–** हलकी पीड़ा, टीस
- **चसका–** आदत, लत
- **चन्द्री–** चन्द्रमा की पत्नी
- **चन्द्रि–** बुध ग्रह
- **चाक–** चुस्त, स्वस्थ्य
- **चॉक–** खड़िया मिट्टी
- **चालक–** चलानेवाला
- **चालाक–** चतुर, धूर्त
- **चित्ति–** प्रज्ञा, शुद्धि
- **चित्ती–** छोटा धब्बा
- **चिता–** शव जलाने के लिए लकड़ियों का समूह
- **चीता–** एक जंगली पशु

(आईएएस २००२;आरएएस २००५)

- **चित्र–** तस्वीर
- **चित्त–** मन
- **चित्य–** चुनने-योग्य, चयनीय
- **चित–** कुश्ती में पराजय की एक स्थिति
- **चित्त–** मन
- **चिर–** दीर्घकाल
- **चीर–** वस्त्र

(आईएएस २००३,बिहार पीसीएस २००६)

- **चिरि–** तोता
- **चिरी–** चिड़िया
- **चुकना–** समाप्त होना
- **चूकना–** ग़लती करना
- **चैत्य–** चिता-सम्बन्धी
- **चैत–** एक माह का नाम

## छ

- **छः या छह–** पाँच और एक का योग
- **छ–** काटना, खण्ड, निर्मल
- **छकड़ी–** छः कहारों द्वारा उठायी जाने वाली पालकी
- **छगड़ी–** बकरी
- **छत्र–** छाता
- **क्षत्र–** क्षत्रिय
- **छत–** पाटन
- **क्षत–** घायल
- **छप्पय–** एक मात्रिक छन्द
- **छप्पर–** फूस का छाजन
- **छाक–** छकने का भाव, नशा
- **छाग–** बकरा
- **छात्र–** शिष्य, विद्यार्थी
- **क्षात्र–** क्षत्रिय-सम्बन्धी
- **छिदि–** कुल्हाड़ी, वज्र, काटना
- **क्षिति–** पृथ्वी
- **छेंक–** छेंकने की क्रिया
- **छेक–** पालतू पशु, अनुप्रास अलंकार का एक भेद

## ज

- **जंग–** लड़ाई
- **ज़ंग–** मोरचा
- **जंगी–** युद्ध-सम्बन्धी
- **जंगी–** हवशी
- **जक–** हठ, धुन, रटन
- **ज़क–** हार, पराजय, नीचा
- **जगत–** कुएँ का चबूतरा (मप्र पीसीएस १९९७,२००१,२००३,२००५)
- **जगत्–** संसार
- **जन्त्र–** ताबीज, ताला (मप्र पीसीएस १९९९,२००१,२००७)
- **यन्त्र–** मशीन
- **जघनी–** बड़े नितम्बों का
- **जघ्नि–** हनन का साधन, अस्त्र
- **जड़–** अचेतन, निर्बुद्धि, मूर्ख
- **जड़ा–** जड़ने-मढ़ने की क्रिया
- **जतु–** गोंद, लाख
- **जतू–** चमगादड़, एक ऋषि का नाम
- **जना–** उत्पत्ति, उत्पन्न किया
- **जन–** लोग
- **जलज–** कमल (आईएएस २०००,२००७;आरएएस २००३)
- **जलद–** बादल
- **जनाना–** बताना, अवगत कराना
- **ज़नाना–** स्त्री
- **जनि–** जन्म, स्त्री, माता
- **जनी–** पैदा की हुई, कन्या, माया
- **जफर–** परोक्ष बातें जानने की विद्या
- **ज़फ़र–** विजय, सफलता
- **ज़बर–** मज़बूत, बलवान
- **जबर–** ऊपरवाला
- **ज़बानी–** मुँह से कही जानेवाली, मौखिक
- **जवानी–** युवावस्था
- **जमन–** भोजन, आहार
- **ज़मन–** ज़माना, काल
- **ज़माँ–** ज़माना
- **जमा–** समूह, जोड़, पूँजी, धन
- **जमाना–** पतली चीज़ को ठोस बनाना, दूध जमाना
- **ज़माना–** काल, युग, अवधि, अरसा, बहुत समय (उप्र बीएड् प्रवेश-परीक्षा २००३)
- **जयति–** एक संकर राग, रागिनी
- **जयती–** श्रीराग की एक रागिनी
- **जर–** ज़रा, विनाश, वृद्ध
- **ज़र–** सोना, धन, दौलत
- **जरा–** बुढ़ापा, कमज़ोरी
- **ज़रा–** थोड़ी देर, तनिक, थोड़ा
- **जरी–** जड़ी-बूटी
- **ज़री–** सुनहरे तारों का बना हुआ
- **जलाशय–** झील, तालाब
- **जलाशया–** नागरमोथा
- **जाइ–** वृथा, बेकार
- **जाई–** कन्या, चमेली
- **जात–** जनमा हुआ, जाति
- **ज़ात–** वस्तु, तत्त्व, स्वरूप
- **जाती–** चमेली, मालती
- **ज़ाती–** व्यक्तिगत, निजी, आत्मीय
- **जानि–** पत्नी, भार्या
- **जानी–** जान का, प्राण से
- **जाया–** विधिवत् ब्याही हुई पत्नी
- **ज़ाया–** नष्ट, बरबाद, व्यर्थ
- **जिजिया–** बड़ी बहन (उप्र बीएड् प्रवेश-परीक्षा २००३)
- **जज़िया–** वह कर, जो मुसलमान शासक हिन्दुओं पर लगाते थे
- **जिला–** चमक, ओप, पॉलिश
- **ज़िला–** पहलू, पार्श्व देश का विभाग, सूबे का भाग
- **जिह्वा–** टेढ़ा, कुटिल
- **जिह्वा–** जीभी, जीभ
- **जी–** आदरसूचक शब्द
- **ज़ी–** तंगी, संकीर्णता
- **जीन–** जीर्ण-शीर्ष, वृद्ध
- **ज़ीन–** चारजामा, काठी
- **जीना–** जीवन की अवस्था में होना
- **ज़ीना–** सीढ़ी, सोपान

- **जीवनि–** संजीवनी बूटी
- **जीवनी–** जीवन-चरित्
- **जूँ–** मैल और पसीने से उत्पन्न कीड़ा
- **जू–** वातावरण, जी का अपभ्रंश
- **जेब–** गरेबान, पॉकेट
- **ज़ेब–** सुन्दरता, शोभा
- **जेर–** आँवला
(उप्र बीएड् प्रवेश-परीक्षा २००३)
- **ज़ेर–** नीचे, तले, अरबी-फ़ारसी में इ, ई, और ए की मात्रा
- **जोड़–** बन्धन
- **जोड़–** जोड़ने की क्रिया, योग
- **जोति–** ज्योति
- **जोत–** जोतने का भाव
- **ज्ञातव्य–** जानने-योग्य, ज्ञेय
- **ज्ञातव्य–** ज्ञात होना, जानकारी

## झ

- **झंझट–** लड़ाई, बखेड़ा
- **झंझर–** झज्झर
- **झक–** सनक, सुबूत, धुन
- **झख–** झीकने की क्रिया, तुच्छ कार्य
- **झंझा–** वेगवान, आँधी
- **झण्डा–** पताका, निशान
- **झक–** धुन, सनक
- **झट–** शीघ्र, तत्काल

## ट

- **टुक–** थोड़ा
- **टूक–** टुकड़ा
- **टोटा–** घाटा
- **टोंटा–** कारतूस
- **टाँक–** चार माशे की एक तोल
- **टाँका–** सिलाई, सीवन
- **टाँग–** जाँघ से लेकर एड़ी तक का भाग
- **टाँग–** टाँगने के अर्थ में

## ठ

- **ठण्ठ–** सूखा वृक्ष
- **ठण्ढ–** शीत
- **ठगनी–** ठगनेवाली
- **ठटनि–** सजावट
- **ठीका–** नियत समय
- **ठीहा–** ऊँची जगह, गद्दी, हद

## ड

- **डाँट–** फटकार
- **डाट–** टेक
- **डोंगी–** छोटी नाव
- **ढोंगी–** पाखण्डी

(आईएएस २००३,२००४,२००८,२००९)

## ढ

- **ढंख–** पलाश, ढाक
- **ढंग–** रीति, शैली, तरीक़ा, तर्ज़, चलन
- **ढरना–** गिरना, रिसना
- **ढारना–** उड़ेलना
- **ढलाई–** ढालने की क्रिया
- **ढिलाई–** शिथिलता
- **ढाढ़ी–** एक प्रकार के मुसलमान गवैये
- **दाढ़ी–** ठुड्डी और दाढ़ पर के बाल

(आईएएस २००२,२००५; आरएएस २००२)

- **ढाल–** रक्षक
- **डाल–** वृक्ष-शाखा

(आईएएस २००२; उप्र बीएड् प्रवेश-परीक्षा २००३)

## त

- **तंत–** ताँत, तत्त्व, इच्छा
- **तंत्र–** तन्तु, सिद्धान्त, योगशास्त्र
- **तर्क–** विवेचना
- **तर्क–** विचारणीय
- **तर्ण–** बछड़ा
- **तर्णि–** सूर्य, बेड़ा
- **तनु–** सुकुमार, सुन्दर
- **तनू–** माप

(मप्र पीसीएस १९९९;उप्र बीएड् प्रवेश-परीक्षा २००३)

- **तड़ाक्–** कड़ी चीज़ के टूटने की ध्वनि
- **तड़ाग–** तालाब, सरोवर
- **तत्त्व–** यथार्थ, वस्तुस्थिति
- **तथ्य–** सत्य, सचाई, सच्ची बात
- **तद्वत–** वैसा, उसके समान
- **तद्धत–** उसमें स्थित, तल्लीन
- **तप–** तप
- **तप्य–** शिव
- **तरणी–** नौका
- **तरुणी–** नवयुवती
- **तरणि–** सूर्य

(आरएएस १९९१,२००४,२००७; मप्र पीसीएस १९९६,२०००,२००४; आईएएस २००१,२००२,२००६,२००८)

- **तमीज़–** विवेक, अदब
- **तमीश–** चन्द्रमा
- **तराश–** तराशने की क्रिया, काट
- **तरास–** त्रास
- **तल्ख–** कड़ुवा
- **तल्प–** शय्या, सेज, अट्टालिका
- **तब–** बाद में
- **तव–** तुम्हारा
- **तरंग–** लहर
- **तुरंग–** घोड़ा, चित्त
- **ताउ–** ताप, ताव, क्रोध
- **ताऊ–** पिता के बड़े भाई
- **ताक–** ताकने की क्रिया
- **ताख–** ताखा, आला
- **ताड़–** ताड़न-क्रिया, आघात
- **तात–** एक पूज्य व्यक्ति
- **तारीक–** अँधेरा, काला
- **तारीख़–** तिथि, मिति, दिनांक
- **ताश–** खेलने के काम आनेवाला
- **तास–** एक तरह का कपड़ा
- **तिक्त–** तीता
- **तिग्म–** तीक्ष्ण, प्रखर, प्रचण्ड
- **तिथ–** कामदेव, अग्नि, वर्षा
- **तिथि–** चन्द्रमा की कलाएँ, तारीख़
- **तीर्थ–** पवित्र स्थान
- **तीर्थ्य–** एक रुद्र, सहपाठी
- **तीव्र–** तेज, अत्यन्त, नितान्त, तीक्ष्ण
- **तीव्रा–** राई, तुलसी, कुटकी
- **तुरन्त–** तुरंत, तत्काल
- **तुरन्ता–** सत्तू
- **तुरिया–** जुलाहों का एक औज़ार
- **तुरीया–** चतुर्थ, ब्रह्म में लीन होने की स्थिति
- **तूणक–** एक छन्द जिसमें पन्द्रह अक्षर होते हैं
- **तूणन–** बाँसुरी, वेणु

(उप्र बीएड् प्रवेश-परीक्षा २००४)

- **तूणि–** शीघ्र, तेज़
- **तूणी–** तरकश, नील का पौधा
- **तूर्य–** तुरही, मुरज, मृदंग
- **सूर्य–** सूरज
- **तूष–** कपड़े की किनारी
- **तूस–** गहरे लाल रंग का कपड़ा
- **तोश–** कारतूस रखने की थैली
- **तोष–** सन्तोष
- **तोल–** एक तोला
- **तोल–** तोलने की क्रिया
- **त्वाष्टी–** दुर्गा
- **त्वाष्ट्री–** चित्रा नक्षत्र

## थ

- **थन–** स्तन
- **थल–** पृथ्वी
- **थान–** थान के कपड़े
- **थान–** ठौर-ठिकाना
- **थाल–** थाली
- **थाना–** पुलिस स्टेशन

## द

- **दस–** दस की संख्या
- **दंस–** डंक
- **दक्ष–** प्रवीण, कुशल
- **दन्त–** दाँत
- **दर्प–** अहंकार
- **दर्भ–** कुश, डाभ, कुशासन
- **दबा–** भार से आक्रान्त
- **दरथ–** गुफा, पलायन, गड्ढा
- **दसा–** अगरवाल वैश्यों का एक प्रधान भेद
- **दक्षिण–** एक दिशा का नाम
- **दाग–** दग्ध करने की क्रिया, दाह
- **दान–** धर्म या दयावश किसी को कुछ देने की क्रिया
- **दाश्त–** परवरिश, भरण-पोषण
- **दास–** गुलाम
- **दार–** पत्नी
- **दाश्व–** देनेवाला, उदार
- **द्विप–** हाथी
- **दिक–** एक प्रकार का ज्वर
- **दिनान्ध–** जिसे दिन में न दिखे
- **दिन–** दिवस
- **दिया–** देने की क्रिया
- **दुत–** घृणासूचक एक शब्द
- **दुर्जात–** अनौचित्य, व्यसन
- **दुर्जेय–** दुर्जय
- **दुर्दर्श–** जिसे देखना कठिन हो, एक राक्षस, धृतराष्ट्र का एक पुत्र
- **दुर्वृत्त–** निन्दित आचरण करनेवाला
- **देव–** देवता
- **दैन–** दीनता, शोक, नीचता
- **दोष–** अपराध, क़ुसूर, अवगुण
- **द्युवन–** स्वर्ग
- **दर्श–** दर्शन
- **दंश–** चुभन, डाँस
- **दक–** जल
- **दन्त्य–** जिसका उच्चारण दाँत से हो
- **दपु–** शेख़ी
- **दभ्र–** थोड़ा, कम
- **दवा–** औषध
- **दरद–** दर्द, पीड़ा, करुणा
- **दशा–** स्थिति, अवस्था, हालत
- **दाक्षिण–** दक्षिणा-संग्रह .
- **दाग़–** धब्बा, कलंक
- **धान–** एक प्रकार का अन्न
  (आईएएस २०००; आरएएस २००६)
- **दास्य–** भक्ति का एक भेद
- **दास्य–** दासत्व, दासपन
- **द्वार–** दरवाज़ा
- **दास्य–** दास, सेवक-सम्बन्धी
- **द्वीप–** टापू
- **दिक्–** दिशा
- **दिनान्त–** सन्ध्या
- **दीन–** ग़रीब, दरिद्र
- **दीया–** मिट्टी का दीपक
- **द्रुत–** तीव्र, तेज़ी
- **दुर्जाति–** नीच जाति, दुष्कुल
- **दुर्ज्ञेय–** दुर्बोध
- **दुर्धर्ष–** जिसका पराभव न किया जा सके
  (उप्र बीएड प्रवेश परीक्षा २००४)
- **दुर्व्रत–** नियम या आज्ञा का पालन
- **दैव–** भाग्य
- **दैन्य–** दीनता, शोक आदि से सम्बन्धित एक
- सञ्चारी भाव
- **दोस्त–** मित्र
- **द्युम्न–** वित्त, धन, बल, कान्ति

- **द्वन्द–** घण्टा बजाने का घड़ियाल
- **द्वन्द्व–** युगल, दो युग्म, संघर्ष
- **दस–** एक संख्या का नाम
- **दसन–** दाँत, कवच
- **द्रव–** तरल पदार्थ
- **द्रव्य–** पदार्थ, वस्तु

(उप्र बीएड् प्रवेश-परीक्षा २००४; बिहार पीसीएस २००८)

## ध

- **धन–** सम्पत्ति
- **धना–** प्रीतम
- **धनेष–** कुबेर, ख़ज़ांची
- **धनेस–** बगुला-जैसा एक पक्षी
- **धन्य–** कृतार्थ, प्रशंसनीय
- **धन्व–** मरुस्थल, तट, आकाश
- **धरा–** पृथ्वी
- **धारा–** प्रवाह

(आईएएस २००३;बिहार पीसीएस २००५)

- **धुरा–** अक्ष
- **धूर–** धूल
- **धुंध–** धुँधला, गर्द आदि छा जाने से
- **धुंधु–** एक राक्षस का नाम
- **धौत–** सेंधा नमक
- **धौति–** हठयोग की एक क्रिया
- **ध्यान–** एकाग्र होना
- **ध्मान–** बजाने की क्रिया
- **धर्म–** कर्त्तव्य, धर्म
- **घर्म–** गरमी

## न

- **नक्त–** वह समय जब सन्ध्या होने में एक क्षण की देर हो
- **नक्र–** नाक, मगर, नासिका
- **नगण–** एक गण जिसमें तीनों अक्षर लघु होते हैं
- **नगण्य–** जो गणना में न आ सके, तुच्छ, हेय
- **नन्दि–** आनन्द
- **नन्दी–** पुत्र, शिव का वाहन
- **नर्तु–** तलवार की धार पर नाचनेवाला
- **नर्तू–** नर्तकी, अभिनेत्री
- **नपाक–** नापाक, अपवित्र
- **नपात–** देवयान-मार्ग
- **नमः–** प्रणाम
- **नम–** तरल, गीला, आर्द्र
- **नमश–** दूध का थोड़ा जमा हुआ फेन
- **नमस–** अनुकूल, प्रसन्न
- **नवत–** कम्बल, हाथी की झूल
- **नवति–** नब्बे की संख्या
- **नाक–** नासिका
- **नाग–** सर्प, एक जाति
- **नाक–** स्वर्ग
- **नाभ–** नाभि
- **नाज–** अनाज, अन्न, खाद्य-सामग्री
- **नाज़–** हाव-भाव, विलास-चेष्टा
- **नाप–** नापना (गज़, मीटर, इंच से)
- **नाफ़ा–** कस्तूरी की थैली
- **नारी–** स्त्री
- **नाड़ी–** रक्तवाहिनी नलियाँ

(आईएएस २००१,२००२,२००५,२००७)

- **नकाम–** पर्याप्त, काफ़ी
- **नाकाम–** असफल
- **निधान–** रखना, स्थापन, आधार
- **निदान–** निराकरण करना
- **निबाह–** निर्वाह
- **निबह–** समूह
- **निर्धन–** ग़रीब
- **निधन–** मृत्यु

(उप्र पीसीएस १९९६;आरएएस २००१,२००८)

- **नियोग–** नियोजित करने का काम
- **नियोज्य–** सेवक, नौकर
- **निरुद्योग–** निरुद्यम
- **निरुद्वेग–** शान्त, उद्वेगरहित
- **निर्वाण–** बुझा हुआ, मृत, मोक्ष
- **निर्माण–** बनाना, तैयार करना

(मप्र पीसीएस १९९३,१९९७,२००१,२००६,२००८)

- **निवृत–** ओढ़नी, उत्तरीय
- **निवृत्त–** लौटा हुआ, जो लौट आया हो
- **निष्क्रय–** ख़रीद, क्रय, वेतन, भृत्ति
- **निष्क्रिय–** कोई काम न करनेवाला
- **निष्पन्द–** गतिहीन
- **निष्पद–** जिसके चरण न हो
- **निस्तीर्ण–** जो पार जा चुका हो
- **विस्तीर्ण–** व्यापक
- **निहत–** मारा हुआ
- **निहित–** रखा हुआ, धरा हुआ
- **नीत–** ले जाया, पहुँचाया हुआ
- **नीति–** नियम, युक्ति, औचित्य
- **नीर–** पानी
- **नीड़–** घोंसला

(आईएएस २००१,२००३,२००६,२००७)

- **नुकता–** पते की बात, बारीक़ बात
- **नुक्ता–** धब्बा, दाग़, बिन्दु
- **नृत–** वह नाच जिसमें केवल अंगों का विक्षेप किया जाए
- **नृत्य–** ताल, लय और रस के अनुसार विलासपूर्वक अंगों का विक्षेप
- **नेति–** अन्त नहीं है (ब्रह्म के लिए प्रयुक्त), असीम, बेहद, ऐसा नहीं
- **नेति–** मथानी की रस्सी जिसे खींचने से वह घूमती है
- **नेमि–** पहिये का घेरा, कुएँ की जगत, प्रान्तभाग
- **नेमी–** नेम से रहनेवाला, नियमों का पालन करनेवाला
- **नौमि–** प्रणाम करता हूँ
- **नौमी–** नवमी, एक तिथि का नाम
- **न्यंक–** रथ का एक विशेष अंग
- **न्यंग–** चिह्न, भेद, प्रकार

(उप्र बीएड् प्रवेश-परीक्षा २००८)

- **न्यंकु–** बारहसींगा, एक मुनि
- **न्यक्त–** रखा या डाला हुआ
- **नयस्त–** रखने, छोड़ने तथा निहित करने-योग्य

## प

- **पड़ना–** गिरना
- **पढ़ना–** किसी पुस्तक आदि को पढ़ना
- **पत्ति–** पैदल चलनेवाला यात्री
- **पति–** स्वामी
- **पत्री–** चिट्ठी
- **पत्ती–** पता
- **पद्म–** कमल
- **पद्य–** कविता
- **पतन–** ह्रास, गिरना
- **पत्तन–** बन्दरगाह
- **पर्यय–** परिवर्तन
- **पर्याय–** समानार्थक शब्द
- **परक–** युक्त होना
- **परख–** परीक्षा
- **परश–** पारस पत्थर
- **परस–** स्पर्श करना
- **परुष–** कठोर
- **पुरुष–** आदमी

(मप्र पीसीएस १९९५,२०००; आईएएस २०००)

- **पराशर–** एक ऋषि का नाम
- **पराश्रय–** दूसरे पर आश्रित
- **पवन–** हवा
- **पावन–** पवित्र

(आईएएस २०००,२००२,२००५,२००९)

- **परिक्षा–** कीचड़, गीली मिट्टी
- **परीक्षा–** जाँच

* **परिजात–** से उत्पन्न
* **परिज्ञात–** अच्छी तरह जाननेवाला
* **परिमाण–** मात्रा
* **परिणाम–** प्रभाव, नतीजा

(आरएएस २००१,२०००४,२००७)

* **परिणीत–** विवाहित
* **प्रणीत–** चित्त

(आरएएस २०००,२००४,२००७)

* **परीक्षित–** जिसकी परीक्षा ली गयी हो
* **परीक्षित्–** अभिमन्यु का पुत्र
* **पिटना–** किसी के द्वारा पिट जाना
* **पीटना–** दूसरों को मारना
* **परायण–** लगा हुआ
* **पारायण–** पूरा पाठ
* **पाट–** विस्तार, चौड़ाई तट
* **पाठ–** पढ़ने की क्रिया
* **पाड़–** धोती या साड़ी का किनारा
* **पाढ़–** पीढ़ा
* **पाण–** व्यापार
* **पान–** ताम्बुल
* **पाणि–** हाथ
* **पानी–** जल

(आरएएस २००३,२००५,२००७)

* **पापर–** पापड़, खाद्य-पदार्थ
* **पॉपर–** जिसके पास कुछ न हो
* **पायँ–** पैर, पाँव
* **पाय–** जल
* **पाँव–** पैर
* **पाव–** चौथाई भाग
* **पायक–** दूत
* **पावक–** अग्नि
* **पाश–** बन्धन
* **पास–** निकटता, अधिकार
* **पितृ–** पिता
* **पित्त–** शरीर के तीन प्रसिद्ध दोषों में से एक
* **पुनः–** फिर, दोबारा
* **पुन–** दान, पुण्य
* **पुश्त–** पीढ़ी, सहारा का शिल्प
* **पुस्त–** मिट्टी, लोहे, लकड़ी आदि
* **पुष्कल–** पर्याप्त
* **पुष्कर–** सरोवर, एकतीर्थ

(आरएएस १९९४;मप्र पीसीएस २०००)

* **पुरी–** नगर
* **पूरी–** समग्र
* **पृष्ट–** पूछा हुआ
* **पृष्ठ–** पीठ, पन्ना
* **पेड़ा–** एक पिटारा
* **पेड़ा–** एक प्रकार की मिठाई
* **पेश–** सामने, आगे
* **पेष–** पीसने की क्रिया
* **पैतृक–** पिता का
* **पैत्तिक–** पित्त-सम्बन्धी
* **प्रभव–** उत्पत्ति
* **प्रभाव–** परिणाम, असर
* **प्रवाद–** वार्ता, बातचीत
* **परिवाद–** निन्दा
* **प्रमाण–** साक्षी
* **प्रणाम–** बड़ों के प्रति अभिवादन

(आईएएस २०००; आरएएस १९९१; उप्र पीसीएस १९९०,१९९३,१९९७; मप्र पीसीएस १९९४,२०००)

* **प्रकार–** ढंग, तरीक़ा
* **प्राकार–** क़िले का एक हिस्सा
* **प्रथा–** परम्परा
* **पृथा–** कुन्ती
* **प्रसाद–** भोग, कृपा
* **प्रासाद–** महल

(मप्र पीसीएस १९९४; आरएएस १९९४,२००८)

* **प्रक्रम–** क्रम
* **पराक्रम–** वीरता
* **प्रहार–** मारक
* **परिहार–** त्यागना
* **प्रवाह–** बहाव
* **परवाह–** चिन्ता

- **प्रवेश–** पैठना
- **परिवेश–** वातावरण
- **प्राप्त–** पाना
- **पर्याप्त–** भरपूर, काफ़ी

(आईएएस १९९९,२००३,२००६)

- **प्रेषित–** भेजा हुआ
- **प्रोषित–** प्रवासी

(आईएएस २००२; उप्र बीएड् प्रवेश-परीक्षा २००७)

## फ

- **फर्ज–** दरार
- **फ़र्ज़–** कर्त्तव्य
- **फन–** साँप का सिर
- **फ़न–** गुण, हुनर
- **फ़र्अ–** शाखा
- **फ़र्क़–** अन्तर
- **फरा–** फलाहार
- **फ़रार–** भागा हुआ अपराधी
- **फल–** खानेवाला फल
- **फाल–** काटा हुआ टुकड़ा
- **फिराक–** फेर, चिन्ता
- **फ़िराक़–** वियोग, जुदाई
- **फूट–** भेद पड़ना
- **फुट–** साँप का फन, अकेला

## ब

- **बड़–** वटवृक्ष
- **बढ़–** बढ़ना, फैलना
- **बदन–** शरीर, देह
- **वदन–** मुख
- **बदि–** बदला, पलटा
- **बदी–** कृष्ण पक्ष, अहित, बुराई
- **बनना–** 'बनना' क्रिया का रूप
- **बन्ना–** दुल्हन
- **बर–** दुल्हा
- **वर–** श्रेष्ठ, वरदान
- **बलि–** देवताओं को चढ़ायी जानेवाली चीज़, नैवेद्य, पूजा, पशु–बलि (उप्र बीएड् प्रवेश-परीक्षा २००५)
- **बली–** बलवान
- **बहि–** बाहर
- **बहिः–** बाहर से
- **बहु–** अनेक, अधिक, ज़्यादा
- **बहू–** पुत्रवधू, दुल्हन
- **बसता–** निवास करना
- **बस्ता–** थैला, झोला, बैग
- **बाग–** लगाम, रास
- **बाग़–** बगीचा
- **बाड़–** फ़सल की रक्षा के लिए बनाया गया घेरा
- **बाढ़–** एक प्रकार की आपदा, बढ़ने की क्रिया (उप्र बीएड् प्रवेश-परीक्षा २००५)
- **बात–** वार्ता, कथन
- **वात–** हवा
- **बाद–** पश्चात्
- **वाद–** प्रकरण, मुक़दमा
- **बार–** द्वार, घेरा, किनारा
- **वार–** दिन
- **बाला–** बालिका
- **वाला–** किसी वस्तु से युक्त जैसे– खोजनेवाला
- **बूड़ा–** डूब गया
- **बूढ़ा–** वृद्ध
- **बेल–** एक फल का नाम (उप्र बीएड् प्रवेश-परीक्षा २००५)
- **बैल–** बैल (हल, गाड़ी में जोतने के काम आनेवाले)
- **बेश–** ज़्यादा, अधिक
- **वेश–** वेशभूषा
- **बोदा–** मोटी अक़्ल का
- **बौद्धा–** समझनेवाला, नैयायिक

## भ

- **भंगि–** लहर, टेढ़ापन
- **भंगी–** मेहतर
- **भट–** योद्धा, सिपाही
- **भट्ट–** एक प्रकार का ब्राह्मण
- **भद्दा–** भौंडा, बरतन
- **भद्रा–** एक नक्षत्र का नाम
- **भर–** पूरा भरा हुआ
- **भार–** बोझ
- **भवन–** घर
- **भुवन–** संसार

(मप्र पीसीएस १९९४;उप्र बीएड् प्रवेश-परीक्षा २०००)

- **भाँड़–** भाँडा, बरतन
- **भाँड–** मसखरा, नक़ल उतारनेवाला
- **भाग–** भागना से सम्बन्धित, भाग देने की क्रिया
- **भाग्य–** नियति, तक़दीर, सौभाग्य
- **भाड़–** भड़भूजे की भट्ठी
- **भाण–** रूपक का एक भेद
- **भाभी–** बड़े भाई की पत्नी
- **भावी–** आगे होनेवाला
- **भारती–** सरस्वती
- **भारतीय–** भारत का
- **भावित्र–** त्रिलोक
- **भावित्य–** होनहार
- **भीत्ति–** दीवार, छत
- **भीति–** डर, भय

## म

- **मढ़ी–** छोटा मठ, मन्दिर
- **मड़ी–** किसी आवरण से युक्त
- **मणि–** बहुमूल्य पत्थर
- **मनि–** वीर्य, गर्व, अभिमान
- **मद–** मतवाला
- **मद्य–** मदिरा

(आईएएस १९९९;उप्र बीएड् प्रवेश-परीक्षा २००५)

- **मद्य–** शराब
- **मध्य–** बीच में
- **मद्र–** एक प्राचीन जनपद
- **मन्द्र–** सप्तक (संगीत) का एक प्रकार
- **मरुत्त–** एक चन्द्रवंशी राजा
- **मरुत्–** प्राण-देवता
- **मरुत–** वायु-देवता
- **मरत–** मरने की स्थिति में
- **मर्श–** विचार-विमर्श
- **मर्ष–** सहन, शान्ति, धैर्य
- **महदी–** पथ-प्रदर्शक, रहनुमा
- **मेहँदी–** हाथ में रचानेवाली वस्तु, हिना
- **माश–** उरद
- **मास–** महीना
- **मातृ–** माता का
- **मात्र–** केवल
- **माहँ–** बीच में, मध्य में
- **माह–** महीना
- **मिति–** मान, सीमा, विज्ञान
- **मिती–** तिथि, तारीख़
- **मिल–** उद्योग-संयन्त्र
- **मील–** दूरी की नाप
- **मिस्त्र–** एक देश का नाम
- **मिश्र–** ब्राह्मणों की एक उपाधि
- **मुक़र्रर–** कहा हुआ, दोहराया हुआ
- **मुकर्रर–** ठहराया हुआ, नियत
- **मूल–** जड़
- **मूल्य–** क़ीमत

(आईएएस १९९९,२००२,२००६,२००७)

- **मृत–** मरा हुआ
- **मृत्–** मिट्टी
- **मेला–** किसी उत्सव पर लोगों का किसी स्थान पर इकट्ठा होना
- **मैला–** गन्दा
- **मोर–** मुकुट
- **मोर–** पक्षि-विशेष

## य

- **यक्ष**– देवताओं का एक वर्ग
- **अक्ष**– धुरी
- **यान**– वाहन, रॉकेट
- **जान**– प्राण
- **याम**– प्रहर, तीन घण्टे का समय
- **याम्य**– यमदूत, यम का, दक्षिण का
- **युक्त**– उचित
- **युक्ति**– उपाय
- **युध्म**– धनुष-बाण, अस्त्र-शस्त्र
- **युध्य**– युद्ध के योग्य
- **योग**– जोड़ने की क्रिया, योगदर्शन
- **योग्य**– उपयुक्त
- **योगा**– सीता की एक सखी
- **योग्या**– युवती, अभ्यास
- **योगीश्वर**– योगियों में श्रेष्ठ
- **योगेश्वर**– महादेव, श्रीकृष्ण

## र

- **रंक**– निर्धन, ग़रीब, कृपण
- **रंकु**– पीठ पर सफ़ेद चित्तियाँ
- **रज़**– अंगूर
- **रज**– धूल, मासिक स्राव (स्त्रियों के)
- **रण**– युद्ध
- **रन**– ताल, झील
- **राजी**– क़तार, श्रेणी
- **राज़ी**– अनुकूल, सहमत, सम्मत
- **राढ़ा**– एक पुरी का नाम
- **राणा**– राजा
- **राशि**– ढेर, समूह, बारह राशियाँ
- **रासी**– रद्दी, निकृष्ट शराब
- **रिक्त**– शून्य, ख़ाली
- **रिक्थ**– उत्तराधिकार में प्राप्त धन
- **रिक्ष**– ऋक्ष, रीछ
- **रीझ**– मुग्ध होने का भाव
- **रूप**– आकार
- **रूपा**– सफ़ेद रंग का घोड़ा
- **रुख़**– चेहरा, मुख, गाल, कपोल
- **रुख**– तृण, घास, वृक्ष
- **रूड**– पाँच गज़ का एक मान
- **रूड़**– उत्तम, श्रेष्ठ
- **रूढ़**– उत्पन, सञ्जात, प्रचलित, वह संख्या जो विभक्त न हो
- **रूढ**– आरूढ़, चढ़ा हुआ, प्रसिद्ध, उजड्ड, कठोर, अकेला
- **रेश**– बड़ी और लम्बी दाढ़ी
- **रेष**– हानि, क्षति, हिंसा
- **रेखा**– लकीर (मप्र पीसीएस १९९४,१९९७,१९९९,२००१)
- **रेखता**– एक प्रकार की ग़ज़ल
- **रेशा**– सूत की सी एकहरी चीज़
- **रेषा**– हींसना, सिंह का गर्जन करना
- **रोज**– विलाप करना, एक वनैला पशु
- **रोज़**– प्रतिदिन, वक़्त

## ल

- **लक्ष**– सौ हज़ार, लाख (मप्र पीसीएस १९९४,१९९६,१९९८,२००३)
- **लक्ष्य**– उद्देश्य, निशाना लगाने की वस्तु
- **लगन**– धुन, निष्ठा
- **लग्न**– शुभ मुहूर्त्त
- **लपट**– ज्वाला
- **लिपट**– लिपटना, चिपकना
- **लवण**– नमक
- **लवन**– खेती से कटाई, छेदना
- **लुटना**– स्वयं लुट जाना
- **लूटना**– किसी के द्वारा लूटना
- **लाश**– मृत, देह, शव
- **लास्य**– एक नृत्य का नाम

| | |
|---|---|
| • **लाष–** लाख, लाह | • **लाश–** शव, मृतदेह |
| • **लेश–** अणु, सूक्ष्म अंश | • **लेस–** गोटा, बेल |
| • **लोटा–** जल रखने का एक पात्र | • **लौटा–** लौटने से सम्बन्धित, वापस |

## व

| | |
|---|---|
| • **वरण–** चुनाव (आरएएस २०००,२००२,२००३,२००७) | • **वारण–** न्योछावर करना |
| • **वक–** बगुला | • **बक–** बकासुर |
| • **वक्र–** टेढ़ा, झुका हुआ | • **वक–** बगुला पक्षी |
| • **वजह–** कारण, सबब, चेहरा, मुख | • **वज़ा–** बनावट |
| • **वटि–** एक तरह की चींटी | • **वटी–** गोली, रस्सी |
| • **वत्–** समान, तरह | • **वद्–** बोलनेवाला |
| • **वन्द्य–** आदरणीय, पूजा | • **वन्ध्य–** अनुत्पादक, निष्फल, सदोष |
| • **वन्न–** साझेदार | • **वन्य–** वन में पैदा हुई |
| • **वप्रि–** समुद्र | • **वप्री–** बाँबी, मिट्टी का ढूहा |
| • **वरन्–** बल्कि, ऐसा नहीं | • **वरण–** चुनना, अपनाना |
| • **वलि–** सिकुड़न, झुर्री | • **वली–** स्वामी |
| • **वशा–** स्त्री, गाय, हथिनी | • **वसा–** भेद, चरबीवाला पदार्थ |
| • **वसन–** कपड़ा | • **व्यसन–** आदत |
| • **वहित–** ढोया हुआ | • **वहित्र–** पोत, एक तरह का रथ |
| • **वारुणि–** अगस्त्य | • **वारुणी–** पश्चिम-दिशा, शराब |
| • **वास–** निवास | • **बास–** दुर्गन्ध |
| • **वासना–** काम-पिपासा | • **बासना–** दुर्गन्ध देना |
| • **विकाश–** प्रदर्शन, प्रकाश | • **विकास–** फैलाव, आनन्द, खिलना |
| • **विद्ध–** छेदा हुआ | • **विद्–** जानकार |
| • **विनाश–** अस्तित्व न रहना | • **विनास–** नासिकारहित |
| • **विराट–** मत्स्य देश, (अलवर, जयपुर आदि का भू-भाग) (उप्र बीएड् प्रवेश-परीक्षा २००५) | • **विराट्–** प्राधान्य, बहुत बड़ा, परमात्मा या ब्रह्म का विश्वास |
| • **विलम्ब–** देर | • **विलम्भ–** भेंट, दान, औदार्य |
| • **विवृत–** व्यक्त, स्पष्ट, प्रत्यक्ष | • **विवृत्त–** ऐंठा, हुआ, चक्कर |
| • **विश्रि–** मृत्यु | • **विश्री–** श्रीहीन, कान्तिहीन |
| • **वृत–** वरण किया, चुना हुआ | • **वृत्त–** गोलाकार, चरित्र |
| • **वृत्र–** एक दानव जिसे इन्द्र ने मारा था | • **वृत्ति–** जीविका |
| • **वेग–** गति | • **बैग–** थैला |
| • **वेटा–** वैश्यों की बस्ती | • **बेटा–** पुत्र |
| • **वेटी–** नाव | • **बेटी–** पुत्री |
| • **वित्त–** धवन | • **वृत्त–** गोलाकार |
| • **विस–** कमलनाल | • **विष–** ज़हर |
| • **विस्मृत–** भूला हुआ | • **विस्मित–** आश्चर्यचकित |

- **वस्तु–** चीज़
- **वास्तु–** भवन-निर्माण-सम्बन्धी कला, स्थापत्य
- **विपिन–** जंगल
- **विपन्न–** ग़रीब
- **व्यंग–** विकलांग
- **व्यंग्य–** साहित्य की एक विधा का नाम

## श

- **शंकर–** महादेव
- **संकर–** वर्णसंकर, मिश्रित
- **शब–** रात
- **सब–** समूह, समग्र
- **शम–** शान्ति, मानसिक स्थिरता
- **सम–** समान
- **शमि–** शिंवा नामक धान
- **शमी–** एक वृक्ष
- **शर–** बाण
- **सर–** सरोवर
- **शूर–** वीर
- **सूर–** सूर्य, अन्धा
- **शुचि–** पवित्र
- **सूची–** नामावली

(आरएएस १९९४;बिहार पीसीएस २००५)

- **शर्व–** शिव
- **सर्व–** सब
- **शाप्ति–** शाप
- **शप्ति–** घोड़ा
- **शह–** शतरंज का शह, मात
- **सह–** साथ में, सहायक
- **शबल–** चितकबरा
- **सबल–** ताक़तवर
- **शहर–** नगर
- **सहर–** सवेरा
- **शाला–** घर, मकान, विद्यालय
- **साला–** पत्नी का भाई
- **शीशा–** काँच, दर्पण
- **सीसा–** एक धातु का नाम
- **शती–** सैकड़ा
- **सदी–** शताब्दी
- **सती–** पतिव्रता स्त्री
- **शान्त–** चुप
- **सान्त–** सीमित, जिसका अन्त हो
- **शाख–** शाखा
- **साख–** प्रतिष्ठा
- **शशधर–** चन्द्रमा
- **शशिधर–** शिव
- **शस्त्र–** हथियार
- **शास्त्र–** ग्रन्थ
- **शकट–** बैलगाड़ी
- **शकठ–** मचान
- **शर्म–** लज्जा
- **श्रम–** परिश्रम
- **शराब–** मदिरा
- **शराव–** मिट्टी का प्याला
- **शारदा–** सरस्वती
- **सारदा–** सार भाग देनेवाली
- **शकल–** मुखड़ा
- **सकल–** सम्पूर्ण

(आरएएस १९९६,१९९८,१९९९)

- **शकृत्–** मैला, विष्ठा
- **सकृत–** एक बार
- **श्वपच–** चाण्डाल
- **स्वपच–** स्वयंपाकी
- **श्वजन–** कुत्ते
- **स्वजन–** अपने लोग
- **शय्या–** सेज, बिछावन
- **सज्जा–** सजावट, शृंगार
- **शुल्क–** फ़ीस, चन्दा
- **शुक्ल–** उज्ज्वल, एक पक्ष का नाम
- **शाण–** धार तेज़ करने का पत्थर
- **शान–** इज़्ज़त, तड़क-भड़क
- **शित–** दुर्बल, धारदार
- **शीत–** ठण्ढ
- **शील–** चरित्र, आचरणवान्
- **सील–** मुहर, ठप्पा

- **शुक्ति**– सीप
- **सूक्ति**– अच्छा कथन, उक्ति
- {**शुक**– तोता
- {**शूक**– जौ
- **शुक्र**– एक ग्रह का नाम
  (उप्र बीएड् प्रवेश-परीक्षा २००५)
- **शौक**– अभिरुचि
- **शोक**– स्वजन की मृत्यु पर उत्पन्न दुःख
- **श्याम**– साँवला, श्रीकृष्ण
- **स्याम**– एशिया का एक देश
- **श्वेत**– सफ़ेद, उजला
- **स्वेद**– पसीना
- **श्वशुर**– पत्नी के पिता
- **श्मश्रु**– दाढ़ी-मूँछ
- **श्रवण**– सुनना, कान
- **श्रमण**– बौद्ध संन्यासी
  (उप्र बीएड् प्रवेश-परीक्षा २००५)
- {**स्त्रवण**– टपकना, चूना
- {**स्त्रोत**– निकासी, धरा, साधन
- **श्रोत**– कान

## ष

- **षष्टि**– ६० वर्ष
  (आरएएस १९९४,१९९६,१९९९,२००८)
- **षष्ठी**– छठी
- **षड्**– छः
- **षट्** – छः
- **षण्ड**– नपुँसक
- **शुठ**– दुष्ट

## स

- **सँवार**– सजाना
- **संवार**– उच्चारण का एक प्रयत्न
- **सम्प्रति**– इस समय
  (आरएएस १९९६,१९९८,१९९९)
- **सम्प्राप्ति**– प्राप्त होना
- **संघ**– समिति
- **सँग**– साथ
- **सवर्ण**– समान वर्ग
  (आईएएस २००२,२००४,२००७,२००९)
- **सुवर्ण**– सोना
- **सप्त**– सात
- **शप्त**– शाप पाया हुआ
- **सन्**– साल (ईसवी सन्)
- **सन**– पटुआ
- **सम**– बराबर
  (आरएएस २०००,२००६,२००८)
- **शम**– शान्ति
- **समान**– तरह, सदृश
- **सामान**– सामग्री
- **सर्वदा**– हमेशा
  (मप्र पीसीएस २०००,२००४,२००६)
- **सर्वथा**– सब तरह से
- **सदेह**– देह के साथ
- **सन्देह**– शक, संशय
- **सर्ग**– अध्याय
  (मप्र पीसीएस २०००,२००६,२००७,२००९)
- **स्वर्ग**– तीसरा लोक
- **साँप**– एक विषैले जन्तु का नाम
- **साप**– 'शाप' का अपभ्रंश
- **सिर**– मस्तक
- **सीर**– हल की लकीर
- **सीकर**– रजकण
- **सीकड़**– ज़ंजीर, जड़
- **सुकृती**– पुण्यवान्
- **सुकृति**– पुण्य, सत्कर्म
- **सुधी**– विद्वान्, बुद्धिमान्
- **सुधि**– स्मरण
- **सुर**– स्वर
  (आईएएस २०००; बिहार पीसीएस २००१)
- **सूर**– सूर्य, सूरदास

- **सुकर–** आसानी
- **शूकर–** सुअर
- **सुत–** बेटा
- **सूत–** सारथि, धागा

(आईएएस २००३; बिहार पीसीएस २००४)

- **सुना–** सुनने से सम्बन्धित
- **सूना–** एकान्त
- **सुअन–** पुत्र
- **सुमन–** फूल
- **सूची–** सुई, विषय-क्रम
- **सूचि–** सूचना देनेवाला
- **सेना–** सेना (युद्ध की)
- **सैना–** पालना (पक्षियों द्वारा बच्चों को)
- **सेर–** तोलने का उपकरण
- **सैर–** घूमना
- **शेर–**जंगल का राजा
- **सेव–** बेसन का पकवान, नमकीन
- **सेब–** एक फल
- **सो–** इसलिए
- **सौ–** एक सैकड़ा
- **स्वर्ग–** तीसरा लोक
- **सर्ग–** सृष्टि, अध्याय

(उप्र बीएड् प्रवेश-परीक्षा २००५)

## ह

- **हंस–** एक पक्षि-विशेष
- **हँस–** हँसना (आरएएस २००८)
- **हत–** मारा हुआ
- **हथ–** हाथ का संक्षिप्त रूप
- **हथौटी–** हस्त-कौशल
- **हथौड़ी–** मोटा हथौड़ा
- **हय–** घोड़ा
- **है–** वर्तमान काल की सहायक क्रिया
- **हृद**–हृदय
- **ह्रद–** तालाब
- **हार–** पराजय
- **हार–** गले का एक आभूषण
- **हाल–** समाचार, बड़ा कमरा
- **हाला–** शराब

(मप्र पीसीएस १९९४,१९९७,१९९९)

## उपयोगी संख्यावाचक शब्द

- **शून्य** — ब्रह्म, आकाश तथा गणित में एक महत्त्वपूर्ण संख्या, अन्तरिक्ष और दर्शन में अनन्तबोधक
- **एक** — ईश्वर, सूर्य, चन्द्र, पृथ्वी, एक दन्तधारी आदि के लिए
- **दो अयन** — उत्तरायण, दक्षिणायण
- **दो उपासना** (भक्ति) — सगुण और निर्गुण
- **दो नेत्र** — वाम और दक्षिण
- **दो पक्ष** — कृष्ण-पक्ष और शुक्ल-पक्ष
- **दो मार्ग** — प्रवृत्ति, निवृत्ति
- **दो विद्याएँ** — परा और अपरा
- **तीन अग्नि** — बड़वाग्नि, जठराग्नि तथा दावाग्नि
- **तीन अवतार** — पूर्णावतार, कलावतार तथा छायावतार
- **तीन ऋण** — पितृ-ऋण, ऋषि-ऋण तथा देव-ऋण
- **तीन ऐषणा** — लोकेषणा, वित्तेषणा तथा पुत्रेषणा
- **तीन कर्म** — सञ्चित, प्रारब्ध, क्रियमाण
- **तीन काल** — भूत, वर्तमान, भविष्यत्

- **तीन गुण** — सत्व (सत), रज एवं तम
- **तीन जीव** — जलचर, थलचर, नभचर
- **तीन ताप** (दु:ख) — दैहिक, दैविक तथा भौतिक
- **तीन पुर** — कर्मलोक, ज्ञानलोक तथा भावलोक
- **तीन नित्य-पदार्थ** — जीव, ब्रह्म तथा प्रकृति
- **तीन देव** (त्रिदेव) — ब्रह्मा, विष्णु तथा महेश
- **तीन दोष** (त्रिदोष) — वात, पित्त तथा कफ
- **तीन धार्मिक अंग** — विद्या, दान तथा यज्ञ
- **तीन नाड़ियाँ** — इड़ा, पिंगला तथा सुषम्ना
- **तीन प्रकार के जीव** — मुक्त, मुमुक्ष तथा विषयी
- **तीन बल** — तन, मन तथा धन
- **तीन मल** — आणिव, मायिक तथा कर्म
- **तीन राम** — परशुराम, राम तथा बलराम
- **तीन लोक** — आकाश, पाताल तथा मृत्युलोक
- **तीन वायु** — शीतल, मन्द तथा सुगन्धित
- **तीन शरीर** — सूक्ष्म, स्थूल तथा कारण-रूप
- **तीन शारीरिक अवस्थाएँ** — बाल, यौवन तथा वृद्ध
- **तीन सन्ध्याएँ** — प्रात:, मध्याह्न तथा सन्ध्या
- **तीन स्थलियाँ** — काशी, गया तथा प्रयाग
- **तीन वैदिक काण्ड** — ज्ञान, कर्म तथा उपासना
- **चार अंग सेना के** — पदच्चर, रथचर, अश्वचर, तथा गजचर
- **चार अनुभव** — प्रत्यक्ष, अनुमान, शब्द तथा उपमान
- **चार अवस्थाएँ** — जाग्रत, स्वप्न, सुषुप्ति तथा तुरीय
- **चार आश्रम** — ब्रह्मचर्य, गृहस्थ, वानप्रस्थ तथा संन्यास
- **चार उपाय** (नीति के) — साम, दाम, दण्ड तथा भेद
- **चार दिशाएँ** — पूर्व, पश्चिम, उत्तर तथा दक्षिण
- **चार धाम** — जगन्नाथ, रामेश्वर, द्वारिका तथा बद्रीनाथ
- **चार पुरुषार्थ** — अर्थ, धर्म, काम तथा मोक्ष
- **चार ब्राह्मण** — शतपथ, गोपथ, ऐतरेय तथा सार्त्त
- **चार उपवेद** — आयुर्वेद, धनुर्वेद, गान्धर्ववेद तथा स्थापत्यवेद
- **चार प्रकार के भक्त** — दुखी, जिज्ञासु, अर्थार्थी तथा ज्ञानी
- **चार योनियाँ** — अण्डज्, पिण्डज्, उद्भिज् तथा जरायुज्
- **चार मत** — वैष्णव, शैव, शाक्त तथा वेदान्त
- **चार युग** — सतयुग, त्रेता, द्वापर तथा कलियुग
- **चार वर्ण** — ब्राह्मण, क्षत्रिय, वैश्य तथा शूद्र
- **चार वेद** — ॠग्वेद, यजुर्वेद, सामवेद तथा अथर्ववेद
- **चार प्रकार की मुक्ति** — सालोक्य, सामीप्य, सारुप्य तथा सायुज्य
- **चार शत्रु** — काम, क्रोध, मद तथा मोह
- **पाँच अँगुलियाँ** — अँगूठा, तर्जनी, मध्यमा, अनमिका तथा कनिष्ठिका

- **पाँच आसन** — पद्मासन, भ्रदासन, वज्रासन, वीरासन तथा स्वास्तिकासन
- **पाँच कन्याएँ** — अहल्या, द्रौपदी, तारा, मन्दोदरी तथा कुन्ती
- **पाँच कर्मेन्द्रियाँ** — हाथ, पैर, वाणी, गुदा तथा उपस्थ
- **पाँच गंगा** — गंगा, यमुना, सरस्वती, किरणा तथा धूतपापा
- **पाँच कोष** — अन्नमय, प्राणमय, मनोमय, विज्ञानमय तथा आनन्दमय
- **पाँच तत्त्व** — पृथ्वी, जल, वायु, अग्नि तथा आकाश
- **पाँच ज्योति** — अग्नि, वायु, आदित्य, चन्द्रमा तथा नक्षत्र
- **पाँच भूत** — जल, औषध, वनस्पति, आकाश तथा आत्मा
- **पाँच धातु** — चर्म, मांस, नाड़ी, हड्डी तथा मज्जा
- **पाँच नक्षत्र** — श्रवण, घनिष्ठा, शतभिषा, पूर्वभद्रा तथा उत्तर भद्रा
- **पाँच पाण्डव** — युधिष्ठिर , भीम, अर्जुन, नकुल तथा सहदेव
- **पाँच लोक** — पृथ्वी, अन्तरिक्ष, सूर्य, दिशाएँ तथा अवान्तर दिशाएँ
- **पाँच प्राण** — प्राण, अपान, व्यान, उदान तथा समान
- **पाँच ज्ञानेन्द्रियाँ** — आँख, कान, नाक, जीभ तथा त्वचा
- **पाँच महायज्ञ** — सन्ध्या, पितृयज्ञ, अग्निहोत्र, बलि तथा वैश्वदैव
- **पाँच लक्षण** (विद्यार्थी के) — काक-चेष्टा, बक-ध्यान, स्वान-निद्रा, अल्पहारी तथा गृहत्यागी
- **पाँच यम** — अहिंसा, सत्य, अस्तेय, ब्रह्मचर्य तथा अपरिग्रह
- **पाँच शत्रु** — काम, क्रोध, मद, मोह तथा लोभ
- **पाँच पिता** — जनक, उपनेता, श्वसुर, अन्नदाता तथा भयाग्रता
- **पाँच माताएँ** — जननी, आचार्य-पत्नी, सास, राजपत्नी तथा जन्मभूमि
- **पाँच देव** — विष्णु, शिव, गणेश, दुर्गा तथा सूर्य
- **पाँच गव्य** (अमृत) — दुग्ध, दधि, घृत, चीनी तथा मधु
- **पाँच रत्न** — सुवर्ण, मोती, हीरा, लाल तथा नीलम
- **पाँच नियम** — शौच, सन्तोष, तप, स्वाध्याय तथा ईश्वर-प्राणिधान
- **पाँच बाण** (कामदेव के) — मोहित, मस्त, तपन, शुष्क तथा शिधित
- **छः शत्रु** — काम, क्रोध, मद, मोह, लोभ तथा मत्सर
- **छः शास्त्र** (दर्शन) — सांख्य, योग, न्याय, वैशेषिक, कर्म-मीमांसा (या पूर्व मीमांसा या मीमांसा) और ब्रह्म मीमांसा या उत्तर मीमांसा। (इन्हें षड्दर्शन भी कहते हैं।)
- **छः ऋतु** — वसन्त, ग्रीष्म, वर्षा, शरद, हेमन्त तथा शिशिर
- **छः चक्र** — मूलाधार, स्वाधिष्ठान, मणिपूरक, अनाहत, विशुद्ध और आज्ञाचक्र
- **छः रस** — मधुर, लवण, तिक्त, कटु, कषाय तथा अम्ल
- **छः राग** — श्रीवसन्त, पंचम, भैरव, मेघ, नर तथा नारायण
- **छः वेदांग** — शिक्षा, कल्प, व्याकरण, निरुक्त, छन्द तथा ज्योतिष
- **छः इतियाँ** — अतिवृष्टि, अनावृष्टि, शलभ, मूषक, राजाक्रमण तथा खगवृन्द

- **छः दुःख** — गर्भ-दुःख, जन्म-दुःख, रोग, जरा, क्षुधा तथा मरण
- **छः जीवीय गुण** — इच्छा, द्वेष, ज्ञान, प्रयत्न, सुख तथा दुःख
- **सात ऋषि** — कश्यप, अत्रि, भारद्वाज, विश्वामित्र, गौतम, वसिष्ठ तथा जमदग्नि
- **सात द्वीप** — जम्बू, शाक, कुश, कोञ्च, शाल्मली, गोमेद तथा पुष्कर
- **सात स्वर** — षड्ज, ऋषभ, गान्धार, मध्यम, पञ्चम, धैवत तथा निषाद, (सा रे ग म प ध नि)
- **सात पुरी** — अयोध्या, मथुरा, हरिद्वार, काशी, कांची, अवन्तिका तथा द्वारिकापुरी
- **सात चिरंजीवी** (अमरत्व-प्राप्त) — अश्वत्थामा, बलि, व्यास, हनुमान्, विभीषण, कृपाचार्य तथा परशुराम
- **सात शत्रु** — निद्रा, आलस्य, स्वाद, अपवित्रता, काम, चिन्ता तथा केलि
- **सात दुर्गुण** — काम, क्रोध, मोह, लोभ, ईर्ष्या, घृणा तथा दुर्भावना
- **सात आश्चर्य** — मिस्र के पिरामिड (ऊँचाई ४८२ फुट), बेबीलोन के झूलते हुए बगीचे, ओलिम्पिया में जूपीटर की प्रतिमा, ईफेसिस-स्थित आर्टेमिस, देवी डायना का मन्दिर, हैली कारनेसू का मकबरा, रोड्स स्थित विशाल मूर्त्ति और एलेक्ज़ेण्ड्रिया-स्थित द्वीप स्तम्भ
- **सप्त सागर** — लवण, इक्षु, दधि, क्षीर, मधु, मदिरा तथा घृत
- **सप्त स्वर्ग** — भू, भुवः, स्वः, महः, जल, तप तथा सत्य
- **सप्त पाताल** — अतल, सुतल, तलातल, वितल, महातल, रसातल तथा पाताल
- **सप्त धातु** — रस, रक्त, मांस, मेद, धातुएँ, मज्जा, शुक्र *(वैद्यक के अनुसार)*
- **सात विद्यानाशक** — निद्रा, आलस्य, स्वाद, सुख, काम, चिन्ता तथा केलि
- **सात सुख** — खान, पान, परिधान, ज्ञान, गान, शोभा तथा संयोग
- **सात रंग** — लाल, नारंगी, पीला, हरा, नीला, आसमानी तथा बैंगनी
- **सात वार** — रवि, सोम, मंगल, बुद्ध, गुरु, शुक्र तथा शनि
- **आठ सिद्धियाँ** — अणिमा, महिमा, गरिमा, द्विभा, प्राप्ति, आकाम्य, ईशत्व तथा वशित्व
- **आठ छाप** (वल्लभ-सम्प्रदाय) — सूरदास, कृष्णदास, परमानन्द, कुम्भनदास, चतुर्भुज, नन्ददास, छीत स्वामी तथा गोविन्दस्वामी
- **आठ अंगों द्वारा प्रणाम** — उर, सिर, जानु, भुजा, हस्त, चरण, मन तथा वचन
- **अष्ट धातु** — लोहा, जस्ता, ताँबा, सोना, चाँदी, राँगा, सीसा तथा काँसा
- **अष्ट गण** — यगण, मगण, तगण, रगण, लगण, भगण, नगण तथा सगण
- **आठ योगांग** — यम, नियम, आसन, प्राणायाम, प्रत्याहार, धारणा, ध्यान तथा समाधि
- **आठ लक्षण** (मूर्खों के) — साहस, अन्त, चपलता, माया, भय, अविवेक, अशोच तथा अदाया

- **आठ प्रकार के विवाह** — ब्रह्म, दैव, आर्ष, प्रजापात्य, आसुर, गन्धर्व, राक्षस तथा पैशाच
- **आठ वसु** — सूर्य, चन्द्र, नक्षत्र, पृथ्वी, जल, अग्नि, वायु तथा कुबेर
- **आठ प्रहर** — *(दिन के चार प्रहर)* पूर्वाह्न, मध्याह्न, अपराह्न, सायं *(रात्रि के चार प्रहर)* प्रदोष, निशीथ, त्रियामा, तथा उषा
- **आठ प्रकार के अंग** — *(यौगिक)* यम, नियम, आसन, प्राणायाम, प्रत्याहार, धारणा, ध्यान तथा समाधि
- **आठ प्रकार की अवस्था** — कौमार, पौगण्ड, कैशोर, यौवन, बाल, तरुण, वृद्ध तथा वर्षीयान
- **नौ ग्रह** — चन्द्रमा, सोम, मंगल, बुद्ध, गुरु, शुक्र, शनि, राहु तथा केतु
- **नौ निधि** — पद्म, महापद्म, शंख, मकर, पाद-कच्छप, मुकुन्द, कुन्द, नील तथा खर्व
- **नौ भक्ति** (नवधा भक्ति) — श्रवण, कीर्त्तन, स्मरण, पाद-सेवन, अर्चन, वन्दन, दास्य, सख्य तथा आत्मनिवेदन
- **नौ रस** — श्रृंगार, करुण, हास्य, रौद्र, वीर, भयानक, बीभत्स, शान्त तथा अद्‌भुत
- **नौ रत्न विक्रम-सभा के** — धन्वन्तरि, क्षपणक, अमर सिंह, तेताल-भट्ट, शंकु, वराहमिहिर, घटखर्पर, कालिदास तथा वररुचि
- **नौ रत्न** (अकबर के दरबार के) — बीरबल, तानसेन, टोडरमल, फैजी, मान सिंह, मुल्ला दो प्याजा, अब्दुर्रहीम खानखाना, हक़ीम तथा हुनाम
- **नौ रत्न** (हिन्दी-साहित्य के) — कबीर, तुलसी, सूर, देव, भूषण, मतिराम, बिहारी, चन्दबरदाई, भारतेन्दु हरिश्चन्द्र
- **नौ रत्न** — मोती, पन्ना, माणिक, गोमेद, हीरा, मूँगा, वैदूर्य, पद्मराग तथा नीलम
- **नौ द्रव्य** — पृथ्वी, जल, तेज, वायु, आकाश, काल, दिक्, आत्मा तथा मन
- **नौ विष** — वत्सनाम, हारिद्रक, सक्तुक, प्रदीपन, सौराष्ट्रिक, श्रृंगक, कालकूट, हलाहल और ब्रह्मपुत्र
- **नौ शक्ति** — प्रभा, मया, जया, सूक्ष्मा, विशुद्धा, नन्दिनी, सुप्रभा, विजया तथा सर्वसिद्धिदात्री
- **नौ कुमारियाँ** — कुमारिका, त्रिमूर्त्ति, कल्याणी, रोहिणी, काली, चण्डिका, शाम्भवी, दुर्गा तथा सुभद्रा
- **नौ खण्ड** — भारत, इलावृत, किंपुरुष, भद्र, केतुमाल, हरि, हिरण्य, रम्य तथा कुश
- **नौ द्वार** — दो नेत्र, नाक के दोनों छिद्र, मुख, दो कान और दोनों गुप्त इन्द्रियाँ
- **नौ दुर्गा** — शैलपुत्री, ब्रह्मचारिणी, चन्द्रघण्टा, कूष्माण्डा, स्कन्दमाता, कालरात्रि, महागौरी, सिद्धिदात्री, दुर्गा

- **नौ गुण** (ब्राह्मणों के) — शुचि, तपस्वी, सन्तुष्ट, सत्यवक्त, शीलवान, दृढ़प्रतिज्ञ, दाता, धर्मात्मा तथा दयालु
- **दस लक्षण** (धर्म के) — धृति, क्षमा, दम, अस्तेय, शौच, इन्द्रिय-निग्रह, धी, विद्या, सत्य तथा अक्रोध
- **दस अवतार** — मत्स्य, कूर्म, वाराह, नृसिंह, वामन, परशुराम, राम, कृष्ण, बुद्ध तथा कल्कि
- **दस संन्यासी** — तीर्थ, आश्रम, वन, अरण्य, गिरि, पर्वत, सागर, सरस्वती, भारती तथा पुरी
- **दस दिशाएँ** — पूर्व, पश्चिम, उत्तर, दक्षिण, ईशान, नैऋत्य, वायव्य, आग्नेय, आकाश तथा पाताल
- **दस दिग्पाल** — गरुणध्वज, गोविन्द, अग्नि, पवन, ईश, राक्षस, यक्ष, सुरपति, धनद तथा वरुण
- **दस उपनिषद्** — ईश, केन, कठ, प्रश्न, मुण्डक, ऐतेरेय, तैत्तिरीय, छान्दोग्य, वृहदारण्यक और माण्डूक्य
- **दस वायु** — प्राण, अपान, व्यान, समान, उदान, नाग, कूर्म, कृकट, देवदत्त, धनञ्जय
- **दस प्रजापति** — मरीचि, अत्रि, अंगिरा, पुलत्स्य, पुलह, कृतु, प्रचेतादक्ष, वसिष्ठ, भृगु और दारदस
- **दस गुण बुद्ध के** — दान, शील, क्षमा, वीर्य, ध्यान, पूजा, बल, उपाय, सत्य और प्रणिधि
- **दस गुण माधुर्य के** — रूप, लावण्य, सौन्दर्य, माधुर्य, सौकुमार्य, यौवन, सुगन्ध, सुवेश, भाग्य, स्वच्छता तथा उज्ज्वलता
- **दस इन्द्रियाँ** — पाँच ज्ञानेन्द्रियाँ और पाँच कर्मेन्द्रियाँ
- **दस रन्ध्र** — नेत्र-२, कान-२, नासा-२, मुख-१, गुप्तेन्द्रिय-२ तथा ब्रह्मरन्ध्र-१
- **दस वायु** — प्राण, अपान, समान, व्यान, उदान, नाग, कूर्म, कृकट, देवदत्त तथा धनंजय
- **ग्यारह रुद्र** — अजैकपाद, अहिब्रघ्न, त्वष्टा, विश्वरूपहर, बहुरूप, त्रयम्बक, अपराजित, वृषाकति, शम्भु, कपर्दी तथा रैवत
- **ग्यारह अवस्थाएँ** (विरह की) — अभिलाषा, चिन्ता, स्मरण, गुणकथन, उद्वेग, प्रलाप, उन्माद, व्याधि, जड़ता, मूर्च्छा तथा मरण
- **बारह राशियाँ** — मेष, वृष, मिथुन, कर्क, सिंह, कन्या, तुला, वृश्चिक, धन, मकर, कुम्भ तथा मीन
- **बारह आदित्य** — वरुणी, मित्र, रुद्र, विवस्वान, शिव, विष्णु, अर्यमा, पूषा, त्वष्टा, सविता, मग तथा धाता
- **बारह भूषण** — नूपुर, किंकिणी, हार, नथ, चूड़ी, अँगूठी, शीशफूल, बेंदी, कंगन, कण्ठश्री, बाजुबन्द तथा टीका
- **बारह कलाएँ** (सूर्य की) — धूम्ना, तापिनी, मारीची, ज्वालिनी, रुचि, सुषुम्ण, भोगदा, क्षमा, धारिणी, विश्वा तथा बोधिनी

- **चौदह लोक** — तल, अतल, वितल, सुतल, तलातल, रसातल, स्वलोक, महालोक, अवलोक, तललोक, पाताल, भूलोक, सत्यलोक तथा ब्रह्मलोक
- **चौदह विद्या** — ब्रह्मज्ञान, रसायन, श्रुति, वैद्यक, ज्योतिष, व्याकरण, धनुर्विद्या, जलतरंग, संगीत, नाटक, घुड़सवारी, कोकशास्त्र, चोरी तथा चातुर्य
- **चौदह रत्न** — श्री, रम्भा, विष, वारुणी, अमृत, शंख, ऐरावत, धनुष, धन्वन्तरि, कामधेनु, कल्पवृक्ष, चन्द्रमा, तथा उच्चैश्रवा तथा कौस्तुभमणि
- **चौदह मनु** — स्वयंभुव, स्वारोचिष, उत्तम, तामस, रैवत, चाक्षसूसख्वैवस्वत, सावर्णि, दक्ष, सावर्णि, धर्म सावर्णि, रुद्र सावर्णि, दक्षसावर्णि, इन्द्र सावर्णि तथा ब्रह्म सावर्णि
- **चौदह यम** — धर्मराज, मृत्यु, अतंक, वैवस्वत, नील, काल, सर्वभत, क्षय, उदुबर, दघ्न, परमेष्ठी, वृकोदर, चित्र तथा चित्रगुप्त
- **पन्द्रह तिथि** — प्रतिपदा से पूर्णिमा तक अथवा अमावस्या तक
- **सोलह शृंगार** — अंगशौच, उबटन, स्नान, केशबन्धन, अंगराग, अञ्जन, महावर, दन्तरञ्जन, ताम्बूल, वसन, भूषण, सुगन्धि, पुष्पाहार, कुंकुम, भालतिलक, तथा चिबुकबिन्दु
- **सोलह कलाएँ** — अमृता, मानदा, पूषा, तुष्टि, पुष्टि, रति, धृति, शशिनी, चन्द्रिका, कान्ति, ज्योत्स्ना, श्री, प्रीति, अंगदा, पूर्ण तथा पूर्णमृता
- **सोलह संस्कार** — गर्भाधान, पुंसवन, सीमान्तोन्नयन, जातकर्म, नामकरण, निष्क्रमण, अन्नप्राशन, चूड़ाकर्म, कर्णवेध, उपनयन, वेदारम्भ, समानवर्त्तन, विवाह, वानप्रस्थ, संन्यास तथा देहान्त
- **सोलह प्रकार की पूजाविधि** — आवाहन, स्थापन, पाद्य, सिंहासन, अर्घ्य, आचमन, स्नान, चन्दन, फूल, दीप, धूप, नैवेद्य, ताम्बूल, प्रदक्षिणा, नमस्कार तथा आरती
- **अट्ठारह पुराण** — ब्रह्म, पद्म, विष्णु, शिव, भागवत, नारद, मार्कण्डेय, अग्नि, भविष्य, ब्रह्मवैवर्त्त, लिंग, वाराह, स्कन्द, वामन, कूर्म, मत्स्य, गरुड़, तथा ब्रह्माण्ड
- **इक्कीस नाड़ियाँ** — शरीर की २१ नाड़ियाँ, जिनमें निम्न १० प्रमुख हैं। इड़ा, पिंगला, सुषम्ना, गन्धारी, हस्तजिह्वा, पुष्प, यशस्विनी, अलम्बुश, कुहू तथा शंखिनी इनमें भी प्रथम तीन अधिक प्रसिद्ध हैं।
- **इक्कीस गुण** (यश के) — सुशीलता, वात्सल्य, सुलभता, गम्भीरता, क्षमा, दया, करुणा, आर्द्रव, उदारता, आर्यण, प्रीति, करणत्व, सौहार्द्र, चातुर्य, कृतज्ञता, ज्ञान, नीति, लोकप्रियता, कुलीनता, अनुराग और निवर्हणत

• **इक्कीस मूर्च्छनाएँ** (संगीत की) — उत्तरमुद्रा, रजनी, उत्तरायणी, शुद्ध षड्जा, मत्सरीकान्ता, अश्वकान्ता, अभीरुता, शर्तरी, हरिणाश्चा, कपोलनता, शुद्धमध्या, मार्गी, पौर्वी, मन्दाकिनी, नन्दा, विशाला, सौमपी, विचित्रा, रोहिणी, सुखदा तथा अलापी

• **चौबीस अवतार** — सनत् कुमार, वाराह, नारद, नरनारायण, कपिल, दत्तात्रेय, यज्ञपुरुष, ऋषभ, पृथु, मत्स्य, कूर्म, धन्वन्तरि, मोहिनी, नृसिंह, वामन, परशुराम, राम, कृष्ण, व्यास, हंस, हयग्रीव, हरि, बुद्ध तथा कल्कि

• **पच्चीस प्रकृति** (आकाश की) — काम, क्रोध, लोभ, मोह तथा भय
(वायु की) — दौड़ना, काँपना, लेटना, चलना तथा संकोच
(जल की) — ज्योति, स्वेद, रक्त, लार तथा मूत्र
(अग्नि का) — प्यास, भूख, मांस, नाड़ियाँ तथा अस्थि

• **सत्ताईस नक्षत्र** — अश्विनी, भरणी, कृत्तिका, रोहिणी, मृगशिरा, आर्द्रा, पुनर्वसु, पुष्प, श्लेषा, मघा, पूर्वा फाल्गुनी, उत्तरा फाल्गुनी, हस्त, चित्रा, स्वाती, विशाखा, अनुराधा, ज्येष्ठा, मूल, भाद्रपद, उत्तराभाद्रपद, पूर्वाषाढ़, उत्तराषाढ़, श्रवण, घनिष्ठा, शतभिषा तथा रेवती

• **तैंतीस सञ्चारी भाव** — निर्वेद, ग्लानि, शंका, असूया, श्रम, मद, धृति, आलस्य, विषाद, मति, चिन्ता, मोह, स्वप्न, विबोध, स्मृति, अमर्ष, गर्व, उत्सुकता, अविहत्थ, दीनता, हर्ष, क्रीड़ा, उग्रता, निद्रा, व्याधि, मरण, अपस्मार, आवेग, त्रास, उन्माद, जड़ता, चपलता और वितर्क

• **तैंतीस देवता** — ८ बसु, ११ रुद्र, १२ आदित्य, १ इन्द्र तथा १ प्रजापति

• **चौसठ कलाएँ** — गायन, वादन, नर्तन, नाट्य, आलेखन, अल्पना, विशेषक, पुष्पशय्या बनाना, अंगरागादि लेपन, पच्चीकारी, जलक्रीड़ा, शयन करना, जलतरंग बजाना, माला गूँथना, मुकुट बनाना, वेष बदलना, कर्ण-भूषण बनाना, इत्रादि सुगन्धित द्रव्य बनाना, आभूषण धारण करना, इन्द्रजाल करना, असुन्दर को सुन्दर बनाना, हाथ की सफ़ाई, रसोई-कार्य में निपुणता, शर्बत बनाना, सिलाई में दक्षता, कलाबत्तू, पहेली बुझाना, नाटक प्रस्तुत करना, अन्त्याक्षरी, पुस्तक-वाचन, काव्य-समस्यापूर्ति, बेंत की बुनाई, सूत कातना, बढ़ई-गिरी, वास्तुकला, रत्न-परीक्षा, धातु-कर्म, रत्नों की रंग-परीक्षा, आकर ज्ञान, बाग़वानी, उपवन-विनोद, मेढ़ा पक्षी आदि लड़ाना, पक्षियों की बोलियाँ जानना, मालिश करना, केशमार्जन-कौशल, गुप्त भाषाज्ञान, विदेशी कलाओं का ज्ञान, देशी भाषाओं का ज्ञान, भविष्य कथन में दक्षता, कठपुतली नर्त्तन-विद्या, किसी बात को सुनकर दोहरा देना, आशु काव्य की क्षमता, भाव को उलटा करके कहने में कुशलता, धोखाधड़ी, छलिक नृत्य, अभिधान या कोश-ज्ञान, नक़ाब लगाना, वस्तु-गोपन,

द्यूतविद्या, रस्सा-कसी क्रीड़ा, बाल-क्रीड़ा, शिष्टाचार, मन-जीतना अथवा वशीकरण तथा व्यायाम

- **अड़सठ तीर्थ** — हिन्दू-धर्म के अनुसार
- **सत्तर काबा** — इसलाम-धर्म के अनुसार
- **बहत्तर कोष्ठ** — शरीर-विज्ञान के अनुसार
- **सात हज़ार सलार** — मुस्लिम सेनापतियों के अनुसार
- **एक लाख पैग़म्बर** — इसलाम धर्म के अनुसार
- **अक्षौहिणी सेना** — चतुरंगिणी सेना, जिसमें १,२९,३५० पदातिक, ६५,६१० अश्व, ३१,८७० रथ और ११,८७० गज रहते थे। (कुल संख्या २,३८,७००)
- **चौरासी लाख योनियाँ** — १ लाख मनुष्य, ९ लाख जलचर, ११ लाख कीड़े-मकोड़े, २३ लाख पशु, २७ लाख स्थावर, पर्वत, वृक्ष, पहाड़, नदी आदि
- **तैंतीस करोड़ देवता** — हिन्दू-धर्म के अनुसार
- **छियालीस करोड़ शेख़** — इसलाम-धर्म के अनुसार
- **छप्पन करोड़ खेलखासी** — इसलाम धर्म के निजी कार्यकर्त्ता के अनुसार
- **अट्ठासी करोड़ शेख़** — मुस्लिम धर्म के अनुसार
- **एक हज़ार करोड़ वार्ताएँ** — पुराणों की कथा-वार्ताएँ
- **असंख्य** — लक्ष्मी तारामण्डल

**ज्ञातव्य :** अयुत १० हज़ार का, नियुत १ लाख के बराबर, प्रयुक्त १० लाख के बराबर, अर्बुद १ करोड़ के बराबर तथा न्यर्बुद १० करोड़ के बराबर होता है।

## अनेक शब्दों के लिए एक शब्द (One-word Substitution)

- जिसके पास कुछ न हो — **अकिञ्चन**
- आगे बढ़कर स्वागत करना — **अगवानी**
- पहले जन्म लेनेवाला — **अग्रज**
  (आरएएस १९८७,२००१,२००६)
- जो वस्तु चलनेवाली न हो। — **अचर**
- जो वस्तु एक ही स्थान पर रहे। — **अचल**
- जो चिन्ता के योग्य न हो। — **अचिन्तनीय, अचिन्त्य**
  (आरएएम १९८७,२००४,२००७)
- जो कुछ नहीं जानता हो। — **अज्ञानी**
  (उप्र पीसीएस १९९४; उप्र बीएड् प्रवेश-परीक्षा २००२)
- जो न जाना जा सके। — **अज्ञेय**
  (प्रवर अधीनस्थ सेवा-परीक्षा २००१; उप्र पीसीएस २००१)
- जिसके समान कोई दूसरा न हो। — **अद्वितीय**
  (आरएएस १९९४; आईएएस १९९०,१९९५; उप्र पीसीएस १९९५)
- बिना पढ़ा हुआ अंश — **अपठितांश**
  (उप्र टीईटी २०१४)

- जिसके आने की कोई तिथि न हो। — **अतिथि**
  (आईएएस १९९५; उप्र पीसीएस २००३,२००७)
- जिसकी गहराई न नापी जा सके। — **अथाह**
  (उप्र पीसीएस २००९)
- जो जीता न जा सके। — **अजेय**
  (प्रवर अधीनस्थ सेवा-परीक्षा २००४; उप्र पीसीएस १९९५,२००७)
- जो दिया न जा सके। — **अदेय**
- आय-व्यय के आँकड़ों की जाँच करने वाला — **अंकेक्षक**
  (उप्र निर्वाचन आयोग-परीक्षा २००८)
- पहाड़ का ऊपरी भाग — **अधित्यका**
- अधिक बढ़ा-चढ़ा कर कहना — **अतिशयोक्ति**
  (आरएएस १९८७; उप्र बीएड् प्रवेश-परीक्षा २००३)
- जिसका शत्रु न जन्मा हो। — **अजातशत्रु**
  (बिहार पीसीएस २००५; प्रवर अधीनस्थ सेवा-परीक्षा २००७; आरएएस १९९१; उप्र पीसीएस:१९९३,१९९५,२००३,२००८)
- जो अभी तक न आया हो। — **अनागत**
  (आईएएस १९९२; उप्र बीएड् प्रवेश-परीक्षा २००१)
- जो कुछ नहीं जानता है। — **अनाभिज्ञ**
  (उप्र पीसीएस २००५; उप्र बीएड् प्रवेश-परीक्षा २००६)
- एक व्यक्ति की शासन-सत्ता — **अधिनायकवाद**
- छोटा भाई और छोटी बहन — **अनुज, अनुजा**
- जो पीछे चलता हो। — **अनुचर**
  (आईएएस १९९२,१९९३; उप्र बीएड् प्रवेश-परीक्षा २००७)
- जिसे बुलाया न गया हो। — **अनाहूत**
  (उप्र पीसीएस १९९४,२००५,२००७)
- व्यर्थ ख़र्च करनेवाला — **अपव्ययी**
  (आरएएस १९९६; उप्र पीसीएस १९९८,२००६,२००७, २००९)
- जिसे भले-बुरे का ज्ञान न हो। — **अबोध**
  (उप्र पीसीएस २००७; आरएएस २००३,२००६,२००८)
- जिस पर अभियोग लगाया गया हो। — **अभियुक्त**
  (उप्र पीसीएस २००३; आईएएस २००५,२००७,२००९)
- जो प्रमाण से सिद्ध न हो सके। — **अप्रमेय**
- जिसका परिमाण न जाना जा सके। — **अपरिमेय**
- जो पहले कभी न हुआ हो। — **अभूतपूर्व**
  (आरएएस १९९१,१९९८; आईएएस १९९२,१९९५,२००६)
- जो कभी न मरे। — **अमर**
  (आईएएस २००१,२००३,२००५; आरएएस २००६,२००८)
- जो वस्तु दूसरे के यहाँ रखी हो। — **अमानत** (धरोहर)
- जिसका कोई अर्थ न हो। — **अर्थहीन**
  (उप्र पीसीएस १९९५; आईएएस २००३,२००६)
- जो आगे (दूर) की सोचता हो। — **अग्रसोची** (दूरदर्शी)
- जो आगे (दूर) की न सोचता हो। — **अदूरदर्शी**
  (प्रवर अधीनस्थ सेवा-परीक्षा २००१,२००३,२००६,२००९)

- जो बीत चुका हो। — **अतीत**
  (आईएएस १९९०,१९९६,१९९९,२००३,२००४,२००७)
- जिसके माता-पिता न हों। — **अनाथ**
  (आईएएस १९९३,१९९५,१९९७,२०००,२००३)
- पृथ्वी और आकाश के बीच का स्थान — **अन्तरिक्ष**
  (उप्र पीसीएस १९९२,१९९९,२००२,२००५)
- जो इन्द्रियों द्वारा न जाना जा सके। — **अगोचर** (अतीन्द्रीय)
  (उप्र पीसीएस १९९९; आईएएस २००५,२००७)
- जो सबके अन्तःकरण की बात जाननेवाला हो। — **अन्तर्यामी**
  (मप्र पीसीएस १९९०; आरएएस १९९८,२००४;
  उप्र पीसीएस २००६; आईएएस २००६,२००८,२००९)
- जो खाया न जा सके। — **अखाद्य**
- सूर्योदय से पूर्व का समय — **अरुणोदय**
- जो पढ़ा न जा सके। — **अवाच्य, अपठनीय**
- अन्य भाषा में परिणति — **अनुवाद, रूपान्तरण**
- मूल्य घटाने का कार्य — **अवमूल्यन**
  (आईएएस १९९२; उप्र बीएड् प्रवेश-परीक्षा २००७,२००८)
- घुटनों तक भुजाओंवाला — **अजानुबाहु**
- जिसकी परिभाषा देना असम्भव हो। — **अपरिभाषित**
  (आईएएस १९९२; उप्र बीएड् प्रवेश-परीक्षा २००३,२००५)
- जो पीछे चलता हो। — **अनुगामी**
  (आईएएस १९९२,१९९३; उप्र बीएड् प्रवेश-परीक्षा २००७)
- जिसकी कोई सीमा न हो। — **असीमित**
  (उप्र पीसीएस २०००; आईएएस २००४,२००७)
- जिसका परिहार न हो सके। — **अपरिहार्य**
  (उप्र पीसीएस १९९७; उप्र बीएड् प्रवेश-परीक्षा २००५,२००७)
- जिसका जन्म अण्डे से हो। — **अण्डज्**
  (उप्र एपीओ १९९७; उप्र बीएड् प्रवेश-परीक्षा २००३,२००८)
- जिस पर अनुग्रह किया गया हो। — **अनुगृहीत**
  (उप्र पीसीएस १९९४; उप्र बीएड् प्रवेश-परीक्षा २००७,२०१०)
- जिसका निवारण न किया जा सके। — **अनिवार्य**
  (उप्र पीसीएस १९९४; उप्र बीएड् प्रवेश-परीक्षा २००६,२०१०)
- जिसका अनुभव किया जा चुका हो। — **अनुभूत**
- जो कभी नहीं मरता। — **अमर्त्य**
  (आईएएस १९९१,२००१; उप्र एपीओ २००६,२००९)
- जो दिखायी न पड़े। — **अदृश्य**
  (उप्र पीसीएस १९९१,आईएएस २००१,२००४,२००७)
- जो न पिया जा सके। — **अपेय**
- जो निन्दा के योग्य न हो। — **अनिन्दनीय**
- जो वन्दना के योग्य न हो। — **अवन्दनीय**
- जिसके टुकड़े न हो सकें। — **अखण्ड**
- आवश्यकता से अधिक धन-सम्पत्ति एकत्र नहीं करना— **अपरिग्रह**

- जिसका आदि और अन्त न हो। — **अनद्यन्त** (शाश्वत्)
  (उप्र पीसीएस २००१; आईएएस २००१,२००३)
- गुरु के समीप अथवा साथ रहनेवाला छात्र — **अन्तेवासी**
  (उप्र पीसीएस २००४; उप्र बीएड् प्रवेश-परीक्षा २००८,२०१०)
- जो मानव के योग्य न हो। — **अमानवीय** (अमानुषिक)
- जो विधि के विरुद्ध हो। — **अवैध**
  (उप्र पीसीएस १९९४; आरएएस २००५,२००७,२००८)
- जो कार्य-रूप में न लाया जा सके। — **अव्यावहारिक**
- जो प्राप्त न हो सके। — **अप्राप्त**
- जो प्राप्त करने योग्य नहीं। — **अप्राप्य**
- जिसका कभी अन्त न होनेवाला हो। — **अनन्त**
  (उप्र पीसीएस २००४; उप्र बीएड् प्रवेश-परीक्षा २००६,२०१०)
- जिसका कोई न हो। — **अनाथ**
  (उप्र पीसीएस १९९३,१९९५; आईएएस २००३,२००६)
- जिसकी उपमा न हो। — **अनुपम, अनुपमा**
  (उप्र पीसीएस २००६; आईएएस २००२,२००६,२००७)
- जिसकी आशा न की गयी हो। — **अप्रत्याशित**
  (उप्र पीसीएस २००८; उप्र एपीओ २००८,२००९)
- जिसे भुलाया न जा सके। — **अविस्मृति**
  (आईएएस १९९०,१९९२,१९९६,२००३,२००५,२००८)
- अनुकरण करने योग्य — **अनुकरणीय**
- अनुसरण करने योग्य — **अनुसरणीय**
- अवसर के अनुरूप बदल जानेवाला — **अवसरवादी**
- बिना वेतन काम करनेवाला — **अवैतनिक**
  (उप्र पीसीएस १९९९; उप्र बीएड् प्रवेश-परीक्षा २००५,२००७)
- जिस स्त्री की शादी न हुई हो। — **अविवाहिता**
  (उप्र पीसीएस १९९९; उप्र एपीओ १९९६,२००३,२००७, २००८)
- जो किसी पर अभियोग लगाये। — **अभियोगी**
  (उप्र पीसीएस १९९४; उप्र एपीओ २००५,२००७,२००९)
- कम बोलनेवाला — **अल्पभाषी या मितभाषी**
  (आरएएस १९९२,१९९५,१९९९,२००६, २००७,२००८)
- जिस पर मुक़दमा चल रहा हो। — **अभियोग**
  (उप्र पीसीएस २०००; उप्र एपीओ १९९८,२००१,२००५)
- थोड़ा जाननेवाला — **अल्पज्ञ**
  (आरएएस २००३,२००४,२००७)
- जिस पुरुष का विवाह न हुआ हो। — **अविवाहित**
  (आईएएस १९९५,२००१,२००५)
- जिस स्त्री के पुत्र और पति न हो। — **अवीरा**
- जो अवश्य होनेवाला हो। — **अवश्यम्भावी**
  (उप्र पीसीएस १९९४; उप्र एपीओ २००४,२००७)

- दोपहर के बाद का समय — अपराह्न
(प्रवर अधीनस्थ सेवा-परीक्षा १९९२; उप्र पीसीएस २०००)
- जिसके पास शक्ति का अभाव हो। — अशक्त, निर्बल
- जो शोक करने-योग्य न हो। — अशोक
(उप्र पीसीएस १९९४,१९९८,१९९९,२०००)
- जो समय पर न हो। — असामयिक
(उप्र पीसीएस १९९४,१९९६,१९९८,२०००)
- जिसकी कोई सीमा न हो। — असीम
- आकाश में गमन करनेवाला — आकाशगामी
- आकाश में उड़नेवाला — आकाशचारी
- जो इधर-उधर से घूमता-फिरता आ जाए। — आगन्तुक
(उप्र पीसीएस १९९२; आईएएस १९९०,१९९४)
- जन्मभर तक — आजन्म (जन्मपर्यन्त)
- अपने जीवन का स्वलिखित इतिहास — आत्मकथा
- जो अपने पैरों पर खड़ा हो। — आत्मनिर्भर
(उप्र पीसीएस १९९०,१९९२,१९९६)
- जो आदर करने-योग्य हो। — आदरणीय
(आईएएस १९९०,१९९५,१९९९,२००७)
- आदि से अन्त तक — आद्यन्त
(आईएएस १९९२,२००२,२००७)
- आलोचना करनेवाला — आलोचक
(प्रवर अधीनस्थ सेवा-परीक्षा २००४,२००६)
- आलोचना के योग्य — आलोच्य
- जो अपनी हत्या स्वयं करे। — आत्मघाती
- देश में बाहर से माल मँगाना — आयात
- सिर से पैर तक — आपादमस्तक
(उप्र पीसीएस २००७; आरएएस २००५,२००८)
- जो भविष्य के प्रति आशावान् हो। — आशावादी
- आशा से अधिक — आशातीत
- जो ऋषि-द्वारा प्रयोग किया गया हो। — आर्ष
- आश्रय देनेवाला — आश्रयदाता
- जो ईश्वर को मानता हो। — आस्तिक
(बिहार पीसीएस २००१,२००२,२००४,२००५,२००७)
- जिसने अपना ऋण पूरा कर दिया हो — उऋण
(आरएएस १९९७; बिहार पीसीएस २००१,२००४)
- इतिहास जाननेवाला — इतिहासविद् (इतिहासविज्ञ)
(प्रवर अधीनस्थ सेवा-परीक्षा १९९९,२००१,२००४,२००७)
- इन्द्रियों से परे — इन्द्रियातीत
(उप्र पीसीएस १९९६,१९९७,१९९९,२००३,२००७)
- जो किसी नियम का पालन न करे। — उच्छृंखल
- ऊँचे स्वर से उच्चारण किया हुआ। — उध्र्वोच्चरित
(उप्र पीसीएस १९९८,२०००)

- किसी के बाद उसका स्थान लेनेवाला — **उत्तराधिकारी**
- जो सब कुछ उदारता से देना जानता है। — **उदारमना**
- पृथ्वी फोड़कर जन्म लेने वाला — **उद्भिज्**
  (एपीओ २००८)
- उपकार करनेवाला — **उपकारी**
  (उप्र पीसीएस १९९२,१९९६,२००१,२००५)
- जो ऊपर कहा गया हो। — **उपर्युक्त**
  (आईएएस १९९६,२०००,२००१,२००३,२००५)
- पर्वत के नीचे तलहटी की भूमि — **उपत्यका**
  (आरएएस १९९६,२००३,२००७)
- उपहास के योग्य — **उपहासास्पद**
- अरुणोदय से पूर्व का समय — **उषाकाल (ब्रह्ममुहूर्त)**
- जिसका चित्त एक ही विषय में लगा हो। — **एकाग्रचित्त**
- जिसका जन्म गरमी में हुआ हो। — **ऊष्मज्**
- एक ही व्यक्ति का अधिकार — **एकाधिकार**
  (उप्र पीसीएस १९९२,१९९७; आईएएस १९९८,१९९९,२००१)
- विवाहित स्त्री से उत्पन्न वैध पुत्र — **औरस**
  (उप्र एपीओ १९९४,१९९७,१९९९,२००३)
- जो कम ख़र्च करनेवाला हो। — **मितव्ययी (कंजूस)**
  (उप्र पीसीएस २००४; उप्र एपीओ २००३,२००७)
- जिसके पास करोड़ों रुपये हों। — **करोड़पति**
  (आईएएस १९९३,१९९५; उप्र बीएड् प्रवेश-परीक्षा २००६)
- जो कल्पना से परे हो। — **कल्पनातीत**
  (आईएएस १९९०; बिहार पीसीएस २००३,२००६,२००८)
- कठिनाई से होनेवाला — **कष्टसाध्य**
- जो पथ काँटों से भरा हो। — **कण्टकाकीर्ण**
- इच्छानुसार रूप धारण करनेवाला — **इच्छाधारी**
- भय-भूख-प्यास से घबराया हुआ — **कातर, अधीर**
- जो काल से परे हो। — **कालातीत**
  (आईएएस १९९२,१९९४,१९९७,१९९९,२००१)
- भय-शोकादि के कारण कर्त्तव्य-ज्ञान से रहित — **किंकर्त्तव्यविमूढ़**
  (उप्र पीसीएस २०००; उप्र बीएड् प्रवेश-परीक्षा २००१)
- अच्छे कुल में जन्म लेनेवाला — **कुलीन**
  (उप्र पीसीएस १९९५; उप्र बीएड् प्रवेश-परीक्षा २००७)
- जिस पुरुष का ब्याह न हुआ हो। — **कुमार (कुआँरा)**
- दुराचारिणी स्त्री — **कुलटा**
- बुरी संगत में रहनेवाला — **कुसंगी**
- किये हुए को माननेवाला — **कृतज्ञ**
  (प्रवर अधीनस्थ सेवा-परीक्षा १९९३,१९९९,२००४; उप्र पीसीएस १९९५,२००७; उप्र पुलिस कांस्टेबल २०१३)
- किये हुए को न माननेवाला — **कृतघ्न**
  (उप्र पीसीएस १९९२,१९९७; अवर अधीनस्थ सेवा-परीक्षा २००९)
- लाल कमल — **कोकनद**

- किसी वस्तु को देखने अथवा सुनने की प्रबल इच्छा — **कौतूहल**
- जो मोल लिया हुआ हो। — **क्रीत**
(आरएएस १९९८; उप्र बीएड् प्रवेश-परीक्षा २००७,२०१०)
- आकाश में उड़नेवाला — **खग**
- जो खाया जा सके। — **खाद्य**
(उप्र पीसीएस २००१; उप्र बीएड् प्रवेश-परीक्षा २००३)
- आकाश चूमनेवाला — **गगनचुम्बी**
- हाथी की तरह चलनेवाली स्त्री — **गजगामिनी**
(उप्र पीसीएस १९९६; उप्र बीएड् प्रवेश-परीक्षा २००७)
- जो पहाड़ को धारण करता हो। — **गिरिधारी**
(आईएएस १९९३; उप्र बीएड् प्रवेश-परीक्षा २००४)
- जो बोलना न जानता हो। — **गूँगा**
- जो बात छुपायी जाए। — **गोपनीय**
(उप्र पीसीएस १९९६; उप्र बीएड् प्रवेश-परीक्षा २००५)
- जो घृणा के योग्य हो। — **घृणित**
- जिसके हाथ में चक्र हो। — **चक्रपाणि**
- सारी पृथ्वी का राजा — **चक्रवर्त्ती**
- वह कृति, जिसमें गद्य-पद्य दोनों मिश्रित हों। — **चम्पू**
- जो जीव चलनेवाले हों। — **चर**
- जो वस्तु एक ही स्थान पर न हो। — **चल**
- जिस पर चिह्न लगाया गया हो। — **चिह्नित**
(उप्र पीसीएस १९९४; उप्र बीएड् प्रवेश-परीक्षा २०१०)
- जो सदा से चला आ रहा हो। — **चिरन्तन** (शाश्वत)
(आईएएस १९९८,२००१)
- जिसके चार पद (पैर) हों। — **चौपाया**
(उप्र एपीओ १९९६; उप्र बीएड् प्रवेश-परीक्षा २००७)
- जहाँ से अनेक मार्ग चारों ओर जाते हों। — **चौराहा**
(आईएएस १९९३; उप्र बीएड् प्रवेश-परीक्षा २००६)
- जो गुप्त रूप में निवास करता हो। — **छद्मवासी**
- छुपकर मार करनेवाला युद्ध-कौशल — **छापामार-पद्धति**
- जो केवल दोष खोजता है। — **छिन्द्रान्वेषी**
- वह स्थान, जहाँ सैनिक निवास करते हों। — **छावनी**
- पत्थर को गढ़नेवाला औजार — **छेनी**
- महामूर्ख व्यक्ति — **जड़**
- जनता द्वारा सञ्चालित शासन — **जनतन्त्र**
- जिसका जन्म जल में हुआ हो। — **जलज्**
- जल-थल, दोनों जगह रहनेवाला — **उभयचर**
(उप्र पीसीएस १९९८)
- जाति से निष्कासित — **जातिच्युत, जातिबहिष्कृत**
- जीतने की इच्छा — **जिगीषा**

* जीतने की प्रबल इच्छा करनेवाला — **जिगीषु**
  (आईएएस १९९४; उप्र बीएड् प्रवेश-परीक्षा २००६)
* जीने की इच्छा रखना — **जिजीविषा**
* जीने की इच्छा रखनेवाला — **जिजीविषु**
* जानने की इच्छा — **जिज्ञासा**
  (उप्र पीसीएस १९९३)
* जानने की इच्छा रखनेवाला — **जिज्ञासु**
  (आईएएस १९९९; आरएएस १९९८; उप्र पीसीएस १९९३,२००६,२००७,२००८)
* जिसकी इच्छा अथवा जिज्ञासा की गयी हो। — **जिज्ञासित**
* जिज्ञासा (पूछने) के योग्य — **जिज्ञास्य**
* अच्छा लिखने-पढ़नेवाला — **जिताक्षर**
* जो इन्द्रियों को वश में कर ले। — **जितेन्द्रिय**
  (प्रवर अधीनस्थ सेवा-परीक्षा २००५; उप्र बीएड् प्रवेश-परीक्षा २००५)
* जिसमें झंकार हुई हो अथवा हो रही हो। — **झंकृत**
* घनी और काँटेदार झाड़ी अथवा पौध — **झंखाड़**
* वह तेज़ आँधी, जिसके साथ वर्षा भी हो। — **झंझावात**
* वह बालक, जिसका मुण्डन-संस्कार न हुआ हो। — **झण्डूला**
* जो अपनी धुन के सामने किसी की न सुनें — **झक्की**
* पलक गिराने भर का समय — **झपक**
* हवा अथवा रोशनी के लिए दीवारों में बनी हुई झँझरीदार छोटी खिड़की — **झरोखा** (गवाक्ष)
* लम्बे और बिखरे बालोंवाला — **झबरा**
* बहुत गहरा और बड़ा प्राकृतिक जलाशय — **झील**
* पत्तियों, फूलों अथवा छोटे फलों का गुच्छा — **झौंर**
* टाइप करने की कला — **टंकण**
* जहाँ सिक्कों की ढलाई होती है — **टकसाल**
* बोझा लादनेवाला छोटा घोड़ा — **टट्टू**
* चारों ओर जल से घिरा हुआ भू-भाग — **टापू** (द्वीप)
* अधिक देर तक रहने वाला — **टिकाऊ**
* मूल बातों को संक्षेप में लिखने की कला — **टिप्पणी**
* किसी ग्रन्थ का अर्थ स्पष्ट करनेवाला — **टीकाकार**
* कोई बाधा अथवा मनोरथ सिद्ध करने के लिए किया जानेवाला कार्य — **टोटका**
* बचा अथवा कटा हुआ टुकड़ा — **टोटा**
* बरतन बनाने का काम करनेवाला — **ठठेरा**
* चलते-चलते ठहर जाने का भाव — **ठमक**
* सूखी खाँसी, जिसमें कफ न निकले — **ठसका**
* विवाह में दहेज आदि के लेन-देन का करार — **ठहरौनी**
* मन्दिर के नाम उत्सर्ग की हुई सम्पत्ति — **ठाकुर-सेवा**
* छोटे क़द का व्यक्ति — **ठिगना**

- नाक-भौं सिकोड़नेवाला — **ठेसरा**
- होठ के नीचे का भाग — **ठोढ़ी** (ठुड्डी)
- बिच्छू, मधुमक्खी आदि कीड़ों का विषैला काँटा — **डंक**
- हाथ-पैर के पंजों के बल पट पड़कर की जानेवाली कसरत — **डण्ड**
- मुँह से निकले हुए शब्द के साथ वायु का उद्गार — **डकार**
- जो कहे बहुत, लेकिन कुछ कर न सके। — **डपोरशंख**
- हानि की आशंका से उत्पन्न होनेवाला मनोवेग — **डर**
- नीची ज़मीन, जहाँ पानी ठहरा रहे। — **डाबर**
- वह बाहरी कोठरी, जो मकान में घुसने के पहले पड़ती है। — **ड्योढ़ी**
- ढिंढोरा अथवा मुनादी फेरनेवाला — **ढिंढोरची**
- कपट का व्यवहार — **ढकोसला**
- बाँस की तली, जिससे चौपायों को दवा पिलाते हैं। — **ढरका**
- द्रव-पदार्थ का नीचे की ओर सरक जाना — **ढलना** (ढरकना)
- तलवार आदि का प्रहार रोकने का गोल आकार का अस्त्र — **ढाल**
- जो बराबर नीचे होता गया हो। — **ढालवाँ** (ढलुआ)
- जो अपने संकल्प पर न अड़ा रहे। — **ढीला**
- ढोल बजानेवाली स्त्री — **ढोलिनी**
- ऐसी जीविका, जो आकस्मिक हो। — **तदर्थजीविका**
  (उप्र पीसीएस २००२; उप्र बीएड् प्रवेश-परीक्षा २००३)
- जो किनारे से सटे हुए हों। — **तटवर्ती**
- जो किसी कार्य अथवा चिन्तन में डुबा हुआ हो। — **तल्लीन**
- जो चोरी-छुपे माल ले आता-ले जाता हो। — **तस्कर**
- ऋषि-मुनियों की तपस्या करने की भूमि — **तपोभूमि**
- उसी समय का — **तत्कालीन**
  (उप्र बीएड् प्रवेश-परीक्षा २००६,२०१०)
- जो तर्क करता हो। — **तार्किक**
- तैरकर पार जाने की इच्छा — **तितीर्षा**
- वह वस्तु, जिसमें बाण रखे जाएँ। — **तूणीर**
- सत्व, रज तथा तम गुणों का समूह — **त्रिगुण**
- वह स्थान, जो दोनों भृकुटियों के मध्य होता है। — **त्रिकुट**
- चौपायों के स्तन पर का घाव — **थनैला**
- दोनों हथेलियों को टकराकर उत्पन्न की गयी ध्वनि — **थपोड़ी** (थपड़ी)
- हथेली से किया गया आघात — **थप्पड़**
- वह भू-भाग, जहाँ पर जल न हो। — **थल**
- जो प्राणी थल में रहे। — **थलचर**
- वह घेरा, जिसमें कोई पौधा लगा हो। — **थाला**
- समय पर काम आने के लिए रखी हुई वस्तु — **थाती**
- लम्बा निकला हुआ मुँह — **थूथन**
- थिरक-थिरक कर नाचने की मुद्रा और ताल — **थेई-थेई**

- जिसके भीतर कुछ सार न हो। — **थोथा**
  (उप्र बीएड् प्रवेश-परीक्षा २००३)
- गोद लिया हुआ — **दत्तक**
  (उप्र पीसीएस १९९७)
- पति-पत्नी का युगल (जोड़ा) — **दम्पत्ति**
- जंगल की आग — **दावानल**
  (प्रवर अधीनस्थ सेवा-परीक्षा २००५; उप्र बीएड् प्रवेश-परीक्षा २००८)
- जो दोबारा जन्म लेता हो। — **द्विज्** (द्विजन्म)
  (उप्र पीसीएस १९९६; उप्र बीएड् प्रवेश-परीक्षा २००४)
- दिन-भर का कार्य — **दिनचर्या**
- वह रोग, जिससे सूर्य की प्रखर किरणों के कारण दिन में कम दिखायी देता हो। — **दिनौंधी**
  (उप्र पीसीएस १९९९)
- जो देवताओं के योग्य हो। — **दिव्य**
- ज्ञान-नेत्र से देखनेवाला अन्धा व्यक्ति — **दिव्यद्रष्टा**
  (उप्र पीसीएस २००२)
- जहाँ जाना कठिन हो। — **दुर्गम**
- जिसका दमन करना बहुत कठिन हो। — **दुर्दम्य** (दुर्दमनीय)
  (उप्र पीसीएस १९९८)
- जिसे कठिनाई से समझा जा सके। — **दुर्बोध**
  (आईएएस २००५)
- कठिनाई से जानने-योग्य — **दुर्बोधगम्य**
  (उप्र पीसीएस १९९३)
- अनुचित बात के लिए आग्रह करना — **दुराग्रह**
  (उप्र पीसीएस १९९८)
- जो मार्ग पार करने (लाँघने) में दु:खमय प्रतीत हो। — **दुर्लंघ्य**
- जो दिया जा सके (देने-योग्य) — **देय**
- दृढ़ प्रतिज्ञावाला — **दृढ़प्रतिज्ञ**
- धन अथवा आजीविका के लिए उद्योग — **धन्धा**
- हृदय के धड़कने का भाव अथवा शब्द — **धक्**
- जी धक्-धक् करने की क्रिया अथवा भाव — **धकधकी**
- ऐसी भीड़, जिसमें लोगों के शरीर एक-दूसरे से रगड़ खाते हों। — **धक्कमधक्का**
- मोहित करनेवाली चाल — **धज**
- शरीर का मध्य-भाग, जिसके अन्तर्गत छाती, पीठ तथा पेट होते हैं। — **धड़**
- धनुष धारण करनेवाला पुरुष — **धनुर्धर**
- पृथ्वी को धारण करनेवाला — **धरणिधर**
- धर्म के अनुसार आचरण करनेवाला — **धर्मशील, धार्मिक**
- धर्म-अधर्म की व्यवस्था करनेवाला — **धर्माधिकारी**
- ध्यान करने योग्य अथवा लक्ष्य — **ध्येय**
  (आरएएस १९९४,२००३,२००८)

- धन देनेवाली — **धनदा**
- जो गणना के योग्य न हो। — **नगण्य**
- बालुकामय प्रदेश के बीच पाये जानेवाले हरे भाग — **नख़्लिस्तान**
- जो नया आया हो। — **नवागन्तुक**
- जो नाश को प्राप्त होने वाला हो। — **नश्वर**
  (उप्र पीसीएस २००९)
- जो ईश्वर को न मानता हो। — **नास्तिक**
  (क्षेत्र विकास अधिकारी परीक्षा २००१; बिहार पीसीएस २००३; उप्र पीसीएस:१८८४,२००६; आईएएस २००३,२००८)
- जो किसी से न डरे। — **निडर**
- जो नित्य-प्रति नवीन रहे। — **नितनूतन**
- जिसके मन में दया न हो। — **निर्दय**
  (प्रवर अधीनस्थ सेवा-परीक्षा २००६; क्षेत्र विकास अधिकारी २००७,२००९)
- जो निन्दा के योग्य हो। — **निन्दनीय**
  (प्रवर अधीनस्थ सेवा-परीक्षा २००५,२००६)
- जो भयभीत न होता हो। — **निर्भीक**
  (आईएएस १९९२; उप्र बीएड् प्रवेश-परीक्षा २००७)
- लगातार देखते रहना — **निर्निमेष** (एकटक)
- जो निन्दा के योग्य हो। — **निन्दनीय**
  (प्रवर अधीनस्थ सेवा-परीक्षा २००५; आरपीएस २००६,२००९)
- जो नीचे लिखा गया हो — **निम्नलिखित**
  (आईएएस २००९)
- जिस स्त्री के पुत्र न पैदा होता हो। — **निपूती**
- जिसके हृदय में ममता न हो। — **निर्मम**
  (आईएएस १९९०; उप्र पीसीएस १९९३)
- जिसका आकार न हो। — **निराकार**
  (लेखाकार परीक्षा २००९)
- जो भविष्य के प्रति निराश हो। — **निराशावादी**
- देश से बाहर माल भेजना — **निर्यात**
  (उप्र पीसीएस १९९२)
- जो व्यक्ति शासन अथवा शासन-व्यवस्था में विश्वास न रखता हो। — **निरंकुशवादी**
- जिसका कोई अर्थ न हो। — **निरर्थक**
  (उप्र पीसीएस १९९४; आरपीएस २००५,२००७)
- जो आमिष (मांस) न खाता हो। — **निरामिष**
  (उप्र पीसीएस १९९३,२००६)
- जो उत्तर न दे सके — **निरुत्तर**
- जिसे अक्षर-ज्ञान न हो — **निरक्षर**
- आकार-विहीन — **निराकार**
- जिसका कोई आश्रय न हो — **निराश्रय**
- जिसका कोई आधार न हो — **निराधार**
  (उप्र एपीओ १९९७)

- जहाँ किसी बात का डर अथवा ख़तरा न हो। — **निरापद**
  (उप्र पीसीएस १९९५)
- जो व्यक्ति सांसारिक विषय-भोग से रहित हो। — **निरीह**
- जिसे वाणी व्यक्त न कर सके। — **निर्वाक्**
  (उप्र पीसीएस २००३)
- जो चिन्ता से रहित हो। — **निश्चिन्त**
- रात्रि के मध्य-भाग का समय — **निशीथ**
- जिस शिक्षा के लिए कोई शुल्क न लिया जाए। — **निःशुल्क**
- जो कामनारहित हो। — **निष्काम**
- जिसका कोई मूल यानि जड़ न हो — **निर्मूल**
  (टीजीटी परीक्षा २००५)
- जिसको किसी प्रकार का लोभ न हो। — **निर्लोभी**
- नीले रंग का कमल **नीलोत्पल**
  (उप्र पीसीएस २००७)
- शासकीय अधिकारियों का शासन — **नौकरशाही** (लालफ़ीताशाही)
- दूध, दही, घृत, शर्करा और मधु से मिश्रित वह पदार्थ, जो देवताओं और भगवान् के स्नान-हेतु बनाया जाता है। — **पञ्चामृत**
  (उप्र पीसीएस २००१)
- जो पढ़ने-योग्य हो — **पठनीय**
- पास में निवास करनेवाला — **पड़ोसी**
- पत्ते की बनी हुई कुटी — **पर्णकुटी**
  (प्रवर अधीनस्थ सेवा-परीक्षा २००५ ,२००७)
- जो गिरा हुआ हो — **पतित**
- पतिपरायण स्त्री — **पतिव्रता**
- पति के द्वारा छोड़ दी गयी स्त्री — **परित्यक्ता**
  (उप्र पीसीएस २००८; आरपीएस २००७,२००८)
- ग्रन्थ के बचे हुए अंश, जो प्रायः अन्त में जोड़े जाते हैं। — **परिशिष्ट**
- जो दूसरों का भला करता हो। — **परोपकारी**
  (आईएएस १९९३,उप्र बीएड् प्रवेश-परीक्षा २००७)
- जो पद का लालची हो। — **पदलोलुप**
- जो दुःख-सुख से परे हो। — **परमहंस**
- जो दूसरे के अधीन हो। — **पराधीन**
- फूल की रज — **पराग**
- दूसरे की बुराई खोजनेवाला — **परछिन्द्रान्वेषी**
- जो पृथ्वी से बना हुआ पदार्थ हो। — **पार्थिव**
  (उप्र पीसीएस १९९२)
- जिसके पार देखा जा सके। — **पारदर्शी**
  (उप्र पीसीएस १९९२,१९९७; आईएएस २००७)
- जो जानवर पाले जा सकें। — **पालतू**

- जिसका जन्म शरीर से हो। — **पिण्डज्**
- कही हुई बात को बार-बार कहना — **पिष्टपेषण**
- सफ़ेद कमल — **पुण्डरीक**
- जिसकी पूजा की जा सके। — **पूज्य, पूजनीय**
- जिस स्त्री के पुत्र और पति, दोनों हों। — **पुरन्ध्रि**
  (बिहार पीसीएस २००४,२००७,२००८)
- दोपहर के पहले का समय — **पूर्वाह्न**
  (उप्र पीसीएस १९९३)
- जो पिया जा सके। — **पेय**
- जो सम्पत्ति वंश-परम्परा से प्राप्त हो। — **पैतृक**
  (आरएएस १९९८; आरपीएस २००५,२००७,२००८)
- जो पुरुषार्थ के अनुरूप हो। — **पौरुषेय**
- जो प्रशंसा के योग्य हो। — **प्रशंसनीय**
- जिसने प्रतिष्ठा प्राप्त की हो। — **प्रतिष्ठित**
- उपकार के बदले किया गया कार्य — **प्रत्युपकार**
- जो तत्काल उत्तर दे सके — **प्रत्युत्पन्नमति**
  (एसएससी स्टेनोग्राफर परीक्षा २०१२)
- आँखों के आगे — **प्रत्यक्ष**
  (सब-इंस्पेक्टर परीक्षा २००९)
- रात्रि के पूर्व-भाग का समय (आरपीएस २००३,२००६,२००९)
  (सन्ध्या और रात्रि के बीच का समय) — **प्रदोष**
  (बिहार पीसीएस २००१; उप्र पीसीएस २००४)
- प्रयत्न करना जिसका स्वभाव हो। — **प्रयत्नशील**
  (उप्र एपीओ १९९७,२००४,२००७)
- इतिहास के युग से पूर्व का — **प्रागैतिहासिक**
- जिससे पापों का नाश हो। — **प्रायश्चित्त**
- जो देखने में प्रिय लगे। — **प्रियदर्शी**
- सदा निर्धन किन्तु मस्त रहनेवाला व्यक्ति — **फक्कड़**
- होली पर गाये जानेवाला गीत — **फगुआ**
- बाँस को चीरकर बनाया गया लट्ठा — **फट्ठा**
- जुए का दाँव, जिसपर जुआरी बाज़ी लगाते हैं। — **फड़**
- लोगों को अपने यहाँ जुआ खेलाने और उसके बदले में कुछ धन देनेवाला व्यक्ति — **फड़बाज़**
- मुसलमानों के धर्मानुसार, मौलवी आदि द्वारा किसी के उचित-अनुचित होने के विषय में की जानेवाली व्यवस्था — **फ़तवा**
- जो केवल फल खाकर रहता हो। — **फलाहारी**
  (आईएएस २००१,२००५)
- जिस स्त्री की सन्तान न पैदा होती हो। — **बन्ध्या (बाँझ)**
- जिसने बहुत-कुछ देखा हो। — **बहुदर्शी**
- जो एक से अधिक भाषाएँ जानता हो। — **बहुभाषी**
- जिसकी कामना बीत चुकी हो। — **बीतकाम**

- जो बुद्धि द्वारा जाना जा सके। — **बोधगम्य**
- छोटे क़द का आदमी — **बौना**
- किसी टूटी हुई (खण्डित) वस्तु का शेष — **भग्नावशेष**
- जहाँ खाना मुफ़्त मिलता है। — **भण्डारा**
  (उप्र पीसीएस २००६)
- जो आगे (भविष्य) की बात सोचता हो। — **भविष्यचेता**
  (मप्र पीसीएस २००४; आरएएस २००१,२००५)
- जो व्यक्ति भाग्य पर विश्वास करे। — **भाग्यवादी**
- क्रोध करनेवाली स्त्री — **भामिनी**
- जो भारत में रहता हो। — **भारतीय**
- जो पृथ्वी के भीतर का हाल जानता हो। — **भूगर्भशास्त्री**
- जो व्यक्ति पहले किसी पद पर रह चुका हो। — **भूतपूर्व**
- जो भू (पृथ्वी) को धारण करता हो। — **भूधारी**
  (उप्र पीसीएस १९९५; आरपीएस २००५,२००७,२००९)
- फूलों का मधु — **मकरन्द**
- मन, वचन और कर्म से — **मनसा-वाचा-कर्मणा**
- जिसके विषय में मतभेद न हो। — **मतैक्य**
  (मप्र पीसीएस १९९२)
- जिसके विषय में एक मत न हो। — **मतभेद**
- जो शराब पीता हो। — **मद्यप**
- दोपहर का समय — **मध्याह्न**
  (आईएएस २००२; उप्र बीएड् प्रवेश-परीक्षा २००६,२००८)
- मनपसन्द अथवा नामांकित — **मनोनीत**
- जो मर्य्यादा के अनुरूप हो। — **मर्य्यादित**
- जो मृत्यु के समीप हो। — **मरणासन्न**
  (उप्र पीसीएस १९९३)
- बालुकामय प्रदेश — **मरुस्थल**
- शीतऋतु की वर्षा — **महावट**
- राजा के साथ अभिषेक की हुई रानी — **महिषी**
- जो मांस खाता हो। — **मांसाहारी**
- जो अपने मार्ग से भटक गया हो। — **मार्गभ्रमित**
  (आईएएस १९९३,२००९)
- मनुष्य-जाति से परे — **मानवेतर**
- मान करनेवाली स्त्री — **मानिनी**
- जो कम बोलता हो। — **मितभाषी**
  (उप्र पीसीएस १९९५,१९९९; आईएएस २००४)
- कम खानेवाला — **मिताहारी**
  (उप्र एपीओ १९९४)
- झूठ बोलनेवाला — **मिथ्यावादी**
- मछली के समान जिसकी आँख हो। — **मीनाक्षी**
- जो फूल अर्द्ध-विकसित अवस्था में हो। — **मुकुल**

- जो सब कुछ उदारता से देना जानता हो — **मुक्तहस्त**
  (उप्र पीसीएस २००४)
- जिसे मोक्ष प्राप्त करने की इच्छा हो। — **मुमुक्षु**
  (प्रवर अधीनस्थ सेवा-परीक्षा २०००,२००४,२००७; उप्र पीसीएस १९९५,२००१,२००५; आईएएस २००७)
- मरने की इच्छा रखनेवाला — **मुमूर्ष**
- कमल की दण्डी — **मृणाल**
- जो मृत्यु को जीत ले। — **मृत्युञ्जय**
  (उप्र पीसीएस १९९५; उप्र बीएड् प्रवेश-परीक्षा २००४)
- जो मूल से सम्बन्ध रखता हो। — **मौलिक**
- किसी वस्तु को बनाने के लिए विशेष उपकरण — **यन्त्र**
- पेट में दाहिनी ओर की एक थैली, जिसकी क्रिया से भोजन पचता है। — **यकृत**
- बहुत धनी होने पर भी कम ख़र्च करनेवाला व्यक्ति — **यक्षवित**
- प्राचीन भारतीय आर्यों का एक प्रसिद्ध वैदिक कृत्य, जिसमें प्राय: हवन और पूजन होता है। — **यज्ञ**
- छन्द-रचना का वह दोष, जिसमें यति अपने उचित स्थान पर न पड़कर कुछ आगे अथवा पीछे पड़ती है। — **यतिभंग**
  (उप्र बीएड् प्रवेश-परीक्षा २००५)
- यथार्थ अथवा सत्य-वर्णन का सिद्धान्त — **यथार्थवाद**
- जितने (वस्तु-आदि) की इच्छा हो। — **यथेष्ट**
  (उप्र बीएड् प्रवेश-परीक्षा २००८,२०१०)
- वह स्त्री, जिसके एक ही गर्भ से दो सन्तानें हों। — **यमस्**
- यज्ञ करने अथवा करानेवाला — **याज्ञिक**
- प्रकृति और प्रत्यय से बना हुआ शब्द — **यौगिक**
- अपनी शक्ति-भर — **यथाशक्ति**
  (उप्र पीसीएस १९९२)
- जहाँ तक सम्भव हो। — **यथासम्भव**
  (उप्र एपीओ १९९४; उप्र बीएड् प्रवेश-परीक्षा २००७)
- जिसने यश प्राप्त किया हो। — **यशस्वी**
- जो युद्ध में स्थिर रहता हो। — **युधिष्ठिर**
  (उप्र पीसीएस १९९८; आरपीएस २००५,२००७)
- युद्ध करने का इच्छुक — **युयुत्सु**
  (उप्र निर्वाचन आयोग परीक्षा २००८)
- जहाँ नाटक खेला जाता है — **रंगमञ्च**
  (आईएएस १९९०)
- ख़ून से रँगा हुआ — **रक्तरञ्जित**
  (प्रवर अधीनस्थ सेवा-परीक्षा २००५)
- नाटक में अभिनय करनेवाला — **रंगकर्मी**
- कपड़े रँगने का काम करनेवाला — **रँगरेज़, रंजक**

- एक प्रकार की छिछली तश्तरी — **रक़ाबी**
- वह बवासीर, जिसमें नसों में से रक्त भी निकलता है। — **रक्तार्श**
- जिसकी रक्षा हो सके। — **रक्षमाण**
- जिसकी रक्षा की गयी हो। — **रक्षित**
- जिस स्त्री को मासिक धर्म हो रहा हो। — **राजस्वला, रजोवती**
- राजा के द्वारा सञ्चालित शासन — **राजतन्त्र**
- दूसरे देश में अपने राष्ट्र का प्रतिनिधित्व करनेवाला — **राजदूत**
- एक पैर का व्यक्ति — **लँगड़ा**
- वह स्थान,जहाँ ज़रूरतमन्दों को भोजन कराया जाता है। — **लंगर**
- जिसकी पूरी पूँछ कट गयी हो। — **लँडूरा**
- लघु होने का भाव — **लघिमा, लघुता**
- पुरुष-स्त्री का जननेन्द्रिय से सम्बन्ध रखनेवाला — **लैंगिक**
- लालसा रखनेवाला — **लालायित**
- जो लोगों में प्रिय हो। — **लोकप्रिय**
- लोभ करनेवाला — **लोलुप**
- जो पुरुष लोहे की तरह बलिष्ठ हो। — **लौहपुरुष**
- जो बात वर्णन के बाहर हो। — **वर्णनातीत**
  (आईएएस २००२)
- जो वन्दना के योग्य हो। — **वन्दनीय**
- जो बहुत अधिक बोलता हो। — **वाचाल**
  (उप्र पीसीएस २०००; प्रवर अधीनस्थ सेवा-परीक्षा २००५; उप्र पुलिस कांस्टेबल २०१३)
- जिस व्यक्ति का कोई अंग टूटा या ख़राब हो। — **विकलांग**
- जिसके पास विद्या हो। — **विद्वान् (पुरुष)**
  **विदुषी (स्त्री)**
- विदेश में रहनेवाला — **विदेशी**
  (उप्र पीसीएस १९९३; १९९८; उप्र बीएड् प्रवेश-परीक्षा २००६)
- जिस स्त्री का पति जीवित न हो। — **विधवा**
  (बिहार पीसीएस २००३,२००७; उप्र पीसीएस २००९)
- जो विधि (क़ानून) के अनुकूल हो। — **विधिसम्मत**
  (उप्र पीसीएस १९९१,१९९६,२०००)
- जिस पुरुष की पत्नी मर चुकी हो। — **विधुर**
  (प्रवर अधीनस्थ सेवा-परीक्षा १९९२,१९९९; आरएएस २००१,२००३; आईएएस १९९०,१९९६,१९९९,२००५,२००७,२००९)
- लेना और देना — **विनिमय** (आदान-प्रदान)
- तारों-वाली रात — **विभावरी**
- किसी विषय का, जिसको विशेष ज्ञान हो। — **विशेषज्ञ**
  (मप्र पीसीएस १९९२,१९९६,१९९७,२००३)
- जिसका विश्वास किया जा सके। — **विश्वसनीय**
- जो विश्व में प्रसिद्ध हो। — **विश्वविश्रुत, विश्वप्रसिद्ध**
- जो इन्द्रियों का दमन न कर सके। — **विषयासक्त**

- जो व्याकरण को अच्छी तरह जाननेवाला हो। — **वैयाकरण**
  (बिहार पीसीएस २००३,२००७; उप्र पीसीएस २०००; उप्र एपीओ २००६; आरपीएस २००५,२००७)
- व्यक्ति-विशेष से सम्बन्धित — **व्यक्तिमूलक, व्यक्तिगत** (जीवन, कार्य, व्यवहार)
- अनुचित यौन-सम्बन्ध रखने वाला — **व्यभिचारी**
- विधि (क़ानून) बनानेवाला — **व्यवस्थापक**
  (उप्र पीसीएस २००१)
- भय अथवा शंका करने योग्य — **शंकनीय**
- बाण का अगला भाग — **शंकु**
- जिसे शब्दों में नहीं कहा जा सकता। — **शब्दातीत**
  (उप्र पीसीएस २००४)
- सौ का समूह — **शती, शतक**
  (आरएएस १९९९; उप्र बीएड् प्रवेश-परीक्षा २०१०)
- जिसका कोई न आदि हो, न अन्त हो। — **शाश्वत**
  (आरएएस १९९२,१९९६; उप्र पीसीएस १९९३,१९९९)
- ऊँट पर रखकर चलायी जानेवाली तोप — **शुतुरनाल**
- शत्रु की हत्या करने वाला — **शत्रुघ्न**
  (असिस्टेंट ग्रेड परीक्षा २००८)
- विशेष शासकीय पत्र, जिसमें किसी विषय का उज्ज्वल पक्ष प्रतिपादित किया जाता है। — **श्वेतपत्र**
- जो शक्तिशाली हो। — **शक्तिमान्**
- सौ वस्तुओं का संग्रह — **शतक**
  (उप्र बीएड् प्रवेश-परीक्षा २००५)
- चाँदनी रात — **शर्वरी**
- जिसके सिर पर चन्द्रमा हो। — **शशिधर**
  (उप्र पीसीएस १९९९; आईएएस २००३,२००७)
- छ: वस्तुओं का समूह — **षट्क**
- छ: कोनोंवाला — **षट्कोण**
- छ: पैरोंवाला — **षट् चरण** (भौंरा)
- वर्ष की छ: ऋतुएँ — **षड्ऋतु**
- किसी के विरुद्ध गुप्त रीति से की गयी कार्रवाई — **षड्यन्त्र**
- सोलह वर्ष की किशोरी — **षोड्सी**
- जहाँ नदियाँ मिलती हों। — **संगम**
  (प्रवर अधीनस्थ सेवा-परीक्षा २००२,२००६; आईएएस १९९५,२००५)
- एक ही जाति का पुरुष — **सजातीय**
- जो स्त्री अपने पति के लिए मर मिटे। — **सती**
- जो असत्य न बोले (सम्भाषण न करे)। — **सत्यवादी**
  (उप्र बीएड् प्रवेश-परीक्षा २००६)
- अच्छे आचरण करनेवाला — **सदाचारी**
- जिस स्त्री का पति जीवित हो। — **सधवा, सौभाग्यवती**
- सन्देश ले जानेवाला — **सन्देशवाहक**
  (उप्र पीसीएस २००९)

- सम्पूर्ण समाज से सम्बन्धित — **समष्टिमूलक, समष्टिगत**
- अपने परिवार के सहित — **सपरिवार**
- एक ही समय में होनेवाला — **समसामयिक**
- जो सबको एक-सा देखता हो। — **समदर्शी**
- जो सभी को प्रिय हो। — **सर्वप्रिय**
- जो सर्वत्र व्याप्त हो। — **सर्वव्यापी**
- जो सभी युगों के अनुकूल हो। — **सर्वयुगानुकूल**
- जो सबको प्राप्त हो सके। — **सर्वसुलभ**
- जो सब कुछ जानता हो। — **सर्वज्ञ**
  (मप्र पीसीएस २००५,२००८; उप्र पीसीएस १९९२,१९९८)
- अपने साथ कार्य करनेवाला व्यक्ति — **सहकर्मी**
- जिसे अक्षर-ज्ञान हो। — **साक्षर**
  (जो लिखना-पढ़ना जानता हो)।
  (उप्र पीसीएस १९९५,२००१; आरपीएस २००४,२००७)
- उच्चवर्गीय शासन — **सामन्तशाही**
- जो सबके उपयोग के लिए हो। — **सार्वजनिक**
- जिसकी सीमा न हो। — **सीमातीत**
  (आईएएस २००३,२००६)
- जिसकी ग्रीवा (गरदन) सुन्दर हो। — **सुग्रीव**
  (उप्र पीसीएस १९९३; उप्र एपीओ १९९६,२००३,२००७)
- जो स्त्री अच्छी आँखोंवाली हो। — **सुनयना**
  (उप्र एपीओ १९९४; प्रवर अधीनस्थ सेवा-परीक्षा २००८)
- जो आसानी से मिल सके। — **सुलभ**
- जो स्त्री बहुत पढ़ी-लिखी हो। — **सुशिक्षिता**
  (प्रवर अधीनस्थ सेवा-परीक्षा २००८,२००९; आरपीएस २००६)
- दूसरे स्थान पर अस्थायी रूप में रहनेवाला — **स्थानापन्न**
- जो हमेशा रहनेवाला हो। — **स्थायी** (शाश्वत्)
  (उप्र पीसीएस १९९३,१९९५; उप्र एपीओ २००४)
- किसी काम में दूसरे से बढ़ जाने की प्रबल इच्छा रखना — **स्पर्द्धा**
- जो अपने ही नाम से प्रसिद्ध हो। — **स्वनामधन्य**
- पसीने से उत्पन्न होनेवाला — **स्वेदज्**
  (उप्र पीसीएस २००६)
- स्त्री के वश में रहनेवाला — **स्त्रैण**
  (उप्र पीसीएस १९९७)
- जो स्त्री दुश्चारिणी (बुरे चरित्रवाली) हो। — **स्वैरिणी**
- स्वयं का हित चाहनेवाला — **स्वार्थी**
- अपनी इच्छा के अनुसार आचरण करनेवाला — **स्वेच्छाचारी**
  (उप्र एपीओ १९९४)
- जो अपने से उत्पन्न हो। — **स्वयंभू**
  (उप्र पीसीएस १९९२,१९९४)
- हरण कराया हुआ — **हरित**

- मिठाई बनाकर बेचनेवाला व्यक्ति — हलवाई
  (आईएएस १९९३,२००१,२००३,२००६)
- किसी काम में हाथ की निपुणता — हस्तकौशल
  (उप्र पीसीएस १९९७,२०००)
- जिस पर हस्ताक्षर किये गये हों। — हस्ताक्षरित
- जो बिलकुल स्पष्ट और बोधगम्य हो। — हस्तामलक
- हरण करनेवाला — हारक
- भलाई चाहनेवाला — हितेच्छु, हितैषी
- भलाई चाहने की इच्छा — हितैषिता
- दिल को विदीर्ण कर देनेवाला — हृदयविदारक
- मन को आकृष्ट करनेवाला — हृदयग्राही
- मन को उन्मत्त अथवा मुग्ध करनेवाली हृदयोन्मादिनी
- जो शीघ्र नष्ट होनेवाला हो। — क्षणभंगुर
- जो क्षमा पाने-योग्य है। — क्षम्य
  (उप्र पीसीएस १९९८; उप्र एपीओ १९९६,२००३)
- क्षय अथवा नष्ट होनेवाला — क्षयी
- जहाँ पृथ्वी और आकाश मिलते दिखायी पड़ें। — क्षितिज
  (आरएएस २००१,२००६; आईएएस १९९०,२००५,२००७)
- टुकड़े-टुकड़े किया हुआ — क्षुण्ण
- भोजन करने की इच्छा — बुभुक्षा
- भूख से पीड़ित — क्षुधातुर
- खेत में उपजा हुआ — क्षेत्रज्
- खेत की रखवाली करनेवाला — क्षेत्रपाल
- भयभीत करनेवाला — त्रासक
- तीन का समूह — त्रिक
- भूत, वर्तमान तथा भविष्य — त्रिकाल
- जो तीनों कालों को जाननेवाला हो। — त्रिकालज्ञ
- वह ग्रन्थ, जिसमें कर्म, उपासना और ज्ञान का वर्णन हो। — त्रिकाण्डी
- तीन कोनेवाली वस्तु — त्रिकोण
- तीन वेदों को जाननेवाला — त्रिवेदी
- जिसमें तीन जगह बल पड़ते हों। (तीन जगह से टेढ़ा) — त्रिभंग
- जिसमें तीन मात्राएँ हों। — त्रिमात्रिक
  (उप्र बीएड् प्रवेश-परीक्षा २००१,२००५,२००७,२०१०)
- तीन नदियों का संगम — त्रिवेणी
- जो तीनों लोकों का स्वामी हो। — त्रिलोकीनाथ
- जो जानता हो। — ज्ञाता
  (उप्र बीएड् प्रवेश-परीक्षा २००७,२००८)
- जो जाना जा सके — ज्ञेय

# महत्त्वपूर्ण पर्यायवाची शब्द

## अ

- **अंग–** वपु, देह, काया, शरीर, गात, बदन, कलेवर, तन, अवयव
- **अंश–** भाग, हिस्सा, भंग, अवयव, खण्ड, सोपान
- **अग्नि–** वैश्वानर, धूमकेतु, धनञ्जय, आग, अनल, पावक, वह्नि, जातवेद, हुताशन, वायुसख, कृषानु, रोहिताश्व, दहन, ज्वल (उप्र पीसीएस १९९२, १९९५; बिहार पीसीएस २००१, २००५, १९९७, २००३; अपर सहायक वर्ग २००१; फॉरेस्ट रेंजर २००२; मध्यप्रदेश स्टेनोग्राफ़र परीक्षा २०१३; राजस्थान पुलिस उपनिरीक्षक १९९८; उप्र लिपिक संवर्ग परीक्षा २००१, २००२, २००९)
- **अचल–** गिरि, शैल, नग, महिधर, आद्रि (उप्र पीसीएस १९९२, १९९७, १९९९)
- **अचला–** वसुन्धरा, वसुधा, धरती , पृथ्वी, क्षिति, धरा, (उप्र पीसीएस १९९३)
- **अचेत–** संज्ञाहीन, चेतनाहीन, संज्ञाशून्य, मूर्च्छित, बेहोश, बेख़बर
- **अधर्म–** अपराध, अकर्त्तव्य, पाप, दोष (उप्र पीसीएस १९९८)
- **अधर–** ओठ, रदच्छद, ओष्ठ, रदपुट (उप्र बीएड् प्रवेश-परीक्षा २००८)
- **अधिकार–** हक़, आधिपत्य, स्वत्व, प्रभुत्व, स्वामित्व
- **अध्यापक–** आचार्य, गुरु, शिक्षक, प्रवक्ता, व्याख्याता
- **अनाज–** अन्न, गल्ला, धान्य, शस्य (आरपीएस २००३, २००९)
- **अनार–** दाडिम, शुकप्रिय, रामबीज (उप्र बीएड् प्रवेश-परीक्षा २००७)
- **अनी–** चूम, कटक, दल, फ़ौज, सेना
- **अनुपम–** अद्‌भुत, अनूठा, अपूर्व, अद्वितीय, अप्रतिम, अनोखा (आईबीपीएस-आरआरबीएस ऑफिसर स्केल-१ २०१४)
- **अनुवाद–** भाषान्तर, उल्था, तर्जुमा
- **अनेक–** नाना, कई, एकाधिक, अनेकानेक (उप्र बीएड् प्रवेश-परीक्षा २००६)
- **अन्धा–** नेत्रहीन, सूरदास, अन्ध, चक्षुविहीन, प्रज्ञाचक्षु
- **अन्वेषण–** गवेषण, खोज, जाँच, शोध, अनुसन्धान
- **अपमान–** अनादर, अवमान, बेइज़्ज़ती, अवज्ञा, तिरस्कार, उपेक्षा, निरादर
- **अपराध–** कुसूर, दोष, जुर्म (उप्र बीएड् प्रवेश-परीक्षा २०००)
- **अरण्य–** वन, विपिन, अटवी, कानन, जंगल (आरएएस २००१, २००५)
- **अपार–** असीम, अनन्त, बेहद, बेशुमार, निस्सीम
- **अप्सरा–** सुरबाला, देवबाला, देवांगना, दिव्यांगना, सुर–सुन्दरी
- **अभिजात–** श्रेष्ठ, पूज्य, उच्च, कुलीन (उप्र पीसीएस १९९७)
- **अभिप्राय–** अर्थ, तात्पर्य, आशय, मतलब, मायने (आईएएस १९९९)
- **अमृत–** सुधा, अमिय, सोम, पीयूष, अमी (उप्र पीसीएस १९९२, १९९४; आरएएस १९९०, १९९१; बिहार पीसीएस २००१, २००५, २००६, २००७)
- **अश्व–** हय, बाजि, तुरंग, घोटक, घोड़ा, रविसुत (बिहार पीसीएस २००३; उप्र पीसीएस १९९७; प्रवर अधीनस्थ सेवा-परीक्षा २००५; आरएएस २०००, २००४, २००७; उप्र बीएड् प्रवेश-परीक्षा २००१, २००६, २००८; आरपीएस २००५, २००७, २००९; उप्र टीईटी २०१४)
- **असुर–** दनुज, दानव, दैत्य, राक्षस, निशाचर, रजनीचर, तमीचर (उत्तराखंड ग्राम पंचायत विकास अधिकारी २०१२)

## आ

- **आँख**– लोचन, नयन, नेत्र, चक्षु, दृग्, आक्ष, चख, दीदा, विलोचन, प्रेक्षण
(उप्र एपीओ २००५; आरएएस २००१,२००३,२००६)
- **आँगन**– अँगना, अजिर, प्रांगण, अँगनाई, घर के भीतर का सहन
- **आँचल**– पल्ला, छोर, दामन, कोना, कोर
- **आँसू**– अश्रु, नेत्रनीर, नयनजल, नेत्रवारि, नयन-नीर
- **आकर्षण**– दिलकशी, खिंचाव, विमोहन, सम्मोहन, प्रभावकारी
- **आकलन**– कूतना, आँकना, आगणन, मूल्यांकन
- **आकाश**– शून्य, अभ्र, द्यौ, पुष्कर, गगन, नभ, अम्बर, अनन्त, अन्तरिक्ष
(आरएएस १९९४,१९९६,२००३,२००५; उप्र पीसीएस १९९४; अपर वर्ग सहायक २०००; उप्र एपीओ १९९४; मप्र पीसीएस १९९९; बिहार पीसीएस १९९७,२००३,२००५,२००८; एनवी टीजीटी २०१४)
- **आकाशगंगा**– मन्दाकिनी, नभोनदी, नभगंगा, स्वर्गनदी, सुरनदी
- **आकृति**– नैन-नक़्श, डील-डौल, आकार, चेहरा, मोहरा
- **आक्षेप**– अभियोग, इल्जाम, आरोप, दोषारोपण (उप्र बीएड् प्रवेश-परीक्षा २०००)
- **आख़िरकार**– परिणामतः, अन्ततः, अन्ततोगत्वा, फलतः
- **आख्यान**– इतिवृत्त, क़िस्सा, कहानी, कथा, वृत्तान्त
- **आचार**– चरित्र, स्वभाव, चाल-ढाल, चलन
- **आज्ञा**– अनुमति, मंज़ूरी, स्वीकृति, सहमति, इजाज़त
- **आडम्बर**– प्रपञ्च, ढकोसला, स्वाँग, दिखावा, ढोंग (आईएएस २००५)
- **आड़**– शरण, परदा, रोक, आश्रय, ओट, आवरण
- **आतंक**– विभीषिका, उपद्रव, अतिभय, संत्रास, दहशत
- **आदरणीय**– सम्मान्य, पूज्य, पूजनीय, मान्यवर, माननीय, श्रद्धेय, समादरणीय
- **आदर्श**– प्रतिरूप, प्रतिमान, मानक, नमूना (आरपीएस २००५,२००७)
- **आदि**– आरम्भिक, प्रथम, पहला, आदिम, शुरू का
- **आदित्य**– सूर्य, रवि, भानु, मित्र, भास्कर, दिवाकर, दिनकर
(उप्र पीसीएस १९९७; फॉरेस्ट रेंजर २००३,२००५)
- **आधार**– अवलम्ब, जड़, बुनियाद, मूल, सहारा
- **आनन्द**– विनोद, आमोद, प्रमोद, हर्ष, आह्लाद, उल्लास, सुख, चैन, प्रसन्नता, मोद
- **आपत्ति**– आपदा, मुसीबत, विपदा, आफ़त, विपत्ति (उप्र पीसीएस १९९१)
- **आयुष्मान्**– चिरञ्जीव, दीर्घायु, शतायु, चिरायु, दीर्घजीवी
- **आलसी**– सुस्त, काहिल, ठेलुआ, निकम्मा, निरुद्यम
- **आवाज़**– शब्द, स्वर, ध्वनि, वाणी, गिरा, नाद
- **आवश्यक**– ज़रूरी, अपरिहार्य, बाध्यकार, अनिवार्य
- **आवेग**– स्फूर्ति, तेज़ी, जोश, चपलता, त्वरा
- **आशय**– भाव, अभिप्राय, मतलब, अर्थ, तात्पर्य
- **आशीर्वाद**– आशीष, मंगलकामना, आशीर्वचन
- **आश्रम**– मठ, विहार, कुटी, संघ (उप्र बीएड् प्रवेश-परीक्षा २००७)
- **आश्रय**– अवलम्ब, भरोसा, सहारा, आधार, प्रश्रय
- **आहार**– भोजन, खाना, खाद्यवस्तु, भोज्यसामग्री (फॉरेस्ट रेंजर २००६)

## इ

- **इंद–** पास, निकट, समीप, नज़दीक, क़रीब
- **इकट्ठा–** एकत्र, एक जगह रखा हुआ, एक साथ
- **इक़बाल–** सौभाग्य, समृद्धि, प्रताप (आरपीएस २००८,२००९)
- **इति–** समाप्तिसूचक शब्द, समाप्ति, अन्त, पूर्णता
- **इत्वारी–** व्यभिचारिणी, कुलटा, परस्त्रीगामिनी, अभिसारिका
- **इच्छा–** अभिलाषा, आकांक्षा, चाह, ख़्वाहिश, कामना, लालसा, उत्कण्ठा, वाञ्छा, रुचि, मनोरथ, ईप्सा, अभीप्सा, चाहत (बिहार पीसीएस २००१,२००५; प्रवर अधीनस्थ सेवा-परीक्षा २००७; आरएएस १९९२,१९९५,२००६)
- **इच्छित–** चाहा हुआ, अभिलषित, ईप्सित, अभिप्सित
- **इच्छुक–** अभिलाषी, लालायित, आतुर, उत्सुक, उत्कण्ठित
- **इज़हार–** ज़ाहिर करना, व्यक्त करना, प्रकट करना, अभिव्यक्त करना
- **इज़्ज़त–** मान, प्रतिष्ठा, बड़ाई, आदर, सम्मान, समादर
- **इठलाना–** शेख़ी मारना, ऐंठना, इतराना, शान दिखाना
- **इतर–** दूसरा, भिन्न, पृथक्, अलग
- **इद्ध–** देदीप्यमान, कान्तिमान, जाज्वल्यमान
- **इत्वर–** निर्दय, नीच, अधम, हेय
- **इनकार–** प्रत्याख्यान, अनंगीकार, निषेध, अस्वीकृति, अनंगीकरण
- **इत्तिफ़ाक़–** संयोग, दैवयोग, अचानकपन
- **इनाम–** उपहार, पुरस्कार, पारितोषिक
- **इनक़लाब–** क्रान्ति, उलट-पलट, बहुत बड़ा परिवर्त्तन
- **इन्सानियत–** मनुष्यता, मानवता, मनुष्योचित, मनुजता
- **इन्द्र–** सुरपति, शचीपति, मघवा, शक्र, पुरन्दर, कौशिक, देवराज, मेघपति, सुरेन्द्र, सुरेश, सहस्राक्ष, अमरपति, जिष्णु, पुरहुत, बिबुधेश, वज्रभर (उप्र एपीओ १९९४,१९९६; आरपीएस २००५,२००७)
- **इन्द्रपुरी–** देवलोक, अमरावती, इन्द्रलोक, देवेन्द्रपुरी, सुरपुर
- **इन्द्रधनुष–** शक्रचाप, सप्तकर्ण, धनु, इन्द्रधनु, सुरचाप, धनुक
- **इन्द्राणी–** इन्द्रवधू, इन्द्रा, शची, पुलोमजा, शतावरी, पौलोमी
- **इशारा–** निर्देश, संकेत, इंगित

## ई

- **इल्म–** ज्ञान, विद्या, जानकारी
- **इश्क़–** प्रेम, चाह, मोहब्बत, अनुराग, आसक्ति
- **इष्ट–** चाहा हुआ, अभिलषित, इच्छित, वांछनीय
- **इष्टि–** इच्छा, चाह, अभिलाषा, वांछा
- **ईक्षण–** देखना, दर्शन, दृष्टि
- **ईक्षा–** दर्शन, दृष्टि, पर्यालोचन, विवेचन
- **ईक्षिका–** आँख, दृष्टि, निगाह, चक्षु, नेत्र
- **ईजाद–** आविष्कार, कोई भी चीज़ बनना, कोई भी चीज़ निकालना, उद्‌भावना

- **ईठ–** इष्ट, मित्र, प्यारा, आत्मीय
- **ईतर–** ढीठ, साधारण, नीच, सामान्य, इतरानेवाला
- **ईति–** बाधा, उपद्रव, उत्पात, बवाल
- **ईथर–** आकाश, अन्तरिक्ष, शून्य, व्योम, आसमान, अम्बर
- **ईख–** गन्ना, ऊख, रसडण्ड, रसाल, पैंड़ी, रसद (बिहार पीसीएस २००१)
- **ईंधन–** जलावन, जलाने की लकड़ी, कण्डा, जरनी
- **ईदृश–** इस प्रकार, इस तरह, ऐसे, इस रीति में
- **ईप्सा–** चाह, अभिलाषा, इच्छा
- **ईमान–** धर्म-विश्वास, ईश्वर पर विश्वास, धर्म, सचाई
- **ईमानदारी–** निष्कपटता, निश्छलता, सदाशयता
- **ईश–** प्रभु, स्वामी, ईश्वर, परमेश्वर
- **ईश्य–** ऐश्वर्य, अधिकार, प्रभुता
- **ईश्वर–** भगवान्, परमेश्वर, परमात्मा, प्रभु, दीनानाथ, ईश, जगत्प्रभु, अज, जगदीश, जगन्नाथ, परब्रह्म (आरपीएस २००५,२००७)
- **ईर्ष्या–** ईर्षा, माल्सर्य, जलन, डाह, कुढ़न, द्वेष (उप्र बीएड् प्रवेश-परीक्षा २००३)
- **ईहा–** चाहा हुआ, अभिलषित, ईप्सित

## उ

- **उकसाना–** उभारना, उत्तेजित करना, उद्बाधित करना, उत्साहित करना
- **उग्र–** प्रबल, तेज, प्रचण्ड
- **उचित–** ठीक, समीचीन, मुनासिब, संगत, वाज़िब, उपयुक्त
- **उजाड़–** निर्जन, वीरान, बियाबान, सुनसान, बरबाद, खण्डहर
- **उजड्ड–** अभद्र, धृष्ट, गँवार, अक्खड़, उद्धत, लम्पट
- **उतावला–** उद्धत, व्यग्र, आतुर, अधीर, हड़बड़िया, जल्दबाज़
- **उदास–** अप्रसन्न, विषण्ण, खिन्न, चिन्ताकुल, उद्विग्न, अन्यमनस्क
- **उदाहरण–** उद्धरण, दृष्टान्त, मिसाल, नज़ीर, नमूना, निदर्शन
- **उत्तम–** बढ़िया, उत्कृष्ट, श्रेष्ठ, प्रवर, प्रकृष्ट
- **उत्कर्ष–** उन्नति, उन्मेष, उत्थान, अभ्युदय, आरोह, चढ़ाव, उत्क्रमण, उठाव
- **उत्पात–** उपद्रव, ऊधम, बखेड़ा, टण्टा, शरारत
- **उत्पत्ति–** पैदाइश, जन्म, उद्गम, उद्भव, आविर्भाव
- **उत्सव–** मंगलकार्य, पर्व, जलसा, त्योहार, समारोह
- **उत्कण्ठा–** आतुरता, चाव, उत्सुकता, लालसा, प्रबल इच्छा
- **उत्साह–** जोश, हौसला, उमंग, साहस, उबाल
- **उत्सुक–** व्यग्र, आतुर, उत्कण्ठित, रुझान, रुचि
- **उद्यत–** तैयार, प्रस्तुत, तत्पर, सन्नद्ध
- **उथल-पुथल–** रद्दो-बदल, हेरा-फेरी, विप्लव, इनकलाब, हेर-फेर, बदलाव, परिवर्त्तन, क्रान्ति
- **उदार–** महामना, महाशय, दरियादिल, उदारचेता
- **उद्धार–** मुक्ति, मोक्ष, निस्तार, छुटकारा, अपमोचन, निर्वाण
- **उद्यम–** अध्यवसाय, परिश्रम, मिहनत, श्रम, पुरुषार्थ, व्यवसाय, उद्योग, व्यापार, धन्धा

- **उद्देश्य–** प्रयोजन, लक्ष्य, ध्येय, निमित्त, मक़सद, हेतु
- **उनींदा–** निद्राप्रवण, तन्द्रालु, निद्रालु, निंदासा, ऊँघना
- **उन्नति–** प्रगति, तरक़्क़ी, विकास, उत्थान, बढ़ती
- **उन्मूलन–** अन्त, नाश, उखाड़ फेंकना, निरसन
- **उपमा–** सादृश्य, मिलान, समानता, तुलना
- **उपहार–** सौग़ात, भेंट, तोहफ़ा
- **उपयुक्त–** वाञ्छनीय, ठीक, वाजिब, मुनासिब, उचित, संगत
- **उपयोग–** व्यवहार, इस्तेमाल, काम में लाना, प्रयोग में लाना
- **उपकार–** हितसाधन, भलाई, नेकी, कल्याण, परोपकार, अच्छाई, हित, उद्धार
- **उपजाऊ–** उत्पादक, उर्वरक, फलप्रद
- **उपालम्भ–** उलाहना, शिकवा, शिकायत
- **उपवास–** निराहार, व्रत, अनशन, फ़ाका
- **उपहास–** हँसी, खिल्ली, अपमान, उपेक्षा (मप्र पीसीएस १९९९)
- **उपयोगी–** कार्यकर, इष्टकर, उपादेय, कामयोग्य, कामसाधक़
- **उपस्थित–** मौजूद, विद्यमान, प्रस्तुत, हाज़िर, वर्तमान
- **उपाय–** ढंग, युक्ति, जुगत, जुगाड़, तरीक़ा, तरक़ीब, तदबीर
- **उपासना–** आराधना, पूजा, सेवा, अर्चना, इबादत, प्रार्थना (बीएड् प्रवेश-परीक्षा २००४)
- **उपेक्षा–** लापरवाही, विरक्ति, उदासीनता, अनासक्ति, अवहेलना, विराग, तिरस्कार, उल्लंघन, अवज्ञा (आरपीएस २००३,२००५,२००७,२००९)
- **उलटा–** विपरीत, प्रतिकूल, विरुद्ध, प्रतिलोम, औंधा
- **उलझन–** अनिश्चय, संभ्रम, असमञ्जस, दुविधा, द्विविधा, धर्मसंकट, चक्कर
- **उल्लास–** आह्लाद, आनन्द, हर्ष, प्रमोद, मौज़
- **उल्लू–** कौशिक, उलूक, लक्ष्मीवाहन
- **उष्मा–** ताप, गरमी, ग्रीष्म (उप्र बीएड् प्रवेश-परीक्षा २०००)
- **उस्ताद–** गुरु, शिक्षक, अध्यापक

## ऊ

- **ऊँचा–** उच्च, उत्तुंग, बुलन्द, ऊर्ध्व, ऊपर, तुंग, उन्नत, गगनचुम्बी
- **ऊँट–** लम्बोष्ठ, महाग्रीव, उष्ट्र
- **ऊँघ–** तन्द्रा, ऊँघाई, झपकी, अर्द्धनिद्रा, अलसाई
- **ऊटपटांग–** बेतुका, असंगत, बेसिरपैर का, निरर्थक, उलजूलूल, बेढंगा
- **ऊपर–** ऊँचाई पर, आकाश की ओर, 'नीचे' का विपरीत
- **ऊर्ध्व–** ऊँचा, सीधा, उठाया हुआ, ऊपर की ओर
- **ऊर्मि–** लहर, तरंग, प्रवाह, धारा
- **उर्मिल–** लहरयुक्त, तरंगमय, प्रवहमान
- **ऊषा–** भोर, तड़का, भिनुसार, प्रातः, सवेरा
- **ऊह–** परिवर्त्तन, सुधार, परिष्कार, परिमार्जन
- **ऊर्जा–** शक्ति, ओज, स्फूर्ति (उप्र बीएड् प्रवेश-परीक्षा २००५)
- **ऊधम–** उपद्रव, उत्पाद, हुल्लड़, हंगामा, धमा-चौकड़ी
- **ऊष्मा–** तपन, उष्णता, ताप, गरमी, ताव

## ऋ

- **ऋक्ण–** क्षत, आहत, घायल, ज़ख़्मी
- **ऋक्ष–** रीछ, भल्लुक, भालू
- **ऋक्षेश–** चन्द्रमा, शशि, विभा, इन्दु
- **ऋचा–** स्तोत्र, वेदमन्त्र (उप्र बीएड् प्रवेश-परीक्षा २००७)
- **ऋच्छरा–** गणिका, वेश्या, रण्डी, तवायफ़, चंचला
- **ऋजु–** सीधा, सुगम, सरल, सहज
- **ऋण–** उधार, क़र्ज़ (आरपीएस २००७)
- **ऋतम्भरा–** सदा एक रूप रहनेवाली, सत्य का धारण-पोषण करनेवाली
- **ऋतुमती–** रसजस्वला
- **ऋद्ध–** अनोखा, समृद्ध, सम्पन्न, भरा हुआ
- **ऋद्धि–** उत्कर्ष, वृद्धि, बढ़ती, बढ़ोत्तरी, सम्पन्नता, समृद्धि
- **ऋषि–** मुनि, मनीषी, साधु, महात्मा, सन्त, मन्त्रद्रष्टा
- **ऋषु–** पराक्रमी, शक्तिशाली, वीर, बलवान
- **ऋष्टि–** खंग, तलार, खड्ग, कृपाण

## ए

- **एक–** अनोखा, अद्वितीय, अनुपम, प्रथम
- **एकपक्षीय–** एक ओर का, एक पक्ष का, एकतरफ़ा
- **एकल–** अकेला, अनुपम, बेजोड़ (उप्र बीएड् प्रवेश-परीक्षा २००४)
- **एक-सा–** समान, एकजैसा, एकरूप, समरूप, अभिन्न, मेल
- **एकता–** एका, एकरूपता, एकसूत्रता, ऐक्य, अभिन्नता, अभेद
- **एकांग–** एक अंगवाला, अपंग, अपाहिज, विकलांग
- **एकान्तिक–** पक्का, निश्चित, सुनिश्चित, अवश्य
- **एकान्त–** सुनसान, शून्य, सूना, निर्जन, निभृत
- **एकाग्र–** एकमना, मनोयोगी, एक चित्त, स्थिर
- **एकाएक–** अकस्मात्, अचानक, अचिन्तित, सहसा, एकदम, यकायक
- **एकाकार–** एकान्वित, एकस्थ, एकरूप, तद्रूप
- **एकात्म–** अभिन्न, एकप्राण, अपृथक्
- **एतबार–** विश्वास, भरोसा, साख
- **एषण–** इच्छा, चाह, वांछा, ईप्सा (आईएएस २००४)
- **एहसान–** अनुग्रह, कृतज्ञता, आभार

## ऐ

- **ऐंठ–** अकड़, ठसक, घमण्ड, गर्व
- **ऐंठन–** मरोड़, बल, तनाव, अकड़न, उमेठन, घुमाव, लपेट
- **ऐंड़–** ऐंठ, शान, गर्व, अभिमान, घमण्ड
- **ऐक्य–** एकत्व, मेल, एका, एकता

- **ऐच्छिक–** स्वेच्छाकृति, वैकल्पिक, अख़्तियारी, इच्छा का
- **ऐब–** खोट, दोष, बुराई, अवगुण, कलंक, त्रुटि
- **ऐबी–** दुष्कर्मी, बुरा, खोटा, दुष्ट, शैतान
- **ऐयार–** धूर्त्त, चालाक, मक्कार, उस्ताद, छली
- **ऐश–** विलास, अय्याशी, सुख-चैन
- **ऐश्वर्य–** वैभव, सम्पदा, सम्पन्नता, समृद्धि, श्री, धनसम्पत्ति, ऋद्धि (फॉरेस्ट रेंजर २००९)

## ओ

- **ओक–** घर, वासस्थान, सदन
- **ओकाई–** ओक, मिचली, उलटी, कै, उबकाई
- **ओघ–** प्लावन, धारा, बहाव (आरपीएस २००८)
- **ओठ–** होंठ, अधर, ओष्ठ, दन्तच्छद, रदच्छद
- **ओछा–** कमीना, छिछोरा, टुच्चा, क्षुद्र, हलका
- **ओज–** बल, तेज, कान्ति, ताक़त, ज़ोर, दम, पराक्रम, वीर्य, शक्ति, ऊर्जा
- **ओजस्वित–** प्रताप, तेज, दीप्ति
- **ओझल–** अन्तर्द्धान, अदृश्य, लुप्त, ग़ायब, तिरोहित, विलुप्त, विलोचन
- **ओजस्वी–** ओजभरा, जोश पैदा करनेवाला, बल-वीर्यशाली
- **ओत–** आराम, चैन, सुकून
- **ओद–** गीला, भीगा हुआ, नमी, तर
- **ओर–** तरफ़, सिरा, छोर
- **ओला–** जमे हुए जलकणों या बर्फ़ का गोला, बनौरी
- **ओष–** दाह, जलन, तपन
- **ओप–** चमक, कान्ति, आब
- **ओस–** तुषार, हिमकण, हिमसीकर, हिमबिन्दु, तुहिनकण

## औ

- **औंगा–** गूँगा, वाक्‌विहीन, वाक्‌रहित, वाणीहीन
- **औंधा–** जिसका मुँह नीचे की ओर हो, उलटा, नीचा
- **औघ–** प्लावन, बाढ़, आवृष्टि
- **औघट–** कठिन, दुर्गम (आरपीएस २००५)
- **औघर–** अनगढ़, अटपटा, टेढ़ा, विरूप
- **औचक–** अचानक, अकस्मात्, यकायक
- **औचिन्त–** निश्चिन्त, बेख़बर, बेफ़िक्र
- **औजस्य–** बल, उत्साह, ओज
- **औज़ार–** काम करने का कोई साधन, आला, उपकरण
- **औड–** आर्द्र, गीला, नम, भीगा
- **औढर–** चाहे जिधर ढल जानेवाला, आशुतोष, शीघ्र प्रसन्न हो जानेवाला
- **औघर–** अनगढ़, अटपट, अण्डबण्ड, असुन्दर (उप्र बीएड् प्रवेश-परीक्षा २००५)
- **औदरिक–** पेटू, बहुत खानेवाला, पेटार्थी, लालची
- **औदात–** श्वेत, गौर, शुक्ल, सफ़ेद, धौला
- **औदार्य–** उदारता, महत्त्व, श्रेष्ठत्व, सरलता, दातृत्व

- **औदास्य–** उदासीनता, वैराग्य, अनिच्छा, मनोमालिन्य
- **औपचारिक–** रस्मी, दिखाऊ, खानापूर्त्ति
- **और–** एवं, तथा, साथ ही, अन्य, इतर, भिन्न
- **और–** अधिक, ज़्यादा, बढ़कर (उप्र बीएड् प्रवेश-परीक्षा २००४)
- **औलाद–** सन्तान, बेटा-बेटी, पुत्र-पुत्री
- **औषध–** भेषज, दवा, दवाई, रसायन
- **औषधालय–** वैद्यगृह, चिकित्सालय, दवाख़ाना, चिकित्सागृह

## क

- **कंगाल–** निर्धन, दरिद्र, अकिञ्चन, ग़रीब
- **कंचन–** सुवर्ण, सोना, स्वर्ण
- **कँपकँपी–** प्रकम्पन, थरथरी, थरथराहट
- **कई–** नाना, अनेक, विविध, एकाधिक, कई-एक
- **कच्चा–** अनपका, अपक्व, अपरिपुष्ट, अप्रौढ़, कालपूर्व
- **कटाक्ष–** व्यंग्य, आक्षेप, छींटाकशी
- **कटु–** कड़वा, तीख़ा, तेज़, तीक्ष्ण, चरपरा, कर्कश, रूखा, रुक्ष, परुष, कड़ा, कठोर
- **कण्ठ–** ग्रीवा, गला, शिरोधरा
- **कथन–** बयान, मत, कथनी, वक्तव्य, विचार, मन्तव्य, उद्‌बोधन
- **कन्या–** कुमारी, कुँआरि, अविवाहिता, अनूढ़ा, किशोरी, बाला, बालिका
- **कपड़ा–** वस्त्र, दुकूल, पट, वसन, अम्बर, चीर, चैल, परिधान
- **कबूतर–** कपोत, रक्तलोचन, पारावृत, परेवा
- **कब्ज–** मलबन्ध, मलबद्धता, मलावरोध, बद्धकोष्ठ, कोष्ठबद्धता
- **कमल–** उत्पल, कुवलय, इन्दीवर, पद्म, नलिन, सरोज, अरविन्द, शतपत्र, सरसीरुह, राजीव, कञ्ज, अम्भोज, पंकज, अब्ज, पाथोज, पुण्डरीक, वारिज
(मप्र पीसीएस १९८०,१९९३,२००१; आरएएस १९९१,२००७; बिहार पीसीएस १९९९,२००४; उप्र एपीओ १९९५,१९९७,२००८)
- **कर–** हाथ, हस्त, बाँह, पाणि, भुज, भुजा
- **कर–** शुल्क, महसूल, हाथ, मालगुज़ारी (आरएएस १९९३,१९९७)
- **कल्पवृक्ष–** सुरतरु, हरिचन्दन, मन्दार, पारिजात, देववृक्ष
(मप्र पीसीएस २००३; बिहार पीसीएस २००१,२००५,२००७)
- **कला–** कौशल, हुनर, विद्या, फ़न
- **कली–** कलिका, कोपल, जालक, मुकुल, ताम्रपल्लव, कल्पशाल, नवपल्लव, अँखुवा
- **कल्याण–** मंगल, भलाई, क्षेम, शुभ, हित
- **काक–** कौआ, काग, काण, वायस, पिशुन, करठ (उप्र बीएड् प्रवेश-परीक्षा २००१)
- **कार्त्तिकेय–** कुमार, षडानन, शरभव, स्कन्द
- **कानाफूसी–** फिसफिस, फुसफुस, खुसर-फुसर
- **कामदेव–** अतनु, मदन, मनोभव, पञ्चशर, मार, स्मर, मनसिज, मन्मथ, मीनकेतु, मकरकेतु, मनोभाव, कन्दर्प, अनंग, रतिपति, मनोज, मयन, मकरध्वज, पुष्पधन्वा
(प्रवर अधीनस्थ सेवा-परीक्षा २००५,२००८; आरएएस २००३; बिहार पीसीएस १९९७; उप्र एपीओ २००३; मप्र पीसीएस १९९५,१९९६,२०००,२००४; आरपीएस २००२,२००७,२००९)
- **कामुकता–** विषयासक्ति, व्यभिचारिता, भोगासक्ति, इन्द्रियलोलुपता, लम्पटता

- **कारागार–** कारावास, बन्दी-गृह, जेल, क़ैदख़ाना, (आईएएस २००४,२००७)
- **किरण–** कर, मरीचि, मयूख, अंश, रश्मि (उप्र पीसीएस ( प्रा० ) २०१४; प्रवर अधीनस्थ सेवा-परीक्षा २००५,२००८)
- **कुत्ता–** श्वान, कुक्कुर, शुनक, सारमेय, कूकुर
- **कुत्सित–** नीच, अधम, निकृष्ट, बुरा, ख़राब, गर्हित, घृणित, लम्पट, हेय
- **कुबेर–** यक्षराज, धनद, धनाधिप, राजराज, किन्नरेश, नृपराज, अधिपति
- **कूटनीति–** छलबल, घात, दाँव-पेंच, चाल, कूटयुक्ति
- **कृतज्ञ–** आभारी, उपकृत, अनुगृहीत, कृतार्थ, ऋणी, एहसानमन्द
- **कृष्ण–** श्याम, मोहन, वंशीधर, माधव, नन्दलाल, मुरलीधर, गिरिधर, कन्हैया, बनवारी, नन्दनन्दन, वासुदेव, बनमाली, हृषिकेश, गोविन्द, मुरारी, दामोदर, ब्रजवल्लभ, गोपीनाथ (मप्र पीसीएस १९९७,१९९९,२००३,२००७,२००८)
- **कृपा–** अनुग्रह, दया, करुणा, अनुकम्पा (उप्र बीएड् प्रवेश-परीक्षा २००८; सीएसओटीजीटी २०१४)
- **केला–** कदली, रम्भा, भानुफल, मोथा
- **केश–** बाल, कञ्ज, अलक, लट, कुन्तल
- **कोयल–** पिक, कोकिल, श्यामा, मदनशलाका, कलघोष, वसन्तदूत, काकपाली (फॉरेस्ट रेंजर २००१,२००५)

**क्रोध–** कोप, अमर्ष, ग़ुस्सा, रोष, आक्रोश, प्रकोप, तैश, क्षोभ

## ख

- **खग–** विहग, विहंग, पक्षी, द्विज, चिड़िया, पंछी, शकुनि, पखेरू
- **खण्ड–** अंश, भाग, टुकड़ा, हिस्सा
- **ख़बर–** सन्देश, सूचना, समाचार, जानकारी, हाल-चाल, वृत्तान्त
- **खम्भा–** थम्भ, स्तम्भ, स्तूप, खम्भ
- **खल–** दुष्ट, अधम, पामर, नीच, शठ, दुर्जन, कुटिल, धूर्त्त, नृशंस (आरएएस १९९४)
- **खाल–** त्वचा, चमड़ा, छिलका
- **ख़ास–** विशेष, चयनित, मुख्य, व्यक्ति-विशेष
- **ख़ाली–** रीता, रहित, शून्य, व्यर्थ (उप्र बीएड् प्रवेश-परीक्षा २००५)
- **खिड़की–** गवाक्ष, झरोखा, जंगला, वातायन, झज्झर
- **खून–** रक्त, शोषित, लहू, रुधिर
- **खेती–** कृषि, किसानी, कृषिकार्य, काश्तकारी, कृषिकर्म
- **खेल–** तमाशा, केलि, क्रीड़ा
- **खोज–** अन्वेषण, अनुसन्धान, शोध

## ग

- **गंगा–** भगीरथी, जाह्नवी, सुरसरि, देवसरि, त्रिपथगा, सुरध्वनि, नदीश्वरी, मन्दाकिनी, अलकनन्दा, देवापगा, विष्णुपदी (बिहार पीसीएस २००२,२००७; उप्र एपीओ १९९४, आरएएस १९९०,२००५; मप्र पीसीएस २००८)
- **गणेश–** महाकाय, भवानीनन्दन, विनायक, एकदन्त, गजानन, गणाधि, लम्बोदर, गणपति, हेरम्ब, द्वयमातुर, विघ्नविनाशाक, गौरीसुत, मोदकप्रिय, मूषकवाहन (बिहार पीसीएस १९९९,२००३,२००७; आरएएस २००१, २००६; मप्र पीसीएस १९९४,१९९९,२०००,२००५)

- **गज–** मतंग, वितुण्ड, कुम्भी, कुञ्जर, करि, गयन्द
- **गण–** अनुचर, अनुयायी, दूत, सेवक
- **गधा–** रासभ, गर्दभ, गर्धप, वैशाखनन्दन, गदहा
- **गर्भाशय–** गर्भालय, बच्चेदानी
- **ग़रीब–** निर्धन, दरिद्र, अकिञ्चन, दीन, कंगाल
- **गरुड़–** खगेश, पन्नगारि, उरगारि, हरियान, वातनेय, खगपति, सुपर्ण, नागान्तक, वैनतेय
- **गाँव–** ग्राम, मौजा, पुरवा, बस्ती, देहात
- **गाय–** गौरी, गऊ, गइया, धेनु, भद्रा, दोग्धी, गो, सुरभी
- **गुफा–** गुहा, कन्दरा, गह्वर, विवर
- **गूढ़–** जटिल, दुरुह, दुर्बोध, गहन, पेचीदा, संश्लिष्ट
- **गृह–** घर, सदन, भवन, मन्दिर, धाम, निकेतन, आगार, आलय, आवास, निलय, ओक, आशियाना, मकान, निकेत, आयतन (बिहार पीसीएस २००३,२००७; आरएएस १९९१,१९९७,२००५; उप्र एपीओ २००५,२००८)

## घ

- **घड़ा–** घट, कलश, कुम्भ, गगरा, मटका, गगरी (आरएएस १९९५,१९९७)
- **घर–** गृह, गृह, निकेत, सदन, भवन, आलय, निलय (राजस्थान पीसीएस ( जे० ) २०१४)
- **घाटा–** हानि, नुकसान, क्षति
- **घाव–** व्रण, नासूर, फोड़ा, ज़ख़्म
- **घिनौना–** घृण्य, घृणास्पद, गर्हित, बीभत्स, गन्दा, घृणित, हेय
- **घी–** अमृतसार, घृत, घीव
- **घुमक्कड़–** रमता, सैलानी, पर्यटक, घुमन्तू, विचरणशील, यायावर
- **घृणा–** नफ़रत, जुगुप्सा, अरुचि, घिन, हेय
- **घेरा–** मण्डल, वलय, चक्र, दायरा, वृत्त (उप्र बीएड् प्रवेश-परीक्षा २०००)

## च

- **चक्षु–** आँख, नयन, नेत्र, दृग्, लोचन, अक्षि (उप्र पीसीएस २००४)
- **चन्दन–** मलय, दिव्यगन्ध, हरिगन्ध, दारूसार, मलयज
- **चन्द्रमा–** निशानाथ, इन्दु, शशि, शशांक, सुधाकर, राकापति, विधु, राकेश, हिमांशु, चन्द्र (आईएएस २००१; मप्र पीसीएस १९९३; उप्र एपीओ १९९४; बिहार पीसीएस १९९९,२००३,२००६; सीएसओटीजीटी २०१४)
- **चपला–** विद्युत्, बिजली, चञ्चला, दामिनी, तड़ित
- **चमक–** प्रभा, ज्योति, द्युति, दीप्ति, कान्ति, शोभा, छवि, आभा, प्रकाश
- **चश्मा–** सहनेत्र, उपनेत्र, उपनयन, ऐनक
- **चाँदनी–** चन्द्रिका, कौमुदी, ज्योत्स्ना, चन्द्रमरीची, अमृत, तरंगिणी
- **चाँदी–** रजत, रूपा, रौप्य
- **चोर–** दस्यु, रजनीचर, खनक, मोषक
- **चोटी–** शीश, सानु, श्रृंग, शिखर, शिरोबिन्दु, तुंग, परकोटि

## छ

- **छलाँग–** उछाल, फाँद, चौकड़ी, उछलकूद
- **छाती–** उर, वक्ष, वक्षस्थल, सीना, वक्षप्रान्त
- **छानबीन–** जाँच-पड़ताल, पूछ-ताछ, तहक़ीक़ात
- **छाया–** छाँह, साया, परछाईं, प्रतिबिम्ब
- **छार–** भस्म, राख, क्षार
- **छिद्र–** रन्ध्र, सुराख़, छेद
- **छुट्टी–** अवकाश, अन्तराल, विश्राम, विराम
- **छूट–** सुविधा, ढील, कटौती, रियायत, सहूलियत, मुरव्वत
- **छोह–** ममता, स्नेह, प्रेम, प्यार, मोहब्बत, दुलार

## ज

- **जंगल–** वन, अरण्य, कानन, विपिन, विजन, अटवी
- **जगत्–** विश्व, संसार, भव, जग, लोक (आरएएस १९९४)
- **जमुना–** सूर्यतनया, सूर्यसुता, कालिन्दी, अर्कजा, तरणिजा, कृष्णा, यमुना, रवि तनया, रविनन्दनी
- **जल–** तोय, पानी, वारि, नीर, सलिल, अम्बु, पय, जीवन, आब, उदक, अमृत, धनरस, सारंग, वन, शम्बर, सर्वमुख (बिहार पीसीएस १९९७,२००२; उप्र एपीओ १९९७,२००४; मप्र पीसीएस २००१,२००५; फॉरेस्ट रेंजर २००५,२००८; आरएएस २००३ उप्र लिपिक संवर्ग परीक्षा २००१, २००५,२००८; आरपीएस २००२, २००६,२००९)
- **जानकी–** सीता, वैदेही, जनकसुता, जनकतनया, जनकात्मजा
- **जीभ–** जिह्वा, रसना, रसज्ञा, चञ्चला (आरएएस २००१,२००३)
- **जीव–** प्राणी, जीवधारी, जीवनधारी (उप्र पीसीएस १९९५)
- **ज्योतिषी–** ईक्षणिक, भविष्यवक्ता, हस्तरेखा-विशेषज्ञ, ज्योतिर्विज्ञानी, ज्योतर्विद्
- **ज्योति–** प्रभा, प्रकाश, लौ, अग्निशिखा, आलोक (उप्र बीएड् प्रवेश-परीक्षा २००५)

## झ

- **झंझट–** व्यर्थ का झगड़ा, टण्टा, बखेड़ा, प्रपंच
- **झँपना–** ढँकना, छुपना, आड़ में होना
- **झकझक–** विवाद, हुज्जत, तकरार, बकबक
- **झकोर–** हवा का झोंका, झटका, झोंका, बयार
- **झम्प–** उछाल, फलाँग, कूद (आईएएस २००४)
- **झगड़ा–** लड़ाई, हुज्जत, तकरार
- **झगड़ालू–** कलहप्रिय, लड़ाका, हुज्जती
- **झण्डा–** ध्वज, पताका, केतु, निशान (आरएएस १९९६)
- **झपकी–** हलकी नींद, आँख झपकने की क्रिया
- **झरना–** प्रपात, निर्झर, स्रोत, उत्स, प्रस्रवण
- **झल–** दाह, जलन, आँच
- **झलक–** चमक, दमक, आभा

- **झाँईं–** बिम्ब, झलक, परछाईं, प्रतिच्छाया
- **झिझक–** हिचकिचाहट, द्विविधा, संकोच
- **झोंपड़ी–** झूँपा, पर्णकुटी, कुटिया, छानी
- **झूठ–** मिथ्या, मृषा, अनृत, असत, असत्य

## ट

- **टंच–** सूम, कृपण, कंजूस, निष्ठुर (मप्र पीसीएस २००७)
- **टक्कर–** ठोकर, भिड़न्त, संघात, समाघात, धक्का
- **टपकना–** चूना, रिसना, झरना, स्रवित होना
- **टीका–** व्याख्या, भाष्य, वृत्ति, भाषान्तरण, विवृत्ति
- **टीमटाम–** बाह्याडम्बर, आडम्बर, ठाठबाट, धूमधाम, समारोह
- **टीस–** दर्द, कष्ट, कसक, हूक, कातरता, शूल
- **टेक–** आश्रय, सहारा, भरोसा, अवलम्ब
- **टेढ़ा–** टेढ़ा-मेढ़ा, तिरछा, वक्र, बलदार, कुटिल
- **टेर–** पुकार, हाँक, गुहार, दोहाई
- **टोली–** समूह, झुण्ड, दल, जत्था, मण्डली
- **टोह–** टटोल, तलाश, खोज, ढूँढ़, ख़बर

## ठ

- **ठग–** वञ्चक, प्रतारक, अड़ीमार, प्रवञ्चक, जालसाज़
- **ठगी–** प्रतारणा, वञ्चना, मायाजाल, फ़रेब, जालसाज़ी
- **ठण्ढ–** शीत, सरदी, जाड़ा (उप्र बीएड् प्रवेश-परीक्षा २००३)
- **ठाँव–** स्थान, जगह, ठिकाना, ठौर
- **ठाढर–** ठाह, टहर, टट्टी, ठठरी
- **ठिठोली–** मज़ाक़, उपहास, फबती, व्यंग्य, व्यंग्योक्ति
- **ठीक–** उचित, उपयुक्त, मुनासिब, समीचीन
- **ठौर–** स्थान, जगह, स्थल, ठिकाना

## ड

- **डर–** भय, ख़ौफ़, त्रास, भीति, आतंक
- **डरावना–** भयंकर, भयानक, ख़ौफ़नाक, भयावह, दहशतनाक
- **डाँवाडोल–** ढुलमुल, अस्थिर, अदृढ़, ढीला, विचलित, असन्तुलित
- **डायरी–** दैनिकी, दैनन्दिनी, रोज़नामचा
- **डाक़ू–** दस्यु, लुटेरा, लुण्ठित, बटमार, डक़ैत, साहसिक
- **डीलडौल–** रूप, आकृति, बनावट, रचना, गठन, गढ़न
- **डोरी–** जेवरी, सुतली, तनी, रस्सी, डोर
- **डोल–** हिण्डोला, झूला, पलना

## ढ

- **ढंग, ढब–** शैली, रीति, तरीक़ा, विधि, उपाय, तदबीर, युक्ति, पद्धति, प्रणाली, प्रविधि
- **ढाढ़स–** आश्वासन, इतमीनान, तसल्ली, दिलासा, धीरज, भरोसा, सान्त्वना
- **ढिठाई–** गुस्ताख़ी, अविनय, धृष्ठता, बेशरमी, अशिष्टता
- **ढीठ–** अविनीत, उद्धत, धृष्ट, गुस्ताख़, बेशर्म, प्रगल्भ
- **ढेर–** अम्बार, ओघ, जमाव, राशि, पुञ्ज, समूह
- **ढोंग–** छल, छिपाव, स्वाँग, कपट, पाखण्ड
- **ढोंगी–** कपटी, छली, पाखण्डी, बगुलाभगत, रँगासियार
- **ढोली–** प्यारा, प्रिय, प्रियतम, प्रेमी, अन्यतम
- **ढौकन–** उत्कोच, रिश्वत, घूस

## त

- **तंक–** डर, भय, आतंक, आशंका
- **तत्पर–** तैयार, उद्यत, मुस्तैद, कटिबद्ध, सन्नद्ध
- **तम–** तिमिर, अन्धकार, ध्वान्त, अन्धकार, अँधेरा, तमिस्रा
(आरएएस २०००,२००३; सीटीईटी २०१४)
- **तथापि–** तो भी, फिर भी, तदपि, तिसपर भी, इसके बावजूद
- **तन्तु–** डोरा, धागा, तागा, डोरी
- **तनिक–** थोड़ा, ज़रा, लेशमात्र, रञ्चमात्र, किञ्चित
- **तन्मय–** लीन, मग्न, तल्लीन, ध्यानमग्न, लवलीन
- **तम्बू–** डेरा, खेमा, शिविर, (उप्र बीएड् प्रवेश-परीक्षा २००३)
- **तपस्या–** तप, व्रतचर्या, साधना, योग–साधन
- **तरंग–** लहर, हिलोर, ऊर्मि, वीचि, उल्लोल
- **तरु–** वृक्ष, विटप, पेड़, पादप, द्रुम (आरएएस २००६)
- **तरुण–** युवा, नवयुवक, नवजवान
- **तरुणी–** नवयुवती, मनोज्ञा, सुन्दरी, यौवनवती, प्रमदा, रमणी
(आईएएस १९९३; आरएएस २००५,बिहार पीसीएस २००७)
- **तलवार–** असि, कृपाण, खड्ग, चन्द्रहास, करवाल, खंग, शम्शीर
(आईएएस २००३,२००५; मप्र पीसीएस १९९२,२००६)
- **तादात्म्य–** एकात्मक, सारूप्य, तद्रूपता, अनन्यता, अभिन्नता, एकरूपता, एकान्विता
- **तानाशाह–** अधिनायक, निरंकुश, शासक, डिक्टेटर
- **तामरस–** कमल, पंकज, सरसिज, नीरज, पुण्डरीक, इन्दीवर
- **तारा–** नखत, उडुगण, नक्षत्र, तारक (उप्र बीएड् प्रवेश-परीक्षा २००६)
- **तालमेल–** सामञ्जस्य, संहति, संगति, सामरस्य, सुस्वरता, समन्वय
- **तालाब–** तड़ाग, सर, जलाशय, कासार, ताल, सरसी, पुष्कर, ह्रद, छद, दह, पोखर
(मप्र पीसीएस १९९४; उप्र बीएड् प्रवेश-परीक्षा २००३,२००५)
- **तालिका–** सारणी, सूची, फ़ेहरिस्त
- **तिरस्कार–** उपेक्षा, अपमान, निरादर, बेइज़्ज़ती, अवमानना, अवहेलना
- **तीख़ा–** तीक्ष्ण, तेज़, पैना, प्रखंर
- **तुरन्त–** झटपट, क्षिप्र, फटाफट, तुरत, त्वरित, सत्वर, त्वरा

- **तूफ़ान–** अन्धड़, झंझा, झंझावात, प्रभञ्जन, आँधी
- **तेज़–** तीव्र, द्रुत, क्षिप्र (उप्र बीएड् प्रवेश-परीक्षा २००८)
- **तेजस्वी–** प्रतापी, तेजवान्, वर्चस्वी, कान्तिमय, तेजोमय
- **तैयार–** तत्पर, उद्यत, सन्नद्ध, मुस्तैद
- **तोता–** शुक, कीर, सुआ, सुग्गा, रक्ततुण्ड, दाड़िमप्रिय (बिहार पीसीएस २००८)
- **त्रास–** भय, डर, आशंका, आतंक
- **त्रुटि–** ग़लती, भूल, चूक (उप्र बीएड् प्रवेश-परीक्षा २००७)
- **त्विषा–** दीप्ति, कान्ति, शोभा, प्रभा, आभा, भास्वरता

## थ

- **थकान–** थकावट, थकन, श्रान्ति, क्लान्ति
- **थपेड़ा–** चपेटा, थप्पड़, झापड़, चाँटा, धौल
- **थल–** धरती, ज़मीन, पृथ्वी, भूतल, भूमि
- **थांग–** खोज, पता, सुराग, अता-पता (मप्र पीसीएस २००६)
- **थान–** जगह, ठौर, ठिकाना
- **थाह–** अन्त, हद, छोर, सिरा, सीमा
- **थूक–** कफ, खखार, लार
- **थूनी–** खम्भा, थम, स्तम्भ
- **थोड़ा–** किञ्चित, परिमित, अल्प, रञ्चमात्र
- **थोथा–** पोला, ख़ाली, खोखला, रिक्त, छूछा

## द

- **दंग–** हैरान, आश्चर्यचकित, हतप्रभ, चकित, विस्मित, हक्का-बक्का
- **दंगा–** झगड़ा, ऊधम, फसाद, उत्पात, उपद्रव
- **दण्ड–** अर्थदण्ड, हर्जाना, जुर्माना, सज़ा
- **दक्ष–** निपुण, निष्पात, पारंगत, होशियार, चतुर, प्रवीण, कुशल
- **दर्ज़ा–** मर्तबा, रुतबा, पदवी, पद, ओहदा
- **दर्द–** यातना, यन्त्रणा, तकलीफ़, व्यथा, पीड़ा
- **दर्प–** दम्भ, अहंकार, घमण्ड, गर्व, अभिमान
- **दर्पण–** शीशा, आईना, मुकुर, आरसी
- **दबाव–** बल-प्रयोग, ज़ोर, दमन, ज़बरदस्ती
- **दमक–** चमक, आभा, दीप्ति, कान्ति, द्युति, जगमगाहट
- **दमन–**अवरोध, निग्रह, रोक, नियन्त्रण
- **दया–** कृपा, रहम, तरस, करुणा, अनुकम्पा
- **दयामय–** कृपानिधि, मेहरबान, कृपालु, दयालु, दयावान्, करुणामय
- **दयाहीन–** बेरहम, निर्दय, बेदर्द, करुणाहीन, हृदयहीन, पाषाण हृदय, संगदिल
- **दरबान–** द्वारपाल, चोबदार, प्रतिहार, प्रतिरक्षक, चौकीदार
- **दरवाज़ा–** कपाट, द्वार, किवाड़, पल्ला
- **दरार–** फटन, कटान, कटाव, चीर, फटाव

- **दल–** यूथ, जत्था, दस्ता, टुकड़ी, समूह, गिरोह, गुट, संघ
- **दलना–** माँड़ना, पीसना, मसलना
- **दर्शन–** साक्षात्कार, मुलाक़ात, भेंट, आमना-सामना, प्रत्यक्ष
- **दाँत–** दन्त, दशन, रद, रदन, द्विज, मुखक्षुर
- **दाँव–** युक्ति, चाल, जुगत, दाँव-पेंच, घात
- **दाग़–** कलंक, धब्बा, लाञ्छन, ऐब, दोष
- **दादा–** पितामह, आजा, बाबा
- **दानव–** राक्षस, दैत्य, निशाचर, शम्बर, असुर
- **दामिनी–** चपला, तड़ित, पीत-प्रभा, चञ्चला, प्रभा (आईएएस २००४)
- **दास–** अनुचर, चाकर, किंकर, परिचायक, सेवक, भृत्य, नौकर, परिचर
- **दासी–** किंकरी, परिचारिका, दासी, नौकरानी, अनुचरी, बाँदी
- **दिखावटी–** आडम्बरी, दर्शनी, बनावटी, नक़ली, दिखाऊ, कृत्रिम
- **द्विज–** ब्राह्मण, ब्रह्मज्ञानी, वेदविद् (उप्र एपीओ २००१,२००३)
- **दिन–** वासर, दिवस, दिवा, अह्न, वार,
(बिहार पीसीएस २००५,२००८; आरएएस २००१,२००३)
- **दिनांक–** तारीख़, तिथि, मिति (उप्र पीसीएस १९९४,१९९९)
- **दिव्य–** लोकोत्तर, लोकातीत, अलौकिक, स्वर्गिक (बीएड् प्रवेश-परीक्षा २०१२)
- **दिल–** हृदय, कलेजा, जिगर, उर, चित्त, जी, मन, अन्त:करण
- **दीन–** दरिद्र, अकिञ्चन, निर्धन, रंक, कंगाल
- **दीपावली–** दीवाली, दीपमाला, दीपोत्सव, दीपमालिका, प्रकाशोत्सव, ज्योतिपर्व
- **दुःख–** पीड़ा, व्यथा, कष्ट, क्लेश, वेदना, यातना, उद्वेग, खेद, विषाद, सन्ताप, क्षोभ, यन्त्रणा, संकट, शोक, उत्पीड़न (मप्र पीसीएस २००३,२००६)
- **दुर्गा–** चण्डिका, सिंहवाहिनी, कालिका, कल्याणी, कुमारी, कामाक्षी, सुभद्रा, महागौरी, नारायणी, भगवती, महामाया, भवानी, चण्डी, शक्ति, दुर्गे, दुर्गमच्छेदिनी
(बिहार पीसीएस २००२)
- **दुर्जन–** खल, असज्जन, असन्त, दुष्ट, धूर्त, पिशुन
- **दुबला–** दुर्बल, कृश, निर्बल, कृशकाय, कमज़ोर, तन्वी
- **दुर्बोध–** कठिन, क्लिष्ट, दुरूह, जटिल, गूढ़
- **दुर्लभ–** अप्राप्त, दुष्प्राप्य, अलभ्य, नायाब, विरल
- **दुविधा–** धर्मसंकट, उहापोह, कश्मकश, आगापीछा, असमञ्जस
- **दुस्तर–** अगम्य, विकट, कठिन, औघट
(आरएएस २०००,२००३; मप्र पीसीएस १९९६,२००७)
- **देह–** वपु, कलेवर, विग्रह, काया, तनु, मूर्त्ति
- **दूध–** क्षीर, पय, गोरस, पीयूष, दुग्ध
(आरएएस १९९४; राजस्थान पुलिस उपनिरीक्षक परीक्षा १९९५,२००५)
- **दृढ़–** तगड़ा, अटूट, पुष्ट, मज़बूत, पक्का
- **द्वेष–** विरोध, दुश्मनी, ख़ार, शत्रुता, बैर (फॉरेस्ट रेंजर २००७)
- **देवता–** देव, अमर, सुर, विबुध, आदित्य, निर्जर, गीर्वाण, त्रिदर्शक, अमर्त्य
(उप्र पीसीएस १९९२,१९९५,१९९९)
- **देवबाला–** अप्सरा, देववधू, देवांगना, सुरबाला, सुरनारी, देवनारी, अमरनारी
- **दोष–** अवगुण, ऐब, दूषण, ख़राबी, बुराई

- **दोषी–** अपचारी, क़ुसूरवार, अपराधी, अभियुक्त
- **द्रव्य–** धन, वित्त, अर्थ, सम्पदा, विभूति, दौलत, सम्पत्ति
- **द्रौपदी–** कृष्णा, पाञ्चाली, द्रुपदसुता, याज्ञसेनी (उप्र बीएड् प्रवेश-परीक्षा २००५)
- **द्वन्द्व–** उलझन, झंझट, जंजाल
- **द्वेष–** ईर्ष्या, जलन, डाह, मात्सर्य (उप्र बीएड् प्रवेश-परीक्षा २००८)

## ध

- **धन्धा–** उद्योग, कामकाज, उद्यम, व्यवसाय, व्यापार, कारबार
- **धक्का–** टक्कर, रेला, झोंका (उप्र बीएड् प्रवेश-परीक्षा २००७)
- **धन–** द्रव्य, सम्पत्ति, सम्पदा, द्रव्य, दौलत, रुपया-पैसा
- **धनी–** धनवान, मालदार, धनपति, धन्नासेठ, धनाढ्य
- **धप्पा–** छल, प्रवंचना, धोखा, विश्वासघात
- **धब्बा–** दाग़, निशान, कलंक
- **धरा–** धरती, ज़मीन, पृथ्वी, वसुन्धरा, क्षिति, वसुधा
- **धर्षण–** अनादर, अपमान, अवहेलना, उपेक्षा, तिरस्कार
- **धाँधल–** धोखा, फ़रेब, दग़ा, विश्वासघात
- **धाक–** रोब, आतंक, प्रभाव, प्रभुत्व, दबंगई

## न

- **नंगा–** निर्वस्त्र, दिगम्बर, नग्न, खुला, अनावृत
- **नक्षत्र–** तारा, खद्योत, उडु, ऋक्ष, सितारा, तारक
- **नदी–**सरिता, निर्झरिणी, तरंगिणी, पयस्विनी, तरनी, स्रोतस्विनी, लहरी, अपगा, निम्नगा, तरिणी, कल्लोलिनी, सरी, बेड़ा
  (उप्र पीसीएस १९९३; आरएएस १९९४, १९९७; मप्र पीसीएस १९९९, २००६)
- **नमक–** लवण, लोन, रामरस, नोन, नून
- **नया–** नूतन, नवीन, नव्य, अभिनव, आधुनिक, नव, ताज़ा, अर्वाचीन
- **नर–** पुरुष, जन, आदमी, मर्द
- **नरक–** यमलोक, यमपुर, यमालय, जहन्नुम, दोज़ख़ (मप्र पीसीएस १९९९, २००४)
- **नरम–** कोमल, मृदुल, मुलायम, नाज़ुक
- **नरेन्द्र–** राजा, भूपति, नरपति, भूपाल, भूप, नरेश
- **नवल–** अनोखा, विलक्षण, अजब, विचित्र, अद्‌भुत
- **नश्वर–** विनाशी, नाशवान्, मरणशील, नाशाधीन, अनित्य
- **नष्ट–** बरबाद, चौपट, बेकार, ध्वस्त, टूटा-फूटा (उप्र बीएड् प्रवेश-परीक्षा २००७)
- **नाज़–** अदा, चोचला, नखरा, हाव-भाव, बनाव-सिंगार
- **नाज़ुक–** कोमल, सुकुमार, मृदुल, मसृण, स्निग्ध (उप्र बीएड् प्रवेश-परीक्षा २००५)
- **नाता–** रिश्ता, सम्बन्ध, नातेदारी, लगाव, वास्ता, रिश्तेदारी
- **नाम–** ख्याति, बड़ाई, कीर्त्ति, यश, प्रसिद्धि, मशहूरी, शोहरत
- **नारी–** औरत, महिला, रमणी, स्त्री, वनिता, ललना, वामा
- **नाविक–** मल्लाह, पोतवाहक, पोतचालक, नावचालक

- **नाशवान–** क्षणभंगुर, क्षणिक, विनाशी, अस्थिर, नश्वर
- **निकट–** पास, समीप, क़रीब, आसन्न, निकटस्थ
- **निकेतन–** मकान, निवास, सदन, भवन, घर, निलय, आलय
- **निगम–** निकाय, संघटन, समिति, प्रतिष्ठान, संस्था
- **निर्णय–** निश्चय, निष्कर्ष, फ़ैसला, परिणाम (उप्र बीएड् प्रवेश-परीक्षा २००४)
- **निर्जीव–** जीवहीन, प्राणहीन, मृत, मुर्दा, निष्प्राण
- **निजी–** व्यक्तिगत, ख़ुद का, स्वकीय, अपना
- **निडर–** निर्भय, दिलेर, निधड़क, निःशंक, बेधड़क
- **नित्य–** शाश्वत, अमर, अविनाशी, अमर्त्य, अनश्वर, सदा, सनातन, सर्वदा, सदैव, अहर्निश, प्रतिदिन, रोज़, हमेशा
- **निर्दय–** दरिद्र, अकिञ्चन, कंगाल, ग़रीब
- **निर्दोष–** निरपराध, दोषरहित, बेक़ुसूर, बेगुनाह, अदोष
- **निर्धन–** कृश, कृशकाय, कमज़ोर, दुर्बल
- **निर्मल–** शुद्ध, साफ़, स्वच्छ, पवित्र, शुचि
- **निन्दा–** अपयश, अपवाद, बदनामी, बुराई, बदगोई
- **नियति–** भाग्य, प्रारब्ध, प्रालब्ध, विधि, भावी, दैव, होनी (उप्र पीसीएस १९९२)
- **निरन्तर–** बराबर, हमेशा, सदा, सर्वदा, लगातार, जारी, अनवरत
- **निरपेक्ष–** अलग, निष्पक्ष, बेलाग, तटस्थ, उदासीन
- **निरर्थक–** अर्थहीन, बेकार, बेमानी, बेमतलब, व्यर्थ
- **निराधार–** आधारहीन, बेबुनियाद, जड़हीन, निर्मूल, आधाररहित
- **निराला–** अनोखा, विलक्षण, अद्‌भुत, अनूठा, बेजोड़, अद्वितीय, अप्रतिम
- **निर्वासन–** देश-निकाला, निष्कासन, जलावतनी
- **निश्चित–** तय, निर्धारित, दृढ़, पक्का, निर्णीत
- **निष्कलंक–** निर्दोष, बेदाग़, बे-ऐब, स्वच्छ, साफ़
- **निष्ठा–** श्रद्धा, आस्था, विश्वास, यक़ीन (उप्र बीएड् प्रवेश-परीक्षा २००६)
- **निष्पत्ति–** अन्त, इति, समाप्ति, निष्कर्ष, परिणाम, उपसंहार
- **निस्तब्धता–** चुप, शान्ति, सन्नाटा, ख़ामोशी, नीरवता
- **निस्सन्देह–** ज़रूर, सचमुच, वाक़ई, बेशक, अवश्य, बिलाशक
- **नीचता–** तुच्छता, अधमता, ओछापन, कमीनापन, क्षुद्रता
- **नुकसान–** क्षति, घाटा, हानि, घटती, ह्रास, कमी
- **नुकीला–** कण्टाग्र, पैना, सूच्याग्र, नोकदार, तीक्ष्णाग्र
- **नेता–** अग्रणी, मुखिया, अगुआ, सरदार, प्रधान, अग्रसर
- **नैसर्गिक–** प्राकृतिक, स्वाभाविक, वास्तविक (उप्र पीसीएस १९९७,२००१)
- **नौका–** नाव, तरणी, डोंगी, पतंग, जलयान, तरी, बेड़ा, वनवाहन, तरणि, नैया
- **नौबत–** दशा, अवस्था, हालत, स्थिति, परिस्थिति
- **न्यायाधीश–** मुंसिफ़, जज, निर्णायक, न्यायकर्त्ता
- **न्यायालय–** अदालत, कचहरी, कोर्ट, मुंसिफ़ी
- **न्यारा–** अनोखा, अजीब, विलक्षण, निराला, अद्‌भुत
- **न्यास–** धरोहर, थाती, स्थापन, ट्रस्ट
- **न्यून–** अल्प, कम, थोड़ा, ज़रा, नाकाफ़ी
- **न्योता–** बुलावा, आमन्त्रण, निमन्त्रण

## प

- **पंक–** कीच, कर्दम, कीचड़
- **पंक्ति–** कतार, पाँति, श्रेणी
- **पंकिल–** मैला, मलिन, मलीन, गन्दला, गन्दा
- **पकड़ना–** बन्दी बनाना, गिरफ़्तार करना, क़ैद करना,
- **पक्षी–** विहग, खग, पंछी, द्विज, अण्डज्, विहंग, शकुनि, पतंग, परिन्दा, चिड़िया, पखेरू (बिहार पीसीएस २००३,२००७; उप्र एपीओ १९९४, २००३,२००५; आरएएस १९९५,१९९७,२०००,२००३)
- **पछतावा–** पश्चात्ताप, प्रायश्चित्त, अनुताप, ग्लानि, संताप
- **पटरानी–** राजमहिषी, महारानी, बड़ी रानी, प्रमुख रानी, महारानी, महिषी
- **पटु–** दक्ष, प्रवीण, निपुण, कुशल, होशियार, निष्णात, चतुर
- **पढ़ाई–** पठन-पाठन, अध्ययन, विद्याभ्यास
- **पड़ोसी–** हमसाया, प्रतिवासी, प्रतिवेशी
- **पण्डित–** सुधी, विद्वान्, कोविद, विचक्षण, सुविज्ञ, ज्ञानी, बुध, धीर, मनीषी, प्राज्ञ
- **पताका–** फरहरा, निशान, केतु, झण्डा, ध्वजा, ध्वज
- **पत्ता–** पत्र, पात, छदन, दल, पर्ण, पल्लव
- **पत्थर–** संग, प्रस्तर, पाहन, शिला, पाषाण, अश्म
- **पत्र–** पाती, ख़त, चिट्ठी
- **पति–** आर्यपुत्र, ईश, स्वामी, भर्त्ता, वल्लभ, भतरि, बालम, नाथ, प्राणप्रिय
- **पत्नी–** भार्या, दारा, सहगामिनी, गृहिणी, वधू, प्राणप्रिय, अर्द्धांगिनी, वामांगी, वल्लभा, वामा, धरनी, प्रिया, संगिनी, तिय, कान्ता, कलत्र
- **पथ्य–** भोजन, आहार, भोज्यपदार्थ
- **पथिक–** पन्थी, बटोही, मुसाफ़िर, यात्री, राही
- **पद–** पैर, पग, क़दम, पाँव, पाद, चरण
- **पन्थ–** डगर, पथ, राह, मार्ग, रास्ता
- **पवन–** वायु, समीर, हवा, मारुत, प्रकम्पन, समीरण, वात, प्रभञ्जन, प्राण, अनिल, बयार, पवमान, नभप्राण, मृगवाहन (अपर वर्ग सहायक २००५,२००८; उप्र एपीओ १९९४,२००३; मप्र पीसीएस १९९६,२००४,२००५)
- **पर्वत–** भूधर, गिरि, शैल, नग, भूमिधर, मेरु, महीधर, अचल, पहाड़, तुंग (मप्र पीसीएस १९९३,२००३,२००७; उप्र एपीओ १९९७,१९९९,२००४; आरएएस १९९७,२००५; बिहार पीसीएस २००३,२००८)
- **पर्याप्त–** प्रचुर, काफ़ी, बहुत, यथेष्ट
- **पराग–** रंज, पुष्परज, कुसुमरज, पुष्पधूलि (उप्र बीएड् प्रवेश-परीक्षा २००७)
- **परख–** जाँच, पहचान, छानबीन, परीक्षण, जाँच-पड़ताल
- **परतन्त्र–** पराधीन, परवश, पराश्रित, ग़ुलाम, अधीन
- **परछाईं–** प्रतिच्छाया, प्रतिबिम्ब, साया, झाईं, छाया
- **परदा–** आड़, ओट, छिपाव, आवरण, यवनिका, नेपथ्य
- **परमार्थ–** भलाई, उपकार, परोपकार
- **परशुराम–** भृगुसुत, जामदग्न्य, भार्गव, परशुधर, रेणुकातनय, भृगुनन्दन

* **परन्तु**– किन्तु, मगर, लेकिन, पर
* **पराक्रम**– ताक़त, पौरुष, पुरुषार्थ, शक्ति, बल
* **पराजित**– परास्त, विजित, पराभूत, हारा हुआ
* **पराया**– दूसरा, और, ग़ैर, बेगाना
* **परिक्रमा**– चक्कर, फेरा, प्रदक्षिणा, परिभ्रमण
* **परिचय**– मुलाक़ात, जानकारी, पहचान, अभिज्ञान
* **परिचर्या**– सेवा, टहल, शुश्रूषा, चाकरी, ख़िदमत, देख-भाल
* **परिणय**– शादी, विवाह, पाणिग्रहण, ब्याह
* **परिणाम**– फल, अंजाम, नतीजा, निष्कर्ष, निष्पत्ति
* **परिपाटी**– रीति, प्रणाली, तरीक़ा, ढंग, पद्धति, प्रथा, चलन, प्रचलन, परम्परा, रूढ़ि, दस्तूर
* **परिभव**– अपमान, अनादर, तिरस्कार, उपेक्षा, अवमान, अवहेलना
* **परिमण्डल**– घेरा, चक्कर, परिधि, वृत्त
* **परिवर्तन**– क्रान्ति, हेर-फेर, बदलाव, फेर-बदल, अदल-बदल, तब्दीली, क्रान्ति (उप्र बीएड् प्रवेश-परीक्षा २००८)
* **परिवाद**– बदनामी, बुराई, अपयश, अपवाद, निन्दा, अपकीर्त्ति
* **परिवार**– कुटुम्ब, कुनबा, कुल, ख़ानदान, घराना
* **परिष्कार**– सफ़ाई, संशोधन, संस्कार, शुद्धि, परिमार्जन
* **परिष्कृत**– शुद्ध, स्वच्छ, प्राञ्जल, साफ़, परिमार्जित
* **परुष**– कड़ा, निष्ठुर, निर्दय, कठोर, कर्कश
* **परेशान**– उद्विग्न, विकल, क्षुब्ध, आकुल, बेज़ार
* **परोक्ष**– अप्रत्यक्ष, ओझल, गुप्त, अगोचर, तिरोहित, अन्तर्हित, अलक्षित
* **पल** *(घड़ी अथवा डण्ड का साठवाँ भाग)*– क्षण, लमहा, घड़ी, दम, निमेष, अंश
* **पल्लव**– किसलय, पर्ण, पत्ती, पात, कोंपल
* **पल्ला**– आँचल, छोर, दामन (उप्र बीएड् प्रवेश-परीक्षा २००७)
* **पवित्र**– पावन, पुनीत, साफ़, विशुद्ध, पाक, शुचि, शुद्ध, स्वच्छ
* **पशु**– जानवर, चौपाया, मवेशी, जन्तु, चतुष्पाद
* **पश्चात्ताप**– पछतावा, ग्लानि, अफ़सोस, अनुताप, सन्ताप
* **पसीना**– श्रमकण, श्रमसीकर, प्रस्वेद
* **पाण्डुलिपि**– हस्तलिपि, मसौदा, पाण्डुलेख
* **पाखण्ड**– ढोंग, स्वाँग, प्रपञ्च, ढकोसला, आडम्बर
* **पागल**– दीवाना, बावला, विक्षिप्त, उन्मत्त
* **पाणि**– हाथ, कर, हस्त
* **पान**– ताम्बूल, नागरबेल, नागबल्ली, पर्णलता, सप्तशिला, नागिनी पत्र
* **पाप**– अघ, पातक, गुनाह, अपकर्म, कलुष
* **पाला**– प्रालेय, नीहार, तुषार, हिम
* **पार्वती**– उमा, गौरी, शिवा, भवानी, दुर्गा, गिरिजा, गिरिराजकुमारी, सती, अम्बिका, शैल-सुता, ईश्वरी, रुद्राणी, आर्या, अभया, सर्वमंगला, चण्डी, मृडानी, अपर्णा
* **पुत्र**– तनय, आत्मज, सुत, लड़का, बेटा, औरस, पूत
* **पुत्री**– तनया, आत्मजा, सुता, लड़की, बेटी, दुहिता
* **पिक**– कोयल, कोकिला, कलकण्ठ, वसन्तदूती, श्यामा

- **पीछे**– बाद में, अनन्तर, फिर, उपरान्त, पश्चात्, कालान्तर
- **पीड़ा**– व्यथा, तकलीफ़, दर्द, वेदना, यन्त्रणा, यातना
- **पुञ्ज**– राशि, ढेर, समूह, जमाव, अम्बार
- **पुरातन**– प्राचीन, पुराना, प्राक्त, पूर्वकालीन, भूतकालीन, प्राक्कालीन
- **पुश्कल**– प्रचुर, विपुल, अधिक, बहुत, इफ़रात, ढेर-सा, अतिशय, अत्यन्त
- **पुष्टि**– समर्थन, हिमायत, अनुमोदन
- **पूर्ण**– पूरा, सकल, समूचा, कुल, सारा, समग्र, सम्पूर्ण
- **प्रकाश**– प्रभा, छवि, द्युति, ज्योति, चमक, रोशनी, दीप्ति, उजाला, आलोक

(उप्र एपीओ २०००,२००३; फॉरेस्ट रेंजर १९९७,१९९९,२००३,२००६)

- **पूजा**– अर्चना, आराधना, उपासना, वन्दना, इबादत
- **प्रख्यात**– प्रसिद्ध, मशहूर, विख्यात, विश्रुत, नामवर, यशस्वी, नामी, लब्ध-प्रतिष्ठ, प्रतिष्ठित
- **प्रगति**– विकास, उन्नति, बढ़ती, तरक़्क़ी, श्रीवृद्धि
- **प्रगल्भ**– अहंकारी, घमण्डी, अभिमानी, गर्वीला, दम्भी
- **प्रचण्ड**– भीषण, भयानक, ख़ौफ़नाक, भयंकर, उग्र
- **प्रचुरता**– बहुलता, बहुतायत, प्रभूतता, इफ़रात, आधिक्य
- **प्रजा**– जनता, रैयत, रिआया, जन, लोक
- **प्रजातन्त्र**– जनतन्त्र, लोकतन्त्र, जनगण
- **प्रज्ञा**– ज्ञान, प्रतिभा, मेधा, बुद्धि, समझ (उप्र बीएड् प्रवेश-परीक्षा २००५)
- **प्रणय**– अनुरक्ति, स्नेह, प्रीति, अनुराग, प्रेम
- **प्रपात**– झरना, निर्झर, स्रोत, उत्स
- **प्रभात**– उषा, प्रातः, अरुणोदय, सवेरा, सुबह

(उप्र पीसीएस १९९५; फॉरेस्ट रेंजर २००३,२००७)

- **प्रयत्न**– प्रयास, कोशिश, चेष्टा, यत्न
- **प्रसन्नता**– हर्ष, आह्लाद, ख़ुशी, प्रफुल्लता, आनन्द

(फॉरेस्ट रेंजर २००२; उप्र पीसीएस १९९४; उप्र बीएड् प्रवेश-परीक्षा २००५)

- **प्राणी**– प्राणधारी, जीवधारी, जीव, जानदार, सजीव
- **प्रार्थना**– विनय, याचना, निवेदन, विनती, अर्ज़, आराधना
- **प्रारब्ध**– अदृष्ट, नसीब, भाग्य, क़िस्मत, तक़दीर, प्रालब्ध
- **प्रिय**– प्यारा, वत्सल, प्रियतम, दुलारा
- **प्रिया**– प्रेमिका, प्रेयसी, प्यारी, वल्लभा, प्रियतमा, सजनी, दिलरुबा, प्रिये
- **पृथ्वी**– भू, भूमि, अचला, धरा, धरित्री, धरणी, वसुन्धरा, वसुधा, अवनि, मेदिनी, मही, प्रहुभि, जगती, क्षोणी, क्षिति, वसुमती, बीजप्रसु, ईला

(फॉरेस्ट रेंजर १९८६; प्रवर अधीनस्थ सेवा-परीक्षा २००७; उप्र एपीओ २००१,२००५; बिहार पीसीएस १९९९,२००३,२००६; आरपीएस २००७,२००९; राजस्थान टीईटी २०१२)

- **प्रेम**– प्यार, मोहब्बत, प्रणय, स्नेह, अनुराग, ममता, रति, दुलार, प्रीति, लाड़-प्यार
- **प्रेमी**– प्रियतम, आशिक़, स्नेही, प्यारा, अनुरागी
- **पोत**– जहाज़, जलयान
- **प्रोत्साहन**– बढ़ावा, उत्साहवर्द्धन, हौसला
- **प्रौढ़**– प्रबुद्ध, अधेड़, पक्की उम्र का, बुज़ुर्ग
- **प्रौढ़ावस्था**– प्रौढ़, प्रौढ़त्व, पक्की उम्र, अधेड़ उम्र का, प्रौढ़ता
- **प्लुति**– उछलना, कूदना, फाँदना

## फ

- **फणीन्द्र–** शेषनाग, वासुकि, उरगाधिपति, सर्पराज, नागराज
- **फणी–** सर्प, साँप, फणिधर, नाग, उरग
- **फ़न–** गुण, ख़ूबी, हुनर, कौशल
- **फ़तह–** विजय, जीत, सफलता, जय
- **फ़रज़ी–** नक़ली, अव्यवस्थित, बनावटी, कृत्रिम, जाली
- **फ़रियाद–** प्रार्थना, विनती, स्तुति, स्तवन
- **फ़रेब–** छल, प्रताड़ना, धोखा, कपट, प्रवञ्चना
- **फ़ायदा–** लाभ, मुनाफ़ा, नफ़ा, प्राप्ति, उपलब्धि
- **फिर–** पुन:, बहुरि, दोबारा
- **फ़ुज़ूल–** व्यर्थ, निरर्थक, बेकाम, निरुद्देश्य
- **फुनगी–** मञ्जरी, अंकुर, किसलय, कली, कोंपल
- **फूल–** कुसुम, सुमन, प्रसून, पुष्प, लतान्त, मञ्जरी, पुहुप
  (बिहार पीसीएस १९९९; क्षेत्रीय ग्रामीण बैंक ऑफिसर स्केल-१ २०१४)
- **फुटकर**—अकेला, अलग, पृथक्
- **फुट्** – सत्य, सच्चा, यथार्थ, ठीक, प्रमाणित
- **फुरसत–** छुट्टी, अवकाश, निवृत्ति
- **फ़ौरन–** तुरन्त, तत्काल, त्वरित, जल्दी, तत्क्षण, शीघ्र

## ब

- **बंक–** टेढ़ा, तिर्यक्, तिरछा, वक्र (उप्र बीएड् प्रवेश-परीक्षा २००३)
- **बंजर–** ऊसर, उजाड़, वीरान, बन्ध्या
- **बचपन–** बालपन, लड़कपन, लड़कई, बाल्यावस्था, बचपना
- **बड़ा–** बृहत्, विशाल, लम्बा-चौड़ा
- **बन्दर–** कपि, वानर, कपीश, हरि, शाखामृग, मर्कट, कीश (मप्र पीसीएस १९९६)
- **बन्धन–** क़ैद, रोक, नियन्त्रण, बाधा, रुकावट
- **बलराम–** बलदेव, बलभद्र, हलधर, बलवीर, हलायुध, रोहिणेय, श्यामबन्ध, रेवतीरमण
  (एलआईसी परीक्षा २००९)
- **बलवान–** बली, जोरावर, ताक़तवर, सबल, बलशाली, शक्तिशाली
- **बलात्कार–** शीलभंग, सतीत्वहरण, बलात्सम्भोग, शीलहरण, शीलाघात, बल-प्रयोग
- **बलिदान–** जीवनदान, क़ुर्बानी, आत्मोत्सर्ग, प्राणन्यौछावर, प्राणोत्सर्ग, प्राणाहुति
- **बहुत–** ज़्यादा, प्रचुर, प्रभूत, विपुल, इफ़रात, अधिक, अनेक (आरएएस १९९६)
- **बहुतायत–** बहुलता, सरसाई, आधिक्य, अधिकता, प्रचुरता
- **बहेलिया–** शिकारी, अहेरी, आखेटक, व्याघ्र, लुब्धक
- **बाण–** तीर, तोमर, विशिख, शिलीमुख, नाराच, शर, इषु, सायक, आशुग
- **बादल–** मेघ, घन, नीरद, वारिद, जलधर, वारिधर, पयोद, अम्बुद, पयोधर
  (बीएड् प्रवेश-परीक्षा २००८)
- **बारिश–** पावस, वृष्टि, वर्षा, बरसात, मेह, बरखा
- **बाल–** कच, केश, चिकुर, शिरोरुह, चूल, कुन्तल
- **बाल–** बच्चा, बालक, लड़का (उप्र बीएड् प्रवेश-परीक्षा २०१०)

* **बालिका–** बाला, कन्या, बच्ची, लड़की
* **बिजली–** विद्युत्, चपला, चञ्चला, सौदामिनी, तड़ित, दामिनी, छटा, चम्पा, अशिन, धनवल्ली, बीजुरी, क्षणप्रभा, काञ्चनवली

(मप्र पीसीएस २००६; उप्र पीसीएस समीक्षा अधिकारी २०१३)
* **बियावान–** निर्जन, सुनसान, उजाड़, वीरान, जनशून्य
* **बीमारी–** रोग, मर्ज़, व्याधि
* **बुढ़ापा–** वृद्धावस्था, वृद्धत्व, जीर्णावस्था, जरा, वार्द्धक्य
* **बुद्धि–** प्रज्ञा, मेधा, ज़ेहन, समझ, अक़्ल, गति (मप्र पीसीएस १९९९)
* **बुद्धू–** मूर्ख, जड़, नासमझ, भोंदू, गोबर, मन्दमति, नादान, उल्लू, बुद्धिहीन, बेअक़्ल
* **बुनियाद–** नींव, आधार, जड़, मूल
* **बेटा–** पुत्र, पूत, सूनु, सुवन, तनय, आत्मज, लाल, नन्दन, तनुज
* **बेडौल–** कुरूप, भद्दा, बदसूरत, बदशक़्ल, भौंडा
* **बेदर्द–** निर्दय, निर्मम, निष्ठुर, क्रूर, दयाहीन, अकरुण
* **बेशर्म–** बेहया, ढीठ, धृष्ट, निर्लज्ज, चिकना घड़ा
* **बेसुध–** बेहोश, अचेत, मूर्च्छित, संज्ञाहीन, निश्चेष्ट
* **ब्रह्मा–** पितामह, स्वयंभू, चतुरानन, विरञ्चि, विधना, विधि, स्रष्टा, प्रजापति, कमलासन, हिरण्यगर्भ, हंसवाहन, आत्मभू, लोकेश, कर्त्तार, नाभिजन्मा, सदानन्द, अण्डज्, गिरापति
* **ब्रह्माण्ड–** दुनिया, जगत्, विश्व, संसार, जगती
* **ब्राह्मण–** विप्र, द्विज, भूसुर, भूदेव, महीसुर

## भ

* **भंग–** भाग, हिस्सा, खण्ड, टुकड़ा
* **भंगिमा–** वक्रता, कुटिलता, टेढ़ापन
* **भंगुर–** नश्वर, क्षणभंगुर, क्षणिक, भग्नशील, नाशवान्
* **भण्डा–** भाँडा, वासन, बरतन, पात्र
* **भण्डार–** संग्रहालय, आगार, गोदाम, मालख़ाना
* **भगिनी–** जीजी, सहोदरा, बहन, दीदी
* **भर्त्सना–** झिड़की, डाँट-डपट, फटकार, निन्द्रा, कुत्सा, दुत्कार
* **भला–** उत्तम, बढ़िया, सज्जन, अच्छा, नेक
* **भव्य–** रमणीय, दिव्य, मनोहर, आलीशान, शानदार
* **भाँड–** मसखरा, जोकर, भाँड, विदूषक
* **भाग–** हिस्सा, खण्ड, टुकड़ा, अवयव, अंश, अंग
* **भाग्य–** नसीब, प्रारब्ध, मुक़द्दर, तक़दीर, क़िस्मत
* **भारत–** भारतखण्ड, हिन्दुस्तान, आर्यावर्त्त, जम्बूद्वीप
* **भारती–** वाणी, वागीश, वागेश्वरी, विधात्री, वीणावादिनी, वाचा, गिरा, शारदा, सरस्वती
* **भारी–** बोझिल, वज़नी, वज़नदार
* **भाल–** कपाल, माथा, मस्तक, ललाट
* **भाषा–** वाणी, गिरा, बोली, ज़बान
* **भाषाविज्ञान–** शब्दशास्त्र, अक्षरशास्त्र, शब्दविज्ञान, भाषाशास्त्र

* **भास्कर–** प्रकाशवान्, चमकदार, चमकीला, दीप्तिमय, दिनकर, आभामय, सूर्य, दिवाकर
* **भिक्षुक–** भिखारी, याचक, भिखमंगा
* **भिड़ना–** संघर्ष, टक्कर, मुठभेड़, लड़न्त, संघात
* **भिन्न–** पृथक्, जुदा, विविध, विभिन्न, अलग
* **भीड़–** जमावड़ा, जनसंकुल, जमघट, भीड़-भड़क्का, भीड़-भाड़, जनसमूह
* **भुगतान–** भरपाई, चुकौती, बेबाकी, अदायगी
* **भूमि–** ज़मीन, धरती, स्थान, क्षेत्र (उप्र बीएड् प्रवेश-परीक्षा २०१०)
* **भूमिका–** अपनों से अपनी, मुखबन्ध, प्रस्तावना, आमुख, प्राक्कथन, पूर्व-पीठिका, दो शब्द
* **भूल–** त्रुटि, ग़लती, अशुद्धि, चूक, दोष, भ्रम
* **भूषण–** गहना, ज़ेवर, अलंकरण, सजावट
* **भृश्–** अतिशय, प्रचण्ड, शक्तिशाली
* **भेदी–** जासूस, भेदिया, गुप्तचर, दूत
* **भोला–** सरल, अकुटिल, सीधा, निष्छल, निष्कपट, निर्दोष, निष्काम
* **भौंचक्क–** विस्मित, चकित, हैरान, आश्चर्यचकित, हक्का-बक्का
* **भ्रम–** मिथ्या, यथार्थ, भूल, संशय
* **भ्रमर–** मधुकर, मधुप, अलि, भृंग, भौंरा, षट्पद, मधुराज, मधुभक्षी
  (मप्र पीसीएस २०००,२००२,२००५; आरएएस २००४,२००६)
* **भ्रष्ट–** दुष्ट, पाजी, लुच्चा, बदमाश, दुर्वृत्त, लफंगा, लम्पट
* **भ्रान्ति–** भ्रम, सन्देह, धोखा, संशय
* **भ्राष्ट्र–** आकाश, गगन, अम्बर, नभ, आसमान

## म

* **मंगल–** भला, नेकी, परोपकार, हित, कल्याण, भलाई, उपकार
* **मंज़िल–** गन्तव्य, पड़ाव, लक्ष्य
* **मक्कार–** खोटा, छली, वञ्चक, धूर्त्त, दग़ाबाज़
* **मक्खन–** नवनीत, दधिसार, माखन
* **मछली–** झष, जल-जीवन, मीन, मत्स्य, शफरी (बिहार पीसीएस १९९९)
* **मञ्जु, मञ्जुल–** मनोहर, लुभावन, मनहर, चित्ताकर्षक, मनोरम
* **मण्डित–** सज्जित, समलंकृत, अलंकृत, आभूषित, विभूषित, सुशोभित, सुसज्जित
* **मत–** राय, धारणा, विचार, सम्मति, मन्तव्य
* **मतभेद–** वैमनस्य, असहमति, मतद्वैध, विरोध, असम्मति
* **मद–** मदहोशी, मतवालापन, नशा, मादकता, दम्भ, अभिमान, घमण्ड, गर्व, अहंकार
* **मदिरा–** आसद, माध्विजा, मधु, दारू, शराब, सोम, मद्य, मध्वासव, सुरा, माध्वाक, वारुणी, हाला
* **मधु–** शराब, मदिरा, चैत्यमास, शहद, वसन्त-ऋतु
* **मन–** अन्तर, मानस, अन्तःकरण, चित्त, हृदय, दिल, जी
* **मनगढ़न्त–** ख़याली, काल्पनिक, कल्पित, अवास्तविक, यथार्थरहित
* **मनचाहा–** यथेष्ट, यथेच्छ, अभिलषित, इच्छित, अभीष्ट, मनोवाञ्छित

- **मन्दिर–** देवगृह, ईशगृह, देवालय, देवस्थान
- **मनीषी–** विद्वान्, निष्णात्, मूर्द्धन्य, पण्डित, ज्ञानी, विचारक, चिन्तक
- **मनुष्य–** मनुज, मानुष, इनसान, मर्त्य, मानव
- **मन्थन–** संघर्षण, अवगाहन, बिलोना
- **मनोरम–** रमणीय, मनोज्ञ, मञ्जुल, सुन्दर, मनभावन, मनोहर
- **मनोरञ्जन–** तफ़रीह, सुख, आनन्द, आमोद-प्रमोद, मनबहलाव, मनोविनोद
- **मद्य–** मदिरा, हाला, शराब, मधु
- **मरघट–** श्मशान, क़ब्रगाह, प्रेतघाट, चिताभूमि
- **मवाद–** पीब, पूय, पस
- **मसौदा–** प्रालेख, प्रारूप, पाण्डुलिपि
- **महक–** परिमल, वास, सुवास, सुगन्ध, ख़ुशबू
- **महत्त्व–** महत्ता, बड़ाई, माहात्म्य
- **महात्मा–** महानुभाव, महापुरुष, महाभाग, महामना, महाशय
- **महावत–** पीलवान, आंकुशिक, हाथीवान
- **महिमा–** गरिमा, माहात्म्य, गौरव, बड़ाई, महत्ता
- **महादेव–** शिव, शम्भु, शंकर, हर, महेश, गिरीश, चन्द्रशेखर, नीलकण्ठ, त्रिलोचन, भूतनाथ, पशुपति, महेश्वरी, गिरजापति, कपर्दी, वामदेव, कैलाशपति, शितिकण्ठ, रुद्र, त्रिपुरारी
- **माँ–** माई, अम्बिका, मातु, माता, मातृ, मातरि, मैया, महतारी, अम्ब, जननी, जनयित्री, धात्री, प्रसू (उप्र पीसीएस १९९३,१९९७,२००४)
- **मांगलिक–** शुभकर, शुभ्र, मंगलदायक, कल्याणकारी, शुभदा, मंगलकारी
- **मार्ग–** पथ, डगर, रास्ता, पंथ, सड़क, राह (अपर वर्ग सहायक १९८४)
- **मातहत–** अधीनस्थ, निम्नपदस्थ, अधीन, अवर
- **मान्य–** माननीय, पूज्य, सम्माननीय, समादरणीय, श्रद्धेय, गण्यमान, पूजनीय
- **मार्मिक–** मर्मान्तक, मर्मस्पर्शी, हृदयविदारक, हृदयस्पर्शी, मर्मभेदी
- **माया–** धोखा, छल, प्रपञ्च, अस्तित्वरहित्, प्रतारण
- **मिलन–** सम्पर्क, संयोग, मेल, भेंट, समागम, मिलाप
- **मित्र–** मीत, सखा, यार, हमदम, सुहृद, दोस्त (आरएएस १९९०,१९९१)
- **मीठा–** सरस, स्वादु, मिष्ट, मधुर, सुरस
- **मुक़दमा–** मामला, केस, नालिश, वाद, दावा
- **मुक्त–** स्वछन्द, आज़ाद, खुला, छुटा, उन्मुक्त, स्वतन्त्र
- **मुख–** मुँह, वदन, मुखड़ा, चेहरा, आनन
- **मुख्य–** प्रधान, प्रवर, वरेण्य, ख़ास, प्रमुख
- **मुग्ध–** तल्लीन, आसक्त, लुब्ध, आकृष्ट, मोहित
- **मुर्ग़ा–** तमचुर, ताम्रचूड़, कुक्कुट, चरणायुध, अरुणशिखा
- **मुनि–** योगी, तपस्वी, व्रती, साधु, ऋषि, तापस
- **मूँगा–** प्रवाल, रक्तमणि, विद्रुम
- **मूर्ख–** मूढ़, जड़, गँवार, निर्बुद्ध, अज्ञानी
- **मृत्यु–** इन्तकाल, देहान्त, प्राणान्त, निधन, मौत, स्वर्गवास, दिवंगत, शरीरान्त, देहावसान
- **मेघ–** धराधर, घन, जलचर, वारिद, जीमूत, बादल, वारिधर, पयोद, पयोधर, जगजीवन (मप्र पीसीएस १९९९; बिहार पीसीएस २००२)

- **मेढक–** दादुर, थेक, शालूक, शालू, वर्षा-भू, मण्डूक, वर्षाप्रिय, चातक
- **मेधावी–** सुधी, बुद्धिमान्, बुध, प्रज्ञावान्
- **मेहनत–** अध्यवसाय, उद्योग, कर्मठता, मशक़्क़त, श्रम, उद्यम, परिश्रम
- **मेहनती–** अध्यवसायी, परिश्रमी, कर्मठ, श्रमशील, उद्यमी, उद्योगी
- **मैत्री–** दोस्ती, यारी, मित्रता, सौहार्द, सख्यभाव
- **मैना–** कलहप्रिया, मदन, चित्रनेत्रा, चित्राक्षी, सारिका
- **मैला–** गन्दा, कलुषित, मलिन, अस्वच्छ, अशुद्ध
- **मोती–** मुक्ता, स्वातिसुत, सीपिज, मौक्तिक, शुक्तिज
- **मोद—** हर्ष, आह्लाद, खुशी, प्रसन्नता
- **मोर–** मयूर, केकी, कलापी, शिखी, शिखण्डी, ध्वजी, नीलकण्ठ, सारंग, हरि (आरएएस १९९४; बिहार पीसीएस २००१)
- **मोक्ष–** मुक्ति, निर्वाण, कैवल्य, अपवर्ग, सद्‌गति, परमपद, परमगति, परमधाम
- **मोह–** अज्ञान, भ्रान्ति, दु:ख (मोहजनित), अविद्या
- **म्लान–** मलिन, मैला, गन्दा
- **मोहक–** मनभावन, लुभावन, दिलकश, मनोहर, मनहर, आकर्षक
- **मोहन–** मोहक, मोहकारक, लुभाना
- **मौलिक–** असली, आधारभूत, बुनियादी, मूलभूत, वास्तविक

## य

- **यन्त्र–** औज़ार, कल, मशीन (उप्र बीएड् प्रवेश-परीक्षा २००८)
- **यन्त्रण–** यातना, पीड़ा, प्रताड़ना, तकलीफ़, कष्ट
- **यकायक–** अकस्मात्, अचानक, एकबारगी, सहसा
- **यक़ीनन–** बेशक, नि:सन्देह, अवश्य
- **यती–** संन्यासी, वीतरागी, वैरागी (उप्र बीएड् प्रवेश-परीक्षा २००५)
- **यत्न–** प्रयत्न, उपयोग, उद्यम, कोशिश, प्रयास
- **यथार्थ–** ठीक, उचित, सत्य, वाजिब, उपयुक्त
- **यम–** सूर्यपुत्र, जीवनपति, अन्तक, धर्मराज, शमन, कीनास, कतान्त, जीविनेश, यमुनाभ्राता, दण्डधर, श्राद्धदेव, मृत्युपति, यमराज (उप्र पीसीएस १९९९)
- **यमुना–** कालिन्दी, अर्कजा, रवितनया, कृष्णा, जमुना, कालगंगा, सूर्यसुता, भानुजा, तरणितनूजा, अर्कसुता (आरएएस २००२,२००५,२००८; उप्र पीसीएस १९८७; बिहार पीसीएस १९९७,२००३,२००५,२००८)
- **यश–** कीर्त्ति, नेकनामी, ख्याति, नाम, प्रसिद्धि
- **याचना–** प्रार्थना, विनय, अर्ज़, विनती, निवेदन
- **याचिका–** अभ्यर्थना, प्रार्थनापत्र, आवेदनपत्र
- **युक्त–** संलग्न, जुड़ा हुआ, मिला हुआ, लगा हुआ, संयुक्त
- **युक्ति–** ढंग, उपाय, जुगत, तरीक़ा, तदबीर
- **युद्ध–** रण, जंग, समर, लड़ाई, संग्राम (मप्र पीसीएस १९९९,२००३)
- **युद्धभूमि–** समरक्षेत्र, रणक्षेत्र, रणस्थान, युद्ध का मैदान, युद्धक्षेत्र
- **युवती–** सुन्दरी, श्यामा, तरुणी, नवोढ़ा, यौवनवती, रमणी, नवयौवना

- **युवावस्था–** तारुण्य, यौवन, जवानी
- **योग्य–** उपयुक्त, कुशल, क्षम, दक्ष, निष्णात, क़ाबिल, कार्यक्षम
- **यौगिक–** संयुक्त, मिश्र, संश्लिष्ट, मिला हुआ, जुड़ा हुआ

## र

- **रंक–** निर्धन, धनहीन, दरिद्र, कंगाल, अकिञ्चन
- **रंगत–** दशा, हालत, अवस्था, स्थिति
- **रंज–** दुःख, शोक, विषाद, खेद
- **रक्त–** ख़ून, रुधिर, लोहित, लहू, शोणित
- **रक्तपात–** ख़ून-ख़राबा, लड़ाई-झगड़ा, मार-काट
- **रक्षा–** बचाव, हिफ़ाज़त, सुरक्षा, रखवाली, त्राण
- **रण्डी–** वेश्या, चंचला, गणिका, नगरवधू, अभिसारिका
- **रत–** तल्लीन, मग्न, अनुरक्त, लीन, लिप्त
- **रमा–** लक्ष्मीकान्त, पद्मा, कमलासना, श्री, कमला, विष्णुप्रिया, इन्दिरा
- **रमणी–** स्त्री, वनिता, नारी, औरत, वामा, भामा
- **रविवार–** आदित्यवार, सूर्यवार, रविवासर, इतवार
- **रश्मि–** मयूख, मरीच, किरण, कर, अंशु (आरएएस २००५)
- **रस–** तत्त्व, सार, सत्त
- **रसना–** रसेन्द्रिय, जिह्वा, रसीका, जीभ, ज़बान
- **रावण–** दशकन्धर, दशशीश, दशानन, लंकेश, लंकाधिपति, दैत्येन्द्र, दशकण्ठ, दशवदन
- **राजा–** नृप, नृपति, भूप, महीप, नरेश, नरपति, भूपति, नरेन्द्र, सम्राट्, महिपति, पृथ्वीनाथ, पृथ्वीपति (मप्र पीसीएस १९९३; उप्र एपीओ १९९६)
- **राज्यपाल–** राज्यपति, गवर्नर, सूबेदार
- **रात–** निशीथ, रैन, रात्रि, रजनी, क्षपा, यामिनी, विभावरी, शर्वरी, तमी, त्रियामा, तमिस्त्रा, क्षणदा, दोषा (बिहार पीसीएस १९९७)
- **राधा–** वृषभानुजा, राधिका, ब्रजरानी, हरिप्रिया
- **रामचन्द्र–** रघुवीर, राघव, अवधेश, सीतापति, रघुनन्दन, रघुपति, पुरुषोत्तम
- **राय–** परामर्श, सम्मति, सलाह, मन्त्रणा, मत
- **राशि–** समूह, पुञ्ज, ढेर
- **राहगीर–** बटोही, पथिक, राही, यात्री, मुसाफ़िर
- **रिक्त–** ख़ाली, शून्य, खोखला, रीता, छूछा
- **रिहाई–** मुक्ति, छुट्टी, उन्मोचन, मोक्ष, छुटकारा
- **रीति–** क़ायदा, तरीक़ा, नियम, क़ानून, विधान, विधि
- **रुचि–** दिलचस्पी, पसन्द, चाह, अभिरुचि
- **रुचिर–** मनोहर, सुन्दर, अच्छा, भला
- **रूप–** आकार, शक़्ल, बनावट, सूरत, आकृति
- **रोष–** क्रोध, कोप, ग़ुस्सा, अमर्ष, रिष
- **रौद्र–** प्रचण्ड, उग्र, भयंकर, रोषपूर्ण, भयानक, भीषण
- **रौनक़–** चमक-दमक, कान्ति, आभा, दीप्ति
- **रौस–** चाल, रंग-ढंग, तौर-तरीक़ा, ढब

## ल

- **लक–** कमर, कटि
- **लँगोटा, लँगोटी–** कौपीन, कछनी, भगई, काछा
- **लंघन–** उपवास, अनाहार, फ़ाका, व्रत
- **लक्ष्मण–** सुमित्रापुत्र, लखन, शेषावतार, रामानुज, सौमित्र
- **लक्ष्मी–** श्री, कमला, रमा, पद्मा, पद्मासना, हरिप्रिया, क्षीरोद, इन्दिरा, समुद्रजा (बिहार पीसीएस १९९७)
- **लक्ष्य–** ध्येय, मंज़िल, गन्तव्य, निशाना, ठिकाना, उद्देश्य
- **लगातार–** सदा, निरन्तर, सर्वदा, बराबर, अविराम
- **लग्न–** नत्थी, संयुक्त, सम्बद्ध, संलग्न
- **लज्जा–** व्रीड़ा, संकोच, लाज, शर्म, हया
- **लता–** बल्ली, बल्लरी, लतिका, बेल
- **ललित–** मनोहर, मनोज, मनभावन, दिलकश, रमणीय
- **लहर–** तरंग, हिलोर, लहरी, वीचि, ऊर्मि, प्रवाह, वेग (आरएएस १९९६)
- **लाचार–** बेबस, विवश, मज़बूर, बाध्य, बेचारा, निरुपाय, निरीह
- **लापरवाही–** बेफ़िक्र, चिन्तामुक्त, बेपरवाह, विमुख
- **लाभ–** फ़ायदा, मुनाफ़ा, नफ़ा, प्राप्ति
- **लालसा–** अभिलाषा, लालच, लिप्सा, तृष्णा, लोभ
- **लुप्त–** अदृश्य, अन्तर्द्धान, अप्रकट, गुम, ग़ायब
- **लुटेरा–** लुण्ठक, अपहर्त्ता, बटमार, डाकू, डक़ैत
- **लोहा–** लौह, फ़ौलाद, अश्मसार, आयस, सार
- **लौ–** अग्निशिखा, लपट, ज्वाला (उप्र बीएड् प्रवेश-परीक्षा २००६)

## व

- **वंक–** टेढ़ा, वक्र, कुटिल (उप्र बीएड् प्रवेश-परीक्षा २००८)
- **वंश–** कुल, घराना, ख़ानदान
- **वक्ता–** व्याख्याता, भाषणकर्त्ता, वाचक, प्रवक्ता
- **वक्र–** तिर्यक्, कुटिल, तिरछा, टेढ़ा
- **वक्ष–** सीना, वक्षस्थल, छाती
- **वन–** कानन, अटवी, विपिन, जंगल, कान्तार, अरण्य (आरएएस २००३,२००७)
- **वर–** श्रेष्ठ,. उत्तम, मुख्य, सर्वोपरि, प्रधान, उत्कृष्ट
- **वरण–** चुनाव, छँटाई, चयन
- **वर्ग–** समुदाय, कोटि, सम्प्रदाय, समूह, श्रेणी, ज़मात
- **वर्जित–** निषिद्ध, बाधित, प्रतिषेधित, निषेधित, वर्जना
- **वर्णन–** वृत्तान्त, विवेचन, निरूपण, चित्रण, बयान
- **वर्ष–** साल, बरस, अब्द, वत्सर
- **वर्षा–** पावस, बरसात, वर्षाकाल, चौमासा, बरखा, मेह, वृष्टि, बारिश
- **वल्लभ–** पति, प्रियतम, प्राणनाथ, प्रिय, नाथ, प्राणेश्वर
- **वस्तु–** चीज़, द्रव्य, पदार्थ
- **वस्तुतः–** सचमुच, वास्तव में, दरअसल, यथार्थतः

- **वस्त्र–** वसन, कपड़ा, अम्बर, चैल, चीर, पट
- **वचन–** कथन, वादा, बात, उक्ति
- **वसन्त–** ऋतुराज, ऋतुपति, मधुमास, कुसुमाकर **(आईएएस २००१)**
- **वांछित–** अभिलषित, अभिप्रेत, अभीष्ट, अपेक्षित, अभीप्सित, ईप्सित
- **वानर–** बन्दर, मर्कट, कपि, कीश, शाखामृग
- **वाणी–** वचन, बोली, बात, भाषा
- **वादविवाद–** मुबाहिसा, वादानुवाद, शास्त्रार्थ, तर्क-वितर्क, बहस, विमर्श
- **वायु–** हवा, पवन, समीर, अनिल, वात, मारुत
- **वास–** आवास, भवन, सदन, मकान, गृह, घर, निवास, निकेतन
- **वास्तविक–** यथार्थ, सत्यता, असलियत, सचमुच
- **विकार–** ख़राबी, बिगाड़, बुराई, विकृति, दोष
- **विगत–** बीता, व्यतीत, गया हुआ **(उप्र बीएड् प्रवेश-परीक्षा २००६)**
- **विज्ञ–** पण्डित, जानकार, बुद्धिमान, विद्वान्
- **विद्यालय–** शिक्षालय, पाठशाला, मदरसा, विद्यामन्दिर, शिक्षणस्थान
- **विष्णु–** गरुड़ध्वज, अच्युत, जनार्दन, चक्रपाणि, विश्वम्भर, मुकुन्द, नारायण, हृषिकेश
- **विधाता–** विरञ्चि, विधि, ब्रह्मा, स्रष्टा, अब्जयोनि
- **विनाशी–** मरणशील, विनाशशील, अनित्य, मरणधर्मी, नश्वर
- **विनिमय–** लेन-देन, अदला-बदली, आदान-प्रदान
- **विपत्ति–** संकट, आफ़त, विपदा, मुसीबत, आपदा
- **विपन्न–** दुःखी, पीड़ित, विपत्तिग्रस्त, व्यथित, आर्त्त
- **विपरीत–** उलटा, प्रतिकूल, ख़िलाफ़, विरुद्ध **(अपर वर्ग सहायक परीक्षा २००५)**
- **विधि–** शैली, तरीक़ा, नियम, रीति, पद्धति, प्रणाली
- **विमल–** स्वच्छ, निर्मल, पवित्र, पावन, विशुद्ध
- **विमान–** वायुयान, खग, उड़नखटोला, हवाईजहाज़, नभयान
- **विवाह–** ब्याह, पाणिग्रहण, परिणय, शादी, गठबन्धन, निक़ाह, गठजोड़
- **विष–** ज़हर, गरल, माहुर, कालकूट, हलाहल
- **विधवा–** पतिहीना, अनाथा, पतिविहीना, पतिरहिता
- **विफल–** निष्फल, व्यर्थ, बेकार, निरर्थक, फलरहित
- **विभा–** आभा, कान्ति, चमक, प्रभा, शोभा
- **विभिन्न–** भिन्न-भिन्न, तरह-तरह का, विविध, नाना प्रकार, भाँति-भाँति का
- **विभोर–** मग्न, मुग्ध, लीन, मस्त, तल्लीन
- **विमुक्त–** स्वतन्त्र, स्वच्छन्द, रिहा, बरी, आज़ाद, उन्मुक्त
- **विमुख–** उदासीन, अनासक्त, तटस्थ, बेलाग, विरक्त
- **विरक्ति–** अनासक्त, विमुखता, उदासीनता, निर्लिप्तता, विराग
- **विराम–** अटकाव, ठहराव, विश्राम, आराम
- **विरुद–** गुणगान, यशोगान, प्रशस्ति, गुणवर्णन, कीर्त्ति
- **विलास–** आनन्द, वासना, भोग, सन्तुष्टि, सुखभोग
- **विलोम–** विपरीत, उलटा, ख़िलाफ़, प्रतिकूल, विरोधी
- **विवश–** लाचार, असहाय, बेबस, मज़बूर, बाध्य
- **विवरण–** वर्णन, खुलासा, ब्यौरा, तफ़सील
- **विवेचन–** मीमांसा, निरूपण, समीक्षण
- **विशद–** साफ़, व्यक्त, स्पष्ट, प्रकट

• **विशिष्ट–** मुख्य, प्रधान, श्रेष्ठ, गण्यमान
• **विषम–** अनमेल, बेजोड़, असंगत, बेमेल, असमान
• **विष्टा–** मल, पुरीष, गूह
• **विस्तृत–** विशाल, फैला हुआ, लम्बा-चौड़ा, विस्तीर्ण
• **विह्वल–** बेचैन, व्यग्र, विक्षुब्ध, आकुल, व्याकुल
• **वीर्य–** शुक्र, पराक्रम, बल, शक्ति, धातु, तेज
• **वृक्ष–** शाखी, पादप, द्रुम, विटप, पेड़, रूख, गाँछ (अपर वर्ग सहायक परीक्षा २००३,२००७; आरएएस २००३; उप्र पीसीएस १९९५,२००६)
• **वृत्ति–** जीविका, धन्धा, पेशा, रोज़गार, रोज़ी
• **वेतन–** पगार, तनख़्वाह, तलब
• **विद्युत्–** बिजली, चपला, चञ्चला, तड़ित, दामिनी, अंशिन, क्षणप्रभा, काञ्चन, घनवल्ली, चम्पा, सौदामिनी, छटा (मप्र पीसीएस १९९४)
• **वृथा–** बेकार, निरर्थक, व्यर्थ, बेफ़ायदा, निष्प्रयोजन, निष्प्रयोज्य
• **वृद्धि–** उन्नति, विकास, वर्द्धन, बढ़ोत्तरी, बढ़ती, प्रसार
• **वेशभूषा–** पहनावा, परिधान, पोशाक, लिबास
• **वेश्या–** सदासुहागिन, गणिका, वारांगना, पतुरिया, रण्डी, चञ्चला, तवायफ़
• **वैचित्र्य–** अजूबा, विलक्षणता, अनूठापन, अनोखापन, निरालापन
• **वैभव–** समृद्धि, सम्पन्नता, धन-दौलत, सम्पत्ति, सम्पदा, ऐश्वर्य
• **वैश्य–** वणिक, व्यापारी, लाला, आपणिक, सौदागर (उप्र बीएड् प्रवेश-परीक्षा २००३)
• **व्रण–** घाव, फोड़ा, ज़ख़्म, नासूर
• **व्रत–** संकल्प, प्रतिज्ञा, दृढ़निश्चय
• **व्रीड़ा–** लज्जा, संकोच, शर्म, हया, लाज

## श

• **शंक–** शंकर, संशय, सन्देह, आशंका
• **शंकर–** शिव, उमापति, शम्भु, भोलेनाथ, त्रिपुरारि, महादेव, महेश, देवाधिदेव, कैलाशपति, मदनारि, चन्द्रमौलि, आशुतोष (बिहार पीसीएस १९९७)
• **शंका–** सन्देह, शक, आशंका, संशय, शुबहा
• **शंसा–** बड़ाई, प्रशंसा, सराहना, तारीफ़
• **शक्ति–** बल, सामर्थ्य, क्षमता, ताक़त, ज़ोर
• **शनै :–** धीरे, हौले, आहिस्ता, धीमा
• **शपथ–** क़सम, हलफ़, सौगन्ध, प्रतिज्ञा, संकल्प
• **शत्रु–** बैरी, अमिष, रिपु, दुश्मन, अरि, विपक्षी, प्रतिपक्षी, प्रतिद्वन्द्वी
• **शरीर–** काया, गात, वपु, तन, अंग, देह, बदन
• **शव–** लाश, मिट्टी, मुर्दा, लोथ
• **शस्त्र–** अस्त्र, हथियार, आयुध
• **शाप–** अवग्रह, दुर्वचन, बद्दुआ
• **शायद–** सम्भवतः, स्यात्, कदाचित्
• **शालीन–** सौम्य, भद्र, शिष्ट, सलज्ज, नम्र, विनम्र
• **शाश्वत–** सार्वकालिक, अक्षय, सनातन, नित्य, चिरन्तन, स्थायी
• **शिकार–** आखेट, लुब्धक, बहेलिया, अहेरी, व्याघ्र

- **शिक्षा–** तालीम, प्रशिक्षण, उपदेश, नसीहत, सीख
- **शिखा–** जूड़ा, चोटी, चुण्डी, चुटिया, शीर्ष
- **शिथिल–** मन्द, ढीला, सुस्त, आलसी, अशक्त
- **शिरा–** धमनी, नस, नाड़ी (उप्र बीएड् प्रवेश-परीक्षा २००५)
- **शिल्पी–** कारीगर, दस्तकार, शिल्पकार
- **शिष्ट–** सज्जन, सभ्य, शालीन, अनुशासित (उप्र पीसीएस १९९७)
- **शीघ्र–** अविलम्ब, तुरन्त, जल्दी, त्वरित, तत्क्षण, क्षिप्र, आशु
- **शुक्ल–** सफ़ेद, धवल, उजला, धौला, श्वेत, शुभ्र, मौर, सित, अवदात, उज्ज्वल
- **शुभ–** मंगल, कल्याणकारी, मंगलकारी, मंगलप्रद, शुभकर, कल्याणप्रद, शुभदा
- **शून्य–** रिक्त, ख़ाली, रहित, हीन, विहीन
- **शेर–** शार्दूल, केहरि, चित्रक, मृगराज, वनराज, केशरी, सिंह
- **शेषनाग–** अहि, नाग, भुजंग, ब्याल, उरग, पन्नग, फणीश
- **शैली–** प्रणाली, ढंग, विधि, रीति, ढब
- **शोध–** अनुसन्धान, खोज, गवेषणा
- **शोभा–** सुन्दरता, छटा, सौन्दर्य, सुषमा, मनोहरता, मञ्जुलता, छवि
- **श्मशान–** मरघट, मसान, दाहस्थल, क़ब्रगाह
- **श्रृंगार–** भूषा, साजसज्जा, रूपसज्जा, सिंगार, सजावट
- **श्रमिक–** मिहनतकश, मज़दूर, कामगार, श्रमजीवी
- **श्रेष्ठ–** मुख्य, प्रधान, उत्कृष्ट, सर्वोपरि, विशिष्ट
- **श्लाघा–** प्रशंसा, स्तुति, तारीफ़, सराहना

## ष

- **षड्कोण–** षड्कोणीय, षड्कोण, छ:कोना, छ:पहला
- **षणमुख–** षडानन, कार्त्तिकेय, छ: मुखोंवाला
- **षड्यन्त्र–** साज़िश, दुरभिसन्धि, अभिसन्धि, कुचक्र
- **षण्ड–** हिजड़ा, जनखा, नामर्द, नपुंसक, क्लीव

## स

- **संकाश–** चमक, प्रकाश, आभा, दीप्ति
- **संन्यासी–** दण्डी, बैरागी, विरत, त्यागी, परिब्राजक
- **संलग्न–** अनुबद्ध, नत्थी, संयुक्त, सम्बद्ध
- **संवाद–** वार्त्तालाप, बातचीत, सम्भाषण
- **संसार–** विश्व, दुनिया, जग, जगत्, जगती, इहलोक
- **संस्थापक–** सञ्चालक, प्रवर्त्तक, मूलकर्त्ता
- **संहार–** बरबादी, समाप्ति, अन्त, नाश, ध्वंस, विध्वंस
- **संक्रामक–** छुतहा, संस्पर्शज, सांसर्गिक
- **संकेत–** इंगित, इशारा (उप्र बीएड् प्रवेश-परीक्षा २०१०)
- **संकोच–** संकुचन, लिहाज, हिचक
- **संगम–** साथ, मेल, संग, संयोग, मिलाप, समागम, मिलन, सम्मिलन
- **संगी–** मीत, साथी, मित्र, दोस्त, यार
- **संग्रह–** सञ्चय, संकलन, जमाव, एकत्र, इकट्ठा

- **संतप्त–** पीड़ित, व्यथित, दुखी, क्लेशित, वेदनाग्रस्त
- **सन्तोष–** सन्तुष्टि, तृप्ति, तुष्टि, सब्र, तोष, इत्मीनान
- **सन्दिग्ध–** शंकास्पद, सन्देहजनक, शंका, संशयान्वित
- **सन्ध्या–** निशारम्भ, दिनावसान, दिनान्त, सायंकाल, गोधूलि, प्रदोषकाल, साँझ
- **सच्चा–** सत्यभाषी, सत्यव्रत, सत्यवादी, सत्यधर्मी
- **सजग–** चौकस, चौकन्ना, सतर्क, सचेत, होशियार, सावधान
- **सदा–** हमेशा, हरदम, निरन्तर, नित्य, सदैव, चिरन्तन
- **सर्प–** अहि, भुजंग, मणिधर, विषधर, व्याल, फणी, उरग, पन्नग, नाग, साँप, द्विजि (मप्र पीसीएस १९९८; राजस्थान पुलिस उपनिरीक्षक परीक्षा १९९६; लोअर सब-ऑर्डिनेट परीक्षा २००८; बिहार पीसीएस १९९९,२००१,२००५,२००८)
- **सफल–** कामयाब, फलवान्, कृतार्थ, कृतकृत्य, फलीभूत
- **सभ्यता–** भद्रता, शिष्टाचार, शिष्टता, सुशीलता, शीलवत्ता
- **समकालीन–** समसामयिक, समकालिक, समवयस्क
- **समता–** तुल्यता, बराबरी, समत्व, सादृश्य, साम्य, समानता
- **समन्वय–** संसर्ग, मेल, सामञ्जस्य, मध्य-मार्ग
- **समय–** काल, वक़्त, बेला, अवधि
- **समर्थन–** मण्डन, पिष्टपोषण, अनुमोदन, पक्षपोषण
- **समस्त–** कुल, पूरा, समूचा, सारा, समग्र
- **समान–** बराबर, तुल्य, तत्सम, तद्रूप, अनुरूप, सदृश, सम
- **समिति–** संस्था, संस्थान, संघ, संघटन, सभा, मण्डली
- **समीक्षा–** आलोचना, निरूपण, विवेचना, समालोचना, मीमांसा
- **समीचीन–** ठीक, उपयुक्त, उचित, वाजिब, मुनासिब
- **सम्पूर्ण–** सर्व, समस्त, अखिल, सकल, समग्र, पूर्ण, समूचा
- **समुद्र–** सिन्धु, सागर, जलधि, उदधि, पयोधि, पारावर, नदीश, पयोनिधि, वारीश, रत्नाकर, अर्णव, नीरनिधि, अब्धि, वारिधि, जलधाम, नीरधि, तोयनिधि (मप्र पीसीएस १९९७, २००३,२००५; उप्र एपीओ १९९४; बिहार पीसीएस १९९९, २००२,२००३,२००६,२००८)
- **सरस्वती–** कर्णिका, भारती, शारदा, वीणा, गिरा, भाषा, इला, ब्राह्मी, वीणापति, वागीश (लेखाकार परीक्षा २०१०)
- **समूह–** निकर, समुदाय, वृन्द, गण, संघ, पुञ्ज, समुच्चय, कलाप, यूथ, दल, झुण्ड, मण्डली, टोली, जत्था, राशि, संघटन (आरएएस २००५)
- **सम्राट्–** अधिपति, शहँशाह, राजाधिराज, अधीश्वर, महाराजा, नृपति
- **सरल–** बोधात्मक, सुगम, बोधगम्य, आसान, सुबोध, सहज
- **सही–** ठीक, यथार्थ, उचित, संगत, उपयुक्त, सच, शुद्ध, वास्तविक
- **साफ़–** स्वच्छ, उजला, निर्मल, उज्ज्वल, शुक्ल, श्वेत, पवित्र, शुभ्र, शुचि, धवल, सिति
- **सान्त्वना–** दिलासा, आश्वासन, ढाढ़स
- **सार–** रस, सत्त, निचोड़, सत्त्व (उप्र बीएड् प्रवेश-परीक्षा २००७)
- **सारंग–** सिंह, हाथी, कोयल, कामदेव, मृगा (उप्र एपीओ २००१)
- **सारांश–** निचोड़, संक्षेप, सार
- **सिंह–** शार्दूल, हरि, केहरी, केशरी, मृगराज, मृगेन्द्र, वनराज, व्याघ्र, केशी, पुण्डरीक, नखायुध, वनहरि, नाहर, मृगारि, शेर, बाहुबल (उप्र पीसीएस १९९९)
- **सिंहासन–** राजगद्दी, तख़्त, राजासन
- **सिफ़ारिश–** अभिस्ताव, संस्तुति, अनुशंसा

- **सीता–** भूमिजा, वैदेही, जनककिशोरी, जनकतनया, जानकी, रामप्रिया, जनकसुता
- **सीमित–** निश्चित, परिसीमित, निर्धारित, मर्यादित, परिमित
- **सुअर–** वराह, सूकर, शूकर (उप्र बीएड् प्रवेश-परीक्षा २००७)
- **सुन्दर–** मनोहर, मनोरम, रम्य, रुचिर, रमणीय, रमणीक, चारु, ख़ूबसूरत, बेहतरीन, ललित
- **सुन्दरी–** रूपसी, रूपराशि, सुभगा, सुदर्शना, छबीली, हसीना
- **सुख–** आनन्द, चैन, मज़ा, परितोष
- **सुगन्धि–** ख़ुशबू, महक, सुवास, सुरभि, परिमल
- **सुबोध–** सरल, आसान, सुस्पष्ट, सुगम, बोधगम्य
- **सुविधा–** सहूलियत, सुगमता, सुभीता, आसानी
- **सुस्ताना–** ठहरना, रुकना, दम लेना, विश्राम करना
- **सूर्य–** रवि, भानु, दिनकर, दिवाकर, भास्कर, प्रभाकर, सविता, पतंग, आदित्य, अर्क, कमलबन्धु, चण्डांशु, आदित्य, हंस, दिनमणि, मारीचिमाली (मप्र पीसीएस २००४; प्रवर अधीनस्थ सेवा-परीक्षा २००५; उप्र एपीओ १९९३; उप्र पीसीएस १९९६; बिहार पीसीएस १९९७,२००३; उप्र पीसीएस समीक्षा अधिकारी २०१३; उत्तराखण्ड ग्राम पंचायत विकास अधिकारी २०१२)
- **सौम्य–** नम्र, शान्त, विनीत, शिष्ट, मिलनसार
- **स्थल–** स्थान, ठाँव, ठौर, भूमि, जगत्
- **स्थायी–** स्थिर, दृढ़, टिकाऊ, पक्का, मज़बूत
- **स्थावर–** अटल, अचल, स्थिर, निश्चल, अचर
- **स्त्री–** नारी, प्रिया, अबला, वनिता, महिला, रमणी, कामिनी, भगिनी, भार्या, ललना, वामा, आर्या, कान्ता, अंगना, प्रमदा, कलत्र, सुन्दरी (बिहार पीसीएस १९९७)
- **स्थिर–** स्थायी, अडिग, निश्चल, दृढ़, स्थावर
- **स्पष्ट–** साफ़, व्यक्त, प्रत्यक्ष, प्रकट, ज़ाहिर
- **स्तुति–** प्रार्थना, पूजा, आराधना, अर्चना (उप्र पीसीएस १९९८)
- **स्वर्ग–** द्यौ, देवलोक, सुरलोक, इन्द्रपुरी, बैकुण्ठ, सुरपुर (आरएएस २००७; बीएड् प्रवेश-परीक्षा २०१२)
- **स्वतन्त्र–** मुक्त, रिहा, आज़ाद, स्वायत्त, स्वाधीन
- **स्वभाव–** आदत, प्रकृति, प्रवृत्ति, मिज़ाज
- **स्वर्ण–** सुवर्ण, कञ्चन, हेम, हाटक, जातरूप, सोना, तामरस (आरएएस २००६)
- **स्वागत–** शुभागमन, अगवानी, आवभगत
- **स्वादिष्ट–** ज़ायकेदार, मज़ेदार, रुचिकर, रसदार
- **स्वीकार–** अंगीकार, क़ुबूल, मंज़ूरी, स्वीकृति
- **स्वैरता–** स्वेच्छाचार, स्वच्छन्दता, निरंकुशता

## ह

- **हुँकार–** पुकार, बुलाहट, बुलौवा
- **हंस–** मराल, सरस्वतीवाहन, मुक्तभुक (राजस्थान पुलिस उपनिरीक्षक परीक्षक १९९५)
- **हँसी–** मज़ाक़, दिल्लगी, विनोद
- **हँसमुख–** ख़ुशमिज़ाज, ज़िन्दादिल, प्रसन्नवदन, प्रसन्नचित्त, प्रफुल्ल
- **हँसी–** हास्य, स्मिति, मुस्कुराहट, मुस्कान

- **हट्ट–** हाट, बाज़ार, मेला
- **हठ–** ज़िद, टेक, अड़, दुराग्रह
- **हतप्रभ–** तेजहीन, कान्तिहीन, आभाहीन, प्रभाहीन
- **हताश–** मायूस, निराश, आशाहीन, आशारहित
- **हत्या–** ख़ून, क़त्ल, वध, जीवघात
- **हथियाना–** अधिकार जमाना, दख़ल करना, दबा लेना, क़ब्ज़ा करना, अधिग्रहण करना
- **हनुमान्–** पवनसुत, पवनकुमार, महावीर, रामदूत, वज्रांगी, मारुतिनन्दन, आञ्जनेय, कपीश, पवनपुत्र (बिहार पीसीएस २००२; बैंक भर्ती परीक्षा २०१२)
- **हय–** घोटक, घोड़ा, अश्व
- **हरि–** विष्णु, पृथ्वीपति, पृथ्वीनाथ, त्रिलोकीनाथ, लक्ष्मीपति
- **हवाला–** अर्पण, समर्पण, हस्तान्तरण, सुपुर्दगी
- **हर्षित–** आह्लादपूर्ण, प्रफुल्ल, प्रमुदित, प्रसन्न, ख़ुश
- **हाथ–** हस्त, कर, बाँह, पाणि, भुज

(आरएएस २००६; राजस्थान पुलिस उपनिरीक्षक परीक्षा १९९६,२००५,२००८)

- **हाथी–** हस्ती, गज, करी, कुञ्जर, द्विरद, नाग, दन्ती, कुम्भी, सिन्धुर, मतंग, व्याल, वितुण्ड, द्विप, वारण, गयन्द (उप्र एपीओ १९९०; आरएएस १९९८; मप्र पीसीएस २००१; बिहार पीसीएस २००२,२००३)
- **हार–** मात, पराभव, पराजय, शिकस्त
- **हित–** उपकार, भला, मंगल, कल्याण, भलाई
- **हितैषी–** हितचिन्तक, शुभकामी, शुभचिन्तक, मंगलाकांक्षी, शुभेच्छु
- **हिम–** तुषार, नीहार, बर्फ़, तुहिन
- **हिमालय–** हिमगिरि, हिमपति, हिमाद्रि, हिमाञ्चल, नगराज, शैलेन्द्र, नगपति, गिरिराज
- **हिरण–** मृग, सारंग, हरिण, सुरभी, कुरंग, चितल, बारहसींगा

(उप्र पीसीएस १९९२,१९९५; बिहार पीसीएस २००१,२००४,२००७)

- **हिस्सेदार–** अंशधारी, भागीदार, साझेदार, अंशभागी

(उप्र बीएड् प्रवेश-परीक्षा २००८)

- **हीन–** रति, बिना, ख़ाली, वंचित
- **हुंकार–** गर्जना, ललकार, गरज, दहाड़ना
- **हुक्म–** आज्ञा, आदेश, अनुमति
- **हुनर–** कला, कौशल, कारीगरी, गुण
- **हुलिया–** शक्ल, आकृति, आकार-प्रकार, चेहरा
- **हुस्न–** ख़ूबसूरती, सुन्दरता, सौन्दर्य, लावण्य
- **हेय–** तुच्छ, नाचीज़, नगण्य
- **हेतु–** कारण, निमित्त, वजह, अभिप्राय, उद्देश्य

(उप्र बीएड् प्रवेश-परीक्षा २००८)

- **हेम–** स्वर्ण, सोमा, कंचन
- **हेय–** तुच्छ, अनादरणीय, घटिया, तिरस्कारपूर्ण, उपेक्षापूर्ण, गर्हित, बीभत्स
- **ह्रास–** क्षय, क्षति, घटाव, गिरावट, कमी, न्यूनता, हानि
- **हौले–** धीमे, धीरे, आहिस्ते, मन्द
- **ह्री, ह्रीति–** लज्जा, शर्म, हया

## समानार्थी शब्दों में सूक्ष्म अर्थ-भेद (प्रयोग-सहित)

### १- हिन्दी-शब्दों के सन्दर्भ में

**अगोचर-अज्ञेय**

(मप्र पीसीएस २००३,२००६)

जो इन्द्रियों-द्वारा दिखायी न दे किन्तु जिसे प्रयत्नपूर्वक देखा जा सके, वह 'अगोचर' है। दूरदर्शी यन्त्र से ग्रह-नक्षत्रादि देखना अथवा रोगाणु देखना 'अगोचर' है। 'अज्ञेय', जिसे न जाना जा सके, ईश्वर है।

**अधिक, बहुत**

(आईएएस २००५,२००७,२००९)

जिसकी गणना की जा सके वह 'अधिक' है। जैसे— कक्षा में छात्र अधिक संख्या में थे। जिसकी गणना सम्भव नहीं हो, वह 'बहुत' कहलाता है। जैसे— तालाब में बहुत पानी है। 'पानी' की गणना सम्भव नहीं है।

**अर्पण, प्रदान**

जब अपने से बड़ों को कोई वस्तु भेंट अथवा अर्पित की जाती है तब उसे 'अर्पण' कहते हैं। बड़े लोग छोटों को जो वस्तु देते हैं, उसे 'प्रदान' करना कहा जाता है।

**अनुरूप, अनुकूल**

(बिहार पीएस १९९८,२००१,२००६,२००८)

अनुरूप में पद, योग्यता, शिक्षा, तुलना आदि का भाव निहित रहता है— शिक्षा के अनुरूप पद की प्राप्ति। अनुकूल में उपादेयता और उपयोगिता का भाव निहित रहता है।

**अनुसन्धान, आविष्कार, शोध, गवेषणा**

(मप्र पीसीएस २००३,२००६)

किसी वस्तु की गुप्त और सूक्ष्म बातों का व्यवस्थित ढंग से अध्ययन करना, 'अनुसन्धान' कहलाता है। इसे 'शोध' अथवा 'गवेषणा' भी कहते हैं। अनुसन्धान में खोजी जानेवाली वस्तु अस्तित्व में रहती है किन्तु उसका ज्ञान नहीं रहता। जैसे अमेरिका की खोज की गयी थी किन्तु विद्युत् अथवा यन्त्रों का आविष्कार किया गया था।

**अभिनन्दन, स्वागत**

(मप्र सीएस २००४,२००७)

सभा-समारोह में विधिवत् ढंग से स्वागत को 'अभिनन्दन' कहते हैं। अभिनन्दन के समय शाल, प्रतीक-चिह्न, अभिनन्दनपत्र आदि भेंट किये जाते हैं। 'स्वागत' हार्दिक होता है— पुष्पमालाओं से हो सकता है; घर में हो सकता है तथा किसी सभा-मंच पर भी।

**अभिमान, अहं, स्वाभिमान, अहंकार, अहंमन्यता, घमण्ड, अहंता**

अभिमान का अर्थ है, अपनी प्रतिष्ठा के अतिरिक्त रूप का ज्ञान; चारों ओर अपनी प्रतिष्ठा की कामना। स्वाभिमान में अपनी प्रतिष्ठा का उचित ध्यान रहता है जबकि अभिमान में स्वप्रतिष्ठा का अनुचित ध्यान रहता है। 'अहं' में हम भी कुछ हैं— यह प्रदर्शित किया जाता है। अहंकार में 'अहं' का ही प्रदर्शन होता है। अहंकार का प्रचण्ड रूप है— अहंमन्यता। अभिमान का प्रचण्ड रूप है— घमण्ड। अहंता 'अहं' का ही भाववाचक संज्ञा है।

**अभियोग, दोषारोपण**

किसी को अपराधी सिद्ध करना 'अभियोग' है। इसका मूल उद्देश्य है दण्ड दिलाना। दोषारोपण

में किसी को बदनाम करने के उद्देश्य से दोष लगाये जाते हैं। इसका प्रयोजन केवल बदनाम करना है; दण्ड मिले या न मिले।

**अमूल्य, बहुमूल्य** (आईएएस १९९९,२००५)

जो वस्तु मूल्य देने पर भी न मिल सके, वह 'अमूल्य' है; जैसे— प्राण। जिसे क्रय करने में बहुत अधिक धन व्यय करना पड़े, वह है 'बहुमूल्य'; जैसे— हीरा, मोती, सोना, चाँदी।

**अलौकिक, असाधारण**

जो संसार से सम्बन्धित न हो; दिव्य हो तथा ईश्वरीय चमत्कार से युक्त हो, वह 'अलौकिक' है। काव्य-द्वारा अलौकिक आनन्द की प्राप्ति होती है। 'असाधारण' का अर्थ है, साधारण से विशिष्ट। महात्मा गाँधी की साधना असाधारण थी जबकि पन्त की प्रतिभा असाधारण थी।

**आँधी, झंझा, वात्याचक्र, तूफ़ान, चक्रवात**

मिट्टी, धूल, घास-फूस आदि को तेज़ी से उड़ानेवाली हवा 'आँधी' कहलाती है। आँधी के साथ यदि पानी बरसने लगे तब उसे 'झंझा' कहते हैं। आँधी का उग्र रूप 'वात्याचक्र' और झंझा का उग्र रूप 'तूफ़ान' है। तूफ़ान से घर-मकान, वृक्ष आदि धराशायी हो जाते हैं। समुद्री तूफ़ान में लहरों की विनाशलीला से बड़ी-बड़ी नावें, जहाज़ आदि भी डूब जाते हैं। गोलाकार चक्कर लगाती हुई तेज़ आँधी और तूफ़ान को 'चक्रवात' अथवा 'बवण्डर' कहा जाता है।

**आकार, रूप**

किसी वस्तु की बाह्य आकृति 'आकार' कही जाती है। रूप व्यक्ति अथवा वस्तु के बाह्य स्वरूप और सुन्दरता से सम्बन्धित होता है। उदाहरण के लिए— गेंद का आकार गोल है और उसका रूप सुन्दर है।

**आज्ञा, आदेश**

बड़ों की ओर से मिलनेवाला आदेश 'आज्ञा' है; जैसे— माता-पिता की आज्ञा से रामचन्द्र वन गये। 'आदेश' शासकीय होता है। यह विकल्परहित हुक्म है; जैसे— शासन के आदेश से उसका 'स्थानान्तरण' हो गया।

**आधि, व्याधि** (मप्र पीसीएस २००४; आईएएस २००७,२००९)

मानसिक पीड़ा को 'आधि' और शारीरिक पीड़ा को 'व्याधि' कहते हैं।

**आक्षेप-लांछन**

किसी व्यक्ति अथवा उसके किसी कार्य को बुरा ठहराना 'आक्षेप' कहलाता है। यह सच भी हो सकता है और मिथ्या भी। किसी व्यक्ति पर लगाये जानेवाले सामान्य प्रकृति के कलंक अथवा दोष को 'लांछन' कहते हैं। इसमें बदनाम करने का उद्देश्य निहित रहता है। आक्षेप में दण्ड दिलाने की इच्छा निहित रहती है।

**आशंसा, अनुशंसा** (उप्र पीसीएस १९९२,१९९७)

शुभकामना अथवा कल्याण की कामना करना 'आशंसा' कहलाती है। किसी की योग्यता को प्रमाणित करना 'अनुशंसा' कहलाती है। उज्ज्वल भविष्य के लिए 'आशंसा' और किसी को विशेष पद देने के लिए 'अनुशंसा' की जाती है।

**आराधना, उपासना, अर्चना, साधना, तप, कीर्तन, भजन**

ईश्वर से दया की याचना 'आराधना' है। इष्ट के पास बैठकर उसकी प्रसन्नता के लिए की जानेवाली क्रिया 'उपासना' है। इष्ट की धूप, दीप, चन्दन, पुष्प आदि से पूजा करना 'अर्चना' है। बहुत समय तक मन को अपने इष्ट में केन्द्रित करना 'साधना' है। नियम–पालन करते हुए, साधना करना 'तप' है। मानसिक उपासना और वन्दना से सम्बन्धित गीतों का गायन, भजन तथा उन्हें सामूहिक रूप में प्रस्तुत करना 'कीर्तन' है। 'भजन' भी सामूहिक गाये जाते हैं। प्राय: कीर्तन में एक ही नाम–विशेष को बार–बार दोहराया जाता है; यथा— हरि बोल अथवा श्री राम जयराम, जय–जय राम आदि की पुनरुक्ति 'कीर्तन' है।

**ईर्ष्या, द्वेष, विद्वेष** (आईएएस २००४; मप्र पीसीएस २००५)

किसी की उन्नति अथवा लाभ को देखकर जो आन्तरिक जलन होती है, उसे 'ईर्ष्या' कहा जाता है। ईर्ष्या के वशीभूत होकर जब ऐसे व्यक्ति को हानि पहुँचाने का प्रयत्न किया जाता है तब उसे 'द्वेष' कहते हैं। 'द्वेष' का ही भयानक रूप 'विद्वेष' है।

**उदाहरण, दृष्टान्त, नज़ीर**

किसी तथ्य के स्पष्टीकरण के लिए दिया जानेवाला दृष्टान्त 'उदाहरण' है; जैसे— इसी अध्याय में प्रगति, उन्नति, आकार तथा रूप के उदाहरण दिये गये हैं। किसी बात के समर्थन में दिया जानेवाला उदाहरण 'दृष्टान्त' है। चरित्र, व्यवहार, शिक्षा, उपदेश आदि के सन्दर्भ में इसे प्रस्तुत किया जाता है। यह प्राय: कथात्मक होता है। हरिश्चन्द्र के दृष्टान्त के द्वारा सत्यवादिता को स्पष्ट करना, उदाहरण न होकर 'दृष्टान्त' होगा। दृष्टान्त का अरबी भाषा में पर्याय 'नज़ीर' है।

**उपकरण, उपादान** (मप्र पीसीएस १९९८,२००१,२००७)

'उपकरण' किसी यन्त्र के पुरज़े अथवा हिस्से आदि होते हैं। यह किसी कार्य को सम्पन्न करनेवाला साधन है। 'उपादान' का अर्थ होता है, कारण। कारण के बिना कार्य नहीं होता किन्तु उपकरणों के बिना कार्य सम्भव हो सकता है।

**उपहास, व्यंग्य, चुटकी, कटाक्ष** (आईएएस २००७)

किसी को तुच्छ, नीच आदि सिद्ध करने के लिए उड़ायी गयी खिल्ली को 'उपहास' कहते हैं। खिल्ली उपहास करने की दृष्टि से उड़ायी जाती है, उसमें हानि अथवा निन्दा का प्रयोजन नहीं होता। जब किसी को चिढ़ाने और दुखी करने के उद्देश्य से अस्पष्ट शब्दों में आक्षेप किया जाता है तब उसे 'व्यंग्य' कहते हैं। व्यंग्य का ही हलका रूप 'चुटकी' है। इसका उद्देश्य सम्बन्धित व्यक्ति को लज्जित करना होता है, दुखी करना अथवा हानि पहुँचाना नहीं। चुटकी से कुछ अधिक अर्थ–बोध करानेवाला शब्द है, 'कटाक्ष'। इसमें प्रतिपक्षी को नीचा दिखाने का उद्देश्य निहित रहता है।

**ऋषि, मुनि, साधक** (उप्र बीएड् प्रवेश–परीक्षा २००३)

ब्रह्मज्ञान जाननेवाला 'ऋषि' होता है। जो मौन रहकर धर्म, दर्शन आदि पर चिन्तन करता है, वह 'मुनि' कहलाता है। जो किसी विशेष कार्य के सम्पादन करने में अपनी पूरी क्षमता के साथ लीन रहता है, उसे 'साधक' कहते हैं।

**कठिन, कठोर** (मप्र पीसीएस २००४; आरपीएस २००५,२००९)

सहज अथवा सरल का विलोम है, 'कठिन' और कोमल का विरुद्धार्थी है 'कठोर'। कार्य कठिन होता है जबकि व्यवहार कठोर होता है।

**कर्त्तव्य, कार्य**

टाइपिंग करना एक कार्य है। सामान्य काम-काज को 'कार्य' कहा जाता है। जब कोई कार्य राष्ट्रीय, धार्मिक, सामाजिक आदि दायित्वों से युक्त हो जाता है तब उसे 'कर्त्तव्य' कहा जाता है। बच्चों के लिए उत्तम शिक्षा का प्रबन्ध करना कर्त्तव्य है।

**कविता, काव्य** (आईएएस १९९४,२००७)

कविता संख्या की दृष्टि से एक होती है और उसका आकार छोटा होता है। 'प्रसाद' की 'लहर' में अनेक कविताओं का संकलन है। 'लहर' एक काव्य-ग्रन्थ है। 'आँसू' और 'कामायनी' भी काव्य-ग्रन्थ हैं। यद्यपि इनमें विभिन्न कविताओं का संकलन नहीं है तथापि इनका आकार एक कविता की दृष्टि से बड़ा है। ये क्रमश: खण्ड-काव्य और महाकाव्य हैं।

**काल, युग**

निर्धारित समय को 'काल' कहते हैं; जैसे— जीवनकाल। व्यापक अर्थ में प्रयुक्त काल को 'युग' कहते हैं; जैसे— प्राचीन युग, मध्यकालीन युग, आधुनिक युग। एक युग में कई कालों का समावेश हो सकता है। युग कई शताब्दियों तक फैला रह सकता है।

**कुशल, दक्ष, निपुण, पटु** (आईएएस १९९२,२००१,२००६)

किसी कार्य में अपनी क्षमता का विशेषज्ञतापूर्ण प्रयोग करना 'कुशल' का लक्षण है। 'दक्ष' में अनवरत अभ्यास और अनुभव के गुण समाहित हो जाते हैं। हर कार्य को दक्षतापूर्वक करने के गुण को 'निपुण' कहते हैं। व्यावहारिक दृष्टि से किसी भी क्षेत्र में अन्य व्यक्तियों से आगे बढ़ जाने के गुण को 'पटु' कहते हैं।

**गहन, दुरूह** (आरपीएस २००५,२००७)

ऐसा कठिन विषय, जिसे साधारण बुद्धिवाले न समझ सकें, 'गहन' है। 'दुरूह' वह है, जिसे करने में विशेष शक्ति, समय, श्रम आदि का व्यय हो अथवा जो कठिनाई से समझ में आये।

**गौरव, गर्व, अभिमान, मान**

अपनी प्रतिष्ठा, सम्मान आदि के प्रति सतर्क रहना, देश समाज, जाति, धर्म आदि पर गर्व करना ही 'गौरव' है। इसमें मूलत: स्वाभिमान का भाव निहित रहता है। गर्व, अभिमान के निकट का भाव रखता है। अभिमान में अच्छे-बुरे, दोनों का समावेश रहता है किन्तु गर्व केवल अच्छे पक्षों से सम्बन्धित रहता है। अपने रूप, शक्ति, पद, सम्पन्नता आदि पर अभिमान करना 'मान' है।

**ग्रन्थ, पुस्तक**

किसी विषय पर सामान्य रूप में लिखित विचारों के संग्रह को 'पुस्तक' कहा जाता है। 'ग्रन्थ' सुनियोजित और वैज्ञानिक ढंग से लिखा जाता है। उसका आकार भी पुस्तक की तुलना में बड़ा होता है। ग्रन्थ की विषय-वस्तु गम्भीरता ली हुई होती है। 'श्रीमद्‌भगवद्‌गीता' एक ग्रन्थ है यद्यपि आकार में छोटी है तथापि उसकी विषय-वस्तु अतिशय गम्भीर है।

**चिन्तनीय, विचारणीय** (उप्र बीएड् प्रवेश-परीक्षा २००५, २००६)

जो चिन्ता करने-योग्य विषय अथवा बात हो, वह 'चिन्तनीय' है और जो विचार करने-योग्य हो किन्तु चिन्ता करने-योग्य नहीं, वह 'विचारणीय' है। चिन्तनीय की तुलना में विचारणीय हलका शब्द है। चिन्तनीय में गहन चिन्तन-मनन की आवश्यकता पड़ती है।

**चुनाव** (चयन), **निर्वाचन** (मप्र पीसीएस १९९७,२००३,२००७)

विशेषता, उपयोगिता, पसन्द आदि के आधार पर किसी वस्तु अथवा व्यक्ति को चुनना 'चुनाव' अथवा 'चयन' है। मतदान के द्वारा किसी व्यक्ति का बहुमत के आधार पर चुना जाना, 'निर्वाचन' कहा जाता है।

**चेष्टा, प्रयत्न, श्रम, परिश्रम** (आईएएस १९९७,२००३,२००६)

किसी काम के लिए हाथ-पैर हिलाना 'चेष्टा' है। किसी कार्य-सिद्धि के लिए लगातार की जानेवाली चेष्टा का नाम 'प्रयत्न' है। प्रयत्न अथवा चेष्टा से उत्पन्न शारीरिक थकान का नाम 'श्रम' है और जब शरीर के साथ-साथ मन भी थक जाए तब उसे 'परिश्रम' कहते हैं।

**ज़रूरी** (आवश्यक), **काफ़ी** (पर्याप्त)

आवश्यकताओं को पूरा करने के लिए 'ज़रूरी' (आवश्यक) का प्रयोग किया जाता है और आवश्यकता से न अधिक और न कम के लिए 'काफ़ी' (पर्याप्त) का।

**जलज, अरविन्द, इन्दीवर** (नीलोत्पल) **कमल**

'जलज' सामान्य कमल, 'अरविन्द' श्वेत कमल, 'इन्दीवर' अथवा 'नीलोत्पल' 'नील कमल' तथा 'कमल' लाल कमल के अर्थों में प्रयुक्त होता है।

**जाँच, परीक्षा, पूछ-ताछ**

किसी वस्तु अथवा व्यक्ति के गुणों, योग्यताओं आदि का सामान्य ज्ञान प्राप्त करना 'जाँच' कहलाता है। एक निश्चित अर्हतामय प्रश्नपत्र देकर अथवा वैज्ञानिक यन्त्रों से किसी व्यक्ति अथवा वस्तु की व्यवस्थित ढंग से की गयी 'जाँच' को 'परीक्षा' कहते हैं। परीक्षा वस्तु अथवा व्यक्ति-विशेष से ही सम्बन्धित होती है जबकि पूछ-ताछ उस वस्तु अथवा व्यक्ति के सम्बन्ध में दूसरों से भी की जा सकती है।

**झगड़ा, संघर्ष** (उप्र बीएड् प्रवेश-परीक्षा २००३,२००८,२०१०)

दो अथवा दो से अधिक व्यक्तियों के मध्य किसी प्रसंग को लेकर वाद-विवाद, ग़ाली-गलौच और मारपीट की सीमा तक पहुँच जानेवाली वारदात 'झगड़ा' कहलाता है। 'संघर्ष' झगड़े का ही उग्र रूप है। झगड़ा जल्दी शान्त हो जाता है। झगड़ा अगर शान्त नहीं होता और लम्बा खिंचता है तो वह संघर्ष का रूप धारण कर लेता है। संघर्ष में अस्तित्व-रक्षा का प्रश्न सम्मिलित हो जाता है। कठिनाइयों से अपनी रक्षा करने के प्रयत्न को 'संघर्ष' कहते हैं।

**डर, आशंका, शंका** (उप्र बीएड् प्रवेश-परीक्षा १९९८,२००४)

आचार्य रामचन्द्र शुक्ल के अनुसार, "किसी आती हुई आपदा की भावना अथवा दुःख के कारण साक्षात् से जो एक प्रकार का आवेगपूर्ण अथवा स्तम्भकारक मनोविकार होता है, उसे 'भय' कहते हैं।" डर 'भय' का ही समानार्थक है। इसमें विशेष रूप में भीति का भाव छुपा रहता है। आचार्य शुक्ल के अनुसार, दुःख अथवा आपत्ति का पूर्ण निश्चय न रहने पर उसकी सम्भावना-मात्र के अनुमान से जो आवेग-शून्य भय होता है, उसे 'आशंका' कहते हैं। अमंगलसूचक भय 'शंका' है।

**तट, पुलिन, तीर, किनारा** (आईएएस २००३,२००५)

जलाशयों के निकट की ज़मीन का हिस्सा यदि सूखा हो तो 'तट' और यदि गीला हो तो 'पुलिन' कहा जाता है। जल का स्पर्श करनेवाली ज़मीन 'तीर' कहलाती है और पानी के ऊपर ज़मीन

का निकला हुआ हिस्सा 'किनारा' कहा जाता है। घर नदी के किनारे होता है, तट अथवा पुलिन पर नहीं।

### त्याग, बलिदान

दूसरों का हित ध्यान में रखते हुए, अपनी किसी वस्तु को छोड़ देना 'त्याग' कहलाता है। 'बलिदान' में देश के लिए अथवा अन्य किसी महत्त्वपूर्ण कार्य के लिए अपने प्राणों को न्योछावर कर देने का भाव समाहित है।

### दम्भ, दर्प, मद

योग्यता और सामर्थ्य से अधिक अपनी शक्ति का मिथ्या प्रचार 'दम्भ' है। यह मिथ्याभिमान के निकट है। 'दर्प' में व्यक्ति किसी नियम आदि को ध्यान में न रखकर, दूसरों को अपमानित करता है। 'मद' में व्यक्ति भले-बुरे तथा उचित-अनुचित का ज्ञान खो देता है और अपने अधिकारों का अतिक्रमण कर दूसरों को सताता है।

### दया, कृपा, अनुकम्पा

किसी असमर्थ अथवा असहाय के प्रति सहायता और संवेदना की सम्भावना का नाम 'दया' है। दया सामान्यत: अयाचित होती है। यह सहज ही उमड़ आती है। 'कृपा' के माध्यम से सहायता के रूप में दूसरों को सुख-सन्तोष, सुविधाएँ प्रदान की जाती हैं। यह अयाचित भी हो सकती है। दूसरों के दु:ख और कष्ट को देखकर उसे दूर करने का सहज उत्पन्न भाव 'अनुकम्पा' है। कृपा-अनुकम्पा— ये दोनों ही बड़े लोगों के द्वारा छोटों पर की जाती हैं।

### दान, अनुदान

**(उप्र बीएड् प्रवेश-परीक्षा २००२,२००३)**

स्वार्थ-भावना से ऊपर उठकर दूसरों की सहायता के लिए वस्तु, रुपये-पैसे, धन आदि का देना 'दान' कहलाता जाता है। किसी विशेष कार्य के लिए शासन अथवा किसी संस्था द्वारा सहायता-रूप में प्रदत्त धनराशि 'अनुदान' कही जाती है।

### दिल्लगी, हँसी, चुहल, परिहास, विनोद

एक-दूसरे के दिल को बहलानेवाली बातें 'दिल्लगी' कहलाती हैं। इसका मूल उद्देश्य है, मन को प्रसन्न करना, चिढ़ाना, दुखी करना या नीचा दिखाना नहीं। दिल्लगी में कुछ क्षणों के लिए झूठी बातों का भी समावेश हो सकता है। 'हँसी' विशुद्ध मनोरंजन है। जब लोग खुले दिल से हँसी-दिल्लगी करते हैं तब उसे 'चुहल' कहते हैं। हँसी के उत्तर में उड़ायी जानेवाली हँसी 'परिहास' है। मनोरंजन के लिए किया जानेवाला कार्य अथवा हास्य-विनोद ही 'परिहास' के अन्तर्गत आता है। परिहास का ही एक रूप है—'विनोद'।

### दु:ख, कष्ट, खेद, शोक, पीड़ा, दर्द, व्यथा, संताप, विषाद

**(उपीसीएस २००४; आरपीएस २००३,२००५,२००९)**

प्रतिकूल तथा हानिकारक बातों के फलस्वरूप उत्पन्न मानसिक अनुभूति को 'दु:ख' कहते हैं। प्रतिकूल और कठिन परिस्थितियों के कारण जो शारीरिक अथवा मानसिक थकावट होती है, वह 'कष्ट' कहलाती है। यह दु:ख का ही व्यापक रूप है। किसी भूल अथवा त्रुटि के फलस्वरूप जो क्षणिक दु:खानुभूति होती है, उसे 'खेद' कहा जाता है। किसी व्यक्ति की मृत्यु अथवा किसी गहन क्षति के फलस्वरूप उत्पन्न दु:ख को 'शोक' कहा जाता है। अत्यधिक श्रम से होनेवाले कष्ट को 'पीड़ा' कहते हैं। यह भी कष्ट की तरह शारीरिक और मानसिक होती है। पीड़ा का फ़ारसी

पर्याय है, 'दर्द'। मानसिक पीड़ा के उग्र और अपेक्षाकृत स्थायी रूप को 'वेदना' कहा जाता है। वेदना का हलका रूप है 'व्यथा'। इसमें रह-रहकर मन में दु:ख उठता है। जब इस प्रकार की व्यथा में कुछ स्थायित्व आ जाता है अथवा ऐसी भावना कुछ दिनों तक बराबर बनी रहती है तब उसे 'संताप' कहते हैं। जब इच्छाएँ अधूरी रह जाती हैं तब मन में जो निराशा की गहन भावना उत्पन्न होती है, उसे 'विषाद' कहा जाता है।

**दुर्गम, दुष्तर** (दुष्कर)

जहाँ पहुँच सकना कठिन हो, वह 'दुर्गम' और जिसे तैरकर पार करना कठिन हो वह 'दुष्तर' अथवा 'दुष्कर' है।

**नमूना, बानगी**

एक ही प्रकार की सारी वस्तुओं में से चुनकर किसी एक को दिखाना, 'नमूना' है। नमूना प्राय: बाहर भेजा जाता है और दिखाया भी जाता है। उससे शेष वस्तुओं के आकार-प्रकार आदि का बोध होता है। 'बानगी' किसी ढेर में से निकाली गयी कोई वस्तु अथवा उसका अंश होता है। जैसे— नमूना दिखाया और ढेर में से चने की बानगी दिखायी।

**नमस्कार, प्रणाम** **(उप्र बीएड् प्रवेश-परीक्षा २००६)**

समवयस्कों के लिए अभिवादनसूचक शब्द है— 'नमस्कार'। अपने से बड़ों के लिए 'प्रणाम'। नमस्कार के बदले 'नमस्कार' तथा प्रणाम के बदले 'आशीर्वाद' प्राप्त होता है।

**नाप, माप** **(उप्र बीएड् प्रवेश-परीक्षा २००७)**

मीटर, गज़, फ़ुट, इंच आदि से वस्तुओं को नापा जाता है और द्रव पदार्थों को मापक उपकरणों से मापा जाता है। दूध माप कर लेते हैं; कपड़ा नाप कर ख़रीदते हैं।

**नारी, स्त्री, वृद्धा, महिला, बाला** (किशोरी), **वामा**

सामान्यत: युवती अथवा वयस्क स्त्री के लिए प्रयुक्त होनेवाला शब्द 'नारी' है। 'स्त्री' नारी मात्र का पर्याय है। 'वृद्धा' स्त्री कही जाती है, नारी नहीं। सम्भ्रान्त, शिष्ट, शिक्षित स्त्री को 'महिला' कहा जाता है। १२ से १७ वर्ष के भीतर की लड़की को 'बाला'अथवा 'किशोरी' कहते हैं। इसके बाद १८ वर्ष से ३५ वर्ष की नारी को 'युवती' कहा जाता है। पति के वाम-पक्ष में बैठने के कारण पत्नी का दूसरा नाम 'वामा' भी है।

**निवेदन, प्रार्थना** **(उप्र बीएड् प्रवेश-परीक्षा २००३,२००६,२००८)**

विनयपूर्वक अपनी बात कहना 'निवेदन' है। अधिकारी, नेता, मन्त्री आदि से निवेदन किया जाता है। आदरणीय व्यक्ति से कुछ विनयपूर्वक माँगना, 'प्रार्थना' है। सामान्यत: ईश्वर से प्रार्थना की जाती है और व्यक्ति से निवेदन किया जाता है।

**निश्चय, निर्णय**

'निश्चय' मन के धरातल पर किया जाता है। 'निर्णय' बुद्धि के माध्यम से तर्क-वितर्क करते हुए, पक्ष-विपक्ष सोचकर किया जाता है।

**निषेध, प्रतिबन्ध**

किसी काम को करने, कहीं आने-जाने अथवा किसी वस्तु के उपयोग पर लगायी जानेवाली रोक का नाम 'निषेध' है। रास्ता निषिद्ध है; मद्य-निषेध है। नियमों के अन्तर्गत शासन अथवा समाज

द्वारा लगायी जानेवाली पाबन्दी का नाम 'प्रतिबन्ध' है। छावनी-क्षेत्र जनता के लिए, एक प्रकार से प्रतिबन्धित रहता है।

## पुरस्कार, पारितोषिक, पारिश्रमिक

किसी अच्छे कार्य अथवा किसी अमूल्य कृति से प्रसन्न होकर दी जानेवाली धनराशि अथवा कोई वस्तु 'पुरस्कार' कहलाती है। सामान्यत: इसके लिए भी प्रतियोगिताएँ होती हैं किन्तु वे गुप्त रूप में होती हैं और व्यक्ति उनमें प्रत्यक्ष रूप में शामिल नहीं रहता। 'पारितोषिक' के लिए खुली प्रतियोगिताएँ होती हैं, जिनमें प्रतियोगी को भाग लेना अनिवार्य रहता है। इतना ही नहीं, इन प्रतियोगिताओं में केवल विजेता-वर्ग को पारितोषिक दिया जाता है। जो धन परिश्रम के परिणामस्वरूप दिया जाता है, उसे 'पारिश्रमिक' कहते हैं। इसके लिए प्रतियोगिता की आवश्यकता नहीं पड़ती।

(आईएएस १९९८,२००५,२००२)

## पुराना, प्राचीन

'पुराना' शब्द का प्रयोग कपड़ा, वस्तु आदि के अर्थों में किया जाता है जबकि 'प्राचीन' भवन, ग्रन्थ, काल, युग आदि के अर्थों में प्रयुक्त होता है।

## पृथ्वी, जगत्, लोक, संसार

सौरमण्डल का ग्रह, जहाँ हम सब रहते हैं, 'पृथ्वी' है। पृथ्वी का वह भाग, जहाँ गति से युक्त वातावरण है अर्थात् जीव-जन्तु रहते हैं, 'जगत्' है। जहाँ व्यक्ति रहते हैं, वह 'लोक' है। जो संसरण करता है, वह 'संसार' है। जीवन के व्यावहारिक पक्ष से सम्बन्ध रखनेवाले क्षेत्र को 'संसार' कहते हैं। उदाहरण के लिए— पृथ्वी विशाल है; जगत् विचित्र है; संसार प्रपंच है तथा लोक-परलोक की चिन्ता सबको रहती है।

## प्रकृति, स्वभाव, चरित्र, व्यक्तित्व

प्रकृति-प्रदत्त विशेषताएँ, जो जन्मजात होती हैं, 'प्रकृति' कहलाती हैं। ये सभी मनुष्यों और प्राणियों में समान रूप में रहती हैं। 'स्वभाव' व्यक्तिगत विशेषताओं का नाम है। यह जन्मजात होता है तथा वातावरण और परिस्थितियों द्वारा निर्मित भी किया जाता है। दूसरे व्यक्तियों और समाज से सम्बन्धित किये जानेवाले व्यवहार को 'आचरण' कहते हैं। इसी को दूसरे शब्दों में 'चरित्र' कहते हैं। मनुष्य के शारीरिक और चारित्रिक लक्षणों को उसका 'व्यक्तित्व' कहा जाता है।

(आईएएस १९९९,२००३,२००७)

## प्रगति, उन्नति

पिछड़ेपन की स्थिति से आगे बढ़ना 'प्रगति' है। जैसे— भारत प्रगति कर रहा है। वर्तमान स्थिति से ऊपर उठना 'उन्नति' है। छात्र का प्रगति-पत्र होता है और किसी पद पर रहकर उन्नति की जाती है।

(मप्र पीसीएस २००२,२००५)

## प्रतिकूल, विपरीत

'प्रतिकूल' का प्रयोग व्यक्ति के सन्दर्भ में किया जाता है। जैसे— तुम्हारा यह काम तुम्हारी गरिमा के प्रतिकूल है। 'विपरीत' का प्रयोग वस्तु, कार्य, बात आदि के सम्बन्ध में होता है; जैसे— तुम्हारा यह काम इस कार्यालय के नियमों के विपरीत है।

## प्रसन्नता, हर्ष, आनन्द, आह्लाद

मन के विकास की स्थिति का नाम 'प्रसन्नता' है। इसकी अभिव्यक्ति वाह्य चेष्टाओं-द्वारा होती है। 'हर्ष' आन्तरिक प्रसन्नता का नाम है। प्रसन्नता तथा हर्ष, उल्लास, आमोद, प्रमोद

तथा मोद— इन सबका सम्बन्ध मन से है। आत्मा की प्रसन्नता अथवा उत्फुल्ल स्थिति का नाम 'आनन्द' है। आत्मा का स्थायी और गम्भीर भाव आनन्द तथा क्षणिक और तीव्र भाव 'आह्लाद' कहलाता है।

**प्रेम, स्नेह, वात्सल्य, अनुराग, प्रणय** (उप्र पीसीएस २०००)

रूप, गुण, आदि के मोह से उत्पन्न सुख-शान्ति देनेवाली मानसिक अनुभूति को 'प्रेम' कहते हैं। छोटे के प्रति व्यक्त प्रेम को 'स्नेह' कहते हैं। माता-पिता-द्वारा बच्चों के प्रति किया जानेवाला स्नेह 'वात्सल्य' कहलाता है। शुद्ध प्रेम-भावना 'अनुराग' कही जाती है। दो युवाओं का परस्पर प्रेम 'प्रणय' है, जो 'प्रेम' की परिणति है।

**बड़ा, विशाल, भारी, महान्**

'बड़ा'— आकार-प्रकार में इसका विरोधी है—'छोटा'। जब बहुत बड़ा हो तब उसे 'विशाल' कहते हैं। पृथ्वी विशाल है; चट्टान बड़ी है। 'भारी' वज़न में होता है, गुणों में नहीं। गुणों की दृष्टि से व्यक्ति महान् होता है।

**बुद्धि, प्रज्ञा, परिज्ञा, ज्ञान** (मप्र पीसीएस २००३,२००७)

किसी विषय की पूर्ण जानकारी अथवा विवेकपूर्ण ढंग से काम करने की क्षमता 'बुद्धि' कहलाती है। 'प्रज्ञा' में बौद्धिक और आत्मिक उन्नयन का समावेश रहता है। 'परिज्ञा' का अर्थ है, विशेष प्रकार से अथवा विशेषज्ञता पूर्ण ढंग से कोई तात्त्विक विषय जानना। ईश्वर, आत्मा, जीव, संसार, माया आदि के विषय में जानकारी 'परिज्ञा' है। धन, दौलत, कला, अर्थशास्त्र, हिन्दी-साहित्य आदि के सम्बन्ध में जानकारी का नाम 'ज्ञान' है। चित-वृत्ति अथवा संकल्प-विकल्पात्मक व्यापार करनेवाली मनस् शक्ति को 'मन' कहते हैं।

**भाग, खण्ड, अंश** (आईएएस २००५,२००६)

बड़ी वस्तु का एक टुकड़ा 'भाग' है। मूल वस्तु से जब कोई भाग अलग हो जाता है तब उसे 'खण्ड' कहते हैं। खण्ड एक बृहत् और अपने आपमें लगभग पूर्ण इकाई होता है; जैसे— पुस्तक दो खण्डों में विभक्त है— प्रयोग और सिद्धान्त। भाग खण्ड से छोटी इकाई का नाम है; जैसे— सिद्धान्त खण्ड के कई भाग हो सकते हैं। भाग का ही दूसरा नाम 'अंश' है। सामान्यत: अंश मूल वस्तु की बहुत छोटी इकाई का नाम है। पूरी पुस्तक की एकाधिक पंक्तियाँ उसका 'अंश' कही जाती हैं, भाग नहीं। व्याख्या के लिए गद्यांश अथवा पद्यांश दिया जाता है, किसी कृति का एक पूरा भाग नहीं।

**भाषण, अभिभाषण, प्रवचन, व्याख्यान** (मप्र पीसीएस २००६)

सामान्य रूप में जनता अथवा छात्रों के सामने अपने विचार प्रकट करना, 'भाषण' कहलाता है। किसी विशेष अवसर पर किया जानेवाला भाषण 'अभिभाषण' कहा जाता है; जैसे— दीक्षान्त अभिभाषण किन्तु किसी संस्था अथवा समिति के उद्‌घाटन पर उद्‌घाटन-भाषण होता है, अभिभाषण नहीं। धार्मिक विषयों पर किया जानेवाला भाषण 'प्रवचन' कहा जाता है। 'व्याख्यान' में किसी विषय का सूक्ष्म विश्लेषण किया जाता है। कक्षाओं में व्याख्यान किये जाते हैं। विद्वानों की व्याख्यानमालाएँ आयोजित की जाती हैं।

**भेंट, उपहार** (उप्र बीएड् प्रवेश-परीक्षा १९९५,२००४,२००७)

आदरपूर्वक अथवा प्रेमपूर्वक किसी को कोई वस्तु देना 'भेंट' कहलाती है। भेंट सदा अपने से बड़ों को की जाती है। जब यह भेंट बराबरीवालों को की जाती है तब उसे 'उपहार' कहते हैं।

**भ्रम, धोखा, भ्रान्ति, विभ्रम** (आईएएस २००३)

वास्तविकता का बोध न हो सकना, 'भ्रम' है। दूर से एक-दूसरे से मिलता-जुलता चेहरा देखकर यह सोचना कि वह कर्णिका है अथवा कञ्जिका, भ्रम है। भ्रम का जल्दी ही निवारण हो जाता है। वास्तविकता को छुपाकर दूसरे ही.रूप में किसी वस्तु को प्रदर्शित करना 'धोखा' है। अच्छे फलों के धोखे में सड़े फल दे देना धोखा है। भ्रम अनजाने में होता है जबकि धोखा जान-बूझकर किया जाता है। सोच-विचार में डालनेवाले भ्रम को 'भ्रान्ति' कहते हैं। 'विभ्रम' मानसिक दुर्बलता अथवा भावुकता के कारण होता है। आँखों की कमज़ोरी के कारण किसी को कुछ-का-कुछ समझ लेना, 'विभ्रम' है। जैसे— अरे! तुम इति हो, मैं तो तुम्हें अभी तक स्तुति समझता था। यह विभ्रम का उदाहरण है।

**भ्रमण, पर्यटन**

अनेक स्थानों पर घूमना-फिरना 'भ्रमण' है। जब व्यक्ति प्राकृतिक दृश्यों का आनन्द लेता है तब वही भ्रमण 'पर्यटन' का रूप प्राप्त कर लेता है। इलाहाबाद, मुम्बई, कोलकाता का भ्रमण किया जाता है। पर्वतीय स्थानों— नैनीताल, शिमला, दार्जिलिंग आदि का पर्यटन किया जाता है। कान्हा, किसली और खजुराहो का पर्यटन होगा क्योंकि मूल उद्देश्य है, प्राकृतिक दृश्य अथवा प्राचीन मन्दिरों का अवलोकन करना।

**मन्त्रणा, परामर्श** (उप्र बीएड् प्रवेश-परीक्षा २००१,२००५)

कुछ प्रमुख लोगों के साथ जो 'मन्त्रणा' की जाती है, उसे गुप्त रखी जाती है। 'परामर्श' किसी से भी किया जा सकता है, यह गुप्त नहीं रहता।

**महोदय, महाशय**

अपने से बड़ों के लिए अथवा अधिकारियों के लिए प्रयुक्त किया जानेवाला सम्मानसूचक शब्द है, 'महोदय'। सामान्य लोगों के सम्मान में प्रयुक्त किया जानेवाला शब्द है, 'महाशय'।

**मित्र, सखा, सुहृद, बन्धु** (उप्र बीएड् प्रवेश-परीक्षा २००४,२००७)

अपनत्व की भावना रखनेवाला समवयस्क 'मित्र' कहा जाता है। जब दो शरीर एक प्राण हो जाएँ तब वह 'सखा' बन जाता है। उपकार का बदला न चाहनेवाला सखा 'सुहृद' कहलाता है तथा 'बन्धु' अर्थात् भाई अथवा सहोदर होता है।

**मूक, मौन**

बोलने की क्षमता से रहित होना 'मूक' कहलाता है। बोलने की शक्ति से युक्त होकर भी अवसर-विशेष को ध्यान में रखते हुए, चुप रहना 'मौन' का लक्षण है।

**यातना, यन्त्रणा**

तीव्र व्यथा पहुँचाना 'यातना' कहलाता है। यह शारीरिक और मानसिक, दोनों प्रकार की होती है। इसमें मार-पीट, गाली-गलौच, तड़पाना, आतंक आदि सभी का समावेश रहता है; जैसे— शत्रु के शिविरों में क़ैदियों को यातना दी जाती है। विवशता की स्थिति में उत्पन्न असह्य मानसिक दु:ख 'यन्त्रणा' कहलाती है; जैसे— शत्रु-शिविरों में मानसिक रूप में भी शत्रुओं को प्रताड़ित किया जाता है।

**रोमांचित, पुलकित**

प्रसन्नता की अतिरेकता से शरीर 'रोमांचित' होता है और आनन्द अथवा आह्लाद की अतिरेकता से आत्मा अथवा मन 'पुलकित' होता है।

**वय** (अवस्था), **आयु**

वर्तमान उम्र का नाम है 'वय' अथवा 'अवस्था'; जैसे— इस समय उसकी अवस्था २५ वर्ष की है। जीवन की कुल अवस्था 'आयु' कहलाती है; जैसे— वह २५ वर्ष की आयु में मृत हो गया था।

**वस्तु, द्रव्य, पदार्थ**

जिसका एक निश्चित रूप-रंग, आकार-प्रकार हो तथा जो मनुष्य-निर्मित हो, वह 'वस्तु' है। जैसे— कपड़ा वस्तु है; काग़ज़ वस्तु है तथा पत्थर, हीरा, मोती, हवा आदि पदार्थ हैं। 'पदार्थ' प्राकृतिक रूप में निर्मित होते हैं। 'द्रव्य' पदार्थ ही है परन्तु उसमें क्रियाशीलता और उपयोगिता का गुण प्रमुख होता है। सोना, चाँदी, पीतल आदि द्रव्य हैं।

**वितरण, विनिमय**

बाँटने की क्रिया का नाम है 'वितरण'। वितरण में दी गयी वस्तु को वापस लेने का प्रश्न ही नहीं उठता। यह किसी नियम के आधार पर भी हो सकता है और मन के अनुसार भी। 'विनिमय' में जो वस्तु दी जाती है, उसके बदले में उतने ही मूल्य की वस्तु ले ली जाती है। एक वस्तु देकर उसके बदले में दूसरी वस्तु लेना 'विनिमय' है।

**विलय, प्रलय** (आईएएस १९९२,१९९९,२००३)

किसी वस्तु में इस प्रकार से लीन हो जाना कि उसका अस्तित्व ही छुप जाए, 'विलय' कहलाता है। विलीन वस्तु विशेष प्रयत्न-द्वारा ही अलग की जा सकती है; जैसे— पानी में शकर का घुलना विलय होना है। सब कुछ नष्ट हो जाना 'प्रलय' है। जैसे— प्रलयकारिणी बाढ़ से पूरा गाँव नष्ट हो गया। अब उसके अस्तित्व को खोजा नहीं जा सकता।

**विलाप, प्रलाप** (मप्र पीसीएस २००३)

किसी गहन दु:ख से अभिभूत होकर फूट-फूटकर रोना 'विलाप' कहा जाता है। रोते समय कुछ भी अथवा अनर्गल रूप में बकना 'प्रलाप' कहा जाता है। प्रलाप पागलपन अथवा उन्माद की क्षणिक मनोदशा है।

**विहीन, रहित**

'विहीन' अच्छी बातों के अभाव का सूचक है; जैसे— वह पुरुषार्थविहीन हो गया है। 'रहित' से बुरी बातों अथवा गुणों का अभाव प्रकट किया जाता है; जैसे— अब वह दुर्गुणों से रहित है।

**शिरा, स्नायु**

रक्त को वहन करनेवाली 'शिराएँ' होती हैं और संवेदनाओं को वहन करनेवाले 'स्नायु' होते हैं।

**श्रद्धा, भक्ति** (आईएएस १९९९,२००३)

किसी मनुष्य में जन-साधारण से विशेष गुण अथवा शक्ति का विकास देख उसके सम्बन्ध में जो एक स्थायी आनन्द-पद्धति हृदय में स्थापित हो जाती है, उसे 'श्रद्धा' कहते हैं। श्रद्धा और प्रेम के योग का नाम ही 'भक्ति' है।

**श्रमसाध्य, दुस्साध्य, असाध्य, कष्टसाध्य**

जिसे करने में विशेष परिश्रम करना पड़े वह 'श्रमसाध्य'; जिस काम को करना अत्यन्त कठिन हो वह 'दुस्साध्य'; जिसे करना असम्भव हो, वह 'असाध्य' तथा जिसे पूरा करने में अनेक कष्ट सहन करने पड़ें, वह 'कष्टसाध्य' कार्य है।

**संवाद, परिसंवाद, चर्चा, परिचर्चा, वार्ता** (आईएएस २००३)

दो अथवा दो से अधिक व्यक्तियों के मध्य होनेवाला वार्तालाप 'संवाद' है। जब यह किसी विषय-विशेष पर केन्द्रित होता है तब इसे 'परिसंवाद' कहते हैं। संवाद, परिसंवाद में विषय का विवेचन किंचित् व्यापक होता है, उसमें वस्तुनिष्ठता रहती है। इन्हें ही दूसरे शब्दों में 'चर्चा' और 'परिचर्चा' भी कहते हैं। चर्चा-परिचर्चा अधिक अन्तरंग और व्यक्तिगत प्रतिक्रियाओं पर आधारित होती हैं। दो-चार, दस-बीस लोगों के मध्य अपने विचार को प्रस्तुत करना 'वार्ता' है। इसमें भाषण की औपचारिकता नहीं रहती। भाषण का निश्चित विषय होता है। वार्ता प्रश्नोत्तर पर भी आधारित हो सकती है अथवा उसके कई विषय हो सकते हैं। वार्ता में धारावाहिकता रहती है। चर्चा-परिचर्चा में परस्पर विचारों का आदान-प्रदान प्रमुख होता है अतः धारावाहिकता टूट जाती है।

**संकोच, व्रीड़ा** (लज्जा)

किसी काम में हिचक का अनुभव करना 'संकोच' कहलाता है। कामजन्य संकोच 'व्रीड़ा' अथवा 'लज्जा' कहलाती है।

**संशय, सन्देह** (मप्र पीसीएस १९९९,२००३)

किसी वस्तु का वास्तविक ज्ञान न होना फिर भी उसके विषय में जिज्ञासा बनी रहना 'संशय' है; जैसे— यह रस्सी है अथवा साँप? इसे समझने का प्रयत्न छोड़ा नहीं गया है। जैसे ही वास्तविक ज्ञान हो जाता है, संशय की स्थिति समाप्त हो जाती है। किसी वस्तु अथवा कार्य के सन्दर्भ में निश्चय न कर पाना 'सन्देह' का लक्षण है। इसमें वास्तविकता का ज्ञान रहता है, संशय नहीं रहता; जैसे— मैं कन्याकुमारी जा सकूँगा अथवा नहीं, इसमें सन्देह है।

**संस्कृति, सभ्यता** (उप्र बीएड् प्रवेश-परीक्षा २००३)

व्यक्ति का आत्मिक विकास 'संस्कृति' के द्वारा और उसका मौलिक विकास 'सभ्यता' के द्वारा प्रकट किया जाता है; जैसे— भारत की संस्कृति प्राचीन है; यूरोप की भौतिक सभ्यता उन्नत है।

**सतर्क, सावधान, जागरूक**

आनेवाले संकट का सामना करने के लिए पूरी तरह से सावधान रहना 'सतर्क' रहना कहलाता है। 'सावधान' रहने के लिए कार्य से सम्बन्धित सारी आवश्यक बातों का ज्ञान होना और तद्नुसार कार्य करना अपेक्षित होता है। जाग्रत, सचेष्ट तथा सक्रिय रहने को 'जागरूक' कहते हैं। सावधान रहते हुए भी हानि की सम्भावना बनी रहती है किन्तु जागरूक इसीलिए कहा जाता है ताकि हानि न हो सके।

**सभा, समिति, परिषद्**

किसी विशेष प्रयोजन से कुछ लोगों अथवा सदस्यों-द्वारा विधिवत् गठित संस्था का नाम 'सभा' है। सभा विशेष कार्यों के लिए कई समितियाँ अथवा उप-समितियाँ गठित कर सकती है। 'समिति' सभा के अन्तर्गत भी हो सकती है और पृथक् भी। यह सभा का छोटा रूप है। उदाहरण के लिए, नागरी प्रचारिणी 'सभा' है; देवनागरी संशोधक 'समिति' है। जिस समिति में प्रतिनिधि अथवा पार्षद पहुँचते हैं, उसे 'परिषद्' कहते हैं। नगरपालिका अथवा नगर निगम 'परिषद्' होती है। विभिन्न कक्षाओं के प्रतिनिधि होने के कारण महाविद्यालय की हिन्दी-साहित्य-समिति न होकर, 'हिन्दी-साहित्य-परिषद्' होती है। कला-परिषद्, विद्या-परिषद् भी इसी प्रकार गठित होती हैं। समिति का

अस्तित्व स्वतन्त्र हो सकता है किन्तु परिषद् किसी संस्था-विशेष के नियमों के अनुसार संघटित होती है और उन्हीं के अनुसार कार्यशील भी। परिषदों का एक निर्धारित कार्य-काल होता है परन्तु समिति के लिए काल का बन्धन नहीं रहता। समिति के सदस्य स्थायी हो सकते हैं, परिषद् के नहीं।

**सभापति, अध्यक्ष** (उप्र बीएड् प्रवेश-परीक्षा २००५)

सभा का प्रमुख 'सभापति' और समिति का प्रमुख अध्यक्ष होता है। दोनों पद नियतकालिक हैं। किसी विशेष समारोह में स्थायी सभापति और अध्यक्ष को छोड़कर अन्य व्यक्तियों को भी सभा अथवा समिति की अध्यक्षता के लिए आमन्त्रित कर लिया जाता है। वह व्यक्ति उसी समय तक उस सभा अथवा समिति का सभापति अथवा अध्यक्ष होता है जब तक वह चलती रहती है। बाद में उसका पद स्वतः समाप्त हो जाता है। किसी सभा अथवा समिति का सभापति अथवा अध्यक्ष तो सर्वसम्मति से मनोनीत होता है अथवा निर्वाचित होता। उसका पद निश्चित कार्यकाल तक बना रहता है।

**सम्माननीय, श्रद्धेय, पूज्य** (पूजनीय), **आदरणीय**

महापुरुष, अधिकारी, नेता, कलाकार, जो अपने किसी कार्य अथवा गुण-विशेष के कारण सम्मान के पात्र बनते हैं, 'सम्माननीय' होते हैं। ऐसे व्यक्तियों के प्रति यदि सम्मान के साथ-साथ 'श्रद्धा' का योग हो जाए तो वे 'श्रद्धेय' बन जाते हैं। माता-पिता, बड़े भाई, गुरु आदि 'पूज्य' अथवा 'पूजनीय' होते हैं। सम्बन्धी पूज्य हो सकते हैं। अपने से बड़े (जो सम्बन्धी न हों), 'आदरणीय' होते हैं।

**सम्मेलन, अधिवेशन**

सामान्य रूप में, समितियों-द्वारा सम्मेलन का आयोजन किया जाता है तथा सभाओं-द्वारा अधिवेशन का। उदाहरण के लिए, हिन्दी-साहित्य सम्मेलन का वार्षिक 'सम्मेलन' होगा और काँग्रेस का वार्षिक 'अधिवेशन'।

**सम्मति (राय-सुझाव), अनुमति**

सभी प्रकार से तर्क-संगत सुझाव अथवा परामर्श 'सम्मति' कहलाती है। किसी कार्य को करने के लिए 'अनुमति' दी जाती है। अनुमति में सम्मति का भाव छुपा रहता है; जैसे— मेरी अनुमति है, तुम इलाहाबाद पढ़ने के लिए आ सकते हो। अनुमति बड़ों से ली जाती है। सम्मति मानना ज़रूरी नहीं है।

**सहानुभूति, संवेदना**

दूसरों के समान स्वयं भी अनुभव करना 'सहानुभूति' है। यह सुखात्मक होती है और दुःखात्मक भी। गहन दुःखों अथवा शोक के अवसरों पर सहानुभूति प्रकट करना 'संवेदना' कहलाती है।

**स्नेह, सौजन्य**

छोटों के प्रति दया अथवा कृपा की भावना का नाम 'स्नेह' है। सौजन्य का अर्थ है, 'सुजनता से उत्पन्न'। सौजन्य किसी व्यक्ति की उदारता का परिचायक है; जैसे— आकाशवाणी के सौजन्य से मुझे यह वार्ता प्राप्त हुई है।

**हवा, वायु, पवन, समीर**

पृथ्वी के चारों ओर व्याप्त विभिन्न गैसों का मिश्रण 'हवा' अथवा 'वायु' है। वायु का ही कभी तीव्र अथवा मन्द रूप में प्रवाहित होना 'पवन' है। जब पवन में विशेष सुखद शीतलता आ

जाती है तब उसे 'समीर' का नाम प्राप्त हो जाता है। इस प्रकार की शीतलता सामान्यत: किसी जलाशय आदि के ऊपर से बहने के कारण प्राप्त होती है।

### हेतु, लक्ष्य

अभियान, प्रयोजन आदि के रूप में किसी व्यक्ति को कार्य करने की प्रेरणा देनेवाले को 'हेतु' कहते हैं। उद्देश्य का अन्तिम बिन्दु 'लक्ष्य' होता है।

## समानार्थी शब्दों में सूक्ष्म अर्थ-भेद

### २- अँगरेज़ी-शब्दों के सन्दर्भ में

| | |
|---|---|
| १- **अंक** | **Figure, digit** |
| नम्बर | Number |
| संख्या | Number |
| २- **अर्थ** | **Meaning** |
| आशय | Sense |
| तात्पर्य | Purpose |
| भाव | Import |
| ३- **अदला-बदली** | **Barter** |
| विनिमय | Exchange |
| ४- **अधिकार** | **Right** |
| क़ब्ज़ा | Possession |
| ५- **अध्याय** | **Chapter** |
| अधिपद | Article |
| अनुच्छेद, पैरा | Paragraph |
| ६- **अध्यापन** | **Teaching** |
| प्रशिक्षण | Training |
| शिक्षण | Education |
| ७- **अनुभूति** | **Feeling** |
| अवबोधन | Perception |
| संज्ञान | Sense |
| ८- **अन्त** | **End** |
| अवसान | Closure |
| ९- **अभाव** | **Want** |
| कमी | Lack |
| तंगी | Dearth |
| १०- **अभिमान** | **Pride** |
| गर्व | Pride |
| घमण्ड | Conceit |
| दर्प | Arrogance |
| दम्भ | Vanity |
| ११- **अमर्ष** | **Resentment** |
| आक्रोश | Ire |
| १२- **आदि** | **Beginning** |
| आरम्भ | Outset |
| प्रारम्भ | Start |
| श्रीगणेश | Commencement |
| समारम्भ | Inception |
| १३- **आवश्यकता** | **Necessity** |
| अपेक्षा | Requirement |
| ज़रूरत | Need |
| १४- **आवेदक** | **Applicant** |
| प्रत्याशी | Candidate |
| १५- **इतिश्री** | **Finale** |
| उपसंहार | Conclusion |
| १६- **उपधारा** | **Sub-section** |
| धारा | Section |
| परिच्छेद | Chapter |
| खण्ड (भाग) | Part |
| १७- **तेवर** | **Frown** |
| मनोदशा | Temper |
| १८- **दुर्लभता** | **Scarcity** |
| न्यूनता | Shortage |
| विरलता | Rarity |
| १९- **पर्यवसान** | **Termination** |
| समाप्ति | Completion |
| २०- **मिल्कियत** | **Property** |
| स्वत्व | Proprietary right |
| स्वामित्व | Ownership |

## विपर्याय (विपरीतार्थक) शब्द (Antonyms Words)

हिन्दी में 'विरोधी' शब्द के कई पर्याय प्रचलित हैं; यथा— विपर्याय, विलोम, प्रतिलोम, विरुद्धार्थी, निषेधात्मक, विपरीतार्थक आदि। अर्थ के धरातल पर पर्यायवाची शब्दों में थोड़ा-बहुत अन्तर रहता है किन्तु विलोम शब्द ठीक-ठीक विरोधी अर्थ को व्यंजित करते हैं। हमारा जीवन और यह संसार अनेक विषमताओं से परिपूर्ण है अत: ठीक विपर्याय स्थितियों का ज्ञान भावों और विचारों की अभिव्यक्ति के लिए परम आवश्यक होता है।

हिन्दी में विलोम शब्दों के निर्माण निम्नलिखित चार प्रकार से किये जाते हैं :—

१- स्वतन्त्र शब्दों-द्वारा २- उपसर्गों के प्रयोगों-द्वारा ३- लिंग-परिवर्तन-द्वारा ४- ऊनार्थक अथवा न्यूनार्थक शब्दों के प्रयोगों-द्वारा।

### उपसर्गों के प्रयोगों-द्वारा

सामान्यत: विरोधी शब्दों के निर्माण में अ, अन्, निर्, वि, अप्, प्रति, अव्, दुर्, नि, नि:, आ, सु, कु आदि उपसर्गों का प्रयोग किया जाता है। आगे इन उपसर्गों के योग से बननेवाले कुछ विपरीतार्थक शब्दों के उदाहरण दिये गये हैं। 'अ' और 'अन्' उपसर्गों के प्रयोगों के सन्दर्भ में यह एक सामान्य-सा नियम है कि कोई तत्सम शब्द व्यञ्जन से प्रारम्भ होता है तो विरोधी शब्द बनाते समय उसमें 'अ' उपसर्ग का प्रयोग किया जाता है। यदि कोई तत्सम-शब्द स्वर से प्रारम्भ हो रहा है तो उसमें 'अन्' का प्रयोग किया जाता है।

यहाँ कुछ प्रमुख उदाहरण दिये गये हैं :—

**१- 'अ' उपसर्ग के योग से**

| | | | |
|---|---|---|---|
| कर्म | अकर्म | पूजा | अपूजा |
| कार्य | अकार्य | नाम | अनाम |
| गोचर | अगोचर | भद्र | अभद्र |
| धीर | अधीर | भेद | अभेद |
| न्याय | अन्याय | मानवीय | अमानवीय |

**२- 'अन्' उपसर्ग के योग से**

| | | | |
|---|---|---|---|
| अधिकृत | अनधिकृत | इष्ट | अनिष्ट |
| आगत | अनागत | ईश्वर | अनीश्वर |
| आर्य | अनार्य | उदात्त | अनुदात्त |
| आहूत | अनाहूत | उपमेय | अनुपमेय |
| इच्छा | अनिच्छा | उपयोगी | अनुपयोगी |

**३ -'निर्' उपसर्ग के योग से**

| | | | |
|---|---|---|---|
| आशा | निराशा | सापेक्ष | निरपेक्ष |
| मल | निर्मल | विवाद | निर्विवाद |
| आदर | निरादर | सगुण | निर्गुण |
| आहार | निराहार | भय | निर्भय |

**४-'वि' उपसर्ग के योग से**

| | | | |
|---|---|---|---|
| क्रय | विक्रय | सम्पन्न | विपन्न |
| सम | विषम | पक्ष | विपक्ष |
| अज्ञ | विज्ञ | प्रसाद | विषाद |
| अनुरक्त | विरक्त | योग | वियोग |
| आकर्षण | विकर्षण | संकल्प | विकल्प |
| उन्मुख | विमुख | अज्ञ | विज्ञ |
| तृष्णा | वितृष्णा | गठन | विघटन |

(उप्र पीसीएस १९९६, २०१०)

**५-'अप्' उपसर्ग के योग से**

| | | | |
|---|---|---|---|
| मान | अपमान | कीर्ति | अपकीर्ति |
| यश | अपयश | उत्कर्ष | अपकर्ष |
| वाद | अपवाद | उपकार | अपकार |
| उपचार | अपचार | कृत्य | अपकृत्य |

**६-'प्रति' उपसर्ग के योग से**

| | | | |
|---|---|---|---|
| घात | प्रतिघात | अनुकूल | प्रतिकूल |
| वादी | प्रतिवादी | सहयोगी | प्रतियोगी |
| फल | प्रतिफल | वाद | प्रतिवाद |

**७-'अव्' उपसर्ग के योग से**

| | | | |
|---|---|---|---|
| गुण | अवगुण | आरोहण | अवरोहण |
| आरोह | अवरोह | उन्नति | अवनति |

**८-'दुर्' उपसर्ग के योग से**

| | | | |
|---|---|---|---|
| आचार | दुराचार | सुदिन | दुर्दिन |
| आग्रह | दुराग्रह | सद्व्यवहार | दुर्व्यवहार |

**९-'न', 'निः', 'आ', 'सु', 'कु' आदि उपसर्गों के योग से भी विलोम शब्दों का निर्माण होता है। यथा :-**

| | | | |
|---|---|---|---|
| विरत | निरत | पक्ष | निष्पक्ष |
| डर | निडर | कपट | निष्कपट |
| उत्कृष्ट | निकृष्ट | उन्मीलन | निमीलन |
| गत | अवगत | सादर | निरादर |
| गमन | आगमन | सुमति | कुमति |
| फल | निष्फल | सुकीर्ति | कुकीर्ति |

## लिंग-परिवर्तन-द्वारा

| | | | |
|---|---|---|---|
| पुत्र | पुत्री | नाना | नानी |
| नर | नारी | पिता | माता |
| कुमार | कुमारी | भाई | बहन |

## ऊनार्थक अथवा न्यूनार्थक शब्दों के प्रयोग-द्वारा

इस प्रकार के शब्द मूल रूप में किसी वस्तु का छोटा रूप व्यक्त करने, प्रेम-भावनाओं को व्यक्त करने तथा अनादर की भावनाओं को स्पष्ट करने में सहायता करते हैं। इन्हीं सन्दर्भों में ये शब्द विलोम अर्थों को भी व्यक्त करते हैं। यहाँ इस श्रेणी के कुछ शब्द उदाहरण-स्वरूप प्रस्तुत किये गये हैं :—

| | | | |
|---|---|---|---|
| कुरता | कुरती | घण्टा | घण्टी |
| कली | कलिका | घर | घरौंदा |
| कटोरा | कटोरी | कुटी | कुटिया |
| गागर | गगरी | कोठा | कोठरी |
| गट्ठर | गठरी | खाट | खटिया |
| गोला | गोली | जूता | जूती |
| चोटी | चुटिया | नाला | नाली |
| चिमटा | चिमटी | पहाड़ | पहाड़ी |
| छोटा | छोटी | पिटारा | पिटारी |
| छाता | छतरी | पुस्तक | पुस्तिका |
| झोला | झोली | फोड़ा | फुड़िया |
| झण्डा | झण्डी | मटका | मटकी |
| टोप | टोपी | रस्सा | रस्सी |
| टीका | टिकली | लता | लतिका |
| डब्बा | डिबिया | लोटा | लुटिया |
| ढकना | ढकनी | हथौड़ा | हथौड़ी |

## प्रचलित विपर्याय (विपरीतार्थक) शब्द

| शब्द | विपरीत | शब्द | विपरीत |
|---|---|---|---|
| अतिवृष्टि (आईएएस १९९३,२००३; आरएएस १९९३,२००७ | अनावृष्टि | अनुकूल (आईएएस १९९८,२००५; उप्र एपीओ १९९६) | प्रतिकूल |
| अपना | पराया | अनुराग ( राज.लोसेआ २०१४) | विराग |
| अधम (उप्र पीसीएस १९९०) | श्रेष्ठ | अपेक्षा | उपेक्षा |
| अनिवार्य (समूह 'ग' परीक्षा २००१,२००४; उप्र पीसीएस १९९८) | वैकल्पिक | अवलम्ब (उप्र पीसीएस १९९५) | निरालम्ब |
| अमीर (उप्र एपीओ १९९६,२००१; मप्र पीसीएस २००४; आरएएस २०००,२००७) | ग़रीब | आकर्षण (आईएएस १९९८,१९९९; आरएएस १९९८; मप्र पीसीएस १९९६; उप्र पीसीएस १९९६; अवर अभियन्ता सिंचाई विभाग परीक्षा १९९८) | विकर्षण |
| अधूरा (आईएएस १९९०,२००५) | पूरा | आकाश (उप्र पीसीएस १९९२,२००५; आईएएस १९९८,१९९९,२००७) | पाताल |

| शब्द | विपरीत |
|---|---|
| आहार | निराहार |
| आदर | निरादर |
| (आरएएस १९९६,२००८) | |
| आदरणीय | अनादरणीय |
| आना | जाना |
| आयात | निर्यात |
| (आईएएस १९९२,२००२) | |
| आय | व्यय |
| आशा | निराशा |
| आस्तिक | नास्तिक |
| (उप्र पीसीएस १९९७) | |
| उक्त | अनुक्त |
| (आरओ २०१३) | |
| उत्कर्ष | अपकर्ष |
| (उप्र पीसीएस १९९८,२००४, २००६; आरओ २०१३) | |
| औपचारिक | अनौपचारिक |
| उन्मीलन | निमीलन |
| (उप्र बीएड् प्रवेश-परीक्षा २०००; आरओ २०१३) | |
| उत्कृष्ट | निकृष्ट |
| (बिहार पीसीएस १९९९,२०००) | |
| उत्तर | दक्षिण |
| (आईएएस १९९१,२००४; बिहार पीसीएस २००४,२००७) | |
| उत्तरार्द्ध | पूर्वार्द्ध |
| उपचार | अनुपचार |
| (उप्र पीसीएस २०१०) | |
| कदाचार | सदाचार |
| (आईएएस १९९४, २००१) | |
| कनिष्ठ | वरिष्ठ |
| (उप्र पीसीएस १९९३) | |
| कपटी | निष्कपट |
| (उप्र पीसीएस २०१२) | |
| कृतज्ञ | कृतघ्न |
| (क्षेत्र विकास अधिकारी परीक्षा १९९६; आरएएस १९९४; उप्र एपीओ १९९४,२००४,२००८) | |
| कुसंग | सुसंग |
| कुसुम | वज्र |
| (उप्र पीसीएस २०११) | |
| कर्षण | विकर्षण |
| कोमल | कठोर |
| खण्ड | अखण्ड |
| गम्भीर | अगम्भीर |
| (उप्र पीसीएस १९९३) | |
| गमन | आगमन |
| गुण | दोष |
| घृणा | प्रेम |
| (आईएएस १९९१,२००५) | |
| चल | अचल |
| छूत | अछूत |
| जंगम | स्थावर |
| (मप्र पीसीएस २००१,२००६; उप्र पीसीएस २००१) | |
| जल | थल |
| जल | निर्जल |
| (उप्र पीसीएस १९९०,२००२) | |
| जड़ | चेतन |
| जन्म | मरण |
| जननी | जनक |
| जाग्रत | सुषुप्त |
| जीवित | मृत |
| (आईएएस २००१,२००५) | |
| जोड़ | घटाव |
| (उप्र पीसीएस २०१०) | |
| थोक | फुटकर, खुदरा |
| (उप्र पीसीएस २०१०) | |
| दास | स्वामी |
| (उप्र पीसीएस १९९३) | |
| दुर्लभ | सुलभ |
| (उप्र पीसीएस २०००) | |
| धर्म | अधर्म |

| शब्द | विपरीत |
|---|---|
| धनी | निर्धन |
| धृष्ट | नम्र |
| (उप्र पीसीएस २००६, २०१०) | |
| न्याय | अन्याय |
| निर्मल | मल |
| (उप्र पीसीएस २०००,२००५) | |
| निर्भीक | भीरु |
| नीरोग | रोगी |
| (मप्र पीसीएस २००३) | |
| नीरस | सरस |
| (आईएएस १९९९; उप्र एपीओ १९९७,२००१,२००३) | |
| पण्डित | मूर्ख |
| (उप्र पीसीएस १९९२,२००८) | |
| पराजय | जय |
| (आईएएस २००४,२००९) | |
| पुण्य | पाप |
| (आईएएस १९९१; सीटीईटी २०१२) | |
| पूर्व | पश्चिम |
| पूर्ववर्ती | परवर्ती |
| (अवर अभियन्ता सिंचाई विभाग परीक्षा २०००,२००३,२००६) | |
| प्रकाश | अन्धकार |
| (उप्र पीसीएस १९९७; आईएएस १९९०) | |
| प्रत्यक्ष | परोक्ष |
| प्रशंसक | निन्दक |
| (आईएएस १९९१,१९९४) | |
| भद्र | अभद्र |
| भला | बुरा |
| भाव | अभाव |
| भेद | अभेद |
| मधुर | कटु |
| (आईएएस १९९६) | |

| शब्द | विपरीत |
|---|---|
| महल | झोपड़ी |
| महायोगी | महाभोगी |
| (आईएएस १९९४) | |
| मान | अपमान |
| मित | अमित |
| (उप्र बीएड् प्रवेश-परीक्षा २००१) | |
| मित्र | शत्रु |
| (आईएएस १९९०,१९९५) | |
| मुक्ति | बन्धन |
| (उप्र पीसीएस १९९३) | |
| मृत्यु | जीवन |
| (आईएएस १९९९) | |
| योग | भोग |
| रात | दिन |
| रिक्त | सिक्त |
| रुचि | अरुचि |
| रूढ़िवादी | स्वच्छन्दवादी |
| (अवर अभियन्ता सिंचाई विभाग परीक्षा २०००,२००३,२००७) | |
| लौकिक | पारलौकिक |
| वरिष्ठ | कनिष्ठ |
| (उप्र पीसीएस २०००) | |
| वाचाल | मूक |
| (बिहार पीसीएस १९९७; आईएएस १९९९) | |
| वादी | प्रतिवादी |
| (उप्र पीसीएस १९९७) | |
| विदेशी | स्वदेशी |
| (उप्र पीसीएस १९९०; आईएएस १९९०) | |
| विनम्र | उच्छृंखल |
| (अवर अभियन्ता सिंचाई विभाग परीक्षा २०००,२००५,२००८) | |
| विहित | निषेध |
| विशेष | सामान्य |
| (आरएएस १९९०; उप्र पीसीएस १९९०,२००८) | |

| शब्द | विपरीत | शब्द | विपरीत |
|---|---|---|---|
| विधवा | सधवा | सजीव | निर्जीव |
| (आईएएस १९९०; उप्र पीसीएस २००२,२००६) | | सम | विषम |
| वृद्ध | बालक | सधवा | विधवा |
| शंक | निशंक | (आईएएस १९९८,१९९९) | |
| शक्त | अशक्त | सम्मुख | नेपथ्य |
| शान्त | अशान्त | (समूह 'ग' परीक्षा २००१,२००७) | |
| शाश्वत् | क्षणिक | सुपूत | कुपूत |
| (आईएएस १९९१,२००१) | | सूक्ष्म | स्थूल |
| शीत | उष्ण | (बिहार पीसीएस १९९७,२००७) | |
| शुभ | अशुभ | साक्षर | निरक्षर |
| शेष | अशेष | साकार | निराकार |
| श्रम | विश्राम | सार्थक | निरर्थक |
| संकलन | व्यकलन | सित | असित |
| संयोग | वियोग | सुगन्ध | दुर्गन्ध |
| संस्कृति | विकृति | सुगम | दुर्गम |
| (आईएएस १९९१,२००३) | | सृष्टि | प्रलय |
| सत्य | असत्य | स्तुति | निन्दा |
| सर्द | गरम | स्त्री | पुरुष |
| (आईएएस १९९१, २००५) | | (उप्र पीसीएस २००१) | |
| सज्जन | दुर्जन | स्वीकार | अस्वीकार |
| सरस | नीरस | स्वर्ग | नरक |
| सम्भव | असम्भव | स्वस्थ | अस्वस्थ |
| सहित | रहित | ह्रस्व | दीर्घ |
| सबल | निर्बल | हानिप्रद | लाभप्रद |
| सकाम | निष्काम | (आईएएस १९९४,२००१) | |
| सदाचार | दुराचार | हित | अहित |
| (आईएएस १९९१,१९९५) | | क्षम | अक्षम |
| समर्थ | असमर्थ | ज्ञानी | अज्ञानी |
| | | (उप्र बीएड् प्रवेश-परीक्षा २००४) | |

## स्वतन्त्र विपर्याय (विपरीतार्थक) शब्द

| शब्द | विपरीत |
|---|---|
| अगला | पिछला |
| अग्नि | जल |
| अच्छा | बुरा |
| अर्पण | ग्रहण |
| अपव्यय | मितव्यय |
| (उप्र पीसीएस २००७) | |
| अलभ्य | लभ्य |
| (उप्र पीसीएस २००७) | |
| अनन्त | अन्त |
| (उप्र पीसीएस २००५) | |
| अनुराग | द्वेष |
| (उप्र पीसीएस २००५) | |
| धृष्ट | विनम्र |
| (उप्र पीसीएस २००७) | |
| अनुज | अग्रज |
| (आईएएस २००६) | |
| अमृत | विष |
| अमावस्या | पूर्णिमा |
| अल्प | बहु |
| अल्पज्ञ | बहुज्ञ |
| (उप्र पीसीएस १९९६,२००३,२००७) | |
| अस्त | उदय |
| (बिहार पीसीएस २००३) | |
| अवनि | अम्बर |
| अर्पित | गृहीत |
| अन्तरंग | बहिरंग |
| आर्द्र | शुष्क |
| (मप्र पीसीएस १९९६,२००१, २००३; उप्र पीसीएस २००१, २००४) | |
| आदान | प्रदान |
| बिहार पीसीएस २००१,२००६; उप्र एपीओ १९९४, १९९६, २००८) | |
| आदि | अन्त |
| (आईएएस १९९४,१९९९) | |
| आरम्भ | अन्त |
| (आईएएस २००४) | |
| आवाहन | विसर्जन |
| इति | अथ |
| (बिहार पीसीएस १९९३,२००१; उप्र बीएड् प्रवेश-परीक्षा २००४) | |
| उगना | डूबना |
| उत्थान | पतन |
| (आईएएस २००३; समूह 'ग' परीक्षा २००१,२००६; उप्र पीसीएस १९९८,२००७) | |
| उधार | नक़द |
| उदय | अस्त |
| (उप्र एपीओ २००३,२००४) | |
| उग्र | सौम्य |
| उदार | अनुदार |
| (आईएएस २००४,२००७) | |
| ऊँच | नीच |
| एड़ी | चोटी |
| कड़ा | मुलायम |
| कठोर | कोमल |
| कड़ुवा | मीठा |
| कटु | मधु |
| कायर | निडर |
| काला | सफ़ेद |
| कुटिल | सरल |
| कृष्ण | शुक्ल |
| कृश | पीन, प्रवृद्ध |
| (उप्र पीसीएस २००७) | |
| खण्डन | मण्डन |
| (आरएएस १९९४; उप्र पीसीएस २००२,२००५) | |
| ख़रीद | बिक्री |
| खिलना | मुरझाना |
| गहरा | छिछला |
| गगन | धरा |
| ग्राम्य | नगर |

| शब्द | विपरीत |
|---|---|
| गरल | सुधा |
| ग़लत | सही |
| गीला | सूखा |
| गुप्त | प्रकट |
| (आईएएस २००४; उप्र पीसीएस १९९६,२००७) | |
| गुरु | लघु, शिष्य |
| (उप्र एपीओ १९९७; उप्र पीसीएस २०००,२००३,२००६) | |
| ग्रस्त | मुक्त |
| (उप्र पीसीएस २००८) | |
| ग्रामीण | शहरी |
| (उप्र पीसीएस २००७) | |
| घटना | बढ़ना |
| घर | बाहर |
| चढ़ाव | उतार |
| ज्येष्ठ | कनिष्ठ |
| (मप्र पीसीएस २००३; उप्र पीसीएस १९९७,२०००,२००४) | |
| जड़ | चेतन |
| (क्षेत्र विकास अधिकारी परीक्षा २००५) | |
| जन्म | मृत्यु |
| जवानी | बुढ़ापा |
| जागरण | निद्रा |
| (आरएएस २०००,२००३) | |
| जीवन | मरण |
| ज्योति | तिमिर |
| तटस्थ | सापेक्ष |
| (उप्र पीसीएस २००७) | |
| तरल | ठोस |
| तरुण | वृद्ध |
| तिक्त | मधुर |
| (आईएएस २००५,२००७) | |
| तुच्छ | महान् |
| (उप्र पीसीएस १९९६) | |

| शब्द | विपरीत |
|---|---|
| थोड़ा | बहुत |
| दण्ड | पुरस्कार |
| दयालु | निर्दय |
| (आईएएस १९९०,२००१) | |
| दाता | सूम |
| दिन | रात |
| दिवा | निशि |
| (बिहार पीसीएस २००५; उप्र पीसीएस २००० | |
| दीर्घ | लघु |
| (उप्र पीसीएस २००३) | |
| दुष्ट | सज्जन |
| दुःख | सुख |
| दूर | पास |
| (आईएएस १९९०,१९९५) | |
| दूषित | स्वच्छ |
| देव | दानव |
| देवता | राक्षस |
| (आईएएस १९९९,२००३) | |
| धरा | गगन |
| धनी | दरिद्र |
| धूप | छाँह |
| नक़ली | असली |
| नख | शिख |
| नया | पुराना |
| नर | नारी |
| निरामिष | आमिष |
| | (उप्र पीसीएस २००७,२०१२) |
| निर्दय | दयावान, दयालु, सहृदय |
| (उप्र पीसीएस २००७; आरओ २०१३) | |
| निर्माण | विध्वंस |
| (क्षेत्र विकास अधिकारी परीक्षा १९९०; आईएएस १९९१,२००५) | |
| निन्दा | स्तुति |
| निद्रा | जागरण |
| (उप्र पीसीएस २०००) | |

| शब्द | विपरीत | शब्द | विपरीत |
|---|---|---|---|
| निरक्षर | साक्षर | भौतिक | आध्यात्मिक |
| निष्पाप | पाप | (आईएएस २०००) | |
| (मप्र पीसीएस १९९०) | | मरना | जीना |
| नूतन | पुरातन | माता | पिता |
| (क्षेत्र विकास अधिकारी परीक्षा २००६) | | मानव | दानव |
| नौकर | मालिक | मानवता | नृशंसता |
| (आईएएस २००४) | | (उप्र सेवा आयोग २०११) | |
| न्यून | अधिक | मालिक | नौकर |
| पण्डित | मूर्ख | मूक | वाचाल |
| (उप्र पीसीएस २००८, २०११) | | (बिहार पीसीएस १९९५; | |
| परकीया | स्वकीया | उप्र पीसीएस १९९९,२००५) | |
| पराधीन | स्वाधीन | मिलन | वियोग |
| (आईएएस २००५) | | मोटा | पतला |
| पाश्चात्य | पौर्वात्य | योगी | भोगी |
| (आईएएस २००८) | | (आरएएस १९९७) | |
| प्रत्यक्ष | परोक्ष | रक्षक | भक्षक |
| (उप्र पीसीएस २००८; आरओ २०१३) | | राजा | प्रजा |
| प्राचीन | अर्वाचीन | रिपु | मित्र |
| (आईएएस २००८) | | लजीला | बेशर्म |
| प्रफुल्ल | म्लान | लाभ | हानि |
| (मप्र पीसीएस २००३) | | विधवा | सधवा |
| प्रतिकूल | अनुकूल | (उप्र पीसीएस २००६, २०१२) | |
| (आईएएस २०००) | | विधि | निषेध |
| प्रधान | गौण | (क्षेत्र विकास अधिकार परीक्षा २००२; | |
| (उप्र पीसीएस २००८) | | उप्र पीसीएस २००७, २०१०) | |
| प्रशंसा | निन्दा | विस्तार | संक्षेप |
| प्राचीन | नवीन | विस्तृत | संक्षिप्त |
| बद्ध | मुक्त | (उप्र पीसीएस १९९६,२०००) | |
| बढ़िया | घटिया | विष | अमृत |
| बर्बर | सभ्य | (आरएएस २००२) | |
| बन्धन | मोक्ष | विशिष्ट | सामान्य |
| बाढ़ | सूखा | (उप्र पीसीएस १९९६,१९९८) | |
| बाहर | भीतर | वीर | कायर |
| (आईएएस २०००) | | (उप्र पीसीएस १९९०; | |
| भला | बुरा | मप्र पीसीएस १९९०) | |
| भारी | हलका | वैमनस्य | सौमनस्य |
| भूत | भविष्य | (मप्र पीसीएस १९९०,२००४) | |
| भूगोल | खगोल | | |
| (उप्र पीसीएस २०१०) | | | |

| शब्द | विपरीत | शब्द | विपरीत |
|---|---|---|---|
| व्यष्टि | समष्टि | सापेक्ष | निरपेक्ष |
| (मप्र पीसीएस २००१; आरएएस २००१; क्षेत्र विकास अधिकारी परीक्षा २००३; उप्र पीसीएस १९९९,२००८) | | (मप्र पीसीएस २००५; आर एएस २००७) | |
| शुष्क | आर्द्र | सामान्य | विशिष्ट |
| (उप्र पीसीएस २०००) | | (आरओ २०१३) | |
| श्रीगणेश | इतिश्री | सुख | दु:ख |
| श्रोता | वक्ता | सुमति | कुमति |
| (उप्र पीसीएस २०००) | | (क्षेत्र विकास अधिकारी परीक्षा १९९७) | |
| संकीर्ण | उदार | सुलभ | दुर्लभ |
| (उप्र पीसीएस १९९६,२०००) | | (उप्र पीसीएस २०१२) | |
| सत्य | मिथ्या | सुशील | दुश्शील |
| सन्देह | नि:सन्देह | (उप्र पीसीएस २०१२) | |
| (मप्र पीसीएस २००४) | | सूक्ष्म | स्थूल, विराट् |
| सरल | कठिन | (क्षेत्र विकास अधिकारी परीक्षा २००१; उप्र बीएड् प्रवेश-परीक्षा २००५) | |
| (क्षेत्र विकास अधिकारी परीक्षा २००८) | | (उप्र पीसीएस २००८) | |
| सफल | विफल | सृष्टि | प्रलय |
| सबल | निर्बल | स्वार्थ | परमार्थ |
| सम | विषम | स्तुति | निन्दा |
| (क्षेत्र विकास अधिकारी परीक्षा २००८) | | (आरएएस २००५) | |

## उपसर्गों-द्वारा निर्मित विपर्याय (विपरीतार्थक) शब्द

| शब्द | विपरीत | शब्द | विपरीत |
|---|---|---|---|
| अकाल | सुकाल | अवकाश | अनवकाश |
| (उप्र पीसीएस २००३) | | असीम | ससीम |
| अकाम | निष्काम | आगत | अनागत |
| अग्रज | अनुज | (उप्र पीसीएस २०००; आईएएस १९९०) | |
| अधूरा | अनधूरा | आमिष | निरामिष |
| (आईएएस १९९०) | | (उप्र पीसीएस १९९६) | |
| अल्पज्ञ | अनल्पज्ञ | आहार | अनाहार |
| (उप्र पीसीएस १९९१) | | आरोहण | अवरोहण |
| अनुकूल | प्रतिकूल | आदर | अनादर |
| (आईएएस १९७९,१९८५; बिहार पीसीएस २००२) | | (आईएएस १९९४; आरएएस २००४) | |
| अनुराग | विराग | आहूत | अनाहूत |
| अन्तरंग | बहिरंग | (आरएएस १९९१,१९९७; उप्र पीसीएस २००३, २००४) | |
| (आरएएस १९९०,१९९१) | | | |
| अभ्यस्त | अनभ्यस्त | | |

| शब्द | विपरीत |
|---|---|
| आवर्त्तक | परावर्त्तक |
| (उप्र पीसीएस १९९९,२००५) | |
| आदरणीय | अनादरणीय |
| (आईएएस १९९४) | |
| आस्तिक | नास्तिक |
| (बिहार पीसीएस २००२; आईएएस २००४; उ०प्र०पी०ओ० २००८) | |
| आशा | निराशा |
| आहत | अनाहत |
| (आईएएस २००२,२००५) | |
| उत्कर्ष | अपकर्ष |
| (उप्र पीसीएस १९९८, २००४,२००६,२००८) | |
| उपमेय | अनुपमेय |
| (उप्र पीसीएस १९९७) | |
| उपकार | अपकार |
| (अपर वर्ग सहायक २००५; आईएएस २००४; बिहार पीसीएस २००८; आरओ २०१३) | |
| उचित | अनुचित |
| उपयोग | अनुपयोग |
| उन्मुख | विमुख |
| (आईएएस २००१; आरएएस २००७) | |
| ऐश्वर्य | अनैश्वर्य |
| (आईएएस २०००) | |
| कर्म | निष्कर्म |
| कर्मठ | आलसी |
| (आईएएस १९९०) | |
| कलुष | निष्कलुष |
| काल | अकाल |
| कीर्त्ति | अपकीर्त्ति |
| (उप्र पीसीएस १९९६) | |
| कुलीन | अकुलीन |
| क्रम | अक्रम |
| क्रय | विक्रय |

| शब्द | विपरीत |
|---|---|
| गत | आगत |
| (उप्र पीसीएस १९९८,२०००,२००३) | |
| गमन | आगमन |
| गीत | अगीत |
| (उप्र बीएड् प्रवेश-परीक्षा २०१०) | |
| गुण | अवगुण |
| गोचर | अगोचर |
| (उप्र पीसीएस १९९९) | |
| घात | प्रतिघात |
| चल | अचल |
| चेतन | अचेतन |
| (बिहार पीसीएस १९९७; उप्र पीसीएस १९९७) | |
| जय | पराजय |
| तुकान्त | अतुकान्त |
| दयालु | निर्दय |
| (आईएएस १९९०,२००३) | |
| दुष्चरित्र | सुचरित्र |
| (उप्र पीसीएस २००३) | |
| दूर | अदूर |
| (आईएएस १९९०,२००१) | |
| दृश्य | अदृश्य |
| (उप्र पीसीएस २००१) | |
| नश्वर | अनश्वर |
| (उप्र पीसीएस १९९६) | |
| नित्य | अनित्य |
| निन्द्य | अनिन्द्य |
| (उप्र पीसीएस १९९९,२००५) | |
| निर्दय | अनिर्दय |
| (उप्र पीसीएस १९९१) | |
| निर्लज्ज | सलज्ज |
| नीरस | सरस |
| (आईएएस १९९०) | |
| नैतिक | अनैतिक |
| पक्ष | विपक्ष |
| (आईएएस २००१) | |

| शब्द | विपरीत | शब्द | विपरीत |
|---|---|---|---|
| पराधीन | स्वाधीन | यश | अपयश |
| (आईएएस १९९०) | | (उप्र पीसीएस १९९२,१९९६,१९९९,२००३) | |
| पवित्र | अपवित्र | योग | वियोग |
| पात्र | अपात्र | वाद | प्रतिवाद |
| पेय | अपेय | विवाद | निर्विवाद |
| प्रकाश | अन्धकार | शकुन | अपशकुन |
| (आईएएस १९९०) | | शिव | अशिव |
| प्रत्यक्ष | अप्रत्यक्ष | श्वास | प्रश्वास |
| भिज्ञ | अनभिज्ञ | संकोच | असंकोच |
| (आरएएस २००५) | | साधु | असाधु |
| भेद | अभेद | (आईएएस २००५) | |
| (बिहार पीसीएस १९९५) | | सामिष | निरामिष |
| मान | अपमान | (उप्र पीसीएस १९९७,१९९८) | |
| मानवीय | अमानवीय | स्वीकृत | अस्वीकृत |
| (उप्र पीसीएस १९९७,१९९८; | | स्वार्थ | नि:स्वार्थ |
| आरएएस १९९२) | | (उप्र पीसीएस १९९९,२००५) | |

## 'अ' अथवा 'अन्' के योग-द्वारा निर्मित विपर्याय (विपरीतार्थक) शब्द

| शब्द | विपरीत | शब्द | विपरीत |
|---|---|---|---|
| अर्थ | अनर्थ | आवश्यक | अनावश्यक |
| अल्पज्ञ | अनल्पज्ञ | आतुर | अनातुर |
| (उप्र पीसीएस २००६) | | ईश | अनीश |
| अन्त | अनन्त | उचित | अनुचित |
| (उप्र पीसीएस १९९९) | | उत्तीर्ण | अनुत्तीर्ण |
| अधिकृत | अनधिकृत | एक | अनेक |
| आगम | अनागम | क्षर | अक्षर |
| आदर | अनादर | (उप्र पीसीएस २०११) | |
| आदि | अनादि | कर्मठ | अकर्मठ |
| आश्रित | अनाश्रित | कल्याण | अकल्याण |
| आख्यात | अनाख्यात | चर | अचर |
| (आईएएस १९९०) | | न्याय | अन्याय |
| आरूढ़ | अनारूढ़ | मंगल | अमंगल |
| आस्था | अनास्था | ज्ञान | अज्ञान |

## लिंग-परिवर्त्तन-द्वारा विपर्याय (विपरीतार्थक) शब्द

| शब्द | विपरीत | शब्द | विपरीत |
|---|---|---|---|
| घोड़ा | घोड़ी | बालक | बालिका |
| चाचा | चाची | राजा | रानी |
| छात्र | छात्रा | लड़का | लड़की |
| दादा | दादी | शिक्षक | शिक्षिका |
| नाना | नानी | हाथी | हथिनी |

## एकसाथ आनेवाले विपर्याय (विपरीतार्थक) शब्द

| शब्द | विपरीत | शब्द | विपरीत |
|---|---|---|---|
| अकाल (उप्र पीसीएस २००३) | सुकाल | अनुग्रह (बिहार पीसीएस २००२,२००७) | विग्रह |
| अगम (उप्र एपीओ १९९७) | गम | अदोष (बिहार पीसीएस २००२,२००७) | सदोष |
| अत्यन्त (उप्र पीसीएस २००४) | अनत्यन्त | अटल (बिहार पीसीएस २००२,२००७) | चञ्चल |
| अनन्त (उप्र पीसीएस १९९९) | अन्त | अर्पित (उप्र पीसीएस २०१०) | ग्रहित |
| अपेक्षा (उप्र पीसीएस १९९४) | उपेक्षा | असली (उप्र पीसीएस २०१२) | नकली |
| अमीर (आईएएस १९९०) | ग़रीब | आकर्षण (बिहार पीसीएस प्रथम क्षेत्रीय सप्तम चरण परीक्षा २००२; उप्र पीसीएस १९९४,१९९८) | विकर्षण |
| अनुरक्त (अवर अभियन्ता सिंचाई विभाग परीक्षा १९९८; उप्र बीएड् प्रवेश-परीक्षा २००७) | विरक्त | आय | व्यय |
| अभिज्ञ (उप्र पीसीएस २००२) | अनभिज्ञ | आकाश (मप्र पीसीएस १९९२,१९९८,१९९९; आईएएस २००१; उप्र पीसीएस १९९७) | पाताल |
| अभिशाप (उप्र पीसीएस २००९) | वरदान | आगामी (उप्र पीसीएस २००३,२००८) | विगत |
| अवर (उप्र पीसीएस २००३) | प्रवर | आबाल | वृद्ध |
| अल्पज्ञ (उप्र पीसीएस २००३) | बहुज्ञ | आग्रह (आईएएस १९९४,२००९) | दुराग्रह |
| अनुराग (बिहार पीसीएस १९९५; उप्र पीसीएस २०००,२००५) | विराग | आर्द्र (उप्र पीसीएस २००१) | अनार्द्र |
| अल्पसंख्यक (प्रथम क्षेत्रीय कार्यालय सप्तम चरण परीक्षा २००२,२००५) | बहुसंख्यक | आरोहण | अवरोहण |
| | | आहूत (उप्र पीसीएस २००३) | अनाहूत |

| शब्द | विपरीत |
|---|---|
| आरोह | अवरोह |
| आशा | निराशा |
| (उप्र पीसीएस २००२) | |
| आविर्भाव | तिरोभाव |
| (बिहार पीसीएस २००२) | |
| आलोक | अन्धकार |
| (बिहार पीसीएस २००२) | |
| आस्था | अनास्था |
| (बिहार पीसीएस १९९५; कार्यालय सप्तम चरण परीक्षा २००२) | |
| औपचारिक | अनौपचारिक |
| (आईएएस १९९४) | |
| उत्थान | पतन |
| (उप्र पीसीएस १९९७) | |
| उर्वर | अनुर्वर |
| (उप्र पीसीएस २००३) | |
| उपसर्ग | प्रत्यय |
| उपादेय | अनुपादेय |
| (उप्र पीसीएस २००९) | |
| उत्कृष्ट | निकृष्ट |
| (बिहार पीसीएस १९९५; कार्यालय सप्तम चरण परीक्षा २००२; बिहार पीसीएस २००२) | |
| उत्कर्ष | अपकर्ष |
| (उप्र पीसीएस २००६) | |
| उदयाचल | अस्ताचल |
| (उप्र पीसीएस २००६) | |
| उत्तरायण | दक्षिणायण |
| (उप्र पीसीएस २००६) | |
| ऋजु | वक्र |
| (आईएएस २००२; आरएएस २००३,२००७) | |
| ऋणात्मक | धनात्मक |
| (बिहार पीसीएस प्रथम क्षेत्रीय कार्यालय सप्तम चरण परीक्षा २००२; उप्र पीसीएस २०००) | |
| कर्म | अकर्म |

| शब्द | विपरीत |
|---|---|
| कनिष्ठ | वरिष्ठ |
| (उप्र पीसीएस १९९८,२००६; आरएएस २००५) | |
| कल्पित | वास्तविक |
| कलुष | निष्कलुष |
| (उप्र पीसीएस २००३) | |
| कुपात्र | सुपात्र |
| कीर्ति | अपकीर्ति |
| (उप्र पीसीएस १९९६) | |
| कृपा | अकृपा |
| (उप्र पीसीएस १९९८) | |
| कृत्रिम | स्वाभाविक |
| (उप्र पीसीएस २०००,२००३; उप्र बीएड् प्रवेश-परीक्षा २००७) | |
| क्षणिक | शाश्वत |
| (उप्र पीसीएस २००१) | |
| ग्राह्य | अग्राह्य |
| (उप्र पीसीएस २००६) | |
| गुरु | शिष्य |
| (मप्र पीसीएस २००१; उप्र पीसीएस २००३) | |
| गृहस्थ | ब्रह्मचर्य |
| (बिहार पीसीएस २००५) | |
| घात | प्रतिघात |
| (उप्र पीसीएस २००२) | |
| चिरन्तन | नश्वर |
| (बिहार पीसीएस २००४; प्रथम क्षेत्रीय कार्यालय सप्तम चरण परीक्षा २००२,२००३,२००६) | |
| चुस्त | ढीला |
| (उप्र पीसीएस २००९) | |
| जय | पराजय. |
| जटिल | सरल |
| (बिहार पीसीएस २००२) | |
| जागृति | सुषुप्ति |
| (बिहार पीसीएस १९९३) | |
| दीर्घ | ह्रस्व |
| (उप्र पीसीएस २००३) | |

| शब्द | विपरीत | शब्द | विपरीत |
|---|---|---|---|
| दुर्गम | सुगम | राग | द्वेष |
| (उप्र पीसीएस २००४) | | (मप्र पीसीएस २००७) | |
| धनी | निर्धन | राजा | रंक |
| धर्म | अधर्म | (आईएएस २००८) | |
| नर | नारी | राजतन्त्र | लोकतन्त्र |
| नश्वर | अनश्वर | (अवर अभियन्ता सिंचाई विभाग परीक्षा | |
| (उप्र पीसीएस २००३) | | २००२,२००४,२००७) | |
| निन्दा | प्रशंसा | राष्ट्रप्रेम | राष्ट्रद्रोह |
| (मप्र पीसीएस १९८५) | | (आईएएस २००७) | |
| निषिद्ध | विहित | लाभ | हानि |
| (प्रथम क्षेत्रीय कार्यालय सप्तम चरण परीक्षा | | लौकिक | पारलौकिक |
| २००२) | | (आईएएस २००१,२००५) | |
| न्याय | अन्याय | वरदान | अभिशाप |
| परमार्थ | स्वार्थ | (आईएएस १९९४,२००३) | |
| (उप्र पीसीएस २००९) | | विशेष | सामान्य |
| प्रत्यक्ष | परोक्ष | (उप्र पीसीएस १९९२,१९९७) | |
| (उप्र पीसीएस २००४) | | विषम | सम |
| प्रवृत्ति | निवृत्ति | विस्तृत | संक्षिप्त |
| (बिहार पीसीएस १९९५) | | (उप्र पीसीएस १९९६,२०००) | |
| प्रकृति | पुरुष | शुभ | अशुभ |
| (बिहार पीसीएस १९९५) | | (आईएएस २००१) | |
| भूषण | कुभूषण | संकल्प | विकल्प |
| (आईएएस १९९४) | | (उप्र पीसीएस २००२) | |
| बहुमत | अल्पमत | संकीर्ण | विस्तीर्ण |
| (आईएएस २००५) | | (उप्र पीसीएस १९९६) | |
| भाव | अभाव | संघटित | असंघटित |
| (उप्र पीसीएस २००७) | | (आईएएस १९९४) | |
| मरना | जीना | संघटन | विघटन |
| महात्मा | तुच्छात्मा | (उप्र पीसीएस २००२) | |
| (उप्र पीसीएस २००८) | | संयोग | वियोग |
| मान | अपमान | (उप्र पीसीएस १९९८,२००९) | |
| (आईएएस २०००) | | सन्त | असन्त |
| मूक | वाचाल | सर्जन | ध्वंस |
| (उप्र पीसीएस २००४) | | (उप्र पीसीएस २००५) | |
| यश | अपयश | सत्याग्रह | असत्याग्रह |
| युद्ध | शान्ति | (उप्र पीसीएस २००२) | |
| (आईएएस २००६) | | सदाचार | दुराचार |
| पूजा | अपूजा | (उप्र पीसीएस २००४) | |

| शब्द | विपरीत |
|---|---|
| सरल | कुटिल |
| (आईएएस २००१,२००४,२००९; उ०प्र० पीसीएस २०००; बिहार पी०सी०सी० २००६,२००८) | |
| समास | विग्रह |
| (उप्र पीसीएस १९९४,१९९९,२००३) | |
| सहयोगी | विरोधी |
| (उप्र पीसीएस २००१) | |
| सार्थक | निरर्थक |
| (आईएएस २००७) | |
| सामान्य | असामान्य |
| (उप्र एपीओ १९९४) (आईएएस २००५) | |
| सन्धि | विच्छेद |
| (मप्र पीसीएस २००७) | |
| सुमति | कुमति |
| (उप्र पीसीएस २००९) | |
| व्यष्टि | समष्टि |
| (उप्र पीसीएस २००५) | |
| विज्ञ | अविज्ञ |
| (उप्र पीसीएस २००८) | |
| विषाद | हर्ष |
| (बिहार पीसीएस १९९५) | |
| वैभव | दारिद्र्य |
| (उप्र पीसीएस २००९) | |
| स्वर्ग | नरक |
| (आईएएस २००३) | |
| स्वकीय | परकीय |
| (आईएएस २०००) | |
| स्थावर | जंगम |
| (आईएएस १९९९; उप्र एपीओ २००१,२००५,२००९; उप्र पीएससी २००९) | |
| स्थिर | अस्थिर |
| (उप्र पीसीएस २००९) | |
| स्वर | व्यञ्जन |
| (आईएएस १९९२,१९९६) | |
| स्वकीया | परकीया |
| (बी०पी०सी०प्रथम क्षेत्रीय कार्यालय सप्तम चरण परीक्षा २००२; बी०पी०एस०सी० १९९५,२००५) | |
| स्वागत | तिरस्कार |
| (उप्र पीसीएस २००४) | |
| स्मरण | विस्मरण |
| (उप्र पीसीएस २००८) | |
| स्थूल | सूक्ष्म |
| (उप्र पीसीएस १९९८) | |
| हर्ष | विषाद |
| (मप्र पीसीएस २००५,२००८; आईएएस २००१,२००५; उप्र पीसीएस २०००,२००४; बिहार पीसीएस २००८; अवर अभियन्ता सिंचाई विभाग परीक्षा १९९८; समूह 'ग' परीक्षा २००१, २००९) | |
| हार | जीत |
| (आईएएस २००४) | |
| ह्रास | विकास |
| (उप्र पीसीएस २००९) | |

## एकसाथ प्रयुक्त होनेवाले भिन्नार्थक और समानार्थी शब्द

जीवन, जगत्, प्रकृति आदि की दो विरोधी प्रवृत्तियों को व्यक्त करने के लिए कुछ भिन्नार्थक शब्द एक साथ प्रयुक्त किये जाते हैं। देखने में वे एक-दूसरे के विरोधी लगते हैं किन्तु उनका प्रयोग विरोध प्रकट करने के लिए नहीं वरन् सह-अस्तित्व प्रकट करने के लिए किया जाता है। ऐसे शब्दों की संख्या सीमित ही है। आपके समझने के लिए नीचे कुछ शब्द दिये गये हैं :—

अपना-पराया, आदि-अन्त, अमीर-ग़रीब, आना-जाना, आयात-निर्यात, लेन-देन,

आशा-निराशा, आगे-पीछे, आय-व्यय, उचित-अनुचित, उत्थान-पतन, ऊँचा-नीचा, उठना-बैठना, क्रय-विक्रय, खाद्य-अखाद्य, जय-पराजय, छोटा-बड़ा, धनी-निर्धन, दिन-रात, नर-मादा, नया-पुराना, मान-अपमान, राजा-रंक, लाभ-हानि, सन्त-असन्त, दु:ख-सुख, स्त्री-पुरुष, हर्ष-विषाद आदि।

इनमें से प्रत्येक का प्रयोग अलग-अलग भी होता है किन्तु कभी-कभी अवसर के अनुकूल ये अपने इसी युग्म के साथ भी प्रयुक्त होते हैं।

## एकसाथ प्रयुक्त होनेवाले समानार्थी शब्द

हिन्दी में कुछ ऐसे समानार्थी शब्द भी हैं, जो कभी-कभी साथ-साथ प्रयुक्त होते हैं। इनसे अर्थ में एक वैशिष्ट्य आ जाता है। इस प्रकार के शब्दों की संख्या भी अधिक नहीं है :—

| | | |
|---|---|---|
| आगे-आगे | गरम-गरम | लड़ाई-झगड़ा |
| आनन्द-ख़ुशी | छीना-झपटी | ठण्ढा-वण्ढा |
| आमोद-प्रमोद | जोड़-तोड़ | बाल-बच्चा |
| छोटा-मोटा | घास-पात | बन्धु-बान्धव |
| उछल-कूद | धर-पकड़ | भाग-दौड़ |
| काम-काज | टाल-मटोल | धीरे-धीरे |
| कथा-कहानी | मान-मर्यादा | कभी-कभी |
| खान-पान | मार-पीट | रोना-धोना |
| दौड़-धूप | मेल-जोल | शाक-भाजी |
| धन-धान्य | छान-बीन | ठीक-ठाक |
| लूट-मार | चाल-ढाल | देख-भाल |
| घिसा-पिटा | आमने-सामने | मोटा-तगड़ा |
| सीधा-सादा | साँठ-गाँठ | हार-जीत |

## देशज् शब्द

देशज् उन शब्दों को कहा जाता है, जिनकी व्युत्पत्ति अज्ञात है तथा जो हिन्दी के जीवन-काल में लोक-व्यवहार में अज्ञात, सहसा अथवा किसी ध्वनि के अनुकरण के आधार पर निर्मित हो गये हैं। ये शब्द प्राकृत और संस्कृत-साहित्य में अप्रयुक्त हैं तथा आस्टिक, द्रविड़ आदि अनार्य-भाषाओं से गृहीत हो सकते हैं। 'हिन्दी में देशज् शब्द' शीर्षक से अपने शोध-प्रबन्ध में डॉ० पूर्ण सिंह डबास ने ऐसे १,१६७ शब्दों की सूची प्रस्तुत की है, जिनकी व्युत्पत्ति अज्ञात है। उनमें से कुछ शब्द सम्पादित रूप में यहाँ उद्धृत किये गये हैं :—

अंगड़-खंखड़, अंट-शंट, अक्खड़, अचकचाना, अचानक, अटपटा, अलबेला, अल्लम-गल्लम, आहट, इठलाना, उमंग, ऊटपटांग, ऊलजलूल, ओझल, ओढर, औचक, कंजर, कचारना, कचोटना, कटकना, कनकना, कनटक, करार, कराहना, किचर-पिचर, कीनर-मीनर, किलकिल, किलबिलाना, कुचुकचा, कुरकुरी, कूड़ा, कोंपर, कौंधना, कौरा, खटना, खद्दर, खनक-खनक, खर्रा, खुरदरा, खुर्राट, खूँटी, खूसट, खोखला, गद्दा, गरेरी, गली, गिड़गिड़ाना, गिरगिट, बिलबिलाना, गुदड़ी, गुप-चुप, गेंदा, गोंद, घमण्ड, घुमड़ना, घेंघा, घोंसला, चकमा, चकल्लस, चट्टान, चप्पल,

चराना, चिड़चिड़ा, चिन्दी, चींटी, चुड़ैल, चुनमुनाना, चुनरी, चुहल, चौका, छलाँग, छीछालेदर, जुगनू, झंझट, झकझोरना, झक्की, झरोखा, झिझक, झिड़की, झुमका, टटोलना, टपरा, टाप, टीमटाम, टुकुर-मुकुर, टेसु, ठर्रा, ठूँसना, ठेस, डग, डहर, डाबर, डेरा, ढकोसला, ढिबरी, ढोर, ताँगा, तितर-बितर, थोथा, धब्बा, धमकाना, धाक, पचड़ा, फंदा, फफूँद, बकबक, बकर-बकर, बजबज, बहकाना, बिलबिलाना, बीहड़, बोरी, बौखलाना, बौड़म, भटकना, भौचक्का, मचलना, मसकना, माँद, मिचलना, रगड़ना, रेवड़ी, लचर, लट्टू, लथपथ, लथेड़ना, लसर-पसर, सकपकाना, सिलवट, सिट्टी-पिट्टी, हक्का-बक्का, हड़बड़, हेकड़ी आदि।

## विदेशज् शब्द

हिन्दी में बहुत बड़ी संख्या में विदेशी भाषाओं के शब्दों का भी समावेश हो गया है। ऐसे शब्दों की संख्या लगभग ६,००० बतायी गयी है। यहाँ विद्यार्थियों की जानकारी के लिए अरबी, फ़ारसी, तुर्की, पश्तो, अँगरेज़ी, पुर्तगाली आदि भाषाओं के कुछ ऐसे प्रमुख शब्द दिये गये हैं, जो अब हिन्दी की शब्द-राशि में घुल-मिल गये हैं :—

(अ) **अरबी-शब्द**

| | | | | | |
|---|---|---|---|---|---|
| अदा | अजब | अमीर | अदावत | अक़्ल | असर |
| अहमक़ | अल्लाह | आसार | आख़िर | आदमी | आदत |
| इनाम | इज़्ज़त | इमारत | इस्तीफ़ा | इलाज | ईमान |
| उम्दा | उम्र | एहसान | औरत | औलाद | क़ुसूर |
| क़दम | क़ब्र | क़सर | कमाल | क़र्ज़ | क़िस्सा |
| क़िस्मत | क़िला | क़सम | क़ीमत | कसरत | कुर्सी |
| किताब | क़ायदा | ख़बर | ख़त्म | ख़त | ख़राब |
| ख़ुतूत | ख़याल | ग़रीब | जुलूस | जिस्म | जलसा |
| जनाब | जवाहर | जवाब | जहाज़ | जालिम | ज़िक्र |
| तमाम | तकाज़ा | तक़दीर | रियाज़ | तक़िया | तमाशा |
| तरफ़ | तरक़्क़ी | तजुरबा | तादाद | दाख़िल | दिमाग़ |
| दवा | दावा | दावत | दफ़्तर | दग़ा | दाग़ |
| दुआ | दुजा | दिक | दुनिया | दौलत | दीन |
| नतीजा | नशा | नक़द | नक़्श | नहर | नाल |
| फ़क़ीर | फ़िक्र | फ़ायदा | बहस | बाक़ी | मुहावरा |
| मदद | मरजी | माल | मिसाल | मजबूर | मालूम |
| मामूली | मुल्क | मल्लाह | मौसम | मौक़ा | मुसाफ़िर |
| मशहूर | मतलब | मानी | राय | लिहाज | लिफाफ़ा |
| लायक़ | वकील | शराब | हिम्मत | हैजा | हिसाब |
| हरामी | हद | हक़ | हुक़्म | हाल | हाकिम |
| हमला | हवालात | हौसला | हाज़िर | हिस्सा | हिरासत |

(आ) **फ़ारसी-शब्द**

| | | | | | |
|---|---|---|---|---|---|
| अफ़सोस | आबदार | आतिशबाज़ी | अदा | आमदनी | आवार |
| औलिया | अंजीर | अनार | अंगूर | आईना | आफ़त |

| | | | | | |
|---|---|---|---|---|---|
| आवाज़ | आइन्दा | उम्मीद | इत्र | ईमानदार | कबूतर |
| कुश्ती | किशमिश | किनारा | ख़ामोश | खरगोश | ख़ुश |
| गर्द | गल्ला | गोला | गवाह | गिरफ़्तार | गरम |
| गिरह | गुलाब | गोश्त | चश्मा | चाबुक | चादर |
| चालाक | चिराग़ | चेहरा | जंग | ज़हर | ज़िन्दगी |
| जादू | जागीर | जुरमाना | जोश | तरकश | तमाशा |
| तेज़ | तनख़्वाह | ताज़ा | दीवार | देहान्त | दुकान |
| दंगल | दिल | दवा | नापसन्द | नापाक | नौजवान |
| पाजामा | पाक | परदा | परहेज | परवाह | पलंग |
| पैदावार | पुल | पेशा | पैमान | बहर | बेहूदा |
| बीमार | बेरहम | मलाई | मादा | मरहम | मुर्दा |
| मुफ़्त | मोर्चा | मुर्ग़ा | रंग | रोगन | लश्कर |
| लगाम | वर्ना | वापस | शादी | शोर | सरदार |
| सितारा | सरकार | सौदागर | हफ़्ता | हज़ार | हुक्मरानी |

(इ) **तुर्की-शब्द**

| | | | | | |
|---|---|---|---|---|---|
| आगा | आका | उजबक | उर्दू | कालीन | क़ाबू |
| कैंची | कुली | कुर्की | चिक | चमचा | चेचक |
| चारपाई | चाक़ू | चुगल | चोगा | चकमक | जाजिम |
| तोप | तुरुक | तमगा | तलाश | बेग़म | बहादुर |
| बुलबुल | बीवी | दरोगा | लफंगा | लाश | मुग़ल |

(ई) **पश्तो-शब्द**

| | | | | | |
|---|---|---|---|---|---|
| अखरोट | अटकल | गड़बड़ | गुण्डा | जमालगोटा | भड़ास |
| नगाड़ा | पठान | पटाखा | मटरगश्ती | रुहेला | लुच्चा |

१००० ई० के आसपास पंजाब पर तुर्की ने अपना अधिकार कर लिया था। उसी समय से हिन्दीभाषी क्षेत्रों पर तुर्की का प्रभाव पड़ने लगा था। इसके बाद मुग़लों के आक्रमण और उनका शासन प्रारम्भ हुआ, जिससे फ़ारसी, अरबी आदि के शब्द भी हिन्दी में मिलने लगे। हिन्दी में अरबी-फ़ारसी शब्दों की संख्या सर्वाधिक है। तुर्की, पश्तो आदि के शब्द इसी भाषा के माध्यम से हिन्दी में प्रविष्ट हुए।

## अँगरेज़ी-शब्द

सत्रहवीं शताब्दी के आसपास भारत के पश्चिमी तट पर पुर्तगालियों का आगमन हुआ था। अट्ठारहवीं शताब्दी में पुर्तगाल, फ्रांस तथा इंग्लैण्ड— इन तीनों ने भारत पर अपना अधिकार करने के लिए संघर्ष किया और उन्नीसवीं शताब्दी में भारत अँगरेज़ों का उपनिवेश ही बन गया, फलत: इन तीनों भाषाओं के शब्द भी हिन्दी में प्रचुर मात्रा में आ गये। अँगरेज़ी विश्व की एक समृद्ध भाषा है और आज भी भारत में उसका वर्चस्व बना हुआ है अत: इस भाषा के सर्वाधिक शब्दों का प्रयोग हिन्दी में होने लगा है। अनेक शब्द तो ऐसे हैं, जिनके हिन्दी में पर्याय तक नहीं हैं और वे अब यथावत् रूप में प्रयुक्त हो रहे हैं। बहुत सारे शब्द ऐसे हैं, जिनका तद्भव-रूप हिन्दी में प्रयुक्त हो रहा

है। हिन्दी में अँगरेज़ी के प्रयुक्त होनेवाले शब्दों की संख्या ३,००० से अधिक है। यहाँ कुछ अतिशय प्रचलित अँगरेज़ी के शब्द दिये गये हैं :—

| | | | | | |
|---|---|---|---|---|---|
| अगस्त | अप्रैल | अक्तूबर | अपील | ऑफिसर | अर्डली |
| इंच | इंजिन | इंजीनियर | इनकमटैक्स | इनक्रीमेण्ट | एडवांस |
| एजेण्ट | कम्पनी | कमीशन | कमिश्नर | कॉलेज | पंक्चर |
| स्कूल | स्टेशन | मोटर | कैलेण्डर | कमेटी | काँग्रेस |
| कॉपी | कॉलर | स्कूटर | साइकिल | बस | टैक्सी |
| कार | टेबल | इंजेक्शन | डॉक्टर | थर्मामीटर | मलेरिया |
| जज | डिग्री | जेलर | टिकट | टेनिस | डायरी |
| मास्टर | ड्राइवर | दिसम्बर | नर्स | नम्बर | पॉकेट |
| पार्क | पार्टी | पार्सल | पेन्सिल | पेट्रोल | प्लेग |
| पुलिस | प्रेस | फैक्टरी | मनीऑर्डर | फ़ीस | फुट |
| फ़ोटो | बटन | बिल | लॉटरी | मई | मैनेजर |
| रसीद | रिपोर्ट | रजिस्ट्री | टेरिलिन | लालटेन | साइंस |
| सर्विस | होटल | कोट | क्रिकेट | हॉकी | कर्नल |
| मेजर | क्रीम | पॉवडर | प्लेट | पेन | डक |
| कार्ड | चेक | गिलास | स्लेट | पम्प | ट्यूब |
| मशीन | रेडिओ | सिगरेट | अप | मीटर | लिटर |
| नट | बोल्ट | क्लास | बैटरी | डाउन | बिस्किट |
| टॉफ़ी | टोस्ट | ब्रेक | चॉकलेट | बोनस | सैलरी |

## पुर्तगाली (पुर्तगीज) शब्द

पुर्तगाली (पुर्तगीज) शब्द निम्नलिखित है :—

अनानास, अचार, आलमारी, आल्पीन, कमीज, काजू, कनस्तर, सागौन, कमरा, गमला, गोदाम, चाबी, तम्बाकू, नीलम, परात, पावरोटी, पादरी, पिस्तौल, फीता, बाल्टी, सन्तरा, इस्पात, इस्तिरी, फर्मा, मस्तूल, मेज, कोको, पपीता, गोभी, तौलिया, लबादा आदि।

- **रोमन**–अँगरेज़ी महीनों के नाम— फरवरी, जुलाई, दिसम्बर
- **फ्रांसीसी**–अँगरेज़ी, कूपन, कारतूस
- **डच**–तुरुप, बम, ड्रिल, स्काउट
- **जर्मन**–किण्डरगार्टन, ब्लिट्ज़, नात्सी
- **चीनी**–चाय, लीची, पटाखा, तूफ़ान
- **जापानी**–रिक्सा
- **अफ्रीकी**–वेंजो
- **लैटिन**–इंच, एजेण्डा, कोटा, कोरम, जनवरी, अक्तूबर, नवम्बर, पेंशन, मशाल, स्कूल, इस्पताल, रेडिओ, राशन
- **ब्राज़ील**–तम्बाकू
- **मैक्सिको**–टमाटर, कोको
- **यूनान**–ज्योतिष का होड़ा-चक्र, ऐकेडेमी, ऐटम, एटलस, बाइबिल, टेलीफ़ोन, टेलीग्राफ़

## अन्य भारतीय भाषाओं-उपभाषाओं के शब्द

हिन्दी में कुछ अन्य भारतीय भाषाओं से भी शब्द आये हैं जो नीचे दिये गये हैं :—

**मुण्डा–** कौड़ी

**द्रविड़–** बिल्ला, मीन, नीर

**मराठी–** चलतू, टिकाऊ

**बाँग्ला–** गल्प, उपन्यास।

## संकर (मिश्रित) शब्द

हिन्दी में ऐसे भी शब्द हैं, जो दो भाषाओं के शब्दों के मेल से बन गये हैं; नीचे देखें :—

१- **संस्कृत और हिन्दी के शब्दों के मेल से निर्मित–** उप-बोली, भोजन-गाड़ी, रात्रि-उड़ान आदि।

२- **संस्कृत और फ़ारसी के शब्दों के मेल से निर्मित–** विज्ञापनबाज़ी, छायादार, लोकशाही आदि।

३- **फ़ारसी और हिन्दी-भाषा के शब्दों के मेल से निर्मित–** कमर-पट्टी, ख़रीदना, जेब-कट, बेडौल आदि।

४- **अरबी और हिन्दी–** अख़बारवाला, अजायबघर, आम चुनाव, हवा-चक्की, मालगाड़ी, किताबघर, कलम-चोर आदि।

५- **तुर्की और हिन्दी–** तोप-गाड़ी, तोप-तलवार आदि।

६- **अरबी और फ़ारसी–** अक़्लमन्द, गोताख़ोर, तहसीलदार, फ़जूल-ख़र्च आदि।

७- **हिन्दी और फ़ारसी–** कटोरदान, चमकदार, मसालेदार, किरायेदार, छापाख़ाना, थानेदार, पंचायतनामा आदि।

८- **अँगरेज़ी और हिन्दी–** टिकट-घर, डबल रोटी, रेलगाड़ी, अलार्म-घड़ी, सिनेमा-घर, रेलवे-भाड़ा, पुलिस-चौकी, डाक-घर आदि।

९- **हिन्दी और अँगरेज़ी–** कपड़ा-मिल, जाँच-कमीशन, लाठी-चार्ज आदि।

१०- **अँगरेज़ी और फ़ारसी–** जेलख़ाना, सील-बन्द आदि।

११- **अँगरेज़ी और संस्कृत–** ऑफिस-कर्मचारी, टैंकयुद्ध, मशीनीकरण, रेल-विभाग, फ़िल्म-उत्सव आदि।

१२- **अँगरेज़ी और अरबी–** पॉकेट-ख़र्च, सिनेमा-शौकीन, सिविल नाफ़रमानी आदि।

## अस्तित्व में आये नये शब्द

सामाजिक, सांस्कृतिक, वैज्ञानिक, औद्योगिक, प्राशासनिक आदि क्षेत्रों में प्रगति होने तथा हिन्दी को राष्ट्रभाषा के पद पर प्रतिष्ठित करने के कारण हिन्दी में हज़ारों नये शब्दों का भी निर्माण किया गया है और आवश्यकतानुसार अभी नये शब्द बनाये जा रहे हैं। ऐसे सभी शब्दों का मूलाधार संस्कृत-भाषा ही रही है। यहाँ उदाहरण स्वरूप कुछ ऐसे ही नवनिर्मित शब्द प्रस्तुत हैं :—

प्रजातन्त्र, लोकतन्त्र, समाजवाद, अन्तर्राष्ट्रीय, राज्यपाल, आयुक्त, उपनिवेशवाद, विधानसभा, लोकसभा, विधानपरिषद्, तकनीक, राष्ट्रीयकरण आदि।

कुछ शब्द अँगरेज़ी-शब्दों की मूल ध्वनि को संरक्षित रखते हुए भी गठित किये गये हैं; यथा— कामदी, त्रासदी, अकादमी आदि। रिपोर्टिंग को 'रिपोर्ताज', 'रपट' लिखना और कहना, मैं अत्यन्त विकृत मानसिकता का परिचायक मानता हूँ।

## हिन्दी के ध्वन्यात्मक शब्द

अरर, आँय-बाँय-शाँय, आउ-बाऊ, इह, उई, कचपचिया, कचर-कचर, कतर-कतर, किचकिचाना, कीं-कीं, किकियाहट, कोको, क्वाक-क्वाक, खच्चाक्, खड़बड़, खदबदाना, खिलखिलाना, खुस-खुस, गप-गप, गिटपिट, गों-गों, घच्च-घच्च, घुस-घुस, चबर-चबर, चिबचिब, चिपकना, चुचकारना, चुमकी, चूँ-चरा, छपाक्-छपाक्, छरर-छरर, छोंकना, झमक, झमझम, टप-टप, टपर-टपर, टें-टें, ठसक, ठहाका, ठाँय-ठाँय, ठोंकर, डकार, डुग-डुग, डुबकी, तत्तथेई, तुतराना, थपथपाना, थाप, थेई-थेई, द्रिगि-द्रिगि, घुक्मक, घुक्की, धत्-धत्, धाँय-धाँय, धू-धू, घू-घू, पिउ-पिउ, पोंगी, फक्-फक्, फसर-फसर, फुसुर-फुसुर, फिसफिसाना, बुदुर-बुदुर, भक्-भक्, मकर-मकर, भभकना, भस्स, भों-भों, म्याऊँ, रहझम, रिरियाना, रुनझुम, लप-लप, लपर-लपर, शिः, सटाक्-सटाक्, सड़-सड़, सनसनी, सरमर, साँय-साँय, हत्त, हनहनाना, हाँफना, हिलकी, हुक-हुक, हुल्लड़, आदि।

इन शब्दों का निर्माण वस्तु, प्राणी आदि के द्वारा उत्पन्न ध्वनियों के अनुकरण पर किया गया है। ये विशेष ध्वनियाँ विशेष संज्ञाओं के साथ ही प्रयुक्त होती हैं, जिन्हें ध्यान में रखना आवश्यक है अन्यथा उनके भाषिक प्रयोग में अशुद्धि हो जाती है। इस सन्दर्भ में भी नीचे एक युग्मसूची प्रस्तुत की गयी है :—

### पशु-पक्षियों तथा वस्तुओं की विशेष ध्वनि-क्रियाएँ

| | | | |
|---|---|---|---|
| **ऊँट** | बलबलाता है। | **झींगुर** | झंकारता है। |
| **कपड़ा** | फड़फड़ाता है। | **पपीहा** | पी-पी करता है। |
| **कौआ** | काँव-काँव करता है। | **भौंरा** | गुनगुनाता है। |
| **कुत्ता** | भौंकता है। | **मक्खियाँ** | भिनभिनाती हैं। |
| **कोयल** | कूकती है। | **तोता** | टें-टें करता है। |
| **गाय** | रँभाती है। | **मुर्ग़ा** | बाँग देता है। |
| **गधा** | रेंकता है। | **सियार** | हुआँ-हुआँ करता है। |
| **घोड़ा** | हिनहिनाता है। | **हाथी** | चिंग्घाड़ता है। |
| **चिड़िया** | चहकती/चहचहाती है। | **उल्लू** | घुघुआता है। |
| **चूहा** | चें-चें करता है। | **मोर** | केकता है। |
| **मेंढक** | टर्र-टर्र करता है। | **मुर्ग़ी** | कुकड़ूँ-कूँ करती है। |
| **बन्दर** | हुप-हुप/खैं-खैं करता है। | **बाघ, शेर** | दहाड़ता या गुर्राता है। |
| **बकरी** | मिमियाती है। | **सर्प** | फुफकारता है। |
| **बतख** | क्वैक्-क्वैक् करती है। | **घड़ी** | टिक्-टिक् करती है। |
| **घण्टा** | टन् -टन् करता है। | **चूड़ी** | खनकती है। |
| **घण्टी** | ट्रिन्-ट्रिन् करती है। | **चिता** | चटचटाती है। |
| **बिजली** | कौंधती (कड़कती) है। | | |

| | | | |
|---|---|---|---|
| **पत्ता** | खड़कता है। | **कोयला** | दहकता है। |
| **हवा** | सनसनाती है। | **झरना** | कलकल करता है। |
| **दाँत** | कटकटाता है। | **लता** | लहलहाती है। |
| **सिक्का** | खनखनाता है। | **तूफ़ान** | हहराता है। |
| **दुकान, दीपक** | बढ़ते हैं। (दुकान बन्द नहीं होती।) | **पंख** | फड़फड़ाते हैं। |
| **नौका** | डगमगाती है। | | |
| **जूते** | चरमराते हैं। | **तारे** | जगमगाते हैं। |
| **तेल** | छनछनाता है। | **वायु** | सरसराती है। |
| **रेल** | धड़धड़ाती है। | **लू** | सनसनाती है। |
| **जीभ** | लपलपाती है। | **आग** | धू-धू करती है। |
| **आँखें** | चौंधियाती हैं। | **झण्डा** | फहराता या लहराता है। |
| **पलंग (खाट)** | चरमराता है। | **हंस** | चुगता है। |

## हिन्दी के प्रमुख समूहवाची शब्द

| | |
|---|---|
| **कक्षा** | छात्रों की |
| **क़ाफ़िला** | यात्रियों का, व्यवसायियों का |
| **कुंज** | लताओं का |
| **गट्ठर** | लकड़ियों का |
| **गठरी** | सामान की |
| **गिरोह** | डाकुओं का |
| **गुच्छा** | फूलों का, अंगूर का |
| **छत्ता** | मधुमक्खी का |
| **झुण्ड** | पशुओं और पक्षियों का |
| **टुकड़ी** | सेना की |
| **टोली** | व्यक्तियों, यात्रियों, छात्र-छात्राओं की |
| **ढेर** | निर्जीव वस्तुओं का |
| **दल** | छात्रों का, सैनिकों का, राजनीतिज्ञों का, घुड़सवारों का |
| **पुंज** | ताराओं का |
| **मण्डल** | प्रतिनिधियों का (प्रतिनिधिमण्डल, शिष्टमण्डल) |
| **मण्डली** | गायकों की, कलाकारों की, मित्रों की |
| **श्रेणी** | विभिन्न अधिकारियों-कर्मचारियों की पद के अनुसार |
| **संघ** | छात्रों, व्यक्तियों, दुकानदारों आदि का |
| **समाज** | व्यक्तियों या जातियों का |

❋❋❋

# १४. वाक्य-विश्लेषण : दृष्टि और सन्दर्भ

## परिभाषा

वाक्य शब्दों का वह समूह है, जिसके बोलने से पूरा-का-पूरा अर्थ स्पष्ट हो जाए। किसी वाक्य को कई भागों में इस प्रकार इस विचार से बाँटना कि प्रत्येक पद में पारस्परिक सम्बन्ध प्रकट हो, उसका विश्लेषण 'वाक्य-विश्लेषण' कहलाता है।

**वाक्य के भेद**–प्रत्येक वाक्य के दो मुख्य भेद होते हैं—उद्देश्य (Subject) और विधेय (Predicate); जैसे :—

| क्र०सं० | उद्देश्य | विधेय |
|---|---|---|
| १- | खिलाड़ी | खेलते हैं। |
| २- | प्रशिक्षक | प्रशिक्षण करता है। |
| ३- | आतंकवादी | प्रत्येक देश में फैले हुए हैं। |
| ४- | सचिन तेन्दुलकर ने | दोहरा शतक बनाते हुए एक अभूतपूर्व कीर्तिमान बनाया है। |

हम देखते हैं कि उद्देश्य कभी एक शब्द होता है; कभी कई शब्दों से मिलकर बनता है। इस प्रकार (वाक्य संख्या १) में उद्देश्य 'खिलाड़ी' एक शब्द है। चौथे वाक्य में यह कई शब्दों का समुदाय है, जिसमें केवल 'सचिन तेन्दुलकर' प्रधान शब्द है।

हम यह भी देखते हैं कि विधेय कभी तो एक शब्द होता है और कभी कई शब्दों का समूह होता है। इस प्रकार प्रथम वाक्य में विधेय 'खेलते हैं' केवल एक शब्द है।

जब किसी वाक्य का कर्ता कई शब्दों से बनता है, तब इसमें केवल एक शब्द अधिक काम का होता है। यह प्रधान शब्द सम्पूर्ण उद्देश्य-भाग में 'साधारण उद्देश्य' कहलाता है। इस प्रकार 'भूख के कारण वह व्यक्ति रो रहा था' वाक्य में 'वह व्यक्ति' साधारण उद्देश्य है। क्रिया के साथ 'कौन' अथवा 'किसने' लगाकर प्रश्न करने पर उत्तर 'उद्देश्य' होता है।

साधारण उद्देश्य या कर्ता शब्द सर्वदा संज्ञा, सर्वनाम विशेषण, क्रियार्थक संज्ञा या शब्द-समूह होता है, जो संज्ञा का काम करता है, जैसे :—

(१) **वर्षा** हो रही है।
(२) **कर्णिका** नृत्य कर रही है।
(३) **अभिमानी मनुष्य** कभी सुखी नहीं रहता।
(४) **उसने बार-बार कहने** में ही सन्देह पैदा कर दिया।
(५) **उनसे कैसे बात की जाय** समझ में नहीं आता।

ऊपर के वाक्यों में देखने से निम्नलिखित बातें स्पष्ट हो जाती हैं :—

**पहले वाक्य में** साधारण उद्देश्य संज्ञा है।
**दूसरे वाक्य में** साधारण उद्देश्य सर्वनाम है।
**तीसरे वाक्य में** साधारण उद्देश्य विशेषण है, जो संज्ञा की भाँति प्रयुक्त है।
**चौथे वाक्य में** साधारण उद्देश्य क्रियार्थक संज्ञा है।
**पाँचवें वाक्य में** साधारण वाक्य प्रयुक्त है।

जब समूचे उद्देश्य-भाग का निर्माण कई शब्दों से मिलकर होता है, तब कर्ता शब्द किसी एक विशेषण शब्द या शब्द-समूह से विशेषित होता है, जो विशेषण का काम करता है। यह कर्त्ता का विस्तार या उद्देश्यवर्द्धक कहलाता है; जैसे :—

(१) **सुन्दर फूल** अच्छे देख पड़ते हैं।

(२) **खेलते हुए बच्चे** कभी-कभी गिरते हैं।

(३) **कनिष्का** के पिता एक शिक्षक हैं।

(४) **सचिन, अंजली के पति,** मुम्बई के निवासी हैं।

(५) **मेरी अवधारणा** इससे साम्य रखती है।

(६) **मक्कारी से की गयी बातें** बुद्धिमानी नहीं सूचित करतीं।

ऊपर के वाक्यों से निम्नलिखित बातें स्पष्ट हो जाती हैं :—

**पहले वाक्य में** उद्देश्यवर्द्धक एक विशेषण है।

**दूसरे वाक्य में** उद्देश्यवर्द्धक असमाप्तिबोधक विशेषण है।

**तीसरे वाक्य में** उद्देश्यवर्द्धक सम्बन्ध-कारक की दशा में एक संज्ञा है।

**चौथे वाक्य में** उद्देश्यवर्द्धक समानाधिकरण[†] है।

**पाँचवें वाक्य में** उद्देश्यवर्द्धक सम्बन्धवाचक विशेषण है।

**छठे वाक्य में** उद्देश्यवर्द्धक का काम देता है।

हमने देखा है कि विधेय कभी तो एक शब्द का होता है; कभी कई शब्दों का समूह होता है।

जब विधेय केवल एक शब्द होता है तब वह शब्द सर्वदा क्रिया होता है क्योंकि बिना क्रिया के प्रयोग के हम कुछ भी नहीं कह सकते। (देखें वाक्य-संख्या १, २)। जब विधेय कई शब्दों से मिलकर बनता है, तब सबसे अधिक आवश्यक शब्द 'क्रियापद' होता है।

जिस प्रकार कर्ता-शब्द किसी विशेषण या शब्द-समूह से, जो विशेषण की भाँति प्रयुक्त है, विशेषित होता है, उसी प्रकार विधेय में क्रिया-शब्द किसी क्रिया-विशेषण या शब्द-समूह से विशेषित होता है। वह क्रिया-विशेषण का काम देता है, इसे ही वाक्य-विश्लेषण में 'क्रिया का विस्तार' कहा गया है; जैसे :—

(१) **खिलाड़ी** ने प्रत्येक स्थान पर खेल दिखाये।

(२) **कञ्जिका** कथक नृत्य करती है।

(३) **जिगीषा** वहाँ दौड़ने के लिए जाएगी।

(४) **रजत** जाकर घर में पढ़ रहा होगा।

(५) **फ़सल** नष्ट होने से पहले वर्षा होने लगी।

| **क्र०सं०** | **उद्देश्य** | **विधेय** | |
|---|---|---|---|
| | | **क्रिया** | **क्रिया का विस्तार** |
| १- | खिलाड़ी ने | खेल दिखाये। | प्रत्येक स्थान पर |
| २- | कञ्जिका | नृत्य करती है। | कथक |
| ३- | जिगीषा | जाएगी। | वहाँ दौड़ने के लिए |
| ४- | रजत | पढ़ रहा होगा। | जाकर घर में |
| ५- | वर्षा | होने लगी। | फ़सल नष्ट होने से पहले |

† समानाधिकरण वह विशेषण शब्द है, जिससे विशेष्य में कोई ख़ास गुण अथवा विशेषता उत्पन्न नहीं होती।

पिछले पृष्ठ पर दी गयी तालिका से स्पष्ट हो जाता है :—

वाक्य-संख्या १ में 'क्रिया का विस्तार', अधिकरण कारक की दशा में क्रिया-विशेषण के रूप में प्रयुक्त है।

वाक्य-संख्या २ में 'क्रिया का विस्तार' व्यक्तिवाचक संज्ञा है। वह स्थानवाचक क्रिया-विशेषण के रूप में प्रयुंक्त है।

वाक्य-संख्या ३ में 'दौड़ने के लिए', सम्प्रदान कारक में क्रिया-विशेषण के रूप में प्रयुक्त है।

वाक्य-संख्या ४ में पूर्वकालिक क्रिया, 'क्रिया का विस्तार' हो रहा है।

वाक्य-संख्या ५ में क्रिया का विस्तार दो शब्दों का समूह है, जो क्रिया-विशेषण के रूप में प्रयुक्त है।

क्रिया के साथ, कब, कहाँ, कितना, कैसा और क्यों लगाकर प्रश्न करने से उत्तर में विधेय का विस्तार होता है।

कभी-कभी विधेय-भाग में क्रिया अकर्मक होती है। इस कारण वह अर्थ प्रकट नहीं करती, इसीलिए उसे हम 'अपूर्ण अकर्मक क्रिया' कहते हैं। उसके अर्थ को पूर्णता प्रदान करने के लिए हम संज्ञा अथवा विशेषण के शब्दों का सहारा लेते हैं; जैसे :—

(१) वह थका-हरा जान पड़ता है।

हम यदि कहते हैं कि 'वह जान पड़ता है' तो इससे पूरा अर्थ नहीं प्रकट होता है। अकर्मक क्रिया 'जान पड़ता है' को ऐसे एक या कई शब्दों की आवश्यकता है, जो विधेय-भाग का अर्थ पूरा करें। इसे 'पूरक' कहते हैं।

अकर्मक क्रिया का पूरक कर्त्ता के विषय में कुछ बताता है, अत: उसे कर्ता (Subjective Complement) कहते हैं, जैसे :—

(१) अन्विता आत्मविह्वल है।

(२) मणिपुर भी एक राज्य है।

(३) वह विद्वान् जान पड़ता है।

(४) मेरी पुस्तकें प्रदर्शनी में लगी हैं।

(५) यह मिठाई खाने के लिए है।

(६) तुम अति प्रसन्न जान पड़ते हो।

(७) यह मेरी पुस्तक है।

| | उद्देश्य | | विधेय | |
|---|---|---|---|---|
| **क्र०सं०** | **कर्त्ता** | **विस्तार** | **क्रिया** | **पूरक** |
| १- | अन्विता | | है। | आत्मविह्वल |
| २- | मणिपुर भी | | है। | एक राज्य |
| ३- | वह | | जान पड़ता है। | विद्वान् |
| ४- | मेरी | पुस्तकें | लगी हैं। | प्रदर्शनी में |
| ५- | यह | मिठाई | है। | खाने के लिए |
| ६- | तुम | | जान पड़ते हो। | अतिप्रसन्न |
| ७- | मेरी पुस्तक | | है। | यह |

इन वाक्यों को देखने से जान पड़ता है कि :—
वाक्य-संख्या १, ३ और ६ में पूरक विशेषण है।
वाक्य-संख्या २ में पूरक संज्ञा है।
वाक्य-संख्या ५ में पूरक सम्प्रदान कारक है।
वाक्य-संख्या ६ में पूरक क्रिया-विशेषण है।
वाक्य-संख्या ७ में पूरक सर्वनाम है।

ऐसा बहुत कम देखा जाता है कि विधेय अंश में क्रिया सकर्मक होती है। वह बिना कर्म के अपना समूचा अर्थ प्रकट नहीं कर सकता; जैसे— हम यदि कहते हैं कि **ईशा करती है,** तो इससे पूरा अर्थ नहीं प्रकट होता है। 'करती है' क्रिया को एक कर्म की ज़रूरत है। पाठक जानना चाहता है कि ईशा **क्या** करती है? वाक्य में ईशा के बाद 'पूजा' जोड़ लेने से अर्थ स्पष्ट हो जाता है।

नीचे दिये गये वाक्यों में विधेय भागों पर ध्यान दीजिए :—
(१) भाव्या व्यंग्य-चित्र बनाती है।
(२) अंकित पत्र लिखता है।
(३) कौए ने उड़ना चाहा।
(४) घबराये हुए चोर ने छत से कूदने की कोशिश की।
(५) वह मुझे जानती है।
(६) बड़ी मछली छोटी मछली को खाती है।

| **क्र०सं०** | **कर्त्ता** | **विस्तार** | **क्रिया** | **पूरक** |
|---|---|---|---|---|
| १- | भाव्या | | बनाती है। | व्यंग्य-चित्र |
| २- | अंकित | | लिखता है। | पत्र |
| ३- | कौए ने | | चाहा। | उड़ना |
| ४- | घबराये हुए चोर ने | छत से | कोशिश की। | कूदने की |
| ५- | वह | | जानती है। | मुझे |
| ६- | बड़ी मछली | | खाती है। | छोटी मछली को |

उपर्युक्त वाक्यों को देखने से निम्नलिखित बातें स्पष्ट हो जाती हैं :—
वाक्य-सं० १ में कर्म संज्ञा है।
वाक्य-सं० २ में कर्म संज्ञा है।
वाक्य-सं० ३ में क्रियार्थक संज्ञा है।
वाक्य-सं० ४ में कर्म शब्द-समूह है।
वाक्य-सं० ५ में कर्म सर्वनाम है।
वाक्य-सं० ६ में कर्म विशेषण है, जो संज्ञा की भाँति प्रयुक्त है।
क्रिया के साथ 'क्या' अथवा 'किसको' का प्रश्न करने पर उत्तर में 'कर्म' होता है।
कर्त्ता की भाँति कर्म का भी विस्तार होता है; जैसे :—
(१) वह गम्भीर लेखन करता है।

| **कर्त्ता** | **क्रिया** | **कर्म** | **कर्म का विस्तार** |
|---|---|---|---|
| वह | करता है। | लेखन | गम्भीर |

कर्त्ता, कर्म अथवा पूरक में कितना, किसका और कैसा लगाकर प्रश्न करने से उत्तर में इसका विस्तार प्राप्त होता है। हाँ, कभी-कभी विधेय-भाग में क्रिया का निर्माण द्विकर्मक धातु से होता है। उसके दो कर्म होते हैं। हम यदि कहते हैं— मुख्य अतिथि ने पारितोषिक दिया, तब भाव

स्पष्ट नहीं होता किन्तु जब उस विद्यार्थी का नाम, जिसने पारितोषिक पाया है, वाक्य में सम्पृक्त हो जाता है, तब वह अपना पूरा अर्थ प्रकट करता है। इस प्रकार पूरा वाक्य, 'मुख्य अतिथि ने मयंक को पारितोषिक दिया' कहने से अर्थ स्पष्ट हो जाता है। यहाँ 'दिया' क्रिया के साथ 'मयंक' और 'पारितोषिक' दो कर्म जुड़े हुए हैं। पहले को गौण कर्म (Indirect object) और दूसरे को प्रधान कर्म (Direct object) कहा जाता है।

नीचे दिये गये वाक्यों को ध्यानपूर्वक देखिए :—

(१) ग्रेग चैपल भारतीय क्रिकेट-टीम के खिलाड़ियों को खेल का प्रशिक्षण करते थे।

(२) पिता ने पुत्री को एक पुस्तक दी।

| क्र०सं० | कर्त्ता | क्रिया | प्रधान कर्म | गौण कर्म |
|---|---|---|---|---|
| १- | ग्रेग चैपल | प्रशिक्षण करते थे। | खेल का | भारतीय क्रिकेट-टीम के खिलाड़ियों को |
| २- | पिता ने | दी। | एक पुस्तक | पुत्री को |

कुछ सकर्मक क्रियाएँ कर्म से युक्त रहते हुए भी पूरक की माँग करती हैं; जैसे :—

• अध्यापिका ने कञ्जिका को कक्षा-प्रतिनिधि बनाया।

यहाँ संज्ञा 'कञ्जिका' सकर्मक क्रिया 'बनाया' का कर्म है। यहाँ पर इसे एक शब्द 'कक्षा-प्रतिनिधि' की आवश्यकता है ताकि पूरा भाव स्पष्ट कर सके।

हम यदि कहते हैं कि शिल्पी ने पत्थर तराशकर एक आकर्षक मूर्त्ति बनायी तो इससे हमारा कथन सुस्पष्ट हो जाता है, किन्तु जब हम कहते हैं कि शिल्पी ने मीरा दीवानी को बनाया, तो इससे भाव में स्पष्टता नहीं आती है। शिल्पी ने मीरा दीवानी को नहीं बनाया, बल्कि उन्होंने उसे अपनी सखी बनाया। पूरक मूर्त्ति यहाँ कर्म मीरा दीवानी के भाव को प्रकट करता है। अत: इसे कर्म पूरक (Objective complement) कहा जाता है।

नीचे के वाक्यों को ध्यानपूर्वक देखिए :—

(१) न्यायाधीश ने अफ़ज़ल को अपराधी ठहराया।

(२) मैंने उसका नाम कनिष्का रखा था।

(३) लालू ने जनता को कई तरह की सुविधाएँ दीं।

(४) किसी ने उसकी चिन्ता दूर नहीं की।

(५) उसके व्यवहार ने हर किसी का दिल जीत लिया।

| क्र०सं० | कर्त्ता | विस्तार | क्रिया | पूरक | कर्म |
|---|---|---|---|---|---|
| १- | न्यायाधीश ने | | ठहराया। | अपराधी | अफजल को |
| २- | मैंने | | रखा था। | कनिष्का | उसका नाम |
| ३- | लालू ने | | दीं। | कई तरह की सुविधाएँ | जनता को |
| ४- | किसी ने | | नहीं की। | दूर | उसकी चिन्ता |
| ५- | उसके | व्यवहार ने | जीत लिया। | दिल | हर किसी का |

नीचे लिखे वाक्यों के विश्लेषण का, जो पुस्तक के अगले पृष्ठ पर दिया है, ध्यानपूर्वक अध्ययन कीजिए :—

(१) दशरथ, अयोध्या के राजा, कैकेयी की ज़िद के कारण, निराश हो चुके थे।

(२) आम्रपाली एक नर्त्तकी थी।

(३) मैं बच्चों को सर्जनात्मक लेखन का प्रशिक्षण देता हूँ।
(४) रावण ने मन्दोदरी के सौन्दर्य पर मुग्ध होकर उसे अपनी पटरानी चुना था।
(५) परशुराम–लक्ष्मण के संवाद ने जनसमुदाय को रोमांचित कर दिया था।
(६) वह योद्धा करगिल युद्ध में वीरगति प्राप्त करने पर घर लाया गया।
(७) बुरा काम करने का परिणाम बुरा ही होता है।
(८) उसे कभी–न–कभी सफलता अवश्य प्राप्त होगी।

| | उद्देश्य | | विधेय | | | |
|---|---|---|---|---|---|---|
| क्र०सं० | कर्त्ता | विस्तार | क्रिया | पूरक | कर्म | क्रिया का विस्तार |
| १- | दशरथ | अयोध्या के राजा | हो चुके थे। | | निराश | कैकेयी की ज़िद के कारण |
| २- | आम्रपाली | | थी। | | एक नर्त्तकी | |
| ३- | मैं | | करता हूँ। | | सर्जनात्मक लेखन का प्रशिक्षण | बच्चों को |
| ४- | रावण ने | | चुना था। | अपनी पटरानी | उसे | मन्दोदरी के सौन्दर्य पर मुग्ध होकर |
| ५- | परशुराम-लक्ष्मण के संवाद ने | | रोमांचित कर दिया था। | | जनसमुदाय को | |
| ६- | वह योद्धा | | लाया गया था। | | घर | करगिल युद्ध में वीरगति प्राप्त करने पर |
| ७- | परिणाम | बुरा काम करने का | होता है। | | बुरा ही | |
| ८. | उसे | | प्राप्त होगी। | | सफलता अवश्य | कभी-न-कभी |

## उपवाक्य (Clause)

### १- संज्ञा उपवाक्य (Noun Clause)

नीचे के वाक्यों में स्थूलांकित शब्द–समूहों को ध्यानपूर्वक देखिए :—

(१) मैंने **उसे बलिया जाने के लिए** कहा था।

(२) मैंने उससे कहा था कि **तुम बलिया जाओ।**

पहला स्थूलांकित पद–समूह **उसे बलिया जाने के लिए** अपना कोई विशेष उद्देश्य अथवा विधेय नहीं रखता, अत: यह वाक्यांश है। यह वाक्यांश 'कहा था' क्रिया का कर्म है, इसलिए यह संज्ञा का काम करता है। इसे 'संज्ञा–वाक्यांश' कहते हैं।

दूसरा स्थूलांकित पद–समूह **तुम बलिया जाओ** अपना एक ख़ास उद्देश्य और विधेय रखता है। इसलिए यह एक उपवाक्य है। यह 'कहा था' क्रिया का कर्म है और एक संज्ञा का काम करता है। अत: यह 'संज्ञा उपवाक्य' कहलाता है।

(१) उसने सुना था कि यह वर्ष कष्टकारक है।

यहाँ 'यह वर्ष कष्टकारक है' 'सुना था' क्रिया का कर्म है, इसलिए यह संज्ञा का काम करता है। इसे 'संज्ञा उपवाक्य' कहते हैं।

**परिभाषा–** एक संज्ञा उपवाक्य शब्दों का समूह है, जो अपना ख़ास उद्देश्य और विधेय रखता है और एक संज्ञा का काम करता है; विशेषकर कर्म का काम करता है।

संज्ञा उपवाक्य बहुधा **कि** या **जो** से आरम्भ होता है। जैसे— (१) वह कहता है **कि** मैं कल जाऊँगा। (२) यही कारण है, **जो** मैं बीमार पड़ गया।

जब संज्ञा उपवाक्य, प्रधान उपवाक्य से प्रथम आता है, तब **कि** का लोप हो जाता है और प्रधान उपवाक्य के पहले यह जुड़ जाता है; जैसे सच बोलो, यह धर्म की बात है।

## २- **विशेषण उपवाक्य** (Adjective Clause)

नीचे लिखे वाक्यों में स्थूलांकित शब्द-समूहों को ध्यानपूर्वक देखिए :—

(१) **काले धब्बोंवाला** कुत्ता मेरा है।

(२) वह कुत्ता, जिसके **शरीर पर काले धब्बे हैं,** मेरा है।

पहला शब्द-समूह **काले धब्बोंवाला** 'कुत्ता' की विशेषता प्रकट करता है; अर्थात् यह 'कुत्ता' संज्ञा शब्द का गुण बताता है और विशेषण का काम देता है। इसे 'विशेषण-पद' कहा जाता है।

दूसरा शब्द-समूह जिसके शरीर पर काले धब्बे हैं..........भी 'कुत्ता' की विशेषता प्रकट करता है और एक विशेषण का काम देता है। चूँकि यह अपना एक उद्देश्य और विधेय रखता है, इसलिए इसे 'विशेषण उपवाक्य' कहते हैं।

**परिभाषा–** विशेषण-उपवाक्य शब्दों का वह समूह है, जो अपना एक उद्देश्य और विधेय रखे और विशेषण का काम करे।

विशेषण-उपवाक्य **जो** या इसके किसी बदले हुए रूप में तथा प्रधान उपवाक्य **सो** अथवा **वह** अथवा इनके बदले हुए रूप में आरम्भ होता है।

## ३- **क्रिया-विशेषण उपवाक्य** (Adverb Clause)

नीचे लिखे वाक्यों में स्थूलांकित शब्द-समूहों को ध्यानपूर्वक देखिए :—

(१) **आँधी आने पर,** वे एक घर में छुप गये। (कब छुप गये?)

(२) **जब आँधी आयी,** तब वे एक घर में छुप गये। (कब छुप गये?)

यह स्पष्ट है कि वाक्य-संख्या १, २ दोनों में स्थूलांकित शब्द-समूह क्रिया-विशेषण का काम करते हैं क्योंकि वे 'छुप गये' क्रिया की विशेषता प्रकट करते हैं। ये बताते हैं कि उन्होंने छुप जाने का काम कब किया था।

पहला स्थूलांकित शब्द-समूह देखते ही हम पहचान जाते हैं कि यह एक क्रिया विशेषण-पद है। क्या दूसरा स्थूलांकित शब्द-समूह भी क्रिया विशेषण-पद है?

नहीं, यह पद नहीं है क्योंकि यह एक पद के गुणों के विपरीत अपना एक उद्देश्य (आँधी) और विधेय (आयी) रखता है और इस प्रकार एक वाक्य-सा दिख पड़ता है। निस्सन्देह, यह एक वाक्य-सा जान पड़ता है, मगर वास्तव में, यह एक वाक्य का टुकड़ा है। शब्दों का ऐसा समूह, जो किसी वाक्य का अंश होता है और अपना अलग-अलग उद्देश्य और विधेय रखता है, 'उपवाक्य' कहलाता है। चूँकि उपवाक्य 'जब आँधी आयी' क्रिया-विशेषण का काम करता है, इसलिए इसे 'क्रिया-विशेषण उपवाक्य' कहते हैं।

**परिभाषा–** क्रिया-विशेषण उपवाक्य शब्दों का वह समूह है, जो अपना ख़ास उद्देश्य और विधेय रखता है और एक क्रिया-विशेषण का काम करता है।

अब हम लोगों ने देख लिया कि उपवाक्य तीन प्रकार के होते हैं :—

(१) संज्ञा उपवाक्य, जो संज्ञा का काम करता है।

(२) विशेषण उपवाक्य, जो वाक्य में विशेषण का काम करता है।

(३) क्रिया-विशेषण उपवाक्य, जो वाक्य में क्रिया-विशेषण का काम करता है।

निम्नलिखित वाक्यों को ध्यानपूर्वक देखिए और विचार कीजिए— प्रत्येक उपवाक्य वाक्य में कौन-सा काम करता है?

(१) मैं देखता हूँ जहाँ-जहाँ वह जाता है— संज्ञा-उपवाक्य

(२) मैं उस स्थान पर जाता हूँ, जहाँ-जहाँ वह जाता है— विशेषण उपवाक्य

(३) जहाँ-जहाँ वह जाता है, मैं भी जाता हूँ— क्रिया-विशेषण उपवाक्य

यह स्पष्ट है कि हम किसी उपवाक्य को यह तब नहीं कह सकते कि वह कौनसा उपवाक्य है, जब तक कि वाक्य में हम ठीक-ठीक न पहचान लें कि वह कौन-सा काम करता है।

## वाक्य- साधारण, संसृष्ट तथा मिश्रित

नीचे लिखे वाक्यों को ध्यानपूर्वक देखिए :—

१- वह भारतीय क्रिकेट टीम का कप्तान चुना गया।

२- मैं बाहर गया और बीमार पड़ गया।

३- मैं अत्यन्त आसक्त हुआ, चाहा कि उसे पकड़ लूँ और अपना प्रणय-निवेदन कर दूँ।

४- ज्योंही रात्रि हुई, मैंने कहा कि अब सो जाओ।

५- जब सुबह हुई तब मैंने गाँव जाने की तैयारी कर ली।

यहाँ पहला वाक्य केवल एक उद्देश्य और विधेय रखता है। ऐसे वाक्य को 'साधारण वाक्य' (Simple sentence) कहते हैं।

**परिभाषा**–साधारण वाक्य उसे कहते हैं, जिसमें एक उद्देश्य होता है और एक विधेय। दूसरे शब्दों में— साधारण वाक्य वह है, जिसमें एक प्रधान क्रिया होती है।

वाक्य-संख्या २ के दो भाग हैं :—

(क) मैं बाहर गया। (ख) और बीमार पड़ गया।

ये दोनों भाग संयोजक अव्यय **और** एक-दूसरे से जुड़े हैं। प्रत्येक भाग में एक विशेष उद्देश्य और विधेय है। इस प्रकार प्रत्येक भाग एक वाक्य है, जिसमें एक बड़े वाक्य का भाग सम्मिलित है; अर्थात् प्रत्येक भाग एक उपवाक्य (Clause) है। ज्ञातव्य है कि प्रत्येक भाग स्वयं अपना पूरा अर्थ प्रकट करते हैं और वाक्य में पूर्ण वाक्य की भाँति शक्ति रखते हैं। ऐसा नहीं कि वे एक-दूसरे पर निर्भर हों। प्रत्येक भाग अपने अर्थ के लिए स्वतन्त्र रहता है। इसे ही हम 'स्वतन्त्र उपवाक्य' कहते हैं।

अनेक स्वतन्त्र उपवाक्यों का समूह जो अर्थ के लिए एक-दूसरे पर आश्रित नहीं रहते, 'संसृष्ट वाक्य' (Compound Sentence) कहलाता है। इन्हें 'यौगिक अथवा संयुक्त वाक्य' की भी संज्ञा प्राप्त है।

वाक्य-संख्या ३ तीन स्वतन्त्र वाक्यांशों से मिलकर बना है :—

जैसे— (१) मैं अत्यन्त आसक्त हुआ।

(२) चाहा कि उसे पकड़ लूँ।

(३) अपना प्रणय-निवेदन कर दूँ।

ऐसा वाक्य भी 'संसृष्ट वाक्य' कहलाता है।

**परिभाषा–** संसृष्ट वाक्य उसे कहते हैं, जिसका निर्माण दो अथवा अधिक स्वतन्त्र वाक्यांशों से होता है।

वाक्य-संख्या ५ दो भागों से मिलकर बना है :—

(१) जब सुबह हुई।

(२) तब मैंने गाँव जाने की तैयारी कर ली।

प्रत्येक भाग अपना अलग उद्देश्य और विधेय को प्रकट करता है। वह एक बड़े वाक्य का भाग है। यही कारण है कि प्रत्येक भाग एक उपवाक्य कहलाता है।

यहीं पर हम देखते हैं कि **तब मैंने गाँव जाने की तैयारी कर ली** स्वयं अपना पूरा अर्थ प्रकट नहीं करता है और अकेले भी पूर्ण वाक्य की भाँति अपनी सामर्थ्य नहीं रखता है, किन्तु वक्ता का प्रधान भाव इसी उपवाक्य में निहित है। इस कारण यह प्रधान उपवाक्य (Main clause) कहलाता है। उपवाक्य, 'जब प्रातः हुई' अपना पूरा अर्थ प्रकट नहीं करता। यह प्रधान उपवाक्य पर निर्भर है। अतः यह 'आश्रित उपवाक्य' (Subordinate clause) कहलाता है। ऐसा वाक्य जैसा वाक्य-संख्या ५ का है, 'मिश्रित वाक्य' (Complex sentence) कहलाता है।

मिश्रित वाक्य को ही 'जटिल वाक्य' भी कहा जाता है।

वाक्य-संख्या ४ तीन उपवाक्य रखता है :—

(१) ज्योंही शाम हुई। (आश्रित उपवाक्य)

(२) मैंने कहा। (प्रधान उपवाक्य)

(३) अब सो जाओ। (आश्रित उपवाक्य)

ऐसा वाक्य भी मिश्रित वाक्य के अन्तर्गत रेखांकित होता है।

**परिभाषा–**एक मिश्रित वाक्य वह है, जिसके अन्तर्गत एक प्रधान उपवाक्य होता है और जिसमें एक अथवा अधिक आश्रित उपवाक्य होते हैं

## उपवाक्यों से सम्बन्धित महत्त्वपूर्ण तथ्य

चूँकि एक संज्ञा उपवाक्य मिश्रित वाक्य में एक संज्ञा का काम करता है, अतः यह नीचे दी गयी जानकारी हो सकती है :—

१– एक क्रिया का कर्त्ता

२– किसी सकर्मक क्रिया का कर्म

३– किसी संज्ञा का समानाधिकरण

४– किसी अपूर्ण अकर्मक क्रिया का पूरक

नीचे के प्रत्येक मिश्रित वाक्य में संज्ञा उपवाक्य एक क्रिया का कर्त्ता है :—

१– मैं कब लौटूँगा, अनिश्चित है।

२– तुम्हें ऐसा करना चाहिए, मुझे पता है।

नीचे के प्रत्येक मिश्रित वाक्य में संज्ञा उपवाक्य एक सकर्मक क्रिया का कर्म है :—

१– मैं नहीं कह सकता, उसे क्या हो गया है।

२– मैं नहीं जानता, मैं कब लौटूँगा।

नीचे के प्रत्येक वाक्य में संज्ञा उपवाक्य समानाधिकरण (Case in opposition) है :—

१- तुम्हारा बयान कि तुमने यह धन गली में पाया है, विश्वास-योग्य नहीं है।

२- उसके इस विश्वास ने कि वह किसी दिन राजा होगा, उसे प्रसन्न कर दिया है।

नीचे के प्रत्येक मिश्रित वाक्य में संज्ञा उपवाक्य अपूर्ण अकर्मक क्रिया का पूरक है :—

१- यह है, जो मैं चाहता हूँ।

२- भय है कि वह कहीं गिर न जाए।

कभी-कभी 'होना' धातु के साथ कुछ निश्चित विशेषण मिलकर उसे सकर्मक-सा होने की शक्ति प्रदान करते हैं। ऐसी दशा में जो संज्ञा उपवाक्य बाद में जोड़ा जाता है, कर्मकारक का काम देता है :—

१- मैं विश्वासी हूँ कि वह दया करेगा।

२- हम लोग इच्छुक हैं कि तुम राजा बनाये जाओ।

जैसा कि हमने देखा है कि विशेषण उपवाक्य मिश्र वाक्य में एक आश्रित उपवाक्य है, जो विशेषण का काम देता है और प्रधान उपवाक्य में किसी संज्ञा अथवा सर्वनाम की विशेषता प्रकट करता है।

एक विशेषण उपवाक्य एक सम्बन्धवाचक विशेषण अथवा सम्बन्धवाचक क्रिया-विशेषण अव्यय से प्रारम्भ होता है।

जैसे— १- वह एक महापुरुष है, जिसको सभी शीश नवाते हैं।

२- जो अपनी प्रतिष्ठा चाहते हैं, वे दूसरों की प्रतिष्ठा करें।

३- वह महीना, जब वह बन्दीगृह में डाला गया था, मई का था।

४- वह स्थान, जहाँ डाकू पिल पड़े थे, स्टेशन के निकट ही था।

हमने देखा है कि क्रिया-विशेषण उपवाक्य एक आश्रित उपवाक्य है, जो क्रिया-विशेषण का काम करता है। अतः यह प्रधान उपवाक्य के किसी क्रिया, क्रिया-विशेषण अथवा विशेषण की विशेषता प्रकट करता है अथवा अर्थ को बढ़ाता है।

जैसे— १- जब वह निकट आये, तब उसका पीछा करो।

२- मैंने जितना सोचा था, उससे वह अधिक धनी है।

३- वह इतना तेज़ दौड़ा कि शीघ्र ही उसने मुझे पकड़ लिया।

क्रिया-विशेषण उपवाक्य कई तरह के होते हैं और भेद के विचार से नीचे लिखे भागों में विभक्त हो सकते हैं :—१- कालवाचक २- स्थानवाचक ३- अभिप्रायवाचक ४- हेतुवाचक ५- दशा (शर्त्त) वाचक ६- परिणामवाचक ७- सादृश्यवाचक।

कालवाचक क्रिया-विशेषण उपवाक्य साधारणतः 'जब', 'जब कभी' या 'ज्योंही' से आरम्भ होता है।

जैसे— १- जब तुम पाठ सुना लोगे, घर जाओगे।

२- जब कभी वह आयेगा, समय पर आयेगा।

३- मैं ज्योंही पहुँचा, रात के १० बज चुके थे।

४- जब तक तुम्हारी प्रतिष्ठा है, वहाँ ठहरो।

५- जब तक जीवित रहो, परिश्रम से काम करो।

स्थानवाचक क्रिया-विशेषण उपवाक्य 'जहाँ', 'जहाँ कहीं', 'जहाँ तक' से आरम्भ होता है।

जैसे— १- वे जहाँ हैं, ठहर सकते हैं।

२- वह, जब कभी यहाँ आयेगा, पकड़ लिया जाएगा।

३- तुम, जहाँ से आये हो, शीघ्र वापस जाओ।

४- जहाँ तक दौड़ सकते हो, दौड़ना चाहिए।

अभिप्रायवाचक क्रिया-विशेषण उपवाक्य 'इसलिए कि', या 'नहीं तो' से आरम्भ होता है।

जैसे— १- उसने तलवार खींचा, इसलिए कि अपने को बचा सके।

२- उसे ध्यानपूर्वक देखते रहना, नहीं तो वह भाग जाएगा।

हेतुवाचक क्रिया-विशेषण उपवाक्य 'क्योंकि', 'इसलिए', 'अतः' और 'जैसा कि' से आरम्भ होता है।

जैसे— १- यह काम तुमने किया है क्योंकि तुम इसे करना चाहते थे।

२- मैंने देखा कि वह बीमार था अतः मैंने उसका कुछ नहीं किया।

३- जैसा कि तुम वहाँ नहीं गये, मैंने तुम्हारे भाई से कह दिया।

शर्त्त सूचित करनेवाला क्रिया-विशेषण उपवाक्य 'यदि', 'अगर', 'जब', 'चाहे से' आरम्भ होता है।

जैसे— १- अगर तुम जाना चाहते हो तो शीघ्र चले जाओ।

२- यदि पानी गिरेगा तो आज स्कूल बन्द रहेगा।

३- तुम्हें अवश्य जाना चाहिए, चाहे तुमने यह सुना हो या नहीं।

**ज्ञातव्य-** उपवाक्य कभी-कभी सम्बन्धवाचक सर्वनाम, विशेषण या क्रिया-विशेषण से आरम्भ होता है।

जैसे— १- जो कुछ भी हो जाए, अपनी बात पर अड़े रहो।

२- जिस किसी मार्ग से जाओगे, देर अवश्य होगी।

३- कितनी ही चालाकी से धोखा दोगे, अन्त में भेद खुल जाएगा।

परिणामवाचक क्रिया-विशेषण उपवाक्य 'कि' से आरम्भ होता है। इसका अर्थ पूरा करने के लिए प्रधान उपवाक्य में 'बहुधा' 'इतना', 'इतनी' या ऐसा होता है; जैसे :—

१- वे इतनी बहादुरी से लड़े कि शत्रु के पाँव उखड़ गये।

२- वह इतना अच्छा आदमी है कि सभी उसकी प्रशंसा करते हैं।

३- उससे मेरे घर के लोगों ने ऐसा बुरा व्यवहार किया कि मेरा यश मिट्टी में मिल गया।

सादृश्यवाचक क्रिया-विशेषण उपवाक्य दो मनुष्यों या दो वस्तुओं के गुणों या अवगुणों की समता के लिए प्रयोग किया जाता है; जैसे :—

१- वह इतना धूर्त्त नहीं है, जितना तुम समझते हो।

२- वह जितना मूर्ख है, उतना ही आलसी है।

संक्षिप्त विश्लेषण का अर्थ है— दिये हुए वाक्य को इसके छोटे-छोटे उपवाक्यों में इस प्रकार तोड़ना कि एक उपवाक्य का दूसरे से ठीक-ठीक सम्बन्ध प्रकट हो जाए।

यहाँ हमने एक वाक्य का साधारण विश्लेषण प्रस्तुत किया है। आप इन्हें समझने का प्रयास करें :—

(१) उसने कहा कि संसार ने, जिसका कोई ठिकाना नहीं है, सब को निराश लौटा दिया।

१ - उसने कहा ———— प्रधान उपवाक्य

२ - कि संसार ने सबको निराश लौटा दिया ———— संज्ञा उपवाक्य 'कहा' (संख्या १) का कर्म है।

३ - जिसका कोई ठिकाना नहीं है ———— विशेषण उपवाक्य, 'संसार' ———— (संख्या २) की विशेषता प्रकट करता है।

## संसृष्ट (संयुक्त) वाक्यों का विश्लेषण

हमने देखा है कि संसृष्ट वाक्य दो अथवा अधिक स्वतन्त्र उपवाक्यों से मिलकर बनता है, जो आपस में किसी संयोजक से मिलते हैं; जैसे :—

१-उसने अध्यवसाय नहीं किया और वह असफल हो गया।
(यहाँ प्रत्येक स्वतन्त्र उपवाक्य साधारण वाक्य है)

२-वे क्रिकेट के बहुत बड़े प्रेमी थे, प्रत्येक मैच को देखा करते थे और देखते-देखते उछल पड़ते थे।
(यहाँ भी प्रत्येक स्वतन्त्र उपवाक्य साधारण वाक्य है)

३-उन्होंने प्रश्न किया कि दीपांकर कहाँ गया लेकिन उसने उत्तर देने से इनकार कर दिया था।
(यहाँ प्रथम उपवाक्य मिश्रित वाक्य और दूसरा एक साधारण वाक्य है)

४-वह सुनाता है, जो कुछ सुनता है और वह सुनता है, जो कुछ सुनाता है।
(यहाँ प्रत्येक स्वतन्त्र उपवाक्य एक मिश्रित वाक्य है)

इस प्रकार देखने से यह स्पष्ट हो जाता है कि एक स्वतन्त्र उपवाक्य या तो साधारण वाक्य हो सकता है या फिर मिश्रित वाक्य।

कभी-कभी दो स्वतन्त्र उपवाक्यों को जोड़ने के लिए संयोजक का प्रयोग नहीं किया जाता है; जैसे :—

१- उसने तुम्हारी क्षति की, तुमने उसकी क्षति की।

२- वह कलहिन थी, शान्तिपूर्वक मृत्यु को प्राप्त कर सकी।

संसृष्ट वाक्य के उपवाक्य, जब एक ही कर्त्ता अथवा क्रिया रखते हैं तब बहुधा कोई-न-कोई भाग छुपा रहता है; जैसे :—

१- मैंने अपने मित्रों को भोजन कराया और उन्हें आराम कराया था।
(मैंने अपने मित्रों को भोजन कराया लेकिन मैंने उन्हें आराम कराया।)

२- कुछ लोग विज्ञान को पसन्द करते हैं, कुछ लोग अध्यात्म को।
(कुछ लोग विज्ञान को पसन्द करते हैं, कुछ लोग अध्यात्म को पसन्द करते हैं।)

यहाँ किये गये विश्लेषणों से स्पष्ट हो जाता है कि संसृष्ट वाक्यों के विश्लेषण में कोई ख़ास कठिनाई नहीं होती। संयोजकों का विचार करके,संयोजकों-द्वारा प्रत्येक स्वतन्त्र उपवाक्य जुड़े रहते हैं।

प्रत्येक स्वतन्त्र उपवाक्य का अलग-अलग विश्लेषण करना चाहिए।

यदि किसी वाक्य का कुछ भाग अस्पष्ट है, तो विश्लेषण के प्रथम ही उसे स्पष्ट कर लेना चाहिए।

**ज्ञातव्य–** जब किसी एक क्रिया का प्रयोग दो अथवा अधिक कर्त्ता, कर्म तथा क्रिया-विश्लेषण के साथ, जो संयोजक (और) से जुड़े हैं, हुआ हो तो उसे साधारण वाक्य की क्रिया समझनी चाहिए; जैसे :—

१. अंश और अंशा पढ़ने गयीं। २. साधु और राजा मानव-क्षेत्र में तुल्य हैं।

नीचे दिये गये संसृष्ट वाक्यों के विश्लेषण का ध्यानपूर्वक अध्ययन कीजिए :—

(१) मैं शतक बना लेता किन्तु ओवर कम रह गये थे।

यह वाक्य दो स्वतन्त्र उपवाक्यों से मिलकर बना है अत: यह संसृष्ट वाक्य है। इसे तालिका-रूप में यों रख सकते हैं :—

## उपवाक्य

(अ) मैं शतक बना लेता। (ब) ओवर कम रह गये थे।

| उद्देश्य | | | | विधेय | | |
|---|---|---|---|---|---|---|
| **क्र०सं०** | **संयोजक** | **कर्त्ताशब्द** | **विस्तार** | **क्रिया** | **पूरक** | **कर्म का विस्तार** |
| १ - | | मैं | | बना लेता। | | शतक |
| २ - | किन्तु | | | रह गये थे | | ओवर कम |

(२) आकाश काला था, आँधी की गति चरम पर थी और चाँद बहुत शीघ्र ही अलक्षित होनेवाला था।

यह वाक्य तीन स्वतन्त्र उपवाक्यों से बना है अत: यह संसृष्ट वाक्य कहलायेगा।

## उपवाक्य

(अ) आकाश काला था। (ब) आँधी की गति चरम पर थी। (स) समूचा चाँद अलक्षित होने वाला था।

| उद्देश्य | | | | विधेय | | |
|---|---|---|---|---|---|---|
| **क्र०सं०** | **संयोजक** | **कर्त्ताशब्द** | **विस्तार** | **क्रिया** | **पूरक** | **कर्म का विस्तार** |
| १ - | | आकाश | | था। | काला | |
| २ - | | आँधी की गति | | थी। | | चरम पर |
| ३ - | और | चाँद | समूचा | होनेवाला था। | अलक्षित | बहुत शीघ्र ही |

संयुक्त वाक्य के उपवाक्य का आपस में पाँच प्रकार के सम्बन्ध हैं। उनका यह सम्बन्ध प्राय: समुच्चयबोधक अव्ययों द्वारा प्रकट होता है।

(१) **संयोजक–** संयोजक समानाधिकरण उपवाक्यों के बीच और, व, तथा एवं भी आते हैं और उन वाक्यों का संग्रह करते हैं; जैसे :— केवल भारत का नहीं, संयुक्त राज्य अमेरिका का भी ध्यान चीन ने अपनी ओर आकर्षित कर लिया है।

(२) **विभाजक–** विभाजक समानाधिकरण उपवाक्यों के बीच या, वा, अथवा, किंवा, कि या, चाहे, क्या, न, न कि और नहीं तो आते हैं और उनमें से किसी एक का ग्रहण अथवा दोनों का त्याग प्रकट करते हैं; जैसे :—

१- तुमने अभिमान किया ही नहीं कि तुम्हारा सर्वनाश हो जाएगा।

२- चाहे यहाँ रहो, चाहे वहाँ रहो।

३- तुम मुझसे बात करने आयी हो न कि पड़ोसियों से मिलने।

(३) **विरोध दर्शक–** विरोधदर्शक समानाधिकरण उपवाक्यों के बीच में पर, परन्तु, किन्तु, लेकिन, मगर, वरन्, बल्कि आदि का प्रयोग होता है। इन अव्ययों द्वारा पहले उपवाक्य का निषेध अथवा परिमिति प्रकट होती है।

(४) **परिणामदर्शक–** परिणामदर्शक समानाधिकरण उपवाक्यों के बीच में इसलिए, सो, अत:, अतएव का प्रयोग होता है। वे अव्यय अगले उपवाक्य को पिछले उपवाक्य का परिणाम होना बताते हैं, जैसे :—

१- मैंने जाने के लिए तय कर लिया था, सो वहाँ नहीं ठहर सका।

२- उसने गम्भीरता से अध्यापन नहीं किया, अत: वह सफल नहीं हो सका।

(५) **व्याख्यासूचक–** व्याख्यासूचक समानाधिकरण उपवाक्यों के बीच में अर्थात् जैसे, मनु, मानो, जिमि आदि का प्रयोग होता है। ऐसे अव्यय आसानी से समझ में न आने-योग्य कठिन वाक्यों की व्याख्या करते हैं; जैसे :—

१- मदर टेरेसा का व्याख्यान क्या था, मानो करुणा की वर्षा हो रही थी।

२- वह नहीं जानती थी कि वह इस घर में रहेगी या उस घर में अर्थात् वह द्विविधा में है।

## मिश्रित वाक्यों का विश्लेषण

मिश्रित वाक्यों के विश्लेषण की बात करते हैं, तब हमारा सबसे पहला काम उसके प्रधान उपवाक्य की खोज करना होता है। उसके बाद हमें आश्रित उपवाक्य की तलाश रहती है। वह प्रधान उपवाक्य से सम्बन्धित होता है, उसके पश्चात् हम यह ज्ञात करते हैं कि आश्रित उपवाक्य का प्रधान उपवाक्य से किस प्रकार का सम्बन्ध है?

निम्नलिखित मिश्रित वाक्य के विश्लेषण का अध्ययन कीजिए :—

**वह जब कभी यह प्रश्न सुनती थी, तब वह चतुर बालिका, जो उस विद्यालय में पढ़ती थी, उत्तर देती कि मन्दोदरी रावण की पत्नी थी।**

यह मिश्र वाक्य तीन आश्रित उपवाक्य रखता है :—

१-तब वह चतुर बालिका उत्तर देती ——— प्रधान उपवाक्य

२ -वह जब कभी यह प्रश्न सुनती थी ——— कालवाचक क्रिया-विशेषण उपवाक्य, 'देती' (संख्या १) की विशेषता प्रकट करता है।

३ -जो उस विद्यालय में पढ़ती थी ——— विशेषण उपवाक्य (संख्या १ में) 'बालिका' की विशेषता प्रकट करता है।

४ -मन्दोदरी रावण की पत्नी थी ——— संज्ञा उपवाक्य 'उत्तर' (संख्या १ में) का 'समानाधिकरण' है।

## प्रत्येक उपवाक्य का विस्तृत विश्लेषण : एक दृष्टि में

| उद्देश्य | | | | विधेय | | | |
|---|---|---|---|---|---|---|---|
| क्र०सं० | संयोजक | कर्त्ताशब्द | क्रिया | विस्तार | पूरक | कर्म | क्रिया का विस्तार |
| १- | तब | वह चतुर बालिका | देती। | | | उत्तर | |
| २- | जब कभी | वह | सुनती थी। | | | यह प्रश्न | |
| ३- | | जो | पढ़ती थी। | | | | उस विद्यालय में |
| ४- | कि | मन्दोदरी | थी। | | | रावण की पत्नी | |

कभी–कभी ऐसा भी देखा गया है कि एक आश्रित उपवाक्य अपने साथ में आश्रित उपवाक्य भी रखता है। इसे इस तरह से समझें—एक आश्रित उपवाक्य कुछ समय के लिए अपने अधीन उपवाक्य का प्रधान उपवाक्य बन जाता है।

- **मैं सोचता हूँ कि तुमने जो उपाय वहाँ सुझाये थे, उन्हें सभी ने पसन्द किये हैं।**

| उद्देश्य | | | | विधेय | | |
|---|---|---|---|---|---|---|
| क्र०सं० | संयोजक | साधारण उद्देश्य | विस्तार | क्रिया | कर्म | कर्म का विस्तार |
| १- | | मैं | | सोचता हूँ। | | |
| २- | कि | तुमने | | सुझाये थे। | जो उपाय | वहाँ |
| | | सभी ने | पसन्द किये हैं। | उन्हें | | |

| उपवाक्य | उपवाक्य के भेद |
|---|---|
| १- तब वह चतुर बालिका उत्तर देती। | प्रधान वाक्यांश |
| २- वह जब कभी यह प्रश्न सुनती थी। | कालवाचक क्रिया-विशेषण वाक्यांश 'देती' (संख्या १) की विशेषता प्रकट करता है। |
| ३- जो उस विद्यालय में पढ़ती थी। | विशेषण वाक्यांश, 'बालिका' (संख्या १) की विशेषता प्रकट करता है। |
| ४- मन्दोदरी रावण की पत्नी थी। | संज्ञा वाक्यांश 'उत्तर' (संख्या १) का 'समानाधिकरण' है। |

❄❄❄

# १५. विराम चिह्न और शब्दानुशासन

वार्त्ता के सन्दर्भ में वक्ता बीच-बीच में कहीं अधिक और कहीं थोड़ी देर के लिए ठहर जाया करता है। ऐसा करने से उसका प्रयोजन भली-भाँति समझना होता है। ऐसे ही आलेख में वाक्यों का तात्पर्य सम्यक् रूप में समझने के लिए ठहरने की आवश्यकता पड़ती है।

## अर्थ और अवधारणा

उचित विराम चिह्नों के प्रयुक्त न होने अथवा नितान्त अभाव से आलेख का उपयुक्त अर्थ समझने में भ्रम हो जाने का डर होता है। कभी-कभी शब्दों, वाक्यांशों अथवा वाक्यों का एक-दूसरे से सम्बन्ध भी भली-भाँति समझ में नहीं आता। अत: यह आवश्यक है कि आवश्यकतानुसार कम अथवा अधिक देर तक ठहरने तथा वाक्य के भाव को लिखावट से सूचित करने के लिए उचित चिह्नों का प्रयोग किया जाए।

शब्दों, वाक्यांशों अथवा वाक्य के अन्त में ठहराव के लिए जिन चिह्नों को अंकित करना पड़ता है, उन्हें 'विराम चिह्न' कहते हैं। इनके प्रयोग के अभाव में अर्थ का अनर्थ हो सकता है।

## हिन्दी में प्रयोग आने वाले विराम चिह्न और उनके रूप

| विराम | चिह्न |
|---|---|
| • अल्प विराम चिह्न (Note of Colon) | , |
| • अर्द्ध विराम चिह्न (Note of Semi Colon) | ; |
| • पूर्ण विराम चिह्न (Note of Full Stop) | । |
| • अपूर्ण विराम चिह्न/न्यून विराम चिह्न/विवरण चिह्न (Note of Colon or Colon Dash) | :— |
| • प्रश्न विराम चिह्न (Note of Interrogation) | ? |
| • विस्मय विराम चिह्न (Note of Exclamation) | ! |
| • सम्बोधन विराम चिह्न (Note of Address) | ! |
| • निर्देशक चिह्न (Note of Dash) | — |
| • योजक चिह्न/सम्बन्ध विराम चिह्न (Note of Hyphen) | – |
| • अवतरण विराम चिह्न/उद्धरण चिह्न (Note of Inverted Commas) | ' ', " " |
| • लोप विराम चिह्न/वर्जन चिह्न (Note of Elimination) | XXXX / ............/------- |
| • लाघव विराम चिह्न/संक्षेपसूचक चिह्न (Note of Abbreviation) | ० |
| • त्रुटि विराम सूचक चिह्न/हंस पद चिह्न (Note of Error; Indicator) | ^ (λ) |
| • कोष्ठक चिह्न (Note of Brackets) | [ ], { }, ( ) |
| • तुल्यतासूचक चिह्न (Note of Equality Indicator) | † = |
| • तारक/पाद-टिप्पणी चिह्न (Note of Foot-note) | + / = / / × / . / * |

## विराम चिह्न के भेद

### अल्प विराम चिह्न/ अपूर्ण विराम चिह्न (,) (Note of Colon)

वाक्य में जब क्षणभर ठहरने का समय आता है, तब वहाँ 'अल्प विराम' का चिह्न (,) लगा रहता है। यही नहीं, वाक्य में जब दो से अधिक अवतरणों (पद्य-गद्य) में 'और' का बोध करानेवाला शब्द हो, तो वहाँ अल्प विराम (,) का उपयोग किया जाता है।

**उदाहरण के लिए–** कल मेरे साथ कंजिका, कर्णिका तथा निशा थी।

- वाक्य में निकले शब्दों के साथ भी इस चिह्न को लगाया जाता है।

  **उदाहरण के लिए–** नहीं, नहीं तुम सबके सब चोर और बेईमान हो।

- वाक्य के आरम्भ में, निःसन्देह, बेशक, सचमुच, हाँ, नहीं, वस्तुतः, अच्छा, ऐसी स्थिति में आदि शब्दों के बाद इस चिह्न को लगाया जाता है।

  **उदाहरण के लिए**

  (१) निःसन्देह, भारत में राजनीतिक इच्छाशक्ति मर गयी है।

  (२) हाँ, मैंने लगभग सभी राजनेताओं को 'देशद्रोही' कहा है।

  (३) सचमुच, यही यदि कार्य-संस्कृति है, तो आग लगा दो।

  (४) बेशक, आज मैंने तुम्हें भी बेईमान की सूची में सम्मिलित कर लिया है।

- जिस वाक्य में तथापि, फिर भी, तब, तो आदि का लोप हो, वहाँ इस चिह्न का प्रयोग किया जाता है।

  **उदाहरण के लिए**

  (१) यद्यपि मैं वहाँ गया था, वह नहीं मिला।

  (२) भले ही तुम मुझसे दूर हो, मैं उससे मिलूँगा।

  (३) जब ओखली में सिर डाल लिये हो, तब मूसलों से क्या डरना।

  (४) यदि तुम शिक्षामन्त्री बने, पूरी शिक्षा-व्यवस्था को ख़रीद-फ़रोख़्त की वैध मण्डी बना दोगे।

- जब किसी वाक्य के मध्य में विशेषण और क्रिया-विशेषण उपवाक्य हो तो उनके पूर्व और पश्चात् में इस चिह्न का प्रयोग होगा। (एसएससी हिन्दी अनुवादक परीक्षा २०१२)

  **उदाहरण के लिए–** भ्रष्ट, बेईमान, चार सौ बीस, तमाम घोटालों में शामिल, व्यभिचारी बलात्कारी, अपहर्त्ता आदि गुणों से युक्त, हमारे ये नेता जी हैं।

- तिथि अथवा तारीख़ के बाद ई०, वर्ष, संवत् आदि आने पर तिथि के बाद इस चिह्न को लगाते हैं।

  **उदाहरण के लिए–** १ जुलाई, १९५९ ई० चैत्र सुदी सप्तमी, संवत् २०१६

### अर्द्ध विराम चिह्न (;) (Note of Semi Colon)

जब किसी वाक्य का एक-दूसरे से सम्बन्ध हो किन्तु बात अधूरी हो, वहाँ पहले वाक्य के अन्त में 'अर्द्ध विराम चिह्न' (;) का प्रयोग किया जाता है।

**उदाहरण के लिए–** यहाँ चित्र-विचित्र लोग हैं, सँभलकर रहना।

- जब एक ही वाक्य में निदर्शनस्वरूप कई पदबन्धों का समावेश हो, तब वहाँ पर इस चिह्न का प्रयोग होगा।

**उदाहरण के लिए–** कहीं सौन्दर्य तो कहीं कौरूप्य, कहीं उत्सवमग्नता तो कहीं शोक; कहीं संस्कृति तो कहीं विकृति, यही विश्व-नियामक चामत्कारिक देन है।

आकाश मेघाच्छादित हो उठा था; तीव्र गति से हवा बह रही थी तथा रुक-रुककर दामिनी कौंध रही थी। **(छत्तीसगढ़ सहायक प्रोग्रामर परीक्षा २०१३)**

## पूर्ण विराम चिह्न (।) (Note of Full Stop)

सामान्यत: जहाँ वाक्य की गति समाप्त हो जाए, वहाँ पूर्ण विराम चिह्न (।) लगता है।

**उदाहरण के लिए–** कर्णिका के साथ उत्तरप्रदेश पर्यावरण-निदेशालय के अधिकारियों ने राज्य-स्तरीय भाषण-प्रतियोगिता में पूरी तरह से खुली बेईमानी की थी।

- किसी वस्तु अथवा व्यक्ति का जीवन्त चित्रण करते समय वाक्यांशों के अन्दर इस चिह्न को लगाते हैं।

  **उदाहरण के लिए–** सुषमा से सम्पन्न स्थली मन्द-मन्द मुस्काता नीलाकाश, हिमाच्छादित उपत्यकाएँ, तारोंभरी रात। सबके मन को हर लेते हैं।
- दोहा, चौपाई, कवित्त, सवैया, सोरठा आदि की प्रथमावलि के अन्त में इस चिह्न को लगाया जाता है।

  **उदाहरण के लिए**

  "जनक सुता जग जननि जानकी।
  अतिसय प्रिय करुणा निधान की।।"
  "माटी कहे कुम्हार से तू का रूँधे मोहि।
  एक दिन ऐसा आयेगा मैं रूँधूँगी तोहि।।"

## अपूर्ण विराम चिह्न/न्यून विराम चिह्न/विवरण चिह्न (:, :—) (Note of Colon/ Colon Dash)

जब किसी विषय को विस्तार में समझाया जाता है अथवा तथ्यात्मक विवरण प्रस्तुत किया जाता है, तब वहाँ 'अपूर्ण विराम' चिह्न का प्रयोग किया जाता है।

**उदाहरण के लिए–** यहाँ निम्नलिखित बातों पर विचार किया गया है :—

(१) भ्रष्टाचार ऊपर से नीचे आता है।

(२) आपके विद्यालय में मर्यादा की सीमा क्या है?

(३) उनका कोई चरित्र नहीं होता, जो कथनी-करनी में एकरूपता नहीं रखते।

## प्रश्न विराम चिह्न (?) (Note of Interrogation)

जिस वाक्य में प्रश्नात्मक भाव हो, उसके अन्त में प्रश्न विराम का चिह्न (?) लगता है।

**उदाहरण के लिए–** तुम्हें इस देश का नेता किसने बना दिया?

- जिस वाक्य में अनिश्चय और सन्देह की स्थिति का बोध हो, उस वाक्य के अन्त में इस चिह्न का प्रयोग होता है।

  **उदाहरण के लिए–** (१) तुम कदाचित् भारत की नहीं हो? (२) तुम यहाँ आ पाओगी भी?
- जिस वाक्य में व्यंग्य-व्यञ्जना का बोध हो, उस वाक्य के अन्त में इस चिह्न को लगाया जाता है।

  **उदाहरण के लिए–** हाय, क्या ख़ूब लगती हो?

  भाई! तुम्हारे तो क्या जलवे हैं?

**विस्मय विराम चिह्न** (!) (Note of Exclamation)

आश्चर्य, करुणा, घृणा, भय, विवाद, विस्मय आदि भावों की अभिव्यक्ति के लिए विस्मय विराम चिह्न (! ) का प्रयोग किया जाता है।

**उदाहरण के लिए–** वाह! यह कैसी विडम्बना है!

• शुभकामनाओं और व्यंग्यात्मक अभिव्यक्ति के लिए इस चिह्न का प्रयोग किया जाता है।

**उदाहरण के लिए–** आप यशस्वी हों!

• कुछ अभिव्यक्तियों के लिए एक से अधिक विस्मय विराम चिह्न का प्रयोग किया जाता है।

**उदाहरण के लिए–** विश्व में प्रलय! सर्वनाश!! महाविनाश!!!

**सम्बोधन विराम चिह्न** (!) (Note of Address)

जब हम किसी को सम्बोधित करते हैं तब 'सम्बोधन विराम चिह्न (!) लगाते हैं, किन्तु चिन्तनीय विषय है कि आज महाविद्वान्, लोग भी इस चिह्न का प्रयोग नहीं जानते हैं। वे लोग सम्बोधन चिह्न के स्थान पर अर्द्ध विराम (,) का प्रयोग करते हैं, जो कि पूर्णतः अशुद्ध है।

**उदाहरण के लिए–** महोदय! मुझे आपसे कुछ कहना है।

**निर्देशक चिह्न** (–) (Note of Dash)

किसी विषय विचार अथवा विभाग के मन्तव्य को सुस्पष्ट करने के लिए निर्देशक चिह्न का प्रयोग किया जाता है।

**उदाहरण के लिए–** भाषा की तीन इकाइयाँ होती हैं— वर्ण, शब्द तथा वाक्य।

• किसी विवरण को सुस्पष्ट करने और स्पष्टीकरण के लिए यह चिह्न लगाया जाता है।

**उदाहरण के लिए–** भारत इसलिए बेईमान देश है क्योंकि यहाँ विभिन्न लोगों— राजनेताओं, माफ़ियाओं, सुरक्षा के ठीकेदारों आदि का एकछत्र साम्राज्य है।

• किसी के कथन को लिखते समये भी इस चिह्न का प्रयोग किया जाता है।

**उदाहरण के लिए–** काल मार्क्स ने ठीक ही तो कहा था— धर्म जनता के लिए गर्क कर देनेवाली अफीम है।

• अनेक व्यक्तियों और वस्तुओं का प्रतिनिधित्व करनेवाले शब्दों को सुस्पष्ट करने के लिए इस चिह्न का प्रयोग किया जाता है।

**उदाहरण के लिए–** आबाल, वृद्ध, नर, नारी— सभी ने स्वतन्त्रता-आदोलन में भाग लिया था।

**योजक चिह्न/सम्बन्ध विराम चिह्न** (-) (Note of Hyphen)

योजक अथवा सम्बन्ध विराम चिह्न का प्रयोग निम्नलिखित स्थितियों में किया जाता है :—

• जब दो विशेषण-पदों का संज्ञा के अर्थ में प्रयोग किया जाता है।

**उदाहरण के लिए–** मूर्ख-अनाड़ी, यशस्वी-प्रतिष्ठित

• जब द्वन्द्व समास से पद का निर्माण किया जाता है, जिसमें 'और' शब्द छुपा रहता है।

**उदाहरण के लिए–** हर्ष-विषाद, राग-द्वेष, अम्बर-अवनि

• जब समानार्थी युग्म शब्दों का निर्माण किया जाता है।

**उदाहरण के लिए–** धन-दौलत, मान-सम्मान

- विपरीतार्थक शब्दों के मध्य में इसका प्रयोग किया जाता है।
  **उदाहरण के लिए–** राजा-प्रजा, धरा-आकाश
- सम्बन्धबोधक शब्दों में, जहाँ 'का' अथवा 'की' अथवा 'के' छुपा हो।
  **उदाहरण के लिए–** काव्य-संकलन, विश्व-संस्कृति, जीवन-मूल्य, रूप-सौन्दर्य
- जहाँ एक शब्द की पुनरावृत्ति हो।
  **उदाहरण के लिए–** हाँ-हाँ, बिलकुल-बिलकुल, जी-जी, नहीं-नहीं
- जब निश्चित और अनिश्चित संख्यावाचक अथवा परिमाणवाचक शब्दों का प्रयोग किया जाए।
  **उदाहरण के लिए–** दो चार, बहुत-कुछ, अधिक-से-अधिक
- जब शब्दों के मध्य में का, के, से, न- सा, सी, से, ही का प्रयोग हो।
  **उदाहरण के लिए–** ज्यों-का-त्यों, जैसे-के-तैसे, उन-सा, एक-न-एक, तुम-ही-तुम
- जब मूल क्रिया के साथ प्रेरणार्थक क्रिया का प्रयोग किया जाए।
  **उदाहरण के लिए–** मिलना-मिलाना, रोना-रुलाना, हँसना-हँसाना
- जब दो क्रियाओं का एक साथ प्रयोग किया जाए।
  **उदाहरण के लिए–**आना-जाना, रोना-धोना, गाना-बजाना, लिखना-पढ़ना।

### **अवतरण विराम चिह्न/उद्धरण चिह्न** (' ', " ") (Note of Inverted Commas)

किसी शब्द-विशेष अथवा पद-विशेष अथवा वाक्यांश-विशेष को रेखांकित करने के लिए एकल उद्धरण चिह्न (' ') का प्रयोग किया जाता है किन्तु जब किसी व्यक्ति अथवा कृति के किसी वाक्य अथवा अवतरण को ज्यों-का-त्यों लिया जाता है, तब युगल उद्धरण चिह्न (" ") का प्रयोग किया जाता है।

**उदाहरण के लिए–** (१) एकल उद्धरण का प्रयोग— डॉ० पृथ्वीनाथ पाण्डेय की कृति 'शून्य से शिखर तक डॉ० अब्दुल कलाम' अतीव चर्चित है।

(२) युगल उद्धरण चिह्न का प्रयोग— संस्कृत की एक महत्त्वपूर्ण सूक्ति है, "अनाभ्यासे विषं शास्त्रम्।"

मेरी ग़ज़ल का एक शेर है, "आदमीयत का ये रोना हो गया है, देश का किरदार बौना हो गया है।"

**(मध्य प्रदेश स्टेनोग्राफर परीक्षा २०१३)**

### **लोप विराम चिह्न/वर्जन चिह्न** (××××/......../-----) (Note of Elimination)

जब किसी वाक्य में कुछ भाग लुप्त करना हो अथवा अज्ञात दिखाना हो अथवा लिखने-योग्य न हो, तब वहाँ 'लोप विराम्' अथवा 'वर्जन चिह्न' का प्रयोग किया जाता है।

**उदाहरण के लिए–** (१) सच-सरासर-सच, आज देश का हर नेता ........ है।

(२) नेताओं की वज्र xxxx से देश का हर नागरिक त्रस्त है। मेरा यदि वश होता तो मैं इन सबको--------।

### **लाघव विराम चिह्न/संक्षेपसूचक चिह्न** (०) (Note of Abbreviation)

किसी शब्द अथवा पद के संक्षिप्त रूप के बाद लाघव विराम अथवा संक्षेप सूचक चिह्न का प्रयोग किया जाता है।

**उदाहरण के लिए–** पी-एच०डी० (डॉक्टर ऑव् फ़िलोसफ़ी),बी०पी०एड्० (बैचलर ऑव् फ़िजिकल एड्युकेशन†), पं० जवाहरलाल नेहरू आदि।

## त्रुटि विराम चिह्न/हंसपद चिह्न (Note of Error Indicator)

यदि लेखन करते समय कोई अक्षर शब्द अथवा वाक्यांश लिखने से छूट जाए, तो उसे छूटे हुए स्थान के ठीक नीचे इस चिह्न (^ ) को लगाकर ऊपरवाले भाग में छूटे हुए अक्षर, शब्द अथवा वाक्यांश को लिख दिया जाता है।

**उदाहरण के लिए–** भारतरत्न देश का सर्वोच्च नागरिक सम्मान है।

## कोष्ठक-चिह्न [ ], { }, ( ) (Note of Brackets)

जब लेखन करते समय किसी शब्द अथवा वाक्यांश का अर्थ स्पष्ट नहीं होता है, तब उसे सुस्पष्ट करने के लिए कोष्ठक चिह्न का सहारा लिया जाता है।

**उदाहरण के लिए–** खद्दरधारी (राजनेता) देश को ग़ुलाम बनाकर छोड़ेंगे।

• क्लिष्ट शब्द को सुस्पष्ट करने के लिए इस चिह्न का प्रयोग किया जाता है।

**उदाहरण के लिए–** आज प्रत्येक क्षेत्र में तरह-तरह के कॉरपोरेशन (निगम) आ गये हैं।

• नाटक में अभिनय को प्रभावकारी बनाने के लिए इस चिह्न का प्रयोग किया जाता है।

(१) (कन्धे पर हाथ रखकर) ''भय किस बात का? तुम शत्रु-पक्ष को रौंदते चलो।''

(२) [नेपथ्य से आवाज़ आती है।]

प्रायः बड़े [ ] और मझोले { } कोष्ठकों का उपयोग गणित के कोष्ठक वाले गणित के सवालों को हल करते समय किया जाता है।

## तुल्यतासूचक चिह्न (=) (Note of Equality Indicator)

जब किसी एक वस्तु की तुलना किसी अन्य वस्तु से की जाती है, तब वहाँ 'तुल्यतासूचक चिह्न' का प्रयोग किया जाता है। गणित के प्रश्नों को हल करते समय भी इस चिह्न को लगाते हैं।

**उदाहरण के लिए–** क्षिति = पृथ्वी, ६० मिनट = ३,६०० सेकण्ड, १२ × ४ = ४८

## तारक/पाद-टिप्पणी चिह्न (*/o/./†/+) (Note of Foot-note)

इस चिह्न का प्रयोग लेखन करते समय तब किया जाता है, जब 'टिप्पणी' अथवा 'फुटनोट' दिया जाता है। इस चिह्न को प्रासंगिक शब्द अथवा वाक्यांश अथवा वाक्य से सम्बन्ध रखनेवाले अंश को इसी पृष्ठ पर सबसे नीचे एक रेखा खींच कर लिखा जाता है।

**उदाहरण के लिए–** ''हालावाद की प्रासंगिकता आज जीवन के एक अंग के रूप में हिन्दी-साहित्य में आज भी बनी हुई है। अतः इसे पूरा जीवन भले न माना जा सके फिर भी इसे जीवन का एक मस्तीभरा पहलू ज़रूर माना जा सकता है।''*

❋❋❋

---

† शुद्ध उच्चारण 'एड्युकेशन' होता है, न कि 'एजुकेशन'।

* डॉ० पृथ्वीनाथ पाण्डेय (हिन्दी-साहित्य में हालावाद की प्रासंगिकता; पृष्ठ-संख्या २३०)

# १६. रस-सम्प्रदाय

## रस की परिभाषा

"रस्यते इति रसः।" "रस आस्वादन स्नेह योः।" 'नाट्यशास्त्र' के आचार्य भरत मुनि ने रस की परिभाषा इस प्रकार की है, "**विभावानुभाव व्यभिचारि संगोयाद्रस निष्पत्तिः**" अर्थात् विभाव, अनुभाव तथा व्यभिचारी भावों के संयोग से रस की उत्पत्ति होती है। काव्य-पठन-श्रवण अथवा अभिनय-दर्शन से जो अलौकिक आनन्द उत्पन्न होता है, उसे 'रस' कहते हैं। रस की उत्पत्ति काव्य में वर्णित मनोविकार अथवा भाव से होती है, जिसका अनुभव पाठक अथवा श्रोता अथवा दर्शक के ह्रदय में होता है।

**भाव के प्रकार–** भाव दो प्रकार के होते हैं :— १- स्थायी भाव २- संचारी भाव (व्यभिचारी भाव)।

### १- स्थायी भाव

जो भाव मन में अत्यधिक समय तक रहकर उसे तन्मय कर देते हैं, वे 'स्थायी भाव' कहलाते हैं।

### २- संचारी भाव (व्यभिचारी भाव)

जो भाव मन में कुछ समय बने रहकर चले जाते हैं, वे 'संचारी भाव' कहलाते हैं।

**संचारी भाव–** संचारी भाव ३३ माने गये हैं। **(पीजीटी २००४)**

उनके नाम इस प्रकार हैं :— निर्वेद, ग्लानि, मद, मोह, विषाद, शंका, चापल्य, गर्व, जड़ता, स्मृति, मृत्यु, व्याधि, उन्माद, स्वप्न, श्रम, भास, विबोध, निद्रा, आवेग, दैन्य, अवहित्थ, वितर्क, व्रीड़ा, आलस्य, धैर्य, मति, उत्सुकता, असूया, चिन्ता, अपस्मार, अमर्श, उग्रता, तथा हर्ष।

ज्ञातव्य है कि इन दो भावों के अतिरिक्त रस-उत्पत्ति के लिए 'विभाव' और 'अनुभाव' की आवश्यकता होती है। पहले समझें, 'विभाव' को।

१- **विभाव–** रस-उत्पत्ति और उद्दीपन के कारणों को 'विभाव' की संज्ञा दी गयी है।

विभाव के दो भेद हैं :— (१) आलम्बन (२) उद्दीपन।

**(१) आलम्बन–** जिसके कारण स्थायी भाव की उत्पत्ति होती है, उसे 'आलम्बन' कहते हैं; जैसे—शृंगार में प्रेमपात्र, करुणा में मृत व्यक्ति, रौद्र में शत्रु इत्यादि।

**(२) उद्दीपन–** उत्पन्न हुए स्थायी भाव को उद्दीप्त अथवा तीव्र करनेवाली परिस्थिति को 'उद्दीपन' कहा गया है; जैसे— शृंगार में प्रकृति का सौन्दर्य, वसन्त और संगीत, हास्य में हास्योत्पादक व्यक्ति की चेष्टाएँ, वीर में 'मारू' नामक वाद्ययन्त्र, चारणों का बढ़ावा इत्यादि।

२- **अनुभाव–** जो शारीरिक चेष्टा आन्तरिक मनोभावों को बाहर प्रकट करे, वह 'अनुभाव' है; जैसे— मुख खिलना, भुजा फड़कना, कम्पन, रुदन, आँखें लाल होना इत्यादि।

अनुभाव के चार भेद माने गये हैं :—

१- **सात्त्विक** अथवा **अयत्नज** २- **कायिक** अथवा **अत्नज** ३- **वाचिक** ४- **आहार्य**

१- **सात्त्विक–** जो विचार अथवा चेष्टाएँ शरीर की स्वाभाविक क्रिया के रूप में होती हैं, उन्हें 'सात्त्विक' कहते हैं। यह ८ प्रकार की होती है :—

(१) **अश्रु** (आनन्दातिरेक, शोकादि कारणों से आँखों में पानी भर आना।)

(२) **कम्प** (हर्षातिरेक, काम, भय आदि कारणों से शरीर का काँप जाना।)

(३) **प्रलय** (विरहजन्य दुःख, भय अथवा शोक के कारण इन्द्रियों का चेतना-शून्य हो जाना)

(४) **रोमाञ्च** (काम, हर्ष, भय आदि के कारण रोंगटे खड़े हो जाना।)

(५) **वैवर्ण्य** (भय, शोक, काम, शंकादि कारणों से शरीर का रंग उड़ जाना, पीला पड़ जाना।)

(६) **स्तम्भ** (प्रसन्नता, लज्जा आदि कारणों से शरीर की गति का रुक जाना।)

(७) **स्वेद** (भय, लज्जा, प्रेम आदि के कारण शरीर पर पसीना आ जाना।)

(८) **स्वरभंग** (हर्षाधिक्य, शोक, भय, मद आदि कारणों से मुख की स्वाभाविक गति से वचनों का न निकलना।)

वैसे नौवें सात्त्विक अनुभाव के रूप में **जृम्भा** (जमुहाई) को माना गया है। इन्हीं सात्त्विक भावों को 'तनसञ्चारी' भी कहा गया है।

२- **कायिक–** जो विकार अथवा चेष्टाएँ शरीर के अंगों के व्यापार के रूप में प्रकट होती हैं, उन्हें 'कायिक अनुभाव' कहते हैं।

जैसे— भय में भागना। क्रोध में भला-बुरा बकना।
रति में चुम्बन, आलिंगन, कटाक्ष। शोक में सिर धुनना।

३- **वाचिक–** काव्य में प्रेम-पात्र (नायक अथवा नायिका) द्वारा किसी प्रसंग-विशेष के वशीभूत होकर वाणी द्वारा उसकी अभिव्यक्ति ही 'वाचिक' कहलाता है।

४- **आहार्य–** नायक-नायिका अथवा अन्य पात्रों की वेश-भूषा द्वारा भाव प्रदर्शन 'आहार्य' कहलाता है।

## रस : स्थायी भाव और मनोविज्ञान

प्रत्येक रस का एक स्थायी भाव होता है। रस[†] और उनके स्थायी भाव निम्नलिखित हैं :—

| क्र० सं० | मनःसंवेग (Emotion) | रस के नाम | स्थायी भाव (Impulses) | मूल प्रवृत्तियाँ |
|---|---|---|---|---|
| १- | काम | श्रृंगार | प्रेम | काम-प्रवृत्ति (Sex) |
| २- | हास | हास्य | हास | आमोद (Laughter) |
| ३- | करुणा (दुःख) | करुण | शोक | शरणागति (Self-submission) |
| ४- | उत्साह | वीर | उत्साह | अधिकार-भावना (Acquisition) |
| ५- | क्रोध | रौद्र | क्रोध | युयुत्सा (Combat) |
| ६- | भय | भयानक | भय | पलायन (Escape) |
| ७- | घृणा | बीभत्स | जुगुप्सा | निवृत्ति (Repulsion) |
| ८- | आश्चर्य | अद्‌भुत | विस्मय | कुतूहल (Curiosity) |
| ९- | दैन्य | शान्त | निर्वेद (शम) | आत्महीनता (Appeal) |
| १०- | वत्सलता | वात्सल्य | स्नेह, वात्सल्य | मातृभावना (Parental) |
| ११- | भगवद्-अनुरक्ति | भक्ति | अनुराग | भक्ति-भावना (Allocation spirit) |

† श्रृंगार-हास्य-करुण-वीर-रौद्र-भयानकः बीभत्साऽद्भुतशान्ताश्च वात्सल्यश्च रसा दश।''

## रस-भेद : लक्षण उदाहरण-सहित

### १- शृंगार-रस

प्रेमपूर्ण वर्णन 'शृंगार रस' के अन्तर्गत आता है। शृंगार रस को रसराज कहा जाता है। (टीजीटी २००५; उप्र टीईटी २०१४)

शृंगार-रस के दो भेद माने गये हैं :—(१) संयोग शृंगार (२) विप्रलम्भ अथवा वियोग शृंगार।

(१) **संयोग**–जब प्रेमी और प्रेमपात्र साथ हों।

(२) **विप्रलम्भ अथवा वियोग शृंगार**– जब प्रेमी और प्रेमपात्र एक-दूसरे से दूर हों।

**शृंगार का स्थायी भाव : प्रेम**

**आलम्बन :** प्रेमपात्र (नायक अथवा नायिका)

**उद्दीपन :** वसन्तऋतु, प्राकृतिक सौन्दर्य, चाँदनी रात, वाटिका, संगीत इत्यादि

**अनुभाव :** संयोग-मुख खिलना, मुस्कुराना, एकटक देखना, हाव-भाव, मधुरालाप आदि
वियोग-रुदन, क्रन्दन, विलाप, प्रलाप, नि:श्वास आदि

**उदाहरण के लिए**

**संयोग शृंगार**

(१) करत बतकही अनुज सन, मन सियरूप लुभान।
मुखसरोज मकरन्द छबि कर मधुप इव पान।। ***(रामचरितमानस)***

(२) देखन मिस मृग बिहँग तरु, फिरति बहोरि-बहोरि।
निरखि-निरखि रघुबीर-छबि बाढ़ी प्रीति न थोरि।। ***(रामचरितमानस)***

(३) बतरस लालच लाल की, मुरली धरी लुकाय।
सौंह करैं मौंहँनि हँसै, दैन कहै नटि जाय।। ***(बिहारी)*** (बीएड् प्रवेश-परीक्षा २०१२)

(४) नहिं पराग नहिं मधुर मधु, नहिं विकास इहि काल।
अली कली ही सों बिंध्यो, आगे कौन हवाल।। ***(बिहारी)*** (मध्य प्रदेश स्टेनोग्राफर २०१३)

**विप्रलम्भ शृंगार**

(१) अति अप्रिय हुआ है क्यों उसे गेह अपना
प्रतिदिन जिसकी ही ओर आँखें लगी हैं।
पगहित जिसके मैं नित्य ही बिछाती,
पुलकित पलकों के पाँवड़े प्यार-द्वारा?
मम उर जिसके ही हेतु है मोम जैसा
निज उर वह क्यों है पाहनों सा बनाता?
विलसित जिसमें है मूर्ति प्यारी उसी की,
वह उस चित की है चेतना क्यों चुराता? ***(प्रियप्रवास)***

(२) मनमोहन तें बिछुरी जब सो तन आँसुन सों सदा धोवती हैं।
हरिश्चन्द्र जू प्रेम की फन्द परी कुल की कुललाजहि खोवती हैं।
दुख के दिन को कोउ भाँति बितै बिरहागम रैन सँजोवती हैं,
हम हीं अपुनी दसा जानैं सखी निसि सोवती हैं किधौ रोवती हैं। ***(भारतेन्दु हरिश्चन्द्र)***

(३) अँखियाँ हरि दरसन की भूखीं।
कैसे रहें रूप रस राँची ए बतियाँ सुनि रुखीं। ***(सूरदास)*** **(बीएड् प्रवेश-परीक्षा २००७)**

(४) निसिदिन बरसत नैन हमारे। ***(सूरदास)*** **(बीएड् प्रवेश-परीक्षा २००७; पीजीटी २००८)**

## २- हास्य रस

इसमें हास्य की प्रधानता रहती है।

**स्थायी भाव :** हास

**संचारी भाव :** हर्ष, भ्रम, चापल्य, आलस्य

**आलम्बन :** विदूषक अथवा कोई विरूप कृति, जिसे देख-सुनकर हँसी आये।

**उद्दीपन :** आलम्बन की विकृत वंश-रचना, विचित्र, चेष्टा, वचन आदि

**अनुभाव :** मुस्कुराना, हँसना, लोट-पोट हो जाना, आँसू आ जाना

**उदाहरण के लिए**

ओ गॉड! विनय सुन मेरी,
हाऊ मच है महिमा तेरी!
ह्वेन द्रौपदी पुकारी,
अब लेट न कर बनवारी।
ऐटवन्स इनलार्ज हुई सारी,
दुःशासन एक्सेप्ट की हारी।
हाउ ग्रेट है 'मर्सी' तेरी!
ओ गॉड! विनय सुन मेरी,
हाऊ मच है महिमा तेरी!
विद् फ्रेण्ड्स खेलने आया,
रिवर में बाल गिरायी।
ए ट्रिक समझ में आई,
देन जम्प रिवर में लगाई।
ऐण्ड स्नेक को नाथा भाई,
हाऊ ग्रेट है फ्रेण्डशिप तेरी!
ओ गॉड! विनय सुन मेरी,
हाऊ मच है महिमा तेरी!

***(डॉ० पृथ्वीनाथ पाण्डेय)***

अचल होहि अहिवात तुम्हारा,
जब तक टाइप घिसै न सारा।
जीवित रहें वधूवर प्यारे,
काग़ज़ फटे न जब तक सारे।
रहै प्रीति निसि वासर पक्की,
जब तक चलै भूत की चक्की।

***(चिड़ियाघर)***

## ३- करुण रस

करुण रस में शोक का वर्णन होता है।

**स्थायी भाव :** शोक **(उप्र टीईटी २०१४)**

**संचारी भाव :** मोह, विषाद, जड़ता, उन्माद, व्याधि, ग्लानि, निर्वेद

**आलम्बन :** प्रियवस्तु का नाश, प्रिय व्यक्ति की मृत्यु

**उद्दीपन :** मृतशरीर, दाह-क्रिया, उस वस्तु अथवा व्यक्ति के गुणों का स्मरण, उससे सम्बन्ध रखनेवाली वस्तुओं का दर्शन

**अनुभाव :** छाती पीटना, पछाड़ खाना, मूर्च्छा, रुदन, विलाप, निःश्वास आदि

**उदाहरण के लिए**

(१) ऐसे बिहाल बिवाइन सों भये कण्टक जाल लगे पुनि जोये।
हाय महादुख पाये सखा, तुम आये इतै न, कितै दिन खोये।।
देखि सुदामा की दीन दसा करुना करि के करुनानिधि रोये।
पानि परात को हाथ छुयो नहिं नैनन के जल सों पग धोये।।

***(नरोत्तमदास)***

(२) फिर पीटकर सिर और छाती अश्रु बरसाती हुई।
कुररी सदृश सकरुण गिरा से दैन्य दरसाती हुई।।
बहुविध विलाप-प्रताप वह करने लगी उस शोक में।
निज प्रिय-वियोग समान दुख होता न कोई लोक में।।

***(जयद्रथ-वध)***

## ४- वीर रस

वीर रस में उत्साह को उत्पन्न करनेवाले विषय का वर्णन होता है। वीर रस तीन प्रकार के होते हैं :— (१) युद्धवीर (२) दानवीर (३) दयावीर।

(१) **युद्धवीर :** जब लड़ने का उत्साह हो।

(२) **दानवीर :** जब याचक आदि को दान करने का उत्साह हो।

(३) **दयावीर :** जब दीनों पर दया करने का उत्साह हो।

**स्थायी भाव :** उत्साह (अवर अभियंता परीक्षा २००६)

**संचारी भाव :** आवेग, गर्व, असूया, अमर्ष, उग्रता

**आलम्बन :** शत्रु अथवा प्रतिपक्षी, याचक, कवि, दीन–दुखी

**उद्दीपन :** शत्रु का उत्कर्ष, उसकी ललकार, मारु वाद्ययन्त्र, वीरों की हुंकार, दीन का दुःख अथवा दारिद्र्य, याचक की प्रशंसा आदि

**अनुभाव :** अंगस्फुरण

**उदाहरण के लिए**

(१) **युद्धवीर**

जय के दृढ़ विश्वास-युक्त थे दीप्तिमान जिनके मुखमण्डल।
पर्वत को भी खण्ड-खण्ड कर रजकण कर देने को चंचल।।
फड़क रहे ये अतिप्रचण्ड भुजदण्ड शत्रुमर्दन को विह्वल।
ग्राम-ग्राम से निकल-निकलकर ऐसे युवक चले दल के दल।।

***(पं० रामनरेश त्रिपाठी)***

(२) **दानवीर**

हाथ गह्यो प्रभु को कमला कहै–नाथ कहा तुमने चित्तधारी?
तुन्दल खाइ मुठी दुइ दीन कियो तुमने दुइ लोक-बिहारी।
खाय मुठी तिसरी अब नाथ, कहा निज वास की आस बिसारी?
रंकहि आप समान कियो अब चाहत आपहि होय भिखारी।

***(नरोत्तमदास)***

(३) **दयावीर**

स्वजाति की देख अतीव दुर्दशा
विगर्हणा देख मनुष्यमात्र की।
विचार के प्राणिसमूह-कष्ट को
हुए समुत्तेजित वीर-केशरी।।१।।
हितैषणा से निज जन्मभूमि की
अपार आवेश ब्रजेश को हुआ।
बनीं महा बंक गठी हुईं भवें।
नितान्त विस्फारित नेत्र हो गये ।।२।। ***(प्रियप्रवास)***

## ५- रौद्र रस

रौद्र रस में क्रोध का वर्णन होता है।

**स्थायी भाव :** क्रोध

**संचारी भाव :** गर्व, चपलता, आवेग, अमर्ष आदि।

**आलम्बन :** शत्रु अथवा अनुचित कार्य करनेवाला, जिसके प्रति क्रोध उत्पन्न हो।

**उद्दीपन :** शत्रु आदि की उमंग, उसके अपकार का स्मरण आदि।

**अनुभाव :** नेत्र लाल होना, भौहें तन जाना, ओठ चबाना, दाँत पीसना, काँपने लगना आदि।

**उदाहरण के लिए**

(१) उस काल मारे क्रोध के तनु काँपने उनका लगा
मानो हवा के ज़ोर से सोता हुआ सागर जगा।
मुख बाल रबि सम लाल होकर ज्वाल-सा बोधित हुआ
प्रलयार्थ उनके मिस वहाँ क्या काल ही क्रोधित हुआ।।
दुर्धर्ष जलते से हुए उत्ताप के उत्कर्ष से
कहने लगे तब वे अरिन्दम वचन व्यक्त अमर्ष से।
सुर नर असुर गन्धर्व आदि कोई भी कहीं
कल शाम तक मुझसे जयद्रथ को बचा सकते नहीं।। ***(जयद्रय-वध)***

(२) सुनुहुँ रामजेहि सिव धनु तोरा। सहसबाहु सम सो रिपु मोरा।।
सो बिलगाउ बिहाइ समाजा। न त मारे जइहैं सब राजा।।

***(रामचरितमानस)***

## ६- भयानक रस

इस रस में भयोत्पादक विषयों का वर्णन होता है।

**स्थायी भाव :** भय

**संचारी भाव :** आवेग, दैन्य, शंका, मृत्यु, मोह, त्रास, मूर्च्छा, उन्माद

**आलम्बन :** भीषण दृश्य, जिनको देखकर भय लगे।

**उद्दीपन :** आलम्बन की भयंकरता

**अनुभाव :** कँपकँपी होना, घिग्धी बँध जाना, मुख का रंग उड़ जाना आदि।

**उदाहरण के लिए**

(१) समस्त सर्पों सँग श्याम ज्यों कढ़े
कलिन्द की नन्दिनि की सुअंक से।
खड़े किनारे जितने मनुष्य थे
सभी महाशंकित भीत हो उठे।।१।।
हुए कई मूर्च्छित घोर त्रास से
कई भगे मेदिनि में गिरे कई।
हुई यशोदा अति ही प्रकम्पिता
ब्रजेश भी व्यस्त समस्त हो गये।।२।। (*प्रियप्रवास*)

(२) लपट कराल जवाल-जाल-माल दहूँ दिसि,
धूम अकुलाने, पहिचानैं कौन काहि रे।
पानी को ललात, बिललात, जरे जान गात,
परे पाइमाल तू भ्रात, तू निबाहि रे।।
प्रिया तू पराहि नाथ नाथ तू पराहि बाप,
बाप तू पराहि पूत पूत तू पराहि रे।
तुलसी बिलोकि गोल ब्याकुल बिहालक हैं-
लेहि दससीस अब बीस चख चाहि रे।। (*तुलसीदास*)

## ७- बीभत्स * रस

बीभत्स रस में मांस, रुधिर–धार, पीत (मवाद) आदि घृणोत्पादक वस्तुओं का वर्णन होता है।

**स्थायी भाव :** घृणा

**संचारी भाव :** मोह, असूया, मूर्च्छा, आवेग, व्याधि, मरण

**आलम्बन :** रक्त, मांस, अस्थि, फूहड़पन, आदि घृणित वस्तुएँ

**उद्दीपन :** दुर्गन्ध इत्यादि

**अनुभाव :** मुँह बिगाड़ना, थूकना, आँख–नाक बन्द करना, रोमांच होना आदि।

**उदाहरण के लिए**

ओझरी की झोरी काँधे, आँतनि की सेल्ही बाँधे,
मुण्ड के कमण्डलु, खपर किये कोरि कै।
जोगिनी झुदुंग झुण्ड-झुण्ड बनी तापसी सी
तीर-तीर बैठी सो समर सरि खोरि कै।।
सोनित सो सानि सानि गूदा खात सतुआ से
प्रेत एक पियत बहोरि घोरि-घोरि कै।
तुलसी बैताल भूत साथ लिये भूतनाथ
हेरि हेरि हँसत हैं हाथ-हार जोरि कै। (*तुलसीदास*)

---

* अधिकतर पुस्तकों में और परीक्षाओं के प्रश्न–पत्रों में 'बीभत्स' शब्द इस तरह से दिया रहता है— 'वीभत्स' यानी 'ब' के स्थान पर 'व' लिखा जाता है। यह निश्चित रूप में लेखक और प्राश्निक (प्रश्नपत्र तैयार करनेवाला) के अज्ञान का सूचक है। शुद्ध शब्द 'बीभत्स' होता है।

## ८- अद्‌भुत रस

अदभुत रस में आश्चर्यजनक बातों का वर्णन किया जाता है।

**स्थायी भाव :** विस्मय (सब-इंस्पेक्टर परीक्षा २००२, २००५, २०१०)

**संचारी भाव :** तर्क, सन्देह, मोह, हर्ष, जड़ता, आवेग

**आलम्बन :** आश्चर्यजनक व्यक्ति, वस्तु, घटना, दृश्य आदि।

**उद्दीपन :** आलम्बन की महिमा और वैचित्र्य

**अनुभाव :** रोमांच होना, स्तम्भित हो जाना, टकटकी लगाकर देखना, वाह–वाह करना आदि।

**उदाहरण के लिए**

हो पूर्ण जब तक पार्थ प्रति प्रभु का कथन ऊपर कहा।
तब तक महा अदभुत हुआ यह एक कौतुक सा, अहा!
मार्त्तण्ड अस्ताचल निकट घनमुक्त सा देखा गया।
है जान सकता कौन हरि का कृत्य नित्य नया-नया।
इस स्वप्न के से दृश्य से सब शत्रु विस्मित रह गये।।
कर्त्तव्य-मूढ़ समान वे नैराश्य-नद में बह गये।।
उस काल का उनका तेज मानो पार्थ को ही मिल गया।
तब तो सदा से सौगुना मुख शीघ्र उनका खिल गया।।

(*जयद्रथ-वध*)

## ९- शान्त रस

शान्त रस में मानसिक शान्ति, सांसारिक विरक्ति, ईश्वरभक्ति आदि का वर्णन होता है।

**स्थायी भाव :** सम

**सञ्चारी भाव :** हर्ष, धृति यति, स्मृति, निर्वेद

**आलम्बन :** सत्संगति, पवित्र आश्रम, तीर्थ, मृतक

**उद्दीपन :** उपदेश, कथा-श्रवण, पवित्र वातावरण

**अनुभाव :** रोमांच, पश्चात्ताप आदि।

**उदाहरण के लिए**

या लकुटी अरु कामरिया पर राज तिहूँ पुर को तजि डारौं।
आठहूँ सिद्धि नवौं निधि को सुख नन्द की गाइ चराइ बिसारौं।
कोटिन हूँ कलधौत के धाम करील के कुंजन ऊपर बारौं।
'रसखानि' कबौं इन आँखिन सौं ब्रज के बनबाग तड़ाग निहारौं।।

(*रसखान*)

## १०- वात्सल्य रस

वात्सल्य रस में सन्तान, शिष्य, अनुज आदि के प्रति जो प्रेम होता है, उसका वर्णन होता है।

**स्थायी भाव :** स्नेह

**संचारी भाव :** हर्ष आदि

**आलम्बन :** सन्तान, शिष्य, अनुज आदि।

**उद्दीपन :** आलम्बन की चेष्टाएँ, गुण आदि।

**अनुभाव :** मुख प्रसन्न होना, चूमना, बलैया लेना, सिर पर हाथ फेरना आदि।

**उदाहरण के लिए**

मैया! कबहिं बढ़ैगी चोटी।
बहुत बार मोहि दूध पियत भई यह अजहूँ है छोटी।।
काचो दूध पियावत पचि-पचि देत न माखन रोटी।
सूर श्याम चिर जिवौ दोउ भैया हरि-हलधर की जोटी।।

**(*सूरदास*)**

वात्सल्य रस के दो भेद हैं— (१) संयोग वात्सल्य (२) वियोग वात्सल्य।

(१) **संयोग वात्सल्य :** जहाँ संयोग रूप में स्नेह का रस निकलता है वहाँ 'संयोग वात्सल्य रस' होता है।

**उदाहरण के लिए**

वरदन्त की पंगति कुन्द कली अधराधर पल्लव लोलन की।
चपला चमकै घन बीच जगैं छबि मोतिन माल अमोलन की।।
घुँघरारि लटैं लट मुख ऊपर कुण्डल लाल कपोलन की।
निवछावर प्राण करैं तुलसी बलि जाऊँ लला इन बोलन की।।

**(*तुलसीदास*)**

किलकत कान्ह घुटरूअनि आवत।
मनिमय कनक नन्द के आँगन बिम्ब पकरिषै धावत।।

**(*सूरदास*) (बीएड् प्रवेश परीक्षा २०१२)**

(२) **वियोग वात्सल्य :** जहाँ वियोग-रूप में वात्सल्य रस उमड़ता है वहाँ 'वियोग वात्सल्य रस' होता है।

**उदाहरण के लिए**

सन्देसौं देवकी सो कहियो।
हौं तो धाय तिहारे सुत की दया करत ही रहियो।।
तुमतौ टेव जानितिहि हो तऊ मोहि कहि आवै।
प्रान उठत मेरो लाल लड़ैतेहिं माखन रोटी भावै।।

**(*सूरदास*)**

## ११- भक्ति-रस

इस रस में भगवद्-अनुरक्ति और अनुराग का ही वर्णन रहता है।

**स्थायी भाव :** अनुराग

**सञ्चारी भाव :** भक्ति-भावना

**आलम्बन :** ईश्वर, गुरु, साधु, संन्यासी, माता-पिता आदि।

**उद्दीपन :** धर्म-स्थल, तद्विषयक चित्रादि, प्रतिमादि, मूर्त्तियाँ आदि।

**अनुभाव :** शरणागत होना, समर्पित होना, शरीर को ढीला छोड़ देना आदि।

**उदाहरण के लिए**

जनक सुता जग जननि जानकी। अतिसम प्रिय करुणानिधान की।।
ताके युगपद मनाऊँ। जासु कृपा निर्मल मति पाऊँ।।

**(*तुलसीदास*)**

❋❋❋

# १७. छन्द-विधान

## अर्थ और परिभाषा

वास्तव में, 'छन्दस्' शब्द के दो अर्थ हैं— (१) आच्छादन (२) आह्लादन।

''छन्दांसि छादनात्।'' इसके द्वारा भाव अथवा रस को आच्छादित किया जाता है। वहीं आह्लादन अर्थवाली 'चन्द्' धातु से भी 'छन्दस्' शब्द बनता है। इसके द्वारा पाठकों का आह्लादन होता है। प्रसिद्ध आचार्य पिङ्गल (लगभग ३०० ईसा-पूर्व) 'छन्दःसूत्रम्' की रचना की थी। वे छन्दशास्त्र के प्रथम प्रणेता हैं।

अक्षरों की संख्या और क्रम, मात्रा-गणना और यति-गति से सम्बद्ध विशिष्ट नियमों से नियोजित पद्य-रचना को 'छन्द' की संज्ञा दी गयी है। ज्ञातव्य है कि छन्द का प्रथम उल्लेख 'ऋग्वेद' के 'दशम मण्डल' के अन्तर्गत 'पुरुष सूक्त' में किया गया है। छन्द को पद्य-विधा का मानक कहा गया है क्योंकि इसी के अनुसार ही पद्य का सर्जन होता है। यही कारण है कि पद्यात्मक कृति का समुचित ज्ञान 'छन्दशास्त्र' के अध्ययन के अभाव में नहीं होता है।

## छन्द की शाखा-प्रशाखाएँ

नीचे दी गयी सारणी की सहायता से छन्द की शाखा-प्रशाखाओं को समझने का प्रयास करें :

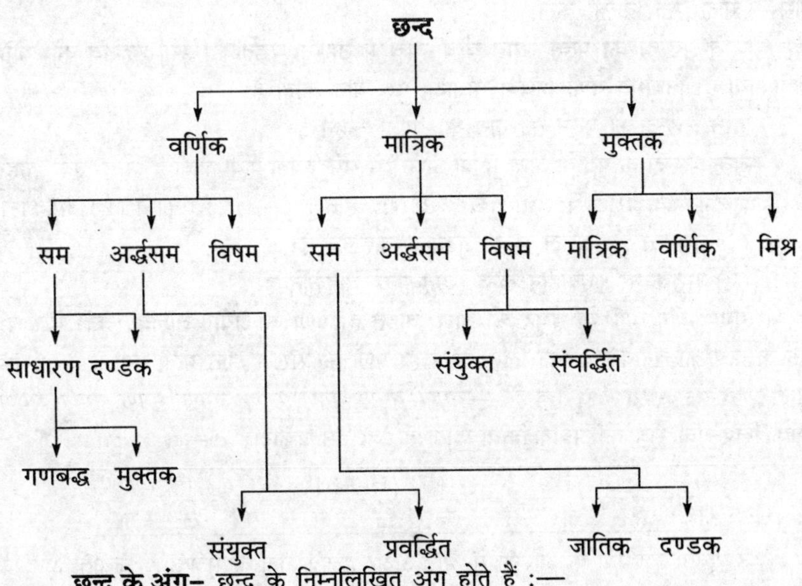


**छन्द के अंग–** छन्द के निम्नलिखित अंग होते हैं :—

(१) पाद (अथवा चरण) (२) मात्रा और वर्ण (३) संख्या और क्रम (४) लघु और गुरु (५) गण (६) यति (७) गति (८) तुक।

(१) **पाद अथवा चरण**–आचार्य पिङ्गल के 'छन्द:सूत्रम्' में 'पाद' का अर्थ छन्द का चतुर्थ भाग माना गया है। ज्ञातव्य है कि छन्दों में प्राय: चार चरण होते हैं। प्रत्येक चरण अथवा पाद में वर्गों अथवा मात्राओं की संख्या क्रमानुसार रहती है। ये पाद दो प्रकार के होते हैं— (१) सम चरण (२) विषम चरण। द्वितीय और चतुर्थ चरण को 'सम चरण' तथा प्रथम और तृतीय चरण को 'विषम चरण' की संज्ञा दी गयी है।

**वर्ण :** वर्ण को ही 'अक्षर' कहते हैं। इसके दो भेद होते हैं :— (१) ह्रस्व (२) दीर्घ। 'छन्दशास्त्र' में इनको क्रमश: 'लघु' और 'गुरु' कहते हैं।

(१) **ह्रस्व :** जिन वर्णों के उच्चारण में थोड़ा समय लगे, वे 'ह्रस्व वर्ण' कहलाते हैं; जैसे— अ, इ, उ, ए, ऋ।

इसकी एक मात्रा मानी गयी है, जिसका चिह्न (।) है।

(२) **दीर्घ :** जहाँ वर्णों के उच्चारण में ह्रस्व वर्ण से दोगुणा का समय लगे, वहाँ 'दीर्घ वर्ण' होता है; जैसे— आ, ई, ऊ, ओ, औ।

इसकी दो मात्राएँ मानी गयी हैं। इन्हें 'गुरु' भी कहा गया है। इसका चिह्न (ऽ) माना जाता है।

**मात्रा :** किसी स्वर के उच्चारण में जितना समय लगता है, उसे 'मात्रा' कहते हैं। 'छन्दशास्त्र' में दो से अधिक मात्रा किसी वर्ण की नहीं होती। मात्रा स्वरों की होती है, व्यञ्जनों की नहीं। मात्राएँ गिनते समय व्यञ्जन पर ध्यान नहीं दिया जाता। वर्ण के ऊपर चन्द्रबिन्दु ( ँ ) लगने से कोई अन्तर नहीं पड़ता। छन्दशास्त्र में मात्रा को कई नामों से जाना जाता है; जैसे— माता, मत, कला, कल।

**यति :** छन्दों को पढ़ते समय बीच-बीच में ठहरना पड़ता है। इसी ठहराव को 'यति' कहा गया है। नियमित वर्णों अथवा मात्राओं पर 'यति' होती है।

**गति :** छन्द को पढ़ने की लय को 'गति' कहते हैं।

**तुक :** छन्दों के पद के अन्त में जो अक्षरों में समतुल्यता पायी जाती है, उन्हें 'तुक' कहते हैं **(हिन्दी अनुवादक परीक्षा २०१२)**। तुक के दो भेद होते हैं :— (१) तुकान्त (१) अतुकान्त।

(१) **तुकान्त :** तुकवाले छन्द *'तुकान्त'* कहलाते हैं।

(२) **अतुकान्त :** तुकहीन छन्द *'अतुकान्त'* कहलाते हैं।

**गण :** तीन वर्णों के समूह को 'गण' कहते हैं। गणों का प्रयोग वर्णिक (वृत) में लघु-गुरु के क्रम को बनाये रखने के लिए होता है। गणों की संख्या आठ मानी गयी है **(एसएससी हिन्दी अनुवादक परीक्षा २०१२)**। वे हैं :—*यगण, मगण, तगण, रगण, जगण, भगण, नगण, सगण।* इनके लिए एक सूत्र का प्रयोग किया जाता है, जो इस प्रकार है :—

| । | ऽ | ऽ | ऽ | । | ऽ | । | । | । | ऽ |
|---|---|---|---|---|---|---|---|---|---|
| य | मा | ता | रा | ज | भा | न | स | ल | गा |

उपर्युक्त उदाहरण के आरम्भ में आठ अक्षर प्रत्येक गण के सूचक हैं, जबकि अन्त के दो अक्षर लघु और गुरु का बोध कराते हैं। किसी गण का रूप निकालने के लिए, उस अक्षर

और उसके आगे के दो अक्षरों को मिलाकर लिख लिया जाता है। इससे वांछित गण का रूप प्राप्त हो जाता है।

जैसे— *यगण* में एक गुरु और दो गुरु; *मगण* में तीनों गुरु; *तगण* में दो गुरु और एक लघु; *रगण* में एक गुरु, एक लघु और एक गुरु; *जगण* में एक लघु, एक गुरु और एक लघु; *भगण* में एक गुरु, दो लघु; *नगण* में तीनों लघु और *सगण* में दो लघु और एक गुरु।

उनके नाम, संक्षिप्त नाम, लक्षण, रूप तथा उदाहरण इस प्रकार हैं :—

(१) नगण म तीनों वर्ण गुरु ऽऽऽ भाराता
(२) नगण न तीनों वर्ण लघु ।।। भरत
(३) भगण भ पहला वर्ण गुरु ऽ।। भारत
(४) जगण ज मध्य-वर्ण गुरु ।ऽ। भरात।

## छन्द के भेद

वर्ण और मात्रा के विचार से छन्द के चार भेद माने गये हैं :— १- वर्णिक छन्द २- मात्रिक छन्द ३- उभय छन्द ४- मुक्तक छन्द।

### १- वर्णिक छन्द

जिन छन्दों में केवल वर्णों की संख्या और नियमों का पालन किया जाता है, वे 'वर्णिक छन्द' कहलाते हैं।

उदाहरण के लिए 'घनाक्षरी' को देखें :—
उकुति अनेक ही पै एकहू न कही परै। — १६ वर्ण
टेक तौ हमारी कैकई हू तें साठिन है।। — १५ वर्ण
कुल ३१ वर्ण

वर्णिक छन्द और मात्रिक छन्द के तीन भेद होते हैं :—(१) सम छन्द (२) अर्द्धसम छन्द (३) विषम छन्द।

(१) **सम छन्द–** इन छन्दों के चारों चरणों में मात्राओं और वर्णों की संख्या समान पायी जाती हैं; उदाहरण के लिए–चौपाई (**रेलवे भर्ती परीक्षा २००२, २०१३**), रूपमाला, रोला आदि।

(२) **अर्द्धसम छन्द–** इन छन्दों के प्रथम और तृतीय तथा द्वितीय और चतुर्थ चरणों में मात्राओं अथवा वर्णों की संख्या समान रहती है; उदाहरण के लिए— बरवै, दोहा, सोरठा आदि।

(३) **विषम छन्द–** इन छन्दों में किसी भी चरण की मात्रा समान नहीं रहती; उदाहरण के लिए— छप्पय, कुण्डलियाँ आदि।

सम छन्द दो प्रकार के होते हैं—(१) साधारण सम छन्द (२) दण्डक सम छन्द।

(१) **साधारण सम छन्द–** जिन छन्दों के प्रत्येक चरण में १ से २६ तक के वर्ण पाये जाते हैं, उन्हें 'साधारण सम छन्द' कहते हैं।

(२) **दण्डक सम छन्द–**जिन छन्दों के प्रत्येक चरण में २६ से अधिक वर्ण होते हैं, वे 'दण्डक सम छन्द' कहलाते हैं। 'घनाक्षरी' (कवित्त) तथा उसकी 'रूप', 'देन' आदि जातियाँ 'दण्डक' के अन्तर्गत आती हैं।

दण्डक सम छन्द के दो प्रकार होते हैं :— (१) गुणबद्ध दण्डक (२) मुक्तक दण्डक।

(१) **गुणबद्ध दण्डक :** इसमें गुणों के अनुसार वर्ण नियमित होते हैं।

(२) **मुक्तक दण्डक :** इसमें गुणों का कोई बन्धन नहीं रहता।

## २- मात्रिक (जाति) छन्द

चूँकि यह छन्द मात्रा की गणना पर आधृत रहता है, इसलिए इसका नाम मात्रिक छन्द है। जिन छन्दों में मात्राओं की समानता के नियम का पालन किया जाता है किन्तु वर्णों की समानता पर ध्यान नहीं दिया जाता, उन्हें मात्रिक छन्द (जाति) कहा जाता है।

वर्णिक और मात्रिक के एक ही जैसे भेद होते हैं।

## ३- उभय छन्द

जिन छन्दों में मात्रा और वर्ण दोनों की समानता एक साथ पायी जाती है, उन्हें 'उभय छन्द' कहते हैं।

## ४- मुक्तक छन्द

इन छन्दों का नामकरण अँगरेज़ी के 'Blank Verse' के आधार पर किया गया है। इनमें मात्रा और वर्णों की संख्या का कोई निर्धारण नहीं रहता। ये अपनी स्वेच्छाचारिता का भरपूर परिचय देते हैं।

# परीक्षोपयोगी प्रमुख छन्द

## सम मात्रिक छन्द

इस छन्द के अन्तर्गत निम्नलिखित छन्द आते हैं :—

### चौपाई

इसके प्रत्येक चरण में १६ मात्राएँ होती हैं **(रेलवे भर्ती बोर्ड परीक्षा २००३; बीएड् प्रवेश-परीक्षा २००५, २००८, २०११)**। चरण के अन्त में जगण (।ऽ।) अथवा तगण (ऽऽ।) नहीं होते हैं। प्रथम और द्वितीय चरणों में 'तुक' समान होती है।

**उदाहरण के लिए**

**बन्दऊ गुरु पद पदुम परागा। सुरचि सुबास सरस अनुरागा।।**

### रोला

इसके प्रत्येक चरण में ११,१३ मात्राओं के विराम से कुल २४ मात्राएँ होती हैं तथा अन्त में दो लघु अथवा गुरु का आना उत्तम माना जाता है।

**उदाहरण के लिए**

**कबहुँ बायु सौं बिचलि बंक गति लहरति धावे।**
**मनहु शेष सित बेस गगन ते उतरत आवे।।**

**पर सहसा यह रूप, देख होता है विस्मय।**
**आर्य लोग का एक, समय थे ऐसे निर्भय।**
**क्या हम सब जो आज, बने हैं निर्बल कायी।**
**रहते थे स्वाधीन, समर में होकर नायी।**

**(बीएड् प्रवेश-परीक्षा २०१२)**

## हरिगीतिका

इस छन्द के प्रत्येक चरण में २८ मात्राएँ होती हैं; १६ और १२ मात्रा पर यति होती है। अन्त में लघु-गुरु का प्रयोग ही अधिक प्रचलित है।

**उदाहरण के लिए**

**अधिकार खोकर बैठ रहना यह महा दुष्कर्म है।**
**न्यायार्थ अपने बन्धु को भी दण्ड देना धर्म है।।**

## गीतिका

इसके प्रत्येक चरण में २६ मात्राएँ होती हैं और १४-१२ मात्रा पर यति होती है और अन्त में लघु-गुरु का होना आवश्यक है।

**उदाहरण के लिए**

**उत्तरा के धन रहो तुम उत्तरा के पास ही।**

## श्रृंगार

इसमें प्रत्येक चरण में १६ मात्राएँ होती हैं और १६ मात्रा पर यति होती है। अन्त में एक गुरु और और एक लघु आता है।

**उदाहरण के लिए**

**निछावर कर दें हम सर्वस्व। हमारा प्यारा भारतवर्ष।।**

## दिग्पाल

इसमें प्रत्येक चरण में २४ मात्राएँ होती हैं और १२-१२ मात्रा पर यति होती है। अन्त में एक गुरु और एक लघु आता है।

**उदाहरण के लिए**

**सारे जहाँ से अच्छा हिन्दोसताँ हमारा।**

## रूपमाला

इसके प्रत्येक चरण में २४ मात्राएँ होती हैं और १४-१० मात्रा पर यति होती है। अन्त में एक लघु और एक दीर्घ आता है अथवा तीन गुरु आता है।

**उदाहरण के लिए**

**उत्तरा के धन रहो तुम उत्तरा के पास।**

## सरसी

इसके प्रत्येक चरण में २७ मात्राएँ होती हैं और १६-११ मात्रा पर यति होती है। अन्त में एक गुरु और एक लघु आता है।

**उदाहरण के लिए**

**नीरव तरागण करते थे झिलमिल अल्प प्रकाश।**

### सार

इस छन्द के प्रत्येक चरण में २८ मात्राएँ होती हैं और १६-१२ मात्रा पर यति होती है।

**उदाहरण के लिए**

**सबको मैंने कहते पाया तेरी राम कहानी।**

### लावनी

इस छन्द के प्रत्येक चरण में ३० मात्राएँ होती हैं और १६-१४ मात्रा पर यति होती है।

**उदाहरण के लिए**

**शोकभरे छन्दों में मुझसे कहो न जीवन सपना है।**

### वीर

इस छन्द में ३१ मात्राएँ होती हैं और १६-१५ पर यति होती है।

**उदाहरण के लिए**

**जैसे जीर्ण वस्त्र को तजकर, नर नूतन पट लेता धार।**

## अर्द्ध सम मात्रिक छन्द

### बरवै

इसके प्रथम और तृतीय चरणों में १२ तथा द्वितीय और चतुर्थ चरणों में ७ मात्राएँ होती हैं। सम अर्थात् द्वितीय और चतुर्थ चरण में जगण अथवा तगण के प्रयोग से कविता सरल हो जाती है।

**उदाहरण के लिए**

**तुलसी राम नाम सम मीत न आन।**
**जो पहुँचाव रामपुर तनु अवसान।।**
**कवि समाज को बिखा, चले लगाय।**
**सींचन की सुधि लीजै, मुरझि न जाय।।**

**(आरपीएस परीक्षा २००७)**

### दोहा

इस छन्द के प्रथम और तृतीय चरण में १३-१३ तथा द्वितीय और चतुर्थ चरण में ११-११ मात्राएँ होती हैं। इसके द्वितीय चरण के अन्त में गुरु लघु आते हैं।

**उदाहरण के लिए**

**कागा काको धन हरै कोयल काको देय।**
**मीठे बचन सुनाय कर जग अपनो कर लेय।।**

## सोरठा

यह दोहे के विपरीत होता है **(सब-इंस्पेक्टर परीक्षा २००१, २००५, २००९; आईएएस परीक्षा २०११)** । इसके प्रथम और तृतीय चरण में ११-११ तथा द्वितीय और चतुर्थ चरण में १३-१३ मात्राएँ होती हैं।

**उदाहरण के लिए**

**बन्दऊँ गुरुपद कंज कृपा सिन्धु नर रूप हरी।**
**महामोह तम पुंज जासु बचन रबिकर निकर।।**

## उल्लाला

इसके प्रथम और तृतीय चरण में १५-१५ मात्राएँ होती हैं तथा द्वितीय और चतुर्थ चरण में १३-१३ मात्राएँ होती हैं।

**उदाहरण के लिए**

**भूले न आसी बींजरा,**
**हे शरणदायिनी देवि तू।**
**करती सबका त्राण है,**
**हे मातृभूमि सन्तान हम।**
**तू जननी तू प्राण है।।**

# विषम मात्रिक छन्द

## कुण्डलियाँ

इस छन्द का निर्माण दोहा और रोला के संयोग से होता है। इसमें ६ चरण होते हैं। आरम्भ में दोहा और पश्चात् में दो छन्द रोला के होते हैं। इसके प्रत्येक चरण में २४ मात्राएँ होती हैं।

**उदाहरण के लिए**

कोई संगी उत नहीं है इत ही को संग।
पथी लेहु मिलि ताहि ते सबसों सहित उमंग।।
सबसों सहित उमंग बैठि तरनी के माहीं।
नदिया नाव संजोग फेरि मिलिहै पहनाहीं।।
बरनै दीनदयाल पार पुनि भेंट न होई।
अपनी-अपनी गैल पथी जों सब कोई।।
दौलत पाय न कीजिए सपनेहुँ में अभिमान,
चंचल जल दिन चारि को ठाँउ न रहत निदान।।
ठाँउ न रहत निदान, जियत जग में जस लीजै,
मीठे बचन सुनाय, बिनय सबही की कीजै।
कह गिरिधर कबिराय, अरे यह सब घर तौलत,
पाहुन निसि दिन चारि, रहत सब ही के दौलत।।

(बीएड् प्रवेश-परीक्षा २०१२)

## छप्पय

इसमें छः चरण होते हैं। इसके प्रथम चार चरणों में २४-२४ मात्राएँ और अन्त में दोनों चरणों में २२-२२ मात्राएँ होती हैं। प्रथम चार चरणों तक १२-१३ पर यति होती है तथा पंचम और षष्ठ चरणों में १५-१३ पर यति होती है।

उदाहरण के लिए

नदियाँ प्रेम प्रवाह फूल तारामण्डल है।
बन्दी विविध बिहंग शेषफण सिंहासन है।।
हे शरणदायिनी देवि तू करती सबका त्राण है।
हे मातृभूमि सन्तान हम तू जननी तू प्राण है।।

## सम वर्णिक छन्द

### इन्द्रवज्रा

इस छन्द के प्रत्येक चरण में ११ वर्ण होते हैं। इसके प्रत्येक चरण में २ तगण, १ जगण तथा २ गुरु होते हैं। ११वें वर्ण पर यति होती है।

**उदाहरण के लिए**

**संसार है एक अरण्य भारी।**
**तू मंगला मंगलकारिणी है।**
**पद भक्त के धाम बिहारिणी है।**

**(क्षेत्रीय अधिकारी सेवा परीक्षा २००७)**

### उपेन्द्रवज्रा

इस छन्द के प्रत्येक चरण में ११ वर्ण होते हैं। इसके प्रत्येक चरण में २ तगण, १ जगण तथा २ गुरु होते हैं। ११वें वर्ण पर यति होती है।

**उदाहरण के लिए**

**हुए जहाँ हैं हम मार्गचारी।**

### वंशस्थ

इस छन्द के प्रत्येक चरण में १२ वर्ण होते हैं। इसके प्रत्येक चरण में २ जगण, १ तगण और रगण होते हैं। १२ वें वर्ण पर यति होती है।

**उदाहरण के लिए**

**लसी कहीं थी सरसा सरोजिनी कुमोदिनी मानस मोदिनी कहीं।**

### तोटक

इस छन्द के प्रत्येक चरण में १२ वर्ण होते हैं। इसमें ४ सगण होते हैं। १२ वें वर्ण पर यति होती है।

**उदाहरण के लिए**

**नर हो न निराश करो मन को।**

### द्रुत बिलम्बित

इस छन्द के प्रत्येक चरण में १२ वर्ण होते हैं। इसमें १ नगण, २ भगण तथा १ रगण होता है। १२ वें वर्ण पर यति आती है।

## वसन्ततिलका

इस छन्द के प्रत्येक चरण में १४ वर्ण होते हैं। इसमें १ तगण, १ भगण, २ जगण तथा २ गुरु होते हैं। १४वें वर्ण पर यति होती है।

**उदाहरण के लिए**

**कुंजें वहीं थल वही, यमुना वही हैं।**
**बेलें वही वन वही,**
**विटपी वही हैं।**

## मालिनी

इस छन्द के प्रत्येक चरण में १५ वर्ण होते हैं। इसमें २ नगण, १ मगण तथा २ यगण होते हैं। ७वें और ८वें वर्ण पर यति होती है।

**उदाहरण के लिए**

**प्रियपति वह मेरा प्राण प्यारा कहाँ है?**
**दुख जलनिधि डूबी का सहारा कहाँ है??**

## मन्दाक्रान्ता

इस छन्द के प्रत्येक चरण में १७ वर्ण होते हैं। इसमें १ मगण, १ भगण, १ नगण, २ तगण, तथा २ गुरु होते हैं। ६ठे और ७वें वर्ण पर यति होती है।

**उदाहरण के लिए**

**आशा तेरी अमित महिमा धन्य तू देवि आशे।**
**तू छू के हैं; मृतक बनते, प्राणियों को जिलाती।।**

## शिखरिणी

इस छन्द के प्रत्येक चरण में १७ वर्ण होते हैं। इसमें १ यगण, १ मगण, १ नगण, १ सगण, १ भगण तथा १ लघु और १ गुरू होता है। ६ठे और ११वें वर्ण पर यति होती है।

**उदाहरण के लिए**

**अनूठी आभा-से सरस सुखमा से सुरस से।**

## शार्दूल-विक्रीडित

इस छन्द के प्रत्येक चरण में १९ वर्ण होते हैं। इसमें १ मगण, १ सगण, १ जगण, १ सगण, २ तगण तथा १ गुरु होता है।

**उदाहरण के लिए**

**जाती प्रेम न जाति पाँति तुझसे, पूछी किसी की कहीं?**

## मदिरा

इस छन्द के प्रत्येक चरण में २२ वर्ण होते हैं। इसमें ७ भगण और १ गुरु होता है।

**उदाहरण के लिए**

**हो रहते तुम नाथ जहाँ रहता मन साथ सदैव वहाँ।**

**प्रेम को पन्थ कराल महा, तरवारि की धार पै धावनो है।**

(आरपीएस परीक्षा २००५)

**मालती-सवैया (मत्तगयन्द)**

इस छन्द के प्रत्येक चरण में २३ वर्ण होते हैं। इसमें ७ भगण और २ गुरु होते हैं।

(बीएड् परीक्षा २०१२)

**उदाहरण के लिए**

**हो रहते तुम नाथ रहता मन साथ सदैव वहाँ है।**

**सुमुखी**

इस छन्द के प्रत्येक चरण में २३ वर्ण होते हैं। इसमें ७ जगण और १-१ लघु-गुरु होता है।

**उदाहरण के लिए**

**हो रहते तुम नाथ जहाँ रहता मन साथ सदैव वहाँ पर।**

**किरीट सवैया**

इस छन्द के प्रत्येक चरण में २४ वर्ण होते हैं। इसमें ८ भगण होते हैं।

**उदाहरण के लिए**

**अवधेस के बालक चारि सदा तुलसी के मन-मन्दिर में बिहरैं।**

**दुर्मिल सवैया**

इस छन्द के प्रत्येक चरण में २४ वर्ण होते हैं। इसमें ८ सगण होते हैं।

**उदाहरण के लिए**

**अवधेस के बालक चारि सदा तुलसी के मन-मन्दिर में बिहरैं।**

**सुन्दरी वियोगिनी**

इस छन्द के प्रत्येक चरण में २५ वर्ण होते हैं। इसमें ८ गण और १ गुरु होता है।

**उदाहरण के लिए**

**अवधेस के बालक चारि सदा तुलसी मन-मन्दिर में बिहरैंगे।**

**मनहरण**

इस छन्द के प्रत्येक चरण में ३१ वर्ण होते हैं। इसके १६वें और १५वें वर्ण पर यति होती है।

**उदाहरण के लिए**

**जान पड़ता है उन्हें आज भी**
**कन्हैया यहाँ मैया-मैया टेरते हैं।**
**गैया को चराते हैं।**

**घनाक्षरी अथवा कवित्त**

इस छन्द के प्रत्येक चरण में ३१ वर्ण होते हैं। १६वें और १५वें वर्ण पर यति होता है। इसका अन्तिम वर्ण गुरु होता है और चारों चरणों में समान तुक होती है।

(आरपीएस २००६)

उदाहरण के लिए

तेज तम अंस पर कान्ह जिमि कंस पर,
यों मलेच्छ बंस पर सेर सिवराज हैं।
किसको पुकारै यहाँ रोकर अरण्य बीच।
चाहे जो करो शरण्य शरण तिहारे है।।

(पीजीटी परीक्षा २००७)

**घनाक्षरी दो प्रकार की होते हैं :–** १. रूप घनाक्षरी २. देव घनाक्षरी।

**१- रूप घनाक्षरी :** इसके प्रत्येक चरण में ३२ वर्ण होते हैं। इसका अन्तिम वर्ण लघु होता है। १६वें-१६वें वर्ण पर यति होती है।

उदाहरण के लिए

स्वच्छतर अम्बर में छनकर आ रहा था,
स्वादु मधु गन्ध से सुवासित समीर सोम।

**२- देव घनाक्षरी :** इसके प्रत्येक चरण में ३३ वर्ण होते हैं। इसमें ३ लघु वर्ण आते हैं। १६वें-१७वें वर्ण पर यति होती है।

उदाहरण के लिए

झिल्ली झनकारैं पिक चातक पुकारें बन,
मोरनि गुहारैं उठैं जुगनू चमकि-चमकि।

## शालिनी

इस छन्द के प्रत्येक चरण में ११ वर्ण होते हैं। इसमें १ मगण, २ तगण और २ गुरु होते हैं। ४थे और ७वें वर्ण पर यति होती है।

उदाहरण के लिए

कैसी-कैसी यातना पा रहे हो।

## भुजंग प्रयात

इस छन्द के प्रत्येक चरण में १२ वर्ण होते हैं। इसमें ४ चरण होते हैं तथा ४-४ यगण भी।

उदाहरण के लिए

मुझे बन्ध बाधा सताती नहीं है, मुझे सर्वदा मुक्ति पाती नहीं है।
मुझे क्यों नहीं आपदा से छुड़ाता, प्रभो शंकरानन्द आनन्ददाता।

## उपजाति

यह छन्द इन्द्रवज्रा और उपेन्द्रवज्रा का मिश्रण है। इसके प्रत्येक चरण में ११ वर्ण होते हैं। इसमें तगण, जगण तथा २ गुरु होते हैं। ११वें वर्ण पर यति होती है।

उदाहरण के लिए

संसार है एक अरण्य भारी। हुए जहाँ हैं हम मार्गचारी।।

❋❋❋

# १८. अलंकार-परिचय

## अर्थ, परिभाषा तथा अवधारणा

संस्कृत-साहित्य में ऐसे आचार्य हुए हैं, जो काव्य की आत्मा के विषय में विभिन्न विचार रखते हैं। हिन्दी के प्रमुख कवि आचार्य केशव ने अलंकारों को काव्य का अनिवार्य गुण माना है और लिखा है,

**"जदपि सुजाति सुलच्छनी, सुबरन सरस सुवृत्त।**
**भूषन बिनु न बिराजई, कविता बनिता मित्त।।"**

वस्तुत: अलंकार काव्य का आभूषण है। जिस प्रकार अलंकारों (गहनों) से शारीरिक शोभा बढ़ती है उसी प्रकार अलंकारों से काव्य की शोभा बढ़ती है। अत: कहा गया है, "काव्यशोभाकरान् धर्मानलंकारान् प्रचक्षते।" अर्थात् काव्य की शोभा बढ़ानेवाले धर्म 'अलंकार' कहलाते हैं। संस्कृत में 'अलंकार' शब्द की व्युत्पत्ति की गयी है, "अलंकरोतीति अलंकार:।" अर्थात् शोभाकारक पदार्थ को अलंकार कहते हैं। जिस प्रकार व्यावहारिक जीवन में सुन्दर वस्त्र, स्वर्ण और रत्ननिर्मित आभूषण शरीर को अलंकृत करते हैं, उसी प्रकार काव्य को अलंकृत करनेवाले शब्दार्थ की रचना को काव्य में **अलंकार** कहते हैं।

अलंकार मुख्यत: दो भागों में विभाजित है:— १- शब्दालंकार २- अर्थालंकार।

अलंकार का एक तीसरा भेद भी होता है— उभयालंकार।

### १- शब्दालंकार

जहाँ काव्य में शब्दों के कारण चमत्कार आ जाता है वहाँ 'शब्दालंकार' होता है। चमत्कार का मतलब है कि यदि वह शब्द बदलकर उसके स्थान पर उसी अर्थवाला दूसरा शब्द रख दें, तो अलंकार नष्ट हो जाएगा।

**उदाहरण के लिए–**"सेस, महेस, गनेस, दिनेस, सुरेसहु जाहि निरन्तर गावैं" के स्थान पर यदि "नाग, गजानन, ईश, प्रभाकर, इन्द्रहु जाहि निरन्तर गावैं" कर दें तो वह चमत्कार नहीं दिखता। इसीलिए "सेस, महेस,....." में शब्दालंकार कहा जाएगा।

### २- अर्थालंकार

जहाँ चमत्कार का आधार अर्थ हो, वहाँ 'अर्थालंकार' होता है।

**उदाहरण के लिए–**नील कमल-सी मुख-प्रभा, सरस सुधा-से बोल।

### ३- उभयालंकार

जहाँ शब्दालंकार और अर्थालंकार दोनों की विशेषताएँ पायी जाती हैं, वहाँ 'उभयालंकार' माना जाता है।

**उदाहरण के लिए–** सरस सुधा-से बोल।

## शब्दालंकार के भेद

### अनुप्रास

वर्णों की आवृत्ति को **अनुप्रास** कहते हैं। किसी वर्ण का एक से अधिक बार आना आवृत्ति है। वर्ण कहने से स्वर और व्यञ्जन, दोनों का बोध होता है किन्तु व्यञ्जनों की आवृत्ति में यह आवश्यक नहीं है कि उनसे जुड़े हुए स्वर भी बराबर मिलें। कहा भी तो गया है,

**''स्वर का सम्मेलन जहाँ, चाहे होय न होय।**
**व्यञ्जन की समता मिले, अनुप्रास है सोय।।''**

**उदाहरण के लिए**

मुदित महीपति मन्दिर आये। सेवक सचिव सुमंत बुलाये।।

इस चौपाई के पूर्वार्द्ध में 'म' की और उत्तरार्द्ध में 'स' की तीन-तीन बार आवृत्ति हुई है, किन्तु इनमें स्वरों का मेल नहीं है। कहीं-कहीं स्वर भी मिल जाते हैं।

**उदाहरण के लिए**

सो सुख सुजस सुलभ मोहिं स्वामी।

इसमें 'स' की आवृत्ति पाँच बार हुई है, पर स्वरों का मेल (सुख, सुजस, सुलभ) केवल तीन बार हुआ है।

### अनुप्रास के भेद

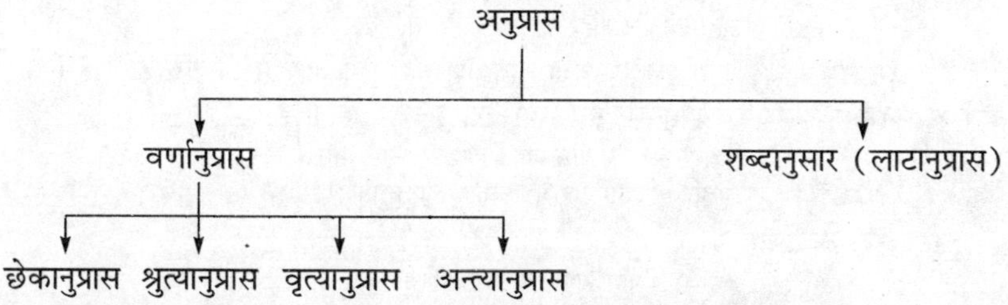

अनुप्रास
- वर्णानुप्रास
  - छेकानुप्रास
  - श्रुत्यानुप्रास
  - वृत्यानुप्रास
  - अन्त्यानुप्रास
- शब्दानुसार (लाटानुप्रास)

निरर्थक वर्णों की आवृत्ति में **वर्णानुप्रास** होता है। सार्थक वर्णों की आवृत्ति में (१) छेकानुप्रास (२) श्रुत्यानुप्रास (३) वृत्यानुप्रास (४) अन्त्यानुप्रास होता है।

**छेकानुप्रास–** जब एक वर्ण अथवा अनेक वर्ण की आवृत्ति मात्र दो बार हो तब 'छेकानुप्रास' होता है।

**उदाहरण के लिए**

(क) प्रिया प्रानसुत सर्वस मोरे। (प)
(ख) बचन बिनीत मधुर रघुबर के। (ब)
(ग) हो जाता मन मुग्ध भक्तिभावों से मेरा। (म, भ)
(घ) बिबिध सरोज सरोबर फूले। (स, र)
(ङ) रसवती रसना करके कही। (र, स क)
कथित थी कथनीय गुणावली। (क, थ)
(च) इस करुणाकलित हृदय में, क्यों विकल रागिनी बजती। (क)

**श्रुत्यानुप्रास**–जब बहुत-से ऐसे वर्णों के प्रयोग मिलें, जिनका उच्चारण-स्थान एक ही हो तब वहाँ 'श्रुत्यानुप्रास' होगा।

**उदाहरण के लिए**

ता दिन दान दीन्ह धन धरनी।

वहाँ द, न, ध, वर्णों की आवृत्ति है

**वृत्यानुप्रास**– जहाँ एक या अनेक वर्णों की आवृत्ति कई बार हो, वहाँ 'वृत्यानुप्रास' होता है

**उदाहरण के लिए** १ – सत्य सनेह सील सुख सागर।

२ – निपट नीरव नन्द-निकेत में ।

३ – ध्वनिमयी करके गिरि-कन्दरा,
कलित-कानन-केलि-निकुंज को।

**(रेलवे भर्ती परीक्षा २०१३)**

**अन्त्यानुप्रास**– जहाँ पद्य के चरणों के अन्तिम व्यञ्जन और उनसे मिले हुए स्वर ठीक समानता में मिलें, वहाँ 'अन्त्यानुप्रास' होता है। इसे 'तुक' भी कहते हैं।

**उदाहरण के लिए**

है चाटुकारी में चतुरता, कुशलता छल-छद्म में।
पांडित्य परनिन्दा विषय में, शूरता है सद्म में।।
बस मौन में गम्भीरता है, है बड़प्पन वेश में।
जो बात और कहीं नहीं, वह है हमारे देश में।।

**लाटानुप्रास**– जब एक शब्द अथवा वाक्यांश की उसी अर्थ में आवृत्ति होती है किन्तु तात्पर्य अथवा अन्वय में भेद होता है, तब वहाँ 'लाटानुप्रास' होता है।

"शब्द-अर्थ आवृत्ति को, होय एकसम भास।
तात्पर्य दूजो रहै, सो लाटानुप्रास।।"

**उदाहरण के लिए**

माँगी नाव, न केवट आना।
माँगी नाव न, केवट आना।

## यमक

**"एक शब्द फिर फिर जहाँ परै अनेकन बार।
अर्थ और ही और हो सो यमकालंकार।।"**

यमक शब्द का अर्थ 'दो' है। इस अलंकार में एक ही आकार के शब्दों का बार-बार प्रयोग होता है किन्तु अर्थ भिन्न होते हैं।

**उदाहरण के लिए**

१ - कनक कनक ते सौ गुनी मादकता अधिकाय।
या खाये बौराय जग, वा पाये बौराय।। **(बीएड् प्रवेश-परीक्षा २००४, २००९)**

२ - दीरघ साँस न लेइ दुख, सुख साँई मति भूल।
दई दई क्यों करत है, दई दई सु कबूल।।

३ - तीन बेर खाती थी वो तीन बेर खाती है।

**(उत्तराखण्ड ग्राम पंचायत विकास अधिकारी २०१२)**

## श्लेष

**''प्रगट अनेकन अर्थ जहँ, एक शब्द से होय।**
**ताहि कहत हैं श्लेस कबि, द्वै विधि होवै सोय।।''**

श्लेष का अर्थ है, 'चिपका हुआ'। इस अलंकार में प्रयुक्त शब्दविशेष में कई अर्थ चिपके रहते हैं। दूसरे शब्दों में— जहाँ एक शब्द के प्रकरण में अपेक्षित अनेक अर्थ हों, वहाँ **श्लेष अलंकार** होता है। यह दो प्रकार का होता है— १- अभंग श्लेष २- सभंग श्लेष।

१- **अभंग श्लेष–** जहाँ शब्दों को बिना तोड़े दो या दो से अधिक अर्थ हों, वहाँ 'अभंग श्लेष' होता है।

**उदाहरण के लिए**

चरण धरत चिन्ता करत, चितवत चारहुँ ओर।
सुबरन को खोजत फिरत, कवि, व्यभिचारी चोर।।

२- **सभंग श्लेष–** जहाँ शब्द-विशेष से श्लेषार्थ निकालने के लिए उसे जोड़ा-तोड़ा जाता है, वहाँ 'संभग श्लेष' होता है।

**उदाहरण के लिए**

चिर जीवो जोरी जूरै, क्यों न सनेह गँभीर।
को घटि ये बृसभानुजा, वे हलधर के बीर।।

रहिमन पानी राखिए, बिनु पानी सब सून।
पानी गए न उबरै, मोती मानुस चून।।

(मप्र स्टेनोग्राफर परीक्षा २०१३)

## अर्थालंकार के भेद

### उपमा

**जहाँ बरनिए दुहुनि की सम छबि को उल्लास।**
**पंडित कबि मतिराम तहँ उपमा कहत प्रकास।।**

जहाँ दो भिन्न वस्तुओं अथवा व्यक्तियों में रूप अथवा धर्म अथवा प्रभाव की दृष्टि से सादृश्य अथवा साधर्म्य (समानता) वर्णित हो, वहाँ **उपमा अलंकार** होता है।

**उपमा के अंग**

१- **उपमेय** (प्रस्तुत)– जिसके लिए उपमा दी जाती है।

२- **उपमान** (अप्रस्तुत)– जिससे उपमा दी जाती है।

३- **वाचक शब्द–** वह शब्द, जिसके द्वारा समानता बतायी जाती है।

**उदाहरण के लिए–** महेस, जिमि, इव, ज्यों, जैसे, सम, सरिस आदि

४- **समान धर्म–** वह गुण अथवा क्रिया, जो उपमेय और उपमान, दोनों में पाया जाता है; अर्थात् जिसके कारण इन दोनों को समान बताया जाता है, वह 'समान धर्म' कहलाता है।

**उदाहरण के लिए–** राधा-बदन चन्द सो सुन्दर।

| | |
|---|---|
| राधा-बदन | उपमेय |
| चन्द | उपमान |
| सो | वाचक शब्द |
| सुन्दर | समान धर्म |

उपमा के दो भेद होते हैं :—

(१) पूर्णोपमा (२) लुप्तोपमा।

(१) **पूर्णोपमा–** जब उपमा के ये चारों अंग— उपमेय, उपमान, वाचक शब्द तथा समान धर्म शब्दों-द्वारा बनाये जाते हैं तब वहाँ 'पूर्णोपमा' होती है।

**उदाहरण के लिए–** मुख चन्द्रमा के समान सुन्दर है।

| | |
|---|---|
| मुख | उपमेय |
| चन्द्रमा | उपमान |
| समान | वाचक शब्द |
| सुन्दर | समान धर्म |

(२) **लुप्तोपमा–** जब उपमेय, उपमान, वाचक शब्द और समान धर्म में से किसी एक अथवा अनेक का लोप है (वे शब्दों-द्वारा न बताये गये हों), तब वहाँ 'लुप्तोपमा' होती है।

**उदाहरण के लिए–** मुख चन्द्रमा के समान × है।

| | |
|---|---|
| मुख | उपमेय |
| चन्द्रमा | उपमान |
| समान | वाचक शब्द |

## लुप्तोपमा के भेद

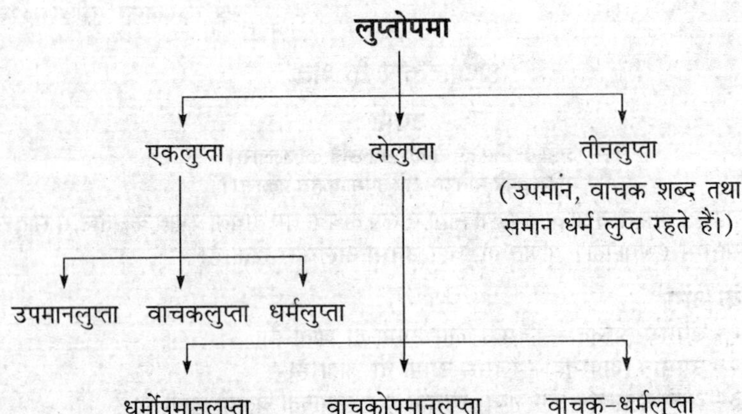


यहाँ समान धर्म 'सुन्दर' का लोप कर दिया गया है। ज्ञातव्य है कि लुप्तोपमा में प्राय: 'समान धर्म' ही लुप्त रहता है।

## रूपक

जहाँ उपमेय और उपमान में अभिन्नता की प्रतीति हो, वहाँ **रूपक अलंकार** होता है।

**उदाहरण के लिए–** मुख चन्द्रमा है।

यहाँ पर मुख पर 'चन्द्रमा' का आरोप किया गया है।

दूसरे शब्दों में— मुख को चन्द्रमा बना दिया गया है।

रूप दो प्रकार के होते हैं— (१) अभेद रूपक, (२) तद्रूप रूपक।

(१) **अभेद रूपक–** इसमें उपमेय-उपमान को बिना किसी भेद के एक बना दिया जाता है। उदाहरण के लिए— मुख चन्द्रमा है।

(२) **तद्रूप रूपक–** इसमें कुछ भेद रखकर ही उपमेय को उपमान बनाया जाता है।

उदाहरण के लिए— मुख दूसरा चन्द्रमा है।

**रूपक के अन्य उदाहरण–**

चरण-कमल बंदौ हरिराई।
जाकी कृपा पंगु गिरि लंघै, अंधे को सब कछु दरसाई।।

**(रेलवे भर्ती बोर्ड परीक्षा २०१३)**

## उत्प्रेक्षा

जब उपमेय में उपमान की सम्भावना की जाती है, तब **उत्प्रेक्षा अलंकार** होता है।

इसके लक्षण हैं— मनु, जनु, इव, मानो, मनो, मनहुँ आदि।

**उदाहरण के लिए–** चित्रकूट जनु अचल अहेरी।

यहाँ चित्रकूट में 'अहेरी' की सम्भावना व्यक्त की गयी है।

सोहत ओढ़े पीत पर, स्याम सलोने गात।
मनहुँ नील मनि सैण पर, आतप पर्‌यौ प्रभात।। **(टीजीटी परीक्षा २००४)**

फूले कास सकल महि छाइ।
जनु बरसा रितु प्रकट बुढ़ाई।। **(बैंक भर्ती परीक्षा २०१२)**

## उल्लेख

जब एक वस्तु का अनेक प्रकार से वर्णन किया जाता है, तब **उल्लेख अलंकार** होता है।

**उदाहरण के लिए**

साधुन को सुखदानि हैं दुर्जनगन दुखदानि।
बैरिन विक्रम-हानि-प्रद राम, तिहारे पानि।।

हरीतिमा का सुविशाल सिंधु-सा।
मनोज्ञता की स्मरणीय भूमि-सा।
विचित्रता का शुभ सिद्ध पीठ-सा।
प्रशांत वृंदावन दर्शनीय था।

**(बीएड् प्रवेश-परीक्षा २०१३)**

**उल्लेख के भेद–** १- प्रथम उल्लेख २- द्वितीय उल्लेख।

१- **प्रथम उल्लेख–** जहाँ एक ही वस्तु का अनेक व्यक्तियों द्वारा अनेक प्रकार से वर्णन होता है, वहाँ 'प्रथम उल्लेख' अलंकार होता है।

**उदाहरण के लिए**

दीनन दयाल जान्यो, दासन कृपाल जान्यो।
नंद निज लाल जान्यो, काल जान्यो कंस ने।।

२- **द्वितीय उल्लेख–** जब एक ही वस्तु एक ही व्यक्ति-द्वारा अनेक प्रकार से **वर्णित** की जाती है, तब वहाँ 'द्वितीय उल्लेख' होता है।

**उदाहरण के लिए**

हरीतिमा का सुविशाल सिन्धु-सा।
मनोज्ञता की रमणीय भूमि सा।

विचित्रता का शुभ सिद्धपीठ सा।
प्रश्यन्त वृन्दावन दर्शनीय था।

**(बीएड् प्रवेश-परीक्षा २०१३)**

कवि यहाँ अनेक प्रकार से वृन्दावन का वर्णन करता है।

## भ्रान्तिमान्

**''भ्रान्ति और की और में जब निश्चय करि होय।**
**ताहि भ्रान्ति अरु भ्रम कहत कबि कोबिद सब कोय।।''**

जब उपमेय को भ्रमवश उपमान समझ लिया जाता है अर्थात् उपमेय में उपमान का धोखा हो जाता है, तब वहाँ **भ्रान्तिमान अलंकार** होता है।

**उदाहरण के लिए**

मुन्ना तब मम्मी के सिर पर देख-देख दो चोटी,
भाग उठा भय मानकर सिर पर साँपिन लोटी।

**(एसएससी हिन्दी अनुवादक परीक्षा २०१२)**

## सन्देह

**''निश्चय होय न वस्तु को, सो सन्देह कहाय।**
**किधौं, यही धौं, यह कि यह, इहि बिधि शब्द जताय।।''**

जहाँ उपमेय में उपमान का संशयात्मक ज्ञान हो, वहाँ **सन्देह अलंकार** होता है।

**उदाहरण के लिए**

सारी बीच नारी है कि नारी बीच सारी है,
कि सारी ही की नारी है कि नारी ही की सारी है।

## अन्योक्ति

जब अप्रस्तुत के वर्णन द्वारा ही प्रस्तुत का बोध कराया जाता है, तब **अन्योक्ति अलंकार** होता है।

**उदाहरण के लिए**

नहिं पराग नहिं मधुर मधु, नहीं बिकास यहि काल।
अली कली ही तें बँध्यो, आगे कौन हवाल।।

**(बीएड् परीक्षा २००८)**

यहाँ कविवर बिहारी ने भौरे को लक्ष्यकर महाराज जयसिंह को उनकी यथार्थ स्थिति का बोध कराया है, जो अपनी छोटी रानी के प्रेमपाश में जकड़े रहने के कारण अपने राजकाज को भूल बैठे थे।

## अतिशयोक्ति

जब किसी की अत्यन्त प्रशंसा के लिए कोई बात बहुत बढ़ा–चढ़ा कर अथवा लोक–सीमा का उल्लंघन करके कहा जाए, तब वहाँ **अतिशयोक्ति अलंकार** होता है।

**उदाहरण के लिए**

वह शर इधर गाण्डीव गुण से भिन्न जैसे ही हुआ।
धड़ से जयद्रथ का उधर सिर छिन्न वैसे ही हुआ।।

हनुमान की पूँछ में लगन न पाई आगि।
लंका सिगरी जल गई, गए निसाचर भागि।।

**(बैंक भर्ती परीक्षा २००८)**

## अनन्वय

जब उपमेय का कोई उपमान न होने के कारण उपमेय को ही उपमान बना दिया जाता है, तब वहाँ **अनन्वय अलंकार** होता है।

**उदाहरण के लिए**

मुख मुख ही के समान सुन्दर है।

यहाँ 'मुख' उपमेय है और 'मुख ही' उपमान है। वहाँ 'मुख' को 'मुख' से ही उपमा दी गयी है।

## दृष्टान्त

जब पहले एक बात कहकर उसको स्पष्ट करने के लिए उससे मिलती-जुलती दूसरी बात कही जाए, तब उसे **दृष्टान्त अलंकार** कहते हैं।

**उदाहरण के लिए**

जपत एक हरिनाम के पातक कोटि बिलाय।
लघु चिनगारी एकते घास ढेर जरि जाय।।

## अपह्नुति

जब एक बात का निषेध करके दूसरी बात कही जाती है तब उसे अपह्नुति अलंकार कहते हैं।

**उदाहरण के लिए**

यह मुख नहीं है, चन्द्रमा है।
है गरजते घन नहीं बजते नगाड़े।
विद्युल्लता चमकी न कृपाण जाल से।

**(एसएससी हिन्दी अनुवादक परीक्षा २०१२)**

## विभावना

जब किसी कार्य–कारण के सम्बन्ध में कोई विलक्षण बात कही जाती है, तब वहाँ **विभावना अलंकार** होता है।

**उदाहरण के लिए**

बिनु पद चलै सुनै बिनु काना।

## व्यतिरेक

जब उपमेय को उपमान की अपेक्षा बढ़कर बताया जाता है, तब वहाँ **व्यतिरेक अलंकार** होता है।

**उदाहरण के लिए**

साधु ऊँचे शैल सम, किन्तु प्रकृति सुकुमार।

## प्रतीप

जब उपमेय को उपमान और उपमान को उपमेय बना दिया जाता है, तब वहाँ **प्रतीप अलंकार** होता है।

**उदाहरण के लिए**

चन्द्रमा मुख के समान सुन्दर है।
गर्व करउ रघुनन्दन घिन मन माँहा।
देखऊ आपन मूरति सिय के छाँहा।।

**(बैंक लिपिकीय परीक्षा २००८)**

जग प्रकाश तब जस करै,
बृथा भानु यह देख।

(बैंक भर्ती परीक्षा २०१२)

## अत्युक्ति

जब शौर्य, औदार्य, सौन्दर्य, विरह, प्रेम, कीर्त्ति आदि का बढ़ा-चढ़ाकर वर्णन करने के लिए झूठ का सहारा लिया जाता है, तब वहाँ **अत्युक्ति अलंकार** होता है।

**उदाहरण के लिए**

लखन सकोप बचन जब बोले।
डगमगानि महि, दिग्गज डोले।।

## अत्युक्ति-अतिशयोक्ति में अन्तर

अतिशयोक्ति में सत्य का कुछ अंश रहता है किन्तु अत्युक्ति पूर्णत: मिथ्या पर आधारित होता है।

# उभयालंकार के भेद

## संकर

जहाँ पर एक ही स्थान में एक से अधिक अलंकार नीरक्षीरवत् मिले हुए हों, वहाँ **संकर अलंकार** होता है।

**उदाहरण के लिए**

नयन नीलिमा के लघु नभ में।
अलि किस सुषमा का संसार।।
विरल इन्द्रधनुषी बादल-सा।
बदल रहा निज रूप अपार।।

## संसृष्टि

जहाँ दो अथवा दो से अधिक अलंकार परस्पर मिलकर भी स्पष्ट रहें, वहाँ **संसृष्टि अलंकार** होता है।

**उदाहरण के लिए**

तिरती गृह वन मलय समीर,
साँस, सुधि, स्वप्न, सुरभि, सुखगान?
मार केशर-शर, मलय समीर
हृदय हुलसित कर पुलकित प्राण।

❄❄❄

# १९. आलेखन अथवा प्रारूपण : अर्थ और महत्ता

आलेखन का एक निश्चित उद्देश्य होता है। एक उत्तम आलेखन उस उद्देश्य को भली प्रकार सम्पन्न करता है। उदाहरणार्थ— एक कार्यालय की कार्य-प्रणाली को ही लिया जाए— कार्यालय में एक अधिकारी होता है, जो उसका प्रमुख होता है। भिन्न-भिन्न प्रकार के कार्यों के लिए पृथक्-पृथक् कार्यालय-सहायक होते हैं। एक पत्र आता है और उसे एक सहायक के समक्ष उपस्थित किया जाता है। उस सहायक से यह आशा की जाती है कि वह उस पत्र का उत्तर लिखे। वह आलेखन अधिकारी के समक्ष अन्तिम स्वीकृति हेतु रखा जाता है।

## अर्थ और अवधारणा

आलेखन का अर्थ होता है, किसी विषय पर उच्च अधिकारी के आदेश अथवा सम्बन्धित पत्रों या उनके सारांश के आधार पर किसी आदेश, सूचना, स्मृति-पत्र, प्रस्ताव आदि का प्रारूप (मसविदा) तैयार करना। आलेखन को ही प्रारूपण भी कहा जाता है।

**(एसएससी हिन्दी अनुवादक परीक्षा २०१२)**

सम्बन्धित अधिकारी-द्वारा अनुमोदित हो जाने पर आलेख अन्तिम रूप प्राप्त कर लेता है, जिसकी आवश्यक संख्या में प्रतिलिपियाँ टाइप कराकर अथवा स्वच्छ रीति से लिखवाकर तैयार करायी जाती हैं और अधिकारी के हस्ताक्षर कराकर सम्बन्धित व्यक्तियों या कार्यालयों को भेज दी जाती हैं। एक आलेखन शुद्ध, पूर्ण तथा स्पष्ट हो सकता है तथा दूसरी ओर, उनमें उक्त गुणों का अभाव भी हो सकता है परन्तु एक शुद्ध, पूर्ण, स्पष्ट और स्वत: पूर्ण आलेख ही अपने उद्देश्य की पूर्ति कर सकता है। जिस आलेखन में ये गुण नहीं होंगे, वे अपने उद्देश्य में असफल रहेंगे। अच्छे आलेखन में अधिकारी को असुविधा नहीं होगी तथा उत्तर को नये सिरे से लिखना नहीं पड़ेगा और पत्र-व्यवहार शीघ्र सम्पन्न होगा। इस प्रकार आलेखन का उद्देश्य पत्र-व्यवहार को अधिक शीघ्रगामी तथा कार्यालय को अधिक कार्यक्षम करना है।

## एक उत्कृष्ट आलेखन के गुण

उत्कृष्ट आलेखन के उपर्युक्त उद्देश्य से उसके गुण भी स्वत: स्पष्ट हो जाते हैं। एक अच्छे आलेखन के गुण निम्नलिखित हैं :—

१- शुद्धता २- पूर्णता ३- स्पष्टता ४- सरलता ५- संक्षिप्तता ६- उत्तम शैली ७- नम्रता और शिष्टता।

यहाँ आलेख के उपर्युक्त गुण विस्तारपूर्वक स्पष्ट किये गये हैं :—

### १- शुद्धता

जब किसी आलेखन में निर्देश, संख्या, दिनांक तथा कथन शुद्ध, समीचीन तथा प्रासंगिक रहते हैं, तब वह आलेखन शुद्ध माना जाता है। इन गुणों से रहित होने पर पुनरालेखन की भी आवश्यकता पड़ सकती है। किसी प्रकार की छोटी-सी भूल भी भविष्य में उलझन उत्पन्न कर

सकती है। इससे पत्र-व्यवहार में देर लग सकती है और अधिकारी को असुविधा भी हो सकती है। इस प्रकार जिस व्यक्ति ने आलेखन तैयार किया है, उसकी निपुणता में अधिकारी को सन्देह होगा। यदि दोष अनदेखा ही रह गया तो भविष्य में और भी कष्टदायक सिद्ध हो सकता है।

अंकों तथा तिथियों में ग़लती होना सम्भव है। जहाँ ग़लती होने की सम्भावना है, उन अंशों की बड़ी सावधानी से जाँच कर लेनी चाहिए। इसमें मौजूद रहने वाले दोष मुख्यत: इस प्रकार के होते हैं:— (अ) सारांश-सम्बन्धी (ब) भाषा-सम्बन्धी (स) रूपरेखा-सम्बन्धी।

(अ) **सारांश-सम्बन्धी–** ये दोष मुख्यत: उपस्थित विषय के निर्देशों के सम्बन्ध में अपूर्ण सूचनाएँ मिलने के कारण आ जाते हैं। इस प्रकार के दोषों का कोई बचाव अथवा स्पष्टीकरण नहीं हो सकता। वास्तव में, यह कर्त्तव्य की अवहेलना ही है, जो कर्मचारी के भविष्य को हानि पहुँचा सकता है। निर्देशों के अतिरिक्त उपस्थित विषय-सम्बन्धी नियम-उपनियमों का भी वर्णन आवश्यक है। अत: संबंधित कर्मचारी को नियम-उपनियमों का ज्ञान होना अत्यावश्यक है और उसके अभाव के कारण ग़लतियाँ नहीं होनी चाहिए। जब कहीं सन्देह हो, तब निर्देश-पुस्तिकाओं (Directories) का प्रयोग करना चाहिए।

(ब) **भाषा-सम्बन्धी–** यह दोष होना भी अनुचित है। भाषा सदैव विचारों का वाहन है। बहुधा मनुष्य के लेखन से ही उसकी परीक्षा होती है। अत: अपने विचारों को सदैव शुद्ध और समीचीन भाषा में व्यक्त करने में अत्यन्त सावधानी से काम लेना चाहिए। शुद्ध भाषा के महत्त्व पर जो कुछ भी कहा जाए, थोड़ा है।

(स) **रूपरेखा-सम्बन्धी–** शुद्धता भी कार्यालय के पत्र-व्यवहार में उतनी ही महत्त्वपूर्ण है, जितनी भाषा अथवा सारांश-सम्बन्धी बातें। पत्र-व्यवहार की एक निश्चित रूपरेखा होती है, जिसका कठोरता से अनुसरण करना चाहिए। किसी भी औपचारिक पत्र-व्यवहार में रूपरेखा-सम्बन्धी ग़लती अथवा परिवर्त्तन क्षम्य नहीं है।

पत्र-व्यवहार के भिन्न-भिन्न रूपों का पुस्तक के अन्य प्रकरणों में वर्णन किया गया है।

## २- पूर्णता

किसी भी आलेखन को प्रत्येक प्रकार से पूर्ण होना चाहिए, तभी उसका नाम सार्थक होता है। सूचनाओं, निर्देशों और विषय-वस्तु (Subject-matter)— सभी में पूर्णता आवश्यक है। पर्याप्त प्रासंगिक नियमों और उपनियमों का वर्णन भी नहीं छोड़ा जा सकता। पूर्णता की दृष्टि से यह भी आवश्यक है कि पत्र में पत्र-संख्या, तिथि तथा हस्ताक्षर भी हों। संक्षेप में, वे सब बातें होनी आवश्यक हैं, जिनकी उसे समझने में आवश्यकता पड़ती है।

आलेख की अपूर्णता के कारण कार्य निबटाने में अधिक व्यय और देरी होती है। कार्यालयों के पत्र-व्यवहार में बहुधा इसी कारण देर होती है। किसी पक्ष का अपूर्ण अथवा अनुपयुक्त उत्तर देने से आवश्यक सूचनाएँ देने के लिए और अधिक पत्र-व्यवहार की आवश्यकता पड़ती है। इस प्रकार कार्यालय की कुशलता और समय की बचत मुख्यत: आलेख की पूर्णता पर ही निर्भर है।

कार्य को शीघ्र ही समाप्त करने के लिए आलेखन को सदैव स्वत: पूर्ण होना चाहिए। समस्त सूचनाएँ, निर्देश, प्रासंगिक नियमोपनियम अथवा आवश्यक विवाद उसमें सम्मिलित होने चाहिए। आलेखन एक पूर्ण टिप्पणी होनी चाहिए, जिसमें कम-से-कम निर्देशों की आवश्यकता पड़ती है।

## ३- स्पष्टता

स्पष्ट आलेखन पाठक के समक्ष सीधा अर्थ उपस्थित करता है। अच्छा आलेखन वही है, जिसे पाठक भली प्रकार समझ सके तथा वही समझे, जो वास्तव में उसे जानना चाहिए। अच्छे

आलेखन में बुद्धि-भ्रम के लिए कोई स्थान नहीं होता है। उसमें सदैव भाषा, तर्क, विवाद और विचारों की स्पष्टता होती है तथा किसी भी प्रकार की अस्पष्टता नहीं होती।

किसी आलेखन का प्रथम आवश्यक गुण विचार-सम्बन्धी स्पष्टता है। आलेखन का विषय तथा रूपरेखा मस्तिष्क में स्पष्ट, निश्चित तथा पूर्वनियोजित होनी चाहिए। यदि लेखक स्वयं ही स्पष्ट नहीं है तथा कोई निश्चित योजना और तर्कपूर्ण विचार नहीं रखता, तो वह एक तर्कपूर्ण और स्पष्ट आलेख प्रस्तुत करने में भी सफल नहीं हो सकता।

दूसरा आवश्यक गुण भाषा पर अधिकार है। वास्तव में, शब्द ही विचारों के प्रतीक हैं। भाषा मस्तिष्क के विचारों की वाहक है। कोई भी व्यक्ति दूसरे के विचारों को शब्दों के रूप में ही जान सकता है। अत: जहाँ कहीं लेखन का कार्य है, वहाँ भाषा पर अधिकार किये बिना सफल नहीं हो सकता। विचारों को स्पष्ट रूप देने के हेतु एक स्पष्ट तर्कपूर्ण प्रणाली की आवश्यकता होती है। अन्य गुणों के समान यह भी अभ्यास से ही आता है। अपने विचार, वार्तालाप, लेखन और जीवन के सभी व्यापारों में व्यक्ति को तर्कपूर्ण होना चाहिए। इसके लिए सब प्रकार सुव्यवस्थित, स्वभाव का निर्माण और परिपोषण आवश्यक है।

आलेखन में स्पष्टता का अभाव एक बहुत बड़ा दोष है। इससे उसका वास्तविक उद्देश्य ही समाप्त हो जाता है। उसके पढ़ने से पाठकों के मन में खीझ उत्पन्न होती है। स्पष्टता के अभाव के कारण स्पष्टीकरण हेतु अधिकाधिक पत्र-व्यवहार की आवश्यकता पड़ती है तथा पत्र-व्यवहार में अनावश्यक और व्यर्थ का व्यय होता है।

### ४- सरलता

पत्र-व्यवहार में सरलता सदैव एक गुण है। लेखक के विचारों को स्पष्ट और सरलता से दर्शाने हेतु एक आलेखन में भाषा तथा शैली-सम्बन्धी सरलता का होना आवश्यक है। अधिकांश विद्वान् आलेखन में भाषा-शैली की सरलता के परितोषक हैं। उनके मत में, पत्र-लेखन एक आडम्बरपूर्ण निरर्थक प्रदर्शनमात्र नहीं होना चाहिए, प्रत्युत वह सरल भाषा में लिखा हुआ और ठोस तथ्यों से युक्त होना चाहिए। लेख से सम्बन्धित सदैव दो वर्ग होते हैं— लेखक और पाठक। यदि लेख की भाषा सरल है, तो दूसरे वर्ग को भी लाभ होता है। वह लेख को सरलता तथा भली प्रकार समझ लेता है और लेखन का उद्देश्य सब प्रकार से पूर्ण होता है, परन्तु यदि शैली क्लिष्ट और आडम्बरपूर्ण होती है, तब वह अपने उद्देश्य में सफल नहीं होती। इस प्रकार सरलता एक अच्छे लेखक का गुण है।

### ५- संक्षिप्तता

संक्षिप्त भाषा उत्तम आलेख का एक अन्य आवश्यक गुण है **(रेलवे भर्ती परीक्षा २०१२)**। कार्य-व्यवहार की पूर्ति में समय का भी विशेष स्थान है। कोई भी कार्य जितना ही शीघ्रतापूर्ण होता है, उतना ही प्रशंसनीय होता है और संक्षिप्तता का कार्य की शीघ्र समाप्ति से सीधा सम्बन्ध है। मिथ्याडम्बर तथा पुनरुक्ति संक्षिप्तता के शत्रु हैं। अनावश्यक विस्तार तथा पुनरुक्ति कभी नहीं होनी चाहिए। लम्बे वाक्यों के स्थान पर अर्थपूर्ण समानार्थक शब्दों का प्रयोग सदैव लाभदायक है।

संक्षिप्तता निस्सन्देह आलेखन का एक आवश्यक गुण है, तथापि आलेखन में उसका प्रयोग करने हेतु सावधानी की आवश्यकता है। दूसरे, आवश्यक गुणों की अवहेलना करके संक्षेपण को आगे स्थान नहीं दिया जा सकता। संक्षिप्तता के कारण स्पष्टता तथा पूर्णता में कमी नहीं होनी

चाहिए। सर्वप्रथम आलेखन स्वत: पूर्ण हो तथा उसके बाद संक्षिप्त। दुरूहता की सीमा तक पहुँचनेवाली संक्षिप्तता, बुद्धि और शिष्टता की न्यूनता का द्योतक है।

### ६- उत्तम शैली

इस गुण के पक्ष में कोई भी उक्ति अतिशयोक्ति न होगी। साहित्य का कोई अंश, चाहे वह व्याकरण के अनुसार कितना ही शुद्ध अथवा नियमानुसार लिखा गया हो, यदि उसकी शैली उत्तम नहीं है, तो वह कभी उच्चकोटि का नहीं हो सकता। यदि उसकी शैली उत्तम हो, तो किसी भी उद्देश्य से किसी भी प्रसंग में लिखा गया कोई अनुच्छेद साहित्य का अंश बन सकता है। प्रत्येक व्यक्ति जानता है कि साधारण व्यापार के विषय में लिखा गया कोई भी आलेख कोई साहित्यिक चमत्कार उपस्थित नहीं कर सकता। यह सत्य है कि प्रत्येक व्यक्ति सफल लेखक नहीं बन सकता, तथापि आलेख को एक पुष्ट और परिष्कृत रूप प्रदान करने में थोड़ी-सी सावधानी उसके गुण को बढ़ा सकती है। इस प्रकार के प्रयत्न से बहुत-सा लाभ हो सकता है और वास्तव में, सावधानी से किया हुआ सतत प्रयत्न कभी असफल नहीं रहता।

### ७- नम्रता और शिष्टता

नम्रता और शिष्टता भी एक अच्छे आलेख के लिए उतने ही आवश्यक हैं, जितने उपर्युक्त अन्य गुण। नम्रतापूर्ण पत्र प्रेषिती पर कभी अच्छा प्रभाव डाले बिना नहीं रह सकता। दूसरी बात यह है कि इसमें व्यर्थ की ग़लतफ़हमी कभी उत्पन्न नहीं होती। अधीनस्थ कर्मचारियों को लिखा गया पत्र भी नम्रता और शिष्टता से युक्त होना चाहिए। ऐसा न होने पर अधीनस्थ कर्मचारी की अधिकारी के प्रति श्रद्धा और उसकी कार्यशीलता बहुत कम हो जाती है।

## कार्यालयीय पत्र-व्यवहार के रूप

कार्यालयीय पत्र-व्यवहार के महत्त्वपूर्ण प्रचलित रूप निम्नलिखित हैं :—

१- शासनादेश (Government Order)
२- अर्द्ध-सरकारी पत्र (Semi-official letters)
३- कार्यालय स्मृति-पत्र (Office memorandum)
४- पृष्ठांकन (Endorsement)
५- परिपत्र (Circular)
६- प्रस्ताव (Resolution)
७- अनुस्मारक पत्र (Reminder)
८- अधिसूचना (Notification)
९- सूचना (Notice)
१०- आज्ञा-पत्र (Order)
११- प्रेस-विज्ञप्ति (Press note or Communique)
१२- तार (Telegram)
१३- द्रुत-पत्र (Express letter)
१४- मितव्यय-पत्र (Savingram)

उपर्युक्त प्रकार के भिन्न रूपों के अतिरिक्त प्रारम्भिक अवस्था में पत्र-व्यवहार का एक साधारण रूप भी प्रस्तुत किया जा सकता है।

किसी आलेख के एक आदर्श रूप में निम्नलिखित भाग होते हैं :—

१- शीर्षक (Heading)

२- पत्र-संख्या, तिथि आदि (Letter No., Date etc.)

३- विषय (Subject)

४- सम्बोधन (Salutation)

५- पत्र का मुख्य भाग (Body)

(अ) प्रसंग अथवा भूमिका (Reference or Introduction)

(ब) तथ्यों, कारणों तथा तर्कों का उल्लेख (Statement of facts, reasons and arguments)

(स) निष्कर्ष (Conclusion)

हर प्रकार के पत्र-व्यवहार में इन सब भागों का होना आवश्यक नहीं है। उदाहरणार्थ, पृष्ठांकन तथा स्मृति-पत्र में सम्बोधन (Salutation) का प्रयोग नहीं होता। तार, शीघ्र-पत्र, प्रस्ताव तथा प्रसार-विज्ञप्ति में सम्बोधन (Salutation) तथा परिसमाप्ति (Termination), दोनों ही निकाल दिये जाते हैं।

१- **शीर्षक–** पत्र कार्यालय का नाम, स्टेशन आदि के उल्लेख से प्रारम्भ होता है।

## १- **शासनादेश** (Government Order)

(उप्र पीसीएस २००३,२००४,२००६,२००७)

पत्र-संख्या.......................

शिक्षा विभाग

उत्तरप्रदेश-सरकार लखनऊ,

दिनांक ७ फरवरी, २०१५ ई०

यह ढंग कभी-कभी परिवर्त्तित भी हो सकता है और पत्र-संख्या देने के पश्चात् लेखक का नाम, पद, तत्पश्चात् प्रेषिती का पद तथा पता दिया जा सकता है। उदाहरणार्थ :—

पत्र-संख्या १२५५ शि०वि०

प्रेषक

श्री पी० आर० चोपड़ा, आई० सी० एस०,
सचिव, शिक्षाविभाग,
भारत-सरकार।
नई दिल्ली

सेवा में

सचिव,
शिक्षा-विभाग,
उत्तरप्रदेश-सरकार,
लखनऊ।
दिनांक ३ मार्च, २०१५ ई०

इस विषय में सांधारण नियमों और रीतियों पर विशेष ध्यान देना चाहिए। बायीं ओर कुछ स्थान छोड़कर प्रथम पंक्ति में 'प्रेषक' लिखा जाएगा।

दूसरी पंक्ति में 'प्रेषक' के नीचे दायीं ओर 'प्रेषक का नाम' तथा नीचे की पंक्तियों में अन्य बातें लिखी जाएँगी। नाम के पूर्व श्री, तत्पश्चात् डिग्री और पदसूचक उपाधियाँ लिखी जाती हैं। यह एक सुसम्बन्धित वाक्य है और व्याकरण के अनुसार पूर्ण है।

उदाहरणार्थ :— श्री पी० आर० चोपड़ा के पश्चात् एक अर्द्ध विराम लगाकर तत्पश्चात् उपाधियाँ लिखी जाएँगी, जिनमें से प्रत्येक के पश्चात् भी एक-एक अर्द्ध विराम लगेगा; जैसे— पी० आर० चोपड़ा, आई० सी० एस०, एफ० आर० सी० एस०।

द्वितीय पंक्ति, जिसमें कि प्रत्येक के पद का उल्लेख होगा, प्रथम पंक्ति का ही भाग मानी जाएगी। अत: प्रथम पंक्ति के अन्त में एक अर्द्ध विराम लगाना चाहिए।

तृतीय अथवा इस प्रसंग की अन्तिम पंक्ति से वाक्य एक पूर्ण विराम के साथ समाप्त हो जाता है।

उदाहरणार्थ :—

श्री डी० आर० थामसन, आई० सी० एस०, एफ० आर० सी० एस०,<br>
सचिव, शिक्षा विभाग,<br>
भारत-सरकार

प्रेषिती का पद तथा पता भी ठीक उपर्युक्त प्रकार से ही लिखा जाता है और उसके पूर्व बायीं ओर थोड़ा स्थान छोड़कर 'सेवा में' 'प्रेषक' के ठीक नीचे लिखा जाता है।

उदाहरणार्थ :—

प्रेषक

श्री पी० आर० चोपड़ा, आई० सी० एस०, एफ० आर० सी० एस०,<br>
सचिव, शिक्षा विभाग,<br>
भारत-सरकार।

सेवा में,

सचिव, शिक्षा विभाग,<br>
उत्तरप्रदेश-सरकार,<br>
लखनऊ।

जब किसी नाम के पूर्व आदरसूचक पद जैसे 'डॉ०', 'प्रोफेसर', 'कर्नल' आदि का प्रयोग हो तब 'श्री' शब्द का उपयोग नहीं होना चाहिए।

**सम्बोधन का गलत रूप**

डॉ० श्री बी० सी० राय

**सम्बोधन का सही रूप**

डॉ० बी० सी० राय

यह ध्यान रहे कि प्रेषक का नाम, स्थान और पद सदैव प्रेषिती के पते आदि के पूर्व लिखा जाना चाहिए।

२- **पत्र-संख्या, तिथि आदि-** प्रत्येक पत्र में पत्र-संख्या, तिथि आदि का उल्लेख होना आवश्यक है। इसके न होने से प्रेषिती को और कभी-कभी प्रेषक को भी बहुत कठिनाई होती है। पत्र-संख्या और तिथि के उल्लेख में भिन्न-भिन्न कार्यालयों में भिन्न-भिन्न प्रथाएँ हैं। सामान्यत:

पत्र-संख्या पत्र के शीर्ष पर अर्थात् सर्वप्रथम तथा तिथि प्रेषिती के नाम और पद के उल्लेख के बाद लिखी जाती है। ऊपर के उदाहरणों से उनके उचित स्थान का ज्ञान हो जाता है।

३- **विषय-** प्रेषिती की सुविधा के हेतु, पत्र का पूर्ण विवरण देने के पूर्व, संक्षेप में पत्र का विषय दे देना उचित होता है।

उदाहरणार्थ :—

विषय :— **कर-संकलन**

इससे पत्र का रूप निम्न प्रकार हो जाता है :—

शासनादेश संख्या....................

प्रेषक

श्री टी० एन० चोकलिंगम, एम० ए०, एल-एल० बी०,
सचिव, गृहविभाग,
भारत-सरकार।
नई दिल्ली

सेवा में,

विशेष कार्याधिकारी,
केन्द्रीय आबकारी,
पटना।

दिनांक १२ जनवरी, २०१५ ई०

विषय :— **कर-संकलन**

४- **सम्बोधन** (Salutation)–सभी कार्यालय-पत्रों में सम्बोधन 'महोदय' अथवा 'महोदया' के रूप में होता है। अर्द्ध-सरकारी पत्रों में वह 'प्रिय अ० ब० स०' अथवा 'प्रियवर अ० ब० स०' के रूप में होता है। इन सभी रूपों में सम्बोधन के पश्चात् सम्बोधन के चिह्न का ही प्रयोग होगा।

उदाहरणार्थ:—

**महोदय !** अथवा **प्रियवर !**

५- (अ) **प्रसंग अथवा भूमिका–**सम्बोधन के पश्चात् पत्र का मुख्य भाग आता है। यदि पत्र किसी दूसरे पत्र के उत्तर में लिखा जा रहा हो, तो आलेखन में सदैव उक्त पत्र का निर्देश प्रारम्भ में ही दे दिया जाता है परन्तु यदि पत्र विषय को प्रारम्भ ही कर रहा हो, तो विषय के प्रस्तावनास्वरूप आवश्यक टिप्पणी देकर पत्र को सीधा प्रारम्भ किया जा सकता है।

उदाहरणार्थ :—

**(१)**

पत्र-संख्या : २१६३

प्रेषक

डॉ० आर० एस० गोयल
आई० ए० एस०,
उद्योग-संचालक,
कानपुर, उत्तर प्रदेश।

सेवा में,

सचिव, उद्योग विभाग,
उत्तरप्रदेश-सरकार
लखनऊ।

दिनांक १५ जनवरी, २०१५ ई०

विषय :— **शिक्षित नवयुवकों को उद्योग हेतु अग्रिम सहायता**

महोदय!

मुझे आपका ध्यान उपर्युक्त विषय पर शासनादेश संख्या-३१९/२-०९ दिनांक २० जून, २०१४ ई० की ओर आकर्षित करते हुए यह कहने का आदेश हुआ है कि उक्त आयोजन से बड़ी सीमा तक नवयुवक आकर्षित होंगे तथा बेरोज़गारी की समस्या का निराकरण करने में बड़ी सहायता मिलेगी।

**(२)**

पत्र-संख्या २५६/७-२६

प्रेषक

श्री बी० सहाय, (आई० ए० एस०)
सचिव,
उत्तरप्रदेश-सरकार।

सेवा में,

उद्योग संचालक,
उत्तरप्रदेश,
कानपुर।

दिनांक २० जनवरी, २०१५ ई०

विषय :— **राज्य में बेरोज़गारी-समस्या का निराकरण**

महोदय!

मुझे यह कहने का आदेश हुआ है कि सरकार बहुत दिनों से यह विचार कर रही है कि बेरोज़गारी की समस्या का निराकरण करने के लिए कुछ कारगर उपाय किये जाएँ। नवीन छात्रों के लाभ हेतु बहुधा प्रयोग में आनेवाले कुछ पत्रों के प्रारम्भिक रूप नीचे दिये गये हैं :—

(अ) जब एक पत्र, पत्र-व्यवहार के मध्य लिखा जाता है, तब वह मूल पत्र नहीं होता। इस प्रकार के पत्रों का आरम्भ निम्नलिखित प्रकार से होता है :—

(१) शासनादेश-संख्या..........के निर्देश के अनुसार, आपकी पत्र-संख्या.......... अथवा इस कार्यालय की पत्र-संख्या..........

(२) मुझे आपकी पत्र-संख्या..........के सन्दर्भ में यह कहने का आदेश हुआ है..........

(३) आपकी पत्र-संख्या..........के उत्तर में.........

(४) इस कार्यालय की पत्र-संख्या.......के आदेशों के अंशत: परिवर्त्तन के रूप में.......

(५) मेरी पत्र-संख्या..........के क्रम में.........

(६) आपकी पत्र-संख्या..........में की गयी प्रार्थना के उत्तर में.........

(७) मुझे आपकी पत्र-संख्या.........की प्राप्ति की सूचना देने का आदेश हुआ है।

(ब) जब किसी से पत्र-व्यवहार प्रारम्भ होता है, तब उसको आरम्भ करने के रूप निम्नलिखित होते हैं :—

(१) मुझे उपर्युक्त विषय पर आपको यह सूचित करने का आदेश हुआ है कि.....

(२) मुझे यह कहने का आदेश हुआ है कि.....

(३) मुझे यह लिखने का आदेश हुआ है कि.....

५- (ब) (१) तथ्यों का कथन

(२) कारण तर्क आदि

निर्देश के उल्लेख और समयोपयोगी तथा विषयोपयोगी आरम्भ के पश्चात् आलेखन का मुख्य भाग प्रारम्भ होता है। यहाँ पर उक्त पत्र को आवश्यक बनानेवाले प्रासंगिक सत्य, परिस्थितियाँ, आवश्यक कारण तथा तर्कों का उल्लेख किया जाता है। पत्र के मुख्य भाग के प्रसंग में एक उत्तम आलेख के गुणों का पुन: वर्णन किया जा सकता है। यह स्मरण रहे कि एक उत्तम आलेखन के शुद्ध, पूर्ण, स्पष्ट, सरल, संक्षिप्त, नम्रतापूर्ण तथा उत्तम शैली में लिखा होना चाहिए। पाठकों को इस विषय में पुस्तक का वह भाग देखना चाहिए, जहाँ पर इन आवश्यक गुणों का विस्तृत उल्लेख किया गया है।

५- (स) **निष्कर्ष–** सम्पूर्ण विषय-वस्तु का संक्षेप में, लेखक के मन्तव्य पर प्रकाश डालते हुए सार दे देने से पत्र का मुख्य भाग पूर्ण हो जाता है।

६- (अ) **परिसमाप्ति–** पत्र का अन्त निम्नलिखित प्रकार से किया जाता है:—

आपका विश्वासपात्र

अ० ब० स० (पद)

उपर्युक्त रूप ही सब श्रेणियों के पदाधिकारियों द्वारा प्रयोग किया जाता है। अर्द्ध-सरकारी पत्र में 'आपका विश्वासपात्र' के स्थान पर 'आपका सद्भावी' लिखा जाता है। कहीं-कहीं 'आपका विश्वासपात्र' की जगह 'आपका विश्वासभाजन' भी प्रयोग करते हैं।

(ब) **हस्ताक्षर–** हस्ताक्षर सदैव पठनीय, स्पष्ट और एकसमान होने चाहिए। हस्ताक्षर के साथ 'श्री' का प्रयोग नहीं होता। आदरसूचक पद, डिग्री अथवा सम्मानित पदवियाँ भी नहीं लिखी जातीं। सैन्य अधिकारियों के प्रसंग में उनकी श्रेणी का उल्लेख हो सकता है। हस्ताक्षर के साथ जाति अथवा उपजाति सम्मिलित की जा सकती है।

हस्ताक्षर के साथ सदैव प्रेषक के सरकारी पद का उल्लेख होता है। जब पत्र में प्रेषक से हस्ताक्षर करने का अधिकार लिये हुए कोई अन्य व्यक्ति हस्ताक्षर करता है, तब वह यह स्पष्ट करने हेतु कि वह पत्र को अपने अधिकार से नहीं लिख रहा है, प्रत्येक के पद के पूर्व 'आज्ञा से' कृते (For) वाक्यांश लिख देता है। वह अपने भी पद का उल्लेख कर देता है।

यहाँ कार्यालय संचार-पत्र का विस्तार में वर्णन किया गया है।

**शासनादेश–** यह पत्र पूर्णत: औपचारिक होता है तथा सम्बन्धित अधिकारी को सम्बोधित करके लिखा जाता है। यह प्रथम पुरुष में लिखा जाना चाहिए। सब शासनादेशों पर पत्र-संख्या और तिथि उसी प्रकार लिखी जानी चाहिए, जिस प्रकार पत्र-व्यवहार पुस्तिका (Despatch Diary) में

लिखी गयी हो। साधारणत: सरकारी विज्ञप्तियाँ, कार्यालय अथवा विभाग के अध्यक्ष के नाम जानी चाहिए। स्थायी अथवा स्थानापन्न अधिकारी में कोई भेद नहीं किया जाना चाहिए। यदि अधिकारी अस्थायी रूप में कार्य करनेवाला ही हो, तो भी पत्र पर 'स्थानापन्न सचिव' लिखना अनुपयुक्त है। उस पर केवल 'सचिव' लिखा जाना चाहिए और यदि प्रेषक में स्थानापन्न-रूप में कार्य करनेवाला अधिकारी हो, तो भी इसी प्रकार लिखा जाना चाहिए। तत्पश्चात् पत्र का विषय संक्षेप में लिखा जाना चाहिए। उदाहरण के लिए पत्र की रूप-रेखा निम्नलिखित प्रकार से होगी : —

प्रेषक

श्री....................

सचिव, शिक्षाविभाग,

बंगाल-सरकार।

कोलकाता

सेवा में

उपसचिव, शिक्षाविभाग,

भारत-सरकार,

नई दिल्ली।

दिनांक २२ जनवरी, २०११ ई०

विषय :— **वर्तमान शिक्षा-प्रणाली में सुधार**

**सम्बोधन**–साधारणत: प्रत्येक सरकारी पत्र में सम्बोधन 'महोदय!' शब्द से ही होता है तथा किसी संस्था अथवा बहुत से व्यक्तियों के प्रसंग में 'महोदयगण!' अथवा 'सज्जनो!' का प्रयोग हो सकता है।

शासनादेशों में प्रेषक द्वारा लिखित विचार उसका व्यक्तिगत मत प्रकट नहीं करता। जो कुछ वह लिखता है, उसमें उस कार्यालय का मत होना चाहिए, जिसमें वह कर्मचारी है अथवा उस सरकार या पदाधिकारी का, जिसके निर्देश से वह लिख रहा है। यहाँ पर प्रारम्भ निम्नलिखित प्रकार से होगा:—

मुझे यह लिखने का आदेश हुआ है कि..........

साथ-ही-साथ समस्त आलेखन में एक सम्मानित और शिष्ट पद्धति होनी चाहिए। यह ध्यान रखना चाहिए कि एक प्रशंसनीय आलेखन सुगठित विषय और प्रवाहपूर्ण विचारों के साथ-साथ सरल भाषा में लिखा होता है।

अब पत्र का मुख्य भाग आरम्भ होता है। सचिवालय के सभी सरकारी पत्र प्रथम पुरुष में लिखे जाते हैं। पत्र का मुख्य भाग साधारणत: तीन भागों में बँटा होता है:—

(अ) प्रारम्भिक अनुच्छेद (ब) मुख्य अनुच्छेद (स) अन्तिम अनुच्छेद।

प्रारम्भिक अनुच्छेद के अन्तर्गत संक्षेप में पत्र के विषय का उल्लेख रहता है। पत्रोत्तर देते समय पत्र-संख्या और दिनांक स्पष्ट रूप में लिखना चाहिए। पत्र में यदि किसी पूर्व-पत्र का निर्देश हो तो उक्त पत्र की संख्या और दिनांक का भी उल्लेख करना आवश्यक है। "मुझे यह कहने का आदेश हुआ", "मुझे आदेश हुआ है", "राज्यपाल महोदय के आदेश के अनुसार मुझे

यह सूचित करना है कि'' इत्यादि वाक्यांशों का प्रयोग करके सचिवालय के सचिवों को यह प्रकट करना चाहिए कि पत्र किसी उच्च अधिकारी के निर्देश से लिखा गया है। उनको पत्र अपने नाम से ही लिखना चाहिए।

प्रथम अनुच्छेद के प्रारम्भ का रूप साधारणत: निम्नलिखित प्रकार से होता है:—

१-मुझे आपको पत्र-संख्या..............दिनांक के सन्दर्भ में यह निर्देश करने का आदेश हुआ है कि...................

२-मुझे.........भेजने की आशा की जाती है..............

३-मुझे आपसे यह प्रार्थना करने का आदेश हुआ है कि..............

४-इस कार्यालय की पत्र-संख्या..............दिनांक के हेतु मुझे यह कहने का आदेश हुआ है कि..........

५-इस कार्यालय की पत्र-संख्या..............दिनांक..............के अंशत: परिवर्त्तन के विषय में मुझे यह कहना है कि..............

६. आपकी पत्र-संख्या..............दिनांक..............की ओर मुझे आपका ध्यान आकर्षित करते हुए यह कहने का आदेश हुआ है कि..........

सरकारी पत्र-व्यवहारों में अर्द्धसरकारी पत्रों का निर्देश नहीं करना चाहिए। जो अधिकारी सरकार को सचिव अथवा निजी सहायक के द्वारा लिखते हैं, उनको सम्बोधित करते हुए सदैव अधिकारी और उसकी आज्ञा से लिखनेवाले कर्मचारी में भेद करना चाहिए। दूसरे पर प्रथम के मतों अथवा प्रस्तावों का आरोप नहीं होना चाहिए। जैसे भारत-सरकार अथवा उच्च न्यायालय के प्रस्तावों का क्रमश: सचिव अथवा रजिस्ट्रार पर आरोप नहीं होना चाहिए। 'भारत-सरकार की सूचना के लिए', 'न्यायाधीशों की सूचना के लिए', 'वित्तीय आयुक्त की सूचना के लिए' आदि वाक्यांशों को, भारत-सरकार, उच्च न्यायालय अथवा वित्तीय कमिश्नर की विज्ञप्तियों में जहाँ सचिव अथवा रजिस्ट्रार को सम्बोधित किया गया हो, जोड़ देना चाहिए।

पत्र के मुख्य भाग के प्रमुख अनुच्छेद के अन्तर्गत आलेख के मुख्य विषय से सम्बन्धित सभी सूचनाओं, स्पष्टीकरणों और विवादों का उल्लेख होना चाहिए। अन्तिम अनुच्छेद के अन्तर्गत संक्षेप में पाठक के लिए प्रेषक के मन्तव्य का निर्देश होना चाहिए। आलेख में कोई निर्देश करते समय किसी वाक्यांश की पुनरुक्ति नहीं होनी चाहिए। इसके स्थान पर अन्य समानार्थक वाक्यांश जैसे 'सन्दर्भ में', 'विषय में', 'निर्देश करते हुए', 'ध्यान आकर्षित करते हुए' इत्यादि के प्रयोग करने चाहिए। इसके अतिरिक्त पत्र-लेखन में सीधी प्रणाली अपनाने से भी यह दोष बहुत सीमा तक दूर हो सकता है। उदाहरणार्थ— आपकी पत्र-संख्या.............. दिनांक ..............के सन्दर्भ में मुझे यह कहने का आदेश हुआ है कि..............।

किसी आलेख में कोई भी वाक्य अपूर्ण नहीं होना चाहिए। इस प्रकार के वाक्य जैसे ''आपकी पत्र-संख्या.....दिनांक.....सचिव, उत्तरप्रदेश-सरकार'' अथवा 'उत्तरप्रदेश-सरकारी विज्ञप्ति' इत्यादि अपूर्ण होने के कारण वर्जित हैं। शुद्ध रूप इस प्रकार है:—

आपकी पत्र-संख्या..............दिनांक..............के सम्बन्ध में उत्तरप्रदेश-सरकार के सचिव अथवा उत्तरप्रदेश-सरकार की विज्ञप्ति।

निम्नलिखित अधिकारियों के पत्र का निर्देश करते समय 'प्रार्थना' शब्द का प्रयोग करना चाहिए। 'अनुगृहीत', 'कृपया', 'सादर' आदि अनौपचारिक शब्दों का प्रयोग यथासम्भव नहीं करना

चाहिए। इस प्रकार के शब्दों का प्रयोग सार्वजनिक प्रार्थना-पत्रों अथवा विनीत पत्रों में किया जा सकता है। अधूरे शब्दों का भी प्रयोग नहीं होना चाहिए। 'हम' सर्वनाम का प्रयोग भी उचित नहीं है। जब आलेख में किसी अधिकारी को निर्देश किया गया हो, तब उसके नाम के बजाय पद का ही उल्लेख होना चाहिए। उदाहरणार्थ— 'रेलमन्त्री', 'शिक्षासचिव' इत्यादि। व्यक्तिगत पदवियाँ और पदसूचक शब्द जैसे बी०ए०, आई०ए०एस०, आई०पी०एस० इत्यादि का सरकारी पदों के साथ प्रयोग नहीं करना चाहिए। 'उद्योग-संचालक, आई०ए०एस०' इस प्रकार लिखना अनुचित होगा।

प्रस्ताव, विज्ञप्ति, नियम अथवा उपनियमों के निर्देशों का भी पूर्ण वर्णन करना आवश्यक है। उदाहरणार्थ :—"उत्तरप्रदेश गज़ट दिनांक ११ जनवरी, २०१५ ई० के द्वितीय भाग प्रेषित शिक्षा-विभाग की विज्ञप्ति संख्या.....दिनांक....."

सम्मानित पदवाले अधिकारियों का निर्देश करते समय 'सम्मानित' शब्द का प्रयोग नहीं होता है। उदाहरणार्थ—'सम्मानित न्यायाधीश बी० एन० ओक' के स्थान पर 'न्यायाधीश बी० एन० ओक' ही लिखना चाहिए।

एक पत्र में एक ही विषय से सम्बन्धित बातें होनी चाहिए। उपरान्त अथवा अन्त में सूची भी दे देनी चाहिए। धन को शब्दों तथा अंकों, दोनों में लिखना चाहिए; जैसे—१,०० रुपये (एक हज़ार रुपये)। उच्च अधिकारियों को आदेशार्थ अथवा स्वीकृतार्थ पत्र भेजने पर साधारणत: अधीनस्थ अधिकारी 'प्रस्तुत' शब्द का प्रयोग करते हैं। दूसरी ओर, अधीनस्थ कर्मचारियों को आदेश, प्रतिवेदन, सूचना अथवा स्वीकृति भेजते समय उच्च अधिकारी 'प्रेषित' शब्द का प्रयोग करते हैं।

यदि आये हुए पत्र पर किसी सहायक अधिकारी के हस्ताक्षर हों, तो भी उसका उत्तर 'विभागाध्यक्ष' के नाम से जाना चाहिए। जैसे—यदि सहायक शिक्षा निदेशक के हस्ताक्षर से युक्त कोई पत्र आता है, तो उसका उत्तर शिक्षा-निदेशक को ही प्रेषित किया जाना चाहिए। यदि दूसरे अधिकारियों से आये हुए पत्र वापस जाने हों, तो आलेखन में एक उपवाक्य में इस तथ्य का निर्देश कर देना चाहिए। यदि आलेखन में समावृत्तों का निर्देश हो तो वे भी पत्र के साथ अवश्य जाने चाहिए। जब आलेखन लम्बा हो, तब उसे अनुच्छेद, उप-अनुच्छेद, वाक्य, उपवाक्य आदि में विभाजित किया जाना चाहिए।

अब पत्र की समाप्ति के रूप की ओर ध्यान देना है। यह समाप्ति एक औपचारिक रूप में होती है; जैसे—'आपका विश्वासपात्र'। इस रूप का सभी श्रेणी के अधिकारियों द्वारा प्रयोग होता है। निम्न पदस्थ अधिकारियों को लिखते समय केवल हस्ताक्षर करके पद लिख दिया जाता है, परन्तु उच्च अधिकारियों को लिखते समय 'आपका विश्वासपात्र' शब्दों से पत्र समाप्त होता है।

**हस्ताक्षर–** हस्ताक्षर-सम्बन्धी आवश्यक सूचनाओं का उल्लेख पीछे किया जा चुका है।

उदाहरणार्थ :—

## शासनादेश

प्रेषक

श्री अ० ब० स० (आई० ए० एस०)
सचिव, गृह विभाग,
भारत-सरकार,
नई दिल्ली।

सेवा में,

सचिव, गृह-विभाग,
उत्तरप्रदेश-सरकार,
लखनऊ।

दिनांक २८ मई, २०१५ ई०

विषय :— **स्थानीय संस्थाओं के चुनाव में राजकर्मचारियों के कर्त्तव्य**

महोदय!

मुझे यह कहने का आदेश हुआ है कि सरकार कुछ समय से सरकारी कर्मचारियों को स्थानीय संस्थाओं में मतदान के अधिकार को उचित और निष्पक्ष तरीक़े से प्रयोग करने के विषय में स्पष्ट आदेश देने के प्रश्न के अनौचित्य पर विचार कर रही है। निकट भविष्य में कुछ राज्यों में इस प्रकार के चुनावों के होने की सम्भावना के कारण यह प्रश्न अब ध्यान देने-योग्य बन गया है। केन्द्रीय और प्रादेशिक चुनावों से मतदान के सम्बन्ध में राजकर्मचारियों के लिए स्पष्ट आदेश और नियम विद्यमान हैं, परन्तु स्थानीय संस्थाओं के विषय में इस प्रकार के नियमों का अभाव है।

देश में अब वयस्क-मताधिकार लागू है। यह एक महत्त्वपूर्ण अधिकार है तथा इससे सभी वयस्क नर-नारियों को विधानसभा और स्थानीय संस्थाओं में अपने प्रतिनिधि चुनने के विषय में अधिकार तथा स्तर की समानता मिलती है। जनतन्त्र के हित में आवश्यक है कि उक्त अधिकार का प्रयोग व्यक्ति के स्वतन्त्र निर्णय से हो तथा यह निर्णय चुनाव के उम्मीदवारों के गुण, अवगुण, कार्यक्रम, नीति और कार्यक्षमता को भली प्रकार तौल कर किया जाए। बहुत-से लोग आज अपने नागरिक अधिकारों और कर्त्तव्यों से सुपरिचित हैं तथा भिन्न-भिन्न उम्मीदवारों के विषय में बुद्धिमत्तापूर्वक मत स्थिर करने में समर्थ हैं। फिर भी कम पढ़े-लिखे लोग मत के महत्त्व को समझने में असमर्थ और निर्णय करने में झिझकनेवाले कुछ लोग यदि सरकारी कर्मचारियों के मतों से परिचित हो जाते हैं, तब वे उनसे प्रभावित हुए बिना नहीं रह सकते। अत: यह आवश्यक है कि कोई सरकारी कर्मचारी किसी उम्मीदवार के हित में किसी प्रकार का प्रचार न करे और यदि उसे किसी स्थानीय संस्था के चुनाव में मतदान करने का अधिकार हो, तो इस विषय में कोई निर्देश नहीं करना चाहिए कि किस नीति से वह उस उम्मीदवार को मतदान कर रहा है। यदि उसे किसी चुनाव का संचालन करना अथवा संचालन में भाग लेना हो, तो उसे पूर्णत: निष्पक्ष रहना चाहिए। जनमत दिन-प्रति-दिन शक्ति ग्रहण कर रहा है तथा भाषणों और समाचारपत्रों द्वारा प्रकाश में आ रहा है। यदि किसी सरकारी कर्मचारी पर पक्षपात अथवा किसी उम्मीदवार के पक्ष में दबाव डालने का सन्देह हो, तो उसके व्यवहार की जनता द्वारा आलोचना स्वाभाविक है तथा इससे सरकार को असुविधा हो सकती है। उपर्युक्त परिस्थितियों में मैं आपको सरकार के उक्त विषय में अधीनस्थ कर्मचारियों को आवश्यक आदेश देने का परामर्श देता हूँ।

आपका विश्वासपात्र
अ० ब० स०
सचिव

## २- अर्द्ध-सरकारी पत्र (Semi-official Letters)

अर्द्ध-सरकारी पत्र भी औपचारिक होता है, यद्यपि यह एक शासनादेश से कम औपचारिक होता है। कार्यालय के कार्य के बीच जब कभी किसी अधिकारी को कुछ सूचना अथवा विषयों

पर स्पष्टीकरण देने के लिए किसी विषय को किसी अधिकारी के समक्ष सीधा रखना पड़ता है, तब अर्द्ध-सरकारी पत्र लिखने की आवश्यकता पड़ती है, जिससे कि साधारण कार्यवाही के अतिरिक्त उस पर कुछ विशेष ध्यान दिया जा सके। समय बचाने के लिए और केवल विशेष परिस्थितियों में इसका प्रयोग होता है। पत्र के मुख्य भाग की भाषा अधिकांशत: व्यक्तिगत होती है और उसे एक अधिकारी दूसरे अधिकारी के नाम लिखता है। अत: पत्र का रूप बदल जाता है। एक अर्द्ध-सरकारी पत्र में शासनादेश-जैसे सम्बोधन के स्थान पर 'प्रियवर मिश्र' अथवा 'प्रिय एस० बी० मिश्र' इत्यादि लिखा जाता है। प्रेषक का पता भी पत्र के स्थान पर नीचे दायीं ओर लिखा जाता है। ''मुझे यह कहने का आदेश हुआ है'' के स्थान पर ''मुझे कहते हुए हर्ष होता है'' तथा 'आपका विश्वासपात्र' के स्थान पर 'आपका सद्भावी' का प्रयोग होता है।

**अर्द्ध-सरकारी पत्र**

अ० स० पत्र-संख्या.....
ज़िला-अधिकारी और न्यायाधीश
बलिया
दिनांक ८ मार्च, २०१५ ई०

प्रिय दुबे!

कृपया 'घाघरा में बाढ़' के विषय में मेरे कल के पत्र की ओर ध्यान दीजिए। आज के समाचारों से ज्ञात हुआ है कि घाघरा में भीषण बाढ़ आ गयी है और उसका जल माघी रेलवे स्टेशन से उत्तर-पश्चिम की ओर रेलवे लाइन तक पहुँच गया है। इस भाग में सहायता का कार्य अत्यन्त कठिन हो गया है क्योंकि जल रेलवे लाइन के दोनों ओर मीलों तक फैल गया है। सहस्त्रों ग्रामीण रेलवे लाइन के किनारे एकत्र हो गये हैं, जिनके स्वयं बह जाने का भय है। गाड़ियाँ अत्यन्त मन्द गति और सावधानी से आ-जा रही हैं।

पिछले कई दिनों से एस० डी० ओ० उस क्षेत्र में हैं और मैंने उनकी सहायता के लिए दो और न्यायाधीश भेज दिये हैं। लूट और अव्यवस्था को रोकने के लिए पुलिस का प्रबन्ध किया जा रहा है।

आपका सद्भावी
एस० के० कात्यायन
ज़िला अधिकारी तथा न्यायाधीश

सेवा में,
श्री आर० के० दुबे (आई० ए० एस०)
मुख्य सचिव,
उत्तरप्रदेश-सरकार
लखनऊ।

## ३- कार्यालय स्मृति-पत्र (Office Memorandum)

(उप्र पीसीएस २००२,२००५)

यह संक्षेप में 'मेमो' कहलाता है और साधारणत: एक ही स्तर के एक सचिवालय के अन्तर्गत विभागों के अन्तर्विभागीय पत्र-व्यवहार में प्रयुक्त होता है। केन्द्रीय अथवा राज्य-सरकारों के अधिकांश पत्र-व्यवहार इसी रूप में होते हैं।

कार्यालय स्मृति-पत्र अन्य पुरुष तथा परोक्ष (Indirect) रूप में लिखा जाता है। उसमें सम्बोधन अथवा साधारण परिसमाप्ति नहीं होती। इसके आलेखन में सर्वनामों का व्यवहार बहुत ही सावधानी से करना चाहिए ताकि उनके अर्थ समझने में भ्रम की सम्भावना न रहे। शासनादेश और अर्द्ध-सरकारी पत्रों के समान स्मृति-पत्र पर सदैव पत्र-संख्या तथा दिनांक लिखे जाने चाहिए।

उदाहरणार्थ:—

**कार्यालय स्मृति-पत्र**

**उद्योग तथा विकास-विभाग**

(उप्र पीसीएस २००२)

पत्र-संख्या ४५३८-३-१०

दिनांक ३ मार्च, २०१५ ई०

वित्त विभाग-द्वारा प्रसारित ग्रामीण विकास में सहायक सरकारी परीक्षणाधीन योजनाओं को स्पष्ट करते हुए दिनांक २७ मई, २०१४ ई० की विज्ञप्ति में यह बताया गया है कि भारत-सरकार ने २०१४-१५ में इस राज्य में ग्राम-विकास के मद में २५ लाख रुपये की अतिरिक्त स्वीकृति का प्रस्ताव किया है। यह सरकार इस सहायता को स्वीकार करती है।

भारत-सरकार ने आगे चलकर इस सहायता से सम्भव योजनाओं के स्वरूप की व्याख्या करते हुए यह प्रस्ताव किया है कि इन योजनाओं के पूर्ण करने का भार ज़िला-अधिकारियों को सौंपा जाए। राज्य-सरकार ने इन योजनाओं को सद्यः-निर्मित ज़िला-आर्थिक परिषदों की सहायता से कार्यरूप में परिणत करने का भार ज़िला-अधिकारियों पर डालने का प्रस्ताव किया है तथा निम्नलिखित वर्गों में आनेवाली योजनाओं को अस्थायी रूप में चुन लिया है:—

१- ग्रामीण क्षेत्रों में जल की सुविधा का विकास

२- ग्रामीण स्वच्छता का विकास

३- सहयोगी समिति से ऋण लेने के लिए प्रोत्साहित करना

४- पुल तथा सिंचाई की नहरों-सहित ग्राम के यातायात का विकास।

इस योजना को भारत-सरकार की स्वीकृति हेतु प्रेषित करने से पूर्व राज्य-सरकार ज़िला-अधिकारियों तथा ज़िला-आर्थिक परिषदों से सुधार के सुझावों का आवाहन करती है, परन्तु यह देखा गया है कि सभी ज़िलों में ज़िला-आर्थिक परिषदों की स्थापना नहीं हुई है तथा अधिकारियों और परिषदों से परामर्श करने में इस सरकार को भारत-सरकार ने उपर्युक्त श्रेणियों की सुधार-योजनाओं को, यह निर्देश करते हुए कि इन पर भारत-सरकार की सहायता का निर्धारित परिस्थितियों और नियमों के अनुसार सर्वाधिक उपयोग हो सकता है, राज्य-सरकार के पास स्वीकृत करके भेज दिया है। इन प्रस्तावों को स्वीकार करते हुए, भारत-सरकार के तद्नुरूप उत्तर की प्रतीक्षा है। इस बीच, ज़िला-अधिकारियों से अपने ज़िले की आर्थिक परिषदों की सहायता से व्यय करने के विषय में निम्नलिखित तथ्य को ध्यान में रखते हुए प्रस्ताव भेजने की प्रार्थना की जाती है:—

सहायता का विभाजन के विषय में यह कहना कठिन है कि सहायता मिलेगी या नहीं और यदि मिलेगी तो २०१४-१५ की सहायता का कितना मिलेगा? जो कुछ भी मिलेगा, उसका बाद में विभाजन हो जाएगा।

जे० पी० मित्तल

सचिव

सेवा में,

(अ) सभी ज़िलाधिकारीगण (चेन्नै को छोड़कर)

(ब) श्रम तथा ग्राम विकास आयुक्त

(स) सचिवालय के सभी विभाग (विधि-विभाग को छोड़कर)

(द) सभी ज़िला-परिषदों के अध्यक्षगण

सं० २ उदाहरणार्थ :—

उद्योग-विभाग,
लखनऊ, उत्तर प्रदेश।

दिनांक १४ मार्च, २०१५ ई०

## कार्यालय स्मृति-पत्र

ज़िला अलीगढ़ के डीवा ग्राम में एक साबुन-उद्योग की स्थापना के लिए उनके ५०,००० (५० हज़ार) रुपये की सहायता हेतु प्रार्थना-पत्र के उपलक्ष्य में श्री ए० डी० सामन्त को गृह-उद्योग निदेशक के पास प्रार्थना करने की सम्मति दी जाती है क्योंकि वही इस प्रकार के प्रार्थना-पत्रों पर विचार करने में समर्थ हैं।

अनंग पाल
अनु-सचिव

सेवा में,

श्री ए० डी० सामन्त,
ग्राम डीवा,
डा० उमरी,
ज़िला-अलीगढ़।

## ४- **पृष्ठांकन** (Endorsement)

जब किसी पत्र या उसकी प्रतिलिपि को किसी अन्य अधिकारी अथवा अधिकारियों के पास सूचना अथवा आवश्यक कार्यवाही के लिए भेजना होता है, तब पृष्ठांकन की आवश्यकता पड़ती है। यह कार्यालय के पत्र-व्यवहार में सर्वाधिक प्रचलित एवं संक्षिप्त रूप है **(बीएड् प्रवेश परीक्षा २०१२)**। प्रतिलिपि सदैव अन्य पुरुष में लिखी जाती है तथा उसमें कार्यालय स्मृति-पत्र के समान कोई सम्बोधन नहीं होता। इस पर भी पत्र-संख्या, दिनांक तथा हस्ताक्षर होते हैं। किसी अधीन अधिकारी से पत्र-व्यवहार में भी इन सबका प्रयोग होता है। उदाहरण के लिए— सरकार के कुछ विभागों को दिये गये आदेश, प्रतिलिपि के रूप में अन्य अधिकारियों जैसे— महालेखाकार (Accountant General) महोदय आदि को प्रेषित किये जाते हैं।

इस प्रसंग में पत्र के नीचे ही निम्नलिखित प्रकार से प्रतिलिपि दे दी जाती है:—

संख्या.............. दिनांक १० जुलाई, २०१५ ई०

प्रतिलिपि आवश्यक सूचना तथा कार्यवाही के हेतु महालेखाकार महोदय, लखनऊ उत्तरप्रदेश को प्रेषित।

आज्ञा से,
सी० ज़ेड० मसीही
उपसचिव

जब कोई पत्र मूल रूप में प्रेषित किया जाता है तब उसे भेजते समय मूल रूप में शब्द लिख दिया जाता है। बहुधा पृष्ठांकन पत्र के नीचे किया जाता है, जो स्वत: पूर्ण होता है। यह निम्नलिखित रूप में किया जाता है:—

१- ..........को मूल रूप में प्रेषित

२- मूल रूप में इस टिप्पणी-सहित..........को प्रेषित

३- आवश्यक सहायक विचार के हेतु मूल रूप में..........को प्रेषित

४- आवश्यक सूचना और कार्यवाही के हेतु मूल रूप में..........को प्रेषित

५- आवश्यक जाँच के लिए मूल रूप में..........को प्रेषित

६- आवश्यक सूचना और कार्यवाही के लिए..........को प्रतिलिपि प्रेषित

७- आवश्यक सम्मति तथा प्रतिवेदन हेतु..........को प्रतिलिपि प्रेषित

८- उनकी पत्र-संख्या..........दिनांक..........का निर्देश करते हुए......को प्रतिलिपि सूचनार्थ प्रेषित

९- सूचना और आवश्यक कार्यवाही के लिए उनके पृष्ठांकन के उत्तर में..........को प्रतिलिपि प्रेषित

१०- उपर्युक्त के अनुच्छेद..........के उत्तर के लिए..........को प्रतिलिपि प्रेषित

११- प्रार्थना, टिप्पणी..........सहित..........को प्रेषित

१२- कर्मचारीगण में सूचनार्थ वितरित करने के लिए..........को प्रतिलिपि प्रेषित

१३- ..........को इस प्रार्थनासहित प्रतिलिपि प्रेषित कि..........द्वारा माँगी गयी सूचना उनको शीघ्र भेज दी जाए।

१४. ..........को उनके अधीनस्थ समस्त सरकारी विभागों को सूचित करने के हेतु प्रतिलिपि प्रेषित

१५. प्रार्थी को इस टिप्पणीसहित प्रतिलिपि प्रेषित कि..........

पत्र की प्रतिलिपि पर सदैव अधिकारी के हस्ताक्षर होने चाहिए, जबकि प्रेषित प्रतिलिपि पर सदैव हस्ताक्षर की आवश्यकता नहीं होती, परन्तु इस प्रेषित प्रतिलिपि पर अधिकारी का नाम निम्नलिखित प्रकार लिखा होना चाहिए :—

(ह०) आर० के० रमण

## ५- **परिपत्र** (Circular)

(उप्र पीसीएस २००२,२००३,२००७,२००८)

परिपत्र एक पत्र अथवा प्रतिलिपि अथवा स्मृति-पत्र के रूप में होता है। उसका निम्नलिखित परिस्थितियों में प्रयोग होता है :—

१. जब कोई सूचना बहुत-से व्यक्तियों या अधिकारियों में प्रसारित करनी होती है।

२. जब बहुत-से व्यक्तियों अथवा अधिकारियों को कोई आदेश देना होता है।

३. जब एक ही विषय पर बहुत से अधिकारियों या व्यक्तियों की सम्मति ली जाती है।

**उदाहरणार्थ**–भारत-सरकार राज्य-सरकारों को परिपत्र भेजती है। राज्य-सरकारें अपने अधिकारियों, जैसे विभागाध्यक्ष या कमिश्नर, को परिपत्र भेजती हैं। एक विभागाध्यक्ष अपने अधीनस्थ कर्मचारियों को परिपत्र भेज सकता है।

उदाहरणार्थ :—

**परिपत्र**

इस बात की ओर ध्यान आकर्षित करते हुए कि किसी भी पंखे का व्यर्थ उपयोग न हो, महालेखाकार महोदय ने कार्यालय में १५ मार्च से प्रतिवर्ष समस्त पंखों के प्रयोग करने की अनुमति दे दी है। अतः अधीक्षक और कार्यालय के अन्य कर्मचारियों से प्रार्थना की जाती है कि वे पंखों का व्यर्थ प्रयोग न होने दें।

पी० डी० भट्ट
अधीक्षकगण,
महालेखाकार कार्यालय, उत्तरप्रदेश,
इलाहाबाद

**द्वितीय उदाहरणः**—

संख्या १४०९/८/४१५-२०१५

प्रेषक

श्री पी० सी० मोघा,
उपसचिव,
उत्तरप्रदेश-सरकार
लखनऊ
दिनांक ११ जुलाई, २०१५

सेवा में,

१- रजिस्ट्रार, उच्च न्यायालय, इलाहाबाद
२- कमिश्नर, इलाहाबाद डिवीजन
३- कमिश्नर, वाराणसी डिवीजन
४- क्लेक्टर, प्रतापगढ़
५- ज़िलाधिकारी तथा न्यायाधीश, हमीरपुर

महोदय!

मुझे यह निवेदन करने का आदेश हुआ है कि सम्मानीय न्यायालय की आज्ञा से गवर्नर महोदय कुछ विषयों में हिन्दू-सम्पत्ति विधान में परिवर्त्तन करते हुए सम्मिलित हिन्दू-परिवार में विभाजन के पश्चात् स्त्रियों को सम्पत्ति का कुछ भाग मिलने के विषय में बने नियम में माननीय हिन्दू नेताओं तथा हिन्दू-मत के प्रतिनिधियों से परामर्श लेकर परिवर्तन करने का प्रस्ताव कर सकते हैं। इस परिवर्तन के प्रस्ताव की सूचना सरकार को प्रेषित की जानी चाहिए। इस प्रकार की सूचना तीन प्रणालियों में अधिक-से-अधिक १ नवम्बर, २०१५ ई० तक पहुँच जानी चाहिए।

आपका विश्वासपात्र
पी० सी० मोघा
उपसचिव

## ६- **प्रस्ताव** (Resolution)

(एसएससी २०१२)

आवश्यक विषयों में अन्तिम निश्चय अथवा आदेश के अभिलेख (Record) अथवा पुनरीक्षण (Review) के हेतु 'प्रस्ताव' का प्रयोग होता है। कुछ व्यक्ति अथवा संस्थाओं की सम्मति लेने तथा सब सम्मतियों और प्रतिवेदन (Reports) पर विचार करने के पश्चात् जब सरकार किसी अन्तिम निश्चय पर पहुँचती है, तब प्रस्ताव ही इस विषय की समस्त सम्मतियों और प्रतिवेदन का सिंहावलोकन करके सरकार के अन्तिम निश्चय को प्रकट करता है। यह एकवचन तथा अन्य पुरुष में लिखे जाते हैं। इसमें पत्र-संख्या तथा दिनांक भी लिखा जाता है। संख्या लिखने के पश्चात् सरकार तथा सम्बन्धित प्रेषक विभाग का नाम लिखा जाता है, तत्पश्चात् प्रस्तावित विषय की रूप-रेखा दी जाती है। इस निर्णय के क्रम का भी सिंहावलोकन किया जाता है। उदाहरण के लिए— सम्मतियों के निर्देश और विवेचन के उपरान्त अन्तिम आदेश की घोषणा की जाती है। अन्त में, जिन अधिकारियों और विभागों को प्रस्ताव की प्रतिलिपि भेजी जाती है, उनका नाम आता है। यदि उसका गज़ट में उल्लेख होना हो, तो इस तथ्य को भी स्पष्ट कर दिया जाता है। सम्बन्धित विभाग के सचिव को सरकार के नाम से प्रस्ताव पर हस्ताक्षर करने होते हैं तथा हस्ताक्षर के पश्चात् पद का भी उल्लेख होता है। इस प्रस्ताव का यदि जनता को ज्ञान कराना आवश्यक होता है और सरकार ऐसा चाहती है, तो प्रस्ताव का गज़ट में उल्लेख कर दिया जाता है।

प्रस्ताव को बहुधा किसी 'कार्यवाही का सार' कहा जाता है क्योंकि वह प्रासंगिक विषय का अन्तिम आदेश होता है। प्रस्ताव के प्रथम भाग में घोषणा, निर्णय अथवा आदेश के उद्देश्य अथवा कारण की भूमिका-मात्र होती है। इसके पश्चात् वास्तविक आदेश अथवा घोषणा होती है। अन्त में प्रेषित अधिकारियों अथवा विभागों के नाम दे दिये जाते हैं।

उदाहरणार्थ :—

**प्रस्ताव**

संख्या.....<br>
उत्तरप्रदेश-सरकार<br>
गृहविभाग<br>
दिनांक..........

**प्रस्ताव–** विगत कुछ समय से कुछ नगरों तथा नदियों के शुद्ध नामों के प्रयोग पर उत्तरप्रदेश सरकार विचार कर रही है। सरकार ने अब राज्य के विभिन्न विश्वविद्यालयों के इतिहास-विभाग के प्रतिवेदन पा लिये हैं तथा नवीन नामों का प्रयास प्रारम्भ करने के लिए निश्चय कर लिया है।

सरकार निवेदन करती है कि शुद्ध नामों का शीघ्रातिशीघ्र ग्रहण और प्रचलन किया जाए।

**आदेश–** निम्नलिखित अधिकारियों को आवश्यक सूचना और कार्यवाही हेतु प्रस्ताव की प्रतिलिपि भेजने का आदेश किया जाता है।

**ज़िला-अधिकारी :** कानपुर, वाराणसी, मथुरा तथा मेरठ

साथ ही इस प्रस्ताव को सर्वसाधारण के सूचनार्थ उत्तरप्रदेश के गज़ट में भी प्रकाशित किये जाने का आदेश किया जाता है।

अ० ब० स०<br>
(ह०) सचिव,<br>
उत्तरप्रदेश-सरकार

## ७- **अनुस्मारक पत्र** (Reminder Letters)

किसी पत्र के उत्तर अथवा प्रार्थना पर आवश्यक कार्यवाही की कुछ समयपर्यन्त प्रतीक्षा करने के उपरान्त मूल प्रेषिती व्यक्ति अथवा अधिकारी को प्रार्थना का पुन: स्मरण करने हेतु पत्र भेजना आवश्यक हो जाता है। इस प्रकार के पत्र–व्यवहार में प्रयुक्त पत्र की रूपरेखा को 'अनुस्मारक पत्र' कहते हैं।

कितने समय–पश्चात् इस प्रकार के पत्र के भेजने की आवश्यकता होती है तथा एक अनुस्मारक पत्र भेजने के कितने समय–पश्चात् दूसरा अनुस्मारक पत्र भेजना चाहिए, इसका निश्चय प्रासंगिक विषय की प्रकृति और आवश्यकता पर निर्भर करता है। साधारणत: प्रथम तथा द्वितीय अनुस्मारक पत्र छपा हुआ होता है। प्राय: किसी पत्र के भेजने के छ: सप्ताह पश्चात् एक अनुस्मारक पत्र भेजा जाता है। द्वितीय और तृतीय अनुस्मारक पत्र कुछ और कम समय के पश्चात् भेजा जा सकता है। यदि इस प्रकार के औपचारिक अनुस्मारक पत्रों की कोई प्रतिक्रिया नहीं होती, तो एक अर्द्ध–सरकारी अनुस्मारक पत्र (D. O. Reminder) भी भेजा जा सकता है। अत्यन्त शीघ्रता के विषयों में एक द्रुत पत्र (Express Letter) अथवा तार भेज सकते हैं। साधारणत: औपचारिक अनुस्मारक पत्रों की एक निश्चित रूपरेखा होती है परन्तु प्रेषिती अधिकारी के पद के अनुसार इस रूप में परिवर्तन भी हो सकता है। अधीनस्थ अधिकारियों को प्रेषित पत्र एक विनीत पत्र 'मेमो' का रूप ले लेते हैं, परन्तु उच्च अधिकारियों को प्रेषित अनुस्मारक पत्र शासनादेश के रूप में होते हैं।

निम्नलिखित रूप लाभदायक सिद्ध हो सकते हैं :—

१. विषय :— **विदेशों में वैज्ञानिक अध्ययन के हेतु छात्रवृत्तियों की स्वीकृति**

उपर्युक्त विषय पर प्रेषित पत्र–संख्या...............दिनांक....................की ओर आपका ध्यान आकर्षित करते हुए प्रार्थना की जाती है कि उक्त पत्र का उत्तर देने में शीघ्रता की जाए।

आज्ञा से,

सचिव

२. विषय :— **वीरता–पुरस्कार के लिए स्वीकृति**

मैं उपर्युक्त विषय पर अपने पत्र (अथवा विज्ञप्ति) संख्या..........दिनांक..........की ओर आपका ध्यान आकर्षित करते हुए शीघ्र उत्तर देने का निवेदन करता हूँ।

भवदीय,

..........

आई० जी० पुलिस

**द्रुत अनुस्मारक-पत्र** (Express Reminder)

कृपया इस कार्यालय के ग्राम बाघरा के बाढ़–ग्रस्त जनता की सहायता विषयक पत्र–संख्या ३४९/३९, २०१५ दिनांक १० जून की ओर ध्यान देकर आवश्यक सहायता स्वीकृत करने में शीघ्रता करें।

कलेक्टर,

इलाहाबाद

## ८- अधिसूचना (Notification)

(उप्र पीसीएस २००१,२००२,२००४,२००६)

यह सरकार और विभागाध्यक्षों द्वारा साधारण सूचना देने के लिए प्रयुक्त होनेवाली विज्ञप्ति का एक रूप है। साधारणतः सरकार और विभागाध्यक्ष सार्वजनिक अधिकारियों की नियुक्ति, स्थानान्तरण अथवा अन्य गतिविधि और सार्वजनिक महत्त्व की अन्य बातों के विषय में अधिसूचना प्रसारित करते हैं। सर्वसाधारण के सूचनार्थ ये अधिसूचनाएँ बहुधा सरकारी गज़ट में प्रकाशित कर दी जाती हैं **(एसएससी हिन्दी अनुवादक परीक्षा २०१२)**। विभाग-अधिकारी अधिसूचना पर हस्ताक्षर करता है और उसमें संख्या तथा दिनांक का भी उल्लेख होता है। ये अन्य पुरुष में लिखी जाती हैं।

शिक्षा-सम्बन्धी नियुक्तियों को छोड़कर अधिसूचना में केवल पदसूचक उपाधि दी जाती है तथा शैक्षिक उपाधियों का उल्लेख नहीं होता।

**उदाहरण (१)**

**गृहविभाग**

पत्र-संख्या ३४/३/२४

दिनांक ४ जुलाई, २०१५ ई०

विषय:—**नियुक्तियाँ तथा स्थानान्तरण**

उत्तरप्रदेश-सरकार दिये हुए दिनांकों से निम्नलिखित नियुक्तियों और स्थानान्तरणों (Transfers) की सूचना देती है :—

| नाम | पद | नियुक्ति | स्थानान्तरण का स्थान | प्रभावी होने की तिथि | टिप्पणी |
|---|---|---|---|---|---|
| पी० के० उप्रेती | उप-अधीक्षक पुलिस, ग़ाज़ियाबाद | कार्यकारी अधीक्षक | इलाहाबाद | १५ सितम्बर, २०१५ ई० | श्री वी० एन० मीणा, जो कानपुर में उप-अधीक्षक थे, उन्हें मुक्त करते हुए अधीक्षक पुलिस के पद पर भेजा जा रहा है। |
| सुश्री रचना सरन | कार्यकारी ज़िला अधिकारी, फर्रुख़ाबाद | | कानपुर | ७ अक्तूबर, २०१५ ई० | श्री बी० एन० पाण्ड्या को मुक्त किया जा रहा है। |

(ह०) अ० ब० स०

मुख्य सचिव,

उत्तरप्रदेश,

लखनऊ।

**उदाहरण (२)**

योजना-विभाग, अधिसूचना-संख्या : ३५७

भारत-सरकार,

दिनांक २१ मार्च, २०१५ ई०

सर्वसाधारण को सूचित किया जाता है कि श्री जी० डी० राव को २५ मार्च, २०१५ ई० से अस्थायी रूप में अन्वेषण कार्यक्रम-समिति में अन्वेषण अधिकारी के पद पर नियुक्त किया गया है।

(ह०) अ० ब० स०

सचिव,

भारत-सरकार, नई दिल्ली।

**उदाहरण (३)**

**(भारत-सरकार के गज़ट भाग २, विभाग ३ में प्रकाशित होने के हेतु)**

विभाग— भारत-सरकार, नई दिल्ली

संख्या : २८ (१) ई० बी०/६४

दिनांक ८ फरवरी, २०१५ ई०

**अधिसूचना**

धारा ३०९ तथा १४८ की वाक्य-संख्या ५ से मिले अधिकार के अनुसार, अध्यक्ष महोदय ने कम्पट्रोलर तथा ऑडिटर जनरल की सम्मति लेकर निर्देश किया है कि साधारण प्रॉविडेण्ट कोष (संघ-सरकार) के नियमों में निम्नलिखित सुधार किये जाएँगे :—

उक्त नियम की पाँचवीं धारा के द्वितीय अनुच्छेद में :—

(अ) "जिसको मुख्य कमिश्नर विभागाध्यक्ष घोषित करे, ऐसे किसी भी अधिकारी को छोड़कर, वे विभागाध्यक्ष, जिनके नाम सहायक नियमों की अनुसूची १४ में अंकित हैं" इन शब्दों तथा अंकों के स्थान पर निम्नलिखित शब्द तथा अंक लिखे जाएँगे :—

'मुख्य आयुक्त द्वारा विभागाध्यक्ष घोषित किसी भी अधिकारी को सम्मिलित न करते हुए, केन्द्रीय सरकार द्वारा सहायक नियमों के अन्तर्गत नियम-संख्या १० के अनुसार विभागाध्यक्ष घोषित अधिकारीगण'

(ब) 'सिविल सर्जन, अजमेर' विषयक पूर्ति के पश्चात् निम्नलिखित पूर्ति सम्मिलित कर दी जाए :—

'सैनिक सचिव, अध्यक्ष महोदय'

(ह०) एल० बी० गुलाटी,

उप-सचिव,

भारत-सरकार।

## ९- **सूचना** (Notice)

सूचनाओं के प्रकाशन का उद्देश्य यह होता है कि उस विषय में रुचि रखनेवाले समस्त व्यक्तियों को आवश्यक जानकारी प्राप्त हो जाए। सामान्यत: इन्हें समाचारपत्रों में प्रकाशित कराया जाता है अथवा इश्तिहारों के रूप में सार्वजनिक स्थानों पर चिपकवा दिया जाता है।

किसी भी सूचना को हज़ारों व्यक्ति पढ़ते हैं। यदि उसमें कोई ग़लती रह जाती है अथवा उसके किसी वाक्य से लोगों को ग़लतफ़हमी हो सकती है, तो उन सबको असुविधा होगी। इस कारण सूचनाएँ स्पष्ट, सरल और सुनिश्चित भाषा में लिखी जानी चाहिए।

**उदाहरण (१)**

**उत्तरप्रदेश-सरकार के विक्रय हेतु प्रकाशन**

उत्तरप्रदेश-सरकार के प्रकाशनों का सूची-पत्र, बिना मूल्य के अधीक्षक, सरकारी मुद्रण तथा स्टेशनरी, उत्तरप्रदेश, इलाहाबाद के स्थानीय विक्रय-विभाग से मिल सकता है।

(ह०) अ०ब०स०<br>
अधीक्षक, उत्तरप्रदेश।

**उदाहरण (२)**

**रेलवे सूचना**

८ मार्च, २०१५ ई० से इलाहाबाद से मुरादाबाद के लिए एक सामान्य बोगी, इलाहाबाद-फैजाबाद ३री अप गाड़ी में लगा दी जाएगी। इस बोगी को प्रतापगढ़ से पंजाब मेल ले जाएगी।

इलाहाबाद<br>
०२ मार्च, २०१५ ई०<br>
(ह०) अ०ब०स०<br>
विभागीय अधीक्षक<br>
इलाहाबाद-विभाग

## १०- आज्ञा-पत्र (Order)

जब सरकार अथवा विभागाध्यक्ष अपने अधीनस्थ कर्मचारियों को कोई आदेश अथवा सूचना भेजते हैं, तब वह आज्ञा-पत्र के रूप में होती है।

आज्ञा-पत्र में पत्र-संख्या तथा दिनांक का भी उल्लेख होता है और वह सदैव अन्य पुरुष में लिखा जाता है। अन्त में प्रेषक अधिकारी के नाम तथा पद का उल्लेख होता है। पत्र के शीर्ष पर भी प्रेषक अधिकारी के विभाग और पद का उल्लेख होता है।

उदाहरणार्थ :—

पत्र-संख्या : ३४८१<br>
कार्यालय, पुलिस महानिरीक्षक<br>
दिनांक ५ मार्च, २०१५ ई०

सरकार का आदेश है कि भविष्य में अश्व का भत्ता २४५ रुपये (दो सौ पैंतालीस रुपये) के स्थान पर ३०० रुपये (तीन सौ रुपये) प्रति माह रहेगा। यह नियम २ जून, २०१५ ई० से लागू होगा।

अ०ब०स०<br>
पुलिस महानिदेशक<br>
सेवा में,<br>
उप-पुलिस अधीक्षकगण,<br>
उत्तरप्रदेश।

## ११- **प्रेस-विज्ञप्ति** (Press-note or Communique)

जब किसी महत्त्वपूर्ण विषय अथवा जन-साधारण के लाभ के लिए किसी आदेश की सार्वजनिक सूचना देनी होती है, तब सरकार अथवा अन्य अधीनस्थ अधिकारीगण समय-समय पर प्रेस-विज्ञप्ति प्रसारित करते हैं।

**उदाहरण (१)**

इण्डोनेशिया की केन्द्रीय जन-सरकार को मान्यता दिये जाने के समाचार का विज्ञापन करने के लिए विदेश विभाग-द्वारा प्रसारित प्रेस-विज्ञप्तिः—

"यह विश्वास करके कि इण्डोनेशिया की केन्द्रीय जन-सरकार को इण्डोनेशिया के अधिकांश जन-समुदाय का सहयोग प्राप्त है तथा इण्डोनेशिया और भारत की जनता की परम्परा से चली आयी हुई मैत्री को ध्यान में रखकर भारत-सरकार ने जन-सरकार को मान्यता प्रदान की है और भविष्य में दोनों देशों के बीच कूटनीतिक सम्बन्ध की वृद्धि तथा राजदूतों के आदान-प्रदान की आशा है।"

(ह०) सचिव

**उदाहरण (२)**

**चेन्नै वाटर वर्क्स के अधीक्षक द्वारा प्रसारित प्रेस-विज्ञप्ति**

"वाटर-वर्क्स के एक वाल्व के ख़राब हो जाने और उसकी मरम्मत की आवश्यकता के कारण ४ मार्च, २०१५ ई० को नगर-क्षेत्र में पूर्वाह्न १० बजे से अपराह्न ४ बजे तक जल मिलना बन्द रहेगा।"

(ह०) अधीक्षक,
वाटर-वर्क्स

## १२- **ई-पत्र** (Electronic Letter)

ई-पत्र या ऑनलाइन पत्र वस्तुतः पत्र का कोई नया प्रकार नहीं है, बल्कि यह एक प्रकार की 'सुविधा' है, जो आज के कम्प्यूटरयुगीन दौर में सामान्यतया अधिक प्रचलित है। किसी पत्र को कम्प्यूटर-इंटरनेट के माध्यम से 'प्रेषिती' तक पहुँचाना ही ई-पत्र या ऑनलाइन पत्र कहलाता है। ऑनलाइन पत्रों में सर्वाधिक महत्त्वपूर्ण भूमिका 'ई-मेल' की होती है।

'ई-मेल' यानि इलेक्ट्रॉनिक मेल की बहु-उपयोगिता के कारण इसका चलन बड़ी तेज़ी से बढ़ रहा है। किसी भी व्यक्ति का 'ई-मेल' पता एक ऐसा ऑनलाइन एकाउण्ट है जहाँ से वह पत्र सहित ढेरों सूचनाएँ संगृहीत करता है तथा उन्हें दूसरों तक संप्रेषित करता है।

ई-मेल के ज़रिए न सिर्फ़ संदेशों को, बल्कि कुछ डिजिटल दस्तावेज़ों, वीडियो आदि को भी इसके साथ संलग्न कर किसी को भेजा जाता है। ई-मेल का प्रयोग चैटिंग (बातचीत) के लिए भी किया जा सकता है।

किसी भी 'ई-मेल' पते के तीन घटक होते हैं। ये हैं—यूजर नेम (उपयोगकर्ता का नाम), प्रतीक (@) एवं डोमेन नेम (जी मेल, याहू मेल, हॉट मेल आदि)। यूजर नेम से जहाँ इस बात का पता चलता है कि संदेश भेजने वाला कौन है, वहीं डोमेन नेम से पता चलता है कि संदेश प्रेषक ने किस ई-मेल सेवा प्रदाता वेबसाइट की सेवाएँ ले रखी हैं।

आज सरकारी क्षेत्र के विभिन्न पत्रों को कम्प्यूटर पर ही लिखा जाता है तथा उन्हें भेजने के लिए 'ई-मेल' तथा साधारण डाक दोनों की सहायता ली जाती है। चाहे वह नौकरी के लिए बुलावा-पत्र या साक्षात्कार-पत्र हो या नियुक्ति-पत्र; किसी की प्रोन्नति से संबंधित पत्र हो या किसी

के स्थानांतरण से संबंधित पत्र। हर तरह के पत्रों को भेजने में अब दिन-प्रतिदिन ई-मेल का प्रयोग बढ़ता जा रहा है।

**उदाहरणार्थ–**

### १. शिकायत सम्बन्धी ई-मेल

dayaram07@hotmail.com

To : debitcard@bobcards.com

Subject : एटीएम कार्ड न मिलने की शिकायत

सेवा में,
श्रीमान महाप्रबन्धक,
बैंक ऑफ बड़ौदा,
शहीद भगत सिंह मार्ग,
कोलाबा, मुम्बई-४००००१

महोदय,

मेरा खाता नं०...........है। मैंने एक माह पहले एटीएम कार्ड के लिए आवेदन किया था, किन्तु यह मुझे अभी तक नहीं मिल सका है। कृपया बताएँ इस देरी की क्या वजह है? आपसे निवेदन है कि आप मेरा एटीएम कार्ड शीघ्र मेरे पते पर भेजने का कष्ट करें।

धन्यवाद!

दयाराम सक्सेना
डी-५१४५
आदर्श नगर,
दिल्ली-११००३३

### २. नौकरी के लिए आवेदन सम्बन्धी ई-मेल

To : Pguptaarihant@gmail.com

CC :

BCC :

Subject : सम्पादक के पद हेतु आवेदन-पत्र

सेवा में,
श्रीमान निदेशक महोदय,
अरिहन्त प्रकाशन,
अग्रवाल रोड,
दरियागंज,
नई दिल्ली-११०००२

महोदय,

गत दिनों एक समाचार-पत्र में प्रकाशित विज्ञापन के सन्दर्भ में मैं आपके प्रतिष्ठित संस्थान में सम्पादक के पद हेतु आवेदन कर रहा हूँ। मेरी शैक्षिक योग्यताओं एवं कार्यानुभवों का विवरण इस ई-मेल में अटैच (संलग्न) है। कृपया इसे प्राप्त करें। आशा है आप मुझे सेवा का एक मौका अवश्य देंगे।

धन्यवाद सहित,
संजीव अगस्ती,
के-५२
आजादपुर,
दिल्ली-११००३३

## १३- **द्रुत-पत्र** (Express Letter)

'द्रुत-पत्र' निर्दिष्ट स्थान पर पहुँचकर तार के समान माना जाता है। वास्तव में, यह तार के व्यय को बचाने की एक रीति है तथा तभी भेजा जाता है, जब शीघ्रता करने की आवश्यकता होती है, परन्तु इतनी अधिक नहीं कि तार की ज़रूरत पड़े। 'द्रुत-पत्र' यह निर्देश करता है कि विषय पर तत्काल ध्यान दिया जाना चाहिए।

रूपरेखा में 'द्रुत-पत्र' एक तार के समान ही होता है। दोनों में अन्तर यह है कि 'द्रुत-पत्र' का समाचार तार से नहीं, बल्कि डाक से भेजा जाता है। यहाँ भी सम्बोधन तथा परिसमाप्ति की औपचारिकताएँ छोड़ दी जाती हैं।

उदाहरणार्थ:—

**द्रुत-पत्र**

प्रेषक
मुख्य सचिव,
नियुक्ति-विभाग,
लखनऊ, उत्तर प्रदेश।

सेवा में,
अधीक्षक, मुद्रण तथा स्टेशनरी,
उत्तरप्रदेश, इलाहाबाद।

संख्या..........

दिनांक..........

श्री..........विजिटर, नैनीताल ज़िला जेल की नियुक्ति के विषय में प्रेषित अधिसूचना संख्या........दिनांक........को रद्द समझना चाहिए। संशोधित अधिसूचना भेजी जा रही है।

..........
मुख्य सचिव

## १४- मितव्यय-पत्र (Savingram)

इसका प्रयोग तार के विकल्प के रूप में किया जाता है।(**रेलवे भर्ती बोर्ड परीक्षा २०१३**)

आलेख में प्रकृति के अनुसार प्रयोग किये जानेवाले कुछ प्रचलित तथा उपयुक्त वाक्यांश निम्नलिखित हैं :—

१- आप से आशा की जाती है कि..........
२- मुझे आदेश दिया गया है कि..........
३- मुझे आपकी पत्र-संख्या..........के सम्बन्ध में निवेदन करने का आदेश हुआ है कि..........
४- अध्यक्ष महोदय की इच्छा है कि..........
५- ऑडिटर जनरल महोदय की इच्छा है कि..........
६- सरकार की आज्ञा से..........
७- अध्यक्ष महोदय की अनुमति से..........
८- शिक्षा-विभाग के अनुसार..........
९- निवेदन है कि..........
१०- मुझे प्रस्ताव करना है कि..........
११- मुझे ध्यान दिलाना है कि..........
१२- मुझे आपकी पत्र-संख्या..........की ओर आपका ध्यान आकृष्ट करना है........
१३- मुझे देखना है कि..........
१४- मुझे शोक के साथ कहना पड़ता है कि..........
१५- आदेश-संख्या..........से मिले अधिकारों का प्रयोग करते हुए..........
१६- जैसा कि प्रेस-विज्ञप्ति में घोषित किया गया है..........
१७- सरकार को यह ज्ञात हो चुका है कि..........
१८- ध्यान आकर्षित किया जाता है कि..........
१९- प्रतिवेदन हेतु..........
२०- अनुकूल विचारार्थ..........
२१- शीघ्र आदेश हेतु..........
२२- सम्मति प्रकट करने के लिए..........
२३- टिप्पणी हेतु..........
२४- निवर्त्तन हेतु..........
२५- सूचनार्थ..........
२६- सूचना तथा प्रसार हेतु..........
२७- सूचना तथा निर्देश हेतु..........
२८- सूचना और आवश्यक कार्यवाही के हेतु..........
२९- उपान्त लिखित..........
३०- विषय में वर्णित..........
३१- उपर्युक्त विषय पर उल्लिखित..........
३२- प्रासंगिक परिस्थितियों में..........
३३- उल्लिखित कारणों से..........
३४- अभी उत्तर पाना शेष है..........
३५- अन्तिम निवर्त्तन हेतु..........
३६- कुछ आवश्यक सूचनाओं की अनुपस्थिति में लम्बमान् (pending)
३७- उत्तर भेजने का प्रबन्ध कीज़िए..........
३८- नियमानुसार यह सम्भव नहीं है कि..........
३९- जिनके नाम अनुसूची में स्पष्ट किये गये हैं..........
४०- आवश्यक काग़ज़-पत्र संलग्न (enclosed) हैं..........
४१- एक प्रार्थना-पत्र भेजा गया है..........
४२- अब प्रश्न उठता है कि..........
४३- ..........के हेतु आवश्यक पग उठाया जाए
४४- नियमों का उदार अर्थ देखिए..........
४५- यह उचित नहीं होगा कि..........

# आलेखन तैयार करने में सहायक शब्द-सूची

| | | | |
|---|---|---|---|
| Abandonment | परित्यजन | Autonomy | स्वायत्तता |
| Abridge | न्यूनन | Bar | रुकावट |
| Abrogate | निराकरण | Basic change | मौलिक परिवर्तन |
| Abstract | उपसंक्षेप | Benefit | हित |
| Account | लेखा, गणना | Bill | विधेयक |
| Accountant | लेखाकार | Board | परिषद् |
| Accused | अभियुक्त | Body | निकाय |
| Acquisition | अर्जन | Boundary | सीमा |
| Act | अधिनियम | Breach | भंग करना |
| Acting | कार्यकारी | Broadcasting | प्रसारण |
| Ad-hoc | तदर्थ | Bye-law | उपविधि |
| Adjourn | स्थगन | Cabinet | मन्त्रिमण्डल |
| Administration | प्रशासन | Calculate | गणना करना |
| Administrator | प्रशासक | Camp | शिविर |
| Admissible | ग्राह्य | Candidates | अभ्यर्थी, उम्मीदवार |
| Advice | मन्त्रणा | Capacity | सामर्थ्य |
| Affirmation | प्रतिज्ञान | Casual | आकस्मिक |
| Agency | अभिकरण | Certificate | प्रमाणपत्र |
| Air navigation | विमान परिवहन | Chairman | सभापति |
| Allegation | आरोप | Charge | दोषारोप |
| Allegiance | निष्ठा | Chief | मुख्य |
| Allowances | भत्ते | Chief Minister | मुख्यमन्त्री |
| Announce | उद्घोषणा करना | Chief Justice | मुख्य न्यायाधिपति |
| Annual | वार्षिक | Claim | दावा |
| Annulment | रद्द करना | Classification | वर्गीकरण |
| Appeal | अपील | Clause | खण्ड |
| Application | प्रयुक्त, आवेदन-पत्र | Commercial | वाणिज्य-सम्बन्धी |
| Appropriate | उपयुक्त | Commission | आयोग |
| Appropriation | विनियोग | Commissioner | आयुक्त |
| Approval | अनुमोदन | Committee | समिति |
| Article | अनुच्छेद | Communication | सम्प्रेषण |
| Assure | आश्वस्त करना | Competent | क्षम |
| Assent | अनुमति | Complaint | फ़रियाद, शिकायत |
| Assistant | सहायक | Concurrence | सहमति |
| Authorise | प्राधिकृत | Confidence | विश्वास |
| Authority | प्राधिकारी | Consent | स्वीकृति |

| | | | |
|---|---|---|---|
| Consequently | फलस्वरूप | Education | शिक्षा |
| Consideration | विचार | Efficiency | कार्यक्षमता, दक्षता |
| Consolidated | समेकित | Election | निर्वाचन |
| Consultation | परामर्श | Eligible | पात्र होना |
| Contempt | अवमानना | Emoluments | उपलब्धियाँ, परिलाभ |
| Content | सन्दर्भ | Enclosure | संलग्न |
| Contingency | आकस्मिकता | Endorse | पृष्ठांकन |
| Contract | संविदा | Entrust | सौंपना |
| Contravention | उल्लंघन | Entry | प्रविष्ट |
| Contribution | अंशदान | Estimate | आकलन, अनुमानित व्यय |
| Control | नियन्त्रण | Evidence | साक्ष्य |
| Copy | प्रतिलिपि | Exclusive | अनन्य |
| Council | परिषद्, समिति, सभा | Exempt | मुक्त |
| Court | न्यायालय | Exercise | प्रयोग |
| Custody | अभिरक्षा, हिरासत | Ex-officio | पदेन |
| Debate | वाद-विवाद | Expenditure | व्यय |
| Decision | विनिश्चय | Export | निर्यात |
| Declaration | घोषणा | Finance | वित्त |
| Decree | आज्ञप्ति | Financial | वित्तीय |
| Defence | प्रतिरक्षा | Fine | अर्थदण्ड |
| Demand | माँग | Food Ministry | खाद्य-मन्त्रालय |
| Demarcation | सीमांकन | Forbidden | निषिद्ध |
| Deprive | वंचित रखना | Form | रूप, प्रपत्र |
| Deputy | उप | Formula | सूत्र |
| Despatch | प्रेषण | Functions | कृत्य |
| Detrimental | अहितकारी | Fund | निधि |
| Direction | निर्देश | Gazette | राजकीय सूचना-पत्र, गज़ट |
| Discipline | अनुशासन | Government | सरकार, शासन |
| Discretion | स्वविवेक, स्वनिर्णय | Government of India | भारत-सरकार |
| Dismiss | पदच्युत करना | Governor | राज्यपाल |
| Dispute | विवाद | Grant | अनुदान |
| Distribution | वितरण | Guarantee | प्रत्याभूति |
| District Board | ज़िला-परिषद् | Guardian | संरक्षक |
| Documents | लेख्य, दस्तावेज़ | Guidance | मार्गदर्शन, निर्देशन |
| Domicile | अधिवास | Handicrafts | हस्तशिल्प |
| Draft | आलेख | Heading | शीर्षक |
| Duty | शुल्क, कर्त्तव्य | House | सदन |

| | |
|---|---|
| House of the People | लोकसभा |
| Illegal | अवैध |
| Immunity | उन्मुक्ति |
| Impeachment | महाभियोग |
| Impose | आरोपित करना |
| Incidental | प्रासंगिक |
| Indebted | ऋणग्रस्त |
| Index | अनुक्रमणिका |
| Ineligible | अपात्र |
| Infectious | सांक्रामिक |
| Inheritance | दाय |
| Initiate | उपक्रमण |
| Injury | क्षति |
| Inspection | पर्यवेक्षण |
| Interim | अन्त:कालीन (अन्तरिम) |
| Interpretation | निर्वचन, व्याख्या |
| Introduce | पुन:स्थापन |
| Invalid | अमान्य |
| Investigation | अनुसन्धान (जाँच-पड़ताल) |
| Irregularity | अनियमितता |
| Judgment | निर्णय |
| Judiciary | न्यायपालिका |
| Jurisdiction | क्षेत्राधिकार, न्यायक्षेत्र |
| Justice | न्याय, न्यायाधिपति |
| Land Revenue | भू-राजस्व |
| Law | विधि |
| Legal | विधि-सम्बन्धी, वैध |
| Legislature | विधानमण्डल |
| Licence | अनुज्ञप्ति, लाइसेन्स |
| Local Body | स्थानीय निकाय |
| Local Self Government | स्थानीय स्वशासन |
| Lunacy | उन्माद |
| Maintenance | पोषण |
| Major | वयस्क |
| Margin | उपान्त |
| Memorandum | ज्ञापन, स्मृति-पत्र |
| Migration | आव्रजन |
| Minister | मन्त्री |
| Ministry | मन्त्रालय |
| Minor | अवयस्क |
| Minority | अल्पसंख्यक |
| Misbehaviour | कदाचार |
| Money bill | धन विधेयक |
| Motion | प्रस्ताव |
| Municipal Corporation | नगर निगम |
| Municipality | नगरपालिका |
| National | राष्ट्रीय |
| Natural | स्वाभाविक, प्राकृतिक |
| Nominate | नामनिर्देशन |
| Note | टिप्पणी |
| Noting | टिप्पण |
| Notice | सूचना |
| Notification | अधिसूचना |
| Occupation | उपजीविका |
| Octroi | चुंगी |
| Officer | अधिकारी |
| Office | कार्यालय |
| Opinion | राय, अभिप्राय |
| Order | आदेश, व्यवस्था |
| Ordinance | अध्यादेश |
| Organisation | संघटन |
| Paragraph | अनुच्छेद |
| Pardon | क्षमा |
| Parliament | संसद् |
| Pass | पारण |
| Patents | एकस्व |
| Pending | लम्बित, लम्बमान् |
| Pension | निवृत्ति-वेतन |
| Permission | अनुज्ञा |
| Petition | याचिका |
| Plead | वकालत करना |
| Preamble | प्रस्तावना |

| | | | |
|---|---|---|---|
| Preside | पीठासीन, अध्यासीन | Salary | वेतन |
| Preventive Detention | निवारक-निरोध | Sanction | स्वीकृति, मंज़ूरी |
| | | Scheduled Castes | अनुसूचित जातियाँ |
| Privileges | विशेषाधिकार | Seal | मुद्रा, मुहर |
| Prohibited | प्रतिषिद्ध | Security | प्रतिभूति |
| Promulgation | प्रख्यापन | Sentence | दण्डादेश |
| Provided | बशर्ते कि | Serial Number | क्रमांक |
| Provisions | उपबन्ध | Session | सत्र |
| Public Health | लोक-स्वास्थ्य | Speaker | अध्यक्ष, प्रवक्ता |
| Public Notification | सार्वजनिक अधिसूचना | Staff | कर्मचारी-वर्ग |
| | | Sub-division | उपविभाग |
| Public Order | सार्वजनिक व्यवस्था | Subject | विषय, अधीन |
| Public Service | लोकसेवा | Summary | सार |
| Qualification | योग्यता | Superintendent | अधीक्षक |
| Quorum | गणपूर्ति | Supplementary | अनुपूरक |
| Ratification | अनुसमर्थन | Suspend | निलम्बन |
| Recommendation | सिफ़ारिश | Tenant | किरायेदार |
| Record | अभिलेख | Traffic | यातायात |
| Reference | सन्दर्भ | Training | प्रशिक्षण |
| Register | पंजी | Transfer | स्थानान्तरण, हस्तान्तरण |
| Registered | पंजीबद्ध, निबन्धित | Transport | परिवहन |
| Regulation | विनियम | Trust | न्यास |
| Relevant | सुसंगत, प्रासंगिक | Unanimously | सर्वसम्मति से |
| Reminder | अनुस्मारक | Union | संघ |
| Report | प्रतिवेदन, आख्या | United efforts | संयुक्त प्रयत्न |
| Representation | प्रतिनिधित्व | Vacancies | रिक्त स्थान |
| Requistion | अधिग्रहण | Vice-President | उपाध्यक्ष |
| Reservation | आरक्षण | Violation | अतिक्रमण |
| Resolution | प्रस्ताव | Void | शून्य |
| Resignation | पदत्याग | Vote | मत |
| Restriction | निर्बन्धन | Warrant | अधिपत्र, वारण्ट |
| Retirement | निवृत्ति | Wind-up | समापन |
| Revision | पुनरीक्षण | Writ | लेख |
| Rule | नियम | | |

## सचिवालय के मुख्य विभाग

- Accounts Department — लेखा-विभाग
- Agriculture Department — कृषि-विभाग
- Appointment Department — नियुक्ति-विभाग
- Animal Husbandry Department — पशुपालन-विभाग
- Anti-Corruption Department — भ्रष्टाचार निवारण-विभाग
- Confidential Department — गोपनीय विभाग
- Co-operative Department — सहकारी विभाग
- Economics and Statistics Department — अर्थ और सांख्यिकी विभाग
- Education Department — शिक्षा-विभाग
- Election Department — निर्वाचन-विभाग
- Establishment Department — स्थापना-विभाग
- Excise Department — आबकारी विभाग
- Finance Department — वित्त-विभाग
- Food and Civil Supplies Department — खाद्य और रसद-विभाग
- Forest Department — वन-विभाग
- General Administration Department — सामान्य प्रशासन-विभाग
- Home Department — गृह-विभाग
- Industries Department — उद्योग-विभाग
- Irrigation (Works) Department — सिंचाई (कार्य)-विभाग
- Judicial Department — न्याय-विभाग
- Labour Department — श्रम-विभाग
- Legislative Assembly — विधानसभा
- Legislative Council — विधान परिषद्
- Local Self Government Department — स्थानीय स्वशासन-विभाग
- Medical Department — चिकित्सा-विभाग
- Municipal Department — नगरपालिका-विभाग
- Power Department — विद्युत विभाग
- Public Health Department — सार्वजनिक स्वास्थ्य-विभाग
- Public Works Department — सार्वजनिक निर्माण-विभाग
- Relief and Rehabilitation Department — सहायता तथा पुनर्वास-विभाग
- Revenue Department — राजस्व-विभाग
- Rural Development Department — ग्रामविकास-विभाग
- Secretariat Administration — सचिवालय-प्रशासन
- Translaton Department — अनुवाद-विभाग
- Transport Department — परिवहन-विभाग

## सचिवालय के मुख्य पद-नाम

| | |
|---|---|
| • Governor | राज्यपाल |
| • Chief Minister | मुख्यमन्त्री |
| • Minister | मन्त्री |
| • Home Minister | गृहमन्त्री |
| • Minister of Education | शिक्षामन्त्री |
| • Minister of Agriculture | कृषिमन्त्री |
| • Minister of Industries and Development | उद्योग और विकासमन्त्री |
| • Minister of Excise and Jail | आबकारी और जेलमन्त्री |
| • Minister of Justice | न्यायमन्त्री |
| • Minister Local self-Government | स्वायत्त शासनमन्त्री |
| • Speaker | अध्यक्ष : विधानसभा |
| • Deputy Speaker | उपाध्यक्ष : विधानसभा |
| • Chairman of Legislative Council | सभापति : विधानपरिषद् |
| • Parliamentary Secretary | संसदीय-सचिव |
| • Chief Secretary | मुख्य सचिव |
| • Secretary | सचिव |
| • Joint Secretary | संयुक्त सचिव |
| • Additional Secretary | अतिरिक्त सचिव |
| • Deputy Secretary | उप-सचिव |
| • Under Secretary | अवर-सचिव |
| • Assistant Secretary | सहायक सचिव |
| • Private Secretary | निजी सचिव |
| • Officer on Special Duty | विशेष कार्याधिकारी |
| • Superintendent | अधीक्षक |
| • Assistant Superintendent | सहायक अधीक्षक |

## आलेखन के लिए कुछ उपयोगी वाक्यांश

| | |
|---|---|
| • For distribution | वितरण के निमित्त |
| • By order | आज्ञा से |
| • For favourable consideration | अनुकूल विचार के निमित्त |
| • With reference to | के प्रसंग में |
| • In reply to | के उत्तर में |
| • In continuation of | के क्रम में |
| • In supersession of | को खण्डित करते हुए |
| • For public information | सार्वजनिक सूचना के निमित्त |

- In exercise of powers — अधिकारों का प्रयोग करते हुए
- All heads of departments — समस्त विभागों के अध्यक्ष
- Directed to say — विदित करने का आदेश
- For information — सूचनार्थ
- Submitted for orders — आदेशार्थ प्रस्तुत
- For orders — आदेशार्थ
- For consideration — विचारार्थ
- For approval — स्वीकृतार्थ, अनुमोदन के लिए
- Attention is drawn, Attention is invited — ध्यान आकर्षित किया जाता है।
- Draft for approval — स्वीकृतार्थ आलेख
- Paper under consideration — विचाराधीन पत्र
- Await cases — प्रतीक्षा विषय
- Immediate attention — तात्कालिक ध्यान
- Forwarded and recommended — प्रेषित तथा अनुमोदित
- I am directed to acknowledge the receipt of your letter — मुझे आपके पत्र की प्राप्ति की सूचना भेजने का आदेश मिला है
- I am glad to inform you — मुझे यह सूचित करते हुए हर्ष होता है।
- In due course — उचित समय पर
- In partial modification — आंशिक संशोधन करते हुए
- In the circumstances — इन परिस्थितियों में
- Supplementary estimate — पूरक अनुमान
- Fundamental rules — मौलिक नियम
- Mutatis mutandis — आवश्यक परिवर्तन-सहित
- Null and void — व्यर्थ और विफल
- Ipso facto — सत्यता में
- Ex-officio — पदेन

***

# २०. सार-लेखन अथवा संक्षेपण : अध्ययन और अभ्यास

## अर्थ और उपयोगिता

'सार' शब्द संस्कृत की 'सृ' धातु में 'घञ्' प्रत्यय या 'अच्' प्रत्यय लगाकर बनाया जाता है। 'सार' शब्द के विद्वानों ने अनेक अर्थ निकाले हैं, किन्तु अनेक अर्थों में से 'सार' शब्द का उचित अर्थ है— तत्त्व अथवा निचोड़।

## सार-लेखन (संक्षेपण) और सारांश

'सार-लेखन' संक्षेप में लिखे जाने की प्रक्रिया को कहते हैं। इसका अन्य प्रचलित नाम 'संक्षेपण' या 'संक्षेपिका' भी है। संक्षेपण और सार-लेखन एक ही सिक्के के दो पहलू हैं। संक्षेपण एक प्रक्रिया है।

**डॉ० पृथ्वीनाथ पाण्डेय** के अनुसार, "किसी विस्तृत विवरण, सविस्तार व्याख्या, वक्तव्य, पत्र-व्यवहार या लेख के तत्त्वों और निर्देशों के ऐसे संयोजन को संक्षेपण कहते हैं, जिसमें अप्रासंगिक, असम्बद्ध, पुनरावृत्ति, अनावश्यक बातों का त्याग और सभी अनिवार्य, उपयोगी तथा मूल तथ्यों का प्रवाहपूर्ण संक्षिप्त संकलन हो।"

'सार-लेखन' के सम्बन्ध में **श्याम विद्यार्थी** का कहना है,

'वास्तव में, सार संक्षिप्त और स्पष्ट हो। इसे व्याख्या के रूप में नहीं होना चाहिए। केवल अन्वयार्थ को भी सार नहीं समझना चाहिए।'

इस कथन में तीन प्रमुख तथ्य हैं :—

१- सार संक्षिप्त होना चाहिए।

२- सार व्याख्या के रूप में नहीं होना चाहिए।

३- सार में अन्वयार्थ भी नहीं होना चाहिए।

वस्तुतः सार-लेखन एक कला है। सार लिखनेवाले को इस कला में दक्षता प्राप्त करने के लिए चाहिए कि वह बार-बार प्रयास करता रहे तथा मूल कृति, वक्तव्य आदि को सावधानीपूर्वक अच्छी तरह से समझने के पश्चात् ही सार-लेखन में प्रवृत्त हो। सार-लेखन की विधि गागर में सागर भरने के समान है। मूल अवतरण का कोई भी भाव या विचार छूटना नहीं चाहिए। इसकी शैली सामासिक होनी चाहिए। इसमें विषय को व्यापक रूप प्रदान करने का अवसर नहीं मिलता। सार की प्राथमिक विशेषता उसकी संक्षिप्तता है। पुनः सर्जित रचनाओं में से एक रचना सारांश है। सारांश-लेखन की प्रक्रिया को ही 'संक्षेपण' कहते हैं। इस प्रकार संक्षेपण पुनःसर्जन की एक प्रक्रिया है, जिसके द्वारा सारांश या संक्षिप्त रचना उत्पन्न होती है। किसी रचना की आर्थिक-संरचना को अव्याहत रखते हुए, उसकी भाषिक रचना को एक-तिहाई भाषिक रचना में पुनः सर्जित करने की प्रक्रिया को 'संक्षेपण' कहते हैं।

संक्षेपण एक प्रक्रिया है, जबकि सारांश उसकी उपलब्धि। सार अंश का अर्थ है, वे अंश, जिनमें 'सार' रचा-बसा हुआ है; सार अर्थात् मूल भाव को प्रकट करनेवाला। सार-लेखन में एक वाक्य आता है, जो सरल और संयुक्त, दोनों हो सकता है। सार से पुन: मूल रचना की ओर चलने पर 'सार' वाक्य या कथन का पल्लवन होता है। दूसरे शब्दों में यह कहा जा सकता है— सार अँगरेज़ी के 'मोराल' का समानार्थी है।

सार-लेखन को केन्द्रीय भाव (Central Idea) भी कहा जाता है। यह केन्द्रीय भाव ही पूरी रचना को शीर्षक देता है। शीर्षक, सार अथवा केन्द्रीय भाव से भी सूक्ष्म रूप है। सारांश-लेखन या सार-लेखन केवल समय या स्थान को सीमित करने के लिए नहीं होता, बल्कि यह भाषा की शक्ति और सामर्थ्य का द्योतक भी है। थोड़े में अधिक बात कहने की कला ही सार-लेखन है। सार-लेखन भाषा पर लेखक के अधिकार की कसौटी है, इसीलिए हिन्दी-रचना में सार-लेखन का महत्त्व निरन्तर बढ़ रहा है।

संक्षेप में लिखे जाने की प्रक्रिया को सार-लेखन कहते हैं।

सार-लेखन में अवतरण के मूल भावों को प्रस्तुत करना आवश्यक है। लेखन के लिए दो शैलियाँ प्रचलित हैं— १- व्यास शैली २- समास शैली।

व्यास-शैली में विस्तारपूर्वक लिखा जाता है, जबकि समास-शैली में संक्षेपीकरण की प्रवृत्ति होती है।

**डॉ० विल्सन** के अनुसार— किसी मूल लेख, पत्र-व्यवहार अथवा भाषण को वास्तविक तथ्यों-सहित सुनियोजित ढंग से प्रस्तुत करना ही सार-लेखन कहलाता है।

'सार-लेखन', व्याख्या, आशय तथा भावार्थ से भिन्न है। कम शब्दों में अधिक बात कहने का कौशल ही 'सार-लेखन' को सफल और सार्थक बनाता है। अवतरण के एक-तिहाई आकार में सार-लेखन किया जाना चाहिए। इस हेतु सावधानीपूर्वक अवतरण को तीन-चार बार ध्यान से पढ़ लेना चाहिए ताकि उसका केन्द्रीय भाव स्पष्ट रूप में समझ में आ सके।

आधुनिक युग में मनुष्य का दृष्टिकोण पूर्णत: उपयोगितावादी हो गया है। मनुष्य की यह सामान्य प्रवृत्ति है कि अनुपयोगी वस्तुओं को वह सहज ही त्याग देता है। मनुष्य विस्तार में किसी पुस्तक को नहीं पढ़ना चाहता। भाषा और अभिव्यक्ति के लिए भी संक्षिप्तता आवश्यक है। आधुनिक जीवन अति व्यस्त है, इसलिए हम चाहते हैं कि कम-से-कम समय में अधिक-से-अधिक जानकारी मिल सके। संक्षिप्तता से अभिव्यक्ति में प्रभावोत्पादकता का गुण आ जाता है। सार-लेखन से हमारी कलात्मक दृष्टि का भी विकास होता है। इस प्रकार 'सार-लेखन' आधुनिक जीवन में अपनी महत्त्वपूर्ण भूमिका निभा रहा है।

## सार-लेखन की विशेषताएँ

(१) **संक्षिप्तता–** सार-लेखन का आकार लघु होता है। इसमें मूल अंश में निहित सभी भावों और विचारों की संक्षिप्तता रहती है। अत: इसका आकार मूल-रचना की तुलना में अत्यन्त लघु होता है। प्राय: सम्पूर्ण अनुच्छेद का एक-तिहाई हिस्सा ही सार-लेखन में प्रस्तुत करना होता है।

(२) **पूर्णता–** सार-लेखन की दूसरी विशेषता यह है कि इसमें पूर्णता होनी चाहिए। सार ऐसा होना चाहिए कि उसे पढ़ लेने के बाद मूल रचना के सन्दर्भ में तत्सम्बन्धी पूरी जानकारी मिल जाए।

(३) **स्पष्टता–** सार-लेखक को यह ध्यान रखना चाहिए कि जिस अंश का सार लिखा जा रहा है, उसकी तुलना में उससे सम्बन्धित विषय को सरल और व्याकरण-सम्मत भाषा में पूर्णत: स्पष्ट कर दिया जाए। सम्पूर्ण अनुच्छेद के सार-तत्त्वों को अत्यन्त संक्षेप में पूर्ण स्पष्टता के साथ प्रस्तुत कर देना ही सार-लेखन की प्रमुख विशेषता है।

(४) **शुद्धता–** अच्छे सार-लेखन के अन्तर्गत भाषा की शुद्धता और शैली की प्रवाहमयता भी महत्त्वपूर्ण स्थान रखती है। सार लिखते समय प्रयोग में लायी जानेवाली भाषा को व्याकरण, शब्द और गठन की दृष्टि से शुद्ध तथा सरल होना आवश्यक है। उसमें प्रस्तुत शैली में प्रवाह होना चाहिए।

(५) **शब्द-संयोजन–** सार-लेखन में शब्द-संयोजन की महत् भूमिका होती है। विस्तृत वाक्यों के बीच से कुछ विशेष शब्दों का चयन किया जाता है। शब्द-संयोजन की शक्ति से विश्लेषण की क्षमता का भी विस्तार होता है।

(६) **क्रमबद्धता–** सार-लेखन की प्रमुख विशेषताओं में विषय की क्रमबद्धता अति अनिवार्य है। मूल अंश में विचारों या भावनाओं का जो क्रम है, उसे विखण्डित न होने दिया जाए। ऐसा तभी सम्भव है, जब मूल विचारों की सहसम्बद्धता का ध्यान रखा जाए।

## सार-लेखन के नियम

सार-लेखन के लिए निम्नलिखित बातों पर ध्यान देना आवश्यक है :—

१- मूल अवतरण को दो-तीन बार ध्यानपूर्वक पढ़ने के पश्चात् मूल भाव को केन्द्र में रखकर विषय-वस्तु का सार-लेखन करना चाहिए।

२- सार-लेखन मूल अवतरण के एक-तिहाई शब्दों में किया जाना चाहिए।

३- अनावश्यक बातों का उल्लेख सार-लेखन में नहीं करना चाहिए।

४- सार-लेखन में मुहावरे और लोकोक्तियों का प्रयोग नहीं होना चाहिए।

५- सार-लेखन में सरल, सुबोध, व्याकरण-सम्मत और प्रवाहपूर्ण भाषा का ही प्रयोग करना चाहिए।

६- जहाँ तक सम्भव हो, प्रत्यक्ष कथन का प्रयोग नहीं करना चाहिए।

७- सार-लेखन की भाषा मौलिक होनी चाहिए।

८- सार-लेखन में वर्तमान और भविष्यकालीन क्रियाओं का प्रयोग नहीं करना चाहिए। चूँकि सार, रचना की पुनर्रचना है, अत: उसे भूतकालबोधक वाक्यों में ही लिखें।

९- सार-लेखन में उत्तम और मध्यम पुरुषों के सर्वनामों (मैं, तेरा, मेरा, मुझको, हमको, हमारा, हम, तुम, तुम्हारा, तुझको, तुझे, तू, तुमको) का प्रयोग नहीं करना चाहिए। सार-लेखन में हमेशा अन्य पुरुष के सर्वनामों का ही प्रयोग करना चाहिए।

१०- सार-लेखन करते समय आलंकारिक शब्दों का प्रयोग नहीं करना चाहिए।

११- सार-लेखन में शब्दों और तथ्यों की पुनरावृत्ति नहीं होनी चाहिए।

१२- जहाँ तक सम्भव हो, सामासिक पदों या छोटे वाक्यों का प्रयोग करना चाहिए।

१३- अवतरण में आये उदाहरण, उद्धरण, विशेषण आदि को छोड़ देना चाहिए।

१४- अवतरण का शीर्षक केन्द्रीय भाव को व्यक्त करनेवाला होना चाहिए। शीर्षक यथा सम्भव छोटा तथा सुगठित हो। शीर्षक प्राय: अवतरण के प्रारम्भ अथवा अन्त के वाक्यों में निहित रहता है।

१५ - यथासम्भव अनेक शब्दों या पूरे वाक्य का अर्थ एक शब्द में प्रकट हो जाए, ऐसे शब्दों का प्रयोग किया जाना चाहिए; जैसे एक से अधिक पत्नी रखने की प्रथा—बहुपत्नीत्व।

१६ - सार-लेखन में शीर्षक-चयन का भी अत्यन्त महत्त्वपूर्ण स्थान है। शीर्षक का चयन इस तरह से करना चाहिए कि अवतरण के मूल भावों का स्पष्ट आभास हो जाए।

## संक्षेपण (सार-लेखन) और सारांश में अन्तर

(उप्र पीसीएस २००९)

आजकल संक्षेपण को बहुधा सारांश के अर्थ में भी प्रयुक्त किया जा रहा है। इन दोनों पदों में तात्त्विक अन्तर है। इस सन्दर्भ में यहाँ दो परिभाषाएँ प्रस्तुत की गयी हैं,

**प्रो० नलिन शर्मा** और **प्रो० केसरी कुमार** ने 'हिन्दी रचनाकोश' में लिखा है, ''संक्षेपीकरण को हम किसी बड़े ग्रन्थ का संक्षिप्त संस्करण, बड़ी मूर्त्ति का लघु अंकन और बड़े चित्रों का छोटा चित्रण कह सकते हैं।''

**डॉ० वासुदेवनन्दन प्रसाद** के शब्दों में, ''किसी विस्तृत विवरण, सविस्तार व्याख्या, वक्तव्य, पत्र-व्यवहार, लेख इत्यादि के तथ्यों और निर्देशों के ऐसे संयोजन को संक्षेपण कहते हैं, जिनमें अप्रासंगिक, असम्बद्ध, पुनरावृत्ति, अनावश्यक बातों का त्याग और सभी अनिवार्य, उपयोगी तथा मूल तथ्यों का प्रवाहपूर्ण और संक्षिप्त संकलन हो।''

उपर्युक्त परिभाषाओं में से वस्तुत: प्रथम परिभाषा 'सार-लेखन' या सारांश की है और द्वितीय 'संक्षेपण' की। प्रथम को अँगरेज़ी में 'प्रेसी' तथा द्वितीय को 'एब्रिड्मेण्ट' कहते हैं। संक्षेपण में मूलाकार का एक-तिहाई होना कोई आवश्यक शर्त्त नहीं है; इसमें न्यूनाधिक्य हो सकते हैं। इसमें संक्षेपक मूल लेखक की ही भाषा और शैली का प्रयोग करता है, उसमें अपनी ओर से कुछ नहीं जोड़ता; यथा— 'पद्मावत' व्याख्या, वर्णनात्मक अंशों आदि को कम करके एक ऐसी संश्लिष्ट कृति तैयार करता है, जिसमें कथा-योजना और कृति के मूल मर्म को समझने में कोई बाधा उपस्थित नहीं होती। भाषणों, पत्रों, प्रार्थना-पत्रों, अभ्यावेदनों आदि का भी संक्षेपण किया जाता है। इनके साथ भी वह मूल शर्त्त रहती है कि उसका मूलांश वस्तु, भाषा, शैली, शिल्प आदि किसी भी स्तर पर विकृत न हो। इस तरह से 'संक्षेपण' के मूल में वस्तुत: सम्पादन-कला का कौशल रहता है। संक्षेपक या सम्पादक जहाँ अपनी ओर से कोई टीका-टिप्पणी करता है, वहाँ वह अंश संक्षेपण न रहकर, **प्रतिवेदन** (Report) बन जाता है और यदि बिना किसी टीका-टिप्पणी के अपने शब्दों में और एक-तिहाई आकार में उसका सार प्रस्तुत करता है, तो वह 'सारांश' की कोटि में आ जाता है। इससे कम आकारवाले सारांश टिप्पणी कहे जाते हैं और जिन टिप्पणियों में संक्षेपक या सम्पादक का अभिमत भी सम्मिलित हो जाता है, उसे 'अभ्युक्ति' (remarks) कहते हैं।

विभिन्न परीक्षाओं में 'सारांश' प्रस्तुत करने से ही सम्बन्धित प्रश्न किये जाते हैं। कुछ कक्षाओं में संक्षेपण भी पाठ्यक्रम में है, किन्तु एक विस्तृत अर्थ में यह 'संक्षेपण' शब्द 'सारांश' को ही व्यंजित करता है।

अच्छे संक्षेपण की विशेषताएँ इस प्रकार हैं— (१) मूल का सार (२) क्रमबद्धता (३) संक्षिप्तता (४) स्पष्टता (५) मौलिक शैली (६) शुद्धता (७) पूर्णता (८) प्रभावात्मकता (९) ऋतुजा। उनके अनुसार संक्षेपक को संक्षेपण करते समय निम्नलिखित बातों से बचना चाहिए:—

(१) प्रत्यक्ष कथन से (उद्धरण-चिह्नों को हटा दें, सभी सर्वनामों को अन्य पुरुषों में बदल दें तथा क्रिया-विशेषणों को सामीप्य-बोधक से दूरी-बोधक बना दें।)

(२) अत्यन्त क्लिष्ट शब्दों से (तद्भव शब्दों का ही अधिकतर प्रयोग करें।)
(३) मूल अनुच्छेद के शब्दों और वाक्यांशों के प्रयोग से
(४) मुहावरों और कहावतों के प्रयोग से
(५) लम्बे मिश्र वाक्यों से
(६) किसी प्रकार की आलोचना से
(७) भूमिका और उपसंहार से
(८) विशेषण और क्रिया-विशेषणों से
(९) पूरक वाक्यों से
(१०) उदाहरणों और दृष्टान्तों से
(११) उद्धरण-चिह्न और कोष्ठक के प्रयोग से
(१२) भाषागत अशुद्धियों से

## 'सार-लेखन' के कुछ उदाहरण

**उदाहरण १–** विज्ञान से यन्त्र मिले। यन्त्र से प्रचुर उत्पादन की सुविधा मिली। अपने-आप में यह मानव-जाति के लिए वरदान बन सकता था, लेकिन यदि अभिशाप भी बन गया तो इस कारण कि हमने विज्ञान की विभूति को मानवीय मानस में नहीं, जातीय और राष्ट्रीय वासना से अपनाया। विज्ञान ने सिर्फ़ फैलाव की सुविधा हमें दी थी। उसमें उपनिवेशवाद का प्रयोजन हमने अपने मानस से डाला। मूल में परम-भाव होता है। हम दुनिया में दूर-दूर पहुँचते, लेकिन परस्पर देशी-विदेशी नहीं बने रहते। हमारा स्वदेश-भाव ही वहाँ तक फैल जाता यानी विश्व हमारा देश बन जाता, लेकिन यह नहीं हुआ। विज्ञान ने जो फैलाव दिया, वह सँकरे और सिकुड़े मन के हाथ पड़ गया।

अणु-शक्ति आज प्रकट हुई लेकिन यह बाध्यता कहाँ से आयी है कि उससे बम बने और वहीं बनते जाएँ। मेरा मानना है कि विज्ञान की ओर से कोई ऐसी बाध्यता और विवशता नहीं आ सकती है, जो हमारे प्रयोजन और हेतु को छोटा करे। युद्ध की आवश्यकता विज्ञान नहीं पैदा करता है। हो सकता है कि युद्ध की आवश्यकता हमारे मानस में पहले पैदा होती हो और उस तेज़ी से विज्ञान स्वयं गति पाता हो। एक हिटलर, शासन के शीर्ष पर पहुँचकर, अनेक विज्ञानियों को साधन सौंपकर कह सकता है कि अमुक दिशा में शोध करो और अमुक फल निकालकर दो। विज्ञानी राज्य नहीं बनाते, बल्कि राज्य की आवश्यकताओं के काम आते हैं।

**प्रश्न १–** उपर्युक्त अवतरण का उपयुक्त शीर्षक दीजिए?

**प्रश्न २–** प्रस्तुत अवतरण का सार प्रस्तुत कीजिए?

**उत्तर १– शीर्षक–** 'विज्ञान और हम'

**उत्तर २– सार–** विज्ञान से हमें उत्पादन की सुविधा मिली। विज्ञान ने हमें विस्तार और व्याप्ति दी। हम विश्व के क़रीब आये। आज यदि विज्ञान अभिशाप बना है, तो केवल हमारे संकीर्ण राष्ट्रवाद और जातीयता के कारण। विज्ञान को हम अधिकाधिक उत्पादन के बढ़ाने में लगा सकते थे, लेकिन उससे हमने बम बनाये। विज्ञान ने बम बनाने को नहीं कहा। विज्ञान हमारे दृष्टिकोण को संकीर्ण नहीं बनाता। युद्ध की आवश्यकता हमने पैदा की। विज्ञान का हम जैसा चाहें वैसा उपयोग कर सकते हैं।

**उदाहरण २–** धर्मनिरपेक्षता का अर्थ है, राज और धर्म को अलग-अलग रखने पर बल देना। इस विचारधारा का आधार यूरोप के चर्च और शासकीय शक्ति यानी राजा के बीच का संघर्ष है। हमारे संविधान के जनक, जिनमें सभी पर पाश्चात्य शिक्षा का प्रभाव था, इस तथ्य से पूर्णतया परिचित थे कि राज्य अथवा राजनीति के साथ धर्म के जुड़ने से यूरोप में किस प्रकार की तबाही हुई थी।

एच० वी० कामथ, जो संविधानसभा के एक सदस्य थे, ने राज और धर्म के एकीकरण के विरुद्ध बोलते हुए यूरोप तथा इंग्लैण्ड का उदाहरण दिया, जहाँ इस प्रकार के एकीकरण के भयानक परिणाम निकले। कामथ ने इस बात की ओर ध्यान दिलाया कि तीसरी शताब्दी ई० पू० में जब बौद्धधर्म को राजधर्म के रूप में अपनाया गया, तब इससे बौद्धों और हिन्दुओं के बीच टकराव पैदा हो गया, जिसका अन्त भारत में बौद्ध-धर्म के पतन के रूप में हुआ। पण्डित नेहरू और अन्य राष्ट्रवादी नेताओं ने भी हिन्दूराज की माँग का कड़ा विरोध किया तथा इस विचार का प्रतिरोध किया कि इंग्लैण्ड की भाँति ही भारत में एक राजधर्म होने के बावुजूद अल्पसंख्यक समुदायों के प्रति सहिष्णुता हो सकती है। उन्होंने इसके विरुद्ध यह तर्क दिया कि यदि भारत में केवल हिन्दू होते, तो भी हिन्दू-समाज के विभिन्न समुदायों के बीच धार्मिक मामलों पर मूल मतभेदों और इसके विभिन्न स्वरूपों के कारण भारत को धर्मनिरपेक्षता की आवश्यकता पड़ती।

**प्रश्न १–** उपर्युक्त गद्यांश के लिए उचित शीर्षक निर्धारित कीजिए।

**प्रश्न २–** गद्यांश का सार प्रस्तुत कीजिए।

**उत्तर १– शीर्षक–** 'राज और धर्म' या 'धर्मनिरपेक्षता'

**उत्तर २– सार–** प्राय: हर देश राज और धर्म को अलग-अलग रखने के पक्ष में है क्योंकि यूरोप में राज और धर्म को एक साथ जोड़ने से तबाही हुई थी। भारत में भी बौद्धधर्म को राजाश्रय मिलने पर बौद्धों और हिन्दुओं के बीच टकराव की स्थिति पैदा हो गयी थी। अगर राज को धर्म से जोड़ते हैं, तो उसमें एक धर्म को ही प्रश्रय मिलेगा और अन्य धर्म माननेवालों की उपेक्षा होगी। इसलिए भारतवर्ष में पं० नेहरू आदि ने सभी धर्मों के उत्थान की दृष्टि से धर्म-निरपेक्षता के सिद्धान्त को अपनाया।

❄❄❄

# २१. पल्लवन : अर्थ और अवधारणा

## 'पल्लवन' शब्द की व्युत्पत्ति और उसका अर्थ

'पल्लवन' का अर्थ है, विशदीकरण; अर्थात् किसी सूत्रबद्ध अथवा विचार को विस्तार के साथ प्रस्तुत करना। यह शब्द संस्कृत की 'पल्' धातु में क्विप्' प्रत्यय तथा 'लू' धातु में 'अच्' प्रत्यय लगाकर दोनों के योग से बनाया जाता है। अँगरेज़ी-भाषा में इस अर्थ में एमप्लिफ़िकेशन (Amplification) शब्द प्रयुक्त होता है। जिस प्रकार सार-लेखन बहुत को थोड़े में कहने या लिखने की रचना-प्रक्रिया है, उसी तरह पल्लवन थोड़े को बहुत में कहने या लिखने की रचना-प्रक्रिया है। पल्लवन में भावपूर्ण या विचारपूर्ण वाक्यों को विस्तारपूर्वक प्रस्तुत किया जाता है। वस्तुतः पल्लवन सार-लेखन का विपरीतार्थक है।

अँगरेज़ी में 'पल्लवन' को इस प्रकार परिभाषित किया गया है,

"Amplification is an act of expansion or enlargement of thought-process by manner of representation. It is a diffusive discussion. It is diating upon all the particulars of subject by way of illustration and various examples and proofs."

पल्लवन विचार-सूत्रों से ग्रथित या भावों से संगुम्फित वाक्य या वाक्यों का दृष्टान्त और उदाहरण के द्वारा अर्थ विस्तारीकरण है। जिस तरह लोकोक्तियों के मूल में एक अनुभव-सन्दर्भ निहित रहता है, उसी तरह विचार सूचित वाक्यों के मूल में अर्थश्रेणी या अर्थसन्दर्भ निहित रहता है। इसी का उद्घाटन या अर्थ-विस्तारण पल्लवन है। सार-लेखन के प्रतिकूल पल्लवन-लेखन में आवश्यक प्रमाणों, उद्धरणों या उदाहरणों द्वारा वाक्यगत भाव या विचार को पूर्णतः स्पष्ट किया जाता है।

## पल्लवन की विशेषताएँ

(१) साधारणतः व्यक्ति सूत्रात्मक वाक्यों को जल्दी समझ नहीं पाता। पल्लवित की जानेवाली उक्तियाँ गद्य और पद्य, दोनों प्रकार की हो सकती हैं। लोकोक्तियों, मुहावरों अथवा महापुरुषों, कवियों या लेखकों की उक्तियों को भी पल्लवित किया जाता है।

(२) पल्लवन में प्रत्यक्ष कथन तथा पुनरावृत्ति के लिए कोई स्थान नहीं रहता। इनके कारण पल्लवित रचना में शिथिलता आती है।

(३) पल्लवन में निबन्धात्मकता के गुण होते हैं। जब विचारों में अस्पष्टता होती है, तब पल्लवन के माध्यम से विचारों में सामंजस्य की प्रक्रिया सम्पन्न होती है।

(४) अवतरण में निहित प्रमुख और गौण विचारों को समझ लेने के बाद ही पल्लवन या विशदीकरण करना चाहिए।

(५) पल्लवन वस्तुतः आलोचना, टीका-टिप्पणी या व्याख्या से भिन्न विधा है। अतः इसमें सन्दर्भ का उल्लेख करने तथा उदाहरण आदि की आवश्यकता नहीं होती।

(६) पल्लवन के वाक्य या अवतरण स्वयं सूत्रवत् रूप में होते हैं, अत: इसे व्यास-शैली में ही लिखना चाहिए।
(७) पल्लवन की भाषा साहित्यिक तथा व्यक्त भावों और विचारों के अनुकूल हो। तद्नुसार ही उसमें शैलियों का भी प्रयोग होना चाहिए।
(८) पल्लवन सुप्त भावों तथा विचारों को उत्प्रेरित करने का काम करता है। वह लेखक के लिए अभिव्यक्ति की एक सुनिश्चित दिशा भी प्रदान करता है।
(९) पल्लवन करते समय इस बात का ध्यान रखना चाहिए कि अनावश्यक विस्तार न हो।
(१०) पल्लवन में मौलिकता, बोधगम्यता और प्रभावोन्विति भी होनी चाहिए।
(११) विशदीकरण की भाषा शुद्ध, सरल और संयमित होनी चाहिए।
(१२) वर्तमान काल और भविष्यत् काल का प्रयोग पल्लवन में नहीं करना चाहिए। यह ध्यान रखना चाहिए कि जो पल्लवित किया जा रहा है, उसे परोक्ष कथन और भूतकालीन क्रिया के माध्यम से अन्य पुरुष में ही कहना चाहिए। उत्तम और मध्यम पुरुष का प्रयोग पल्लवन में नहीं करना चाहिए।
(१३) मूल कथ्य या लक्ष्य की रक्षा करते हुए किसी अंश का पल्लवन करना सहज कार्य नहीं है। यह कार्य पल्लवन करनेवाले व्यक्ति की सर्जनात्मकता के साथ-साथ उसकी बौद्धिकता, कल्पनाशीलता और प्रतिभाशक्ति की भी आवश्यकता होती है। सफल पल्लवनकर्त्ता वही हो सकता है, जिसमें साहित्यिक प्रतिभा हो, जिसके पास शब्द-भण्डार हो तथा जिसमें सर्जनात्मक प्रतिभा हो।
(१४) किसी अंश का कुशलतापूर्वक पल्लवन करने के लिए पल्लवनकर्त्ता को व्यापक अध्ययन और अभ्यास की आवश्यकता होती है।

## पल्लवन के नियम

(१) पल्लवन व्यास शैली में ही होना चाहिए।
(२) पल्लवन करने के पूर्व दिये गये वाक्य या उक्ति को अच्छी तरह समझ लेना चाहिए।
(३) पल्लवन में विचारों की क्रमबद्धता अति आवश्यक है।
(४) पल्लवन में सरल शब्दावली का ही प्रयोग करना चाहिए।
(५) पल्लवन करते समय यह ध्यान रखना चाहिए कि भाव और भाषा की अभिव्यक्ति में पूरी स्पष्टता, मौलिकता और सरलता होनी चाहिए। वाक्यों में लघुता और भाषा अत्यन्त सरल होनी चाहिए।
(६) पल्लवनकर्त्ता को अप्रासंगिक बातों का अनावश्यक विस्तार नहीं करना चाहिए।
(७) पल्लवन की रचना अन्य पुरुष में ही होनी चाहिए।

## पल्लवन की उपयोगिता

आधुनिक युग में पल्लवन भी एक विधा के रूप में प्रतिष्ठित हो चुका है। हर व्यक्ति की अपनी निजी शैली होती है। उसके भाषा, भाव और विचार उसके व्यक्तित्व के अनुरूप होते हैं। व्यक्तित्व के अनुरूप ही वह अपनी भाषा और साहित्य के अन्य उपकरणों के स्वरूप का निर्धारण करता है। हिन्दी के अनेक महान् साहित्यकार ऐसे हैं, जो छोटे-छोटे वाक्य में गम्भीर भाव या विचारों को निहित कर देते हैं। "स्वाधीनता हमारा जन्म-सिद्ध अधिकार है", "नर और नारी

एक गाड़ी के दो पहिये हैं'', ''महत्त्वाकांक्षा का मोती निष्ठुरता की सीपी में पलता है'', ''वीर-हृदय युद्ध का नाम ही सुनकर नाच उठता है'' आदि ऐसे ही वाक्य हैं। इन वाक्यों को समझने के लिए विशदीकरण की आवश्यकता होती है। पल्लवन या विशदीकरण के द्वारा ऐसे वाक्यों को आसानी से समझा जा सकता है।

## पल्लवन और 'व्याख्या' में अन्तर

'पल्लवन' पल्लव से निष्पन्न भाववाचक संज्ञा है। जिस प्रकार बीज अंकुरित होकर पल्लवित होता है और पल्लवों के सहारे डालियों-सहित वृक्ष-रूप में विकसित हो जाता है, उसी प्रकार वाक्य में निहित बीज-भाव या बीज-विचार ही विकसित होकर पल्लवन के रूप में प्रस्तुत होता है। पल्लवन बीज-भाव का विस्तारण है।

पल्लवन का तात्पर्य व्याख्या से नहीं है। व्याख्या करते समय अवतरण का सन्दर्भ प्रसंग और काव्य-सौष्ठव भी लिखना पड़ता है, किन्तु पल्लवन में ये सब अपेक्षित नहीं हैं। इसमें केवल विचार और भाव का विस्तार किया जाता है, लेकिन विस्तार के मोह में पुनरावृत्ति नहीं होनी चाहिए।

'वि' उपसर्ग पूर्वक 'आख्या' धातु से 'व्याख्या' शब्द निष्पन्न हुआ है। **डॉ० पृथ्वीनाथ पाण्डेय** के अनुसार, ''किसी भाव अथवा विचार का सन्दर्भ उल्लेखपूर्वक विशेष आख्या या कथन 'व्याख्या' कहलाता है।'' पल्लवन तथा व्याख्या में पर्याप्त अन्तर है। व्याख्या में सन्दर्भों का महत्त्व होता है और उसे विस्तारपूर्वक लिखा जाता है। पल्लवन में यह आवश्यक नहीं कि सन्दर्भों का वर्णन किया जाए। पल्लवन अधिकांशत: सूत्रात्मक वाक्यों के ही होते हैं, जबकि सूत्रात्मक वाक्यों की विवेचना प्राय: सार-लेखन में ही पूछी जाती है। पल्लवन में व्याख्या नहीं होती, किन्तु व्याख्या में पल्लवन होता है। व्याख्या में अलंकृत शैली को भी स्थान दिया जाता है। इस प्रकार पल्लवन और व्याख्या में पर्याप्त अन्तर होता है।

## पल्लवन और 'संक्षेपण' में अन्तर

पल्लवन और संक्षेपीकरण में भी पर्याप्त अन्तर दृष्टिगोचर होता है। संक्षेपीकरण में विस्तृत गद्य-अंशों के सार-तथ्यों को व्यक्त किया जाता है जबकि पल्लवन में सूत्रवत् वाक्यों को विस्तृत रूप में व्यक्त किया जाता है।

## पल्लवन और 'भावार्थ' में अन्तर

(उप्र पीसीएस २००९)

पल्लवन किसी विचारसूत्र का विस्तृत विवेचन है और भावार्थ किसी अनुच्छेद में निहित मुख्य भावों या विचारों का सरल भाषा में पुनर्प्रस्तुतीकरण है। भावार्थ को सार-लेखन और केन्द्रीय भाव समझने की भूल नहीं करनी चाहिए। पल्लवन और भावार्थ, दोनों में मूलभाव को स्पष्ट किया जाता है, किन्तु भावार्थ में भाव-विस्तार की एक सीमा होती है। पल्लवन में विस्तार की कोई सीमा नहीं होती। इसमें कई अनुच्छेद हो सकते हैं, किन्तु भावार्थ में मूलभाव को अनुच्छेदों में लिखना आवश्यक नहीं है। भावार्थ में मूल गद्यांश के केन्द्रीय भाव को ग्रहण करने की चेष्टा की जाती है।

भावार्थ-लेखन में शब्द-सीमा नहीं होती, किन्तु संक्षिप्तता होती है अर्थात् भावार्थ मूल अवतरण की अपेक्षा संक्षिप्त होता है।

## 'पल्लवन' के कुछ उदाहरण

**विचार–१ ''आवश्यकता आविष्कार की जननी है।''**

**पल्लवन–** मनुष्य आदिम अवस्था को पारकर, आज विज्ञान की विकासशील अवस्था में पहुँचा है और इस विकास–यात्रा की मूल प्रेरणा आवश्यकता ही रही है। आवश्यकताएँ मनुष्य को कर्म करने के लिए प्रेरित करती हैं। एक आवश्यकता पूरी होने पर दूसरी आवश्यकता सामने आ जाती है। ज्यों–ज्यों विकास के नये द्वार खुलते हैं, त्यों–त्यों आवश्यकताएँ भी बढ़ती जाती हैं और हर आवश्यकता कर्म को गतिशीलता देती है। आवश्यकता की पूर्ति के लिए ही नये–नये आविष्कार किये जाते हैं, इसीलिए आवश्यकता को आविष्कार की जननी कहा गया है।

**विचार–२ ''स्वराज हमारा जन्मसिद्ध अधिकार है।''**

**पल्लवन–** ''स्वराज हमारा जन्मसिद्ध अधिकार है,'' यह उद्घोष बाल गंगाधर तिलक ने पराधीन भारतवासियों के बीच किया। जिस समय तिलक ने यह उद्घोष किया था, उस समय हमारा देश अँगरेज़ों के अधीन था। देश में स्वतन्त्रता-आन्दोलन छिड़ा हुआ था। प्रत्येक देश के लिए आवश्यक है कि वह स्वतन्त्र हो क्योंकि पराधीनता सबसे बड़ा अभिशाप है। जो देश स्वतन्त्र रहता है, उसके नागरिकों को स्वाधीनता जन्म से ही मिल जाती है। स्वाधीन होने पर ही देश स्वाभिमान के साथ रह सकता है और उन्नति कर सकता है। स्वाधीन नागरिक ही विश्व में अपनी पहचान बना सकता है तथा अपने देश और संस्कृति पर गर्व कर सकता है। तिलक भारत के संस्कृति–पुरुष थे। अत: उन्होंने अँगरेज़ों के सामने दावा किया था, ''स्वराज हमारा जन्मसिद्ध अधिकार है''। जिस देश में हम पैदा हुए हैं, वहाँ जन्म से ही हमें स्वाधीनता का अधिकार मिल गया है। इस कथन द्वारा तिलक भारतीयों को तो स्वतन्त्रता के लिए प्रेरित करते ही हैं, अँगरेज़ों को भी भारत छोड़ने के लिए बाध्य करते हैं।

**विचार–३ ''ढाई आखर प्रेम का पढ़े सो पंडित होय।''**

**पल्लवन–** ''ढाई आखर प्रेम का पढ़े सो पंडित होय''— यह कथन सन्त कबीरदास का है। 'प्रेम' शब्द में ढाई अक्षर मौजूद हैं। कबीर प्रेम के महत्त्व को इस कथन में प्रतिपादित करते हैं। ज्ञानी वही है, जो प्रेम के महत्त्व को समझे। प्रेम मानव के प्रति, जीवन के प्रति, ईश्वर के प्रति और सभी के प्रति हो सकता है। प्रेम से मानव–हृदय का विस्तार होता है; मानव–मन में संवेदनाएँ जगती हैं और ''वसुधैव कुटुम्बकम्'' की भावना आती है। मन द्वेष और विकारों से अलग होता है। मानव, 'मानव' बनता है। कबीर कर्म और व्यवहार को महत्त्व देते थे। उनके जीवन में वाचिक ज्ञान का महत्त्व नहीं था, इसीलिए उन्होंने प्रेम के महत्त्व को प्रतिपादित किया है; यद्यपि कबीर का प्रेम आत्मा और परमात्मा के बीच का प्रेम है और वे प्रेम में ही आत्मा की मुक्ति मानते हैं,

**''पोथी पढ़ि-पढ़ि जग मुवा, पंडित भया न कोय।**
**ढाई आखर प्रेम का, पढ़ै सो पंडित होय।।''**

कबीर के प्रेम में सारे विकार तिरोहित हो जाते हैं। आत्मा एकनिष्ठ भाव से परमात्मा से मिल जाती है और उसे सारा ज्ञान प्राप्त हो जाता है। इसीलिए वे कहते हैं,

**''अकथ कहानी प्रेम की, कछू कही न जाय।**
**गूँगे केरी सरकरा, खाये औ मुसकाय।।''**

इस प्रकार 'प्रेम' के ढाई अक्षरों का अत्यन्त महत्त्व है।

**विचार–४ ''पर उपदेस कुसल बहुतेरे।''**

**पल्लवन–** चौपाई का यह अंश महाकवि गोस्वामी तुलसीदास विरचित 'रामचरितमानस'

का है। व्यक्ति दूसरे को उपदेश देने में अत्यधिक तत्पर रहता है। उपदेश देने में लगता भी कुछ नहीं है, लेकिन जो उपदेश हम दूसरों को देते हैं, वही उपदेश हम स्वयं के जीवन में उतारें तो बहुत बड़ी बात है। जीवन में किसी महत् उपदेश को उतारना अतीव कठिन कार्य है। जीवन की सार्थकता कर्म में निहित है। हम यदि कोई बात अपने जीवन में उतारकर दूसरे से वैसा ही करने को कहें, तो उसका दूसरे के हृदय पर गहरा प्रभाव पड़ता है। देखा यह जाता है कि मनुष्य स्वयं तो निकृष्ट कार्य करता है, लेकिन दूसरों को ऊँचे कार्य करने का उपदेश देता है। कहना आसान होता है, किन्तु किसी कार्य को करना कठिन होता है। कहने में कुछ नहीं लगता, मात्र शब्द फेंके जाते हैं। ''सत्य बोलो'' सभी कहते हैं, लेकिन उस 'सत्य' को अपने जीवन में उतार बहुत कम लोग पाते हैं। सार्थकता किसी सिद्धान्त को जीवन में उतारने में है। दूसरों को उपदेश देना बहुत सहज है। गोस्वामी तुलसीदास ने उपदेश की प्रवृत्ति की यहाँ भर्त्सना की है तथा आचरण और कर्म पर बल दिया है।

## विचार–५ ''नर और नारी, एक गाड़ी के दो पहिये हैं।''

**पल्लवन–** वर्तमान युग में वरिष्ठता और श्रेष्ठता को लेकर, अधिकार और कर्त्तव्य को लेकर, उचित और अनुचित को लेकर तथा अपने और पराये को लेकर अनेक प्रकार के विवाद चलते रहते हैं। भौतिकता और स्वार्थान्धता का यह विवाद केवल दो व्यक्तियों, दो पुरुषों और दो नारियों तक सीमित नहीं रह गया है, बल्कि आजकल इसने अपना प्रभाव जीवन के प्रत्येक अंग पर जमा लिया है। परिणामत: औरों की बात कौन करे, पति और पत्नी में भी परस्पर अधिकारों की होड़ लग गयी है। कभी–कभी यह होड़ इतनी बढ़ जाती है कि लोग यह भी भूल जाते हैं कि गाड़ी को चलाने के लिए सभी चक्कों का समान महत्त्व है। जिस प्रकार किसी एक चक्के के अभाव में गाड़ी पंगु हो जाती है; एक पल्ले के अभाव में तराज़ू व्यर्थ हो जाता है, उसी तरह नर के अभाव में नारी का और नारी के अभाव में नर का जीवन अपूर्ण, निरर्थक और अनुपयोगी हो जाता है।

## विचार–६ ''साहित्य समाज का दर्पण है।''

**पल्लवन–** साहित्य अपने समाज का दर्पण होता है। जिस प्रकार मनुष्य दर्पण के सामने खड़ा होकर अपनी आकृति–नाक–नक़्श को देख लेता है, ठीक उसी प्रकार साहित्यरूपी आईने में किसी समाज या जाति के रूप का, अर्थात् उसकी सभ्यता–संस्कृति का पता लगाया जा सकता है। साहित्यकार साहित्य के माध्यम से अपने अन्तर्जगत् में विद्यमान भावों का प्रकटीकरण करता है। साहित्यकार समाज में जीता है। अत: उससे असंयुक्त होकर वह नहीं रह सकता। जाने–अनजाने में समाज उसे प्रभावित करता है। वह यह नहीं कह सकता कि इतने बजे तक मैं समाज के प्रभाव को ग्रहण नहीं करता हूँ।

साहित्यकार किसी–न–किसी समाज का एक अत्यन्त संवेदनशील सदस्य होता है। अत: उसके साहित्य में उस समाज का समग्र रूप चित्रित होता है। जब साहित्यकार समाज में दु:ख–सुख, रुदन–हास, भय–क्रोध, ईर्ष्या–ग्लानि, ममता, स्नेहादि से प्रभावित होता है, तब यह भी आवश्यक है कि वह इन्हें अपनी सृष्टि के सामने अभिव्यक्ति प्रदान करे। साहित्य साहित्यकार के अन्तर्मन की प्रतिकृति है। अत: वह चाहते हुए भी उन भावों को प्रकट करने से नहीं बच सकता, जिन्हें प्रकट नहीं करना चाहता।

साहित्यकार की कथा का आधार समाज के दैनिक जीवन में घटनेवाली घटनाएँ होती हैं। उन्हें ही कुछ नवीनता देकर वह अपना विषय बनाता है। साहित्यकार शून्य में रचना नहीं कर सकता और समाज के प्रभाव से भी नहीं बच सकता। अत: स्पष्ट है, ''साहित्य समाज का दर्पण है।''

# २२. अपठित-अवतरण

## अर्थ और उपयोगिता

अपठित गद्य या पद्य का आशय उस अंश से है, जो पहले से पढ़ा न गया हो या जो निर्धारित पाठ्य-पुस्तकों से बाहर का हो। आरम्भिक कक्षाओं से लेकर लोकसेवा आयोग की परीक्षाओं में भी एक प्रश्न अपठित गद्य या पद्य से सम्बन्धित रहता है। इसका मूल कारण यह है कि परीक्षक इस प्रश्न के माध्यम से विद्यार्थी या प्रतियोगी की ग्रहण-शक्ति, प्रतिभा और दूसरे के भावों तथा विचारों को अपने शब्दों में, संक्षेप में प्रस्तुत करने की कला और क्षमता का मूल्यांकन करना चाहता है। पाठ्यक्रम में थोड़ी-सी सामग्री ही निर्धारित की जा सकती है, पर जीवन में विद्यार्थी को ऐसी समस्याओं और परिस्थितियों का सामना करना पड़ता है, जिनके सम्बन्ध में उसकी कोई तैयारी नहीं रहती। अपठित गद्य-पद्य इसी तैयारी का पूर्वाभ्यास कराता है।

## अपठित-अवतरण को समझने के लिए महत्त्वपूर्ण तथ्य-बिन्दु

अपठित गद्य-पद्य के माध्यम से विद्यार्थी के सामान्य ज्ञान और स्वतन्त्र अध्ययन की भी परख होती है। अत: इन अंशों से सम्बन्धित प्रश्नों के उत्तर देना भी एक कला है। इस प्रकार छात्रों के लिए निम्नलिखित बातों की जानकारी आवश्यक है :—

(१) पहले मूल अवतरण को कम-से-कम तीन बार आद्यन्त पढ़ा जाना चाहिए।

(२) मूल अवतरण के प्रत्येक वाक्य में निहित भावों या विचारों को अलग से अपनी भाषा में अंकित करते चलना चाहिए।

(३) अनावश्यक विस्तार, उदाहरण, विशेषण, विश्लेषण आदि को छोड़कर मूल मर्म को पकड़ने का प्रयत्न करना चाहिए।

(४) ऐसे अंश में यदि कुछ ऐसे क्लिष्ट शब्द या पद हों, जिनका अर्थ या भावार्थ समझ में नहीं आ रहा है, तो उन्हें छोड़कर मूल मर्म को ग्रहण करने का प्रयत्न किया जाना चाहिए।

(५) यदि ऐसे शब्दों, पदों अथवा रेखांकित वाक्यों की व्याख्या करने के लिए कहा गया है, तो सारांश लिखने के पूर्व इस कार्य को किया जाना चाहिए। इस प्रकार के व्याख्यात्मक प्रश्नों के पहले उत्तर देने से अवतरण का मूल मर्म अधिक स्पष्ट हो जाता है। उसका प्रसंग भी समझ में आ जाता है।

(६) प्राय: हर अपठित अंश का एक उपयुक्त शीर्षक देने के लिए भी कहा जाता है। शीर्षक उसी अंश के आदि, मध्य या अन्त में निहित रहता है, जिसे किंचित प्रयत्न और समझ

से खोजा जा सकता है। शीर्षक यथासम्भव छोटा होना चाहिए तथा उसे प्रदत्त अंश की सप्रसंग विचारधारा का प्रतिनिधित्व भी करना चाहिए। यह भी आवश्यक है कि प्रदत्त अंश का ही कोई शब्द या पद शीर्षक के रूप में प्रयुक्त किया जाए, यथासम्भव अपनी ओर से अपने शब्दों में शीर्षक देने से बचा जाना चाहिए। अपठित अंश का दिया गया शीर्षक छात्र के सम्पूर्ण व्यक्तित्व, बुद्धि और प्रतिभा को ध्वनित करता है। अत: यह कार्य काफ़ी सोच-विचार करने के बाद ही किया जाना चाहिए। इसके लिए यह अच्छा रहता है कि पहले तीन-चार उपयुक्त शीर्षक छाँटकर अलग लिख लिये जाएँ। तत्पश्चात् प्रत्येक का विश्लेषण किया जाए और उनमें से सर्वश्रेष्ठ का चुनाव कर लिया जाए।

(७) कभी-कभी अपठित अंश के रूप में ऐसे अनुच्छेद भी दे दिये जाते हैं, जिनका पूर्वापर सम्बन्ध नहीं होता। इस स्थिति में पहले पृथक् अनुच्छेदों के लिए अलग-अलग शीर्षक का चयन कर लेना चाहिए, तत्पश्चात् उन्हें किसी संयोजक शब्द से जोड़ देना चाहिए; यथा— युद्ध और शान्ति, पूर्व और पश्चिम आदि।

(८) अपठित अंश का मूल उद्देश्य सारांश प्रस्तुत करना होता है। इसके लिए हर वाक्य और अनुच्छेद का सारांश अलग से नोट करते चलना चाहिए। फिर पूर्वापर सम्बन्ध जोड़ते हुए समस्त अंश का सारांश तैयार करना चाहिए। सारांश मूल का एक-तिहाई होना चाहिए। यह उसकी शिल्पसम्बन्धी एक अनिवार्य शर्त्त है। इससे कम सारांश की सीमा में नहीं आता और अधिक भी सारांश नहीं कहा जाता।

(९) सारांश में मूल अंश की बातों का ही समावेश हो। उसमें अपनी ओर से कोई नयी बात, उदाहरण या व्याख्या नहीं जोड़ी जानी चाहिए।

(१०) सारांश के प्रस्तुतीकरण की शैली अन्य पुरुष में रहती है। इसके लिए कभी आत्मपरक उद्धरण, कथोपकथन, समास, विश्लेषण-प्रधान भाव या तरंग-प्रधान शैलियों का प्रयोग नहीं किया जाना चाहिए। समास शैली ही उसकी मूल प्रकृति के सर्वथा निकट है। अत: उसी का प्रयोग किया जाए। हास्य-व्यंग्य-प्रधान शैलियाँ भी सारांश में दोषपूर्ण मानी जाती हैं।

(११) सारांश की भाषा शत-प्रतिशत अपनी हो और मूल अंश की पदावली का उसमें कम-से-कम प्रयोग किया जाए।

(१२) अपठित अंश से सम्बन्धित कभी-कभी कुछ प्रश्न भी किये जाते हैं, जिनके उत्तर उसी में निहित रहते हैं। मूल अवतरण को यदि ध्यान से पढ़ा जाए तो इस प्रकार के उत्तर देने में कोई कठिनाई नहीं होती। ऐसे उत्तर संक्षिप्त हों तथा मूल अवतरण से ही सम्बन्धित हों। उनमें अपनी ओर से कुछ भी जोड़ने-घटाने के प्रयास नहीं होने चाहिए।

## सारांश-लेखन और शब्द-गणना

सारांश-लेखन में कभी-कभी मूल अवतरण के साथ उनके नीचे उसमें प्रयुक्त शब्दों की संख्या भी दे दी जाती है और कभी यह कार्य सार-लेखक को ही करना पड़ता है। बिना इसके सही ढंग से मूलांश के एक-तिहाई शब्दों का निर्धारण करना कठिन हो जाता है। अत: सारांश लिखने के पहले ही यह कार्य सम्पन्न कर लेना चाहिए और उसमें तीन का भाग देकर यह निश्चित कर लेना चाहिए कि सारांश कितने शब्दों में प्रस्तुत किया जाना है। दो-तीन शब्दों का हेर-फेर चल सकता है, किन्तु इससे अधिक की कमी-बेशी सारांश-लेखक के प्रयास को निष्फल बना देती है।

शब्द-गणना की प्रक्रिया में अनेक मतभेद हैं, किन्तु सर्वसम्मत मत यह है कि कारकों तथा संयुक्त क्रियाओं को अलग शब्द न माना जाए। इसी तरह समास-चिह्न से जुड़े हुए शब्दों को एक गिना जाए; यथा—राम ने, श्रुति को, घर-बाहर, जा रहे हैं, आदि ये सभी एक-एक शब्द गिने जाएँगे। विद्यार्थी को सारांश-लेखन करने के बाद उसमें प्रयुक्त शब्दों को गिनकर कोष्ठक में लिख देना चाहिए ताकि परीक्षक सारांश की शब्द-सीमा से आश्वस्त हो सके। आवश्यक शब्द-सीमा से कम या अधिक शब्दों का प्रयोग करने पर परीक्षक चाहे तो कम अंक दे सकता है या पूरे अंक भी काट सकता है।

## अभ्यास के लिए अपठित गद्यांश

**१.** सदी के आखिरी २५ वर्षों के दौरान किए गए पारिस्थितिक अनुसन्धानों ने खनन, राजमार्ग निर्माण और वन प्रदेशों में की जाने वाली ऐसी अन्य अन्तर्वेधी गतिविधियों के कारण हुए आवास-खण्डन के हानिकर प्रभावों को सिद्ध किया है। जब जंगलों का एक बड़ा खण्ड अधिक छोटे टुकड़ों में विखण्डित हो जाता है, तो इन सभी टुकड़ों के कोर मानवीय क्रियाकलापों के सम्पर्क में आ जाते हैं और इसका परिणाम होता है, सम्पूर्ण वन प्रदेश का अपकर्ष। वनाच्छादित भू-प्रदेशों और गलियारों का सातत्य भंग हो जाता है, जिससे वन्य-जीवन की अनेक विलोप-प्रवण जातियाँ प्रभावित होती हैं। इस प्रकार जैव-विविधता संरक्षण को सबसे गम्भीर खतरा आवास-खण्डन से माना जाता है। खनन कम्पनियों को वन भूमि का तदर्थ अनुदान, साथ ही निरंकुश गैर-कानूनी खनन इस खतरे को और बढ़ा रहे हैं।

**(सी-सेट परीक्षा २०१३)**

**प्रश्न १ -** इस परिच्छेद का केन्द्र-बिन्दु क्या है?

(क) वनों में गैर-कानूनी खनन　　(ख) वन्य-जीवन का विलोपन

(ग) प्रकृति का संरक्षण　　(घ) आवास का विघटन

**प्रश्न २ -** वनाच्छादित भू-प्रदेशों तथा गलियारों का सातत्य बनाए रखने का क्या प्रयोजन है?

I. जैव-विविधता का संरक्षण।

II. खनिज संसाधनों का प्रबन्धन।

III. मांनवीय क्रियाकलापों के लिए वन भूमि का अनुदान।

**कूट**

(क) केवल I (ख) I और II

(ग) II और III (घ) I, II और III

**२.** सत्य अपना पूरा मूल्य चाहता है। उसके साथ समझौता नहीं हो सकता। साहित्य के **चरम सत्य** को पाने के लिए भी उसका **पूरा-पूरा मूल्य चुकाना ही समीचीन है।** लोग पग-पग पर सहज और सीधे साधनों की दुहाई दिया करते हैं, शायद किसी बड़े लक्ष्य की बात नहीं सोचते। मनुष्य को उसके उच्चतर लक्ष्य तक पहुँचने के लिए उसके प्रतिदिन के व्यवहार में आनेवाले प्रवृत्तियों के साथ सुलह करने से काम नहीं चलेगा। कठोर संयम और त्याग द्वारा ही उसे बड़ा बनाया जा सकेगा। जो बात इस क्षेत्र में सत्य है, वह सभी क्षेत्रों में सत्य है—साहित्य में, भाषा में, आचार में, विचार में, सर्वत्र। भाषा को ही लीजिए। मनुष्य अपने आहार और निद्रा के साधनों को जुटाने के लिए भाषा का व्यवहार करता है। यह उसकी **अनायास लब्ध भाषा** है परन्तु यदि उसे इस धरातल से ऊपर उठाना है, तो उतने से काम नहीं बनेगा। **सहज भाषा** आवश्यक है किन्तु सहज भाषा का मतलब है, सहज ही महान् बनानेवाली भाषा, रास्ते में बटोरकर संग्रह की हुई भाषा नहीं।

**प्रश्न–** १- उपर्युक्त गद्यांश का शीर्षक लिखिए?

२- गद्यांश का सारांश अपने शब्दों में लिखिए?

३- कालांकित की व्याख्या कीजिए?

**३.** उत्कृष्ट गुण, जो मनुष्य समाज में माननीय होता है, जिनके अभाव से **सब ठौर** निरादर पाता है और हेठा समझा जाता है, उनके कर्त्तव्यपरायणता का होना, गुण-सोपान की पहली सीढ़ी है। पहली सीढ़ी इसलिए कहते हैं कि जब यह मालूम नहीं है कि हमें क्या करना उचित है और जिसके करने की ज़िम्मेदारी हम पर है, त्रुटियाँ-चूक होने से उसका हिसाब अन्तरात्मा को हमें देना होगा, तब हम विद्वान्, बड़े धर्मनिष्ठ भी हुए तो क्या? कर्त्तव्यपरायणता के कई एक अवान्तर भेद हम यहाँ नहीं लेते, जिनमें भिन्न-भिन्न जाति के लोगों में अलग-अलग मतभेद है। कितनी बातें ऐसी हैं, जिन्हें हम हिन्दुस्तान के रहनेवाले कर्त्तव्य मानते हैं, पर इंग्लैण्ड तथा यूरोप के और-और देश फ्रांस, जर्मनी इत्यादि के लोग उसे अवश्य कर्त्तव्य न समझेंगे। जैसे पुत्र के लिए माता-पिता की सेवा और अपनी सब कमाई उनको अर्पण करना या अपने छोटे तथा असमर्थ भाइयों और कुटुम्ब को पालना-पोसना, हिन्दुस्तान में एक कर्त्तव्य कर्म है और न करने पर निन्दा, वैसे ही यूरोप के इंग्लैण्ड, फ्रांस आदि देशों में नहीं। अँगरेज़ी में माता-पिता की कुछ विशेष ख़बर न ले, सर्वस्व अपनी मेम साहिबा को सौंप देना, महाकर्त्तव्यपरायणता है। यहाँ ऐसा करने से समाज में निन्दा है। कर्त्तव्य पर ध्यान और **समय का उचित अनुवर्त्तन,** दोनों का साथ है। सच पूछो तो हम इन दोनों से च्युत हो गये हैं। जो 'अपने समय को' ठीक रखना या पालन करना जानता है; **अपने समय को बेजा न खोता है,** वही कर्त्तव्यपरायण भी भरपूर रह सकता है। **यावत् कर्त्तव्यों** में वर्तमान गिरी दशा से अपना उद्धार महाकर्त्तव्यपरायणता है किन्तु इस पर किसी का ध्यान नहीं जाता, प्रत्युत उसी को कर्त्तव्य मान रहे हैं, जिसमें हमारा अधिक बिगाड़ है और **गतानुगतिक 'न्याय'** के अनुसार **'भेड़िया धसान'** के समान 'आँख मूँद' उधर ही की ओर बराबर चले जाते हैं।

**प्रश्न–** १- उपर्युक्त गद्यांश का उपयुक्त शीर्षक लिखिए?

२- कालांकित वाक्यांशों की व्याख्या कीजिए?

३- गद्यांश का सारांश अपने शब्दों में लिखिए?

**४.** आज तीसरी दुनिया के विकासशील देशों में देश के आधुनिकीकरण और विकास में रुचि रखने वाले व्यक्तियों के लिए भूमण्डलीकरण एक मोहक शब्द है। अमेरिका तथा उसकी बिरादरी के एकाधिकारवादी बड़े पूँजीवादी देशों ने गरीबी से संघर्ष कर रहे विकासशील देशों के त्वरित विकास के लिए इसे एक कारगर और प्रभावी उपाय के रूप में प्रचारित किया है। विकास के प्रश्न को केवल अर्थशास्त्र की दृष्टि से देखने वाले इन बड़े राष्ट्रों का मानना है कि सकल राष्ट्रीय उत्पाद और राष्ट्रीय आय की वृद्धि में इसकी भूमिका चमत्कारिक है। इस अर्थ में भूमण्डलीकरण आज विश्व में विकास का नया और आकर्षक नारा बन गया है। आर्थिक विकास के सन्दर्भ में भूमण्डलीकरण का अर्थ है किसी देश की अर्थव्यवस्था को अन्य देशों की अर्थव्यवस्था से सम्बद्ध कर उसे विश्वव्यापी बनाना। इसके लिए सभी वस्तुओं के आयात की खुली छूट, सीमा शुल्क में कमी, विदेशी पूँजी के मुक्त प्रवाह की अनुमति, सेवा क्षेत्र विशेषकर बैंकिंग, बीमा तथा जहाजरानी क्षेत्र में विदेशी पूँजी-निवेश आदि उदार अर्थनीतियों को अपनाना आवश्यक है। आर्थिक उदारीकरण भूमण्डलीकरण की आधारभूत शर्त है, जिसके बिना देश की अर्थव्यवस्था को विश्वव्यापी आयाम नहीं दिया जा सकता। उदारीकरण का अर्थ है देश के उद्योग, व्यापार, लघु उद्योग और निर्यात की उपेक्षा कर देश में विदेशी उद्योग व व्यापार स्थापित करने एवं आयात को बढ़ावा देने की उदारता बरतना। इस प्रकार भूमण्डलीकरण निर्यात की तुलना में आयात तथा स्वदेशी धन्धों की अपेक्षा विदेशी उद्योग धन्धों को प्रोत्साहन देने की आधारभूत नीति को अपनाकर चलता है, जो किसी भी राष्ट्र के हित में नहीं है। विश्व के बड़े पूँजीवादी राष्ट्रों ने भूमण्डलीकरण को विकासशील देशों के लिए एक अद्‌भुत वरदान माना है। गोया वह उन देशों के विकास के लिए अलादीन का चिराग हो।

**(उप्र पीएससी परीक्षा २०१३)**

**प्रश्न १** - भूमण्डलीकरण से

(क) निर्यात को प्रोत्साहन मिलता है

(ख) विदेशी उद्योग धन्धों को प्रोत्साहन मिलता है

(ग) स्वदेशी उद्योग धन्धों को प्रोत्साहन मिलता है

(घ) विकासशील देशों का त्वरित विकास होता है

**प्रश्न २** - भूमण्डलीकरण में

(क) विश्व के सभी देशों के समान विकास की भावना निहित है

(ख) राष्ट्रों की सांस्कृतिक अस्मिता का संरक्षण होता है

(ग) बड़े राष्ट्रों की एकाधिकारवादी मनोवृत्ति पर कुठाराघात होता है

(घ) बड़े देशों द्वारा छोटे देशों का शोषण करने की भावना निहित है

**प्रश्न ३** - 'अलादीन का चिराग' का अर्थ है

(क) एकमात्र सहारा (ख) सर्वाधिक उपयुक्त विकल्प

(ग) अभीप्सित वस्तु (घ) इनमें से कोई नहीं

**प्रश्न ४-** इस गद्यांश का सर्वाधिक उपयुक्त शीर्षक निम्नलिखित में से क्या होना चाहिए?

(क) आर्थिक उदारीकरण (ख) वैश्वीकरण

(ग) भूमण्डलीकरण (घ) बाजारीकरण

५. **दिशाहीन जीवन से ऊबा हुआ मानस** सदैव सर्वनाश की कल्पना करता है। पश्चिमी जगत् के विज्ञानी और बुद्धिजीवी जिस आधार पर मानव-जाति के सर्वनाश की कल्पना करते हैं, उसमें तीन बातें प्रमुख हैं— वायु-प्रदूषण, जनसंख्या की बाढ़ और भौतिक साधनों की क्षीणता।

**वायु-प्रदूषण** और भौतिक साधनों की क्षीणता के लिए पश्चिम के उद्योग-प्रधान देश ही मुख्य रूप में उत्तरदायी हैं। सारे संसार में साम्राज्य और उपनिवेश का जाल फैलाकर उन्होंने बड़ी निर्ममता के साथ निर्बल देशों के **प्राकृतिक संसाधनों का पौ-बारह** किया है। मिट्टी के मोल कच्चा माल लेकर उन्होंने मनमाने भाव पर अपने ग़ुलाम देशों को तैयार माल बेचना शुरू किया, जिससे शोषणात्मक एकपक्षीय मूल्य-नीति पर आधारित **अन्तर्राष्ट्रीय अर्थव्यवस्था** ने जन्म लिया। इस अर्थ-नीति के फलस्वरूप पाश्चात्य देश आज भौतिक समृद्धि के सर्वोच्च शिखर पर खड़े हैं।

**प्रश्न–** १- उपर्युक्त गद्यांश का उचित शीर्षक दीजिए ?

२- कालांकित शब्दों की व्याख्या कीजिए ?

३- गद्यांश का सारांश अपने शब्दों में लिखिए ?

६. जिन दिनों जीवन अपेक्षाकृत अधिक गतिहीन था, उन दिनों कथनी और करनी का विरोध उतना उग्र नहीं था, लेकिन ज्यों-ज्यों राजनीतिक और आर्थिक परिवर्तनों की रफ़्तार तेज़ होती गयी, इस विरोध की उग्रता भी अधिकाधिक प्रत्यक्ष होती गयी। आज जब **हम अणुयुग** के दरवाज़े पर खड़े हैं, तब हमें अपने इस आन्तरिक विरोध का शमन करना ही पड़ेगा अन्यथा सर्वनाश अवश्यम्भावी है।

मानव-मन की अतल गहराई में हम यदि झाँक कर देखें तो वहाँ आज भी **गुहामानव की दमित वासनाएँ** केंचुली मारे बैठी हैं। वाणी उसकी कितनी ही सांस्कारिक क्यों न हो गयी हो, पर **अन्तर्जगत् में मैल के पर्त्त** और भी मोटे होते गये हैं। हमारे आचरण की तुलना में हमारे उद्गार इतने ऊँचे हैं कि उन्हें सुनकर आश्चर्य होता है। बातें तो हम ''वसुधैव कुटुम्बकम्'' की करते हैं, परन्तु काम हमारे कुछ और होते हैं। सिद्धान्त तो सहिष्णुता का बघारते हैं, लेकिन व्यवहार में हम चाहते हैं कि दूसरे भी वही सोचे, जो हम सोचते हैं— हमारा नेतृत्व और श्रेष्ठता बेझिझक स्वीकार करे। यह ख़तरे की स्थिति में है और यह ख़तरा बाहर नहीं, हमारे भीतर **बैठा अवसर की ताक में है।**

**प्रश्न–** १- इस गद्यांश का उपयुक्त शीर्षक दीजिए?

२- उपर्युक्त गद्यांश का सारांश लिखिए?

३- कालांकित शब्दों और वाक्यांश का आशय स्पष्ट कीजिए?

७. भाषा का प्रयोग दो रूपों में किया जा सकता है—एक तो सामान्य, जिसका लोक में व्यवहार होता है तथा दूसरा साहित्य रचना के लिए, जिसमें प्राय: अलंकारिक भाषा का प्रयोग किया जाता है। साहित्यिक रचना के लिए प्रयुक्त भाषा, लोक भाषा का कार्य करते हुए भी उससे भिन्न होती है, क्योंकि इसमें कवि की कल्पना भी काम करती है तथा उसे परिमार्जित रूप में प्रस्तुत करती

प्रस्तुत करती है। विद्वानों का अनुमान है कि जबसे संसार में साहित्य का सृजन आरम्भ हुआ है, तभी से अलंकारिक भाषा प्रयोग में लायी जा रही है। संसार का प्राचीनतम ग्रंथ ऋग्वेद तथा आदि महाकाव्य रामायण इस बात के प्रत्यक्ष प्रमाण हैं। इन दोनों रचनाओं में अलंकृत भाषा के उत्कृष्ट उदाहरण प्राप्त होते हैं। संसार के समस्त कवियों तथा साहित्यकारों ने इसी प्रवृत्ति का अनुसरण किया है। वस्तुतः अलंकृत भाषा के अभाव में काव्य, काव्य नहीं कहलाता। इस बात का समर्थन करते हुए कहा भी गया है कि अलंकार विहीन कविता विधवा के समान होती है। आचार्य भामह का भी कथन है कि जिस प्रकार किसी रमणी की सुन्दरता अलंकारों के बिना पूर्ण नहीं होती, उसी प्रकार साहित्य भी आभूषणों के बिना शोभा नहीं पाता। आचार्य दण्डी ने अलंकारों को काव्य का शोभा विधायक धर्म माना है। आचार्य मम्मट और विश्वनाथ ने भी काव्य में अलंकार की महत्ता स्वीकारते हुए क्रमशः उन्हें सौन्दर्य के उपकारक तथा शब्दार्थ के शोभातिशायी धर्म कहा है। (उप्र पीएससी परीक्षा २०१३)

**प्रश्न १** - लोक व्यवहार की भाषा होती है

(क) अलंकारपूर्ण साहित्यिक भाषा (ख) संस्कृतनिष्ठ लोक भाषा

(ग) व्याकरणसम्मत लोक भाषा (घ) बोलचाल की सामान्य लोक भाषा

**प्रश्न २** - संसार के अधिकांश कवियों ने जिस भाषा विषयक प्रवृत्ति का अनुकरण किया है, वह प्रवृत्ति है

(क) लाक्षणिक एवं व्यंजना प्रधान भाषा का प्रयोग

(ख) अलंकृत भाषा का प्रयोग

(ग) लोक व्यवहार की भाषा का प्रयोग

(घ) कोमलकान्त पदावली का प्रयोग

**प्रश्न ३** - शब्दार्थ के शोभातिशायी धर्म अलंकार के समर्थक आचार्य हैं

(क) विश्वनाथ (ख) भामह

(ग) दण्डी (घ) बाणभट्ट

**प्रश्न ४** - साहित्यिक भाषा और लोक भाषा में एक प्रमुख अन्तर है कि प्रथम

(क) परिमार्जित होती है और दूसरी अपरिमार्जित

(ख) अलौकिक होती है और दूसरी लौकिक

(ग) धर्मग्रन्थों में प्रयुक्त होती है और दूसरी लोककथाओं में

(घ) आदर्शों पर आधारित होती है और दूसरी कल्पना पर

८- विश्व के दुःखों को केवल भौतिक सहायता द्वारा मिटाया नहीं जा सकता, जब तक कि मनुष्य का स्वभाव न बदले, उसकी भौतिक आवश्यकताएँ सदैव बढ़ती रहेंगी, दुःखों को सदा अनुभव किया जाता रहेगा और भौतिक सहायता की कोई भी मात्रा उन्हें पूर्णतः दूर नहीं कर सकेगी। समस्या का एकमात्र समाधान यह है कि मानव जाति को विशुद्ध बनाया जाए। अज्ञानता बुराई की जननी है और उन सभी दुःखों की भी, जिन्हें हम देखते हैं। मनुष्य को प्रकाश मिले, वे विशुद्ध और आत्मिक रूप से सशक्त एवं शिक्षित हों, केवल तभी दुनिया से दुःख कम होंगे। हम देश के प्रत्येक घर को धर्मार्थ-शरणस्थल में बदल सकते हैं, हम धरती को अस्पतालों से भर सकते हैं, परन्तु

**प्रश्न १** - परिच्छेद के अनुसार, निम्नलिखित कथनों में से कौन-सा, मनुष्य के दु:खों के कारण के रूप में सर्वाधिक संभावित सत्य है?

(क) समाज में व्याप्त बुरी आर्थिक और सामाजिक दशाएँ

(ख) मनुष्य का अपना चरित्र परिवर्तित करने से इंकार

(ग) उसके समाज से भौतिक और सांसारिक सहायता की अनुपस्थिति

(घ) परिवर्तनशील सामाजिक संरचना के कारण अनवरत बढ़ती हुई भौतिक आवश्यकताएँ

**प्रश्न १** - परिच्छेद के सन्दर्भ में, निम्नलिखित धारणाएँ बनाई गई हैं

I. लेखक मानवीय दु:खों के उन्मूलन में भौतिक और सांसारिक सहायता को प्राथमिक महत्त्व देता है।

II. धर्मार्थ आवास, अस्पताल इत्यादि मानवीय दु:खों को एक बड़ी सीमा तक दूर कर सकते हैं।

इन धारणाओं में कौन-सी वैध है/हैं?

(क) केवल I (ख) केवल II

(ग) I और II (घ) न तो I, न ही II

## उदाहरण के लिए अपठित पद्यांश

१- **निम्नलिखित पद्यांश का भाव सरल भाषा में लिखिए?**

शिशु, तेरी अनुपम छवि निहार, मिल जाता हमको स्वर्गद्वार।
नभ में मयंक लगता रुचिकर, सरवर में विकसित कमल सुघर।
उपवन में है गुलाब सुन्दर, पर माँ की गोदी में इनसे बढ़कर तेरी छवि है अपार।
झलमल-झलमल करती शबनम, मोती से होती चमक न कम।
बिजली के दीप बड़े चमचम, पर ये सब हैं लगते धुँधले तेरे दाँतों की द्युति निहार।

## सरल भाषा में भाव

उपर्युक्त पद्यांश में कवि शिशु के सौन्दर्य का निरूपण करते हुए कहता है— हे शिशु! तेरे सौन्दर्य को देखकर हमें ऐसा प्रतीत होता है, मानो हमें स्वर्ग का ही सुख प्राप्त हो रहा हो। आकाश में चन्द्रमा सुन्दर लगता है; तालाब में खिला हुआ कमल सुन्दर लगता है; बगीचे में गुलाब का फूल सुन्दर लगता है परन्तु माता की गोद में पड़े हुए तुम इन सबसे अधिक सुन्दर लगते हो। इसी प्रकार पौधों की पत्तियों पर, फूलों की पंखुड़ियों पर झलमलाती और नृत्य करती हुई ओस की बूंदें मोती के समान चमकती हुई लगती हैं और रात को विद्युत्माला भी चमचमाती हुई दिखायी देती है, पर तुम्हारे दाँतों की सुन्दरता के सामने ये सारी सुन्दरता विवर्ण पड़ जाती हैं।

(इस पद्यांश में बाल-सौन्दर्य को समस्त वस्तुओं से अधिक सुन्दर बताया गया है।)

## अभ्यासार्थ अपठित पद्यांश

**नीचे लिखे पद्यांशों का उपयुक्त शीर्षक बताते हुए भाव स्पष्ट कीजिए?**

१- जिस पर गिरकर उदर-दरी से तुमने जन्म लिया है।
जिसका खाकर अन्न सुधासम नीर-समीर पिया है।
वह स्नेह की मूर्ति दयामयि मातातुल्य मही है।
उसके प्रति कर्त्तव्य तुम्हारा क्या कुछ शेष नहीं है?

२- रवि जग में शोभा सरसाता, सोम सुधा बरसाता।
सब हैं लगे कर्म में कोई निष्क्रिय दृष्टि न आता।
ग्रह, चन्द्र, तारे, सूर्य इनकी मोहिनी शोभा बड़ी।
है हे प्रभु! सबमें तुम्हारी शक्ति नैसर्गिक जड़ी।
करते हुए 'झरझर' मधुर रव झर रहे झरने कहीं।
द्रुम-विटप-शाखा चूमती तटनी कहीं है बह रही।
कल्लोलमय सागर कहीं, स्थिर-कमल-विकसित सर कहीं।
किस वस्तु में आभा तुम्हारी ईश है छिटकी नहीं?

३- युद्ध, निरन्तर युद्ध विश्व है,
युद्धों की ही एक कहानी।
शान्ति! कहाँ है शान्ति?
यहाँ तो नित रिपुओं से लड़ना है
नित्य उलझना समरांगण में
सीना ताने अड़ना है
भोले-भाले सीधे-सादे
नहीं यहाँ पर जीने पाते
जो लड़ते, आगे बढ़ते हैं
वे ही जीवन-गाना गाते
नहीं मिली यह शान्त बैठने
को हमको अनमोल जवानी
युद्ध, निरन्तर युद्ध विश्व है
युद्धों की ही एक कहानी।

४- मैं जीवन का भीषण दुर्दम
प्रलयंकर तूफान लिये हूँ

अपने दिल में मर मिटने का
मैं स्वर्णिम अरमान लिये हूँ
जिसको सुन रिपु के दिल टूटे
मैं वह गौरवगान लिये हूँ
मुझे मृत्यु-भय? अरे हथेली
पर मैं अपनी जान लिये हूँ।

५- इन दोनों के बीच आज की
मुस्काती स्वर्णिम रेखा है
यह प्रभात है प्राची में है
ऊषा का स्मिति-उज्ज्वल आनन
ये विहगों की मस्त उड़ानें
वितत व्योम में जीवन-स्पन्दन
तुम भी गाओ, तार मिलाओ
आज आज तुम ख़ुशी मनाओ।

****

# २३. आशय, भावार्थ तथा व्याख्या

## अर्थ, अवधारणा का चरित्र

यहाँ हमारे सम्मुख तीन शब्द हैं—आशय, भावार्थ तथा व्याख्या। वास्तव में, ये तीनों शब्द प्रयोग-स्तर पर अपना भिन्न-भिन्न अर्थ प्रकट करते हैं। पहला शब्द 'आशय' है, जिसका अर्थ 'तात्पर्य' अथवा 'अभिप्राय' होता है। अपने मन्तव्य को सुस्पष्ट करने के लिए इस शब्द को व्यवहार में लाया जाता है। उदाहरण के लिए—मैंने जो यहाँ प्रस्ताव किया है, उससे मेरा आशय यह है कि....।

दूसरे शब्द 'भावार्थ' की भी महत्त्वपूर्ण स्थिति है। अवतरण में जो शब्द दिये रहते हैं, उनके भावों को जो कला सुस्पष्ट ढंग से सामने लाती है, उसे 'भावार्थ' कहते हैं। भाव + अर्थ = भावार्थ (दीर्घ सन्धि) अर्थात् इसका आशय यह है कि भावार्थ 'भाव' का अर्थ सुस्पष्ट करता है।

तीसरा शब्द है—'व्याख्या'। यह शब्द 'वि' +'आख्या' से निर्मित है। इसका शाब्दिक अर्थ होता है, 'विशिष्ट आख्या'। व्याख्या उसे कहते हैं, जो अर्थ को सुस्पष्ट करता है।

दूसरे शब्दों में— किसी भाव अथवा विचार को सन्दर्भ-सहित सुस्पष्टता के साथ सरल शब्दों में अभिव्यक्ति की कला 'व्याख्या' कहलाती है।

यहाँ हमने तीनों के व्यावहारिक पक्ष को रखा है ताकि आप इन्हें समझकर इनमें अन्तर स्पष्ट कर सकें।

(१)

'राग' और 'द्वेष' की दो मूल विरोधी वृत्तियों से प्राणिमात्र का जीवन स्पन्दन-युक्त है। इसमें भी 'राग' ही विशेष महत्त्वपूर्ण है क्योंकि यही जीवन और उसके आकर्षणों के प्रति आशक्ति का मूल कारण है। 'राग' से प्रेरणा प्राप्त करने को ही प्रवृत्ति कहा गया है। सृष्टि का सर्जना-स्रोत भी 'राग' है। इससे प्रेरित होकर विरोधी लिंग के नर और मादा, स्त्री और पुरुष परस्पर आकर्षण का अनुभव करते हुए, मन और शरीर के एकत्व की अनुभूति करते हैं, प्रजनन की ओर प्रवृत्त होकर वे भावी प्रजा की जीवन-शृंखला को जीवित रखते हैं। स्त्री और पुरुष के परस्पर उन्मुखी भाव में, किसी अवरोध के कारण जब एक पक्ष दूसरे पक्ष की अभाव-पीड़ा का अनुभव करता हुआ, उसकी प्राप्ति और प्राप्ति संबंधी सुख के लिए विकल हो उठता है, तब उसकी वेदना को विरह-भावना के नाम से अभिहित किया जाता है।

**प्रश्न–** उपर्युक्त अवतरण का **भावार्थ** अपने शब्दों में लिखिए?

**उत्तर–** राग और द्वेष की भावना समस्त प्राणियों के हृदय में रहती है। प्रेम विशिष्ट और महत्त्वपूर्ण वृत्ति है। इस वृत्ति के कारण ही प्राणी जीवन के प्रति अनुरक्त होता है। जीवन की मूल प्रवृत्ति प्रेम से प्रेरित होकर प्राणी कर्म करता है। इसी भाव के कारण विषमलिंगी एक-दूसरे के प्रति आकर्षित होकर प्रजनन द्वारा सृष्टि की रक्षा करते हैं। जब स्त्री-पुरुष प्रेम करते हैं और उनके मिलन में बाधा पड़ती है, तब वे विकल होते हैं और उनकी विकलता को हम विरह-भावना कहते हैं।

## (२)

हिन्दू-दर्शन के अनुसार, सृष्टि और प्रकृति एक प्रकार के अवयवी भाव से सम्बन्धित हैं। इनके सम्पूर्ण क्रियाकलाप परस्पर इस प्रकार आश्रित हैं कि उनका प्रत्येक पक्ष उनके समस्त विधान की क्रिया पर निर्भर करता है। उदाहरणार्थ; जब एक बीज वृक्ष बनता है तब उनमें प्रकृति का समस्त तन्त्र सक्रिय हो जाता है। उसका विकास जलवायु, भूमि तथा वातावरण की अनुकूलता पर निर्भर करता है। उसके विकास के ये कारक उतने ही प्रबल हैं, जितनी बीज की शक्ति। 'सांख्ययोग' में इस विचारधारा की स्पष्ट व्याख्या की गयी है। इसके अनुसार, कार्य-कारण की प्रक्रिया अवयवित्यमय सम्पूर्ण तत्त्व का प्रत्यक्षीकरण है। सम्पूर्ण तत्त्व का प्रत्यक्षीकरण अवयवों का भी प्रत्यक्षीकरण है। किसी वस्तु के विकास और निर्माण की प्रवृत्ति एक ओर इसकी अन्तर्निहित शक्ति का प्रत्यक्षीकरण है और दूसरी ओर अन्य वस्तुओं के विकास और निर्माण के इतिहास की कड़ी है।

इसी प्रकार व्यष्टि और समष्टि का विकास अन्योन्याश्रित और परस्पर अभ्यास द्वारा ब्रह्म के विविध रूपों का विस्तार है। बौद्ध-दर्शन के अनुसार, किसी भी वस्तु का स्वतन्त्र अस्तित्व नहीं है। आत्मा-जैसी कोई वस्तु नहीं है। जो कुछ भी इस सृष्टि में वर्तमान है अथवा दृष्टिगोचर होता है, वह अक्षुण्ण प्रगति का स्वरूप है; अर्थात् सृष्टि की प्रत्येक वस्तु समग्र सृष्टि के संविधान की परस्पराश्रितता को प्रतिबिम्बित करती है।

**प्रश्न–** उपर्युक्त अवतरण का **भावार्थ** लिखिए?

**भावार्थ–** सृष्टि और प्रकृति के समस्त क्रियाकलाप परस्पर आश्रित हैं। उदाहरणस्वरूप बीज से वृक्ष की उत्पत्ति के माध्यम से प्रकृति को सम्पूर्ण तत्त्व का प्रत्यक्षीकरण स्वीकार किया गया है। जब किसी वस्तु का निर्माण और विकास होता है, तब हम उसमें इस निहित शक्ति का दर्शन करते हैं कि इसी प्रकार अन्य वस्तुओं का निर्माण और विकास संभव है। व्यक्ति और समाज का विकास एक-दूसरे पर निर्भर है। इस विकास में ब्रह्म के अनेक रूपों का दर्शन होता है। बौद्ध-दर्शन की मान्यता है कि सृष्टि की प्रत्येक वस्तु सम्पूर्ण तरीके से एक-दूसरे पर आश्रित रहने के नियम को प्रकट करती है।

## (३)

जहाँ तक रहस्यवाद का प्रश्न है, उसमें प्रेम की महिमा अनन्त है। एक रहस्यवादी हरि-प्रेम-रस का पानकर रहस्य-जगत् में उन्मुक्त विचरण करता है। वह इस रस में ऐसा मदोन्मत्त हो जाता है कि **चिर सत्ता से पृथक्, उसका अपना कोई अस्तित्व ही नहीं रहता।** इस रस की सबसे बड़ी विशेषता तो यह है कि समयान्त पाकर न तो उसका प्रभाव मन्द ही पड़ता है, न प्रशमित ही होता है, प्रत्युत् सतत् वर्द्धमान होकर प्रगाढ़ होता चला जाता है। **मनुष्य इसी प्रेम के कारण 'वैकुण्ठी' हुआ, अन्यथा 'एक मुट्ठी' क्षार के अतिरिक्त उसका अस्तित्व ही क्या है?** इस प्रकार एक रहस्यवादी की दृष्टि में प्रेम से महत्तर अन्य कोई भी वस्तु नहीं है क्योंकि प्रेम ही वह साधना है, जिसका अवलम्ब ग्रहण कर आत्मा-परमात्मा में तादात्म्य-भाव की स्थापना होती है, **लेकिन यह प्रेमपथ ऋजु नहीं।** इस पथ का पथिक पद-पद पर विरह और पीड़ा का अनुभव करता है। अत: एक रहस्यवादी दु:ख को प्रेम का पूरक स्वीकार करता है। उसका यह दृढ़ विश्वास है कि प्रेम (सुख) विरह (दु:ख) के पंख पर आरूढ़ होकर ही आत्मा का सान्निध्य प्राप्त कर सकता है।

**प्रश्न–** १- उपर्युक्त अवतरण का उपयुक्त शीर्षक लिखिए?
२- कालांकित अंशों की **व्याख्या** कीजिए?

**उत्तर–** १. प्रस्तुत अवतरण का उपयुक्त शीर्षक 'रहस्यवाद और प्रेम' हो सकता है।

२- (क) **चिर सत्ता से ......................... नहीं रहता–** साधक ईश-प्रेम में इस प्रकार तन्मय हो जाता है कि वह अपने अस्तित्व और ईश्वर में अभिन्नता का अनुभव करते लगता है।

(ख) **मनुष्य इसी प्रेम ......................... अस्तित्व ही क्या है–** ईश्वर-प्रेम के फलस्वरूप ही मनुष्य स्वर्ग प्राप्त करता है। उसके जीवन की सबसे बड़ी उपलब्धि यही है, क्योंकि मृत्यु हो जाने पर दाह-संस्कार के पश्चात् उसका पार्थिव शरीर एक मुट्ठी राख के अतिरिक्त और कुछ नहीं रह जाता।

(ग) **लेकिन यह प्रेम-पथ ऋजु नहीं है–**ईश्वर-प्रेम सरल नहीं है। इस प्रेम की साधना में साधक को अपने मन की चंचलता, सांसारिक विषय-वासनाओं आदि बाधाओं के साथ संघर्ष करना पड़ता है।

## (४)

भाषा बुद्धि का एक उपकरण है। सम्यक् निरूपण या वर्णन का यह माध्यम है। तब क्यों ऐसा प्रमाद? लेकिन वास्तव में यह भाषा का दुरुपयोग नहीं है। असल में, मानव बुद्धिजीवी या तर्कजीवी होने के कारण ही सम्पूर्ण नकार से डरता है। किसी एकान्त आत्यन्तिक नकार का न कभी वह दावा करता है, न उसे पाना चाहता है, बल्कि कहना चाहिए **उससे कन्नी काटता है।** सम्पूर्ण नकार यदि कुछ है, तो वह बहुत बड़ा है, कुछ विराट् है। नकार का अपना एक ऐश्वर्य है, जो मानव की कल्पना में समा नहीं सकता। क्या इसीलिए नहीं कि ईश्वर के सब विशेषण नकारात्मक हैं—अनादि, अनन्त अगम, अगाह, अरूप, असीम, अप्रमेय। धर्मात्मा लोग समझाने लगते हैं, तब कहते हैं कि जब ऋषि लोग परमात्मा का बखान करते-करते हार गये, तब लाचार होकर उन्होंने कहा, ''नेति-नेति'' (यह नहीं-यह नहीं), पर वास्तव में **यह परिभाषा की पराजय नहीं है;** यह तो स्वयं सम्पूर्ण परिभाषा है। जो कुछ है, वह है, इसीलिए मूलक है। **एक सम्पूर्ण नकार ही हमारी कल्पना से परे है,** अनिवर्चनीय और अकल्पनीय है और **वही तो परमात्मा है।**

**प्रश्न–** १- उपर्युक्त अवतरण का उपयुक्त शीर्षक लिखिए?

२- कालांकित अंशों की **व्याख्या** कीजिए?

**उत्तर–**१- प्रस्तुत अवतरण का शीर्षक 'नकार' हो सकता है।

२- (क) **उससे कन्नी काटता है–** मनुष्य सम्पूर्ण नकार करने से कतराता है। वह पूर्ण रूप में नकारना नहीं चाहता।

(ख) **यह परिभाषा की पराजय नहीं है–** यह नहीं समझना चाहिए कि नकार को परिभाषित नहीं किया जा सकता।

(ग) **एक सम्पूर्ण नकार ही हमारी कल्पना से परे है–** सम्पूर्ण नकार क्या है और उसका स्वरूप क्या है, मनुष्य इसकी कल्पना भी नहीं कर सकता।

(घ) **वही तो परमात्मा है–** हम परमात्मा को 'निराकार' कहकर उसके रूप को नकारते हैं।

## (५)

आचरण का विकास जीवन का परमोद्देश्य है। आचरण के विकास के लिए नाना प्रकार की सामग्री का, जो संसार-संभूत शारीरिक, प्राकृतिक, मानसिक और आध्यात्मिक जीवन में विद्यमान है, उन सभी पर क्या एक पुरुष और क्या एक जाति के आचरण के विकास के साधनों के सम्बन्ध में विचार करना होगा? आचरण के विकास के लिए जितने कर्म हैं, उन सबको आचरण के संघटनकर्त्ता धर्म का अंग मानना पड़ेगा। चाहे कोई कितना ही बड़ा महात्मा क्यों न हो, वह

निश्चयपूर्वक यह नहीं कह सकता कि ऐसे ही करो और किसी तरह नहीं। आचरण की सभ्यता की प्राप्ति के लिए वह सबको एक पथ नहीं बता सकता। आचरणशील महात्मा स्वयं किसी अन्य की बनायी हुई सड़क से नहीं आया, उसने अपनी सड़क स्वयं ही बनायी थी। इसी से उसके बनाये हुए रास्ते पर चलकर हम भी अपने आचरण को आदर्श के ढाँचे नहीं ढाल सकते। हमें अपना रास्ता अपने जीवन की कुदाली की एक-एक चोट से रात-दिन बनाना पड़ेगा और उसी पर चलना भी पड़ेगा। हर किसी को अपने देश और कालानुसार लक्ष्य-प्राप्ति के लिए अपनी राह आप ही बनानी पड़ेगी।

**प्रश्न–** १- उपर्युक्त अवतरण का शीर्षक लिखिए?

२- प्रस्तुत अवतरण का **आशय** लिखिए?

**उत्तर–** १- प्रस्तुत अवतरण का उपयुक्त शीर्षक 'आचरण का विकास' हो सकता है।

२- **आशय–** मानव-जीवन का परम उद्देश्य आचरण को उत्तम बनाना है। संसार में उत्पन्न, शारीरिक, प्राकृतिक, मानसिक और आध्यात्मिक सामग्री का उपयोग व्यक्ति अथवा जाति के आचरण के विकास के लिए किस प्रकार किया जाए, यह विषय विचारणीय है। मनुष्य को अपने आचरण को विकसित करने के लिए जिन कर्मों को करना चाहिए, वे आचरण-निर्माता के कर्म के अंग हैं। आचरण-निर्माण के कर्मों का निर्धारण बड़े-से-बड़ा महात्मा भी नहीं कर सकता। सबके आचरण-विकास के लिए किसी एक मार्ग का निर्देशन कोई महात्मा नहीं कर सकता। कारण यह है कि आचरण-विकास के लिए कोई मार्ग नहीं बताया जा सकता। जिस महात्मा ने अपने आचरण का निर्माण कर लिया है, उसने आचरण-निर्माण के किसी पूर्व-निर्धारित मार्ग का अनुसरण नहीं किया है। अपने आचरण-निर्माण के मार्ग का निर्माता वह स्वयं है। अतएव किसी महात्मा द्वारा निर्मित मार्ग पर चलकर, उसके द्वारा अपनाये गये साधनों को अपनाकर, हम अपने आचरण का निर्माण नहीं कर सकते। हमें अपने जीवन के अनुभवों के सहारे ही अपने आचरण-निर्माण के लिए मार्ग-निर्धारित करना पड़ेगा। आचरण-निर्माण के साधन देश-काल के अनुसार निश्चित करने पड़ेंगे, क्योंकि साधनों का परिस्थितियों के अनुकूल होना आवश्यक है। इससे परिस्थिति के कारण उत्पन्न बाधाएँ कम हो जाएँगी। प्रत्येक परिस्थिति का सामना करने के लिए भिन्न-भिन्न साधनों की आवश्यकता होती है।

**(६)**

सृष्टि के प्रत्येक कार्यकलाप को अनुशासित तथा सुष्ठु रूप में गतिशील देखकर उसके नियन्ता को जानने की अभिलाषा मनुष्य में आदिकाल से रही है। वैदिक ऋषियों ने उसके रूप-निर्माण का भरसक प्रयत्न किया, किन्तु हताश होकर वे ''नेति-नेति'' करके रह गये। उसका रूप स्थिर करने में स्वयं को असमर्थ मानकर उन्होंने उसे अरूप ही रहने दिया, किन्तु उसे जानने की प्रक्रिया में कई नवीन रहस्यों के उद्घाटन हुए। प्राचीन आर्य दो दलों में बँट गये। उनमें से एक दल तर्क और युक्ति से ब्रह्म के रूप-निर्धारण का प्रयत्न करता रहा और दूसरे दल ने उसके रूप-निर्माण में तर्क और बुद्धि की पराजय को घोषित किया। इसी दूसरे दल के मनीषियों ने यह अनुभव किया कि मन केवल 'उसको' जानने की जिज्ञासा से सन्तुष्ट नहीं है, बल्कि अधिकाधिक उस ओर आकर्षित होता जा रहा है। कभी-कभी ऐसे स्थल भी अनुभूति में आते हैं, जहाँ व्यक्ति उसके आलिंगन में स्वयं सम्पूर्ण विश्व को कुछ समय के लिए ऐसे भूल जाता है, मानो कोई पुरुष अपनी प्रिया के आलिंगन में स्वयं को और विश्व को भूल जाता हो। रहस्य—भावना के उद्गम के विषय में यह उक्ति संगत ही है।

**प्रश्न–** १- उपर्युक्त अवतरण का शीर्षक लिखिए?

२- प्रस्तुत अवतरण का **भावार्थ** अपने शब्दों में लिखिए?

**उत्तर– १–** प्रस्तुत अवतरण का उपयुक्त शीर्षक 'सृष्टि नियन्ता के प्रति जिज्ञासा भाव' हो सकता है।

**२– भावार्थ–**सृष्टि–नियन्ता के प्रति जिज्ञासा मनुष्य के हृदय में आदिकाल से रही है। वैदिक काल के ऋषियों ने ईश्वर के स्वरूप को स्थिर न करने की दशा में उसके विषय में "नेति–नेति" कहा। प्राचीन आर्यों के दो दलों में से एक ने ब्रह्म का स्वरूप निर्धारित करने का प्रयत्न किया और दूसरे ने कहा कि उसके स्वरूप का निर्धारण तर्क और बुद्धि द्वारा नहीं किया जा सकता। दूसरे दल के मनीषियों ने अनुभव किया कि मन केवल ब्रह्म के प्रति जिज्ञासु नहीं, प्रत्युत उसके प्रति आकर्षित भी है। इस आकर्षण में तन्मयता की अवस्था का भी अनुभव किया गया और यहीं से रहस्य–भावना का आरम्भ है।

**(७)**

दुरन्त जीवन–शक्ति है। कठिन उपदेश है। जीना भी एक कला है, लेकिन केवल कला ही नहीं, तपस्या भी है। **जियो तो प्राण ढाल दो ज़िन्दगी में, मन ढाल दो जीवन–रस के उपकरणों में।** ठीक है लेकिन क्यों? क्या जीने के लिए जीना ही बड़ी बात है? सारा संसार अपने मतलब के लिए ही तो जी रहा है। याज्ञवल्क्य बहुत बड़े ब्रह्मवादी ऋषि थे। उन्होंने अपनी पत्नी को विचित्र भाव से समझाने की कोशिश की कि सब कुछ स्वार्थ के लिए है। पुत्र के लिए पुत्र प्रिय नहीं होता। पत्नी के लिए पत्नी प्रिय नहीं होती— सब अपने मतलब के लिए प्रिय होते हैं, "आत्मनस्तु कामाय सर्वप्रियं भवति।" विचित्र है न यह तर्क? संसार में जहाँ कहीं भी प्रेम है, सब मतलब के लिए। दुनिया में त्याग नहीं है; प्रेम नहीं है; परार्थ नहीं है, है तो केवल प्रचण्ड स्वार्थ। भीतर जिजीविषा— जीवन जीते रहने की प्रचण्ड इच्छा ही अगर बड़ी बात है, तो फिर यह सारी बड़ी–बड़ी बोलियाँ, जिनके बल पर दल बनाये जाते हैं; शत्रु–मर्दन का अभिनय किया जाता है; देशोद्धार का नारा लगाया जाता है; साहित्य और कला की महिमा गायी जाती है, सब झूठ हैं। **इनके द्वारा कोई–न–कोई बड़ा स्वार्थ सिद्ध किया जाता है।**

**प्रश्न–** १– उपर्युक्त अवतरण का उपयुक्त शीर्षक लिखिए?
२– कालांकित अंशों की **व्याख्या** कीजिए?

**उत्तर–** १– प्रस्तुत अवतरण का उपर्युक्त शीर्षक 'स्वार्थपरता' हो सकता है।

२– (क) **जियो तो प्राण ................................ उपकरणों में–**मनुष्य की जीवनी–शक्ति अपरिमेय है। जीवन को सफल और आनन्ददायक बनाना कठिन कार्य है। अत: जीवन को सफल बनाने के लिए मनुष्य को कर्म–रत रहकर जीवन के आनन्द का उपभोग करना चाहिए।

२– (ख) **इनके द्वारा ................................ स्वार्थ सिद्ध किया जाता है–**लेखक ने सिद्ध किया है कि संसार में स्वांर्थपरता प्रबल है। स्वार्थ–सिद्धि के लिए ही मनुष्य सेना संघटित कर शत्रुओं पर विजय प्राप्त करता है; देश की उन्नति और साहित्य की महिमा का वर्णन करता है। लेखक के मतानुसार, मनुष्य की समस्त क्रियाएँ उसकी स्वार्थ–वृत्ति द्वारा संचालित होती हैं और वे स्वार्थं–पूर्ति के उद्देश्य से ही की जाती हैं।

**(८)**

मनुष्य प्रकृति की महत्ता और उसकी गरिमा को मानते हुए भी मनुष्य के अस्तित्व की सीमाओं पर ज़ोर देते हैं। मनुष्य की आकांक्षाएँ अपरिमित होती हैं परन्तु उसकी उपलब्धियाँ सीमित ही रह पाती हैं। सत्य की खोज में उसकी प्रतिभा भौतिक संस्कृति से परे स्वत: चिन्तन की ओर

अग्रसर होती है, परन्तु अपनी पकड़ में यह सीमित होता है। अपनी सर्जनात्मक स्वतन्त्रता में मनुष्य की इच्छा, जिससे वह अपने भाग्य का निर्माण करता है, अपरिमित होती है, परन्तु अपनी मूलभूत कमज़ोरियों के कारण यह आत्मघाती भी बन जाती है। मनुष्य की इच्छाशक्ति स्वतन्त्र नहीं होती। मनुष्य अपने उत्तरदायित्व की भावना से ही इच्छा पर नियन्त्रण कर पाता है। अपनी स्वतन्त्रता में मनुष्य का ईश्वर से साक्षात् होता है तथा इस चुनाव में मनुष्य ईश्वर से प्रभावित होता है। ईसाई-परम्परा के इन विचारकों द्वारा मनुष्य के इस विरोधाभास की पूरी तरह अनुभूति की गयी है। उन्होंने मनुष्य को उसकी महत्ता के साथ-साथ उसकी लघुता में भी देखा है और वे ईश्वर में उसकी आस्था को, जो उसकी महत्ता का एकमात्र स्रोत है, कभी नहीं भुला सके।

**प्रश्न–** उपर्युक्त अवतरण का **भावार्थ** लिखिए?

**भावार्थ–** मनुष्य महान् और गरिमामय है, परन्तु उसका जीवन सीमाबद्ध है। मनुष्य की इच्छाओं की सीमा नहीं है, परन्तु वह अपनी इच्छाओं को पूर्ण नहीं कर पाता। मनुष्य अपनी प्रतिभा के बल पर सत्य की खोज में प्रवृत्त होता है, किन्तु वह अपने प्रयास में पूर्णतः सफल नहीं हो पाता। मनुष्य की इच्छाओं में सर्जनात्मक शक्ति के साथ-साथ दुर्बलताएँ भी हैं। मनुष्य अपनी ज़िम्मेदारी के अनुभव द्वारा ही अपनी इच्छाओं पर नियन्त्रण करता है। ईसाई विचारकों ने मनुष्य की महत्ता और लघुता, दोनों पर विचार किया है। उनका विचार है कि ईश्वर के प्रति विश्वास ही मनुष्य को महान् बनाता है।

**(९)**

हमें मानवीय एकता का माध्यम बनाने वाली अधिक व्यापक भावना के लिए अपनी मानसिक प्रक्रियाओं का विश्लेषण करके उनके मूल आधार तक जाना पड़ सकता है। इस प्रकार हमें किसी ऐसे तत्त्व का पता लगाना पड़ सकता है, जो इस दशा में हमारे काम आ सके और जिसे स्वीकार कर लेने पर हम वास्तव में कोई ऐसी भावना निर्मित कर सकें, जिससे हमारे सभी प्रश्नों के उत्तर मिल जाएँ। तद्नुसार इस प्रकार विचार करने पर हमें ज्ञात होता है कि हमारे भीतर कम-से-कम ऐसे तीन मानसिक तत्त्व हैं, जिन्हें हम सभी को एक-दूसरे का मूल स्रोत या आधार समझा करते हैं। इन्हें हम साधारणतः 'चेतना', 'संवेदना' तथा 'संकल्प' का नाम देते हैं। इनका काम हमारे भीतर क्रमशः ज्ञान, भाव और आकांक्षा को जाग्रत कर उन्हें उनका वास्तविक रूप देना होता है। इनके अस्तित्व की कल्पना हमारे जीवन के परिवेश में ही की जा सकती है और ये कभी हमसे पृथक् नहीं समझे जा सकते। इन्हीं के द्वारा कोई-न-कोई आन्तरिक अनुभूति हुआ करती है, जिस कारण हम इसे 'व्यक्तिनिष्ठ' का भी नाम दिया करते हैं।

**प्रश्न–** १- उपर्युक्त अवतरण का उपयुक्त शीर्षक लिखिए?
२- उपर्युक्त अवतरण का **भावार्थ** लिखिए?

**उत्तर–**

१- प्रस्तुत अवतरण का उपयुक्त शीर्षक 'मानवीय एकता की मूल भावना' हो सकता है।

२- **भावार्थ–** मानव-एकता की व्यापक भावना की खोज के लिए मानसिक प्रक्रियाओं का विश्लेषण अपेक्षित है। 'चेतना,' 'संवेदना' और 'संकल्प' रूपी मानसिक तत्त्व क्रमशः ज्ञान, भाव और आकांक्षा को जाग्रत करते हैं। इनका अस्तित्व मानव-जाति में ही है। मनुष्य अपने हृदय में इन्हीं के द्वारा कोई अनुभव किया करता है, जिसे हम 'व्यक्ति-विशेष के अनुभव' की संज्ञा देते हैं।

❋❋❋❋

# २४. अनुवाद : नियम और प्रयोग

## हिन्दी से अँगरेज़ी-अनुवाद

हिन्दी से अँग़रेज़ी में अनुवाद (Translation) के लिए निम्नलिखित संकेत (Hints) हमें अनुवाद के नियमों का स्मरण कराने के लिए अपेक्षित हैं :—

१- हिन्दी और अँगरेज़ी, दोनों भाषाओं में वाक्य को उद्देश्य (Subject) और विधेय (Predicate), दो भागों में विभक्त करते हैं। अँगरेज़ी में उद्देश्य (Subject) में कर्त्ता अवश्य रहती है। इसके साथ कर्त्ता के गुणबोधक अथवा कर्त्ता के परिचायक शब्द भी रहते हैं। हम इन शब्दों को उद्देश्य का विस्तार (Subject with extension) कहते हैं। विधेय (Predicate) में एक पूर्ण क्रिया (Finite Verb) अवश्य रहती है। पूर्ण क्रिया (Finite Verb) के बाद पूरक (Complement), कर्म (Object) और अन्य विधेय के विस्तार (Extension of the Predicate) रखे जाते हैं। इसका सूत्र है— S + W + E = Subject with extension + Finite Verb + Extension of the Predicate.

२- Singular Countable Nouns के पूर्व उपयुक्त Article– a अथवा an अथवा the का प्रयोग करते हैं। जिन संज्ञाओं से ऐसे पदार्थ का बोध होता है, जिनकी हम गणना कर सकते हैं, तो उन्हें 'Countable Nouns' कहते हैं। Uncountable Noun से ऐसे पदार्थ का बोध होता है, जिनकी हम गणना नहीं कर सकते तथा जो अमूर्त्त होते हैं अथवा जिनकी केवल मात्रा या राशि होती है। 'Uncountable Noun' का Plural नहीं होता और न इनके पूर्व a या an का प्रयोग किया जाता है। यदि इनके पूर्व a या an का प्रयोग किया जाता है, तो इनके अर्थ बदल जाते हैं। सामान्यत: Proper Noun, Material Noun तथा Abstract Noun Uncountable ही होते हैं। Common Noun तथा Collective Noun countable होते हैं।

जैसे— (a) He has a pen. (b) We drink milk.

३- पुरुषवाचक सर्वनाम (Personal Pronoun) के अन्तर्गत प्रथम पुरुष (First Person), मध्यम पुरुष (Second Person) तथा अन्य पुरुष (Third Person) अग्रलिखित हैं :—

| Person (पुरुष) | Case (कारक) | Singular (एकवचन) | Plural (बहुवचन) |
|---|---|---|---|
| First (प्रथम) | Nominative (कर्त्ता)<br>Possessive (सम्बन्ध)<br>Objective (कर्म) | I (मैं)<br>My, Mine (मेरा, मेरी)<br>Me (मुझे, मुझको) | We (हम)<br>Our, Ours, (हमारा, हमारी)<br>Us (हमको, हमें) |
| Second (मध्यम) | Nominative (कर्त्ता)<br>Possessive (सम्बन्ध)<br>Objective (कर्म) | You (तुम, आप),<br>Your, Yours (तुम्हारा, तेरा, आपका)<br>You (तुम्हें, आपको) | You (तुम लोग, आप लोग)<br>Your, Yours (तुम लोगों का, आप लोगों का)<br>You (तुम लोगों को, आप लोगों को) |
| Third (अन्य) | Nominative (कर्त्ता)<br>Possessive (सम्बन्ध)<br>Objective (कर्म) | He, She, It (वह)<br>His (उसका), Her, Its (उसका, उसकी)<br>Him (उसको, उसे), Hers (उसकी), It (उसे) | They (वे)<br>Their, Theirs (उनका, उनको)<br>Them (उनको, उनकी, उन्हें) |

हिन्दी में 'वे' सर्वनाम का प्रयोग एकवचन में आदर प्रकट करने के लिए भी किया जाता है। अत: इस दशा में 'वे' का अनुवाद 'He' होगा; जैसे— आज उसके पिता जी का देहान्त हो गया। वे कुछ दिनों से बीमार थे। (The death of his father occurred today. He had been ill for sometime past.)

४- निजवाचक सर्वनाम (Reflexive Pronoun) के अन्तर्गत आप, अपना, अपने-आपका का प्रयोग निम्नलिखित प्रकार से होगा :—

| सर्वनाम | अपना | आप (ही) अपने-आपको |
|---|---|---|
| I | My | Myself |
| We | Our | Ourselves |
| You | Your | Yourself (Singular)<br>Yourselves (Plural) |
| He | Him | Himself |
| She | Her | Herself |
| It | Its | Itself |
| One | One'S | Oneself |
| They | Their | Themselves |

५- सम्बन्धवाचक सर्वनाम (Relative Pronoun) जो, जिसका, जिसको (Who, Which, That, Whose, Whom) का प्रयोग निम्नलिखित प्रकार से होगा :—

जो, जिसका, जिसको का प्रयोग यदि प्राणियों के लिए किया जाए, तो जो = Who; जिसका = Whose; जिसको = Whom अनुवाद होता है। यदि वस्तुओं के लिए प्रयोग किया जाए, तो जो = Which; जिसका = Of which अनुवाद होता है। That का प्रयोग व्यक्तियों और वस्तुओं, दोनों के लिए किया जाता है; जैसे— जो क़लम उसने मुझे दी थी, वह ख़राब हो गयी है। (The pen which / that he gave me has gone out of order.)

६- **There का प्रयोग–** यदि हिन्दी-वाक्य में क्रिया है/हैं/था/थी/थे हो और उस क्रिया का कर्त्ता उसके ठीक पहले उससे सटा हुआ हो, तो वाक्य का अँगरेज़ी में अनुवाद 'There' से आरम्भ कर किया जाता है। यहाँ पर अँगरेज़ी-वाक्य में There का कोई अर्थ नहीं होता; जैसे— वहाँ एक बहुत बड़ा तालाब है। (There is a large pond.)

७- **It का प्रयोग–** यदि वाक्य में ऋतु, समय, मौसम आदि के विषय में कहा गया हो, तो अँगरेज़ी में ऐसे वाक्य का कर्त्ता (Subject) 'It' होता है। 'It' के साथ क्रिया (Verb) सदा Singular में रखी जाती है, परन्तु यदि ऐसे वाक्य में है/हैं/था/थी/थे के स्थान पर अन्य कोई क्रिया हो अथवा ऋतु, मौसम के विषय में कुछ अन्य बात कही जाए तो अँगरेज़ी वाक्य में 'It' का प्रयोग कर्त्ता (Subject) के रूप में नहीं करना चाहिए; जैसे— बहुत गरमी थी। (It was terribly hot.)

८- **निषेधवाचक वाक्य** (Negative Sentence)– अँगरेज़ी वाक्य में यदि Auxiliary verb हो तो उसके बाद Not का प्रयोग करते हैं। यदि वाक्य में Auxiliary verb न हो, तो do/does/did Auxiliary verb रख कर उसके बाद Not का प्रयोग करते हैं।

Auxiliary verbs या Anomalous Finites निम्नलिखित हैं :—

| **Present Tense** | **Past Tense** |
|---|---|
| Am, Is, Are | Was, Were |
| Do, Does | Did |
| Has, Have | Had |
| Can | Could |
| May | Might |
| Shall | Should |
| Will | Would |
| — | Used |
| Must | — |
| Need | — |
| Dare | — |
| Ought | — |

९- हिन्दी निषेधवाचक वाक्यों का अँगरेज़ी में no अथवा not का प्रयोग किये बिना अनुवाद किया जा सकता है।

जैसे— (१) मैं कोई कसर उठा नहीं रखूँगा। (I will strain every nerve.)

(२) आपको कौन नहीं जानता। (You are known to all.)

(३) वह अपने पति का वियोग नहीं सहन कर सकी। (The separation from her husband was too much for her.)

(४) ईश्वर कहाँ नहीं है? (God is omnipresent.)

१०- प्रश्नवाचक वाक्य (Interrogative Sentence)— (क) यदि हिन्दी-वाक्य में प्रश्नसूचक शब्द कर्त्ता हो (सर्वनाम होने की दशा में ही कर्त्ता हो सकता है) अथवा यदि वह उस वाक्य के कर्त्ता का विशेषण हो, तो अँगरेज़ी अनुवाद में प्रश्नसूचक शब्द (who, what, which) को वाक्य के आरम्भ में प्रयोग करते हैं और उसके बाद (Affirmative) वाक्य के समान शब्द-क्रम होता है।

जैसे— (सर्वनाम) कौन खेलता है? (Who plays?)

(विशेषण) कौन लड़का पढ़ता है? (Which boy reads?)

(ख) यदि हिन्दी-प्रश्नसूचक वाक्य में प्रश्नवाचक क्रिया-विशेषण (कब, कहाँ, कैसे, क्यों, कितना) हो तो अँगरेज़ी में अनुवाद करते समय पहले (Interrogative word (when, where, how, why), उसके बाद Auxiliary verb, फिर Subject, उसके बाद Finite verb और तब Extension को रखते हैं।

सूत्र है— Interrogative word + A. V. + S + F. V + E + ?, परन्तु Finite Verb यदि Anomalous Finite हो तो वाक्य-रचना इस सूत्र के अनुसार होगी— Interrogative word + F. V + S + E + ?

(ग) यदि वाक्य में पहले से सहायक क्रिया (Auxiliary verb) न हो और केवल Finite verb हो, तो पहले Finite verb का अनुवाद कर उसके Number और Tense के अनुसार do/does/did लगाते हैं। वाक्य-रचना का सूत्र है— Interrogative word + do / does / did + . + F. V. + E + ?

(घ) यदि हिन्दी मे प्रश्नसूचक वाक्य 'क्या' से आरम्भ हो, तो अँगरेज़ी-वाक्य में What या अन्य किसी Interrogative verb का प्रयोग नहीं करते हैं। ऐसे वाक्य में पहले Auxiliary verb, उसके बाद Subject, फिर Finite Verb और उसके बाद Extension को रखते हैं।

सूत्र है— A. V. + Subject + F. V. + E + ?

क्या अन्वय पुस्तक पढ़ेगा? (Will Anwaya read a book?)

यदि वाक्य में सहायक क्रिया (Auxiliary Verb) पहले से न हो, तो Finite Verb के Number और Tense के अनुसार do/does/did का प्रयोग कर Finite verb को Infinitive (with to) के रूप में प्रयुक्त करते हैं ; जैसे— क्या रति पुस्तक पढ़ती है? (Does Rati read the book?)

यदि हिन्दी-प्रश्नवाचक वाक्य का उत्तर 'हाँ'/'न' में दिया जा सके, तो उसका अनुवाद करते समय Auxiliary verb से वाक्य को आरम्भ करते हैं। इसके विपरीत, यदि उत्तर 'हाँ'/'न' में न दिया जा सके, तो उसका अनुवाद Interrogative word से वाक्य को आरम्भ करके करते हैं।

जैसे— (१) क्या वह खेलता है? (Does he play?)

(२) तुम्हारी क्या उम्र है? (How old are you?)

(३) वीक्षक किस मकान में रहता है? (Which house does Veekshaka live in?)

(४) तो क्या हुआ? (How does it matter?)

११- हिन्दी-वाक्य में विशेषण का प्रयोग कभी विशेष्य से पूर्व और कभी बाद में करते हैं। इसी प्रकार अँगरेज़ी में भी Adjective कभी Noun के पूर्व आता है और कभी पश्चात् में। पूर्व में आने पर Attributive use और पश्चात् में आने पर Predicative use कहलाता है। अत: हिन्दी से अँगरेज़ी में अनुवाद करने पर Adjective का प्रयोग किन्हीं दो रूपों में करना चाहिए

जैसे— (क) मेरे अध्यापक ने नयी पुस्तक लिखी है। (My teacher has written a new book.) (Attributive use)

(ख) उनकी पुस्तक नयी है। (His book is new.) (Predicative use)

Countables तथा Uncountables के साथ भिन्न-भिन्न Adjectives का प्रयोग करते हैं।

जैसे— (क) टोकरी में बहुत फल हैं। (There are many fruits in the basket.)

(ख) इस क़लम में बहुत स्याही है। (There is much ink in this pen.)

यदि Some, lots of, a lot of, a great deal of, heaps of का प्रयोग Countable nouns के पूर्व किया जाए, तो इनके बाद verb को Plural number में रखना चाहिए।

१२- **क्रिया Verb का प्रयोग–** क्रिया का अनुवाद करते समय हम Subject, Number of the Subject, Tense, Mood, Voice आदि पर विचार करते हैं।

Verb के प्रयोग में निम्नलिखित बातें ध्यान में रखनी चाहिए :—

(१) Finish, dread stop, avoid, present, risk, dislike, recollect, delay, resent, deny, postpone, enjoy, defer, fancy, forgive, pardon, imagine, excuse, suggest, keep (continue), try (experiment), mind (object), it is not good, cannot help, cannot bear आदि के पश्चात् Gerund का प्रयोग करना चाहिए, Infinitive का नहीं।

(२) Remember, forget, learn, consent, agree, swear, promise, refuse, neglect, try, attempt, care, fail, hesitate prepare, undertake, manage, love, seem, hate, decide आदि के बाद Infinitive का प्रयोग करना चाहिए।

(३) Auxiliary Verbs के साथ Finite Verb कभी Simple Present या Simple Past में नहीं रखा जाता है।

(४) Auxiliary Verbs के बाद Infinitives का प्रयोग किया जाता है, परन्तु shall, will, do, can, must, have Auxiliaries तथा make और let के बाद Infinitive के to का प्रयोग नहीं किया जाता है।

## **कुछ महत्त्वपूर्ण अनुवाद-अवतरण** (हिन्दी से अँगरेज़ी)

## Translate the following into English

### (१)

ईसा-पूर्व चौथी शताब्दी में एलेक्ज़ेण्डर का भारत-आक्रमण सैनिक-दृष्टि से एक छोटी घटना थी। यह अधिकतर किनारे के आर-पार का धावा था और उसके लिए कोई बहुत सफल धावा नहीं था। सीमा के एक सरदार के दृढ़ अवरोध का उसने ऐसा सामना किया कि भारत के मध्य में बढ़ चलने की सोची हुई बात पर उसे पुन: विचार करना पड़ा। यदि सीमा का एक छोटा शासक इस प्रकार युद्ध कर सकता था, तो सुदूर दक्षिण के अधिक विशाल और शक्तिशाली राज्यों का क्या कहना था। कदाचित् इसी कारण से उसकी सेना ने आगे बढ़ने से इनकार कर दिया और उससे लौटने का आग्रह करने लगी।

The invasion of India by Alexander in the 4th Century B. C. was, from the military point of view, a minor incident. It was, for the most part, a raid across the borders and as far as he was concerned, not a successful raid. He had to face such a determined opposition from a border chief that he had to reconsider his plans for advancing into the heart of the country. If a petty ruler of the border could fight like his, one could merely surmise the severe opposition to come from the bigger and more powerful kingdoms of the far south. Probably that was the main reason why his army declined to advance further and started insisting on returning.

(२)

वाणी एक महान् वरदान है किन्तु यह एक महान् अभिशाप भी हो सकती है क्योंकि जब यह हमारे इरादों और इच्छाओं से हमारे साथियों को अवगत कराती है, तब यदि हम इसका प्रयोग असावधानीपूर्वक करते हैं तो यह हमारे दृष्टिकोण को भ्रामक बना देती है। ग़लत शब्द का प्रयोग या ऐसे शब्द का प्रयोग, जो अस्पष्ट है, जिसे हम अपना मित्र बनाने की आशा करते थे, उसे हमारा शत्रु बना सकता है। फिर भी विभिन्न वर्ग के लोग विभिन्न शब्दावली का प्रयोग करते हैं। एक शिक्षित व्यक्ति की साधारण बात एक अशिक्षित श्रोता को गर्वपूर्ण प्रतीत हो सकती है। हम अनिच्छापूर्वक ऐसे शब्द का प्रयोग कर सकते हैं, जो हमारे वर्ग के लोगों के अतिरिक्त अन्य श्रोता को एक भिन्न अर्थ का बोध करा सकता है। इस प्रकार वाणी का हल्के रूप में प्रयोग करना वरदान नहीं है, किन्तु सावधानीपूर्वक इसका प्रयोग अपेक्षित है।

Speech is a great blessing, but can also a great curse, for while it helps us to make our intention and desires known to our fellows, it can also, if we use it carelessly, make our attitude completely misunderstood. A slip of the toungue, the use of an unusual word or an ambiguous word and so on, may create an enemy where we had hoped to win a friend. Again different classes of people use different vocabularies, and the ordinary speech of an educated man may strike an uneducated listener as showing pride. Unwillingly we may use a word which bears a different meaning to our listener from what it does to mean of our own class. Thus speech is not a gift to use lightly without, but one which demands careful handling.

(३)

समय के मूल्य पर उचित विचार समय-पालन की आदत को प्रेरित करेगा। समय-पालन राजाओं की शालीनता, सज्जनों का कर्त्तव्य और व्यापारियों की आवश्यकता है। इस गुण के व्यवहार से जितना शीघ्र मनुष्य में विश्वास उत्पन्न हो जाता है और इसके अभाव में जितना जल्दी विश्वास डिग जाता है, उतनी जल्दी किसी अन्य बात से नहीं। जो व्यक्ति दिये हुए समय का पालन करता है और प्रतीक्षा नहीं करता है, वह यह प्रकट करता है कि वह अपने समय के साथ-साथ आपके समय का भी आदर करता है, जिसके द्वारा हम उन लोगों के प्रति व्यक्तिगत सम्मान प्रकट करते हैं, जिनसे हम जीवन-व्यापार में मिलने का समय निश्चित किये हैं।

A proper consideration of the value of time will inspire habits of punctuality. Punctuality is the politeness of kings, the duty of gentlemen and the necessity of business men. Nothing begets confidence in a man sooner than the practice of this virtue, and nothing shakes confidence sooner than the want of it. He who holds his appointment and does not keep you waiting for him shows that he has regard for your time as well as his own. Thus punctuality is one of the ways by which we show our personal respect for those whom we are called upon to meet in the business of life.

(४)

गाँधी जी विश्वास करते थे कि भारत में उन सब लोगों के लिए पर्याप्त रोज़गार है, जो अपने हाथ-पैरों का उपयोग करते हैं और ईमानदारी से काम करते हैं। उनके अनुसार, प्रत्येक व्यक्ति में कार्य करने की क्षमता है और वह अपने प्रतिदिन के भोजन से अधिक धनोपार्जन करता है, इस क्षमता का उपयोग करना निश्चित रूप में कार्य प्राप्त करना है। जो ईमानदारी से धनोपार्जन करना चाहता है, उसके लिए कोई काम तुच्छ नहीं होता है। सामान्यत: बेरोज़गारी का अर्थ शिक्षित वर्ग की बेरोज़गारी समझी जाती है। गाँधी जी ने इसको व्यापक महत्त्व प्रदान किया। शिक्षित वर्ग कारख़ानों, दफ़्तरों तथा खेती तक सीमित है, जो रोज़गार-प्राप्त व्यक्तियों का अल्पांश है। दयनीय स्थिति तो यह है कि तथाकथित शिक्षित-वर्ग श्रम को महत्त्व नहीं देता और दस्तकारी से घृणा करता है। देश में व्याप्त निर्धनता और बेरोज़गारी का यही कारण है। यदि ग्राम-उद्योगों को प्रोत्साहित किया जाएगा और उन्हें ईमानदारी से चलाया जाएगा, तो देश से अल्पकाल में बेरोज़गारी दूर हो जाएगी।

Gandhiji believed that there was enongh employment in India for all who would work with honesty and use their hands and feet. To him every one had the capacity to work and earn more than his daily bread to use that capacity was sure to find work. No labour is too mean for one who wanted to earn honest money. Unemployment is generally understood as unemployment of educated classes. Gandhiji gave it a broader signi ficance. The former was confined to factory, offices and farming which was only a small fraction of the employment. The pity of it was that the so-called educated did not appreciate the dignity of labour and looked down upon manual work. This was what had led to the widespread poverty. Village and cottage industries if encouraged honestly taken up would wipeout unemployment in a short time.

(५)

इसका कोई स्थानापन्न नहीं है क्योंकि श्रम पूजा है। यदि आप अपने लक्ष्य को यथासमय प्राप्त करना चाहते हैं, तो आपको कठोर श्रम करना है; रात्रि में देर तक जागना है; अपनी निद्रा और अवकाश के कुछ अंश का परित्याग करना है। प्रभावशाली कार्य के दो पहलू होते हैं—प्रथम मात्रा और दूसरा क़िस्म। आपको दोनों की ओर ध्यान देना है और दोनों समान रूप में महत्त्वपूर्ण हैं। आप प्रतिभाशाली हो सकते हैं और आपका कार्य उच्चकोटि का हो सकता है, फिर भी यदि आप व्यवस्थित रूप में और ठीक ढंग से कार्य नहीं करते और अपेक्षित मात्रा में अनुशासित रूप में कार्य सम्पन्न नहीं करते, तो आपको अनुभव होगा कि आप अपने लक्ष्य को प्राप्त नहीं कर पा रहे हैं। वस्तुत: प्रतिभा अनेक दशाओं में सफलता में प्रमुख बाधा रही है क्योंकि इससे अत्यधिक विश्वास उत्पन्न हो जाता है, जिससे आलस्य को बढ़ावा मिलता है। यदि आप यदा-कदा कार्य करते हैं, तो आप अनेक आवश्यक बातों से वंचित रह जाएँगे। लड़ाई में विजय प्राप्त करने के लिए आपको निश्चय और दृढ़तापूर्वक आगे बढ़ना होगा।

There is no substitute, for work is worship. You have to work hard; burn mid-night oil; miss a bit of your sleep and forego a bit of your leisure, if you want to attain a goal well in time. Effective work has two aspects– one is quantity and the other is quality. You have to pay attention to both and both are equally important. You may be a genius and the quality of work be top class and yet if you do not work in a systematic, through and methodical manner and turn out the required quantity or amount of work in a desci-plined fashion, you will find yourself missing your goal. In fact, genius has been in many cares the chief obstacle for success, because it tends to give over-confidence and promotes laziness. If you work by fits and starts you will miss out many essentials. To win the battle you have to advance surely and steadily.

# २५. निबन्धलेखन-कला

**व**स्तुत: निबन्ध लिखना अभ्यास से आता है। निबन्ध, लेखक के ज्ञान की कसौटी है। उथला अथवा पाण्डित्य-प्रदर्शन के भाव से लिखा गया अथवा उलझे हुए भावों से बोझिल निबन्ध व्यर्थ होता है।

## अर्थ, परिभाषा तथा अवधारणा

निबन्ध शब्द का अर्थ है, 'बँधा हुआ'। अत: अत्यन्त चुने हुए शब्दों में किसी विषय पर अपने विचार प्रकट करने के प्रयत्न को निबन्ध कह सकते हैं। निबन्ध के विषयों की कोई सीमा नहीं होती। आकाश-कुसुम से लेकर मिट्टी के पदाक्रान्त कण तक सभी निबन्ध के विषय हो सकते हैं।

डॉ० पृथ्वीनाथ पाण्डेय के अनुसार, "निबन्ध की कोई विशेष परिभाषा नहीं प्रस्तुत की जा सकती क्योंकि विषय के अनुसार इसके रूप और परिमाण में पर्याप्त विभिन्नता है, इसलिए किसी लक्षण के चौखट में इसे नहीं कसा जा सकता।" हिन्दी के शब्द-कोशों में 'निबन्ध' शब्द के कई अर्थ दिये गये हैं; जैसे— (१) रचना, लिखना (२) जोड़ना, बाँधना (३) संग्रह (४) शृंखला (५) नींव, उत्पत्ति, कारण, हेतु। अँगरेज़ी में निबन्ध को 'एसे' (Essay) कहते हैं, जो उत्तरी फ्रांसीसी शब्द 'एसाई' से निकला है, जिसका अर्थ है—'प्रयत्न' या 'किसी विषय पर गद्य में लिखी गयी छोटी साहित्यिक रचना'। सत्य तो यह है कि निबन्ध की सीमा निर्धारित करने में विद्वानों में मतैक्य नहीं है। कुछ विद्वानों के मतानुसार, "निबन्ध अस्त-व्यस्त विचारों का प्रकाशनमात्र है।" आंग्ल-साहित्य के प्रसिद्ध निबन्धकार **डॉक्टर जॉन्सन** ने आधुनिक निबन्ध को 'मन की मुक्त उड़ान' कहकर सम्बोधित किया है और उसकी परिभाषा इस प्रकार की है— *निबन्ध मानसिक जगत् का वह बुद्धि-विलास है, जिसमें क्रम और नियम का अभाव है। इसे विचारों की अधूरी और अव्यवस्थित रचनामात्र माना जा सकता है।* **बेन्सन** ने कहा है— *निबन्ध के सम्बन्ध में मुख्य बात विषयवस्तु न होकर, निबन्ध-लेखक की कथन-शैली है; उसका व्यक्तित्व है।* **लिण्ड** का कथन है— *निबन्ध की विषयवस्तु असीम है। एक महान् विजेता अथवा नेता की मृत्यु से लेकर दीवार पर बना एक चिह्न तक निबन्ध की विषय-वस्तु बन सकता है।* **ऑक्सफोर्ड कन्साइज डिक्शनरी** में निबन्ध की व्याख्या इन शब्दों में की गयी है— *निबन्ध एक साहित्यिक रचना है, जो किसी विषय पर हो सकती है और जो साधारणत: लघु तथा गद्य में होती है।*

इसके विपरीत, हिन्दी के प्रसिद्ध लेखक **श्यामसुन्दर दास** का मत है, "निबन्ध वह लेख है, जिसमें किसी गहन विषय पर विस्तृत और पाण्डित्यपूर्ण विचार किया जाता है।"

इस प्रकार विद्वानों में निबन्ध के सम्बन्ध में परस्पर विरोधी मत देखने को मिलते हैं। बहरहाल, निबन्ध में क्रमबद्धता आवश्यक है। विचार और दृष्टिकोण की विकासोन्मुखता परमावश्यक है और इसका विस्तार १ पृष्ठ से लेकर ५०० पृष्ठों तक हो सकता है। निबन्ध के लक्षणों के

साथ यह क्रमबद्धता किसी निश्चित निष्कर्ष तक पहुँचनी चाहिए, लेकिन इसके अपवाद भी हो सकते हैं। **प्रतापनारायण मिश्र** के निबन्धों में अनेक प्रकार की शैलियाँ हैं। उन्होंने ड, आप, दाँत, व + कील, अदा + लत पर बड़े ही कुतूहल प्रधान विचित्र निबन्ध लिखे हैं। वैज्ञानिक प्रणाली की परवाह न करके, जिस स्वतन्त्र और उन्मुक्त हृदय से उन्होंने अपने विचारों की अभिव्यञ्जना पाठकों तक पहुँचायी है, उससे निबन्ध की यही परिभाषा प्रतिष्ठित होती है कि निबन्ध विचारों के प्रकट करने का एक माध्यम-मात्र है।

भारत और यूरोप, दोनों के निबन्ध-साहित्य का विकास समान रूप में हुआ है। उनकी शैलियों, उद्देश्यों तथा उपकरणों में अनेक विभिन्नताएँ हैं। सामान्यरूप में निबन्ध में इतनी बातों का समावेश किया जा सकता है :—

(१) निबन्ध एक छोटी गद्य-रचना को ही कहा जाता है। इसका आकार अपेक्षाकृत छोटा होना चाहिए। यद्यपि ४००-५०० पृष्ठों में समानेवाली रचना भी कभी-कभी निबन्ध के नाम से पुकारी जाती है, तथापि अनिवार्य रूप में निबन्ध एक छोटी सुगठित गद्य-रचना को ही कहा जाएगा। भाषाविद् **डॉ० पृथ्वीनाथ पाण्डेय** के अनुसार, "निबन्ध का उद्देश्य मन की उन्मुक्त उड़ान, रसास्वादन, सौन्दर्य की खोज और आनन्द-बोध है।" कहा गया है, "गद्यं कवीनां निकषं वदन्ति।" **आचार्य रामचन्द्र शुक्ल** ने इसको परिमार्जित रूप में इस प्रकार कहा है, "यदि गद्य कवियों की कसौटी है तो निबन्ध गद्य की कसौटी है।" इसलिए हम निबन्ध उसी को कह सकते हैं, जिसमें हमें गद्य का सुविकसित और परिष्कृत रूप प्राप्त हो सके। **जे० बी० प्रीस्टले** ने स्पष्ट कहा है— *सच्चे निबन्धकार के लिए किसी विशेष विषय का बन्धन नहीं, वह अपनी इच्छानुसार संसार का कोई भी विषय चुन सकता है; उसमें किसी भी विषय को मनमाने तरीके से झुकाने और मोड़ने की भरपूर शक्ति रहती है क्योंकि इस कौशल के माध्यम से ही वह वस्तुतः अपने व्यक्तित्व की अभिव्यक्ति करता है।* इसप्रकार एक अपरिचित विषय पर भी वह कुशलता के साथ निबन्ध लिख सकता है। वह निबन्ध में केवल अपने अज्ञान की बानगी देगा। सच्चा निबन्ध किसी रहस्यालाप और प्रेमालाप की तरह मधुर होता है तथा सच्चे निबन्धकार की पाठक से जो हितवार्त्ता होती है, वह चतुराई से भरी और पाठक को प्रभावित करने वाली होती है। एक-एक शब्द की अभिव्यक्ति उसके अन्तस् के तारों को झंकृत करके निकलती है। उन शब्दों में उसके अन्तस्तल की अगाध गहराई और आकुलता ध्वनि बनकर समायी रहती है।

(२) निबन्ध में लेखक के निजी दृष्टिकोण की प्रधानता रहती है। वह सर्वत्र स्वयं को प्रकट करता चलता है; उसका व्यक्तित्व गरजता हुआ चलता है। वह निजी अनुभवों के आधार पर अपनी रचना का निर्माण करता है। निबन्ध स्वयमेव एक इकाई होता है; वह अपने-आप में पूर्ण होता है। निबन्ध की संज्ञा उसी को दी जा सकती है, जिसमें लेखक द्वारा किसी भी विषय पर विचारों का परिमार्जित स्पष्टीकरण प्रस्तुत किया गया हो; उसमें व्यक्तिगत विशेषता रहती है परन्तु वह कृत्रिम वातावरण उपस्थित करके नहीं उत्पन्न की जाती, अपितु उसमें पूर्ण स्वाभाविकता का निर्वाह किया जाता है।

## निबन्ध का क्रमागत चरित्र

निबन्ध के लिए यह आवश्यक नहीं कि पूरे निबन्ध का रूप एक ही हो। प्रत्येक निबन्ध के आदि, मध्य तथा अन्त का विभाजन सन्तुलित होना चाहिए। **निबन्ध का आरम्भ** ऐसे आकर्षक ढंग से होना चाहिए कि उसे पढ़नेवालों की उत्सुकता बढ़े और आप उसे पूरा पढ़ डालने के मोह का संवरण न कर सकें। इसके अतिरिक्त, लेखक को इस बात का ध्यान रखना चाहिए कि पाठक

ज्यों-ज्यों उसके निबन्ध को पढ़ता चले, उसे आरम्भ से ही ऐसी सामग्री मिलती चले जिससे उसकी यह धारणा बन जाए कि इस निबन्ध में मौलिक ढंग से लिखी हुई कुछ मनोरंजन और विचारपूर्ण बातें पढ़ने को मिलेंगी। **निबन्ध का मध्य** निबन्ध का सबसे विस्तृत भाग होता है। आदि से इसका सम्बन्ध होना चाहिए और इसके सभी सिद्धान्त, सभी वाक्य, एक एक करके निश्चित परिणाम की ओर झुके हुए होने चाहिए। निबन्ध के मध्य में ही लेखक पाठक-वर्ग को अपने तर्क को समझाने का प्रयत्न करता है। **निबन्ध के अन्तिम भाग** के अन्तर्गत लेखक को यह ध्यान रखना चाहिए कि निबन्ध अनायास न समाप्त हो जाए। यदि ऐसा हुआ तो पाठक-वर्ग के लिए निबन्ध रुचिकर न होगा और वह उसकी शैली को दूषित प्रमाणित करेगा। निबन्ध की समाप्ति ऐसी होनी चाहिए कि उसे समाप्त कर देने पर भी उसकी विचारधारा के मूल भाव पाठक के मन में बार-बार आते रहें। वह निबन्ध अत्यन्त सफल माना जाता है, जिसका अन्त ऐसा हो कि पाठक का ध्यान एक बार फिर लेखक के तर्कपूर्ण संगत भावों की ओर आकर्षित हो जाए तथा वह गुण और दोष, दोनों के सम्बन्ध में अपना एक निश्चित मत दे सके।

निबन्ध के आदि, मध्य तथा अन्त— तीनों को पदों में शीर्षकों के अनुसार विभाजित करना चाहिए। वह चाहे बड़े हों या छोटे, सबका सम्बन्ध एक-दूसरे से होना चाहिए। पदों में छोटे और बड़े, दोनों प्रकार के वाक्यों के प्रयोग आवश्यकतानुसार होने चाहिए। जहाँ बात समझानी हो अथवा विषय कठिन हो, वाक्य का लम्बा हो जाना कोई दोष नहीं है। हर समय और हर स्थान पर केवल छोटे-बड़े वाक्यों के प्रयोग से निबन्ध में अस्पष्टता आ जाने की सम्भावना बनी रहती है। समय और स्थान के अनुसार ही दोनों प्रकार के वाक्यों का प्रयोग करना उचित होगा।

(३) निबन्ध का गद्य में वही स्थान है, जो मुक्तक का पद्य में होता है। मुक्तक की तरह निबन्ध भी अपने-आप में पूर्ण होता है। व्यक्तिगत स्वच्छन्दता उसकी अपनी पहचान है। निबन्ध के लिए यह अनिवार्य है कि इसमें व्यक्तिगत विचारों की क्रमबद्धता, तारतम्यता तथा निरन्तरता का निर्वाह एक साथ किया गया हो; वैयक्तिकता बुद्धिसंगत और विवेकपूर्ण हो। साधारण गद्य की अपेक्षा निबन्ध अधिक सजीव और रोचक होता है क्योंकि उसमें केवल विवरण नहीं रहता, अपितु व्यक्ति के विचारों और अनुभूतियों की अभिव्यंजना के अनुसार हास्य, व्यंग्य, विनोद, ध्वनि-बलिष्ठता, गम्भीरता तथा लाक्षणिकता का उचित समावेश भी रहता है। गीति-काव्य की तरह निबन्ध में भी व्यक्ति के अपनत्व और प्रतिभा को पंख मिल जाते हैं।

## निबन्ध के प्रकार

निबन्ध में कभी एक बात प्रधान हो उठती है कभी दूसरी, किन्तु किसी अस्तित्व में दोनों रहती अवश्य हैं। जिस साहित्य में ऐसे निबन्ध न हो, उसको बहुत समृद्ध साहित्य नहीं कहा जा सकता। विद्वानों ने निबन्ध के चार प्रकार स्वीकार किये हैं :—

(१) वर्णनात्मक निबन्ध (Descriptive) (२) विचारात्मक निबन्ध (Reflective)
(३) व्याख्यात्मक निबन्ध (Narrative) (४) भावात्मक निबन्ध (Emotional)।

(१) **वर्णनात्मक निबन्ध–** जिन निबन्धों में प्रकृति-विशेष, नदी-विशेष, वस्तु-विशेष, पशु-विशेष आदि का सजीव या आँखों-देखा वर्णन किया जाता है, उन्हें 'वर्णनात्मक निबन्ध' कहते हैं। रेल, जहाज़, बस, मोटर, पुस्तक, कलम, कुतुबमीनार, रेडियो, स्टेथेस्कोप आदि मनुष्यनिर्मित या प्रकृति की बनायी सभी वस्तुओं का वर्णन इस प्रकार के निबन्धों के अन्तर्गत आता है। इस कोटि के निबन्धों में वस्तुओं और घटनाओं का यथातथ्य वर्णन बड़ी ही चुटीली शैली में किया जाता है। सर्वप्रथम विद्यार्थी इसी प्रकार के निबन्धों से प्रशिक्षण लेते हैं।

(२) **विचारात्मक निबन्ध–** इस श्रेणी के अन्तर्गत वे निबन्ध आयेंगे, जो आकार से रहित सूक्ष्म की ओर अधिक मुड़े हों। आचार्य रामचन्द्र शुक्ल की 'चिन्तामणि' नामक पुस्तक में संकलित निबन्ध 'हिन्दी का भविष्य,' तथा 'पाश्चात्य आदर्शों के कारण भारतीय जीवन में विषमता'— जैसे विचारात्मक निबन्धों के अन्तर्गत आता है। इसके अन्तर्गत शामिल निबन्धों में बहुत सतर्कता के साथ वैज्ञानिक ढंग से विश्लेषण किया जाता है तथा विवेचना द्वारा प्राकृतिक नियमों को खोजकर कुछ सिद्धान्तों की स्थापना की जाती है। इस प्रकार के निबन्ध अपने मूल तत्त्वों पर विशेष आश्रित रहते हैं।

(३) **व्याख्यात्मक निबन्ध–** इस प्रकार के निबन्धों में प्राचीन अथवा नवीन काल्पनिक अथवा सत्यकथाओं का वर्णन रहता है। ऐतिहासिक, पौराणिक, धार्मिक कहानियाँ, जीवनियाँ, यात्राएँ इत्यादि इसी प्रकार के निबन्ध में अपनी जगह ढूँढ़ते हैं। वर्णनात्मक निबन्ध सत्य की ओर अधिक उन्मुख होते हैं, परन्तु व्याख्यात्मक निबन्ध में कार्य और कारण का सम्बन्ध दिखाकर एक घटना के पश्चात् क्रमश: दूसरी और तीसरी घटना का विवरण उपस्थित किया जाता है। व्याख्यात्मक निबन्ध में लेखन कार्य की सबसे बड़ी विशेषता यह है कि उसका प्रत्येक भाग दर्पण की तरह स्वच्छ और स्पष्ट हो तथा क्रम की शृंखला कहीं भी विशृंखल न हो। आगे बढ़ते हुए भी पिछली बातों को सूत्र-रूप में इस प्रकार दोहराते रहना चाहिए ताकि पाठक के मस्तिष्क में स्फूर्ति बनी रहे और उसकी सूझों का क्रम उखड़ने न पाये।

(४) **भावात्मक निबन्ध–** भावुकता में बहा ले जानेवाले, अन्तर के तारों को सहृदयता की मीड़ पर मरोड़कर उनमें झंकार उत्पन्न करनेवाले, चिन्तन, विचार तथा गम्भीरता का गर्व न वहन करनेवाले निबन्ध ही भावात्मक निबन्धों की कोटि में आते हैं। इस प्रकार के निबन्धों में निबन्धकार की कल्पना इतनी स्वच्छन्द और मुँहलगी हो जाती है कि कभी-कभी निर्लज्जतापूर्वक सत्य के आँचल को भी उतार फेंकती है। रागात्मकता इसका प्राण है।

उपर्युक्त चार प्रकारों के सम्बन्ध में **गुलाबराय** ने लिखा है, "वर्णनात्मक निबन्धों का सम्बन्ध देश से है, विवरणात्मक का काल से, विचारात्मक का तर्क से और भावात्मक का हृदय से। यद्यपि काव्य के चारों तत्त्व— कल्पनातत्त्व, रागात्मक तत्त्व, बुद्धितत्त्व तथा शैलीतत्त्व सभी प्रकार के निबन्धों में अपेक्षित रहते हैं, तथापि वर्णनात्मक और विवरणात्मक निबन्धों में कल्पना की प्रधानता रहती है। विचारात्मक निबन्धों में बुद्धितत्त्व और भावात्मक निबन्धों में रागात्मकतत्व को प्रमुखता मिलती है। शैलीतत्त्व सभी में समान रूप में रहता है। वर्णनात्मक और विवरणात्मक, दोनों ही प्रकार के निबन्धों में कहीं विचारात्मकता और कहीं भावात्मकता की प्रधानता हो सकती है। विचारात्मक और भावात्मक का भी मिश्रण होना सम्भव है।"

इन सब पर दृष्टिपात करने के पश्चात् इसी निष्कर्ष पर पहुँचना पड़ता है कि निबन्धों का ऐसा भेद करना वस्तुत: अर्थहीनता का प्रतीक है।

## निबन्ध-लेखन की शैली

निबन्ध में शैली का अत्यधिक महत्त्व होता है। इस कारण निबन्ध में लेखक के व्यक्तित्व की छाप अमिट होती है। यह देखने में आता है कि एक ही विषय पर लेखक भिन्न-भिन्न प्रकार से अपने विचारों का प्रतिपादन करते हैं। भिन्न-भिन्न प्रकार से विचारों के प्रकटीकरण की विभिन्नता वस्तुत: व्यक्तित्व या शैली की विभिन्नता है। ठीक यही स्थिति निबन्धगत शैलियों की है। भाषा की दृष्टि से शैलियाँ अनेक प्रकार की होती हैं। कुछ निबन्ध लेखक क्लिष्ट भाषा के द्वारा अपने विचारों का प्रतिपादन करने में ही गौरव का अनुभव करते हैं। कुछ सीधे-सादे लेखक सादगी

में ही सौन्दर्य की खोज करते हैं तथा कुछ तो मुहावरों का मुरब्बा बनाने का पेशा अख़्तियार कर लेते हैं। कुछ निबन्धकार निबन्ध नहीं लिखते बल्कि कविता लिखते हैं, उसी प्रकार जिस तरह कुछ कविता न लिखकर निबन्धबद्ध कविता लिखते हैं। इस प्रकार प्रत्येक व्यक्ति की शैली पृथक्-पृथक् होती है। शैली का वर्गीकरण भाषा, विचार तथा भाव की दृष्टि से किया जाता है। भाषा की दृष्टि से आठ प्रकार की शैलियाँ हो सकती हैं :—

(१) शुद्ध संस्कृत-निष्ठ शैली (२) सरल-भाषायुक्त शैली (३) गुम्फित शैली (४) मिश्रित शैली (५) अलंकार-प्रधान शैली (६) उक्ति-प्रधान शैली (७) मुहावरेदार शैली (८) प्रतीकात्मक शैली।

विचार की दृष्टि से इसके प्राय: चार प्रकार मिलते हैं :—

(१) समास-शैली (२) व्यास-शैली (३) विक्षेप-शैली (४) प्रलाप-शैली।

इन विभिन्न प्रकार की शैलियों को विचारों की अभिव्यक्ति के प्रकार मान सकते हैं। कोई भी निबन्धकार अपने विचारों को व्यक्तित्व के अनुसार भिन्न-भिन्न ढंग से प्रदर्शित करता है। कोई बड़ी सरलतापूर्वक सीधी-सादी शैली में अपने विचारों को पाठकों के मस्तिष्क में उतार देता है; कोई पहेली बुझाता रहता है; किसी के विचार सुव्यवस्थित रहते हैं तो किसी के ओस की बूँदों की तरह बिखरे हुए। कुछ निबन्धकार अपनी शैली को भाव-प्रधान बनाने का प्रयत्न करते हैं; हास्य-व्यंग्य आदि भाव-प्रधान शैलियाँ इसी श्रेणी में आती हैं। किसी निबन्धकार की शैली सागर-सी गम्भीर, किसी की उच्छल तरंगों-सी गतिशील तथा किसी की धुआँधार यौवन-सी रँगीली और सलोनी सुरभि बिखेरकर सुबुक-सुबुक खो जानेवाली होती है।

एक ही विषय को निबन्धकार अपने व्यक्तित्व के अनुसार भिन्न-भिन्न प्रकारों में व्यक्त कर सकता है। वे प्रकार निम्नलिखित हो सकते हैं :—

(१) व्यंग्यात्मक (२) हास्य रसात्मक (३) ओज-प्रधान (४) करुणोत्पादक (५) शान्तिप्रदायक (६) भावचापल्य से युक्त। इन सब में निश्चित रूप में भावपक्ष, जिसे हृदयपक्ष भी कहा जाता है, की प्रधानता होती है; चिन्तन-पक्ष गौण हो जाता है। कलापक्ष और बुद्धितत्त्व का विशेष आग्रह नहीं रहता। कुछ लोग कोरी भावुकता को बहुत सस्ता समझते हैं तथा उसे स्थायी साहित्य में स्थान देने से हिचकिचाते हैं। यद्यपि स्वतन्त्र, गम्भीर चिन्तन को प्राथमिकता देने के वे हिमायती हैं, तथापि भावात्मक निबन्धों का जीवन और साहित्य में अपना एक निराला स्थान है। शैली भी एक प्रकार की रचना-कला है, इसलिए इस कला को भी पाठकों को आकर्षित करने के लिए प्रभावशाली बनाना पड़ता है। कला का उद्देश्य सौन्दर्य, मनोरंजन तथा आकर्षण उत्पन्न करने का प्रयत्न है। रचना-कला का उद्देश्य शैली को प्रभावोत्पादक बनाना है; उसमें आनन्द और सौन्दर्य की स्थापना करना है तथा बड़ी सुगमता से पाठकों पर छा जाना है।

रचना-तत्त्व की दृष्टि से शैली के दो भाग हो सकते हैं :—

(१) **सौष्ठवयुक्त शैली–** लेखक प्रयत्नपूर्वक अपने निबन्ध में विचारों को इतने कम शब्दों में प्रकट करता है, जहाँ तक उसके लिए ऐसा करना सम्भव होता है। अधिक-से-अधिक व्यंजना को उद्दीप्त करनेवाले शब्द उसकी खोज के विषय होते हैं। इस प्रकार की शैली आलंकारिक न रहकर, सादगी को विशेष पसन्द करती है। निबन्धकार की वाक्य-योजना सुसंघटित और ध्वनिबलिष्ठ होती है। संगीतात्मक का होना-न-होना समान है।

(२) **सौष्ठवविहीन शैली–** इस प्रकार की शैली में विचारों का प्रतिपादन अतीव विस्तार के साथ किया जाता है। लेखक विचार-पुष्टि के लिए अनेक दृष्टिकोणों का सहारा लेता है। कभी-

कभी पुनरावृत्ति की भी आवश्यकता आ पड़ती है। विषय का विवेचन विश्लेषणात्मक पद्धति से होता है। फलस्वरूप लम्बे वाक्यों की योजना, उनमें अलंकारों का प्रयोग आदि स्वाभाविक ही है।

शब्द-प्रयोग की दृष्टि से शैली में निम्नलिखित गुण होने आवश्यक हैं :—

(१) शब्द-चयन में सजीवता, रोचकता, अर्थ-बोधता आदि पर्याप्त मात्रा में हो।

(२) विषयानुकूल शब्दों का चुनाव हो; प्रांजलता का अभाव नहीं हो।

(३) शब्दों में एक व्यक्तित्व, ध्वनिबलिष्ठता और तरलता हो।

(४) गढ़े हुए कठिन शब्दों का यथासाध्य निषेध हो, चमत्कारपूर्ण कृत्रिम अर्थ-प्रदर्शन से बचा जाए। क्षेत्रीयता और ग्रामीण दोषों का अभाव हो; पुनरावृत्ति न हो।

(५) शब्द-बाहुल्य का प्रदर्शन न होकर, अर्थ-प्रदर्शन पर दृष्टि हो।

(६) बड़े-बड़े सामासिक पदों और सन्धियों की यह योजना अभिव्यक्ति के प्रवाह में बाधक न हो।

## वाक्य-प्रयोग की दृष्टि से

(१) वाक्य-संघटन विषयानुकूल हो। अर्थ की स्पष्टता पर विशेष ध्यान देना चाहिए।

(२) एक वाक्य में एक ही विचार प्रकट करने की प्रवृत्ति हो। वाक्यों में क्रमबद्धता, शृंखलाबद्धता तथा गुम्फन का होना आवश्यक है।

(३) वाक्य-रचना में व्याकरणजन्य त्रुटियाँ न हों। लिंग, वचन, क्रिया आदि का सर्वत्र ध्यान रखा जाए। विरामादि का प्रयोग उचित रीति से किया जाए। एक वाक्य दूसरे वाक्य से इस प्रकार संलग्न और कसा हुआ हो कि यदि उसको वहाँ से हटा लिया जाए तो सारा अनुच्छेद आन्दोलित हो उठे। उदाहरण के लिए, आचार्य रामचन्द्र शुक्ल की शैली ली जा सकती है।

(४) वाक्यों को अपेक्षाकृत सरल, सहज तथा बोधगम्य बनाने का प्रयत्न करना चाहिए। इसके अतिरिक्त शैली में ओज, माधुर्य तथा प्रसाद गुणों का यथास्थान प्रयोग होना चाहिए। निबन्ध में व्यक्तित्व की छाप स्पष्ट होनी चाहिए। यत्र-तत्र संस्कृत और विदेशी भाषाओं के उद्धरणों से निबन्ध की रोचकता बढ़ाने का प्रयत्न करना चाहिए तथा अनावश्यक विस्तार से बचना चाहिए। प्रस्तावना और उपसंहार पर विशेष ध्यान देना चाहिए। प्रस्तावना पाठकों की जिज्ञासा और कुतूहल को जगाने वाली होनी चाहिए। उपसंहार में समस्त निबन्ध का सारांश और अपना सन्देश दे देना चाहिए। कहीं-कहीं मत-वैभिन्य के कारण निबन्ध को समस्या के रूप में पाठकों के लिए सुलझाने को छोड़ दिया जाता है।

## निबन्ध-लेखन के लिए आवश्यक सामग्री

(१) यह तो स्वयंसिद्ध है कि अच्छे निबन्ध लिखना प्राय: अभ्यास से आता है। अत: किसी भी निबन्ध के प्रशिक्षु विद्यार्थी को सर्वप्रथम उन विषयों पर निबन्ध लिखना चाहिए, जिनकी उसे अधिक-से-अधिक जानकारी हो ताकि उसकी विश्लेषणात्मक शैली मौलिकता से शून्य न हो। निबन्ध को इतना जीवन्त होना चाहिए कि दर्पण की तरह उसमें जीवन प्रतिबिम्बित हो उठे। साधारण विषयों पर निबन्ध लिखकर लेखनी परिमार्जित हो जाने के पश्चात् गूढ़ विषयों पर विचारशील व्यक्ति की भाँति खण्डन-मण्डन की शैली से युक्त उच्चकोटि के निबन्ध लिखने की ओर अग्रसर होना चाहिए।

(२) जिस भाषा में निबन्ध लिखा जाए, उस भाषा के व्याकरण और निबन्ध-सम्बन्धी नियमों की पूर्ण जानकारी निबन्धकार को होनी आवश्यक है। तत्सम्बन्धी साहित्य का ज्ञान होना भी अनिवार्य है। उसमें जीवन के अनेक जटिल और सूक्ष्म अंगों को सुलझाने की शक्ति पर्याप्त मात्रा में होनी चाहिए।

(३) अध्ययन, अनुभव, कल्पना और अभ्यास— इन साधनों के बल पर आप निबन्ध लिखने में सफलता प्राप्त कर सकते हैं।

(४) निबन्ध न तो अपेक्षाकृत इतना ऊँचा हो कि उसमें महामहोपाध्याय को आमन्त्रित करने का अवसर आ जाए और न इतना उथला हो कि उसमें बच्चों का बचपना बोल उठे। यदि निबन्ध विचारात्मक निबन्धों की श्रेणी में आता है, तो उसमें जो सामग्री दी जाए, वह खोजपूर्ण और परिश्रम की अपेक्षा करनेवाली हो; उसमें मानव-जीवन की जटिल समस्याओं का निराकरण किया गया हो। यदि निबन्ध को अनुभवों का दृश्यावलि बना दिया जाए तो वह महान् शक्तिशाली और जीवन के सबसे अधिक निकट हो जाए। जहाँ तक बन पड़े, पाण्डित्य-प्रदर्शन का पूर्णरूप में परिहार हो।

(५) विचार अथवा भाव सुलझे हुए हों, उनमें कहीं पर भी गाँठ अथवा जटिलता न हो। अलंकारों का प्रयोग केवल चमत्कार-प्रदर्शन के लिए न होकर भाषा में प्रवाह लाने के लिए होना चाहिए। क्लिष्ट और पारिभाषिक शब्दों से दूर रहना चाहिए।

(६) भाषा यथासाध्य सरल, सहज तथा सुबोध होनी चाहिए। छात्रों को यह मिथ्या भ्रम रहता है कि क्लिष्ट-से-क्लिष्ट संस्कृतनिष्ठ अलंकारपूर्ण भाषा में लिखा गया निबन्ध ही सर्वश्रेष्ठ होता है तथा उसके माध्यम से परीक्षक पर परीक्षार्थी की घोर विद्वत्ता की धाक जम जाती है, किन्तु ऐसा सोचना पूर्व को पश्चिम बताना है। हमें सादगी में सौन्दर्य खोजना चाहिए। कृत्रिमता के इस युग में हमारी आँखें बनावटीपन की इतनी अभ्यस्त हो गयी हैं कि उन्हें प्रदर्शन में ही सच्चा सुख मिलता है, किन्तु हमें अब इस प्रवृत्ति को झटक कर दूर फेंकना होगा। हमें महात्मा गाँधी, विनोबा भावे तथा काका कालेलकर की शैली अपनानी चाहिए। हमारे अध्ययन की साधना इतनी परिपक्व हो कि हम जिस शब्द का भी प्रयोग करें, उसका व्यक्तित्व उमड़-घुमड़ कर पाठकों के मस्तिष्क पर बरस जाए और उसकी उर्वरा-शक्ति को बढ़ा दे।

(७) शैली और निबन्ध को मनोहारी बनाने के लिए दूसरी भाषा की लोकोक्तियों और मुहावरों को भी अनूदित करके उसमें जड़ देना चाहिए।

(८) विचारों, वाक्यों, शब्दों और भावों में एक प्रकार का लगाव होना चाहिए; एक प्रकार की संगति होनी चाहिए, जिससे निबन्ध उखड़ा-उखड़ा-सा अथवा अनर्गल प्रलाप न जान पड़े।

अच्छा निबन्धकार कैसे बना जाए? इस प्रश्न का उत्तर देते हुए **डॉ० रामरतन भटनागर** लिखते हैं,

"पढ़ो! अपने चारों ओर ध्यान से देखते रहो। विचारशील बनो, लिखने का अभ्यास करो।"

निबन्ध लिखने के लिए अध्ययन की वीथिका की नितान्त आवश्यकता है। मस्तिष्क में जब कुछ रहेगा, तभी कागज़ पर आ सकेगा। अध्ययन से हमारा अर्थ किताबें उलटने-पलटने से नहीं है। वह इससे अधिक गम्भीर चीज़ है। आपका अध्ययन पूरा तब होगा, जब आप लेखक के रचे हुए संसार में रहने लगेंगे। **जयद्रथ-वध**, **रंगभूमि** अथवा **स्कन्दगुप्त** पढ़ते समय आपके सामने पात्रों की एक-एक भाव-भंगिमा और उनका एक-एक चित्र साफ़ और स्पष्ट होना चाहिए, तभी आपका अध्ययन पूरा समझा जाएगा।

❋❋❋❋

# २६. मुहावरे और कहावतें : अवधारणा और व्याप्ति

## अर्थ और अवधारणा

वस्तुतः 'मुहावरा' अरबी भाषा का मूल शब्द है। यह संज्ञा पुल्लिंग शब्द है। इसका अर्थ होता है 'अभ्यास होना'। इसे अरबी लिपि में 'मुहावरः' लिखते हैं, जो हिन्दी में 'मुहावरा' हो जाता है। इसे अँगरेज़ी में 'Idioms' कहा जाता है। ऐसा प्रयोग अथवा वाक्यांश, जो लक्षणा अथवा व्यंजना से सिद्ध हो और भाषा में प्रयुक्त होकर प्रकट अर्थ (वाच्यार्थ अथवा अभिधार्थ) से भिन्न अथवा विलक्षण अर्थ दे, 'मुहावरा' कहलाता है। किन्हीं प्रसंगों में मुहावरों का अर्थ व्यांग्यिक (व्यंग्यात्मक) भी निकलता है।

हम यहाँ एक उदाहरण ले लेते हैं— काठ का उल्लू। इसका अर्थ यह नहीं कि लकड़ी का उल्लू बना दिया गया है बल्कि इससे यह अर्थ निकलता है कि जो उल्लू (मूर्ख) काठ का है, वह हमारे किस काम का; उसमें सजीवता तो है नहीं। इस प्रकार हम इसका अर्थ लेते हैं—'महामूर्ख' से।

ऐसा नहीं है कि मुहावरों का प्रयोग करना ही चाहिए; इसके प्रयोग न करने से भी वाक्य में सौन्दर्य की कोई कमी नहीं रहती। हाँ, इतना अवश्य है कि जब हम मुहावरों का शुद्ध प्रयोग करते हैं तब हमारे वाक्य का भाव-सौन्दर्य विस्तार को प्राप्त कर जाता है। मुहावरे का प्रयोग तो एक चाशनी की मानिन्द है, जिसके वाक्य में मिलते ही वाक्य की भव्यता और अर्थ-गम्भीरता देखते ही बनती है।

## परिभाषा

- ''लाक्षणिक या क्वचित् व्यंग्यार्थ में रूढ़ वाक्यांश मुहावरा होता है।''

  • **बृहत् हिन्दी कोश**

- ''किसी भाषा में पायी जानेवाली असाधारण शब्द-योजना अथवा विलक्षण प्रयोग को मुहावरा कहते हैं।''

  • **डॉ० पृथ्वीनाथ पाण्डेय**

- ''मुहावरा भाषा-विशेष में प्रचलित उस अभिव्यक्ति की इकाई को कहते हैं, जिसका प्रयोग प्रत्यक्षार्थ से अलग रूढ़ि लक्ष्यार्थ के लिए किया जाता है।''

  • **डॉ० भोलानाथ तिवारी**

- ''जो वाक्यांश अपने सामान्य अर्थ को न बताकर, किसी विशेष अर्थ को बतलाता है और प्रायः क्रिया का काम देता है, उसे वाग्धारा या मुहावरा कहते हैं।''

  • **श्याम चन्द्र कपूर**

अधुनातन मुहावरों का प्रयोग सतत बढ़ता ही जा रहा है। साहित्य की प्रत्येक विधा इसे अपनाने का मोह-संवरण नहीं कर पा रही है किन्तु ज्ञातव्य है कि मुहावरों के प्रयोग में साधारण-सी असावधानी से बड़ी-बड़ी अशुद्धियाँ हो जाती हैं और वाञ्छनीय अर्थ 'अवाञ्छनीय' बन जाता है। अतः मुहावरों का प्रयोग करते समय जहाँ अशुद्धियों की सम्भावना रहती है, उन्हें ध्यान से देखने की आवश्यकता है। इन अशुद्धियों के होने के प्रमुख कारण हैं :—

(१) पर्यायवाची शब्दों का अनुचित चयन (२) स्थान–परिवर्तन
(३) अव्यय का अशुद्ध प्रयोग (४) क्रिया का अशुद्ध प्रयोग
(५) लिंग–परिवर्तन (६) असंगत प्रयोग।

## लक्षण और विशेषताएँ

इन दी गयी परिभाषाओं के आधार पर मुहावरे के निम्नलिखित लक्षण सिद्ध होते हैं :—

- मुहावरा एक वाक्यांश होता है।
- वाक्यांश का सामान्य अर्थ विशेष महत्त्व का नहीं होता।
- वाक्यांश का प्रयोग किसी भी विलक्षण, लाक्षणिक, विशेष अथवा व्यंग्यार्थ को व्यक्त करने में होता है।

मुहावरे की कुछ विशेषताएँ होती हैं, जिन्हें ध्यान में रखकर इनका सही प्रयोग किया जाता है। वे विशेषताएँ निम्नलिखित हैं :—

- मुहावरे कभी पूर्ण वाक्य नहीं होते।
- मुहावरे का सामान्य अर्थ न निकालकर, विशिष्ट अर्थ निकाला जाता है।
- मुहावरे समाज के रीति–रिवाज़ों और परम्पराओं के निर्माण में सहायक होते हैं।
- मुहावरे प्रसंग के अनुरूप अर्थ देते हैं।
- मुहावरे का प्रयोग स्वतन्त्र रूप में नहीं होता बल्कि वाक्य में प्रसंग के अनुसार होता है।
- मुहावरे के साथ जुड़े शब्द कभी बदले नहीं जाते हैं।
- मुहावरे का निर्माण देश, काल तथा समाज के विकास और परिवर्तन के अनुरूप होता रहता है।
- हिन्दी के अधिकतर मुहावरों का सीधा सम्बन्ध शरीर के विभिन्न अंगों से रहता है।

## मुहावरा-कहावत में अन्तर

(क्षेत्र विकास अधिकारी परीक्षा २००२, २००६, २००८, २००९;
बिहार पी०एस०सी० २००६; उ०प्र०पी०सी०एस० २०००, २००२, २००९)

| मुहावरा | कहावत |
|---|---|
| • मुहावरा एक वाक्यांश होता है। | • कहावत एक वाक्य होता है। |
| • मुहावरा का स्वतन्त्र रूप में प्रयोग नहीं होता। | • कहावत का स्वतन्त्र रूप में प्रयोग होता है। |
| • मुहावरा में उद्देश्य, विधेय का बन्धन नहीं होता लेकिन अर्थ की स्पष्टता के लिए इसका प्रयोग किया जाता है। | • कहावत में उद्देश्य और विधेय का पूर्ण विधान होता है इसलिए अर्थ स्वतः स्पष्ट हो जाता है। |
| • मुहावरा का सम्बन्ध फल से नहीं होता। | • कहावत का सम्बन्ध फल से होता है। |
| • मुहावरा चमत्कार उत्पन्न कर, भाषा-सौन्दर्य का मण्डन करता है। | • कहावत कथन के खण्डन-मण्डन अथवा विरोध को रेखांकित करता है। |
| • मुहावरा किसी बात को कहने का तरीक़ा अथवा पद्धति है। | • कहावत उस कथन में व्यक्त किये गये विचार अथवा अनुभव का मूल है। |
| • मुहावरा में काल, वचन तथा पुरुष के अनुरूप परिवर्तन हो जाता है। | • कहावत में उसके रूप में किसी प्रकार का परिवर्तन नहीं होता। |
| • मुहावरा का प्रयोग लाक्षणिक अर्थ व्यक्त करने के लिए होता है। | • कहावत का प्रयोग प्रायः अन्योक्ति अथवा अप्रस्तुत व्यञ्जना के लिए होता है। |
| • मुहावरा के अन्त में बहुधा 'ना' आता है; जैसे अंक लगना, अमचूर हो जाना। | • कहावत में प्रायः ऐसा कुछ नहीं होता है; वहाँ सब कुछ सामान्य रहता है। |

# परीक्षोपयोगी मुहावरे (अर्थ और प्रयोग-सहित)

## अ

- **अंक में भरना** (आरएएस २००४)

  अर्थ : प्यार से गोद में लेना

  प्रयोग : शत्रुओं से शानदार मुक़ाबला करने के लिए पिता ने अपने सैनिक पुत्र को अंक में भर लिया।

- **अंक लगाना**

  अर्थ : आलिंगन करना

  प्रयोग : चित्रकूट में राम ने भरत को अंक लगाते ही प्रेम में विह्वल हो गये।

- **अंकुश लगाना**

  अर्थ : नियन्त्रण करना

  प्रयोग : उस बैंक का अधिकारी अपने कर्मचारियों पर हमेशा अंकुश लगाता है।

- **अंकुश न होना**

  अर्थ : नियन्त्रण न होना

  प्रयोग : बच्चों पर आरम्भ से ही अंकुश रखना चाहिए वरना आगे चलकर उनके बिगड़ जाने का भय बना रहता है।

- **अंग उभरना**

  अर्थ : युवावस्था के लक्षण प्रकट देना

  प्रयोग : चौदह साल की उम्र आते-आते लड़के-लड़कियों के अंग उभरने लगते हैं।

- **अंग नहीं समाना**

  अर्थ : सँभाल नहीं पाना

  प्रयोग : शिक्षक संयमित न रहने वाले बच्चों को अंग नहीं समाते।

- **अंग टूटना**

  अर्थ : थकावट से बदन में दर्द होना

  प्रयोग : मयंक के दिनभर काम करते रहने के कारण उसके अंग टूटने लगते हैं।

- **अंग लगना**

  अर्थ : आहार का पचकर शरीर की पुष्टि करना

  प्रयोग : प्राची का छोटा लड़का बहुत खाऊ क़िस्म का है। वह जो कुछ भी खाता है, सब उसके अंग लग जाता है।

- **अंग गिराना**

  अर्थ : उत्साह प्रदर्शित न करना

  प्रयोग : यद्यपि वह पहलवान हट्टा-कट्टा है तथापि काम के नाम पर अंग गिराये रहता है।

- **अंग-अंग ढीला होना**
  अर्थ : शरीर में फुर्ती न रहना
  प्रयोग : सामर्थ्य से अधिक परिश्रम करने पर अंग-अंग ढीला हो जाता है।
- **अंग-अंग फूले न समाना**
  अर्थ : अतीव प्रसन्न होना
  प्रयोग : टेनिस-ट्रॉफ़ी जीतने पर सानिया मिर्ज़ा का अंग-अंग फूले न समा रहा था।
- **अंग-अंग फड़कना**
  अर्थ : स्फूर्ति और ऊर्जा से भरपूर होना
  प्रयोग : सचिन तेन्दुलकर जब भी मैदान में आते हैं; दर्शकों के अंग-अंग फड़कने लगते हैं।
- **अंगद का पैर होना**
  अर्थ : अतीव दृढ़ होना
  प्रयोग : सदन में प्रतिपक्षी अपनी माँगों को लेकर इस प्रकार अड़ जाते हैं, मानो अंगद के पैर हो गये हों।
- **अंगार बरसना**
  अर्थ : असह्य गरमी पड़ना
  प्रयोग : जेठ की गरमी अंगार बरसाने-जैसी मानी जाती है।
- **अंगार सिर पर धरना** (बिहार पीसीएस २०००,२००२; बीएड् प्रवेश परीक्षा २०१२)
  अर्थ : अत्यन्त दु:ख सहना
  प्रयोग : असहाय बच्चों को आजीवन सिर पर अंगार धरकर चलना पड़ता है।
- **अंगारे उगलना**
  अर्थ : क्रोधावेश में कठोर वचन बोलना
  प्रयोग : लक्ष्मण की व्यंग्योक्ति सुनते ही परशुराम अंगारे उगलने लगे।
- **अंगारों पर लोटना** (समूह 'ग' परीक्षा २००१,२००८; बीएड् प्रवेश परीक्षा २००९)
  अर्थ : रोष और जलन के मारे कुढ़ना
  प्रयोग : छोटे भाई की उन्नति देखकर ईर्ष्यालु बड़े भाई की स्थिति अंगारों पर लोटने-जैसी हो गयी।
- **अंगारों पर पैर रखना**
  अर्थ : ख़तरनाक कार्य करना
  प्रयोग : माफ़िया डॉन दाऊद से बदला लेने की घोषणा करके रवि पुजारी ने अंगारों पर पैर रख दिया है।
- **अँगुलियों पर नचाना** (मप्र पीसीएस १९९३; उप्र पीसीएस १९९६)
  अर्थ : वश में करना
  प्रयोग : गोपियाँ मक्खन का लालच देकर श्रीकृष्ण को अपनी अँगुलियों पर नचाती थीं।
- **अँगुली पकड़कर पहुँचा पकड़ना** (उप्र पीसीएस १९९३, २००३)
  अर्थ : सामान्य सहारा पाकर विशेष प्राप्ति के लिए अग्रसर होना
  प्रयोग : शुचिता ने कहा, ''मैंने तुमसे मुस्कुराकर बात क्या कर ली, तुमने समझा, मैं तुम्हें चाहती हूँ। पहले अपनी सामर्थ्य देखो— अँगुली पकड़कर पहुँचा न पकड़ो।''

- **अँगूठा दिखाना** (उप्र पीसीएस १९९६,२००९; आईएएस:२००१,२००३,२००९; भारतीय रेलवे २०१०)

अर्थ : मौक़े पर धोखा देना; मौक़े पर काम न आना

प्रयोग : तन्विका अपनी सहेली अन्विता पर आँख मूँदकर विश्वास करती थी किन्तु मौक़ा पड़ने पर अन्विता ने उसे अँगूठा दिखा दिया।

- **अँगूठा चूमना** (मप्र पीसीएस १९९९,२००८)

अर्थ : चापलूसी करना

प्रयोग : अयोग्य व्यक्ति नेताओं के अँगूठे चूमकर अपने कार्य करा लेते हैं।

- **अँगूठी का नगीना**

अर्थ : सुन्दर और सजीला

प्रयोग : हर पत्नी को अपना पति अँगूठी का नगीना लगता है।

- **अँगूठे पर मारना**

अर्थ : किसी प्रकार की चिन्ता न करना

प्रयोग : कथनी-करनी में अन्तर करनेवालों को मैं अँगूठे पर मारता हूँ।

- **अँगूर खट्टे होना**

अर्थ : असफलता पर परदे डालना

प्रयोग : जब बार-बार कोशिश करने के बाद भी वह नेता न बन सका तब नेताओं की बुराई कर "अँगूर खट्टे हैं" को चरितार्थ करने लगा।

- **अंजर-पंजर ढीला होना**

अर्थ : पूर्णतः निढाल पड़ जाना

प्रयोग : युवास्था से प्रौढ़ावस्था तक संघर्ष करते-करते उसका अंजर-पंजर ढीला हो गया था।

- **अँतड़ियाँ कुलबुलाना**

अर्थ : ज़ोरों की भूख लगना

प्रयोग : उस बेचारे याचक को तो देखो, भूख के कारण उसकी अँतड़ियाँ कुलबुला रही हैं।

- **अँतड़ियाँ गले पड़ना**

अर्थ : गम्भीर संकट में पड़ना

प्रयोग : ऑस्ट्रेलिया में आवृष्टि के कारण घर-के-घर बह गये और वहाँ के लोगों की अँतड़ियाँ उनके गले पड़ गयी हैं।

- **अँतड़ियों में बल पड़ना**

अर्थ : पेट दु:खने लगना

प्रयोग : हास्य अभिनेत्री टुनटुन का अभिनय देखकर हँसते-हँसते हमारी अँतड़ियों में बल पड़ गये।

- **अन्त बिगाड़ना** (उप्र पीसीएस २००३, २००४)

अर्थ : परिणाम खराब करना

प्रयोग : बुरी संगत में पड़कर विनीत ने अपना अन्त बिगाड़ लिया है।

- **अँधाधुँध लुटाना**
  अर्थ : बुरी तरह अपव्यय करना
  प्रयोग : शराब की बुरी तरह लत लगने के कारण उसने बाप-दादा का सारा धन अँधाधुँध लुटा दिया है।
- **अँधेरे में रखना**
  अर्थ : भेद छुपाना; रहस्य को बनाये रखना
  प्रयोग : वह इतना शातिर है कि हमेशा हर किसी को अँधेरे में रखना चाहता है।
- **अँधेरे मुँह**
  अर्थ : प्रात: होने से पूर्व
  प्रयोग : मेरे बच्चे प्रतिदिन "अँधेरे मुँह" टहलने जाते हैं।
- **अँधेरे में तीर चलाना**
  अर्थ : लक्ष्य-विहीन होकर प्रयास करना
  प्रयोग : उसे कुछ नहीं आता-जाता, सिर्फ़ अँधेरे में तीर चलाता रहता है।
- **अँधेरे घर का उजाला**
  अर्थ : एकमात्र पुत्र, कुलदीप
  प्रयोग : उसे कुछ मत कहो; बेचारा "अँधेरे घर का उजाला" है।
- **अक़्ल का दुश्मन होना**
  अर्थ : वज्र मूर्ख होना
  प्रयोग : अनन्या को तुम्हीं समझाओ, वह तो अक़्ल की दुश्मन बनती जा रही है।
- **अक़्ल का पुतला**
  अर्थ : अतीव बुद्धिमान्
  प्रयोग : सारी जटिल समस्याओं का अतिशीघ्र निराकरण कर ईशान ने सिद्ध कर दिया कि वास्तव में वह "अक़्ल का पुतला" है।
- **अक़्ल का अन्धा; अक़्ल का दुश्मन**
  अर्थ : महामूर्ख
  प्रयोग : उस लम्पट विपक्षी ने किराये के गवाह को न्यायालय में गवाही देने का काम कराकर स्वयं को "अक़्ल का अन्धा" सिद्ध किया है।
- **अक़्ल के पीछे लट्ठ लिये फिरना**
  अर्थ : मूर्खता करना
  प्रयोग : वह ज़रूरत से ज़्यादा अपनी चालाक़ी दिखाकर हमेशा हर काम बिगाड़ देता है। इसे ही कहते हैं, "अक़्ल के पीछे लट्ठ लिये फिरना।"
- **अक़्ल चकराना**
  अर्थ : समझ में कुछ न आना
  प्रयोग : नक्सलियों-द्वारा दन्तेवाड़ा में सी०आर०पी०एफ० के ७६ जवानों की हत्या का समाचार सुनकर सरकार की अक़्ल ही चकरा गयी।

- **अक़्ल चरने जाना**

  अर्थ : अक़्ल ग़ायब हो जाना; दिमाग़ काम न करना

  प्रयोग : उस कर्मचारी की अक़्ल चरने गयी थी, जो अपने वरिष्ठ अधिकारी से जा भिड़ा था?

- **अक़्ल पर पत्थर (परदा) पड़ना**

  मप्र पीसीएस (मप्र पीसीएस १९९६,१९९०,२००१,२००७; आरएएस २००३,२००८)

  अर्थ : बुद्धि भ्रष्ट होना

  प्रयोग : विद्वान् और वीर होकर भी रावण की अक़्ल पर पत्थर ही पड़ गया था, जो उसने राम की पत्नी सीता का अपहरण किया था।

- **अक़्ल की रोटी खाना**

  अर्थ : बुद्धिजीवी होना

  प्रयोग : वकील और पत्रकार अक़्ल की रोटी खाते हैं।

- **अगर-मगर करना**

  (आरएएस १९९७,२००२,२००४; बिहार पीसीएस २००२,२००७)

  अर्थ : टालमटोल करना; टालने की प्रवृत्ति का परिचय देना

  प्रयोग : वह अपने पड़ोसी के पास रोज़ तगादा करने जाता था किन्तु वह पड़ोसी अगर-मगर करके टाल देता था।

- **अगस्त्य का समुद्र-पान**

  अर्थ : असम्भव कार्य करना

  प्रयोग : अधिकतर राजनेता देशद्रोही हैं। सत्ता की घिनौनी राजनीति के चलते उनमें सकारात्मक परिवर्तन कर पाना "अगस्त्य का समुद्र-पान" जैसा है।

- **अगिया-बैताल**

  अर्थ : कठिन और असम्भव कार्य करना

  प्रयोग : मयंक ने बीच नदी से डूबते बच्चे को निकालकर "अगिया बैताल" का काम किया है।

- **अग्नि-परीक्षा**

  अर्थ : कठिन जाँच

  प्रयोग : सीता-जैसी पवित्रात्मा को धोबी के लांछन लगाने पर "अग्नि-परीक्षा" देनी पड़ी थी।

- **अचार बनाना**

  अर्थ : बहुत मारना

  प्रयोग : लड़कियों के साथ छेड़ख़ानी करने पर वहाँ के लोगों ने शोहदों को पकड़कर उनका अचार बना दिया।

- **अच्छे घर बयाना देना**

  अर्थ : अधिक बलवान से वैर-भाव मोल लेना

  प्रयोग : आज-कल के सीकिया पहलवान भी अच्छे घर बयाना देने से बाज़ नहीं आते।

- **अटकलें भिड़ाना**
  अर्थ : उपाय सोचना
  प्रयोग : वह पढ़ाई से छुटकारा पाने के लिए हमेशा अटकलें भिड़ाती रहती थी परन्तु उसमें उसे सफलता नहीं मिलती थी।
- **अठखेलियाँ सूझना**
  अर्थ : हँसी-दिल्लगी करना
  प्रयोग : यहाँ मैं विषम परिस्थितियों में हूँ और तुम्हें अठखेलियाँ सूझ रही हैं।
- **अड्डा जमाना**
  अर्थ : स्थायी रूप में रहना
  प्रयोग : उदासी सम्प्रदाय के साधुओं की एक बड़ी जमात ने प्रयाग से हरिद्वार में अपना अड्डा जमा लिया है।
- **अड़ियल टट्टू**
  अर्थ : हठी, ज़िद्दी
  प्रयोग : पढ़ाई के मामले में मैंने तुम जैसा "अड़ियल टट्टू" आज तक नहीं देखा।
- **अढ़ाई दिन की हुक़ूमत** (बादशाहत)
  अर्थ : चन्द दिनों का वैभव-ऐश्वर्य
  प्रयोग : बनना हो तो लम्बी दौड़ का घोड़ा बनो; "अढ़ाई दिन की हुक़ूमत" किस काम की?
- **अण्टी मारना**
  अर्थ : चाल चलना
  प्रयोग : मोहिनी के घर में आयी उसकी सहेली ने ऐसी अण्टी मारी कि वह मोहिनी की सोने की घड़ी लेकर चलते बनी।
- **अण्डा फूट जाना**
  अर्थ : भेद खुल जाना
  प्रयोग : पुलिस ने जब बदमाशों के गिरोह के एक सदस्य को पकड़कर उसके साथ पुलिसिया व्यवहार किया, तब उस गिरोह के अण्डे फूट गये।
- **अण्डे सेना**
  अर्थ : घर में निठल्ला बैठा रहना
  प्रयोग : घर में अण्डे सेने से अच्छा है कि बाहर जाकर कुछ काम-धाम करो।
- **अण्डे का शहज़ादा**
  अर्थ : अनुभवहीन
  प्रयोग : व्यक्ति धीरे-धीरे अनुभव प्राप्त करता है पहले तो वह "अण्डे का शहजादा" रहता है।
- **अथ से इति तक**
  (बिहार पीसीएस २००४,२००८; उप्र पीसीएस २००३,२००५,२००७; आरपीएस २००५,२००६,२००९)
  अर्थ : आदि से अन्त तक
  प्रयोग : कोई भी कार्य करते समय इतना ध्यान रखो कि उसे "अथ से इति तक" पहुँचाना है।
- **अधजल गगरी छलकत जाय** (उप्र पीसीएस २००१,२००५,२००६)
  अर्थ : ओछे व्यक्ति का इतरा और लहरा कर चलना
  प्रयोग : अपरिपक्व व्यक्ति का बड़बोलापन कुछ इस कदर होता है जैसे "अधजल गगरी छलकत जाय"।

- **अधर में लटकना**
  अर्थ : दुविधा में पड़ा रह जाना
  प्रयोग : राजनेताओं के अड़ियलपन के कारण लोकमंगलकारी विधेयक अधर में लटके पड़े हैं।
- **अन्त बिगाड़ना** (उप्र पीसीएस २००३,२००४)
  अर्थ : परिणाम ख़राब होना
  प्रयोग : नक्सलियों का साथ देकर कई मुख्यमन्त्रियों ने अपना अन्त बिगाड़ लिया है।
- **अन्त पाना (लेना)**
  अर्थ : भेद जानना
  प्रयोग : चाणक्य की नीति का "अन्त पाना" कठिन है।
- **अन्तर के पट खोलना**
  अर्थ : हृदय की बात कह देना
  प्रयोग : वह न जाने कितनी भावुक है कि सबके सामने अपने अन्तर के पट खोल देती है।
- **अन्दर होना**
  अर्थ : जेल में बन्द होना
  प्रयोग : प्रशासन चुस्त-दुरुस्त हो जाए तो भ्रष्ट अपराधियों को अन्दर होना ही पड़ेगा।
- **अन्धा होना**
  अर्थ : विवेक खो देना; विवेकहीन होना
  प्रयोग : पुत्र-मोह होता ही ऐसा है कि प्राय: हर पिता उस मोह में अन्धा हो जाता है।
- **अन्धे को दीया दिखाना**
  अर्थ : व्यर्थ में कार्य करना
  प्रयोग : नयी पीढ़ी को नैतिकता का उपदेश देना अन्धे को दीया दिखाने के समान है।
- **अन्धे के आगे रोना अपना दीदा खोना** (उप्र पीसीएस १९९३,२००२)
  अर्थ : असमर्थ व्यक्ति से सहायता माँगना
  प्रयोग : वह तो बेचारा स्वयं नख-शिख ऋण में डूबा हुआ है; उससे आर्थिक सहायता माँगकर तुम तो "अन्धे के आगे रोना अपना दीदा खोना" को चरितार्थ कर रहे हो।
- **अन्धे के हाथ बटेर**
  अर्थ : अयोग्य के हाथ अनायास अच्छी वस्तु का लग जाना
  प्रयोग : फ़र्ज़ी डिगरी के चलते आज वह उच्च पद पर है। सच, "अन्धे के हाथ बटेर" लग गयी है।
- **अन्धे की लकड़ी** (उप्र पीसीएस १९९३,२००२)
  अर्थ : एक-मात्र सहारा
  प्रयोग : श्रवण कुमार अपने वृद्ध माता-पिता के लिए "अन्धे की लकड़ी" थे।
- **अँधेर-खाता** (उप्र पीसीएस १९९५,२००८)
  अर्थ : प्रकृति और नियम के विरुद्ध कार्य करना
  प्रयोग : आज अध्यापक बनाने के लिए रिश्वत ली जा रही है। वाह, क्या "अँधेर-खाता" है।

- **अन्धों में काना राजा** (आईएएस १९९९; उप्र पीसीएस १९९३,२००७)

  अर्थ : अयोग्य व्यक्तियों के मध्य कम योग्यतावाले का बोलबाला होना।

  प्रयोग : इन बच्चों के बीच विद्वत्ता प्रदर्शित कर अन्धों में काना राजा बन रहे हो? ज़रा अपने बराबर वालों के साथ में आकर तो देखो।

- **अन्न-जल उठना** (उप्र पीसीएस १९९३)

  अर्थ : किसी स्थान से सम्बन्ध टूटने का समय आना

  प्रयोग : उस बेचारे के परिवार में एकाकी रहने के कारण अब मन भी नहीं लगता; किसी भी समय उसका अन्न-जल उठ सकता है।

- **अन्न-जल उठाना**

  अर्थ : अपने निर्दोष होने की परीक्षा देना

  प्रयोग : उस निर्दोष प्रेमी-युगल ने पंचायत के समक्ष कहा, "हम पूरी तरह से निर्दोष हैं। आप चाहें तो हम अन्न-जल उठाने के लिए प्रस्तुत हैं।"

- **अन्न-जल करना**

  अर्थ : नाराज़गी आदि के कारण निराहार के बाद आहार ग्रहण करना

  प्रयोग : तुम्हारी बातें मान ली गयी हैं; ज़िद छोड़कर अब अन्न-जल तो ग्रहण कर लो।

- **अन्न न लगना**

  अर्थ : भोजन करने के बाद भी स्वास्थ्य न बनना

  प्रयोग : रोगी ने एक क्लिनिक में वहाँ के डॉक्टर से कहा, "डॉक्टर साहब! मैं पौष्टिक भोजन करता हूँ फिर भी मालूम नहीं क्यों, अन्न नहीं लगता।"

- **अन्न का कन्न करना**

  अर्थ : अच्छी चीज़ को ख़राब करना

  प्रयोग : विभु कोई काम ढंग से नहीं कर पाता, केवल अन्न का कन्न करता रहता है।

- **अपना उल्लू सीधा करना**

  (आईएएस १९९३,२००५,२००९; उप्र पीसीएस १९९०, १९९३,१९९६, १९९८,२००८)

  अर्थ : स्वार्थ सिद्ध करना

  प्रयोग : सत्तासीन और प्रतिपक्षी नेता प्रायः दिखाने के लिए आपस में शत्रुता रखते हैं। सच तो यह है कि वे सिर्फ़ अपना उल्लू सीधा करते हैं।

- **अपना ही राग अलापना**

  अर्थ : अपनी ही बात कहते रहना, दूसरे की न सुनना

  प्रयोग : ज़रूरत से ज़्यादा चतुर व्यक्ति अपना ही राग अलापता रहता है।

- **अपना-सा मुँह लेकर रह जाना**

  (उप्र एपीओ १९९७; उप्र पीसीएस १९९८,२००७)

  अर्थ : विफल मनोरथ रह जाना

  प्रयोग : जब मैंने उस चोर के सामने प्रश्नों की झड़ी लगा दी थी तब वह अपना-सा मुँह लेकर रह गया था।

- **अपना अपना है, पराया पराया**
  अर्थ : अपने-पराये की पहचान होना
  प्रयोग : आपत्ति काल में अपने-पराये की सच्ची पहचान हो जाती है।
- **अपना ही जोतते रहना**
  अर्थ : अपनी ही बात कहते रहना, दूसरे की न सुनना
  प्रयोग : छिछले चरित्रवाला व्यक्ति दूसरे की नहीं सुनता, अपना ही जोतता रहता है।
- **अपना रख, पराया चख**
  अर्थ : अपना बचाकर दूसरों का हड़प लेना
  प्रयोग : ''अपना रख पराया चख'' वाली मनोवृत्ति के लोग हर जगह मौजूद हैं।
- **अपना किया पाना**
  अर्थ : कर्म का फल भोगना
  प्रयोग : सन्तान को जब मुँहफट बनाया है तब अपमान सहना ही पड़ेगा; अपना किया तो पाओगे ही।
- **अपनी नींद सोना अपनी नींद जागना (उठना)**
  अर्थ : किसी बात की चिन्ता न करना
  प्रयोग : स्वार्थी व्यक्ति को घर-परिवार से क्या लेना-देना, वह तो अपनी नींद सोता और अपनी नींद जागता है।
- **अपनी खिचड़ी अलग पकाना; ढ़ाई चावल की खिचड़ी अलग पकाना**
  (उप्र एपीओ १९९४; बिहार पीसीएस १९९९; उप्र पीसीएस १९९६,२००३; उप्र बीएड् प्रवेश-परीक्षा २००३,२००७)
  अर्थ : सबसे अलग विचार रखना; सबके साथ न चलना
  प्रयोग : यदि सभी अपनी खिचड़ी अलग-अलग पकाने लगें तो देश और समाज पूरी तरह से गर्त में समाता चला जाएगा।
- **अपनी खाल में मस्त रहना**
  अर्थ : अपनी स्थिति से सन्तुष्ट रहना
  प्रयोग : वह दीन-दुनिया से बेख़बर रहकर अपनी ही खाल में मस्त रहता है।
- **अपनी नाक कटाकर दूसरे का सगुन बिगाड़ना**
  अर्थ : दूसरे की थोड़ी हानि करने के लिए अपनी बड़ी हानि कर लेना
  प्रयोग : आज के निहायत स्वार्थी युग में अपनी नाक कटाकर दूसरे का शगुन बिगाड़नेवाले लोग हर जगह मौजूद हैं।
- **अपने पाँव पर कुल्हाड़ी मारना**
  अर्थ : जान-बूझकर स्वयं को विपत्ति में डालना
  प्रयोग : उस अध्यापिका ने प्राचार्य से विवाद करके अपने पाँव पर कुल्हाड़ी मार ली है।
- **अपने पैरों पर खड़ा होना**
  अर्थ : स्वावलम्बी होना
  प्रयोग : आज प्रत्येक युवा को विवाह तभी करना चाहिए जब वह अपने पैरों पर खड़ा होने-योग्य हो जाए।

- **अपने मुँह मियाँ मिट्ठू बनना**

(उप्र पीसीएस २००३; उप्र बीएड् प्रवेश-परीक्षा २००६,२०१०)

अर्थ : अपनी सराहना स्वयं करना

प्रयोग : अपने मुँह मियाँ मिट्ठू बनने से क्या लाभ; काम ऐसा करो कि सारी दुनिया तुम्हारी सराहना करे।

- **अभिमन्यु-मरण**

अर्थ : धोखा देकर मारना

प्रयोग : मुठभेड़ में मारे जाने के नाम पर हमारा पुलिस-तन्त्र अपराधियों के मामले में "अभिमन्यु-मरण" को चरितार्थ करता है।

- **अमचूर हो जाना**

अर्थ : दुर्बल हो जाना; सूखकर काँटा हो जाना

प्रयोग : परीक्षा के दिनों में इतना अधिक परिश्रम करके तन्विता अमचुर हो गयी है।

- **अमरबेल बनना**

अर्थ : दृढ़तापूर्वक चिपकना

प्रयोग : नेता बनना हो तो मन्त्री जी के साथ अमरबेल बन जाओ।

- **अरण्य-रोदन**

अर्थ : ऐसा कथन, जिस पर कोई ध्यान न दे

प्रयोग : आज देश के न्यायालयों में लोग न्याय के लिए दर-दर भटकते रहते हैं लेकिन तारीख़-पर-तारीख़ लगती रहती है। इस प्रकार उनकी प्रार्थना "अरण्य-रोदन" बन कर रह जाती है।

- **अरमान निकालना**

अर्थ : इच्छाएँ पूरी करना

प्रयोग : कंगाल व्यक्ति धन मिलने पर पहले अपने अरमान निकालने की सोचता है।

- **अल्लाह मियाँ की गाय**

अर्थ : अत्यन्त सज्जन और सच्चा

प्रयोग : कुछ लोग इतने सज्जन और सच्चे होते हैं कि उनकी तुलना "अल्लाह मियाँ की गाय" से करनी पड़ती है।

## आ

- **आँख की किरकिरी होना** (आईएएस २००३,२००७; टीटीजी २००९)

अर्थ : आँखों को चुभनेवाला; अप्रिय लगना

प्रयोग : अत्याचारी अँगरेज़ शासकों के लिए भारत के क्रान्तिदर्शी उनकी आँख की किरकिरी बन गये थे।

- **आँखें खुलना**

अर्थ : सावधान हो जाना

प्रयोग : तुम्हारे बेटे ने तुम्हारी सज्जनता का लाभ उठाकर अपराध-जगत् में अपने क़दम बढ़ा लिये हैं; अब तो तुम्हारी आँखें खुल जानी चाहिए।

- **आँख-कान खोलकर चलना**
  अर्थ : पूरी तरह से सावधान होकर चलना
  प्रयोग : अधिकतम व्यस्त मार्ग से गुज़रते समय आँख-कान खोलकर चलना चाहिए।
- **आँख आना**
  अर्थ : आँख दु:खना
  प्रयोग : वह बाहर से लौटकर घर आया तो उसकी आँख आ गयी।
- **आँख मारना**
  अर्थ : संकेत करना
  प्रयोग : जैसे ही दारोगा ने आँख मारी, वह अपराधी भाग खड़ा हुआ।
- **आँख बन्द करके काम करना**
  अर्थ : लापरवाही के साथ काम करना
  प्रयोग : दुनिया बहुत बड़ी है; आँख बन्द करके काम करने से काम नहीं चलनेवाला है।
- **आँख-भौं चढ़ाना**
  अर्थ : अत्यधिक क्रोध करना
  प्रयोग : अब तुम छोटे नहीं रहे; छोटी-छोटी बातों पर आँख-भौं चढ़ाना तुम्हें शोभा नहीं देता।
- **आँख उठाना**
  अर्थ : ताकना
  प्रयोग : आँख उठाकर देखो— तुम्हारे गुरु जी पधारे हैं।
- **आँख उठाकर न देखना**
  अर्थ : तिरस्कार करना
  प्रयोग : प्रेमिका के आने पर प्रेमी ने आँख उठाकर भी नहीं देखा।
- **आँख का काजल**
  अर्थ : अत्यन्त प्रिय; प्रियातिप्रिय
  प्रयोग : प्रत्येक माता-पिता के लिए उनकी सन्तान "आँख का काजल" है।
- **आँख रखना** (उप्र पीसीएस १९९४; उप्र बीएड् प्रवेश-परीक्षा २००४,२००८)
  अर्थ : निगरानी करना
  प्रयोग : देश की सीमा पार करके आ रहे घुसपैठियों पर हमारी सुरक्षा-व्यवस्था को समुचित आँख रखनी चाहिए।
- **आँख मिलाना**
  अर्थ : सामना करना
  प्रयोग : अपनी भूल को समझकर वह आँख नहीं मिला सका।
- **आँख दिखाना**
  (आईएएस १९९७,२००१; प्रवर अधीनस्थ सेवा परीक्षा २००३,२००८; उप्र पीसीएस २००४; उप्र बीएड् प्रवेश-परीक्षा २००५,२००८)
  अर्थ : डाँटना; धमकी देना
  प्रयोग : छोटे बच्चों को आँख दिखाना ही पर्याप्त है।

- **आँख मैली करना** (आईएएस १९९७; उप्र बीएड् प्रवेश-परीक्षा २००७,२००८)

  अर्थ : नीयत ख़राब करना

  प्रयोग : ब्रह्मचर्य-व्रत का पालन सजगतापूर्वक करना, कहीं ऐसा न हो कि किसी मोड़ पर तुम्हे अपनी आँख मैली करनी पड़े।

- **आँख लगना**

  अर्थ : झपकी आना

  प्रयोग : जैसे ही हवा चलती है, मेरी आँख लगने लगती है।

- **आँख लगाना** (मप्र पीसीएस १९९८; उप्र पीसीएस २००६,२००८)

  अर्थ : बुरी अथवा लालचभरी दृष्टि से देखना

  प्रयोग : चीन अब भी भारत की सीमाओं पर आँख लगाये हुए है।

- **आँख बचाना**

  अर्थ : कतराना

  प्रयोग : पुलिस से आँखें बचाकर अपराधी कब तक भागता फिरेगा?

- **आँखें फाड़कर देखना**

  अर्थ : उत्सुकता से घूरना; आश्चर्य से देखना

  प्रयोग : युवा पुत्र के असमय मृत्यूपरान्त पिता को ऐसा आघात पहुँचा कि वह आँखें फाड़कर देखता रह गया।

- **आँखें मिलाना** (उप्र पीसीएस २००१; उप्र बीएड् प्रवेश-परीक्षा २००७,२००८)

  अर्थ : प्रेम करना

  प्रयोग : जीवन में तुमने यदि किसी से आँखें नहीं मिलायीं तो कुछ नहीं किया।

- **आँखें तरसना**

  अर्थ : देखने को इच्छुक होना

  प्रयोग : चौदह वर्षों के लिए वनवास को गये लक्ष्मण को देखने के लिए उर्मिला की आँखें तरस गयी थीं।

- **आँखें चुराना**

  अर्थ : छुप जाना

  प्रयोग : जब से उसकी चोरी पकड़ी गयी है तब से वह अपनों से आँखें चुराता फिर रहा है।

- **आँखें फेर लेना** (उप्र पीसीएस २००१; उप्र बीएड् प्रवेश-परीक्षा २००४,२००६)

  अर्थ : प्रतिकूल हो जाना

  प्रयोग : जब भी दुर्दिन आते हैं अपने ही लोग आँखें फेर लेते हैं।

- **आँखें चार होना**

  (मप्र पीसीएस १९९७,१९९९; आरएएस २००३,२००६,२००८)

  अर्थ : (१) एक-दूसरे को देखना (२) प्यार होना

  प्रयोग : (१) एक दिन अचानक ऋतम्भरा से आँखें चार हुयीं और उसे दिल दे बैठा।
  (२) पहली भेंट में ही राम और सीता की आँखें चार हो गयीं।

- **आँखें तरेरना**

  अर्थ : क्रोध करना

  प्रयोग : प्राचार्य के आँखें तरेरते ही शरारती बच्चे भाग खड़े हुए।

- **आँखें नीची होना** (उप्र पीसीएस १९९१,१९९९; उप्र बीएड् प्रवेश-परीक्षा २००५,२००७; आरपीएस २००६,२००७,२००९)

  अर्थ : लज्जित होना

  प्रयोग : देश के राजनेताओं की करतूतों को सुनकर राष्ट्र की आँखें नीची हो गयी हैं।

- **आँखें पथरा जाना** (उप्र पीसीएस २००२,२००५;उप्र बीएड् प्रवेश-परीक्षा २००५,२००७)

  अर्थ : आँखों का थक जाना

  प्रयोग : नागमती की वियोगावस्था इतनी ऊँचाई पर पहुँच गयी थी कि उसकी आँखें पथरा कर रह गयीं।

- **आँखें बिछाना** (आईएएस २००३; उप्र पीसीएस १९९२,१९९६,२००२; उप्र बीएड् प्रवेश-परीक्षा २००२,२००८)

  अर्थ : हृदय से सम्मान करना

  प्रयोग : देश का एक उच्चपदस्थ पदाधिकारी होने के बाद भी जब भी मैं उसके पास पहुँचता हूँ, वह आँखें बिछा देता है।

- **आँखें मूँदना**

  अर्थ : मृत्यु को प्राप्त कर जाना

  प्रयोग : यह चोरी-बेईमानी किसलिए, एक दिन सभी को आँखें मूँद लेनी हैं।

- **आँखें चमकना**

  अर्थ : प्रसन्न होना

  प्रयोग : कर्णिका के अखिल भारतीय लिखित निबन्ध-प्रतियोगिता में सर्वोत्तम स्थान पाने की सूचना पाकर उसके बाबू जी की आँखें चमक उठी थीं।

- **आँखें लाल-पीली करना**

  अर्थ : क्रोध करना

  प्रयोग : बच्चों की छोटी-मोटी ग़लतियों पर माता-पिता को आँखें लाल-पीली नहीं करनी चाहिए।

- **आँखें बदल जाना**

  अर्थ : अपनापन न रहना

  प्रयोग : निजी संवाददाता के नाम पर कलंक अखिलेश की आँखें बदल गयी हैं तभी तो वह मक्कार मेरे समाचार आदि को रोक लेता है।

- **आँखें सेंकना**

  अर्थ : किसी का सौन्दर्य देखकर अपनी आँखों को तृप्त करना

  प्रयोग : भीड़वाले माहौल में मनचले युवक आँखें सेंकने के लिए ही जाते हैं।

- **आँखों पर चर्बी चढ़ना (छाना)**

(उप्र पीसीएस २००७; उप्र बीएड् प्रवेश-परीक्षा २००३,२००८)

अर्थ : अधिक घमण्ड होना

प्रयोग : जब तुच्छ मानसिकता का व्यक्ति धनाढ्य हो जाता है तब उसकी आँखों पर चर्बी चढ़ जाती है।

- **आँखों का काँटा होना (बनना)**

अर्थ : बहुत बुरा लगना

प्रयोग : सन्मार्गगामी व्यक्ति कुमार्गगामियों की आँखों का काँटा होता है।

- **आँखों में सरसों फूलना**

अर्थ : नशे में होना; विवेकहीन होना

प्रयोग : मदान्ध हो जाने पर व्यक्ति की आँखों में सरसों फूल आती हैं।

- **आँखों में ख़ून उतरना** (उप्र पीसीएस १९९७)

अर्थ : अत्यन्त क्रोध करना; क्रोध से आँखें लाल हो जाना

प्रयोग : आतंकवादियों की हरकत देखकर कमाण्डर की आँखों में ख़ून उतर आया था।

- **आँखों से गिरना**

अर्थ : सम्मान खो देना

प्रयोग : जब से राजू चोरी करने लगा तभी से वह सबकी आँखों से गिर गया है।

- **आँखों का तारा होना**

अर्थ : अत्यन्त प्यारा होना

प्रयोग : पूर्णमासी का चन्द्रमा हर किसी की आँखों का तारा होता है।

- **आँखों में बसना**

अर्थ : अत्यन्त प्रिय होना

प्रयोग : राधा की आँखों में कन्हैया की सूरत हमेशा के लिए बस गयी थी।

- **आँखों में खटकना**

अर्थ : बुरा लगना

प्रयोग : हर धूर्त-मक्कार व्यक्ति हमेशा मेरी आँखों में खटकता रहता है।

- **आँखों में रात काटना**

अर्थ : सारी रात जागते रहना

प्रयोग : रोगी की गम्भीर हालत के कारण नर्स को आँखों में रात काटनी पड़ी थी।

- **आँखों में धूल झोंकना** (मप्र पीसीएस १९९३,१९९५,१९९८;

उप्र पीसीएस १९९६; आईएएस १९९०,२००४; उप्र बीएड् प्रवेश-परीक्षा २००३,२००६)

अर्थ : धोखा देना

प्रयोग : लखना डक़ैत पुलिस की आँखों में धूल झोंककर फरार हो गया।

- **आँखों का अन्धा गाँठ का पूरा**

(आईएएस १९९१,१९९२ ; उप्र पीसीएस २००३)

अर्थ : बेवकूफ़ किन्तु धनवान मनुष्य

प्रयोग : उसका सारा-का-सारा धन धरा-का-धरा रह गया कारण कि वह ''आँखों का अन्धा और गाँठ का पूरा'' था।

- **आँखों का काजल चुराना**

अर्थ : अत्यन्त सफ़ाई से चोरी करना

प्रयोग : कुछ चोर ऐसे होते हैं, जो लाख सावधानी के बाद आँखों का काज़ल चुरा लेते हैं।

- **आँखों का पानी ढलना (मरना), (गिरना)** (उप्र पीसीएस २००८)

अर्थ : अत्यन्त निर्लज्ज होना

प्रयोग : तृप्ति अब किसी की भी नहीं सुनती। लगता है, उसकी आँखों का पानी ढल गया है।

- **आँखों में गड़ जाना; आँखों में गड़ना** (उप्र पीसीएस प्रा. परीक्षा २०१३)

अर्थ : (१) प्राप्त करने की इच्छा होना (२) बुरा लगना

प्रयोग : (१) अभिनेत्री साधना की अभिनय-कला से मैं इतना प्रभावित रहा कि वह मेरी आँखों में गड़ गयी है।

(२) एक पड़ोसी की ठाट-बाट दूसरे पड़ोसी की आँखों में गड़ जाती है।

- **आँखों में बैठाना; पलकों पर बैठाना**

अर्थ : बहुत आदर-सत्कार करना

प्रयोग : भारतीय संस्कृति की देन है— घर आये अतिथियों को ''आँखों में बैठाना''।

- **आँखों में पानी भर आना**

अर्थ : द्रवित होना

प्रयोग : कोसी नदी की बाढ़ से हुई दुर्दशा और दन्तेवाड़ा-काण्ड का वर्णन सुनकर सम्पूर्ण देशवासियों की आँखों में पानी भर आया था।

- **आँखों पर परदा पड़ना**

अर्थ : जानकारी न होना

प्रयोग : पुत्र-मोह के कारण उसकी आँखों पर परदा पड़ा हुआ है, तभी तो वह सचाई को जानना नहीं चाहता।

- **आँखों के आगे अँधेरा छा जाना**

अर्थ : संसार सूना-सा प्रतीत होना; बेहोश हो जाना

प्रयोग : जब कैकेयी ने राजा दशरथ से राम के लिए चौदह वर्षों का वनवास माँगा था, तब महाराजा दशरथ की आँखों के आगे अँधेरा छा गया था।

- **आँच न आना**

अर्थ : आपत्ति से बच जाना

प्रयोग : भ्रष्टाचार के मामले में अनेक अधिकारी पकड़े गये किन्तु थानेदार पर कोई आँच नहीं आयी।

- **आँच आना**

  अर्थ : हानि पहुँचना

  प्रयोग : जयेश बदमाशो से इस तरह से निबटा कि भाव्या को ज़रा भी आँच नहीं आयी।

- **आँच न आने देना** (उप्र पीसीएस २००१)

  अर्थ : ज़रा भी कष्ट या दोष न आने देना

  प्रयोग : सच्चा मित्र वही है, जो अपने मित्र पर आँच नहीं आने देता।

- **आँचल पसारना**

  अर्थ : दया की भीख माँ ना

  प्रयोग : पहली पत्नी अपने पति से अपना आँचल पसारकर विनती करती रही— मुझे अपने घर से न निकालो।

- **आँचल पकड़ना**

  अर्थ : सहारा लेना

  प्रयोग : जब तुम्हारा आँचल पकड़ लिया है तब मुझे किस बात की चिन्ता।

- **आँधी के आम** (बिहार पीसीएस २००१)

  अर्थ : सामयिक लाभ

  प्रयोग : अचानक आई० पी० एल० क्रिकेट टूर्नामेण्ट के शुरू होने से तमाम खिलाड़ियों को "आँधी के आम" मिल गये।

- **आँसू पोछना**

  अर्थ : धैर्य प्रदान करना

  प्रयोग : हर दुखी व्यक्ति का आँसू पोछना मानव का पहला धर्म है।

- **आँसू पीकर रह जाना** (आईएएस २०००,२००३,२००७)

  अर्थ : चुपचाप दुःख सह लेना

  प्रयोग : अग्निकाण्ड में उसका सब कुछ नष्ट हो गया। वह कर भी क्या सकता था; आँसू पीकर रह गया।

- **आ बनना**

  अर्थ : मुसीबत में पड़ना

  प्रयोग : जब उस ग़रीब के सिर पर आ बनी थी तब सबने उससे मुँह मोड़ लिया।

- **आकाश-कुसुम होना** (उप्र पीसीएस १९९६,२००१)

  अर्थ : पहुँच से बाहर होना

  प्रयोग : आम आदमी के लिए अब विधायक का पद आकाश-कुसुम हो गया है।

- **आकाश का चाँद हाथ आना**

  अर्थ : दुर्लभ वस्तु प्राप्त होना

  प्रयोग : तुम्हारी आत्यन्तिक प्रसन्नता को देखकर लगता है, मानो तुम्हारे हाथ आकाश का चाँद आ गया हो।

- **आकाश-पाताल एक करना; ज़मीन-आसमान एक करना**

  अर्थ : यथा-सामर्थ्य प्रयास करना

  प्रयोग : निठारी-काण्ड का सुराग लगाने के लिए पुलिस ने आकाश-पाताल एक कर दिया था।

- **आकाश (आसमान) से बातें करना** (आईएएस १९९६; बिहार पीसीएस १९९७;उप्र बीएड् प्रवेश-परीक्षा २०००,२००३,२००७)

  अर्थ : बहुत ऊँचा होना

  प्रयोग : दिल्ली की बहुमंज़िली इमारतें आकाश से बातें करती हैं।

- **आकाश (अम्बर) के तारे तोड़ना** (मप्र पीसीएस १९९३)

  अर्थ : असम्भव कार्य करना

  प्रयोग : अपनी सामर्थ्य समझे बिना ईश्वर को चुनौती देकर तुम आकाश के तारे तोड़ना चाहते हो!

- **आकाश टूट पड़ना**

  अर्थ : अकस्मात् विपत्तियों का आना

  प्रयोग : भारत में देशी-विदेशी आतंकवादियों की हिंसक-गतिविधियों के चलते आकाश टूट पड़ता है।

- **आग लगाकर पानी को दौड़ना**

  अर्थ : पहले झगड़ा करवाना फिर शान्ति का प्रयास करना

  प्रयोग : संयुक्त राज्य अमेरिका की विदेश-नीति ''आग लगाकर पानी को दौड़ना'' जैसी ही है।

- **आग-बबूला होना** (उप्र पीसीएस २००९)

  अर्थ : अत्यन्त क्रुद्ध होना

  प्रयोग : छोटी-छोटी बातों पर ''आग-बबूला होना'' कमज़ोर व्यक्ति की चरित्रगत दुर्बलता होती है।

- **आग में कूदना**

  अर्थ : संकट में पड़ना

  प्रयोग : भारत की सेना अपने देश की आन-बान-शान की रक्षा के लिए आग में कूदने के लिए हमेशा तत्पर रहती है।

- **आग में घी डालना**

  अर्थ : क्रोध भड़काना; उकसाने का काम करना

  प्रयोग : परिवार में विघटन देखकर मेरे छोटे भाई ने लड़ाई कराकर आग में घी डालने का कुत्सित कार्य किया था।

- **आग लगने पर कुआँ खोदना**

  अर्थ : पहले करने वाले काम को ऐन-मौक़े पर करना

  प्रयोग : दुर्घटना हो जाने के बाद चेतने पर ''आग लगने पर कुआँ खोदना'' वाली कहावत याद आती है।

- **आग-फूस का बैर होना**

  अर्थ : जन्मजात शत्रु होना

  प्रयोग : कुत्ते और बिल्ली में आग-फूस का बैर होता है।

- **आगा-पीछा करना**

  अर्थ : हिचकिचाना; संकोच करना

  प्रयोग : दीन-दुखियों की सहायता करने में आगा-पीछा नहीं करना चाहिए।

- **आगा-पीछा न देखना**

  अर्थ : बिना सोच-विचार किये काम करना

  प्रयोग : जो व्यक्ति आगा-पीछा न देखकर काम करता है, वह बाद में पछताता है।

- **आगे का पैर पीछे पड़ना**

  अर्थ : भाग्य का उलटा होना

  प्रयोग : इन दिनों मैं जो भी काम करता हूँ, आगे का पैर पीछे को पड़ता है। समझ में नहीं आता, क्या करूँ?

- **आटा गीला होना**

  अर्थ : संकट में और संकट का आ जाना

  प्रयोग : कंगाली में आटा गीला होना स्वाभाविक है।

- **आटा-दाल का भाव मालूम होना**

  (आरएएस १९९२; आईएएस १९९२; उप्र बीएड् प्रवेश-परीक्षा २००६,२००८)

  अर्थ : कष्टों का अनुभव होना

  प्रयोग : इस महँगाई में जब तुम अपने बच्चों को उच्च शिक्षा दिलाओगे तब तुम्हें आटे-दाल का भाव मालूम हो जाएगा।

- **आटे के साथ घुन भी पिसता है।**

  अर्थ : बुरे की संगति से निरपराध भी दण्डित होता है।

  प्रयोग : निर्दोष होते हुए भी सुमित को अपराधिनी जेना के साथ कारागार की सज़ा भुगतनी पड़ी। सच—"आटे के साथ घुन भी पिसता है।"

- **आठ-आठ आँसू रोना**

  अर्थ : अत्यधिक रोना

  प्रयोग : बाबू जी की मृत्यु पर शक्ति ने आठ-आठ आँसू रोये थे।

- **आड़े आना**

  अर्थ : संकट में सहायता करना

  प्रयोग : कृष्ण यदि पाण्डवों के आड़े न आते तो कौरवों की कुटिल नीति के चलते पाण्डवों की विजय किसी भी क़ीमत पर नहीं होती।

- **आड़े हाथों लेना** (आरएएस १९९७; उप्र बीएड् प्रवेश-परीक्षा २००४)

  अर्थ : बुरा-भला कहना

  प्रयोग : बढ़ती महँगाई को लेकर विपक्ष ने सरकार को आड़े हाथों लिया है।

- **आधा तीतर-आधा बटेर**

(बिहार पीएससी १९९३; उप्र पीसीएस २००३,२००७)

अर्थ : सुचारु रूप में नहीं होना

प्रयोग : जो भी काम करो, सुचारु रूप में करो, ''आधा तीतर आधा बटेर'' वाली स्थिति किस काम की!

- **आनन-फानन में**

अर्थ : अतिशीघ्रता में

प्रयोग : श्रीमती इन्दिरा गाँधी की मृत्यु का समाचार आनन-फानन में सारे विश्व में फैल गया था।

- **आपा खोना**

अर्थ : अभिमान त्यागना

प्रयोग : ''ऐसी बानी बोलिए, मन का आपा खोय।''

- **आपे से बाहर होना**

(उप्र पीसीएस १९९८; आईएएस १९९०,२००४; उप्र बीएड् प्रवेश-परीक्षा २००७)

अर्थ : अत्यन्त क्रुद्ध होना

प्रयोग : अँगरेज़ों की कुटिल चाल समझते ही सरदार पटेल आपे से बाहर हो गये थे।

- **आव देखा न ताव**

अर्थ : बिना कारण

प्रयोग : बच्चों को लेकर पति-पत्नी में झगड़ा हुआ और पत्नी ने ''आव देखा न ताव'', बच्चों को पीटना शुरू कर दिया।

- **आवाज़ उठाना**

अर्थ : विरोध प्रकट करना

प्रयोग : सरकार की ग़लत नीतियों के विरुद्ध अब आम आदमी भी आवाज़ उठाने लगा है।

- **आवाज़ बुलन्द करना**

अर्थ : तीव्र विरोध प्रकट करना

प्रयोग : संसद् में विरोधी दलों के लोग अपनी आवाज़ बुलन्द करते हैं।

- **आसन डोलना**

(मप्र पीसीएस १९९६; उप्र पीसीएस १९९६; उप्र बीएड् प्रवेश-परीक्षा २००७)

अर्थ : विचलित होना

प्रयोग : चाणक्य की विषकन्याओं के आगे बड़ों-बड़ों का आसन डोल जाया करता था।

- **आसमान सिर पर उठाना**

(उप्र पीसीएस १९९३;आईएएस १९९५,२००१,२००२,२००६, २००७)

अर्थ : अत्यधिक ज़िद करना

प्रयोग : वीडियो गेम खेलने के लिए भाग्यश्री ने आसमान अपने सिर पर उठा रखा है।

- **आसमान में उड़ना** (आईएएस १९९३; उप्र बीएड् प्रवेश-परीक्षा २००६)

अर्थ : काल्पनिक उड़ान भरना

प्रयोग : कवि यथार्थ की भूमि पर रहते हुए भी आसमान में उड़ता-फिरता है।

- **आसमान पर चढ़ा देना**

  अर्थ : ज़रूरत से ज्यादा प्रशंसा करना

  प्रयोग : अमिताभ बच्चन का पुत्र होने के कारण मीडियावालों ने अभिषेक बच्चन को आसमान पर चढ़ा दिया है।

- **आसमान पर थूकना**

  अर्थ : महापुरुषों का निरादर करना

  प्रयोग : सुभाषचन्द्र बोस-सरदार पटेल इत्यादि को अपशब्द कहना, आसमान पर थूकने के समान है।

- **आसमान पर दिमाग़ होना**

  अर्थ : बहुत घमण्डी होना

  प्रयोग : उसने संगीत में थोड़ी सफलता क्या प्राप्त कर ली, अब उसका दिमाग़ आसमान पर हो गया है।

- **आसमान पर चढ़ना**

  अर्थ : अत्यधिक अभिमान करना

  प्रयोग : चमचागिरी के बल पर उस समाचार-पत्र का प्रधान सम्पादक बनकर तुमने ऐसा कौन-सा महान् कार्य किया है, जो आसमान पर चढ़े फिरते हो।

- **आसमान फट पड़ना**

  अर्थ : अचानक आफ़त आ पड़ना

  प्रयोग : एक तो भूकम्प उस पर पति की मृत्यु, शैली पर तो जैसे आसमान ही फट पड़ा था।

- **आस्तीन चढ़ाना**

  अर्थ : लड़ने के लिए तैयार रहना

  प्रयोग : उस पहलवान से मैं क्या बात करूँ, वह तो हमेशा आस्तीन चढ़ाये रहता है।

- **आस्तीन का साँप होना** **(आईएएस १९९८; बिहार पीसीएस २००२; उप्र पीसीएस १९९३,१९९८; उप्र बीएड् प्रवेश-परीक्षा २००६)**

  अर्थ : विश्वासघाती होना

  प्रयोग : कल तक मैं तुम्हें अपना विश्वास-पात्र समझता था; आज मैंने जाना कि तुम आस्तीन के साँप हो।

## इ

- **इज़्ज़त अपने हाथ होना**

  अर्थ : मर्यादा का वश में होना

  प्रयोग : आपका व्यवहार ठीक है तो आपकी इज़्ज़त होगी। अपनी इज़्ज़त अपने हाथ है।

- **इज़्ज़त में बट्टा लगाना; इज़्ज़त पर पानी फिरना**

  अर्थ : इज़्ज़त ख़राब करना; प्रतिष्ठा कम होना

  प्रयोग : महेश के बुरे कामों से शर्मा-परिवार की इज़्ज़त में बट्टा लग गया।

- **इज़्ज़त बिगाड़ना**
  अर्थ : किसी की मर्यादा भंग करना
  प्रयोग : कुछ अराजक तत्त्वों ने विनोद को कक्षा में पीटकर उसकी बनी-बनायी इज़्ज़त बिगाड़ दी थी।
- **इति श्री करना**
  अर्थ : समाप्त करना
  प्रयोग : कक्षा में आज गुरु जी ने 'मेघदूतम्' के अन्तिम अध्याय की इतिश्री की है।
- **इधर-उधर करना**
  अर्थ : शीलप्रिय अपने कार्य को सुव्यवस्थित ढंग से न करके, पूरे सामान को इधर-उधर कर देता है।
- **इधर का, न उधर का**
  अर्थ : बे-आबरू होना, स्थिति समाप्त कर लेना
  प्रयोग : कात्यायन अपने संगटन से अलग होकर "न इधर का रहा, न उधर का"।
- **इधर-उधर की हाँकना**
  अर्थ : व्यर्थ की बातें करना
  प्रयोग : रतिभान पण्डित इधर-उधर की हाँकने में माहिर हैं।
- **इधर की उधर लगाना**
  अर्थ : चुगली करना
  प्रयोग : प्रतिभा की बात का क्या भरोसा, वह तो आये-दिन इधर-की-उधर लगाया करती है।
- **इधर की दुनिया उधर होना**
  अर्थ : अनहोनी होना
  प्रयोग : लगातार दस वर्षों तक अनुत्तीर्ण होते रहने के बाद उसका उत्तीर्ण होना, "इधर की दुनिया उधर होना" जैसा ही लगता है।
- **इन्द्र का अखाड़ा**
  अर्थ : विलास में निमग्न समाज
  प्रयोग : देश के अधिकतर राजनेता सत्ता को "इन्द्र का अखाड़ा" बनाये हुए हैं।
- **इन्द्रायन का फल**
  अर्थ : देखने में अच्छा किन्तु गुणों में बुरा
  प्रयोग : आजकल के अधिकतर अध्यापक "इन्द्रायन का फल" सिद्ध हो रहे हैं।
- **इन्द्रासन की परी होना**
  अर्थ : अत्यन्त सुन्दर होना
  प्रयोग : कामदेव की रति इन्द्रासन की परी थी।
- **इलायची बाँटना**
  अर्थ : दावत देना
  प्रयोग : निर्धन ब्राह्मणों को आज उसने इलायची बाँटकर नेक काम किया है।

- **इल्लत पालना**
  अर्थ : मुसीबत मोल लेना
  प्रयोग : मैंने हत्याकाण्ड में गवाही देकर व्यर्थ में ही इल्लत पाल ली है।
- **इशारे पर नाचना**
  अर्थ : ग़ुलाम बनकर रह जाना
  प्रयोग : कामुक व्यक्ति का अपना कोई अस्तित्व नहीं है; वह हमेशा पर-स्त्रियों के इशारों पर नाचता रहता है।
- **इस कान से सुनकर उस कान से उड़ा देना**
  अर्थ : बिलकुल ध्यान न देना
  प्रयोग : चतुर्थ श्रेणी के कर्मचारी रामप्रकाश ने आज अपने अधिकारी के आदेश को इस कान से सुनकर उस कान से उड़ा दिया है।
- **इस हाथ ले, उस हाथ दे**
  अर्थ : लेन-देन साफ़ करना
  प्रयोग : प्रत्येक व्यक्ति को चाहिए कि वह पहले पिछला बकाया ख़त्म करके नये हिसाब में "इस हाथ ले, उस हाथ दे"।

## ई

- **ईंट का जवाब पत्थर से देना**
  अर्थ : दुष्ट के साथ महादुष्टता का व्यवहार करना; हिसाब बराबर कर देना
  प्रयोग : भारतीय सेना को शत्रु सेना की कार्रवाई पर ईंट का जवाब पत्थर से देना अच्छी तरह आता है।
- **ईंट-से-ईंट बजाना** (उप्र पीसीएस २००१)
  अर्थ : बरबाद कर देना; कड़ा मुक़ाबला करना; नष्ट-भ्रष्ट कर देना
  प्रयोग : आतंकवादी कितने ही संघटित क्यों न हों, चुस्त-दुरुस्त प्रशासन उनकी ईंट-से-ईंट बजाने में क्षम होता है।
- **ईंट का घर मिट्टी होना**
  अर्थ : अच्छा काम बिगड़ जाना
  प्रयोग : मेरे पड़ोसी की नशाख़ोरी की प्रवृत्ति के कारण उनका ईंट का घर मिट्टी हो गया है।
- **ईंट के पीछे टर**
  अर्थ : टाल देना; समय पर काम न हो तो बेकार
  प्रयोग : हमारे देश में अनेक महत्त्वपूर्ण विषयों पर निर्णय तब किया जाता है जब समय निकल जाता है। यहाँ "ईंट के पीछे टर" की कहावत चरितार्थ होती है।
- **ईंट तक बिकवा देना**
  अर्थ : सर्वस्व नष्ट करना
  प्रयोग : विजया ने रति के साथ विश्वासघात करके उसकी ईंट तक बिकवा दी है।

- **ईद का चाँद होना** (उप्र पीसीएस १९९३,१९९५,१९९८; आईएएस १९९८,२००४; उप्र बीएड् प्रवेश-परीक्षा २००३,२००७)

  अर्थ : बहुत समय बाद दिखायी देना

  प्रयोग : अनुश्री जबसे भोपाल में रहने लगी है तब से साल-दो साल में वह यहाँ आ जाती है। सचमुच, वह ईद का चाँद हो गयी है।

- **ईमान बग़ल में दबाना**

  अर्थ : बेईमानी करना

  प्रयोग : भाइयों से विश्वासघात करके उसने अपना ईमान बग़ल में दबा लिया है।

- **ईमान बह जाना**

  अर्थ : धर्म नष्ट हो जाना

  प्रयोग : अब तो अधिकतर साधु-संन्यासियों का ईमान बह गया है।

- **ईमान बेचना** (भारतीय रेलवे २०१०)

  अर्थ : कर्त्तव्य से हट जाना

  प्रयोग : थोड़े-से पैसे के लोभ में उसे इस तरह अपना ईमान नहीं बेचना चाहिए था।

- **ईश्वर की माया, कहीं धूप कहीं छाया**

  अर्थ : भाग्य की विचित्रता

  प्रयोग : राजस्थान का सूखा और कोसी नदी की बाढ़ की स्थिति ने "ईश्वर की माया, कहीं धूप कहीं छाया" को चरितार्थ कर दिया है।

## उ

- **उँगली उठाना** (आईएएस २००३;उप्र बीएड् प्रवेश-परीक्षा २००३)

  अर्थ : आलोचना करना

  प्रयोग : जीवन में ऐसा कोई कार्य नहीं करना चाहिए, जिससे लोग हम पर उँगली उठायें।

- **उँगलियों पर नाचना**

  अर्थ : किसी की इच्छाओं का तुरन्त पालन करना

  प्रयोग : मोहनप्रकाश की सीधी-सादी पत्नी अरुणिमा उसकी उँगलियों पर नाचती रहती है।

- **उगल देना**

  अर्थ : भेद प्रकट कर देना

  प्रयोग : पुलिस का रौद्र रूप देखते ही अपराधी ने सारी बातें उगल दीं।

- **उठ जाना** (उप्र पीसीएस २०१३)

  अर्थ : मृत्यु को प्राप्त कर जाना

  प्रयोग : गम्भीर रूप में घायल होने पर वह बच्चा इस संसार से उठ गया।

• **उठा न रखना** (उप्र पीसीएस २०१३)
अर्थ : कोई क़सर न छोड़ना; यथाशक्य लगे रहना
प्रयोग : उसके सर्वोच्च स्थान पाने का एकमात्र कारण यह है कि उसने अपने अध्ययन के समय कुछ भी उठा नहीं रखा था।

• **उड़ती ख़बर**
अर्थ : अफ़वाह
प्रयोग : "उड़ती ख़बर" पर बहुत जल्दी विश्वास नहीं करना चाहिए।

• **उड़ती तीर लेना**
अर्थ : अकारण मुसीबत मोल लेना
प्रयोग : सत्यम विद्यालय की प्रधानाचार्या ने वाहवाही लूटने के लिए अपने प्रबन्धक की पत्नी को नियुक्त कराने की ज़िम्मेदारी लेकर उड़ती तीर लिया था।

• **उड़न-छू होना**
अर्थ : ग़ायब होना
प्रयोग : पुलिस का वाहन देखते ही ज़हरखुरानी गिरोह के सदस्य उड़न-छू हो गये।

• **उतार-चढ़ाव देखना**
अर्थ : अनुभव प्राप्त करना
प्रयोग : वो बूढ़े बाबा कोई ऐसे-वैसे नहीं हैं; उनके सफ़ेद बालों ने बहुत सारे उतार-चढ़ाव देखे हैं।

• **उधार खाये बैठना**
अर्थ : प्रतीक्षा में रहना
प्रयोग : सीमा सुरक्षा-बल के सैनिक नक्सलियों से बदला लेने के लिए उधार खाये बैठे हैं।

• **उधेड़-बुन में पड़ना**
अर्थ : सोच-विचार में पड़ना
प्रयोग : व्यर्थ की उधेड़-बुन में न पड़कर अपनी परीक्षा की तैयारी करो।

• **उन्नीस पड़ना (होना)**
अर्थ : कुछ घटकर होना
प्रयोग : रूपांशु बुद्धि में मञ्जुलिका से उन्नीस पड़ता है।

• **उन्नीस बिस्वा**
अर्थ : अधिकांशत:
प्रयोग : आद्यन्त अपनी सफलता के प्रति जो दावा कर रहा है, वह "उन्नीस बिस्वा" सही है।

• **उन्नीस-बीस होना**
अर्थ : क़रीब-क़रीब एक-समान होना; बहुत मामूली-सा अन्तर होना
प्रयोग : दोनों की विद्वत्ता में उन्नीस-बीस का अन्तर है।

• **उबल पड़ना**
अर्थ : एकदम क्रुद्ध हो जाना
प्रयोग : कभी-कभी माता-पिता बच्चों की ज़रा-सी ग़लती पर उबल पड़ते हैं।

- **उलटा तवा**

अर्थ : अत्यधिक काला

प्रयोग : कलुआ अपने नाम के अनुरूप उलटा तवा है।

- **उलटा पासा पड़ना**

अर्थ : योजना के विपरीत कार्य होना

प्रयोग : भा०ज०पा० ने काँग्रेस के ख़िलाफ़ बुरी तरह से अफ़वाहें फैलाकर चुनाव जीतना चाहा था, मगर उलटा पासा पड़ा, अन्ततः उसकी हार हुई।

- **उलटी गंगा बहाना** **(उप्र पीसीएस १९९६,१९९५,२००५,२००९; बिहार पीसीएस १९९७,२००३; आरपीएस; २००७,२००८,२००९)**

अर्थ : उलटा काम करना

प्रयोग : दुर्वासा ऋषि के क्रोध को शान्त कर पाना उलटी गंगा बहाने के समान था।

- **उलटी पट्टी पढ़ाना**

अर्थ : बहकाना

प्रयोग : वह अपने निरक्षर पिता को बार-बार उलटी पट्टी पढ़ाकर अपना काम निकालता रहता है।

- **उलटी माला फेरना** **(उप्र पीसीएस १९९४; बिहार पीसीएस २००६)**

अर्थ : अनिष्ट की कामना करना

प्रयोग : अकसर देखने में आता है कि लोग अपने सगे-सम्बन्धियों की उन्नति देखना पसन्द नहीं करते, बल्कि उनके नाम की उलटी माला फेरते हैं।

- **उलटे उस्तरे (छुरे) से मूड़ना** **(उप्र पीसीएस १९९६,२०००)**

अर्थ : मूर्ख बनाकर स्वार्थ सिद्ध करना

प्रयोग : काशी के अधिकतर पण्डे तीर्थयात्रियों को उलटे उस्तरे से मूड़ लिया करते हैं।

- **उलटे पाँव लौटना**

अर्थ : शीघ्र लौटना; निराश लौटना

प्रयोग : मन्दोदरी अपने पति रावण को युद्ध न करने के लिए समझाने गयी थी, पर ज़िद्दी रावण के यहाँ से उसे उलटे पाँव लौटना पड़ा था।

- **उल्लू बनाना**

अर्थ : मूर्ख बनाना

प्रयोग : जयेश को उल्लू बनाकर जया अपना काम निकाल लेना जानती है।

- **उल्लू बोलना**

अर्थ : उजाड़ हो जाना

प्रयोग : गुजरात में आये भूकम्प से भुज और कच्छ-क्षेत्रों में उल्लू बोलने लगे।

- **उल्लू सीधा करना** **(उप्र पीसीएस २००२,२००४,२०१०)**

अर्थ : काम निकालना; स्वार्थ सिद्ध करना

प्रयोग : आवास विकास प्राधिकरण-कार्यालय को कर्मचारी राम प्रसाद इतना चालाक है कि वह सभी अधिकारियों से अपना उल्लू सीधा कर लेता है।

- **उल्लू का पट्ठा**

  अर्थ : महामूर्ख

  प्रयोग : उसे मैं लगातार दो घण्टे से एक प्रश्न का उत्तर बता रहा हूँ किन्तु उसने तो उल्लू का पट्ठावाला मुहावरा सिद्ध कर दिया है।

- **उल्लू फँसाना**

  अर्थ : मूर्ख बनाकर काम निकालना

  प्रयोग : धूर्तों से हमेशा दूरी बनाये रखो, क्योंकि वे "उल्लू फँसाना" ख़ूब जानते हैं।

- **उर्वशी होना**

  अर्थ : अतीव प्रिय होना; प्रियातिप्रिय होना

  प्रयोग : अमरेश की पत्नी नीहारिका तो उसके लिए उर्वशी ही है।

## ऊ

- **ऊँच-नीच**

  अर्थ : भला-बुरा

  प्रयोग : बेटी! तुम अब इतनी समझदार तो हो ही गयी हो कि इस अवस्था में अपना ऊँच-नीच ख़ुद ही सोच सकती हो।

- **ऊँचा सुनना**

  अर्थ : कम सुनना

  प्रयोग : वह दुकानदार ऊँचा सुनता है; और ज़ोर से बोलो।

- **ऊँची दुकान फीके पकवान** (उप्र पीसीएस १९९३,२००,२००४,२००७; आईएएस २००५; उप्र बीएड् प्रवेश-परीक्षा २००८)

  अर्थ : आडम्बर-ही-आडम्बर

  प्रयोग : वर्तमान युग में हमारे तथाकथित राजनेताओं के क्रिया-कलाप "ऊँची दुकान फीके पकवान" सिद्ध हो रहे हैं।

- **ऊँची-नीची सुनाना**

  अर्थ : भला-बुरा कहना

  प्रयोग : श्यामा रात-दिन निठल्ली बैठी रहती है, जिसकी वजह से उसकी माँ ने आज उसे बहुत ऊँची-नीची सुनायी है।

- **ऊँची साँस लेना**

  अर्थ : शोक में डूब जाना

  प्रयोग : महात्मा गाँधी की मृत्यु का समाचार सुनकर सारा राष्ट्र ऊँची साँस लेने लगा था।

- **ऊँची फेंकना**

  अर्थ : बहुत अधिक गप मारना

  प्रयोग : जिनके पास कोई काम नहीं रहता, वे इधर-उधर बैठकर ऊँची फेंकते रहते हैं।

- **ऊँचे-नीचे पैर पड़ना**

  अर्थ : ग़लत कार्य होना; गल़त रास्ते पर जाना

  प्रयोग : माता-पिता को चाहिए कि वे अपने बच्चों पर हमेशा निगाहें रखे; कहीं ऐसा न हो कि किशोरावस्था में उनके ऊँचे-नीचे पैर पड़ जाएँ।

- **ऊँट का सुई की नोक से निकलना**

  अर्थ : पूर्णत: असम्भव होना

  प्रयोग : रतन-जैसे काहिल और जाहिल का पत्रकार बनना ''ऊँट का सुई की नोक से निकलना'' के समान है।

- **ऊँट के मुँह में जीरा** (उप्र पीसीएस १९९६,१९९९,आईएएस १९९५,१९९९; बिहार पीसीएस २००३; उप्र बीएड् प्रवेश-परीक्षा २००६)

  अर्थ : अपर्याप्त वस्तु

  प्रयोग : उस हाथी के लिए समुचित भोजन की व्यवस्था करो, क्योंकि तुम्हारी यह व्यवस्था तो उसके लिए ''ऊँट के मुँह में जीरा'' के समान है।

- **ऊँट किस करवट बैठे**

  अर्थ : परिणाम का सन्दिग्ध होना

  प्रयोग : भारत और चीन में परस्पर द्वेष की आग भड़क रही है; देखें, ऊँट किस करवट बैठता है।

- **ऊँट की गरदन**

  अर्थ : लम्बी गरदन

  प्रयोग : शक़ीला ''ऊँट की गरदन'' के कारण आकर्षक लगती है।

- **ऊँट की चोरी निहुरे-निहुरे**

  अर्थ : किसी निन्दित, किन्तु बड़े कार्य को गुप्त ढंग से करने की चेष्टा करना

  प्रयोग : हमारे राजनेताओं ने घोटाला करने की चेष्टा करके ''ऊँट की चोरी निहुरे-निहुरे'' को सिद्ध कर दिया है।

- **ऊँट-रे-ऊँट! तेरी कौन-सी कल सीधी?**

  अर्थ : धूर्त में बिलकुल शराफ़त न होना

  प्रयोग : ललुआ की शातिर खोपड़ी को देखकर यही कहना पड़ता है, ''ऊँट-रे-ऊँट! तेरी कौन-सी कल सीधी?''

- **ऊधौ का लेना, न माधौ का देना** (आईएएस २०००,२००४,२००७)

  अर्थ : किसी से किसी प्रकार का सम्बन्ध न रखना

  प्रयोग : वह बेचारा दीन-दुनिया से इतना तंग आ गया है कि अब वह सबके साथ ''ऊधो का लेना न माधौ का देना'' की तरह का व्यवहार करने लगा है।

- **ऊपर-ऊपर जाना**

  अर्थ : न रुकना

  प्रयोग : विश्वविद्यालय से घर आते समय आज वह ऊपर-ऊपर ही चला गया।

## ऋ

- **ऋण उतारना (चुकाना)**

  अर्थ : लिया हुआ ऋण वापस करना; उपकार करनेवाले के प्रति उपकार करना

  प्रयोग : जटायु ने सीता का अपहरण कर ले जानेवाले रावण से युद्ध करके अपने मित्र दशरथ का ऋण उतार दिया था।

- **ऋण चढ़ाना**

  अर्थ : क़र्ज़ बढ़ाना

  प्रयोग : शराब की लत के चलते उधार ले-लेकर उसने अपने ऊपर ऋण चढ़ा लिया है।

- **ऋद्धि-सिद्धि पाना**

  अर्थ : समृद्धि और सफलता पाना

  प्रयोग : अन्तरिक्ष के क्षेत्र में तरह-तरह के उपग्रहों और यानों का सफल प्रक्षेपण कर भारत ने ऋद्धि-सिद्धि की प्राप्ति कर ली है।

## ए

- **एक अनार सौ बीमार** (आईएएस २००५; उप्र पीसीएस १९९७,२००८)

  अर्थ : आवश्यकता से अधिक माँग

  प्रयोग : रेल-दुर्घटना में घायल रोगियों की संख्या इतनी अधिक हो गयी है कि डॉक्टरों की कमी "एक अनार सौ बीमार" जैसी उक्ति को चरितार्थ कर रही है।

- **एक के तीन बनाना** (उप्र पीसीएस २०१०)

  अर्थ : अत्यधिक लाभ प्राप्त करना

  प्रयोग : उस दूकानदार पर विश्वास मत करना, वह तो एक के तीन बनाता है।

- **एक आँख से देखना** (उप्र पीसीएस १९९९, २०१३)

  अर्थ : समान भाव से देखना

  प्रयोग : माता-पिता अपने बच्चों को एक आँख से देखते हैं।

- **एक आवाज़**

  अर्थ : संघटित माँग अथवा समवेत स्वर में विचार प्रकट करना

  प्रयोग : वेतन-वृद्धि को लेकर सभी कर्मचारियों ने कारख़ाना-स्थित कार्यालय में "एक आवाज़" लगायी थी।

- **एक ढेले से दो शिकार करना**

  अर्थ : एक कार्य से दो उद्देश्यों की पूर्ति करना

  प्रयोग : हिन्दी-साहित्य में परास्नातक करने के साथ ही सिविल सेवा-परीक्षा की तैयारी हो तो एक ढेले से दो शिकार हो जाएँगे।

- **एक पन्थ दो काज**

  अर्थ : एक कार्य के साथ दूसरा कार्य भी पूरा करना

  प्रयोग : मनीषा हरिद्वार जाकर अपने भाई से मिली ही; उसने गंगा में स्नान भी कर लिया था। इस तरह उसके "एक पन्थ दो काज" हो गये।

- **एक प्राण दो शरीर**
  अर्थ : घनिष्ठ मित्र
  प्रयोग : धर्मेन्द्र और नफ़ीस एक प्राण दो शरीर हैं।
- **एक ख़ून**
  अर्थ : जातीय प्रभाव
  प्रयोग : आज दलित-समाज के नाम पर कुछ अराजक तत्त्व अपने स्वार्थवश "एक ख़ून" होने की दुहाई देते हैं।
- **एकटक**
  अर्थ : पलक झपकाये बिना
  प्रयोग : अपने मनचाहे नायक को देखते समय वह तो "एकटक" टी० वी० पर निगाहें लगाये रखती है।
- **एक-एक करके**
  अर्थ : फूट डालकर, बारी-बारी से
  प्रयोग : अँगरेज़ों ने एक-एक करके हिन्दू-मुस्लिमों को अलग-थलग कर दिया था।
- **एक-एक के दस-दस बनाना**
  अर्थ : झूठी बातें गढ़ना
  प्रयोग : मेरी माँ वयोवृद्ध हो चुकी हैं फिर भी मौक़ा पाते ही वे "एक-एक के दस-दस बनाना" नहीं छोड़तीं।
- **एक और एक ग्यारह** (उप्र पीसीएस १९९८,२००९)
  अर्थ : संघटन में शक्ति
  प्रयोग : आज देश के नेताओं ने पूरे राष्ट्र को धर्म, भाषा, जाति, वर्ग, पन्थ में इस क़दर बाँट दिया है कि यहाँ "एक और एक ग्यारह" की सम्भावना बन ही नहीं पाती।
- **एक-एक नस पहचानना**
  अर्थ : सब कुछ समझना
  प्रयोग : रोगी को चाहिए कि वह चिकित्सक से कुछ न छुपाये, क्योंकि वह हम सबकी एक-एक नस पहचानता है।
- **एक-एक कोना छान डालना (मारना)**
  अर्थ : सब जगह खोजना
  प्रयोग : घर का एक-एक कोना छान डाला अन्त में मेरा हेल्मेट मेज पर मिला।
- **एक घाट पानी पीना**
  अर्थ : एकता और सहनशीलता का होना
  प्रयोग : रामराज में सामाजिक स्थिति ऐसी थी कि बकरी और शेर एक घाट पानी पीते थे।
- **एक टाँग पर खड़ा रहना**
  अर्थ : सदा तैयार रहना
  प्रयोग : रामानन्द भट्टाचार्य तो बहुत ही परोपकारी व्यक्ति हैं; हर एक की सहायता के लिए वे एक टाँग पर खड़े रहते हैं।

- **एक न चलना**
  अर्थ : वश न चलना
  प्रयोग : ईमानदारी से काम कराते समय किसी की एक नहीं चलती।
- **एक से इक्कीस करना**
  अर्थ : बढ़ाना
  प्रयोग : कुछ लोग इतने चालाक होते हैं कि वे हर समय अपने व्यापार को एक से इक्कीस करने में लगे रहते हैं।
- **एक-दो-तीन बोलना**
  अर्थ : नीलामी बोलना
  प्रयोग : बिजली के बिल का भुगतान न करने के कारण उसके घर पर एक-दो-तीन बोला गया।
- **एक-पर-एक होना**
  अर्थ : एक-से-बढ़कर एक होना
  प्रयोग : बेईमानी के मामले में अधिकतर राजनेता ही एक-पर-एक हैं।
- **एक हाथ से ताली न बजना** (उप्र पीसीएस २००४)
  अर्थ : एक पक्ष से कुछ न होना
  प्रयोग : आज के इस प्रकरण में आप भी क़हीं ग़लत रहे होंगे, क्योंकि एक हाथ से ताली नहीं बजती।
- **एक लाठी** (लकड़ी) **से सबको हाँकना** (उप्र पीसीएस २०१३)
  अर्थ : सभी के साथ समान व्यवहार करना
  प्रयोग : परीक्षक से यह आशा की जाती है कि वह सभी परीक्षार्थियों को एक ही लाठी से हाँके।
- **एक थैली के चट्टे-बट्टे होना**
  (आरएएस १९९२,२००२; उप्र पीसीएस १९९५,२००३,२००७,२००९)
  अर्थ : सबका एक समान होना
  प्रयोग : दो धूर्त भले ही अपने ईमानदार होने की सफ़ाई दें, किन्तु सभी जानते हैं कि वे दोनों एक ही थैली के चट्टे-बट्टे हैं।
- **एकलव्य की गुरुभक्ति**
  अर्थ : सच्चा शिष्य
  प्रयोग : आज विरले ही ऐसे हैं, जिनमें एकलव्य की गुरुभक्ति दिखायी पड़ती है।
- **एड़ी-चोटी का ज़ोर लगाना**
  अर्थ : बहुत परिश्रम करना अथवा प्रयत्न करना
  प्रयोग : पुलिस जब एड़ी-चोटी का ज़ोर लगाती है तब अपराधियों को पकड़ ही लेती है।
- **एड़ी-चोटी का पसीना एक करना** (आरएएस २०००,२००५,२००७)
  अर्थ : कठोर परिश्रम करना
  प्रयोग : परीक्षा में उच्च सफलता प्राप्त करने के लिए मेरी पुत्री कंजिका एड़ी-चोटी का पसीना एक कर रही है।
- **एड़ियाँ रगड़ना ( घिसना )**
  अर्थ : सिफ़ारिश के लिए चक्कर लगाना
  प्रयोग : मकान पर क़ब्ज़ा पाने लिए उसने काफ़ी एड़ियाँ रगड़ी हैं।

## ऐ

- **ऐंचातानी करना**

  अर्थ : खींचातानी करना

  प्रयोग : स्वार्थी लोग ऐंचातानी करने में तनिक भी नहीं झिझकते।

- **ऐंठ निकालना**

  अर्थ : घमण्ड चूर होना

  प्रयोग : वर्ल्ड ट्रेड सेण्टर ध्वस्त होने के बाद संयुक्त राज्य अमेरिका की ऐंठ ही निकल गयी है।

- **ऐंठ कर चलना**

  अर्थ : गर्व से चलना

  प्रयोग : जनाब! आपका इस प्रकार से ''ऐंठ कर चलना'' अच्छा नहीं लगता।

- **ऐंठकर रह जाना**

  अर्थ : मन मसोसकर रह जाना

  प्रयोग : अपने परम मित्र के दुर्व्यवहार पर मैं ऐंठ कर रह गया।

- **ऐतबार उठना**

  अर्थ : विश्वास हटना

  प्रयोग : कभी-कभी तो भगवान के ऊपर से भी ऐतबार उठ जाता है।

- **ऐन-गैन**

  अर्थ : ठीक वैसा ही

  प्रयोग : जैसा तृप्ति के पिता जी का स्वभाव है, ''ऐन-गैन'' तृप्ति का भी है।

- **ऐब निकालना**

  अर्थ : दोष निकालना

  प्रयोग : रत्नेश हमेशा अपने मित्रों में ऐब निकालता रहता है।

- **ऐब को भी हुनर चाहिए**

  अर्थ : बुरे कार्य के लिए भी बुद्धि की आवश्यकता होती है।

  प्रयोग : यदि कोई सच्चा व्यक्ति बुरे मार्ग पर जाना भी चाहे तो पकड़ में आ जाएगा, क्योंकि ''ऐब को भी हुनर चाहिए।''

- **ऐबों पर परदा डालना**

  अर्थ : अवगुण छुपाना

  प्रयोग : प्रायः लोग झूठ-सच बोलकर अपने ऐबों पर परदा डाल लेते हैं।

- **ऐरा-गैरा, नत्थू-खैरा**

  अर्थ : सामान्य व्यक्ति

  प्रयोग : आज ऐसा समय आ गया है कि हर ''ऐरा-गैरा, नत्थू-खैरा'' भी धूर्तता का परिचय देकर लोगों को लूट रहा है।

- **ऐसा-वैसा**

  अर्थ : तुच्छ स्वभाववाला

  प्रयोग : वह अपने निन्दनीय कार्यों से यह सिद्ध कर चुका है कि वह "ऐसा-वैसा" व्यक्ति है।

- **ऐसी-तैसी करना**

  अर्थ : इज़्ज़त नष्ट करना; बुरी तरह अपमानित करना

  प्रयोग : अशोभनीय कार्य करनेवाला व्यक्ति अपने परिवार की इज़्ज़त की ऐसी की तैसी कर देता है।

## ओ

- **ओखली में सिर देना** **(समीक्षा अधिकारी विशेष चयन-मु.परीक्षा २०१०)**

  अर्थ : जानबूझकर संकट मोल लेना

  प्रयोग : नक्सलियों ने भारत में आतंकवाद को बढ़ावा देकर ओखली में सिर दे दिया है।

- **ओछे की प्रीति बालू की भीति**

  अर्थ : दुष्ट व्यक्ति की मित्रता स्थायी नहीं रहती।

  प्रयोग : नीतू और प्रतिभा, दोनों ही दुष्ट हैं। उनसे दूरी बनाये रखने में ही भला है, क्योंकि "ओछे की प्रीति बालू की भीति"।

- **ओझाई करना**

  अर्थ : भूत-प्रेत झाड़ना; रूठे व्यक्ति को मनाना

  प्रयोग : (१) शीतल को उच्च रक्तचाप की बीमारी है; उसे अस्पताल ले जाओ, ओझाई मत करो।

  (२) सुबह से शाम तक ओझाई करने के बावजूद वह अपने भाई को मना नहीं पाया।

- **ओठ चबाना**

  अर्थ : क्रोध में आ जाना

  प्रयोग : प्रवीर आग से डरता है। उसके सामने जब भी कोई आग की बात करता है, वह ओठ चबाने लगता है।

- **ओठ चिपकना**

  अर्थ : ख़ूब मीठा होना

  प्रयोग : ऐसा कोई भी खाद्य-पदार्थ स्वास्थ्य के लिए हानिकारक है, जिसे खाने से ओठ चिपकने लगे।

- **ओठ तक न हिलना**

  अर्थ : मुख से शब्द न निकलना

  प्रयोग : उस किशोरी ने अधेड़ के साथ शादी करने से अचानक इनकार कर दिया, जिसे सुनकर किसी के ओठ तक नहीं हिले।

- **ओठ बिचकाना**

  अर्थ : घृणा प्रकट करना

  प्रयोग : मैं धूर्तों को जैसे ही देखता हूँ, ओठ बिचकाने लगता हूँ।

- **ओढ़ लेना**

  अर्थ : सिर पर लेना; उत्तरदायित्व अपने ऊपर ले लेना

  प्रयोग : सच्चा मित्र वही है, जो अपने मित्र के बुरे कार्यों को भी अपने ऊपर ओढ़ लेता है।

- **ओले पड़ना**

  अर्थ : विपत्ति आना

  प्रयोग : देश में पहले भूकम्प आया फिर अनावृष्टि हुई; अब आवृष्टि हो रही है। सच— अब तो चारों ओर से सिर पर ओले ही पड़ रहे हैं।

- **ओस का मोती**

  अर्थ : आकर्षण किन्तु क्षणिक; अल्पायु

  प्रयोग : नेता जी की सभा के लिए बनाया गया पण्डाल "ओस का मोती" जैसा ही रहा।

- **ओस पड़ जाना**

  अर्थ : शर्म-शर्म हो जाना

  प्रयोग : वे दोनों जब देर रात्रि की फ़िल्म देखते पकड़े गये थे तब वहाँ मुझे देखते उन पर ओस पड़ चुकी थी।

- **ओस के चाटे प्यास नहीं बुझती**

  अर्थ : बड़ी आवश्यकता छोटी वस्तु से पूर्ण नहीं होती।

  प्रयोग : सोहिनी ने व्यापार के लिए मोहिनी से चालीस हज़ार रुपये माँगे थे, लेकिन उसने केवल दो हज़ार पचास रुपये दिये। इस पर सोहिनी ने कहा, "तुम इसे भी ले लो; ओस के चाटे प्यास नहीं बुझती।"

## औ

- **औंधी खोपड़ी होना**

  अर्थ : निरा मूर्ख; वज्र मूर्ख

  प्रयोग : वह औंधी खोपड़ीवाला है; तुम्हारी तर्कपूर्ण बातें उसकी समझ में नहीं आयेंगी।

- **औंधे मुँह गिरना**

  अर्थ : पराजित होना

  प्रयोग : आज अखाड़े में चिण्टा गुरु को पहलवान ने ऐसा दाँव मारा कि वह फ़ौरन औंधे मुँह गिर गया।

- **औघट चाल चलना**

  अर्थ : असली रास्ता छोड़कर चलना

  प्रयोग : वह घर से निकल आने के बाद हमेशा औघट चाल चलता है।

* **औघर की झोली**
  अर्थ : अनेक करामाती वस्तुओं का संग्रह
  प्रयोग : मेरे बचपन के मित्र राजेन्द्र उर्फ़ दुकान जी के पास बहुत-सी वस्तुओं का संग्रह है। तभी तो उसे हर कोई "औघर की झोली" कहकर बुलाता है।
* **औचट में पड़ना**
  अर्थ : संकट में पड़ना
  प्रयोग : ईशान्त अपनी ख़राब गेंदबाज़ी के कारण आज औचट में पड़ गया है।
* **औने-पौने में बेचना**
  अर्थ : जो कुछ मिले, उसे उसी मूल्य पर बेच देना
  प्रयोग : रखे-रखे यह कूलर अब ख़राब हो गया है, इसको तुरन्त ही औने-पौने में कबाड़ी के हाथ बेच दो।
* **और का और हो जाना**
  अर्थ : बंदल जाना
  प्रयोग : विपत्ति की घड़ी में स्वार्थी मित्र और का और हो जाता है।
* **और घर देखना**
  अर्थ : दूसरे के यहाँ जाना
  प्रयोग : याचक को हमेशा ही और घर देखने को कहकर भगा दिया जाता है।
* **और ही रंग खिलाना**
  अर्थ : कुछ विचित्र करना
  प्रयोग : सामान्य काम तो हर कोई कर लेता है; कुछ और ही रंग खिलाने का मज़ा और ही होता है।

## क

* **कंचन बरसना**
  अर्थ : अत्यधिक धन की प्राप्ति होना
  प्रयोग : कभी-कभी ऐसे भी दिन फिरते हैं कि घर में कंचन बरसने लगता है।
* **कंगाली में आटा गीला**
  अर्थ : अभाव में भी अभाव
  प्रयोग : बेचारा व्यापारी इस समय आर्थिक तंगी में चल रहा है, ऊपर से पुत्री के विवाह की चिन्ता ने कंगाली में आटा गीला कर दिया है।
* **ककड़ी-खीरा समझना**
  अर्थ : तुच्छ अथवा नगण्य समझना
  प्रयोग : वह भले ही दिखने में कमज़ोर है फिर भी उसे ककड़ी-खीरा मत समझो।
* **कच्चा चिट्ठा खोलना** (आरएएस १९९६; उप्र पीसीएस १९९६)
  अर्थ : सारे भेद खोल देना
  प्रयोग : घोटाले में अपना हिस्सा न पाने पर सह-अभियुक्त ने पुलिस के सामने सारे राज़ उगल दिये थे।

- **कच्चा खा जाना; कच्चा चबा जाना**

  अर्थ : पूरी तरह नष्ट कर देने की धमकी देना

  प्रयोग : वह इतनी धूर्त और शातिर लड़की है कि उसे देखते ही लगता है कच्चा ही खा (चबा) जाऊँ।

- **कच्ची गोटी खेलना**

  अर्थ : असफल प्रयास करना; अनुभवहीन होना

  प्रयोग : शातिर कभी कच्ची गोटी नहीं खेलता, वह तो अपने मक़सद में सफल होकर ही रहता है।

- **कटकर रह जाना**

  अर्थ : शर्मिन्दा होना

  प्रयोग : जब भी वह मेरे मुँह से कटु सत्य सुनता है, कटकर रह जाता है।

- **कटे पर नमक छिड़कना**

  अर्थ : कष्ट-पर-कष्ट देना

  प्रयोग : वह बेचारी अपने वैधव्य के कारण शोक-सागर में डूबी हुई है; ऊपर से तुम लोग उसके कटे पर नमक छिड़क रहे हो?

- **कढ़ी का सा उबाल**

  अर्थ : मामूली जोश

  प्रयोग : अब किसी भी पर्व-त्यौहार के अवसर पर पहले-जैसा उत्साह नहीं रहता। अब तो केवल कढ़ी का सा उबाल बनकर ही रह गया है।

- **कर्ण दानी**

  अर्थ : उदार दानी

  प्रयोग : भामाशाह, राणा प्रताप के लिए ''कर्ण दानी'' के रूप में जाने जाते हैं।

- **कतर-ब्योंत करना**

  अर्थ : ख़र्च में कमी करना

  प्रयोग : महँगाई अपने चरम पर पहुँच रही है, जिसके कारण घर का मुखिया कतर-ब्योंत करने में लगा है।

- **क़दम-पर-क़दम रखना**

  अर्थ : पीछे-पीछे चलना; अनुसरण करना

  प्रयोग : महात्मा गाँधी इतने राष्ट्रप्रिय थे कि हर व्यक्ति उनके क़दम-पर-क़दम रखता जाता था।

- **क़दम उखड़ना**

  अर्थ : भाग खड़े होना

  प्रयोग : करगिल-युद्ध में भारतीय सेना के शौर्य को देखकर पाकिस्तानी घुसपैठियों के क़दम उखड़ गये थे।

- **क़दम चूमना**

  अर्थ : चापलूसी करना; विनय करना

  प्रयोग : फ़र्जी अंकतालिका बनवाने के लिए वह रातों-दिन उस लिपिक का क़दम चूमता रहा।

- **कन्धा लगाना**
  अर्थ : मुसीबत को दूर करना
  प्रयोग : किसी भी मुश्किल काम में कुछ लोग कन्धा लगा दें तो किसी भी व्यक्ति की बड़ी-से-बड़ी मुसीबत भी दूर हो सकती है।
- **कन्धे-से-कन्धा छिलना**
  अर्थ : भारी भीड़ होना
  प्रयोग : महात्मा गाँधी के जुलूस में इतनी भीड़ रहती थी कि लोगों के कन्धे-से-कन्धे छिल रहे थे।
- **कन्धे-से-कन्धा मिलाना**
  अर्थ : पूर्ण रूप में सहयोग देना
  प्रयोग : हर मनुष्य को चाहिए कि वह हर किसी के कार्य में कन्धे-से-कन्धा मिलाकर साथ दे।
- **कन्नी काटना**
  अर्थ : कतरा कर निकल जाना
  प्रयोग : पता नहीं क्यों आजकल वह मुझसे कन्नी काटने लगा है?
- **कपोल-कल्पित**
  अर्थ : मनगढ़न्त
  प्रयोग : बच्चों को "कपोल-कल्पित" कहानियों में बहुत आनन्द आता है।
- **कफ़न सिर से बाँधना** (उप्र पीसीएस २००९)
  अर्थ : हर तरह की बाधा झेलने के लिए तत्पर रहना; बलिदान के लिए तैयार रहना
  प्रयोग : देश को आज़ाद करने के लिए क्रान्तिकारी हर समय कफ़न सिर से बाँधकर चलते थे।
- **कभी दिन बड़े तो कभी रात बड़ी**
  अर्थ : सदा एक-सी स्थिति नहीं रहती।
  प्रयोग : व्यापार में तो उतार-चढ़ाव बना ही रहता है। ऐसे में, "कभी दिन बड़े तो कभी रात बड़ी" होना स्वाभाविक ही है।
- **कमर सीधी करना**
  अर्थ : थकान मिटाना
  प्रयोग : बहुत दूर से चलकर आया हूँ, ज़रा कमर तो सीधी कर लेने दो।
- **कमर कसना** (मप्र पीसीएस १९९८,१९९९,२००२,२००३,२००५,२००७)
  अर्थ : तत्पर रहना
  प्रयोग : परीक्षा समीप है; कठोर अध्यवसाय के लिए कमर कस लो।
- **कमर पर हाथ रखना**
  अर्थ : निर्बल होना
  प्रयोग : तुम्हें चिन्ता किस बात की, जो कमर पर हाथ रखे हो?
- **करवटें बदलना**
  अर्थ : बेचैन होना
  प्रयोग : प्रकाशक के अभद्र व्यवहार के कारण मैं रातभर करवटें बदलता रहा।

- **कल पड़ना**

  अर्थ : आराम मिलना

  प्रयोग : नियमित रूप में दवा लेनी शुरू कर दो; एक दो दिनों में कल पड़ने लगेगा।

- **क़लम तोड़ना** (बैंक भर्ती परीक्षा २००२, २००४, २०१०; नवोदय विद्यालय टीजीटी २०१४)

  अर्थ : प्रभावपूर्ण लेखन करना

  प्रयोग : इस 'सामान्य हिन्दी' की पुस्तक लिखने में मैंने क़लम तोड़ दी है।

- **क़लम का धनी**

  अर्थ : उत्कृष्ट लेखक; प्रतिभा-सम्पन्न लेखक

  प्रयोग : मैं एक हज़ार से भी अधिक उत्कृष्ट पुस्तकें लिखकर "क़लम का धनी" बन गया हूँ। इसमें कोई सन्देह नहीं।

- **कलई खुलना** (मप्र पीसीएस १९९५; उप्र पीसीएस १९९६; उप्र बीएड् प्रवेश-परीक्षा २००६; समीक्षा अधिकारी मुख्य परीक्षा २०१०)

  अर्थ : भेद प्रकट होना

  प्रयोग : सारे घोटाले में सी० बी० आई०-द्वारा की गयी गहन छान-बीन के बाद आख़िरकार देश के नेताओं की कलई खुल ही गयी।

- **कली खिलना**

  अर्थ : ख़ुश होना

  प्रयोग : टी०वी० के परदे पर जब भी मैं मधुबाला की मुस्कुराहट देखता हूँ तो मेरे दिल की कली खिल उठती है।

- **कलेजा ठण्ढा होना**

  अर्थ : सन्तोष होना

  प्रयोग : ख़ून का बदला ख़ून ही होता है तभी कलेजे को ठण्ढक पहुँचती है।

- **कलेजा खाना**

  अर्थ : अधिक तंग करना

  प्रयोग : अपनी हठधर्मिता के कारण ऋजुता हमेशा परिवारवालों का कलेजा खाये रहती है।

- **कलेजा धक् से रह जाना**

  अर्थ : डर जाना

  प्रयोग : अँधेरे में आँगन में रस्सी देखते ही उसका कलेजा धक् रह गया।

- **कलेजा मुँह को आना** (मप्र पीसीएस १९९३,१९९५; उप्र पीसीएस १९९४; उप्र बीएड् प्रवेश-परीक्षा २००८)

  अर्थ : दुःख होना

  प्रयोग : उसके असाध्य रोग का ध्यान आते ही कलेजा मुँह को आता है।

- **कलेजा थामकर रह जाना; कलेजा थामना** (आईएएस १९९६; बिहार पीसीएस १९९७; उप्र बीएड् प्रवेश-परीक्षा २००३)

  अर्थ : कठिनता से धैर्य धारण करना

  प्रयोग : इकलौते पुत्र की मृत्यु हो जाने पर माँ कलेजा थामकर रह गयी थी।

- **कलेजा पानी होना**
  अर्थ : दया आ जाना
  प्रयोग : फटी-चिथड़ी लुगदी में लिपटी भिखारिन को देखकर हमारा कलेजा पानी हो गया।
- **कलेजा दो-टूक होना**
  अर्थ : बहुत दु:ख होना
  प्रयोग : पड़ोसी के दुर्व्यवहार को देखकर उसका कलेजा दो-टूक हो गया।
- **कलेजे का टुकड़ा**
  अर्थ : बहुत प्यारा
  प्रयोग : हर माता-पिता की सन्तान उसके लिए कलेजे का टुकड़ा होती है।
- **कलेजे पर साँप लोटना** (बी०पीएससी १९९८,२००३,२००५,२००७)
  अर्थ : ईर्ष्या से हृदय जलना
  प्रयोग : एक पड़ोसी की प्रगति देखकर दूसरे पड़ोसी के कलेजे पर साँप लोटने लगता है।
- **कलेजे पर पत्थर रखना** (मप्र पीसीएस १९९८,२००३,२००६,२००८; आईएएस १९९८,२००१,२००४; उप्र पीसीएस १९९८,२००८)
  अर्थ : कठिनता से धैर्य धारण करना
  प्रयोग : कलेजे पर पत्थर रखकर वह अपना सर्वनाश देखती रही।
- **कसौटी पर कसना**
  अर्थ : अच्छी तरह जाँच करना
  प्रयोग : अपने विचारों को तर्क की कसौटी पर कसकर देखो।
- **कहा-सुनी होना**
  अर्थ : झगड़ा होना
  प्रयोग : प्रत्येक परिवार में अकसर कहा-सुनी होती रहती है।
- **काँटा दूर होना; काँटा निकल आना**
  अर्थ : बाधा दूर होना
  प्रयोग : विकास-अधिकारी के सहयोग से मेरे रास्ते का काँटा दूर हो गया।
- **काँटा बोना**
  अर्थ : हानि पहुँचाना
  प्रयोग : लम्पट क़िस्म के लोग हमेशा दूसरों के लिए काँटे ही बोते हैं।
- **काँटें बिछाना**
  अर्थ : अड़चनें पैदा करना
  प्रयोग : कभी-कभी ईश्वर अच्छे लोगों की राह में काँटें बिछाकर उनकी परीक्षा लेता है।
- **काँटों पर लोटना**
  अर्थ : बेचैन होना
  प्रयोग : दुर्घटनाग्रस्त पुत्र जब तक घर नहीं आया, पूरा परिवार काँटों पर लोटता रहा।

- **काँटों में घसीटना**

  अर्थ : विपत्ति में डालना

  प्रयोग : मेरी परीक्षा समीप है; आपसी झगड़ों में उलझाकर मुझे काँटो पर मत घसीटो।

- **काँटों पर पाँव रखना** (उप्र पीसीएस १९९६; आईएएस १९९०)

  अर्थ : जानबूझ कर मुसीबत मोल लेना

  प्रयोग : रात ढलने ही को है; सुबह हो जाने दो, फिर चले जाना।

- **काग़ज़ काले करना**

  अर्थ : व्यर्थ लिखना

  प्रयोग : ज्ञान के अभाव में काग़ज़ काले करने से कोई लाभ नहीं है।

- **काग़ज़ी घोड़े दौड़ाना** (बिहार पीसीएस १९९३,१९९९,२००१,२००३,२००७)

  अर्थ : केवल लिखा-पढ़ी करते रहना; व्यापार में कुछ न होना

  प्रयोग : नौकरी चाहिए तो पहले अच्छी पढ़ाई करो। यों ही घर बैठे काग़ज़ी घोड़े दौड़ाने से कोई बात नहीं बननेवाली।

- **काजल की कोठरी**

  अर्थ : कलंकित होने का स्थान

  प्रयोग : मीडिया-तन्त्र ने ग़लत और भ्रामक सूचनाएँ देकर स्वयं को ''काजल की कोठरी'' में डाल दिया है।

- **काट खाने को दौड़ना**

  अर्थ : चिड़चिड़ेपन से बोलना

  प्रयोग : पिछले कुछ दिनों से वह बात-बात पर हर किसी को काट खाने को दौड़ता है; पता नहीं उसे क्या हो गया है?

- **काटो तो ख़ून नहीं**

  अर्थ : अत्यन्त भयभीत होना

  प्रयोग : वह बालिका हत्यारे को देखते ही ऐसी हो गयी, मानो ''काटो तो ख़ून नहीं!''

- **काठ का उल्लू** (उप्र पीसीएस १००२)

  अर्थ : बहुत बड़ा मूर्ख; वज्र मूर्ख

  प्रयोग : रक्षन्दा को मत बुलाओ; वह बना काम भी बिगाड़ देगी, क्योंकि वह तो ''काठ का उल्लू'' है।

- **काठ की हाँड़ी** (उप्र पीसीएस १००२,१००४)

  अर्थ : छलावा

  प्रयोग : धूर्त और मक्कारों की दोस्ती ''काठ की हाँड़ी'' जैसी ही होती है।

- **काठ मार जाना**

  अर्थ : हतप्रभ रह जाना

  प्रयोग : हैती में आये भूकम्प में हुए जानमाल के नुकसान का लेखा-जोखा सुनकर तो हमें काठ मार गया।

- **कान लगाना** (उप्र पीसीएस १९९९; बिहार पीसीएस २००४,२००७)
  अर्थ : ध्यान देना
  प्रयोग : अब मैं एक राज़ की बात बताता हूँ; कान लगाकर सुनो।
- **कान खोलना**
  अर्थ : सावधान कर देना
  प्रयोग : कान खोलकर सुन लो—आज के बाद से तुम्हारी शक़्ल यहाँ दिखायी नहीं पड़नी चाहिए।
- **कान पर जूँ न रेंगना** (आरएएस १९९७,२००३,२००४; मप्र पीसीएस १९९५,२००६,२००८,१९९८; उप्र पीसीएस १९९८,२००८)
  अर्थ : बिलकुल ध्यान न देना
  प्रयोग : मैंने उसे बहुत समझाया किन्तु वह है कि उसके कान पर जूँ तक नहीं रेंगती।
- **कान गरम करना**
  अर्थ : दण्ड देना
  प्रयोग : ज़रूरत से ज़्यादा शरारती बच्चों का कान गरम कर देना चाहिए।
- **कान देना**
  अर्थ : ध्यान देना
  प्रयोग : वह क़ैदी शुरू से ही सच बोल रहा था, मगर किसी ने भी उस पर कान नहीं दिया।
- **कान खाना**
  अर्थ : ज़्यादा बातें करके कष्ट पहुँचाना
  प्रयोग : जो कुछ कहना है, प्रधानाचार्य से कहना; मेरे कान मत खाओ।
- **कान पकड़ना**
  अर्थ : ग़लती मान लेना
  प्रयोग : ग़लती होने पर कान पकड़ कर उसका प्रायश्चित्त कर लेना चाहिए।
- **कान पकड़कर**
  अर्थ : ज़बरदस्ती
  प्रयोग : कुछ लोग इतने ढीठ होते हैं कि उनसे कान पकड़कर काम कराया जाता है।
- **कान में डाल देना**
  अर्थ : कह देना
  प्रयोग : मैंने अपने मित्र के कान में यह बात डाल दी है; जहाँ तक सम्भव होगा, वह तुम्हारी सहायता करेगा।
- **कान न हिलाना**
  अर्थ : बिना विरोध के बात मान लेना
  प्रयोग : शान्ति के साथ समझाने के बाद उसने कान भी न हिलाया और चुपचाप अपने घर चला गया।
- **कान फूँकना**
  अर्थ : चुपके से कुछ कह देना; दीक्षित करना
  प्रयोग : (१) न जाने उस साधु ने उसके कान में क्या फूँक दिया कि वह क्रोध में उछलने लगा।
  (२) साधु ने उस महिला के कान फूँककर अपनी शिष्या बना लिया।

- **कान खाना**

  अर्थ : परेशान करना

  प्रयोग : ज़िद्दी बच्चे हमेशा मम्मी-पापा के कान खाते रहते हैं।

- **कान भरना** (आरएएस १९९६,१९९८,२००३; मप्र पीसीएस १९९५,१९९८, २००६,२००८; उप्र पीसीएस १९९७,२००८)

  अर्थ : चुगली करना

  प्रयोग : अधिकतर पत्नियाँ अपने देवर और देवरानी, जेठ और जेठानी के ख़िलाफ़ पति के कान भरती रहती हैं।

- **कान कतरना**

  अर्थ : अधिक होशियार हो जाना

  प्रयोग : कुछ बच्चे बचपन से ही इतने बुद्धिमान होते हैं कि वे अपने अध्यापक तक के कान कतरने लगते हैं।

- **कान का कच्चा होना**

  अर्थ : हर एक की बात मान लेना

  प्रयोग : कुछ लोग कान के इतने कच्चे होते हैं कि बिना सोचे-समझे हर किसी की बात मान लेते हैं।

- **कान काटना** (आईएएस २००३,२००५,२००८,२००९)

  अर्थ : पराजित करना; बढ़कर होना

  प्रयोग : बीरबल अपने वाक्चातुर्य से बादशाह अकबर के कान काट लेते थे।

- **कानी कौड़ी पास न होना**

  अर्थ : एक भी पैसा पास न होना

  प्रयोग : कल तक कानी कौड़ी पास न होने पर भी आज वह अपने परिश्रम के बल पर एक सफल उद्योगपति बन चुका है।

- **कानों में तेल डालना**

  अर्थ : चुप्पी साध कर बैठे रहना

  प्रयोग : आलसी लोग प्राय: कानों में तेल डाले बैठे रहते हैं।

- **कानों-कान ख़बर न होना**

  अर्थ : गुप्त रहना

  प्रयोग : विद्यालय-निरीक्षक औचक निरीक्षण करके चले भी गये और किसी को कानों-कान ख़बर तक न हुई।

- **काफ़ूर होना**

  अर्थ : ग़ायब हो जाना

  प्रयोग : डॉक्टर की सुई देखते ही छद्म रोगी का सिर-दर्द काफ़ूर हो गया।

- **काम निकालना**

  अर्थ : स्वार्थ सिद्ध करना

  प्रयोग : बेकार के झमेलों में नहीं पड़ना चाहिए; अपना काम निकालो और चलते बनो।

- **काम चलाना**

अर्थ : कठिनता से निर्वाह होना

प्रयोग : वह अपनी मामूली पैतृक सम्पत्ति से अपना काम चला रहा है; अन्य कोई सहारा भी तो नहीं है।

- **काम तमाम करना**

अर्थ : मार डालना

प्रयोग : भारतीय सैनिकों ने घुसपैठियों को घेरकर उनका काम तमाम कर दिया।

- **काम-से-काम रखना**

अर्थ : दूसरे के काम में दख़ल न देना

प्रयोग : प्रत्येक व्यक्ति को अपने काम-से-काम रखना चाहिए; दूसरे के काम में अड़ंगा नहीं डालना चाहिए।

- **काम आना** (बीएड् प्रवेश-परीक्षा २०१०)

अर्थ : (१) शत्रु के हाथों मारा जाना (२) उपयोग में आना

प्रयोग : (१) देश की सीमा की रक्षा करते हुए हज़ारों भारतीय जवान अब तक युद्ध में काम आये हैं। (२) गणित के सवाल हल करते समय सम्बन्धित सूत्र बहुत काम आते हैं।

- **काया पलट होना**

अर्थ : रूप बदल जाना

प्रयोग : तुमने मुम्बई में जाकर प्लास्टिक सर्जरी क्या करा ली, तुम्हारी तो काया पलट ही हो गयी।

- **काल के गाल में जाना**

अर्थ : मर जाना

प्रयोग : कोसी नदी की बाढ़ में हज़ारों लोग असमय काल के गाल में समा गये थे।

- **काला नाग**

अर्थ : घातक व्यक्ति

प्रयोग : धूर्त-मक्कार का विश्वास बिलकुल न करना; वह एक "काला नाग" है।

- **काला अक्षर भैंस बराबर**

अर्थ : अनपढ़ होना

प्रयोग : अभावों से ग्रस्त रहने के कारण तृप्ति स्कूल का मुँह न देख सकी। यही कारण है कि अब उसके लिए "काला अक्षर भैंस बराबर" है।

- **काला पानी**

अर्थ : आजन्म क़ैद; घोर कारावास

प्रयोग : आज़ादी से पहले भारतीयों को अँगरेज़ों के ख़िलाफ़ साज़िश रचने के आरोप में अण्डमान निकोबार-द्वीप-समूह में भेजकर उन्हें "काला पानी" की सज़ा दी जाती थी।

- **कालिया-दमन**

अर्थ : दुष्टों का सँहार

प्रयोग : नक्सलियों को मारकर बी० एस० एफ० के जवानों ने "कालिया-दमन" को चरितार्थ कर ही दिया।

- **किंकर्त्तव्यविमूढ़ होना**

  अर्थ : अनिश्चयात्मक स्थिति

  प्रयोग : प्रज्ञान मेरा सम्बन्धी है और उसकी पत्नी प्रकीर्त्तिमा मेरी मित्र है। उनके बीच गहराते जा रहे विवाद के कारण मैं तो किंकर्त्तव्यविमूढ़-सा हो गया हूँ।

- **किताब का कीड़ा होना (किताबी कीड़ा)**

  अर्थ : अधिक पढ़नेवाला

  प्रयोग : सिर्फ़ किताबी कीड़ा होना भी ठीक नहीं है; व्यावहारिक ज्ञान भी ज़रूरी है।

- **किनारा करना**

  अर्थ : अलग हो जाना

  प्रयोग : प्राय: फ़िल्मी सितारे शादी करने के पश्चात् कुछ समय तक साथ-साथ रहते हैं फिर एक-दूसरे से किनारा कर लेते हैं।

- **किये-कराये पर पानी फेरना** (आरएएस १९९८; आईएएस २००५)

  अर्थ : बिगाड़ देना

  प्रयोग : रावण का संवाद बीच में ही भूल जाने के कारण उसने किये-कराये पर पानी फेर दिया।

- **किरकिरा हो जाना**

  अर्थ : बिगड़ जाना

  प्रयोग : अतिवृष्टि के कारण आई०पी०एल० क्रिकेट-टूर्नामेण्ट का सारा मज़ा किरकिरा हो जाता है।

- **किराये का टट्टू होना** (उप्र पीसीएस १९९० ,१९९९,२००३)

  अर्थ : बेगारी; पैसे की लालच में साथ देना

  प्रयोग : बेकार में उस कंजूस की बात करते हो, वह तो पूरा-का-पूरा किराये का टट्टू है।

- **किस खेत की मूली** (उप्र बीएड् प्रवेश-परीक्षा २००१,२००७)

  अर्थ : नगण्य

  प्रयोग : मैंने बड़ों-बड़ों की हवा निकाल दी है; फिर तुम ''किस खेत की मूली'' हो?

- **किस मर्ज़ की दवा**

  अर्थ : किस काम का

  प्रयोग : तुमसे मैंने आज तक जितने भी काम करने को कहे, तुमने एक भी नहीं किया। आख़िर तुम ''किस मर्ज़ की दवा'' हो?

- **किसी गली का**

  अर्थ : कोई ठिकाना न होना

  प्रयोग : २० वर्षों तक मैं जेल के सिखचों के पीछे रहा और छूटने के बाद अब मैं ''किसी गली का'' नहीं रहा।

- **किसी क़ीमत पर**

  अर्थ : किसी भी प्रकार प्राप्त करना

  प्रयोग : मुझे किसी भी क़ीमत पर मेरे मित्र का हत्यारा चाहिए।

- **क़िस्मत आज़माना**
  अर्थ : भाग्य के भरोसे काम करना
  प्रयोग : परीक्षा के लिए सिर्फ़ परिश्रम कीजिए; क़िस्मत आज़माने से कोई लाभ नहीं है।
- **क़िस्मत खुलना**
  अर्थ : सफलता मिलना
  प्रयोग : बहुत बड़ी पुरस्कार-राशि जीतने से उसकी क़िस्मत ही खुल गयी।
- **क़िस्मत लड़ना**
  अर्थ : अनायास सफलता मिलना
  प्रयोग : कभी-कभी बिना परिश्रम के ही कहीं क़िस्मत लड़ जाती है।
- **क़िस्मत फूटना**
  अर्थ : काम बिगड़ जाना
  प्रयोग : कलहिनी पत्नी पाकर मेरे मित्र की क़िस्मत ही फूट गयी है।
- **कीचड़ उछालना**
  अर्थ : बदनाम करना
  प्रयोग : सुलभा रोज़-रोज़ नये-नये पुरुष मित्रों के साथ घूमकर अपने खानदान पर कीचड़ उछाल रही है।
- **कुआँ खोदकर पानी पीना**
  अर्थ : (१) उपार्जित वैभव का उपभोग करना (२) उद्योगशील होना
  प्रयोग : (१) धन का अपव्यय इतना भी नहीं कि भविष्य अन्धकारमय हो जाए— कब तक कुआँ खोदकर पानी पीते रहोगे? (२) जिनके पास गड़ा ख़ज़ाना नहीं होता, उन्हें प्राय: कुआँ खोदकर पानी पीना पड़ता है।
- **कुआँ खोदना**
  अर्थ : हानि पहुँचाना
  प्रयोग : कभी दूसरों के लिए कुआँ नहीं खोदना चाहिए, क्योंकि ऐसा करनेवाला एक दिन उसी कुएँ में गिरता है।
- **कुआँ देखते फिरना**
  अर्थ : मरने का प्रयास करना
  प्रयोग : जीवन को साहस के साथ जीने का प्रयास करो; "कुआँ देखते फिरने से क्या लाभ"?
- **कुएँ में भाँग पड़ना**
  अर्थ : सबकी बुद्धि भ्रष्ट होना
  प्रयोग : जब द्रौपदी का चीर-हरण किया जा रहा था तब सभी मौन थे। सच— सभी कुएँ में भाँग पड़ने को चरितार्थ कर रहे थे।
- **कुएँ में गिरना**
  अर्थ : संकट में पड़ना
  प्रयोग : उस व्यभिचारिणी का साथ छोड़ दो वरना किसी दिन तुम कुएँ में जा गिरोगे।

- **कुछ उठा न रखना**
  अर्थ : कोई कोर-कसर न छोड़ना
  प्रयोग : हमने अच्छे-से-अच्छा डॉक्टर को दिखाने में कुछ उठा न रखा था, फिर भी उसकी मृत्यु हो गयी।
- **कुत्ते की दुम**
  अर्थ : वैसे-का-वैसा
  प्रयोग : अधिकतर राजनेताओं का रूखा व्यवहार तो कुत्ते की दुम है; कितना भी चाहो, वह बदलनेवाला नहीं।
- **कुत्ते की मौत मरना**
  अर्थ : बुरी तरह मरना
  प्रयोग : वह बलात्कारी कुत्ते की मौत मरा; घरवालों तक ने पानी तक के लिए नहीं पूछा।
- **कुर्सी तोड़ना**
  अर्थ : काम न करना
  प्रयोग : आजकल शिक्षण-संस्थानों में अधिकतर अध्यापक पढ़ाने के नाम पर कुर्सी तोड़ते हैं।
- **कूच करना**
  अर्थ : चल देना
  प्रयोग : कल प्रात: होते ही भारतीय सेना सीमा के लिए कूच कर जाएगी।
- **कूड़े पर गुलाब डालना**
  अर्थ : कृतघ्न के साथ नेकी का व्यवहार करना
  प्रयोग : सरकार ने दस्यु-सुन्दरी फूलनदेवी से आत्मसमर्पण कराकर कूड़े पर गुलाब डाला है।
- **कूप-मण्डूक होना**
  अर्थ : सीमित ज्ञान होना
  प्रयोग : आज जहाँ व्यापक ज्ञान आवश्यक है, वहीं हर जगह लोग कूप-मण्डूक हो रहे हैं।
- **कृपाकोर**
  अर्थ : दयाभाव
  प्रयोग : मदर टेरेसा ने ऐसी "कृपाकोर" दिखायी थी कि सारे दलित-पतित उनके होकर रह गये थे।
- **कृष्ण होना**
  अर्थ : रसिक होना
  प्रयोग : अन्दर-बाहर से वह जिस तरह से लड़कियों से घिरा रहता है, उसे देखकर तो वह पूरी तरह कृष्ण लगता है।
- **कोख को आँच**
  अर्थ : सन्तान का वियोग
  प्रयोग : जब रति रेल-दुर्घटना में मारी गयी थी, तब उसकी माँ की "कोख को आँच" आया था।
- **कोख लजाना**
  अर्थ : कुकर्मों के कारण माता-पिता का नाम कलंकित करना
  प्रयोग : शैलजा ने सारे मानदण्डों को ध्वस्त करते हुए व्यभिचार की दुनिया में क़दम रख दिये हैं, जिसके कारण उसकी माँ की कोख बार-बार लजा रही है।

- **कोख का हीरा**
  अर्थ : सुयोग्य पुत्र
  प्रयोग : क्रान्तिकारी अशफ़ाकउल्ला ख़ान भारत माँ की कोख का हीरा थे।
- **कोदो देकर पढ़ना**
  अर्थ : ध्यान न देकर पढ़ना; अल्प ज्ञान होना
  प्रयोग : उसके ज्ञान को देखकर ऐसा लगता है, मानो वह कोदो देकर पढ़ा हो।
- **कोल्हू का बैल होना ( बनना )** (आईएएस २००२,२००४,२००८)
  अर्थ : दिन-रात परिश्रम करना
  प्रयोग : जब देखो नन्दलाल काम ही करता रहता है, मानो वह कोल्हू का बैल हो।
- **कौए उड़ाना** (बिहार पीसीएस १९९४,१९९५,२००१,२००३,२००५,२००६)
  अर्थ : निकृष्ट कार्य करना
  प्रयोग : कोई रोज़ी-रोटी का जुगाड़ करो, कब तक कौए उड़ाते रहोगे?
- **कौड़ी के मोल बिकना** (आईएएस १९९१,१९९६,१९९९,२०००,२००४)
  अर्थ : व्यर्थ होकर रह जाना
  प्रयोग : अब भी समय है, आँखें खोलो वरना कौड़ी के मोल बिकोगे।
- **कौड़ी-कौड़ी पर जान देना**
  अर्थ : कंजूस होना
  प्रयोग : कंजूस पिता धर्मदास अपनी बेटी की शादी पर भला इतना धन कैसे ख़र्च करेगा, वह तो कौड़ी-कौड़ी पर जान देता है।

## ख

- **खट्पट् होना**
  अर्थ : झगड़ा होना
  प्रयोग : आज रात यों ही किसी बात पर पति-पत्नी में खट्-पट् हो गयी।
- **खटाई में पड़ना**
  अर्थ : व्यवधान पड़ना; कुछ निर्णय न कर सकना
  प्रयोग : जब तक विधायक जी नहीं आयेंगे, मेरी नौकरी का मामला खटाई में पड़ा रहेगा।
- **खप जाना**
  अर्थ : सब काम में आ जाना
  प्रयोग : उसके उत्पादन की इतनी माँग है कि बाज़ार में पूरा-का-पूरा कच्चा माल खप जाता है।
- **ख़बर लेना**
  अर्थ : सज़ा देना
  प्रयोग : कक्षा में अभद्र व्यवहार करने के कारण निवेदिता की ख़बर ली गयी।

- **ख़याली पुलाव पकाना** (उप्र पीसीएस १९९६,१९९०,२००४)

  अर्थ : मनमानी कल्पनाएँ करना

  प्रयोग : निठल्ले लोग योजना बनाते रहते हैं, मगर सिर्फ़ ख़याली पुलाव पकाने से क्या लाभ?

- **खरा-खोटा परखना**

  अर्थ : भले-बुरे की पहचान करना

  प्रयोग : चूँकि वह एक मासूम बच्चा है इसलिए उसको खरे-खोटे की पहचान नहीं है।

- **खरी-खरी सुनाना** (उप्र पीसीएस २०१३)

  अर्थ : सीधे-सीधे कहना

  प्रयोग : संजना भोली-भाली लड़की है। वह खरी-खरी सुनाने में विश्वास रखती है। उसे बात को घुमा-फिराकर कहना नहीं आता।

- **खरी-खोटी सुनाना** (उप्र पीसीएस २०१३)

  अर्थ : भला-बुरा कहना

  प्रयोग : पड़ोस में झगड़ा करने के कारण उसने मुझे ख़ूब खरी-खोटी सुनायी।

- **ख़ाक छानना** (उप्र पीसीएस २००९)

  अर्थ : भटकते फिरना

  प्रयोग : बेटी अनामिका की तलाश में मैं तीन दिनों से इस शहर की ख़ाक छान रहा हूँ।

- **ख़ाक में मिलाना**

  अर्थ : नष्ट कर देना

  प्रयोग : पड़ोस की लड़की किसी लड़के के साथ घर से भाग कर अपने माता-पिता की इज़्ज़त ख़ाक में मिला दी है।

- **खाकर डकार नहीं लेना**

  अर्थ : हजम कर जाना

  प्रयोग : कुछ सांसद लाखों रुपये खाकर भी डकार नहीं लेते।

- **खा-पका डालना**

  अर्थ : ख़त्म कर देना

  प्रयोग : मैं बाहर जा रहा हूँ, ये कुछ सब्ज़ियाँ हैं; इन्हें खा-पका डालना।

- **खाने को दौड़ना**

  अर्थ : एकदम क्रुद्ध हो जाना

  प्रयोग : मैं उससे जैसे ही बोलने का प्रयास करता हूँ, वह हरदम खाने को दौड़ती है।

- **खार खाना**

  अर्थ : द्वेष रखना; चिढ़ जाना

  प्रयोग : मैं तो उसकी गन्दी आदतें सुधारना चाहता हूँ किन्तु वह मुझसे खार खाये रहता है।

- **खाल खींचना**

  अर्थ : बुरी तरह पीटना

  प्रयोग : दबंगों ने उस व्यक्ति को पकड़कर उसकी खाल खींच ली है।

- **खाला जी का घर**
  अर्थ : जहाँ मनमानी चले।
  प्रयोग : मनमानी करने की आदत छोड़ दो क्योंकि यहाँ के कुछ नियम-क़ानून हैं, इसे "खाला जी का घर" मत बनाओ।
- **ख़ाली हाथ**
  अर्थ : बिना रुपये-पैसे, उपहार अथवा हथियार के
  प्रयोग : बच्चे की वर्ष-गाँठ है। तुम्हारा वहाँ "ख़ाली हाथ" जाना उचित नहीं होगा।
- **खिचड़ी पकाना**
  अर्थ : अन्दर-ही-अन्दर षड्यन्त्र रचना
  प्रयोग : राजनीति में कौन किसका दोस्त और कौन किसका दुश्मन है; अन्दर-ही-अन्दर एक-दूसरे के विरुद्ध खिचड़ी पकती रहती है।
- **खिल उठना**
  अर्थ : अतीव प्रसन्न होना
  प्रयोग : पूर्णमासी के चन्द्रमा को देखकर मेरा दिल खिल उठता है।
- **खिल्ली उड़ाना**
  अर्थ : उपहास करना; हँसी उड़ाना
  प्रयोग : वह इतना भोंदू क़िस्म का है कि हर कोई उसकी ख़ूब खिल्ली उड़ाता है।
- **खीसें निपोरना** (मप्र पीसीएस १९९०; आईएएस २००९)
  अर्थ : गिड़गिड़ाकर माँगना; लज्जा का भाव प्रकट करते हुए दाँत दिखाना
  प्रयोग : बेशर्म लोग टेढ़ी नज़र करते ही खीसें निपोर देते हैं।
- **खुल पड़ना**
  अर्थ : साफ़-साफ़ कह डालना
  प्रयोग : किसी को अच्छा लगे अथवा बुरा, मैं अपने विचारों के समर्थन में खुल पड़ता हूँ।
- **खुलेआम**
  अर्थ : सबके सामने
  प्रयोग : उसने आज खुलेआम जयेश को गाली दी है।
- **खुले हाथ**
  अर्थ : उदारतापूर्वक
  प्रयोग : महान् शासक हर्षवर्द्धन धार्मिक कार्यों हेतु खुले हाथ दान करते थे।
- **ख़ुशामदी टट्टू** (उप्र पीसीएस २००८)
  अर्थ : मुँह पर बड़ाई करनेवाला
  प्रयोग : अधिकतर अधिकारी ख़ुशामदी टट्टुओं से ही प्रसन्न रहते हैं।
- **खूँटे के बल कूदना**
  अर्थ : कोई सहारा मिलने पर अकड़ना
  प्रयोग : व्यक्ति को आत्मबल पर भरोसा करना चाहिए; किसी खूटे के बल नहीं कूदना चाहिए।

- **ख़ून सफ़ेद हो जाना**

  अर्थ : दया–मोह न रह जाना

  प्रयोग : सरकारी अस्पतालों में रोज़ मरीज़ों को मरते देख डॉक्टर पसीजता नहीं; ऐसा लगता है कि डॉक्टरों का ख़ून सफ़ेद हो गया है।

- **ख़ून–पसीना एक करना** (उप्र पीसीएस १९९७,२००२)

  अर्थ : कड़ा परिश्रम करना

  प्रयोग : बेटे! ईमानदारी के साथ परिश्रम करो; मुझे पारिश्रमिक ख़ून–पसीना एक करने के बाद ही मिलता है। देखा गया है कि लोग ख़ून–पसीना एक करके कमाते हैं और बेटे सब नष्ट कर देते हैं।

- **ख़ून आँखों में उतरना**

  अर्थ : अत्यधिक क्रोध के कारण आँख लाल होना

  प्रयोग : जब भी मैं उस हत्यारे को देखता हूँ, मेरी आँखों में ख़ून उतर आता है।

- **ख़ून ठण्ढा होना**

  अर्थ : क्रोध कम हो जाना

  प्रयोग : अभी वह बहुत क्रुद्ध है; उसका ख़ून ठण्ढा हो जाए तब बात करना उपयुक्त रहेगा।

- **ख़ून सूख जाना** (आईएएस २००३,२००५,२००७)

  अर्थ : भयभीत हो जाना

  प्रयोग : कल निस्तब्ध रात्रि में अचानक कई बम–विस्फोट होने की आवाज़ सुनकर मोहल्लेवालों का ख़ून सूख गया था।

- **ख़ून खौलना** (आईएएस २००३,२००४)

  अर्थ : अत्यधिक उत्तेजित होना

  प्रयोग : नक्सलियों के दुस्साहस को देखकर जवानों का ख़ून खौलने लगा था।

- **ख़ून सवार होना**

  अर्थ : मरने–मारने को तैयार हो जाना

  प्रयोग : भाई के साथ किये गये दुर्व्यवहार ने उसके अन्दर तूफ़ान खड़ा कर दिया है। प्रतिशोध की भावना के चलते अब उसके सिर पर ख़ून सवार है।

- **ख़ून बहाना**

  अर्थ : मार–काट करना

  प्रयोग : जलियाँवाला बाग़ में अँगरेज़ी सेना ने निर्दोष लोगों का ख़ूब ख़ून बहाया था।

- **ख़ून के घूँट पीना**

  अर्थ : अपमान सहना

  प्रयोग : ससुराल में अपने घरवालों के विषय में आपत्तिजनक बातें सुनकर गुड़िया ख़ून के घूँट पीकर रह गयी थी।

- **ख़ूनी हाथ**
  अर्थ : हत्यारे के हाथ
  प्रयोग : एक हत्या करने के बाद अब उसके हाथ ख़ूनी हो गये हैं।
- **खेत रहना** (बिहार पीसीएस २००२,२००४,२००५,२००७; आईएएस २००९)
  अर्थ : युद्ध में मारा जाना
  प्रयोग : किसी भी देश में जब भी युद्ध होता है, हज़ारों वीर खेत रहते हैं।
- **खेत देखना**
  अर्थ : युद्ध में जीतना
  प्रयोग : महाभारत के युद्ध में पाण्डवों ने कौरवों को पराजित कर खेत देखा था।
- **खेल बिगाड़ना**
  अर्थ : काम बिगाड़ना
  प्रयोग : उन बच्चों को चुपचाप योजना की तैयारी करने दो; अनावश्यक वहाँ पहुँचकर उनका खेल मत बिगाड़ो।
- **खेल-खेल में**
  अर्थ : आसानी से
  प्रयोग : उस जादूगर के लिए पलक झपकते ही लड़की को ग़ायब कर देना कोई कठिन काय नहीं है; इसे तो वह "खेल-खेल में" कर सकता है।
- **खेल खेलना**
  अर्थ : परेशान करना
  प्रयोग : वह बेचारा हफ़्तों से नगर निगम का चक्कर लगा रहा है; न जाने वे अधिकारी कब तक उसके साथ खेल खेलते रहेंगे।
- **खेलना-खाना**
  अर्थ : आनन्द से जीवन बिताना
  प्रयोग : अभी तो तुम ख़ूब खेलो-खाओ, तुम्हारी उम्र ही क्या है?
- **खोपड़ी खाना**
  अर्थ : बकवास करना
  प्रयोग : तुम्हारे पास कोई काम नहीं है; जब देखो तब खोपड़ी खाने के लिए चले आते हो।
- **खोपड़ी गंजी करना**
  अर्थ : मारकर खोपड़ी के बाल उड़ा देना अर्थात् ख़ूब पिटाई करना
  प्रयोग : आज कुछ लोगों ने एक साइकिल-चोर को मार-मारकर उसकी खोपड़ी गंजी कर दी है।
- **खोपड़ी को मान जाना**
  अर्थ : बुद्धि का लोहा मानना
  प्रयोग : विरोधी दलों के नेता भी श्रीमती इन्दिरा गाँधी की खोपड़ी को मानते थे।

## ग

- **गंगा नहाना** (बिहार पीसीएस १९९४,१९९६,१९९८,२००१,२००१)

अर्थ : कठिन कार्य पूरा करके छुट्टी पाना

प्रयोग : इकलौती बेटी की शादी के बाद इस पारिवारिक दायित्व से मैं गंगा नहा लूँगा।

- **गज़-भर की छाती होना** (बिहार पीसीएस २००३,२००६,२००८)

अर्थ : अत्यधिक गर्व का अनुभव करना

प्रयोग : अपनी सन्तान को प्रगति-पथ पर बढ़ते देखकर हर पिता की छाती गज़-भर की हो जाती है।

- **ग़ज़ब ढाना**

अर्थ : आश्चर्यजनक काम करना; आशातीत कार्य करना

प्रयोग : नाना पाटेकर अपने अभिनय द्वारा ग़ज़ब ढा देते हैं।

- **गठरी काटना**

अर्थ : अनैतिक ढंग से कमाई करना

प्रयोग : परिश्रम से जीविकोपार्जन करो; गठरी काटने से काम नहीं बनता।

- **गड्ढे में गिरना**

अर्थ : पतित होना

प्रयोग : माना सच्चाई का पथ कंटक भरा है, फिर भी हमें स्वयं को गड्ढे में गिरने से बचाना चाहिए।

- **गड़े मुर्दे उखाड़ना** (उप्र पीसीएस १९९३; आईएएस २००४)

अर्थ : पुरानी बातों पर प्रकाश डालना

प्रयोग : अब तू जा यहाँ से; जो बात हो गयी सो हो गयी, गड़े मुर्दे उखाड़ने से क्या लाभ?

- **गढ़ जीतना**

अर्थ : दुष्कर कार्य करना

प्रयोग : तमाम अड़चनों के बावजूद आई०ए०एस० परीक्षा में शीर्ष स्थान प्राप्त कर उसने गढ़ जीत लिया है।

- **गन्ध तक न आना**

अर्थ : बिलकुल प्रकट न होना

प्रयोग : उसने रिश्वत देकर अध्यापक की नौकरी ऐसे पा ली कि कहीं-किसी को गन्ध तक न आयी।

- **गप्पें लड़ाना**

अर्थ : व्यर्थ की बातें करना

प्रयोग : निठल्ले लोग जहाँ पहुँच जाते हैं, वहीं गप्पे लड़ाने लगते हैं।

- **गरदन उठाना**

  अर्थ : प्रतिवाद करना

  प्रयोग : भारत में महाराष्ट्र अपनी अनुचित स्वतन्त्रता के लिए गरदन उठाने लगा है।

- **गरदन काटना**

  अर्थ : क्षति पहुँचाना

  प्रयोग : उसने अपने सहयोगी की उच्चाधिकारी से शिकायत कर उसकी गरदन ही काट दी।

- **गरदन फँसाना**

  अर्थ : संकट में पड़ना

  प्रयोग : कभी-कभी कुछ लोग ज़रूरत से ज़्यादा समझदार हो जाते हैं; ऐसे में, वे अपनी गरदन फँसा लेते हैं।

- **गरदन पर छुरी फेरना** (उप्र पीसीएस १९९८; आरएएस २००६)

  अर्थ : हानि पहुँचाना

  प्रयोग : अपने कार्यालय के सहयोगी बृजबिहारी यादव को 'कारण बताओ' नोटिस दिलाकर उसने उसकी गरदन पर छुरी फेर दी है।

- **गरम होना**

  अर्थ : क्रुद्ध होना

  प्रयोग : तुम्हारे इस तरह से अचानक गरम होने का कोई तो कारण होगा?

- **गले का हार** (उप्र पीसीएस १९९८; आरएएस २००७,२००८)

  अर्थ : अत्यन्त प्रिय

  प्रयोग : मेरी दोनों पुत्रियाँ इतनी मेधावी और प्रतिभा-सम्पन्न हैं कि वे सबके गले का हार बन गयी हैं।

- **गले मढ़ना** (उप्र पीसीएस १९९४; आरएएस १९९८,२०००)

  अर्थ : इच्छा के विरुद्ध

  प्रयोग : जब वह तुम्हें पसन्द नहीं करती है तब अपने-आपको उसके गले क्यों मढ़ते हो?

- **गले लगाना**

  अर्थ : अपनाना; अंगीकार करना

  प्रयोग : मदर टेरेसा ने दलितों-पतितों और हरिजनों को आगे बढ़कर गले लगा लिया था।

- **गले पड़ा ढोल बजाना**

  अर्थ : सिर पर पड़ी ज़िम्मेदारी को मजबूरी में पूरा करना

  प्रयोग : मेरे न चाहते हुए भी मेरी पत्नी ने अखण्ड मानस-पाठ का कार्यक्रम बना दिया है; बहरहाल ''गले पड़ा ढोल बजाना'' ही पड़ेगा।

- **गहरा हाथ मारना**

  अर्थ : बहुत कुछ अर्जित करना

  प्रयोग : रश्मि ने वसीयत-द्वारा अपने चाचा की सम्पत्ति पर गहरा हाथ मारा है।

- **गाँठ काटना**

  अर्थ : ठगना

  प्रयोग : गाड़ी से उतरते ही उचक्कों ने उसे अपनी बातों से फुसलाते हुए उसे नक़ली सोने की अँगूठी देकर और उससे सोने का दाम लेकर उस बेचारे की गाँठ ही काट दी।

- **गाँठ का पूरा**

  अर्थ : धनी व्यक्ति

  प्रयोग : धर्मेन्द्र का साला है तो गाँठ का पूरा, पर बिलकुल बुद्धू।

- **गाँठ बाँधना** (मप्र पीसीएस १९९४,१९९६,१९९८,२००५)

  अर्थ : अच्छी तरह से याद रखना

  प्रयोग : इसे गाँठ बाँध लो—ऐसे लोगों पर कभी विश्वास नहीं करना चाहिए, जिनकी कथनी-करनी में एकरूपता न हो।

- **गागर में सागर भरना** (उप्र पीसीएस १९९९; आईएएस १९९५,२००६)

  अर्थ : थोड़े में ही बहुत कह देना

  प्रयोग : महाकवि बिहारी की सतसइया (सतसई) की गम्भीरता को समझते हुए यही कहना पड़ता है, "बिहारी ने गागर में सागर भर दिया।"

- **गाजर-मूली समझना**

  अर्थ : तुच्छ समझना।

  प्रयोग : असमर्थ व्यक्ति को हर कोई गाजर-मूली समझता है।

- **गाढ़े का साथी**

  अर्थ : संकट-काल में सहायता करनेवाला

  प्रयोग : जब भी भारत संकट में पड़ता है, रूस गाढ़े के साथी के रूप में अपना हाथ बढ़ा देता है।

- **गाल बजाना** (बिहार पीएससी २००१; उप्र पीसीएस २००१,२००४, २०१०; आईएएस २००१,२००४,२००७,२०१०)

  अर्थ : बकवास करना

  प्रयोग : अक्रिय व्यक्ति केवल "गाल बजाना" जानता है।

- **गाल फुलाना**

  अर्थ : रूठना

  प्रयोग : मीता ने अपनी सहेली से कहा, "अरे यार! मैं क्या करूँ, ज़रा-ज़रा सी बात पर मेरे वो गाल फुला लेते हैं।"

- **गिन-गिन कर पैर रखना**

  अर्थ : सावधानी बरंतना

  प्रयोग : पर्वतारोही आरोहण करते समय गिन-गिनकर पैर रखता है।

- **गिन-गिन कर दिन काटना**

  अर्थ : कष्टमय जीवन व्यतीत करना

  प्रयोग : अपराधी अब कारागार में अपने दिन गिन-गिनकर काट रहा है।

- **गिरगिट की तरह रंग बदलना**
  अर्थ : काम निकल जाने पर वायदा पूरा न करना; एक बात पर स्थिर न रहना; घोर अवसरवादी होना
  प्रयोग : उसने अपने मित्र की धूर्तता को समझकर उससे कहा, "तुम्हारी बात का कोई भरोसा नहीं क्योंकि तुम तो गिरगिट की तरह रंग बदलते रहते हो।"
- **गीता का ज्ञान**
  अर्थ : पूर्ण ज्ञान होना
  प्रयोग : प्रो० उन्मेष को अपने विषय का इतना गम्भीर ज्ञान है, मानो उन्हें "गीता का ज्ञान" प्राप्त हो।
- **गीदड़-भभकी** (मप्र पीसीएस १९९६,२००१,२००३)
  अर्थ : झूठमूठ डराना
  प्रयोग : शक्तिहीन लोग केवल "गीदड़ भभकी" देना जानते हैं।
- **गुड़ देकर मारना**
  अर्थ : कपटपूर्ण स्नेह दिखाकर विश्वासघात करना
  प्रयोग : आज समाज में प्राय: हर कोई किसी को भी गुड़ देकर मारने में ज़रा भी नहीं हिचकता।
- **गुड़ गोबर होना; गुड़ गोबर करना**
  (उप्र पीसीएस १९९५; समूह 'ग' परीक्षा २००१,२००३,२००५,२००७)
  अर्थ : काम बिगड़ जाना
  प्रयोग : उसके अदूरदर्शी निर्णय के कारण सब गुड़ गोबर हो गया।
- **गुदड़ी के लाल** (उप्र बीएड् प्रवेश-परीक्षा २००६)
  अर्थ : साधारण वस्तु में अनमोल पदार्थ का छुपा रहना
  प्रयोग : एक साधारण परिवार में जन्म लेकर ए०पी०जे० अब्दुल कलाम राष्ट्रपति-पद तक पहुँचनेवाले "गुदड़ी के लाल" हैं।
- **गुल खिलाना**
  अर्थ : कुछ नया किन्तु निन्दनीय कार्य करना
  प्रयोग : प्रिया अपनी अतिशय कामुकता के चलते नित्य कोई-न-कोई नया गुल खिलाती रहती है।
- **गुस्सा पीना**
  अर्थ : क्रोध को पी लेना; प्रकट न होने देना
  प्रयोग : यार! हमेशा क्रोध में न रहो; कभी-कभी ग़ुस्से को पी लिया करो।
- **गूँगे का गुड़**
  अर्थ : अवर्णनीय सुख
  प्रयोग : शृंगार-रस से ओत-प्रोत जायसी की काव्य-रचना "गूँगे का गुड़" है। जो इसे चखे, वही जाने।
- **गूलर का पेट फूलना**
  अर्थ : सामर्थ्य से अधिक बात करना
  प्रयोग : हर किसी में अपनी सामर्थ्य की परख होनी चाहिए; कहीं ऐसा न हो कि गूलर का पेट फूलने लगे।

- **गूलर का फूल हो जाना** (बिहार पं.सीएस २००२,२००५,२००७; उप्र पीसीएस २०१२)

  अर्थ : न दिखायी पड़ना

  प्रयोग : आओ मेरे दोस्त! बहुत दिनों के बाद तो मिले हो; पता नहीं तुम कब गूलर के फूल हो जाओ।

- **गेहूँ के साथ घुन का पिस जाना**

  अर्थ : दोषी के साथ निर्दोष का भी अहित होना

  प्रयोग : वे लोग भद्र नहीं हैं; उनके साथ रहना "गेहूँ के साथ घुन का पिस जाना" है।

- **गोटी बैठना**

  अर्थ : युक्ति का सफल होना

  प्रयोग : मेरे भाई! राजनीति में आगे बढ़ने के लिए क़दम-क़दम पर गोटी बिछायी जाती है।

- **गोबर-गणेश**

  अर्थ : महामूर्ख

  प्रयोग : उसकी मोटी बुद्धि में कुछ नहीं समाता; वह तो पूरा "गोबर-गणेश" है।

- **गोवर्द्धन धारण करना**

  अर्थ : जनहित में विपत्तियों को ओढ़ लेना

  प्रयोग : लोगों को वर्षा के प्रकोप से बचाने के लिए श्रीकृष्ण ने अपनी अँगुली पर गोवर्द्धन पर्वत को धारण कर लिया था।

- **गोल कर जाना**

  अर्थ : ग़ायब कर देना

  प्रयोग : मूल विषय पर वार्ता करो; प्रासंगिक बिन्दुओं को गोल क्यों कर जाते हो?

## घ

- **घड़ियाँ गिनना**

  अर्थ : बेचैनी से इन्तज़ार करना

  प्रयोग : उस मरणासन्न रोगी को देखकर जब सभी डॉक्टरों ने जवाब दे दिया था तब घरवाले उसकी मौत की घड़ियाँ गिनने लगे।

- **घड़ों पानी पड़ना** (उप्र पीसीएस २०१०,२०११; आईएएस २००३,२००५,२००७,२००९)

  अर्थ : अत्यन्त लज्जित होना

  प्रयोग : यौन-उत्पीड़न करते हुए रँगे-हाथ पकड़े जाने पर उस पर घड़ों पानी पड़ गया था।

- **घर उजड़ना**

  अर्थ : गृहस्थी नष्ट होना; घर में किसी प्रकार की व्यवस्था न होना

  प्रयोग : कोसी नदी की बाढ़ की विभीषिका में न जाने कितने लोगों के घर उजड़ गये थे।

- **घर काटने को दौड़ना**

  अर्थ : मन न लगना; सूनापन अखरना

  प्रयोग : भूकम्प में उसका सर्वनाश हो चुका था; अब तो अभागे को घर काटने को दौड़ता है।

- **घर करना** (आईएएस २००९)

  अर्थ : पूर्णतः रच-बस जाना

  प्रयोग : पार्श्वगायिका लता मंगेश्कर अपने सुमधुर कण्ठ के कारण आज सभी के मन-प्राणों में घर कर गयी हैं।

- **घर-घर पूजा होना**

  अर्थ : सर्वत्र सम्मान प्राप्त होना

  प्रयोग : निःस्वार्थ भाव से जनमंगल की कामना करनेवाले व्यक्ति की घर-घर पूजा होती है।

- **घर बैठे गंगा आना; घर में गंगा बहना**

  अर्थ : अनायास लाभ प्राप्त होना

  प्रयोग : एक उपहार-योजना में राधा को २५ लाख रुपये मिल जाने से उसके घर बैठे गंगा आ गयी हैं।

- **घर का आदमी**

  अर्थ : घनिष्ठ; आत्मीय

  प्रयोग : बहुत मुश्किल से लोग घर के आदमी बन पाते हैं।

- **घर की खेती**

  अर्थ : अपनी चीज़

  प्रयोग : तुम्हें मेरी दाढ़ी को देखकर जलन क्यों होती है? यह ''घर की खेती'' है, तुम भी बढ़ा सकते हो।

- **घर में भूँजी भाँग न होना**

  अर्थ : कंगाल होना

  प्रयोग : उससे क्या चन्दा माँगते हो, उसके घर में भूँजी भाँग भी नहीं है।

- **घर का न घाट का**

  अर्थ : कहीं का न होना

  प्रयोग : सुनो उपासना! गुस्से में अपना घर छोड़कर फिर मत जाना; यदि कहीं ऊँच-नीच हो गया तो न घर का रहोगी और न घाट का।

- **घर-फूँक तमाशा देखना** (समीक्षा अधिकारी-मुख्य परीक्षा २०१०)

  अर्थ : अपना ही नुकसान करके मज़ा लेना

  प्रयोग : तुमने जुए में अपना सब कुछ दाँव पर लगा दिया; अब घर-फूँक तमाशा देखो।

- **घाट-घाट का पानी पीना** (उप्र पीसीएस १९९४,१९९८,२००७,२०१२; बिहार पीएससी १९९९,२००२,२००७; आईएएस २००५,२००७,२००९)

  अर्थ : हर तरह का अनुभव प्राप्त करना

  प्रयोग : उसे किसी भी मामले में कम मत आँको, वह घाट-घाट का पानी पी चुका है।

- **घात लगाना**

  अर्थ : अवसर की तलाश करना

  प्रयोग : धूर्त और शातिर व्यक्ति अपना काम निकालने के लिए घात लगाये रहते हैं।

- **घाव पर नमक छिड़कना**

  अर्थ : सताये हुए को और सताना

  प्रयोग : परीक्षा में असफल हो जाने के कारण वह पहले से ही बहुत दुखी है; अब उसे और उलाहने देकर क्यों उसके घाव पर नमक छिड़कते हो?

- **घाव हरा होना**

  अर्थ : विस्मृत दुःख की याद; दुःख का ताज़ा होना

  प्रयोग : मेरे अतीत को छेड़कर तुमने मेरा घाव हरा कर दिया है।

- **घास काटना** (आरएएस १९९६,२००३,२००५;आईएएस २००३,२००९)

  अर्थ : तुच्छ काम करना

  प्रयोग : यदि मन से पढ़ाई नहीं करोगे तो एक दिन तुम्हें घास काटना पड़ेगा।

- **घास छीलना**

  अर्थ : व्यर्थ समय खोना

  प्रयोग : गम्भीर होकर अध्ययन करो; दोस्तों के साथ घास छीलने से भविष्य नहीं बननेवाला।

- **घिग्घी बाँधना**

  अर्थ : डर के कारण बोल न पाना

  प्रयोग : पुलिस लॉकअप में थर्ड डिगरी का इस्तेमाल होते ही अच्छे-अच्छों की घिग्घी बँध जाती है प्यारे!

- **घी के दीये जलाना** (मप्र पीसीएस १९९३,२००७; उप्र पीजीटी २०१०; आईएएस १९९६,२००५,२००९; उप्र पीसीएस १९९६)

  अर्थ : अत्यन्त प्रसन्न होना

  प्रयोग : २० वर्षों के बाद सन्तान की प्राप्ति होने पर उसने घी के दीये जलाये थे।

- **घी-खिचड़ी होना** (आईएएस २००९)

  अर्थ : पूरी तरह से मिलजुल जाना

  प्रयोग : आपस में झगड़ने से क्या लाभ; पड़ोसियों को तो घी-खिचड़ी होकर रहना चाहिए।

- **घुटने टेक देना** (मप्र पीसीएस १९९४,२००६)

  अर्थ : आत्म-समर्पण करना

  प्रयोग : भारतीय सेना ने युद्ध-भूमि में शत्रु-सेना को कई बार घुटने टेक देने पर मजबूर किया है।

- **घुटा हुआ**

  अर्थ : बहुत चालाक; अनुभव-सम्पन्न

  प्रयोग : उसे धोखा देना आसान नहीं है क्योंकि वह बहुत ही घुटा हुआ मर्द है।

- **घुल-मिल जाना**

  अर्थ : एक हो जाना

  प्रयोग : यह सिर्फ़ कहने के लिए है कि होली के अवसर पर लोग आपसी रंज़िश भूलकर आपस में घुल-मिल जाते हैं।

- **घूँघट की लाज**

  अर्थ : सतीत्व की मर्यादा

  प्रयोग : उस महिला ने दबंग शोहदों का जमकर मुक़ाबला करते हुए अपने घूँघट की लाज रख ली थी।

- **घोट कर पी जाना**

  अर्थ : (१) एक-एक अक्षर याद कर लेना (२) पूर्णत: नष्ट कर देना

  प्रयोग : (१) परीक्षा के दिनों में कर्णिका पुस्तक को घोट कर पी जाती है।

  (२) शीतलमणि को इतना कमज़ोर नहीं समझो कि तुम उसे घोट कर पी जाओगे।

- **घोड़े बेचकर सोना** (उप्र पीसीएस १९९६,२००५,आईएएस २००३,२००९)

  अर्थ : निश्चिन्त रहना

  प्रयोग : परीक्षाएँ समाप्त हो जाने के बाद प्राय: विद्यार्थी घोड़े बेचकर सोते हैं।

- **घोड़े पर चढ़े आना**

  अर्थ : उतावला होकर आना

  प्रयोग : थोड़ा धैर्य रखो भाई! यहाँ हर काम विधि-विधान से ही होगा। घोड़े पर चढ़े आने से काम जल्दी करा लोगे क्या?

- **घोड़े के आगे गाड़ी रखना**

  अर्थ : उलटा कार्य करना; विरुद्धगामी

  प्रयोग : तुम्हारे जैसे समर्थ व्यक्ति से मैं उम्मीद नहीं कर सकता था कि तुम घोड़े के आगे गाड़ी रखने की कोशिश करोगे।

- **घोंघा बसन्त**

  अर्थ : वज्र मूर्ख

  प्रयोग : एस०डी०एम० का बड़ा पुत्र ''घोंघा बसन्त'' है।

## च

- **चक्कर में डालना**

  अर्थ : भ्रम पैदा कर देना

  प्रयोग : मीडिया-तन्त्र-की यह घोषणा कि वर्ष २०१२ में प्रलय आनेवाली है, विश्वभर के लोगों को चक्कर में डाल दिया है।

- **चक्की में पिसना**

  अर्थ : बहुत अधिक कष्ट उठाना

  प्रयोग : आज की जनता झूठे वायदे और महँगाई की चक्की में पिस रही है।

- **चन्द्रमा का कलंक**

  अर्थ : उत्तम वस्तु में भी दोष लगाना

  प्रयोग : सच्चरित्र व्यक्ति पर आरोप लगाना ''चन्द्रमा का कलंक'' जैसा ही है।

- **चन्द्रमा के समान सुन्दर होना**

  अर्थ : अत्यधिक सुन्दर होना

  प्रयोग : क्लियोपेट्रा चन्द्रमा के समान सुन्दर थी।

- **चण्डाल-चौकड़ी**

  अर्थ : निकम्मे और बदमाश क़िस्म के लोग

  प्रयोग : हर व्यवस्था में धूर्त और मक्कार क़िस्म के लोगों की ''चण्डाल-चौकड़ी'' रहती है।

- **चण्डूख़ाने की गप मारना**

  अर्थ : झूठी-मूठी बातें करना

  प्रयोग : उस लम्पट की बात पर मत जाना; वह तो चण्डूख़ाने की गप मारता है।

- **चचा बनाकर छोड़ना**

  अर्थ : बुरी तरह से पिटाई करना

  प्रयोग : वह तो पुत्र के नाम पर कलंक है। मेरे हाथ चढ़ा तो उसे चचा बनाकर ही छोड़ूँगा।

- **चप्पा-चप्पा छान मारना**

  अर्थ : ख़ूब अच्छी तरह तलाशी लेना

  प्रयोग : उसने घर का चप्पा-चप्पा छान मारा किन्तु तस्करी का सामान नहीं मिला।

- **चम्पत होना**

  अर्थ : भाग जाना

  प्रयोग : पुलिस के आने से पूर्व साइकिल-चोर चम्पत हो गये।

- **चराग़ गुल होना**

  अर्थ : वंश नष्ट हो जाना

  प्रयोग : इकलौते पुत्र की मृत्यु होते ही उसका चराग़ ही गुल हो गया।

- **चराग़ (दीया)-तले अँधेरा होना** (उप्र पीसीएस २००६; आईएएस २००९,२०१२)

  अर्थ : निकट के दोष को न देख पाना

  प्रयोग : पुलिस-कप्तान के ठीक आवास के सामने विदेशी हथियारों का ज़ख़ीरा बरामद होना चराग़-तले अँधेरा होने का ज्वलन्त उदाहरण है।

- **चल बसना** (आरएएस १९९७,२००६,२००८)

  अर्थ : मर जाना

  प्रयोग : वह कैंसर-रोग से पीड़ित था; दो माह बाद ही कष्ट झेलकर वह इस संसार से चल बसा।

- **चलता-पुरज़ा**

  अर्थ : चालाक और व्यवहार-कुशल

  प्रयोग : आज हर जगह चलता-पुरज़ा व्यक्ति दिख जाएगा।

- **चलता बनना**

  अर्थ : खिसक जाना

  प्रयोग : वह औरत अपनी झूठी राम कहानी सुनाने के बाद सौ रुपये लेकर तुरन्त चलती बनी।

- **चलता करना**
  अर्थ : भगा देना
  प्रयोग : उसने भिखारी को भला-बुरा कहते हुए चलता किया।
- **चलती गाड़ी में रोड़ा अटकाना**
  अर्थ : बनते काम में विघ्न डालना
  प्रयोग : एक पड़ोसी के निर्माणाधीन मकान पर स्थगन-आदेश लाकर दूसरे पड़ोसी ने चलती गाड़ी में रोड़ा अटका दिया।
- **चाँद खुजलाना**
  अर्थ : पिटने को जी करना
  प्रयोग : शमिता उपद्रव से बाज़ नहीं आ रही है। लगता है, उसकी चाँद खुजला रही है।
- **चाँद पर थूकना**
  अर्थ : किसी अच्छे मनुष्य पर कलंक लगाना
  प्रयोग : मदर टेरेसा को बुरा-भला कहना चाँद पर थूकने-जैसा है।
- **चाँदी काटना**
  अर्थ : ख़ूब पैसा कमाना
  प्रयोग : वैट-लागू होने के बाद से उपभोक्ता-सामग्री के मूल्यों में मनमानी बढ़ोतरी कर व्यापारी ख़ूब चाँदी काट रहे हैं।
- **चाँदी का जूता मारना** (आरएएस १९९४; बिहार पीसीएस २००३)
  अर्थ : घूस देना
  प्रयोग : अयोग्य-से-अयोग्य व्यक्ति भी चाँदी का जूता मारकर अपना काम करा लेता है।
- **चादर के बाहर पाँव पसारना**
  अर्थ : सीमा के बाहर जाना
  प्रयोग : हर व्यक्ति को अपनी सामर्थ्य से अच्छी तरह परिचित रहना चाहिए क्योंकि ''चादर के बाहर पाँव पसारना'' अच्छी बात नहीं।
- **चार चाँद लगना**
  अर्थ : शोभा बढ़ना
  प्रयोग : उस सांस्कृतिक कार्यक्रम में हेमामालिनी के आने से चार चाँद लग गये।
- **चारपाई से लगना**
  अर्थ : बीमारी से न उठ पाना
  प्रयोग : लम्बे समय तक अस्वस्थ रहने के कारण वह चारपाई से लग गया है।
- **चारों खाने चित करना**
  अर्थ : परास्त करना
  प्रयोग : राष्ट्रमण्डल मुक्केबाज़ी-प्रतियोगिता में विजेन्द्र ने कनाडाई-खिलाड़ी को चारों खाने चित कर दिया था।

- **चिकना घड़ा होना** (आईएएस १९९६,२००९)

  अर्थ : जिस पर किसी बात का प्रभाव न हो।

  प्रयोग : तुम अपने समाचार-पत्र में बेईमान अधिकारियों की काली करतूतों को भले ही उजागर करो लेकिन वे तो चिकने घड़े हैं।

- **चित्त पर चढ़ना**

  अर्थ : पसन्द आना

  प्रयोग : हर किसी के मन की सुन्दरता मेरे चित्त पर चढ़ जाती है।

- **चित्त से उतरना**

  अर्थ : उपेक्षित होना

  प्रयोग : जब से उसने अपने वृद्ध पिता को घर से निकाला है, वह सबके चित्त से उतर गया है।

- **चींटी के पर निकलना** (उप्र पीसीएस १९९४,२००५)

  अर्थ : हैसियत से बढ़कर बात या काम करना; नष्ट होने के क़रीब होना

  प्रयोग : लोकसभा के चुनाव में अपना कड़ा विरोध देखकर नेता जी बोल पड़े, ''चींटियों के भी पर निकल आये हैं।''

- **चुल्लू-भर पानी में डूब मरना**

  (उप्र पीसीएस १९९८,१९९९; आईएएस २००५,२००७,२००९)

  अर्थ : शर्म के मारे मुँह न दिखाना

  प्रयोग : बूढ़ी सास का इस तरह अपमान करने के बाद भी तुम बेशर्मों की तरह घूम रही हो? तुम्हें तो चुल्लू-भर पानी में डूब मरना चाहिए था।

- **चुल्लुओं लहू पीना**

  अर्थ : बहुत अधिक परेशान करना

  प्रयोग : छात्रावास ख़ाली करने के लिए छात्रावास-अधीक्षक चुल्लुओं लहू पी रहे हैं। समझ में नहीं आता, करें तो क्या करें?

- **चूड़ियाँ सलामत रहना**

  अर्थ : सौभाग्य बना रहना

  प्रयोग : वह सैनिक श्वास साधे पड़ा रहा और नक्सलियों ने उसे मरा जान कर छोड़ दिया। ईश्वर की कृपा से उसकी पत्नी की चूड़ियाँ सलामत रह गयीं।

- **चूड़ियाँ पहनना**

  अर्थ : औरतों की तरह डरपोक होना

  प्रयोग : घर में तो बहुत शेर बनते हो और बाहर दुश्मनों को देखकर घर में छुप बैठे हो! लो, ये चूड़ियाँ पहन लो।

- **चूना लगाना**

  अर्थ : नुकसान पहुँचाना

  प्रयोग : उसे तरह-तरह के सब्ज़बाग दिखाकर ठग ५० हज़ार रुपये का चूना लगा गया।

**चूलें ढीली होना**

अर्थ : अधिक परिश्रम के कारण बहुत थकावट होना

प्रयोग : रात-दिन अपनी कार्य-योजनाओं में लगे रहने के कारण मेरी चूलें ढीली हो गयी हैं।

**चूलें हिलाना**

अर्थ : झकझोरना

प्रयोग : शहर में हिस्ट्रीशीटर आतंकी के होने की सूचना ने प्रशासन की चूलें हिला दीं।

**चेहरे पर हवाइयाँ उड़ना**

अर्थ : घबरा जाना

प्रयोग : चारों तरफ़ से डक़ैतों से घिरते ही उसके चेहरे पर हवाइयाँ उड़ने लगीं।

**चैन की वंशी बजाना**

अर्थ : मौज़ करना

प्रयोग : सारे दायित्वों से मुक्त होकर सरसिज आजकल अपने घर पर चैन की वंशी बजा रहा है।

- **चोटी का**

अर्थ : उत्कृष्ट कोटि का

प्रयोग : चाणक्य अपने बुद्धि-कौशल के कारण चोटी के राजनेता माने जाते हैं।

**चोटी हाथ में होना**

अर्थ : वश में आना

प्रयोग : रत्नेश की कुलटा पत्नी की चोटी उसके हाथों में रहती है।

- **चोटी का पसीना एड़ी तक आना**

अर्थ : कड़ा परिश्रम करना

प्रयोग : निर्माणाधीन मकानों में काम करनेवाले श्रमिकों की चोटी का पसीना एड़ी तक आ जाता है।

- **चोला बदलना**

अर्थ : नया रूप धारण करना

प्रयोग : प्रत्येक आम चुनाव में नेता बहुत ही चतुराई से अपना चोला बदल लेता है।

- **चोली-दामन का साथ**

अर्थ : घनिष्ठता; आत्मीयता; गहरी मित्रता

प्रयोग : जिसे भी चाहो, उसके साथ तुम्हारा सम्बन्ध चोली-दामन के साथ जैसा रहना चाहिए।

- **चौकड़ी भूलना**

अर्थ : अक़्ल काम न आना; घबरा जाना

प्रयोग : बुरे वक़्त आने पर अच्छे-अच्छे चौकड़ी भूल जाते हैं।

## छ

- **छक्का-पंजा करना**

  अर्थ : जुआ खेलना

  प्रयोग : जब भी दीपावली का त्योहार आता है, वह हमेशा छक्का-पंजा करने लगता है।

- **छक्का-पंजा भूलना**

  अर्थ : कुछ भी याद न रहना

  प्रयोग : जो परीक्षार्थी कुछ देर पहले अपने ज्ञान का डंका पीट रहा था, प्रश्न-पत्र देखते ही छक्का-पंजा भूल गया।

- **छक्के छूटना**

  अर्थ : हिम्मत हारना

  प्रयोग : अपने को चारों ओर से शत्रुओं से घिरा देख अन्वय के छक्के छूट गये।

- **छक्के छुड़ाना** (उप्र पीसीएस १९९६; आईएएस १९९९)

  अर्थ : पूरी तरह से परास्त कर देना

  प्रयोग : करगिल युद्ध में भारतीय सेना ने पाकिस्तानी सेना के छक्के छुड़ा दिये थे।

- **छठी का दूध निकालना** (उप्र बीएड् प्रवेश-परीक्षा २००८)

  अर्थ : कठिन काम लेना

  प्रयोग : तुम बहुत ही कामचोर हो; चिन्ता मत करो बच्चू! मैं तुमसे ऐसा काम लूँगा कि तुम्हारी छठी का दूध निकल आयेगा।

- **छठी का दूध याद आना** (उप्र पीसीएस २००७)

  अर्थ : बहुत कष्ट होना

  प्रयोग : पर्वतारोहण के समय उसे इतनी मुसीबतें उठानी पड़ी थीं कि उसे छठी का दूध याद आ गया।

- **छतीसा करना**

  अर्थ : चालबाज़ी करना

  प्रयोग : तुम्हारी होशियारी अब नहीं छुप सकती; तुम तो शुरू से ही छतीसा करती आ रही हो।

- **छप्पर फाड़कर देना** (उप्र पीसीएस १९९७)

  अर्थ : बिना परिश्रम किये धन मिलना

  प्रयोग : एक कहावत है— ईश्वर जब भी देता है, छप्पर फाड़कर देता है।

- **छाती पर बाल उग आना**

  अर्थ : उदार होना

  प्रयोग : उस अधिकारी की बातों से तो आज ऐसा लग रहा है, मानो उसकी छाती पर बाल उग आये हों।

- **छाती छलनी हो जाना**

  अर्थ : लगातार दुःख आते रहना

  प्रयोग : तमाम उम्र कष्ट सहते-सहते राधिका की छाती छलनी हो गयी थी।

- **छाती ठोकना**
  अर्थ : साहस दिखाना
  प्रयोग : रामचन्द्र का आश्वासन पाकर ही सुग्रीव ने छाती ठोककर अपने भाई बालि को युद्ध करने के लिए चुनौती दी थी।
- **छाती पर साँप लोटना**
  अर्थ : ईर्ष्या से जलना
  प्रयोग : अपनी सहेली की सफलता देखकर ग़ज़ाला की छाती पर साँप लोटने लगता है।
- **छाती पर मूँग दलना**
  अर्थ : निरन्तर दु:ख देना; पास रहकर कष्ट देना
  प्रयोग : वह १० वर्षों से घर में निठल्ला बैठकर अपने पिता की छाती पर मूँग दल रहा है।
- **छाती पर पत्थर रखना**
  अर्थ : चुपचाप दु:ख सह लेना
  प्रयोग : पिता ने अपनी इकलौती पुत्री का दाह-संस्कार छाती पर पत्थर रखकर किया था।
- **छुपे रुस्तम**
  अर्थ : देखने में साधारण पर वस्तुत: असाधारण
  प्रयोग : कुछ लोग देखने में अत्यन्त सामान्य लगते हैं किन्तु बात करने पर ज्ञात होता है कि वे कितने ''छुपे रुस्तम'' हैं।
- **छुरी-कटारी दिखाना**
  अर्थ : जान से मारने की धमकी देना
  प्रयोग : बदमाशों ने उसकी सोने की अँगूठी छीनने के लिए उसे छुरी-कटारी दिखा दी थी।
- **छुरी तेज़ करना**
  अर्थ : हानि करने की तैयारी करना
  प्रयोग : अपराधी क़िस्म के लोग किराये पर हत्या करने के लिए छुरी तेज़ करते हैं।
- **छुरी-तले दबाना**
  अर्थ : कष्ट देना
  प्रयोग : दबंग व्यक्ति तो हमेशा ही असमर्थ लोगों को छुरी-तले दबाये रखता है।
- **छूछे हाथ**
  अर्थ : रुपये-पैसे से ख़ाली हाथ
  प्रयोग : बेटी की शादी में पिता ने इतना अधिक ख़र्च किया था कि वे ''छूछे हाथ'' होकर रह गये थे।
- **छू-मन्तर हो जाना**
  अर्थ : भाग जाना
  प्रयोग : जादूगर ने दर्शकों की आँख के सामने लड़की को पलक झपकते ही छू-मन्तर कर दिया।
- **छोटी हँड़िया**
  अर्थ : छोटे दिल का
  प्रयोग : तुच्छ लोगों से दावत की उम्मीद करना व्यर्थ है क्योंकि वे तो हमेशा से छोटी हँड़िया रहे हैं।

- **छोटे मुँह बड़ी बात**
  अर्थ : सामर्थ्य से अधिक
  प्रयोग : कभी-कभी "छोटे मुँह बड़ी बात" करना बहुत महँगा पड़ जाता है।
- **छोह दिखाना**
  अर्थ : ममता प्रकट करना
  प्रयोग : यशोदा माता कृष्ण के प्रति हमेशा छोह दिखाती थीं।

## ज

- **जंगल में मंगल होना**
  अर्थ : निर्जन स्थान में भी आनन्द का मिलना
  प्रयोग : पुरुषार्थी मनुष्य जंगल में भी मंगल कर लेता है।
- **जटायु-मरण**
  अर्थ : कर्त्तव्य करते हुए मरना
  प्रयोग : सीमाओं पर अपने कर्त्तव्य-निर्वहन करते हुए जवान जटायु-मरण की स्मृति को जीवन्त करते रहते हैं।
- **जड़ खोदना (काटना)**
  अर्थ : समूल नष्ट करना
  प्रयोग : यदि ऐसा लगे कि कोई तुम्हारा शत्रु तुम्हें पूरी तरह से नष्ट करने पर तुला है तो मौक़ा निकालकर उसकी जड़ खोद देनी चाहिए।
- **ज़बान कैंची की तरह चलाना**
  अर्थ : बढ़-चढ़कर तीख़ी बातें करना
  प्रयोग : वह देखने में तो बहुत छोटा है लेकिन अपनी ज़बान कैंची की तरह चलाता है।
- **ज़बान पर चढ़ना**
  अर्थ : याद आना
  प्रयोग : राष्ट्रमण्डल-मुक्केबाज़ी-प्रतियोगिता में भारतीय मुक्केबाज़ों का अभूतपूर्व प्रदर्शन देखकर सबकी ज़बान पर अब मुक्केबाज़ी का भूत चढ़ गया है।
- **ज़बान पर लगाम न होना**
  अर्थ : नियन्त्रण-रहित होकर बोलना
  प्रयोग : ऐसे लोगों से किसी प्रकार का सम्बन्ध न रखो, जिनकी ज़बान पर लगाम न हो।
- **ज़मीन-आसमान एक करना**
  अर्थ : हर तरह से उपाय कर डालना
  प्रयोग : अधिवक्ता ने अपने अभियुक्त को मौत की सज़ा से बचाने के लिए ज़मीन-आसमान एक कर दिया था।
- **ज़मीन-आसमान का फ़र्क़**
  अर्थ : बहुत बड़ा अन्तर
  प्रयोग : सुक्खू और दुक्खू के व्यवहार में ज़मीन-आसमान का फ़र्क़ है।

- **ज़मीन-आसमान के कुलाबे मिलाना**

  अर्थ : शेख़ी बघारना

  प्रयोग : वह है तो चूहे-जैसा किन्तु बातें इस तरह से करता है, मानो ज़मीन आसमान के कुलाबे मिला रहा हो।

- **ज़मीन में गड़ना**

  अर्थ : लज्जा से सिर नीचा होना

  प्रयोग : रंजना को जब अपने पुत्र के देशद्रोही होने का पता चला तब वह ज़मीन में गड़ गयी।

- **ज़मीन पर पाँव न पड़ना**

  अर्थ : बहुत अभिमान करना

  प्रयोग : उसने ग्रेट ब्रिटेन में नौकरी क्या पा ली, उसके तो ज़मीन पर पाँव ही नहीं पड़ रहे हैं।

- **जल मरना**

  अर्थ : डाह करना

  प्रयोग : आज का पड़ोसी एक-दूसरे की प्रगति को देखकर जल मरता है।

- **जलती आग में घी (तेल) डालना**

  अर्थ : बात को और बढ़ाना; गरम माहौल को और गरम करना

  प्रयोग : एक तो महँगाई वैसे ही जीना दूभर कर रही है; उस पर राजनेताओं के महँगाई और बढ़ने के वक्तव्य ने जलती आग में घी डाल दिया है।

- **जली-कटी सुनाना**

  अर्थ : बुरा-भला कहना

  प्रयोग : प्रगल्भ का कटाक्ष सुनकर रति ने उसे ख़ूब जली-कटी सुनायी थी।

- **जले पर नमक छिड़कना** (बिहार पीसीएस १९९९; उप्र पीसीएस १९९२,२००८; आईएएस २००३,२००५,२००९)

  अर्थ : दु:ख पर और दु:ख देना

  प्रयोग : श्यामला तो ऐसे ही शोक-सन्तप्त है; ऊपर से ताने मारकर आप उसके जले पर नमक छिड़क रहे हैं। आपको तो शर्म आनी चाहिए!

- **ज़हर के घूँट पीना**

  अर्थ : क्रोध को प्रकट न होने देना

  प्रयोग : वह अपने ससुरावालों से बहुत तंग आ चुकी है किन्तु हर बार ज़हर के घूँट पीकर रह जाती है।

- **ज़हर उगलना**

  अर्थ : कष्टदायक बातें कहना

  प्रयोग : पाकिस्तान समय-समय पर भारत के विरुद्ध ज़हर उगलता रहता है।

- **ज़हर की पुड़िया**

  अर्थ : मुसीबत की जड़

  प्रयोग : उसकी ख़ूबसूरती पर मत जाओ; वह तो ''ज़हर की पुड़िया'' है।

- **जहाज़ का काग होना**

  अर्थ : एकमात्र ठिकाना

  प्रयोग : तुम मेरी सहेली के बारे में कुछ भी कहो किन्तु मुझ आधारहीन के लिए वह तो जहाज़ का काग बनी हुई है।

- **जान के लाले पड़ना**

  अर्थ : संकट में पड़ना

  प्रयोग : घटिया शासकीय नीतियों और नक्सलियों की रक्तिम गतिविधियों के कारण सुरक्षा सैनिकों की जान के लाले पड़ गये हैं।

  (मप्र पीसीएस १९९३,२००३)

- **जान पर खेलना**

  अर्थ : जान की बाज़ी लगा देना

  प्रयोग : वफ़ादारी का सिला वही दे सकता है, जो जान पर खेलने की क़ूवत रखता हो।

- **जान सूखना**

  अर्थ : डर जाना

  प्रयोग : भूत की कहानी सुनते ही बच्चों की जान सूख गयी थी।

- **जान-में-जान आना**

  अर्थ : तसल्ली होना; घबराहट दूर होना

  प्रयोग : १० वर्षों बाद जब उसका खोया हुआ लड़का मिला तब माँ की जान-में-जान आयी।

- **जान से हाथ धो बैठना**

  अर्थ : मारा जाना

  प्रयोग : विमान-दुर्घटना में पोलैण्ड के राष्ट्रपति को जान से हाथ धोना पड़ा था।

- **जान हथेली पर रखना**

  अर्थ : प्राणों की परवाह न करना

  प्रयोग : सीमा पर तैनात सुरक्षा बल के जवान हरदम अपनी जान हथेली पर रखकर अपना कर्त्तव्य-निर्वहन करते हैं।

- **जिगरी दोस्त**

  अर्थ : घनिष्ठ मित्र

  प्रयोग : निष्ठा और अनुष्ठा जिगरी दोस्त हैं।

- **जितनी डफली उतने राग**

  अर्थ : जितने लोग उतने तरीक़े

  प्रयोग : प्रत्येक व्यवस्था में एक ही व्यक्ति का अनुशासन रहना चाहिए वरना ''जितनी डफली उतने राग'' वाली बात चरितार्थ हो जाएगी।

- **ज़िन्दगी के दिन पूरे करना**

  अर्थ : कठिनाई में समय बिताना

  प्रयोग : बुरे दिनों के आने पर धैर्यपूर्वक ज़िन्दगी के दिन पूरे करने चाहिए।

- **जिस पत्तल में खाना उसी में छेद करना**

  अर्थ : उपकारी का ही अपकार करना

  प्रयोग : जिसने तुम्हें ग़रीब जानकर आश्रय दिया है, उसके प्रति सदा कृतज्ञ रहना; कहीं ऐसा न हो कि जिस पत्तल में खाओ, उसी में छेद कर दो।

- **जी को मारना**

  अर्थ : मन की इच्छाओं को रोकना

  प्रयोग : बुरे समय आने पर जी को मारकर धैर्यपूर्वक जीने का प्रयास करो।

- **जी खोलकर**

  अर्थ : निःसंकोच; पूरी तरह से

  प्रयोग : जब भी तुम्हारे सामने कोई कठिनाई आये, "जी खोलकर" मुझे बताना।

- **जी चुराना**

  अर्थ : काम-चोर

  प्रयोग : जब भी परीक्षा का समय आता है, वह पढ़ने से हमेशा जी चुराता है।

- **जी-जान से खेलना**

  अर्थ : मृत्यु की परवाह न करना

  प्रयोग : देशभक्त देश की सुरक्षा के लिए अपनी जी-जान से खेल जाते हैं।

- **जी-जान से लगना**

  अर्थ : पूर्णरूपेण लगना

  प्रयोग : बी०एड्० प्रवेश-परीक्षा की तैयारी में शर्वरी इन दिनों जी-जान से लगी हुई है।

- **जी खट्टा होना**

  अर्थ : मन फेरना; निराश होना

  प्रयोग : नक्सलियों की हिंसक गतिविधियों को देखकर उनके संघटन के चरित्र के प्रति जी खट्टा हो गया है।

- **जी का जंजाल**

  अर्थ : व्यर्थ की परेशानी

  प्रयोग : उसका किरायेदार १० वर्षों से उसके घर में गुण्डई के बल पर डँटा हुआ है। सच, अब वह जी का जंजाल बन गया है।

- **जी-भर आना**

  अर्थ : करुणा का उद्रेक होना; चित्त में दुःख होना

  प्रयोग : मदर टेरेसा की मृत्यु का समाचार सुनकर सभी देशवासियों का जी-भर आया था।

- **जीती मक्खी निगलना**

  अर्थ : जान-बूझकर अन्याय सहना

  प्रयोग : रामलाल जानता था कि वह निर्दोष है फिर भी सज़ा पाकर उसने जीती मक्खी निगल ली।

- **जूतियाँ चटकाते फिरना**

  अर्थ : मारे-मारे फिरना

  प्रयोग : सरकार की घटिया आरक्षण-नीति के चलते, तमाम शिक्षित युवक आजकल जूतियाँ चटकाते फिर रहे हैं।

- **जूतियाँ (जूते) चाटना**

  अर्थ : चापलूसी में बहुत निम्न स्तर तक जाना

  प्रयोग : मक्कार क़िस्म का व्यक्ति अपना काम निकालने के लिए दूसरे के जूते चाटने को भी तैयार रहता है।

- **जूतियाँ सीधी करना**

  अर्थ : दास-भाव से सेवा करना

  प्रयोग : बेचारा बटुक प्रसाद ज़िन्दगी-भर अपने अधिकारियों की जूतियाँ सीधी करता रहा किन्तु कुछ भी हासिल न कर सका।

- **जोंक लगना**

  अर्थ : चिन्ता करना; चिपकना

  प्रयोग : परीक्षा में यदि शत-प्रतिशत अंक अर्जित करना हो तो जोंक की भाँति जी-जान से लग जाओ।

- **जोख़िम में पड़ना; जान जोख़िम में पड़ना**

  अर्थ : ख़तरे में पड़ना

  प्रयोग : तुम्हें झूठी गवाही देने से क्या हासिल होता है; कहीं ऐसा न हो कि जोख़िम में पड़ जाओ।

- **जोड़-तोड़ करना** **(उप्र बीएड् प्रवेश-परीक्षा २००७)**

  अर्थ : उपाय करना

  प्रयोग : तुम तो निहायत शरीफ़ हो; ''जोड़-तोड़ करना'' तुम्हारे वश की बात नहीं।

## झ

- **झख मारना**

  अर्थ : विवश होना; समय नष्ट करना

  प्रयोग : हाथों में आये समय का उपयोग करो, झख मारने से क्या हासिल होनेवाला है?

- **झख सवार होना**

  अर्थ : ज़िद में आ जाना

  प्रयोग : उससे बात मत करो क्योंकि कब उस पर किस बात की झख सवार हो जाए, नहीं मालूम।

- **झगड़ा मोल लेना**

  अर्थ : जान-बूझकर झगड़े में पड़ना

  प्रयोग : मोहित झगड़े से बचने का बार-बार प्रयास कर रहा था किन्तु राघव था कि उसे उकसाते हुए झगड़ा मोल लेने पर उतारू था।

- **झड़ी लगा देना**

  अर्थ : लगातार चीज़ें रखते जाना

  प्रयोग : सचिन तेन्दुलकर ने अपने उत्कृष्ट-क्रिकेट खेल का प्रदर्शन कर पुरस्कारों की झड़ी लगा दी है।

- **झण्डा गाड़ना** (आईएएस १९९०,२००१)

  अर्थ : पूर्णरूपेण अपना अधिकार जमाना

  प्रयोग : सचिन तेन्दुलकर ने लाज़वाब क्रिकेट-खेल का प्रदर्शन कर पूरे विश्व में अपना झण्डा गाड़ दिया है।

- **झण्डे-तले आना**

  अर्थ : युद्ध में किसी का पक्ष लेना

  प्रयोग : आज लगभग पूरा विश्व आतंकवाद के ख़िलाफ़ भारत के झण्डे-तले आ ही गया है।

- **झाँसा देना**

  अर्थ : टरका देना; धोखे में डालना

  प्रयोग : धूर्त और मक्कार व्यक्ति हर किसी को झाँसा देकर अपना काम निकालना जानता है।

- **झाईं बताना**

  अर्थ : छुपकर जाना; धोखा करना

  प्रयोग : कारागार से वह अपराधी ऐसा झाईं बताकर निकला कि किसी को भनक तक न लगी।

- **झाड़ू फेरना**

  अर्थ : नष्ट करना

  प्रयोग : वार्षिक परीक्षा के दौरान मार्ग-दुर्घटना में घायल होने के कारण अनुष्टुप की सारी मिहनत पर झाड़ू फिर गयी।

- **झाड़ू से बात करना**

  अर्थ : कर्कश होना

  प्रयोग : मेरी पड़ोसिन बहुत कर्कशा है; वह सभी के साथ झाड़ू से बात करती है।

- **झींसी पड़ना**

  अर्थ : बूँदाबाँदी होना; थोड़ा-थोड़ा पानी गिरना

  प्रयोग : किसानों को मूसलाधार वर्षा की प्रतीक्षा है; झींसी पड़ने से भला क्या होगा!

- **झूमने लगना**

  अर्थ : आनन्द-विभोर हो जाना

  प्रयोग : कर्णिका के भजनों को सुनकर सभागार में उपस्थित सभी लोग झूम उठे।

- **झेंप खाना**

  अर्थ : लजा जाना

  प्रयोग : अपने दुष्कृत्यों का भण्डाफोड़ हो जाने पर वह ख़ुद ही सबके सामने झेंप खा गया।

- **झोंक देना**

  अर्थ : पूरी तरह से डाल देना

  प्रयोग : इस परीक्षा में उत्कृष्ट सफलता के लिए स्वयं को झोंक दो।

- **झोंटा-झोंटी होना**
  अर्थ : लड़ाई होना
  प्रयोग : उन बहनों में पटती नहीं है; आये-दिन झोंटा-झोंटी होती रहती है।
- **झोली डालना**
  अर्थ : भीख देना
  प्रयोग : बेचारा दो दिनों से भूखा है; अपनी झोली डाल दो।

## ट

- **टका-सा जवाब देना**
  अर्थ : तुरन्त अस्वीकार कर देना; साफ़ इनकार कर देना
  प्रयोग : वह बात-बात पर टका-सा जवाब दे देता है।
- **टका-सा मुँह लेकर रह जाना** (उप्र पीसीएस २०००)
  अर्थ : लज्जित हो जाना
  प्रयोग : जब मैंने उसकी चोरी रँगे-हाथों पकड़ ली तब वह टका-सा मुँह लेकर रह गया।
- **टट्टी की ओट से शिकार खेलना**
  अर्थ : किसी के विरुद्ध छुपकर कोई चाल चलना; छल-कपट से काम लेना
  प्रयोग : भारतीय सीमा में चीनी सेनाओं की घुसपैठ, टट्टी की ओट से शिकार खेलना जैसा है।
- **टट्टू पार होना**
  अर्थ : काम निकल जाना
  प्रयोग : मैं लगकर प्रयास कर लूँगा तो मेरा टट्टू पार हो जाएगा।
- **टपक पड़ना**
  अर्थ : अकस्मात् आ जाना
  प्रयोग : मैं बाहर जाने की योजना बना ही रहा था कि मेरा मित्र टपक पड़ा।
- **टरका देना**
  अर्थ : बहाना बनाकर लौटा देना
  प्रयोग : धूर्त और मक्कारों से मैं कतई मिलना पसन्द नहीं करता इसलिए उन्हें प्राय: टरका देता हूँ।
- **टस-से-मस न होना**
  अर्थ : तनिक भी प्रभावित न होना
  प्रयोग : वह इतना निर्दयी है कि उस ग़रीब का आर्त स्वर सुनकर भी टस-से-मस न हुआ।
- **टाँग अड़ाना**
  अर्थ : बिना अधिकार के किसी काम में हस्तक्षेप करना
  प्रयोग : कुछ लोगों की बात-बेबात टाँग अड़ाने की आदत होती है।
- **टाँग पसार कर सोना**
  अर्थ : निश्चिन्त हो जाना
  प्रयोग : कभी-कभी टाँग पसार कर सोना घातक हो जाता है।

- **टाँग तले से निकालना**
  अर्थ : हार मनवाना
  प्रयोग : उसने उसे अचानक पटक दिया और अपने टाँग तले से निकाला।
- **टाँय-टाँय फिस होना** (उप्र पीसीएस २००८)
  अर्थ : बकवाद बहुत किन्तु फल कुछ नहीं; बहुत ज़ोर-शोर दिखाना
  प्रयोग : कुछ लोग बहुत सारी योजनाएँ बना लेते हैं, अन्ततः टाँय-टाँय फिस हो जाते हैं।
- **टाट उलटना**
  अर्थ : दिवाला निकलना
  प्रयोग : उस व्यवसायी को व्यापार में इतना घाटा हुआ कि उसका टाट ही उलट गया।
- **टिड्डी-दल**
  अर्थ : अत्यधिक संख्या में
  प्रयोग : छत्तीसगढ़ में नक्सलवादी टिड्डी-दल की भाँति घुस चुके हैं।
- **टिप्पस लगाना**
  अर्थ : सिफ़ारिश करवाना
  प्रयोग : आजकल मामूली से-मामूली-काम के लिए भी राजनेताओं से टिप्पस लगवाने पड़ते हैं।
- **टीका-टिप्पणी करना**
  अर्थ : आलोचना करना; त्रुटि खोजना
  प्रयोग : कुछ देश तो भारत के विरुद्ध हमेशा ही कुछ-न-कुछ टीका-टिप्पणी करते रहते हैं।
- **टीम-टाम करना**
  अर्थ : बनाव-सिंगार करना
  प्रयोग : प्रायः खोखले क़िस्म के लोग टीम-टाम ज़्यादा करते हैं।
- **टूट पड़ना**
  अर्थ : अचानक आक्रमण कर देना
  प्रयोग : करगिल में भारतीय सेना पाकिस्तानी फ़ौज पर टूट पड़ी।
- **टेढ़ी खीर** (उप्र पीसीएस १९९०,१९९२,२००५)
  अर्थ : कठिन कार्य
  प्रयोग : सालभर तो वह लापरवाही करती रही; अब उसका परीक्षा उत्तीर्ण कर पाना बहुत ही ''टेढ़ी खीर'' है।
- **टेढ़ी अँगुली से घी निकालना**
  अर्थ : बलपूर्वक काम निकालना
  प्रयोग : शराफ़त से यदि काम न निकल पाये तो टेढ़ी अँगुली से घी निकाल लेना चाहिए।
- **टोपी उछालना**
  अर्थ : अनादर करना
  प्रयोग : कभी कुछ लोग इतने धृष्ट होते हैं कि हर किसी की टोपी उछाल देते हैं।
- **टोह लेना (लगाना)**
  अर्थ : पता लगाना
  प्रयोग : उसका अपहरण किये दो वर्ष हो गये हैं और हमारी पुलिस अभी टोह ही ले रही है।

## ठ

- **ठकुर-सुहाती करना**
अर्थ : हाँ में 'हाँ' मिलाना; ख़ुशामद करना
प्रयोग : नयी पीढ़ी का हर व्यक्ति ठकुर-सुहाती कला में निपुण है।

- **ठगी-विद्या खेलना**
अर्थ : छल-कपट करना
प्रयोग : जो ईमानदारी के साथ जीवन में कुछ नहीं कर पाते हैं, वे "ठगी विद्या खेलना" शुरू कर देते हैं।

**ठठेर-ठठेरे बदलाई**
अर्थ : जैसे के साथ तैसे का व्यवहार
प्रयोग : अब धूर्त के साथ विनम्रता का ज़माना गया। आज का ज़माना कहता है, "ठठेरे-ठठेरे बदलाई।"

- **ठठेरे-ठठेरे बदलाई न होना**
अर्थ : ठगों का आपस में न ठग सकना
प्रयोग : वह तुझसे कम पाखण्डी नहीं है, जो उसे ठग पाओगे— ठठेरे-ठठेरे में बदलाई नहीं होती।

- **ठण्ढा करना**
अर्थ : क्रोध शान्त करना; शोक कम करना; आश्वासन देना; आग बुझाना
प्रयोग : वह अपने पड़ोसी के दुर्व्यवहार से आग-बबूला हो गया। बामुश्किल उसे ठण्ढा करना पड़ा।

- **ठण्ढी साँस लेना**
अर्थ : सोच में उदास होना
प्रयोग : जबसे पुत्री रुचिका ने शादी करने से इंकार कर दिया है तबसे उसके पिता ठण्ढी साँसें ले रहे हैं।

- **ठन्-ठन् गोपाल**
अर्थ : छूँछी और निस्सार वस्तु
प्रयोग : यह तो उसका बाहरी रूप है लेकिन भीतर से वह "ठन्-ठन् गोपाल" है।

- **ठिकाने लगाना**
अर्थ : ठीक जगह पहुँचाना; नष्ट कर देना; मार डालना
प्रयोग : वह इतना ज़ालिम है कि अपने विरोधियों को ठिकाने लगा देता है।

- **ठीकरा फोड़ना**
अर्थ : दोष लगाना
प्रयोग : अपराध उसने किया और ठीकरा मेरे सिर फोड़ते हो?

- **ठीकरा समझना**
अर्थ : बेकार समझना
प्रयोग : कभी-कभी घूरे के दिन भी फिरते हैं; उसे ठीकरा न समझो

- **ठीका लेना**
  अर्थ : ज़िम्मेदारी लेना
  प्रयोग : यदि अपने दायित्व का निर्वहन कर सकते हो तो ठीका लो।
- **ठुकुरा देना**
  अर्थ : लात मार देना; तुच्छ समझकर दूर हटाना
  प्रयोग : मैं अपने जीवन में इतना स्वाभिमानी रहा हूँ कि बड़े-से-बड़ा पद भी मैंने ठुकुरा दिया है।
- **ठोकरें खाना**
  अर्थ : कष्ट उठाना
  प्रयोग : यदि कामचोरी की आदत को दूर नहीं करोगे तो, ऐसे ही जहाँ का तहाँ पड़े रहकर ठोकरें खाते रहोगे।
- **ठौर रहना**
  अर्थ : मारा जाना; काम आना
  प्रयोग : उसके पाप का घड़ा जिस दिन भर जाएगा, वह ठौर रहेगा।

## ड

- **डंक मारना**
  अर्थ : बिच्छू का काटना; कटु वचन कहना
  प्रयोग : वह औरत इतनी कर्कशा है कि जब बोलती है, लगता है, डंक मार रही है।
- **डंका बजाना**
  अर्थ : शोहरत होना
  प्रयोग : सचिन तेन्दुलकर-द्वारा दस हज़ार रन पूरा कर लेने पर दुनियाभर में बल्लेबाज़ी में उनका डंका बज गया।
- **डंके की चोट पर कहना**
  अर्थ : खुल्लम-खुल्ला कहना; सबको सुनाकर कहना
  प्रयोग : लालू ने यदि घोटाला किया है तो मैं इसे डंके की चोट पर कहूँगा।
- **डकार जाना**
  अर्थ : किसी से कुछ लेकर देने की इच्छा न करना; खा जाना; पचा जाना
  प्रयोग : बाढ़ के नाम पर दी गयी सहायता-राशि समाचार-पत्र के स्वामी ने अकेले ही डकार ली है।
- **डग भरना**
  अर्थ : क़दम बढ़ाना; लम्बे पैर बढ़ाना
  प्रयोग : शिविर-कार्यक्रम में भाग लेने के लिए बच्चे इतने उत्सुक थे कि उन्होंने डग भरने प्रारम्भ कर दिये।
- **डण्डा बजाते फिरना**
  अर्थ : बेकार घूमना-फिरना
  प्रयोग : समय का सदुपयोग करना सीखो बेटे! ''डण्डा बजाते फिरना'' अच्छी बात नहीं है।

- **डाँवाडोल होना**
  अर्थ : एक स्थिति में न रहनेवाला
  प्रयोग : वह आर्थिक दृष्टि से इतना टूट गया है कि उसकी पूरी गृहस्थी ही डाँवाडोल हो गयी है।
- **डींग मारना (हाँकना)**
  अर्थ : मिथ्याभिमान करना; व्यर्थ बड़ाई करना
  प्रयोग : यथार्थ को जीनेवाला व्यक्ति कभी डींग नहीं मारा करता।
- **डील-डौल होना**
  अर्थ : हृष्ट-पुष्ट होना
  प्रयोग : एक अच्छा पहलवान अच्छे डील-डौलवाला होता है।
- **डूबती नाव को पार लगाना**
  अर्थ : संकट में रक्षा करना
  प्रयोग : हर्षिता के पिता जी अपनी बेटी के लिए इतने रुपये छोड़कर गये थे कि उनकी बेटी की शादी कर घरवालों ने उनकी डूबती नाव पार लगा दी।
- **डूबते को तिनके का सहारा**
  अर्थ : संकट में थोड़ा-सा सहारा
  प्रयोग : बेरोज़गारी से ऊबकर वह तो आत्महत्या करने जा रहा था किन्तु ऐन वक़्त पर उसके मित्र ने उसकी आर्थिक सहायता कर उस डूबते को तिनके का सहारा दे दिया था।
- **डेढ़ चावल की खिचड़ी अलग पकाना**
  अर्थ : अपनी राय सबसे अलग रखना; मिलकर कार्य न करना
  प्रयोग : वह हमेशा से अपनी डेढ़ चावल की खिचड़ी पकाता आ रहा है क्योंकि उसकी किसी से निभती नहीं।
- **डेढ़ बित्ता कलेजा करना**
  अर्थ : अत्यधिक साहस दिखाना
  प्रयोग : भारतीय सैनिक जब भी युद्ध-मैदान में जाते हैं, अपना कलेजा डेढ़ बित्ते का कर लेते हैं।
- **डेढ़ पसली का पहलवान**
  अर्थ : दुबला-पतला झगड़ालू व्यक्ति
  प्रयोग : उससे मत बोलो; देखते नहीं डेढ़ पसली का पहलवान है।
- **डोरे डालना**
  अर्थ : प्रेमसूत्र में बद्ध करना; फुसलाना
  प्रयोग : उसकी कामुकता की हद है; जब देखो तब किसी-न-किसी लड़की पर डोरे डालता रहता है।
- **डोलती नौका**
  अर्थ : अस्थिर अवस्था; आशंकमय स्थिति
  प्रयोग : आज की पत्रकारिता डोलती नौका के समान है; कब पत्रकारों को लात मारकर बाहर कर दिया जाए, कुछ पता नहीं।

- **ड्योढ़ी का खुलना**
  अर्थ : दरबार में आने-जाने की आज्ञा मिलना
  प्रयोग : नारद जी के लिए हर समय देव-दानवों की ड्योढ़ी खुली रहती थी।

## ढ

- **ढंग पर आना**
  अर्थ : अभिप्राय-साधन के अनुकूल करना
  प्रयोग : परीक्षा के समय लापरवाही का परिणाम समझ जाने के बाद रत्ना अब ढंग पर आ गयी है।
- **ढकोसला होना**
  अर्थ : ऊपरी बनावट होना; कपट का व्यवहार करना
  प्रयोग : प्रात:काल से ही तिलक-चन्दन लगाकर पण्डे तरह-तरह के ढकोसले करते हैं।
- **ढाई दिन की बादशाहत ( हुक़ूमत ) होना** (उप्र पीसीएस १९९६,२००८)
  अर्थ : थोड़े समय के लिए पूरा अधिकार मिलना
  प्रयोग : एक दिन के लिए राजा बनते हुए उसने चमड़े का सिक्का चलाकर अपनी ढाई दिन की बादशाहत क़ायम कर ली थी।
- **ढाक के तीन पात**
  अर्थ : सदा एक-सी दशा में रहना
  प्रयोग : उसके कर्म ही ऐसे हैं कि उसे सदा ही "ढाक के तीन पात" बना रहना पड़ता है।
- **ढिंढोरा पीटना**
  अर्थ : सुस्पष्ट घोषणा करना; प्रचार करना
  प्रयोग : मैंने उसे मना किया कि वह अपनी सफलता का राज़ किसी को न बताये किन्तु उसने तो इस बात का ढिंढोरा ही पीट दिया।
- **ढील देना**
  अर्थ : आज़ाद छोड़ देना; नियन्त्रण न करना
  प्रयोग : घर के अनुशासन में ज़रा भी ढील दोगी तो ये बच्चे बिगड़ सकते हैं।
- **ढेर करना**
  अर्थ : मारकर गिरा देना
  प्रयोग : यदि किसी शत्रु से झगड़ा हो ही जाए तो उसे वहीं ढेर कर दो।
- **ढेर हो जाना**
  अर्थ : गिरकर मर जाना; थककर चूर हो जाना
  प्रयोग : पैराशूट से नीचे गिरते ही जवान ढेर हो गया।
- **ढोंग रचना**
  अर्थ : किसी को मूर्ख बनाने के लिए पाखण्ड करना
  प्रयोग : व्यक्ति जितना भीतर है, उसे उतना ही बाहर भी दिखना चाहिए; व्यर्थ का ढोंग रचना उचित नहीं।

- **ढोल में पोल** (उप्र पीसीएस २००७)

  अर्थ : बड़ों में दुर्गुण

  प्रयोग : ये राजनेता बनावटी बातें करते हैं; इनसे प्रभावित मत होना, सब "ढोल में पोल" हैं।

- **ढोलना हाथों पर होना**

  अर्थ : हर समय क़ुरान शरीफ़ की क़सम खाना (एक मुस्लिम कहावत)

  प्रयोग : प्राय: असत्यवादी किसी से कुछ कहते समय ढोलना हाथों पर लिये रहता है।

## त

- **तंग आना**

  अर्थ : परेशान होना; दुखी होना

  प्रयोग : उसकी बीमार हालत देखकर मैं तंग आ गयी हूँ।

- **तक़दीर जगना; तक़दीर खुल जाना**

  अर्थ : सुख के दिन आना

  प्रयोग : आज़ादी के आन्दोलन में नेताजी सुभाष चन्द्र बोस का नेतृत्व पाकर भारतीयों की तक़दीर खुल गयी थी।

- **तख़्ता उलटना** (आईएएस २०००)

  अर्थ : अपदस्थ होना

  प्रयोग : पाकिस्तान में तो एक-दूसरे का तख़्ता उलटने की एक लम्बी परम्परा है।

- **तन-बदन में आग लगना**

  अर्थ : बहुत क्रोध आना

  प्रयोग : उसकी घासलेटी बातें सुनकर तो मेरे तन-बदन में आग लग जाती है।

- **तन पर एक सूत न होना**

  अर्थ : वस्त्र-हीन रहना

  प्रयोग : कोई भी मौसम हो, सच्चे नागा साधुओं के तन पर एक सूत तक नहीं रहता।

- **तबेले की बला बन्दर के सिर**

  अर्थ : दोष किसी का और दोषारोपण किसी पर

  प्रयोग : पुलिस ने मौक़ा-ए-वारदात पर खड़े रामू को पकड़ लिया और उसने "तबले की बला बन्दर के सिर" चरितार्थ करते हुए उसको जेल भेज दिया।

- **तलवार की छाया**

  अर्थ : युद्ध की सम्भावना

  प्रयोग : पाकिस्तान की दोगली बयानबाज़ी से भारत के ऊपर "तलवार की छाया" दिखने लगती है।

- **तलवार की धार**

  अर्थ : सतर्कतापूर्ण जोख़िमभरा कार्य

  प्रयोग : आतंकवादियों की गतिविधियाँ अकसर "तलवार की धार" की तरह होती हैं।

- **तलवार के बल**

  अर्थ : शक्ति अथवा पराक्रम का विश्वास

  प्रयोग : महारानी लक्ष्मीबाई ने अपनी "तलवार के बल" पर अँगरेज़ों के दाँत खट्टे कर दिये थे।

- **तलवार के घाट उतारना**

  अर्थ : युद्ध में हत्या

  प्रयोग : सरकार और नक्सलियों की लड़ाई में अब तक हज़ारों सुरक्षा सैनिक तलवार के घाट उतार दिये गये हैं।

- **तलवे चाटना**

  अर्थ : ब्रहुत खुशामद करना

  प्रयोग : चुनावों की घोषणा होते ही चन्दा पाने के लिए राजनीतिक दल के नेता पूँजीपतियों के तलवे चाटने लगते हैं।

- **तवे की बूँद होना**

  अर्थ : तुरन्त अदृश्य हो जाना; क्षणस्थायी होना; जिससे कुछ भी तृप्त न हो।

  प्रयोग : मैंने घर में ५,००० रुपये ज़रूरत के समय ख़र्च के लिए रखे थे किन्तु तवे की बूँद की तरह न जाने वे कहाँ ग़ायब हो गये।

- **ताँगे का घोड़ा होना**

  अर्थ : पिस-पिस कर काम करना

  प्रयोग : यह तो सरासर अन्याय है कि देश की आम जनता ताँगे के घोड़े हों और नेता जी गुलछर्रे उड़ाते फिरें।

- **ताक़ पर धरना** (रखना)

  अर्थ : पड़ा रहने देना; काम में न लाना

  प्रयोग : परीक्षा अब समीप है और तुमने अपनी सारी पढ़ाई ताक़ पर रख दी!

- **ताड़ का वृक्ष**

  अर्थ : किसी को लाभ न पहुँचानेवाला व्यक्ति

  प्रयोग : सच, आज का प्रायः हर राजनेता इतना ख़ुदगर्ज़ बन गया है कि उसे "ताड़ का वृक्ष' कहा जा सकता है।

- **तार-तार होना**

  अर्थ : पूरी तरह फट जाना; सूत-सूत अलग होना

  प्रयोग : एक ही धोती पहनते-पहनते वह तार-तार हो गयी है।

- **तारीफ़ के पुल बाँधना**

  अर्थ : झूठी प्रशंसा करना

  प्रयोग : राजनेताओं की प्रशंसा में उनके चमचे तारीफ़ के पुल बाँध देते हैं।

- **तारे गिनना**

  अर्थ : चिन्ता अथवा प्रतीक्षा में बेचैनी से रात काटना

  प्रयोग : प्रेयसी की प्रतीक्षा में मुझे तारे गिनने पड़े थे।

- **तालू से जीभ न लगना**

  अर्थ : चुपचाप न रहा जाना; बके जाना

  प्रयोग : उस कर्कशा की तो तालू से जीभ ही नहीं लगती; उसे कौन चुप कराये?

- **तिल का ताड़ बनाना** (करना) (आईएएस १९९४)

  अर्थ : किसी छोटी बात को बहुत बढ़ा देना

  प्रयोग : वह इतनी शातिर औरत है कि हर किसी को बदनाम करने के लिए पलक झपकते ही तिल का ताड़ बना देती है।

- **तिल धरने को जगह न रहना**

  अर्थ : ज़रा-सी भी जगह ख़ाली न रहना

  प्रयोग : मौनी अमावस्या के स्नान-पर्व पर कुम्भ मेले में इतनी भीड़ होती है कि तिल रखने की जगह नहीं रहती।

- **तिलांजलि देना**

  अर्थ : परित्याग कर देना; ज़रा भी सम्बन्ध न रखना

  प्रयोग : झूठ को तिलांजलि दे देना चाहिए।

- **तीतर की बोली**

  अर्थ : अर्थहीन बात

  प्रयोग : अल्पज्ञानी हमेशा तीतर की बोली बोलेगा।

- **तीन-तेरह होना** (करना) (उप्र पीसीएस १९९६)

  अर्थ : भाग जाना; तितर-बितर करना; अलग-अलग करना

  प्रयोग : धूर्तों की भलाई इसी में है कि वे यहाँ से तुरन्त तीन-तेरह हो जाएँ।

- **तीन-पाँच में न रहना** (पड़ना)

  अर्थ : झगड़ा-झंझट से दूर रहना

  प्रयोग : मैं सीधा-सादा आदमी कभी किसी के तीन-पाँच में नहीं रहता।

- **तीन में न तेरह में**

  अर्थ : जो किसी गिनती में न हो।

  प्रयोग : उसने अपनी बेटी की शादी में अपने परम मित्र को न बुलाकर "तीन में न तेरह में" को चरितार्थ कर दिया।

- **तीन-पाँच करना** (उप्र पीसीएस १९९५; आईएएस २००१)

  अर्थ : इधर-उधर की बात करना; टाल-मटोल करना; घुमाव-फिराव अथवा हुज्जत की बात करना

  प्रयोग : किसी भी काम को जी लगा कर करना चाहिए; कभी तीन-पाँच नहीं करना चाहिए।

- **तीसमार ख़ाँ बनना**

  अर्थ : बहुत बहादुर बनना; बहुत योग्य बनना

  प्रयोग : अदिति को एक काम तक नहीं आता फिर भी वह तीसमार ख़ाँ बनी फिरती है।

- **तुर्की-ब-तुर्की बोलना** (उप्र पीसीएस १९९६)

अर्थ : बराबर का जवाब देना; अकड़ कर प्रत्युत्तर देना

प्रयोग : पहले अपने अन्दर योग्यता लाओ फिर ''तुर्की-ब-तुर्की बोलना।

- **तुर्रा यह कि**

अर्थ : उस पर भी; सबके उपरान्त इतना यह भी

प्रयोग : एक तो वह ऐसे ही अनुशासनहीन है, उस पर ''तुर्रा यह है कि'' वह सबको अनुशासन का पाठ पढ़ाता है।

- **तूती बोलना**

अर्थ : धाक जमना; किसी की ख़ूब चलती होना

प्रयोग : अब नक्सलियों की सरे-आम गुण्डई की ऐसी धाक है कि छत्तीसगढ़ में उनकी तूती बोलती है।

- **तू-तू मैं-मैं होना**

अर्थ : विवाद होना

प्रयोग : मेरे पड़ोसी कभी शान्ति से नहीं बैठते; जब देखो तब तू-तू मैं-मैं होता रहता है।

- **तूफ़ान मचाना; तूफ़ान खड़ा करना; तूफ़ान उठाना**

अर्थ : बवाल मचाना

प्रयोग : छात्र-संघ के पुनर्बहाल को लेकर विद्यार्थी आये-दिन तूफ़ान मचाते रहते हैं।

- **तेवर चढ़ाना**

अर्थ : दृष्टि का ऐसा हो जाना, जिससे क्रोध प्रकट हो।

प्रयोग : जब भी उसके साथ अन्याय होता है, वह अपना तेवर चढ़ा लेता है।

- **तेल की कचौड़ियों पर गवाही देना**

अर्थ : सस्ते में काम करना

प्रयोग : आज अधिकतर अधिकारी ऐसे हैं, जो घूस लेकर हर प्रकार के काम करने को तैयार रहते हैं। सच, वे तेल की कचौड़ियों पर गवाही देने को तैयार रहते हैं।

- **तेली का बैल होना**

अर्थ : हर समय काम में लगे रहना

प्रयोग : वह बेचारा हर काम में इस तरह से लगा रहता है, मानो वह तेली का बैल हो।

- **तेवर चढ़ना**

अर्थ : क्रुद्ध होना

प्रयोग : अपने गुरु का अपमान होते देखकर उसके तेवर चढ़ गये थे।

- **तेवर बदलना**

अर्थ : काम निकल जाने पर बदल जाना; बेमुरव्वत होना

प्रयोग : हमारे देश के नेता जी चुनाव जीत लेने के बाद अपने तेवर बदल लेते हैं।

- **तैश में आना**

अर्थ : अत्यधिक क्रुद्ध होना

प्रयोग : कुछ लोग ऐसे होते हैं, जो अपनी आलोचना सुनकर तुरन्त तैश में आ जाते हैं।

- **तोता-चश्मी करना** **(उप्र पीसीएस २०११)**

  अर्थ : बेमुरव्वत होना; कृतघ्नता करना

  प्रयोग : उसने तुम्हारे लिए बहुत कुछ किया और तुमने ज़रा-सी बात पर उससे आँखें फेर लीं। तुम-जैसा तोता-चश्मी करनेवाला मैंने देखा ही नहीं।

- **तोता के समान रटना; तोता रटन्त**

  अर्थ : बिना समझे याद करना

  प्रयोग : छोटे बच्चे अपना पाठ तोते के समान रट जाते हैं।

- **तोबा करना**

  अर्थ : किसी बुरे काम से बाज़ आने की दृढ़ प्रतिज्ञा करना

  प्रयोग : शराब पीने से तोबा करते हुए अब वह सम्मानपूर्वक जीवन व्यतीत कर रहा है।

- **त्यौरी चढ़ाना**

  अर्थ : क्रुद्ध होना

  प्रयोग : उस नालायक़ की तेज़ आवाज़ सुनते ही मेरी त्यौरी ही चढ़ गयी।

## थ

- **थई-थई करना**

  अर्थ : नृत्य करना

  प्रयोग : छोटे-छोटे बच्चों को लोग थई-थई करते हुए देखकर ख़ुश हो जाते हैं।

- **थर्रा जाना**

  अर्थ : डर जाना

  प्रयोग : शहर में आतंकवादियों के घुसते ही वहाँ के लोग थर्रा गये।

- **थाने पवाने लगना**

  अर्थ : उचित स्थान पर लगना

  प्रयोग : बेटे! मेरी सारी कमाई मिहनत की है, वह थाने पवाने ही लगना चाहिए।

- **थाली का बैगन** **(उप्र पीसीएस २००३; आईएएस २००५)**

  अर्थ : अस्थिर चित्त का व्यक्ति

  प्रयोग : वह किसी भी विषय पर निर्णय करने में पिछड़ जाता है क्योंकि वह "थाली का बैगन" है।

- **थू-थू करना**

  अर्थ : धिक्कारना

  प्रयोग : उस चोर पर सारा गाँव थू-थू कर रहा है।

- **थूक कर चाटना**

  अर्थ : कहकर मुकर जाना; किसी की दी हुई वस्तु को लुटा देना

  प्रयोग : धूर्त और मक्कार क़िस्म का व्यक्ति अपनी ज़बान की क़ीमत नहीं समझता, तभी तो वह थूककर चाटता रहता है।

- **थूक से सत्तू सानना**
  अर्थ : अत्यधिक कंजूसी करना
  प्रयोग : वह कहने के लिए करोड़ीमल है किन्तु वास्तविकता में थूक से सत्तू सानने के लिए मशहूर रहा है।
- **थैली भर लेना**
  अर्थ : अनुचित ढंग से धन-संग्रह करना
  प्रयोग : अधिकतर बड़े अधिकारी चार-छः महीने के भीतर ही अपनी थैली भरकर करोड़पति बन जाते हैं।
- **थैली खोलना**
  अर्थ : थैली में से निकालकर रुपये देना; अधिक ख़र्च करना
  प्रयोग : अपने परिवार के सुख के लिए घर का मुखिया हमेशा ही थैली खोले रहता है।
- **थोथी बातें**
  अर्थ : खोखली बातें; केवल बातें
  प्रयोग : कुछ लोग ऐसे होते हैं, जो काम की बातें नहीं करते किन्तु थोथी बातें बहुत करते हैं।

## द

- **दन्तकथा**
  अर्थ : सुनी-सुनायी परम्परागत बात
  प्रयोग : उसकी बातों पर पूरी तरह से विश्वास मत करना क्योंकि उसकी सारी बातें "दन्त कथा" से अधिक कुछ नहीं हैं।
- **दम फूलना**
  अर्थ : अधिक परिश्रम के कारण श्वास का जल्दी-जल्दी चलना
  प्रयोग : स्टेशन से छूटी गाड़ी को पकड़ने के चक्कर में दौड़ते-दौड़ते उस यात्री का दम ही फूल गया।
- **दम भरना**
  अर्थ : किसी की मित्रता आदि का पक्का भरोसा करना और अभिमानपूर्वक उसका वर्णन करना; सुस्ताना; परिश्रम करना
  प्रयोग : अब तो तुम मुसीबत में फँसे हो; कहाँ हैं वे तुम्हारे सभी दोस्त, जिनका तुम दम भरते थे?
- **दम साधना**
  अर्थ : चुप रहना; श्वास की गति को रोके रहना
  प्रयोग : शेखर प्रकाशन के मालिक द्वारिका प्रसाद अग्रवाल से जब मैंने अपनी पुस्तकों की रॉयल्टी माँगी तब वे दम साध गये।
- **दमड़ी के तीन होना**
  अर्थ : सस्ते होना
  प्रयोग : बेटे! महँगाई की इस प्रचण्डता के युग में दमड़ी के तीनवाली बात भूल जाओ।

- **दमड़ी के लिए चमड़ी उधेड़ना**

  अर्थ : छोटी ग़लती के लिए बहुत बड़ी सज़ा देना

  प्रयोग : मात्र एक पपीते की चोरी के लिए तुमने उसका सिर फोड़ दिया। इसे ही कहते हैं, "दमड़ी के लिए चमड़ी उधेड़ना।"

- **दया-दृष्टि रखना**

  अर्थ : कृपा बनाये रखना; मेहरबानी की नज़र रखना

  प्रयोग : हम ग़रीबों पर कभी तो आपकी दया-दृष्टि पड़ जाए।

- **दलदल में पाँव फँसना**

  अर्थ : संकट में पड़ना; जल्दी ख़त्म या तय न कर पाना

  प्रयोग : राजनीति में पड़कर उसके पाँव दल-दल में फँस चुके हैं।

- **दशरथ-वचन**

  अर्थ : दृढ़ प्रतिज्ञ; जिन वचनों से हटा न जाए।

  प्रयोग : हर पुरुषार्थी व्यक्ति के लिए उसका एक-एक वचन "दशरथ-वचन" से कम नहीं है।

- **दाँत खट्टे करना** (उप्र पीसीएस १९९६; मप्र पीसीएस १९९३,२००३; आईएएस २००९; आरपीएस २००५,२००८,२००९)

  अर्थ : ख़ूब हैरान करना; पराजित करना

  प्रयोग : बहस करने के मामले में रामजेठमलानी का कोई सानी नहीं है। वे अपने प्रतिपक्षी वकीलों के दाँत खट्टे कर देते हैं।

- **दाँत तोड़ना**

  अर्थ : परास्त करना; हैरान करना

  प्रयोग : अपने किसी भी हिंसक प्रतिद्वन्द्वी का पराक्रम के बल पर उसके दाँत तोड़ दो।

- **दाँत से कौड़ी पकड़ना**

  अर्थ : ज़रूरत से ज़्यादा कंजूसी दिखाना

  प्रयोग : वह सेठ इतना चालाक है कि बात-बात पर दाँत से कौड़ी पकड़ लेता है।

- **दाँत पीसना**

  अर्थ : कोप प्रकट करना

  प्रयोग : नागनाथ की जली-कटी सुनते ही साँपनाथ दाँत पीसने लगा।

- **दाँत पीसकर रह जाना**

  अर्थ : कुपित होकर रह जाना

  प्रयोग : अपने पड़ोसी के घर से आ रही टी०वी० की कर्कश आवाज़ सुनते ही मैं दाँत पीसकर रह गया था।

- **दाँतकाटी रोटी** (उप्र पीसीएस १९९६; आईएएस १९९६,२००९)

  अर्थ : अत्यन्त घनिष्ठ मित्रता

  प्रयोग : कृष्ण और सुदामा-जैसी दाँतकाटी रोटी अब कहाँ दिखती!

- **दाँत तालू में जमना**
  अर्थ : बुरे दिन आ जाना
  प्रयोग : श्रीप्रकाश के दिवालिया हो जाने पर उनके दाँत तालू में जम गये हैं।
- **दाँतों-तले अँगुली दबाना** (उप्र पीसीएस १९९८,१९९९; आईएएस २०१२)
  अर्थ : आश्चर्य करना; चकित रह जाना
  प्रयोग : सैनिकों के साहसिक कारनामों को देखकर लोग दाँतों-तले अँगुली दबा लेते हैं।
- **दाई से पेट छुपाना**
  अर्थ : जानकार से भेद छुपाना
  प्रयोग : बेटा! मैं तुम्हारा बाप हूँ; तुम्हारी मैं पूरी कर्म-कुण्डली जानता हूँ; तुम चाहकर भी दाई से पेट नहीं छुपा सकते।
- **दाद देना**
  अर्थ : प्रशंसा करना; वाह-वाह करना
  प्रयोग : कवि-सम्मेलन में अशोक चक्रधर की कविताएँ सुनकर श्रोताओं ने जी खोलकर उन्हें दाद दी थी।
- **दाना-पानी उठना** (उप्र पीसीएस १९९४,२००४)
  अर्थ : जगह छोड़ना
  प्रयोग : साइबेरियन पक्षी इसलिए प्रवासी पक्षी कहलाते हैं क्योंकि उनका दाना-पानी उठता रहता है।
- **दाल गलाना**
  अर्थ : प्रयोजन सिद्ध करना
  प्रयोग : तामसी इतनी चालाक-चतुर है कि हर अधिकारी से मिलकर अपनी दाल गला लेती है।
- **दाल न गलना**
  अर्थ : प्रयोजन सिद्ध न होना
  प्रयोग : वह अधिकारी इतना ईमानदार है कि उसके सामने बड़ों-बड़ों की दाल नहीं गलती।
- **दाल में कुछ काला होना**
  अर्थ : कुछ खटके अथवा सन्देह की बात होना; किसी बुरी बात का लक्षण दिखायी देना
  प्रयोग : लगता है, दाल में ज़रूर कुछ काला है वरना तुम-जैसा अक्खड़ व्यक्ति माफ़ी भी माँग सकता है, मैं नहीं मानता।
- **दाहिना हाथ होना**
  अर्थ : बहुत बड़ा सहायक होना
  प्रयोग : वह सारा माल अकेले ही डकार लेना चाहता है। तभी तो वह किसी का दाहिनी हाथ नहीं हो पाता।
- **दिन दूनी रात चौगुनी**
  अर्थ : भरपूर उन्नति होना
  प्रयोग : जो दिन-रात परिश्रम कर अपना कर्त्तव्य कर रहा है, वही ''दिन दूनी रात चौगुनी'' हो रहा है।

- **दिन में तारे दिखायी देना**
  अर्थ : बुद्धि चकराने लगना
  प्रयोग : राम सिंह को इतना अधिक मानसिक कष्ट पहुँचा कि उसे दिन में तारे दिखायी देने लगे थे।
- **दिन-रात एक करना** (मप्र पीसीएस १९९९; आईएएस २०००)
  अर्थ : लगातार प्रयास करते रहना
  प्रयोग : सफलता उसी के चरण चूमती है, जो दिन-रात एक कर दे।
- **दिन पहाड़ होना**
  अर्थ : दिन काटे न कटना
  प्रयोग : मुसीबत के दिनों में दिन पहाड़ हो जाते हैं।
- **दिन काटना**
  अर्थ : बहुत मुश्किल से समय काटना
  प्रयोग : आज की इस महँगाई में कुल तनख़्वाह पाँच हज़ार रुपये और खानेवाले आठ! बस यह जान लो, किसी तरह दिन काट रहा हूँ।
- **दिनों का फेर होना**
  अर्थ : भाग्य का चक्कर
  प्रयोग : दिनों का ही फेर है कि वह एक अरबपति से कौड़ी-कौड़ी का मोहताज़ बन गया है।
- **दिमाग़ आसमान पर चढ़ना**
  अर्थ : बहुत अधिक घमण्ड होना
  प्रयोग : कल के भिखारी का दिमाग़ आज अधिकारी बनते ही आसमान पर चढ़ गया है।
- **दिल में फफोले पड़ना**
  अर्थ : अत्यन्त कष्ट होना
  प्रयोग : शर्मिष्ठा बुरे लड़कों की संगत में ऐसे फँसी कि फँसती ही चली गयी और घरवालों के दिल में फफोले पड़ते गये।
- **दिल का ग़ुबार निकालना**
  अर्थ : छुपा भाव प्रकट करना
  प्रयोग : उस धूर्त और मक्कार औरत को जी-भर भला-बुरा कहकर मैंने अपने दिल का ग़ुबार निकाल लिया है।
- **दिल भर आना**
  अर्थ : शोकाकुल होना
  प्रयोग : जब अपने लोग इस दुनिया से चले जाते हैं तब हर किसी का दिल भर आता है।
- **दिल मसोसकर रह जाना**
  अर्थ : खीझकर रह जाना
  प्रयोग : छल और प्रवंचना के इस युग में मेरे जैसे कुछ नेक और ईमानदार लोग मन मसोसकर रह जाते हैं।

- **दिल जीतना**
  अर्थ : प्रशंसा का पात्र बनना
  प्रयोग : रफ़ीक़ ने अपनी शराफ़त से महबूबा का दिल जीत लिया है।
- **दिन-दुनिया का न रहना**
  अर्थ : सब तरह से पतित होना
  प्रयोग : अपने कुत्सित कार्यों के कारण ही वह दिन-दुनिया का न रहा।
- **दुधारी तलवार कलेजे पर फिरना**
  अर्थ : शोक में डूब जाना
  प्रयोग : दशरथ की मृत्यु और राम के वनवास की सूचना पाते ही प्रजा के कलेजे पर दुधारी तलवार फिर गयी थी।
- **दुम दबाकर भाग जाना** (आईएएस १९९८; उप्र पीसीएस १९९८,२००७)
  अर्थ : डरपोक कुत्ते की तरह डरकर भाग जाना
  प्रयोग : अपने से सवा सेर को पाते ही वह बदमाश दुम दबाकर भाग गया।
- **दुम बने फिरना**
  अर्थ : पिछलग्गू बने रहना
  प्रयोग : जब चुनाव का समय आता है तब बहुत-से लोग उम्मीदवार के दुम बने फिरते हैं।
- **दुरंगी चाल**
  अर्थ : दोहरी चाल; छल-कपट
  प्रयोग : वह सरकारी वकील सरकार का तो खाता ही है, अपने विपक्षी से भी रिश्वत लेता है। सच— इसे ही कहते हैं, "दुरंगी चाल"।
- **दुर्वासा बनना**
  अर्थ : अत्यन्त क्रोधी होना
  प्रयोग : बेशक, क्रोध के मामले में मैं पूरी तरह से दुर्वासा बन जाता हूँ।
- **दूध की नदियाँ बहना**
  अर्थ : धन-धान्य से सम्पन्न होना
  प्रयोग : बेशक, एक युग ऐसा था, जब भारत पूरी तरह से धन-धान्य से सम्पन्न था और लोग कहा करते थे— भारत में दूध की नदियाँ बहती हैं।
- **दूध-का-दूध और पानी-का-पानी करना**
  अर्थ : ऐसा न्याय करना, जिसमें किसी पक्ष के साथ तनिक भी अन्याय न हो
  प्रयोग : आज वे न्यायाधीश कहाँ, जो दूध-का-दूध और पानी-का-पानी कर सकें।
- **दूध का मुँह**
  अर्थ : अबोध
  प्रयोग : उस बच्चे को गन्दी बातें मत सिखाओ; वो तो बेचारा "दूध का मुँह" है।
- **दूध का धुला (धोया) होना** (आईएएस २०१०)
  अर्थ : निर्दोष अथवा निष्कलंक होना
  प्रयोग : यह मैं डंके की चोट पर कहता हूँ कि पूरे विश्व में ऐसा एक भी व्यक्ति नहीं है, जो दूध का धुला हो।

- **दूध के दाँत न टूटना**
  अर्थ : अनुभव न होना; अभी तक बचपन रहना
  प्रयोग : श्रीमान् जी! यह तो अभी बच्चा है; इसकी बातों पर न जाएँ। अभी इसके दूध के दाँत भी नहीं टूटे हैं।
- **दूज का चाँद होना**
  अर्थ : बहुत कम दिखायी देना
  प्रयोग : रत्नगर्भा मेडिकल प्रवेश-परीक्षा की तैयारी में इतनी व्यस्त है कि वह दूज का चाँद हो गयी है।
- **दूर की कौड़ी लाना**
  अर्थ : बहुत दूर की सोच लेना
  प्रयोग : किसी भी अच्छी योजना को तैयार करने के लिए दूर की कौड़ी लानी पड़ती है।
- **दूसरी देहरी न देख सकना**
  अर्थ : पुनर्विवाह न होना
  प्रयोग : युवावस्था में ही वैधव्य को प्राप्त होने के बावजूद वह बेचारी दूसरी देहरी न देख सकी।
- **देवता कूच कर जाना**
  अर्थ : घबरा जाना
  प्रयोग : जब मेरे सिर पर शनिचर चढ़ते हैं, बड़ों-बड़ों के देवता कूच कर जाते हैं।
- **दो-टूक बात करना**
  अर्थ : स्पष्ट रूप में बात कहना
  प्रयोग : मैं जब भी कोई बात करता हूँ, दो-टूक करता हूँ।
- **दो नावों पर पैर रखना** (बिहार पीसीएस १९९७; आईएएस १९९६,२००३,२००५,२००९; उप्र पीसीएस १९९७,२००४)
  अर्थ : अस्पष्ट स्थिति; एक साथ दो काम करना
  प्रयोग : या तो परीक्षा की तैयारी कर लो या फिर व्यापार, क्योंकि दो नावों पर पैर रखना अच्छी बात नहीं होती।
- **दो दिन का मेहमान**
  अर्थ : शीघ्र मृत्यु को प्राप्त होनेवाला; मरणासन्न व्यक्ति
  प्रयोग : एड्स के उस रोगी की दशा देखकर लगता है कि वह दो दिन का मेहमान है।
- **द्राविड़ प्राणायाम करना**
  अर्थ : आसान और सीधे तरीक़े से किये जानेवाले कार्य को ग़लत ढंग से करना
  प्रयोग : बाहरवाला समझकर ऑटो रिक्शा-चालक सीधे और नज़दीक के स्थानों पर भी अनजान सवारियों को लम्बी दूरी के रास्तों से ले जाकर द्राविड़ प्राणायाम करते दिखते हैं।
- **द्रौपदी का चीर होना**
  अर्थ : कभी अन्त न होना
  प्रयोग : तुम्हारे कहने पर हम इतनी दूर तक निकल आये हैं कि लगता है, तुम्हारा घर द्रौपदी का चीर हो गया है।

# ध

- **धज्जियाँ उड़ाना** (उप्र पीसीएस २००१)
  अर्थ : टुकड़े-टुकड़े करना; ख़ूब दुर्गति करना; बुरी तरह परास्त करना
  प्रयोग : कर्णिका ने अपनी वाक्पटुता से विरोधियों की धज्जियाँ उड़ा कर रख दीं।
- **धता बताना**
  अर्थ : चालाकी से टाल देना; उपेक्षापूर्वक दूर हटाना
  प्रयोग : जब भी कोई उस नेता से कुछ मदद माँगने जाता है, वह बहुत ही सहजता से अच्छे-अच्छों को धता बता देता है।
- **धब्बा लगना**
  अर्थ : कीर्ति मिटना; कलंक लगना
  प्रयोग : व्यभिचार की उस घटना से उसके चरित्र पर कभी न मिटनेवाला धब्बा लग गया।
- **धर्मराज होना**
  अर्थ : सत्यभाषी होना; सच्चा न्यायी होना
  प्रयोग : तुम्हारे एक सच ने उस ग़रीब को फाँसी के तख़्ते पर पहुँचने से रोक दिया है। वास्तव में, तुम एक धर्मराज हो।
- **धाक जमाना**
  अर्थ : प्रभुत्व स्थापित करना; दबदबा बनाना
  प्रयोग : शान्ति का नोबेल पुरस्कार पाते ही बराक ओबामा ने पूरे विश्व में अपनी धाक जमा ली है।
- **धुन सवार होना**
  अर्थ : वह, जो आरम्भ किये हुए काम को बिना पूरा किये न छोड़े; किसी काम की लगन होना
  प्रयोग : मैं जब किसी काम को करने के लिए ठान लेता हूँ तब पीछे नहीं हटता। इसे ही कहते हैं—"धुन सवार होना"।
- **ध्रुव-प्रतिज्ञा**
  अर्थ : हठपूर्ण निश्चय
  प्रयोग : कंजिका का हर निश्चय "ध्रुव-प्रतिज्ञा" से कम नहीं होता क्योंकि वह जो ठान लेती है, करके दिखाती है।
- **धूप में बाल सफ़ेद होना** (उप्र पीसीएस १९९९)
  अर्थ : बिना कुछ अनुभव प्राप्त किये जीवन का अधिकांश भाग बिता देना
  प्रयोग : तुम इस कार्य को नहीं कर सकते क्योंकि इसके लिए व्यापक अनुभव की ज़रूरत है और तुमने तो धूप में बाल सफ़ेद किये हैं।
- **धूल में मिल जाना**
  अर्थ : पूरी तरह से नष्ट हो जाना
  प्रयोग : शराब की आदत के कारण उसने अपना सब कुछ धूल में मिला दिया।

- **धूल-भरा हीरा**

  अर्थ : दरिद्र सुपुत्र

  प्रयोग : वह अभावों में जन्मा-पला और आज एक आई०ए०एस० अधिकारी है। सच, वह "धूलभरा हीरा" है।

- **धूल फाँकना**

  अर्थ : मारा-मारा फिरना

  प्रयोग : शराबख़ोरी के चलते उसके घर का बरतन-हांडा तक बिक गया है; अब वह धूल फाँक रहा है।

- **धूल में मिलाना**

  अर्थ : सब कुछ नष्ट कर देना

  प्रयोग : जुए की लत ने उसे धूल में मिला दिया है।

- **धोखे की टट्टी**

  अर्थ : सार-हीन वस्तु; दिखाऊ चीज़; भ्रम में डालनेवाली वस्तु

  प्रयोग : दुनिया के सारे भौतिक सुख "धोखे की टट्टी" हैं।

- **धोती ढीली होना**

  अर्थ : भयभीत होना; डरकर भाग जाना; घबरा जाना

  प्रयोग : नेता जी की कनपटी के दोनों ओर रिवॉल्वर की नाल लगा दी गयी तब उनकी धोती ढीली होने लगी।

- **ध्वजा फहराना**

  अर्थ : ख्याति पाना; शासन करना

  प्रयोग : यशस्वी व्यक्ति का ध्वजा हमेशा फहराता रहता है।

## न

- **नंगा नाच दिखाना**

  अर्थ : अमर्यादित काम करना

  प्रयोग : वह कुलटा घर में हर समय नंगा नाच करती-रहती है।

- **न घर का, न घाट का**

  अर्थ : जो कहीं का न हो; जिसका कहीं सम्मान न हो।

  प्रयोग : वह व्यभिचारी अपने दुष्कृत्यों के कारण "न घर का है और न घाट का"।

- **न तीन में, न तेरह में**

  अर्थ : जो किसी गिनती में न हो।

  प्रयोग : उसकी गन्दी आदतों के कारण सबने उसे घर से बाहर कर दिया है। अब वह "न तीन में है और न तेरह में"।

- **नकेल हाथ में रखना**

  अर्थ : वश में रखना

  प्रयोग : तुम परिश्रम और ईमानदारी से अपना कर्त्तव्य करते जाओ; किसी का साहस नहीं है कि वह तुम्हारी नकेल हाथ में रख ले।

- **नज़र रखना**

  अर्थ : सावधानी रखना; सतर्क रहना

  प्रयोग : वह जो घर में लड़की आयी है, पूरी तरह से खेली-खायी अधायी है; उस पर नज़र रखना।

- **नज़र दौड़ाना**

  अर्थ : चारों तरफ़ देखना

  प्रयोग : जब भी तुम भाषण-प्रतियोगिता में प्रतिभाग करना तब विचार-प्रस्तुति के समय नज़र दौड़ाते रहना।

- **नज़र करना** **(मप्र पीसीएस १९९९)**

  अर्थ : भेंट देना

  प्रयोग : शापित की वर्षगाँठ पर पिता ने उसे एक कम्प्यूटर-सेट नज़र किया था।

- **नज़रों पर चढ़ना**

  अर्थ : खटकना; सन्देह हो जाना

  प्रयोग : काले कारनामोंवाले हर किसी की नज़रों पर चढ़े रहते हैं।

- **नदी-नाव संयोग**

  अर्थ : संयोग से मिलना

  प्रयोग : अन्वीक्षा-जैसी विदुषी के लिए शोध-कार्यों का प्रभारी होना ''नदी-नाव संयोग'' ही है।

- **नब्ज़ पहचानना**

  अर्थ : स्वभाव जानना; प्रवृत्ति को समझना

  प्रयोग : मैंने ये बाल धूप में नहीं सुखाये हैं; हर किसी की चाल-ढाल देखते ही उसकी नब्ज़ पहचान लेता हूँ।

- **नमक खाना; नमक का ख़याल करना**

  अर्थ : वफ़ादार बने रहना

  प्रयोग : जिस किसी का तुम नमक खाओ, उसके साथ कभी छल न करो।

- **नमक-मिर्च लगाना** **(मप्र पीसीएस १९९५,२००८)**

  अर्थ : किसी बात को बढ़ा-चढ़ाकर प्रस्तुत करना

  प्रयोग : जिन लोगों की प्रवृत्ति नमक-मिर्च लगाकर बातें करने की होती है, उन्हें मैं बिल्कुल पसन्द नहीं करता।

- **नशा उतारना**

  अर्थ : वास्तविकता का ज्ञान कराना; घमण्ड दूर करना

  प्रयोग : ऐसा है कि बहुत बढ़-चढ़कर बात न करना वरना मैं तुम्हारा सारा नशा उतार दूँगा।

- **नस-नस फड़क उठना**

  अर्थ : बहुत अधिक उत्साहित होना; बहुत अधिक प्रसन्नता होना

  प्रयोग : कर्णिका ने जैसे ही देशगान सुनाना आरम्भ किया, उसे सुनकर जवानों की नस-नस फड़कने लगी।

- **नस-नस में**

  अर्थ : सारे शरीर में; सर्वांग में

  प्रयोग : उसकी तो "नस-नस में" दोगलई भरी हुई है; जब तक मार नहीं खायेगा, नहीं सुधरेगा।

- **नहले-पे-दहला मारना**

  अर्थ : करारा जवाब देना

  प्रयोग : अन्त्याक्षरी-प्रतियोगिता समाप्त होने का नाम ही नहीं ले रही थी क्योंकि वहाँ एक-से-बढ़कर-एक धुरन्धर कलाकार थे, जो नहले पे दहला मार रहे थे।

- **नाक काटना**

  अर्थ : प्रतिष्ठा नष्ट करना; बेइज़्ज़त होना

  प्रयोग : दहेज के पूरे पैसे का प्रबन्ध न होने पर मेरी तो नाक कट जाएगी।

- **नाक में कौड़ी डालना**

  अर्थ : बेवश बना देना; बाध्य कर देना

  प्रयोग : पुलिस-अधिकारियों ने प्रश्नों की बौछार करके अपराध क़ुबूलवाने के लिए उस अभियुक्त की नाक में कौड़ी डाल दी थी।

- **नाक पर ग़ुस्सा; ग़ुस्सा नाक पर रहना** (आईएएस १९९७)

  अर्थ : शीघ्र ही क्रोध करना; बात-बात पर क्रोध करना

  प्रयोग : श्रुति इतनी दुर्बल शरीर की हो गयी है कि उसकी नाक पर हरदम ग़ुस्सा बना रहता है।

- **नाक पर मक्खी न बैठने देना**

  अर्थ : अपकीर्ति न होना; आँच न आने देना

  प्रयोग : प्रतिष्ठित व्यक्ति इतना स्वाभिमानी होता है कि वह नाक पर मक्खी बैठने नहीं देता।

- **नाक रगड़ना** (आरएएस २०००; उप्र पीसीएस १९९१; आईएएस २०१२)

  अर्थ : बहुत गिड़गिड़ाना और विनती करना; ख़ुशामद करना

  प्रयोग : अयोग्य व्यक्ति हर किसी के सामने नाक रगड़कर अपना काम निकाल लेता है।

- **नाक रख लेना; नाक रखना** (आईएएस २०१२; समीक्षा अधिकारी-मुख्य परीक्षा २०१०)

  अर्थ : प्रतिष्ठा की रक्षा कर लेना

  प्रयोग : उसने अपने पड़ोसी की ज़मानत लेकर उसे जेल जाने से बचाते हुए पड़ोसी की नाक रख ली।

- **नाक का बाल**

  अर्थ : अत्यन्त प्रिय; घनिष्ठ मित्र; सदा साथ रहनेवाला

  प्रयोग : आजकल मुख्यमन्त्री की नाक का बाल उनका निजी सचिव बना हुआ है।

- **नाक, चोटी काटकर हाथ में देना**

  अर्थ : दुर्गति करना; बहुत बुरी स्थिति में पहुँचाना

  प्रयोग : सच्चाई खुल जाने के बाद उसकी नाक, चोटी काटकर हाथ में दे दी गयी थी।

- **नाक-भौं चढ़ाना**

  अर्थ : घृणा अथवा असन्तोष प्रकट करना

  प्रयोग : उसकी तो आदत ही बन गयी है, बात-बात पर ''नाक-भौं चढ़ाना''।

- **नाक में नकेल डालना**

  अर्थ : वश में करना

  प्रयोग : प्रतिपक्ष ने अपनी माँगों को लेकर केन्द्र-सरकार की नाक में नकेल डाल रखी है।

- **नाक नीची होना**

  अर्थ : बदनामी होना; प्रतिष्ठा पर आँच आना

  प्रयोग : अमृता-द्वारा परीक्षा में चोरी करने से उसके माता-पिता की आँखें नीची हो गयी हैं।

- **नाको-चने चबवाना** (उप्र पीसीएस १९९३,२००३)

  अर्थ : ख़ूब तंग करना

  प्रयोग : मानसरोवर-यात्रा कण्टकाकीर्ण होती है तभी तो वहाँ तक जाने में लोगों को नाको-चने चबाने पड़ते हैं।

- **नाच नचाना**

  अर्थ : मनचाही करवाना

  प्रयोग : काम ईमानदारी का हो अथवा बेईमानी का, उसे करने में अधिकारी, लिपिक आदि बहुत नाच नचाते हैं।

- **नादिरशाही**

  अर्थ : घोर अत्याचार; घोर अन्याय

  प्रयोग : चैनसुख भारती ने वर्षों से रिश्वत लेकर अयोग्यों को अध्यापक बनवाकर अपनी नादिरशाही क़ायम कर दी है।

- **नानी मर जाना**

  अर्थ : आनाकानी करना; आपत्ति-सी आना

  प्रयोग : अपना काम कराने के लिए तो वह बहुत सीधा बन जाता है किन्तु उससे जब कोई काम करने के लिए कहा जाता है तब उसकी नानी मर जाती है।

- **नानी याद आना; फ़रिश्ते याद आना** (उप्र पीसीएस २००८)

  अर्थ : मुसीबत में पड़ जाना

  प्रयोग : समय रहते कुछ कर लो वरना आगे चलकर नानी याद आयेगी।

- **नाम कमाना**

  अर्थ : प्रसिद्धि प्राप्त करना; यश प्राप्त करना

  प्रयोग : क्रिकेट के खेल में अपने अप्रतिम प्रदर्शन के कारण सचिन रमेश तेन्दुलकर ने बहुत नाम कमाया है।

- **नारद-मोह होना**

  अर्थ : आसक्ति होना; माया में पड़ना

  प्रयोग : वह जब भी किसी कन्या को देखता है, उसे नारद-मोह होने लगता है।

- **नारद-भक्ति**

  अर्थ : पूर्ण भक्ति; श्रेष्ठ भक्ति

  प्रयोग : सात्त्विक ने अपने अग्रज की आजीवन सेवा करते हुए "नारद-भक्ति" का परिचय दिया है।

- **नाव में धूल उड़ाना**

  अर्थ : व्यर्थ बदनाम करना

  प्रयोग : अंचिता संस्कारवान है; उसके चरित्र के विषय में तुम बेकार ही नाव में धूल उड़ाते रहते हो।

- **निन्यानबे के फेर में पड़ना** (आईएएस १९९२,२००६)

  अर्थ : धन बढ़ाने की धुन में होना; किंकर्त्तव्यविमूढ़ होना; चक्कर में आ जाना

  प्रयोग : इतना जान लो कि जो भी निन्यानबे के फेर में पड़ा है, वह कभी सुखी नहीं रहा है।

- **नीचा दिखाना**

  अर्थ : अपमानित करना; तुच्छ बनाना, मान भंग करना, परास्त करना, लज्जित करना

  प्रयोग : पहले तुम अपनी नामर्दी को देखो, फिर किसी को नीचा दिखाने के लिए सोचना।

- **नीला-पीला होना**

  अर्थ : क्रोध दिखाना; रोष में आना

  प्रयोग† : ज़रा-ज़रा सी ग़लती पर नीला-पीला होना उसकी फ़ितरत बन गयी है।

- **नीवँ का पत्थर**

  अर्थ : आधारस्वरूप

  प्रयोग : भारत का प्रत्येक क्रान्तिकारी आज़ादी के नीवँ का पत्थर था।

- **नौ-दो ग्यारह होना** (बिहार पीसीएस १९९४,२००३,२००७; मप्र पीसीएस १९९९,२००१,२००७; उप्र पीसीएस १९९२; उप्र बीएड् प्रवेश-परीक्षा २००८,२०१०; आरपीएस २००४,२००५,२००९)

  अर्थ : उतावली से भाग जाना; सबसे आँख बचाकर भाग जाना

  प्रयोग : पुलिस के पहुँचने के पहले अपराधी नौ-दो ग्यारह हो गये थे।

---

† हम अब तक ग़लत प्रयोग करते आ रहे थे। शुद्ध शब्द 'नीवँ' होता है।

# प

- **पंख न मारना**
  अर्थ : पहुँच न होना
  प्रयोग : आतंकवादी देश का कुछ नहीं बिगाड़ सकते, शासन का यह दावा अन्तत:, ग़लत साबित हो रहा है।
- **पगड़ी उछालना; पगड़ी उतारना**
  अर्थ : प्रतिष्ठा भंग करना; अपमान करना
  प्रयोग : शादी में तुम्हारी पसन्द की गाड़ी न मिलने पर तुमने कन्या-पक्ष की पगड़ी क्यों उछाली थी?
- **पगड़ी रखना**
  अर्थ : (१) प्रतिष्ठा दाँव पर रखना (२) प्रतिष्ठा रखना
  प्रयोग : (१) साहब! रुपये की व्यवस्था होते ही मैं आपके पास आ जाऊँगा। मैं अपनी पगड़ी आपके चरणों में रखता हूँ।
  (२) उसने ऐन मौक़े पर मेरी सहायता करके मेरी पगड़ी रख ली।
- **पंचतत्त्व को प्राप्त करना**
  अर्थ : मृत्यु को प्राप्त करना
  प्रयोग : यह चरम सत्य है कि एक दिन हर किसी को "पंचतत्त्व को प्राप्त करना" पड़ता है।
- **पटरी बैठना**
  अर्थ : मन मिलना; अच्छे सम्बन्ध बनाना
  प्रयोग : मेरे अक्खड़ व्यवहार के कारण मेरी किसी व्यक्ति से पटरी नहीं बैठती।
- **पट्टी पढ़ाना** **(उप्र पीसीएस २००४,२००७)**
  अर्थ : भुलावे में रखना
  प्रयोग : उसने यह घिनौना काम ज़रूर किसी के पट्टी पढ़ाने पर किया होगा।
- **पत्ता काटना**
  अर्थ : सम्बन्ध ख़त्म करना
  प्रयोग : बेईमान व्यक्ति ईमानदार लोगों का पत्ता काटने में लगा रहता है।
- **पत्थर की लकीर**
  अर्थ : सदा-सर्वदा बनी रहनेवाली; सार्वकालिक
  प्रयोग : मेरी यह भविष्यवाणी पत्थर की लकीर है।
- **पत्थर पर कुआँ खोदना**
  अर्थ : व्यर्थ परिश्रम करना
  प्रयोग : तुम जिस पद्धति से अध्ययन कर रहे हो, उस तरह तुम कभी सफल नहीं हो सकते क्योंकि तुम तो पत्थर पर कुआँ खोद रहे हो।
- **पत्थर पसीज उठना**
  अर्थ : निर्दयी को भी दया आना; कृपण के मन में दान करने की इच्छा होना
  प्रयोग : सीता के वियोग में राम का क्रन्दन सुनकर पत्थर भी पसीज उठा था।

- **पत्थर पड़ना**

  अर्थ : चौपट हो जाना

  प्रयोग : जो व्यक्ति अन्तरात्मा के स्वर की अनदेखी करता है, एक दिन उसकी बुद्धि पर पत्थर पड़ ही जाता है।

- **पत्थर में दूब जमना**

  अर्थ : असम्भव का भी सम्भव होना

  प्रयोग : प्रिया-जैसी लापरवाह छात्रा का परीक्षा में उत्तीर्ण होना, पत्थर में दूब जमने के समान ही माना जाएगा।

- **पनाह माँगना**

  अर्थ : किसी से बहुत बचने की इच्छा करना

  प्रयोग : एक दिन ऐसा आयेगा, जब तुम मेरे कोप का शिकार होगे और पनाह माँगते फिरोगे।

- **परछाईं न पड़ना**

  अर्थ : पहुँच न हो सकना

  प्रयोग : जिस स्थान पर अपहृतों ने सेठ जी को छुपाया है, वहाँ पर किसी की परछाईं नहीं पड़ सकती।

- **पलक न पसीजना**

  अर्थ : अत्यन्त कठोर हृदय होना

  प्रयोग : दुकान का मालिक उस किशोर से बहुत काम लेता था, उसके बाद भी उसकी पलक पसीजती नहीं थी।

- **पलक-पाँवड़े बिछाना**

  अर्थ : अत्यन्त सम्मान से स्वागत करना

  प्रयोग : मैं अपनी नयी-नवेली दुल्हन की प्रतीक्षा में पलक-पाँवड़े बिछाये रहूँगा।

- **पलक लगना**

  अर्थ : नींद आ जाना; आँखें मूँदना

  प्रयोग : मैं जब भी, जहाँ भी निष्क्रिय रहता हूँ, थोड़ी पलक लग जाती है।

- **पलड़ा भारी होना**

  अर्थ : अधिक भारी अथवा बलवान होना

  प्रयोग : सत्य का पलड़ा असत्य से सदैव भारी रहता है।

- **पल्ला पकड़ना**

  अर्थ : सहारा लेना

  प्रयोग : अब मैंने आपका पल्ला पकड़ लिया है; जैसे भी हो, यह काम आपको कराना है।

- **पसीना छूट जाना**

  अर्थ : अत्यधिक भयभीत होना

  प्रयोग : आतंकियों को देखकर मुम्बईवासियों के पसीने छूट गये थे।

- **पसीना छूटना** (आ जाना)
  अर्थ : बुरी तरह डर जाना; अधिक परेशान हो जाना
  प्रयोग : अपने को डक़ैतों से घिरा देखकर नेता जी का पसीना छूट रहा था।
- **पसीना-पसीना होना**
  अर्थ : बुरी तरह थक जाना
  प्रयोग : नाले की सफ़ाई करते-करते वह श्रमिक पसीना-पसीना हो गया था।
- **पहाड़ टूट पड़ना**
  अर्थ : अकस्मात् भारी विपत्ति का आना
  प्रयोग : रेल-दुर्घटना में अपनी पत्नी की दर्दनाक मृत्यु का समाचार पाकर अनुप्रास पर मानो पहाड़ टूट पड़ा हो।
- **पहाड़ से टक्कर लेना**
  अर्थ : ज़बरदस्त व्यक्ति से मुक़ाबला करना
  प्रयोग : बहुत सोच-समझकर रिंग में उतरना क्योंकि विश्व-चैम्पियन मोहम्मद अली के ख़िलाफ़ लड़ना ''पहाड़ से टक्कर लेना'' है।
- **पाँचों अँगुलियाँ घी में होना** (रहना)
  अर्थ : सभी प्रकार की सुख-सुविधाओं से सम्पन्न होना
  प्रयोग : चिन्ता मत करो, मेरे पतिदेव पुलिस महानिदेशक हो गये हैं; अब तो हमारी पाँचों अँगुलियाँ घी में हैं।
- **पाँव भारी होना**
  अर्थ : गर्भवती होना
  प्रयोग : प्रत्येक विवाहिता के लिए ''पाँव भारी होना'' चिर-प्रतीक्षित स्थिति है।
- **पाँव ज़मीन पर न ठहरना; धरती पर पाँव न रखना**
  अर्थ : अत्यन्त प्रसन्न होना; अत्यन्त गर्व करना
  प्रयोग : सुनयना एअर होस्टेस क्या बनी, उसके तो पाँव ही धरती पर नहीं पड़ रहे हैं।
- **पाँव (पैर) उखड़ना**
  अर्थ : हिम्मत छोड़कर भागना
  प्रयोग : डकैतों को जब गाँववालों ने दौड़ाया तब उनके पाँव उखड़ गये।
- **पाँव फैलाकर सोना**
  अर्थ : निश्चिन्त होकर रहना
  प्रयोग : धनवान व्यक्तियों के भाग्य में ''पाँव फैलाकर सोना'' नहीं लिखा रहता, क्योंकि उन्हें हर वक़्त अपने धन की सुरक्षा की चिन्ता लगी रहती है।
- **पाँव फूँक-फूँक कर रखना**
  अर्थ : अत्यन्त सावधानी बरतना; विचारपूर्वक कार्य करना
  प्रयोग : पहाड़ पर चढ़ना बहुत जोख़िमभरा काम है, इसलिए ''पाँव फूँक-फूँक कर रखना''।

- **पाँव में बेड़ी पड़ना**
  अर्थ : नियन्त्रण में होना
  प्रयोग : पिता जी के आ जाने पर घुमक्कड़ नम्बर वन मोहिता के पाँव में बेड़ी पड़ गयी है।
- **पानी-पानी होना**
  अर्थ : लज्जित होना
  प्रयोग : चतुर्थ श्रेणी के कर्मचारी रामलाल की सचाई खुल जाने के बाद अधिकारी के सामने पहुँचते ही वह पानी-पानी हो गया था।
- **पानी का बुलबुला**
  अर्थ : क्षण-भंगुर
  प्रयोग : इस संसार के प्रत्येक प्राणी का जीवन पानी के बुलबुले के समान है।
- **पानी फेर देना**
  अर्थ : चौपट कर देना
  प्रयोग : मैंने तुम्हारी जितनी तैयारी करायी थी, उसे भूलकर तुमने मेरी सारी मिहनत पर पानी फेर दिया है।
- **पानी पी-पीकर कोसना**
  अर्थ : उठते-बैठते अनिष्ट चिन्तन करना
  प्रयोग : अरी भाग्यवान्! उस बेचारी बहू ने ऐसा क्या कर दिया है, जो तुम रोज़ पानी पी-पीकर उसे कोसती रहती हो?
- **पानी न माँगना**
  अर्थ : तुरन्त मर जाना
  प्रयोग : वह बेचारा इस कदर घायल हो गया था कि पानी भी नहीं माँग सका।
- **पानी पीकर जात पूछना**
  अर्थ : काम करने के बाद जाँच-पड़ताल; काम करने के बाद पछतावा करना
  प्रयोग : सफल व्यक्ति वही होता है, जो किसी कार्य को करने के पहले उसे अच्छी तरह से समझ लेता है, क्योंकि ऐसे लोग पानी पीकर जात नहीं पूछते।
- **पानी उतर जाना**
  अर्थ : शर्म न रहना; निर्लज्ज बन जाना
  प्रयोग : कितनी बार उस लड़की से कह चुका कि उस लड़के के साथ न खेलो किन्तु वह मानती ही नहीं; लगता है कि उसका पानी उतर गया है।
- **पानी फिरना; पानी पड़ना** **(आईएएस २०१२)**
  अर्थ : नष्ट हो जाना; चौपट हो जाना
  प्रयोग : कक्षाध्यापक के कक्ष में आ जाने से हम सभी मित्रों की पहले से बनी खेल खेलने की योजना पर पानी फिर गया।
- **पानी ढलना**
  अर्थ : लावण्य का नष्ट होना
  प्रयोग : रूप-सौन्दर्य तो मात्र एक छलावा है, उस पर अभिमान नहीं करना चाहिए क्योंकि बुढ़ापे में सारा पानी ढल जाता है।

- **पानी भर आना**
  अर्थ : ललचाना
  प्रयोग : वाटिका में तरह-तरह के पके आमों को देखकर मेरे मुँह में पानी भर आया।
- **पानी रखना**
  अर्थ : इज़्ज़त बचाना
  प्रयोग : महारानी लक्ष्मीबाई ने अँगरेज़ों से लोहा लेकर झाँसी का पानी रखा था।
- **पानी की भाँति बहाना**
  अर्थ : अपव्यय करना
  प्रयोग : झूठी शान-शौकत में पड़कर उसने अपना सारा धन पानी की तरह बहा दिया।
- **पानी के मोल बिकना**
  अर्थ : अत्यन्त सस्ता बिकना
  प्रयोग : शासन की ग़लत नीतियों के कारण इस वर्ष गेहूँ पानी के मोल बिक गया और किसान वर्ग भुखमरी का शिकार हो गया।
- **पाप कटना** (आईएएस २०१२)
  अर्थ : समय कटना; बाधा दूर होना
  प्रयोग : दुर्घटना में पैर टूट जाने के कारण अवध बाबू की सारी गतिविधियाँ ठप पड़ गयीं, पर अब जल्द ही उनका पाप कटने वाला है।
- **पापड़ बेलना** (आईएएस २०१२)
  अर्थ : काफ़ी मुसीबत सहना
  प्रयोग : इस ओहदे पर पहुँचने के लिए रतीश्वर ने काफ़ी पापड़ बेले हैं।
- **पारा चढ़ना**
  अर्थ : अत्यन्त क्रोध आना
  प्रयोग : अपने पति के हत्यारे को देखकर उज्ज्वल का पारा चढ़ गया था।
- **पाला पड़ना**
  अर्थ : व्यवहार करने का संयोग होना; वास्ता पड़ना
  प्रयोग : आओ, आज साथ-साथ दण्ड-बैठक करें; तुम भी क्या याद करोगे कि किसी उस्ताद से तुम्हारा पाला पड़ा था।
- **पासा पलटना ; बाज़ी पलटना**
  अर्थ : विपरीत स्थिति हो जाना; अवसर बदलना
  प्रयोग : व्यूह-रचना को वेधने के लिए जब अभिमन्यु आया तब पासा पलट गया और बाज़ी कौरवों के हाथ आ लगी।
- **पीठ दिखाना**
  अर्थ : युद्ध अथवा मुक़ाबला से भाग जाना
  प्रयोग : कायर व्यक्ति हर मुक़ाबला में पीठ दिखाकर भाग जाता है।

- **पीठ में छुरा भोंकना**

  अर्थ : धोखा देना

  प्रयोग : मेरा छोटा भाई मेरे लिए सदा से विश्वासघाती रहा है। वह ''पीठ में छुरा भोंकने'' की कला को अच्छी तरह से जानता है।

- **पीठ फेरना**

  अर्थ : रुख़ बदल लेना

  प्रयोग : मनुष्य के बुरे दिनों में उसका अपना साया भी उससे पीठ फेर लेता है।

- **पुट्ठे पर हाथ न रखने देना**

  अर्थ : पास फटकने तक न देना

  प्रयोग : बेशक वो ख़ूबसूरत है, किन्तु चंचला नहीं, तभी तो किसी को पुट्ठे पर हाथ नहीं रखने देती।

- **पेट पर पट्टी बाँधना**

  अर्थ : भूखा रहना

  प्रयोग : अभाव में ज़िन्दगी गुज़ारनेवाले पेट पर पट्टी बाँधकर सोते हैं।

- **पेट में चूहे दौड़ना (कूदना)**

  अर्थ : तीव्र भूख लगना

  प्रयोग : बेचारा दिनभर भूखे पेट रहकर इतना श्रम किया कि निढाल हो गया और उसके पेट में चूहे कूदने लगे।

- **पेट काटना**

  अर्थ : अपने आवश्यक ख़र्च में कटौती करना

  प्रयोग : हमेशा होता आया है कि ग़रीब बाप अपना पेट काटकर किसी तरह से अपनी सन्तान को पालता है।

- **पेट का पानी न पचना** (उप्र पीसीएस १९९७)

  अर्थ : गुप्त बात प्रकट कर देना

  प्रयोग : पण्डित रमेश जी से किसी भेद की बात नहीं करनी चाहिए क्योंकि उनके पेट का पानी नहीं पचता है।

- **पेट में दाढ़ी होना**

  अर्थ : कम अवस्था में अनुभवी और ज्ञानी होना; बचपन ही में बहुत चतुर होना

  प्रयोग : चारवर्षीया कर्णिका ऐसी-ऐसी बातें करती थी कि सभी लोग कहने लगे कि उसके पेट में दाढ़ी है।

- **पेट फूलना**

  अर्थ : किसी बात के लिए बहुत अधिक उत्सुक होना

  प्रयोग : अन्वीक्षा से भेद की कोई बात मत कहना क्योंकि उसका पेट फूलता रहता है।

- **पैरों-तले ज़मीन खिसकना**

  अर्थ : हक्का-बक्का रह जाना

  प्रयोग : जिस चुनाव में उसे जीतने की पूरी आशा थी, उसमें अपनी ज़मानत ज़ब्त होने की ख़बर सुनकर उसके पैरों-तले ज़मीन खिसक गयी।

- **पैरों पर खड़ा होना**

  अर्थ : स्वावलम्बी होना

  प्रयोग : आज हर लड़की का लक्ष्य होना चाहिए कि सुशिक्षित होने के पश्चात् वह अपने पैरों पर खड़ी हो।

- **पैरों में मेहँदी लगाकर बैठना**

  अर्थ : आलस्य और लाचारी वश घर में पड़े रहना

  प्रयोग : पैरों में मेहँदी लगाकर बैठे रहने से सफलता नहीं मिलती— लगन और निष्ठा से परिश्रम करना शुरू कर दो।

- **पौ बारह होना** (उप्र पीसीएस २००६)

  अर्थ : जीत का दाँव पड़ना; लाभ का अवसर मिलना

  प्रयोग : सुना है, मास्टर जी ग्रामप्रधान बननेवाले हैं, फिर तो उनके पौ-बारह होंगे ही।

- **प्रह्लाद-भक्ति**

  अर्थ : अनन्य भक्त

  प्रयोग : क्या सचमुच मायावती की अम्बेडकर के प्रति आस्था प्रह्लाद-भक्ति के समान है?

- **प्रताप-प्रतिज्ञा**

  अर्थ : दृढ़ प्रतिज्ञा

  प्रयोग : भीम द्वारा भरी सभा में की गयी प्रतिज्ञा "प्रताप-प्रतिज्ञा" की ही तरह थी।

- **प्राण-पखेरू उड़ जाना**

  अर्थ : मृत्यु को प्राप्त कर जाना

  प्रयोग : दुर्घटना में गम्भीर रूप में घायल होने के कारण संरचिता के प्राण-पखेरू उड़ गये।

- **प्राण-दान करना**

  अर्थ : मरने से बचा लेना

  प्रयोग : भारत में मृत्युदण्ड-प्राप्त अपराधी-द्वारा दया-प्रार्थना पर राष्ट्रपति को उसे प्राण-दान करने का अधिकार है।

- **प्राण (जान) हथेली में लेना**

  अर्थ : जीवन को संकट में डालना

  प्रयोग : दुस्साहसी लोगों को पकड़ पाना कोई आसान काम नहीं क्योंकि वे सदैव प्राण हथेली पर रखकर चलते हैं।

- **प्राणों की भीख माँगना**

  अर्थ : मरने से बचने के लिए अनुनय-विनय करना

  प्रयोग : कायर मनुष्य अपने शत्रुओं से घिर जाने पर ही प्राणों की भीख माँगता है।

## फ

- **फ़क़ीर हो जाना**
अर्थ : (१) सांसारिकता से मुख मोड़ लेना (२) ग़रीब हो जाना; साधु हो जाना
प्रयोग : (१) सांसारिक मोह-माया को त्यागकर वह फ़क़ीर हो गया।
(२) तुम तो अपनी ही ग़लतियों के कारण फ़क़ीर हो गये हो।

- **फट पड़ना**
अर्थ : क्रोधावेग में चिल्ला पड़ना
प्रयोग : उसका शरीर इतना जर्जर हो चुका है कि वह बात-बात पर फट पड़ता है।

- **फन्दा लगना**
अर्थ : धोखा हो जाना
प्रयोग : व्यापार में फन्दा लग जाने के कारण वह दिवालिया हो गया।

- **फब जाना**
अर्थ : आकर्षक लगना
प्रयोग : धानी रंग की साड़ी पर गुलाबी रंग का ब्लाउज ख़ूब फब रहा है।

- **फबतियाँ कसना** (उड़ाना)
अर्थ : हँसी उड़ाना
प्रयोग : हास्य-व्यंग्य का कवि अपनी कविता के माध्यम से हमेशा सामाजिक कुरीतियों पर फबतियाँ कसा करता है।

- **फरफन्द रचना**
अर्थ : छल-कपट का माहौल बनाना; माया-जाल बिछाना
प्रयोग : कपटी चरित्र का व्यक्ति कभी विश्वसनीय नहीं होता; वही फरफन्द रचता रहता है।

- **फलना-फूलना**
अर्थ : प्रगति-पथ पर अग्रसर रहना
प्रयोग : अध्यवसायी मनुष्य हमेशा फलता-फूलता है।

- **फली के दो-टूक करना**
अर्थ : सम्बन्ध विच्छेद करना
प्रयोग : रोज़ चिक्-चिक् करने से बेहतर है कि फली के दो-टूक कर दो।

- **फुलझड़ी छोड़ना**
अर्थ : झगड़ा लगानेवाला कार्य करना
प्रयोग : नारद मुनि एक-न-एक फुलझड़ी छोड़ते रहते थे, जिससे देव-दानवों के मध्य संघर्ष चलता रहता था।

- **फूँक-फूँककर पाँव** (क़दम) **रखना** (आईएएस १९९५,२००९)
अर्थ : अत्यन्त सतर्कता के साथ काम करना
प्रयोग : पाकिस्तान से कोई भी समझौता करते समय भारत को फूँक-फूँककर पाँव रखने होंगे।

- **फूटी आँखों न सुहाना; फूटी आँख न भाना**

  अर्थ : नाममात्र को भी पसन्द न करना

  प्रयोग : प्राय: सभी सौतेली माँ को सौतेली सन्तानें फूटी आँखों नहीं सुहाती हैं क्योंकि वे उनसे ईर्ष्या करती हैं।

- **फूटी आँखों का तारा**

  अर्थ : अतीव प्यारा लड़का

  प्रयोग : हर माता-पिता की सन्तान उनकी "फूटी आँखों का तारा" है।

- **फूलकर कुप्पा होना**

  अर्थ : अत्यन्त प्रसन्न होना

  प्रयोग : प्राय: देखा गया है कि कोई भी महिला अपनी तारीफ़ सुनते ही फूलकर कुप्पा हो जाती है।

- **फूल सूँघकर रहना**

  अर्थ : बहुत कम भोजन करना

  प्रयोग : आसीत ने ससुराल में जब मात्र दो रसगुल्ले खाये तब सास बोल पड़ी, "बेटे! फूल सूँघकर ही रहते हो क्या?"

- **फूल झड़ना** **(उप्र पीसीएस २०१२)**

  अर्थ : मधुर वचन बोलना

  प्रयोग : वह जब अपने मधुर कण्ठ से श्लोक-पाठ करती है तब मानो फूल झड़ रहा होता है।

- **फूले न समाना**

  अर्थ : अत्यन्त प्रसन्न होना

  प्रयोग : आई०ए०एस० परीक्षा में सफलता की सूचना पाकर हर्षिता फूले न समायी।

## ब

- **बंजारे का डेरा**

  अर्थ : स्थायित्व न होना

  प्रयोग : उसका दिमाग़ बहुत चंचल है— कभी यहाँ, कभी वहाँ; ठीक बंजारे के डेरे की तरह है।

- **बखिया उधेड़ना**

  अर्थ : बारीक़-से-बारीक़ भेद खोलना

  प्रयोग : मेरे बारे में यदि व्यर्थ की बातें करनी बन्द नहीं कीं तो मैं तुम्हारी बखियां उधेड़कर रख दूँगा।

- **बग़लें झाँकना**

  अर्थ : निरुत्तर होना; इधर-उधर भागने का यत्न करना

  प्रयोग : समुचित पद्धति से परीक्षा की तैयारी न करने के कारण वह परीक्षक द्वारा प्रश्न किये जाने पर बगलें झाँकने लगा था।

- **बगुला-भगत होना** (आईएएस १९९२,२००६)

  अर्थ : कपटपूर्ण व्यवहार करना

  प्रयोग : आज किस पर विश्वास किया जाए और किस पर नहीं, समझ में नहीं आता क्योंकि हर कोई पूरी तरह से बगुला-भगत है।

- **बछिया का ताऊ** (बिहार पीसीएस १९९३,२००३)

  अर्थ : निरा मूर्ख

  प्रयोग : कालिदास को लोगों ने "बछिया का ताऊ" समझ लिया था क्योंकि वे पेड़ की जिस डाल पर बैठे थे, उसी को काटने में लगे थे।

- **बट्टा लगना**

  अर्थ : दाग़ अथवा कलंक लगना

  प्रयोग : राज ठाकरे अपने गर्हित आचरण के कारण अपने चरित्र पर बट्टा लगाने पर तुला हुआ है।

- **बड़ी बात होना**

  अर्थ : विशेष बात होना

  प्रयोग : कर्णिका के लिए एक आई०ए०एस०-अधिकारी होना बड़ी बात होगी।

- **बड़े घर की हवा खाना**

  अर्थ : कारावास की सज़ा भुगतना

  प्रयोग : जनाब! बड़े घर की हवा खाकर दुर्दान्त अपराधियों की भी अक़्ल ठिकाने लग जाती है।

- **बत्तीसी खिलना**

  अर्थ : बहुत अधिक हँसी आना

  प्रयोग : अमर्यादित 'रीयल्टी शो' देखकर उपस्थित लोगों की बत्तीसी खिल गयी।

- **बत्तीसी बन्द होना**

  अर्थ : पूर्णतया उदासी छा जाना

  प्रयोग : ज़ोरदार थप्पड़ पाने के बाद उस वाचाल प्रतिभा द्विवेदी की बत्तीसी बन्द हो गयी।

- **बच्चों का खेल**

  अर्थ : बहुत सरल काम

  प्रयोग : किसी भी परीक्षा की तैयारी करना कोई बच्चों का खेल नहीं है।

- **बन्दर-घुड़की देना**

  अर्थ : व्यर्थ की धमकी देना

  प्रयोग : सरकारी कार्यालयों में काम करनेवाले कर्मचारिगण बन्दर-घुड़कियों से नहीं डरते।

- **बरस पड़ना**

  अर्थ : अति क्रुद्ध होना

  प्रयोग : विद्यालय की सारी गतिविधियाँ सन्दिग्ध दिखते ही विद्यालय-निरीक्षक प्रधानाचार्य पर बरस पड़े।

- **बलि-बन्धन**

  अर्थ : छल-छद्म करना; बिना दोष के दण्डित करना

  प्रयोग : थानेदार ने उस रिक्शा-चालक को अनायास ही "बलि-बन्धन" बना दिया।

* **बल्लियों उछलना**

अर्थ : अत्यन्त भावावेश में होना

प्रयोग : उम्मीद के विपरीत भाषण-प्रतियोगिता में प्रथम आने पर वह बल्लियों उछलने लगी थी।

* **बसन्त की कोकिल**

अर्थ : वैभवशाली का गुणगान करनेवाला

प्रयोग : चन्दबरदाई पृथ्वीराज चौहान की प्रशस्ति में अपनी सारी काव्यात्मक प्रतिभा झोंक देते थे, तभी तो वे ''बसन्त की कोकिल'' कहलाते थे।

* **बहती गंगा में हाथ धोना** (बिहार पीसीएस १९९९; उप्र पीसीएस १९९९)

अर्थ : किसी ऐसी बात से लाभ उठाना, जिससे सब लोग लाभ उठा रहे हों।

प्रयोग : प्रायः निर्दलीय सत्तारूढ़ दल में सम्मिलित होकर बहती गंगा में हाथ धो लेते हैं।

* **बाँछें खिलना ; बाग़-बाग़ होना** (उप्र पीसीएस २०००)

अर्थ : अत्यन्त प्रसन्न होना

प्रयोग : सूखे से दुष्प्रभावित किसानों की वर्षा होने की ख़बर से बाँछें खिल गयीं।

* **बाँह पकड़ना** (गहना) (उप्र पीसीएस २००१)

अर्थ : किसी की सहायता लेने के लिए हाथ बढ़ाना

प्रयोग : वैधव्य प्राप्त होने के बाद सुरीली ने जीवनयापन के लिए अपने भाई की बाँह पकड़ ली है।

* **बाँहें फड़कना**

अर्थ : लड़ने के लिए तत्पर रहना

प्रयोग : उस लड़ंकिन से हमेशा बचकर रहने में ही भलाई है क्योंकि उसकी बाँहें तो हमेशा फड़कती रहती हैं।

* **बाज़ी मार ले जाना**

अर्थ : आगे निकलना

प्रयोग : राष्ट्रमण्डल मुक्केबाज़ी-प्रतियोगिता में बिजेन्द्र फिर बाज़ी मार ले गये।

* **बाज़ार गरम होना**

अर्थ : (१) बाज़ार में चीज़ों अथवा ग्राहकों आदि की अधिकता होना (२) रौनक बढ़ना

प्रयोग : (१) आजकल जिधर देखो उधर ही रिश्वत का बाज़ार गरम है।

(२) वाह! जिधर देखो, उधर ख़ूबसूरती। सच, आज तो चारों ओर बाज़ार गरम है।

* **बात का बतंगड़ बनाना** (करना) (आईएएस २००१)

अर्थ : साधारण विषय अथवा छोटे-से मामले को व्यर्थ तूल देना

प्रयोग : मधुप ने तो व्यर्थ ही में घर की लड़ाई को लेकर बात का बतंगड़ बना डाला है।

* **बात का धनी होना**

अर्थ : वचन का पालन करनेवाला

प्रयोग : हमारी राजनीति इस क़दर निजी स्वार्थों से परिचालित है कि आज ईमानदार और बात के धनी राजनीतिज्ञों का पूर्णतः अभाव हो गया है।

- **बात-की-बात में; बात-बात पर; बात-बात में**
  अर्थ : प्रत्येक प्रसंग पर; हर काम में
  प्रयोग : बात-की-बात में कर्णिका की हाज़िरजवाबी का कोई सानी नहीं।
- **बात तक न करना**
  अर्थ : अनादर करना
  प्रयोग : शान्तनु अपनी मित्र जिज्ञासा के घर पर गया पर उसने उससे बात तक नहीं की।
- **बात बढ़ाना**
  अर्थ : विवाद करना; झगड़ा होना
  प्रयोग : समझदारी इसी में है कि मिल-बैठकर कारण का निवारण कर लिया जाए क्योंकि ''बात बढ़ाना'' किसी भी पक्ष के लिए हितकर नहीं है।
- **बात बिगड़ना** (आईएएस २००९)
  अर्थ : काम चौपट होना
  प्रयोग : तुम यदि दोनों पक्षों की मध्यस्थता नहीं करोगी तो बात बिगड़ जाएगी।
- **बातें बनाना**
  अर्थ : बढ़-चढ़कर बातें करना
  प्रयोग : बातें बनाना तो कोई तुमसे सीखे ढपोरशंख!
- **बातों में उड़ाना**
  अर्थ : हँसी में टालना; टाल-मटूल करना
  प्रयोग : मेरी हर बात को ध्यान से सुनो; बातों में न उड़ाओ अन्यथा तुम्हें इसका दण्ड भोगना पड़ेगा।
- **बायें हाथ का खेल** (उप्र पीसीएस २००२,२००५,२००९)
  अर्थ : बहुत सरल; अल्प प्रयत्न-साध्य
  प्रयोग : लगता है कि प्रत्येक क्रिकेट मैच में शतक बनाना सचिन तेन्दुलकर के लिए ''बायें हाथ का खेल'' बन गया है।
- **बाल बाँका न कर सकना**
  अर्थ : बिलकुल कष्ट अथवा क्षति न पहुँचा सकना
  प्रयोग : मेरे लेखक-प्रतिद्वन्द्वी मेरे विरुद्ध प्राय: षड्यन्त्र रचते रहते हैं किन्तु वे मेरा बाल बाँका नहीं कर पाते।
- **बाल-बाल बचना**
  अर्थ : बहुत-थोड़े अन्तर के कारण दुर्घटना अथवा संकट से बच जाना
  प्रयोग : इति को मोटर गाड़ी का धक्का अवश्य लगा पर वह बाल-बाल बच गयी।
- **बाल की खाल निकालना** (उतारना)
  (आईएएस १९९६; बिहार पीसीएस १९९७,२००१,२००८,२००३,२००५)
  अर्थ : बहुत छानबीन करना
  प्रयोग : न्यायालय में मुक़दमे की पैरवी के दौरान दोनों पक्ष के अधिवक्ता बाल की खाल निकालने में लगे रहते हैं।

- **बाल-बाँका न होना**
  अर्थ : बिलकुल हानि न होना; कोई कष्ट न पहुँचना
  प्रयोग : कभी-किसी पुरुषार्थी का बाल-बाँका नहीं होता।
- **बलि का छल**
  अर्थ : घोर विश्वासघात
  प्रयोग : हमारे राजनेता अपने मतदाताओं के साथ बलि का छल करते हैं।
- **बालू पर भीत बनाना; बालू की भीत**
  **(उप्र पीसीएस १९९५ ,२००३; रेलवे भर्ती परीक्षा २०१२)**
  अर्थ : शीघ्र नष्ट हो जानेवाला काम करना; बिना दृढ़ आधार के कोई काम करना
  प्रयोग : सरकार चलानेवालों को जान लेना चाहिए कि देश को चलाना आसान काम नहीं, कोई इसे बालू पर भीत बनाना न समझे।
- **बालू में से तेल निकालना** **(उप्र पीसीएस १९९६; १९९९, २०११)**
  अर्थ : असम्भव कार्य करके दिखाना
  प्रयोग : बढ़ती महँगाई को देखकर यह कहा जा सकता है कि अब महँगाई को दूर करना बालू में से तेल निकालने के समान हो गया है।
- **बारह बाँट होना**
  अर्थ : नष्ट-भ्रष्ट होना; छिन्न-भिन्न होना
  प्रयोग : रावण के सँहार हो जाने के बाद लंका नगरी बारह बाँट हो गयी थी।
- **बावन का डग**
  अर्थ : अत्यन्त लम्बा
  प्रयोग : उत्तर-दिशा से दक्षिण-दिशा का अन्तर ''बावन का डग'' है।
- **बासी कढ़ी में उबाल आना**
  अर्थ : बुढ़ापे में जवानी की उमंग उठना; किसी बात का समय बीत जाने पर उसकी चर्चा होना
  प्रयोग : यासिर अराफ़ात का बुढ़ापे में घर बसाने का ख़याल बासी कढ़ी में उबाल आने के समान है।
- **बिल्ली के गले में घण्टी बाँधना**
  अर्थ : अपने को संकट में डालना
  प्रयोग : दुर्वासा ऋषि जब क्रोध करते थे तब उन्हें मनाने की हिम्मत किसी में नहीं होती थी क्योंकि सभी के सामने प्रश्न रहता था— आख़िर बिल्ली के गले में घण्टी बाँधे कौन ?
- **बीड़ा उठाना** **(आईएएस १९९८; उप्र पीसीएस १९९८)**
  अर्थ : दृढ़ संकल्प करना; उत्तरदायित्व लेना
  प्रयोग : क्रान्तिकारियों ने भारत को आज़ाद कराने के लिए बीड़ा उठा लिया था।
- **बूँद-बूँद से घड़ा भरता है**
  अर्थ : थोड़ा-थोड़ा इकट्ठा करने से बहुत इकट्ठा हो जाता है; थोड़ा-थोड़ा काम करने से बहुत काम हो जाता है।
  प्रयोग : यदि देश का हर नागरिक थोड़ी-थोड़ी भी ऊर्जा बचाना शुरू कर दे तो ऊर्जा की काफ़ी बचत की जा सकती है क्योंकि ''बूँद-बूँद'' से घड़ा भरता है।

- **बेज़बान होना**
  अर्थ : अबोध होना; संकोची होना; सरल होना
  प्रयोग : मनस्विता को क्यों तंग करते हो? वह तो बेचारी पूरी तरह से बेज़बान है!
- **बेड़ा पार लगना**
  अर्थ : संकट अथवा दु:ख दूर करना; सहायता करना
  प्रयोग : वह बेचारा इन दिनों बहुत ही आर्थिक संकट में है, भगवान् ही उसका बेड़ा पार लगायेंगे।
- **बेड़ियाँ कट जाना**
  अर्थ : कष्ट दूर होना
  प्रयोग : बेटी की शादी किसी तरह हो गयी और बेटे की नौकरी भी लग गयी। सच, उसकी बेड़ियाँ कट गयीं।
- **बेदाग़ छूटना**
  अर्थ : दोष मुक्त होना
  प्रयोग : साइकिल-चोरी के आरोप से वह एकदम बेदाग़ छूट गया है।
- **बेपर की उड़ाना**
  अर्थ : झूठी बातें फैलाना
  प्रयोग : उपद्रव अथवा अशान्ति की स्थिति उत्पन्न होने पर लोग बेपर की उड़ाने लगते हैं।
- **बेपेंदी का लोटा**
  अर्थ : जो स्थिर न हो; अनिश्चयात्मक प्रवृत्तिवाला
  प्रयोग : रामलाल और श्यामलाल, दोनों ही भाइयों में से किसी को भी गवाह न बनाना क्योंकि वे शुरू से ही ''बेपेंदी का लोटा'' रहे हैं।
- **बेलवा का ब्याह**
  अर्थ : जिस काम में ख़ूब लड़ाई-झगड़ा हो।
  प्रयोग : आजकल चुनाव लड़ना बेलवा का ब्याह हो गया है।
- **बेसिर पैर की बात करना** (ऊल-जलूल की बातें करना)
  अर्थ : व्यर्थ की बातें करना
  प्रयोग : तुम्हारी बेसिर-पैर की बातें समझ में नहीं आतीं; क्या सचमुच मुर्ग़े के पेट में अण्डा हो सकता है?
- **बेहाल होना**
  अर्थ : बुरा हाल होना
  प्रयोग : बढ़ती महँगाई के कारण सभी बेहाल हैं।
- **बोलबाला होना** (रहना)
  अर्थ : बात की साख बनी रहना
  प्रयोग : रात में विद्युत्-आपूर्ति भंग होने से इस क्षेत्र में चोरों का बोलबाला रहता है।

- **बोली मारना**

  अर्थ : किसी को लक्ष्य करके उपहास अथवा व्यंग्य के शब्द कहना

  प्रयोग : कुछ लोगों की आदत होती है कि वे ख़ुद तो कुछ नहीं कर पाते किन्तु दूसरों के प्रत्येक कार्य पर बोली मारते रहते हैं।

## भ

- **भंग के भाड़ में जाना**

  अर्थ : व्यर्थ हो जाना

  प्रयोग : तुम्हारी भलाई इसी में है कि कोई छोटा-मोटा कारोबार कर लो क्योंकि घटिया सरकारी नीतियों के चलते नौकरी मिलने से रही। दु:ख ज़रूर है कि मेरी सारी पढ़ाई-लिखाई भंग के भाड़ में चली गयी।

- **भंग खा लेना**

  अर्थ : विवेकहीन होना

  प्रयोग : भंग खाकर तुम किसी विवाद को लेकर उचित-अनुचित का फ़ैसला नहीं ले सकते।

- **भँवर में पड़ना**

  अर्थ : संकट में पड़ना

  प्रयोग : आर्थिक दुरवस्था के चलते उसका भविष्य भँवर में पड़ गया है।

- **भण्डा फूटना**

  अर्थ : गुप्त बात प्रकट होना

  प्रयोग : अपने दुष्कर्मों का भण्डा फूट जाने के डर से आज़म ख़ाँ ने चालाकी के साथ बहुत सारी फाइलें फड़वा दी थीं।

- **भद्रा लगाना**

  अर्थ : अड़चन पैदा करना

  प्रयोग : पता नहीं क्यों पण्डित जी मुहूर्त निकालने के नाम पर हर घड़ी ही भद्रा लगाये रहते हैं।

- **भरत का त्याग**

  अर्थ : असीम त्याग

  प्रयोग : पैतृक सम्पत्ति त्यागकर उसने भरत के त्याग को सिद्ध कर दिया।

- **भरम गँवाना**

  अर्थ : सत्य प्रकट हो जाना

  प्रयोग : मैं नन्दल को अपना हितैषी मानता था किन्तु उसने मेरे साथ अनुचित व्यवहार कर अपना भरम गँवा दिया है।

- **भाड़े का टट्टू**

  अर्थ : किराये पर अथवा मज़दूरी पर काम करनेवाला; केवल धन की लालच में दूसरों का काम करनेवाला

  प्रयोग : कुछ लोग ऐसे होते हैं, जिनसे कुछ भी करवा लो क्योंकि वे "भाड़े के टट्टू" होते हैं।

- **भाड़े में जी होना**

  अर्थ : किसी पर दिल लगा रहना

  प्रयोग : प्रवास पर जाते समय घर-परिवार की चिन्ता को लेकर भाड़े में जी लगा रहता है।

- **भागीरथ प्रयत्न करना**

  अर्थ : दृढ़ रहकर प्रयास करना; कठोर परिश्रम करना

  प्रयोग : किसी भी दिशा में पूर्ण सफलता के लिए "भागीरथ-प्रयत्न करना" एकमात्र मार्ग है।

- **भागीरथ-परिश्रम**

  अर्थ : अथक परिश्रम

  प्रयोग : सिविल सेवा की परीक्षा उत्तीर्ण करने के लिए परीक्षार्थी को "भागीरथ-परिश्रम" करना पड़ता है।

- **भादो का मेढक होना**

  अर्थ : अत्यन्त मोटा होना

  प्रयोग : ज़रूरत से ज़्यादा खा-पीकर आजकल शरण पूरी तरह से भादो का मेढक हो गया है।

- **भीगी बिल्ली बन जाना**

  अर्थ : भयभीत हो जाना; डर जाना

  प्रयोग : अपराधी तत्त्व पुलिस को देखते ही भीगी बिल्ली बन जाते हैं।

- **भीम होना**

  अर्थ : अत्यन्त पराक्रमी होना

  प्रयोग : राजुल आहार-विहार-व्यायाम के बल पर भीम हो गया है।

- **भीष्म-प्रतिज्ञा**

  अर्थ : दृढ़ प्रतिज्ञा

  प्रयोग : महात्मा गाँधी इतने हठधर्मी थे कि उनका हर कथन "भीष्म-प्रतिज्ञा" हुआ करता था।

- **भुजा उठाना**

  अर्थ : प्रतिज्ञा करना

  प्रयोग : उन राजनेताओं के विरुद्ध, जो देशद्रोहात्मक कार्य कर रहे हैं, अब भुजा उठाने की आवश्यकता है।

- **भूँजी भाँग न होना**

  अर्थ : कुछ भी पास न होना

  प्रयोग : विद्युत्-आपूर्ति तथा जल-आपूर्ति-अभाव के कारण कृषकों के पास भूँजी भाँग नहीं है।

- **भेड़िया-धसान**

  अर्थ : बिना विचार के देखा-देखी करना; अन्धानुकरण

  प्रयोग : आज गाँव-गाँव में भेड़िया-धसान के बहुत सारे उदाहरण बिखरे पड़े हैं।

- **भैंस के आगे बीन बजाना** (उप्र पीसीएस १९९२)

  अर्थ : नासमझ से समझदारी की बातें करना

  प्रयोग : लम्पट लोगों से ज्ञान-विज्ञान की बातें करना, भैंस के आगे बीन बजाने के समान है।

# म

- **मक्खी मारना**
  अर्थ : व्यर्थ में समय नष्ट करना
  प्रयोग : भाई मेरे! परीक्षा सिर पर है और तुम पढ़ाई के नाम पर मक्खी मार रहे हो।
- **मक्खी नाक पर न बैठने देना**
  अर्थ : इज़्ज़त ख़राब न होने देना
  प्रयोग : वह इतना स्वाभिमानी पुरुष है कि नाक पर मक्खी नहीं बैठने देता।
- **मज़ा किरकिरा होना**
  अर्थ : आनन्द में विघ्न पड़ना
  प्रयोग : अच्छे-भले हम लोग टी०वी० सीरियल देख रहे थे कि विद्युत्-आपूर्ति भंग हो गयी, जिससे सारा मज़ा ही किरकिरा हो गया।
- **मतलब गाँठना**
  अर्थ : काम निकालना
  प्रयोग : रफ़ी ने जावेद से दोस्ती अपना मतलब गाँठने के लिए ही की है।
- **मन की प्यास**
  अर्थ : अभिलाषा
  प्रयोग : अपने आराध्य को एक नज़र देखने-भर से मेरे मन की प्यास बुझ जाती है।
- **मन के लड्डू (मनमोदक) खाना** (उप्र पीसीएस १९९८)
  अर्थ : व्यर्थ की आशा पर प्रसन्न होना; हवा में कल्पना करना
  प्रयोग : "मन के लड्डू" खाने से काम नहीं चलेगा; यथार्थ में कुछ काम करो।
- **मन मैला करना**
  अर्थ : किसी की ओर से अपने मन में दुर्भाव, द्वेष अथवा वैर-भाव करना
  प्रयोग : उसने तो तुम्हारे हित के लिए ही ऐसा कहा था लेकिन तुमने बुरा मानकर उसके प्रति अपना मन मैला कर लिया है।
- **मन-की-मन में रखना**
  अर्थ : चुपचाप रहना; व्यक्त न करना
  प्रयोग : कुछ विषय ऐसे होते हैं, जिन्हें मन-की-मन में रख लेना ही श्रेयस्कर रहता है।
- **मन-ही-मन में रह जाना**
  अर्थ : हृदय में ही रह जाना; इच्छाएँ पूरी न होना
  प्रयोग : अभावों में जीवन जीनेवाले व्यक्ति की इच्छाएँ मन-ही-मन में रह जाती हैं।
- **मन में चोर बैठना**
  अर्थ : मन में कपट (छल) होना
  प्रयोग : मैं अनूप को काफ़ी ईमानदार समझता था लेकिन उसके मन में तो चोर बैठा है।

- **मन का राजा होना**
  अर्थ : उन्मुक्त विचरण करना; स्वतन्त्र होना
  प्रयोग : इस युग में प्रत्येक व्यक्ति अपने मन का राजा होता है क्योंकि वह अपनी इच्छानुसार कार्य करना चाहता है।
- **मन्त्रमुग्ध होना**
  अर्थ : प्रभावित होना
  प्रयोग : सरदार वल्लभभाई पटेल के भाषण ने सभी को मन्त्रमुग्ध कर दिया था।
- **मल्हार अलापना**
  अर्थ : चैन से कटना
  प्रयोग : मेरा पड़ोसी दिन-प्रतिदिन मल्हार अलापता रहता है। लगता है, आजकल उसके दिन बहुत मज़े में कट रहे हैं।
- **महँगा पड़ना**
  अर्थ : घोर परिणाम निकलना; हानिकर होना
  प्रयोग : अब भी समय है, सँभल जाओ वरना यह तुम्हारी बद्ज़बानी आगे चलकर तुम्हारे लिए बहुत ही महँगी पड़ेगी।
- **माई का लाल**
  अर्थ : साहसी पुरुष
  प्रयोग : दन्तेवाड़ा में नक्सलियों ने ७३ सुरक्षाकर्मियों की हत्या कर दी किन्तु वहाँ एक भी "माई का लाल" ऐसा नहीं था, जो उन देशद्रोहियों को रोक सकता।
- **माथा ठनकना**
  अर्थ : किसी अनिष्ट की शंका होना
  प्रयोग : घर से बाहर निकलते ही उस कूबड़ व्यक्ति को जाते देखकर उसका माथा ठनक गया था और जब वह गन्तव्य पर पहुँचा तब उसे मनहूस ख़बर मिली।
- **माथे पर बल पड़ना**
  अर्थ : परेशान होना
  प्रयोग : दहेज की बातें सुनकर बहू के पिता के माथे पर बल पड़ गया।
- **मिट्टी पलीद होना** (उप्र पीसीएस २००१)
  अर्थ : दुर्दशा होना
  प्रयोग : अपने किये गये कार्यों से ही रावण की मिट्टी पलीद हो गई थी।
- **मिट्टी के मोल बिकना**
  अर्थ : अत्यन्त सस्ता होना
  प्रयोग : इस वर्ष आलू का उत्पादन अधिक होने के कारण उसके लिए मिट्टी के मोल बिकने की सम्भावना बन रही है।
- **मिट्टी के माधो**
  अर्थ : बकलोल; मूर्ख; भोंदू; बुद्धू
  प्रयोग : लोग उसे बहुत तंग करते रहते हैं किन्तु वह "मिट्टी का माधो" बना रहता है।

- **मीठा ज़हर**
  अर्थ : प्रत्यक्ष में भला लेकिन अकल्याणकारी
  प्रयोग : लोगों में सुपाड़ी खाने का प्रचलन "मीठा ज़हर" के समान है।
- **मीठी छुरी चलाना**
  अर्थ : धोखा देकर मारना; विश्वासघात करना
  प्रयोग : प्रत्येक परिवार में ऐसा कोई-न-कोई धूर्त-मक्कार होता है, जो मीठी छुरी चलाकर अपना काम निकाल लेता है।
- **मीन-मेख करना** (निकालना)
  अर्थ : दूसरों के काम में दोष ढूँढ़ना; नुक्ताचीनी करना
  प्रयोग : हरिप्रिया की इतनी गन्दी आदत है कि वह हर बात में मीन-मेख निकालती रहती है।
- **मुँह उतरना**
  अर्थ : उदास हो जाना
  प्रयोग : आई०ए०एस०-परीक्षा में लगातार दूसरी बार असफल हो जाने के कारण श्यामला का मुँह उतर गया था।
- **मुँह चुराना; मुँह छुपाना**
  अर्थ : लज्जा के मारे सामने न होना
  प्रयोग : मैं अदिति से कोई प्रश्न न कर लूँ इसलिए वह मुझसे मुँह चुराये रहती है।
- **मुँह की खाना** (उप्र पीसीएस २००१)
  अर्थ : बेइज़्ज़त होना; दुर्दशा कराना
  प्रयोग : कारगिल-युद्ध में पाकिस्तान को मुँह की खानी पड़ी थी।
- **मुँह धो आना** (रखना)
  अर्थ : आशा रखना
  प्रयोग : मरणासन्न पिता ने नालायक़ बेटे से कहा, "भले ही तुम मुँह धो आओ किन्तु मैं तुम्हें एक कानी कौड़ी भी नहीं दूँगा।"
- **मुँह में पानी भर आना** (आईएएस २००९)
  अर्थ : कोई पदार्थ पाने के लिए ललचाना
  प्रयोग : हलवाई की दुकान से मिठाई की मधुर गन्ध पाते ही किसी के भी मुँह में पानी आना स्वाभाविक है।
- **मुँह लगना** (उप्र पीसीएस १९९२,२००३)
  अर्थ : अधिक सम्पर्क में रहना; निकटस्थ ढीठ
  प्रयोग : बचपन से ही वह नौकर अपने मालिक का मुँह लगा हुआ है इसलिए वह उसकी बात का बुरा नहीं मानता
- **मुँह लगाना**
  अर्थ : अधिक सम्पर्क में रखना; ढीठ बनाना
  प्रयोग : कभी किसी व्यक्ति को ज़रूरत से ज़्यादा मुँह लगाना ठीक नहीं होता।

- **मुँह पकड़ना**

  अर्थ : बोलने न देना

  प्रयोग : रत्ना इतनी वाचाल है कि उसे चुप कराने के लिए उसका मुँह पकड़ना पड़ता है।

- **मुँह मोड़ना**

  अर्थ : परित्याग करना

  प्रयोग : प्रशान्त की शराब पीने की आदत के कारण उसके पिता जी ने उससे हमेशा के लिए मुँह मोड़ लिया है।

- **मुँह बनाना**

  अर्थ : खीझ प्रकट करना

  प्रयोग : अरी भाग्यवान्! तुम विचित्र महिला हो, ज़रा-ज़रा सी बात पर मुँह बना लेती हो।

- **मुँह फिर जाना**

  अर्थ : मतलब समाप्त हो जाना

  प्रयोग : जो व्यक्ति ज़रूरत से ज़्यादा चालाकी दिखाने की कोशिश करता है, उससे अच्छे लोगों का मुँह फिर जाता है।

- **मुँह पर नाक न होना**

  अर्थ : अत्यन्त निर्लज्ज होना

  प्रयोग : कुछ लोग राह चलते अश्लील बातें करते रहते हैं क्योंकि उनके मुँह पर नाक नहीं होती।

- **मुँह में दाँत न होना**

  अर्थ : सामर्थ्य न होना

  प्रयोग : अपने ग़रीब मित्र की सहायता करने के लिए तुम्हारे मुँह में दाँत नहीं हैं।

- **मुँह फैलाना** (बिहार पीसीएस १९९३)

  अर्थ : और अधिक माँग करना

  प्रयोग : जो अत्यन्त लोलुप और निर्लज्ज होते हैं, वही दहेज के लिए मुँह फैलाते हैं।

- **मुँह लेकर रह जाना**

  अर्थ : निराश होना

  प्रयोग : न्यायाधीश के समक्ष आरोपित अपराध सिद्ध हो जाने पर वह अपना-सा मुँह लेकर रह गया था।

- **मुँह फुलाना** (फुलाकर बैठ जाना)

  अर्थ : आकृति अथवा चेहरे से असन्तोष अथवा अप्रसन्नता प्रकट करना

  प्रयोग : मंजुल का बेटा नयी गाड़ी लेने के लिए मुँह फुलाकर बैठा है।

- **मुँह-तोड़ जवाब देना**

  अर्थ : अकाट्य उत्तर देना

  प्रयोग : ज़मीन के विवाद को लेकर हुए बहस में वादी के वकील ने प्रतिवादी-वकील को आज मुँह-तोड़ जवाब दिया है।

- **मुँह पर कालिख़ लगाना** (पोतना)
  अर्थ : कलंक लगाना
  प्रयोग : अपने समाज–विरोधी कार्यों के कारण नक्सली अपने माता–पिता के मुँह पर कालिख़ पोत रहे हैं।
- **मुँह फेर लेना**
  अर्थ : बेरुख़ी दिखाना; रुष्ट होना
  प्रयोग : पिता से पुत्री के रुपये माँगते ही पिता ने मुँह फेर लिया था।
- **मुँह सीना**
  अर्थ : चुप्पी साध लेना (लगा लेना)
  प्रयोग : अपराधी पुत्र के बारे में कुछ भी बताने से इनकार करते हुए उसके घरवालों ने मुँह सी लिया है।
- **मुँह लटकना**
  अर्थ : नाराज़ होना; उदास होना
  प्रयोग : फ़िल्म देखने की फ़रमाइश पूरी न होने पर वैशाली का मुँह लटक गया।
- **मुँह से फूल झरना**
  अर्थ : बोली में मिठास होना
  प्रयोग : कोयल की बोली इतनी मधुर होती है, मानो उसके मुँह से फूल झर रहे हों।
- **मुँह पर थूकना**
  अर्थ : अपमानित करना
  प्रयोग : सुनील श्रीवास्तव–जैसे भ्रष्ट और बेईमान पत्रकार के मुँह पर हर कोई थूकना पसन्द करेगा।
- **मुँह पर न थूकना**
  अर्थ : बहुत हेय; नीच समझना
  प्रयोग : जो दोगले और कमीने क़िस्म के लोग होते हैं, मैं उनके मुँह पर थूकना भी पसन्द नहीं करता।
- **मुँह में घी–शक्कर**
  अर्थ : ऐसा ही हो; मुराद पूरी होने की कामना करना
  प्रयोग : तुम कहते हो, इस वर्ष मैं आई०ए०एस० अधिकारी बन जाऊँगी; तुम्हारे "मुँह में घी–शक्कर"।
- **मुँह में ख़ून लगना**
  अर्थ : बुरी आदत पड़ जाना; बुरा काम करना
  प्रयोग : उत्कोच (रिश्वत) की राशि एक बार मिल जाने के बाद से विद्यालय के बड़े बाबू के मुँह में ख़ून लग गया है।
- **मुँह पर ताला लगना**
  अर्थ : ज़बान बन्द करना; चुप्पी साध लेना
  प्रयोग : जी हाँ, रुपये में इतनी ताक़त है कि बड़े–बड़े लोगों के मुँह पर ताला लगा दे।

- **मुँह की बात छीनना**

  अर्थ : एक व्यक्ति जो बात कहना चाहता हो, उससे पहले ही बोल देना।

  प्रयोग : श्रेया की शादी की बात चलाकर तुमने तो मेरे मुँह की बात ही छीन ली।

- **मुँह का निवाला छीनना**

  अर्थ : किसी की रोज़ी-रोटी छीनना

  प्रयोग : विकास-प्राधिकरणवाले ग़रीबों की दुकानें तोड़कर उनके और उनके परिवारवालों के मुँह के निवाले छीन लेते हैं।

- **मुखौटा लगाना**

  अर्थ : अपने वास्तविक रूप को छुपाने का प्रयास करना

  प्रयोग : ज़रूरत से ज़्यादा मधुर बोलनेवाले मुखौटा लगाकर व्यवहार करते हैं।

- **मुट्ठी में करना**

  अर्थ : वश में करना; क़ाबू में करना

  प्रयोग : अपनी धूर्तता और मक्कारी के चलते मेरे छोटे भाई ने माँ को मुट्ठी में कर रखा है।

- **मुट्ठी गरम होना** (उप्र पीसीएस २००४,२००६)

  अर्थ : धन की प्राप्ति

  प्रयोग : जी हाँ, बिना मुट्ठी गरम हुए कार्यालयों में बाबू काम नहीं करते।

- **मुट्ठी गरम करना**

  (समूह 'ग' परीक्षा २००१;उप्र पीसीएस १९९६;उप्र बीएड् प्रवेश-परीक्षा २००५,२०१०)

  अर्थ : रिश्वत देना

  प्रयोग : ईमानदारी से काम कराने के लिए भी सर्वप्रथम अधिकारी की मुट्ठी गरम करनी पड़ती है।

- **मुर्दा-दिल**

  अर्थ : साहस-रहित

  प्रयोग : मुर्दा-दिल होकर पड़े रहने से काम नहीं चलनेवाला क्योंकि सच का खुलासा करने के लिए तुम्हें आगे आना ही पड़ेगा।

- **मूसलों ढोल बजाना**

  अर्थ : अत्यन्त प्रसन्न होना

  प्रयोग : बी०एड्० की प्रवेश-परीक्षा में सर्वोच्च स्थान पाने पर जन्नत ने मूसलों ढोल बजाया था।

- **मूँछ न रखना**

  अर्थ : हार मान लेना

  प्रयोग : चल भाई! तू ही जीता, मैं मूँछ नहीं रखता।

- **मूँछ नीची होना**

  अर्थ : घमण्ड टूट जाना; बेइज़्ज़ती होना

  प्रयोग : अखिलेश शर्मा पहले अपने संस्कारों का बड़ा ढिंढोरा पीटते थे किन्तु जब उनकी बेटी ने प्रेम-विवाह कर लिया तब उनकी मूँछें नीची हो गयीं।

- **मूँछों पर ताव देना**

  अर्थ : अभिमान से मुँह मरोड़ना

  प्रयोग : जब कुछ लोगों का सम्पर्क तथाकथित राजनेताओं के साथ हो जाता है तब वे बात-बात पर मूँछों पर ताव देते हैं।

- **मेनका होना**

  अर्थ : अत्यधिक सुन्दर होना

  प्रयोग : श्रेष्ठा अपने विद्यालय में सबसे सुन्दर लड़की है तभी तो सभी उसे विद्यालय की मेनका कहते हैं।

- **मैदान मारना**

  अर्थ : विजय प्राप्त करना

  प्रयोग : जो व्यक्ति पूर्ण निष्ठा से अपने काम में लगा रहता है, अन्ततः वही मैदान मारता है।

- **मोटा असामी**

  अर्थ : जिससे अधिक धन वसूल हो सके।

  प्रयोग : "मोटा असामी" देखकर लोग चाटुकारी करने लगते हैं।

- **मोहर लगा देना**

  अर्थ : पुष्टि करना

  प्रयोग : वकील साहब ने मेरे तर्क पर अपनी सहमति की मोहर लगा दी है।

- **म्याऊँ का ठौर पकड़ना**

  अर्थ : ख़तरे में पड़ना

  प्रयोग : ज़बानी जमा-ख़र्च तो सब करना चाहते हैं लेकिन कोई भी म्याऊँ का ठौर नहीं पकड़ना चाहता।

## य

- **यम की यातना**

  अर्थ : असह्य कष्ट

  प्रयोग : सुरक्षा बल के सैनिकों ने घुसपैठिये की इतनी पिटाई की कि उसे "यम की यातना" नज़र आने लगी।

- **यमपुर पहुँचाना**

  अर्थ : मार डालना

  प्रयोग : कृष्ण ने अपने से भिड़ने आये तमाम राक्षसों को यमपुर पहुँचा दिया था।

- **यमराज का द्वार देख आना**

  अर्थ : मरकर जीवित हो जाना

  प्रयोग : प्रयाग एक्सप्रेस की दुर्घटना से बचकर निकल आना, यमराज का द्वार देख आने के समान था।

- **यमराज का बुलावा आना**
  अर्थ : जीवन का अन्तिम क्षण; मृत्यु का निकट आना
  प्रयोग : एक दिन हर व्यक्ति को इस संसार से उठ जाना है इसलिए यमराज के बुलावा आने से क्या डर?
- **युग बोलना**
  अर्थ : बहुत समय बाद होना
  प्रयोग : इस परिवार में सन्तान होना युग बोलने के समान है।
- **युग-युगान्तर से**
  अर्थ : अत्यन्त प्राचीन काल से
  प्रयोग : रूप, रुपया और रुतबा का संघर्ष "युग-युगान्तर से" चला आ रहा है।
- **युगान्तर लाना**
  अर्थ : किसी पुरानी प्रथा को हटाकर उसके स्थान पर नयी प्रथा चलाना
  प्रयोग : सरदार वल्लभभाई पटेल स्वतन्त्रता मिलने के बाद देश में युगान्तर लाने का प्रयास कर रहे थे।
- **युधिष्ठिर होना**
  अर्थ : अत्यन्त सत्य-प्रिय होना
  प्रयोग : महात्मा विदुर वास्तव में मन-वचन और कर्म से युधिष्ठिर थे।
- **योग-क्षेम पूछना**
  अर्थ : कुशल-मंगल पूछना
  प्रयोग : बाहर से आये पुत्र के घर में पहुँचते ही पिता ने योग-क्षेम पूछा।
- **यौवन उभरना**
  अर्थ : जवानी आना
  प्रयोग : हर व्यक्ति का यौवन एक-न-एक दिन उभरता है।

## र

- **रंगरलियाँ मनाना**
  अर्थ : आमोद-प्रमोद में समय बिताना
  प्रयोग : आजकल ब्वायफ्रेण्ड और गर्लफ्रेण्ड की संस्कृति की आड़ में अकसर लड़के-लड़कियाँ रंगरलियाँ मनाते देखे जाते हैं।
- **रंग जमाना** **(मप्र पीसीएस १९९०)**
  अर्थ : प्रभाव बढ़ाना
  प्रयोग : उस कलाकार ने अपनी कला का शानदार प्रदर्शन कर उपस्थित लोगों के सामने रंग जमा दिया।
- **रंग में भंग होना** **(मप्र पीसीएस १९९४,२००५,२००८)**
  अर्थ : आनन्द में विघ्न आना
  प्रयोग : विवाहोत्सव के अवसर पर रिवॉल्वर से गोली चलने के कारण दो लोगों के घायल होते ही रंग में भंग हो गया।

- **रंग बदलना**
  अर्थ : परिवर्तन होना
  प्रयोग : स्वार्थी लोग मतलब सिद्ध होते ही फ़ौरन रंग बदल लेते हैं।
- **रंग लाना**
  अर्थ : हालात पैदा करना
  प्रयोग : हर परिश्रमी व्यक्ति का अध्यवसाय एक-न-एक दिन रंग लाता ही है।
- **रंग उड़ना (उतरना)**
  अर्थ : भय अथवा शर्म के मारे मुख पर चमक का न रहना
  प्रयोग : चोरी करते रँगे-हाथों पकड़े जाने पर चोर के चेहरे का रंग उतर चुका था।
- **रँगा-सियार** **(उप्र पीसीएस १९९७,२००३)**
  अर्थ : छद्मवेशी व्यक्ति; कपटी; धोखेबाज़ होना
  प्रयोग : वह नकली पुलिस-अधिकारी बनकर लोगों को ठग रहा था, फिर जब पकड़ा गया तब ज्ञात हुआ कि वह तो "रँगा-सियार" है।
- **रँगे-हाथों पकड़ना** **(आईएएस २००२)**
  अर्थ : अपराध करते हुए पकड़ना
  प्रयोग : सतर्कता विभागवालों ने अधिकारी को रिश्वत लेते हुए रँगे-हाथों पकड़ लिया।
- **रग-रग पहचानना**
  अर्थ : अच्छी तरह पहचानना
  प्रयोग : अपने को तुम जितना महान् दिखाना चाहते हो, उतना हो नहीं; मैं तो तुम्हारी रग-रग पहचानता हूँ।
- **रत्न की परख**
  अर्थ : सुयोग्य की पहचान
  प्रयोग : गुरु जी ने अपने प्रिय शिष्य की परीक्षा लेकर उसके अन्दर छुपे रत्नों को परख लिया है।
- **रफ़ा-दफ़ा करना**
  अर्थ : समाप्त करना
  प्रयोग : पुलिस ने बहुत बड़ी धनराशि लेकर हत्या-प्रकरण को रफ़ा-दफ़ा कर दिया है।
- **रफ़्त-ज़ब्त होना**
  अर्थ : सम्बन्ध होना
  प्रयोग : एक मामूली से विवाद में उस औरत ने हमें ख़ूब जली-कटी सुनायी, जिससे अब हम लोगों का उससे कोई रफ़्त-ज़ब्त नहीं है।
- **रफ़ूचक्कर होना**
  अर्थ : भाग जाना
  प्रयोग : उड़ाका दल की सूचना पाकर परीक्षा के समय नक़ल करानेवाले रफ़ूचक्कर हो गये।

- **रस्सी का साँप बनाना**
  अर्थ : निराधार बात को बढ़ा-चढ़ाकर कहना (सिद्ध करना)
  प्रयोग : कुछ पुलिस-अधिकारी ऐसे होते हैं, जो निर्दोषों को अनायास ही पकड़कर और झूठे आरोप लगाकर रस्सी का साँप बना देते हैं।

- **राई का पहाड़ बनाना**
  अर्थ : थोड़ी बात को बहुत अधिक बढ़ा देना
  प्रयोग : कुछ लोग ऐसे होते हैं, जो अकारण किसी बात को बढ़ाते हुए, राई का पहाड़ बना देते हैं।

- **राम-कहानी**
  अर्थ : आप-बीती
  प्रयोग : शस्या इस समय दुर्दिन में पड़ी हुई है; कोई भी उसकी "रामकहानी" नहीं सुनना चाहता।

- **रामराज**
  अर्थ : सुख-सम्पन्न होना
  प्रयोग : ददुआ के मारे जाने के बाद अब क्षेत्र में पूरी तरह से रामराज क़ायम है।

- **राम-तले दबाना**
  अर्थ : क़ब्ज़े में रखना
  प्रयोग : रधिया ने लाला जी से इतना क़र्ज़ लिया है कि वह उनके राम-तले दबी हुई है।

- **रावण होना**
  अर्थ : दुष्ट होना; पापी होना
  प्रयोग : वह अपनी आपराधिक छवि के कारण पूरे इलाक़े के लिए रावण हो गया है।

- **राह लेना**
  अर्थ : चल देना
  प्रयोग : उसने मुझसे २० हज़ार रुपये उधार लिये हैं किन्तु उन रुपयों को माँगते ही वह राह ले लेता है।

- **राहु-ग्रहण**
  अर्थ : भीषण संकट आना
  प्रयोग : शेअर का मूल्य बहुत अधिक गिरने के कारण तमाम शेअरधारकों के भविष्य पर "राहु-ग्रहण" लग गया है।

- **रास्ता नापना**
  अर्थ : चले जाना
  प्रयोग : तुम अपनी गन्दी हरकतों के कारण मेरी निगाहों से गिर चुके हो; तुरन्त रास्ता नापो।

- **रुस्तम होना**
  अर्थ : अत्यधिक शक्तिशाली होना
  प्रयोग : चुनाव जीतने के बाद राजनेता धन-धान्य से इतने सम्पन्न हो जाते हैं कि वे स्वयं को रुस्तम मानने लगते हैं।

- **रोयें (रोंगटे) खड़े होना**
  अर्थ : हर्ष अथवा भय से रोमांच होना
  प्रयोग : महारानी लक्ष्मीबाई की वीरता की कहानी सुनकर हम-सबके रोंगटे खड़े हो जाते हैं।
- **रोआँ टेढ़ा करना**
  अर्थ : कुछ कर सकना
  प्रयोग : जो ईमानदार और कर्मठ होता है, कोई भी उसका रोआँ टेढ़ा नहीं कर सकता।

## ल

- **लंगर जारी करना**
  अर्थ : भोजन-दान करना
  प्रयोग : प्रतिदिन गुरुद्वारे में बहुत बड़ी संख्या में लंगर जारी किये जाते हैं।
- **लँगोट कसना**
  अर्थ : लड़ने को तैयार रहना
  प्रयोग : आये-दिन लोग-बाग़ जगह-ज़मीन को लेकर लँगोट कसे देखे जाते हैं।
- **लँगोट का सच्चा होना**
  अर्थ : ब्रह्मचारी होना
  प्रयोग : अब बहुत कम ऐसे साधु-संन्यासी रह गये हैं, जो लँगोट के सच्चे हों।
- **लँगड़े की लकड़ी होना**
  अर्थ : एकमात्र सहारा होना
  प्रयोग : उज्ज्वला अपने चक्षुविहीन पति के लिए लँगड़े की लकड़ी बनी हुई है।
- **लँगोटिया यार**
  अर्थ : बचपन का मित्र
  प्रयोग : प्रेम और विमल शुरू से ही साथ-साथ पढ़ते आये हैं और वे आज भी बहुत अच्छे "लँगोटिया यार" सिद्ध हो रहे हैं।
- **लकड़ी के बल बन्दर नाचै**
  अर्थ : भयवश काम करना
  प्रयोग : आज का हर ज़िलाधिकारी मुख्यमन्त्री के सामने ऐसे नाचते हैं, मानो लकड़ी के बल बन्दर नाच रहे हों।
- **लकीर पीटना; लीक पीटना**
  अर्थ : बिना समझे-बुझे पुरानी प्रथा पर चले जाना
  प्रयोग : लोग ताबीज़ तो पहन लेते हैं किन्तु उसके बारे में न तो कुछ जानते हैं और न समझते हैं; वे एक अन्धविश्वास के चलते केवल लकीर पीट रहे हैं।
- **लकीर का फ़क़ीर होना** (आईएएस २००५,२००९)
  अर्थ : आँखें बन्द करके पुराने ढंग पर चलना
  प्रयोग : वैज्ञानिक युग में पहुँचने के बाद आज भी अनेक पढ़े-लिखे लोग लकीर के फ़क़ीर बने हुए हैं।

- **लड़कों का खेल**

  अर्थ : आसान काम

  प्रयोग : गुल्ली-डण्डे के खेल को मैं "लड़कों का खेल" समझता हूँ।

- **लक्ष्मण की भ्रातृ-भक्ति**

  अर्थ : नि:स्वार्थ भाई की सेवा

  प्रयोग : प्रांशु द्वारा अत्यन्त निष्ठापूर्वक बड़े भाई की सेवा करना, "लक्ष्मण की भ्रातृ-भक्ति" की स्थापना करना है।

- **लम्बा होना**

  अर्थ : (१) पीछा छुड़ाने के लिए कहीं चल देना (२) ज़मीन पर लेट जाना

  प्रयोग : (१) अरे यार! तुम तो अपनी बात कहकर लम्बे हो लोगे और यह नामुराद मेरी जान खाने लगेगा। (२) मुसाफ़िरख़ाना में यात्रा की थकान के कारण यात्री लम्बे हो जाते हैं।

- **लम्बा हाथ मारना**

  अर्थ : बहुत बड़ी सफलता अथवा उपलब्धि प्राप्त करना

  प्रयोग : कर्णिका पाण्डेय ने अखिल भारतीय लिखित निबन्ध-प्रतियोगिता में सर्वाधिक अंक प्राप्त करके लम्बा हाथ मारा है।

- **ललाट पर लिखा होना**

  अर्थ : भाग्य में होना

  प्रयोग : विधाता जो एक ललाट पर लिख देते हैं, उसे कोई नहीं मिटा सकता।

- **लल्लो-चप्पो करना**

  अर्थ : चिकनी-चुपड़ी बातें करना

  प्रयोग : फुलझड़ी चाची लल्लो-चप्पो करने के लिए पूरे गाँव में विख्यात हैं।

- **लहना चुकाना**

  अर्थ : उधार में मिले धन का भुगतान करना

  प्रयोग : पिछले वर्ष मैंने अपने मित्र से ५० हज़ार रुपये ऋण के रूप में लिये थे; अब मैंने उस लहने को चुका दिया है।

- **लहू के घूँट पीना** (आईएएस १९९५,२००३,२००८)

  अर्थ : प्रचण्ड क्रोध करके रह जाना

  प्रयोग : अधिकतर राजनेताओं के कुकृत्यों को देखकर मैं लहू के घूँट पीकर रह जाता हूँ।

- **लाई लगाना**

  अर्थ : शिकायत करना

  प्रयोग : जब गणित के अध्यापक विद्यार्थियों को पढ़ाने में पूरी तरह से असफल रहे तब विद्यार्थियों ने उनकी लाई लगा दी।

- **लाख का घर राख होना**

  अर्थ : धनी का निर्धन हो जाना

  प्रयोग : सुरा और सुन्दरी की आदत से रामकृपाल का लाख का घर राख हो गया था।

- **लाभ के पाँव पर लोटना**

  अर्थ : चारों ओर लाभ-ही-लाभ होना

  प्रयोग : इस वर्ष गेहूँ की अच्छी फ़सल होने के कारण रमई काका लाभ के पाँव पर लोट रहे हैं।

- **लारा-लारी करना**

  अर्थ : टाल-मटोल करना

  प्रयोग : उसने मुझसे पिछले माह १० हज़ार रुपये लिये थे और अब जब मैं उससे अपने रुपये माँगता हूँ तब वह लारा-लारी करता रहता है।

- **लाल-पीला होना**

  अर्थ : आग-बबूला होना

  प्रयोग : ऐसा है कि लाल-पीला होकर तुम मेरा कुछ नहीं बिगाड़ सकते।

- **लाले पड़ना**

  अर्थ : अत्यधिक अभाव से ग्रस्त हो जाना

  प्रयोग : सही समय पर मानसून न आने के कारण किसानों की फ़सलें सूख गयीं, जिससे किसानों को रोटियों के लाले पड़ गये हैं।

- **लिफ़ाफ़ा खुल जाना**

  अर्थ : रहस्य का उद्घाटन हो जाना

  प्रयोग : जो बात मैंने तुम्हें बतायी है, उसे अपने तक सीमित रखना क्योंकि लिफ़ाफ़ा खुल गया तो तुम्हारी ख़ैर नहीं।

- **लुटिया डुबोना**

  अर्थ : सारा काम नष्ट कर देना

  प्रयोग : उस सीधी-सादी विधवा को अपमानित करके तो तुमने हमारे खानदान की लुटिया ही डुबो दी!

- **ले-देकर**

  अर्थ : किसी प्रकार

  प्रयोग : मैंने इस कार्य को बड़ी मेहनत से ले-देकर किसी तरह पूरा किया है; अब तुम्हें इसे बनाये रख़ना है।

- **लेने के देने पड़ना** (उप्र पीसीएस १९९०,२००५)

  अर्थ : लाभ के स्थान पर हानि में पड़ जाना

  प्रयोग : उस शराबी के संग रहना छोड़ दो वरना एक दिन तुम्हें लेने के देने पड़ जाएँगे।

- **लोहा मानना** (मप्र पीसीएस १९९६,१९९८)

  अर्थ : प्रभुत्व स्वीकार करना

  प्रयोग : मेजर ध्यानचन्द के शानदार हॉकी-प्रदर्शन का आज भी लोग लोहा मानते हैं।

- **लोहा लेना**

  अर्थ : युद्ध करना; सामना करना

  प्रयोग : स्वाभिमानी और पुरुषार्थी व्यक्ति हर भ्रष्टाचारी से ''लोहा लेना'' जानता है।

- **लोहे के चने चबाना**

  अर्थ : अत्यन्त कठिन काम करना

  प्रयोग : देश की प्रत्येक सीमा पर चौबीसों घण्टे बहुत बड़ी फ़ौज तैनात रहती है। अतः सीमा पार करके अन्दर आना लोहे के चने चबाना-जैसा है।

  (मप्र पीसीएस १९९७,२००५)

- **लोहे के चने चबवाना**

  अर्थ : बुरी तरह पराजित करना

  प्रयोग : विधानसभा के चुनाव में प्रतिपक्षियों को लोहे के चने चबवाने के लिए सत्तासीन दल को व्यूह-रचना करनी होगी।

## व

- **वक़्त ताकना**

  अर्थ : मौक़ा अथवा अवसर देखना

  प्रयोग : रिश्वतख़ोर मन्त्री रिश्वत पाने के लिए हमेशा वक़्त ताकता रहता है।

- **वक़्त पर काम आना**

  अर्थ : संकट में सहायता करना

  प्रयोग : जो वक़्त पर काम आये, वही सच्चा हितैषी है।

- **वज्र बेशरम होना**

  अर्थ : अत्यन्त निर्लज्ज होना

  प्रयोग : उसे लाख समझाया गया फिर भी वह लड़कों के साथ घूम रही है; वह तो अब वज्र बेशरम हो गयी है।

- **वज्रघात**

  अर्थ : सहसा पीड़ित होना; सहसा दारुण दुःख को पाना

  प्रयोग : नक्सलियों के द्वारा दन्तेवाड़ा में ७३ सुरक्षा-सैनिकों की निर्मम हत्या का समाचार पाते ही देश के करोड़ों लोगों ने वज्रघात का अनुभव किया था।

- **वज्र की तरह कठोर**

  अर्थ : भीषण कठोर होना

  प्रयोग : अपराधियों के लिए पुलिस-तन्त्र को वज्र के समान कठोर बनना पड़ेगा।

- **वज्रपात होना**

  अर्थ : दारुण आपत्ति का आना

  प्रयोग : इन्दिरा गाँधी के मृत्यूपरान्त भारतीय राजनीति में मानो वज्रपात हो गया हो।

- **वसन्त की कोकिल**

  अर्थ : वैभवशाली का गुणगान करनेवाला

  प्रयोग : राजाश्रय में रहनेवाले दरबारी कवि वसन्त के कोकिल होते थे, जो वैभव देखकर अपने राजा का गुणगान करने लग जाते थे।

- **वातावरण बिगड़ना**
  अर्थ : परिस्थिति में सन्तुलन न होना
  प्रयोग : उसकी पत्नी के कर्कश व्यवहार और कुलटा चरित्र के कारण उसके परिवार का वातावरण पूरी तरह से बिगड़ चुका है।
- **वारे-न्यारे करना**
  अर्थ : अत्यधिक लाभ अर्जित करना
  प्रयोग : चारा-घोटाला में ललुवा ने काफ़ी वारे-न्यारे किये हैं।
- **वाह-वाह होना**
  अर्थ : अत्यधिक प्रशंसा होना
  प्रयोग : जो भी व्यक्ति महान् कार्य करता है, दुनिया में उसकी वाह-वाह होती है।
- **विदुर की शाक**
  अर्थ : प्रेम में तुच्छ चीज़ को भी ग्रहण करना
  प्रयोग : मित्रता में प्रेम से प्राप्त उपहारादि को क़ीमत में नहीं आँकना चाहिए, बल्कि उसे ''विदुर की शाक'' समझकर ग्रहण कर लेना चाहिए।
- **विभीषण होना**
  अर्थ : भ्रातृद्रोही होना
  प्रयोग : भाई के घर में चोरी करवाकर त्रिलोकी विभीषण की श्रेणी में आ गया है।
- **विश्वास खो देना**
  अर्थ : भरोसे के योग्य न रहना
  प्रयोग : उस औरत ने अपने पति से छल करके अपना विश्वास खो दिया है।
- **विष उगलना**
  अर्थ : कटु वचन कहना
  प्रयोग : आज देश का हर नागरिक महँगाई से त्रस्त होकर केन्द्र और राज्य-सरकारों की नीतियों के ख़िलाफ़ विष उगल रहा है।
- **विष की गाँठ**
  अर्थ : अनेक प्रकार की बुराई अथवा ख़राबी पैदा करनेवाला
  प्रयोग : दुष्ट प्रकृतिवाले हर व्यक्ति से बचकर रहना चाहिए क्योंकि वह ''विष की गाँठ'' होता है।
- **विष के घूँट पीना**
  अर्थ : अपमान बरदाश्त करना; कटु वचन सहन कर लेना
  प्रयोग : अपनी औरत-द्वारा ज़लील करने पर भी वह विष के घूँट पीकर रह गया था।
- **विष घोलना**
  अर्थ : गड़बड़ी पैदा करना
  प्रयोग : परिवार में सभी के पारस्परिक सम्बन्ध मृदु थे किन्तु बहू ने आकर विष घोल दिया है।

- **वेद-वाक्य**
  अर्थ : प्रामाणिक बात; स्वीकार्य वचन
  प्रयोग : पहले के साधु-सन्त इतने सच्चरित्रवान होते थे कि वे जो कुछ कह देते थे, वे "वेद-वाक्य" बन जाते थे।

- **वृहस्पति के समान**
  अर्थ : प्रकाण्ड पाण्डित्यवाला; श्रेष्ठ पण्डित
  प्रयोग : अब तो एक भी ऐसा साधु-सन्त नहीं दिखता, जिसे "वृहस्पति के समान" कहा जा सके।

## श

- **शंकर होना**
  अर्थ : शुभकारी होना
  प्रयोग : शिवशंकर नाम का ही शंकर नहीं है, बल्कि कर्म के धरातल पर भी शंकर है।

- **शंकर की लकड़ी**
  अर्थ : ईख (कहारों का जातीय मुहावरा)
  प्रयोग : रघुपति इतना प्रियवादी है कि जब भी बोलता है तब लगता है, मानो "शंकर की लकड़ी" से रस-वृष्टि हो रही हो।

- **शंका-निवारण करना**
  अर्थ : शंका का समाधान करना
  प्रयोग : कल वह गुरु जी के पास अपनी शंकाओं का निवारण करने के लिए गया था।

- **शहद की छुरी होना**
  अर्थ : ऊपर से मधुर और भीतर से कटु होना
  प्रयोग : माताप्रसाद देखने में तो बहुत सीधा और सच्चरित्र लगता है किन्तु वास्तव में, वह पूरी तरह से शहद की छुरी है।

- **शहद लगाकर चाटना**
  अर्थ : किसी बेकार चीज़ को लेकर रखे रहना
  प्रयोग : कुछ लोग ऐसे होते हैं, जो ऐसी-ऐसी चीज़ें रखे रहते हैं, जिनसे उनका दूर-दूर तक कोई सरोकार नहीं फिर भी वे उन्हें शहद लगाकर चाटते रहते हैं।

- **शान में बट्टा लगना**
  अर्थ : शान घटना
  प्रयोग : बिना बुलाये कहीं भी नहीं जाना चाहिए क्योंकि इससे शान में बट्टा लग जाता है।

- **शाना से शाना छिलना**
  अर्थ : कन्धे-से-कन्धा छिलना
  प्रयोग : इस बार हरिद्वार के महाकुम्भ मेले में स्नानार्थियों की इतनी अधिक भीड़ थी कि उनके शाना से शाना छिलते दिखे।

- **शाम की सुबह करना**
  अर्थ : समय व्यतीत करना
  प्रयोग : नगर में दो दिनों तक जलापूर्ति न होने के कारण सभी व्यग्रता से शाम की सुबह करते रहे।
- **शामत का घेरा**
  अर्थ : दुर्दशा का समय
  प्रयोग : आर्थिक स्थिति पूर्णत: दयनीय होने के कारण उसके परिवार में शामत का घेरा है।
- **शील तोड़ना**
  अर्थ : निष्ठुर होना; क्रूर बनना
  प्रयोग : आये-दिन रेल-यात्रियों को शीशी सुँघाकर ज़हरख़ुरानी गिरोह के लोग उनके सामान लेकर चम्पत हो जाते हैं।
- **शीशी सुँघाना**
  अर्थ : बेहोश करना
  प्रयोग : यात्री को शीशी सुँघाकर उचक्का उसका सामान ले उड़ा।
- **शीशे में मुँह देखना**
  अर्थ : अपनी योग्यता-अयोग्यता को पहचानना
  प्रयोग : काले-कलूटे लोग गोरी लड़कियों से ब्याह रचाने का ख़्वाब देखते रहते हैं; सबसे पहले उन्हें शीशे में अपना मुँह देखना होगा।
- **शुक्राचार्य की तरह राजनीतिज्ञ होना**
  अर्थ : दूरदर्शी और कूटनीति में पारंगत राजनीतिज्ञ होना
  प्रयोग : शकुनि पूरी तरह से शुक्राचार्य की तरह राजनीतिज्ञ था, तभी तो उसने कौरव-वंश का विनाश कर बदला लिया था।
- **शुतुरमुर्ग़ होना**
  अर्थ : विपत्ति में मूर्ख बनकर बैठना
  प्रयोग : जब चारों ओर से विपत्ति आती है तब दिमाग़ काम नहीं करता इसलिए शुतुरमुर्ग़ होना पड़ता है।
- **शूली पर चढ़ना**
  अर्थ : अत्यन्त कठिन काम करना; मृत्यु की परवाह न करना
  प्रयोग : अँगरेज़ों की गुलामी को ठोकर मारते हुए भारतीय क्रान्तिकारी हँसते-हँसते शूली पर चढ़ जाना पसन्द करते थे।
- **शूली पाना**
  अर्थ : मृत्युदण्ड पाना
  प्रयोग : ईसा-मसीह ने अपने हितैषियों के द्वारा किये गये षड्यन्त्र और विश्वासघात से शूली पायी थी।
- **शेर के कान कतरना**
  अर्थ : अत्यधिक साहसी अथवा वीर होना
  प्रयोग : शकुन्तला-पुत्र भरत ने शेर के दाँत गिनते हुए उसके कान कतर दिये थे।

- **शैतान की आँत**

  अर्थ : बहुत लम्बी वस्तु

  प्रयोग : जब भरी सभा में द्रौपदी को निर्वस्त्र करने के लिए दु:शासन ने साड़ी खींचनी शुरू कर दी तब प्रभु-कृपा से वह इतनी लम्बी होती चली गयी कि वह साड़ी दु:शासन को "शैतान की आँत" लगने लगी थी।

- **शैतान के कान कतरना**

  अर्थ : अत्यधिक शैतानी करनेवाला

  प्रयोग : अत्यधिक लाड़-प्यार से प्राय: इकलौते बेटे इतने बिगड़ जाते हैं कि वे बदमाशी में शैतान के कान कतरने लगते हैं।

- **शोख़चस्मी करना**

  अर्थ : शरारत करना

  प्रयोग : बचपन में प्राय: हर बच्चा शोख़चस्मी करता है।

- **शोले भड़काना**

  अर्थ : अशान्ति फैलाना

  प्रयोग : बरेली के दंगे ने पूरे शहर में शोले भड़का दिये थे।

- **श्रीगणेश करना** **(उप्र पीसीएस १९९३,२००८)**

  अर्थ : शुभारम्भ करना

  प्रयोग : बराक़ ओबामा की पहल से पारमाण्विक हथियारों में वैश्विक कटौती का "श्रीगणेश करना" एक शुभ संकेत है।

- **श्रुतिपथ में आना**

  अर्थ : सुनने में आना

  प्रयोग : कुछ खिलाड़ी डोप टेस्ट में पॉजिटिव पाये गये हैं, ऐसा श्रुतिपथ में आया है।

## स

- **संसार से उठना**

  अर्थ : मृत्यु को प्राप्त कर जाना

  प्रयोग : एक-न-एक दिन सभी को इस संसार से उठ जाना है।

- **सठिया जाना**

  अर्थ : बुद्धि भ्रष्ट हो जाना

  प्रयोग : वह औरत सठिया गयी है तभी तो हर समय बात-बात पर पकपकाती रहती है।

- **सती-सावित्री**

  अर्थ : पतिव्रता

  प्रयोग : वर्तमान समय में नारियाँ विभिन्न प्रचार-माध्यमों-द्वारा जिस प्रकार से अपना महिमा-मण्डन कराने में लगी हैं, उसे देख-समझकर उन्हें "सती-सावित्री" कहने में अपराध-बोध होता है।

- **सत्तू बाँध के पीछे पड़ना**

  अर्थ : बुरी तरह तंग करना

  प्रयोग : प्रायः फ़िल्मों में नायक प्रेम करने से पहले सत्तू बाँधकर नायिका के पीछे पड़ जाते हैं।

- **सन्न रह जाना**

  अर्थ : भय अथवा आश्चर्य के कारण एकदम चुप रह जाना

  प्रयोग : दन्तेवाड़ा में नक्सलियों-द्वारा सुरक्षा-सैनिकों की सामूहिक हत्या का समाचार सुनकर सारा राष्ट्र सन्न रह गया था।

- **सपना देखना**

  अर्थ : वास्तविकता से दूर रहना

  प्रयोग : भविष्य को स्वर्णिम बनाने का सपना ही नहीं देखना चाहिए, बल्कि उसके लिए अथक प्रयास भी करना चाहिए।

- **सफ़ेद झूठ**

  अर्थ : पूर्णतः असत्य; पूर्णतः निराधार बात

  प्रयोग : किसी भी पाकिस्तानी शासक पर विश्वास करना आत्मघाती क़दम होगा, क्योंकि पाकिस्तान के पूर्व में कई वायदे सफ़ेद झूठ साबित हो चुके हैं।

- **सब धान बाईस पसेरी**

  अर्थ : सबको एक समान समझकर व्यवहार करना

  प्रयोग : अयोग्य अधिकारियों को अच्छे-बुरे की क्या समझ; वे तो हर मामले में "सब धान बाईस पसेरी" समझते हैं।

- **सब्ज़बाग़ दिखाना**

  अर्थ : लालच देकर बहकाना

  प्रयोग : प्रत्येक राजनेता चुनाव के समय अपने मतदाताओं को सब्ज़बाग़ दिखाकर अपने को बहुमत से जिताने की करबद्ध प्रार्थना करता है।

- **समझ पर पत्थर पड़ना**

  अर्थ : बुद्धि भ्रष्ट होना

  प्रयोग : राजा दशरथ से वरदान माँगते समय कैकेयी की समझ पर पत्थर पड़ गया था, तभी तो उसने राम के लिए चौदह वर्ष का वनवास माँगा था।

- **समाँ बाँधना**

  अर्थ : प्रभावकारी वातावरण उत्पन्न करना

  प्रयोग : सुमधुर कण्ठ की धनी पार्श्व-गायिका लता दीनानाथ मंगेशकर जहाँ भी गायन करती हैं, वहाँ अपने स्वर के जादू से समाँ बाँध देती हैं।

- **समुद्र-मन्थन**

  अर्थ : दुष्कर कार्य

  प्रयोग : मात्र छः माह में आई०ए०एस०-परीक्षा की तैयारी कर सर्वोच्च अंक अर्जित करना, "समुद्र-मन्थन" के समान ही है।

- **साँचे में ढला होना**

  अर्थ : अत्यधिक सुन्दर होना

  प्रयोग : उर्वशी, मेनका आदि अप्सराएँ साँचे में इस प्रकार से ढली रहती थीं कि देवतादि ऋषि-मुनि भी उन्हें पाने के लिए मचलते रहते थे।

- **साँप को दूध पिलाना**

  अर्थ : दुष्ट के साथ उपकार करना

  प्रयोग : सन्तोष के साथ उपकार करना साँप को दूध पिलाना है।

- **साँप सूँघ जाना** (उप्र पीसीएस १९९०)

  अर्थ : एकदम गुपचुप हो जाना; मर जाना; निर्जीव हो जाना

  प्रयोग : मेरे प्रश्न को सुनकर सबको साँप सूँघ गया; किसी ने भी जवाब नहीं दिया।

- **साँप-छछून्दर की गति** (दशा) **होना** (उप्र पीसीएस २००२)

  अर्थ : भारी असमंजस की दशा में होना; बड़ी दुविधा में पड़ना

  प्रयोग : चुनाव में उसके पिता और उसकी पत्नी अलग-अलग दल के प्रत्याशी थे। ऐसे में, वह समझ नहीं पा रहा था कि किसका समर्थन किया जाए। उस बेचारे की गति तो साँप-छछून्दर की हो गयी थी।

- **साढ़े साती लगना**

  अर्थ : घोर संकट का समय आना

  प्रयोग : चारों ओर से बढ़ती महँगाई से आक्रान्त भारत की जनता पर आजकल जैसे साढ़े साती लगी है।

- **सात घाट का पानी पीना**

  अर्थ : कई क्षेत्रों का अनुभव होना

  प्रयोग : उस औरत को मूर्ख बनाना आसान काम नहीं है क्योंकि उसने सात घाट का पानी पिया है।

- **सिंहासन हिलना** (डोलना)

  अर्थ : आपत्ति के आने की आशंका; राज नष्ट होने की सम्भावना

  प्रयोग : लंका दहन का समाचार सुनकर रावण को अपना सिंहासन हिलता नज़र आया।

- **सिक्का बैठाना**

  अर्थ : प्रभुत्व जमाना; अधिकार स्थापित करना

  प्रयोग : इन दिनों सभी मन्त्रालयों में अधिकतर अयोग्य लोग हैं; जो अपना सिक्का बैठाये हुए हैं।

- **सिट्टी-पिट्टी गुम हो जाना**

  अर्थ : होश उड़ जाना

  प्रयोग : मुख्यमन्त्री की डाँट के सामने ज़िलाधिकारी की सिट्टी-पिट्टी गुम हो गयी।

- **सितारा चमकना अथवा बुलन्द होना**

  अर्थ : भाग्योदय होना; अच्छी क़िस्मत होना

  प्रयोग : गर्दिश के दिनों में भी समभाव में रहकर कर्त्तव्य करनेवालों का सितारा बुलन्द हो उठता है।

- **सिन्दूर चढ़ना**

  अर्थ : पुत्री का विवाह होना

  प्रयोग : ईश्वर की अनुकम्पा से इस वर्ष मेरी पुत्री रोहिणी की माँग में भी सिन्दूर चढ़ गया।

- **सिर आँखों पर होना** (उप्र पीसीएस १९९०,२००१)

  अर्थ : सहर्ष स्वीकार करना

  प्रयोग : गुरु ग्रन्थ साहिब को सिक्ख अपने सिर आँखों पर रखते हैं।

- **सिर ऊँचा करना**

  अर्थ : प्रतिष्ठा के साथ लोगों के बीच में खड़ा होना

  प्रयोग : पी० सी० एस०-परीक्षा में शीर्ष स्थान प्राप्त करने के बाद शिव प्रसाद 'आनन्द' का सिर ऊँचा हो गया है।

- **सिर पर सवार होना**

  अर्थ : कोई काम के लिए किसी को हमेशा परेशान करना

  प्रयोग : भइया! मैंने कह दिया कि मैं तुम्हारा ग़लत काम नहीं करूँगा तो नहीं करूँगा; अब मेरे सिर पर सवार मत हो।

- **सिर मारना**

  अर्थ : व्यर्थ का प्रयास करना

  प्रयोग : यह आपका पूरी तरह से अवैध कार्य है; आप बेकार अपना सिर मार रहे हैं। इसमें कुछ होना-हवाना नहीं है।

- **सिर उठाना** (उप्र पीसीएस २००६; आरएएस २००८)

  अर्थ : विरोध में खड़ा होना; गर्व अथवा प्रतिष्ठा के साथ खड़ा होना

  प्रयोग : सरकार की दोगली नीति के चलते आज नक्सली सिर उठा रहे हैं।

- **सिर चढ़ाना**

  अर्थ : (१) माथे से लगाना (२) पूज्य-भाव दिखाना; दुलार से उद्दण्ड बना देना।

  प्रयोग : (१) मैं घर आयी हुई लक्ष्मी को श्रद्धा-भाव से सिर चढ़ाता हूँ। (२) बच्चे को अधिक सिर चढ़ाने का ही यह प्रतिफल है कि वह आवारा हो गया है।

- **सिर मुड़ाते ही ओले पड़ना**

  (बिहार पीसीएस २००३,२००५,२००६,२००८; आईएएस १९९६,२००३,२००५,२००९)

  अर्थ : आरम्भ में ही काम समझना

  प्रयोग : वर-पक्ष के कहने पर ही कन्यापक्ष ने विवाह की पूरी तैयारी कर ली है; अब अचानक दहेज के रूप में बहुत बड़ी धनराशि की माँग कर दी गयी है। इसे ही कहते हैं— "सिर मुड़ाते ही ओले पड़ना"।

- **सिर गंजा करना**

  अर्थ : बुरी तरह पिटाई करना

  प्रयोग : अपराधी के हेकड़ी दिखाते ही पुलिस अधिकारी ने उसका सिर गंजा कर दिया था।

- **सिर से कफ़न बाँधना**

  अर्थ : बलिदान के लिए तैयार होना

  प्रयोग : कारगिल–युद्ध में भारतीय सैनिक सिर पर कफ़न बाँधकर पाकिस्तानी घुसपैठियों पर टूट पड़े थे।

- **सिर पर ख़ून सवार होना**

  अर्थ : मरने–मारने पर उतारू होना

  प्रयोग : वह प्रतिशोध की अग्नि में बुरी तरह से धधक रहा है क्योंकि उसके सिर पर ख़ून सवार है।

- **सिर पर भूत सवार होना**

  अर्थ : किसी काम अथवा वस्तु के लिए ज़िद करना

  प्रयोग : वह अपनी पत्नी से इतना तंग आ चुका है कि उसके सिर पर अपनी पत्नी को घर से बाहर निकालने का भूत सवार है।

- **सींग कटाकर बछड़ों में मिलना**

  अर्थ : छद्म वेश बनाकर काम निकालने का प्रयास करना

  प्रयोग : मैं उन लोगों को नहीं पसन्द करता, जो अपना काम निकालने के लिए सींग कटाकर बछड़ों में मिल जाने को चरितार्थ करते हैं।

- **सीधी अँगुली से घी नहीं निकलता**

  अर्थ : सीधेपन से काम नहीं चलता।

  प्रयोग : आज हर जगह रिश्वतख़ोर, जाहिल, धूर्त और मक्कार अधिकारी बैठे हैं, जिनके चलते सीधी अँगुली से घी नहीं निकलता है।

- **सुई की नोक के बराबर**

  अर्थ : ज़रा–सी; तिल–मात्र भी

  प्रयोग : आज दुर्योधन–जैसे भाई भी हैं, जो साफ़ शब्दों में कहते हैं कि वह सुई की नोक के बराबर भी जगह नहीं देगा।

- **सुख की नींद सोना**

  अर्थ : निश्चिन्त पड़े रहना

  प्रयोग : तुम बिलकुल परेशान मत हो, तुम्हारा काम हो जाएगा; अब सुख की नींद सोओ।

- **सुदामा के तन्दुल**

  अर्थ : साधारण परन्तु प्रेम में दी गयी भेंट

  प्रयोग : यद्यपि उस सम्राट् के पास अपना सामान्य भेंट ले जाना उस दरबारी को अच्छा नहीं लग रहा था तथापि सम्राट् ने आगे बढ़कर उसे "सुदामा के तन्दुल" के रूप में ग्रहण कर लिया।

- **सुनहरे दिन**

  अर्थ : बहुत अच्छा समय

  प्रयोग : हर व्यक्ति का बुरा दिन बीतता है और सुनहरा दिन आता है।

- **सुबह-शाम करना**
  अर्थ : टालमटोल करना
  प्रयोग : पिछले एक महीने से कचहरी का बाबू मेरे काम करने के नाम पर सुबह-शाम करता आ रहा है।
- **सुरख़ाब का पर लगना**
  अर्थ : कोई विशेषता अथवा अनोखापन होना
  प्रयोग : हर व्यक्ति सामान्य रूप में पैदा होता है; बाद में उसके गुणों के कारण सुरखाब का पर लगने लगता है।
- **सूखकर काँटा होना**
  अर्थ : अत्यधिक कमज़ोर हो जाना
  प्रयोग : आमरण अनशन पर बैठने के कारण वह सूखकर काँटा हो गया है।
- **सूखे धान पर पानी पड़ना**
  अर्थ : स्थिति में सुधार होना
  प्रयोग : बेचारे सरकार की ग़लत कृषि-नीति के कारण किसानों के सूखे धान पर पानी पड़ गया है।
- **सूर्य के समान तेजवान होना**
  अर्थ : अत्यन्त तेजस्वी और आकर्षक
  प्रयोग : सीता के पुत्र लव-कुश सूर्य के समान तेजवान थे।
- **सूर्य को दीपक दिखाना** (उप्र पीसीएस १९९५,२००३; आईएएस २०१०)
  अर्थ : किसी व्यक्ति की तुच्छ प्रशंसा करना
  प्रयोग : महर्षि वशिष्ठ के सम्मान में कुछ भी कहना सूर्य को दीपक दिखाने के समान था।
- **सूरत आँखों में फिरना**
  अर्थ : सदैव याद रहना
  प्रयोग : कुछ लोग ऐसे होते हैं, जिनकी सूरतें उनकी उत्कृष्ट जीवन-पद्धति के कारण सभी की आँखों में फिरती रहती हैं।
- **सोते सिंह को जगाना**
  अर्थ : अति बलवान से छेड़-छाड़ करना
  प्रयोग : कुम्भकर्ण को जगाने के लिए दुर्दान्त बल-प्रयोग किया जाता था किन्तु जगने के बाद वह इतना क्रुद्ध हो जाता था कि हज़ारों राक्षसों को खा जाता था। सच—"सोते सिंह को जगाना" अपनी मौत बुलाने के समान है।
- **सोने की चिड़िया**
  अर्थ : समृद्ध होना
  प्रयोग : पहले का भारत धन-धान्य से इतना सम्पन्न था कि उसे पूरे विश्व में "सोने की चिड़िया" वाला देश कहा जाता था।
- **सोने में सुहागा**
  अर्थ : अत्यधिक गुणवान्
  प्रयोग : रानी मुखर्जी की आँखों की गहराई लाजवाब है; उनका अभिनय सभी के सिर चढ़कर बोलता है। इसे ही कहते हैं—"सोने में सुहागा"।

- **सोने का पानी**

  अर्थ : बनावटी

  प्रयोग : निशा के बात-व्यवहार से अब पता चल रहा है कि उस पर सोने का पानी चढ़ा है।

- **सोने का घर मिट्टी होना**

  अर्थ : सब कुछ नष्ट होना

  प्रयोग : उस राजनेता के मरते ही उसके आवारा लड़कों के दुष्कृत्यों के चलते उसके सोने का घर मिट्टी हो गया।

- **सोने का मृग**

  अर्थ : भ्रम; धोखा

  प्रयोग : व्यक्ति को अच्छे-बुरे की परख होनी चाहिए वरना कुछ लोग ''सोने का मृग'' बनकर सब कुछ नष्ट कर देते हैं।

- **स्वर्ग-सुख**

  अर्थ : परम सुख

  प्रयोग : जिस परिवार में पत्नी और सन्तानें सुयोग्य हों, वह परिवार ''स्वर्ग-सुख'' का अधिकारी बनता है।

- **स्वर्ण-युग**

  अर्थ : वैभव और सम्पन्नता का युग

  प्रयोग : भारतीय इतिहास में समुद्रगुप्त के शासनकाल में कला-संस्कृति, विज्ञान आदि की भरपूर उन्नति हुई थी। इसी कारण वह गुप्तकाल का ''स्वर्ण-युग'' माना जाता है।

- **स्वामी कार्तिक का सेनापतित्व**

  अर्थ : सफल सेनापतित्व

  प्रयोग : सफल सेनापतित्व ही युद्ध-नीति को सुदृढ़ बनाता है, जिसे ''स्वामी कार्तिक का सेनापतित्व'' कहा जाता है।

- **स्वाहा करना**

  अर्थ : सर्वनाश करना

  प्रयोग : रावण की अनीति के कारण ही रामचन्द्र ने लंका को स्वाहा कर दिया था।

## ह

- **हँसी-खेल समझना**

  अर्थ : साधारण काम समझना

  प्रयोग : तितली इतनी चतुर होती है कि उसे पकड़ पाना हँसी-खेल नहीं समझना चाहिए।

- **हँसी उड़ाना**

  अर्थ : उपहास करना

  प्रयोग : बुरे दिनों में किसी भी व्यक्ति की हँसी नहीं उड़ानी चाहिए।

- **हजामत कर डालना**
  अर्थ : ठगना; लूटना
  प्रयोग : एक ठग ने अपने जाल में फँसाकर बस-यात्री की हजामत कर डाली थी।
- **हजामत बनाना**
  अर्थ : बुरी तरह मारना-पीटना
  प्रयोग : साइकिल-चोर के पकड़े जाने पर भीड़ ने उसकी ख़ूब अच्छी तरह से हजामत बना दी थी।
- **हथियार डाल देना** (आईएएस २०१२)
  अर्थ : हार मान लेना; आत्मसमर्पण कर देना
  प्रयोग : सेना ने जब आतंकियों को चारों ओर से घेर लिया था तब उन्होंने हथियार डाल दिये थे।
- **हथेली खुजलाना**
  अर्थ : धन प्राप्त होने की आशा
  प्रयोग : जब भी हथेली खुजलाती है तब लोग कहते हैं कि धन की प्राप्ति होगी।
- **हथेली पर जान लिये फिरना**
  अर्थ : मौत की परवाह न करना
  प्रयोग : भारतीय सैनिक हथेली पर जान लिये फिरते हैं।
- **हथेली का आँवला**
  अर्थ : निःसन्देह बात
  प्रयोग : मेरी कही बातों को हथेली का आँवला मानिये।
- **हथेली पर सरसों उगाना** (आरएएस १९९५,२००३,२००७; मप्र पीसीएस १९९८,२००५,२००८; बिहार पीसीएस १९९४,२००८ )
  अर्थ : (१) अनोखा कार्य करना (२) जल्दबाज़ी करना
  प्रयोग : (१) विज्ञामियों ने ब्रह्माण्ड की खोज करनेवाली मशीन बनाकर हथेली पर सरसों उगा दिया है। (२) यह काम इतना आसान नहीं है जितना आप समझते हैं; ''हथेली पर सरसों उगाना'' अच्छी बात नहीं है।
- **हनुमान् की भाँति सेवक**
  अर्थ : समर्पित सेवक
  प्रयोग : आज चराग़ लेकर ढूँढ़ने पर भी न तो राम-जैसे स्वामी दिखते हैं और न ही ''हनुमान की भाँति सेवक''।
- **हम्मीर-हठ**
  अर्थ : महान् हठी
  प्रयोग : हम्मीर-हठवाला व्यक्ति किसी के भी सामने झुकना पसन्द नहीं करता।
- **हवा हो जाना** (आरएएस १९९४,२००३,२००९)
  अर्थ : भाग जाना; न रहना
  प्रयोग : चोर चोरी करने के बाद माल लेकर हवा हो जाते हैं।

- **हवा से बातें करना**
  अर्थ : बहुत तेज़ दौड़ना
  प्रयोग : महाराणाप्रताप के घोड़े 'चेतक' के विषय में कहा जाता था कि वह हवा से बातें करता था।
- **हवा बाँधना**
  अर्थ : लम्बी-चौड़ी बातें करना; गप्प हाँकना
  प्रयोग : अकर्मण्य लोग करते-धरते कुछ नहीं, सिर्फ़ हवा बाँधते रहते हैं।
- **हवा के घोड़े पर सवार होना**
  अर्थ : बहुत उतावला होना
  प्रयोग : अरे भाई! अभी-अभी तो आये हो; कुछ खा-पी लो फिर चले जाना, "हवा के घोड़े पर सवार होना" अच्छी बात नहीं।
- **हवा लगना**
  अर्थ : संगत का प्रभाव पड़ना
  प्रयोग : गाँव से शहर आने के बाद अशोक को नये ज़माने की हवा लग गयी है, तभी उसका मन पढ़ाई में नहीं लगता।
- **हवाई क़िला बनाना; हवाई महल बनाना**
  अर्थ : कोरी कल्पना करना
  प्रयोग : जब सामर्थ्य न हो तब हवाई क़िला बनाकर भी आनन्द लेना कितना अच्छा लगता है!
- **हवाइयाँ छूटना**
  अर्थ : रंग उड़ जाना
  प्रयोग : यह अपराधी नत्थूराम दारोग़ा से बहुत डरता है; उसके सामने आते ही इसके चेहरे की हवाइयाँ छूटने लगती हैं।
- **हाथ उठाना**
  अर्थ : मारने को तैयार होना
  प्रयोग : किसी पर भी हाथ उठाने से पहले सोचो, तुम्हारा यह आचरण शोभा देनेवाला है?
  **(उप्र पीसीएस १९९१; आईएएस १९९४)**
- **हाथ डालना**
  अर्थ : शुरू करना
  प्रयोग : सोयाबीन की खेती में जब से उसने हाथ डाला है तब से उसे लाभ-ही-लाभ मिल रहा है।
- **हाथ मारना** (हाथ साफ़ करना)
  अर्थ : सफ़ाई से चोरी करना; गायब कर देना
  प्रयोग : आज पिण्टू उस्ताद की ख़ुशी का ठिकाना नहीं है; लगता है, उसने कोई लम्बा हाथ मारा है।
- **हाथ लगना**
  अर्थ : (१) हाथ में आना (२) कार्य आरम्भ होना; प्राप्त होना
  प्रयोग : (१) जो सही दिशा में तन्मयता के साथ लगकर परिश्रम करता है, सफलता उसी के हाथ लगती है। (२) प्रकाशन-कार्य में आज से मेरा हाथ लग गया है।

- **हाथ लगाना**

  अर्थ : स्पर्श करना

  प्रयोग : कुछ लोग ऐसे होते हैं जो जहाँ भी हाथ लगा देते हैं, वह कार्य पूर्ण हो जाता है।

- **हाथ ख़ाली होना**

  अर्थ : रुपये-पैसे न होना

  प्रयोग : अन्तरीप ने अपने व्यवसाय में इतने रुपये लगा दिये हैं कि उसका हाथ ख़ाली हो गया है।

- **हाथ ख़ाली न होना**

  अर्थ : अवकाश न होना

  प्रयोग : विशाल आज मैं घूमने नहीं जा सकता क्योंकि आज मेरा हाथ ख़ाली नहीं है।

- **हाथ तंग होना**

  अर्थ : ख़र्च के लिए रुपये-पैसे न होना

  प्रयोग : आज महीने का आख़िरी दिन है; मेरे हाथ तंग हैं।

- **हाथ धोना** (आरएएस १९९६,२००३,२००९)

  अर्थ : खो देना

  प्रयोग : तुम्हारा लड़का ग़लत व्यसनों में फँस चुका है। सही समय रहते यदि उसे समझा नहीं सके तो उस लड़के से हाथ धो बैठोगे।

- **हाथ धोकर**

  अर्थ : किसी चीज़ के पीछे बुरी तरह पड़ना

  प्रयोग : रुपये आने दो, मैं तुम्हें दे दूँगा। अगर "हाथ धोकर" मेरे पीछे पड़ोगे तो मैं कुछ नहीं दूँगा।

- **हाथ पर मुक्का मारना**

  अर्थ : व्यर्थ कोशिश करना

  प्रयोग : जब समय रहा तब तो तुमने पढ़ाई की नहीं; अब जब परीक्षा के दो दिन रह गये हैं तब तुम हाथ पर मुक्का मार रहे हो?

- **हाथ पर हाथ धरे बैठे रहना** (उप्र पीसीएस १९९२,१९९४)

  अर्थ : ख़ाली बैठे रहना; कुछ काम-धन्धा न करना

  प्रयोग : अनुष्का की माँ ने उसके पिता से कहा, "कब तक हाथ-पर-हाथ धरे बैठे रहोगे, बाहर निकलकर कोई काम-धन्धा तलाशो।"

- **हाथ मलना** (हाथ मलते रह जाना) (समीक्षा अधिकारी-मुख्य परीक्षा २०१०)

  अर्थ : पश्चात्ताप करना

  प्रयोग : क्रोध में तुमने अपना घर तो जला ही दिया; अब हाथ मलने से क्या लाभ?

- **हाथ पसारना** (फैलाना)

  अर्थ : कुछ याचना करना

  प्रयोग : मेरे-जैसा स्वाभिमानी व्यक्ति भूखा रह लेगा किन्तु किसी के आगे हाथ नहीं पसारेगा।

- **हाथ बँटाना**

  अर्थ : सहायता करना

  प्रयोग : किसी भी परिवार की उन्नति तभी होती है जब परिवार के सभी समर्थ सदस्य यथाशक्ति हाथ बँटाते हैं।

- **हाथ को हाथ न सूझना**

  अर्थ : बहुत अँधेरा होना

  प्रयोग : आज शहर में इतना घना कुहरा है कि बाहर सड़क पर हाथ को हाथ नहीं सूझता।

- **हाथ-पाँव फूलना** (उप्र पीसीएस २००३,२००९)

  अर्थ : भयभीत हो जाना

  प्रयोग : डक़ैतों के शहर में घुसने का समाचार फैलते ही शहरवासियों के हाथ-पाँव फूलने लगे।

- **हाथ-पाँव बचाना**

  अर्थ : सावधान होकर काम करना

  प्रयोग : जो कुशल कारीगर होता है, वह कभी कोई ग़लती नहीं करता; वह हमेशा हाथ-पाँव बचाकर काम करता है।

- **हाथ पीले करना**

  अर्थ : लड़की का विवाह करना

  प्रयोग : तुम्हारी बेटी विवाह-योग्य अवस्था को प्राप्त कर चुकी है; किसी योग्य लड़के को देखकर उसके हाथ पीले कर दो।

- **हाथ का मैल**

  अर्थ : तुच्छ वस्तु

  प्रयोग : दुनिया आज रुपये के पीछे भाग रही है किन्तु सच तो यह है कि ''रुपया हाथ का मैल'' होता है।

- **हाथ फैलाना**

  अर्थ : माँगना

  प्रयोग : निकम्मे लोग स्वस्थ शरीर लिये हुए इधर-उधर घूम कर हाथ फैलाते रहते हैं किन्तु वे कोई काम करना नहीं चाहते।

- **हाथ-पाँव मारना** (उप्र पीसीएस २००१,२००६)

  अर्थ : प्रयत्न करना; बहुत परिश्रम करना

  प्रयोग : परीक्षा के समीप आने पर यदि हाथ-पाँव मारोगे तो तुम्हें कुछ भी हासिल नहीं होगा।

- **हाथ धोकर पीछे पड़ना**

  अर्थ : बेवजह परेशान करना।

  प्रयोग : रत्ना ने शुचिता का कुछ भी नहीं बिगाड़ा है, फिर भी वह उसके पीछे हाथ धोकर पड़ी रहती है।

- **हाथों के तोते उड़ना**

  अर्थ : होश उड़ना

  प्रयोग : वह पूरे वर्ष इधर-उधर घूमकर पढ़ाई से जी चुराती रही। यही कारण है कि परीक्षा के समय प्रश्न-पत्र में कठिन प्रश्नों को देखते ही उसके हाथ के तोते उड़ गये।

- **हाथों-हाथ उड़ जाना**

  अर्थ : तुरन्त समाप्त हो जाना

  प्रयोग : मेरी प्रत्येक पुस्तक की इतनी माँग रहती है कि वह प्रकाशित होते ही हाथों-हाथ उड़ जाती है।

- **हालत पतली होना**

  अर्थ : दयनीय दशा होना

  प्रयोग : आज पूरे देश में दिनों-दिन बढ़ती महँगाई के कारण प्रत्येक भारतवासी की हालत पतली है।

- **हिन्दी की चिन्दी निकालना**

  अर्थ : किसी बात की तह तक पहुँचना

  प्रयोग : अन्वेषी पत्रकारिता करते समय सम्बद्ध पत्रकार को हिन्दी की चिन्दी निकालनी पड़ती है।

- **हिये का हार**

  अर्थ : प्रियातिप्रिय

  प्रयोग : प्रत्येक माता-पिता के लिए उनकी सन्तान ''हिये का हार'' होती है।

- **हीरे की कनी चाटना**

  अर्थ : प्राणनाशक कार्य करना

  प्रयोग : आतंकवादी-कार्यों में संलिप्त नवजवान अपनी गतिविधियों के चलते हीरे की कनी चाटने का कार्य कर रहे हैं।

- **हुक्का-पानी बन्द करना**

  अर्थ : बिरादरी से अलग करना

  प्रयोग : गाँव-पंचायत ने एक ही गोत्र में विवाह करनेवाले लड़के-लड़की के परिवारवालों का हुक्का-पानी बन्द कर दिया है।

- **हुलिया तंग होना**

  अर्थ : परेशान होना

  प्रयोग : ज़िलाधिकारी ने अपने मातहतों पर अधिक काम का बोझ डाल दिया है, जिससे उनकी हुलिया तंग हो गयी है।

- **हुलिया बिगाड़ देना**

  अर्थ : दुर्गति करना

  प्रयोग : रिश्वतख़ोर लिपिक को रँगे-हाथ पकड़ने के बाद लोगों ने उसे बलभर मार-पीट कर उसकी हुलिया बिगाड़ दी है।

- **हृदय का शूल**

  अर्थ : अत्यधिक दुःख देनेवाला

  प्रयोग : उसके इकलौते पुत्र की मृत्यु हो जाना, पूरे परिवार के लिए ''हृदय का शूल'' की तरह है।

- **हृदय के कपाट खुलना**
  अर्थ : सद्बुद्धि का जाग्रत होना; ज्ञानवान् होना
  प्रयोग : सत्संग करने से जड़ बुद्धिवालों के भी हृदय के कपाट खुल जाते हैं।
- **हृदय-सम्राट्**
  अर्थ : अत्यन्त प्रिय
  प्रयोग : सम्राट् अशोक अपनी प्रजा को इतना चाहते थे कि वे सभी के लिए "हृदय-सम्राट्" थे।
- **हृदय विदीर्ण हो जाना**
  अर्थ : अत्यन्त दु:ख होना
  प्रयोग : उस भिखारिन की दारुण आपबीती सुनकर मेरा हृदय विदीर्ण हो गया था।
- **होश सँभालना**
  अर्थ : सयाना होना
  प्रयोग : मैंने जबसे होश सँभाला है तब से कठिनाइयाँ-ही-कठिनाइयाँ झेल रहा हूँ।

## त्र

- **त्राहि-त्राहि करना**
  अर्थ : रक्षा के लिए पुकारना
  प्रयोग : कंस के घोर अत्याचार से पृथ्वी त्राहि-त्राहि करने लगी थी।
- **त्रिशंकु होना**
  अर्थ : किसी और का न रहना
  प्रयोग : प्रकाश की इधर की बात उधर लगाने की इस घिनौनी आदत से सभी परिचित हो गये हैं इसलिए अब सबने उससे पल्ला झाड़ लिया है, जिससे उसकी स्थिति त्रिशंकु की हो गयी है।

## ज्ञ

- **ज्ञान छाँटना**
  अर्थ : अपने ज्ञान का प्रदर्शन करना
  प्रयोग : ज्ञान पण्डित को कुछ आता-जाता नहीं लेकिन तिलक लगाकर अपना ज्ञान छाँटता रहता है।

## आख्यानों से सम्बन्धित मुहावरे (अर्थ-सहित)

| मुहावरे | अर्थ |
|---|---|
| • **अंगद का पैर होना** | अत्यन्त दृढ़ होना |
| • **अंगूर खट्टा होना** | न मिल पानेवाले वस्तु की बुराई करना |
| • **अगस्त्य का समुद्र-पान** | असम्भव (दुष्कर) कार्य करना |
| • **अभिमन्यु-मरण** | धोखा देकर हत्या करना |
| • **उर्वशी होना** | अतीव सुन्दर होना |

| मुहावरे | अर्थ |
| --- | --- |
| • एकलव्य की गुरु-भक्ति | अप्रतिम शिष्य |
| • कर्णदानी | महान् दानशील |
| • कालिया-दमन | दुष्टों का सँहार |
| • कृष्ण होना | रसिक होना |
| • गंगाजल की भाँति पवित्र | अत्यन्त पुनीत |
| • गीता का ज्ञान | सम्पूर्ण ज्ञान |
| • गोवर्द्धन धारण करना | जनकल्याण के लिए आपदा का सामना करना |
| • चन्द्रमा का कलंक | उत्कृष्ट वस्तु में दोष लगना |
| • चन्द्रमा के समान सुन्दर होना | अत्यधिक आकर्षक |
| • जटायु-मरण | कर्त्तव्य करते हुए मृत्यु-वरण |
| • ढपोरशंख | कोरा आश्वासन |
| • दशरथ-वचन | अडिग वाणी |
| • दुर्वासा बनना | अत्यन्त क्रुद्ध स्वभाववाला |
| • द्रौपदी का चीर होना | अन्तहीन सिलसिला |
| • धर्मराज होना | सत्यभाषी होना |
| • ध्रुव-प्रतिज्ञा | हठपूर्ण निश्चय |
| • ध्रुव होना | अटल भाव से डँटे रहना |
| • नारद-मोह होना | आसक्ति में पड़ना |
| • नारद का हरि-गुणगान | अहर्निश भगवद्-भजन |
| • नारद होना | अवरुद्ध गतिवाला होना; इधर-उधर भिड़ानेवाला |
| • नारद-भक्ति | पूर्ण भक्ति; श्रेष्ठ भक्ति |
| • परशुराम का रूप धारण करना | रौद्र रूप धारण करना |
| • परशुराम का क्रोध | भयावह क्रोध |
| • प्रताप-प्रतिज्ञा | दृढ़ प्रतिज्ञ |
| • प्रह्लाद-भक्ति | अनन्य भक्ति |
| • बलि-बन्धन | छलछद्म-युक्त; अकारण दण्डित करना |
| • बलि का छल | विश्वासघात |
| • बावन का डगर | अत्यन्त विस्तृत |
| • भरत का त्याग | अप्रतिम त्याग |
| • भागीरथ परिश्रम | अथक प्रयास |
| • भीम होना | महान् शक्तिशाली होना |
| • भीष्म-प्रतिज्ञा | अटल प्रतिज्ञा |
| • मनमोहन होना | चित्ताकर्षक होना |
| • मारीच होना | मायावी होना |
| • मेनका होना | अत्यधिक सुन्दर होना |
| • रामराज होना | धन-धान्य से सम्पन्न होना |
| • राम-कहानी | आप-बीती |

| मुहावरे | अर्थ |
|---|---|
| • **रावण होना** | प्रकाण्ड ज्ञानी होना |
| • **राहु-ग्रहण** | घोर संकट आना |
| • **रुस्तम होना** | अतीव शक्तिशाली होना |
| • **लक्ष्मण की भ्रातृ-भक्ति** | निःस्वार्थ भ्रातृसेवा |
| • **वज्रघात** | सहसा दारुण दुःख का आना |
| • **वज्रपात** | सहसा संकटों का आना |
| • **वज्र की तरह कठोर** | अति कठोर होना |
| • **विदुर की शाक** | महत् प्रेम-भाव, भक्ति-भाव की पराकाष्ठा |
| • **विभीषण होना** | भातृद्रोही होना |
| • **वेद-वाक्य** | प्रामाणिक तथ्य |
| • **शंकर होना** | कल्याणकारी होना |
| • **शबरी के बेर** | आत्यन्तिक भक्ति-भाव से प्रभावित होकर तुच्छ वस्तु को ग्रहण करना |
| • **शिव भोले होना** | दुःख-सुख में समान-भाव रखना; त्यागी होना |
| • **शुक्राचार्य की तरह राजनीतिज्ञ होना** | दूरदर्शिता और कूटनीतिज्ञता में पारंगत राजनीतिज्ञ होना |
| • **श्रीगणेश करना** | शुभारम्भ करना |
| • **समुद्र-मन्थन** | दुष्कर कार्य |
| • **सीता-सावित्री** | अनन्य पतिव्रता |
| • **सुदामा के तन्दुल** | मैत्रीपूर्ण अनोखी भेंट |
| • **सूर्य के समान तेजवान होना** | अप्रतिम तेजस्वी |
| • **सोने का मृग** | घोर छलावा |
| • **स्वामि कार्त्तिक का सेनापतित्व** | समर्थ सेनापतित्व |
| • **हनुमान् की भाँति सेवक** | अनन्य समर्पित सेवक |
| • **हम्मीर-हठ** | दुर्दान्त हठी |
| • **हरिश्चन्द्र होना** | महान् सत्यवादी होना |
| • **त्रिशंकु होना** | न इधर का, न उधर का |

## शारीरिक अंगों से सम्बन्धित मुहावरे

- **अक़्ल–** अक़्ल चकराना, अक़्ल का अन्धा, अक़्ल का दुश्मन, अक़्ल पर पत्थर पड़ना, अक़्ल के पीछे लट्ठ लिये फिरना, अक़्ल चरने जाना, अक़्ल का पुतला, अक़्ल की दुम, अक़्ल की रोटी खाना
- **आँख–** आँख का काजल चुराना, आँख गड़ाना, आँख का तारा, आँख का काजल, आँख रखना, आँखें तरेरना, आँखें चार होना, आँखें नीची होना, आँखें पथरा जाना, आँखें मूँदना, आँखें ठण्ढी करना, आँखें नीली-पीली करना, आँखों में धूल झोंकना, आँखों में सरसों फूलना, आँखों का पानी गिर जाना, आँखों में परदा पड़ना, आँखों में बसना, आँखों में गड़ जाना, आँख

आना, आँख उठाकर देखना, आँख खुलना, आँख दिखाना, आँख फेरना, आँख में खटकना, आँखों में चर्बी छाना, आँख में चुभना, आँख लगना, आँख सेंकना, आँख में ख़ून उतरना, आँख फाड़ कर देखना, आँख मारना, आँख का पानी फिरना, आँख बिछाना, आँख में रात काटना, आँख तरसना

- **क़दम–** क़दम मिलाना, क़दम-क़दम जाना, क़दम छूना, क़दम पर-क़दम रखना, क़दम चूमना, क़दम उठना, क़दम उठाना, क़दम ताल करना
- **कमर–** कमर लचकाना, कमर डोलना, कमर बाँधना, कमर सीधी करना, कमर कसना, कमर टूटना, कमर ढीली होना, कमर तोड़ना
- **कलेजा–** कलेजा ठण्ढा होना, कलेजा पत्थर करना, कलेजा काढ़ना, कलेजा निकालकर रख देना, कलेजे पर साँप लोटना, कलेजे का टुकड़ा, कलेजा दो-टूक होना, कलेजा खाना, कलेजा पानी होना, काला कलेजा, कलेजा मुँह को आना, कलेजा धक् से रह जाना, कलेजा डेढ़ बित्ता करना, कलेजा थामकर रह जाना
- **कान–** कान कतरना, कान खोलना, कान गरम करना, कान में डाल देना, कान में पड़ना, कान ऐंठना, कान का कच्चा होना, कान पकना, कान देना, कान पकड़ना, कानों पर हाथ धरना, कानों में तेल डालकर बैठना, कानों-कान ख़बर न होना, कानों में तेल डालना, कान खा जाना, कान पकड़ना, कान उठाना, कान भरना, कान लगाना, कान हिलाना, कान खड़े होना, इस कान से सुनना उस कान से उड़ा देना, कान पर जूँ न रेंगना, कान काटना
- **कोख–** कोख की आँच, कोख लजाना, कोख गिराना, कोख खाना, कोख का हीरा, कोख छुपाना, कोख उठाना, कोख गिरना
- **गरदन–** गरदन पर सवार रहना, गरदन उड़ाना, गरदन पर छुरी फेरना, गरदन पर जुआ रखना, गरदन उठाना, गरदन झुकाना, गरदन काटना
- **गला–** गला काटना, गला बैठना, गला भर आना, गला छुड़ाना, गला टीपना, गला दबाना, गला रेतना, गले के नीचे उतरना, गले पड़ा ढोल बजाना, गले फँसना, गले फँसाना, गले मढ़ना, गले का हार होना, गले लगना, गले लगाना, गले पर छुरी फेरना
- **गाल–** गाल फुलाना, गाल पिचकाना, गाल बजाना, काल के गाल में जाना, गाल दिखाना, गाल पिचकना
- **गोद–** गोद भरना, गोद छिनना, गोद में जाना, गोद लेना, सूनी गोद
- **छाती–** छाती पर पत्थर रखना, छाती ठण्ढी करना, गज़-भर की छाती होना, छाती छलनी हो जाना, छाती निकालकर चलना, छाती फटना, छाती जलना, छाती धड़कना, छाती जुड़ाना, छाती पीटना, छाती से लगाना, छाती पर बाल होना, छाती पर मूँग दलना, छाती पर साँप लोटना
- **जी** (जान)**–** जी खोलकर कहना, जी चुराना, जान के लाले पड़ना, जान दे देना, एक जान होना, जी-जान से, जान सूखना, जान छूटना
- **टाँग–** टाँग अड़ाना, टाँग भिड़ाना, टाँग खींचना, टाँग पसारकर सोना, टाँग लड़ाना, टाँग तोड़ना
- **तलवा–** तलवे चाटना, तलवे धोकर पीना, तलवा खुजलाना

- **दाँत–** दाँत से कौड़ी पकड़ना, दाँत पीसकर रह जाना, दाँत खट्टे करना, दाँतों-तले अँगुली दबाना, दाँतों पसीना आना, दाँत निकालना, दाँत दिखाना, दाँत तालू में जमना, दाँत तोड़ना, दाँत गड़ाना, दाँत-से-दाँत बजाना, दाँत-काटी रोटी होना
- **दिमाग़–** दिमाग़ दिखाना, दिल-दिमाग़ से, दिमाग़ सातवें आसमान पर होना, दिमाग़ खोना, दिमाग़ खाना
- **दिल–** दिल का गुबार निकालना, दिल मसोसकर रह जाना, दिल की गाँठ खोलना, दिलदार होना, दिल के फफोले तोड़ना, दिल में फफोले पड़ना, दिल भर आना
- **नाक–** नाक रख लेना, नाक रगड़ना, नाक पर मक्खी न बैठने देना, नाक-कान काटना, नाक-चोटी काटकर हाथ में देना, नाक में कौड़ी डालना, नाको-चने चबाना, नाक में दम करना, नाक पर ग़ुस्सा होना, नाक होना, नाक में दम आना, नाक कटाना, नाक में नकेल डालना, नाक-भौंह चढ़ाना, नाक कटना, नाक का बाल होना
- **पलक–** पलक लगाना, पलक-पाँवड़े बिछाना, पलकें भारी होना, भीगी पलकें
- **पीठ–** पीठ ठोंकना, पीठ पोछना, पीठ पीछे, पीठ का बोझ, पीठ फेरना, पीठ तोड़ना, पीठ पर लेना, पीठ दिखाना, पीठ पर होना
- **पेट–** पेट की आग, पेट में दाढ़ी होना, पेट में चूहा कूदना, पेट पर पट्टी बाँधना, पेट की बात लेना, पेट में आग लगना, पेट-पीठ सटकर एक होना, पेट मे पाँव होना, पेट मे बल पड़ना, पेट बढ़ना, पेट काटना, पेट का हलका, दाई से पेट छुपाना, पेट में पानी न पचना, पेट का सवाल
- **पैर** (पाँव)– ज़मीन पर पैर न पड़ना, पैर उखड़ना, पैर पड़ना, पैर धोना, गिन-गिन कर पैर रखना, पैरों-तले ज़मीन खिसकना, पैरों में मेहँदी लगाकर बैठना, अंगार पर पैर रखना, अपने पैरों खड़े होना, क़ब्र में पाँव लटकाना, पाँव फूँक-फूँक कर रखना, पाँव भारी होना, पाँव फिसलना, पाँव में पर लगना, पाँव पटकना, पाँव फड़फड़ाना, काँटों पर पाँव रखना, दलदल में पाँव फँसना, पाँव बचाना, पाँव पर कुल्हाड़ी मारना
- **प्राण–** प्राण दे देना, प्राण पर खेलना, प्राण हथेली पर लेना, एक प्राण : दो शरीर, प्राणों की परवाह न करना, प्राण प्यारा, प्राण-पखेरू उड़ना, प्राण-दान करना
- **बाँह–** बाँहें फैलाना, बाँह देना, बाँहें खींचना, बाँहें खिल जाना, बाँह पकड़ना, बाँहें डालना, बाँहों में लेना, बाँहों में भरना
- **भृकुटि–** भृकुटि-विकास, भृकुटि चमकाना, भृकुटि टेढ़ी होना
- **मन–** मन बढ़ाना, मन में उतरना, मन डोलना, मन मिलना, मन फटना, मन मारकर बैठना, मनमौजी (मनमाना) होना, मन लगाना, मन की प्यास, मनमाने की बात, मन की जलन, मन-ही-मन लड्डू खाना, मन के लड्डू खाना, मन चलाना, मन में बसना, मन भरना, मन रखना
- **माथा–** माथा ठनकना, माथे चढ़ाना, माथे लगाना, सिर माथे पर, माथा-पच्ची करना, माथा कूटना, माथा पीटना
- **मुँह–** मुँह में पानी भर आना, अपना-सा मुँह लेकर रह जाना, मुँह काला होना, मुँह काला करना, अपने मुँह मियाँ मिट्ठू बनना, मुँह दिखाना, मुँह छुपाना, मुँह उतरना, मुँह पकड़ना, मुँह बिगड़ना,

मुँह बिगाड़ना, मुँह बन्द करना, मुँह लटकना, मुँह लटकाना, मुँह पर हवाइयाँ उड़ना, मुँह मोड़ना, मुँह फुलना, मुँह फुलाना, मुँह-देखी करना, मुँह से लार टपकना, मुँह खोलना, जितने मुँह उतनी बात, छोटा मुँह बड़ी बात, मुँह पर वसन्त खिलना, टका-सा मुँह लेकर रह जाना, मुँह की खाना, मुँह भरना, मुँह में तिनका ले आना, मुँह फाड़ना, मुँह ताकना, मुँह बनना, मुँह बनाना, मुँह-तोड़ जवाब देना, मुँह धोना, मुँह में कालिख़ पुतना

- **मुट्ठी–** मुट्ठी गरम करना, मूँछ की लाज रखना, मूँछ न होना, मुट्ठी-भर, मुट्ठी भींचना, मुट्ठी-भर अन्न के लिए फिरना, मुट्ठी में होना, मुट्ठी गरम होना
- **मूँछ–** मूँछों पर ताव देना, मूँछ नीची होना, मूँछ उखड़ना, मूँछ उखाड़ना, मूँछ न रखना
- **सिर–** सिर खाना, सिर चढ़ना, सिर ऊपर होना, सिर धुनना, सिर पर अंगार धरना, ओखली में सिर देना, सिर गंजा करना, सिर पर कफ़न बाँधना, सिर पर पाँव रखकर भागना, सिर पर भूत सवार होना, सिर पर सवार रहना, सिर नीचा होना, सिर पर उठा लेना, सिर पर ख़ून सवार होना, सिर आँखों पर, सिर उठना, सिर उठाना, सिर फिरना, सिर फिराना, सिर मुड़ाते ही ओले पड़ना
- **हथेली–** हथेली में आँवला, हथेली पर सरसों जमाना (उगाना), जान हथेली पर लेना, हथेली खुजलाना, हथेली पर जान लिये फिरना
- **हाथ–** हाथ आना, हाथ उठना, हाथ उठाना, हाथ खींचना, हाथ फैलना, हाथ फैलाना, हाथ कट जाना, इस हाथ ले उस हाथ दे, एक हाथ से ताली नहीं बजती, दोनों हाथ लड्डू, दाता का हाथ लगना, खुले हाथ, हाथ-पाँव फूल जाना, हाथ पीले कर देना, हाथ-पाँव मारना, हाथ मलना, हाथ मारना, हाथों के तोते उड़ जाना, हाथभर का कलेजा होना, हाथभर की ज़बान होना, हाथ लगना, हाथों-हाथ, हाथ ख़ाली होना, हाथ धोकर पीछे पड़ जाना, हाथ भाँजना, हाथ माँजना, हाथ डालना, रँगे-हाथ, हाथ-पर-हाथ रख के बैठना, हाथ साफ़ करना, हाथ तंग होना, आड़े हाथों लेना, ख़ूनी हाथ
- **हृदय–** हृदय का काँटा, हृदय विदीर्ण होना, हृदय (हिये) का हार, हृदय का काँपना, हृदय का शूल, हृदय-सम्राट्, हृदय के कपाट खुलना

# कहावतें और लोकोक्तियाँ (Sayings & Proverbs)

## अर्थ, परिभाषा तथा अवधारणा

'कहावतें' हिन्दी-भाषा का शब्द है। इसका अर्थ होता है, 'कही हुई बातें'। हम यदि इसके अर्थ पर विचार करते हैं तो स्पष्ट हो जाता है कि प्रत्येक कही हुई बात कहावत नहीं होती बल्कि जिसमें जीवन के अनुभव का सार-संक्षेपण चमत्कृत ढंग से किया जाए और जो काल-कसौटी पर खरी उतरे, हम उसे ही 'कहावत' के अन्तर्गत रेखांकित करेंगे। इसे अँगरेज़ी में 'Saying' कहा जाता है।

इस प्रकार कहावत की परिभाषा उभरती है— जिस अनुभव की बात को संक्षेप में चामत्कारिक ढंग से कहा जाए, वह 'कहावत' है।

प्राय: विद्यार्थी और अध्यापक कहावत (Saying) और लोकोक्ति (Proverb) को एक ही समझ लेते हैं, जो कि ग़लत है।

## कहावत और लोकोक्ति में अन्तर

कहावत और लोकोक्ति, दोनों ही कही हुई बात होती है। अन्तर यह है कि जहाँ कहावतें किसी के भी द्वारा कही हुई होती हैं, वहीं बहुत-सी लोकोक्तियाँ विद्वानों द्वारा कही गयी होती हैं,जो सीधे-सादे शब्दों में होती हैं और विलक्षण शब्दों में भी। ध्यान करने-योग्य बात यह है कि कहावत में विलक्षणता का होना अनिवार्य तत्त्व माना गया है।

उपर्युक्त परिभाषा के आधार पर कहावतों के निम्नलिखित लक्षण सिद्ध होते हैं :—

१- कहावत एक वाक्य होता है।

२- कहावत से सम्बन्धित वाक्य के सामान्य अर्थ का विशेष महत्त्व होता है।

३- कहावत का रूप कभी बदलता नहीं।

## कहावत की प्रमुख विशेषताएँ

कहावतों की कुछ प्रमुख विशेषताएँ होती हैं। उन्हीं विशेषताओं को ध्यान में रखते हुए इनके प्रयोग की कुछ विशेषताएँ होती हैं। वे नीचे दी गयी हैं :—

१- इनमें थोड़े से ही में बहुत-कुछ कह दिया जाता है।

२- कहावतें भाषा-सौन्दर्य को निखारती हैं।

३- कहावतों के प्रयोग से भाषा में प्रांजलता, प्रवाहमयता, सजीवता तथा कलात्मकता का समावेश हो जाता है।

४- कहावतों से पारम्परिक मानवीय ज्ञान के विश्वकोश का निरूपण होता है।

५- कहावतों का आधार दृष्टान्त, घटना अथवा परिस्थिति होती है।

## परीक्षोपयोगी कहावतें (अर्थ और प्रयोग-सहित)

### अ

- **अकेला हँसता भला, न रोता भला।** (आरएएस २००३,२००७; बिहार पीसीएस २००५,२००८)

  अर्थ : दु:ख-सुख में साथी होने चाहिए।

  प्रयोग : तनहाई जब काटने लगती है तब "अकेला हँसता भला,न रोता भला" चरितार्थ होती है।

- **अक़्ल बड़ी या भैंस?** (बिहार पीसीएस २००३,२००५; उप्र बीएड् प्रवेश-परीक्षा २००५,२००७,२००८; आईएएस २०००,२००८)

  अर्थ : शारीरिक शक्ति से बुद्धि श्रेष्ठ है।

  प्रयोग : जनाब! शरीर के बल-द्वारा आप इस काम को नहीं कर सकते; यहाँ पर बुद्धि-बल की ज़रूरत है। ठीक ही कहा है, "अक़्ल बड़ी या भैंस?"

- **अजगर करे न चाकरी पंछी करे न काम।** (आरएएस २००७,२००८)

  अर्थ : ईश्वर सबकी आवश्यकताएँ पूरी करता है।

  प्रयोग : आदित्य हमेशा निठल्ला बैठा रहता है। न जाने कैसे खाने-पीने का प्रबन्ध करता है। उससे पूछो तो यही उत्तर मिलता है, "अजगर करे न चाकरी, पंछी करे न काम, दास मलूका कह गये, सबके दाता राम।"

- **अटका बनिया देवे उधार।** (आईएएस २००५; उप्र बीएड् प्रवेश परीक्षा २००५,२००८)

अर्थ : दबाव पड़ने पर सब कुछ करना पड़ता है।

प्रयोग : दबंगों का दबाव पड़ा तब बनिये ने सारा सामान दे दिया क्योंकि ऐसी परिस्थिति में ''अटका बनिया देवे उधार'' वाली कहावत सिद्ध होती है।

- **अटकेगा सो भटकेगा।** (बिहार पीसीएस २००२,२००५,२००८)

अर्थ : दुविधा या सोच-विचार में पड़ने से काम नहीं होता।

प्रयोग : जिस दिन आपको बुलाया गया था, उस दिन तो आप आये नहीं, जिससे आपका काम नहीं हो पाया। सच ही कहा गया है, ''अटकेगा सो भटकेगा।''

- **अढ़ाई हाथ की ककड़ी, नौ हाथ का बीज।** (उप्र पीसीएस २००३; उप्र बीएड् प्रवेश-परीक्षा २००३,२००५,२००८)

अर्थ : अनहोनी बात

प्रयोग : कल एक ऐसी सन्तान पैदा हुई, जिसके हाथ पैर वयस्क आदमी-जैसे थे। सच, ''अढ़ाई हाथ की ककड़ी, नौ हाथ का बीज।''

- **अण्डे सेवे कोई, बच्चे लेवे कोई।** (आरएएस २००५; बिहार पीसीएस २००४,२००६,२००७)

अर्थ : किसी के परिश्रम का लाभ किसी को मिलना

प्रयोग : मैंने उनके कार्य-व्यापार की सारी योजना तैयार कर दी किन्तु बिना मुझे बताये उन्होंने उस योजना का क्रियान्वयन कर ''अण्डे सेवे कोई बच्चे लेवे कोई'' को चरितार्थ कर दिया।

- **अधजल गगरी छलकत जाय।** (उप्र पीसीएस १९९५,१९९९,२००१,२००४,२००५,२००७,२००८; आईएएस १९९३,१९९६,२००२,२००५,२००६,२००८)

अर्थ : थोड़ी विद्या अथवा धन पाकर इतराना

प्रयोग : जब कोई व्यक्ति किसी विषय पर अपना अपरिपक्व विचार रखता है तब हमें कहना पड़ता है, ''अधजल गगरी छलकत जाय।''

- **अन्त भला सो सब भला।** (बिहार पीसीएस २००४,२००७)

अर्थ : जिसका अन्त उत्तम हो, वही उत्तम कार्य है।

प्रयोग : सांस्कृतिक आयोजन के आरम्भ में कलाकारों ने सामान्य से भी गिरे स्तर के कार्यक्रम प्रस्तुत किये थे किन्तु बाद में स्तर में काफ़ी सुधार आया। इसे ही कहते हैं—''अन्त भला सो सब भला।''

- **अन्दर छूत नहीं, बाहर दुर्-दुर्।** (उप्र बीएड् प्रवेश-परीक्षा २००७)

अर्थ : मन में कुछ, बाहर कुछ

प्रयोग : पण्डित जी बहुत ही पाखण्डी हैं; वे ''अन्दर छूत नहीं, बाहर दुर्-दुर्'' को चरितार्थ करने में बहुत कुशल हैं।

- **अन्धा क्या चाहे दो आँखें।** (उप्र एपीओ २००५,२००७; उप्र बीएड् प्रवेश-परीक्षा २००३, २००५,२००८)

अर्थ : अभिलषित वस्तु को प्राप्त होना

प्रयोग : मैंने अपने मित्र से कहा कि वह मेरा सब कुछ ले जाए किन्तु मेरे प्राणों से प्यारी मेरी पुस्तकें न ले। सच है, ''अन्धा क्या चाहे दो आँखें।''

- **अन्धा का जाने बसन्त बहार।** (बिहार पीसीएस २००५)

अर्थ : जिसने जो वस्तु देखी ही न हो, वह उसका आनन्द क्या जाने।

प्रयोग : पपीते की सब्ज़ी की तो तुमने बहुत बुराई की है किन्तु बिना खाये उसकी वास्तविकता को तुम क्या समझोगे। सच, ''अन्धा का जाने बसन्त बहार।''

- **अन्धा बाँटे रेवड़ी फिर-फिर अपने ही को दे।** (आईएएस २००४)

  अर्थ : स्वार्थ-लाभ; सारा लाभ स्वयं लेना

  प्रयोग : आज देश का राजनेता स्वार्थ में इतना अन्धा हो गया है कि सारा सुख स्वयं उठाना चाहता है। ऐसों ही के लिए तो कहा गया है, "अन्धा बाँटे रेवड़ी फिर-फिर अपने ही को दे।"

- **अन्धा बगुला कीचड़ खाय।** (बिहार पीसीएस २००५,२००८)

  अर्थ : संसाधन की कमी से आयोग्य बनना

  प्रयोग : रत्ना एक बहुत अच्छी निशानेबाज़ है किन्तु सुविधा-साधन के अभाव में वह अन्धे बगुले के समान कीचड़ खा रही है।

- **अन्धी पीसे कुत्ते खाय।** (बिहार पीसीएस २००४,२००७; उप्र पीएससी २००८,२०१२)

  अर्थ : किसी की कमाई अथवा परिश्रम का लाभ अयोग्य द्वारा उठाना

  प्रयोग : अपने देश में कुर्सी पर जहाँ योग्य लोगों का अधिकार होना चाहिए, वहाँ अयोग्य लोग क़ाबिज़ है। ऐसे में, यही कहना पड़ता है, "अन्धी पीसे कुत्ते खाय।"

- **अन्धे के आगे रोना, अपना दीदा खोना** (उप्र एपीओ २००४,२००७)

  अर्थ : दुःख सुनाने पर ध्यान न देना

  प्रयोग : स्वार्थान्ध राजनेताओं के सामने अपना दुःखड़ा रोने से क्या लाभ? यह तो "अन्धे के आगे रोना, अपना दीदा खोना" के समान ही है।

- **अँधेर नगरी चौपट राजा, टके सेर भाजी टके सेर खाजा।**

  (आरएएस २००३,२००५;बिहार पीसीएस २००१,२००४,२००६)

  अर्थ : मूर्ख और गुणवान् के साथ एक-जैसा व्यवहार

  प्रयोग : धूर्त, अयोग्य तथा मक्कार अधिकारी होने पर सभी कामों में धाँधली चलती है। ठीक ही तो कहा गया है, "अँधेर नगरी चौपट राजा, टके सेर भाजी टके सेर खाजा।"

- **अपना ढेंढर देखें नहीं, दूसरों की फुल्ली निहारे।** (आरएएस २००३,२००८)

  अर्थ : अपना दुर्गुण अधिक होकर भी न देखना लेकिन दूसरे के थोड़े अवगुण को भी देखना

  प्रयोग : कुछ लोग अपने अवैध आर्थिक साम्राज्य की ओर से तो आँखें मूँदे हुए हैं किन्तु भ्रष्टाचार के ख़िलाफ़ बोलते हुए "अपना ढेंढर देखे नहीं, दूसरों की फुल्ली निहारे" कहावत को भली-भाँति चरितार्थ करते हैं।

- **अपना रख, पराया चख।** (उप्र एपीओ २००४,२००६)

  अर्थ : अपनी वस्तु का बचाव करना और दूसरे का मनमाना उपयोग करना

  प्रयोग : ऐसे लोग हर जगह मिल जाते हैं, जो अपनी चीज़ों को छुपाकर दूसरे की चीज़ों का बेशर्मी से उपयोग करते हैं। ऐसे लोग "अपना रख, पराया चख" को चरितार्थ करते हैं।

- **अपना तोसा अपना भरोसा।** (उप्र एपीओ २००५,२००८)

  अर्थ : अपने पास रखी चीज़ पर ही भरोसा किया जा सकता है।

  प्रयोग : यात्रा के समय बाहर की चीज़ें नहीं खानी चाहिए बल्कि अपने साथ लायी घर की शुद्धतापूर्ण चीज़ें खानी चाहिए क्योंकि "अपना तोसा अपना भरोसा।"

- **अपना सोना खोटा तो परखैया के का दोष?** (आरएएस २००३)

  अर्थ : अपने ही लोग बुरे हों तो पराये व्यक्तियों को क्या दोष दिया जाए?

  प्रयोग : इंजीनियर के बेटे को चेन लुटेरे के रूप में देखकर पड़ौसी हतप्रभ रह गये, सच ही कहा गया है "अपना सोना खोटा तो परखैया के का दोष?"

- **अपना हाथ जगन्नाथ।** (उप्र पीसीएस १९९७,२००३)
  अर्थ : स्वयं-द्वारा सम्पादित कार्य फलदायक होता है।
  प्रयोग : पुरुषार्थी व्यक्ति अपना सारा कार्य स्वयं करता है क्योंकि "अपना हाथ जगन्नाथ।"
- **अपनी करनी पार उतरनी।**
  (आईएएस १९९४; उप्र पीसीएस १९९५,२००१,२००३,२००५,२००८,२०१३)
  अर्थ : अपने कर्म का फल स्वयं भोगना पड़ता है।
  प्रयोग : अच्छा करोगे तो अच्छा पाओगे और बुरा करोगे तो बुरा पाओगे क्योंकि "अपनी करनी पार उतरनी।"
- **अपनी गली में कुत्ता भी शेर होता है।** (आईएएस २००४,२००६)
  अर्थ : अपने घर में निर्बल भी सबल दिखायी पड़ता है।
  प्रयोग : मैं अकेले तुम्हारे मुहल्ले में आ गया हूँ तो अनाप-शनाप बोले जा रहे हो। "अपनी गली में तो कुत्ता भी शेर होता है।"
- **अपनी डफली, अपना राग।** (उप्र एपीओ २००१,२००५,२००७)
  अर्थ : सबका मत पृथक्-पृथक् होना
  प्रयोग : जिन लोगों में मतभेद होता है, वे "अपनी डफली, अपना राग" को चरितार्थ करते रहते हैं।
- **अपनी नाक कटे तो कटे, दूसरे का सगुन तो बिगड़े।** (आरएएस २००५)
  अर्थ : दूसरों को हानि पहुँचाने के लिए स्वयं की हानि के लिए भी तैयार रहना
  प्रयोग : कुछ लोग ऐसे होते हैं, जो अपने नुकसान के साथ ही साथ दूसरे का भी नुकसान होते देखना चाहते हैं, "अपनी नाक कटे तो कटे, दूसरे का सगुन तो बिगड़े।"
- **अपनी पगड़ी अपने हाथ** (बिहार और उप्र पीसीएस २००५,२००८)
  अर्थ : अपनी प्रतिष्ठा अपने हाथ
  प्रयोग : तुम बड़े हो और वह छोटा। ऐसे में यदि तुम्हारा उसने अपमान कर दिया तो कहीं के नहीं रहोगे। ध्यान रखो—"अपनी पगड़ी अपने हाथ" हुआ करती है।
- **अपनी गरज बावली।** (आईएएस २००४;आरएएस २००७)
  अर्थ : स्वार्थी मनुष्य दूसरों की चिन्ता नहीं करता।
  प्रयोग : जया ने त्विषा से अँगरेज़ी के नोट्स ले लिए; जब त्विषा ने उससे कम्प्यूटर की पुस्तक माँगी तब उसने टाल-मटोल कर दी। जया ने तो "अपनी गरज बावली" वाली कहावत सिद्ध कर दी।
- **अपने मरे बिना स्वर्ग नहीं दिखता।** (उप्र एपीओ २००५)
  अर्थ : स्वयं प्रयत्न करने पर ही काम बनता है।
  प्रयोग : गुरु जी! मैंने सबको देख लिया; अब मैं अपनी परीक्षा की तैयारी स्वयं करूँगा क्योंकि "अपने मरे बिना स्वर्ग नहीं दिखता" है।
- **अपने किये का क्या इलाज?** (उप्र बीएड् प्रवेश परीक्षा २००५)
  अर्थ : अपने कर्मों का फल भोगना ही पड़ता है।
  प्रयोग : पढ़ाई के दिनों में इधर-उधर घूमते रहोगे तो परीक्षा में अनुत्तीर्ण होगे ही क्योंकि कहावत है, "अपने किये का क्या इलाज?"

- **अपने झोपड़े की ख़ैर मनाओ।** (उप्र बीएड् प्रवेश परीक्षा २००५)
  अर्थ : अपनी कुशलता देखो।
  प्रयोग : तुम दूसरे से क्यों उलझते हो; पहले "अपने झोपड़े की ख़ैर मनाओ"।
- **अपने पूत को कोई काना नहीं कहता।** (बिहार पीसीएस २००४)
  अर्थ : अपनी ख़राब चीज़ को कोई ख़राब नहीं कहता।
  प्रयोग : ग्वाले का दही बहुत खट्टा था फिर भी वह उसे बढ़िया बताकर बेच रहा था। सच ही तो कहा है, "अपने पूत को कोई काना नहीं कहता।"
- **अब पछताये होत का जब चिड़िया चुग गई खेत।** (आरएएस २००३)
  अर्थ : समय निकल जाने पर पछताना; समय निकल जाने पर प्रयत्नशील होना
  प्रयोग : सालभर तो कॉपी-किताब से दूरी बनाये रखी; अब असफल होने पर क्यों रोते हो, "अब पछताये होत का, जब चिड़िया चुग गई खेत?"
- **अब की अब के साथ, जब की जब के साथ।** (आईएएस २००२)
  अर्थ : जो सामने हो, उसी की चिन्ता करनी चाहिए।
  प्रयोग : स्नातक की डिग्री प्राप्त कर लो फिर आई०ए०एस० के बारे में सोचना क्योंकि "अब की अब के साथ जब की जब के साथ" वाली बात हमेशा याद रखनी चाहिए।
- **अरहर की टट्टी, गुजराती ताला** (आरएएस २०००,२००३,२००७)
  अर्थ : छोटी वस्तु की सुरक्षा में अधिक व्यय
  प्रयोग : इस टूटे हुए कम्प्यूटर के लिए इतना महँगा बॉक्स बनाने की क्या ज़रूरत? सच, "अरहर की टट्टी गुजराती ताला?"
- **अल्लाह मेहरबान तो गधा पहलवान।** (बिहार पीसीएस २००५,२००८)
  अर्थ : ईश्वर की कृपा से अयोग्य भी योग्य बन जाता है।
  प्रयोग : उस बुद्धिहीन और आलसी अक्षिता का आई०ए०एस० में चयन हो जाना "अल्लाह मेहरबान तो गधा पहलवान" की उक्ति चरितार्थ करता है।
- **अवसर बला और के सिर** (बिहार पीसीएस २००६)
  अर्थ : अपना दोष दूसरों पर मढ़ना
  प्रयोग : रक्षिता ने परीक्षा में नक़ल की और फँसा दिया अक्षिता को। इसी को कहते हैं, "अवसर बला और के सिर।"
- **अवसर चूके डोमिनी गावे ताल-बेताल।** (उप्र एपीओ २००५)
  अर्थ : समय चूकने पर किसी बात का प्रभाव नहीं पड़ता।
  प्रयोग : एक ही गोत्रवाले के लड़के-लड़की की शादी हो जाने के बाद लोगों की पंचायत करने से "अवसर चूके डोमिनी गावे ताल-बेताल" वाली कहावत चरितार्थ होती है।
- **अशर्फ़ियाँ लुटे, कोयलों पर मुहर; अशर्फ़ी की लूट और कोयले पर छाप**
  (उप्र बीएड् प्रवेश-परीक्षा २००४,२००६,२००८,२०१०)
  अर्थ : मूल्यवान वस्तु की अपेक्षा तुच्छ वस्तु का ध्यान; अल्प-व्यय पर सतर्कता
  प्रयोग : उस लेखक की पुस्तक गुणवत्ता की दृष्टि से उत्कृष्ट है किन्तु आवरण-पृष्ठ के रंग-संयोजन ने पुस्तक के आकर्षण को नष्ट कर दिया है। इसे ही कहते हैं, "अशर्फ़ियाँ लुटे, कोयलों पर मुहर।"

- **अस्सी की आमद चौरासी का ख़र्च।** (बिहार पीसीएस २००६)
अर्थ : आय से अधिक व्यय
प्रयोग : उसका कुल मासिक वेतन पाँच हज़ार रुपये है, जबकि वह प्रतिमाह सिगरेट, पान, शराब तथा अन्य व्ययों में वेतन से भी अधिक ख़र्च कर देता है। इसे ही कहते हैं, ''अस्सी की आमद चौरासी का ख़र्च।''

## आ

- **आँख का अन्धा गाँठ का पूरा** (उप्र पीसीएस २००६; उप्र पीजीटी २०१०)
अर्थ : धनवान किन्तु वज्र मूर्ख
प्रयोग : अनुपम की हरकतें बताती हैं कि वह ''आँख का अन्धा गाँठ का पूरा'' है।
- **आँख लगी और माल यारों का।** (उप्र पीसीएस २००५)
अर्थ : अपनी असावधानी से किसी की कोई वस्तु चोरी हो जाना।
प्रयोग : यात्री की पलक झपकने पर उचक्के उसका सारा सामान ले भागे। यह तो वही हाल हुआ, ''आँख लगी और माल यारों का।''
- **आँख फूटी, पीर गयी।** (बिहार पीसीएस २००५)
अर्थ : कारण के नष्ट होने पर कार्य अपने-आप समाप्त हो जाता है।
प्रयोग : कुख्यात ददुआ और ठोकिया के मारे जाते ही सारा इलाक़ा सुख की नींद इस तरह सोने लगा, जिस तरह ''आँख फूटी पीर गयी।''
- **आँख के अन्धे नाम नयनसुख।** (बिहार पीसीएस १९९४; आईएएस १९९६; उ०प्र०पी०सी० एस० १९९९,२००१,२००६ मप्र पीसीएस २००१,२००४,२००७)
अर्थ : गुण के विपरीत नाम
प्रयोग : माँ-बाप ने नाम रखा दिया, पृथ्वीनाथ और बित्ताभर ज़मीन नहीं। इसे ही कहते हैं, ''आँख के अन्धे नाम नयनसुख।''
- **आँख सुख कलेजा ठण्डक।** (मप्र पीसीएस २००१,२००७)
अर्थ : परम शान्ति
प्रयोग : न्यायालय द्वारा उस बलात्कारी को मृत्युदण्ड मिलने पर आज ''आँख सुख कलेजा ठण्डक'' मिली है।
- **आँख एक नहीं, कजरौटा दस-दस।** (उप्र एपीओ २००६)
अर्थ : व्यर्थ का आडम्बर
प्रयोग : कुछ राजनेता ऐसे होते हैं, जो अपने वास्तविक कर्त्तव्य को भूलकर केवल शिलान्यास करने में लगे रहते हैं। ऐसे ही लोगों के लिए कहा गया है। ''आँख एक नहीं, कजरौटा दस-दस।''
- **आँख और कान में चार अँगुल का फ़र्क़।** (आईएएस २००५)
अर्थ : आँखों-देखी विश्वसनीय है, कानों सुनी नहीं।
प्रयोग : मैंने देखा कि वहाँ पर चार शव थे; उसने सुना कि वहाँ तेरह शव थे। ऐसे में, विश्वसनीयता के प्रश्न पर यही कहा जा सकता है, ''आँख और कान में चार अँगुल का फ़र्क़ है।''

- **आँख के आगे नाक सूझे क्या ख़ाक।** (मप्र पीसीएस २००४)

  अर्थ : आँख पर परदा पड़ने पर कुछ नहीं सूझता।

  प्रयोग : इतिहास गवाह है कि जब रावण की आँखों पर परदा पड़ गया था तब लाख समझाने पर भी वह नहीं समझा। उसने तो "आँख के आगे नाक सूझे क्या ख़ाक" कहावत को सिद्ध कर दिया।

- **आ पड़ोसिन लड़ें।** (बिहार पीसीएस २००३,२००७)

  अर्थ : बिना किसी कारण झगड़ा करना

  प्रयोग : सुप्रिया की आदत ऐसी है कि वह बात-बात पर बिना किसी आधार के झगड़ा शुरू करते हुए "आ पड़ोसिन लड़ें" कहावत चरितार्थ करती रहती है।

- **आ बैल, मुझे मार।** (आरएएस २००३; मप्र पीसीएस २००४)

  अर्थ : बिना कारण मुसीबत मोल लेना

  प्रयोग : उस राजनेता ने महँगाई की चरम अवस्था में और महँगाई बढ़ाने की घोषणा कर "आ बैल, मुझे मार" वाली स्थिति उत्पन्न कर दी है।

- **आग लगने पर कुआँ खोदना।** (बिहार पीसीएस २००६)

  अर्थ : संकट उत्पन्न होने पर प्रयत्न करना

  प्रयोग : प्रचण्ड गरमी जब शुरू हो जाएगी तब कूलर लाओगे? यह तो वही हाल है, "आग लगने पर कुआँ खोदना।"

- **'आग' कहते मुँह नहीं जलता।** (उप्र बीएड् प्रवेश-परीक्षा २००८)

  अर्थ : नाम लेनेमात्र से कोई हानि-लाभ नहीं होता।

  प्रयोग : एड्स का नाम लेने से ही आप एड्स से संक्रमित नहीं हो जाएँगे क्योंकि "आग कहते मुँह नहीं जलता" है।

- **आग का जला आग ही से अच्छा होता है।** (उप्र एपीओ २००५)

  अर्थ : कष्ट देनेवाली वस्तु से ही कष्ट का निवारण भी होता है।

  प्रयोग : तुमने उसे बुरा-भला कहकर उसका अपमान किया है। तुम्हारे मनाने पर ही वह मानेगा भी क्योंकि "आग का जला आग ही से अच्छा होता है।"

- **आग खायेगा तो अंगार उगलेगा।** (आरएएस २००३,२००६)

  अर्थ : बुरे काम का बुरा नतीजा

  प्रयोग : यदि तामसी भोजन ग्रहण करोगे तो हिंसक बनोगे ही क्योंकि "आग खायेगा तो अंगार उगलेगा" ही।

- **आग बिना धुआँ नहीं।** (उप्र बीएड् प्रवेश परीक्षा २००१)

  अर्थ : हर चीज़ का कारण अवश्य होता है।

  प्रयोग : उस व्यक्ति को लोग इसलिए मार-पीट रहे हैं क्योंकि वह छिनौती करते रँगे-हाथों पकड़ा गया है। सच— "आग बिना धुआँ नहीं" होता।

- **आगे नाथ न पीछे पगहा।** (उप्र एपीओ १९९६,२००४,२००७; बिहार पीसीएस २००२,२००५,२००७,२००८,२००९; उप्र पीसीएस १९९७,२००६,२००८)

  अर्थ : जिसका कोई न हो।

  प्रयोग : अब लगता है, पत्नी-बच्चे भी मेरा साथ छोड़ देंगे फिर तो मेरी स्थिति "आगे नाथ न पीछे पगहा" वाली हो जाएगी।

- **आगे कुआँ, पीछे खाई; इधर कुआँ उधर खाई।**

(उप्र पीसीएस १९९६,२००१,२००४,२००७; उप्र एपीओ १९९७,२००३)

अर्थ : चारों ओर संकट-ही-संकट

प्रयोग : मेरी पत्नी और परिवार के सभी लोगों के बीच हमेशा ठनी रहती है। पत्नी का पक्ष लूँ तो माँ अपनी कोख को कोसने लगती है और माँ का पक्ष लूँ तो पत्नी बुरा-भला कहती रहती है। "आगे कुआँ, पीछे खाई" वाली मेरी स्थिति बनी हुई है।

- **आगे जाए घुटने टूटे, पीछे देखे आँख फूटे।** (उत्तराखण्ड पीसीएस २००६)

अर्थ : जिधर जाएँ उधर ही संकट

प्रयोग : चोरी होने पर थाने जाते हैं तो पुलिसवाले रुपये माँगते हैं; नहीं जाते हैं तो रात में चोरों का मनोबल बढ़ जाता है अर्थात् "आगे जाए घुटने टूटे, पीछे देखे आँख फूटे।"

- **आज का बनिया कल का सेठ।** (मप्र पीसीएस २००७)

अर्थ : निरन्तर कार्य करने से व्यक्ति प्रगति करता है।

प्रयोग : अभी तुमने पी०सी०एस०-परीक्षा में सफलता प्राप्त की है; थोड़ी और परिश्रम कर लोगे तो आई०ए०एस०-अधिकारी बन जाओगे। सच ही कहा गया है—आज का बनिया कल का सेठ।

- **आटा-दाल का भाव मालूम होना** (आईएएस २००८)

अर्थ : कठिनाई का अनुभव होना

प्रयोग : अभी तक तो अपने पिता के साथ रहते हुए अविवाहित होने के कारण वह ख़ूब गुलछर्रे उड़ाती रही है, लेकिन जब अलग हो जाएगी तब उसको आटे-दाल का भाव मालूम हो जाएगा।

- **आठ कन्नौजिया, नौ चूल्हे।** (उप्र एपीओ २००५)

अर्थ : मेल से न रहना

प्रयोग : मुझमें और मेरी पत्नी में ऐसी शत्रुता है जैसे "आठ कन्नौजिया नौ चूल्हे"।

- **आठ बार नौ त्योहार।** (बिहार पीसीएस २००३,२००७)

अर्थ : मौज-मस्ती का जीवन

प्रयोग : जब तक तुम्हारा पति जीवित है तुम "आठ बार नौ त्यौहार" मना लो। इसके बाद अपनी औक़ात पर आ ही जाओगी।

- **आदमी बसे और सोना कसे।** (उप्र एपीओ २००५)

अर्थ : साथ रहने पर मनुष्य की और कसौटी पर सोने की परख होती है। मनुष्य के चरित्र और सोने के गुण की पहचान तुरन्त नहीं होती।

प्रयोग : किसी के विषय में तुरन्त किसी निष्कर्ष पर आने से पहले उसके प्रत्यक्ष आचरण को देख-समझ लेना चाहिए क्योंकि "आदमी बसे और सोना कसे।"

- **आदमी की दवा आदमी है।** (उत्तराखण्ड पीसीएस २००६)

अर्थ : मनुष्य की सहायता मनुष्य ही करता है।

प्रयोग : जय ने विजय से स्पष्ट शब्दों में कह दिया था, जब भी किसी कठिनाई में पड़े तो वह उसे याद कर लेगा क्योंकि "आदमी की दवा आदमी है।"

- **आदमी को ढाई गज़ कफ़न काफ़ी है।** (आईएएस २००५)

अर्थ : इंसान को सन्तोष करना चाहिए।

प्रयोग : मनुष्य का शरीर नश्वर है— यह जानते हुए भी मुनष्य येन-केन-प्रकारेण रुपये जुटाने में व्यस्त है। सच ही तो कहा गया है, "आदमी को ढाई गज़ का कफ़न काफ़ी है।"

- **आदमी पानी का बुलबुला है।** (मप्र पीसीएस २००३)

अर्थ : मनुष्य का जीवन नश्वर है।

प्रयोग : मनुष्य को आज का काम कल पर नहीं छोड़ना चाहिए क्योंकि "आदमी पानी का बुलबुला है।"

- **आधा तीतर आधा बटेर।**

(बिहार पीसीएस १९९३,२००३,२००५,२००७,२००८; समीक्षा अधिकारी विशेष चयन मु. परीक्षा २०१०)

अर्थ : अनमेल वस्तुओं का संयोग

प्रयोग : राधाबाबू ने धोती-कमीज़ पहनने के बाद अत्याधुनिक जूते-मोजे पहन लिये थे; उस पर गले में टाई बाँधी थी, जिससे "वे आधा तीतर आधा बटेर" लग रहे थे।

- **आधी छोड़ पूरी को धावे, आधी मिले न पूरी पावे; आधी तज सारी को धावे, आधी रहे न सारी पावे।** (उप्र बीएड् प्रवेश-परीक्षा २००५,२००८)

अर्थ : अधिक लालच करने से गाँठ की भी हानि होती है।

प्रयोग : दयाशंकर अपनी सरकारी नौकरी छोड़कर निजी संस्थान में मैनेजर बनने की लालसा में गये थे किन्तु वहाँ वे सफल नहीं रहे। ठीक ही तो कहा है, "आधी छोड़ पूरी को धावे आधी मिले न पूरी पावे।"

- **आपका काज महाकाज।** (उप्र एपीओ २००५;मप्र पीसीएस २००४)

अर्थ : अपना कार्य स्वयं करना ही श्रेयस्कर है।

प्रयोग : छोटे से बड़े काम तक को स्वयं करना चाहिए क्योंकि "आपका काज महाकाज" होता है।

- **आप मियाँजी माँगते द्वार खड़े दरवेश।**

(आईएएस २००१,२००४,२००५,२००७; उप्र पीसीएस २००६,२००८)

अर्थ : दीन-हीन व्यक्ति किसी की सहायता नहीं कर सकता।

प्रयोग : सेठ जी के पास एक पैसा नहीं है किन्तु एक दिन उन्होंने दान करने का मन बना ही लिया। यह तो वही बात हुई, "आप मियाँजी माँगते द्वार खड़े दरवेश।"

- **आप डूबे तो जग डूबा।** (उप्र पीसीएस १९९०,२००२,२००४,२००७; उप्र बीएड् प्रवेश-परीक्षा २००७,२००८)

अर्थ : जब नष्ट हो गये तो फिर चिन्ता कैसी?

प्रयोग : मनुष्य जब तक जीवित रहता है तभी तक दीन-दुनिया की चिन्ता बनी रहती है; मरने के बाद तो "आप डूबे तो जग डूबा"।

- **आप भला तो जग भला।** (उप्र पीसीएस १९९२,२००२; बिहार पीसीएस २००१,२००३,२००८,२००९; उप्र बीएड् प्रवेश-परीक्षा २००४,२००६,२००८)

अर्थ : सभी अपने जैसा दिखायी देना

प्रयोग : जो लोग अच्छे होते हैं, उन्हें सभी लोग अच्छे लगते हैं। सच कहा है, "आप भला तो जग भला।"

- **आप मरे जग परलय।** (प्रवर अधीनस्थ सेवा-परीक्षा २००५)

  अर्थ : अपने मरने के बाद प्रलय ही क्यों न आये।

  प्रयोग : दुर्दान्त डकैत बीनू पासी जब पुलिस के हाथों मारा गया था तब उसका पूरा परिवार कुदृष्टि से देखा जा रहा था। उसका मारा जाना "आप मरे जग परलय" के समान ही है।

- **आप मरे बिना स्वर्ग नहीं मिलता।** (आरएएस २००७)

  अर्थ : कष्ट के बिना सुख नहीं मिलता; स्वयं कार्य किये बिना काम में सफलता अथवा उद्देश्य की प्राप्ति सम्भव नहीं है।

  प्रयोग : आई०ए०एस०-अधिकारी बनना है तो तुम सभी छात्रों को स्वयं डटकर अध्ययन करना होगा क्योंकि "आप मरे बिना स्वर्ग नहीं मिलता" है।

- **आपा तजे तो हरि को भजे।**

  अर्थ : स्वार्थ छोड़ने से ही परमार्थ होता है।

  प्रयोग : स्वार्थ को त्यागकर ही आप समाज-सेवा के कार्य में लग सकते हैं क्योंकि "आपा तजे तो हरि को भजे।"

- **आम-के-आम, गुठलियों के दाम।** (आईएएस १९९४; उप्र पीसीएस १९९७,१९९९,२००४,२००६)

  अर्थ : दोहरा लाभ

  प्रयोग : वह दुकानदार गेहूँ तो बेचता ही है; साथ ही गेहूँ के बोरों को भी बेच देता है, जिससे उसे "आम-के-आम, गुठलियों के दाम" मिल जाते हैं।

- **आम खाने से मतलब रखो, पेड़ गिनने से क्या लाभ।**

  अर्थ : फल अथवा परिणाम से मतलब रखना और व्यर्थ के तर्क से दूर रहना

  प्रयोग : पहले आप दवा खाइए। यह दवा किस काम की है के चक्कर में मत पड़िए क्योंकि "आम खाने से मतलब रखो, पेड़ गिनने से क्या लाभ।"

- **आयी तो रोज़ी नहीं तो रोज़ा।**

  अर्थ : कमाया तो खाये, नहीं तो भूखे।

  प्रयोग : मुश्ताक़ मियाँ को जिस दिन अधिक काम मिल जाता है, उस दिन उन्हें जीभर खाने को मिलता है। सच, "आयी तो रोज़ी नहीं तो रोज़ा।"

- **आयी है जान के साथ, जाएगी जनाज़े के साथ।**

  अर्थ : असाध्य रोग

  प्रयोग : योगेश्वर को एड्स की बीमारी हो गयी है; अब तो यही कहा जाएगा, "आयी है जान के साथ, जाएगी जनाज़े के साथ।"

- **आये की ख़ुशी, न जाए का ग़म।**

  अर्थ : हर हालत में एक-जैसी स्थिति

  प्रयोग : उच्च विचारवाले व्यक्ति हर हाल में ख़ुश रहते हैं। उनके लिए तो हमेशा "आये की ख़ुशी, न जाए का ग़म" रहता है।

- **आये थे हरिभजन को ओटन लगे कपास।**

  (आरएएस १९९०,१९९३,२००३,२००५,२००७,२००८,२००९; आईएएस२०००; उप्र पीसीएस २०००,२००४,२००५,२००७,२००८,२०१२)

  अर्थ : प्रमुख कार्य के उद्देश्य को छोड़कर अन्य कार्य में लग जाना

  प्रयोग : रंजना पढ़ने के लिए शहर गयी थी लेकिन वहाँ की राजनीति में पड़कर वह महिला-सभा की अध्यक्षा बन गयी है। सच ही तो है, "आये थे हरिभजन को ओटन लगे कपास।"

- **आस-पास बरसे दिल्ली पड़ी तरसे।** (प्रवर अधीनस्थ सेवा परीक्षा २००६)
  अर्थ : जिसको आवश्यकता हो, उसे न मिले।
  प्रयोग : इतने प्रयासों के बाद भी कृपाशंकर को एक भी नौकरी नहीं मिल पायी है। इसे ही कहते हैं, "आस-पास बरसे दिल्ली पड़ी तरसे।"
- **आसमान पर थूका मुँह पर आता है।** (मप्र पीसीएस २००६)
  अर्थ : बड़े लोगों की निन्दा करने से अपनी ही बदनामी होती है।
  प्रयोग : महात्मा गाँधी को आप क्यों बुरा-भला कह रहे हैं? आप यह नहीं जानते, "आसमान पर थूका मुँह पर आता है?"
- **आसमान से गिरा खजूर में अटका।**
  अर्थ : एक मुसीबत से निकलकर दूसरे में फँसना; किसी काम का बड़ी जगह में ठीक होकर छोटी जगह में रुक जाना
  प्रयोग : केवल ब्यूरोक्रेटिक अधिकारियों की बेईमानी के चलते जनहित कार्यक्रम पूरी तरह से क्रियान्वित नहीं हो पाते क्योंकि आसमान से गिरकर वे खजूर में अटक जाते हैं।

## इ

- **इक नागिन अरु पंख लगायी।** (बिहार पीसीएस २००५)
  अर्थ : एक दोष के साथ दूसरे का जुड़ जाना
  प्रयोग : नन्दलाल बुद्धू क़िस्म के अध्यापक हैं; उस पर वे कक्षा में पढ़ाने भी नहीं आते हैं। इसे ही कहते हैं, "इक नागिन अरु पंख लगाई।"
- **इतना खाये जितना पचे।** (उप्र एपीओ २००१,२००६)
  अर्थ : सामर्थ्य को समझकर ही कार्य करना चाहिए।
  प्रयोग : कर्ण-वेधन-संस्कार में वाह-वाही लूटने के लिए उसने २,००० लोगों को आमन्त्रित कर लिया था, जिससे वह पूरी तरह से कंगाल हो गया। इसीलिए कहा गया है, "इतना खाये जितना पचे।"
- **इतनी सी जान, गज़भर ज़बान।** (मप्र पीसीएस २००६,२००८)
  अर्थ : अवस्था के हिसाब से अधिक बोलना
  प्रयोग : १२ वर्ष की अवस्था में कर्णिका ने अपने पिता को जवाब देना शुरू कर दिया है। सच ही तो है, "इतनी सी जान, गज़भर ज़बान।"
- **इधर कुआँ उधर खाई।** (उप्र बीएड् प्रवेश-परीक्षा २००५)
  अर्थ : दोनों तरफ़ मुसीबत
  प्रयोग : एक ही दिन दो परीक्षाएँ— आई०ए०एस० की परीक्षा देते हैं तो बी०एड्० की परीक्षा छूटती है; नहीं देते हैं तो अवस्था निकल जाती है; अर्थात् "इधर कुआँ उधर खाई।"
- **इधर न उधर, यह बला किधर।** (आरएएस २००७)
  अर्थ : विपत्ति का आ जाना
  प्रयोग : यात्रा पर जाते समय रास्ते में ही भीषण आँधी-तूफ़ान आने के कारण मुझे यह कहकर यात्रा स्थगित करनी पड़ी, "इधर न उधर, यह बला किधर।"

- **इन तिलों में तेल नहीं।** (बिहार पीसीएस २००३,२००५)

  अर्थ : यहाँ से कुछ भी हासिल होनेवाला नहीं।

  प्रयोग : त्रिज्या के दरवाज़े पर खड़ा रहने के बाद भी कुछ हासिल नहीं हुआ तब वह भिखारी बोल पड़ा, ''इन तिलों में तेल नहीं है।''

- **इमली के पात पर बारात का डेरा।** (अवर अधीनस्थ सेवा-परीक्षा २००७)

  अर्थ : असम्भव बात

  प्रयोग : इस छोटी-सी केतली में बीस लोगों की चाय कैसे बन सकेगी। यह तो ''इमली के पात पर बारात का डेरा'' जैसा होगा।

- **इस हाथ दे, उस हाथ ले।** (प्रवर अधीनस्थ सेवा-परीक्षा २००८)

  अर्थ : (१) सम्मान या लाभ देने से सम्मान या लाभ मिलता है। (२) एक ओर से लाभ कराके दूसरी ओर हानि में डालना

  प्रयोग : (१) दूसरों का सम्मान करना सीखो फिर सम्मान पाने का अधिकारी बनो। ठीक ही तो कहा गया है, ''इस हाथ दे, उस हाथ ले।'' (२) सोलंकी की हरकतें ''इस हाथ दे, उस हाथ ले'' वाली होती हैं— देखने में लाभप्रद लेकिन वास्तव में हानिप्रद।

- **इस घर का बाबा आदम ही निराला है।** (आरएएस २००३)

  अर्थ : यहाँ का सब कुछ निराला है।

  प्रयोग : इस शिक्षा-विभाग में सभी बाबू बारह बजे से पहले नहीं आते। सच, ''इस घर का बाबा आदम ही निराला है।''

- **इसके पेट में दाढ़ी है।** (क्षेत्र विकास अधिकारी-परीक्षा २००३)

  अर्थ : अवस्था का अधिक होना

  प्रयोग : मनस्वी का १० वर्षीय लड़का तेजस्वी रामचरित मानस का पाठ इतने मार्मिक ढंग से सुनाता है, मानो ''इसके पेट में दाढ़ी हो''।

## ई

- **ईंट का जवाब पत्थर से देना** (आरएएस २००३)

  अर्थ : दुष्टों के प्रति अत्यधिक कड़ा रुख़ अपनाना

  प्रयोग : आज के बाद से तुम मेरे रास्ते में रोड़ा न बनना वरना ईंट का जवाब पत्थर से मिलेगा।

- **ईंट की देवी, माँगे का प्रसाद।** (मप्र पीसीएस २००६)

  अर्थ : व्यक्ति के अनुसार आवभगत

  प्रयोग : आप अपनी गन्दी आदतें सुधार लीजिए वरना जहाँ जाएँगे, सभी आपके साथ ''ईंट की देवी, माँगे का प्रसाद'' जैसा व्यवहार करेंगे।

- **ईंट की लेनी, पत्थर की देनी।** (बिहार पीसीएस २००७)

  अर्थ : दुष्ट के साथ अधिक दुष्टता

  प्रयोग : एक दिन विश्वविद्यालय में कुछ विद्यार्थियों ने मिलकर एक विद्यार्थी को चार-छह थप्पड़ लगा दिये थे। दूसरे दिन मार खाया हुआ विद्यार्थी और उसके साथियों ने दूसरे गुट के विद्यार्थियों को लाठी-डण्डों से लहूलुहान कर दिया था। सच, ''ईंट की लेनी, पत्थर की देनी।''

- **ईश्वर की माया : कहीं धूप-कहीं छाया।** (उप्र एपीओ २००६)

अर्थ : व्यक्ति के अनुसार आवभगत

अर्थ : भाग्य की गति विचित्र होती है; ईश्वर की माया विचित्र होती है।

प्रयोग : २५ वर्षों से वह सन्तान का मुख देखने के लिए तरस गया था किन्तु जब उसकी सन्तान हुई तो जुड़वाँ। सच ही तो कहा गया है, ''ईश्वर की माया : कहीं धूप-कहीं छाया।''

## उ

- **उतर गयी लोई तो क्या करेगा कोई?** (उप्र पीसीएस २००७,२०१२)

अर्थ : प्रतिष्ठा के नष्ट होने पर कोई क्या बिगाड़ सकता है?

प्रयोग : झुन्नन गुरु को डकैती के इल्जाम में पुलिस पकड़ ले गयी फिर थाने में बलभर मारा-पीटा। जेल से छूटने के बाद फिर चोरी में पकड़े गये फिर पिटाई हुई। सच्च, ''उतर गई लोई तो क्या करेगा कोई?''

- **उत्तम खेती मध्यम बान, निकृष्ट चाकरी भीख निदान।** (आरएएस २००५)

अर्थ : खेती का पेशा श्रेष्ठ, द्वितीय कोटि का व्यापार, नौकरी उससे भी नीचा और भिक्षावृत्ति जीवन-निर्वाह करने के लिए है।

प्रयोग : एक समय था जब किसान अपने परिश्रम और बुद्धिबल पर इतनी अच्छी खेती कर लेता था कि वह पूरे देश को भोजन कराने की सामर्थ्य रखता था तभी महाकवि माघ ने कहा भी था, ''उत्तम खेती मध्यम बान, निकृष्ट चाकरी भीख निदान।''

- **उधार का खाना, फूस का तापना।** (उप्र बीएड् प्रवेश परीक्षा २००६)

अर्थ : फूस की आग और उधार का धन अधिक समय तक साथ नहीं देता।

प्रयोग : हट्टा-कट्टा शरीर लेकर भीख माँगने में तुम्हें शर्म नहीं आती। मेहनत करके खाना सीखो। ''उधार का खाना और फूस का तापना'' व्यर्थ है।

- **उलटा चोर कोतवाल को डाँटे।** (क्षेत्र विकास अधिकारी-परीक्षा २००५)

अर्थ : दोषी व्यक्ति निर्दोष पर दोष लगाये; अपराध करने पर लज्जित होने के बजाय अकड़ दिखाना

प्रयोग : अध्यापिका ने बच्चों को ठीक से पढ़ाया नहीं था और ऊपर से वह बच्चों को डाँट रही थी यानी ''उलटा चोर कोतवाल को डाँटे।''

- **उलटी गंगा पहाड़ को चली।** (उप्र बीएड् प्रवेश-परीक्षा २००५)

अर्थ : असम्भव या विपरीत कार्य का होना।

प्रयोग : प्रतिभा-जैसी आवारा लड़की का प्रवक्ता हो जाना, ''उलटी गंगा पहाड़ को चली'' के ही तो समान है।

- **उलटे बाँस बरेली को।** (उप्र पीसीएस १९९५,१९९९,२००५)

अर्थ : विपरीत काम करना

प्रयोग : इलाहाबाद का व्यक्ति मथुरा से अमरूद खरीदकर लाया तब लोगों ने कहा, ''तुमने तो उलटे बाँस बरेली को'' वाली कहावत चरितार्थ कर दी है।

## ऊ

- **ऊँची दुकान फीका पकवान।** (उप्र पीसीएस २००४; आईएएस २००५,२०१०)

  अर्थ : दिखावा-ही-दिखावा; आडम्बर-ही-आडम्बर

  प्रयोग : यह जो कोचिंग-संस्थान देख रही हो, इसके भवन में ही सौन्दर्य और आकर्षण है; "ऊँची दुकान फीका पकवान" वाली कहावत यहाँ चरितार्थ होती है।

- **ऊँट की चोरी निहुरे-निहुरे।** (आरएएस २००१,२००५)

  अर्थ : प्रकट हो जानेवाले काम को छुप-छुपकर करना

  प्रयोग : मुख्यमन्त्री के विवेकाधीन कोष से रुपये धीरे-धीरे ग़ायब हो गये। एक समय ऐसा आया कि सारा कोष ख़ाली हो गया। इसे ही कहते हैं, "ऊँट की चोरी निहुरे-निहुरे।"

- **ऊँट के मुँह में जीरा।** (बिहार पीसीएस १९९३)

  अर्थ : अपर्याप्त; अत्यल्प

  प्रयोग : खली पहलवान के लिए ५० रोटी का भोजन तो "ऊँट के मुँह में जीरा" के समान है।

- **ऊँट के गले में बिल्ली।** (बिहार पीसीएस २००६,२००७)

  अर्थ : अनमेल संयोग

  प्रयोग : उस प्रतिष्ठित साहित्यकार की विचार-स्तर पर अतिसामान्य महिला से की गयी शादी से "ऊँट के गले में बिल्ली" वाली कहावत चरितार्थ होती है।

- **ऊँट किस करवट बैठता है।** (मप्र पीसीएस २००५,२००७)

  अर्थ : काम का परिणाम अनिश्चित होना

  प्रयोग : अभी तो मतदान किया गया है; हार-जीत तो भविष्य के गर्भ में है; समय का इन्तज़ार कीजिए और देखिए, "ऊँट किस करवट बैठता है।"

- **ऊधौ का लेना न माधौ का देना।** (उप्र एपीओ २००५)

  अर्थ : अपने काम से काम रखना

  प्रयोग : सुमुखी बहुत सुखी है क्योंकि वह अपने काम से काम रखती है—"न ऊधौ का लेना, न माधौ का देना"।

## ए

- **एक अण्डा वह भी गन्दा।** (आईएएस २००८)

  अर्थ : थोड़ी वस्तु और वह भी किसी काम की नहीं है।

  प्रयोग : बाज़ार में वायरस दूर करनेवाला एक ही सॉफ़्टवेअर है और वह भी घिसा हुआ। इसे ही तो कहते हैं, "एक अण्डा वह भी गन्दा।"

- **एक और एक ग्यारह।** (उप्र पीसीएस १९९६,२००५)

  अर्थ : संघटन में शक्ति

  प्रयोग : सदस्यों ने एक जुटता का प्रदर्शन करते हुए नगर निगम-द्वारा गृहकर में बढ़ोत्तरी को रुकवा कर एक और एक ग्यारहवाली कहावत को चरितार्थ कर दिया है।

- **एक मछली सारे तालाब को गन्दा कर देती है।** (आरएएस २००६)

अर्थ : एक बुरा मनुष्य समस्त समाज को कलंकित कर देता है।

प्रयोग : मन्त्री के परिवार में एक लड़का शराबी निकल गया, जिससे पूरा परिवार बदनाम हो गया। ठीक ही तो कहा गया है, "एक मछली सारे तालाब को गन्दा कर देती है।"

- **एक हाथ से ताली नहीं बजती।** (उप्र पीसीएस २००४; बिहार पीसीएस २००१,२००४,२००७)

अर्थ : अकेले झगड़ा नहीं होता।

प्रयोग : गुजरात के दंगे में दोनों पक्षों का दोष था क्योंकि एक हाथ से कभी ताली नहीं बजी है।

- **एक आँख से रोवे, एक आँख से हँसे।** (मप्र पीसीएस २००३)

अर्थ : दिखावटी रुदन

प्रयोग : मुझे ज्ञात है कि मेरी कुलटा पत्नी मेरे मरने पर एक आँख से रोयेगी और एक आँख से हँसेगी।

- **एक आवें का बरतन।** (उप्र बीएड् प्रवेश-परीक्षा २००३)

अर्थ : एक-समान

प्रयोग : सेण्ट ऐन्थोनी इण्टर कॉलेज के सभी बच्चे इतने मेधावी हैं, जैसे "एक आवें का बरतन" हों।

- **एक के दूने से सौ के सवाये भले।** (उप्र एपीओ २००५)

अर्थ : अधिक लाभ पर कम माल बेचने की अपेक्षा कग लाभ पर ज़्यादा माल बेचना श्रेयस्कर है।

प्रयोग : कुछ सेठ ऐसे होते हैं, जो दाम बढ़ने के चक्कर में चीनी की बोरियाँ गोदाम में रखे रखते हैं, वहीं छोटे दुकानदार कम लाभ पर अधिक चीनी बेच कर "एक के दूने से सौ के सवाये भले" वाली कहावत चरितार्थ कर देते हैं।

- **एक तवे की रोटी क्या छोटी, क्या मोटी।** (आईएएस २००५)

अर्थ : किसी प्रकार का भेदभाव नहीं है।

प्रयोग : हमारे अन्दर की राष्ट्रीयता भेद-भाव को लेकर मरती जा रही है। हमें तो "एक तवे की रोटी क्या छोटी, क्या मोटी" जैसा व्यवहार करना सीखना चाहिए।

- **एक तो चोरी ऊपर से सीनाज़ोरी।**

अर्थ : एक तो ग़लती करना उलटे रोब गाँठना

प्रयोग : पहले कहकशाँ ने कक्षा में छात्राओं के साथ मार-पीट की; ऊपर से उन पर दुर्व्यवहार का आरोप लगाकर विद्यालय से निकलवाने की धमकी दे रही है। इसे ही कहते हैं, "एक तो चोरी ऊपर से सीनाज़ोरी।"

- **एक मुँह दो बात।** (उप्र बीएड् प्रवेश-परीक्षा २००३)

अर्थ : अपनी बात से पलटना; एक ही मुँह से दो प्रकार की बात करना

प्रयोग : हमारे देश के राजनेता देश की जनता के सामने अपनी कही हुई बात को पलट देने में माहिर हैं, क्योंकि वे एक मुँह दो बात करते हैं।

- **एक तो करैला कड़ुवा, दूसरे नीम चढ़ा; एक तो करैला दूजे नीम चढ़ा।**

(उप्र एपीओ १९९०; आईएएस १९९२; उप्र पीसीएस २००३,२००५)

अर्थ : बुरे लोगों का पारस्परिक संयोग

प्रयोग : त्वरा एक तो पढ़ने में कमज़ोर है और दूसरे ज़रूरत से ज़्यादा अपने को लगाती है। इसे ही कहते हैं, ''एक तो करैला कड़ुवा दूसरे नीम चढ़ा।''

- **एक म्यान में दो तलवारें।** (आरएएस २००५; आईएएस २००५)

अर्थ : एक वस्तु अथवा पद पर दो शक्तिशाली व्यक्तियों का अधिकार नहीं हो सकता।

प्रयोग : विद्यालय की प्रबन्ध-समिति ने दो-दो प्रधानाचार्यों की नियुक्ति करके ''एक म्यान में दो तलवारें'' वाली कहावत चरितार्थ कर दी है।

- **एक ही लकड़ी से सबको हाँकना।** (क्षेत्र विकास अधिकारी-परीक्षा २००१)

अर्थ : सभी के साथ समान व्यवहार करना

प्रयोग : कुछ ही अधिकारी ऐसे होते हैं, जिनकी नज़रों में सब बराबर हैं। तभी तो वे अपने कार्यालय के सभी कर्मचारियों को एक ही लकड़ी से हाँकते हैं।

- **एक हमाम में सब नंगे।** (प्रवर अधीनस्थ सेवा-परीक्षा २००१,२००६)

अर्थ : सहयोगी एक-दूसरे की दुर्बलताएँ जानते हैं।

प्रयोग : चुनाव के दौरान दो राजनेताओं का आपस में विवाद हो गया और वे एक-दूसरे की पोल खोलने लगे। सच, ''एक हमाम में सब नंगे हैं।''

- **एक हाथ दे, दूसरे हाथ ले।** (आरएएस २००५)

अर्थ : भलाई के बदले भलाई की उम्मीद

प्रयोग : व्यक्ति को बिना किसी चाह के दूसरे की मदद करनी चाहिए क्योंकि''एक हाथ दे, दूसरे हाथ ले'' की भावना अच्छी नहीं मानी जाती।

- **एक पन्थ दो काज; एक ढेले से दो शिकार।** (उप्र एपीओ २००६; आईएएस १९८०,२०१२)

अर्थ : एक उद्देश्य से दो कार्य होना

प्रयोग : मैं अपने मित्र से मिलने आगरा गया था। वहीं निकट-स्थित ताजमहल भी देख लिया था। इसे ही कहते हैं—''एक पन्थ दो काज।''

- **एकहि साधे सब सधै।**

अर्थ : मूल कार्य की ओर ध्यान जाना चाहिए।

प्रयोग : सारी परीक्षाओं की ओर से ध्यान हटाकर पी०सी०एस० की तैयारी पूरी लगन से करो। यदि इस परीक्षा में सफल हो गये तो तुम्हारी सारी विपदाएँ और कठिनाइयाँ दूर हो जाएँगी क्योंकि ''एकहि साधे सब सधै।''

## ऐ

- **ऐरे-गैरे नत्थू खैरे।** (बिहार पीसीएस २००५)
  अर्थ : व्यर्थ के व्यक्ति
  प्रयोग : तुम्हारा उद्देश्य आई०ए०एस० में सफल होना है फिर "ऐरे-गैरे नत्थू खैरे" के चक्कर में क्यों पड़े हो?
- **ऐसी करनी न करै जो करके पछताय।** (मप्र पीसीएस २००६)
  अर्थ : ऐसा कार्य न करे, जिससे बाद में पछताना पड़े।
  प्रयोग : कोई भी कार्य करने से पहले अच्छी तरह से सोच-विचार कर लेना चाहिए। कहीं ऐसा न हो कि "ऐसी करनी न करै जो करके पछताय" चरितार्थ हो जाए।
- **ऐसे बूढ़े बैल को कौन बाँध भुस देय।** (आईएएस २००१)
  अर्थ : बूढ़ा और बेकार आदमी दूसरे पर बोझ बन जाता है।
  प्रयोग : मैंने घरवालों की सुख-सुविधाओं के लिए ही रात-रात जागकर आँख फोड़ता रहा किन्तु शारीरिक असामर्थ्य हो जाने पर अपने परिवार-द्वारा अपनी अवहेलना देखकर "ऐसे बूढ़े बैल को कौन बाँध भुस देय" वाली कहावत याद आने लगती है।

## ओ

- **ओखली में सिर दिया तो मूसलों से क्या डरना।**
  (उप्र पीसीएस १९९९; उप्र बीएड् प्रवेश-परीक्षा २००८)
  अर्थ : कठिन काम प्रारम्भ करने पर कठिनाइयों से नहीं डरना चाहिए।
  प्रयोग : पुरुषार्थी व्यक्ति ही किसी कार्य को सम्पन्न कर पाते हैं क्योंकि जो ओखली में सिर डालते हैं, वे मूसलों से कभी नहीं डरते।
- **ओछे की प्रीति बालू की भीति।** (उप्र एपीओ २००३)
  अर्थ : नीच की मित्रता क्षणभंगुर अथवा अस्थायी होती है।
  प्रयोग : मुझे बाद में ज्ञात हुआ था कि वह क्षुद्र क़िस्म का व्यक्ति है वरना मैं उससे मित्रता करता ही नहीं। सच—"ओछे की प्रीति बालू की भीति।"
- **ओछे के घर जाना, जनम-जनम का ताना।** (बिहार पीसीएस २००६)
  अर्थ : नीच व्यक्ति किसी का कोई काम करके उसे जीवनपर्यन्त ताने देना रहता है।
  प्रयोग : सुकन्या ने एक-दो बार मेरी सहायता क्या कर दी, अब वह सबसे गाती-फिरती है। सच ही तो है, "ओछे के घर जाना, जनम-जनम का ताना।"
- **ओस चाटे प्यास नहीं बुझती।** (मप्र पीसीएस २००४)
  अर्थ : बहुत कम वस्तु से आवश्यकता की पूर्ति नहीं होती।
  प्रयोग : मेरी परीक्षा की तैयारी के लिए ५,००० रुपये की आवश्यकता थी किन्तु १,२०० रुपये मिले थे। सच, "ओस चाटे प्यास नहीं बुझती।"

## औ

- **औसर चूकी डोमिनी गावे ताल-बेताल।** (आरएएस २००५; बिहार पीसीएस २००३,२००७; मप्र पीसीएस २००४; आरपीएस २००६,२००७,२००९)

  अर्थ : समय के चूक जाने पर उत्तेजना के वशीभूत होकर उलटा-सीधा बकना

  प्रयोग : तुम्हें यदि शिकायत करनी ही थी तो बैठक में सबके सामने करते। बैठक में तो तुम चुप्पी साधे हुए थे; अब ऊँट-पटांग बोलने से तो यही चरितार्थ होता है, ''औसर चूकी डोमिनी गावे ताल-बेताल।''

## क

- **कंगाली में आटा गीला।** (अधीनस्थ सेवा परीक्षा २००५)

  अर्थ : विपत्ति-पर-विपत्ति आना

  प्रयोग : अभी कुछ दिनों पहले मैं दो बार मुम्बई-यात्रा पर गया था, जिसमें बहुत रुपये ख़र्च हुए थे। अब घर में शादी पर बहुत बड़ी रक़म माँगी गयी है। इसे ही कहा गया है, ''कंगाली में आटा गीला।''

- **ककड़ी के चोर को कटारी से मारना; ककड़ी-चोर को फाँसी देना**

  अर्थ : छोटे से क़ुसूर के लिए कठिन दण्ड देना

  प्रयोग : बच्चों की आपसी लड़ाई में दोनों के परिवारवाले अपने बच्चों को घर से बाहर नहीं जाने देते हैं। शायद उन्हें नहीं मालूम है कि ककड़ी के चोर को कटारी से नहीं मारा जाता।

- **कड़ाही से गिरा, चूल्हे में पड़ा।** (उप्र पीसीएस २००५)

  अर्थ : एक विपत्ति से छूटकर दूसरी में फँस जाना

  प्रयोग : फ़िल्म देखने गया तब वहाँ किसी ने मेरा पर्स चुरा लिया था; लौटा तो घर का ताला टूटा हुआ था। इसे ही कहते हैं,''कढ़ाई से गिरा, चूल्हे में पड़ा।''

- **कचहरी का दरवाज़ा खुला है।** (बिहार पीसीएस २००७)

  अर्थ : न्याय के लिए न्यायालय में जाना

  प्रयोग : आपके साथ यदि किसी ने अन्याय किया है तो न्यायालय की शरण लीजिए क्योंकि सबके लिए ''कचहरी का दरवाज़ा खुला रहता है।''

- **कबीरदास की उलटी बानी, बरसै कम्बल भीजै पानी।**

  अर्थ : उलटी बात कहना

  प्रयोग : जब कोई व्यक्ति उलटी बात कहता है तब यह कहावत कही जाती है, ''कबीरदास की उलटी बानी, बरसै कम्बल भीजै पानी।''

- **क़ब्र में पाँव लटकाना** (आईएएस १९९७; उप्र पीसीएस १९९७)

  अर्थ : मरणासन्न व्यक्ति

  प्रयोग : वह कथाकार क़ब्र में पाँव लटकाये बैठा है किन्तु धन पाने का लोभ छोड़ नहीं पा रहा है।

- **कभी नाव गाड़ी पर, कभी गाड़ी नाव पर।**
  अर्थ : प्राय: स्थिति में उलट-फेर हुआ करती है।
  प्रयोग : बेटा! नम्बर दो की कमाई पर इतराने से क्या लाभ, समय बदलते ही फिर सड़क पर आ जाओगे क्योंकि ''कभी नाव गाड़ी पर, कभी गाड़ी नाव पर।''
- **कभी दिन, कभी रात; सब दिन होत न एक समान।**
  अर्थ : सब दिन एक-जैसे नहीं होते।
  प्रयोग : माना कि तुम्हारे पास रुपये की कोई कमी नहीं है फिर भी सँयम से रहना सीखो क्योंकि कब बुरा वक़्त आ जाए, कोई जानता नहीं। इसलिए कहा गया है, ''कभी दिन, कभी रात।''
- **कभी घी घना, कभी मुट्ठीभर चना, कभी वह भी मना।**
  अर्थ : जो कुछ मिले, उसी पर सन्तुष्ट रहना; मनुष्य की स्थिति सदा समान नहीं रहती।
  प्रयोग : मनुष्य को हर हाल में सन्तुष्ट रहना चाहिए क्योंकि अकसर ''कभी घी घना, कभी मुट्ठीभर चना, कभी वह भी मना'' वाली स्थिति मनुष्य के सामने आती रहती है।
- **कमरी ओढ़ने से कोई फ़क़ीर नहीं होता।** (आईएएस २००६)
  अर्थ : ऊपरी दिखावे से दोष नहीं छुपते।
  प्रयोग : धूर्त और मक्कार व्यक्ति स्वयं के बढ़ जाने की जितनी भी कोशिश करे, सफल नहीं हो पाता, इसीलिए तो कहावत है, ''कमरी ओढ़ने से कोई फ़क़ीर नहीं होता।''
- **कमान से निकला तीर और मुँह से निकली बात वापस नहीं आती।**
  अर्थ : सोच-विचार कर बात कहनी चाहिए।
  प्रयोग : इसमें कोई दो राय नहीं है कि मैं ज़रूरत से ज़्यादा तल्ख़ हूँ किन्तु मुझे सोच-समझकर बोलना चाहिए क्योंकि ''कमान से निकला तीर और मुँह से निकली बात वापस नहीं आती।''
- **करमहीन खेती करे, बैल मरे या सूखा पड़े।**
  अर्थ : दुर्भाग्य होने पर सभी काम बिगड़ते हैं।
  प्रयोग : दुर्भाग्य जब आता है तब अच्छे-से-अच्छा किया गया काम विघ्न-बाधा का शिकार हो जाता है। ऐसे ही लोगों के लिए कहा गया है, ''करमहीन खेती करे, बैल मरे या सूखा पड़े।''
- **कर ले सो काम, भज ले सो राम।** (आरएएस २००४)
  अर्थ : कर्त्तव्य और पूजा में आनाकानी ठीक नहीं है।
  प्रयोग : आप अपने कर्त्तव्य का विधिवत् निर्वहन करते हुए पूजा-आराधना के लिए जो समय निकाल लेते हैं, वे प्रशंसनीय हैं क्योंकि ''कर ले सो काम, भज ले सो राम।''
- **कर सेवा, खा मेवा।** (उप्र बीएड् प्रवेश-परीक्षा २००५,२००८)
  अर्थ : सेवा करनेवाले को अच्छा परिणाम प्राप्त होता है।
  प्रयोग : श्रुति ने अपनी काकी की अथक सेवा-शुश्रूषा की थी और उनके मरने पर उसको ''कर सेवा, खा मेवा'' वाला लाभ उनकी सम्पत्ति पाकर मिला है।
- **कर बहियाँ बल आपणी छाड़ि पराई आस।**
  अर्थ : अपनी ही शक्ति पर विश्वास करना; दूसरों पर आशा न करना
  प्रयोग : मुझे अगर सामान्य हिन्दी की कोचिंग कक्षाएँ चलानी होंगी तो स्वयं चलाऊँगा; किसी और से जुड़कर चलाने का प्रश्न ही नहीं क्योंकि ''कर बहियाँ बल आंपणी छाड़ि पराई आस।''

- **करे कोई, भरे कोई।** (उप्र एपीओ २००५)

  अर्थ : दूसरे की ग़लती का फल कोई और भोगे।

  प्रयोग : कौशिकी ने आस्था के रुपये चुराये थे किन्तु सज़ा दी गयी कौस्तुभा को। इसे कहते हैं, "करे कोई, भरे कोई।"

- **करे दाढ़ीवाला, भरे मूँछोंवाला।** (मप्र पीसीएस २००४)

  अर्थ : बड़े की ग़लती के लिए छोटे को दोषी ठहराना

  प्रयोग : विधायक जी भवन-निर्माण में लगनेवाली सारी धनराशि डकार गये और बाद में फँसे अधिकारीगण। इसे ही कहते हैं, "करे दाढ़ीवाला, भरे मूँछोंवाला।"

- **कल किसने देखा है?** (बिहार पीसीएस २००४)

  अर्थ : भविष्य कौन जानता है?

  प्रयोग : वही व्यक्ति अपने जीवन में सफल है, जो वर्तमान को भरपूर जीता है क्योंकि वह जानता है, "कल किसने देखा है?"

- **कलाल की दुकान पर पानी पियो तो भी शराब का शक होता है।**

  अर्थ : बुरे आचरणवालों की संगति का असर पड़ता है।

  प्रयोग : सतनाम बहुत बुरा व्यक्ति है; तुम उसका साथ छोड़ दो क्योंकि "कलाल की दुकान पर पानी पियो तो भी शराब का शक होता है।"

- **कहाँ राम-राम, कहाँ टाँय-टाँय।** (आईएएस २००३)

  अर्थ : अच्छी चीज़ से किसी निम्नकोटि की वस्तु की तुलना नहीं हो सकती।

  प्रयोग : गोस्वामी तुलसीदास की तुलना आज के तथाकथित प्रगतिशील और जनवादी कवियों से करना "कहाँ राम-राम, कहाँ टाँय-टाँय" के ही समान है।

- **कहाँ राजा भोज कहाँ गंगू तेली।**

  (क्षेत्र विकास अधिकारी परीक्षा १९९४;आईएएस २००४,२००६)

  अर्थ : दो असमान व्यक्तियों की तुलना

  प्रयोग : रत्ना सद्‌विचारवाली धार्मिक महिला है जबकि क्षमा नालायक़ और नास्तिक है। ऐसे में, पहले की तुलना दूसरे से करना, "कहाँ राजा भोज कहाँ गंगू तेली" को रेखांकित करता है।

- **कहीं गधा भी घोड़ा बन सकता है?**

  अर्थ : बुरा व्यक्ति कभी अच्छा नहीं बन सकता।

  प्रयोग : वह आये-दिन चोरी-डक़ैती के अपराध में कारावास की सज़ा काटता रहता है और तुम उसे श्रीमद्‌भगवद्‌गीता का उपदेश देकर सन्मार्गगामी बनाना चाहते हो। सच, "कहीं गधा भी घोड़ा बन सकता है?"

- **कहीं का ईंट कहीं का रोड़ा, भानुमती ने कुनबा जोड़ा।**

  अर्थ : असंगत वस्तुओं अथवा व्यक्तियों को एकत्र करके कुछ बनाना

  प्रयोग : गठबन्धन-सरकार में कई दलों का समावेश रहता है। इसे ही कहते हैं, "कहीं का ईंट कहीं का रोड़ा, भानुमती ने कुनबा जोड़ा।"

- **कहे खेत की, सुने खलिहान की।** (आरएएस २००५)

  अर्थ : कुछ-का-कुछ सुनना

  प्रयोग : रंजना से मैंने फाउण्टेनपेन लाने को कहा था किन्तु उसने डाट पेन लाकर दे दिया। इसे ही कहते हैं, "कहे खेत की, सुने खलिहान की।"

- **कहे पर धोबी गधे पर नहीं चढ़ता।**

  अर्थ : कहने से काम न करना

  प्रयोग : जो व्यक्ति जिस काम को हमेशा से करता आया है, यदि कहने पर वह उस काम को नहीं करता तो यही कहना पड़ता है, ''कहे पर धोबी गधे पर नहीं चढ़ता।''

- **का बरखा जब कृसी सुखाने?; का बरखा जब खेती सूखै?**

  (बिहार पीसीएस १९९१; आईएएस १९९४; उप्र पीसीएस १९९९,२००३,२००७)

  अर्थ : अवसर निकल जाने पर सहायता करना व्यर्थ है।

  प्रयोग : जब परीक्षा की तैयारी करने का समय था तब तो तुम आवारागर्दी करते रहे और जब परीक्षा सिर पर आ गयी है तब चिन्ता सताने लगी। सच ही तो कहा गया है, ''का बरखा जब कृसी सुखाने?''

- **काग़ज़ की नाव नहीं चलती।** (मप्र पीसीएस २००३)

  अर्थ : ग़लत काम बहुत दिन नहीं चलते।

  प्रयोग : न्यायाधीश महोदय! आपने रिश्वत लेकर मेरे विरोध में न्याय किया है मगर समझ लीजिए—''काग़ज़ की नाव अधिक दिन तक नहीं चलती।''

- **काजी जी दुबले क्यों शहर के अन्देशे से।**

  अर्थ : अपनी चिन्ता न करके दूसरों की चिन्ता करना

  प्रयोग : मेरी समझ में नहीं आ रहा है कि तुम अपनी भविष्य की चिन्ता न कर, दूसरों को नसीहत दे रहे हो। तुम्हारा यह कार्य तो मुझे वैसे ही लगता है जैसे ''काजी जी दुबले क्यों शहर के अन्देशे से।''

- **काठ की हाँडी बार-बार नहीं चढ़ती।** (आईएएस १९९१; उप्र पीसीएस २००४)

  अर्थ : कपटपूर्ण व्यवहार एक ही बार चलता है।

  प्रयोग : बाहुबली नेता इस बार छल-कपट से चुनाव जरूर जीत गए हैं, परन्तु याद रखें ''काठ की हाँडी बार-बार नहीं चढ़ती।''

- **कान में तेल डाले बैठे रहना**

  अर्थ : कुछ सुनने को तैयार न रहना

  प्रयोग : मैं तुझसे कई बार कह चुका हूँ कि एकाग्र होकर अध्ययन करो किन्तु तुम कान में तेल डालकर बैठ गये हो।

- **कानी के ब्याह में सौ जोख़िम।** (उप्र पीसीएस २००५,२०११)

  अर्थ : एक कमी होने पर लोग अनेक कमियाँ निकालते हैं।

  प्रयोग : राहज़नी के अपराध में जब उसे पकड़ा गया तब लोग इसके पूरे अतीत को खँगालने में जुट गये। इसे ही कहते हैं—''कानी के ब्याह में सौ जोख़िम।''

- **काम प्यारा है, चाम प्यारा नहीं।**

  अर्थ : काम सब चाहते हैं।

  प्रयोग : श्रुति का कण्ठ इतना मधुर है कि हर कोई उसे ही अपने कार्यक्रम में बुलाता है। इसे ही कहते हैं; ''काम प्यारा है, चाम प्यारा नहीं।''

- **काम का न काज का, दुश्मन अनाज का**
  अर्थ : काम के लिए निकम्मा, भोजन के लिए हमेशा तैयार
  प्रयोग : अंश इतना निकम्मा है कि लफंगों के साथ इधर-उधर घूमता रहता है; सिर्फ़ भोजन करने के लिए घर आता है। ऐसे ही लोगों को ''काम का न काज का, दुश्मन अनाज का'' कहते हैं।
- **काम को काम सिखाता है; काम को काम सिखावत।**
  अर्थ : काम करने से अनुभव प्राप्त होता है।
  प्रयोग : माना कि यह लड़का अनुभवहीन है किन्तु काम करते-करते सब सीख जाएगा, क्योंकि ''काम को काम सिखाता है।''
- **काला अक्षर भैंस बराबर।**
  **(आईएएस १९९१; मप्र पीसीएस २०००; उप्र पीसीएस १९९५)**
  अर्थ : पूर्णतः अनपढ़ मनुष्य
  प्रयोग : रामलली को न तो अक्षर-ज्ञान है और न ही दीन-दुनिया का; उसके लिए तो पढ़ाई-लिखाई ''काला अक्षर भैंस बराबर''-जैसा है।
- **काले के आगे दीया नहीं जलता।**
  अर्थ : बलवान के आगे किसी का वश नहीं चलता।
  प्रयोग : इन दिनों खली पहलवान की कुश्ती के दाँवों के आगे किसी भी पहलवान की एक नहीं चलती क्योंकि ''काले के आगे दीया नहीं जलता।''
- **किस बित्ते पर तनता पानी?** (आईएएस २००८)
  अर्थ : बिना बल कोई काम करना
  प्रयोग : तुम्हारे शरीर में यदि शक्ति नहीं थी तो इतने सारे काम अपने सिर पर क्यों ले लिये? तुमने यह कहावत नहीं सुनी है— किस बित्ते पर तनता पानी?
- **किस खेत का बथुआ है और किस खेत की मूली।**
  अर्थ : नगण्य है।
  प्रयोग : अध्ययनशीलता के मामले में वह मुझसे हमेशा उन्नीस ही रहेगा। मेरे सामने वह ''किस खेत का बथुआ है और किस खेत की मूली?''
- **किसी का घर जले, कोई तापे।** **(क्षेत्र विकास अधिकारी परीक्षा २००८)**
  अर्थ : किसी के दुःख में किसी का ख़ुश होना
  प्रयोग : जब किसी शत्रु-परिवार में किसी प्रकार का शोकादि हो जाता है तब प्रायः दूसरा शत्रु-परिवार प्रसन्न हो जाता है। ऐसे में ही कहा जाता है, ''किसी का घर जले, कोई तापे।''
- **कुएँ की मिट्टी कुएँ में ही लगती है।**
  अर्थ : जहाँ से मिला हो, वहीं लगाना
  प्रयोग : हरीश बाबू कारख़ाने के लाभवाले रुपये को और अधिक लाभ पाने की दृष्टि से पुनः कारखाने में लगाकर ''कुएँ की मिट्टी कुएँ में ही लगती है'' कहावत को चरितार्थ कर रहे हैं।
- **कुत्ता भी दुम हिलाकर बैठता है।** (बिहार पीसीएस २००४)
  अर्थ : सभी को सफ़ाई पसन्द होनी चाहिए।
  प्रयोग : यार! तुम जहाँ रहते हो वहीं तम्बाकू खा-खाकर थूकते रहते हो। तुमसे अच्छा तो एक कुत्ता है, जो जहाँ भी बैठता है, दुम हिलाकर बैठता है।

- **कुतिया चोरों से मिल जाए तो पहरा कौन दे?** (आरएएस २००४)
  अर्थ : जब रक्षक की चोर-डाकुओं से साठ-गाँठ हो जाए तो फिर क्या चारा?
  प्रयोग : आज हमारी सुरक्षा-व्यवस्था में ही देशद्रोही लोग बैठे हैं, जो अपने देश की गोपनीय जानकारी शत्रु-देशों में पहुँचाते हैं। इसीलिए कहा गया है, ''कुतिया चोरों से मिल जाए तो पहरा कौन दे?''
- **कुत्ते की मौत मरना** (उप्र बीएड् प्रवेश-परीक्षा २००५)
  अर्थ : बहुत बुरी मौत मरना
  प्रयोग : बुरे कर्म करनेवाले कुत्ते की मौत मरते हैं।
- **कुत्ते को घी नहीं पचता।**
  अर्थ : निम्नकोटि का व्यक्ति उच्च पद पाकर घमण्ड करने लगता है।
  प्रयोग : शिवमंगल जबसे अधिकारी बना हुआ है, वह किसी को कुछ समझता ही नहीं। उसका हाल अब ''कुत्ते को घी नहीं पचता'' के समान है।
- **कुत्ते की दुम बारह बरस नली में रखो तो भी टेढ़ी-की-टेढ़ी।**
  अर्थ : लाख प्रयत्न करने पर भी दुष्ट अपनी दुष्टता नहीं छोड़ता।
  प्रयोग : २० वर्षों तक उस अपराधी को सुधारगृह में सुधर जाने के लिए रखा गया था किन्तु उसके बाद भी वह अपराध करने से बाज़ नहीं आता। सच वह तो— ''कुत्ते की दुम बारह बरस नली में रखो तो भी टेढ़ी-की-टेढ़ी'' के समान है।
- **कुत्तों के भौंकने से हाथी डरा नहीं करते।**
  अर्थ : महापुरुष नीच मनुष्यों की धौंस से घबराते नहीं।
  प्रयोग : गौतम बुद्ध को डराने के लिए दस्यु अंगुलिमाल ने बहुत प्रयत्न किये थे किन्तु बुद्ध सहज ही बने रहे क्योंकि ''कुत्तों के भौंकने से हाथी डरा नहीं करते।''
- **कुम्हार अपना ही घड़ा सराहता है।**
  अर्थ : अपनी वस्तु की सभी प्रशंसा करते हैं।
  प्रयोग : प्राय: प्रत्येक माता-पिता अपनी ही सन्तान की प्रशंसा करते हैं क्योंकि ''कुम्हार अपने ही घड़े को सराहता है।''
- **कूद-कूद मछली बगुले को खाय।**
  अर्थ : पूर्णत: प्रतिकूल काम को करना।
  प्रयोग : भीष्म-जैसे बलशाली के सामने दु:शासन-जैसा तुच्छ व्यक्ति द्रौपदी का चीर-हरण कर रहा था और इसे ही कहा जाता है, ''कूद-कूद मछली बगुले को खाय।''
- **कै हंसा मोती चुगै, कै भूखा रह जाय।** (आईएएस १९९६)
  अर्थ : प्रतिष्ठा के विरुद्ध कार्य न करना
  प्रयोग : महाभारत में युधिष्ठिर एकमात्र ऐसे पात्र थे, जो अपनी प्रतिष्ठा की रक्षा करने में समर्थ रहे। सच, ''कै हंसा मोती चुगै, कै भूखा रह जाय।''
- **कोऊ नृप होय हमें का हानी।** (बिहार पीसीएस २००५)
  अर्थ : किसी को पद अथवा अधिकार मिलने से हम पर कोई प्रभाव नहीं पड़ेगा।
  प्रयोग : चोरों का ज़माना है मुख्यमन्त्री कोई भी बने, हमें क्या फ़र्क़ पड़ना है— कोऊ नृप होय हमें का हानी।

- **कोठी वाला रोवै, छप्परवाला सोवै।**

अर्थ : बहुत अधिक धन चिन्ता का कारण होता है।

प्रयोग : सेठ-साहूकार इतने रुपये कमा लिये हैं कि अनिष्ट की आशंका से चैनपूर्वक सो नहीं पाते लेकिन जो सन्तोषपूर्ण जीवन जीता है, वही सुखी रहता है। सच, ''कोठी वाला रोवै छप्परवाला सोवै।''

- **कोयल होय न उजली सौ मन साबुन लगाइ।** (आरएएस २००८)

अर्थ : लाख प्रयत्न करने पर भी स्वभाव नहीं बदला जा सकता।

प्रयोग : उस कर्कश औरत का स्वभाव नहीं बदल सकता है क्योंकि वह अपने मायके से ही त्रिया-चरित्र सीखकर आयी है। सच, ''कोयल होय न उजली सौ मन साबुन लगाइ''।

- **कोयले की दलाली में हाथ काले।** (उप्र पीसीएस १९९५,२०१२)

अर्थ : बुरे कार्य से जुड़ने पर कलंक लगता ही है।

प्रयोग : चरित्रहीन व्यक्ति के साथ रहकर तो एक दिन बदनामी होनी ही थी क्योंकि ''कोयले की दलाली में हाथ काले'' होते ही हैं।

- **कौआ चला हंस की चाल, अपनी भी भूल गया।** (उप्र पीसीएस २००९)

अर्थ : अन्ध अनुकरण करने पर हानि उठाना

प्रयोग : बिना सोचे-समझे किसी के चरित्र को ओढ़ लेना ख़तरे से ख़ाली नहीं होता क्योंकि ऐसा करने से ''कौआ चला हंस की चाल'' वाली कहावत चरितार्थ होती है।

- **कौड़ी नहीं गाँठ, चले बाग़ की सैर।**

अर्थ : सामर्थ्य न होने पर भी कोई काम करना

प्रयोग : वेदप्रकाश बहुत मुश्किल से दो वक़्त की रोटी परिवार के लिए जुटा पाते हैं किन्तु न जाने उन्हें क्या सूझा कि बचाये हुए रुपये शेअर में लगा दिये। इसे ही कहते हैं, ''कौड़ी नहीं गाँठ, चले बाग़ की सैर।''

- **कौन कहे राजा जी नंगे हैं।** (उप्र बीएड् प्रवेश-परीक्षा २००६)

अर्थ : बड़े लोगों के दुर्गुण को कह सकने की सामर्थ्य किसमें है?

प्रयोग : जब कुछ मन्त्री जनता की खून-पसीने की कमाई को अन्य व्यर्थ के कार्यों में लगा देते हैं तो ''कौन कहे राजा ही नंगे हैं'' वाली स्थिति उत्पन्न हो जाती है।

- **क्या काबुल में गधे नहीं होते?** (मप्र पीसीएस २००४)

अर्थ : मूर्ख सब जगह मिलते हैं। काबुल घोड़ों के लिए प्रसिद्ध है लेकिन वहाँ भी आख़िर गधे तो होते ही हैं।

प्रयोग : देश में आज भी एक-से-बढ़कर-एक राष्ट्रप्रिय हैं, वहीं नक्सलियों-जैसे राष्ट्रद्रोही भी हैं। ऐसे में हमें इसका उत्तर मिल जाता है— क्या काबुल में गधे नहीं होते?

- **क्या पिद्दी और क्या पिद्दी का शोरबा?**

अर्थ : तुच्छ वस्तु अथवा व्यक्ति से बड़ा काम नहीं हो सकता।

प्रयोग : मामूली व्यक्ति साधनहीन और पहुँच से रहित होता है इसलिए उससे कोई बहुत बड़ी उम्मीद नहीं करनी चाहिए क्योंकि ''क्या पिद्दी और क्या पिद्दी का शोरबा।''

## ख

- **खग जाने खग ही की भासा (भाखा)**

(उप्र एपीओ १९९६; उप्र पीसीएस १९९४,२००४,२००७)

अर्थ : जो जिस संगति में रहता है, वह उसका पूरा रहस्य जानता है।

प्रयोग : एक कवि दूसरे कवि की अच्छाई-बुराई को अच्छी तरह से जानता है क्योंकि— खग जाने खग ही की भासा।

- **ख़याली पुलाव से पेट नहीं भरता।**

अर्थ : केवल कल्पना करने से बात नहीं बनती।

प्रयोग : जो लोग दिनभर शेख़चिल्ली की तरह हवाई क़िले बनाते रहते हैं, वे अपना समय व्यर्थ करते हैं क्योंकि "ख़याली पुलाव से पेट नहीं भरता"।

- **खरबूजे को देखकर खरबूजा रंग बदलता है।** (आईएएस २००१)

अर्थ : देखा-देखी काम करना

प्रयोग : पहला पड़ोसी चोरी करके बहुत अमीर बन गया है। अब दूसरा पड़ोसी भी उसी के रास्ते पर क़दम रख चुका है। सच— खरबूजे को देखकर खरबूजा रंग बदलता है।

- **खरी मजूरी चोखा काम।**

अर्थ : नक़द पारिश्रमिक देने से ही काम अच्छा होता है।

प्रयोग : यदि किसी प्रकाशक को पुस्तक तैयार करानी हो तो बहुत अच्छा और नक़द पारिश्रमिक देना होगा, तभी "खरी मजूरी चोखा काम" वाली कहावत चरितार्थ हो पायेगी।

- **खाई खोदे और को ताको कूप तैयार।**

अर्थ : दूसरों का बुरा चाहनेवाले का ख़ुद बुरा होता है।

प्रयोग : जो दूसरों के लिए संकट का कारण बनते हैं, वे एक-न-एक दिन स्वयं के लिए भी संकट बन जाते हैं क्योंकि— खाई खोदे और को ताको कूप तैयार।

- **खाक डाले चाँद नहीं छुपता।** (उप्र पीसीएस २००५)

अर्थ : अच्छे व्यक्ति की निन्दा से उसका कुछ नहीं बिगड़ता।

प्रयोग : जो व्यक्ति अपने जीवन में पूरी तरह से ईमानदार है, उसके विरुद्ध जितना भी षड्यन्त्र करो, उसका कुछ नहीं बिगड़ेगा क्योंकि "खाक डाले चाँद नहीं छुपता"।

- **खाने के दाँत और, दिखाने के और।**

अर्थ : बाहर-भीतर में बहुत अधिक अन्तर होना

प्रयोग : जो लोग बहुत मीठा बोलते हैं, वे भीतर से उतने ही ज़हरीले होते हैं। उनका चरित्र हाथी के दाँत की तरह होता है— खाने के दाँत और दिखाने के और।

- **ख़ाली बनिया क्या करे, इस कोठी का धान उस कोठी में धरे।**

अर्थ : व्यर्थ पड़ा व्यक्ति उलटा-सीधा काम करता रहता है।

प्रयोग : शाहिद के पास दूसरा कोई काम तो है नहीं, जब देखो तब अपनी घड़ी खोले बैठा रहता है। सच ही तो है—ख़ाली बनिया क्या करे, इस कोठी का धान उस कोठी में धरे।

- **खिसियानी बिल्ली खम्भा नोचे।** (उप्र पीसीएस २०११; आईएएस १९९३)

अर्थ : क्रोधावेश में अनुचित कार्य कर बैठना।

प्रयोग : मुख्यमन्त्री से डाँट खाने के बाद ज़िलाधिकारी महोदय अपना सारा क्रोध अपने मातहतों पर उतारते दिखे। इसे ही कहते हैं, "खिसियानी बिल्ली खम्भा नोचे।"

- **ख़ुदा की लाठी में आवाज़ नहीं।** (मप्र पीसीएस २००६)

अर्थ : ईश्वर का दण्ड चुपचाप काम के अनुसार मिल जाता है।

प्रयोग : द्वारिका बाबू के कुकर्मों का ही फल है कि ६२ वर्ष की अवस्था में उनकी क़मर की हड्डी टूट गयी है, जिससे अब वे हमेशा के लिए रोगशय्या पर पड़े रहेंगे। सच ही कहा है— ख़ुदा की लाठी में आवाज़ नहीं।

- **ख़ुदा गंजे को नाख़ून न दे**

अर्थ : नासमझ अधिकार पाकर अपना ही अनिष्ट कर बैठता है।

प्रयोग : मुख्यमन्त्री का पद मिलते ही कोड़ा घोटाला करने लगा इसीलिए उसे तत्काल ही हटा दिया गया। सच ही कहा गया है— ख़ुदा गंजे को नाख़ून न दे।

- **ख़ुशामद से ही आमद है।** (उत्तराखण्ड पीसीएस २००७)

अर्थ : ख़ुशामद में ही तरक़्क़ी है।

प्रयोग : आजकल मन्त्री से सन्तरी तक मुख्यमन्त्री को अपने कार्यों से खुश रखने की कोशिश करते हैं क्योंकि वे जानते हैं, "ख़ुशामद से ही आमद है।"

- **खूँटी के बल बछड़ा कूदे।**

अर्थ : दूसरे के बल पर काम करना

प्रयोग : पाकिस्तान की स्वयं की सामर्थ्य तो है नहीं कि वह भारत से लोहा ले सके; वह तो संयुक्त राज्य अमेरिका के बल पर कूदता है; जैसे "खूँटे के बल बछड़ा कूदे।"

- **खेत खाये गदहा, मार खाये जुलहा।** (आरएएस २००५; समीक्षा अधिकारी विशेष चयन-मु. परीक्षा २०१०)

अर्थ : निरपराधी को दण्डित करना

प्रयोग : प्रायः देखा गया है कि राजनीतिक दबाव के चलते पुलिस-अधिकारियों को उन्हें गिरफ्तार करना पड़ता है, जो निर्दोष होते हैं। इसे ही कहा जाता है, "खेत खाये गदहा, मार खाये जुलहा।"

- **खेती, खसम लेती।**

अर्थ : कोई काम स्वयं करना ही ठीक रहता है।

प्रयोग : जब भी कोई काम हो, उसे स्वयं करने का प्रयास करना चाहिए क्योंकि उसमें गुणवत्ता होती है। इसीलिए कहा गया है, "खेती, खसम लेती।"

- **खेल खिलाड़ी का, पैसा मदारी का**

अर्थ : किसी अन्य का लाभ दूसरे को

प्रयोग : पुस्तक-प्रकाशकों से पुस्तक-क्रयादेश भेजने के लिए अवैध रुपये तो ज्योत्स्ना ने लिये किन्तु उसके लाभ मन्त्रियों में बँट गये। इसे ही कहते हैं, "खेल खिलाड़ी का, पैसा मदारी का।"

• **खोटा बेटा और खोटा पैसा भी समय पर काम आता है।**

अर्थ : कभी-कभी अनुपयोगी वस्तु भी समय पर काम आ जाती है; बुरी-से-बुरी वस्तु भी कभी बड़ा काम देती है।

प्रयोग : सिद्धार्थ को पूरा गाँव नकारा मानता था किन्तु जब उसने गाँववालों को सबसे पहले नहर में आयी हुई दरार के बारे में जानकारी दी तब लोगों की आँखें खुल गयीं। सच— खोटा बेटा और खोटा पैसा भी समय पर काम आता है।

• **खोदा पहाड़ निकली चुहिया।**

(आईएएस २००५; उप्र पीसीएस १९९३,१९९५)

अर्थ : अत्यधिक परिश्रम करने के बाद भी अत्यन्त साधारण लाभ

प्रयोग : जब लालची सेठ को ज्ञात हुआ कि उस ज़मीन के नीचे बहुत सारा धन गड़ा हुआ है तब रात-दिन एक करके उसने वहाँ खुदाई कर दी, किन्तु अन्त में सामान्य पत्थर से निर्मित एक मूर्ति निकली; तब उसी समय उसके मुँह से निकल पड़ा— खोदा पहाड़ निकली चुहिया।

## ग

• **गंगा गये गंगादास : जमुना गये जमुनादास।** (उप्र पीसीएस १९९७,२०११)

अर्थ : अवसर के अनुकूल स्वयं को ढालनेवाला

प्रयोग : राजनीति को 'वेश्या' इसीलिए कहा गया है कि वह चंचला होती है, जिसके पास सत्ता देखी, वहीं फिसल गयी। इसीलिए कहा गया है— गंगा गये गंगादास : जमुना गये जमुनादास।

• **गँजेड़ी यार किसके, दम लगाया खिसके।** (उप्र पीसीएस २००७)

अर्थ : स्वार्थी व्यक्ति हमेशा स्वार्थ देखता है जैसे ही उसका स्वार्थ सिद्ध होता है, वह मुँह फेर लेता है।

प्रयोग : आज तो हर व्यक्ति स्वार्थी हो गया है। जहाँ उसका काम निकला, खिसका। सच— गँजेड़ी यार किसके, दम लगाया खिसके।

• **गँवार गन्ना न दे, भेली दे।** (उप्र एपीओ २००६)

अर्थ : गँवार सिधाई से कम मूल्य की वस्तु न देकर, अधिक मूल्य की वस्तु दे देता है।

प्रयोग : गाँव का रहनेवाला व्यक्ति पानी माँगने पर साथ में गुड़ भी दे देता है। इसे ही कहते हैं, "गँवार गन्ना न दे, भेली दे।"

• **गयी माँगने पूत खो आई भतार।** (बिहार पीसीएस २००६)

अर्थ : थोड़े लाभ के चक्कर में अधिक नुकसान कर बैठना

प्रयोग : कुछ लोग ज़रूरत से ज़्यादा होशियार बन जाते हैं किन्तु कभी-कभी ऐसा गच्चा खा जाते हैं कि "गयी माँगने पूत खो आई भतार" वाली कहावत चरितार्थ होने लगती है।

• **गये रोज़ा छुड़ाने नमाज़ गले पड़ी।** (बिहार पीसीएस २००४)

अर्थ : सुख-प्राप्ति का कारण दु:ख बना।

प्रयोग : रंजन अपने अपराधी भाई को थाना से छुड़वाने के लिए थानाध्यक्ष से ज़िद करने लगा तब थानाध्यक्ष ने उसे भी पकड़ कर बैठा लिया। सच ही तो है— गये थे रोज़ा छुड़ाने नमाज़ गले पड़ी।

- **ग़रीब की जोरू सब गाँव की भौजाई।** (आरएएस २००७,२०१०)
  अर्थ : कमज़ोर से सब लाभ उठाते हैं।
  प्रयोग : विश्वेश्वर अपनी आर्थिक स्थिति बहुत बुरी होने के कारण सबकी जली-कटी सुनने के लिए बाध्य है क्योंकि कहावत है— ग़रीब की जोरू सब गाँव की भौजाई हुआ करती है।
- **ग़रीबों ने रोज़े रखे तो दिन बड़े हो गये।**
  अर्थ : निर्धनों का भाग्य भी बुरा होता है।
  प्रयोग : जगदीश्वर बाबू किसी तरह से पेट काट-काटकर बेटी की पढ़ाई के लिए रुपये जुटाते रहे। एक रात चोरों ने सारे रुपये साफ़ कर दिये। बेचारे का हाल ''ग़रीबों ने रोज़े रखे तो दिन बड़े हो गये'' जैसा हो गया था।
- **गाँछ** (पेड़) **में कटहल, ओठ में तेल।**
  अर्थ : काम होने के पहले ही फल की इच्छा; ख़याली पुलाव पकाना
  प्रयोग : जो मनुष्य हाथ में लिये हुए काम को पूर्ण किये बिना उसके आगे की सोचने लगता है, उसके लिए यह कहावत सटीक बैठती है— गाँछ में कटहल, ओठ में तेल।
- **गागर में अनाज, गँवार का राज।**
  अर्थ : मूर्ख थोड़े में इतरा जाते हैं।
  प्रयोग : बुद्धिहीन बुधिया ने दिनभर हड्डीतोड़ मेहनत करने के बाद जब ५० रुपये पाये तब बहुत ख़ुश हो गया। सच ही कहा है, ''गागर में अनाज, गँवार का राज।''
- **गाय को अपनी सींग भारी नहीं लगती।** (आईएएस २००५)
  अर्थ : अपने परिवार के लोग कष्टकारी नहीं जान पड़ते।
  प्रयोग : प्रत्येक परिवार के मुखिया को अपनी अच्छी-बुरी सन्तान कष्टकारी नहीं लगती; जैसे ''गाय को अपनी सींग भारी नहीं लगती।''
- **गुड़ न दे गुड़ जैसी बात तो करे।** (आईएएस २००३)
  अर्थ : किसी को कुछ न दे तो भी प्रेम-व्यवहार की बात तो करे।
  प्रयोग : तृप्ति इतनी बद्ज़बान हो गयी है कि किसी से सीधे मुँह बात नहीं करती जबकि उससे कोई कुछ माँगता नहीं। सच ही कहा गया है— गुड़ न दे गुड़ जैसी बात तो करे।
- **गुड़ खाय, गुलगुलों से परहेज़।** (उप्र एपीओ २००४)
  अर्थ : बनावटी परहेज
  प्रयोग : कुछ लोग ऐसे होते हैं, जो प्याज नहीं खाते परन्तु प्याज की बनी सब्ज़ियाँ खा लेते हैं। ऐसे ही लोगों के लिए कहा गया है— गुड़ खाय, गुलगुलों से परहेज़।
- **गुड़ दिये मरे तो ज़हर क्यों दें?** (उप्र बीएड् प्रवेश परीक्षा २००६)
  अर्थ : प्यार से यदि काम निकल जाए तो सख़्ती नहीं करनी चाहिए।
  प्रयोग : हमारा काम यदि आप कर देंगे तो किसी से शिकायत करने का प्रश्न ही नहीं उठता क्योंकि ''गुड़ दिये मरे तो ज़हर क्यों दें?''
- **गुरु कीजै जान, पानी पीजै छान।** (मप्र पीसीएस २००७)
  अर्थ : अच्छी तरह से सोच-समझकर कोई काम करना
  प्रयोग : जो व्यक्ति बिना सोचे-समझे जल्दबाज़ी में काम करता है, वह संकट में पड़ जाता है क्योंकि ''गुरु कीजै जान, पानी पीजै छान।''

- **गुरु गुड़ ही रह गया, चेला शक्कर हो गया।**
  अर्थ : गुरु की तुलना में चेले का महत्त्व बढ़ जाना
  प्रयोग : द्रोण के शिष्य अर्जुन को धनुर्विद्या में पारंगत देखकर लोगों ने कहा— गुरु गुड़ ही रह गया, चेला शक्कर हो गया।
- **गेहूँ के साथ घुन भी पिसता है।** (क्षेत्र विकास अधिकारी परीक्षा २००६)
  अर्थ : साथ रहने के कारण बिना प्रयोजन के दु:ख पाना
  प्रयोग : कुख्यात पप्पू यादव के साथ उठने-बैठने के कारण पुलिस नीरज को भी पकड़ ले गयी क्योंकि "गेहूँ के साथ घुन भी पिसता है।"
- **गोद में बैठकर आँख में अँगुली; गोदी में बैठकर दाढ़ी नोचना**
  अर्थ : भलाई के बदले बुराई का व्यवहार करना
  प्रयोग : मैंने शिवमंगल के लिए बहुत किया किन्तु उन्होंने सर्वत्र मेरी बुराई कर "गोद में बैठकर आँख में अँगुली" वाली कहावत सच कर दी है।
- **गोद में छोरा ( लड़का ), शहर में ढिंढोरा।** (उप्र बीएड् प्रवेश-परीक्षा २००३; उप्र पीजीटी २०१०)
  अर्थ : वस्तु पास में हो लेकिन उसकी तलाश दूर तक हो।
  प्रयोग : 'प्रयोगशाला एन्साइक्लोपीडिया' पाने के लिए मैं शहर की तमाम दूकानों में गया किन्तु वह नहीं मिली। अन्त में मेरे मुहल्ले की एक दूकान में वह मिल गयी। इसी को कहते हैं, "गोद में छोरा, शहर में ढिंढोरा।"

## घ

- **घड़ी में घर जले ढाई घड़ी मन्दा।** (आईएएस २००६)
  अर्थ : विषम परिस्थिति में बुद्धि का प्रयोग सावधानीपूर्वक करना चाहिए।
  प्रयोग : सफल मनुष्य वही है, जो संकट के समय में बुद्धि से काम ले। कहावत भी है— घड़ी में घर जले ढाई घड़ी मन्दा।
- **घड़ी में घर जले नौ घड़ी भद्रा।** (बिहार पीसीएस २००३)
  अर्थ : समय पर काम न हुआ तो उसका होना और न होना बराबर है।
  प्रयोग : जब वह अपने प्रकाशक से कुछ रुपये माँगने गया तब उस प्रकाशक ने उसे 'कल' आने के लिए कहा किन्तु उसके कल का रुपया किस काम का— घड़ी में घर जले, नौ घड़ी भद्रा।
- **घड़ी में तोला, घड़ी में मासा; पल में तोला, पल में मासा।**
  अर्थ : अनिश्चित स्वभाव का व्यक्ति
  प्रयोग : कुछ लोग ऐसे होते हैं, जो एक स्थान पर बहुत समय तक ठहर नहीं पाते। ऐसे लोगों के लिए कहा गया है, "घड़ी में तोला, घड़ी में मासा।"
- **घर का जोगी जोगणा आन गाँव का सिद्ध।** (आईएएस १९९०; उप्र पीसीएस १९९०,२००५)
  अर्थ : घर के सुयोग्य व्यक्ति की अनदेखी करके दूसरे को सम्मान देना
  प्रयोग : मेरे घर के सभी लोग मेरी लिखी पुस्तकों को महत्त्व न देकर दूसरों की पुस्तकें पढ़ते हैं। ऐसे ही लोगों के लिए कहा गया है— घर का जोगी जोगणा आन गाँव का सिद्ध।

- **घर का भेदी लंका ढहाये।** (उप्र पीसीएस १९९९,२०००)
अर्थ : आपसी फूट अत्यधिक हानिकारक होती है।
प्रयोग : इतिहास गवाह है कि भारत को ग़ुलाम बनाते रहने के पीछे देश के ही ग़द्दारों का हाथ रहा है क्योंकि "घर का भेदी लंका ढहाये।"
- **घर खीर तो बाहर भी खीर।**
अर्थ : धनवान की इज़्ज़त सब करते हैं; सम्पन्नता में सर्वत्र प्रतिष्ठा मिलती है।
प्रयोग : इतना जान लो कि जब तुम्हारा पेटा भरा रहेगा तभी दूसरे लोग खाने के लिए पूछेंगे। सच,"घर खीर तो बाहर भी खीर।"
- **घर आये नाग न पूजैं, बाँबी पूजन जायँ।** (उप्र एपीओ २००३)
अर्थ : सीधे मार्ग को छोड़कर टेढ़े मार्ग पर जाना
प्रयोग : घर के बग़ल में दारागंज का घाट है और आप स्नान करने के लिए रसूलाबाद जाना चाहते हैं। इसे ही कहते हैं, "घर आये नाग न पूजैं, बाँबी पूजन जायँ।"
- **घर आये कुत्ते को भी नहीं भगाते।**
अर्थ : घर आनेवाले का आदर-सत्कार करना चाहिए।
प्रयोग : आपने घर आये इस व्यक्ति को दुत्कार कर अच्छा नहीं किया है। क्या आपको मालूम नहीं, "घर आये कुत्ते को भी नहीं भगाते?"
- **घर की खाँड़ किरकिरी लागे, पड़ोसी का गुड़ मीठा।**
अर्थ : अपनी चीज़ बुरी लगना और दूसरे की अच्छी
प्रयोग : शर्मा जी हमेशा अपनी पत्नी से अपने मित्र की पत्नी की पाक-कला की बड़ाई करते नहीं अघाते थे। उनकी पत्नी एक दिन हाथ चमकाते हुए बोली, "घर की खाँड़ किरकिरी लगे, पड़ोसी का गुड़ मीठा।"
- **घर पर घोड़ा, नखास मोल।** (आईएएस २००५)
अर्थ : घर में वस्तु के उपलब्ध रहने पर भी उसे मण्डी से ख़रीदना
प्रयोग : इस बार अपने खेत में गन्ने की पैदावार बहुत अच्छी हुई है फिर भी आप गुड़ ख़रीदकर खा रहे हैं। सच— घर पर घोड़ा, नखास मोल।
- **घर में नहीं दाने अम्मा चली भुनाने।** (समूह 'ग' परीक्षा २००५)
अर्थ : योग्यता और सामर्थ्य न होने पर भी बढ़-चढ़कर बातें करना
प्रयोग : आज पाकिस्तान की आर्थिक स्थिति बुरी तरह चरमरा गयी है किन्तु भारत के विरुद्ध वह कैसी आग उगलता है। सच— घर में नहीं दाने अम्मा चले भुनाने।
- **घर की मुर्ग़ी साग** (दाल) **बराबर।**
(आईएएस १९९८; समूह 'ग' परीक्षा २००१)
अर्थ : अपने घर के गुणी व्यक्ति का सम्मान न करना
प्रयोग : जब मुझे बीरबल साहनी पुरस्कार प्राप्त हुआ था तब घर के लोगों में ऐसा उत्साह नहीं देखा गया, जैसा दिखना चाहिए। सच, "घर की मुर्ग़ी साग बराबर।"
- **घर-घर देखा, एक ही लेखा।**
अर्थ : सबकी एक-जैसी ही दशा
प्रयोग : हर परिवार में स्वार्थ इतना घर कर गया है कि आये-दिन कलह होता रहता है। सच, घर-घर देखा, एक ही लेखा।

- **घर पर फूस नहीं, नाम धनपत।** (समूह 'ग' परीक्षा २००७)
  अर्थ : नाम की व्यर्थता
  प्रयोग : नाम पृथ्वीनाथ और बित्ताभर ज़मीन नहीं। सच, ''घर पर फूस नहीं, नाम धनपत''।
- **घर में दीया जलाकर मस्जिद में दीया जलाना।**
  अर्थ : पहले स्वार्थ तब परमार्थ
  प्रयोग : आज व्यक्ति खुद के लिए चिन्ता करता है उसके बाद दीन-दुखियों के बारे में विचार करता है। कहावत भी तो है— घर में दीया जलाकर मस्जिद में दीया जलाना।
- **घायल की गति घायल जाने।**
  अर्थ : संकट में जीनेवाला ही दूसरों के संकट को समझता है।
  प्रयोग :पड़ोसी को घायल देख निश्शंक तुरन्त डॉक्टर को बुला लाया क्योंकि उसे भी अपना दु:खभरा जीवन याद आ गया था। सच ही तो है-- घायल की गति घायल जाने।
- **घी सँवारे काम बड़ी बहू का नाम।**
  अर्थ : काम यद्यपि अन्य साधन से हो तथापि यश करनेवाले का हो।
  प्रयोग : नैनीताल से आपने जो बासमती चावल लाकर दिया है, उसी से बनाये गये स्वादिष्ट पुलाव के कारण पूरा परिवार बड़ी बहू का गुणगान कर रहा है। सच—घी सँवारे काम बड़ी बहू का नाम।
- **घी का लड्डू टेढ़ा भी भला।** (उप्र बीएड् प्रवेश-परीक्षा २००४)
  अर्थ : अच्छी वस्तु का रूप-रंग नहीं देखा जाता।
  प्रयोग : माता-पिता अपनी सुन्दर सन्तान के रुग्ण पैदा होने पर भी प्रसन्न थे क्योंकि ''घी का लड्डू टेढ़ा भी भला'' माना जाता है।
- **घोड़ा घास से यारी करे तो खाये क्या?** (उप्र पीसीएस २०११)
  अर्थ : धन्धे में रियायत श्रेयस्कर नहीं।
  प्रयोग : जो जिस वस्तु का व्यापार करता है, यदि वह उसमें भी लाभ न ले तो उसका काम कैसे चलेगा? इसीलिए कहा गया है, ''घोड़ा घास से यारी करे तो खाये क्या?''
- **घोड़े की दुम बढ़ेगी तो अपनी ही मक्खियाँ उड़ायेगा।**
  अर्थ : ओछा व्यक्ति प्रगति करके अपनी ही भलाई करता है।
  प्रयोग : वाई० पी० सिंह ने अपनी पुत्र-पुत्रियों-बहुओं को अध्यापक बनवाकर ''घोड़े की दुम बढ़ेगी तो अपनी ही मक्खियाँ उड़ायेगा'' वाली कहावत चरितार्थ कर दी है।
- **घोड़े को लात, आदमी को बात।** (मप्र पीसीएस २००६)
  अर्थ : दुष्ट से कठोरता और सज्जन से नम्रता का व्यवहार
  प्रयोग : थानेदार ने शैलेश मटियानी को समझाकर लौटा दिया और शिकायकर्त्ता को बुरा-भला कहकर ''घोड़े को लात, आदमी को बात'' वाली कहावत चरितार्थ कर दी।
- **घोड़ों का घर कितनी दूर?** (बिहार पीसीएस २००७)
  अर्थ : कर्मठ व्यक्ति अपने काम में देरी नहीं लगाता।
  प्रयोग : अत्यल्प समय में कर्णिका ने परीक्षा की तैयारी करते हुए उसमें प्रथम स्थान प्राप्त करके ''घोड़ों का घर कितनी दूर?'' वाली कहावत सिद्ध कर दी है।

# च

- **चक्की में कौर डालोगे तो चून पाओगे।**
  अर्थ : कुछ प्रयत्न से ही फल मिलेगा।
  प्रयोग : तुम बिना अध्ययन किये परीक्षा उत्तीर्ण हो जाना चाहते हो, जो सम्भव ही नहीं है क्योंकि यदि चक्की में कौर डालोगे तभी चून पाओगे।
- **चट मँगनी पट ब्याह।** (समूह 'ग' परीक्षा २००६)
  अर्थ : शीघ्रता से प्रस्तावित कार्य का सम्पन्न हो जाना
  प्रयोग : शाश्वत की माता का निधन हो जाने के कारण उसकी बहन का विवाह शीघ्रता में कर देना पड़ा। बस, "चट मँगनी पट ब्याह" हो गया।
- **चढ़ जा बेटा सूली पर, भगवान् भला करेंगे।** (आरएएस २००५)
  अर्थ : दूसरों के चढ़ावे अथवा बहकावे में आकर संकट में पड़ना
  प्रयोग : साथियों के कहने पर सन्दीप बिना सोचे-समझे बेटिकट अनजाने रेलगाड़ी में बैठ गया। पकड़े जाने पर उसे जेल की हवा खानी पड़ी। ऐसे में, "चढ़ जा बेटा सूली पर, भगवान भला करेंगे" पर विचार करना चाहिए।
- **चने के साथ कहीं घुन न पिस जाय।**
  अर्थ : दोषी के साथ कहीं निर्दोष न फँसे।
  प्रयोग : सुरक्षाकर्मी जब अपराधियों का मुक़ाबला कर रहे होते हैं तब उन्हें आशंका भी रहती है, "चने के साथ कहीं घुन भी न पिस जाय।"
- **चन्दन की कुटकी भली, गाड़ी भरा न काठ।**
  अर्थ : अच्छी चीज़ थोड़ी भी बहुमूल्य है किन्तु मामूली चीज़ अधिक होकर भी नगण्य होती है।
  प्रयोग : अजन्ता ने तुम्हें भेंटस्वरूप जो पुस्तक दी है, वह लम्बी-चौड़ी भेंटों से बढ़कर है क्योंकि "चन्दन की कुटकी भली, गाड़ी भरा न काठ।"
- **चमगादड़ के घर मेहमान आये, हम भी लटकें तुम भी लटको।**
  अर्थ : ग़रीब आवभगत में असमर्थ होता है।
  प्रयोग : बेचारे ग़रीब राघव प्रसाद इस महँगाई में बारातियों का समुचित स्वागत नहीं कर सके। उनका हाल तो "चमगादड़ों के घर मेहमान आये, हम भी लटकें तुम भी लटको" के समान है।
- **चमार चमड़े का यार।** (उप्र बीएड् प्रवेश-परीक्षा २००८)
  अर्थ : स्वार्थी व्यक्ति
  प्रयोग : आज प्राय: हर व्यक्ति स्वार्थ में आकण्ठ निमग्न है क्योंकि वह "चमार चमड़े का यार" का चरित्र जी रहा है।
- **चमड़ी जाय पर दमड़ी न जाय।**
  अर्थ : अत्यधिक कंजूस
  प्रयोग : सेठ करोड़ीमल के शरीर में कितनी भी गन्दगी क्यों न हों, वे साबुन का प्रयोग नहीं करते क्योंकि इसके लिए वे एक पैसा ख़र्च नहीं करना चाहते। ऐसे लोगों के लिए ही तो कहा गया है— चमड़ी जाय पर दमड़ी न जाय।

- **चलती का नाम गाड़ी।**

अर्थ : गतिशीलता ही जीवन है; प्रभावशील की बात सब मानते हैं।

प्रयोग : जीवन में यदि ठहराव आ गया तो जीवन जीने का मक़सद अधूरा बनकर रह जाता है क्योंकि " चलती का नाम गाड़ी"है।

- **चलती को गाड़ी कहें।**

अर्थ : इस संसार की विपरीत गति है।

प्रयोग : कबीरदास का यह दोहा कितना प्रासंगिक बन पड़ा है— चलती को गाड़ी कहें, कहें दूध को खोया। रंगी को नारंगी कहें, देख कबीरा रोया।

- **चाँद को भी ग्रहण लगता है।**

अर्थ : सज्जन व्यक्ति में भी दोष होते हैं; उत्तम चरित्र में भी धब्बा लगता है।

प्रयोग : कभी-कभी उत्तम चरित्रवाले व्यक्तियों पर भी दोषारोपण हो जाता है क्योंकि "चाँद को भी ग्रहण लगता है।"

- **चार दिन की चाँदनी फिर अँधेरी रात।**

(आईएएस १९९३; उप्र पीसीएस १९९३,२००१)

अर्थ : सब क्षणभंगुर है; सुख के बाद दु:ख अवश्यम्भावी है।

प्रयोग : चोरी-बेईमानी-तस्करी के रुपये कितने दिन तक साथ देंगे? अन्ततः, तो यही होना है, "चार दिन की चाँदनी फिर अँधेरी रात।"

- **चिकना घड़ा** (आईएएस १९९९; उप्र पीसीएस १९९९)

अर्थ : निर्लज्ज व्यक्ति

प्रयोग : पुलिस-द्वारा जमकर की गयी धुनाई के बाद भी रग्घू ने चोरी और राहज़नी करनी नहीं छोड़ी। ऐसे ही लोग कहलाते हैं—"चिकना घड़ा।"

- **चिकना मुँह पेट ख़ाली।**

अर्थ : देखने में अच्छा भला लेकिन भीतर से दुखी

प्रयोग : महन्त तुलसीगिरि को हट्टा-कट्टा देखकर ऐसा नहीं लगता है कि वे हृदय-रोगी हैं। उनकी स्थिति "चिकना मुँह पेट ख़ाली" जैसी ही है।

- **चिकने घड़े पर पानी नहीं ठहरता।**

अर्थ : निर्लज्ज व्यक्ति पर उपदेशों का प्रभाव नहीं पड़ता।

प्रयोग : राधे पटेल हाईस्कूल में लगातार पाँच वर्षों से फेल हो रहा है। उसे पढ़ने-लिखने की तरफ़ ध्यान करने के लिए बार-बार समझाया गया किन्तु वह तो ऐसा चिकना घड़ा है, जिस पर पानी नहीं ठहरता।

- **चिकने मुँह को सब चूमते हैं।**

अर्थ : सामर्थ्यवान के सब साथी हैं; बड़ों की प्रशंसा सब करते हैं।

प्रयोग : सतीश बाबू की इज़्ज़त सभी करते हैं ठीक उसी तरह जिस तरह "चिकने मुँह को सब चूमते हैं।"

- **चिड़िया अपनी जान से गयी, खानेवाले को स्वाद न आया।**

अर्थ : अथक प्रयास और हानि के बावजूद भी प्रशंसा न होना

प्रयोग : आपके काम को कराने में मुझे न जाने किससे-किससे मिलना पड़ा और आप हैं कि मेरी प्रशंसा करने की जगह कमियाँ निकालने में लग गये हैं। सच, "चिड़िया अपनी जान से गयी, खानेवाले को स्वाद न आया।"

- **चित भी मेरी, पट भी मेरी।**

  अर्थ : हर हालत में अपना ही लाभ

  प्रयोग : कल जो उसने मेरे सामने शर्त रखी थी, उसमें हर हाल में उसका ही फ़ायदा था। यहाँ पर "चित भी मेरी, पट भी मेरी" वाली कहावत सटीक बैठती है।

- **चिराग तले अँधेरा होना** (आईएएस २०११)

  अर्थ : निकट के दोष को न देख पाना

  प्रयोग : विमल बाबू जैसा सुरीला और गुणी गायक पूरे शहर में नहीं मिलेगा, पर दिन-रात झगड़ा-फ़साद में शामिल रहने वाला उनके पुत्र ने उन्हें कहीं का न छोड़ा। इसी को कहते हैं— चिराग तले अँधेरा होना।

- **चिराग़ में बत्ती और आँख में पट्टी।**

  अर्थ : शाम होते ही नींद लगना

  प्रयोग : अत्यधिक अध्ययन करने के कारण मेरी पलकें झपकने लगीं। मेरी स्थिति तो "चिराग़ में बत्ती और आँख में पट्टी" वाली हो गयी थी।

- **चील के घोंसले में मांस कहाँ?**

  अर्थ : जहाँ कुछ भी बचने की सम्भावना न हो।

  प्रयोग : जिस चीनी-कारख़ाने का मालिक ही चोर हो, उस चीनीभरे हुए कारख़ाने की भी स्थिति शीघ्र ही "चील के घोंसले में मांस कहाँ?" जैसी हो जाती है।

- **चुड़ैल पर दिल आ जाए तो परी भी क्या चीज़ है।**

  अर्थ : जो पसन्द हो, वह सबसे अच्छी, भले ही वह दूसरों के लिए ख़राब हो।

  प्रयोग : काली बदसूरत रामकली पर उसका दिल आना"चुड़ैल पर दिल आ जाए तो परी भी क्या चीज़ है" के जैसा ही तो है।

- **चुपड़ी और दो-दो।** (उप्र बीएड् प्रवेश-परीक्षा २००३,२००५)

  अर्थ : सब प्रकार से लाभ-ही-लाभ

  प्रयोग : राकेश की आज स्थिति "चुपड़ी और दो-दो" जैसी ही है कारण कि उन्हें सब प्रकार से लाभ हुआ है— एक ही साल में नौकरी, विवाह और अब सन्तान-सुख की प्राप्ति।

- **चुल्लू-चुल्लू साधेगा, दुआरे हाथी बाँधेगा।**

  अर्थ : थोड़ा-थोड़ा इकट्ठा करके धनी होना

  प्रयोग : कमारू सिन्धी ने धीरे-धीरे रुपये लगाकर आज अपनी दुकान की स्थिति बहुत अच्छी कर ली है। ऐसों के लिए कहा गया है, "चुल्लू-चुल्लू साधेगा, दुआरे हाथी बाँधेगा।"

- **चूल्हे की, न चक्की की।**

  अर्थ : घर का कोई कार्य नहीं करना

  प्रयोग : रमापति को आजकल एक ऐसी महिला की तलाश है, जो उनके घर का सारा काम कर सके क्योंकि उनकी पत्नी इतनी काहिल हो गयी है कि उसे "चूल्हे की न चक्की की" सुध रहती है।

- **चूहे का बच्चा बिल ही खोदेगा।** (बिहार पीसीएस २०००)

  अर्थ : जातिगत स्वभाव नहीं छूटता; जातीय संस्कार जीवनभर रहते हैं।

  प्रयोग : इतने पढ़ने-लिखने के बाद भी नाऊ का बेटा घर-घर जाकर बाल-दाढ़ी बनाता रहता है। सच ही तो है, "चूहे का बच्चा बिल ही खोदेगा।"

- **चूहे के चाम से नगाड़े नहीं मढ़े जाते।**
अर्थ : तुच्छ और अल्प वस्तु से बड़ा काम नहीं हो सकता।
प्रयोग : तुम्हारे इस दस रुपये से कूलर नहीं बन सकेगा क्योंकि "चूहे के चाम से नगाड़े नहीं मढ़े जाते।"

- **चूहे घर में डण्ड पेलते हैं।**
अर्थ : अत्यधिक दयनीय स्थिति
प्रयोग : इन दिनों जीवनलाल एक-एक पैसे का मोहताज बना हुआ है। घर की हालत यह है कि "चूहे घर में डण्ड पेलते हैं।"

- **चोट्टी कुतिया जलेबियों की रखवाली।**
अर्थ : भक्षक को रक्षक का दायित्व सौंपना
प्रयोग : आज देश का गुण्डा-तन्त्र ही नये भारत का निर्माण करना चाहता है। ऐसे में, देश का निर्माण होगा अथवा ध्वंस? यह तो उसी तरह है जैसे "चोट्टी कुतिया जलेबियों की रखवाली।"

- **चोर की दाढ़ी में तिनका।** (आईएएस १९९८; उप्र पीसीएस १९९९)
अर्थ : अपराधी सदैव सशंक रहता है।
प्रयोग : अपराधी-प्रवृत्तिवाले व्यक्ति के मन में हमेशा एक खटका बना रहता है, मानो "चोर की दाढ़ी में तिनका" हो।

- **चोर-चोर मौसेरे भाई** (आईएएस १९९३)
अर्थ : एक स्वभाववाले शीघ्र ही मित्रता कर लेते हैं; दुष्टों की मित्रता शीघ्र होती है।
प्रयोग : तुम राम पर कभी विश्वास नहीं करना क्योंकि छली श्याम और राम, दोनों "चोर-चोर मौसेरे भाई" हैं।

- **चोर से कहे चोरी कर, साहू से कहे जागते रहो।**
अर्थ : दो पक्षों को लड़ाने का प्रयत्न करना
प्रयोग : आजकल के राजनेता दो सम्प्रदायों को बहुत ही चतुराई से आपस में भिड़ाकर "चोर से कहे चोरी कर, साहू से कहे जागते रहो" वाली उक्ति चरितार्थ करते रहते हैं।

- **चोर चोरी से गया तो क्या हेरा-फेरी से भी गया?**
अर्थ : बुरे व्यक्ति की बुरी आदत पूर्णतः नहीं जाती, बल्कि किसी-न-किसी रूप में विद्यमान रहती है।
प्रयोग : जिसे तुम अपना परम मित्र मानते हो, वह पक्का लफंगा है; वह सुधरनेवाला नहीं है। तुमने सुना है न— चोर-चोरी से गया तो क्या हेरा-फेरी से भी गया?

- **चोर, लाठी दो जने और हम बाप-पूत अकेल।**
अर्थ : ताक़तवर आदमी से दो जने ही हार जाते हैं।
प्रयोग : नत्थूराम का पूरे क्षेत्र में इतना बोलबाला है कि चुनाव के दिनों में सभी विरोधियों के एकजुट होने पर भी उसकी स्थिति "चोर, लाठी-दो जने और हम बाप-पूत अकेल" जैसी बनी रहती है।

- **चोरी का माल मोरी में।**
अर्थ : काला धन अधिक समय तक नहीं रहता।
प्रयोग : नेता जी के काले धन की कमाई बहुत समय तक उनके साथ नहीं रही। एक समय ऐसा आया जब "चोरी का माल मोरी में" समा गया।

- **चौबे गये छब्बे बनने दुबे बनकर रह गये।** (उप्र पीसीएस २०००)

  अर्थ : लाभ के स्थान पर हानि होना

  प्रयोग : अमरनाथ चले थे गीतकार बनने लेकिन मुम्बई की खाक छानने और हज़ारों रुपये गँवाने के बाद घर लौट आये। सच ही तो है— चौबे गये छब्बे बनने दुबे बनकर रह गये।

## छ

- **छँटाक चून चौबारे रसोई।**

  अर्थ : केवल दिखावा

  प्रयोग : मन्त्री जी का "छँटाक चून चौबारे रसोई" को चरितार्थ करते हुए विद्यालय का शिलान्यास करके चले जाने के बाद से अब तक इसका निर्माण-कार्य शुरू ही नहीं हुआ है।

- **छछूँदर के सिर पर चमेली का तेल।** (उप्र पीसीएस २०००)

  अर्थ : किसी व्यक्ति को ऐसी वस्तु की प्राप्ति हो, जिसके लिए वह सर्वथा अयोग्य हो।

  प्रयोग : उसे अँगरेज़ी-भाषा का बिलकुल ज्ञान नहीं था किन्तु वह अँगरेज़ी का प्रवक्ता बन गया। यह तो "छछूँदर के सिर पर चमेली का तेल" के समान है।

- **छप्पर पर फूस नहीं, ड्योढ़ी पर नाच।**

  अर्थ : दिखावटी ठाटबाट किन्तु सार कुछ नहीं।

  प्रयोग : वह लड़की देखनेभर के लिए सुन्दर है, गुण के नाम पर शून्य है। ठीक उसी तरह जिस तरह "छप्पर पर फूस नहीं, ड्योढ़ी पर नाच।"

- **छाज (सूप) बोले तो बोले, छलनी क्या बोले, जिसमें हज़ार छेद।**

  अर्थ : अपने अवगुणों को न देखकर दूसरों की बुराई करना

  प्रयोग : कल जब निर्दलीय बाहुबली नेता बढ़ती महँगाई के विरोध में प्रदर्शन कर रहे थे तब ज़बाँ से यही निकला— छाज (सूप) बोले तो बोले, छलनी क्या बोले, जिसमें हज़ार छेद।

- **छींके कोई, नाक कटावे कोई।**

  अर्थ : दोष किसी का, फल कोई और भोगे।

  प्रयोग : अयोग्य परीक्षकों-द्वारा उत्तर-पुस्तिकाओं का ग़लत मूल्यांकन किये जाने के कारण हज़ारों विद्यार्थियों के परीक्षा-परिणाम प्रभावित हो जाते हैं। सच ही कहा गया है— छींके कोई, नाक कटावे कोई।

- **छुरी खरबूजे पर गिरे या खरबूजा छुरी पर, बात एक ही है।**

  अर्थ : दोनों तरह से हानि-ही-हानि

  प्रयोग : नेता जी यदि चुनाव जीत गये तो अपनी निधि की सारी धनराशि डकार जाएँगे और यदि नहीं जीते तो पहले ही की तरह गुण्डई करेंगे। इससे एक बात बिलकुल साफ़ हो जाती है— छुरी खरबूजे पर गिरे या खरबूजा छुरी पर, बात एक ही है।

- **छूँछी हाँडी बाजे टन्-टन्।**

  अर्थ : हलके व्यक्ति के खोखलेपन का खुलासा हो जाता है।

  प्रयोग : ये नेता जी लहकदार कपड़े में बहुत आकर्षक लगते हैं किन्तु जब बेमतलब का भाषण करना शुरू करते हैं तब उनकी वास्तविकता सामने आ जाती है। इसे ही कहते हैं— छूँछी हाँडी बाजे टन्-टन्।

* **छोटा मुँह बड़ी बात**
  अर्थ : छोटे लोगों का बढ़-चढ़कर बोलना
  प्रयोग : राकेश सामान्य-सा चपरासी है किन्तु अपने अधिकारियों से ऐसे रोब झाड़ते हुए बात करता है जैसे ''छोटा मुँह बड़ी बात।''

* **छोटे मियाँ तो छोटे मियाँ, बड़े मियाँ सुभानअल्लाह।**
  अर्थ : अवगुणों में बड़ा छोटे से भी बढ़कर
  प्रयोग : अफजल तो गुण्डा है ही किन्तु उसका बड़ा भाई महागुण्डा है। इसे ही कहते हैं, ''छोटे मियाँ तो छोटे मियाँ, बड़े मियाँ सुभानअल्लाह।''

## ज

* **जंगल में मोर नाचा, किसने देखा?** (आईएएस १९९७;उप्र पीसीएस १९९९)
  अर्थ : अनुपयुक्त स्थान में गुण दिखाना
  प्रयोग : इतनी आकर्षक नृत्य-कला का प्रदर्शन घर में दिखाने से क्या लाभ क्योंकि यह तो वही बात हुई— जंगल में मोर नाचा, किसने देखा?

* **जड़ काटते जाएँ, पानी देते जाएँ।**
  अर्थ : भीतर से दुश्मनी, ऊपर से दोस्ती
  प्रयोग : पाकिस्तान और संयुबतराज्य अमेरिका मिलकर भारत के साथ जड़ काटकर पानी देनेवाली कहावत को चरितार्थ कर रहे हैं।

* **जने-जने की लकड़ी एक जने का बोझ।**
  अर्थ : सबके प्रयास से काम पूरा हो जाता है।
  प्रयोग : जब परिवार के सभी लोग मिलकर किसी काम को करते हैं तब वह काम भव्य ही होता है, प्रत्येक सदस्य के लिए हलका भी हो जाता है। सच ही तो कहा है— जने-जने की लकड़ी एक जने का बोझ।

* **जब तक साँसा तब तक आसा**
  अर्थ : अन्तिम क्षण तक आशा बनाये रखना
  प्रयोग : किसी भी काम को पूरा करने के लिए अन्त समय तक लगा रहना चाहिए क्योंकि ''जब तक साँसा तब तक आसा।''

* **जब चने थे तब दाँत न थे और जब दाँत भए तब चने नहीं।**
  अर्थ : कभी वस्तु होने पर उसका उपभोग करनेवाला नहीं होता और जब कभी भोग करनेवाला होता है तब वस्तु नहीं होती।
  प्रयोग : प्रेक्षागृह में दर्शकों की संख्या कम रहने पर भी बहुत बार निर्देशक डॉ० पृथ्वीनाथ पाण्डेय का नाटक 'धातुओं की रंगबाज़ी' का मंचन हुआ लेकिन जब आजकल दर्शकों की संख्या बढ़ गयी है तब डॉ० पाण्डेय अपनी पूरी टीम के साथ जयपुर गये हैं। यह तो ''तब चने थे तब दाँत न थे, जब दाँत भए तब चने नहीं'' कहावत को चरितार्थ करता है।

- **जब तक जीना तब तक सीना।**
  अर्थ : जब तक जीवन है तब तक कोई-न-कोई काम-धन्धा करना ही पड़ता है।
  प्रयोग : जीवन अर्थ पर टिका है इसलिए परिवार की आर्थिक स्थिति को सुदृढ़ करने के लिए यही कहना पड़ता है, "जब तक जीना तब तक सीना।"
- **ज़बरदस्ती का ठेंगा सिर पर।**
  अर्थ : ताक़तवर आदमी दबाव डालकर काम करवाता है।
  प्रयोग : आज अधिकतर आपराधिक तत्त्वों के राजनीति में प्रवेश करने के कारण राजनीति का अपराधीकरण हुआ है और ऐसे लोग अपनी ताक़त के बल पर दबाव डालते हुए काम करवा लेते हैं इसीलिए कहा भी गया है— ज़बरदस्ती का ठेंगा सिर पर।
- **जबरा मारे रोवै न दे।**
  अर्थ : ताक़तवर व्यक्ति का अत्याचार चुपचाप सहना पड़ता है।
  प्रयोग : सेठ विक्रम साहू अपने नौकर को बहुत मारता है और वह डर के मारे चूँ से चाँ तक नहीं कर पाता। इसे ही कहते हैं, "जबरा मारे रोवै न दे।"
- **ज़बान ही हाथी चढ़ावै, ज़बान ही सिर कटावै।**
  अर्थ : बोली से ही सम्मान और बोली से अपमान होता है।
  प्रयोग : इतना जान लो कि शब्द-शक्ति के बल पर ही व्यक्ति को मान-अपमान मिलता है। अच्छा बोलोगे तो प्रतिष्ठा के पात्र बनोगे और बुरा बोलोगे तो मार खाओगे क्योंकि— ज़बान ही हाथी चढ़ावै, ज़बान ही सिर कटावै।
- **ज़र का ज़ोर पूरा, बाक़ी अधूरा।**
  अर्थ : रुपया सबसे बलवान है।
  प्रयोग : आज के आर्थिक युग में रुपये ही की तो महत्ता है। रुपये के बल पर हर कार्य हो जाता है, बाक़ी सब व्यर्थ है क्योंकि "ज़र का ज़ोर पूरा, बाक़ी अधूरा।"
- **ज़र है तो नर, नहीं तो खण्डहर।**
  अर्थ : रुपये से ही आदमी की इज़्ज़त है।
  प्रयोग : सेठ हुकुमत चन्द की पूरे शहर में धन-दौलत के ही कारण तूती बोलती है वरना उन्हें कौन पूछता क्योंकि "ज़र है तो नर, नहीं तो खण्डहर।"
- **जल में रहकर मगर से बैर।**
  (आरएएस १९९४; क्षेत्र विकास अधिकारी परीक्षा १९९४; उप्र पीसीएस १९९५)
  अर्थ : आश्रयदाता से शत्रुता नहीं रखनी चाहिए; शरणदाता की शत्रुता अकल्याणकारी होती है।
  प्रयोग : राजाश्रय में पला-पोसा चारण कवि ने जब राजा के विरुद्ध लोगों के कान भरने शुरू कर दिये तब उस राजा ने कवि महोदय को लात मारकर अपने राज्य से बाहर करते हुए कहा— जल में रहकर मगर से बैर करना अच्छा नहीं होता।
- **जस दूल्हा तस बनी बराता।** (उप्र पीसीएस १९९८,१९९९,२०००,२००५; रेलवे भर्ती परीक्षा २०११)
  अर्थ : बुरों का बुरों के साथ मिलना; अपने समान ही संगति रखना
  प्रयोग : ज़हरख़ुरानी गिरोह से जुड़े असगर को अपने ही धन्धे में लिप्त चार बदमाश और मिल गये, जिसने सिद्ध कर दिया, "जस दूल्हा तस बनी बराता।"

- **जहाँ गुड़ होगा वहीं मक्खियाँ होंगी।**

  अर्थ : जहाँ कोई आकर्षण होगा, वहाँ भीड़ भागेगी ही।

  प्रयोग : मेले में आयीं एक-से-बढ़कर-एक ख़ूबसूरत नर्तकियों को देखने के लिए लोगों की भीड़ इकट्ठी हो गयी। यह स्थिति "जहाँ गुड़ होगा वहीं मक्खियाँ होंगी" कहावत को ही तो चरितार्थ करती है।

- **जहाँ चार बासन होंगे, वहाँ आपस में खटकेंगे ही।**

  अर्थ : जहाँ कई व्यक्ति होंगे, वहाँ झगड़ा होना स्वाभाविक है।

  प्रयोग : भाई! इसमें नाराज़ होने की क्या बात है; जहाँ परिवार में कई लोग होते हैं वहाँ थोड़ा-बहुत विवाद तो होता ही रहता है, "जहाँ चार बासन होंगे, वहाँ आपस में खटकेंगे ही।"

- **जहाँ चाह, वहाँ राह।** **(आईएएस २००४)**

  अर्थ : दृढ़ इच्छाशक्ति हो तो कार्य करने का रास्ता निकल ही आता है।

  प्रयोग : यदि कोई किसी कार्य को पूरी चाहत के साथ करना चाहता हो तो उसमें उसको सफलता मिलनी ही है क्योंकि—जहाँ चाह, वहाँ राह।

- **जहाँ जाय भूखा, वहाँ पड़े सूखा।**

  अर्थ : भाग्यहीन को कहीं सुख नहीं मिलता।

  प्रयोग : रामप्रकाश नौकरी छूट जाने के बाद से पूरी तरह से टूट गया है। वह नौकरी की तलाश में जहाँ-जहाँ जाता है वहाँ-वहाँ उसे विफलता मिलती है। सच— जहाँ जाय भूखा, वहाँ पड़े सूखा।

- **जहाँ देखे तवा परात, वहाँ गुज़ारे सारी रात।**

  अर्थ : जहाँ कुछ मिलने की आशा होती है वहाँ लालची व्यक्ति ठहर जाता है।

  प्रयोग : संजय प्रकाश इतना लालची है कि जहाँ कहीं भी उसे स्वार्थ दिखता है, बेशर्म बनकर रुक जाता है। इसी तरह वह हर जगह "जहाँ देखे तवा परात, वहाँ गुज़ारे सारी रात" को ही चरितार्थ करता रहता है।

- **जहाँ न पहुँचे रवि वहाँ पहुँचे कवि।**

  अर्थ : कवि की कल्पना वहाँ तक पहुँचती है जहाँ तक सूर्य की किरणें भी नहीं पहुँच पातीं।

  प्रयोग : ऋतुश्री कल्पना के पाँव लगाकर कविता की रचना करते हुए न जाने कहाँ-कहाँ पहुँच जाती है। उसके कल्पना-विस्तार को देखकर यही कहा जा सकता है, "जहाँ न पहुँचे रवि वहाँ पहुँचे कवि।"

- **जहाँ फूल वहाँ काँटा।**

  अर्थ : जहाँ अच्छाई होती है वहीं बुराई भी होती है; अच्छाई के साथ बुराई भी होती है।

  प्रयोग : यह आपने कैसे कह दिया कि जीवन में सिर्फ़ अच्छाई है; क्या आपको मालूम नहीं कि अच्छाई के साथ ही बुराई भी होती है क्योंकि जहाँ फूल वहाँ काँटे भी होते हैं।

- **जहाँ मुर्ग़ा बाँग न दे, वहाँ सवेरा नहीं होता क्या?**

  अर्थ : किसी के बिना कोई कार्य नहीं रुकता है।

  प्रयोग : जाइए-जाइए! आप क्या सोचते हैं—जहाँ मुर्ग़ा बाँग नहीं देता, वहाँ सवेरा नहीं होता।

- **जाए लाख रहे साख।**

  अर्थ : धन भले ही लगे, इज़्ज़त बचनी चाहिए।

  प्रयोग : भले ही आज इतने रुपये ख़र्च हो गये किन्तु मेरा बेटा जेल जाने से तो बच गया। सच, "जाए लाख रहे साख।"

- **जाके पाँव न फटी बिवाई, उ का जाने पीर परायी?**

  अर्थ : जिसे किसी कष्ट का अनुभव न हो, वह दूसरे का कष्ट नहीं समझ सकता।

  प्रयोग : राजनेता तो सदा ए०सी० प्रथम श्रेणी में यात्रा करते हैं। उन्हें दूसरे दर्जे में यात्रा करने के कष्ट का अनुभव क्या होगा? सच ही तो है—"जाके पाँव न फटी बिवाई, उ का जाने पीर परायी।"

- **जागेगा सो पावेगा, सोवेगा सो खोवेगा।**

  अर्थ : सतर्क रहने में ही लाभ है।

  प्रयोग : आई०ए०एस-परीक्षा की तैयारी समय रहते शुरू कर देनी चाहिए क्योंकि "जो जागेगा सो पावेगा, सोवेगा सो खोवेगा।"

- **जादू वही, जो सिर चढ़कर बोले।**

  अर्थ : सचाई छुपाये नहीं छुपती।

  प्रयोग : पहले तो वे आगरा के पेठे का गुणगान कर रहे थे लेकिन मथुरा का पेड़ा खाते ही कहने लगे— वाह भाई वाह! मिठाई हो तो ऐसी। सच ही कहा गया है, "जादू वही, जो सिर चढ़कर बोले।"

- **जान है तो जहान है।**

  अर्थ : जीवन ही सब कुछ है।

  प्रयोग : दो गुटों में जब सिर-फुटव्वल शुरू हो गया तब उधर से गुज़र रहे एक राहगीर बोल पड़ा— भइया! यहाँ से चुप-चाप खिसक चलो क्योंकि "जान है तो जहान है।"

- **जान बची लाखों पाये।**

  अर्थ : छुटकारा मिलना; किसी भी रूप में हानि उठाकर भी मुक्त होना

  प्रयोग : मुझे तो देश-द्रोह के अपराध में फँसाया जा रहा था लेकिन बेचारी पुलिस ने मेरी शराफ़त को देखकर छोड़ दिया। सच ही तो कहा गया है—जान बची लाखों पाये।

- **जान मारे बनिया, पहचान मारे चोर।** (उप्र एपीओ २००६)

  अर्थ : बनिया और चोर परिचित को ही नुकसान पहुँचाते हैं।

  प्रयोग : बबलू बनिया अपने मुहल्ले वालों से सामान का अधिक रुपये लेता है और कम सामान तोलने में भी नहीं हिचकता। ऐसे ही लोगों के लिए कहा गया है— जान मारे बनिया पहचान मारे चोर।

- **जितना गुड़ डालोगे उतना ही मीठा होगा।**

  अर्थ : जितना अधिक पैसा लगेगा, उतनी ही अच्छी चीज़ मिलेगी।

  प्रयोग : जितनी अधिक सुविधाओंवाला मोबाइल फ़ोन आप चाह रही हैं उसके लिए और अधिक रुपये देने होंगे क्योंकि "जितना गुड़ डालोगे उतना ही मीठा होगा"।

- **जितनी डफली उतने राग।** (आरएएस २००३)

  अर्थ : भिन्न-भिन्न मत होना

  प्रयोग : महिला-आरक्षण को लेकर सर्वदलीय बैठक में एक मत नहीं बन सका। सभी दल के नेता "जितनी डफली उतने राग" को चरितार्थ कर रहे हैं।

- **जितनी चादर हो, उतना ही पैर पसारो।** (मप्र पीसीएस २००६)

  अर्थ : सामर्थ्य के अनुसार काम करना

  प्रयोग : शर्मा जी अपने ख़र्च की सीमा जानते थे इसलिए गीता के विवाह में सन्तुलित व्यय किया था। इसी को कहते हैं, जितनी चादर हो उतना ही पैर पसारो।

- **जितने मुँह, उतनी बातें।** (बिहार पीसीएस २००७)

  अर्थ : सबके भिन्न-भिन्न विचार

  प्रयोग : न्यायालय में न्यायाधीश को निर्णय करने में कोई कठिनाई नहीं हुई क्योंकि एक ही पक्ष के गवाहों के बयान एक-दूसरे के विरोधी थे सच, "जितना मुँह, उतनी बातें।"

- **जिन ढूँढ़ा तिन पाइयाँ गहरे पानी पैठ।** (उप्र पीसीएस २००२; आईएएस २०११)

  अर्थ : कठिन परिश्रम से ही सफलता मिलती है।

  प्रयोग : कृष्णगोपाल अपने अध्यवसाय के बल पर प्रथम प्रयास में ही आई०ए०एस०-अधिकारी बन गया। सच ही तो कहा गया है, "जिन ढूँढ़ा तिन पाइयाँ गहरे पानी पैठ।"

- **जिस बरतन (पत्तल) में खाना, उसी में छेद करना।**

  (आईएएस २००३;उप्र पीसीएस १९९४)

  अर्थ : किये के प्रति कृतज्ञ न होना

  प्रयोग : सुनील मिश्र मुझसे पत्रकारिता का ज्ञान प्राप्त करता था किन्तु 'सर्वोदय-वार्त्ता' समाचार-पत्र निकालने के बाद से मेरे ही विरुद्ध विष-वमन करता है। इससे तो यही सिद्ध होता है— जिस बरतन में खाना, उसी में छेद करना।

- **जिस तन लागे, वही तन जाने।**

  अर्थ : कष्ट झेलनेवाला ही कष्ट का अनुभव कर सकता है।

  प्रयोग : तुम बेचारे रामप्रसाद की तकलीफ़ को क्या समझोगे। उस बेचारे की मिहनत की कमाई जिस तरह से उसके लफंगे बेटे ने ऐशो-आराम में उड़ा दी, उससे रामप्रसाद कितना आहत है! सच— जिस तन लागे, वही तन जाने।

- **जिसकी लाठी उसकी भैंस।** (आईएएस १९९९,२००१; उप्र पीसीएस १९९०)

  अर्थ : शक्तिशाली व्यक्ति की ही विजय होती है।

  प्रयोग : रुपये और प्रभुत्व के बल पर लोग प्रायः न्याय ख़रीद लेते हैं। ऐसे ही लोगों के लिए कहा गया है— जिसकी लाठी उसकी भैंस।

- **जिसे पिया माने, वही सुहागन।**

  अर्थ : अधिकारी का कृपा-पात्र ही भाग्यशाली माना जाता है।

  प्रयोग : सतीश चन्द्र मिश्र वास्तव में भाग्यशाली है क्योंकि मुख्यमन्त्री का कृपापात्र बन गया है। यह कहावत उस पर सटीक बैठती है—जिसे पिया माने, वही सुहागन।

- **जिसका काम उसी को साजै।**

  अर्थ : जिसका जो काम है, वही उसे अच्छी प्रकार कर सकता है।

  प्रयोग : तुम कवि हो तो कविता की ही रचना करो; विज्ञान–लेखन के लिए हाथ–पैर क्यों मार रहे हो क्योंकि ''जिसका काम उसी को साजै।''

- **जिसका खाओ, उसका गाओ।**

  अर्थ : जिससे लाभ हो, उसी की तरफ़दारी करना

  प्रयोग : अधिकतर ऐसे ही लोग मिलेंगे, जो जिससे लाभ पाते हैं, उसकी ही तरफ़ हो जाते हैं। ऐसे ही लोग ''जिसका खाओ, उसका गाओ'' को चरितार्थ करते हैं।

- **जिसके हाथ डोई, उसका सब कोई।**

  अर्थ : धनी व्यक्ति के सब मित्र होते हैं।

  प्रयोग : राव साहब को हर कोई इसलिए चाहता है क्योंकि वे हर तरह से सम्पन्न हैं। ऐसे ही लोगों के लिए कहा गया है, ''जिसके हाथ डोई, उसका सब कोई।''

- **जीती मक्खी नहीं निगली जाती।**

  अर्थ : जानबूझकर किसी अप्रिय बात को नहीं ग्रहण किया जा सकता।

  प्रयोग : जो लोग आरक्षण की बात करते हैं, वे भूल जाते हैं कि देश में किसी भी तरह का आरक्षण समाज को खण्ड–खण्ड में बाँटकर वैमनस्य की लहर में डाल देगा इसलिए जीती मक्खी निगलने की कोशिश नहीं की जानी चाहिए।

- **जीभ भी जली और स्वाद भी न आया।**

  अर्थ : दुःख सहकर भी सुख न मिला।

  प्रयोग : रात–दिन कठोर परिश्रम करके राधे बाबू ने मकान बनवाया लेकिन उनके भाइयों ने उनके साथ ग़द्दारी कर उस मकान को हड़प लिया। राधे बाबू जब तक जीवित थे, यही कहते रहे— जीभ भी जली और स्वाद भी न आया।

- **जूँ (चिलर) के डर से गुदड़ी नहीं फेंकी जाती।**

  अर्थ : थोड़ी कठिनाई के कारण कोई बड़ा काम छोड़ा नहीं जाता।

  प्रयोग : व्यापार में एक बार घाटा लग जाने पर व्यापार को बन्द कर देना समझदारी नहीं क्योंकि ''जूँ (चिलर) के डर से गुदड़ी नहीं फेंकी जाती।''

- **जूठा खाये मीठे के लालच।**

  अर्थ : लाभ की लालच में निकृष्ट कार्य करना

  प्रयोग : उस कर्मकाण्डी पण्डित ने अधिक–से–अधिक चमड़े का कारख़ाना लगाकर ''जूठा खाये मीठे के लालच'' वाली कहावत चरितार्थ कर दी है।

- **जेकर पुरखा न देखल पोय, तेकर घर खुरबन्दी होय।**

  अर्थ : जिसके पूर्वजों ने कोई छोटा काम भी न किया हो, उसके घर बड़े काम होने लगना।

  प्रयोग : आश्चर्य ही तो है कि जिनके परिवार में विद्या–ज्ञान का दूर–दूर तक नामो–निशाँ नहीं था, वे आज आगे बढ़कर विद्या प्राप्त कर रहे हैं। सच ही तो है, ''जेकर पुरखा न देखल पोय, तेकर घर खुरबन्दी होय।''

- **जैसा देश वैसा भेस।**

  अर्थ : परिस्थिति के अनुसार स्वयं को ढाल लेना

  प्रयोग : मैं जब आदिवासियों के इलाक़े में जाता हूँ तब वहाँ की परम्परा के अनुसार अपनी वेश-भूषा बनाकर "जैसा देश वैसा भेस" को चरितार्थ करता हूँ।

  (आईएएस २००८;उप्र पीसीएस २००८)

- **जैसा राजा वैसी प्रजा।**

  अर्थ : जैसा मालिक वैसे उसके कर्मचारी

  प्रयोग : वह व्यापारी इतना उदार है कि उसके आचरण से उसके सारे कर्मचारी प्रभावित होकर उसी के रास्ते पर चलते हैं। सच ही तो है— जैसा राजा वैसी प्रजा।

  (उप्र बीएड् प्रवेश-परीक्षा २००५)

- **जैसा मुँह वैसा थप्पड़।**

  अर्थ : जो जिसके योग्य होता है, उसे वही प्राप्त होता है।

  प्रयोग : प्रभाकरण अपने कुकर्मों के कारण दी गयी सज़ा पाने के लायक़ ही था क्योंकि "जैसा मुँह वैसा थप्पड़।"

  (बिहार पीसीएस २००३)

- **जैसी तेरी डफली, वैसा मेरा राग।**

  अर्थ : मज़दूरी के अनुसार काम

  प्रयोग : घर आये शिक्षक ने कहा, "आप यदि मुझे अधिक रुपये देंगे तो अच्छी तरह से पढ़ाऊँगा क्योंकि "जैसी तेरी डफली, वैसा मेरा राग।"

  (बिहार पीसीएस २००१; आईएएस २०१२)

- **जैसी करनी वैसी भरनी।**

  अर्थ : कर्म के अनुसार फल की प्राप्ति

  प्रयोग : धीरज बाबू शुरू से ही ग़रीब असहाय-लाचार व्यक्तियों की खुले दिल से सहायता करते आये हैं; अब जब वे पूरी तरह से असमर्थ हो गये हैं तब घर के सारे नौकर-चाकर उनकी सेवा में रात-दिन लगे हुए हैं। इसे ही कहते हैं— जैसी करनी वैसी भरनी।

  (उप्र पीसीएस २०१०)

- **जैसी बहै बयार, पीठ तब तैसी दीजै डार।**

  अर्थ : अवसर के अनुकूल बन जाना चाहिए।

  प्रयोग : आज के युग में बिना लेन-देन कोई काम नहीं होता इसलिए रुपये फेंको और काम करवाओ क्योंकि "जैसी बहै बयार, पीठ तब तैसी दीजै डार।"

- **जैसी तेरी कामरी वैसे मेरे गीत।**

  अर्थ : जैसा दोगे वैसा लोगे।

  प्रयोग : जिस प्रकार से आपने सांस्कृतिक कार्यक्रम के आयोजन में जी खोलकर ख़र्च किया है उसी प्रकार से उसका आकर्षण लोगों को लुभा रहा है क्योंकि "जैसी तेरी कामरी वैसे मेरे गीत।"

- **जैसे साँपनाथ वैसे नागनाथ।**

  अर्थ : दो आदमियों का एकसमान अवगुणी होना

  प्रयोग : लादेन और हिटलर में से शान्ति का कौन अत्यधिक शत्रु था, इसे बता पाना बहुत आसान नहीं है क्योंकि "जैसे नागनाथ वैसे साँपनाथ।"

- **जैसे मियाँ काठ का वैसे सन की दाढ़ी।**

  अर्थ : सही सामंजस्य

  प्रयोग : जिस प्रकार का इंजीनियर है ठीक उसी प्रकार का उसका सहायक भी है। इसे ही कहते हैं— जैसे मियाँ काठ का वैसे सन की दाढ़ी।

- **जो बोले सो घी को जाय।** (उप्र बीएड् प्रवेश परीक्षा २००६)

  अर्थ : उपाय बतानेवाले व्यक्ति पर कार्यभार सौंपना

  प्रयोग : कूलर मैकेनिक को बुलाने के लिए आप ही कह रहे हैं इसलिए इतनी तेज़ धूप में उसे लेने के लिए आप ही जाइए क्योंकि ''जो बोले सो घी को जाय।''

- **जो गरजते हैं, वे बरसते नहीं।**

  अर्थ : डींग हाँकनेवाले काम नहीं करते।

  प्रयोग : आशीष केवल बढ़ा-चढ़ाकर बातें करता है; असलियत में उसमें कुछ करने की सामर्थ्य नहीं है। सच ही तो कहा गया है— जो गरजते हैं, वे बरसते नहीं।

- **जो गुड़ खाये सो कान छिदाये।** (आईएएस २००८)

  अर्थ : लाभ पानेवाले को कष्ट सहना ही पड़ता है।

  प्रयोग : भइया! भले ही कड़ी धूप हो किन्तु मैं तो अपना सामान इसी जगह बैठकर बेचूँगा क्योंकि ''जो गुड़ खाये सो कान छिदाये''।

- **जोगी का बेटा खेलेगा साँप ही से।**

  अर्थ : बाप का असर बेटे पर पड़ता है।

  प्रयोग : शिवशंकर शुरू से ही धूर्तता करता आ रहा था; अब जब वह बूढ़ा हो गया है तब उसकी सारी धूर्त्तई उसके बेटे रामशंकर में आ गयी है; फिर क्यों न हो, ''जोगी का बेटा खेलेगा साँप ही से।''

- **ज़्यादा जोगी मठ उजाड़।**

  अर्थ : बहुत नेतृत्व से काम बिगड़ जाता है।

  प्रयोग : जबसे गठबन्धन-पद्धति पर सरकारें बननी शुरू हुई हैं तब से एकमत से देश-हित में कोई काम नहीं हो रहा है क्योंकि वहाँ ''ज़्यादा जोगी मठ उजाड़'' वाली बात दिख रही है।

- **ज्यों नकटे को आरसी होत दिखायी क्रोध।**

  अर्थ : दोषी को अपना दोष बताये जाने पर क्रोध होता है।

  प्रयोग : यदि बलात्कारी के मुँह पर हम 'बलात्कारी' कहेंगे तो वह क्रुद्ध होगा क्योंकि ''ज्यों नकटे को आरसी होत दिखायी क्रोध।''

- **ज्यों-ज्यों भीगे कामरी त्यों-त्यों भारी होय।**

  अर्थ : समय के बीतने के साथ ज़िम्मेदारियाँ बढ़ती जाती हैं।

  प्रयोग : बेटा! चिन्ता मत करो— जब बाल-बच्चों का ख़र्च तुम्हारे सिर पर आयेगा तब तुम्हारी आँखें खुल जाएँगी क्योंकि ''ज्यों-ज्यों भीगे कामरी त्यों-त्यों भारी होय।''

## झ

- **झूठ के पाँव नहीं होते।** (मप्र पीसीएस २००५)
  अर्थ : झूठा बोलने वाला एक बात पर स्थिर नहीं रह पाता।
  प्रयोग : न्यायालय में पैरवी के दौरान एक ही गवाह के तरह-तरह के बयान से न्यायाधीश बौखला गया। वह समझ गया था, ''झूठ के पाँव नहीं होते।''

- **झूठहि लेना झूठहि देना, झूठहि भोजन झूठ चबैना** (बिहार पीसीएस २००५)
  अर्थ : हर कार्य में बेईमानी करना
  प्रयोग : भार्विका पर कभी विश्वास मत करना क्योंकि वह बात-बात पर झूठ बोलकर''झूठहि लेना झूठहि देना, झूठहि भोजन झूठ चबैना'' को चरितार्थ करती रहती है।

- **झोपड़ी में रह, महलों का ख़्वाब देखे।** (उप्र एपीओ २००५)
  अर्थ : सामर्थ्य से बढ़कर चाह रखना
  प्रयोग : ''झोपड़ी में रह, महलों का ख़्वाब देखे'' कहावत उन लोगों पर सटीक बैठती है, जो पूरी तरह से अर्थाभाव में जीते हैं किन्तु मालदार सेठ बनने का ख़्वाब देखते हैं।

- **झोली डारे गज फिरे मुक्ता डारे साथ** (मप्र पीसीएस २००४)
  अर्थ : निजी सम्पत्ति होने पर भी दूसरों से आशा करना
  प्रयोग : अर्पणा के पास इलाहाबाद, भोपाल तथा आगरा में अकूत निजी सम्पत्ति है फिर भी वह इतनी लालची है कि ''झोली डारे गज फिरे मुक्ता डारे साथ'' को चरितार्थ करती रहती है।

## ट

- **टके का सब खेल।** (उत्तराखण्ड पीसीएस २००४)
  अर्थ : धन-दौलत से ही सब कार्य सिद्ध होते हैं।
  प्रयोग : आज के युग में जो भी चाहो, पैसा देकर हथिया लिया जा सकता है क्योंकि भ्रष्टाचार के ज़माने में ''टके का सब खेल'' है।

- **टके की हाँडी गयी, कुत्ते की जात पहचानी गयी।** (आरएएस २००५)
  अर्थ : अपना थोड़ा नुकसान कर किसी के चरित्र की पहचान कर लेना
  प्रयोग : रवीश कई दिनों से मुझसे पाँच हज़ार रुपये उधार माँग रहा था। एक दिन मैंने उसको पचास रुपये दे दिये थे, उसके बाद वह कभी नहीं मिला और न तो उसने रुपये ही वापस किये। हमने भी सोचा— टके की हाँडी गयी, कुत्ते की जात तो पहचानी गयी।

- **टके की मुर्ग़ी नौ टके महसूल।** (उप्र एपीओ २००३,२००७)
  अर्थ : कम क़ीमत की वस्तु को अधिक मूल्य पर देना
  प्रयोग : आपने अपनी पुरानी साइकिल को बारह सौ रुपये में बेचकर ''टके की मुर्ग़ी नौ टके महसूल'' वाली कहावत सिद्ध कर दी है।

- **टके की चटाई, नौ टका बिदाई।** (आईएएस २००३,२००५)
  अर्थ : लाभ की अपेक्षा अधिक ख़र्च
  प्रयोग : संजय की ऑटोपार्ट्स की दुकान में रुपये ख़ूब लग रहे हैं और फ़ायदा कुछ भी नज़र नहीं आ रहा है। ''टके की चटाई, नौ टका बिदाई'' वाली कहावत यहाँ चरितार्थ होती है।

- **टट्टी की ओट से शिकार खेलना** (उप्र बीएड् प्रवेश-परीक्षा २००५)
  अर्थ : छुपकर बुरा काम करना
  प्रयोग : बड़े तस्कर स्वयं कहीं नहीं जाते, बल्कि किराये के लोगों से काम कराकर टट्टी की ओट से शिकार खेलते हैं।

## ठ

- **ठठेरे ठठेरे बदलौअल।** (बिहार पीसीएस २००६)
  अर्थ : धूर्त का धूर्त से चाल चलना
  प्रयोग : राम और श्याम, दोनों एक-दूसरे से बढ़कर धूर्त हैं। एक प्लॉट को ख़रीदने में दोनों एक-दूसरे को बेवकूफ़ बनाने के चक्कर में हैं। इसे ही कहते हैं, ''ठठेरे ठठेरे बदलौअल।''
- **ठण्डा करके खाओ।** (झारखण्ड एपीओ २००५)
  अर्थ : धैर्य से काम करना सीखो।
  प्रयोग : देखो, अभी तुम्हारा पड़ोसी बहुत ही क्रोध में है। ऐसे में, तुम ठण्डे दिमाग़ से काम लोगे तो सारा काम बन जाएगा। कहा भी तो गया है—ठण्डा करके खाओ।
- **ठण्डा लोहा गरम लोहे को काट देता है।** (मप्र पीसीएस २००२)
  अर्थ : शान्त प्रकृति का व्यक्ति अन्ततः, क्रोधी पर विजय पाता है।
  प्रयोग : वह भयंकर क्रोध में है, उसे चिल्लाने दो लेकिन तुम बिलकुल क्रोध मत करना। देखना वह तुम्हारे सामने झुक जाएगा क्योंकि ''ठण्डा लोहा गरम लोहे को काट देता है।''
- **ठोक-बजा ले चीज़, ठोक-बजा दे दाम।** (आईएएस २००७)
  अर्थ : अच्छी वस्तु का अच्छा मूल्य
  प्रयोग : यह तो बाज़ार है— यहाँ कुछ वस्तुएँ सस्ती हैं तो कुछ मँहगी भी, यानी जैसी चीज़ वैसा दाम। ऐसे में, आपको ''ठोक-बजा ले चीज़, ठोक-बजा दे दाम'' को चरितार्थ करना होगा।
- **ठोकर लगे तब आँख खुले।** (उप्र बीएड् प्रवेश-परीक्षा २००४)
  अर्थ : कुछ गँवाकर ही अक़्ल आती है।
  प्रयोग : तुम अपने को लाख समझदार कहो लेकिन जब तक ठोकर नहीं लगती, आँख नहीं खुलती।

## ड

- **डण्डा सबका पीर।** (उप्र बीएड् प्रवेश परीक्षा २००७)
  अर्थ : सख़्ती करने से लोग नियन्त्रित होते हैं।
  प्रयोग : पुलिस-द्वारा पूरे शहर में कठोरता के साथ धारा १४४ लगा देने के बाद से स्थिति नियन्त्रण में आ चुकी थी क्योंकि ''डण्डा सबका पीर'' होता है।
- **डायन भी अपने बच्चे नहीं खाती।** (मप्र पीसीएस २००१)
  अर्थ : अपनों का कोई नुकसान नहीं करता।
  प्रयोग : कैलास बहुत बड़ा अपराधी है और उसकी माँ एक तेज़-तर्रार पुलिस-अधिकारी फिर भी वह अपने पुत्र को गिरफ़्तार नहीं करती क्योंकि ''डायन भी अपने बच्चे को नहीं खाती।''

- **डायन को दामाद प्यारा।** (झारखण्ड एपीओ २००५)
अर्थ : अपना सबको प्यारा होता है।
प्रयोग : तुम यदि उस नेताइन के लड़के की शिकायत करोगे तो क्या वह तुम्हारी सुनेगी क्योंकि "डायन को दामाद प्यारा" होता है।

## ढ

- **ढाक के तीन पात।** (उत्तराखण्ड पीसीएस २००५)
अर्थ : सदैव एकसी स्थिति में रहनेवाला।
प्रयोग : वास्तव में, जो योगी होता है, उसके लिए न तो हर्ष है और न विषाद; वह तो एक स्थितप्रज्ञ है ठीक "ढाक के तीन पात" की तरह।
- **ढोल के भीतर पोल; ढोल में पोल।** (मप्र पीसीएस २००६)
अर्थ : केवल ऊपरी दिखावा
प्रयोग : अमृता केवल गिट-गिट-पिटपिट अँगरेज़ी बोलती है; अभी उससे पूछो कि 'सेण्टेंस' कितने प्रकार के होते हैं तब "ढोल के भीतर पोल" दिखना शुरू हो जाएगा।

## त

- **तन को कपड़ा न पेट को रोटी।**
अर्थ : अत्यधिक दरिद्रता
प्रयोग : आज भी देश में करोड़ों लोग ऐसे हैं, जो भूखे पेट सोने के लिए विवश हैं कारण है कि उनके "तन को न कपड़ा है और न पेट को रोटी।"
- **तबेले की बला बन्दर के सिर।**
अर्थ : अपराध और करे दण्ड किसी और को मिले।
प्रयोग : डक़ैती करके गयाराम भाग निकला और पकड़ लिया गया दयाराम। इसी को कहते हैं, "तबेले की बला बन्दर के सिर।"
- **तलवार का खेत हरा नहीं होता।**
अर्थ : अत्याचार का परिणाम अच्छा नहीं होता।
प्रयोग : नादिरशाह और चंगेज़ ख़ाँ से पूरी दुनिया थर्राती थी किन्तु उसका अन्त "तलवार का खेत हरा नहीं होता" वाली कहावत के समान हुआ था।
- **तलवार का घाव भरता है पर बात का नहीं भरता।**
अर्थ : कटु व्यंग्योक्ति हृदय पर घाव करती है।
प्रयोग : हृदय-विदारक शब्द के द्वारा किसी का तिरस्कार नहीं करना चाहिए क्योंकि वे आजीवन याद रहते हैं। इसीलिए कहा गया है, "तलवार का घाव भरता है पर बात का नहीं।"
- **ताँत बजी और राग बुझी।** (आईएएस २००५)
अर्थ : बोलने से ही योग्यता प्रकट होती है।
प्रयोग : जो कुशल वक्ता होता है, वह जैसे ही विचार प्रकट करना आरम्भ कर देता है, उसका प्रभाव दिखने लगता है क्योंकि "ताँत बजी और राग बुझी।"

- **तिनके की ओट पहाड़।** (बिहार पीसीएस १९९७)

  अर्थ : अल्प साधन से बड़ा काम सिद्ध करना

  प्रयोग : गोल-गप्पे की दुकान से हुई आमदनी से मुकेश ने भव्य भवन का निर्माण करा लिया है इसे ही कहते हैं, ''तिनके की ओट पहाड़।''

- **तिरिया तेल हमीर-हठ चढ़े न दूजी बार।** (उप्र बीएड् प्रवेश परीक्षा २००४)

  अर्थ : प्रतिज्ञा पूरी करना; दृढ़प्रतिज्ञ अपनी बात से नहीं हटते।

  प्रयोग : जो मनुष्य अपनी बात का धनी होता है, वह हर हाल में किये गये वायदों को पूरा करता है। ठीक इसी तरह, ''तिरिया तेल हमीर-हठ चढ़े न दूजी बार।''

- **तीन में न तेरह में, मृदंग बजावे डेरे में।** (उप्र पीसीएस १९९४, २०१२)

  अर्थ : निर्द्वन्द्व व्यक्ति सुखी रहता है।

  प्रयोग : देख भइया! मुझे अपने घर-परिवार के लफड़े में नहीं पड़ना है; मस्ती से जीवन जीना है क्योंकि ''तीन में न तेरह में, मृदंग बजावे डेरे में।''

- **तीन लोक से मथुरा न्यारी।** (आईएएस १९९५,१९९७)

  अर्थ : अन्य से विशिष्ट या भिन्न होना

  प्रयोग : हरिद्वार के निवासी किसी अन्य स्थान पर रहने की अपेक्षा हरिद्वार में ही रहना पसन्द करेंगे क्योंकि उनकी दृष्टि में तीर्थराज की जो विशेषता है, वह ''तीन लोक से मथुरा न्यारी'' जैसी ही है।

- **तीरथ गये मुँड़ाये सिर।** (मप्र एपीओ २००५)

  अर्थ : जहाँ रहें, वहाँ की रीति-रिवाज़ का पालन करें।

  प्रयोग : आपने महाराष्ट्र में रहते हुए पूरी तरह से वहाँ की जीवन-शैली अपना कर ''तीरथ गये मुँडाये सिर'' वाली कहावत को चरितार्थ कर दिया है।

- **तुम डाल-डाल, हम पात-पात; तू डाल-डाल, मैं पात-पात।**

  (आईएएस १९९५,१९९६; उप्र बीएड् प्रवेश-परीक्षा २००१,२००३,२००६,२००८,२०१०; उप्र पीसीएस २०१०; आरपीएस २००९)

  अर्थ : चालाकी में मात देना; चालाकी समझ जाना

  प्रयोग : आई०पी०एल० क्रिकेट मैच में मुम्बई की टीम अपनी विरोधी टीम की चालाकी भाँप कर ''तुम डाल-डाल, हम पात-पात'' को चरितार्थ कर रही है।

- **तुम्हारे मुँह में घी-शक्कर।** (बिहार पीसीएस २००४,२००६,२००७)

  अर्थ : तुम्हारी बात सच हो।

  प्रयोग : गम्भीर रूप में घायल अनुप्रिया की जब शल्यक्रिया चल रही थी तब उसकी माँ से चिकित्सक ने कहा था, ''माता जी! डरने की कोई बात नहीं; आपकी बेटी को कुछ नहीं होगा।'' इस पर उसकी माँ ने कहा था, ''बेटा! तुम्हारे मुँह में घी-शक्कर।''

- **तुरन्त दान महाकल्याण।**

  अर्थ : शुभ कार्य में विलम्ब नहीं करना चाहिए।

  प्रयोग : आपको यदि महामृत्युंजय का जाप करवाना है तो करवा डालिए क्योंकि ''तुरन्त दान महाकल्याण।''

- **तेते पाँव पसारिए जेती लम्बी सौर।** (मप्र एपीओ २००७)

  अर्थ : सामर्थ्य के अनुसार ही हमें व्यय करना चाहिए।

  प्रयोग : पहले अपनी आय के स्रोत देखो फिर उसके अनुसार ही व्यय करो वरना हमेशा परेशान रहोगे क्योंकि "तेते पाँव पसारिए जेती लम्बी सौर।"

- **तेल देखो, तेल की धार देखो।** (झारखण्ड एपीओ २००४)

  अर्थ : बदलती परिस्थितियों पर नज़र रखना।

  प्रयोग : अभी तो मतदान के दस दिन बाक़ी हैं। इतने में तो फ़िज़ाँ कई बार बदलेगी, इसीलिए कहता हूँ, "तेल देखो, तेल की धार देखो।"

- **तेल न मिठाई, चूल्हे धरी कड़ाही।** (मप्र पीसीएस २००५)

  अर्थ : बिना सामान के काम नहीं होता।

  प्रयोग : तुम जो कार्यक्रम करते जा रहे हो,उसमें लगभग २,००० लोग शामिल होंगे फिर इसी हिसाब से तुम्हारी अपनी व्यवस्था भी होनी चाहिए क्योंकि "तेल न मिठाई, चूल्हे धरी कड़ाही।"

- **तेली का तेल जले मशालची का दिल जले**

  अर्थ : व्यय किसी का हो और तकलीफ़ किसी दूसरे को।

  प्रयोग : अपनी बेटी की शादी में प्रभात ने भव्य ढंग से जब लोगों की आवभगत की तब उसके पड़ोसी को बहुत जलन हुई। यह तो वही बात चरितार्थ हुई— तेली का तेल जले मशालची का दिल जले।

- **तेली खसम किया फिर भी रूखा खाया।**

  अर्थ : किसी सामर्थ्यवान् की शरण में रहकर भी दु:ख उठाना

  प्रयोग : जब उसे सबने सताना शुरू किया तब वह विधायक जी की शरण में चला गया किन्तु वहाँ विधायक जी के लोग उसे सताने लगे। इसे ही कहते हैं— तेली खसम किया फिर भी रूखा खाया।

## थ

- **थका ऊँट सराय ताकता।** (मप्र पीसीएस २००९)

  अर्थ : थके हुए व्यक्ति को विश्राम की ज़रूरत है।

  प्रयोग : 'मानक सामान्य हिन्दी' का प्रूफ पढ़ते-पढ़ते मैं इतना थक गया था कि विश्राम की ज़रूरत महसूस होने लगी। ऐसे में, "थका ऊँट सराय ताकता" है।

- **थूक कर चाटना।** (मप्र पीसीएस २००२; आईएएस २००६)

  अर्थ : कही बात से मुकर जाना

  प्रयोग : प्रबन्धक महोदय! कल आपने मुझसे कहा था कि यह काम हर हालत में हो जाएगा किन्तु आज आप अपनी बात से हट रहे हैं। यह "थूक कर चाटना" कब से सीख लिया आपने?

- **थूक से सत्तू सानना।** (उप्र एपीओ २००४)

  अर्थ : कम सामग्री से काम पूरा करना

  प्रयोग : इतने बड़े यज्ञ के लिए दस किलो घी तो थूक से सत्तू सानने के समान है।

- **थोथा चना बाजे घना।** (फॉरेस्ट रेंजर १९९४; आईएएस १९९९)

  अर्थ : असमर्थ अथवा अल्पज्ञ व्यक्ति अधिक बातें करता है।

  प्रयोग : जो हलके क़िस्म के लोग होते हैं, वे ज़रूरत से ज़्यादा गम्भीर बातें करते हैं। इसे ही कहते हैं, ''थोथा चना बाजे घना''।

## द

- **दबाने पर चींटी भी चोट करती है।** (मप्र पीसीएस २००६)

  अर्थ : प्रताड़ित होने पर छोटे-से-छोटा व्यक्ति भी बदला लेता है।

  प्रयोग : यह ज़माना ऐसा है कि जितना दबोगे, लोग तुम्हें उतना ही दबायेंगे इसलिए तुम्हें जैसे ही दबाया जाए, तुरन्त उठ खड़े होकर उसका प्रतिकार करो क्योंकि ''दबाने पर चींटी भी चोट करती है।''

- **दबी बिल्ली चूहों से कान कटावे।** (आरएएस २००६)

  अर्थ : दोषी होने पर बलवान भी निर्बल से डरता है।

  प्रयोग : आई०पी०एल०-प्रकरण में जब केन्द्रीय विदेश राज्यमन्त्री शशि थरूर की चौतरफ़ा आलोचना होने लगी तब ''दबी बिल्ली चूहों से कान कटावे'' वाली कहावत को चरितार्थ करते हुए उन्होंने केन्द्रीय मन्त्रिमण्डल से त्यागपत्र दे दिया।

- **दमड़ी की हँडिया गयी, कुत्ते की जात पहचानी गयी।**

  अर्थ : थोड़ी क्षति से बेईमान की पहचान होना

  प्रयोग : सेलयुक्त घड़ी के लिए उसकी नीयत बदलते देख यह सोचकर मैं सचेत हो गया हूँ, ''दमड़ी की हँडिया गयी, कुत्ते की जात पहचानी गयी।''

- **दलाल का दिवाला क्या, मस्जिद में ताला क्या?**

  अर्थ : जिसके पास कुछ है ही नहीं, उसे हानि का क्या डर?

  प्रयोग : बेचारा रामपाल अपनी सारी धन-सम्पत्ति खो चुका है, अब वह बेधड़क सारे दरवाज़े खोलकर सोता है क्योंकि वह जानता है— ''दलाल का दिवाला क्या, मस्जिद में ताला क्या।''

- **दस की लाठी एक का बोझ।** (मप्र पीसीएस २००६)

  अर्थ : सहयोग की भावना से काम करना

  प्रयोग : क्षेत्र के सभी लोगों का यदि सहयोग हो जाए तो इस कच्चे रास्ते को पक्के रास्ते में बदला जा सकता है क्योंकि ''दस की लाठी एक का बोझ''।

- **दाग़ लगाये लँगोटिया यार।** (समूह 'ग' परीक्षा २००८)

  अर्थ : अपनों से ही व्यक्ति धोखा खाता है।

  प्रयोग : कथाकार शैलेश मटियानी को पान में ज़हर मिलाकर उनके मित्र कथाकार रवीन्द्र कालिया ने देकर ''दाग़ लगाये लँगोटिया यार'' वाली कहावत सिद्ध कर दी है।

- **दादा कहने से बनिया गुड़ देता है।** (उप्र एपीओ २००७)

  अर्थ : प्रिय वाणी से काम बन जाता है।

  प्रयोग : हमारे साहब बहुत भले हैं; आप उनसे ज़रा नम्रभाव से अपनी बात कहिए, आपका काम ज़रूर होगा क्योंकि ''दादा कहने से बनिया गुड़ देता है।''

- **दान की बछिया के दाँत नहीं देखे जाते (नहीं गिने जाते)।**
  अर्थ : मुफ़्त मिली वस्तु की जाँच-पड़ताल नहीं की जाती।
  प्रयोग : जब हर्षिता की वर्ष-गाँठ पर मिले उपहारों का मूल्य लगाया जाने लगा तब मेरे दादा जी बोल पड़े, "बच्चो! दान की बछिया के दाँत नहीं देखे जाते।"
  (उप्र बीएड् प्रवेश-परीक्षा २००८)
- **दाने-दाने पर मुहर**
  अर्थ : हर व्यक्ति का अपना भाग्य
  प्रयोग : जो तुम चाहते हो, वह तुम्हें अवश्य मिलेगा क्योंकि "दाने-दाने पर मुहर" है।
- **दाम सँवारे सबई काम।**
  अर्थ : रुपये से सब काम होता है।
  प्रयोग : लोग जब रुपये के बल पर 'चरित्र' ख़रीद ले रहे हैं तब समझ लो रुपये के बल पर क्या-क्या नहीं ख़रीदा जा सकता है! इसीलिए तो कहा गया है, "दाम सँवारे सबई काम।"
  (उप्र पीसीएस २००२; बिहार पीसीएस २००३)
- **दाल-भात में मूसरचन्द।**
  अर्थ : दो के बीच में तीसरे की दख़लन्दाज़ी
  प्रयोग : अन्विका और तन्विका के मध्य जब तर्क-वितर्क हो रहा था, उसी बीच जिगीषा बोल पड़ी। उसका "दाल-भात में मूसरचन्द" की भाँति बीच में बोलना किसी को अच्छा नहीं लगा था।
- **दिनभर चले ढ़ाई कोस।**
  अर्थ : समय अधिक लगना और काम बहुत थोड़ा होना
  प्रयोग : मैंने तुम्हें चार पृष्ठ टाइप करने के लिए सुबह ही दे दिया था और इस समय शाम के ८.३५ हो रहे हैं तब भी यह कार्य पूरा नहीं हुआ। इसे कहते हैं, "दिनभर चले ढ़ाई कोस।"
- **दिल्ली दूर है।**
  अर्थ : सफलता-प्राप्ति में विलम्ब है।
  प्रयोग : आई०ए०एस०-परीक्षा की तैयारी लगकर नहीं करोगी तो तुम्हें दिल्ली हर बार दूर दिखेगी।
- **दीवार के भी कान होते हैं।**
  अर्थ : गुप्त परामर्श एकान्त में भी करते समय सतर्क रहना चाहिए।
  प्रयोग : तुम चाहे जितने एकान्त में बात करो किन्तु बात करते समय पूरी तरह से सतर्क रहो। क्योंकि "दीवारों के भी कान होते हैं।"
  (आईएएस २००४)
- **दुधारु गाय की लात भली।**
  अर्थ : जिससे लाभ हो, उसकी खरी-खोटी भी बुरी नहीं लगती।
  प्रयोग : स्वार्थी क़िस्म के लोगों को जब किसी से कुछ लेना होता है तब वे उसकी दो बात भी बरदाश्त कर लेते हैं क्योंकि वे जानते हैं— दुधारु गाय की लात भली।
- **दुनिया ठगिए मक्कर से, रोटी खाइए शक्कर से**
  अर्थ : ठगी पर मौज करना
  प्रयोग : आजकल धूर्त लोग आये-दिन भोले-भालों को बेवकूफ़ बनाकर अपना स्वार्थ सिद्ध कर रहे हैं क्योंकि वे जानते हैं, "दुनिया ठगिए मक्कर से, रोटी खाइए शक्कर से।"

- **दुनिया का मुँह किसने रोका है?** (झारखण्ड एपीओ २००३)
अर्थ : लोगों को निन्दा करने से कोई नहीं रोक सकता।
प्रयोग : भले ही विश्व-सुन्दरियाँ पूरे विश्व में अपना आकर्षण फैला रही हों किन्तु उनके चरित्र पर लोगों ने बार-बार अँगुली उठायी है। क्या दुनिया का मुँह कोई रोक सकता है?

- **दुविधा में दोऊ गये, माया मिली न राम।**
अर्थ : संशय की स्थिति में कुछ भी प्राप्त न होना
प्रयोग : प्रभंजन रेलवे स्टेशन के प्लेटफॉर्म पर खड़ा होकर "दिल्ली जाए या न जाए" पर विचार कर ही रहा था कि इतने में रेलगाड़ी प्लेटफॉर्म छोड़ चुकी थी और वह जाने से वंचित रह गया। इसे ही कहते हैं—दुविधा में दोऊ गये, माया मिली न राम।

- **दूध का जला छाछ** (मट्ठा) **फूँक-फूँककर पीता है।** (उप्र पीसीएस २००२)
अर्थ : एक बार की हानि भविष्य के लिए सचेत कर देती है।
प्रयोग : किसी ट्रेन में एक बार उसकी जेब कट जाने के बाद से वह वह हमेशा यात्रा करते समय जागता रहता है क्योंकि "दूध का जला छाछ फूँक-फूँककर पीता है"।

- **दूध-का-दूध, पानी-का-पानी।** (आईएएस २०१०)
अर्थ : निष्पक्ष न्याय
प्रयोग : पंचपरमेश्वर ने दोनों पक्षों की बात सुनने के बाद सही न्याय करते हुए "दूध-का-दूध, पानी का पानी" कर दिया था।

- **दूर के ढोल सुहावने।**
अर्थ : वास्तविकता से दूर
प्रयोग : दूर से चमकने वाली हर चीज़ हीरा नहीं होती, क्योंकि "दूर के ढोल सुहावने" होते हैं।

- **दूल्हा को पत्तल नहीं, बजनिये को थाल।**
अर्थ : जिसका जो हक़ है, वह उसे न मिलकर किसी और को मिलना
प्रयोग : सुशिक्षित होने के बाद भी उसे ए०जी० ऑफ़िस में चपरासी की नौकरी मिली है। यह तो "दूल्हा को पत्तल नहीं, बजनिये को थाल" के समान है।

- **दूसरे की पत्तल लम्बा-लम्बा भात।**
अर्थ : दूसरे की चीज़ बहुत अच्छी लगती है।
प्रयोग : भोला अपनी पत्नी द्वारा बनाये गये भोजन को पसन्द नहीं करता किन्तु उसे अपनी पड़ोसन का बनाया भोजन बहुत अच्छा लगता है। इसे ही कहते हैं, "दूसरे की पत्तल लम्बा-लम्बा भात।"

- **देसी मुर्ग़ी बिलायती बोली**
अर्थ : अपनी सभ्यता-संस्कृति छोड़कर दूसरे की नक़ल करना
प्रयोग : कुछ लोग अपने रीति-रिवाज़ को छोड़कर अन्धानुकरण में दूसरों की जीवन-शैली अपना लेते हैं। ऐसों के लिए ही यह कहावत सटीक बैठती है, "देसी मुर्ग़ी बिलायती बोली।"

- **दो मुल्लों में मुर्ग़ी हलाल।**

अर्थ : दो व्यक्ति को एक ही तरह का काम देने से कार्य बिगड़ जाता है।

प्रयोग : तुम अपना काम करवाने आये हो या बिगड़वाने? तुम एक ही काम के लिए कभी इस बाबू के पास जाते हो तो कभी उस बाबू के पास। समझ लो—"दो मुल्लों में मुर्ग़ी हलाल" हो जाएगी।

- **दो लड़े, तीसरा ले उड़े।** (बिहार पीसीएस २००३,२००८)

अर्थ : दो के झगड़े में तीसरे की बन आती है।

प्रयोग : दो यात्रियों में अकस्मात् किसी बात पर विवाद हो गया। वे अपने-अपने सूटकेस किनारे रख कर एक-दूसरे पर पिल पड़े। इतने में एक तीसरा व्यक्ति आया और दोनों के सूटकेस लेकर चलता बना। इसे ही कहते हैं—"दो लड़े, तीसरा ले उड़े।"

- **दोनों हाथों में लड्डू हैं; चित भी मेरी पट भी मेरी।** (आरएएस २००५)

अर्थ : दोनों ओर से लाभ-ही-लाभ होना

प्रयोग : बिचौलिया जब ज़मीन बिकवाता है तब वह दोनों पक्षों से कमीशन लेता है। इस तरह उसके दोनों ही हाथ में लड्डू होते हैं।

## ध

- **धन-का-धन गया, मीत-का-मीत गया।** (आरएएस २००३)

अर्थ : उधार देने में पैसा तो जाता ही है, मित्रता भी नहीं रहती।

प्रयोग : एक मित्र से दूसरे मित्र ने पाँच हज़ार रुपये उधार लिये थे। अब रुपये की माँग पर दूसरा मित्र आनाकानी करता रहता है। इस कारण दोनों में काफ़ी मनमुटाव है। इसे ही कहा गया है, "धन-का-धन गया, मीत-का-मीत गया।"

- **धनवन्ती को काँटा लगा, दौड़े लोग हज़ार।** (उप्र एपीओ २००५)

अर्थ : प्रभुता-सम्पन्न व्यक्ति के छोटे से भी कष्ट में बहुत लोग सहायता के लिए आ जाते हैं।

प्रयोग : सांसद की दुर्घटना में मामूली चोट की ख़बर सुनते ही शहर में बहुत सारे लोग इकट्ठे हो गये। इसे ही कहते हैं, "धनवन्ती को काँटा लगा, दौड़े लोग हज़ार।"

- **धोबी का कुत्ता, न घर का न घाट का।**

अर्थ : जो कहीं का न हो; जिसका कहीं आदर न हो।

प्रयोग : रामप्रकाश का अपने क्षेत्र में काफ़ी दबदबा था किन्तु जब घोटाला-प्रकरण में उसका नाम आया तब लोग उससे कतराने लगे। इस तरह उसकी स्थिति "धोबी का कुत्ता, न घर का न घाट का" वाली हो जाती है।

- **धोबी बस के का करे, दिगम्बरन के गाँव।** (आरएएस १९९७)

अर्थ : जहाँ व्यवसाय न चल सके, वहाँ रहकर व्यवसाय करना मूर्खता है।

प्रयोग : मन्त्री जी-द्वारा सभ्य लोगों के क्षेत्र में देशी शराब की दूकान खुलवाने से "धोबी बस के का करे, दिगम्बरन के गाँव" वाली कहावत चरितार्थ हो गयी है।

- **धोबी पर बस न चला तो गधे के कान उमेठे।**

अर्थ : बलवान पर वश न चलने पर निर्बल पर ग़ुस्सा उतारना

प्रयोग : मुख्यमन्त्री की डाँट सुनने के बाद ज़िलाधिकारी की घिग्घी बँध गयी किन्तु बैठक से बाहर आने के बाद वह अपने मातहतों पर बरस पड़ा। सच, ''धोबी पर बस न चला तो गधे के कान उमेठे।''

- **धोबी के घर पड़े चोर, वह लुटे न लुटे।** (आईएएस २००४)

अर्थ : दूसरे का नुकसान होना

प्रयोग : कृषि-मन्त्रालय में जब आग लगी तब वहाँ की सारी फाइलें जल गयीं, जिससे किसानों के लाभ के लिए बनायी गयी योजनाएँ अवरुद्ध हो गयीं और किसान लाभ पाने से वंचित रह गये। इसे ही कहते हैं, ''धोबी के घर पड़े चोर, वह लुटे न लुटे।''

- **धोबी रोवे धुलाई को, मियाँ रोवे कपड़े को।**

अर्थ : सभी अपने-अपने नुकसान की बात करते हैं।

प्रयोग : जब मन्त्री जी एक कार्यक्रम में भाषण देने पहुँचे तब भाषण-समाप्ति के बाद उनके साथ तमाम लोग अपनी-अपनी समस्या लेकर आ गये। इसे ही कहते हैं, ''धोबी रोवे धुलाई को, मियाँ रोवे कपड़े को।''

## न

- **नंगा क्या नहायेगा, क्या निचोड़ेगा?**

अर्थ : निर्धन से आर्थिक मदद की आशा नहीं करनी चाहिए।

प्रयोग : वह चुनाव के लिए सहयोग-राशि कैसे दे सकेगा; वह तो स्वयं ही निर्धन है। ऐसे में कहा जाता है—''नंगा क्या नहायेगा, क्या निचोड़ेगा?''

- **नंगा बड़ा परमेश्वर से; नंगा ख़ुदा से बड़ा।** (झारखण्ड एपीओ १९९७)

अर्थ : निर्लज्ज से सभी डरते हैं।

प्रयोग : उस लिपिक के निर्लज्ज व्यवहार से सभी त्रस्त हैं इसीलिए उससे कोई नहीं उलझता। सच ही तो कहा है, ''नंगा बड़ा परमेश्वर से।''

- **न अन्धे को न्यौता देते, न दो जने आते।**

अर्थ : किसी विशेष काम को करने के कारण विपत्ति का आना

प्रयोग : माफ़िया सूरजभान को पकड़वाने के कारण रतिभान को अपने और अपने परिवारवालों के लिए संकट की स्थिति पैदा हो गयी है। यहाँ ''न अन्धे को न्यौता देते, न दो जने आते'' वाली कहावत चरितार्थ हो रही है।

- **न इधर के रहे, न उधर के रहे।**

अर्थ : दुविधा में हानि हो जाती है।

प्रयोग : अच्छी-ख़ासी अध्यापन की नौकरी छोड़कर लतिका को न जाने क्या सूझा कि वह पत्रकारिता करने लगी। उस अख़बार की संवाददाता बनकर वह एक बँधुआ मज़दूर बन गयी है। अब उसकी स्थिति ''न इधर के रहे, न उधर के रहे'' वाली हो गयी है।

- **न ऊधौ का लेना, न माधौ का देना।** (आईएएस २००२)

अर्थ : किसी भी प्रकार का मतलब न रखना।

प्रयोग : आज का समाज इतना ख़राब हो गया है कि किसी भी व्यक्ति से मतलब रखना भी ख़तरनाक है इसलिए चुपचाप अपने काम से काम तक मतलब रखते हुए ''न ऊधौ का लेना, न माधौ का देना'' की उक्ति पर ही चलना श्रेयस्कर है।

- **न नौ मन तेल होगा, न राधा नाचेगी।** (उप्र पीसीएस १९९१; आईएएस २०१२)

अर्थ : किसी काम के लिए ऐसी शर्त रखना, जो पूरी न हो सके।

प्रयोग : वह प्रेमिका अपने प्रेमी को बेवकूफ़ बनाकर उससे रुपये ऐंठ रही थी। जब प्रेमी ने उसके समक्ष विवाह का प्रस्ताव रखा तब उसने कहा कि जिस दिन तुम मुझे विश्व-सुन्दरी बनवा दोगे, मैं तुमसे विवाह कर लूँगी। वह जानती थी, ''न नौ मन तेल होगा, न राधा नाचेगी।''

- **नकटा बूचा सबसे ऊँचा।** (उप्र बीएड् प्रवेश-परीक्षा २००५)

अर्थ : निर्लज्ज सबसे बड़ा है।

प्रयोग : राज ठाकरे की बात छोड़ो; वह तो निर्लज्ज है; उसका हाल तो ''नकटा बूचा सबसे ऊँचा'' जैसा ही है।

- **नक्कारख़ाने में तूती की आवाज़।** (मप्र पीसीएस २०००; उप्र पीसीएस २००४,२०१०)

अर्थ : बड़े लोगों के बीच छोटों की बातों को कौन सुनता है।

प्रयोग : बुद्धिजीवियों के राष्ट्रीय अधिवेशन में एक श्रोता के महत्त्वपूर्ण सुझाव पर किसी ने ध्यान नहीं दिया। उसकी आवाज़ तो ''नक्कारख़ाने में तूती की आवाज़'' की भाँति अनसुनी कर दी गयी थी।

- **नटनी जब बाँस पर चढ़ी तब घूँघट क्या?** (आईएएस २००६)

अर्थ : जब बेशर्मी अपना ही ली तब लज्जा क्या?

प्रयोग : अब, जब तुम अपनी हया त्याग कर बेहया हो गयी हो तब झूठमूठ की पतिव्रता का ढोंग छोड़ो क्योंकि ''नटनी जब बाँस पर चढ़ी तब घूँघट क्या?''

- **नदी-नाव संयोग।** (आरएएस २००२,२००३;आईएएस २००५,२००६,२००८,२००९)

अर्थ : थोड़े समय का साथ

प्रयोग : मेरी और शुचिता की एक कार्यशाला में मित्रता हुई थी किन्तु न जाने क्यों कुछ समय बाद उसने आत्महत्या कर ली थी। इस तरह मेरा और उसका सम्बन्ध मात्र ''नदी-नाव संयोग'' ही रहा।

- **नया नौ दिन पुराना सौ दिन।** (उप्र बीएड् प्रवेश-परीक्षा २००६)

अर्थ : नये से पुराना अच्छा होता है।

प्रयोग : मैं जब भी घर में कोई निर्माण-कार्य कराता हूँ, अपने पुराने कारीगर पुन्नू मिस्त्री को अवश्य बुलवाता हूँ क्योंकि एक बार एक मिस्त्री को काम पर रखा तब उसने काम बिगाड़ कर ''नया नौ दिन पुराना सौ दिन'' को चरितार्थ कर दिया।

- **नया मुल्ला अल्ला-ही-अल्ला पुकारता है।**

अर्थ : नया पद पाकर व्यक्ति अपना ही गुणगान करता है।

प्रयोग : गोपाल ने सम्पादक बनने के बाद अपने सहायकों से अपनी तारीफ़ के पुल बाँधने शुरू कर दिये। कहावत भी है, ''नया मुल्ला अल्ला-ही-अल्ला पुकारता है।''

- **नयी घोसन उपलों का तकिया।** (आरएएस २००७)

  अर्थ : नये शौकीन लोग अटपटा कार्य करके अपनी मूर्खता प्रकट करते हैं।

  प्रयोग : उस नये रंगकर्मी को जब मैंने कर्ण की भूमिका में अपने संवाद बोलने के लिए कहा तब वह उसमें न जाने क्या-क्या जोड़कर बोलता गया। मैंने उसकी मूर्खता समझकर अपना माथा ठोक लिया, उसने तो ''नयी घोसन उपलों का तकिया''को चरितार्थ कर दिया।।

- **न रहे बाँस, न बजे बाँसुरी।** (उप्र पीसीएस २००१)

  अर्थ : झगड़े के मूल कारण को मिटाना ताकि झगड़े की स्थिति ही पैदा न हो सके।

  प्रयोग : यह गिटार ही यदि झगड़े का कारण है तो मैं इसे तोड़कर फेंक देता हूँ—''न रहे बाँस न बजे बाँसुरी।''

- **न सावन सूखा, न भादो हरा।** (उत्तराखण्ड पीसीएस २००६)

  अर्थ : सदैव एक-सा बना रहना

  प्रयोग : जो व्यक्ति दु:ख-सुख में समान-भाव से रहता है, वह कठिनाइयों पर विजय प्राप्त कर लेता है। ऐसे ही लोगों के लिए ''न सावन सूखा, न भादो हरा'' वाली कहावत हमेशा चरितार्थ होती है।

- **नाई-नाई! बाल कितने? जजमान! आगे आयेंगे।**

  अर्थ : तुरन्त आगे आनेवाली बात के प्रति व्यग्रता दिखाना

  प्रयोग : शालिनी की व्यग्रता देखकर यह कहावत याद आती है, ''नाई-नाई! बाल कितने? जजमान! आगे आयेंगे।''

- **नाई की बारात में जने-जने ठाकुर।** (आरएएस २००१,२००५)

  अर्थ : जहाँ सभी नेता हों; जहाँ एक मालिक न हो, सभी अपनी-अपनी चलायें।

  प्रयोग : जिस संस्थान में हर व्यक्ति अपनी-अपनी चलाता है, वह संस्थान कमज़ोर बन जाता है क्योंकि ''नाई की बारात में जने-जने ठाकुर'' वाली उक्ति ख़तरनाक होती है।

- **नाक कटी पर घी तो चाटा।** (मप्र पीसीएस २००६)

  अर्थ : निर्लज्ज होकर कुछ पाना

  प्रयोग : वह लड़की इतनी चटोर है कि विवाहादि कार्यक्रम में जब भी जाती है, आठ-दस बार आइसक्रीम खाती है? डाँटने पर भी नहीं भागती। सच—''नाक कटी पर घी तो चाटा''।

- **नाक दबाने से मुख खुलता है।**

  अर्थ : दबाव डालने से काम निकलता है।

  प्रयोग : कुलपति के आदेश मिलते ही विश्वविद्यालय के सभी अधिकारी पुरानी फाइलों को निकाल कर काम सुलटाने में जुट गये क्योंकि ''नाक दबाने से मुख खुलता है।''

- **नाच न जाने** (आवे) **आँगन टेढ़ा।**

  (आईएएस १९९८,२००६,२०१०; उप्र पीसीएस १९९०,१९९२,१९९८)

  अर्थ : काम न जानने पर झूठा बहाना बनाना

  प्रयोग : उस कलाकार को तबले पर थाप देने का ज्ञान ही नहीं था किन्तु वह तबले में ही ख़राबी बताये जा रहा था। सच ही तो कहा गया है— ''नाच न जाने आँगन टेढ़ा''।

- **नानी के आगे ननिहाल की बातें।** (बिहार पीसीएस २००२)

अर्थ : पूर्ण जानकारी रखनेवाले को बहकाना

प्रयोग : बेटे! मैं तुम्हारी वंश-परम्परा से पूरी तरह परिचित हूँ। मुझे ग़लत जानकारी देकर बहकाने की कोशिश मत करना क्योंकि "नानी के आगे ननिहाल की बातें" अच्छी नहीं होतीं।

- **नानी के टुकड़े खावे, दादी का पोता कहावे।**

अर्थ : खाना किसी का, एहसान किसी का।

प्रयोग : तुम्हारी पूरी देख-रेख मैं करता हूँ और गुणगान पड़ोसियों की कर रहे हो! तुम तो "नानी के टुकड़े खावे, दादी का पोता कहावे" वाली कहावत चरितार्थ कर रहे हो।

- **नाम बड़े और दर्शन थोड़े।**

(उप्र एपीओ १९९४; उप्र पीसीएस २००२; उप्र पीसीएस २००४)

अर्थ : प्रसिद्धि के अनुसार गुण न होना

प्रयोग : नीरज की जितनी तारीफ़ मैंने सुनी थी, उसे जब निकट से देखा तब मैंने उन्हें वैसा पाया नहीं। वहाँ तो सिर्फ़ "नाम बड़े और दर्शन थोड़े" वाली उक्ति चरितार्थ हो रही थी।

- **नाम बढ़ावे दाम।** (उप्र एपीओ २००२)

अर्थ : किसी काम का नाम हो जाने से उसका मूल्य बढ़ जाता है।

प्रयोग : वह नर्तकी ओडिसी नृत्य करने में इतनी निपुण है कि बड़े-बड़े कलाकार उसके सामने बौने हो गये हैं। अब पूरे विश्व में उसी के नृत्य की माँग की जाती है। इस प्रकार, वह महँगी कलाकार के रूप में "नाम बढ़ावे दाम" को चरितार्थ कर रही है।

- **नारियल में पानी, क्या पता खट्टा कि मीठा।**

अर्थ : इस बात में संशय है; किसी बात में संशय का होना

प्रयोग : कृषिमन्त्री-द्वारा किसानों के ऋण को पूरी तरह से माफ़ करने की घोषणा की गयी थी, तब लोगों को विश्वास नहीं हो पा रहा था। इस कारण लोग उस घोषणा को "नारियल में पानी, क्या पता खट्टा कि मीठा" वाली कहावत की तरह से ले रहे थे।

- **निर्बल के बलराम।** (मप्र एपीओ २००२)

अर्थ : असहाय व्यक्ति का बल ईश्वर ही होता है

प्रयोग : उस दरिद्र ब्राह्मण की आजीविका आस-पड़ोस के दानशील महिला-पुरुषों द्वारा पूरी हो जाती है। सच ही कहा है, "निर्बल के बलराम।"

- **नीचे की साँस नीचे, ऊपर की साँस ऊपर।**

अर्थ : संकटपूर्ण स्थिति में घबरा जाना

प्रयोग : कल गाँव में उस हिस्ट्रीशीटर अपराधी के क्षेत्र में पैरामिलिट्री के सैनिकों को देखकर उस गुण्डे की हालत "नीचे की साँस नीचे, ऊपर की साँस ऊपर" जैसी हो गयी थी।

- **नीम हक़ीम ख़तरे जान।** (उप्र पीसीएस १९९१,२०१०)

अर्थ : अल्पज्ञ से सदा ख़तरे की सम्भावना बनी रहती है।

प्रयोग : इन दिनों मुहल्ले-मुहल्ले में कानवेण्ट स्कूल के नाम पर तरह-तरह के स्कूल खुल गये हैं, जिनमें अधिकतर अयोग्य लोग पढ़ा रहे हैं,जो विद्यार्थियों के भविष्य के लिए, "नीम हक़ीम ख़तरे जान" जैसे सिद्ध हो रहे हैं।

- **नीम न मीठा होय चाहे सींचो गुड़-घी से।**

  अर्थ : चाहे कितना भी प्रयास किया जाए पर बुरे लोगों का स्वभाव नहीं बदलता।

  प्रयोग : कुछ लोग ऐसे होते हैं, जिन्हें सुधारने के लिए किये गये सभी प्रयास विफल हो जाते हैं। ऐसे ही लोगों के लिए कहा गया है, ''नीम न मीठा होय चाहे सींचो गुड़-घी से।''

- **नेकी कर दरिया में डाल।** (उप्र बीएड् प्रवेश-परीक्षा २००७)

  अर्थ : नेकी करके भूल जाना चाहिए; फल की आशा नहीं करनी चाहिए।

  प्रयोग : परोपकारी व्यक्ति अपने सद्संस्कार के वशीभूत होकर परोपकार-कर्म करता है, बदले में वह किसी से कुछ अपेक्षा नहीं करता। वह तो कहता है, ''नेकी कर दरिया में डाल।''

- **नेकी और पूछ-पूछ।** (समूह 'ग' परीक्षा २००५)

  अर्थ : पूछकर उपकार करने की क्या आवश्यकता?

  प्रयोग : भला व्यक्ति जब किसी की भलाई करने के लिए उद्यत होता है तब वह अपनी आत्मा की आवाज़ को सुनता है; वह ''नेकी और पूछ-पूछ'' के प्रति आस्थावान् नहीं रहता।

- **नौ की लकड़ी नब्बे ख़र्च।**

  अर्थ : वस्तु के मूल्य से उसके रख-रखाव पर ख़र्च अधिक होना

  प्रयोग : इस बढ़ती महँगाई में हाथी-घोड़ा रखना ''नौ की लकड़ी नब्बे ख़र्च'' के समान है।

- **नौ दिन चले अढ़ाई कोस।** (अवर अधीनस्थ सेवा परीक्षा २००५; आईएएस २०१२)

  अर्थ : अत्यन्त सुस्ती से कार्य करना

  प्रयोग : शशिकला हर कार्य को करते समय इतनी सुस्त पड़ जाती है कि कहना पड़ता है, ''नौ दिन चले अढ़ाई कोस।''

- **नौ नगद, न तेरह उधार।** (आरएएस २००२; उप्र पीसीएस २०११)

  अर्थ : नक़द का बेचना, उधार के बेचने से अच्छा है।

  प्रयोग : व्यापार-क्षेत्र में कुशल व्यापारी वही कहलाता है, जो अपना माल नक़द बेचता है। कहावत भी है— नौ नगद, न तेरह उधार।

- **नौ सौ चूहे खाकर बिल्ली हज को चली।**

  अर्थ : आजीवन पाप करके अन्त में धर्मात्मा बनने का ढोंग करना

  प्रयोग : नेताइन सबीना मोहानी जीवनभर लोगों को बेवकूफ़ बनाकर उनका धन हड़पती रही और आज उसे वैराग्य की सूझ गयी? यहाँ यह कहावत पूरी तरह चरितार्थ होती है, ''नौ सौ चूहे खाकर बिल्ली हज को चली।''

## प

- **पकायी खीर पर हो गयी दलिया।** (मप्र पीसीएस २००६)

  अर्थ : दुर्भाग्य

  प्रयोग : त्रिशला ने आई०ए०एस०-परीक्षा की बहुत अच्छी तैयारी की थी किन्तु न जाने क्यों वह सफल न हो सकी। उसके लिए तो यही कहना पड़ेगा, ''पकायी खीर पर हो गयी दलिया।''

- **पगड़ी रख, घी चख।**
  अर्थ : मान-सम्मान से ही जीवन का वास्तविक सुख है।
  प्रयोग : समाज में अपने सद्कर्मों से प्रतिष्ठा प्राप्त कर ही व्यक्ति सम्मान के साथ अपने जीवन का वास्तविक सुख प्राप्त कर सकता है। इसे ही कहते हैं,"पगड़ी रख, घी चख।"

- **पढ़े तो हैं पर गुने नहीं।**
  अर्थ : पढ़-लिखकर भी अनुभवहीन रहना
  प्रयोग : मीडिया-अध्ययन के क्षेत्र में आपकी योग्यता उतनी नहीं है जितनी होनी चाहिए। ऐसे में, आपकी स्थिति "पढ़े तो हैं, गुने नहीं" के समान है।

- **पढ़े फ़ारसी बेचे तेल, यह देखो क़ुदरत का खेल।** (आईएएस २००६)
  अर्थ : गुण होते हुए भी दुर्भाग्य से योग्यता के हिसाब से छोटा काम मिलना
  प्रयोग : वह सुयोग्य और सुशिक्षित रहते हुए भी एक कारख़ाने में मज़दूर के रूप में काम कर रहा है। उसने तो "पढ़े फ़ारसी बेचे तेल, यह देखो कुदरत का खेल" वाली कहावत चरितार्थ कर दी है।

- **पत्थर को जोंक नहीं लगती; पत्थर मोम नहीं होता।**
  अर्थ : निर्दय व्यक्ति में दया नहीं होती।
  प्रयोग : समूचे देश में फैले कुख्यात नक्सलियों का हाल "पत्थर को जोंक नहीं लगती, पत्थर मोम नहीं होता" के समान ही तो है।

- **पराधीन सपनेहुँ सुख नाहिं।** (उप्र पीसीएस २००५,२००८)
  अर्थ : परतन्त्रता में सुख नहीं मिलता।
  प्रयोग : मैं एक आज़ाद व्यक्तित्ववाला रचनाधर्मी हूँ; कहीं बँधकर मैं अपने वास्तविक सुख का उपभोक्ता नहीं बन सकता क्योंकि "पराधीन सपनेहुँ सुख नाहिं।"

- **पराया घर, थूकने का भी डर।**
  अर्थ : दूसरे के यहाँ संकोच रहता है।
  प्रयोग : व्यक्ति कितना नि:संकोची हो लेकिन जब वह किसी दूसरे के यहाँ जाता है तब वहाँ उसे क़दम-क़दम पर संकोच को बनाये रखते हुए रहना पड़ता है— पराया घर, थूकने का भी डर।

- **पराये धन पर लक्ष्मीनारायण।**
  अर्थ : दूसरे के रुपये से मौजमस्ती करना
  प्रयोग : रुचि ने अपने जीजा के यहाँ रहकर बहुत मौज-मस्ती कर ली है और "पराये धन पर लक्ष्मीनारायण" वाली कहावत को चरितार्थ भी।

- **पहले घर में फिर मस्जिद में।**
  अर्थ : पहले अपने को फिर दूसरों को देखना
  प्रयोग : किसी भी मन्त्री को राज्य के विकास पर तो ध्यान देने से पहले प्राथमिकता के तौर पर अपने क्षेत्र का विकास करना चाहिए क्योंकि कहावत भी है, "पहले घर में फिर मस्जिद में।"

- **पहले तोलो फिर बोलो।** (मप्र पीसीएस २००५)

  अर्थ : सोच-समझकर बोलना चाहिए।

  प्रयोग : नेता जी से बिना-सोचे समझे उलझना नहीं चाहिए था। कहा भी तो गया है— पहले तोलो फिर बोलो।

- **पाँच पंच मिल कीजै काज, हारे जीते नाहिं लाज।**

  अर्थ : सब के सहयोग से कार्य करने पर निन्दा नहीं होती।

  प्रयोग : आप सभी लोग यदि साथ मिलकर गंगा को प्रदूषण से बचाने की माँग करेंगे तो प्रदूषण दूर हो या न हो किन्तु उससे कोई निन्दा नहीं होगी क्योंकि कहा भी गया है —पाँच पंच मिल कीजै काज, हारे जीते नाहिं लाज।

- **पाँचों अँगुलियाँ बराबर नहीं होतीं।**

  अर्थ : सब मनुष्य एक समान नहीं होते।

  प्रयोग : अथ और इति के गुण अलग-अलग हैं इसलिए उन्हें एक समान नहीं कहा जा सकता है। सच— पाँचों अँगुलियाँ बराबर नहीं होतीं।

- **पाँचों अँगुलियाँ घी में होना**

  अर्थ : चारों ओर से लाभ-ही-लाभ होना

  प्रयोग : राजनेताओं का प्रभाव इतना व्यापक रहता है कि उन्हें हर ओर से हर तरह की साधन-सुविधा प्राप्त रहती है। इस तरह उनकी पाँचों अँगुलियाँ घी में रहती हैं।

- **पाँव उखड़ना** (उप्र बीएड् प्रवेश-परीक्षा २००६)

  अर्थ : साहस खोना

  प्रयोग : महारानी लक्ष्मीबाई की शक्ति देखकर अँगरेज़-सैनिकों के पाँव उखड़ने लगे थे।

- **पानी पीकर जात पूछना** (उप्र बीएड् प्रवेश-परीक्षा २००४)

  अर्थ : काम करने के पश्चात् उसके विभिन्न पहलुओं पर विचार करना

  प्रयोग : ऐसे लोग मूर्खों की श्रेणी में आते हैं, जो किसी भी काम को करने के पहले उसके सारे पक्षों पर विचार नहीं करते क्योंकि काम शुरू करने के बाद उसके परिणाम पर विचार करना, ''पानी पीकर जात पूछना'' के समान है।

- **पानी मथने से घी नहीं निकलता।**

  अर्थ : व्यर्थ के विवाद से कोई लाभ नहीं है।

  प्रयोग : भारत-पाकिस्तान के मध्य जब भी किसी महत्त्वपूर्ण विचारणीय बिन्दु पर वार्ता होती है तब पाकिस्तान गड़े मुर्दे उखाड़ते हुए विषयान्तर होने लगता है, जिससे कोई परिणाम नहीं निकल पाता क्योंकि ''पानी मथने से घी नहीं निकलता''।

- **पाप का घड़ा भरकर डूबता है।** (उप्र एपीओ २००३)

  अर्थ : जब पाप बहुत बढ़ जाता है तब विनाश होता है।

  प्रयोग : लिट्टे-नेता प्रभाकरण के अत्याचार से जब उसका पाप का घड़ा भर गया था तब उसका और उसके सम्पूर्ण परिवार का विनाश हो गया था। सच ही कहा गया है, ''पाप का घड़ा भरकर डूबता है।''

- **पावभर चून पुल पर रसोई।** (उप्र पीसीएस २००३,२००७)

अर्थ : सीमित साधन होने पर भी अधिक लोगों को निमन्त्रित कर देना

प्रयोग : तनया ने अपनी वर्षगाँठ पर २००० लोगों को निमन्त्रित किया था जबकि भोजन की व्यवस्था १५० व्यक्तियों के लिए ही की गयी थी। यह तो वही बात हुई— पावभर चून पुल पर रसोई।

- **प्यासा कुएँ के पास जाता है, कुआँ प्यासे के पास नहीं।**

अर्थ : जिसकी गरज होती है, वही आवश्यकतापूर्ति करनेवाले के पास जाता है।

प्रयोग : टेलीफ़ोन की समस्या आपकी है इसलिए आपको कार्यालय में आना चाहिए था क्योंकि ''प्यासा कुएँ के पास जाता है, कुआँ प्यासे के पास नहीं।''

## फ

- **फ़क़ीर की सूरत ही सवाल है।** (समूह 'ग' परीक्षा २००४)

अर्थ : फ़क़ीर को देखकर ही समझ लेना चाहिए कि वह कुछ माँगने ही आया है।

प्रयोग : जब रति ने अपनी मित्र कृति से अपने घर आने का कारण पूछा तब वह दयनीय भाव से बोली— दोस्त! फ़क़ीर की सूरत ही सवाल है।

- **फटी न जाके पाँव बिवाई सो का जानै पीर पराई।**

अर्थ : जिसने स्वयं दु:ख नहीं झेला है, वह दूसरे के दु:ख को नहीं समझ सकता।

प्रयोग : मैं इस समय अवसाद की स्थिति में हूँ और तुम्हें मज़ाक़ सूझ रहा है। तुम तो ''फटी न जाके पाँव बिवाई सो का जानै पीर पराई''को चरितार्थ कर रही हो।

- **फलूदा खाते, दाँत टूटे तो टूटे।** (आरएएस २००५)

अर्थ : स्वाद के लिए घाटा भी मंज़ूर

प्रयोग : शर्मा जी सुरुचिपूर्ण भोजन करने के इतने शौकीन हैं कि कई बार जीभ के स्वाद के चक्कर में ही उनके ऑफ़िस की बस छूट जाती है। उनका तो सिद्धान्त है, ''फलूदा खाते, दाँत टूटे तो टूटे।''

- **फलेगा सो झड़ेगा।** (उप्र एपीओ २००५)

अर्थ : उन्नति के पश्चात् अवनति अवश्यम्भावी है

प्रयोग : एक निश्चित ऊँचाई पर पहुँचने के बाद प्रत्येक व्यक्ति की अवनति होती है क्योंकि ''फलेगा सो झड़ेगा''।

- **फिसल पड़े तो हर-हर गंगे।**

अर्थ : विवश होकर काम करना

प्रयोग : इन दिनों मुझे कार्यालय का प्रत्येक काम करना ही पड़ता है क्योंकि अधिकारी महोदय बहुत कठोर क़िस्म के हैं। इसे ही कहते हैं; ''फिसल पड़े तो हर-हर गंगे।''

• **फुई-फुई करके तालाब भरता है; बूँद-बूँद से तालाब भरता है।**

अर्थ : थोड़ा-थोड़ा करके अधिक हो जाता है।

प्रयोग : बचत खाता-धारकों को तीन प्रतिशत ही ब्याज मिलता है इसलिए लाभ के नाम पर "फुई-फुई करके तालाब भरता है।"

## ब

• **बकरे की माँ कब तक ख़ैर मनायेगी?**

अर्थ : किसी दिन विपत्ति अवश्य आयेगी।

प्रयोग : यदि कोई व्यक्ति बुरा काम करते हुए यह सोचता है कि उसका कुछ नहीं बिगड़ेगा तो उसकी यह सोच ग़लत है क्योंकि एक दिन अवश्य वह पकड़ा जाएगा। आख़िर "बकरे की माँ कब तक खैर मनायेगी?"

• **बड़ी मछली छोटी मछली को खाती है।**

अर्थ : सबल व्यक्ति निर्बल को प्रताड़ित करता है।

प्रयोग : बड़े उद्योगपति छोटे उद्योगपतियों को पनपने नहीं देना चाहते। सच ही कहा है, "बड़ी मछली छोटी मछली को खाती है।"

• **बड़े मियाँ तो बड़े मियाँ, छोटे मियाँ सुभानअल्लाह।**

अर्थ : बड़े से बहुत अधिक बढ़कर छोटे का कार्य

प्रयोग : बड़ा भाई तो एक सामान्य ज़ेबकतरा था किन्तु छोटावाला जेबकतरी में इतना निपुण था कि चलते-फिरते किसी की भी जेब क़तर लिया करता था और किसी को हवा तक नहीं लगती थी। इसी को कहते हैं, "बड़े मियाँ तो बड़े मियाँ, छोटे मियाँ सुभानअल्लाह।"

• **बड़े बरतन की खुरचन भी बहुत है।** (बिहार पीसीएस २००२)

अर्थ : जहाँ बहुत अधिक होता है, वह घटते-घटते भी पर्याप्त बना रहता है।

प्रयोग : सांसद मुश्ताक़ का अपने क्षेत्र में वोट-बैंक बहुत अधिक था। यदि विपक्षी कुछ वोट काटने में सफल भी रहते थे तो उसका कुछ बिगाड़ नहीं पाते थे क्योंकि "बड़े बरतन की खुरचन भी बहुत है।"

• **बड़े बोल का सिर नीचा।**

अर्थ : घमण्डी का सिर नीचा होता है।

प्रयोग : व्यर्थ बक्-बक् करनेवाले व्यक्ति को हर बार नीचा देखना पड़ता है सच ही तो है— बड़े बोल का सिर नीचा।

• **बड़ों के कान होते हैं, आँखें नहीं।**

अर्थ : बड़े लोग कान के कच्चे होते हैं।

प्रयोग : अधिकतर राजनेता सुनी-सुनायी बातों पर विश्वास कर लेते हैं; वास्तविकता को देखने की ज़रूरत नहीं समझते। इसे ही कहते हैं, "बड़ों के कान होते हैं, आँख नहीं।"

- **बद अच्छा, बदनाम बुरा।** (समूह 'ग' परीक्षा २००४)

अर्थ : झूठी अपकीर्ति बुरी होती है।

प्रयोग : चोरी करने की अपेक्षा चोरी का झूठा कलंक अधिक ख़राब होता है अर्थात् ''बद अच्छा बदनाम बुरा।''

- **बन्दर क्या जाने अदरक का स्वाद?** (बिहार पीसीएस १९९३; आईएएस २००३; उप्र पीसीएस २००४; मप्र पीसीएस २००३,२००७,२००८)

अर्थ : मूर्ख गुणों का महत्त्व नहीं समझता।

प्रयोग : तुम तो केवल क्रिकेट के विषय में जानकारी रखते हो। यहाँ तो स्क्वैश और रग्बी की बात चल रही है; इसलिए तुम्हारे पल्ले कुछ नहीं पड़ रहा है क्योंकि ''बन्दर क्या जाने अदरक का स्वाद।''

- **बन्दर के गले में मोतियों की माला।**

अर्थ : अयोग्य व्यक्ति को अधिक सम्मान देना; प्राप्त वस्तु के महत्त्व को न समझनेवाला

प्रयोग : कालूराम तो ठीक से हिन्दी तक नहीं बोल पाता है फिर भी श्रीमद्भगवत्गीता को लिये फिर रहा है। यह तो ''बन्दर के गले में मोतियों की माला'' के समान है।

- **बनिया मीत, न वेश्या सती।** (आईएएस २००५)

अर्थ : बनिया किसी का मित्र नहीं होता और वेश्या चरित्रवान् नहीं होती।

प्रयोग : किसी व्यवसायी से रुपये के लेन-देन में मित्रता की अपेक्षा करना व्यर्थ है क्योंकि कहावत है, ''बनिया मीत, न वेश्या सती।''

- **बने के सब यार हैं।**

अर्थ : अच्छे दिनों में सभी शुभचिन्तक बन जाते हैं।

प्रयोग : आप इस समय सत्ता-पक्ष में हैं इसलिए सब लोग आपके साथ दिख रहे हैं क्योंकि ''बने के सब यार हैं।''

- **बहरा सो गहरा।** (उप्र एपीओ २००१)

अर्थ : चुप्पा बहुत होशियार होता है।

प्रयोग : विभु बहुत कम बोलता है किन्तु चतुराई-चालाकी में किसी से कम नहीं है। उसका हाल ''बहरा सो गहरा'' के समान ही है।

- **बाँझ क्या जाने प्रसव की पीड़ा?** (मप्र एपीओ २००७)

अर्थ : जिसे कष्ट नहीं भोगना पड़ा हो, वह दूसरे का कष्ट क्या समझे।

प्रयोग : रघुवीर ने अत्यन्त परिश्रम करने के बाद यह कारख़ाना तैयार कराया है किन्तु अब उसकी सन्तानें उसी कारखाने को बेच खाने पर तुली हुई हैं। सच, ''बाँझ क्या जाने प्रसव की पीड़ा।''

- **बाँबी में हाथ तू डाल, मैं मन्त्र पढ़ूँ।** (आरएएस २००३)

अर्थ : ख़तरा कोई उठाये, यश कोई ले।

प्रयोग : तो आप चाहते हैं कि विद्यालय मैं बनवाऊँ और आप उसके प्रबन्धक बन जाएँ यानी ''बाँबी में हाथ तू डाल, मैं मन्त्र पढ़ूँ'' वाली कहावत आप चरितार्थ करना चाहते हैं?

- **बाँह गहे की लाज।** (आईएएस २००५,आरएएस २००८)

  अर्थ : शरणागत की रक्षा करना मनुष्य का धर्म है।

  प्रयोग : अब तो मैं इस अनाथ बच्चे की यथासामर्थ्य सहायता करूँगा क्योंकि मेरे लिए अब यह ''बाँह गहे की लाज'' है।

- **बाड़ ही जब खेत को खाये तो रखवाली कौन करे?**

  अर्थ : रक्षक ही जब भक्षक बन जाए तब आगे कौन हवाल?

  प्रयोग : पुलिस महानिदेशक ने तो पूरे क्षेत्र में वर्दी का ख़ौफ़ भरते हुए आतंक फैलाकर ''बाड़ ही जब खेत को खाए तब रखवाली कौन करे?'' वाली कहावत चरितार्थ कर दी है।

- **बाप न मारी मेढकी, बेटा तीरन्दाज़।** (आरएएस १९९९)

  अर्थ : सामर्थ्य से अधिक बढ़-चढ़कर बातें करना; शेख़ी बघारनेवाला

  प्रयोग : श्यामलाल को व्यवसाय के क, ख, ग, घ की समझ नहीं है किन्तु बेटा पेट्रोल पम्प की एजेन्सी की बात करता है। यह तो वही हुआ— बाप न मारी मेढकी, बेटा तीरन्दाज़।

- **बाप बड़ा न भैया, सबसे बड़ा रुपैया।** (आरएएस १९९३,२००३)

  अर्थ : आज के युग में अर्थ ही सब कुछ है; आज के संसार में सब काम रुपये से ही होते हैं।

  प्रयोग : ऐसा युग आ गया है कि हर व्यक्ति स्वार्थी बन गया है। आप यदि मालदार हैं तो सभी आपके अपने हैं वरना पराये हैं— बाप बड़ा न भैया, सबसे बड़ा रुपैया।

- **बारह बरस दिल्ली में रह भाड़ ही झोंका।** (मप्र एपीओ २००४)

  अर्थ : अच्छे स्थान पर पहुँचकर भी उन्नति न कर सकनेवाला

  प्रयोग : शुभांगी का भाई बारह वर्षों तक घर से बाहर रहा लेकिन धनार्जन की दृष्टि से उसकी कोई विशेष उपलब्धि नहीं रही यानी ''बारह बरस दिल्ली में रह भाड़ ही झोंका।''

- **बासी बचे न कुत्ते खाय।**

  अर्थ : उचित उपयोग; अपव्यय का न होना

  प्रयोग : आवश्यकता से अधिक चीज़ें नहीं रखनी चाहिए ताकि उनका दुरुपयोग न हो सके। सच, ''बासी बचे न कुत्ते खाय।''

- **बिच्छू का काटा रोवे, साँप का काटा सोवे।**

  अर्थ : मीठी मार अधिक बुरी होती है।

  प्रयोग : शाब्दिक व्यंग्य-बाण साँप के काटने से भी अधिक ख़तरनाक होता है क्योंकि ''बिच्छू का काटा रोवे, साँप का काटा सोवे।''

- **बिन माँगे मोती मिले, माँगे मिले न भीख।**

  अर्थ : जो कुछ मिलनेवाला होता है, वह बिना माँगे मिल जाता है और न मिलनेवाला माँगने पर भी नहीं मिलता।

  प्रयोग : वर-पक्ष ने वधू-पक्ष से दहेज़ के रूप में कुछ नहीं माँगा था किन्तु वधू-पक्ष ने इतना दे दिया था, जिसकी कोई आशा नहीं थी। सच ही कहा है, ''बिन माँगे मोती मिले, माँगे मिले न भीख।''

- **बिना रोये माँ भी दूध नहीं पिलाती।**
  अर्थ : प्रयत्न के बिना उपलब्धि नहीं होती।
  प्रयोग : इस देश में बिना धरना-प्रदर्शन किये कोई सुनवाई नहीं होती क्योंकि "बिना रोये माँ भी दूध नहीं पिलाती।"
- **बिल्ली के भाग से छीका टूटा** (फूटा)।
  अर्थ : संयोगवश काम का सहज में ही हो जाना
  प्रयोग : कचहरी में संयोगवश अपने क्षेत्र के विधायक आ गये, जिनके कहने से बन्दूक के लाइसेंस का कार्य हो गया। कहने का तात्पर्य यह है कि "बिल्ली के भाग से छीका टूटा"।
- **बीती ताहि बिसार दे, आगे की सुधि लेहु।**
  अर्थ : बीते हुए को भूलकर भविष्य के लिए सँभल जाना चाहिए।
  प्रयोग : परीक्षा में प्राप्त असफलता को भूलकर अब आगे के लिए सोचो क्योंकि सच ही कहा गया है— बीती ताहि बिसार दे, आगे की सुधि लेहु।
- **बुढ़ापे में मिट्टी ख़राब।**
  अर्थ : वृद्धावस्था में कई कष्ट होते हैं।
  प्रयोग : पचासी वर्षीय दादा जी को आये-दिन तरह-तरह के रोग पकड़ते रहते हैं क्योंकि "बुढ़ापे में मिट्टी ख़राब" होती रहती है।
- **बूढ़े तोते भी कहीं पढ़ते हैं?**
  अर्थ : बुढ़ापे में कुछ सीखना मुश्किल हो जाता है।
  प्रयोग : अरे बेटा! मेरी अवस्था नब्बे की हो रही है और तुम मुझसे पढ़ने की उम्मीद लगाये बैठे हो। भला "बूढ़े तोते भी कहीं पढ़ते हैं"?
- **बैठे से बेगार भली।**
  अर्थ : कुछ न करने से कुछ-न-कुछ करना श्रेयस्कर होता है।
  प्रयोग : मुझे चुपचाप बैठना अच्छा नहीं लगता है इसलिए किसी-न-किसी काम-धन्धा में लगा रहता हूँ। सच, "बैठे से बेगार भली" हुआ करती है।
- **बोया पेड़ बबूल का, आम कहाँ से होय।** (उप्र पीसीएस १९९२)
  अर्थ : जैसा व्यक्ति कर्म करेगा वैसा ही फल पायेगा।
  प्रयोग : यदि पूर्ण तन्मयता के साथ लगकर परीक्षा की तैयारी नहीं करोगे तो अच्छे अंक कैसे अर्जित करोगे? सच ही तो है— बोया पेड़ बबूल का, आम कहाँ से होय।

## भ

- **भई गति साँप छछून्दर केरी।**
  अर्थ : कशमकश में पड़ना; द्विविधा में पड़ना; बहुत विषम स्थिति में होना
  प्रयोग : देश में नक्सलवादी विचारधारा का प्रभाव बढ़ने पर सब कुछ तहस-नहस होने लगेगा फिर तो राजनेताओं की "भई गति साँप छछून्दर केरी" वाली हो जाएगी।

- **भरी थाली में लात मारना**

  अर्थ : अभिमान से तिरस्कार करना; परिपूर्ण चीज़ की उपेक्षा करना

  प्रयोग : बेटा! इस समय तुम्हारे दिलो-दिमाग़ में झूठा अहंकार भरा हुआ है क्योंकि इतनी अच्छी नौकरी छोड़कर जाना उचित नहीं है; भरी थाली में लात मत मारो।

- **भरी गगरिया चुपके जाय।**

  अर्थ : ज्ञानी मनुष्य गम्भीर होता है।

  प्रयोग : डॉ० अन्तरीप चिकित्सा-क्षेत्र के धीर-गम्भीर हस्ताक्षर हैं तभी तो हर चिकित्सक उनका समादर करता है। सच, ''भरी गगरिया चुपके जाय।''

- **भरे पेट पर शक्कर खारी।**

  अर्थ : जब आवश्यकता नहीं होती तब अच्छी चीज़ भी बुरी लगती है।

  प्रयोग : सांसद का भाई जब से कृषि-मण्डी का अध्यक्ष बन गया है तबसे उसे अपने ही क्षेत्र के लोग ''भरे पेट पर शक्कर खारी'' के समान लगने लगे हैं।

- **भले का भला।**

  अर्थ : भलाई का बदला भलाई से मिलता है।

  प्रयोग : अदिति ने जबसे होश सँभाला है तब से वह बिना किसी आशा में सबकी भलाई में लगी रहती है और सुखपूर्वक जीवन जीती रहती है। इसी पर कहावत भी है, ''भले का भला।''

- **भलो भयो मोरी मटकी फूटी मैं दही बेचन से छूटी; भलो भयो मोरी माला टूटी राम जपन से छूट मिल्यो।**

  अर्थ : काम न करने का बहाना मिल गया।

  प्रयोग : स्कूटर ख़राब हो जाने के कारण बाज़ार से गेहूँ लाने से मुक्ति मिली। इस तरह ''भलो भयो मोरी मटकी फूटी मैं दही बेचन से छूटी'' वाली कहावत चरितार्थ हुई।

- **भागते भूत की लँगोटी भली; भागते चोर की लँगोटी ही सही।**

  (उप्र पीसीएस १९९५,२०१२)

  अर्थ : आशा के विपरीत कुछ मिलना; जहाँ से कुछ मिलने की आशा न हो, वहाँ से जो कुछ भी मिले, वही बहुत है।

  प्रयोग : कृतिका इतनी कंजूस है कि उससे कुछ भी माँगो, देती ही नहीं। पता नहीं, उसके मन में क्या आया कि उसने मुझे नववर्ष की डायरी ख़रीदकर दी तब मैं बोल पड़ा, ''भागते भूत की लँगोटी भली।''

- **भीख माँगै आँख दिखावै।**

  अर्थ : भिखारी होकर अकड़ना

  प्रयोग : मतदान के समय नेता जी के चमचे अपने नेता के पक्ष में मतदान करने के लिए हाथ जोड़ते हैं और आँखें भी दिखाते हैं। इसे ही कहते हैं— भीख माँगै आँख दिखावै।

- **भुस्स में आग लगी जमालो दूर खड़ी।**
अर्थ : बँटवारे अथवा कलह का बीजारोपण कर तटस्थ की भूमिका अदा करना
प्रयोग : तृप्ति का रसवन्ती के परिवार में कलह कराकर निष्पक्ष और तटस्थ रहने का नाटक वैसे ही है जैसे "भुस्स में आग लगी जमालो दूर खड़ी।"

- **भूख लगी तो घर की सूझी।**
अर्थ : ज़रूरत पड़ने पर अपनों की याद आती है।
प्रयोग : भोला काका महीने के आरम्भ होते ही "भूख लगी तो घर की सूझी" को चरितार्थ करते हैं कारण कि उन्हें हर माह चाय-पकौड़ी खाने के लिए घर से रुपये जो मिलते हैं।

- **भूखे भजन न होय गोपाला।**
अर्थ : ख़ाली पेट कुछ नहीं किया जा सकता।
प्रयोग : पेट ख़ाली रहेगा तो शक्ति कहाँ से आयेगी और शक्ति नहीं रहेगी तो काम करने की सामर्थ्य कैसे होगी क्योंकि "भूखे भजन न होय गोपाला।"

- **भूल गये राग-रंग भूल गये छकड़ी, तीन चीज़ याद रही- नून, तेल, लकड़ी।**
अर्थ : गृहस्थी के चक्कर में फँस जाना
प्रयोग : राधाकृष्ण घर-परिवार के मोह-माया में ऐसा उलझ गया है कि उसे अपने व्यवसाय की भी चिन्ता नहीं रही। उसका हाल तो "भूल गये राग-रंग भूल गये छकड़ी, तीन चीज़ याद रही— नून, तेल, लकड़ी" ही जैसा हो गया है।

- **भेड़ पर ऊन किसने छोड़ी?**
अर्थ : अच्छी चीज़ को सब लेना चाहते हैं।
प्रयोग : रुपयों से भरा तुम्हारा पर्स कहीं गिरा होगा तो किसी ने चुपके से उठा लिया होगा क्योंकि कहावत भी है, "भेड़ पर ऊन किसने छोड़ी?"

- **भैंस के आगे बीन बजावै, बैठ भैंस पगुराय।**
अर्थ : बुद्धिहीन को उपदेश देना
प्रयोग : स्वामी दीनदयाल उजड्ड लोगों को गाँव में जब उपदेश देने लगे तब सबके सब इधर-उधर के काम में लगे रहते थे। जैसे— भैंस के आगे बीन बजावै, बैठ भैंस पगुराय।

- **भौंकते कुत्ते को रोटी का टुकड़ा।**
अर्थ : जो विरोध करे, उसको कुछ दें-दिलाकर चुप करा देना
प्रयोग : उत्तर-मध्य क्षेत्र सांस्कृतिक केन्द्र का जो विरोध करता है, उसे एक-दो कार्यक्रम देकर अपने पक्ष में कर लिया जाता है। इस तरह "भौंकते कुत्ते को रोटी का टुकड़ा" जैसी ही कहावत चरितार्थ कर दी जाती है।

- **भौंर न छाँड़े केतकी तीखे कण्टक जान।**
अर्थ : सच्चे प्रेमी विघ्न-बाधाओं की परवाह न करते हुए, अपनी प्रेमिका को नहीं छोड़ते।
प्रयोग : मजनूँ के सामने कैसे-कैसे संकट आये किन्तु उसने अपनी प्रेमिका लैला को पाने के लिए अपनी जान की भी परवाह नहीं की। इसे ही कहते हैं— भौंर न छाँड़े केतकी तीखे कण्टक जान।

## म

- **मछली के बच्चे को तैरना कौन सिखाता है?**
  अर्थ : कुछ गुण जन्मजात होते हैं।
  प्रयोग : उर्वशी बचपन से ही नृत्य-कला में निष्णात है; उसे कुछ सिखाने की ज़रूरत नहीं पड़ती क्योंकि "मछली के बच्चे को तैरना कौन सिखाता है?"
- **मर्ज़ बढ़ता गया, ज्यों-ज्यों दवा की।**
  अर्थ : सुधार के बजाय बिगाड़ होता गया।
  प्रयोग : उस विद्यालय के बच्चे इतने उजड्ड क़िस्म के हैं कि उन्हें जितना अनुशासन का पाठ पढ़ाया जाता है, उनकी उजड्डई और बढ़ती जाती है। वे "मर्ज़ बढ़ता गया, ज्यों-ज्यों दवा की" वाली कहावत को चरितार्थ करने से हिचकते नहीं।
- **मन चंगा तो कठौती में गंगा।**
  अर्थ : मन की शान्ति ही सुख की जननी है।
  प्रयोग : सात्त्विक वृत्तिवाले लोगों के लिए मन की शान्ति ही सबसे बड़ा तीर्थ है, क्योंकि वे मानते हैं, "मन चंगा तो कठौती में गंगा।"
- **मन-मन भावे मुड़ी हिलावे।**
  अर्थ : इच्छा रहने पर भी मना करना
  प्रयोग : जब जिगीषा बेमन से सिर हिलाकर मना कर रही थी तब उसकी सखी प्रीता बोली, "क्यों जी! मन-मन भावे मुड़ी हिलावे?"
- **मरता क्या न करता।**
  अर्थ : मज़बूरी में इनसान सब कुछ करता है।
  प्रयोग : बड़े भाई के दोनों गुर्दे ख़राब होने की सूचना पाते ही कोविद "मरता क्या न करता" को चरितार्थ करते हुए पड़ोसी से रुपये उधार लेकर तुरन्त घर पहुँचा।
- **मरी बछिया बामन के सिर।**
  अर्थ : व्यर्थ का दान
  प्रयोग : जो लोग दान करने के नाम पर व्यर्थ की वस्तुओं को दान करते हैं, वे "मरी बछिया बामन के सिर" वाली कहावत को चरितार्थ करते हैं।
- **मरे को मारे शाहमदार।**
  अर्थ : दुखी को और दुखी करना
  प्रयोग : देख ही रहे हो कि भीषण अग्निकाण्ड में उसका सब कुछ स्वाहा हो गया है, फिर भी उसके सामने लेन-देन का पिछला हिसाब लेकर बैठे हो! इसे ही कहते हैं— मरे को मारे शाहमदार।
- **माँ का पेट कुम्हार का आवाँ।**
  अर्थ : सभी सन्तानें एक-सी नहीं होतीं।
  प्रयोग : उस विधवा का एक बेटा अध्यापक है और एक लफंगा। इसे ही कहते हैं— माँ का पेट कुम्हार का आवाँ।

- **माँगे हर्रे, दे बहेड़ा।**
  अर्थ : माँगे कुछ, दे कुछ।
  प्रयोग : रम्भा ने जब अपनी बहरी चाची से चाबी माँगी तब उन्होंने उसके हाथ में ताला थमा कर "माँगे हर्रे, दे बहेड़ा" वाली कहावत को चरितार्थ कर दिया।
- **मान न मान, मैं तेरा मेहमान; पूछी न आछी, मैं दुल्हन की चाची।**
  अर्थ : ज़बरदस्ती गले पड़ना
  प्रयोग : मैं प्रतिभा को अपने किसी कार्यक्रम में नहीं बुलाता किन्तु वह न जाने कहाँ से आ टपकते हुए "मान न मान, मैं तेरा मेहमान" को चरितार्थ करने लगती है।
- **मानो तो देव, नहीं तो पत्थर।**
  अर्थ : विश्वास ही सब कुछ है; विश्वास ही फलदायक है।
  प्रयोग : आप प्रयत्नशील रहते हुए सम्पूर्ण आस्था के साथ सारा कार्य अपने ईष्टदेव पर छोड़ दीजिए; आपको निश्चित सफलता प्राप्त होगी क्योंकि कहावत है, "मानो तो देव, नहीं तो पत्थर।"
- **माया तेरे तीन नाम– परसू, परसा, परसुराम।**
  अर्थ : धन ही प्रतिष्ठा का मूल है; धनवान् की सब इज़्ज़त करते हैं।
  प्रयोग : एक ही परिवार के रामदत्त और श्यामदत्त की सामाजिक प्रतिष्ठा में बहुत अन्तर है। रामदत्त व्यवहारकुशल और उदार चरित्र के हैं इसलिए लोग उन्हें पूजते हैं जबकि श्यामदत्त आवारा क़िस्म का है इसलिए लोग उससे दूर-दूर ही रहते हैं। इसी को कहते हैं— "माया तेरे तीन नाम— परसू, परसा, परसुराम।"
- **माया से माया मिले, कर-कर लम्बे हाथ।**
  अर्थ : जहाँ धन हो, वहाँ और धन आता है।
  प्रयोग : विद्यालय में जितने रुपये लगाओगे, तुम्हें लाभ भी उसी अनुपात में होगा क्योंकि "माया से माया मिले, कर-कर लम्बे हाथ।"
- **माया बादल की छाया।**
  अर्थ : धन-दौलत का कोई भरोसा नहीं।
  प्रयोग : तुमने जितने रुपये रखे हैं, उनका भरपूर उपयोग कर लो क्योंकि "माया बादल की छाया" की तरह होती है।
- **मार के आगे भूत भागे।**
  अर्थ : मार से सब डरते हैं।
  प्रयोग : थाना में जब पुलिसिया कार्रवाई होती है तब बड़े-बड़े अपराधी अपने गुनाह क़ुबूल करने लगते हैं। सच— मार के आगे भूत भागे।
- **मियाँ की दौड़ मस्जिद तक।**
  अर्थ : सीमित क्षेत्र का होना
  प्रयोग : वह इस बार मक्कारी करे तो उसे बलभर मारो; ज़्यादा-से-ज़्यादा वह थाना तक ही न जाएगा क्योंकि "मियाँ की दौड़ मस्जिद तक।"

- **मियाँ की जूती मियाँ के सर; मियाँ की जूती मियाँ की चाँद।**
  अर्थ : अपनी ही चाल से मात खा जाना
  प्रयोग : मन्त्री ने अपने सभास्थल में अनुशासन को बनाये रखने के लिए अपने चमचों को बुलाया था कि उन सबने सभास्थल में ही भगदड़ मचाकर "मियाँ की जूती मियाँ के सिर" वाली कहावत चरितार्थ कर दी थी।
- **मिस्सों से पेट भरता है, क़िस्सों से नहीं।**
  अर्थ : पेट को खाना चाहिए, केवल बातों से पेट नहीं भरता।
  प्रयोग : मन्त्री जी! आपका यह उपदेश किस काम का; पहले हमें रोज़गार चाहिए क्योंकि "मिस्सों से पेट भरता है, क़िस्सों से नहीं।"
- **मीठा लपलप, कड़ुवा थू-थू।**
  अर्थ : सुख में आनन्द मनाना, दुःख में घबराना
  प्रयोग : सुनयना को उधार रुपये लेना बहुत भाता है किन्तु जब उसे वापस माँगा जाता है तब उसका मुँह बिचक जाता है। इसी को कहते हैं— मीठा लपलप कड़ुवा थू-थू।
- **मुद्दई सुस्त : गवाह चुस्त।**
  अर्थ : मुखिया की अपेक्षा सहायकों का बढ़-चढ़कर हिस्सा लेना
  प्रयोग : निदेशक महोदय! नाटक आपको कराना है किन्तु आपकी अक्रियता और रंगकर्मियों की सक्रियता देखकर तो यही कहना पड़ेगा, "मुद्दई सुस्त : गवाह चुस्त।"
- **मुँह में राम बगल में छुरी।**
  अर्थ : दिखावटी सज्जनता; कपटपूर्ण आचरण
  प्रयोग : प्रतिभा अन्दर से जितनी कुटिल है उतनी ही बाहर से सज्जन और सहृदय। इसे ही कहते हैं, "मुँह में राम बग़ल में छुरी।"
- **मुँह चिकना, पेट ख़ाली।**
  अर्थ : केवल ऊपरी दिखावा करना
  प्रयोग : कुछ लोग ऐसे होते हैं, जो जलपान कराने के नाम पर बाहरी मन से पूछते हैं किन्तु अन्दर से नहीं चाहते। ऐसे लोग "मुँह चिकना, पेट ख़ाली" के समान ही होते हैं।
- **मुँहमाँगी मौत भी नहीं मिलती।**
  अर्थ : अपनी इच्छा से कुछ नहीं होता।
  प्रयोग : आप यदि सोचते हैं कि सन्ध्या इस बार परीक्षा में उत्तीर्ण हो जाएगी तो आपका यह सोचना व्यर्थ है क्योंकि "मुँहमाँगी मौत भी नहीं मिलती।"
- **मुए बैल की बड़ी-बड़ी आँखें।**
  अर्थ : जो चीज़ नहीं रही, उसकी प्रशंसा करना
  प्रयोग : जो प्रत्यय है, उससे हम अपनी आँखें चुरा लेते हैं किन्तु जो अतीत हो चुका होता है, हम उसी पर अपना उपदेश आरम्भ कर देते हैं। इसे ही कहते हैं— मुए बैल की बड़ी-बड़ी आँखें।
- **मुर्ग़ी को तकवे का घाव भी बहुत है।**
  अर्थ : कमज़ोर व्यक्ति थोड़ा-सा कष्ट भी नहीं सह सकता।
  प्रयोग : जीवन्त इतना निर्धन है कि उस बेचारे से होली का चन्दा माँगना भी उसके कष्ट को बढ़ाना होता है। सच, "मुर्ग़ी को तकवे का घाव भी बहुत है।"

* **मुफ़्त की शराब काज़ी को भी हलाल।**
  अर्थ : मुफ़्त का माल सभी ले लेते हैं।
  प्रयोग : उपभोक्ता 'एक के साथ एक फ्री' योजनान्तर्गत सामानों की ओर आकर्षित होकर घटिया सामान ख़रीद रहे हैं। कहावत भी तो है, "मुफ़्त की शराब काज़ी को भी हलाल।"

* **मेढकी को भी जुकाम हुआ है।**
  अर्थ : अपनी शक्ति से बढ़कर बात करना।
  प्रयोग : जिज्ञासु के पास दस कार्यकर्त्ता भी नहीं हैं किन्तु रैली, धरना, प्रदर्शन आदि करवाने की उसकी खोखली बातें उसी प्रकार हैं जैसे मेढकी को जुकाम हो जाता है।

* **मेरी तेरे आगे, तेरी मेरे आगे।**
  अर्थ : चुग़लख़ोरी
  प्रयोग : कुछ लोग ऐसे होते हैं, जो पहले व्यक्ति की चुग़ली दूसरे व्यक्ति से और दूसरे व्यक्ति की चुग़ली पहले व्यक्ति से करते हैं। इसे ही कहते हैं— मेरी तेरे आगे, तेरी मेरे आगे।

* **मेरी बिल्ली मुझी से म्याऊँ?**
  अर्थ : नौकर को मालिक के सामने अकड़ना नहीं चाहिए।
  प्रयोग : मेरी बेटी अभी मेरे ही मातहत है किन्तु अपनी माँ की शह पर बात-बात पर जवाब देना सीख गयी है। इसे ही कहा गया है— मेरी बिल्ली मुझी से म्याऊँ।

* **मैं की गरदन पर छुरी।**
  अर्थ : अहंकार का नाश
  प्रयोग : मर जाओगे तब सब कुछ यहीं धरा-का-धरा रह जाएगा। इसीलिए "मैं की गरदन पर छुरी" चला दो।

* **मोरी की ईंट चौबारे पर।**
  अर्थ : छोटी चीज़ को बड़े काम में लाना
  प्रयोग : कभी-कभी ऐसा होता है जब क्षुद्र वस्तु भी बहुत काम की निकल आती है। वैसी ही वस्तु के लिए "मोरी की ईंट चौबारे पर" कहावत बनी है।

* **म्याऊँ के ठौर को कौन पकड़े?**
  अर्थ : भय के वास्तविक स्थान पर कौन जाए? ख़तरे के स्थान तक विरले ही जाते हैं।
  प्रयोग : जब भी मैं नाराज़ होता हूँ और खाना-पीना छोड़ देता हूँ तब मनाने के लिए परिवार का कोई सदस्य "म्याऊँ के ठौर कौन पकड़े" कहावत की भाँति जल्दी तैयार नहीं होता।

## य

* **यह मुँह और मसूर की दाल।** (समीक्षा अधिकारी-मुख्य परीक्षा २०१०)
  अर्थ : अपनी सामर्थ्य से बढ़कर बात करना; भली चीज़ बुरे लोगों को नहीं जँचती है।
  प्रयोग : भारत जब-जब अपनी सामरिक व्यवस्था सुदृढ़ करता है तब-तब पाकिस्तान अपनी सामर्थ्य से बढ़कर उलटी-सीधी बयानबाज़ी कर "यह मुँह और मसूर की दाल" को चरितार्थ करता है।

- **यहाँ कुम्हड़ बतिया कोउ नाहिं।**
  अर्थ : यहाँ कोई कायर नहीं।
  प्रयोग : परशुराम जी ने जब आँखें तररते हुए लक्ष्मण को धमकाने का प्रयास किया था तब लक्ष्मण ने कहा था, ''यहाँ कुम्हड़ बतिया कोउ नाहिं।''
- **योगी था सो उठ गया, आसन रही भभूत।**
  अर्थ : पुराना गौरव समाप्त हो जाना।
  प्रयोग : लोहिया जी की मृत्यु के बाद साम्यवादियों का हाल ''योगी था सो उठ गया, आसन रही भभूत'' जैसा हो गया है।

## र

- **रस्सी जल गयी पर ऐंठ न गयी।** (उप्र पीसीएस २००८)
  अर्थ : सर्वस्व नष्ट हो जाने पर भी घमण्ड बने रहना
  प्रयोग : उस दुर्दान्त अपराधी के हाथ-पैर पुलिस ने तोड़ दिये थे किन्तु उसके बाद भी वह पुलिस को धमकाता रहा। ऐसे लोगों के लिए यह कहावत है— रस्सी जल गयी पर ऐंठ न गयी।
- **रहे अन्त मोची के मोची।**
  अर्थ : कभी सुधार न होना
  प्रयोग : ज़िन्दगीभर कमाने के बावजूद हरिशंकर का परिवार के लिए कुछ न बना पाना, ''रहे अन्त मोची के मोची'' वाली कहावत को चरितार्थ करता है।
- **रातों रोई, एक ही मुआ।**
  अर्थ : थोड़ी चीज़ के लिए अधिक कष्ट होना
  प्रयोग : विश्वेश्वर ने धनार्जन तो बहुत किया किन्तु मद्यपान-व्यसन के कारण अपने जीवन के अन्तिम काल में कुछ बचा न पाया। फलत: थोड़ी-थोड़ी वस्तुओं के पाने के लिए उसे बहुत कष्ट सहने पड़े थे। इसे कहते हैं— रातों रोई, एक ही मुआ।
- **रानी रूठेंगी तो अपना सुहाग लेंगी।** (आईएएस २००९)
  अर्थ : मालिक नाराज़ होकर केवल नौकरी से निकाल सकता है
  प्रयोग : जो अपने कर्त्तव्य के प्रति ईमानदार रहता है, वह अपने कर्त्तव्य से च्युत नहीं होता क्योंकि वह जानता है कि ''रानी रूठेंगी तो अपना सुहाग लेंगी।'' इससे अधिक कुछ नहीं होगा।
- **राम की माया कहीं धूप कहीं छाया।**
  अर्थ : एक ही समय में प्रकृति के अनेक रूप दिखायी देते हैं।
  प्रयोग : यह संसार परिवर्तनशील है क्योंकि जो आज धनवान है, उसे कल अभावों में जीना पड़ सकता है और जो आज अभावग्रस्त है, वह कल धन-सम्पन्न हो सकता है। इसे ही कहते हैं— राम की माया कहीं धूप कहीं छाया।
- **राम मिलाई जोड़ी एक आन्हर एक कोढ़ी।**
  अर्थ : बराबर का मेल हो जाता है।
  प्रयोग : नक्सली और माओवादी देश में अपनी आतंकवादी गतिविधियों में एक-दूसरे का सहयोग करके ''राम मिलाई जोड़ी एक आन्हर एक कोढ़ी'' को चरितार्थ कर रहे हैं।

- **राम नाम जपना, पराया माल अपना।**
  अर्थ : ऊपर से भक्त, भीतर से ठग होना
  प्रयोग : आज के अधिकतर साधु-सन्त अपने कुकृत्यों से जनमानस को मूर्ख बनाकर "राम नाम जपना, पराया माल अपना" वाली नीति को चरितार्थ कर ठग रहे हैं।

- **रोग का घर खाँसी और लड़ाई का घर हाँसी।**
  अर्थ : हँसी-मज़ाक़ कभी-कभी लड़ाई का कारण बन जाता है।
  प्रयोग : हँसी-मज़ाक़ करनेवाले लोगों को इस बात का ध्यान रखना चाहिए कि वे एक सीमा तक हँसी-मज़ाक़ करें क्योंकि कहीं ऐसा न हो कि "रोग का घर खाँसी और लड़ाई का घर हाँसी" हो जाए।

- **रोगी से वैद्य।**
  अर्थ : भुक्तभोगी अनुभवी होता है।
  प्रयोग : जो व्यविति यायावरी-प्रवृत्ति का होता है, वह जीवन के तमाम अनुभवों को समेटे रहता इसीलिए कहा गया है— रोगी से वैद्य।

- **रोज़ कुआँ खोदना रोज़ पानी पीना।**
  अर्थ : नित्य परिश्रम करके पेट भरना
  प्रयोग : मात्र लेखन-कार्य के बल पर अपनी आजीविका चलानेवाला व्यक्ति रोज़ कुआँ खोदता है और रोज़ पानी पीता है।

- **रुपया परखे बार-बार, आदमी परखे एक बार।**
  अर्थ : भले-बुरे व्यक्ति की पहचान उसके एक ही आचरण से हो जाती है।
  प्रयोग : जब नीति ने अनीति से १४० रुपये माँगे तब उसने बहाना बना दिया किन्तु जब उसने अनीति से ५०० रुपये माँगे तब उसने सहर्ष दे दिये। इस प्रकार दोनों के व्यहार से उनका चरित्र पहचान लिया गया है। कहावत है न, "रुपया परखे बार-बार, आदमी परखे एक बार।"

## ल

- **लंका में सब बावन गज़ के।**
  अर्थ : एक-से-बढ़कर-एक
  प्रयोग : विश्व-सौन्दर्य-प्रतियोगिता में जब तमाम देश की सुन्दरियाँ अपनी पूर्ण साज-सज्जा के साथ मंच पर आती हैं तब वे "लंका में सब बावन गज़" के समान लगती हैं।

- **लड्डू कहे मुँह मीठा नहीं होता।**
  अर्थ : केवल कहने से काम नहीं बन जाता।
  प्रयोग : सांसद जी के मात्र कह देने से तुम्हारा काम नहीं बन जाएगा। इसके लिए तुम्हें उनके पीछे लगना पड़ेगा क्योंकि "लड्डू कहे मुँह मीठा नहीं होता।"

- **लड़े सिपाही नाम सरदार का**
  अर्थ : काम कोई और करे और नाम किसी और का हो।
  प्रयोग : दुकान का सारा काम मन्नी पहलवान करता है और वाहवाही सेठ जी लूटते हैं। इसी को ही कहते हैं, "लड़े सिपाही नाम सरदार का।"

- **लहू लगाकर शहीदों में मिलना**

  अर्थ : झूठी प्रशंसा चाहना

  प्रयोग : धूर्त और मक्कार क़िस्म के लोग कुछ करते-वरते नहीं बल्कि अपने चाटुकारों से घिरे रहकर झूठी प्रशंसा बटोरते हुए ''लहू लगाकर शहीदों में मिलना'' को चरितार्थ करते हैं।

- **लातन के देव बातन से नहीं मानते; लातों के भूत बातों से नहीं मानते।**

  अर्थ : बिना दण्डित किये हुए दुष्टों में सुधार नहीं होता।

  प्रयोग : आपराधिक प्रवृत्तिवाला कलुवा पासी को बार-बार समझाया गया कि वह अपराध की दुनिया छोड़कर एक नये जीवन की शुरुआत करे किन्तु उसकी समझ में नहीं आता फिर जब उस पर पुलिस के डण्डे बरसने शुरू हो गये तब वह मान गया। सच, ''लातन के देव बातन से नहीं मानते।''

- **लाल गुदड़ी में नहीं छुपते।**

  अर्थ : श्रेष्ठ व्यक्ति सोचनीय स्थिति अथवा अभावपूर्ण स्थिति में भी छुपाये नहीं छुपते।

  प्रयोग : अच्छे कवि तो कभी-न-कभी अवश्य लोगों के मनोमस्तिष्क पर छा जाते हैं क्योंकि ''लाल गुदड़ी में नहीं छुपते।''

- **लाल फ़ीताशाही**

  अर्थ : सरकारी अड़ंगा

  प्रयोग : मीनाक्षी का स्थानान्तरण होनेवाला ही था कि बीच में सरकारी अड़ंगे के चलते उसका काम बाधित हो गया। ''लाल फ़ीताशाही'' होती ही है ऐसी।

- **लिखे ईसा, पढ़े मूसा।**

  अर्थ : लिखावट में सुन्दरता का अभाव होना

  प्रयोग : रूपांशु की लिखावट ही ऐसी है कि उसे हर कोई नहीं पढ़ सकता इसीलिए कहा गया, ''लिखे ईसा, पढ़े मूसा।''

- **ले दही, ले दही**

  अर्थ : ग़रज़ का सौदा

  प्रयोग : जब भी फ़सल बहुत अच्छी होती है तब किसान लोग अपने गल्ले को औने-पौने दाम में बेचकर ''ले दही, ले दही'' को चरितार्थ करते हैं।

- **लेना एक न देना दो।**

  अर्थ : किसी से कुछ प्रयोजन न रखना

  प्रयोग : समय इतना ख़राब आ गया है कि दीन-दुनिया से दूर रहकर अपना कर्त्तव्य-निर्वहन करने में ही भलाई है इसीलिए कहा गया है--- लेना एक न देना दो।

- **लोहा लोहे को काटता है।**

  अर्थ : बराबर के लोग आपस में निबट सकते हैं।

  प्रयोग : कालू को अपने दम-ख़म पर बहुत घमण्ड हुआ करता था। जब उसका बराबर का दम-ख़म रखने वाले रग्घू से सामना हुआ तब उसे मुँह की खानी पड़ी क्योंकि ''लोहा लोहे को काटता है''।

## व

- **वह गुड़ नहीं, जो चींटें खायें।**

अर्थ : तुमको यहाँ से कुछ भी प्राप्त नहीं होगा।

प्रयोग : पिता ने अपने शराबी बेटे को साफ़ शब्दों में बता दिया था कि वह अपनी सम्पत्ति का एक टुकड़ा भी उसे नहीं देगा। इस तरह पिता ने मैं ''वह गुड़ नहीं, जो चींटें खायें'' को चरितार्थ कर दिया।

- **वही मन, वही चालीस सेर।**

अर्थ : बात एक ही है; दोनों बातों में कोई अन्तर नहीं।

प्रयोग : मैंने तुम्हारी पुस्तक तुम्हारे घर में दे दी है। विश्वास न हो तो अपने भाई से पूछ लो या फिर घर जाकर देख लों क्योंकि ''वही मन, वही चालीस सेर।''

- **वही मियाँ दरबार में, वही चूल्हे के पास।**

अर्थ : एक व्यक्ति को कई काम करने पड़ते हैं।

प्रयोग : रामलाल कारख़ाने में काम करनेवालों की हाज़िरी लेता है; उन्हें उनके काम बताता है; काम ख़त्म होने पर दूसरा काम देता है। उसकी दशा तो ''वही मियाँ दरबार में, वही चूल्हे के पास'' जैसी ही हो गयी है।

- **विधि का लिखा को मेटनहारा?**

अर्थ : जो भाग्य में लिखा है, वह अवश्य होता है।

प्रयोग : मनुष्य को अपना कर्त्तव्य करते रहना चाहिए, जो होना होता है, वही होकर रहता है तभी तो कहा गया है, ''विधि का लिखा को मेटनहारा?''

- **विष सोने के बरतन में रखने से अमृत नहीं हो जाता।**

अर्थ : किसी चीज़ का प्रभाव नहीं बदल जाता।

प्रयोग : चन्दन के पेड़ में लिपटे रहने के बावजूद न तो साँप का विष समाप्त होता है और न उसके डसने की प्रवृत्ति। तभी तो कहा जाता है—''विष सोने के बरतन में रखने से अमृत नहीं हो जाता''।

- **विष का वृक्ष भी लगाकर नहीं काटा जाता।**

अर्थ : पालन-पोषण करने के बाद दुष्ट-से-दुष्ट को भी हानि नहीं पहुँचायी जाती।

प्रयोग : किसी माँ-बाप की सन्तान यदि अयोग्य निकल जाती है तो माँ-बाँप उसे भगा नहीं देते क्योंकि ''विष का वृक्ष भी लगाकर नहीं काटा जाता।''

## श

- **शक़्ल चुड़ैल की, मिज़ाज परियों का।**

अर्थ : बेकार का नखरा

प्रयोग : सरिता कुछ हद तक तो गुणवान है किन्तु जब ऊटपटाँग बातें करने लगती है तब यही कहना पड़ता है, ''शक़्ल चुड़ैल की मिज़ाज परियों का।''

- **शर्म की बहू नित भूखी मरे।**
अर्थ : शर्म करने से कष्ट उठाना पड़ता है।
प्रयोग : जो व्यक्ति अपने अधिकार की माँग करते समय संकोच करता है, वह "शर्म की बहू नित भूखी मरे" को चरितार्थ करता है।
- **शेख़ी सेठ की, धोती भाड़े की।**
अर्थ : कुछ न होने पर भी बड़प्पन दिखाना
प्रयोग : सेठ जीवनलाल अपने व्यापार में सारा धन लगाकर पूरी तरह से खोखले हो चुके हैं फिर भी उनका हाल "शेख़ी सेठ की, धोती भाड़े की" के समान है।
- **शेरों का मुँह किसने धोया?**
अर्थ : सामर्थ्यवान के लिए कोई उपाय नहीं।
प्रयोग : जो प्रतिभा-सम्पन्न व्यक्ति होता है, वह अपनी योग्यता से सारे काम सम्पन्न कर लेता है; उसे किसी सहायक की ज़रूरत नहीं पड़ती। तभी तो कहा गया है, "शेरों का मुँह किसने धोया?"
- **शौकीन बुढ़िया मलमल का लहँगा।**
अर्थ : अवस्था के अनुसार आचरण का न होना
प्रयोग : ९० वसन्त पार कर लेने के बाद भी हमारी पड़ोसन बूढ़े बाल को जवान करती है और चटक रंग की साड़ी पहनकर, "शौकीन बुढ़िया मलमल का लहँगा" वाली कहावत को चरितार्थ करती रहती है।

## स

- **सईसों का काल मुंशियों की बहुतायत।**
अर्थ : पढ़े-लिखों में बेकारी है।
प्रयोग : हमारे देश में केन्द्र और राज्य-सरकारों की घटिया नीतियों के कारण करोड़ों की संख्या में सुशिक्षित युवक मारे-मारे फिर रहे हैं। इससे ही "सईसों का काल मुंशियों की बहुतायत" कहा जाता है।
- **सखी न सहेली, भली अकेली।**
अर्थ : अकेले रहना अच्छा
प्रयोग : आज के स्वार्थी समाज में लोगों के कुटिलतापूर्वक व्यवहार को देखकर यही भावना आती है, "सखी न सहेली, भली अकेली।"
- **सच्चा जाए रोता आये, झूठा जाए हँसता आये।**
अर्थ : सच्चा दुखी और झूठा सुखी होता है।
प्रयोग : कलियुग की हर बात निराली है क्योंकि जो महाभ्रष्ट है, वह सुखी है और जो ईमानदार है, वह दाने-दाने के लिए तरस रहा है। सच, "सच्चा जाए रोता आये, झूठा जाए हँसता आये।"
- **सब धान बाईस पसेरी।** (उप्र पीसीएस २०१०)
अर्थ : सभी के साथ एक-जैसा बरताव
प्रयोग : हमारे देश में योग्य और अयोग्य, दोनों का समान रूप में आदर किया जाता है। कहावत भी है न, "सब धान बाईस पसेरी।"

- **समय पाय तरुवर फले।**

अर्थ : समय आने पर परिश्रम सफल होता है।

प्रयोग : मनुष्य को पूर्ण निष्ठा के साथ अपना कर्त्तव्य करते रहना चाहिए क्योंकि समय आने पर उसे सफलता प्राप्त होती है। कहावत भी है, "समय पाय तरुवर फले।"

- **समरथ को नहिं दोस गुसाईं।**

अर्थ : सामर्थ्यवान् का दोष अथवा अपराध भी क्षम्य है; सामर्थ्यवान् का दोष नहीं खोजा जाता।

प्रयोग : अध्यापक का बेटा विद्यालय में विलम्ब से पहुँचा तब उसे धूप में खड़ा कर दिया गया था, वहीं जब प्रबन्धक का लड़का प्रतिदिन विलम्ब से आता है तब उसको कोई कुछ नहीं कहता। इसी को कहते हैं, "समरथ को नहिं दोस गुसाईं।"

- **सस्ता रोवे बार-बार महँगा रोवे एक बार।**

अर्थ : सस्ती वस्तु टिकाऊ नहीं होती।

प्रयोग : जब भी कोई वस्तु लें, नयी ही लें क्योंकि पुरानी वस्तु का इतना उपयोग हो चुका होता है कि आपके घर तक पहुँचते-पहुँचते वह जर्जर अवस्था में पहुँच जाती है। सच ही कहा गया है—"सस्ता रोवे बार-बार महँगा रोवे एक बार।"

- **सहज पके सो मीठा होय।**

अर्थ : आराम से किया गया काम सुखकर होता है।

प्रयोग : अपने काम के लिए जल्दबाज़ी न कीजिए क्योंकि "सहज पके सो मीठा होय"।

- **साँच को आँच क्या?; साँच को आँच नहीं।**

अर्थ : सच्चे व्यक्ति को डर किस बात का?

प्रयोग : मैंने जब कोई अपराध ही नहीं किया तो डर किस बात का? "साँच को आँच क्या?"

- **साँप मर जाए और लाठी भी न टूटे।**

अर्थ : काम निकल जाए और अपना नुकसान भी न हो।

प्रयोग : किसी काम को करते समय बुद्धिमान व्यक्ति का यही प्रयास रहता है कि वह अपना प्रयोजन बिना किसी क्षति के सिद्ध कर ले। सच ही तो है, "साँप मर जाए और लाठी भी न टूटे।"

- **साँप का काटा पानी नहीं माँगता।**

अर्थ : कुटिल व्यक्ति की चाल में फँसा मनुष्य बच नहीं पाता।

प्रयोग : सेठ दीनदयाल जितनी मीठी बातें करता है, उससे कई गुणा अधिक अपने भीतर ज़हर भरे रहता है। सच— ऐसे साँप का काटा पानी नहीं माँगता।

- **साँप निकल गया, लकीर पीटते रहे।**

अर्थ : अवसर बीत जाने पर व्यर्थ चेष्टा करते रहना

प्रयोग : जब तक डकैत गाँव को लूटते रहे तब तक सभी अपने-अपने घरों में दुबके रहे और जब डाकुओं का दल गाँव के बाहर चला गया तब हो-हल्ला मचना शुरू हो गया। यह तो "साँप निकल गया, लकीर पीटते रहे" के समान है।

- **साझे की हाँडी चौराहे पर फूटती है।**
  अर्थ : साझे का काम फ़ज़ीहत का काम होता है।
  प्रयोग : कोई भी काम स्वयं के बल पर करना चाहिए। किसी अन्य को जोड़कर करने पर जब लाभ-हानि की बात आती है तब तू-तू, मैं-मैं की स्थिति पैदा हो जाती है फिर तो साझे की हाँडी चौराहे पर फूट कर रहती है।
- **सारी देग में एक ही चावल टटोला जाता है।**
  अर्थ : जाँच के लिए थोड़ा-सा नमूना ही लिया जाता है।
  प्रयोग : जीवाश्म-परीक्षण के लिए उसका थोड़ा हिस्सा भी प्राप्त हो जाता है तो काम बन जाता है क्योंकि जीवाश्म का परीक्षण सारी देग में एक ही चावल टटोलने के समान है।
- **सारी रात मिमियानी और एक ही बच्चा बियानी।**
  अर्थ : प्रयास बहुत अधिक और लाभ कम
  प्रयोग : कोपेनहेगेन-शिखर वार्ता में विकसित और विकासशील देश के स्वार्थ जब टकराने लगे तब वार्ता ही विफल हो गयी। इस पर मीडिया-जगत् ने टिप्पणी की थी, "सारी रात मिमियानी और एक ही बच्चा बियानी।"
- **सावन से भादो दुबला क्यों?**
  अर्थ : साथी और प्रतिस्पर्द्धी से अपने को कम न समझना
  प्रयोग : रूपम शर्मा का मकान बन जाने पर दूसरे पड़ोसी ने भी अपने मकान का नींव-पूजन कराकर निर्माण-कार्य शुरू करा दिया क्योंकि सावन से भादो आख़िर दुबला क्यों?
- **सावन के अन्धे को हरा-ही-हरा दिखता है; सावन के अन्धे को हरियाली ही सूझती है।**
  अर्थ : सुखी को सब जगह सुख ही दिखायी पड़ता है।
  प्रयोग : भ्रष्ट और बेईमान क़िस्म के लोगों को सभी लोग क़रीब-क़रीब अपने जैसे ही दिखते हैं— सावन के अन्धे को हरा-ही-हरा दिखता है।
- **सिंह के बंस में उपजा सियार।**
  अर्थ : बहादुरों की कायर सन्तान उत्पन्न होना
  प्रयोग : रामप्रताप का खानदान बहादुरी के लिए हमेशा से चर्चित था किन्तु उसका बेटा इतना डरपोक है कि बिल्ली देखते ही घर में घुस जाता है इसलिए तो कहा गया है— सिंह के बंस में उपजा सियार।
- **सिर मुड़ाते ही ओले पड़े।** (आईएएस १९९०,२०१०)
  अर्थ : कार्य में विघ्न का उपस्थित होना
  प्रयोग : रति ने परीक्षा-भवन पहुँचने के बाद जब अपने पर्स में से प्रवेश-पत्र निकालना चाहा तब उसे वह नहीं मिला। वह दुखी मन से बोल पड़ी, "सिर मुड़ाते ही ओले पड़ गये।"
- **सिर तो नहीं फिरा है।**
  अर्थ : उलटी-सीधी बातें करना
  प्रयोग : नन्दिता के घर में न जाने क्या बात हुई कि वह ऊटपटाँग बोलने लगी। इस पर उसके पिता ने उसे एक थप्पड़ मारते हुए कहा, "तुम्हारा सिर तो नहीं फिर गया है?"

- **सिर तो नहीं खुजला रहा?**
  अर्थ : मार खाने को तुम्हारा जी कर रहा है क्या?
  प्रयोग : जब एक मित्र दूसरे मित्र को लक्ष्य बनाकर व्यंग्य-बाण चलाने लगा तब दूसरे मित्र ने क्रोध में तमतमा कर कहा, "तुम्हारा सिर तो नहीं खुजला रहा है?"
- **सीधी अँगुली से घी नहीं निकलता।**
  अर्थ : सीधेपन से काम नहीं चलता।
  प्रयोग : जो नीच प्रकृत्ति के लोग होते हैं, उनके साथ सज्जनता का व्यवहार करना उचित नहीं रहता क्योंकि "सीधी अँगुली से कभी घी नहीं निकलता।"
- **सीधे का मुँह कुत्ता चाटे।**
  अर्थ : सीधेपन का लोग अनुचित लाभ उठाते हैं।
  प्रयोग : समाज में यदि रहना है तो पूरी दबंगई के साथ क्योंकि सीधा दिखने से लोग उसका ग़लत फ़ायदा उठाते हैं। इसी को कहते हैं— सीधे का मुँह कुत्ता चाटे।
- **सुनते-सुनते कान बहरे हो गये; सुनते-सुनते कान पक गये।**
  अर्थ : बार-बार सुनते-सुनते तंग आ जाना
  प्रयोग : जितने लोग आ रहे हैं, सब-के-सब अनन्त को उत्तीर्ण कर देने की सिफ़ारिश कर रहे हैं। सिफ़ारिशों को सुन-सुनकर तो मेरे कान बहरे हो गये हैं।
- **सुने सबकी, करे मन की।**
  अर्थ : स्वविवेक से काम करना चाहिए। सुने सबकी लेकिन करे वही, जो अपने मन को ठीक लगे।
  प्रयोग : आपके पास स्वयं का विवेक है; आप सबकी राय-सम्मति-शिकायत आदि को सुनिए किन्तु अन्तिम निर्णय पर अपना अधिकार रखिएँ इसलिए तो कहा गया है, "सुने सबकी, करे मन की।"
- **सूत न कपास, जुलाहों में लट्ठम-लट्ठा।**
  अर्थ : बेबात की लड़ाई
  प्रयोग : त्रिलोकी ऐसा क्षुद्र व्यक्ति है कि घर में निठल्ला बैठा रहता है और भाइयों से बिना बात की लड़ाई कर "सूत न कपास, जुलाहों में लट्ठम-लट्ठा" को चरितार्थ करता रहता है।
- **सूप तो सूप, चलनी भी बोले।**
  अर्थ : दोषी-द्वारा दूसरों का दोष निकालना
  प्रयोग : चारा-घोटाले में लिप्त एक पूर्व-मुख्यमन्त्री का आई०पी०एस०-प्रकरण पर बढ़चढ़कर बोलना ठीक उसी तरह से है जिस तरह से "सूप तो सूप, चलनी भी बोले।"
- **सूरज धूल डालने से नहीं छुपता।**
  अर्थ : गुणी व्यक्ति का गुण प्रकट होकर ही रहता है।
  प्रयोग : जो सच्चा और ईमानदार मनुष्य होता है, उसके प्रभामण्डल को लाख धूल-धूसरित करने का प्रयास किया जाए, उस पर कोई आँच नहीं आती क्योंकि "सूरज धूल डालने से नहीं छुपता।"
- **सूरदास की काली कामरि चढ़े न दूजो रंग।**
  अर्थ : आदतें पक्की होती हैं, बदलती नहीं।
  प्रयोग : दुष्ट व्यक्ति सिर से पैर तक दुष्टता के रंग में इतना रँगा होता है कि सज्जनता का रंग उस पर नहीं चढ़ पाता। सच ही तो कहा गया है, "सूरदास की काली कामरि चढ़े न दूजो रंग।"

- **सेर को सवा सेर।**
अर्थ : एक से बढ़कर दूसरा
प्रयोग : कभी किसी एक दुर्दान्त व्यक्ति का साम्राज्य हमेशा नहीं बना रहता; एक-न-एक दिन उसे उससे भी बढ़कर ख़तरनाक व्यक्ति मिल जाता है, जो उसे अच्छी तरह से जवाब देता है। इस प्रकार ''सेर को सवा सेर'' मिल ही जाता है।

- **सौ दिन चोर के, एक दिन साह का।**
अर्थ : अपराधी आख़िर एक दिन फँस ही जाएगा।
प्रयोग : वह एस०डी०एम० आये-दिन रिश्वत लेता रहता था फिर शिकायत होने पर जब सतर्कता-विभाग के अधिकारी उसके पीछे पड़े तब उसे रँगे-हाथ पकड़ लिया गया। सच— सौ दिन चोर के, एक दिन साह का।

- **सौ चूहे खाकर बिल्ली चली हज को।**
अर्थ : जीवनभर बुरा कामकर अन्त में अच्छा बनने का ढोंग करना
प्रयोग : जीवनभर धूर्तता और मक्कारी करनेवाला साधु बुढ़ापा नज़दीक देख एकदम बदल गया है। वह चन्दन-रोली लगाकर भगवान् का नाम लेता है। ऐसे ही लोगों के लिए कहावत है, ''सौ चूहे खाकर बिल्ली चली हज को।''

- **सौ सुनार की, एक लुहार की।** **(आईएएस २००१,२०१२)**
अर्थ : निर्बल की सौ चोटों की अपेक्षा बलवान की एक चोट काफ़ी होती है।
प्रयोग : मुझे उस समय का इन्तज़ार है जब मैं दीवान के अनाज-घोटाले को उजागर करके ''सौ सुनार की, एक लोहार की'' वाली कहावत चरितार्थ करूँ।

## ह

- **हंसा थे सो उड़ गये, कागा भये दीवान।**
अर्थ : भले लोगों के स्थान पर बुरे लोगों के हाथ में अधिकार आना।
प्रयोग : जिस प्रकार आज देश में नक्सली, माओवादी, लाल सलाम आदि आतंक को फैलाकर अपनी जड़ें सुदृढ़ कर रहे हैं उसी प्रकार देश में शासक-वर्ग की स्थिति है, जो ''हंसा थे सो उड़ गये, कागा भये दीवान'' को चरितार्थ करने में लग गये हैं।

- **हँसुए के ब्याह में खुरपे का गीत।**
अर्थ : बेमौक़े की बात; अनमेल काम
प्रयोग : कहाँ बात हो रही थी पं० देवीदत्त शुक्ल के विषय में विचार रखने की और कहाँ संचालक ने एक व्यक्ति से हास्य-व्यंग्य की रचना पढ़वा दी। इसी को कहते हैं, ''हँसुए के ब्याह में खुरपे का गीत।''

- **हँसता जाये रोता आये, रोता जाये हँसता आये।**
अर्थ : स्थिति बहुत अनिश्चित हो।
प्रयोग : काग़ज़ पर मज़बूत टीम होते हुए भी एकदिवसीय क्रिकेट में भारतीय टीम की स्थिति ''हँसता जाये रोता आये, रोता जाये हँसता आये'' जैसी बनी हुई है।

- **हथेली पर सरसों नहीं जमता।**
अर्थ : असम्भव कार्य पूर्ण नहीं किया जा सकता।
प्रयोग : सुबह आपने साक्षात्कार दिया है और शाम को ही उसका नतीजा जानने चले आये हैं। भाई साहब! आप भी जानते हैं— हथेली पर सरसों नहीं जमती।

- **हथेली पर सरसों जमाना**

  अर्थ : असम्भव कार्य को कर दिखाना

  प्रयोग : सिर्फ़ एक माह में वर्षभर के पाठ्यक्रम को भला कैसे पढ़ाया जा सकेगा! आप तो "हथेली पर सरसों जमाना" चाहते हैं।

- **हज्जाम के आगे सबका सिर झुकता है।**

  अर्थ : अपनी जगह पर सबका महत्त्व है।

  प्रयोग : जब आम चुनाव कराने का समय आता है तब बड़े-बड़े नेता और व्यापारी जनसाधारण के सम्मुख अपने पक्ष में मतदान करने की याचना करते हैं तब यह कहना पड़ता है कि हज्जाम के आगे सबका सिर झुकता है।

- **हज़ारों टाँकी सहकर महादेव होते हैं।**

  अर्थ : कठिनाइयाँ झेलते-झेलते मनुष्य ऊँचा पद पाता है।

  प्रयोग : जीवन में सोद्देश्यपूर्ण अध्यवसाय करके ही गन्तव्य की प्राप्ति की जा सकती है क्योंकि "हज़ारों टाँकी सहकर महादेव होते हैं।"

- **हज़ारों हथौड़े सहकर मूर्ति बनती है।**

  अर्थ : कष्टों को झेलने के बाद मनुष्य, 'मनुष्य' बनता है।

  प्रयोग : जीवन में लाख कष्ट आये घबराना नहीं चाहिए क्योंकि "हज़ारों हथौड़े सहकर मूर्ति बनती है।"

- **हड्डी खाना आसान पर पचाना मुश्किल।**

  अर्थ : घूस लेनेवाला कभी-न-कभी पकड़ा जाता है।

  प्रयोग : भ्रष्ट घूसख़ोर तहसीलदार को निलम्बन का आदेश मिलते ही उसकी समझ में आ गया कि हड्डी खाना आसान, पर पचाना बहुत मुश्किल होता है।

- **हम साँप नहीं, जो हवा पीकर जियें।**

  अर्थ : भरपेट खाना चाहिए।

  प्रयोग : मज़दूरों को जमकर खिलाया कीजिए तभी वे कड़ी मिहनत करेंगे। वे कोई साँप नहीं, जो हवा पीकर जियेंगे।

- **हर मर्ज़ की दवा।**

  अर्थ : हर समस्या का निराकरण है।

  प्रयोग : अध्ययन-अध्यापन, प्रवेश की समस्या हो अथवा आवास की समस्या हो, भद्रहरि हर कष्ट और कठिनाई में हम सबकी मदद करते हैं इसलिए हम सब उनको "हर मर्ज़ की दवा" मानते हैं।

- **हराम की कमाई, हराम में गँवाई।**

  अर्थ : बेईमानी के रुपये बुरे कामों में लग जाते हैं।

  प्रयोग : नन्दलाल ने जुए में जीते गये सारे रुपये और अधिक कमाने की लालच में लॉटरी में लगाकर गँवा दिये। इसे ही कहते हैं— हराम की कमाई हराम में गँवाई।

- **हर्रा** (हींग) **लगे न फिटकरी, रंग चोखा होय।**
  अर्थ : ख़र्च भी न हो और काम भी बन जाए।
  प्रयोग : रामप्रकाश इतना धूर्त और मक्कार है कि हर काम बिना एक पैसा ख़र्च किये कर लेना चाहता है। वह तो "हर्रा लगे न फिटकरी, रंग चोखा होय" को चरितार्थ करना चाहता है।
- **हवन करते हाथ जलते।**
  अर्थ : भलाई के प्रतिफल में बुराई मिलना
  प्रयोग : उस अपरिचित किन्तु उदार व्यक्ति ने तो विधवा के कष्टकारी जीवन को देखकर उसकी आर्थिक सहायता की थी किन्तु उसका प्रतिफल लोगों ने उन्हें चरित्रहीन कहकर दिया; मतलब कि हवन करते हाथ जलते।
- **हाँडी का एक ही चावल देखा जाता है।**
  अर्थ : किसी परिवार, जाति या देश के एक ही व्यक्ति को देखने से ज्ञात हो जाता है कि शेष कैसे होंगे।
  प्रयोग : तुम्हारे जैसे ईमानदार और कर्त्तव्यनिष्ठ को देखकर मैं तुम्हारे परिवारवालों को समझ सकता हूँ, क्योंकि हाँडी का एक ही चावल देखा जाता है।
- **हाथ कंगन को आरसी क्या?** (आईएएस २००४,२०१०)
  अर्थ : प्रत्यक्ष वस्तु के लिए प्रमाण की आवश्यकता नहीं होती।
  प्रयोग : उसने अपनी विद्वत्ता से सबको प्रभावित कर लिया है। उसकी विद्वत्ता के सभी कायल हो गये हैं। सच ही कहा है, "हाथ कंगन को आरसी क्या?"
- **हाथ सुमरनी बगल कतरनी।**
  अर्थ : मन में कुछ और प्रत्यक्ष में कुछ और; ऊपर से निर्मल, भीतर से कलुषित
  प्रयोग : जो व्यक्ति बहुत मीठा बोलता है, वह भीतर से बहुत ही ख़तरनाक होता है, ठीक उसी तरह से जैसे "हाथ सुमरनी बगल कतरनी।"
- **हाथी के दाँत खाने के और दिखाने के और।**
  अर्थ : करना कुछ, कहना कुछ; द्विरंगी चाल
  प्रयोग : मन्त्री जी कहते कुछ और करते कुछ और हैं। उनका चरित्र "हाथी के दाँत खाने के और दिखाने के और" जैसा ही है।
- **हाथी के पाँव में सबके पाँव।**
  अर्थ : बड़ों के पीछे छोटों का निर्वाह; कोई ऐसा कार्य, जिसे अवसर के अनुकूल समझकर उसमें सभी लोग हिस्सा लेना चाहें।
  प्रयोग : जिन लोगों में कार्य करने की लगन होती है, उनकी सहभागिता से ही सारा कार्य सफल हो जाता है। इसे ही कहते हैं, "हाथी के पाँव में सबके पाँव।"
- **हाथी निकल गया, पूँछ रह गयी।**
  अर्थ : अधिकतर काम का पूरा हो जाना
  प्रयोग : जिज्ञासा ने कहा कि सारी वैवाहिक औपचारिकताएँ पूरी हो गयी हैं। लड़की की विदाईभर होनी है; यानी "हाथी निकल गया, पूँछ रह गयी है।"

- **हाथी चले बाज़ार, कुत्ता भौंके हज़ार।**
  अर्थ : अपने काम से काम रखना, लोगों की न सुनना
  प्रयोग : प्रतिपक्ष के तर्क को सुनने के बाद मन्त्री जी ने प्रत्युत्तर में कहा कि सरकार अपने इरादे पर दृढ़ है— हाथी चले बाज़ार, कुत्ता भौंके हज़ार।
- **हाथी का बोझ हाथी ही उठाता है।**
  अर्थ : बड़ा काम बड़े ही कर सकते हैं।
  प्रयोग : तुम्हारा यह काम सबके वश का नहीं है, इसे सांसद ही करा सकते हैं क्योंकि "हाथी का बोझ हाथी ही उठाता है।"
- **हिमायती की घोड़ी ऐराकी को लात मारे।**
  अर्थ : बड़े का सहारा पाकर, अपने से बड़ों तथा शक्तिशाली से उलझना
  प्रयोग : मुख्यमन्त्री का वरदहस्त प्राप्त करके विधायक राज्य के सारे पुलिस-तन्त्र से भिड़कर "हिमायती की घोड़ी ऐराकी को लात मारे" वाली कहावत चरितार्थ कर रहा है।
- **हिसाब जौ-जौ, बख़्शीश सौ-सौ।**
  अर्थ : हिसाब करने में कड़ा, दान करने में उदार
  प्रयोग : सेठ जमुना प्रसाद जब हिसाब करते हैं तब पूरे अनुशासन का ध्यान रखते हैं; वहीं वे उदारता में भी किसी से कम नहीं हैं। ऐसे ही लोगों के लिए यह कहावत है, "हिसाब जौ-जौ, बख़्शीश सौ-सौ।"
- **हीजड़े के घर बेटा हुआ।**
  अर्थ : असम्भव बात
  प्रयोग : सात साल के लड़के द्वारा २०० लाल मिर्ची खाने का समाचार हिजड़े के घर बेटा होने के समान ही तो है।
- **होनहार बिरवान के होत चीकने पात।**
  अर्थ : बचपन से ही अच्छे लक्षणों का दिखायी देना; महत्ता के लक्षण बचपन से ही प्रकट होने लगते हैं।
  प्रयोग : कर्णिका-कंजिका में साहित्य, कला, संस्कृति, विज्ञानादि के क्षेत्रों में बचपन से ही अप्रत्याशित अभिरुचि देखकर यह कहा जा सकता है, "होनहार बिरवान के होत चीकने पात।"

❊❊❊

# २७. सामान्य हिन्दी-प्रश्नपत्र (उत्तर-सहित)

## वस्तुनिष्ठ सामान्य हिन्दी (हिन्दी-भाषा)

### विपरीतार्थक शब्द

**निर्देश–** निम्नांकित प्रश्नों के अन्तर्गत, प्रत्येक प्रश्न में एक शब्द शुद्ध तथा उसके चार संभावित विपरीतार्थक शब्द दिये गये हैं, जिनमें से एक शुद्ध है। शुद्ध शब्द को चुनिए और उस पर चिह्न लगाइए :—

**ज्ञातव्य–** जिस शब्द से किसी दूसरे विशिष्ट शब्द का उलटा अर्थ निकले, उसे 'विपरीतार्थक शब्द' कहते हैं; जैसे 'अथ' शब्द का विपरीतार्थक शब्द है 'इति'। ध्यान देने की बात यह है कि उपसर्ग के योग से बना शब्द भिन्न होता है। वह विपरीतार्थक हो सकता है किन्तु उपयुक्त नहीं; जैसे— लाभालाभ अर्थात् लाभ का विपरीत अलाभ। यह सही तो है, किन्तु उपयुक्ततम् नहीं। इससे भाषा का सौन्दर्य छुप जाता है। अत: लाभ का उपयुक्ततम् विपरीत शब्द होगा— हानि। इसी प्रकार 'जीत' का विपरीत 'पराजय' भी सही है, किन्तु उपयुक्ततम् होगा— 'हार'। अत: ऐसे प्रयोगों से सावधान रहना चाहिए। इन्हीं सावधानियों के साथ यहाँ हमने कतिपय उदाहरण प्रस्तुत किये हैं। इनमें से अधिकतर प्रश्न प्राय: समस्त प्रतियोगितात्मक परीक्षाओं के सामान्य हिन्दी के प्रश्नपत्र में पूछे गये हैं।

| | | | | |
|---|---|---|---|---|
| १- **अवनि-** | (क) रसातल | (ख) भूचाल | (ग) पाताल | (घ) अम्बर |
| २- **अथ**— | (क) तत् | (ख) इति | (ग) सद्य: | (घ) अन्त |
| ३- **मूक**— | (क) मूर्ख | (ख) अमूक | (ग) वाचाल | (घ) बधिर |
| ४- **हर्ष**— | (क) सन्तप्त | (ख) विषाद | (ग) दु:ख | (घ) निराशा |
| ५- **चेतन**— | (क) अचेतन | (ख) अचल | (ग) सचेतन | (घ) जड़ |
| ६- **कृपण**— | (क) अपव्ययी | (ख) उदार | (ग) दाता | (घ) महात्मा |
| ७- **समर्थन**— | (क) विद्वेष | (ख) तिरस्कार | (ग) अस्वीकार | (घ) विरोध |
| ८- **उत्थान-** | (क) उत्कर्ष | (ख) अपकर्ष | (ग) पतन | (घ) अधोगति |
| ९- **आगामी-** | (क) प्रगामी | (ख) भविष्य | (ग) विगत | (घ) दूरगामी |
| १०- **उपकार-** | (क) परोपकार | (ख) तिरस्कार | (ग) अपकार | (घ) वंचना |
| ११- **नवीन-** | (क) अर्वाचीन | (ख) प्राचीन | (ग) मध्यकालीन | (घ) चिरकालीन |
| १२- **लघु-** | (क) दीर्घ | (ख) बड़ा | (ग) गुरु | (घ) बृहत् |
| १३- **मंगल-** | (क) अमंगल | (ख) अशुभ | (घ) अशोभनीय | (घ) शुभ |
| १४- **संयुक्त-** | (क) मुक्त | (ख) वियुक्त | (ग) निरुक्त | (घ) अमुक्त |
| १५- **सामिष-** | (क) आमिष | (ख) नामिष | (ग) अनामिष | (घ) निरामिष |
| १६- **आस्तिक-** | (क) स्वास्तिक | (ख) आध्यात्मिक | (ग) नास्तिक | (घ) परास्तिक |
| १७- **विजेता-** | (क) पराजिता | (ख) विजित | (ग) अपकर्ष | (घ) अधोगति |
| १८- **सुलभ-** | (क) सहज | (ख) प्राप्त | (ग) दुर्लभ | (घ) असुलभ |

| | | | | |
|---|---|---|---|---|
| १९- **उत्कर्ष-** | (क) उत्थान | (ख) पतन | (ग) अपकर्ष | (घ) अधोगति |
| २०- **अस्तित्व-** | (क) विनाश | (ख) अस्थाई | (ग) अनस्तित्व | (घ) नश्वर |
| २१- **अस्त्रीकरण-** | (क) शस्त्रीकरण | (ख) निरस्त्रीकरण | (ग) अस्त्रहीनता | (घ) अस्त्रविहीनीकरण |
| २२- **नित्य-** | (क) शाश्वत | (ख) क्षणिक | (ग) नश्वर | (घ) अनित्य |
| २३- **निन्दा-** | (क) स्तुति | (ख) सराहना | (ग) प्रशंसा | (घ) आलोचना |
| २४- **खण्डन-** | (क) संयुक्त | (ख) पूरण | (ग) मण्डन | (घ) सम्पूरण |
| २५- **नूतन-** | (क) प्राचीन | (ख) अर्वाचीन | (ग) पुराना | (घ) पुरातन |
| २६- **आशा-** | (क) विश्वास | (ख) प्रतीति | (ग) निराशा | (घ) आकांक्षा |
| २७- **अमृत-** | (क) गरल | (ख) विष | (ग) पीयूष | (घ) सुधा |
| २८- **अनुराग-** | (क) राग | (ख) पराग | (ग) विमोह | (घ) विराग |
| २९- **आदि-** | (क) अनादि | (ख) अन्त | (ग) अथ | (घ) इति |
| ३०- **अवर-** | (क) कनिष्ठ | (ख) वरिष्ठ | (ग) प्रवर | (घ) ज्येष्ठ |
| ३१- **आगमन-** | (क) प्रयाण | (ख) गमन | (ग) प्रस्थान | (घ) बहिर्गमन |
| ३२- **आकर्षण-** | (क) अपकर्षण | (ख) विकर्षण | (ग) प्रवर्षण | (घ) विकृष्टि |
| ३३- **आदर-** | (क) तिरस्कार | (ख) निरादर | (ग) विरादर | (घ) श्रद्धा |
| ३४- **प्रदाता-** | (क) विधाता | (ख) आदाता | (ग) दाता | (घ) अदाता |
| ३५- **कीर्त्ति-** | (क) विकृति | (ख) सुकृति | (ग) अपयश | (घ) अपकीर्त्ति |
| ३६- **ग्राम-** | (क) जिला | (ख) देश | (ग) नगर | (घ) शहर |
| ३७- **उपमान-** | (क) अपमान | (ख) मान | (ग) व्यतिरेक | (घ) अतिरेक |
| ३८- **आशीष-** | (क) आमिष | (ख) निरामिष | (ग) वरदान | (घ) अभिशाप |
| ३९- **उन्नयन-** | (क) नयन | (ख) अपनयन | (ग) पलायन | (घ) अतिनयन |
| ४०- **व्यक्ति-** | (क) राष्ट्र | (ख) देश | (ग) काल | (घ) समाज |
| ४१- **सहानुभूति-** | (क) आलोचना | (ख) निन्दा | (ग) घृणा | (घ) प्रेम |
| ४२- **सन्धि-** | (क) समाज | (ख) असन्धि | (ग) विग्रह | (घ) निविदा |
| ४३- **सर्जन-** | (क) पृथक् | (ख) नाश | (ग) ध्वंस | (घ) सर्वनाश |
| ४४- **साहसी-** | (क) विकास | (ख) कायरता | (ग) भय | (घ) भीरु |
| ४५- **विकास-** | (क) विनाश | (ख) पतन | (ग) ह्रास | (घ) निकास |

**उत्तर-क्रम**

| | | | | | |
|---|---|---|---|---|---|
| १- (घ) | २- (ख) | ३- (ग) | ४- (ख) | ५- (घ) | ६- (ख) |
| ७- (घ) | ८- (ग) | ९- (ग) | १०- (ग) | ११- (ख) | १२- (ग) |
| १३- (क) | १४- (ख) | १५- (घ) | १६- (ग) | १७- (क) | १८- (ग) |
| १९- (ग) | २०- (ग) | २१- (ख) | २२- (घ) | २३- (ग) | २४- (ग) |
| २५- (घ) | २६- (ग) | २७- (ख) | २८- (घ) | २९- (ख) | ३०- (ग) |
| ३१- (ग) | ३२- (ख) | ३३- (ख) | ३४- (ख) | ३५- (घ) | ३६- (ग) |
| ३७- (ग) | ३८- (घ) | ३९- (ख) | ४०- (घ) | ४१- (ग) | ४२- (ग) |
| ४३- (ग) | ४४- (घ) | ४५- (ग) | | | |

# पर्यायवाची शब्द

**अर्थ–** जिन शब्दों के अर्थ समान हों, उन्हें 'पर्यायवाची शब्द' कहते हैं। इन्हें प्रतिशब्द अथवा समानार्थक शब्द भी कहते हैं किन्तु स्मरण में रखने की बात यह है कि इन प्रश्नों में अर्थ की समानता होते हुए भी इनके प्रयोग एकसमान नहीं होते। ये शब्द अपने में इतने पूर्ण हैं कि एक ही शब्द का प्रयोग, सभी स्थितियों और सभी स्थानों पर उचित नहीं होता; कहीं कोई शब्द उचित होता है, तो कहीं कोई अर्थात् प्रत्येक शब्द की महत्ता विषय और स्थान के अनुसार होती है। यहाँ पर्यायवाची शब्दों की समुचित जानकारी के लिए कतिपय उदाहरण प्रस्तुत किये गये हैं।

**निर्देश–** नीचे दिये गये प्रश्नों के अन्तर्गत, प्रत्येक प्रश्न में एक शब्द दिया गया है तथा उसके कुछ पर्यायवाची शब्द दिये गये हैं, जिनमें से कोई एक ग़लत है; आप उस ग़लत शब्द का चयन कीजिए और उसके लिए उत्तर-पर्णी पर निर्धारित संख्या पर चिह्न लगाइए :—

| | | | | | |
|---|---|---|---|---|---|
| १- | **अमृत–** | (क) सोम | (ख) सुधा | (ग) पीयूष | (घ) सुरा |
| २- | **नेत्र–** | (क) आँख | (ख) दृग | (ग) चक्षु | (घ) मोक्ष |
| ३- | **निर्जीव–** | (क) सतद | (ख) जीवहीन | (ग) प्राणहीन | (घ) निष्प्राण |
| ४- | **ह्रास–** | (क) पतन | (ख) वृद्धि | (ग) अवनति | (घ) अपकर्ष |
| ५- | **कमल–** | (क) पंकज | (ख) नीरज | (ग) सरोज | (घ) मनोज |
| ६- | **अग्नि–** | (क) प्रस्तर | (ख) पावक | (ग) आग | (घ) अनल |
| ७- | **उत्सव–** | (क) पर्व | (ख) समारोह | (ग) जश्न | (घ) मातम |
| ८- | **अतिथि–** | (क) अधिगत | (ख) अभ्यागत | (ग) आगन्तुक | (घ) मेहमान |
| ९- | **असुर–** | (क) राक्षस | (ख) दैत्य | (ग) पीयूष | (घ) दानव |
| १०- | **आनन्द–** | (क) मोद | (ख) प्रमोद | (ग) आमोद | (घ) मानन्द |
| ११- | **आकाश–** | (क) नभ | (ख) व्योम | (ग) अनन्त | (घ) अवनि |
| १२- | **इन्द्र–** | (क) अमरकेन्द्र | (ख) पुरन्दर | (ग) सुरेश | (घ) सुरपति |
| १३- | **ईश्वर–** | (क) ईश | (ख) महेश | (ग) परमेश्वर | (घ) परमात्मा |
| १४- | **इन्द्रिय–** | (क) गो | (ख) हृषीक | (ग) रथ | (घ) जन |
| १५- | **एकान्त–** | (क) अनन्त | (ख) निर्जननाग | (ग) शून्य | (घ) एकाकी |
| १६- | **कल्पवृक्ष–** | (क) देवदारु | (ख) कल्पतरु | (ग) कल्पद्रुम | (घ) कल्पभू |
| १७- | कामदेव– | (क) मदन | (ख) मन्मथ | (ग) मनसिज | (घ) मनयज |
| १८- | क्रोध– | (क) क्रोध | (ख) रोष | (ग) कोष | (घ) अमर्ष |
| १९- | केला– | (क) कदली | (ख) मोचा | (ग) रम्भा | (घ) अम्भा |
| २०- | गंगा– | (क) सुरसरि | (ख) भागीरथी | (ग) जाह्नवी | (घ) माह्नवी |
| २१- | गाय– | (क) गो | (ख) गऊ | (ग) रथ | (घ) धेनु |
| २२- | चन्द्रमा– | (क) सोम | (ख) शशि | (ग) विधु | (घ) मधु |
| २३- | जल– | (क) नीर | (ख) उदक | (ग) अम्बु | (घ) रौप्य |
| २४- | दाँत– | (क) उड्गन | (ख) रद | (ग) दन्त | (घ) दशन |
| २५- | दिन– | (क) प्रदीप | (ख) वासर | (ग) दिवस | (घ) अहन |
| २६- | दीपक – | (क) दीया | (ख) भ्रिया | (ग) दीप | (घ) दियरा |
| २७- | दुःख – | (क) कष्ट | (ख) मोक्ष | (ग) क्लेश | (घ) पीड़ा |

२८- **नदी-** (क) सरिता (ख) सरि (ग) तरंगिणी (घ) क्षिप्रा
२९- **पर्वत-** (क) शैल (ख) गिरि (ग) नग (घ) महीभू
३०- **पिता-** (क) जनक (ख) तात (ग) जनयिता (घ) संरक्षक
३१- **पत्नी-** (क) भार्या (ख) दारा (ग) महिला (घ) वामा
३२- **पार्वती-** (क) उमा (ख) शिवा (ग) गौरी (घ) अजन्मा
३३- **बादल-** (क) मेघ (ख) आभ्र (ग) वारिद (घ) अम्बु
३४- **बिजली-** (क) चपला (ख) शम्पा (ग) यामिनी (घ) विद्युत्
३५- **वायु-** (क) पवन (ख) अनल (ग) समीर (घ) अनिल
३६- **राजा-** (क) नृप (ख) भूपति (ग) भूप (घ) पाराशय
३७- **समुद्र-** (क) वागीश (ख) अब्धि (ग) नदीश (घ) अर्णव
३८- **सूर्य-** (क) रवि (ख) आदित्य (ग) मार्त्तण्ड (घ) अर्कण
३९- **संसार-** (क) भू (ख) भव (ग) लोक (घ) विश्व
४०- **शरीर-** (क) वसु (ख) बपु (ग) गात (घ) काया

**उत्तर-क्रम**

| | | | | | |
|---|---|---|---|---|---|
| १- (घ) | २- (घ) | ३- (ग) | ४- (ख) | ५- (घ) | ६- (क) |
| ७- (घ) | ८- (क) | ९- (ग) | १०- (घ) | ११- (घ) | १२- (क) |
| १३- (ख) | १४- (घ) | १५- (क) | १६- (घ) | १७- (घ) | १८- (क) |
| १९- (घ) | २०- (घ) | २१- (ग) | २२- (घ) | २३- (घ) | २४- (क) |
| २५- (क) | २६- (ख) | २७- (ख) | २८- (घ) | २९- (घ) | ३०- (घ) |
| ३१- (ग) | ३२- (घ) | ३३- (घ) | ३४- (ग) | ३५- (ख) | ३६- (घ) |
| ३७- (क) | ३८- (घ) | ३९- (क) | ४०- (क) | | |

## तत्सम-शब्द (शुद्ध शब्द)

**निर्देश–** निम्नांकित चार विकल्पों में से वर्तनी की दृष्टि से शुद्ध (तत्सम्) शब्द चुनिए और उसे उत्तर-पर्णी पर चिह्नित कीजिए :—

१- (क) सिंगार (ख) शृंगार (ग) श्रींगार (घ) श्रृंगार
२- (क) कवयत्री (ख) कवयित्री (ग) कवियित्री (घ) कवियत्री
३- (क) संन्यासी (ख) संयासी (ग) संनियासी (घ) सन्यासी
४- (क) औद्योगिक (ख) ओद्योगिक (ग) उद्योगिक (घ) उद्यौगिक
५- (क) रसायनिक (ख) रशायनिक (ग) रासायनिक (घ) राशायनिक
६- (क) व्यवहारिक (ख) व्यौहारिक (ग) व्यावहारिक (घ) व्यावहरिक
७- (क) व्यवसायिक (ख) व्यौसायिक (ग) व्यावसायिक (घ) व्यवसाइक
८- (क) उत्कर्ष (ख) उतक्रर्ष (ग) उत्कर्श (घ) उतकर्ष
९- (क) अन्तरगत (ख) अन्तर्गत (ग) अर्न्तगत् (घ) अंन्तर्गत
१०- (क) उलघंन (ख) उल्लघंन (ग) उल्लंघन (घ) उंल्लघन
११- (क) अहलाद (ख) आहलाद (ग) आह्राद (घ) आह्लाद
१२- (क) उपरियुक्त (ख) उपर्युक्त (ग) ऊपरोक्त (घ) उपरोक्त
१३- (क) उत्छृञ्खल (ख) उच्छृखल (ग) उंच्छृखल (घ) उच्छृङ्खल

१४-(क) प्रतिद्वन्दी (ख) प्रतिद्वंदी (ग) प्रतिद्वन्द्वी (घ) प्रतिद्वन्द्री
१५-(क) अंतरराष्ट्रीय (ख) अन्तर्राष्ट्रीय (ग) अर्न्तराष्ट्रीय (घ) अंतर्राष्ट्रीय
१६-(क) शुश्रूषा (ख) सुश्रुवा (ग) सुश्रूषा (घ) शुश्रुषा
१७-(क) दुश्चरित्र (ख) दुस्चरित्र (ग) दुष्चरित्र (घ) शुष्चरित्त

**उत्तर-क्रम**

१- (ख) शृंगार २- (ख) कवयित्री ३- (क) संन्यासी ४- (क) औद्योगिक ५- (ग) रासायनिक ६- (ग) व्यावहारिक ७- (ग) व्यावसायिक ८- (ग) उत्कर्ष ९- (ख) अन्तर्गत १०- (ग) उल्लंघन ११- (घ) आह्लाद १२- (ख) उपर्युक्त १३- (घ) उच्छृङ्खल १४- (ग) प्रतिद्वन्द्वी १५- (ख) अन्तर्राष्ट्रीय १६- (क) शुश्रूषा १७- (क) दुश्चरित्र

## मुहावरे और कहावतें

नीचे दिये गये उत्तरों में से सर्वाधिक उपयुक्त उत्तर पर चिह्न लगाइए :—

१- **अन्धे के हाथ बटेर लगना**
(क) अप्रत्याशित लाभ होना (ख) एकाएक लाभ हो जाना
(ग) भविष्य की बात को जान लेना (घ) अन्धे को सोना मिल जाना

२- **खोदा पहाड़ निकली चुहिया**
(क) कठोर परिश्रम का अच्छा लाभ
(ख) कठोर परिश्रम के उपरान्त अत्यल्प उपलब्धि
(ग) पहाड़ की खुदाई से प्राप्त एक छोटा जीव
(घ) कठोर परिश्रम से कुछ भी लाभ न प्राप्त होना

३- **अपना उल्लू सीधा करना**
(क) अपना स्वार्थ साधना (ख) अपना काम चलाना
(ग) दूसरों को बेवकूफ़ बनाना (घ) अपने साथ दूसरों का उपकार करना

४- **अपने पैर पर कुल्हाड़ी मारना**
(क) अपना पैर काटना (ख) अपना अहित स्वयं करना
(ग) अपने हाथ से वृक्ष काटना (घ) कुल्हाड़ी से वृक्ष काटना

५- **गड़े मुर्दे उखाड़ना**
(क) पुरानी वस्तु को खोद डालना (ख) गड़ी चीज़ को हवा में उछालना
(ग) अतीत को उद्घाटित करना (घ) अतीत के सामने सबको लाना

६- **आँखें चुराना**
(क) आँख मारना (ख) दोनों आँख का अन्धा होना
(ग) एक आँख का अन्धा होना (घ) बचने की कोशिश करना

७- **उलटी गंगा बहाना**
(क) जल की धारा के विपरीत जाना (ख) गंगा की धारा को मोड़ देना
(ग) गंगा की धारा के साथ-साथ चलना (घ) नियम-विरुद्ध कार्य करना

८- **नौ-दो ग्यारह होना**
(क) भाग जाना (ख) जोड़ करना
(ग) लौट आना (घ) गिनती गिनना

**९- पीठ दिखाना**

(क) हार मानना

(ख) जीत जाना

(ग) पश्चात्ताप करना

(घ) अपनी वेदना व्यक्त करना

**१ ० - पानी-पानी होना**

(क) लज्जित होना

(ख) पानी से भीग जाना

(ग) अति प्रसन्न होना

(घ) व्यथित हो जाना

**१ १ - घोड़े बेचकर सोना**

(क) ख़ुशी में सोना

(ख) गहरी नींद में सोना

(ग) बेफ़िक्र सोना

(घ) घोड़ा किसी को सौंपकर सोना

**१ २ - चोली-दामन का साथ**

(क) गहरी दोस्ती

(ख) कटु शत्रुता

(ग) दोस्ती निभाना

(घ) दोस्ती चलाना

**१ ३ - हौसला पस्त होना**

(क) हार मानना

(ख) उत्साह न रहना

(ग) पराजित होना

(घ) हार न मानना

**१ ४ - ज़हर का घूँट पीना**

(क) विष पी लेना

(ख) ख़तरा उठाना

(ग) जोख़िम में डाल देना

(घ) अपमान को चुपचाप सहन कर लेना

**१ ५ - तिल का ताड़ बनाना**

(क) छोटी बात को बहुत बढ़ा-चढ़ाकर कहना

(ख) छोटी बात को छोटा करके कहना

(ग) छोटी बात को किसी से न कहना

(घ) तिल को ताड़ के पास रख देना

१६ - **जीती मक्खी निगलना**

(क) जानकारी में कभी ग़लती न करना

(ख) जान-बूझकर अन्याय सहना

(ग) जीती मक्खी निकाल फेंकना

(घ) जीती मक्खी खा डालना

१७ - **दाल न गलना**

(क) दाल का कच्ची रह जाना

(ख) दाल का थोड़ा भी न पकना

(ग) वश में न होना

(घ) परवश कदापि न करना

१८ - **अपनी करनी पार उतरनी**

(क) जैसा करोगे, वैसा पाओगे।

(ख) तैरकर ही पार हो पाओगे।

(ग) अपने कर्त्तव्य पर ही भरोसा करना।

(घ) कर्म का भी फल कभी-कभी नहीं मिलता।

१९ - **थोथा चना बाजे घना**

(क) ख़ाली चना अधिक आवाज़ करता है।

(ख) थोथा चना कभी नहीं बजता।

(ग) ओछा आदमी अपने महत्त्व का अधिक बखान करता है।

(घ) चना भाड़ में आवाज़ करता है।

२० - **ऊधौ का न लेना, न माधौ का देना**

(क) सब झमेलों से अलग रहना

(ख) झमेलों में पड़कर आनन्द लेना

(ग) झमेलों के बीच लोगों को ला खड़ा करना

(घ) ऊधौ से लेकर भी माधौ को न देना

२१ - **तीन लोक ते मथुरा न्यारी**

(क) सबसे निराला

(ख) बहुत सुन्दर मथुरा का होना

(ग) तीनों लोक में मथुरा न होना

(घ) मथुरा की बखान तीनों लोकों में है।

२२ - **समरथ को नहीं दोष गोसाईं**

(क) समर्थ में ही सारे दोष होते हैं।

(ख) सबल का कोई दोष नहीं दिखता।

(ग) सबल दोषी होकर भी दोष को छुपा लेता है।

(घ) समर्थ सदा दोषी होते हैं।

**२ ३ - अकल बड़ी या भैंस**

(क) शारीरिक बल से बुद्धि श्रेष्ठ होती है।

(ख) शारीरिक बल ही श्रेष्ठ बल होता है।

(ग) अक़्ल और भैंस दोनों बड़े हैं।

(घ) अक़्ल से भैंस बड़ी है।

**२ ४ - अटका बनिया देई उधार**

(क) बनिया परेशानी में भी उधार नहीं देता।

(ख) अपनी गरज पर दबना पड़ता है।

(ग) बनिया अपनी गरज पर ही सुनता है।

(घ) बनिया उधार कभी-कभी ही देता है।

**२ ५ - आ बैल, मुझे मार**

(क) बैल को बुलाकर मारना (ख) जान बूझकर विपत्ति मोल लेना

(ग) बैल को ज़बरदस्ती पीटना (घ) विपत्ति को बुलाकर भाग खड़ा होना

**२ ६ - आधा तीतर, आधा बटेर**

(क) आधी-आधी चीज़ों को साथ रखना

(ख) बेमेल चीज़ों का सम्मिश्रण

(ग) सुमेल चीज़ों का बटोरना

(घ) आधी-आधी चीज़ों को मिलाकर एक करना

**२ ७ - आप भला तो जग भला**

(क) भली चीज़ सदैव अच्छी लगती है।

(ख) भली चीज़ सदैव दूसरे पसन्द करते हैं।

(ग) भले को सब भले लगते हैं।

(घ) भला जो ढूँढ़न मैं चला मुझसा भला न कोय।

**२ ८ - आँख का अन्धा गाँठ का पूरा**

(क) वह व्यक्ति, जो मूर्ख परन्तु धनी हो।

(ख) वह व्यक्ति,जो धनी हो और मूर्ख न हो।

(ग) आँख का अन्धा व्यक्ति कभी गाँठ का पूरा नहीं हो सकता।

(घ) आँख का अन्धा व्यक्ति कभी धनी नहीं हो सकता।

**२ ९ - आँख का अन्धा, नाम नयनसुख**

(क) गुण के विरुद्ध नाम का रखना

(ख) अन्धा कहना अन्धे को शोभा देता है।

(ग) आँख का अन्धा कभी सुखी नहीं रहता।

(घ) आँख के अन्धे को नयनसुख कहाँ।

**३ ० - एक ही लकड़ी से सबको हाँकना**

(क) सबके साथ एक-जैसा व्यवहार करना (ख) सम उपकारी

(ग) किसी को बराबर न मानना (घ) बहुतों में एक को अधिक मानना

**उत्तर-क्रम**

| | | | | | |
|---|---|---|---|---|---|
| १- (क) | २- (ख) | ३- (क) | ४- (ख) | ५- (ग) | ६- (घ) |
| ७- (घ) | ८- (क) | ९- (क) | १०- (क) | ११- (ग) | १२- (क) |
| १३- (ख) | १४- (घ) | १५- (क) | १६- (ख) | १७- (ग) | १८- (क) |
| १९- (ग) | २०- (क) | २१- (क) | २२- (ख) | २३- (क) | २४- (ख) |
| २५- (ख) | २६- (ख) | २७- (ग) | २८- (क) | २९- (क) | ३०- (क) |

## अनेक शब्दों के लिए एक शब्द

निम्नलिखित शब्दों के चार-चार उत्तर दिए गये हैं, जिनमें से एक ही उत्तर शुद्ध है। आप उनमें से सही उत्तर की पहचान कीजिए :—

**१- जिसकी उपमा न हो**
(क) उपमारहित (ख) अनुपमेय
(ग) अनुपम (घ) उपमेय

**२- जिसके आर-पार न देखा जा सके।**
(क) अपारदर्शी (ख) किरण प्रतिरोधी
(ग) अपारदर्शक (घ) पारदर्शक-रहित

**३- ईश्वर में विश्वास करनेवाला।**
(क) ईश्वरप्रेमी (ख) आराधक
(ग) अनास्तिक न होना (घ) आस्तिक

**४- जिसका शत्रु उत्पन्न न हुआ हो।**
(क) शत्रु जन्महन्ता (ख) शत्रुरहित
(ग) अजातशत्रु (घ) नजातशत्रु

**५- पहले उत्पन्न होनेवाला**
(क) पूर्वजाया (ख) अग्रज
(ग) अनुज श्रेष्ठ (ग) पूर्वगामी

**६- बहुत कम बोलनेवाला**
(क) निराभाषी (ख) अभाषी
(ग) अल्पभाषी (घ) अवाचाल

**७- जिसका अनुभव किया गया हो।**
(क) अनुभवी (ख) अनुभवेतर
(ग) अनुभविता (घ) अनुभूत

**८- जिसकी आशा न की गयी हो।**
(क) निराशा (ख) आशारहित
(ग) अनाशा (घ) अप्रत्याशित

**९- जो भविष्य की बात सोचता हो।**
(क) भविष्यचिन्तक (ख) चिन्ताकुल
(ग) अग्रसोची (घ) भावी चिन्तक

**१ ० - जिसको कोई पराजित न कर सके।**

(क) अपराजित (ख) अपराजेय

(ग) अपरिजेय (घ) शत्रुहन्ता

**१ १ - पीछे-पीछे चलनेवाला**

(क) अनुगामी (ख) अनुगमन

(ग) अनुवर्ती (घ) अनुचिन्तक

**१ २ - बहुत बोलनेवाला**

(क) बहुभाषी (ख) बहुवाचक

(ग) अतिभाषी (घ) अतिवाचक

**१ ३ - आकाश को छूनेवाला**

(क) गगन स्पर्शीय (ख) आकाश अंचलगामी

(ग) आकाशचुम्बी (घ) गगनस्पर्शी

**१ ४ - गुरु के समीप रहनेवाला शिष्य**

(क) आश्रमवासी (ख) अन्तेवासी

(ग) निकटस्थ (घ) गुरु चरणानुरागी

**१ ५ - लकीर का फ़क़ीर**

(क) अनुगमन कर्त्ता (ख) गतानुगतिक

(ग) अनुगतिक (घ) अनागतिक

**१ ६ - जिसके आने की तिथि ज्ञात न हो।**

(क) अज्ञात तिथि (ख) अतिथि

(ग) अनिश्चित (घ) अतिथेय

**१ ७ - सबसे आगे रहनेवाला**

(क) अग्रवती (ख) अग्रगामी

(ग) अग्रसर (घ) शीघ्र यमच

**१ ८ - जल और थल में विचरण करनेवाला**

(क) जल और थल में विचरणकर्त्ता (ख) उभयचर

(ग) अनुभय चर (घ) भयरहित अचर चर

**१ ९ - सन्ध्या और रात के बीच का समय**

(क) अपराह्न (ख) गोधूलि

(ग) सायंकाल (घ) पूर्ववर्ती रात्रि

**२ ० - जो बहुत समय तक ठहरे।**

(क) चिरस्थायी (ख) स्थायी निवासी

(ग) अचिरस्थायी (घ) अचिर अस्थायी

**२ १ - जो जन्म से अन्धा हो।**

(क) नेत्र-उन्मीलन (ख) जन्मान्ध

(ग) प्रान्ध (घ) नेत्ररहित

**२ २ - जानने की इच्छा रखनेवाला**

(क) तितीर्षा (ख) जिज्ञासु
(ग) जानसु (घ) शब्दान्वेषी

**२ ३ - दिन में चलनेवाला**

(क) दिनगामी (ख) वासरगामी
(ग) दिनचर (घ) दिनवर्ती

**२ ४ - पसीने से उत्पन्न जीव**

(क) वस्पुजामा (ख) स्वेदज्
(ग) उष्णजाया (घ) सर्वजायाजीव

**२ ५ - स्त्रियों-जैसा स्वभाववाला**

(क) रागी–अनुरागी (ख) स्त्री–अनुगामी
(ग) स्त्रीस्वभावी (घ) स्त्रैण

**२६- सब कुछ जाननेवाला**

(क) सर्वज्ञानी (ख) सर्वज्ञ
(ग) सर्वद्रष्टा (घ) सर्वदर्शी

**२ ७ - शत्रु को मारनेवाला**

(क) शत्रुद्रोही (ख) शत्रुहन्ता
(ग) शत्रुह्न (घ) शत्रुरहित

**२ ८ - उपकार के बदले उपकार**

(क) दो उपकार (ख) अनौपकार
(ग) अनापकार (घ) प्रत्युपकार

**२ ९ - अमृत के समान वचन**

(क) अमृत वचन (ख) वचनामृत
(ग) चरणामृत (घ) अमृतभाषी

**उत्तर-क्रम**

| | | | | | |
|---|---|---|---|---|---|
| १- (ख) | २- (ग) | ३- (घ) | ४- (ग) | ५- (ख) | ६- (ग) |
| ७- (घ) | ८- (घ) | ९- (ग) | १०- (ख) | ११- (क) | १२- (क) |
| १३- (ग) | १४- (ख) | १५- (ख) | १६- (ख) | १७- (ग) | १८- (ख) |
| १९- (ख) | २०- (क) | २१- (ख) | २२- (ख) | २३- (ग) | २४- (ख) |
| २५- (घ) | २६- (ख) | २७- (ख) | २८- (घ) | २९. (ख) | |

## समास-विग्रह

नीचे समास शब्दों के चार–चार आशय दिये गये हैं। सही और स्पष्ट उत्तर की पहचान कीजिए :—

**१- यथाविधि**

(क) नियम के अनुसार (ख) विधि के अनुसार
(ग) नियम के तहत (घ) नियम–अविरुद्ध

२- **राजपुत्र**

(क) राजा का पुत्र (ख) राजा का लड़का

(ग) नृपति बालक (घ) नृपतिसुत

३- **पदच्युत**

(क) पैर से लड़खड़ा जाना (ख) राजा का लड़का

(ग) पद से हटाना (घ) पद का टूट जाना

४- **नीलाम्बर**

(क) नीला है अम्बर जो यानी आकाश (ख) नील गगन

(ग) नीला आकाश (घ) नीले रंग का आकाश

५- **सद्पथ**

(क) सच्चा मार्ग (ख) सचाईवाला मार्ग

(ग) सचाई पर चलनेवाला (घ) अच्छा है जो पथ

६- **पदारविन्द**

(क) अरविन्द पद में है (ख) अरविन्द के समान

(ग) अरबिन्द ही पद है (घ) चरण हैं कमल के समान

७- **नवग्रह**

(क) नौ ग्रहों का समूह (ख) नौ ग्रहों का मार्ग

(ग) नौ ग्रह की छाया (घ) नौ ग्रहों का प्रकाशपुंज

८- **पंचरत्न**

(क) पाँच रत्नों से प्रकाश निकलना (ख) अलग-अलग पाँच रत्न

(ग) पाँच रत्नों का समूह (घ) पाँच रत्नों का जलना

९- **लम्बोदर**

(क) लम्बा है उदर जिसका अर्थात् गणेश (ख) लम्बोदर एक नाम

(ग) लम्बा नाम है जिसका (घ) लम्बा मुख है जिसका

१०- **दशानन**

(क) दश मुख से खानेवाले (ख) दस है आनन जिसका अर्थात् रावण

(ग) दसानन है आनन अर्थात् इन्द्र (घ) दस मुखवाले गरुड़

११- **चन्द्रशेखर**

(क) चन्द्रमा के समान किरणवाले (ख) चन्द्रमा की आशावाले

(ग) चन्द्र हैं शेखर पर जिसके अर्थात् शिव (घ) चन्द्रमा की आभावाले विष्णु

१२- **अनुराग-विराग**

(क) अनुराग में विराग (ख) अनुराग से विराग

(ग) अनुराग पर विराग (घ) मान में अपमान

१३- **मानापमान**

(क) मान के साथ अपमान भी (ख) मान और अपमान साथ-साथ

(ग) मान और अपमान (घ) मान में अपमान

१४ - **दिनानुदिन**
(क) दिन के बाद दिन (ख) दिन और दिन
(ग) दिन के अगले दिन (घ) हमेशा आने वाला दिन

१५ - **चरित्र-चित्रण**
(क) चरित्र का चित्रण (ख) चरित्र को चारित्रक करना
(ग) चित्रविचित्र होना (घ) चरित्र को लिखना

१६ - **महापुरुष**
(क) पुरुष जो महान् है (ख) पुरुषार्थी मनुष्य
(ग) महत् व्यक्ति (घ) महापौरुष

१७ - **सप्ताह**
(क) सात दिन (ख) दिनों का समूह
(ग) सात और दिन (घ) सात दिनों का समूह

१८ - **त्रिवेणी**
(क) तीन वेणी (ख) त्रि और वेणी
(ग) त्रि (तीन) वेणियों का समूह (घ) तीन बड़ी वेणियाँ

१९ - **चतुरानन**
(क) चालाक बननेवाले
(ख) चतुर्मुख
(ग) चार हैं आनन (मुख) जिसके अर्थात् ब्रह्मा
(घ) चारों ओर मुँहों को फैलाये हुए

२० - **पुरुषसिंह**
(क) पुरुष और सिंह (ख) सिंह के साथ पुरुष
(ग) पुरुष के साथ सिंह (घ) पुरुषों में सिंह के समान

२१ - **रामकृष्ण**
(क) राम के साथ (ख) राम सहित कृष्ण
(ग) कृष्ण के साथ (घ) राम और कृष्ण

२२ - **आयव्यय**
(क) आय और व्यय (ख) आय व्यय के साथ
(ग) आय में व्यय (घ) आय.के साथ व्यय

२३ - **यथार्ह**
(क) अर्ह (योग्यता) के अनुसार (ख) योग्यता के लिए
(ग) योग्यतामय (घ) यथा और अर्ह

२४ - **षडानन**
(क) छः हाथवाले (ख) छः पैरवाले
(ग) छः मुखवाले अर्थात् कार्त्तिकेय (घ) षडानन एक पक्षी

२५ - **आजीवन**
(क) जीवन के साथ (ख) जीवन के सदृश
(ग) जीवनभर (घ) जीवनापेक्षी

**उत्तर-क्रम**

| | | | | | |
|---|---|---|---|---|---|
| १- (ख) | २- (क) | ३- (ग) | ४- (क) | ५- (घ) | ६- (घ) |
| ७- (क) | ८- (ग) | ९- (क) | १०- (ख) | ११- (ग) | १२- (घ) |
| १३- (ग) | १४- (क) | १५- (क) | १६- (क) | १७- (घ) | १८- (ग) |
| १९- (ग) | २०- (क) | २१- (घ) | २२- (क) | २३- (क) | २४- (ग) |
| २५- (ग) | | | | | |

## सन्धि-विच्छेद

नीचे सन्धियों के विच्छेद दिये गये है; छाँटकर उपयुक्त स्थान पर चिह्न लगायें :—

**१- रामाधार**

(क) राम + अधार　　(ख) राम + आधार

(ग) रमा + अधार　　(घ) रामा + आधार

**२- कामारि**

(क) काम + ऋ　　(ख) कामा + अरि

(ग) काम + अरि　　(घ) काम + आरि

**३- गिरीश**

(क) गिर + ईश　　(ख) गिरा + ईश

(ग) गिरि + ईश　　(घ) गिर + ईश

**४ भानूदय**

(क) भानुय + उदय　　(ख) भानु + उदय

(ग) भानु + ऊदय　　(घ) भानू + उदय

**५- पितृणम्**

(क) पितृ + ऋणम्　　(ख) पितृ + ऋणाम

(ग) पित्रव + ऋण　　(घ) पितृ + ऋणाम

**६- सर्वोदय**

(क) सर्व + उदय　　(ख) सर्वो + ऊदय

(ग) सर्वान + औदय　　(घ) सर्वो + उदय

**७- महर्षि**

(क) महा + ऋषि　　(ख) महा + ऋषिय

(ग) महिष + मऋषि　　(घ) महा + ऋषी

**८- सदैव**

(क) सदे + ऐव　　(ख) सदा + एव

(ग) सदा + अव　　(घ) सदा + ऐव

**९- महौषध**

(क) महा + औषध　　(ख) महिष + औषधि

(ग) महा + औषधी　　(घ) महिष + औषधी

१०- **यद्यपि**

(क) यदि + आपि | (ख) यादि + आपि
(ग) यदि + अपि | (घ) यदि + यपि

११- **स्वागतम्**

(क) सु + आगतम् | (ख) स्वा + आगतम्
(ग) सु + अगतम् | (घ) स्वा + गातम्

१२- **अभ्युक्ति**

(क) अभि + ऊक्ति | (ख) अभ्यु + उक्ति
(ग) अभि + उक्ति | (घ) अभ्यु + उक्ति

१३- **सच्चरित्र**

(क) सत् + चरित्र | (ख) सत + चरित्र
(ग) सत्य + चरित्र | (घ) सच्चा + चारित्र

१४- **दुष्कर्म**

(क) दुः + कर्म | (ख) दुष्य + कर्म
(ग) दु + कर्म | (घ) दूः + कर्म

१५- **दुराक्रमण**

(क) दुः + आक्रमण | (ख) दु + आक्रमण
(ग) दुष्य + क्रमणः | (घ) दूं + आक्रमण

१६- **भवन**

(क) भौ + अन | (ख) भो + अन
(ग) भव + न | (घ) भ + वन

१७- **उद्धत**

(क) उत् + हत् | (ख) उद् + हत
(ग) उत् + हत | (घ) उद + हत

१८- **जयद्रथ**

(क) जयत् + रथ | (ख) जयद् + रथ
(ग) जय + रथ | (घ) जयाद + रथ

१९- **उच्छृंखल**

(क) उत + श्रृंखल | (ख) उत् + श्रृंखल
(ग) उत् + श्रृंखल | (घ) उच्छृ + श्रृंखल

२०- **निष्फल**

(क) निस + फल | (ख) नी + फल
(ग) नि + फल | (घ) निः + फल

२१- **दुराक्रमण**

(क) दुः + आक्रमण | (ख) दु + आक्रमण
(ग) दु + आक्रमण | (घ) दुरा + क्रमण

२२- **अन्तःपुर**

(क) अन्तः + पुरः (ख) अंत + पुर

(ग) अन्तः + पुर (घ) अतः + पुर

२३- **दुर्लभ**

(क) दु + लभः (ख) दुः + लभ

(ग) दू + लभः (घ) दु + लुभ

२४- **निरादर**

(क) निरा + आदर (ख) निः + आदर

(ग) नि + आदरः (घ) निर् + आदर

२५- **निरोग**

(क) निर + रोग (ख) निः + रोग

(ग) नि + रोगः (घ) निर + ओग

२६- **नीरुजता**

(क) निः + रुजता (ख) निर + रुजता

(ग) निरा + रुजता (घ) नीर + रुजता

२७- **उल्लास**

(क) उत् + लास (ख) उत + लास

(ग) उल्ल + लास (घ) उल् + लास

२८- **दिगन्त**

(क) दिक + अन्त (ख) दिग + अन्त

(ग) दिक् + अन्त (घ) दिक + आन्त

२९- **जगद्बन्धु**

(क) जगत् + बन्धु (ख) जग + बन्धु

(ग) जगत + बन्धु (घ) जगद् + बन्धु

३०- **उच्छिन्न**

(क) उत + छीन्न (ख) उत् + छिन्न

(ग) ऊत + छिन्न (घ) उत + छिन्न

**उत्तर-क्रम**

| | | | | | |
|---|---|---|---|---|---|
| १- (ख) | २- (ग) | ३- (ग) | ४- (ख) | ५- (क) | ६- (क) |
| ७- (क) | ८- (ख) | ९- (क) | १०- (ग) | ११- (क) | १२- (ग) |
| १३- (क) | १४- (क) | १५- (क) | १६- (ख) | १७- (ख) | १८- (क) |
| १९- (ख) | २०- (घ) | २१- (क) | २२- (ग) | २३- (ख) | २४- (ख) |
| २५- (ख) | २६- (घ) | २७- (क) | २८- (ग) | २९- (क) | ३०. (ख) |

# समानार्थक शब्द और उनके भेद

प्रथम शब्द का अर्थ स्पष्ट करते हुए द्वितीय समानार्थी शब्द का आशय चार विकल्पों में से किसी उत्तर के अंतर्गत दिया गया है। इनमें से सही उत्तर की पहचान कीजिए :—

१- **अनुपम-अद्वितीय**

अनुपम का आशय जिसकी उपमा किसी अन्य से न की जा सके, वहीं अद्वितीय का आशय?

(क) जिसके समान दूसरा न हो।
(ख) दूसरे के सामने पहला
(ग) पहले के समान दूसरा न हो।
(घ) पहला और दूसरा एक सदृश

२- **अनुभूति-अनुभव**

अनुभूति यानी जिसका ज्ञान हमें इन्द्रियों द्वारा प्राप्त हो सके। यह ज्ञान क्षणिक होता है किन्तु अनुभव का आशय?

(क) जिसका ज्ञान हमें आत्मा द्वारा प्राप्त हो।
(ख) जिसका ज्ञान हमें सर्वेक्षण, साक्षात्कार अथवा प्रयोग-द्वारा स्वयं प्राप्त हो; यह स्थायी होता।
(ग) जिसकी आत्मा ज्ञान से प्रकाशित हो।
(घ) जिसका ज्ञान स्वत:-स्फूर्त हो।

३- **अनुमोदन-स्वीकृति**

अनुमोदन का अर्थ किसी आलेख, टिप्पणी कार्यवाही अथवा कथन पर सहमति प्रकट करना किन्तु स्वीकृति का आशय—

(क) किसी का प्रस्ताव अनुमोदन करना
(ख) किसी प्रस्ताव को स्वीकार करना
(ग) किसी बात को आत्मसात् करना
(घ) किसी बात को हृदयंगम करना

४- **अनुरोध-आग्रह**

अनुरोध-विनयपूर्वक याचना तो आग्रह का आशय?

(क) अधिकार-भावना से उद्भूत याचना
(ख) अधिकार-भावना की सहृदय याचना करना
(ग) अधिकार-भावना को स्वीकार करना
(घ) इसका कदापि उपेक्षा न करना

५- **अन्वेषण-आविष्कार**

अन्वेषण का अर्थ किसी वस्तु अथवा देश की खोज, जो पहले से ही विद्यमान हो। आविष्कार का आशय?

(क) कोई वस्तु जो पूर्व विद्यमान थी।
(ख) किसी वस्तु का सर्जन, जो पहले विद्यमान थी।
(ग) वह वस्तु, जिसको उद्भासित कर देना
(घ) ज्ञान की पराकाष्ठा पर पहुँच जाना

६- **अपराध-पाप**

अपराध का अर्थ क़ानून की निगाह में दुष्कृति किन्तु पाप का आशय?

(क) अनिष्ट कार्य करना

(ख) धार्मिक ईश्वरीय नियमों की दृष्टि में की गयी दुष्कृति

(ग) एक प्रकार का अपराध, जिसकी उपेक्षा सर्वत्र हो।

(घ) एक जघन्य अपराध

७- **अभिमान-गर्व**

अभिमान का आशय घमण्ड होता है अर्थात् अपने को वास्तविकता से अधिक समझना वहीं गर्व का अर्थ?

(क) अभिमान करना

(ख) रूप, वैभव, ज्ञानादि से उत्पन्न श्रेष्ठता का भाव

(ग) अभिमान और ईर्ष्या करना

(घ) ईर्ष्या की चरम पराकाष्ठा को प्राप्त होना

८- **अस्त्र-शस्त्र**

अस्त्र का अर्थ फेंककर शत्रु पर चलाया जानेवाला हथियार किन्तु शस्त्र?

(क) वह हथियार, जो काफ़ी दूर से ही फेंककर चलाया जाता हो।

(ख) हाथ से लेकर मारने का हथियार

(ग) हाथ में लेकर खदेड़ कर मारना

(घ) शस्त्र अस्त्र की अपेक्षा अच्छा होता है।

९- **आगामी-भावी**

आगामी का अर्थ है, आगे आनेवाला। यह शब्दकाल-बोधक है किन्तु भावी का आशय?

(क) भविष्यभावी

(ख) भविष्य में होनेवाला

(ग) भविष्य के साथ जुड़ा हुआ

(घ) भविष्य से दूर नहीं।

१०- **आदरणीय-पूज्य**

आदरणीय यानी अपने से बड़ों के प्रति सम्मान वहीं पूज्य का अर्थ?

(क) माता, पिता, अग्रज तथा गुरुजनों के प्रति सम्मानसूचक

(ख) पिता की आज्ञा मानना

(ग) किसी की अवमानना न करना

(घ) सबका सम्मान करना

११- **आधि-व्याधि**

(क) शारीरिक-मानसिक से

(ख) मानसिक व्यथा

(ग) शारीरिक व्यथा

(घ) एक असहनीय व्यथा

१२- **आलोचना-समीक्षा**

आलोचना के अन्तर्गत गुण-दोष का विवेचन होता है जबकि समीक्षा के अन्तर्गत होता है?

(क) भली-भाँति विवेचन

(ख) किसी बात की समीक्षा करना

(ग) किसी अंश को लेकर उलझ जाना

(घ) एक प्रकार का भाषण करना

१३- **आशंका-भय**

आशंका/अनिष्ट की सम्भावना से मन में संशय की प्राप्ति किन्तु भय का आशय?

(क) अनिष्ट की उपस्थिति या सम्भावना से मन से उत्पन्न व्याकुलता का भाव

(ख) वेदना के साथ भय

(ग) वेदना के साथ आशंका

(घ) किसी के द्वारा भय खा जाना

१४- **ईर्ष्या-द्वेष**

ईर्ष्या का अर्थ दूसरे के उत्कर्ष को न देख सकने अथवा सुनने की वृद्धि किन्तु द्वेष का आशय?

(क) घृणा करना

(ख) घृणा अथवा शत्रुतावश किसी का विरोध करने का स्थायी भाव

(ग) घृणा द्वेष के साथ करना

(घ) घृणा समभाव में करना

१५- **ऋषि-मुनि**

वेद-मन्त्रों का प्रकाश करनेवाला मुनि का अर्थ?

(क) सत्यादि का पूर्ण विचार करनेवाले धर्म और तत्त्व का विश्लेषक

(ख) साधना करना

(ग) आराधना करना

(घ) ईश्वर को माल्यार्पण करनेवाला

१६- **जाँच-परीक्षण**

सत्यासत्य का अनुसन्धान करना जाँच होता है किन्तु परीक्षण का?

(क) सत्य को उद्‌घाटित करना

(ख) सत्य की पहचान करना

(ग) सत्यासत्य, योग्यतादि का निर्णय

(घ) असत्य को सत्य से तोलना

१७- **त्रुटि-भ्रम**

सही स्थिति से दुराव त्रुटि होता है किन्तु भ्रम?

(क) किसी वस्तु को अयाथार्थ रूप में समझ जाना

(ख) सच को देखकर भ्रमित हो जाना

(ग) दिग्भ्रम होना

(घ) दिशाओं को भूल जाना

१८- **निद्रा-तन्द्रा**

सोने की स्थिति में होना निद्रा का परिचायक है जबकि तन्द्रा?

(क) अपनी चेतना के परे होना

(ख) थोड़ी बेहोशी होना, मूर्च्छा,अर्द्धनिद्रा में होना

(ग) अर्धसुप्तावस्था

(घ) अनिश्चय-अवस्था

१९- **प्रलाप-विलाप**

प्रलाप का आशय व्यर्थ की बकवास अथवा बड़बड़ करना किन्तु विलाप का आशय?

(क) ज़ोर-जोर से रोना

(ख) रोने की आवाज़ सुनायी देना

(ग) रो-रो कर दु:ख प्रकट करने की क्रिया

(घ) आँसुओं से सबको धो डालना

२०- **प्राचीन-पुराना**

प्राचीन का आशय पुराने समय से होता है, जो शब्द काल और युग को संकेत करता है, किन्तु पुराना?

(क) प्राचीनता का द्योतक है।

(ख) नया, ताज़ा तथा युवापन का विरोधी

(ग) जो खुदाई में प्राप्त है।

(घ) कुछ ही पुराना

**उत्तर-क्रम**

| | | | | | |
|---|---|---|---|---|---|
| १- (क) | २- (ख) | ३- (ख) | ४- (क) | ५- (ख) | ६- (ख) |
| ७- (ख) | ८- (ख) | ९- (ख) | १०- (क) | ११- (ख) | १२- (क) |
| १३- (क) | १४- (ख) | १५- (क) | १६- (ग) | १७- (क) | १८- (ख) |
| १९- (ग) | २०- (ख) | | | | |

# शुद्ध वाक्य का चयन

निम्नलिखित में से कौनसा शुद्ध वाक्य है?

१- (क) मैं अनेको विद्वानों से मिला हूँ।

(ख) मैं अनेक विद्वानों से मिला हूँ।

(ग) मैं बहुत सारे विद्वानों से मिला हूँ।

(घ) मैं कई विद्वान जनों से मिला हूँ।

२- (क) आचार्य शिवकुमार शास्त्री संस्कृत-साहित्य के उच्च विद्वान् हैं।

(ख) आचार्य शिवकुमार शास्त्री संस्कृत-साहित्य के अच्छे विद्वान् हैं।

(ग) आचार्य शिवकुमार शास्त्री संस्कृत-साहित्य के अच्छे विद्वान् हैं।

(घ) आचार्य शिवकुमार शास्त्री संस्कृत-साहित्य के लब्धप्रतिष्ठ हैं।

३- (क) तिवारी जी दिनभर घर में नहीं रहते।

(ख) तिवारी जी सदैव घर में नहीं रहते।

(ग) तिवारी जी अनवरत घर में नहीं रहते।

(घ) तिवारी जी दिनभर घर नहीं रहते।

४- (क) रामावतार कोलकाता गये।
(ख) रामावतार कोलकाता को गये।
(ग) रामावतार ने कोलकाता गये।
(घ) रामावतार कोलकाता में गये हैं।

५- (क) चलो यमुना किनारे सैर करने।
(ख) चलो, यमुना किनारे सैर करने के लिए।
(ग) चलो, यमुना किनारे सैर करने चलें।
(घ) चलो यमुना किनारे सैर के लिए चलें।

६- (क) आप सबने मेरा गाना नहीं सुना।
(ख) आप लोग मेरा गाना सुना नहीं।
(ग) आप सबने मेरा गाना नहीं सुना।
(घ) मेरा गाना आप लोगों ने कदापि नहीं सुना।

७- (क) साहित्य और जीवन का घोर सम्बन्ध है।
(ख) साहित्य और जीवन का अनन्य सम्बन्ध है।
(ग) साहित्य और जीवन का घनिष्ठ सम्बन्ध है।
(घ) साहित्य और जीवन का अतिशय सम्बन्ध है।

८- (क) दुष्यन्त शकुन्तला के सौन्दर्य पर आकर्षित हो गये।
(ख) दुष्यन्त शकुन्तला के सौन्दर्य में लोलुप हो गये।
(ग) दुष्यन्त शकुन्तला के सौन्दर्य पर मर गये।
(घ) दुष्यन्त शकुन्तला के सौन्दर्य पर ख़ुश हो गये।

९- (क) आकाश में तारेगण प्रकाशित हो रहे हैं।
(ख) आकाश में तारे प्रकाशित हो रहे हैं।
(ग) आकाश में सारे तारे चमक रहे हैं।
(घ) आकाश में तारे सभी शोभा को पा रहे हैं।

१०- (क) राजपथ से झाकियाँ लौट गयीं।
(ख) राजपथ से झाकियाँ वापस लौट गयीं।
(ग) राजपथ से झाकियाँ सारी फूट पड़ी।
(घ) राजपथ से एक झाकियाँ चतुर्दिक् निकल पड़ीं।

११- (क) हमारी सौभाग्यवती कन्या का शुभ विवाह है।
(ख) हमारी सौभाग्यवती कन्या ब्याही जाएगी।
(ग) हमारी कन्या का विवाह होगा।
(घ) हमारी आयुष्मती कन्या का शुभ विवाह है।

१२- (क) आपके सौजन्यता से मेरा काम बन गया।
(ख) आपके सौजन्य से मेरे काम बन गये।
(ग) आप की सौजन्यता से हमारा काम बन गया।
(घ) आप की सौजन्य से मेरा काम बन गया।

१ ३ - (क) मैंने कपड़ें पहनने हैं।
(ख) मैंने कपड़े पहनने हैं।
(ग) मुझे कपड़े पहनने हैं।
(घ) मेरे को कपड़े पहनने हैं।

१ ४ - (क) राम ने नौकर से कहा।
(ख) राम नौकर से कहा।
(ग) राम ने नौकर से बोला।
(घ) राम नौकर से बोले।

१ ५ - (क) मेरे को अब काम नहीं करना है।
(ख) मुझे काम नहीं करना है।
(ग) मुझे अब काम नहीं करना है।
(घ) मुझे काम तमाम नहीं करना है।

**उत्तर-क्रम**

१- (ख) २- (ग) ३- (क) ४- (क) ५- (ग) ६- (ग)
७- (ग) ८- (क) ९- (ख) १०- (क) ११- (घ) १२- (ख)
१३- (ग) १४- (क) १५- (ग)

## अपठित-अवतरण पर आधारित प्रश्न

**निर्देश–** निम्नलिखित गद्यांश को ध्यान से पढ़िए और इसके आधार पर प्रश्न-संख्या १ से ५ तक उत्तर दीजिए :—

**गद्यांश–** साहित्य का आधार जीवन है। इसी नींव पर साहित्य की दीवार खड़ी है। उस पर अटारियाँ, मीनार-गुम्बद बनते हैं। उन्हें देखने को भला जी नहीं चाहेगा? जीवन परमात्मा की सृष्टि है, इसलिए वह सुबोध, सुगम तथा मर्यादाओं से परिमित है। जीवन, परमात्मा को अपने कार्यों के लिए जवाबदेह है या नहीं, हमें नहीं मालूम, लेकिन साहित्य तो मनुष्य के सामने जवाबदेह है। इसके लिए क़ानून है, जिनसे वह इधर-उधर नहीं बच सकता। जीवन का उद्देश्य ही आनन्द है। मनुष्य जीवन-पर्यन्त आनन्द की खोज में लगा रहता है। किसी को वह रत्न द्रव्य के रूप में मिलता है; किसी को भरे-पूरे परिवार में; किसी को लम्बे-चौड़े भवन में तथा किसी को ऐश्वर्य में; किन्तु साहित्य का आनन्द इस आनन्द से ऊँचा है; उसका आधार सुन्दर और सत्य है। वास्तव में, सच्चा आनन्द सुन्दर और सत्य से मिलता है। उसी आनन्द को प्रकट करना, ऐसा ही आनन्द उत्पन्न करना साहित्य का उद्देश्य है। ऐश्वर्य अथवा भोग के आनन्द में ग्लानि छुपी होती है; पश्चाताप भी होता है। दूसरी ओर सुन्दर से जो आनन्द प्राप्त होता है, वह अखण्ड होता है; अमर होता है।

**प्रश्न १** - जीवन का उद्देश्य है?
(क) सत्य
(ख) साहित्य
(ग) आनन्द
(घ) वैभव

**प्रश्न २** - वह आनन्द अखण्ड है; अमर है,जो—

(क) वह सत्य से प्राप्त होता है।

(ख) सुन्दर से प्राप्त होता है।

(ग) साहित्य से प्राप्त होता है।

(घ) परमात्मा से प्राप्त होता है।

**प्रश्न ३** - सबसे ऊँचा आनन्द वह होता है, जो—

(क) भौतिक साधनों से प्राप्त होता है।

(ख) परमात्मा से प्राप्त होता है।

(ग) साहित्य से प्राप्त होता है।

(घ) सत्य से प्राप्त होता है।

**प्रश्न ४** - सच्चा आनन्द किससे मिलता है?

(क) परमात्मा से

(ख) साहित्य से

(ग) सुन्दर और सत्य से

(घ) भोग और ऐश्वर्य से

**प्रश्न ५** - जीवन जवाबदेह है?

(क) अपने कार्यों के प्रति

(ख) साहित्य का

(ग) मनुष्य का

(घ) आनन्द का

**उत्तर-क्रम**

१- (ग) २- (ख) ३- (ग) ४- (ग) ५- (क)